Gerd Mietzel

Wege in die Entwicklungspsychologie

Gerd Mietzel

WEGE IN DIE ENTWICKLUNGSPSYCHOLOGIE

Kindheit und Jugend

4., vollständig überarbeitete Auflage

BELTZ PVU

4., vollständig überarbeitete Auflage 2002

1. Auflage 1989 Psychologie Verlags Union, München
2., korrigierte Auflage 1995 Psychologie Verlags Union, Weinheim
3. Auflage 1997 Psychologie Verlags Union, Weinheim

Anschrift des Autors:
Prof. Dr. Gerd Mietzel
Gerhard Mercator-Universität
Fakultät 1
D-47048 Duisburg
E-mail: mietzel@uni-duisburg.de

www.beltz.de

Lektorat: Simone Klein
Herstellung: Uta Euler
Umschlaggestaltung: Federico Luci, Köln
Umschlagbild: Bavaria Bildagentur GmbH, München;
Pictor International Bildagentur GmbH, München;
The Stock Market, Düsseldorf;
Ullstein Bild, Berlin
Satz, Druck und Bindung: „Thomas Müntzer" GmbH,
Bad Langensalza
Printed in Germany

ISBN 978-3-621-27477-4 ND 04-03-08

Inhalt

Vorwort zur 4. Auflage

Im Vorwort zur 1. Auflage dieser »Wege in die Entwicklungspsychologie« hatte ich Interessenten eingeladen, sich von mir durch eine »Ausstellung« führen zu lassen, in der Beiträge vieler Fachdisziplinen zur psychologischen Entwicklung des Menschen dargestellt werden. Die positive Resonanz auf diese Einladung im deutschen und holländischen Sprachraum ist sicherlich als Bestätigung dafür zu werten, dass die »Wege ...« mit ihrer Themenauswahl und ihrer Darstellungsart Zustimmung bei psychologisch interessierten Lesern gefunden haben. Die völlig neu bearbeitete 4. Auflage gibt mir die Gelegenheit, einen aktualisierten, aber auch erheblich erweiterten Text vorzulegen. Für jeden Entwicklungsabschnitt wird ein vertiefter Einblick in kognitive, sozial-emotionale und körperlich-motorische Aspekte gegeben. Noch stärker als in vorausgegangenen Auflagen wird auch historischen und interkulturellen Bezügen Beachtung geschenkt.

Den vorliegenden Band habe ich ebenso wie vorausgegangene Auflagen nach folgenden Gesichtspunkten gestaltet:

1. Der Leser soll in einer Sprache angesprochen werden, die ihm vertraut ist, die ihm keine zusätzlichen Verständnisschwierigkeiten bereitet. Aus diesem Grunde wird auch auf die Verwendung von Fachbegriffen möglichst verzichtet. Wo dies unumgänglich erscheint, werden sie erst gebraucht, nachdem sie erläutert worden sind.

2. Ebenso wie jede wissenschaftliche Untersuchung mit einer Frage beginnt, die im günstigen Fall zu einer Antwort führt, werden viele Abschnitte der »Wege in die Entwicklungspsychologie« durch Fragen eröffnet, die das Interesse für das jeweils angesprochene Teilgebiet der Entwicklungspsychologie wecken und zum eigenen Mitdenken anregen sollen. Wenn man einem Leser nur Antworten bzw. wissenschaftliche Erkenntnisse mitteilt, erschwert man sein Bemühen nach Verständnis erheblich. Deshalb wird in der nachfolgenden Textgestaltung darauf geachtet, dass der Leser stets weiß, auf welche Frage(n) mitgeteilte Forschungsergebnisse Bezug nehmen.

3. Das Faszinierende an der wissenschaftlichen Psychologie ist der Forschungsgegenstand Mensch. Der direkte Bezug zum Menschen sollte stets berücksichtigt bleiben, wenn man über Erkenntnisse dieser Wissenschaft informiert. In diesem Buch wird deshalb immer wieder über Bedingungen und Ereignisse berichtet, die auf einzelne Menschen gewirkt und deren Entwicklung beeinflusst haben könnten. Entsprechende Informationen finden sich vor allem in den Info-Kästen, denen der Leser auf seinen Wegen in sämtlichen Kapiteln begegnet. Es liegt dieser Darstellungsform die Hoffnung zugrunde, dass die Faszination, die von der Beobachtung handelnder Menschen ausgeht, auch durch die Schilderung von Einzelschicksalen, eingebettet in deren wissenschaftlichen Zusammenhang, zu wecken ist.

4. Der Leser wird wiederholt erfahren, dass sich die zeitgenössische Entwicklungspsychologie mit vielen Fragen beschäftigt, die sich Menschen bereits seit mehr als hundert, manchmal schon seit mehr als tausend Jahren stellen. Allerdings ist gleichzeitig darauf geachtet worden, dass innerhalb jedes ausgewählten Themenkomplexes stets auch die Antworten gegeben werden, die dem gegenwärtigen entwicklungspsychologischen Erkenntnisstand entsprechen. Durch den historischen Zugang ist vor allem zu verdeutlichen, dass es die wissenschaftlichen Methoden sind, die sich im Laufe der Zeit geändert haben und dass die Antworten auf ein und dieselbe Frage abhängig davon sind, durch welche Methoden das hinterfragte Problem angegangen und untersucht wird.

5. Die »Wege in die Entwicklungspsychologie« führen den Leser in aktuelle Theorien ein, wobei an zahlreichen Beispielen immer wieder aufge-

zeigt wird, welche Anwendungsmöglichkeiten diese gestatten. Beispiele für theoretische Aussagen sollen dem Einzelnen helfen, konkrete alltägliche Situationen besser zu verstehen, um angemessener auf sie reagieren zu können.

Tatkräftige Unterstützung erhielt ich von meinem Mitarbeiter Herrn Dipl.-Psych. Bernhard Fleer (Duisburg), der sich wohlwollend kritisch mit der Textvorlage auseinandergesetzt hat und mir viele wertvolle Anregungen für Verbesserungen gab. Sehr anerkennend hervorheben möchte ich auch die abschließende, besonders sorgfältige Durchsicht des Manuskripts, die meine Frau, Hannelore Mietzel, und Frau Kerstin Michels geleistet haben. Mein besonderer Dank gilt ebenso Frau Ursula Maia (München), die mir nicht nur häufig bei der schnellen Beschaffung schwer zugänglicher Quellen geholfen hat, sondern stets auch konstruktiv mitgewirkt hat, wenn ich Entscheidungshilfen bei einzelnen Textpassagen benötigte. Bei meinem Sohn Thorsten bedanke ich mich herzlich für die Herstellung fast sämtlicher Grafiken. Meiner Lektorin, Frau Simone Klein, danke ich für ihr außerordentlich hohes Engagement, ihre große Sachkenntnis und ihre Bereitschaft, sich in höchst anerkennenswerter Weise in meine Ausführungen hineinzudenken. Dadurch hat sie zum einen viele stilistische Schwächen beseitigt, zum anderen auf mehrere Unzulänglichkeiten in der Darstellung hingewiesen, damit diese noch vor Drucklegung beseitigt werden konnten. Die gute Zusammenarbeit mit Frau Dr. Heike Berger von Beltz/PVU hat es mir ermöglicht, mein Buch in der nun vorliegenden Form veröffentlichen zu können, dafür bedanke ich mich sehr.

Der Autor dankt nicht zuletzt allen Lesern, die ihm mit Anregungen, Fragen und bewertenden Stellungnahmen zu den bisherigen Auflagen der »Wege in die Entwicklungspsychologie« Rückmeldungen gegeben haben. Solche Rückmeldungen sind weiterhin höchst willkommen, weil sie helfen, diese Einführung weiterzuentwickeln.

Duisburg, im Herbst 2001
Gerd Mietzel
E-Mail: Gerd@Mietzel.de

1 Entwicklungspsychologie: Gegenstand und Zielsetzungen

Wenn man einmal die Babys in einer Neugeborenenstation betrachtet, wird einem auffallen, dass sie sich sowohl im körperlichen Aussehen als auch in ihrem Verhalten mehr oder weniger voneinander unterscheiden: Einige sind größer, andere haben eine dunklere Haut, manche haben mehr Haare auf dem Kopf, andere weniger usw. Es lassen sich auch Temperamentsunterschiede beobachten: Während einige Säuglinge heftig schreien oder strampeln, liegen andere ganz still in ihren Betten. Ein Besucher der Neugeborenenstation mag sich unwillkürlich zahlreiche Fragen stellen: Wie sieht die Zukunft dieser Menschen aus? Werden sie die künftigen Anforderungen bewältigen? Welche Reaktionen werden sie auf den Unterricht zeigen, wenn sie in einem entsprechenden Alter sind? Welches Verhältnis werden sie zu anderen Menschen entwickeln? Könnte es sein, dass sie häufig soziale Konflikte auslösen? Werden sie in der Lage sein, stabile Partnerschaftsbeziehungen aufzubauen? Befindet sich unter den Neugeborenen vielleicht ein Mensch, den ein Gericht schwer bestrafen wird oder ein anderer, der nach mehreren Jahrzehnten einen Nobelpreis erhalten wird?

Möglichkeiten und Grenzen der Entwicklungspsychologie

Könnten entwicklungspsychologische Kenntnisse helfen, Fragen dieser Art zu beantworten? – Wenn ein Entwicklungspsychologe die Grenzen respektiert, die der aktuelle Erkenntnisstand seines Fachgebietes ihm setzt, muss er bekennen, dass treffsichere Vorhersagen nicht möglich sind. Allenfalls lassen sich Bedingungen angeben, unter denen bestimmte Entwicklungsverläufe mit größerer Wahrscheinlichkeit als unter anderen zu erwarten sind. So hat sich zeigen lassen, dass zwischen dem häuslichen Erziehungsstil einerseits und der Entwicklung des Leistungsverhaltens, des Selbstwertgefühls und der Ängstlichkeit andererseits Zusammenhänge bestehen. Aufgrund der Kenntnis solcher Beziehungen könnte man beispielsweise vorhersagen, welche Bedingungen für eine bestimmte Verhaltenstendenz förderlich und welche hemmend sind.

Vielfalt entwicklungspsychologischer Ansätze

Das entwicklungspsychologische Schrifttum teilt dem Leser aber nicht nur klare Zusammenhänge mit, sondern verwirrt auch durch Informationen, die nicht mehr ohne weiteres miteinander zu vereinbaren sind. Verschiedene Entwicklungspsychologen können offenkundig Zusammenhänge darstellen, die einander widersprechen: So behaupten einige, dass das Aufwachsen eines Neugeborenen bzw. Säuglings unter extrem reizarmen Umweltgegebenheiten, d. h. ohne Anregungen durch Spielsachen und Personen, zu erheblichen und später nicht mehr zu beseitigenden Beeinträchtigungen in der Entwicklung des intellektuellen Leistungsverhaltens führt. Andere meinen dagegen, unter anregungsarmen Bedingungen entstandene negative Entwicklungen seien in nachfolgenden Lebensjahren wieder voll auszugleichen. Während der eine Entwicklungspsychologe behauptet, die Grenze für die Entwicklung der intellektuellen Leistungsfähigkeit liege im zweiten, vielleicht im dritten Lebensjahrzehnt, stellt ein anderer fest, dass die Intelligenz bis ins hohe Lebensalter ansteigen kann. Wie lässt sich erklären, dass es innerhalb eines Fachgebietes zu derartig unterschiedlichen Aussagen kommt? Wie sind durch eine Entwicklungspsychologie, in der sich die Fachvertreter in so grundlegender

Weise widersprechen, Orientierungen zu vermitteln?

Diese Fragen lassen sich beantworten, wenn man nachvollzieht, wie Entwicklungspsychologen zu ihren Erkenntnissen kommen. Sie gehen bei ihren Forschungen – ebenso übrigens wie jeder andere Wissenschaftler – von ganz bestimmten Annahmen aus. Diese Annahmen lassen bestimmte Fragen attraktiver und wichtiger erscheinen als andere. Sie bestimmen auch die methodischen Wege, die zur Beantwortung der wissenschaftlichen Fragestellung beschritten werden. Kapitel 1 beschäftigt sich deshalb damit,

- wie Entwicklungspsychologen ihr Aufgabengebiet verstehen und
- von welchen Annahmen sie sich leiten lassen.

Zuvor ist jedoch zu skizzieren, wie Entwicklungspsychologen ihr Aufgabengebiet verstehen. Ausgewählte Forschungsbeiträge sollen einen ersten Einblick in die Arbeitsweise dieser Psychologen geben.

1.1 Womit beschäftigt sich Entwicklungspsychologie?

Die in Abb. 1.1 dargestellten »Altersstufen« fordern den Betrachter zur Auseinandersetzung mit dem Schicksal heraus, das alle Lebewesen dieser Erde miteinander teilen: Sie werden gezeugt, geboren, erfahren während ihres individuellen Lebenslaufes Veränderungen, um schließlich zu sterben.

Abbildung 1.1. »Altersstufen«, eine Chromo-Lithographie der Fa. May (Dresden) um 1900, illustriert den menschlichen Lebenslauf von der Geburt bis zum Tod

Indem der Künstler den Lebenslauf mit der Wiege, also nachgeburtlich beginnen ließ, entsprach er damit der Auffassung seiner Zeitgenossen. Ein heutiger Entwicklungspsychologe würde darauf verweisen, dass bereits im vorgeburtlichen Zeitraum Ereignisse auftreten, die für das weitere Leben eines Menschen von erheblicher Bedeutung sein können; entsprechend beginnt für ihn die Entwicklung unmittelbar mit der Verschmelzung männlicher und weiblicher Geschlechtszellen, also mit der Empfängnis; sie endet mit dem Tod des Individuums.

Was aber meint ein Entwicklungspsychologe mit der Feststellung, ihn würden die *Entwicklungen* interessieren, die während eines individuellen Lebenslaufes auftreten? Bei »Entwicklung« handelt es sich um Veränderungen, die sich nach dem Alter ordnen lassen und deren Ablauf als geordnet, kumulativ und gerichtet zu bezeichnen ist (Valsiner, 1998).

Was diese Kennzeichen im einzelnen zu bedeuten haben, soll mit Hilfe konkreter Beobachtungsergebnisse erläutert werden.

1.1.1 Beschreibung von Veränderungen im individuellen Lebenslauf

Ein Mensch befindet sich fortlaufend in einem Prozess der Änderung. Er bewegt sich ständig, sogar während des Schlafes. Eine Ableitung von Hirnströmen am äußeren Schädel belegt, dass das Gehirn unaufhörlich aktiv ist. Müssen alle möglichen Veränderungen beobachtet, protokolliert und dargestellt werden? Das wäre sicherlich nicht sinnvoll, denn die Fülle der auf diese Weise entstehenden Informationen hätte vermutlich nur Verwirrung zur Folge. Wie jeder Wissenschaftler steht daher auch der Entwicklungspsychologe vor der Aufgabe, Beobachtbares einzugrenzen, zu ordnen und damit überschaubar werden zu lassen. Wie sich ein solches Ziel erreichen lässt, ist am besten an einer konkreten Untersuchungsfrage aufzuzeigen.

Mary Shirleys Studie zur Entwicklung der Motorik in den ersten Lebensmonaten

Mary Shirley (1933) beobachtete 25 Kinder, um Veränderungen ihres motorischen Verhaltens zu protokollieren. Sie versuchte zu klären, wie es einem Menschen während seiner ersten beiden Lebensjahre gelingt, zunehmend Kontrolle über seinen Bewegungsapparat zu gewinnen. Eine Zusammenfassung ihrer Beobachtungsergebnisse zeigt Abb. 1.2, zusammen mit Angaben eines Altersbereiches, innerhalb dessen die einzelnen Fertigkeiten häufig zum Ausdruck kommen (nach Frankenburg & Dodds, 1967; Bertenthal & Clifton, 1998).

Shirley erfüllt die Forderung nach Abgrenzung und Ordnung, indem sie Veränderungen von Verhaltensweisen beschreibt, die jeweils im Abstand von einem Monat auftreten und nach ihrer Interpretation Ausdruck der Motorik sind:

Geordneter Verlauf. Die von Shirley beschriebenen Veränderungen motorischen Verhaltens erfolgen insofern geordnet, als sich jeweils spätere Veränderungen logisch aus früheren ergeben (es wäre unlogisch, eine Entwicklung zu beschreiben, in der das Kind bereits selbständig sitzen kann, aber noch nicht in der Lage ist, seinen Kopf zu heben).

Kumulativer Verlauf. Die Entwicklung verläuft zugleich kumulativ. Das bedeutet, dass jede motorische Leistung auf den motorischen Fertigkeiten aufbaut, die das Kind bereits früher erworben hat. Es kommt allerdings etwas hinzu: das Stehen setzt nämlich Teilfertigkeiten voraus, die das Kind zuvor u. a. beim Sitzen und beim Heben des Kopfes erworben hat; es hat bereits früher gelernt, Informationen aus den Gleichgewichtsorganen zu verarbeiten und seine Muskeln zu steuern. Diese Erfahrungen bringt das Kind ein, wenn es seine ersten selbständigen Steh- und Gehversuche unternimmt und nach Beherrschung eine motorische Leistung zeigt, die sich bezüglich ihrer Qualität von früheren unterscheidet.

Abbildung 1.2. Entwicklung der Motorik während der ersten Lebensmonate nach Mary Shirley

Gerichteter Verlauf. Schließlich lässt sich erkennen, dass die Entwicklung gerichtet verläuft; mit jedem Fortschritt erhöht sich die Komplexität, d. h., je weiter fortgeschritten ein Kind in seiner motorischen Entwicklung ist, desto mehr Teilfertigkeiten muss es bereits beherrschen, um die neue Fertigkeit erfolgreich üben und schließlich ausführen zu können.

Abb. 1.2 stellt das Ergebnis eines rigorosen Auswahlprozesses dar, denn natürlich lassen sich innerhalb des berücksichtigten Zeitintervalls sehr viel mehr Veränderungen des motorischen Verhaltens beobachten. Shirley lässt sie allerdings – weil sie nicht zu ihrer Frage gehören – unberücksichtigt. Beispielsweise enthält die Abb. 1.2 nur zweimal Momentaufnahmen aus der Entwicklung des Greifverhaltens. Die Entwicklung dieser motorischen Fertigkeit könnte ohne weiteres sehr viel ausführlicher beschrieben werden; dies hat eine andere Untersuchung ergeben, deren Ergebnisse Abb. 1.3 wiedergibt. Aber auch diese Beschreibung hat Auswahlcharakter. Sie berücksichtigt z. B. nicht, dass bereits während der ersten Lebenswoche reflexhaftes Greifen zu beobachten ist (s. hierzu S. 110f.).

Ordnungskriterium Alter. Mary Shirley war vor allem daran interessiert, Veränderungen im motorischen Bereich nach dem Alter zu ordnen. Es gibt noch weitere Veränderungen in der Entwicklung, die eine enge Beziehung zum Alter aufweisen. So hat man Veränderungen beschrieben, die als Ausdruck emotionaler, sozialer und kognitiver Entwicklung interpretiert worden sind. Die Verwendung des Lebensalters zur Ordnung beobachteter Daten erscheint den meisten Entwicklungspsychologen unproblematisch, wenn es um vorgeburtliche Lebensabschnitte sowie den Bereich der Kindheit und Jugend geht: Wenn man den Zeitpunkt der Empfängnis kennt, wird man normalerweise vorhersagen können, wann etwa mit der Geburt eines Kindes zu rechnen sein wird. Auch Ereignisse wie das erste soziale Lächeln eines Babys oder der Zeitpunkt des ersten sinnvoll gesprochenen Wortes treten innerhalb eines enger zu begrenzenden Zeitraumes auf. Ebenso vorhersagbar sind der auffallende Wachstumsschub mit dem Einsetzen der Pubertät, die erste Regelblutung beim Mädchen (Menarche) usw.

Viele Beobachtungen, die Entwicklungspsychologen an Jugendlichen oder Erwachsenen gesammelt haben, lassen sich jedoch nicht ohne weiteres sinnvoll nach dem Lebensalter ordnen. Vor allem in den Entwicklungsabschnitten jenseits des Jugendalters verliert das Lebensalter nach Meinung einiger Forscher (so etwa Neugarten 1975, 1980) zunehmend seine ordnende Funktion. Ihrer Meinung nach sind moderne Industrienationen auf dem Weg, „altersunabhängige Gesellschaften“ zu werden. Deren Mitglieder treffen Entscheidun-

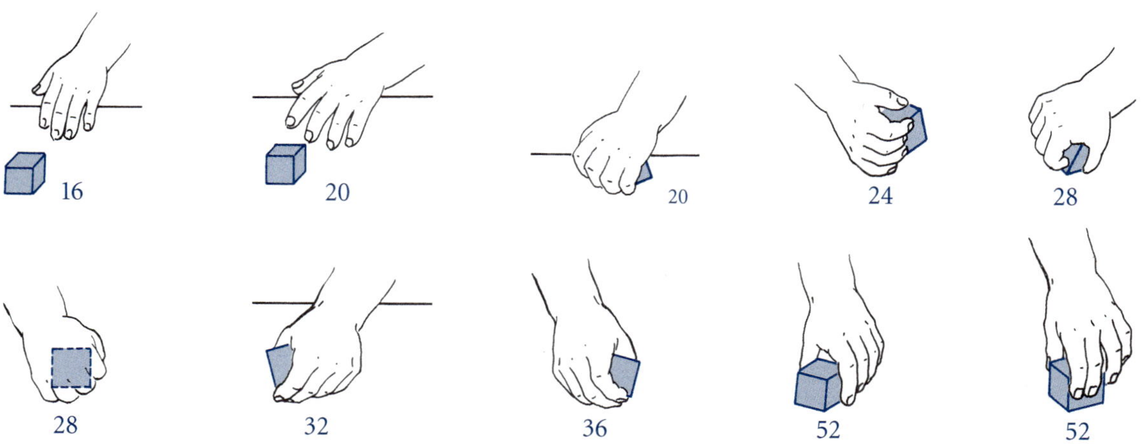

Abbildung 1.3. Zehn Stationen in der Entwicklung des Greifverhaltens zwischen der 16. bis 52. Lebenswoche (die Ziffern geben das jeweilige Lebensalter des Kindes in Wochen an)

gen bezüglich ihres Aussehens, ihrer sozialen Beziehungen, ihrer beruflichen Karriere, ihrer Freizeit mehr und mehr unabhängig von ihrem Lebensalter. Dennoch wird auch beim Studium des Erwachsenenalters kein Entwicklungspsychologe darauf verzichten, seine Beobachtungsdaten nach dem Lebensalter zu ordnen. Da Shirley sich für die Entwicklung motorischen Verhaltens in der frühen Kindheit interessiert hat, erscheint die Ordnung ihrer Beobachtungsdaten nach dem Alter aber durchaus sinnvoll.

Interindividuelle Unterschiede. Wenn die motorische Entwicklung *aller* Kinder dieser Erde – frühere und heutige Generationen – in der von Shirley beschriebenen Weise erfolgen würde, gäbe es keinen Anlass, die Ebene der Beschreibung zu verlassen und die Frage zu stellen, wovon diese Entwicklung abhängt. Bekanntlich ist eine solche Gleichförmigkeit jedoch nicht gegeben. Einige Kinder entwickeln sich schneller als andere. Mit Hilfe der altersbezogenen Messskala kann man interindividuelle Unterschiede (d. h. Unterschiede zwischen verschiedenen Kindern) aufdecken (man spricht von *intraindividuellen* Unterschieden, die im Verlauf der Zeit bei demselben Individuum auftreten). Nachprüfungen von Shirleys Studie haben die von ihr beobachtete *Abfolge* motorischer Fertigkeiten bestätigt. Shirley stellte unter anderem fest, dass die von ihr beobachteten Kinder im Durchschnitt nach 15 Monaten laufen konnten. Nachfolgende Untersuchungen haben aber ergeben, dass die meisten Kinder bereits im Alter von 12, spätestens aber von 13 Monaten in der Lage sind, ohne fremde Hilfe zu gehen (Hindley et al., 1966). Afrikanische Kinder eilen ihren europäischen und amerikanischen Altersgenossen in der motorischen Entwicklung sogar noch mehr voraus (s. S. 112).

Solche Unterschiede im Verhalten fordern den Entwicklungspsychologen heraus, die Ebene der Beschreibung zu verlassen und nach Erklärungen für diese offenbar nicht zufälligen, sondern systematischen Unterschiede zu suchen.

Mangel an Repräsentativität. Wie lässt sich erklären, dass die von Shirley beobachteten Kinder vergleichsweise spät das Laufen lernten? Bei der Suche nach einer Antwort sollte man den Blick vor allem auf die besondere Stichprobe richten, die aus nur 25 Teilnehmern bestand. Grundsätzlich gilt, dass ein Untersuchungsergebnis umso wahrscheinlicher mit Fehlern behaftet ist, je kleiner die jeweilige Stichprobe ist. Dies ist zunächst nur eine mathematisch-statistisch abgesicherte Feststellung, die aber inhaltliche Folgen hat: Shirley versuchte offenbar nicht, eine repräsentative Stichprobe zu gewinnen, d. h. eine solche, in der Kinder unterschiedlicher Herkunft und Wohngegend angemessen vertreten gewesen wären. Vermutlich hatten alle untersuchten Kinder Eltern nordeuropäischer Herkunft, die zum Zeitpunkt der Untersuchung in Minnesota lebten. Der Nachwuchs mexikanischer Einwanderer, den Shirley vor allem im Südwesten der USA angetroffen hätte, blieb ebenso unberücksichtigt wie schwarze Kinder aus dem »Dixieland« Amerikas (also aus dem Süden der USA). Gleiches galt für den Nachwuchs von Eltern südeuropäischer Abstammung, der in New York zu finden gewesen wäre. Mit einer Stichprobe, in der die verschiedensten Bevölkerungsgruppen der USA ihrem tatsächlichen Anteil entsprechend vertreten gewesen wären, hätte Shirley wahrscheinlich andere Ergebnisse erzielt.

Längsschnittstudie versus Querschnittstudie. Neben der Frage nach der Auswahl der untersuchten Kinder ist noch ein weiterer methodischer Gesichtspunkt von Bedeutung: Es soll untersucht werden, in welchem Zusammenhang bestimmte psychologisch bedeutsame Veränderungen mit der Zeit bzw. dem Alter stehen. Shirley beobachtete dazu ihre 25 Versuchsteilnehmer während der ersten beiden Lebensjahre. Sie protokollierte die sie interessierenden Veränderungen im Abstand von je einem Monat. Aus ihren Aufzeichnungen leitete sie sodann Aussagen über die Entwicklung der Motorik während der ersten Lebensmonate ab. Man bezeichnet dieses Verfahren als Längsschnittstudie (s. S. 45 f.).

Eine andere methodische Vorgehensweise bestünde darin, ein bestimmtes Verhalten zu definieren (möglicherweise das Laufen des Kleinkindes ohne Hilfe). Anschließend wählt man verschiedene Altersgruppen von Kindern aus (etwa die sechs, acht und zehn Monate alten usw.) und zählt *zu einem bestimmten Zeitpunkt* aus, wie viele in jeder Altersgruppe das jeweils zu untersuchende Verhalten zeigen. Dieses Verfahren bezeichnet man als Querschnittstudie (s. S. 46). Man kann auch mehrere Stichproben mit Personen *gleichen* Alters zusammenstellen und diese Stichproben immer dann untersuchen, wenn die ihnen zugeordneten Personen gerade ein bestimmtes Alter erreicht haben. So kann man dann beobachten, ob die Untersuchungsteilnehmer sich bezüglich bestimmter Verhaltensmerkmale voneinander unterscheiden.

BEISPIEL

Ein Beispiel für eine Querschnittstudie, bei der mehrere Stichproben gleichaltriger Personen in einem bestimmten Alter verglichen werden, haben John Nesselroade und seine Kollegen (1972) geliefert. Im Jahr 1956 legten diese Entwicklungspsychologen einer Stichprobe von damals 59-jährigen, also im Jahre 1897 Geborenen, einen Intelligenztest vor. Sie wiederholten die Testprüfung im Jahr 1963 an einer anderen Stichprobe von 59-jährigen, also im Jahre 1904 Geborenen. Beim Vergleich der Ergebnisse zeigte sich, dass die Leistungen der beiden Stichproben 59-jähriger unterschiedlich ausgefallen waren: Angehörige des Geburtsjahrgangs 1904 erbrachten im Durchschnitt bessere Leistungen als die sieben Jahre früher Getesteten des Jahrgangs 1897. Solche Unterschiede fordern Erklärungen heraus.

1.1.2 Studium verschiedener Bereiche in der Entwicklungspsychologie

Entwicklungspsychologen unterscheiden Verhaltensweisen, die ihnen Aufschlüsse über mehrere Bereiche der menschlichen Persönlichkeit geben. Dazu gehören der biosoziale, kognitive und sozial-emotionale Bereich.

Biosozialer Bereich. Mary Shirley hatte sich bei ihren Studien darauf konzentriert, motorisches Verhalten von Kindern während der ersten 15 Lebensmonate zu beobachten. Sie ging davon aus, dass sich Veränderungen im motorischen Bereich weitgehend auf Reifungsprozesse zurückführen lassen. Inzwischen weiß man, dass die motorische Entwicklung ebenso wie das körperliche Wachstum nur zum Teil von genetischen Faktoren (s. S. 110f.) abhängen. Zusätzlich können Ernährungsbedingungen und Umwelteinflüsse die körperliche Entwicklung beeinträchtigen. Welche Vorstellungen Menschen darüber besitzen, wie man sich ernähren sollte, welche Körperformen ihnen als besonders erstrebenswert gelten, welche Vorkehrungen sie treffen, um sich körperlich »fit« zu halten, oder ob sie Rauch- und Trinkgewohnheiten entwickeln, wird wesentlich von sozialen und kulturellen Faktoren mitbestimmt. Studien, die darauf gerichtet sind, Zusammenhänge der genannten Art aufzudecken, ordnet man dem biosozialen Bereich zu.

Kognitiver Bereich. Das »Größerwerden«, das Voranschreiten in der motorischen Entwicklung ermöglicht bereits dem Kind während des ersten Lebensjahres, seine Erfahrungsmöglichkeiten zu erweitern. Es ertastet beispielsweise sein Spielzeug oder erkundet etwa durch Kriechen seine unmittelbare Umgebung. Solche Aktivitäten wirken fördernd auf Entwicklungen im kognitiven Bereich. Dabei geht es um jene Prozesse, die es dem Menschen ermöglichen sollen, sich seiner Umwelt anzupassen. Pionierarbeiten in diesem Bereich sind von dem Schweizer Psychologen Jean Piaget geleistet worden, der seine Studien allerdings auf die Veränderung kognitiver Funktionen in Kindheit und Jugend begrenzt hat. Sein Interesse richtete sich entsprechend darauf, wie der Mensch während der ersten Lebensjahre sein Wissen »konstruiert« (s. S. 141ff.), seine Vorstellungskraft entwickelt, moralische Urteile fällt,

Behaltensleistungen verbessert und sprachliche Fähigkeiten entwickelt.

Psychosozialer Bereich. Piaget hat die Frage, welchen Einfluss die Kultur, in der ein Mensch lebt, auf die Entwicklung seiner kognitiven Funktionen ausübt, noch weitgehend vernachlässigt. Erst seine Kritiker, allen voran Lew Wygotski (1934, 1978) haben erkannt, dass das Studium kognitiver Veränderungen aus einer sozial-kulturellen Perspektive (s. S. 26ff.) zu erfolgen hat.

BEISPIEL

Ein etwa 12 oder 14 Monate altes Kind erkundet nur seine Umwelt, wenn es sich *sicher* fühlen kann. Die Nähe seiner Mutter oder einer anderen Vertrauensperson bedingt dieses Gefühl der Sicherheit. Wenn ein Kind beispielsweise zusammen mit seiner Mutter einen unbekannten Raum betritt, in dem sich attraktives Spielzeug befindet, wird es sich diesem wahrscheinlich nicht zuwenden, wenn es plötzlich allein gelassen wird. Gefühle und sozial-emotionale Bindungen bestimmen also in einer vorliegenden Situation mit, ob ein Kind Erkundungsverhalten zeigt.

Die Kenntnis dieses Zusammenhanges hat sich aus Studien ergeben, die von Entwicklungspsychologen innerhalb des psychosozialen Bereichs durchgeführt wurden. Studiert werden dabei mögliche Einflüsse, die u. a. von der Familie, von Freunden, Nachbarn, Mitschülern usw. auf die Entwicklung eines Menschen ausgehen können.

Die Aktivitäten in den genannten drei Bereichen lassen sich letztlich nur auf künstlichem Wege trennen, denn zwischen ihnen gibt es enge wechselseitige Beziehungen. So hängt es nicht unerheblich von der Ernährung eines Kindes ab, ob es gesund bleibt (biosozialer Bereich). Das körperliche Wohlbefinden wiederum beeinflusst seine Lernfähigkeit und seine Beziehungen zu anderen (kognitiver Bereich). Aber von seinen Lernerfahrungen hängt auch ab, wie es sich ernährt, welche sozialen Kontakte es aufnimmt und fortführt (psychosozialer Bereich). Wenn der Entwicklungspsychologe Beobachtetes zu erklären versucht, wird er in der Regel mit Einflüssen aus allen drei Bereichen rechnen.

1.1.3 Erklärung von Unterschieden in der Entwicklung

Auf die Frage, warum sich das motorische Verhalten von Kindern während der ersten 18 Lebensmonate verändert, antwortete Shirley, dies sei das Ergebnis biologischer Reifungsprozesse. Eine wissenschaftliche Erklärung ist immer der Versuch, eine Ursache-Wirkungs-Aussage zu machen. Die »Warum«-Frage erfordert eine Antwort im Sinne einer »Weil«-Aussage. Eine Erklärung lässt sich so lange aufrechterhalten, wie keine Beobachtungen vorliegen, die ihr widersprechen. Die Feststellung, dass Kinder südeuropäischer oder mexikanischer Eltern sich motorisch schneller entwickeln, brauchte Shirleys Reifungs-Erklärung noch nicht zu erschüttern. Warum sollte der Nachwuchs anderer Völkerschaften nicht Gene (s. S. 112) geerbt haben, die beschleunigend auf den Reifungsprozess wirken? Wie ist mit dieser Erklärung aber zu vereinbaren, dass schwarze Kinder, die unmittelbar nach ihrer Geburt von einer weißen Familie mit europäischer Tradition adoptiert worden sind, später laufen lernen als junge Schwarze, die bei ihren biologischen Eltern aufgewachsen sind? Warum können afrikanische Kinder vergleichsweise früh sitzen und laufen, aber später als Gleichaltrige das Kriechen oder Treppensteigen lernen (Kilbride, 1980)? Solche und weitere Beobachtungen lassen es zweifelhaft werden, dass die motorische Entwicklung ausschließlich mit Reifungsprozessen zu erklären ist. Offenbar muss man zusätzlich Bedingungen berücksichtigen, die in der Umwelt liegen. So achten afrikanische Eltern vergleichsweise früh darauf, dass ihre Kinder sitzen und laufen lernen; das Kriechen fördern sie dagegen weniger, und

Stufen zum Üben des Treppensteigens gibt es bei den untersuchten Kindern in Afrika nur selten (Super, 1981).

Auch John Nesselroade und seine Kollegen sahen sich gezwungen, bei ihrer Erklärungssuche nach Bedingungen außerhalb der Testpersonen Ausschau zu halten. Hatten die Angehörigen des Jahrgangs 1897 vielleicht andere Lebensbedingungen vorgefunden als die Mitglieder der Stichprobe, die sieben Jahre später zur Welt gekommen waren? Hatte es möglicherweise innerhalb dieser kurzen Zeitspanne Veränderungen in der Umwelt gegeben, die bei beiden Jahrgängen zu unterschiedlichen Entwicklungen des Leistungsverhaltens geführt haben? Weiterhin kann man in Bezug auf die beiden unterschiedlichen Jahrgänge fragen,

- welche Einstellungen zum Kind, welche Auffassungen von Erziehung jeweils in ihrem Kindes- und Jugendalter vorherrschten,
- ob und in welchem Alter sie Kriegszeiten zu durchleben hatten,
- ob und in welchen Altersabschnitten Phasen wirtschaftlicher Depression oder wirtschaftlichen Wohlstandes die Lebensbedingungen bestimmten und
- ob und wann sich die Erwartungen an die Rolle des Vaters in der Familie, an die Geschlechtsrollen in ihrem Leben verändert haben.

Aber auch wenn Angehörige eines Jahrgangs im gleichen historischen Zeitraum aufgewachsen sind, ergeben sich zwischen ihnen Unterschiede. Das gilt ebenso für Mary Shirleys Kinder, die nicht nur fast zur gleichen Zeit, sondern auch in derselben Stadt aufgewachsen sind. Um diese interindividuellen Unterschiede zu erklären, muss man nach Lebensbedingungen suchen, die nur für einzelne dieser Kinder wirksam gewesen sind.

Kritische Lebensereignisse

Der Entwicklungspsychologe muss auch Ereignisse berücksichtigen, die zu jeder Zeit (wenngleich mit unterschiedlicher Auftretenswahrscheinlichkeit) in jedem individuellen Leben auftreten können und die nachhaltig Einfluss auf die weitere Entwicklung des betroffenen Menschen nehmen. Solche »kritischen Lebensereignisse« gibt es bereits während der Schwangerschaft. Wenn eine werdende Mutter beispielsweise während der ersten drei Monate nach der Empfängnis an einer Infektion erkrankt, kann das weitreichende Folgen für ihr ungeborenes Kind haben. In ungünstigen Fällen erfolgt das ohnehin kritische Lebensereignis ›Geburt‹ unter Bedingungen, die den jungen Organismus schädigen und beeinträchtigend auf seine Anpassungsfähigkeit wirken. Im weiteren Lebenslauf treten womöglich Krankheiten auf, man verliert einen nahen Angehörigen, erfährt unüberwindbare schulische Schwierigkeiten, findet keinen Arbeitsplatz, oder jemand gewinnt bei der Lotterie, erhält ein attraktives Stipendium zum Studium oder trifft einen bedeutenden Menschen. Gemeinsam ist solchen Ereignissen, dass sie die weitere Entwicklung eines Menschen entscheidend mitbestimmen. Einige dieser Ereignisse haben nur in bestimmten Lebensabschnitten Bedeutung, andere können in jedem Alter auftreten.

Theorie der Entwicklungspsychologie

Wenn aber viele Entwicklungspsychologen bereits seit Jahrzehnten nach Beziehungen zwischen vorausgegangenen Bedingungen (innerhalb und außerhalb des Individuums) und nachfolgenden Verhaltensweisen Ausschau halten, müsste sich bis zur Gegenwart doch eine unübersehbare Anzahl von Zusammenhängen oder Erklärungen angesammelt haben. Leistet nicht der Entwicklungspsychologe durch sein fortgesetztes Studium und die wachsende Zahl neuer Beobachtungsergebnisse einen Beitrag zu immer mehr Verwirrung? Solche Befürchtungen lassen sich schnell zerstreuen, denn – wie in jeder Wissenschaft – ist man auch in der Entwicklungspsychologie bemüht, sämtliche Beobachtungen und Erklärungen in ein Ordnungssystem zu bringen. Das Ergebnis dieses Organisationsprozesses bezeichnet man als Theorie. Eine Theorie umfasst sämtliche für ein Fachgebiet als bedeutsam erachtete Zusammenhänge sowie deren Beziehungen untereinander. Eine gute Theorie ordnet und erklärt aber nicht nur bereits Beobachtetes, sondern dient als Grundlage, um zukünftige Ereignisse vorherzusagen und Entwicklungen zu »optimieren«.

1.1.4 Optimierung von Entwicklungsverläufen

Die Untersuchung von vorausgegangenen Bedingungen und Ereignissen und nachfolgenden Verhaltensweisen, die Suche nach Erklärungen für beobachtete Verhaltensunterschiede geschah seit den Anfängen entwicklungspsychologischer Forschung keineswegs nur aus wissenschaftlicher Neugier oder zum Selbstzweck. Viele Entwicklungspsychologen hoffen, dass sie durch ihre Erkenntnisse eine Möglichkeit erhalten, Entwicklungen zu optimieren. Das heißt, sie möchten ihre Voraussetzungen verbessern, um auf Entwicklungsverläufe Einfluss zu nehmen, damit diese in eine wünschenswerte Richtung gelenkt werden. Sollte ein Entwicklungspsychologe bei seiner Erklärungssuche eventuell herausfinden, dass bestimmte Bedingungen im Lebenslauf eines Menschen dessen Intelligenzentwicklung fördern, dann könnten sich diese Erkenntnisse in entsprechende Empfehlungen umsetzen lassen. Ein Beispiel, das aufzeigt, wie Beobachtungen zunächst beschrieben, dann erklärt und schließlich zur Grundlage für Empfehlungen werden können, ist im Info-Kasten 1.1 dargestellt.

INFO-KASTEN 1.1

Warum vermindert sich die Empfindlichkeit des Gehörs mit wachsendem Alter?

Damit ein Ton vom menschlichen Gehör wahrgenommen werden kann, muss er eine gewisse Lautstärke erreichen. Es hat sich wiederholt nachweisen lassen, dass die Empfindlichkeit des Gehörs im Lauf des Lebens allmählich abnimmt. Je älter ein Mensch wird, desto lauter muss ein Ton sein, damit er ihn noch hören kann. Demnach besteht ein Zusammenhang zwischen Lebensalter und Empfindlichkeit des Gehörs. Es gibt aber auch interindividuelle Unterschiede bei Angehörigen gleicher Altersgruppen. Grundsätzlich scheinen Frauen ihren männlichen Altersgenossen bezüglich der Empfindlichkeit des Gehörs überlegen zu sein.

Warum nimmt die Empfindlichkeit des Gehörs beim Menschen im Lauf seines Lebens ab, und warum sind einige Menschen von dieser Leistungsminderung des Gehörs mehr betroffen als andere? Wirkt Lärm schädigend auf das Gehör? Dann müssten Menschen, die sich während des größten Teils ihres Lebens in einer vergleichsweise lärmarmen Umgebung aufgehalten haben, bessere Gehörleistungen besitzen als andere, die z. B. längere Zeit an einem geräuschvollen Arbeitsplatz tätig waren. Ebenso wäre zu erwarten, dass Menschen, die in einer sehr ruhigen Gegend leben, auch in einem höheren Lebensalter geringere Gehöreinbußen aufweisen als andere, die in einer lärmenden Großstadt wohnen.

Einschlägige Untersuchungsergebnisse. Nachprüfungen haben ergeben, dass beide Vermutungen zutreffen. Wenn Menschen in einer vergleichsweise geräuscharmen Umgebung aufwachsen, wie etwa die im Sudan lebenden Mabaans (Rosen et al., 1962), zeigen sich mit fortschreitendem Alter ziemlich geringe Leistungsminderungen ihres Gehörs (9 Dezibel (Abkürzung: dB) für Männer und Frauen im Alter von 60 Jahren). Demgegenüber finden sich bei Menschen, die dem typischen alltäglichen Lärm einer industriellen Gesellschaft ausgesetzt sind, sehr viel höhere Einschränkungen ihres Gehörsinns (Männer etwa 28 dB und Frauen ca. 16 dB im Alter von 60 Jahren). Allein der Lärm, wie er in Industriegesellschaften üblich ist, bedingt also bereits Minderungen der Gehörleistungen im Laufe des Lebens (Kryter, 1994). Stärkere

Schädigungen des Gehörorgans ergeben sich, wenn Frauen und Männer am Arbeitsplatz starken Lärmbelästigungen ausgesetzt sind (Sallustio et al., 1998).

Ableitung von Empfehlungen. Wenn man um diese Zusammenhänge weiß, kann man Maßnahmen ergreifen, um Schädigungen des Gehörs zu verhindern. So versucht man z. B., Lärm am Arbeitsplatz durch umfassende Schallisolationen so gering wie möglich zu halten. Wo diesen Lärmminderungen Grenzen gesetzt werden, empfiehlt man dringend das Tragen von Schallschützern. Ob die Schutzmaßnahmen tatsächlich ergriffen werden, hängt allerdings letztlich vom einzelnen Arbeiter ab.
Lärmbedingter Hörverlust entwickelt sich langsam im Verlauf mehrerer Jahre. Er entsteht, wenn der Lärm bei täglicher Einwirkung auf das Gehörorgan höher als 90 dB liegt. Diese Hörschädigung verläuft in drei Stadien (Clark & Bohne, 1999):

Erstes Stadium. In diesem werden die feinen Sinneszellen in der Schnecke (Teil des Ohrlabyrinths) bei starker Lärmbelastung zerstört. Diese Zellen können sich nicht wieder erneuern; sie werden durch vernarbtes Gewebe ersetzt.

Zweites Stadium. In einem zweiten Stadium, das aus einem Zeitraum von einigen Wochen bis mehreren Jahren mit starker Lärmeinwirkung besteht, kann der Hörverlust bereits durch eine (audiometrische) Untersuchung nachgewiesen werden. Dabei betrifft die Schädigung zunächst höhere Frequenzbereiche; sie liegen in einem Bereich, der beispielsweise durch das höchste C auf einem Klavier angesprochen wird. Eine Sprachverständigung ist in diesem Abschnitt des Schädigungsprozesses nur unwesentlich beeinträchtigt. Deshalb merkt ein betroffener Mensch diesen teilweisen Hörverlust in der Regel nicht und wird allenfalls darauf hingewiesen, wenn er sich aus irgendwelchen Gründen einer Gehöruntersuchung unterzogen hat.

Drittes Stadium. Sofern die ungewöhnlich hohe Lärmbelästigung anhalten sollte, werden auch niedrigere Frequenzbereiche, also solche in Mitleidenschaft gezogen, die für das Sprachverständnis von Bedeutung sind. Erst in diesem dritten Stadium wird ein Mensch normalerweise auf seine Hörbeeinträchtigung aufmerksam. Wenn der so Geschädigte sich nunmehr einer medizinischen Untersuchung unterzieht, wird der Arzt ihm mitteilen müssen, dass bereits eine nicht mehr rückgängig zu machende Schädigung eingetreten ist.

Arbeiter in lärmintensiven Umgebungen schreiben sich häufig die Fähigkeit zu, selbst entscheiden zu können, wann ein Hörschutz zu tragen bzw. wann außerordentlich starker Lärm dies erforderlich macht. Die Bereitschaft allerdings, den Hörschutz auch tatsächlich bei Lärmumgebungen zu tragen, die über der genannten kritischen Grenze liegen, »ist bei den meisten Arbeitern erstaunlich gering« (Hallberg, 1996). Die Rockgruppe *the Who* erhielt 1986 eine Eintragung ins Guinness Book der Rekorde für die höchste bis dahin jemals erzielte Lautstärke von 120 db, die noch 50 m entfernt von den Lautsprechern zu messen war. Wer seine Ohren ungeschützt diesem Lärm ausgesetzt hatte, musste mit einer Hörschädigung rechnen. Einer der Musiker dieser Gruppe, Peter Townsend, ist heute praktisch taub. In einer Befragung 14- bis 18-jähriger Gymnasialschüler einer deutschen Großstadt konnte festgestellt werden, dass bei diesen jungen Menschen die tägliche Musikkonsumdauer im Mittelwert 169 Minuten beträgt. Der Walkman wird täglich im Mittel 52 Minuten genutzt (Schuske et al., 1994). Nach anderen Erhebungen hören Jugendliche im Alter von 16 Jahren im Durchschnitt täglich fast drei Stunden lang Musik zuhause und 15 Prozent von ihnen drehen dabei den Lautstärkepegel zu hoch (Babisch & Ising et al., 1994). Wer sein Gehör täglich für mehrere Stunden mit Stereokopfhörern »bombardiert«, muss mit einer endgültigen Hörschädigung rechnen (Becher et al., 1996).

Optimierung von Entwicklungsverläufen. Die Beliebtheit lauter Musik unter jungen Menschen ist deshalb ein ernstes Problem. Entwicklungspsychologen beteiligen sich daran, Menschen über die verhängnisvolle, nicht wieder zu heilende Hörschädigung aufzuklären. Sie leisten damit einen Beitrag zur Optimierung von Entwicklungsverläufen.

Abbildung 1.4. Laute Musik in Diskotheken wirkt schädigend auf das Gehör

Wertungsproblematik

Jedes Eingreifen in Entwicklungsprozesse ist mit einer Wertung verbunden. Wenn man inzwischen wiederholt nachgewiesen hat, dass Kinder bereits im Vorschulalter das Lesen erlernen können, stellt sich die Frage nach der Erwünschtheit. Soll man Leselernprogramme wirklich bereits im Vorschulalter einsetzen? Ist es sinnvoll, Drei- oder Vierjährige im Lesen zu unterweisen? Was gewinnen sie dadurch? Oder, um noch ein weiteres Beispiel zu nennen: Ist ein Schulanfänger, der sich überwiegend allein beschäftigt und wenig Interesse an Gleichaltrigen hat, »normal«? Ohne gleichzeitige Wertsetzungen lassen sich solche Fragen nicht beantworten. In den medizinischen Wissenschaften bereitet die Bestimmung von Zuständen, die man als gesund und damit als erwünscht bezeichnet, in vielen Fällen keine Schwierigkeiten. Aber es gibt auch im ärztlichen Bereich Fragen, die erhebliche Probleme aufwerfen, wie sich anschaulich durch einen Blick in die Geschichte der Medizin aufzeigen lässt. Bestimmte Formen menschlichen Verhaltens, die man vor ca. 120 Jahren als abweichendes, teilweise sogar als kriminelles Sozialverhalten angesehen hat, führt man in der heutigen Psychiatrie auf »Krankheiten« zurück. Wie soll sich etwa ein Mediziner verhalten, wenn er zu entscheiden hat, ob er das Leben eines sehr alten und todkranken Menschen – und damit möglicherweise dessen Qualen – künstlich verlängern soll?

Vergleichbare Probleme entstehen auch für einen Psychologen, der grundsätzlich bereit ist, optimierend in Entwicklungsverläufe einzugreifen. Die dabei zwangsläufig auftretenden Entscheidungssituationen lösen sehr häufig Wertkonflikte aus. Bei der Beantwortung der Frage, welche Entwicklungen als wünschenswert zu gelten haben und welche nicht, treten jedenfalls erhebliche Auffassungsunterschiede zutage.

1.2 Theorien menschlicher Entwicklung

Wenn man durch eine Linse blickt, erscheinen einige Teile des Gesichtsfeldes scharf, andere verschwommen. In einer ähnlichen Situation befindet sich der Wissenschaftler, wenn er konkrete Verhaltensregeln aus Theorien ableiten will. Theorien erfassen in der Regel nur Ausschnitte und lenken so die Aufmerksamkeit darauf, welche Erklärungsmöglichkeiten in Frage kommen und welche Beziehungen zwischen Ereignissen bestehen, die unter verschiedenen Bedingungen zu beobachten sind. Man kann – um im Bild zu bleiben – sich beim Betrachten des Menschen jeweils nur einer einzigen Linse bedienen. Damit wird man allerdings nur einen Teil der entwicklungspsychologischen Veränderungen beachten und erklären können; andere werden entweder übersehen oder die Erklärungen bleiben »unscharf«. Bestimmte Probleme menschlicher Entwicklung lassen sich mit Hilfe einiger Theorien angemessener lösen als mit Hilfe anderer. Wenn man also Veränderungen des motorischen, sozialen, emotionalen und intellektuellen Verhaltens verschiedener Menschen in allen möglichen Situationen des Alltags erklären will, wird man seine »Linsen« – den jeweiligen Fragestellungen entsprechend – wechseln müssen, denn eine allumfassende Theorie, die sämtlichen Aspekten menschlicher Entwicklung gerecht wird, steht bislang noch nicht zur Verfügung.

Im Folgenden werden einige Theorien oder Sichtweisen der Entwicklung dargestellt, denen jeweils ein bestimmtes Bild vom Menschen zugrunde liegt. Jede dieser Sichtweisen enthält Annahmen über die Beziehungen des Einzelnen zu seiner Umwelt. Es muss aber deutlich werden, dass sich nicht „richtige“ von „falschen“ Theorien unterscheiden. Jede Sichtweise betont Ausschnitte aus einer sehr komplizierten Gegebenheit. Unzulänglichkeiten der einen lassen sich durch Vorzüge der anderen ausgleichen. Dadurch ergänzen sich die verschiedenen Betrachtungsweisen.

1.2.1 Die biologisch-reifungstheoretischen Sichtweisen

Arnold Gesell und die biologisch-reifungstheoretische Sichtweise

Den Arzt und Psychologen Arnold Gesell (1880–1961) beeindruckte die Tatsache, dass sich Kinder, vor allem während ihrer ersten Lebensjahre, nach einem einheitlichen Grundmuster zu entwickeln scheinen. Er studierte mit außerordentlicher Sorgfalt mehr als 1.000 Kinder und fand heraus, dass sich bei ihnen motorische Verhaltensweisen wie Greifen, Sitzen, Stehen oder Laufen stets in der gleichen Reihenfolge und in annähernd gleichem Lebensalter zeigten. Zur Erklärung seiner Beobachtungen nahm Gesell den Begriff Reifung in Anspruch, den vor ihm bereits Biologen benutzten, die sich mit der Entwicklung von Embryos beschäftigten. Die Reifungsprozesse verwirklichten nach Gesells Überzeugung das, was in den Erbplänen vorgegeben ist. Den Einfluss der Umwelt auf das Entwicklungsgeschehen schätzte er dagegen sehr gering ein: Die Pläne der Natur, so lehrte er, seien nur zu behindern, wenn ein Kind erheblich unterernährt oder misshandelt würde.

Für einen Reifungstheoretiker vollzieht sich die menschliche Entwicklung also ähnlich wie bei einer Pflanze. Sie benötigt zwar einen Nährboden und ausreichend Bewässerung; ansonsten entwickelt sich aus einem Samenkorn aber in zeitlich weitgehend festgelegtem Ablauf jene Pflanze, die

ZITAT

In einer seiner ersten umfangreicheren Veröffentlichungen stellte Gesell (1928) seinen reifungstheoretischen Standpunkt folgendermaßen dar: »Die eindrucksvollste Tatsache der frühen Entwicklung ist die unausbleibliche Gewißheit der Reifung, die das Wachstum jedes einzelnen Kindes garantiert. Sie ist eine Kraft, für die wir dankbar sein müssen. Denn ohne sie würde das Kind das Opfer einer schlaffen Hilflosigkeit werden ... Sein Geist, seine Seele, seine Persönlichkeit würden rasch der Krankheit, dem Verkommen, der Unterernährung und – schlimmer als das – einer irregeleiteten Erziehung unterliegen. In Wirklichkeit aber ist die angeborene Tendenz zu einer optimalen Entwicklung so fest verwurzelt, daß das Kind sich das Gute aus unserer Erfahrung nimmt«.

in ihrem genetischen Bauplan vorgesehen ist. Die Entwicklung eines Kindes vollzieht sich entsprechend nach einem unveränderlichen, vorhersagbaren Plan.

Studie: Die Zwillinge »T« und »K«

Mit den Ergebnissen einer sehr bekannt gewordenen Studie versuchte Gesell (Gesell & Thompson, 1929) die Richtigkeit einer solchen Erklärung zu belegen: Er untersuchte ein eineiiges weibliches Zwillingspaar, das im Alter von 46 Wochen noch keine Treppe ersteigen konnte. Eines der beiden Zwillingsmädchen (»T« für »Training«) erhielt täglich zehn Minuten die Gelegenheit, sich im Treppensteigen zu üben, während die Schwester (»K« für »Kontrolle«) hierfür nicht speziell trainiert wurde. Als die Trainierte nach Ablauf von sechs Wochen einen erheblichen Leistungsvorsprung im Vergleich zur untrainierten Schwester erreicht hatte, setzte Gesell die Übungen für sie ab. Eine Woche später begann dann ein 14-tägiges Training im Treppensteigen beim anfänglich nicht trainierten Zwillingsmädchen K, das daraufhin die Leistungswerte seiner Schwester nicht nur bald erreichte, sondern sogar übertraf. Nachdem schließlich für beide Zwillinge die gezielten Übungen abgesetzt worden waren, glichen sich ihre Leistungen sehr schnell an.

Gesells Fazit. Die Schlussfolgerung, die Gesell und andere Reifungstheoretiker aus solchen Beobachtungen ableiteten, war klar: Der Versuch, Entwicklungsverläufe durch zusätzliche Übungen zu beschleunigen, hat wenig Sinn. Der Aufwand übersteigt den Erfolg bei weitem. Deshalb empfahl Gesell Eltern und Lehrern, die Reifungsentwicklung ihrer Kinder sehr sorgfältig zu beobachten und nur »altersangemessene« Anforderungen an sie zu stellen. Reifungstheoretiker leugnen nicht, dass es Unterschiede im Entwicklungsfortschritt Gleichaltriger gibt; wenn ein Kind aber früher oder später als andere sprechen »lernt«, liegt die Ursache nach dieser Sichtweise nicht in der Umwelt und einem unterschiedlichen Grad an Sprachanregungen, sondern in Unterschieden der genetischen Ausstattung oder im Reifungsgrad des Nervensystems.

Kritik an Gesells Studie. Arnold Gesell war davon überzeugt, mit den Ergebnissen seiner Zwillingsstudie die geringen Einflussmöglichkeiten der Umwelt auf den Entwicklungsverlauf belegt zu haben. Kritiker entdeckten in seiner Methode allerdings sehr bald eine entscheidende Schwäche: Lernte das anfänglich untrainierte Zwillingsmädchen K das Treppensteigen tatsächlich nur deshalb erheblich schneller als die Schwester, weil es bei Übungsbeginn reifer war? Konnte es in den vorausgegangenen sechs Wochen nicht auch dadurch seine Lernvoraussetzungen verbessert haben, dass es – mit Ausnahme des Treppensteigens – viele Gelegenheiten besaß, seine Motorik zu üben und entsprechend zu verbessern? Gesells Versuchsteilnehmer befanden sich ja in einem Altersabschnitt, in dem ein normales Kind ständig Erfahrungen mit der eigenen Körperbeherrschung sammelt: es kriecht, es läuft, wenn man es an der Hand führt, es versucht, sich an Möbeln hochzuziehen usw. Könnten dem Zwillingsmädchen K diese Erfahrungen nicht hilfreich gewesen sein, als auch dieses endlich durfte, was die Schwester schon seit langem tat: Treppensteigen?

Genau genommen hat Gesells Studie lediglich ergeben, dass das Zwillingsmädchen T nach sechswöchiger Trainingszeit im Alter von 52 Wochen 25 Sekunden benötigte, um die oberste Stufe einer Treppe zu erreichen. Seine Schwester K schaffte die gleiche Aufgabe im Alter von 54 Wochen nach einer Trainingszeit von nur 14 Tagen in 10 Sekunden. Zwilling K war also älter, als mit dem speziellen Training begonnen wurde. Über seine Reifungsvoraussetzungen ist allerdings nichts bekannt. Besteht danach nicht die Möglichkeit, dass das Verhalten von K mit Reifung überhaupt nichts zu tun hatte, sondern als Ergebnis seiner **unkontrollierten** Übungen zustande gekommen war? Zahlreiche Psychologen, die sich als Behavioristen bezeichneten und als Zeitgenossen von Gesell sehr einflussreich waren, zögerten nicht, das Verhalten des Zwillingsmädchens K ausschließlich lernpsychologisch zu erklären.

Verhaltensgenetik

In letzter Zeit haben biologische Sichtweisen, nachdem sie in der Mitte des letzten Jahrhunderts nur noch verhältnismäßig wenige Anhänger hatten, unter der Bezeichnung »Verhaltensgenetik« wieder an Bedeutung gewonnen. Ihren Vertretern geht es um die Klärung der Frage, inwieweit menschliche Verhaltensmerkmale, wie etwa Aggressivität, Alkoholismus, soziale Geschicklichkeit oder schöpferische Fähigkeiten, eine genetische Grundlage besitzen könnten. In welch hohem Maße sich die Anerkennung, dass auch psychologische Merkmale vererbt werden, inzwischen durchgesetzt hat, zeigt folgende Feststellung, die Robert Plomin (1997) traf, nachdem er die einschlägige Literatur der Verhaltensgenetik intensiv studiert hatte: »Der genetische Einfluss ist derartig allgegenwärtig und greift soweit um sich, dass eine Verlagerung des Schwerpunktes gerechtfertigt ist: Die Frage sollte nicht mehr lauten, was vererbt wird, sondern was nicht vererbt wird« (s. hierzu auch Plomin, 1997). Diesem Appell haben sich die meisten Vertreter der Vergleichenden Verhaltensforscher allerdings noch nicht angeschlossen.

Die Sichtweise der vergleichenden Verhaltensforschung (Ethologie)

Vertreter der vergleichenden Verhaltensforschung (Ethologen), die sich erstmalig während des dritten und vierten Jahrzehnts des letzten Jahrhunderts zu Wort meldeten, vor allem Konrad Lorenz (1935), Nikolaas Tinbergen (1942) und Irenäus Eibl-Eibesfeldt (1973), bauen auf Grundannahmen von Charles Darwin auf. Sie stützten sich zunächst auf Tierbeobachtungen, haben aber inzwischen auch den Menschen zum Gegenstand ihrer Forschungen werden lassen (John Bowlby, 1969). Ethologen gehen davon aus, dass es »biologische Verhaltenstendenzen« gibt, die sich (1) im Verlauf der Evolution entwickelt haben und (2) im Dienste der Anpassung stehen, denn sie erhöhen die Überlebenschancen des Individuums, letztlich der Art, der sie angehören. Diese Kennzeichen lassen sich exemplarisch an Forschungen zum Inzest aufzeigen.

Hat die Inzestschranke eine biologische Grundlage?

Auftrieb erhielt eine biologische Betrachtung der Entwicklung auch aus der Beobachtung, dass sie von Besonderheiten mitbestimmt wird, die überall auf der Erde in den verschiedensten Kulturen auftreten. Wie lässt sich aber erklären, dass es praktisch in allen Kulturen der Menschheit das Inzestverbot gibt, d. h. eine anerkannte Schranke, die sexuelle Kontakte zwischen Blutsverwandten (zwischen Eltern und ihren Kindern, zwischen Geschwistern) verhindert? Eingehende Beobachtungen haben ergeben, dass auch Menschenaffen (Primaten) das Inzestverbot allgemein beachten (Demarest, 1977). Vergleichende Verhaltensforscher sind der Frage nachgegangen, ob die Inzestschranke eine biologische Grundlage besitzt.

Überleben durch Anpassung. Der menschliche Körper liefert zahllose Beispiele für seine Angepasstheit an die Lebensbedingungen. Der aufrechte Gang machte beispielsweise die vorderen Extremitäten für zusätzliche Aufgaben frei und anatomische Veränderungen der Hand ermöglichten die Herstellung und den Gebrauch von Werkzeugen. Ob ein Organismus sich erfolgreich mit seiner Umwelt auseinanderzusetzen vermag, hängt nach Überzeugung der Ethologen allerdings nicht nur von der Beschaffenheit seines Körpers, sondern auch von seinem Verhalten ab. In sehr frühen Abschnitten der Menschheitsgeschichte sei u. a. das Inzestverbot für die in kleinen Gruppen lebenden Jäger und Sammler von Vorteil gewesen. Söhne und Töchter stellten nämlich durch ihre Partnerwahl Verbindungen zu anderen Gruppen her, mit denen man sich im Falle einer Bedrohung durch einen gemeinsamen Feind zusammenschließen und besser verteidigen konnte (Cohen, 1978). Im Übrigen ist seit langem bekannt, dass aus Inzestverbindungen hervorgegangene Kinder ein größeres Gesundheitsrisiko tragen. Ein vergleichsweise hoher Prozentsatz wird tot geboren, stirbt sehr bald nach der Geburt oder bleibt in der intellektuellen Entwicklung erheblich hinter der der Altersgenossen zurück (Carter, 1967). Individuen, bei denen die Inzestschranke im Erbgut verankert ist, so schlussfolgern die Vergleichenden Verhaltensforscher weiter, haben mehr gesunde Kinder, die sich erfolgreich den wechselnden Umweltbedingungen anpassen können. Sie geben diese Veranlagung an ihre Kinder weiter, und die Nachkommenschaft verhält sich bei ihrer Partnerwahl entsprechend. Kritiker dieser biologischen Sichtweise halten die Behauptung einer genetischen Verankerung der Inzestschranke jedoch für unbegründet. Nach ihrer Meinung haben die Ethologen übersehen, dass in den westlichen Gesellschaften trotz gesetzlicher Verbote Inzeste in beträchtlichem Ausmaß vorkommen (Lewontin et al., 1984).

Ethologen haben beim Menschen eine ganze Reihe sozialer Verhaltensformen gefunden, die nach ihrer Überzeugung eindeutig der Überlebensfunktion dienen. So verweisen sie etwa auf »Schlüsselreize«, mit denen Kinder bereits während der ersten Lebensmonate Zuwendungsverhalten und Fürsorge bei ihrer Mutter oder bei anderen Pflegepersonen auslösen (s. S. 117).

Kritische Altersphasen. Nach Beobachtungen von Konrad Lorenz (1935) hat das Zuwendungsverhalten einer Mutter allerdings nicht in allen Altersabschnitten den gleichen prägenden Effekt. Bei vielen Tierarten gibt es einen eng umgrenzten Alterszeitraum, in dem Erfahrungen besonders nachhaltig auf späteres Verhalten wirken. So folgt die Junggans demjenigen Objekt, das sich etwa zwischen der 13. und 16. Stunde nach dem Ausschlüpfen aus dem Ei in ihrer Nähe bewegt. Normalerweise ist dies die Mutter. Als sich einmal Lorenz während dieser kritischen Phase den Tieren näherte, wurden sie auf ihn »geprägt« (s. Abb. 1.5).

Ethologen sind überzeugt, dass es auch beim Menschen kritische Altersphasen, also biologisch festgelegte Zeiträume in der Entwicklung, gibt, in denen bestimmte Ereignisse einen dauerhaften Einfluss auf ein Merkmal des Organismus ausüben. Außerhalb dieses kritischen Entwicklungsabschnitts habe das gleiche Ereignis gar keine oder eine andere Wirkung. Welche Erfahrungen zu welchem Alterszeitpunkt wirksam sind und welchen Einfluss diese auf nachfolgendes Verhalten nehmen, werde ausschließlich von inneren Prozessen des Organismus bestimmt. So wurde behauptet, ein Kind müsse während des ersten Lebensjahres Gelegenheit haben, eine sozialemotionale Bindung zu einer Pflegeperson aufzubauen; andernfalls sei mit schweren Verhaltensstörungen zu rechnen (s. S. 126f.). Von biologisch orientierten Forschern wie Eric Lenneberg (1967) ist auch für die Entwicklung der Sprache eine kritische (besser sensible [s. u.]) Phase in Anspruch genommen worden (s. S. 170). Ein Kind im Vorschulalter vermag den Verlust seiner Sprachfähigkeiten infolge einer Hirnschädigung wieder auszugleichen; ein Erwachsener mit vergleichbarer Beeinträchtigung seines Gehirns muss mit einem ständigen Verlust seiner Sprachfähigkeit rechnen (s. S. 172).

Abbildung 1.5. Mehrere Junggänse folgen ihrer »Mutter« Konrad Lorenz, weil sie ihn innerhalb einer kritischen Altersspanne als erstes bewegliches Objekt sahen

In der Entwicklungspsychologie bevorzugt man den Begriff »sensible Phase«, der im Vergleich zur kritischen Phase weniger genau auf einen bestimmten Alterszeitraum festgelegt ist und nicht ausschließt, dass Versäumnisse während der sensiblen Phasen zu einem späteren Zeitpunkt – allerdings womöglich mit größerem Aufwand – nachholbar sind.

Ethologen versus Behavioristen

Die Behavioristen, von denen noch die Rede sein wird (s. S. 22ff.), vertraten die Auffassung, das Neugeborene sei zu Beginn seines Lebens wie ein weißes Blatt Papier, das erst durch Erfahrungen beschrieben werden müsse. Sie richteten den Blick vor allem auf Bedingungen der Umwelt. Die Ethologen versuchten, dieser einseitigen Sichtweise entgegenzuwirken, indem sie daran erinnerten, dass der Mensch ein Wesen mit biologischem Erbe ist. Während das Neugeborene für den Behavioristen über keinerlei Voraussetzungen verfügt, sich sozial zu verhalten, bringt es aus der Sicht des Ethologen bereits angeborene Voraussetzungen für soziale Kontakte mit, auf die in der Begegnung mit der Mutter und anderen Pflegepersonen aufzubauen ist. Die Ethologen konnten zwar gegenüber ihren Kritikern keinen befriedigenden Beleg für ihre Behauptung erbringen, dass bestimmte Motive und Verhaltensmuster eine angeborene Komponente besitzen; sie haben aber – wie in weiteren Kapiteln zu zeigen sein wird – das Forschungsinteresse auf Problemgebiete gelenkt, die man sonst wahrscheinlich übersehen hätte. Ihre Beiträge blieben bislang jedoch auf bestimmte Entwicklungsbereiche beschränkt, so etwa auf die Entwicklung des sozialen Verhaltens. Die Ethologen haben insbesondere eingehend erforscht, unter welchen Bedingungen ein Kind sozial-emotionale Bindungen zu seiner Pflegeperson aufbaut (s. S. 132ff.). Über andere Aspekte der Entwicklung, vor allem im kognitiven Bereich, erfährt man von ihnen praktisch nichts. Der Forderung der Ethologen, Kinder in ihrem natürlichen Kontext zu beobachten, fühlen sich auch Vertreter der ökologischen Sichtweise verpflichtet (s. S. 29ff.).

1.2.2 Psychodynamische Sichtweisen

Begründer der Psychoanalyse ist Sigmund Freud (1856–1939), dessen Lehre so einflussreich war, dass sie nicht nur Anhänger, sondern auch Kritiker auf den Plan rief. Als entwicklungspsychologisch nennenswerter Kritiker Freuds und Weiterentwickler seiner Lehre ist auf Erik Erikson einzugehen.

Sigmund Freuds psychosexuelle Sichtweise

Die Bedeutung frühkindlicher Erfahrungen. Ein weiterer Vertreter der biologischen Sichtweise ist

Abbildung 1.6. Sigmund Freud (1856–1939)

durch seine Arbeiten derartig bekannt geworden, dass er es verdient, gesondert erwähnt zu werden: Sigmund Freud. Freud hat für seine Vorstellungen vom Menschen und seiner Entwicklung keineswegs weithin Zustimmung erhalten, aber auch seine Kritiker haben zumeist anerkannt, dass Freud das Verdienst zukommt, schon zu Beginn des 20. Jahrhunderts auf die Bedeutung frühkindlicher Erfahrungen für spätere Entwicklungen hingewiesen zu haben. Er griff damit einen Gedanken auf, der sich bereits in Schriften der Antike findet. So lässt Platon Sokrates in seinem *Staat* die Feststellung treffen: »Nun weißt Du doch, daß der Anfang bei jeder Sache das Wichtigste ist, zumal bei jedem jungen und zarten

INFO-KASTEN 1.2

Wie Sigmund Freud die Furcht vor Pferden bei einem fünfjährigen Jungen erklärte

Als Hans fünf Jahre alt war, weigerte er sich, das Haus zu verlassen, denn er fürchtete sich vor Pferden, die es zu Beginn des letzten Jahrhunderts in großer Anzahl in den Straßen Wiens gab. Die Eltern waren darüber sehr beunruhigt. Schließlich wandte sich der besorgte Vater an Sigmund Freud, den er als Arzt zuvor bei anderen Gelegenheiten um Rat gefragt hatte. Freud ließ sich über das Leben von Hans genau informieren. Dabei interessierte er sich auch für die Träume des kleinen Jungen, für den Inhalt seiner Phantasien, seine Vorlieben usw. Schließlich fühlte sich Freud mit dem kleinen Hans hinreichend vertraut, um dessen Furcht vor Pferden deuten zu können. Aus einer umfangreichen Darstellung seien im Folgenden nur einige Gedanken herausgegriffen.

Ödipuskomplex. Freud war davon überzeugt, dass sich der kleine Hans in seine Mutter verliebt hatte und seinen Vater als Rivalen erlebte. In Anlehnung an die griechische Mythologie bezeichnet Freud ein solches Beziehungsgeflecht als Ödipuskomplex. In der Sage tötet Ödipus seinen Vater und heiratet seine Mutter. Für Freud kommen in der Ödipus-Sage die geheimen Wünsche des Jungen zum Ausdruck, die allerdings immer von Ängsten begleitet sind; Freud fasst sie unter dem Begriff »Kastrationsangst« zusammen.

Kastrationsangst. Demnach fürchtete Hans, sein mächtiger Vater könnte von seiner Zuneigung etwas bemerken und ihn zur Strafe kastrieren. Diese Furcht vor dem eigenen Vater konnte der kleine Junge aber nicht akzeptieren, weil er ihn gleichzeitig liebte. Folglich, so deutete Freud, übertrug Hans seine Angst auf Pferde. Warum wählte Hans gerade diese Tiere als Symbol? Für Freud war dies keineswegs ungewöhnlich. Schließlich habe der Vater mit seinem Sohn früher Pferd und Reiter gespielt. War es nicht eine Anspielung auf den Schnurrbart des Vaters und auf seine Brille, wenn Hans sich vor allem vor solchen Pferden fürchtete, die »etwas Schwarzes am Munde« und Scheuklappen hatten?
Aus heutiger Sicht erscheint es unvertretbar, ein Kind nicht direkt, sondern über einen anderen Menschen, im vorliegenden Fall sogar über den eigenen Vater, zu therapieren. Im Übrigen fragen sich Kritiker der Freudschen Auslegung, ob diese nicht eher dessen Deutungssystem widerspiegelt als eine psychische Wirklichkeit des kleinen Hans.

Wesen? Denn da wird es am leichtesten geformt und so geprägt, wie man ein jedes prägen will.«

Freud war es auch, der zum ersten Mal nachdrücklich darauf aufmerksam machte, dass der Mensch nicht ausschließlich ein von der Vernunft geleitetes Wesen ist. Menschliches Verhalten, so erklärte er, bleibe weitgehend unerklärbar, wenn man den Einfluss »unbewusster« Konflikte und deren Bedingungen außer Acht lasse.

Freud stützte sich bei seinen Erkenntnissen nur auf Erfahrungen mit erwachsenen Patienten, die in seine Wiener Praxis kamen. Nur einmal hat er ein Kind behandelt, mit dem er – von einer Ausnahme abgesehen – jedoch nur über den Vater in Kontakt stand (s. Info-Kasten 1.2). Vor diesem Hintergrund erscheint es auf den ersten Blick überraschend, dass Freud entscheidenden Einfluss auf Denkweisen in der Entwicklungspsychologie zu nehmen vermochte. Nach Freuds Überzeugung kamen in den Symptomen seiner erwachsenen Patienten aber Konflikte zum Ausdruck, die während der ersten Lebensjahre entstanden waren.

Es, Ich und Über-Ich. Freud unterschied bei der menschlichen Persönlichkeit drei Instanzen, die sich wechselseitig beeinflussen:

Es. Im Es finden sich die mächtigen Triebe, mit denen der Mensch bereits bei seiner Geburt ausgestattet ist. Sie wirken weitgehend aus dem Unbewussten. Freud unterschied zwischen dem Sexualtrieb, auch »Libido« genannt, und dem auf Zerstörung ausgerichteten Aggressions- oder Todestrieb. Zu beachten ist, dass Freud den Begriff ›Sexualität‹ in einem sehr weiten Sinne verstanden wissen wollte, denn er verwendete ihn, um damit alle möglichen lustvollen Erfahrungen zu beschreiben. Die Wirkungsweise dieser Triebe ist dadurch gekennzeichnet, dass sie menschliches Verhalten in die Richtung einer unkontrollierten, sofortigen Triebbefriedigung zu drängen versuchen, was unausweichlich zu Konflikten mit der Umwelt und ihren Anforderungen führen muss.

Ich. Die Ansprüche der Umwelt werden in Freuds Modell durch die Instanz des Ich vertreten. Menschliche Entwicklung wird deshalb vor allem von dem Versuch bestimmt, auf der Grundlage der Vermittlungsarbeit des Ich das Es zu veranlassen, den Lustgewinn erforderlichenfalls aufzuschieben und/oder Formen der Befriedigung zu suchen, die sozial annehmbar sind.

Über-Ich. Auch mit der dritten Instanz, dem Über-Ich, muss sich das Ich auseinandersetzen. Das Über-Ich lässt sich in etwa mit dem Gewissen gleichsetzen. Es verkörpert die Werte und moralischen Grundsätze einer Gesellschaft, die das Kind von seinen Eltern und anderen übernommen hat. Das Ich muss also zwischen den strengen moralischen Anforderungen des Über-Ich und den Wünschen des Es vermitteln.

ZITAT

David Moshman und Mitarbeiter (1987) haben – etwas vereinfachend – den Konflikt zwischen den drei Instanzen der Persönlichkeit einmal so beschrieben: »Das *Es* sagt: ›Ich möchte dies und ich möchte es jetzt‹. Das *Ich* sagt: ›Ich arbeite schon daran, aber du musst dich gedulden!‹ Das *Über-Ich* sagt:, ›Das ist nicht erlaubt, und wenn du es trotzdem tust, werde ich dafür sorgen, dass wir uns alle schuldig fühlen‹.«

Psychosexuelle Entwicklung. Der entwicklungspsychologisch bedeutsamste Beitrag Freuds liegt in der Beschreibung der psychosexuellen Entwicklung. Mit dem Begriff »sexuell« wollte Freud zum Ausdruck bringen, dass die Suche des Kindes nach Lustgewinn von den gleichen psychischen Energiequellen gespeist wird wie die genitale Sexualität. Freud nennt die Energie, die hinter den Triebkräften steht, **Libido**. Sie besetzt – gesteuert vom biologischen Reifungsprozess – bereits im Verlauf der ersten Lebensjahre mehrere Körperzonen oder »erogene Zonen«: zunächst den Mund (orale Phase), später den After (anale Phase) und schließlich die Geschlechtsorgane (phallische

Phase). In jeder dieser Phasen können Konflikte zwischen den Triebansprüchen des Es und Reaktionen der Umwelt auftreten. Wie sich am Beispiel der oralen Phase zeigen lässt, hängt der Fortgang der Entwicklung davon ab, in welchem Ausmaß und auf welche Art der Trieb des Kindes in den einzelnen Phasen befriedigt wird.

Beispiel: Orale Phase. Während des ersten Lebensjahres treten die Lippen sowie die übrigen Mundpartien als erogene Zone in den Vordergrund: das Kind saugt, lutscht, später kaut und beißt es. Freud schloss daraus, dass Babys Gegenstände untersuchen, indem sie diese in den Mund stecken, dass hinter solchen Aktivitäten nicht nur das Interesse an der Nahrungsaufnahme steht. Vielmehr sah er im Mund während dieser frühen Phase die Hauptquelle für Lustempfindungen. Bei Entsagungen (Frustrationen) während dieser Zeit, wie z. B. zu langem Warten auf die Mahlzeit, zu wenig Essen, sah Freud die Gefahr eines nicht angemessenen Entwicklungsverlaufs. Freud unterschied zwei Reaktionen des Kindes auf zu hohe Anforderungen der Umwelt:

Fixierung. Im Falle einer Fixierung bleiben libidinöse Energien im unbewältigten Entwicklungsabschnitt zurück. Es gelingt dem Kind folglich nicht oder nur noch unzulänglich, die nächste Phase zu erreichen, in der es reifere Formen der Auseinandersetzung mit der Umwelt entwickeln muss. Freud glaubte, bei seinen erwachsenen Patienten Persönlichkeitsmerkmale entdeckt zu haben, die er als Fixierungen deutete. Wenn ein Mensch z. B. zu früh von der Mutterbrust entwöhnt worden ist, seine Lust am Saugen also nicht ausreichend befriedigt wurde, rechnet er mit einer Fixierung auf der oralen Stufe. Das kann in späteren Entwicklungsstufen im Daumenlutschen, an den Nägeln kauen, in übermäßiger Lust am Essen und Rauchen zum Ausdruck kommen.

Freud verglich diesen Prozess mit einer Reihe von Schlachten, die eine militärische Truppe zu bestehen hat: Wenn die Gefechte der ersten Phase erfolgreich sind und die damit verbundenen Konflikte gelöst werden, können die meisten Soldaten voranschreiten, um die Auseinandersetzungen mit den Problemen der nächsten Phase zu beginnen. Waren die Anforderungen der ersten Phase allerdings zu hoch, dann müssen viele Soldaten zurückbleiben und nur ein kleines Truppenkontingent steht für die Gefechte der nächsten Phase zur Verfügung.

Regression. Eine andere Reaktion des Kindes auf zu hohe Anforderungen der Umwelt sah Freud in der Regression: Wenn das Kind eine nachfolgende Phase erreicht hat und die mit ihr verbundenen Anforderungen nicht erfüllen kann, kehrt es – im psychologischen Sinne – zu jener Phase zurück, in der es Befriedigung gefunden hat. Es zeigt damit Verhaltensweisen, die in einer früheren Phase angemessen waren, seiner aktuellen Altersstufe aber nicht mehr entsprechen.

Nach Freuds Überzeugung hing es also entscheidend von den besonderen Bedingungen der Umwelt, von der Reaktion der Mutter oder beider Eltern, ab, wie das Kind verschiedene Abschnitte der Entwicklung durchläuft. Damit hat Freud auf eine Entwicklungsbedingung hingewiesen, die in Gefahr stand, übersehen zu werden. Zu Freuds Verdiensten gehört es auch, besonders nachdrücklich auf die Bedeutung der ersten Lebensjahre für die weitere Entwicklung hingewiesen zu haben.

Kritik. Freuds Erkenntnisse übernahmen auch viele seiner Kritiker. Es wurden jedoch auch immer wieder Mängel der psychoanalytischen Entwicklungstheorie aufgezeigt. So wurde Freud vielfach vorgeworfen, den Einfluss der Kultur auf die Entwicklung zu wenig beachtet zu haben. Auch die Beschränkung der psychischen Entwicklungsfähigkeit auf die ersten sechs Lebensjahre wurde immer wieder in Frage gestellt. Einige Schüler Freuds rückten daher die Entwicklung des Erwachsenen verstärkt in den Blickpunkt und nahmen sich damit eines Alterszeitraums an, über den Freud wenig ausgesagt hatte. Einer dieser Schüler war Erik Erikson (1902–1994).

Erik Eriksons psychosoziale Sichtweise

Erikson wurde als Sohn dänischer Eltern in Frankfurt am Main geboren. Über einige Einzelheiten aus seiner Kindheit und Jugend berichtet Info-Kasten 10.5 (s. S. 388 f.). Nach seinem Abitur reiste Erikson als Künstler längere Zeit durch Europa, bis er schließlich während seines dritten Lebensjahrzehnts mit Sigmund Freuds Tochter Anna in Kontakt kam. Bei ihr unterzog er sich einer Lehranalyse. Im Jahre 1933 wanderte Erikson nach Amerika aus, wo er – nach seinen Europa-Erfahrungen – erneut mit unterschiedlichsten Kulturräumen in Berührung kam. Er siedelte sich zunächst in Boston an. Dort fand er als erster Kinderanalytiker in den Neu-England-Staaten gute Arbeitsmöglichkeiten vor und traf mit vielen wissenschaftlich einflussreichen Persönlichkeiten zusammen. Auf seine Kontakte mit den Anthropologinnen Margaret Mead und Ruth Benedict ist es beispielsweise zurückzuführen, dass er zahlreiche Indianerstämme besuchte und für einige Zeit mit ihnen lebte.

»Psychosoziale« Entwicklung. Nach eingehendem Studium der Sioux- und Yurok-Indianer kam Erikson zu dem Schluss, dass der abrupte Übergang von der traditionellen Indianerkultur zum Amerika des 20. Jahrhunderts von vielen Stammesangehörigen offenbar nicht zu bewältigen war. Bei Soldaten, die nach dem Zweiten Weltkrieg in die Heimat zurückkehrten, stellte er ähnliche Probleme fest. Einige dieser Veteranen schafften es nicht, nach den grauenvollen Kriegserlebnissen wieder ein geordnetes Leben in Familie und Beruf zu führen. Sie hatten Schwierigkeiten, ihre »Ich-Identität« bei erheblichen Veränderungen ihrer Umwelt zu bewahren. Die klassische Psychoanalyse Freuds half Erikson wenig, diese Anpassungsprobleme zu erklären. Die Schwierigkeiten, mit denen Indianer und Soldaten zu kämpfen hatten, ließen sich nicht auf Triebkonflikte zurückführen. Ihre Ursache lag vielmehr in der Erfahrung unterschiedlicher Lebensumwelten. Muss aber nicht jeder Mensch im Lauf seines Lebens mit wiederholt sich ändernden Anforderungen fertig werden? Wie meistert er normalerweise dieses Problem? Solche Fragen lenkten Eriksons Blick auf die »psychosoziale« Entwicklung.

Acht Phasen des menschlichen Lebenslaufs. Erikson hat den gesamten menschlichen Lebenslauf in die folgenden acht Phasen eingeteilt:

(1) Vertrauen vs. Misstrauen
(2) Autonomie vs. Selbstzweifel
(3) Initiative vs. Schuld
(4) Kompetenz vs. Minderwertigkeit
(5) Identität vs. Rollendiffusion
(6) Intimität vs. Isolierung
(7) Generativität vs. Stagnation
(8) Ich-Integrität vs. Verzweiflung

Jede dieser Phasen ist durch einen typischen Konflikt gekennzeichnet, jede Phase stellt Aufgaben an das Ich, an deren Bewältigung es wachsen kann. Die erfolgreiche Auseinandersetzung mit den Anforderungen einer Phase hat die Entwicklung bestimmter »Ich-Qualitäten«, wie z. B. Vertrauen, Selbständigkeit, Initiative usw. zur Folge. Ebenso wie sich beim menschlichen Organismus während des vorgeburtlichen Zeitraums Organe nach einem vorgegebenen Plan ausbilden, sieht Erikson auch die Abfolge und Dauer der acht Phasen nach einem »Grundplan« ablaufen. Wie ein Kind die in einer Phase gestellten Aufgaben löst, hängt entscheidend von seinen Umwelterfahrungen ab. Wenn es die Anforderungen einer Phase nicht voll bewältigt hat, erschwert das die erfolgreiche Auseinandersetzung mit den Aufgaben nachfolgender Phasen. Erikson glaubt allerdings nicht, dass irgendeine der von ihm benannten Entwicklungsaufgaben jemals vollkommen bewältigt werden könnte. Gelegentlich zeigen sich bei jedem Menschen Misstrauen, Zweifel oder Schuldgefühle. Entscheidend ist für Erikson, dass die positiven Qualitäten des Ichs gegenüber den negativen überwiegen.

Erikson hat Freuds Gedanken in entscheidender Weise bereichert, indem er die Entwicklung der gesamten Lebensspanne in den Blick nahm. Während Freud sich in erster Linie mit Fehlentwick-

BEISPIEL

Die erste von Eriksons Phasen ist durch den Gegensatz von Vertrauen und Misstrauen gekennzeichnet. Die Mutter oder Hauptpflegeperson bestimmt z. B. durch ihr Verhalten, wie das Kind zu Beginn seines Lebens die Aufgabe der ersten Phase bewältigt. Wenn es erfährt, dass ihm Hilfe und Zuwendung zuteil werden, wann immer es sie benötigt, erwächst daraus Vertrauen. Verhält sich die Mutter jedoch kühl, abweisend oder ist sie unzuverlässig in ihrer Fürsorge, dann lernt das Kind, anderen Menschen zu misstrauen. Beide Verhaltensstile wirken sich darauf aus, wie das Kind die Anforderungen in der nächsten Phase der psychosozialen Entwicklung angeht: Kinder, die Vertrauen zu sich selbst und ihrer Umgebung gewonnen haben, fangen an, ihre Umwelt zu erforschen. In dem Maße, wie Eltern solche Bemühungen unterstützen, bieten sie dem Kind eine gute Voraussetzung zur Entwicklung von Selbständigkeit. Wenn das Kind dagegen während der ersten Phase der Entwicklung kein Vertrauen zu sich selbst und seiner Umgebung gewonnen hat, zögert es, eine Welt zu erkunden, die voller Überraschungen und Gefahren ist.

lungen beschäftigte, interessierte sich Erikson für die Frage, wie der Mensch in Entwicklungskrisen Lösungen findet. Seine eigenen Erfahrungen halfen Erikson auch, den Einfluss unterschiedlicher Kulturen auf die Entwicklung zu berücksichtigen. Eltern und Erzieher erfuhren von ihm, dass es schon in sehr frühen Stadien der Entwicklung psychosoziale Krisen gibt, von deren Bewältigung das weitere Schicksal eines Kindes abhängt.

Kritik. Was aber – so muss sich Erikson fragen lassen – bringt die Entwicklung voran? Wie gelingt es dem Kind, von einer Phase zur nächsten voranzuschreiten? Erikson, so stellt Patricia Miller (1993) fest, teilt zwar mit, »*was* die Entwicklung beeinflusst (beispielsweise körperliche Reinigung, Eltern, kulturelle Normen, das Ausmaß der Bewältigung früherer Krisen), sagt aber nichts dazu, *wie* dies geschieht. Durch welche Mechanismen lernt ein Kleinkind, wann es vertrauensvoll reagieren und wann es misstrauisch sein sollte?« Solchen Fragen ist Erikson die Antwort schuldig geblieben. Er hat sich vor allem darauf beschränkt, typische Konflikte und Lösungsformen innerhalb bestimmter Altersphasen zu beschreiben. Die Aufgabe zu erklären, warum Menschen auf psychosoziale Krisen unterschiedlich reagieren, hat er anderen überlassen.

1.2.3 Die Sichtweise der Behavioristen

Während der Wiener Nervenarzt Freud einen Menschen zeichnete, dessen Verhalten wesentlich von seinen meist aus dem Unbewussten wirkenden angeborenen Trieben bestimmt wird, entwarfen die in der Tradition angelsächsischer Philosophie stehenden Behavioristen ein Bild vom Menschen, dessen Aktivitäten weitgehend von der Umwelt kontrolliert werden.

Der neugeborene Mensch: ein leeres Blatt Papier

Um ihren Standpunkt zu untermauern, griffen Behavioristen einen Vergleich des englischen Philosophen John Locke (1632–1704) auf, wonach der »Geist« des Neugeborenen einem leeren Blatt Papier entspricht, das erst noch zu beschreiben ist. John Watson (1928), der Begründer des Behaviorismus, hat einmal behauptet, dass er »zum Aufbau eines menschlichen Wesens« anfänglich nichts weiter benötige als »ein quicklebendiges, sich windendes Stückchen Fleisch, das in der Lage ist, ein paar einfache Reaktionen von sich zu geben, wie z. B. die Bewegungen von Händen und Armen und Fingern und Zehen, das schreit und lächelt und das mit seiner Kehle bestimmte Töne macht. ... Eltern finden dieses Rohmaterial vor und fangen an, es in einer Weise zu gestalten, die ihnen passend erscheint.« Tempo und Verlauf der weiteren Entwicklung, so Watson, hingen von den Erfahrungen ab, die von der Umwelt anzuregen und zu kontrollieren seien. Watson (1924) forderte zum intensiven Studium des Lernens auf; denn er war überzeugt davon, dass Vertreter einer zukünftigen und weit fortgeschrittenen Lernpsychologie die menschliche Entwicklung in jede gewünschte Richtung lenken könnten: »Gebt mir ein Dutzend Kinder und eine Welt, in der ich sie aufziehen kann. Ich garantiere dann, daß ich jedes zu dem mache, was ich möchte: Arzt, Rechtsanwalt, Künstler, Unternehmer oder auch Bettler und Dieb.«

Entwicklungspsychologie = Lernpsychologie

Für Behavioristen verschwimmt der Unterschied zwischen Lern- und Entwicklungspsychologie. In dem Maße, wie ein Kind neue Verhaltensweisen lernt, zeigt es Veränderungen, die als Entwicklung zu interpretieren sind. Ein Erwachsener unterscheidet sich in seinem Verhalten lediglich darin von einem Kind, dass er über eine längere Lerngeschichte verfügt. Die Behavioristen waren davon überzeugt, dass die von ihnen beschriebenen Lerngesetze für alle Altersstufen gültig seien. Im Gegensatz zu den Reifungstheoretikern maßen sie dem Alter eines Menschen keinerlei Informationswert bei; für sie war nur seine jeweilige Lerngeschichte von Interesse. Einen so radikalen Standpunkt findet man heute kaum noch unter Behavioristen. Die meisten sind inzwischen bereit, einen gewissen Einfluss biologischer Prozesse auf das Entwicklungsgeschehen anzuerkennen (Miller, 1993).

Verstärkung und Bestrafung

Für den Behavioristen klassischer Prägung lernen Lebewesen – Mensch und Tier gleichermaßen – unter bestimmten Bedingungen, Reize und Reaktionen zu verbinden. Verhaltensweisen treten häufiger auf, nachdem sie »verstärkt« worden sind. Oder – in unbehavioristischer Ausdrucksweise – wenn sie einen erwünschten Effekt ausgelöst haben. Demgegenüber nimmt die Auftretenswahrscheinlichkeit einer Verhaltensweise ab, wenn sie entweder konsequent nicht mehr verstärkt wird oder wenn ihr eine »Bestrafung« folgt, d. h. (wiederum außerhalb behavioristischer Sprachregelung), wenn Lernende erfahren haben, dass eine zuvor belohnte Verhaltensweise nunmehr ohne Wirkung bleibt oder eine unangenehme (z. B. schmerzhafte) Konsequenz hat.

Banduras Beobachtungslernen

Für den streng behavioristischen Lernpsychologen ist es unbedeutend, ob ein Lernender seine Rückmeldungen von den Mitmenschen erhält. Verstärkungen und Bestrafungen ließen sich grundsätzlich auch von Automaten verabreichen. Ist der Einfluss von Eltern, Lehrern und Gleichaltrigen aber tatsächlich so unerheblich für die Entwicklung eines Kindes? Sind Personen noch nicht einmal erforderlich, um Belohnungen und Bestrafungen zu verteilen? Als Albert Bandura (1962), anfänglich stark vom behavioristischen Denken geprägt, Jugendliche untersuchte, die mit dem Gesetz in Konflikt geraten waren, fiel ihm etwas auf, was seine wissenschaftliche Neugier erregte: Die Eltern zeigten in ihrem Alltag häufig aggressives Verhalten. Wirkten sie damit womöglich als »Vorbilder« oder – wie Bandura sie nannte – als »Verhaltens-Modelle«? Hatten die Kinder das aggressive Verhalten möglicherweise von Vater und Mutter durch Beobachtung gelernt und in anderen Situationen einfach nachgeahmt? Ende der 50er Jahre versuchte Bandura, solche Fragen in einer Reihe von Studien zu klären, die heute bereits als klassisch gelten; das in Info-Kasten 1.4 auf Seite 39f. beschriebene Experiment entstammt dieser Serie.

Bandura wurde durch seine Arbeit zu einem bedeutsamen Vertreter der Sozial-kognitiven Lerntheorie. Darin geht er davon aus, dass Menschen nicht nur lernen, wenn ihre eigenen Verhaltensweisen verstärkt oder bestraft werden. Das Wissen, wie man sich in einer Situation verhält, kann man auch dadurch erwerben, dass man andere beobachtet und dabei aufmerksam protokolliert, welche Konsequenzen deren Verhalten jeweils nach sich zieht.

Kognitiver Behaviorismus

Noch bis in die 50er Jahre hinein hielten sich viele Psychologen strikt an die Mahnung Watsons, sich in der wissenschaftlichen Arbeit nur mit solchen Funktionen und Prozessen zu beschäftigen, die sich direkt beobachten lassen. Zu Beginn der 60er Jahre beschäftigten sich Ingenieure mit der Entwicklung von Maschinen, die in der Lage sind, Informationen aufzunehmen, zu verarbeiten und zu speichern; man sprach schließlich sogar von »künstlicher Intelligenz«. Sicherlich haben diese Fortschritte im technischen Bereich mit dazu beigetragen, dass selbst Behavioristen dazu bereit waren, Prozesse *im* Menschen in Anspruch zu nehmen, die nicht direkt zu beobachten, sondern allenfalls mit Hilfe komplizierter Technik zu erfassen oder wenigstens zu erschließen sind. Psychologen nahmen mit großem Interesse zur Kenntnis, dass man in einen Computer »Daten« eingeben (Input) und mit Hilfe eines von außen gesteuerten Programms den Output, die Ausgabe, festlegen kann. Der Input schien nach dem Eindruck von Behavioristen beträchtliche Übereinstimmungen mit den äußeren Reizbedingungen (S) aufzuweisen, denen Individuen ausgesetzt sind. Der Output entsprach für sie dem Verhalten (R). Wenn aber der Output einer Maschine nicht nur vom Input, sondern auch vom jeweils aktivierten Programm abhängig ist, so überlegten einige Behavioristen, dann müsse es doch möglich sein, auch »Programme« beim Menschen zu entdecken. Erscheint es nicht naheliegend, dass der Mensch ebenso wie der Computer Informationen aufnimmt, verarbeitet, abspeichert und bei Bedarf abruft, um auf Umweltreize angemessen zu reagieren?

Psychologen, die sich solche Fragen stellen, sind informationstheoretisch orientiert. Ihrer Ansicht nach übernehmen »kognitive Prozesse« die innere Verarbeitung von Informationen. Diese Psychologen betrachten Organismen als passiv, weil ihr Verhalten wie eine Maschine unter Kontrolle der Umwelt steht; so bewahrten sie eine entscheidende Annahme des Behavioristen: sie gehen davon aus, dass ein Lernschritt nach dem anderen folgt und so ein kontinuierlicher Entwicklungsprozess zustande kommt. Da die informationstheoretisch orientierten Psychologen aber kognitive Prozesse in Anspruch nehmen, kann man in Abhebung zu traditionellen Sichtweisen von einem kognitiven Behaviorismus sprechen. Sofern Psychologen sich dagegen von der Annahme eines aktiven Menschenbildes leiten lassen, sind sie konstruktivistisch orientiert.

1.2.4 Die Sichtweise des universalen Konstruktivismus

Konstruktivisten gehen nicht, wie Behavioristen, davon aus, dass Menschen nur von außen, sondern vielmehr in hohem Maße auch von Prozessen kontrolliert werden, die in ihnen selbst liegen. Einer ihrer bekanntesten Wegbereiter ist Jean Piaget.

Aktives Menschenbild

Jean Piaget (1896–1980) setzt sich besonders eindeutig von den Behavioristen ab, weil er von einem aktiven Menschenbild ausgeht. Er bezeichnete sich als Epistemologen, und als ein solcher interessierte ihn, wie der Mensch während der Kindheit und des Jugendalters zu seinem Wissen gelangt. Es gibt wohl keinen Wissenschaftler, der einen größeren Einfluss auf die Entwicklungspsychologie genommen hat als Piaget (Beilin, 1992). Immer mehr Entwicklungspsychologen stellen heute allerdings fest, dass Piaget die kognitive Entwicklung zwar sehr gründlich *beschrieben* hat, aber kaum etwas über die *Prozesse* ausgesagt hat, die bei Kindern und Jugendlichen zu richtigen oder falschen Antworten in Problemsituationen führen (Kuhn, 1992).

Das Kind, so hat Piaget gelehrt, ist nicht einem Stück Papier vergleichbar, das passiv erduldet, wie es von seiner Umwelt beschrieben wird. Das Kind muss vielmehr als ein aktives Wesen gesehen werden. Was Piaget damit meint, lässt sich leicht durch einen kleinen Versuch veranschaulichen (Kuhn, 1992). Man zeigt Kindergartenkindern einen Glaskrug, den man mit einer

Abbildung 1.7. Jean Piaget (1896–1980)

Flüssigkeit füllt und dann um 45 Grad nach vorne neigt. Man fordert den jungen Beobachter sodann auf, die vorgegebene Zeichnung eines leeren Krugs so zu ergänzen, wie er die Flüssigkeit im Krug sehen würde. Die meisten Kinder werden die obere Grenze der Flüssigkeit parallel zum oberen Rand des Gefäßes zeichnen, wie es Abb. 1.8 darstellt.

Man kann davon ausgehen, dass die meisten Kindergartenkinder bereits wiederholt beobachtet haben, wie aus einem Krug Flüssigkeit ausgeschenkt worden ist. Dabei haben sie niemals einen schräg gehaltenen Krug gesehen, in dem sich die obere Grenze der Flüssigkeitssäule wie in ihrer Zeichnung darstellt. Was die Kinder wiedergeben – so erläuterte Piaget – ist folglich nicht einfach ein Abbild vorausgegangener Erfahrungen, sondern das Ergebnis einer Erklärung des Vorgefundenen vor dem Hintergrund ihres jeweiligen Vorwissens. Damit gilt für Piaget (1966), dass »Wissen nicht ein Abbild der Wirklichkeit« ist.

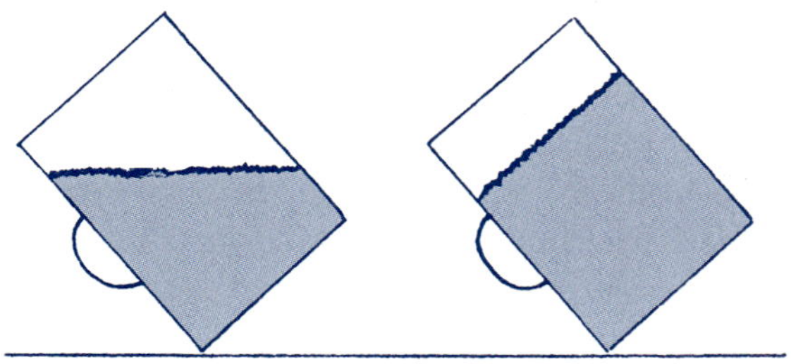

Abbildung 1.8. Wenn Kindergartenkinder gebeten werden, die vorgegebene Zeichnung eines Krugs so zu vervollständigen, dass man die Flüssigkeit so wie in der Wirklichkeit (links) sieht, dann zeichnen sie eine Linie wie im Bild rechts

Universal-konstruktivistische Sichtweise

Mit seinem jeweiligen Verständnis wirkt das Kind auf die Welt. Nicht immer steht das, was das Kind weiß, mit den Gegebenheiten der Umwelt in Übereinstimmung. Wenn das zutrifft, kommt es zu »kognitiven Konflikten«. Um solche Konflikte zu lösen, besitzt das Kind die Möglichkeit, sein eigenes Wissen, sein Verständnis den neuen Erfahrungen anzupassen, obwohl diese Anpassung nicht stets bereitwilligst erfolgt (Mietzel, 2001). Im günstigsten Fall ändert sich die »kognitive Struktur«, und dann werden die Welt und ihre Gegebenheiten anders verstanden als vorher. Ohne diese Wechselwirkung oder Interaktion kann es nach der Auffassung Piagets keinen kognitiven Entwicklungsfortschritt geben. Dabei verzichtet Piaget keineswegs auf die Annahme von Reifungsprozessen. Der Entwicklungsprozess ist für ihn genetisch vorbestimmt, denn er vollzieht sich in qualitativ unterscheidbaren Phasen, deren Abfolge festgelegt ist; das Überspringen eines Abschnitts ist nicht möglich.

Nach Auffassung Piagets sind Fortschritte in der Entwicklung also das Ergebnis von Reifungsprozessen einerseits *und* von Erfahrung andererseits. Da nach Piaget grundsätzlich alle Menschen diese Entwicklung, wenn auch nicht immer gleich schnell – durchlaufen, spricht man von einer »universal-konstruktivistischen Sichtweise«.

Kritik. Verläuft diese Entwicklung aber wirklich universal, d. h., in allen möglichen Kulturen, also auch in sämtlichen geschichtlichen Epochen der Menschheit, in grundsätzlich gleicher Weise? Piaget hat seinen Kritikern schließlich zugestanden, dass kulturelle Bedingungen mitbestimmen können, wie schnell die kindliche Entwicklung verläuft. Inzwischen weiß man aber, dass von ihnen auch abhängt, *wie* Kinder denken (Rogoff, 1998). Wird das Verständnis, das sich ein Kind konstruiert, nicht aber auch entscheidend von der Art der Anregungen beeinflusst, die es von Seiten seiner Umwelt empfängt? Die Frage hat vor allem der russische Psychologe Lew Wygotski untersucht.

1.2.5 Die sozial-kulturelle Sichtweise

Wenn man Piaget fragte, was die Entwicklung voranbringt, verwies er auf Reifungsprozesse und Umweltanregungen. Über das Zustandekommen dieser Umwelt hat er sich weniger Gedanken gemacht. Die Antwort blieb Lew Wygotski vorbehalten.

Einfluss sozial-kultureller Faktoren auf die kognitive Entwicklung

Lew Wygotski (1896–1934) hob hervor, dass die kognitive Entwicklung eines Menschen stets in einem »sozial-kulturellen Kontext« stattfindet. Damit werden zwei Begriffe in die Diskussion eingeführt, die einer kurzen Erläuterung bedürfen: Kultur und Kontext.

Kultur. Der Mensch besitzt die herausragende Fähigkeit, eine Kultur hervorbringen zu können. Angehörige einer bestimmten Kultur sind dadurch gekennzeichnet,

- dass sie Träger gemeinsamer Werte und Überzeugungen sind;
- dass sie gemeinsam über bestimmte Wissensinhalte und Erfahrungen verfügen, die sie von Generation zu Generation weitergeben. Dieses im Verlauf der menschlichen Geschichte entstandene kulturelle Wissen offenbart sich z. B. in der Sprache, in bestimmten Gebräuchen und in alltäglichen Aktivitäten, in deren Gefolge bestimmte Produkte (Kleidung, Behausung, technische Geräte, Kunstwerke, kurz: alles, was Menschen im Verlauf der Zeit geschaffen haben) entstanden sind, die zu einem Bestandteil der menschlichen Lebenswelt geworden sind.

Kontext. Was aber ein Mensch, der in eine Kultur hineingeboren wird, tatsächlich erfährt, und was Einfluss auf seine Entwicklung nimmt, hängt von dem Kontext ab, in dem er sich befindet. Wie sehr sozial-kulturelle Faktoren die kognitive Entwicklung beeinflussen, zeigen drei Beispiele.

Neuguinea: Der Körper als Rechenmaschine. Bei den Oksapmin, einer auf Agrarwirtschaft spezialisierten Gesellschaft in Papua-Neuguinea (Saxe, 1985) erlernt man die Grundrechnungsarten, indem man Körperteile zu Hilfe nimmt. Abb. 1.9 zeigt, wie der Körper als Rechenmaschine verwendet wird.

Bei den Oksapmins beginnt das Abzählen mit dem rechten Daumen, als nächstes folgen Hand, Arm, Schulter, das rechte Ohr und die Augen; man fährt dann mit den Körperteilen auf der linken Seite fort, bis schließlich der linke Vorderarm und die Finger an der Reihe sind. Die höchste Zahl, die mit dieser Methode erreicht werden kann, ist 29. Die Kinder in der Grundschule zählen beim Rechnen nicht – wie in westlich ausgerichteten Schulen – mit den Fingern ab, sondern zeigen statt dessen auf die jeweiligen Körperteile.

China: Beachtenswerte Rechenleistungen. Chinesische Kinder scheinen beim Erlernen der Mathematik gegenüber deutschen oder amerikanischen Kindern im Vorteil zu sein. Bereits im Alter von vier Jahren können die asiatischen Jungen und Mädchen verhältnismäßig viele Ziffern »im Kopf« behalten (Geary et al., 1993). Die Erklärung liegt offenbar darin, dass die chinesische Sprache eine ziemlich schnelle Aussprache der kurz gesprochenen Ziffern ermöglicht; dadurch ist der Arbeitsspeicher des Gedächtnisses (s. hierzu Kurzzeitgedächtnis, S. 197 f.) nicht so schnell überlastet. Wenn man amerikanischen und chinesischen Kindern aufträgt, sich Namen von Gegenständen zu merken, die in beiden Sprachen gleich lang sind, zeigen junge Chinesen und Amerikaner dagegen keine unterschiedlichen Gedächtnisleistungen mehr (Stevenson et al., 1985). Im Zahlenbereich haben Chinesen aber dank der Ziffern-

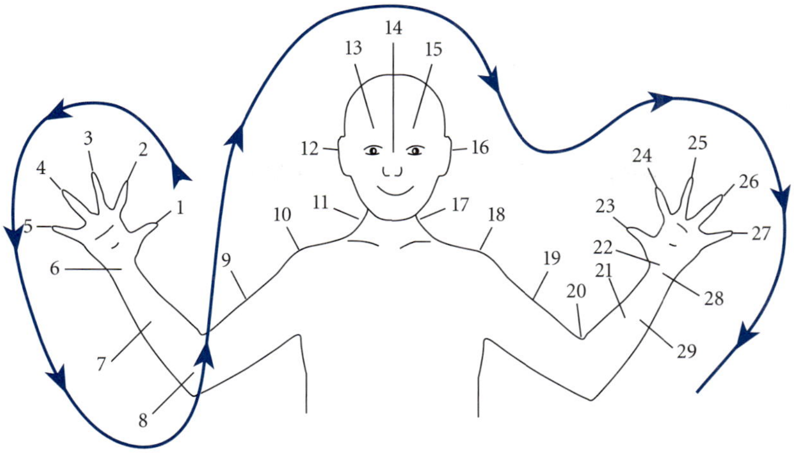

Abbildung 1.9. Der Körper als Rechenmaschine, wie er von den Oksapmins in Papua-Neuguinea verwendet wird: Die Kinder zählen beim Rechnen nicht mit den Fingern ab, sondern zeigen auf die entsprechenden Körperteile

namen in ihrer Sprache einen Vorteil. Sie können Ziffern schneller verarbeiten und müssen bei Additionsaufgaben nicht die Finger zur Hilfe nehmen. Die Fähigkeit zum Rechnen »im Kopf«, die bereits während des ersten Schuljahres nachweisbar ist, gibt den Asiaten eine sehr früh vorhandene günstige Voraussetzung zum Erlernen der Mathematik. Es kommt hinzu, dass es chinesischen Schülern leichter fallen dürfte, Einer-, Zehnersystem usw. zu verstehen. Während es im Deutschen zwölf und dreizehn heißt, spricht man im Chinesischen von »zehn-zwei« oder »zehn-drei«, was dem jungen Lernenden das Verständnis für den Aufbau des Zahlensystems erheblich erleichtern dürfte (Jensen & Whang, 1994).

Brasilien: Kinder als Straßenhändler. Wie sehr der jeweilige Kontext auf die Entwicklung bestimmter Fähigkeiten und Fertigkeiten Einfluss nimmt, zeigte sich auch in Studien, die Terezinha Car-raher und Mitarbeiter (1985) in Recife, Brasilien, durchgeführt haben. Sie verwickelten dort Kinder, die ihre Waren auf der Straße verkauften, in Gespräche, von denen im Folgenden ein kleiner Ausschnitt wiedergegeben wird:

Interviewer:	Wieviel kostet die Kokosnuss?
Kind:	35
Interviewer:	Dann würde ich gerne 10 nehmen. Wieviel macht das?
Kind:	(Pause) Das macht 105 . . . noch drei dazu . . . das macht 210 . . . (Pause) . . . jetzt noch vier dazu . . . das macht . . . (Pause) . . . ich denke, das ergibt 350.

Den Kindern wurden dieselben Aufgaben auch so gestellt, wie sie typischerweise im Mathematikunterricht vorkommen ($10 \times 35 = ?$). Dabei gelangten die Befragten in 37 Prozent der Fälle zu fehlerhaften Lösungen. Muss man ihnen aber eingeschränkte mathematische Fähigkeiten unterstellen, weil sie bei Aufgaben häufig versagten, wie sie vor allem in der Schule vorkommen? Damit würde man ihnen sicherlich nicht gerecht, denn sie hatten sich schließlich nicht an eine schulische Bedingung, sondern an eine Alltagssituation anzupassen, in der sie bei ihren alltäglichen Verkaufsgesprächen teilweise komplizierte Aufgaben richtig ausrechneten. Auf die Anforderungen, die der Straßenhandel in den Großstädten Brasiliens stellt, haben sich die jungen Verkäufer offenbar bestens eingestellt. Die Anpassung an andere Kontexte fällt ihnen dagegen schwer.

Diesen Beispielen lassen sich weitere hinzufügen: Ein Kind, das beispielsweise in eine Agrargesellschaft Afrikas hineingeboren wird, muss vielleicht lernen, wie man Getreide anbaut und Viehzucht betreibt. Die Älteren werden es lehren, jahreszeitliche Veränderungen des Wetters bei seinen Planungen zu berücksichtigen. An das Mädchen werden andere Anforderungen gestellt als an den Jungen. Demgegenüber ist es für den Nachwuchs in einer Industrie- oder Dienstleistungsgesellschaft erforderlich, sprachliche und mathematische Fähigkeiten zu entwickeln, komplizierte technische Geräte zu bedienen usw. Während die Eltern im ländlichen Afrika möglicherweise davon ausgehen, dass die von ihnen geförderten Qualifikationen ausreichen, um sich ein ganzes Leben lang erfolgreich den familiären und beruflichen Anforderungen zu stellen, sind Väter und Mütter in Amerika oder Europa zunehmend davon überzeugt, dass man nur durch lebenslanges Lernen die sich ständig verändernden Anforderungen der Arbeitswelt bewältigen kann. Kulturen vermitteln dem Einzelnen auch unterschiedliche Regeln darüber, wie er sich gegenüber seiner Umwelt zu verhalten hat; so wird von Kindern in der einen Gesellschaft verlangt, dass sie sich der Autorität ihrer Eltern völlig unterordnen, während in einer anderen gilt, dass jedes Individuum nach möglichst hoher Unabhängigkeit und Selbständigkeit streben sollte.

Wenn man die Entwicklung kognitiver Fähigkeiten studieren möchte, reicht es nicht aus, das Augenmerk nur auf die Person zu richten, denn wie diese sich verändert – das zeigen die Ergebnisse der in Papua-Neuguinea und Brasilien durchgeführten Untersuchungen – hängt nicht nur von inneren Prozessen ab, sondern auch von dem Kontext, in dem sie mit anderen in Kontakt tritt. Genau darauf hatte Wygotski nachdrücklich hingewiesen: Die kognitive Entwicklung findet stets in einem sozial-kulturellen Kontext statt, der wiederum mitbestimmt, welche Art von Problemen ein Mensch in seinem Umfeld vorfindet und welche Kenntnisse zur Lösung von Problemen er erwirbt.

Individueller Konstruktivismus oder sozialer Konstruktivismus? Piaget hat bei seinen Beschreibungen offenbar ein Kind vor Augen, das in einer anregenden Sachumwelt *von sich aus* zum Lernen und zur Entwicklung von Verständnis bereit ist (sog. »Individueller Konstruktivismus«). Ein solches Kind kann man mit einem allein arbeitenden Wissenschaftler vergleichen, der seine Umwelt erkundet und dabei Erkenntnisse sammelt. Im Unterschied dazu betont Wygotski die Abhängigkeit der kognitiven Entwicklung von sozialen Anregungen (sog. »Sozialer Konstruktivismus«): Mit solchen fördernden Anregungen auf die kognitive Entwicklung ist grundsätzlich bei allen Diskussionen unter Gleichaltrigen zu rechnen, in denen die Teilnehmer ihr jeweiliges Verständnis, ihre Einstellungen und Ansichten hinterfragen, in denen sie zusätzlich Argumente nennen müssen, um die eigenen Äußerungen zu belegen; man bezeichnet einen solchen sozialen Prozess auch als »Ko-Konstruktion«. Besonders günstig sind soziale Situationen, in denen mindestens ein Interaktionspartner bezüglich seines Wissens und Könnens anderen zumindest ein wenig voraus ist. Viele bedeutsame Entdeckungen sind das Ergebnis einer Kooperation zwischen einem Kind (bzw. einem Lernenden) und einem »kompetenten« Tutor. Die Rolle des Tutors können Eltern, Lehrer, Geschwister oder auch Gleichaltrige übernehmen. Sie führen das zu Lernende entweder vorbildlich vor oder sind bemüht, das Verständnis in Form eines Gesprächs zu fördern. Die Bemühungen eines solchen Tutors lassen sich als »gelenktes« Lernen oder Entdecken kennzeichnen.

Zone der bestmöglichen Entwicklung. Besonders wirkungsvoll ist diese lenkende Einflussnahme innerhalb der »Zone der bestmöglichen Entwicklung«: Wygotski unterscheidet zwischen dem, was ein Lernender aktuell verstehen oder tun kann und dem, was er bei gebotener Unterstützung durch einen Tutor verstehen oder tun *könnte*. Den Unterschied zwischen dem *aktuellen* und dem mit Unterstützung *möglichen* Können beschreibt er als Zone der bestmöglichen Entwicklung.

Ein wichtiges Element in Wygotskis Theorie ist somit die lenkende Unterstützung eines Erwachsenen oder die eines vergleichsweise kompetenten Gleichaltrigen. Diese Lenkung gestattet es dem Lernenden, Aufgaben zunehmend selbständig zu bewältigen. Wenn sich beispielsweise ein Kind infolge der Unterstützung durch einen Erwachsenen als erfolgreich bei seinen Arbeiten mit seinem Baukasten erlebt, entsteht daraus vielleicht die Motivation, sich einer weiteren Konstruktionsaufgabe zu stellen. Im günstigsten Fall gelingt es diesem Kind im Laufe der Zeit, mit weniger Hilfen zum Ziel zu gelangen und gleichzeitig – was der Tutor gebührend anzuerkennen weiß – zunehmend selbständiger zu werden.

BEISPIEL

Zur Veranschaulichung sei einmal angenommen, dass ein Kind sich mit seinem Baukasten beschäftigt und bemüht ist, die darin enthaltenen Teile so zusammenzufügen, dass daraus ein funktionierender Kran entsteht. Eventuell wird der junge Konstrukteur von dieser Aufgabe überfordert. Sofern dieser daraufhin weitere Bemühungen zur Vollendung seines Kranes abbricht, könnte zunächst vermutet werden, dass die Anforderungen jenseits seiner Fähigkeiten liegen. Wygotski sieht allerdings die Möglichkeit, dass kompetente Tutoren dieses Kind in seinen Bemühungen unterstützen, etwa indem sie ihm hilfreiche Hinweise geben, die auf die jeweiligen Wissensvoraussetzungen abgestimmt sind. Auf diese Weise wird die Motivation des jungen Konstrukteurs wahrscheinlich wieder gesteigert, vielleicht auch dadurch, dass die Aufgabe etwas umgestaltet und für das Kind passender gemacht wird. Der Tutor kann weiterhin die Aufmerksamkeit des Kindes auf Gegebenheiten lenken, die dieses bisher übersehen hat, etwa dadurch, dass er lenkende Fragen stellt und aufschlussreiche Hinweise gibt, wie etwa folgende: »Benötigst Du hier ein längeres oder ein kürzeres Verbindungsteil?« – »Siehst Du irgendwo Winkelteile, die genau diese beiden Teile verbinden könnten?« – »Solltest Du Dir die Zeichnung in der Bauanleitung nicht noch einmal genau ansehen, bevor Du weitermachst?« Darf davon ausgegangen werden, dass mit solchen Hilfestellungen die Voraussetzungen des Kindes zur Bewältigung weiterer neuer Aufgaben verbessert werden? Das ist offenbar der Fall, denn wenn sich Kinder mit Problemsituationen nicht allein, sondern gemeinsam mit einem Gleichaltrigen oder mit einem Erwachsenen auseinandersetzen, ist mit einer Steigerung ihrer Kompetenz zu rechnen (Gauvain & Rogoff, 1989).

Die Vorstellungen Wygotskis sind nach ihrem Bekanntwerden – vor allem in Forschungsinstituten außerhalb Russlands – auf vielfältiges Interesse gestoßen. Auch die ökologische Systemtheorie Bronfenbrenners, von der im Folgenden die Rede sein soll, ist von ihm angeregt worden. In hunderten von verschiedenen Kulturen hat man inzwischen den Einfluss des sozial-kulturellen Kontexts auf die Entwicklung des Denkens studiert (Bjorklund, 1995).

1.2.6 Die Sichtweise der ökologischen Systemtheorie

Die Reifungstheoretiker richteten ihren Blick ausschließlich auf das »Innere« (Biologie, Erbanlagen u. ä.), während die Behavioristen ihr Augenmerk ebenso einseitig der Umwelt zugewandt haben. Jean Piaget ging einen Schritt weiter, indem er solche Veränderungen beschrieb, die *in* der Person als Folge ihrer aktiven Auseinandersetzung mit der Umwelt entstanden sind. Piaget war überzeugt davon, dass seine umfangreichen und mit außerordentlicher Sorgfalt durchgeführten Studien ihm Einsichten in die Entwicklung von Kindern und Jugendlichen vermitteln würden, die *universell* seien, und das heißt, zu allen Zeiten und in unterschiedlichsten Kulturen Gültigkeit beanspruchen könnten. Ist Piaget aber dabei nicht auf halbem Wege stehengeblieben? Hat denn das Interagieren des Menschen mit seiner Umwelt tatsächlich nur den Handelnden selbst verändert? Ist die Umwelt nicht womöglich infolge des Interagierens ebenfalls umgestaltet worden? Sollte das der Fall sein, besteht doch sehr wohl die Möglichkeit, dass menschliche Entwicklungen zu unterschiedlichen Zeiten keineswegs immer gleich verlaufen. Der Gedanke, dass der Mensch verändernd auf seine Umwelt wirkt und dass diese Veränderungen wiederum auf den Menschen zurückwirken, hat bereits eine längere philosophische Tradition. So erklärte Johann Wolfgang von Goethe in seinem Vorwort zu *Dichtung und Wahrheit,* »daß man wohl sagen kann, ein jeder, nur zehn Jahre früher oder später geboren, dürfte, was seine eigene Bildung und die Wirkung nach außen betrifft, ein ganz anderer geworden sein.«

In den Blickpunkt des Entwicklungspsychologen rücken aber nicht nur Unterschiede, die sich – angeregt von den Vorstellungen Wygotskis – aus einem Vergleich verschiedener Kulturen ergeben. Auch innerhalb einer einzigen Kultur sind die Menschen, die in ihr leben, unterschiedlichen »Kontexten« ausgesetzt. Darauf hat mit Nachdruck Urie Bronfenbrenner aufmerksam gemacht.

Bronfenbrenners bio-ökologische Theorie der Entwicklung

Bronfenbrenner (1986; Bronfenbrenner & Neville, 1995; Bronfenbrenner & Morris, 1998) hat ein »bio-ökologisches System« entwickelt, das darstellen soll, wie sich das Kind innerhalb eines komplexen Systems sozialer Beziehungen entwickelt. Das Kind, das sich im Mittelpunkt dieses Systems befindet, kommt auf die Welt, und infolge seiner genetischen Ausstattung sind innerhalb bestimmter Reaktionsmöglichkeiten (s. S. 66f.) bereits Vorgaben darüber erfolgt, welche Entwicklungsmöglichkeiten bezüglich seines Temperaments, seiner intellektuellen und körperlichen Merkmale bestehen. Das Kind entwickelt sich jedoch nicht in einem Vakuum, sondern innerhalb verschiedenartiger Kontexte. Wie Abb. 1.10 zeigt, unterscheidet Bronfenbrenner fünf verschiedene Umweltsysteme.

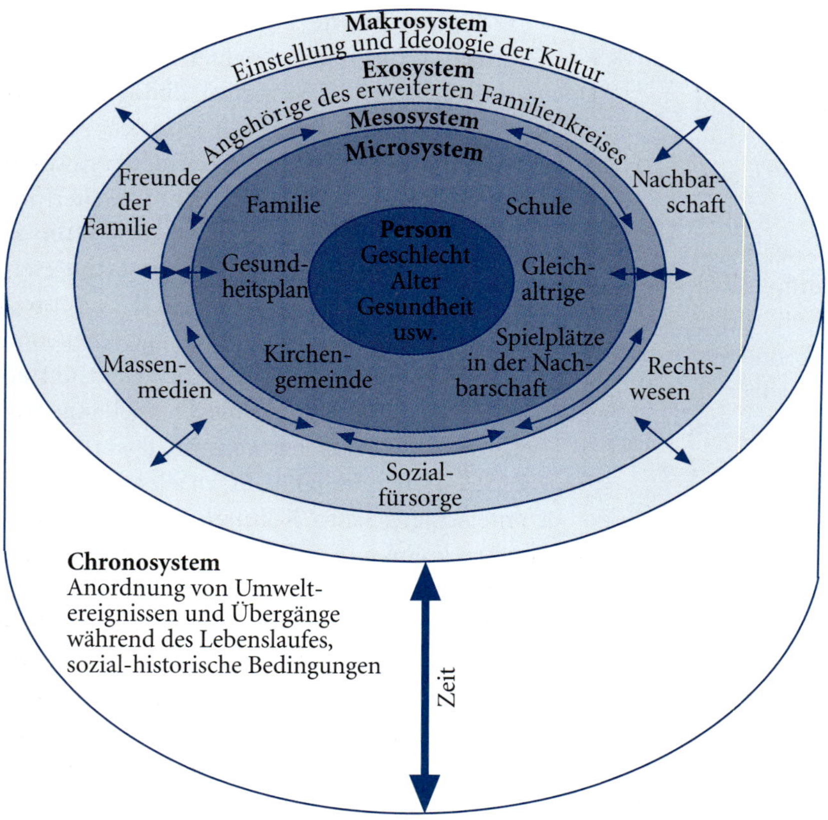

Abbildung 1.10. Urie Bronfenbrenners bio-ökologische Theorie der Entwicklung: Er unterscheidet fünf verschiedene Umweltsysteme, zwischen denen Wechselwirkungen bestehen

Mikrosysteme. Mikrosysteme sind durch Gegebenheiten gekennzeichnet, die sich in der unmittelbaren Lebenswelt des Individuums befinden. Für ein Kind gehören dazu vor allem mehrere Subsysteme, so etwa die Familie, die Gleichaltrigen, die Nachbarn und die Lehrer. Zu diesen Systemen gehören aber auch räumliche Gegebenheiten, durch die festgelegt wird, wo und wie ein Mensch wohnt.

»Bidirektionale Beziehungen«. Lange Zeit hat man vor allem untersucht, welchen Einfluss Erwachsene auf Kinder ausüben. Ein umfassendes Verständnis von Entwicklung kann man aber nach Überzeugung Bronfenbrenners (Bronfenbrenner & Neville, 1995) nur gewinnen, wenn man berücksichtigt, dass Beziehungen in einem System »bidirektional« sind. Damit ist gemeint, dass die Handelnden sich gegenseitig beeinflussen, dass also Eltern nicht nur auf ihre Söhne und Töchter einwirken, sondern diese auch mitbestimmen, wie sich ihre Väter und Mütter ihnen gegenüber verhalten. Solche Wechselwirkungen lassen sich bereits während des ersten Lebensjahres beobachten. Ein Säugling, der häufig lächelt, ruft häufiger soziale Zuwendung seiner Pflegepersonen hervor als ein anderer, der vergleichsweise oft weint oder als ein Kind, das überaktiv ist und damit oft Verbote und Bestrafungen auf sich zieht (Danforth et al., 1990).

In der Regel sammeln Menschen Erfahrungen in verschiedenen Mikrosystemen. So hält sich ein Kind am Morgen zunächst in seiner Familie auf, später in der Schule und am Nachmittag möglicherweise in seinem Sportverein.

Mesosystem. Das Mesosystem hat die Beziehungen zwischen Mikrosystemen zum Inhalt, also beispielsweise zwischen Elternhaus und Schule. Bronfenbrenner hält es für erforderlich, das Verhalten eines Kindes in verschiedenen Kontexten zu beobachten, also etwa in der Familie, in der Gruppe der Gleichaltrigen und in der Schulklasse. Ereignisse in einem Mikrosystem können sehr wohl das Verhalten in einem anderen Mikrosystem beeinflussen. Wenn also ein Schüler im häuslichen Kontext häufiger Streitereien seiner Eltern miterleben muss, besteht sehr wohl die Möglichkeit, dass davon auch seine Arbeit in der Schule beeinträchtigt wird. Dagegen fördert es die schulischen Leistungen, wenn Eltern sich für schulische Aktivitäten interessieren und an den Erfahrungen ihres Sohnes oder ihrer Tochter im Klassenzimmer verstärkt Anteil nehmen (Grolnick & Slowiaczek, 1994).

Exosystem. Neben dem Mesosystem, das Umwelten umfasst, in denen der sich entwickelnde Mensch eigene Erfahrungen sammelt, berücksichtigt Bronfenbrenners ökologische Theorie weiterhin, dass ein Individuum auch von Ereignissen in einem Aktivitätsbereich beeinflusst werden kann, in dem es keine direkten Erfahrungen sammelt; Bronfenbrenner spricht in einem solchen Fall von einem Exosystem. So sind für die Entwicklung eines Kindes Erfahrungen seiner Eltern in ihren beruflichen Tätigkeitsfeldern keineswegs unbedeutend. Wenn eine Frau beispielsweise von der Leitung ihrer Firma erfährt, dass sie in Zukunft häufiger Reisen zu unternehmen hat, muss damit gerechnet werden, dass ihre beruflich bedingte häufigere Abwesenheit von ihrer Familie auch die Beziehungen zu ihrem Ehemann und zu ihrem Kind verändert. Die beruflichen Aktivitäten der Mutter und die daraus entstehenden Veränderungen in der häuslichen Umgebung bilden somit ein Exosystem. Das Kind besitzt praktisch keinerlei Kontrolle darüber, ob seine Eltern berufstätig sind und welche Konsequenzen sich daraus ergeben. Dennoch werden die häuslichen Wohnverhältnisse, die Zufriedenheit der Eltern und vieles mehr entscheidend von den beruflichen Erfahrungen von Vater, Mutter oder beiden mitbestimmt, und daraus dürften sich wiederum Folgen für die kindliche Entwicklung ergeben. Wenn Familien z. B. von Arbeitslosigkeit betroffen werden, ist mit einer Steigerung häuslicher Konflikte, eventuell auch damit zu rechnen, dass betroffene Kinder gehäuft Opfer von Kindesmisshandlung werden (Garbarino & Kostelny, 1992).

Makrosystem. Das Makrosystem in Bronfenbrenners Theorie beschreibt die Kultur und Subkultur, in der ein Mensch lebt und heranwächst. Durch die Kultur werden typische Rollen, Glaubensüberzeugungen, Einstellungen, Wertungen usw. bestimmt. Welche sozialen Rollen Jungen und Mädchen zugewiesen werden, hängt von der Kultur ab, in der sie aufwachsen. Überzeugungen und Einstellungen können sich in einer Gesellschaft sehr wohl im Verlauf der Zeit ändern. So fanden sich in Deutschland und vielen anderen Ländern noch vor wenigen Jahrzehnten überwiegend Familien, die autoritär erzogen haben, während inzwischen ein autoritativer Erziehungsziel vorherrscht (s. hierzu S. 298). Vorstellungen von der Erziehung unterscheiden sich aber auch aktuell in einer Gesellschaft insofern, als Eltern mittlerer und höherer sozialer Schichten andere Ziele verfolgen als solche unterer sozialer Schichten (Gutierrez & Sameroff, 1990; Harrison et al., 1990).

Chronosystem. Im Verlauf eines individuellen Lebens verändert sich die Umwelt eines Menschen ständig. Es treten »kritische Lebensereignisse« auf, die zur Anpassung an neue Situationen herausfordern. Beispiele für kritische Lebensereignisse sind die Geburt eines Geschwisterkindes, die Einschulung, die Scheidung der Eltern, der tragische Verlust von Vater oder Mutter und der Umzug in eine andere Wohngegend. Kritische Lebensereignisse können auch von der körperlichen Entwicklung ausgehen, etwa dadurch, dass ein junger Mensch in die Pubertät eintritt, Probleme der Sexualität verarbeiten und infolgedessen seine Beziehungen zu Gleichaltrigen neu ordnen muss, wobei eine zunehmende Abnabelung vom Elternhaus unübersehbar ist. Diese zeitlichen Veränderungen werden von Bronfenbrenner mittels seines Chronosystems (*chrono* bedeutet Zeit) erfasst. So hat Mavis Hetherington beispielsweise untersucht, wie sich die Scheidung der Eltern auf Kinder auswirkt (ein kritisches Lebensereignis nicht nur für die Eltern, sondern ebenso für die Kinder), und festgestellt, dass Anpassungsschwierigkeiten vor allem ein Jahr nach der Trennung festzustellen sind und dass Jungen im Allgemeinen mehr Schwierigkeiten haben, sich damit abzufinden als Mädchen. Nach Ablauf von zwei Jahren haben die meisten Betroffenen allerdings eine Neuorientierung gefunden (Hetherington, 1989; Hetherington et al., 1985). Die Berücksichtigung des Chronosystems gestattet es also, bedeutsame Einflüsse auf die Entwicklung mit Hilfe der zeitlichen Dimension genauer zu erfassen und darzustellen.

Kritik. Es ist eine nennenswerte Stärke der Theorie Bronfenbrenners, dass sie die vielfältigen Einflüsse sozialer Kräfte – auch in ihren Wechselbeziehungen – auf die Entwicklung berücksichtigt. Als Schwachpunkt dieser Sichtweise gilt jedoch, dass die Bedeutung biologischer und kognitiver Einflüsse unterschätzt wird (Thomas, 1992).

1.2.7 Die humanistische Sichtweise

Nachdem man sich eingehender mit den bisher dargestellten Sichtweisen beschäftigt hat, wird man feststellen, dass sie dem Bereich der Gefühle entweder gar keine oder nur wenig Beachtung geschenkt haben. Es ist das Verdienst von Vertretern der Humanistischen Psychologie, darauf nachdrücklich hingewiesen zu haben, dass man dem Menschen nicht gerecht werden kann, wenn man den Bereich der Emotionen ausklammert.

Optimistisches Menschenbild. Die Humanistische Psychologie entwickelte sich während der 40er Jahre als »dritte Kraft«, die sich gegen den Behaviorismus und die Psychoanalyse als damals sehr populäre Sichtweisen absetzen sollte. Als Gründungsväter gelten Carl Rogers (1902–1987) und Abraham Maslow (1908–1970). An der Psychoanalyse kritisierten sie, dass sie ein zu pessimistisches Bild vom Menschen zeichnet, dessen Verhalten letztlich nur von Trieben bestimmt wird. Den Behavioristen warfen sie vor, dass deren Vertreter die Entwicklung des Menschen ausschließlich unter der Kontrolle der

Umwelt sahen. Rogers (1951, 1961) und Maslow (1962, 1970) zeichneten demgegenüber ein sehr positives, optimisches Bild von der menschlichen Natur. Der Mensch, so erklärten sie, besitze alle Voraussetzungen, um intelligente Entscheidungen zu treffen. Er sei in der Lage, Verantwortung für sein Handeln zu übernehmen und bestrebt, eigene Entwicklungsmöglichkeiten zu erkennen, um sie zur bestmöglichen Entfaltung zu bringen.

Selbst-Verwirklichung. Abraham Maslow führte den Begriff der Selbst-Verwirklichung ein. Sie ermöglicht es dem Menschen, seine besonderen Begabungen und Fähigkeiten zu erkennen und so zu entwickeln, dass sie voll zum Ausdruck kommen. Maslow verglich diesen Prozess mit Vorgängen in der Pflanzenwelt, wo aufgrund einer angeborenen Tendenz aus einem Samenkorn im Verlauf der Zeit eine wunderschöne Rose entstehen kann.

Carl Rogers ging ebenfalls davon aus, dass der Mensch von Natur aus gut ist. Welche Einstellung er allerdings zu sich selbst entwickelt, hänge entscheidend von den Eltern und anderen Personen ab, die sich einem Kind zuwenden. Es ist Rogers zu verdanken, dass Begriffe wie *Selbstwertgefühl* oder *Selbstkonzept* in der heutigen Entwicklungspsychologie eine große Rolle spielen.

Kritik. Die Humanistische Psychologie hat zweifellos viele Forschungsarbeiten in der Entwicklungspsychologie angeregt und besonders der Forschung über elterliche Erziehungsstile entscheidende Impulse gegeben. Als Schwäche ist jedoch stets genannt worden, dass die von ihr verwendeten Begriffe nur unzulänglich definiert worden sind. Die behaupteten Zusammenhänge entziehen sich auch vielfach der wissenschaftlichen Überprüfung. Der Begriff der Selbstverwirklichung ist so verwaschen, dass sich im Einzelfall nicht feststellen lässt, wie weit ein Mensch auf dem Weg der Selbstverwirklichung vorangeschritten ist. Es war sicherlich auch auf die nicht immer eindeutige Sprache der Humanistischen Psychologen zurückzuführen, dass Missverständnisse nicht rechtzeitig erkannt und beseitigt worden sind. So gab es vorübergehend Stimmen, die davon ausgingen, dass die Fähigkeit des Kindes zur Selbstbestimmung derartig ausgeprägt sei, dass es keinerlei Anregungen oder gar Anordnungen von Seiten der Umwelt mehr benötige. Es hat verhältnismäßig lange gedauert, bis Vertreter der Humanistischen Psychologie pädagogische Strömungen, die dem Kind ein Höchstmaß an Freiheit zugestehen wollten, als Missverständnis aufdeckten. So stellte einer ihrer Vertreter, Don Hamachek (1987) eindeutig klar, weder Rogers noch Maslow hätten jemals gesagt, Eltern oder Lehrer dürften an Kinder keine Anforderungen herantragen; sie hätten allerdings die Notwendigkeit herausgestellt, im Elternhaus und im Klassenzimmer eine freundliche bzw. liebevolle Atmosphäre zu entwickeln.

1.2.8 Vergleich unterschiedlicher Sichtweisen

Öffnung für die jeweils andere Sichtweise. Nach kurzer Darstellung der verschiedenen Erklärungsansätze mag sich ein bildhafter Vergleich aufdrängen: Ihre jeweiligen Hauptvertreter haben sich kreisförmig aufgestellt und richten ihren Blick auf den Mittelpunkt: die Entwicklung des Menschen. Jeder Teilnehmer dieser Runde mag sein Studium unter dem Eindruck durchführen, einen Standort einzunehmen, der wie kein anderer die günstigsten Einsichten eröffnet. Reifungstheoretiker, Behavioristen, Psychoanalytiker und ihre Reformer sowie Vertreter des Konstruktivismus haben sich lange Zeit so verhalten, als sei ihre Blickrichtung die einzig mögliche, als seien sie es allein, die den Schlüssel zum Verständnis menschlichen Verhaltens in der Hand hielten. Wer abweichende Methoden verwendete oder Erkenntnisse vorlegte, die mit den eigenen nicht zu vereinbaren waren, wurde mit Missachtung gestraft, womöglich sogar verspottet. Erst in jüngerer Zeit begann man, sich füreinander zu interessieren und dabei entdeckte man seine eigene Unvollkommenheit. Forscher aus dem behavioristischen Lager stellten fest, dass sich ihr Erklärungsansatz durch Berücksichtigung von Denkprozessen verbessern ließ. Kognitive Psychologen profitierten davon, dass sie Sach- und Sozialumwelten mehr Aufmerksamkeit schenkten. Schüler psychoanalytischer »Schulen« begannen anzuerkennen, dass der Mensch auch ein aktives und neugieriges Wesen ist (White, 1959). Heute sind die meisten Entwicklungspsychologen bereit, sich anderen Sichtweisen zu öffnen – ohne dabei den eigenen Standpunkt aus den Augen zu verlieren.

Gegenseitige Durchdringung. Wenn man nach einem besseren Verständnis für all jene Bedingungen und Ereignisse sucht, die Einfluss auf die Entwicklung nehmen, wird man sämtlichen Sichtweisen wertvolle Anregungen und Erkenntnisse entnehmen können. Die Anerkennung mehrerer Sichtweisen ist schon deshalb erforderlich, weil der Mensch nun einmal unter einigen Bedingungen mehr passiv ist, wie ihn z. B. der Behaviorist Watson sah, und sich unter anderen Bedingungen eher aktiv verhält, wie ihn Piaget oder Wygotski wahrnahmen. Wenn man Verständnis für Menschen gewinnen will, die um die Lösung innerer Konflikte ringen, helfen die Beiträge psychoanalytischer Sichtweisen bzw. die ihrer Reformer wahrscheinlich mehr als die Erkenntnisse Piagets. Wenn man wissen möchte, weshalb ein Vorschulkind bestimmte logische Zusammenhänge noch nicht nachvollziehen kann, mag man in den Ausführungen Freuds weniger befriedigende Hinweise für eine Antwort finden als in den Erkenntnissen Piagets.

Entwicklungspsychologen der Gegenwart haben Anregungen von Autoren der verschiedensten Sichtweisen aufgegriffen. Sie interessieren sich für Bedingungen in und außerhalb der Person bzw. für die bestehenden Wechselwirkungen. Sie fragen, wie frühere Ereignisse und Bedingungen auf nachfolgende Entwicklungen wirken. Sie begrenzen das Aufgabengebiet der Entwicklungspsychologie nicht nur auf das Kindheits- und Jugendalter, sondern sehen bemerkenswerte und erklärungswürdige Entwicklungen auch im Erwachsenenalter (s. Mietzel, 1997). Kurz: Sie arbeiten mit Anregungen aus den verschiedensten Sichtweisen.

1.3 Methoden der Entwicklungspsychologie

Als der amerikanische Entwicklungspsychologe Richard Lerner (1982) seine mündliche Prüfung zur Erlangung des Doktor-Grades abzulegen hatte, flog er nach New York, um im Stadtteil Brooklyn zu übernachten. Dort bewohnten seine Mutter und seine Großmutter ein Apartment. Nachdem alles erfolgreich verlaufen war und die erste Aufregung nachließ, wandte sich die Großmutter an ihren Enkel: »So mein Junge, nun erzähl mir doch 'mal, worüber du dein Buch geschrieben hast?« Obwohl Lerner die Intelligenz der alten Dame hoch einschätzte, war ihm klar, dass er bei seiner Antwort nicht die Fachsprache der Psychologie verwenden durfte. Deshalb antwortete er: »Nun, Großmama, ich fand heraus, dass Kinder dicke Kinder nicht so gerne mögen wie normal gebaute Kinder und dass dicke Kinder sich selbst auch nicht mögen.« Seine Großmutter, so schildert Lerner die damalige Situation weiter, ließ seinen Arm los. Sie trat einen Schritt zurück und ihre Augen verengten sich. »Sag 'mal, Jungchen« (Lerner merkte sofort, dass etwas nicht stimmte), »wie lange hast du gebraucht, um das herauszufinden?« Der Enkel antwortete seiner Großmutter, die ganze Sache habe ihn eineinhalb Jahre gekostet. Mit einer Geste, die wohl großes Unverständnis ausdrücken sollte, entgegnete sie ihm: »Hättest du mich danach gefragt, dann hätte ich dir das in zwei Minuten erzählen können!«

Lerner teilt nicht mit, ob und wie er auf die kritische Feststellung seiner Großmutter reagiert hat. Er hätte darauf hinweisen können, dass es nicht das Ziel der Entwicklungspsychologie sein kann, ausschließlich Neues bzw. Unbekanntes zu entdecken. Jedermann »weiß«, wie die Entwicklung eines Kindes verläuft und was hemmend und fördernd auf diesen Prozess wirken kann. Ein solches Wissen stützt sich vielleicht auf eigene Erfahrungen, oder stammt von Eltern und Freunden, aus Zeitschriften und Büchern sowie aus vielen weiteren Quellen. Sicherlich waren auch Lerners Großmutter viele entwicklungspsychologisch bedeutsame Zusammenhänge bekannt, deren Richtigkeit durch unabhängige wissenschaftliche Nachprüfungen zu bestätigen gewesen wären. Vielleicht hätte die Großmutter ihrem Enkel aber auch mit gleicher Sicherheit »erzählen« können, dass sich ein Kind im Mutterleib in einer Schutzhülle befindet, die es vor allen möglichen Gefahren abschirmt, dass die Intelligenz eines Menschen zu 80 Prozent angeborenen ist und spätestens in der zweiten Lebenshälfte abnimmt, dass Kinder von Natur aus faul und nur mit Druck zum Arbeiten zu veranlassen sind. Auf diese Feststellungen hätte Lerner aber erwidern müssen, dass sie kritischen Überprüfungen der Entwicklungspsychologie nicht standhalten und folglich zu berichtigen sind.

Abschnitt 1.3 wirft folgende Fragen auf:

- Wie sieht das »kritische Überprüfen« von Wissen in der Entwicklungspsychologie aus?
- Wie sichert man in diesem Arbeitsgebiet Erkenntnisse so ab, dass Zweifler sie nicht ohne weiteres wieder in Frage stellen können?

Zur Beantwortung solcher Fragen muss ein Ausflug in die Methodenlehre unternommen werden.

1.3.1 Beschreibende Studien

Baby-Biographien

Eltern verbringen täglich viele Stunden damit, ihre Kinder in den verschiedensten Situationen zu beobachten. Viele Mütter führen sogar über ihre Beobachtungen Protokoll. Auch historische Dokumente enthalten solche Aufzeichnungen, die man Baby-Biographien nennt. Die älteste nachweisbare Baby-Biographie stammt von einem Hofarzt des französischen Königs Heinrich IV. (1553–1610). Sie beschreibt die Entwicklung des Thronfolgers. Mehr als zwei Jahrhunderte später fertigte der Schweizer Pädagoge Pestalozzi (1774) solche Aufzeichnungen über seinen Sohn an; bald darauf folgten Dietrich Tiedemanns (1787) »Beobachtungen über die Entwicklung der Seelenfähigkeit bei Kindern«. Die bekannte Baby-Biographie des Engländers Charles Darwin (1877) fand wenigstens noch 30 Nachahmer (Dennis, 1936).

Obwohl der Psychologie somit seit langem umfangreiche Beschreibungen über den Entwicklungsverlauf von Kindern zur Verfügung stehen, greifen moderne Lehrbücher auf diese Aufzeichnungen kaum mehr zurück. Warum verwertet sie diese Protokolle nicht, obgleich doch so anerkannte Väter wie Darwin oder Piaget an ihrem Zustandekommen mitgewirkt haben? Dafür gibt es mehrere Gründe:

- Eltern sind, selbst wenn sie ausgewiesene Wissenschaftler sind, keine neutralen Beobachter ihrer Kinder; man kann sie nicht als unvoreingenommen bezeichnen. Sie berichten, vor allem im Falle der Veröffentlichung ihrer Aufzeichnungen, häufiger über positive als über negative Ereignisse.
- Zudem nennen Tagebücher in der Regel zwar den Zeitpunkt des ersten Auftretens von Verhaltensweisen (sie machen beispielsweise eine Altersangabe über die ersten selbständigen Gehschritte oder über das Auftreten des ersten Wortes), selten schenken sie aber den Bedingungen Aufmerksamkeit, unter denen sie zustande gekommen sind.
- Schließlich werden auf der Grundlage von Verhaltensbeobachtungen an einem einzigen Kind vielfach in nicht zulässiger Weise *allgemeine* Schlussfolgerungen gezogen. Nachdem Darwin (1877) bei seinem Sohn William Erasmus wiederholt Werfen mit Gegenständen registriert hatte, stellte er fest, er habe so etwas nicht einmal ansatzweise bei seinen Töchtern gesehen, »und das« – so führte er weiterhin aus – »läßt mich annehmen, daß die Tendenz zum Werfen von Gegenständen bei Jungen vererbt wird«.

Wenn man wissen möchte, in welchem Alter Kinder damit beginnen, gezielt nach Gegenständen zu greifen, erste Wörter zu sprechen oder Kontrolle über ihre Ausscheidungen zu gewinnen, könnte man nach entsprechenden Angaben in sämtlichen Tagebüchern suchen. Man würde jedoch feststellen, dass nicht alle Autoren die gleichen entwicklungspsychologischen Ereignisse protokolliert haben; keineswegs jedes Tagebuch erwähnt etwa die erste Furchtreaktion beim Auftreten einer fremden Person oder den Zeitpunkt des ersten selbständigen Sitzens. Um genauere Angaben zu erhalten, entschloss man sich, die Entwicklung bei einer etwas größeren Anzahl von Kindern in enger umgrenzten Verhaltensbereichen zu beobachten. Dazu gehört auch die von Mary Shirley (1933) durchgeführte Studie über die Entwicklung des motorischen Verhaltens während der ersten Lebensjahre (s. S. 3ff.). Solange man Entwicklung überwiegend als das Ergebnis von Reifungsprozessen sah, begnügte man sich mit solchen Beschreibungen. Die unter dem Behaviorismus blühende Lernforschung blieb jedoch nicht ohne Einfluss auf die Entwicklungspsychologie. Sollten die immer wieder beobachteten Unterschiede im Verhalten Gleichaltriger nicht auch als Folge von Umwelteinflüssen zustande gekommen sein? Entwicklungspsychologen, die sich diese Frage stellten, sahen nur eine Möglichkeit, zu einer Beantwortung zu kommen: Sie zogen sich in den Experimentalraum mit der Erwartung zurück, unter kontrollierten Bedingungen eine gültige Antwort zu erhalten.

1.3.2 Beobachtungen unter experimentellen Bedingungen

Psammetichos Experiment

Der griechische Geschichtsschreiber Herodot (etwa 490–425/20 v. Chr.) erzählt von Psammetichos, einem im siebten Jahrhundert v. Chr. regierenden ägyptischen König, der vielleicht die älteste psychologische Untersuchung unter kontrollierten Bedingungen in der Geschichte der Menschheit durchführen ließ. Ausgangspunkt seines »Experiments« war die Frage: Welches ist das älteste Volk dieser Erde? Da ihm offenbar keine Überlieferungen zur Verfügung standen, musste er selbst eine Methode entwickeln, um das herauszufinden. Aus seinem Vorwissen leitete er einen Zusammenhang ab, der zunächst nicht mehr als eine Vermutung sein konnte und als *Hypothese* (= vermuteter Zusammenhang) folgendermaßen zu formulieren wäre: Kinder, die seit ihrer Geburt keinerlei Sprachanregungen von Seiten der Umwelt erhalten, werden früher oder später eine eigene Sprache entwickeln. Da Psammetichos jedoch kein Experimentator im modernen Sinn war, ließ er diese Hypothese ungeprüft. Er ließ sich sogar noch von einer weiteren Annahme leiten, denn er ging davon aus, dass die spontan entstandenen Sprachäußerungen erbbedingt waren und – die dritte Annahme – dass diese im Erbgut verankerte Sprache vom ältesten Volk dieser Erde gesprochen worden ist (Herodot, 1977).

Selbstverständlich war sich Psammetichos nicht darüber im Klaren, dass sein Ausgangspunkt aus drei ungeprüften Annahmen bestand, deshalb erscheint sein weiteres Vorgehen konsequent. Entsprechend der Überlieferung gab er »einem Hirten zwei neugeborene Kinder von beliebigen Eltern; der Hirt sollte sie mit seiner Herde folgendermaßen aufziehen: »Niemand durfte, so ordnete er (der König) an, in Gegenwart der Kinder etwas verlauten lassen. Sie sollten ganz für sich in einer einsamen Hütte liegen. Zu bestimmten Zeiten sollte er (der Hirte) Ziegen zu ihnen führen; wenn er den Kindern genug Milch gegeben habe, solle er seinen anderen Geschäften nachgehen.«

Wie sich der Schilderung Herodots entnehmen lässt, machte der Hirte nach einiger Zeit eine entscheidende Beobachtung: »Als der Hirt die Kinder zwei Jahre auf diese Weise versorgt hatte, stürzten sie beide, als er die Tür öffnete und hereintrat, auf ihn zu und lallten das Wort ›Bekos‹. ... Als der Hirt das Wort zum erstenmal hörte, blieb er ruhig. Als es aber oftmalig, wenn er kam und sie versorgte, ertönte, teilte er es seinem Herrn mit. ... Psammetichos hörte das Wort gleichfalls und forschte nach, in welcher Sprache diese Bezeichnung ›Bekos‹ vorkäme; er fand heraus, daß die Phryger so das Brot bezeichneten; aus dieser Geschichte schlossen die Ägypter und gaben zu, daß die Phryger älter seien als sie selbst.«

Die von Psammetichos angeregte Untersuchung hat mit einem Experiment moderner Prägung gemein, dass die Teilnehmer, **Versuchspersonen** genannt, in eine künstlich geschaffene Situation gebracht werden, in der ein **Versuchsleiter** über eine oder mehrere Bedingungen Kontrolle ausübt. Das tat auch der Hirte, der ja dafür Sorge zu tragen hatte, dass den Kindern Sprachäußerungen jeglicher Art vorenthalten wurden.

Die Rolle der Ethik

Offenbar ohne Bedenken setzte Psammetichos die beiden Kinder einer Behandlung aus, die mit heutigen Wertvorstellungen nicht mehr vereinbar ist. Tatsächlich wurden erst mehrere tausend Jahre später schriftliche Leitlinien formuliert, die den Respekt der Menschenwürde bei Experimenten gewährleisten sollen. Heute sollten alle Entwicklungspsychologen mit den Leitlinien vertraut sein und ihre Forschungen danach ausrichten (s. Info-Kasten 1.3).

INFO-KASTEN 1.3

Wo die Ethik dem Entwicklungspsychologen Grenzen setzt

John Watson und der »Fall Albert«. Im Jahr 1920 berichtete John Watson zusammen mit Rosalie Rayner über ein Experiment, das in der Öffentlichkeit Reaktionen der Empörung hervorrief und das ihn, zusammen mit einem anderen als skandalös empfundenen Ereignis, seine akademische Karriere kosten sollte: Die John Hopkins Universität in Baltimore kündigte seinen Arbeitsvertrag fristlos. Watson hatte im Rahmen eines Experiments untersuchen wollen, ob Furcht eine erlernbare Reaktion darstellt. Als Versuchsperson diente ihm der elf Monate alte Albert, den er nach längerer Suche in einem Heim »für invalide Kinder« in Baltimore fand. Watson hatte sich für einen Jungen entschieden, der emotional besonders schwer ansprechbar war (Schorr, 1988).

Das Experiment sah vor, dass bei jeder Annäherung des Kindes an eine weiße Ratte ein lauter Knall ertönte, auf den Albert mit Erschrecken und Weinen reagierte. Nach mehrfacher Wiederholung dieser Ereignisabfolge zeigte das Kind bereits Furcht und Abwehrreaktionen, sobald es die Ratte wahrnahm. Sehr bald reagierte der Junge auch auf andere Lebewesen, die mit einem Fell ausgestattet waren, etwa auf einen Hasen, mit Furcht. Das Ergebnis dieses Experiments dürfte Albert noch lange Zeit belastet haben, denn zu damaliger Zeit war noch keine Therapiemethode bekannt, mit der man die erworbene Furcht wieder hätte beseitigen können.

Ethische Leitlinien für die Durchführung von Forschungsaufgaben. Watsons Experiment blieb nicht die einzige Studie, in der ethische Maßstäbe missachtet worden sind. Die außerordentlich fragwürdigen »wissenschaftlichen Experimente«, die während der Herrschaft der Nationalsozialisten in den Konzentrationslagern durchgeführt worden sind, missachteten in derartig hohem Maße die Menschenrechte, dass Watsons Vorgehen im Vergleich dazu harmlos wirkt. Da man aber auch während der Nachkriegszeit immer wieder Experimente unter Beteiligung von Menschen durchführte, in denen nicht ganz unproblematische Maßnahmen ergriffen wurden, sah sich die Ständeorganisation der Psychologen gezwungen, ethische Leitlinien für die Durchführung von Forschungsaufgaben zu formulieren (Society for Research in Child Development, 1993; Deutsche Gesellschaft für Psychologie, 1998). Sie beziehen sich auf Untersuchungsteilnehmer sämtlicher Altersstufen und verbieten u. a.,

- Personen zum Gegenstand von Forschungen zu machen, ohne dass sie über ihre Beteiligung informiert worden sind und ohne dass sie ihre Zustimmung gegeben haben;

- Personen zu beteiligen, die über die tatsächlichen Absichten des Forschungsvorhabens nicht ausreichend oder sogar falsch informiert worden sind;
- Personen in unvertretbarer Weise Stresssituationen auszusetzen;
- Personen Bedingungen auszusetzen, die körperlich oder psychologisch schädigen sowie ihre Privatsphäre verletzen können;
- Die Privatsphäre von Untersuchungsteilnehmern zu verletzen;
- Das Vertrauen von Untersuchungsteilnehmern zu missbrauchen.

Es wird betont, dass Untersuchungen an Kindern (Abhängige oder Personen, »die nicht in der Lage sind, eigenverantwortlich zu handeln« [DGfP, 1998]) ein besonderes Verantwortungsbewusstsein erfordern. In den Richtlinien der amerikanischen Gesellschaft für entwicklungspsychologische Forschung heißt es dazu: »Die Beteiligung von Kindern an Forschungsvorhaben stellt den Versuchsleiter vor ethische Probleme, die sich von denen unterscheiden, die bei erwachsenen Versuchspersonen entstehen. Kinder hält man allgemein nicht nur für verwundbarer gegenüber Stress, sie besitzen auch, da sie über ein geringeres Maß an Kenntnissen und Erfahrungen verfügen, ungünstigere Voraussetzungen, um mögliche Folgen ihrer Beteiligung an Forschungsvorhaben abschätzen zu können. Bei Untersuchungen am Kind muss neben seiner Einwilligung auch die Zustimmung der jeweiligen Eltern eingeholt werden.«

Welchen methodischen Anforderungen muss ein Experiment heute genügen?

Die Vorgehensweise Psammetichos' bietet eine gute Grundlage, Anforderungen an ein heutiges Experiment zu erläutern. War der von den Ägyptern aus den vorliegenden Beobachtungen gezogene Schluss tatsächlich berechtigt? Ein methodisch gut ausgebildeter Psychologe würde diese Frage verneinen und darauf hinweisen, dass die isolierten Kinder möglicherweise einen Laut gelallt haben, der nur rein zufällig einem Wort der phrygischen Sprache ähnelte. Dieser Zufallseinfluss müsste also ausgeschlossen werden. Um dies zu gewährleisten, müssen zunächst einige Begriffe erläutert werden.

Wirkgröße/unabhängiges Merkmal. Im Experiment des ägyptischen Königs wurde eine bestimmte Bedingung kontrolliert: die sprachliche Umwelt; in der Gegenwart der Kinder durfte nicht gesprochen werden. In einem Experiment bezeichnet man diejenige Bedingung, die unter der Kontrolle des Versuchsleiters steht, als »Wirkgröße« oder als das »unabhängige Merkmal« (oder »unabhängige Variable«). Ein moderner Experimentalpsychologe würde übrigens kritisieren, dass diese Wirkgröße bei Psammetichos zu komplex war. Den Kindern wurden ja nicht nur Sprachanregungen, sondern auch Zuwendungen von Erwachsenen vorenthalten. Die »Wirkgröße« sollte nur aus einem einzigen, klar abgrenzbaren Merkmal bestehen.

Zielgröße/abhängiges Merkmal. Der König war an der Klärung der Frage interessiert, welches Sprachverhalten ein Kind entwickelt, das keinerlei Sprachanregungen erhält. Das Verhalten, auf das sich das königliche Interesse richtete, bezeichnet man als die »Zielgröße« oder als das »abhängige Merkmal« (oder »abhängige Variable«); es ist in der Ausdrucksweise der Experimentalpsychologie dasjenige Merkmal, das sich verändert oder dessen Änderung man erwartet, wenn in einem Experiment das unabhängige Merkmal verändert wird.

Angemessene Anzahl von Versuchspersonen. Um die Wahrscheinlichkeit eines Zufallseinflusses zu vermindern, empfiehlt der Experimentalpsychologe, eine angemessene Anzahl von Versuchspersonen auszuwählen. Psammetichos hätte also weitere Neugeborene auswählen und diese jeweils mehreren Hirten übergeben müssen, die keinerlei Kontakt untereinander haben. Hätten nun sämtliche Versuchsleiter beobachtet, dass ihre isoliert aufgewachsenen Versuchspersonen Wörter phrygischer Herkunft äußern, dann ließe sich mit etwas größerer Sicherheit der Schluss ziehen, dass Kinder, die keinerlei Sprachanregungen und menschliche Zuwendung erhalten, phrygisch zu sprechen beginnen. Den darüber hinausgehenden Schluss der Ägypter, phrygisch sei deshalb die älteste Sprache der Welt, kann das vorliegende Untersuchungsergebnis allerdings nicht stützen; er ist rein spekulativ.

Bildung von Gruppen. Mit der Erhöhung der Teilnehmerzahl ist eine wichtige Anforderung des Experimentalpsychologen erfüllt. Ihn interessiert nun allerdings noch eine weitere Frage: Könnte es nicht sein, dass *alle*, also sowohl isoliert als auch normal in ägyptischen Familien aufwachsende Kinder zu Beginn ihrer Sprachentwicklung phrygische Wörter lallen? Um diese Möglichkeit auszuschließen, empfiehlt der Experimentalpsychologe die Einrichtung von mindestens zwei Gruppen. In der ersten Gruppe werden den Kindern keinerlei Sprachanregungen geboten. Die Kinder einer weiteren Gruppe gleichen denen der ersten (z. B. nach Herkunft, Geschlecht, Gesundheit usw.). Allerdings unterscheiden sich ihre Lebensbedingungen in einem entscheidenden Punkt: diese Kinder wachsen in ihrer ägyptisch sprechenden Familie auf, in der sie übliche Sprachanregungen erhalten. Sollten die ersten Wörter der Kinder in Gruppe 1 tatsächlich phrygischer Herkunft sein, die Kinder aus Gruppe 2 aber von Anfang an ägyptisch sprechen, könnte man aus diesem Ergebnis folgende Regel ableiten: Wenn Kinder seit ihrer Geburt isoliert aufwachsen und keinerlei Sprachanregungen erhalten, beginnen sie, phrygische Wörter zu sprechen. Verbringen sie dagegen ihre ersten beiden Lebensjahre in einer Familie, die ägyptisch spricht, werden ihre ersten Wörter dieser Sprache entstammen.

Bei den soeben vorgeschlagenen Maßnahmen handelt es sich um Kontrollen, die in modernen Experimenten fast schon routinemäßig erfüllt werden. Ein Beispiel für ein Experiment, das diese Anforderungen weitgehend erfüllt, liefert Info-Kasten 1.4.

In einer Zeit, in der sich ein großer Teil entwicklungspsychologischer Erkenntnisse auf experimentelle Untersuchungen stützt, gehört schon ein wenig Mut dazu, so wie Piaget die klar vorgezeichneten Wege der strengen Experimentalpsychologie zu verlassen. Die Entwicklungspsychologie muss noch Bedingungen entwickeln, unter denen ihre Nachwuchswissenschaftler verstärkt bereit sein werden, Risiken einzugehen und neue Wege in der Erkenntnisgewinnung zu beschreiten.

INFO-KASTEN 1.4

Fördert das Beobachten aggressiver Verhaltensweisen die Aggressivität?

Albert Bandura und seine Mitarbeiter (1963) von der Stanford-Universität interessierten sich für die Frage, ob Filmszenen mit aggressiven Inhalten von Beobachtern nachgeahmt werden. Die Autoren wählten für ihr Experiment Jungen und Mädchen im Alter von drei bis fünf Jahren aus, die nach dem Zufallsprinzip vier verschiedenen Gruppen zugewiesen wurden.

Erste Experimentalphase. In den drei Experimentalgruppen bestand die kontrollierte Bedingung (das unabhängige Merkmal) jeweils darin, dass Szenen mit aggressiven Inhalten von unterschiedlich lebensechten Darstellern vorgeführt wurden.

- Kinder der ersten (Experimental-)Gruppe sahen einen wirklichen Erwachsenen (das »Modell«), der mit einer etwa einen Meter großen Gummipuppe spielte. Dabei schlug er auf diese z. B. mit einem Hammer ein, kniff sie in die Nase, warf sich auf sie usw., während er Äußerungen wie »Schlagt sie nieder« von sich gab.

- Kinder der zweiten (Experimental-)Gruppe sahen denselben Erwachsenen mit gleichen Verhaltensweisen in einem Film.
- Eine dritte (Experimental-)Gruppe sah einen Trickfilm. Dieser stellte eine Frau in einem Katzenkostüm dar, die die gleiche Puppe in der eben beschriebenen Weise behandelte.
- Eine vierte (Kontroll-)Gruppe sah weder einen Film noch einen aggressiv handelnden Erwachsenen.

Zweite Experimentalphase. In einem zweiten Teil des Experiments wurden sämtliche Kinder leicht frustriert, d. h., man gab ihnen für kurze Zeit die Möglichkeit, sich mit attraktivem Spielzeug zu beschäftigen, beendete dann aber abrupt das Spiel.

Abbildung 1.11. Ausschnitte aus einer aggressiven Filmszene (linke Reihe) und (mittlere und rechte Reihe) Darstellung einiger Reaktionen kindlicher Zuschauer

Dritte Experimentalphase. In der dritten Phase des Experiments stand den Kindern abermals Spielzeug wie Puppen, Kreidestücke, Autos, Pistolen und die bereits bekannte Gummipuppe zur Verfügung. Unauffällig wurden die Kinder beobachtet: alle fünf Sekunden nahm man eine Einschätzung der Aggressivität ihres Verhaltens vor. Die folgende Tabelle gibt einen Ausschnitt aus dem Beobachtungsprotokoll wieder (die Ziffern in der Tabelle geben die Häufigkeit aggressiver Handlungen an).

Tabelle. Häufigkeit, mit der Jungen und Mädchen im Vorschulalter aggressive Verhaltensweisen unter verschiedenen Bedingungen nachahmen

	Erwachsener	Erwachsener im Film	Zeichentrickfilm	Kontrollgruppe
Mädchen	65	87	80	36
Jungen	76	114	117	72

Ergebnisse der Untersuchung. Folgende Schlüsse lassen sich aus der Tabelle ziehen:

- In den drei Experimentalgruppen, deren Teilnehmer aggressiv handelnde Modelle beobachteten, kam es häufiger als in der Kontrollgruppe zu aggressiven Verhaltensweisen. Beobachtete Aggressivität wurde also nachgeahmt. Die Versuchspersonen behandelten z. B. die Gummipuppe fast ebenso wie das Modell; sie zeigten auch höhere Aggressivität, wenn sie sich mit dem übrigen Spielzeug beschäftigten.
- Es ergab sich ein Geschlechtsunterschied. Jungen verhielten sich unter sämtlichen Bedingungen, also auch in der Kontrollgruppe, aggressiver als Mädchen.

Über die Gültigkeit experimenteller Ergebnisse

Auf die Frage, warum Experimente in seiner Forschung eine so geringe Rolle spielten, antwortete Jean Piaget, darin sei doch alles vorgeplant: »Die Hypothese ist bereits vorweg formuliert worden, und das Experiment versucht einfach die Frage zu beantworten, ob diese Hypothese richtig oder falsch ist. In einer solchen Situation ist eben alles kanalisiert; alles hat sich in ein vorher festgesetztes Schema einzupassen. ... Alles, was wirklich interessant ist, muss notwendigerweise außerhalb irgendeines im voraus gefassten Planes erfolgen. Der Grund dafür, dass ich keine experimentellen Pläne habe, ist darin gegeben, dass ich nach neuen Dingen Ausschau halte. Für mich ist ein Experiment erfolgreich, wenn ich etwas Unerwartetes, völlig Unvorhersehbares finde. Dann wird die Sache interessant« (Evans, 1973).

Piaget ist nicht der Einzige geblieben, der sich kritisch mit experimentellen Studien auseinandergesetzt hat. Aus einem anderen Erfahrungshintergrund hat Urie Bronfenbrenner seine Bedenken begründet (s. S. 30f.). Er wuchs in den 20er Jahren als Sohn russischer Einwanderer in einer kleinen, ländlich geprägten Gemeinde des amerikanischen Bundesstaates New York auf, wo er Gelegenheit hatte, Italienern und Iren, Schwarzen und Weißen sowie Angehörigen verschiedener Glaubensrichtungen zu begegnen. Diese Erfahrungen ließen ihn bereits ziemlich früh darauf aufmerksam werden, dass die »Ursachen« des Verhaltens nicht nur in der Person selbst, sondern auch in der besonderen Umwelt eines Menschen liegen. Das Verhalten des Menschen kann man nach Bronfenbrenners Überzeugung niemals umfassend erklären, wenn man nicht die jeweils besonderen Bedingungen berücksichtigt, in denen es sich zeigt.

ZITAT

Zu Beginn der 70er Jahre, so erinnert sich Urie Bronfenbrenner (1986), »fühlte ich, dass zu viele unserer Vorstellungen über Entwicklung aus Laborstudien stammten, die nichts mit der Alltagswelt des Kindes zu tun hatten. In vielen Studien ... waren sowohl die Aufgaben als auch die Teilnehmer unbekannt. In einen unbekannten Raum gebracht und gebeten zu werden, ein Spiel mit einem fremden Erwachsenen zu spielen, hat für ein Kind überhaupt keine Bedeutung.« Deshalb bezeichnete Bronfenbrenner (1974) eine Entwicklungspsychologie, die sich bei ihren Erkenntnissen auf experimentelle Beobachtungen stützt, als »eine Wissenschaft über ungewöhnliches Verhalten von Kindern in ungewöhnlichen Situationen mit ungewöhnlichen Erwachsenen innerhalb eines so kurz wie möglich gehaltenen Zeitabschnitts«.

Experimente und ihre Aussagekraft für die Wirklichkeit. Bronfenbrenner zweifelte daran, dass sich Zusammenhänge, die in einer kontrollierten Studie auftreten, auch unter natürlichen Alltagsbedingungen zeigen. Am sorgfältig geplanten und kontrollierten Experiment kritisierte er, es konstruiere eine Scheinwelt; seine Ergebnisse seien deshalb für die Wirklichkeit bedeutungslos.

Tatsächlich können sich beide Situationen beträchtlich voneinander unterscheiden. Kinder, die sich z. B. im Elternhaus, im Kindergarten, in der Schule, auf dem Spielplatz usw. aufhalten, befinden sich zumeist in einer vergleichsweise vertrauten sozialen Situation. Häufig sind andere Menschen (Eltern, Geschwister, Lehrer, Gleichaltrige) anwesend, zu denen sie mehr oder weniger dauerhafte sozial-emotionale Beziehungen entwickelt haben. Die soziale Situation, die ein Kind in einem Experimentalraum vorfindet (in der Regel begegnet man dort ja einem Versuchsleiter, eventuell auch anderen Versuchspersonen), ist dagegen von ganz anderer Art. So hat man beispielsweise beobachtet, dass zehn Monate alte Kinder gegenüber einem Fremden, der ihnen in einer wenig vertrauten Situation begegnet, mit gesteigerter Furcht reagieren. Dieselbe Person ruft in der häuslichen Umgebung nur vorsichtige Zurückhaltung beim Kind hervor (Sroufe et al., 1974). Unterschiede findet man auch, wenn man das Gedächtnis von Kleinkindern prüft. So versteckte man vor den Augen Zweijähriger einen Spielzeugvogel in der vertrauten Umgebung ihrer Wohnung. Die meisten Kinder waren nach 30 oder 60 Minuten, einige sogar bis zum nächsten Tag in der Lage, sich an das Versteck zu erinnern (DeLoache, 1980). Damit erbrachten sie erheblich bessere Gedächtnisleistungen als jemals in einem Experimentalraum für das gleiche Alter nachzuweisen waren. Die Ergebnisse kontrollierter Experimente (hohe innere Gültigkeit) erwiesen sich also in der Tat als nicht hinreichend gültig (geringere äußere Gültigkeit).

Methode der »Natürlichen Beobachtung«

Solche Befunde haben die Methode der »Natürlichen Beobachtung«, die vorübergehend gering angesehen war, neu belebt. In jüngster Zeit geht eine wachsende Anzahl von Entwicklungspsychologen tatsächlich auf Spielplätze, auf Schulhöfe oder in Kindergärten, um sich dort so unauffällig wie möglich als Beobachter aufzuhalten. Damit ihre Aufmerksamkeit nicht überfordert wird, richtet sich ihr Blick zu einem bestimmten Zeitpunkt nur auf ein oder zwei Kinder. Außerdem konzentrieren sie sich auf die Verhaltensweisen, die Aufschluss über ihre jeweilige Frage geben. Sie zeichnen z. B. nur auf, wie häufig bzw. unter welchen Bedingungen das jeweils beobachtete Kind sich in einer sozialen Konfliktsituation befindet, sich aggressiv verhält oder wie lange bei ihm jeweils ein Sozialkontakt dauert. Die folgenden Kapitel werden zahlreiche weitere Beispiele liefern.

Die Methode der natürlichen Beobachtung sollte auch unter Entwicklungspsychologen die Wertschätzung erhalten, die sie in zahlreichen anderen Wissenschaften besitzt. Geologie oder Astronomie haben doch auch bedeutsame Erkenntnisse gewinnen können, ohne dass man Kontinente oder Himmelskörper aus experimentellen Gründen verschoben hat (McCall, 1977 a).

1.3.3 Die Felduntersuchung im natürlichen sozialen Lebensraum

John Watson löste Empörung aus, weil er an einem neun Monate alten Kind studierte, wie dieses Furchtreaktionen erlernte. Albert Bandura sah sich – soweit bekannt ist – keiner Kritik ausgesetzt, als er Bedingungen untersuchte, unter denen Kinder im Vorschulalter aggressives Verhalten übernahmen oder »erlernten«. Ob er auch heute die Zustimmung der Eltern für seine Studie erhalten würde, ist fraglich. Ganz sicher würden ihm Väter und Mütter ihre Erlaubnis versagen, wenn er seine Studie über mehrere Monate ausdehnen wollte. Sie würden ihre Mitarbeit verweigern, weil sie selbst entscheiden möchten, wann und wie lange ihre Söhne und Töchter täglich vor dem Fernsehapparat sitzen und welches Programm sie sich ansehen.

Wie lässt sich unter solchen Umständen aber klären, ob Fernsehgewohnheiten Einfluss auf nachfolgendes Verhalten nehmen? Vergleichbare Schwierigkeiten ergäben sich auch bei anderen Fragestellungen: Hat mangelhafte Ernährung einer werdenden Mutter irgendeinen Einfluss auf die weitere Entwicklung ihres ungeborenen Kindes? Führt häufiges Bestrafen im Elternhaus bei Kindern zur Entwicklung gesteigerter Ängstlichkeit? Unterscheiden sich Kinder, die während der ersten beiden Lebensjahre ausschließlich vom Vater versorgt werden, in ihrer weiteren Entwicklung von anderen, die in diesem Entwicklungszeitraum nur von der Mutter betreut wurden?

Selbstverständlich kann man keiner Frau vorschreiben, aus Forschungszwecken während der Schwangerschaft zu hungern. Keine Mutter ist zu veranlassen, ihr Kind nach den Plänen eines Experimentators zu bestrafen oder »im Dienste der Wissenschaft« das Kind ausschließlich dem Vater zu überlassen. Ob ein Mensch hungert, bestraft oder das Kind versorgt, entzieht sich der Einflussnahme des Wissenschaftlers, ist also nicht experimentell kontrollierbar. Muss der Entwicklungspsychologe deshalb auf die Klärung von Fragen der genannten Art verzichten? Das ist keineswegs erforderlich, denn unter alltäglichen Bedingungen treten auch ohne seine Einflussnahme genau jene Ereignisse auf, für die er sich interessiert. Es gibt nun einmal Umstände, unter denen Frauen während der Schwangerschaft nicht in ausreichendem Maße Nahrungsmittel zur Verfügung haben. Man findet in jeder Bevölkerung Eltern, die das Verhalten ihrer Kinder durch häufige Bestrafung zu kontrollieren versuchen. Ebenso sind ohne Schwierigkeiten Kinder zu ermitteln, die unter der ausschließlichen Obhut ihres Vaters aufwachsen, während andere nur von ihrer Mutter betreut werden. Der natürliche soziale Lebensraum – so hat es den Anschein – schafft jene Bedingungen, die vom Experimentator aus ethischen Gründen nicht herstellbar sind – dies sind im Grunde »natürliche« Experimente.

BEISPIEL

In den Winter- und Frühlingsmonaten der Jahre 1944 bis1945 litten einige Gebiete Hollands an einer erheblichen Nahrungsmittelknappheit. Die Bevölkerung konnte täglich nur 1.000 Kalorien oder weniger zu sich nehmen. Auch Schwangere bekamen nicht ausreichend zu essen. Wirkte sich diese Bedingung auf die ungeborenen Kinder aus? Da man in den Archiven der Kliniken Informationen über die werdenden Mütter und ihre Kinder aufbewahrt hatte, bestand die Möglichkeit, die Neugeborenen mit anderen zu vergleichen, die vor oder nach der Hungerperiode zur Welt gekommen waren. Es ließ sich ein eindeutiger Zusammenhang aufdecken: Mütter, die während des letzten Drittels der Schwangerschaft unterernährt waren, gebaren Kinder, deren Gewicht acht bis neun Prozent unter dem des langjährig gemessenen Durchschnitts lag. Außerdem überlebte ein erhöhter Anteil der Kinder aus der Hungerperiode nicht das erste Lebensjahr (Stein et al., 1974).

Aussagekraft von Felduntersuchungen

Potentielle Vielzahl von Wirkgrößen. Sind nun aber Zusammenhänge, auf die man durch das Studium »natürlicher« Bedingungen aufmerksam geworden ist, genauso aussagekräftig wie jene, die sich aus wissenschaftlichen Experimenten ergeben haben? Vor Beantwortung dieser Frage sollte man sich vergegenwärtigen, dass sich die Kontrollmöglichkeiten der beiden Bedingungen beträchtlich unterscheiden. In einer Felduntersuchung können als »Wirkgrößen« in der Regel mehrere Bedingungen gleichzeitig vorhanden sein. In Holland entwickelte sich beispielsweise die Versorgung mit Lebensmitteln vor allem in jenen westlichen Landesteilen zu einer Katastrophe, die vom deutschen Militär besetzt worden waren. In dieser Situation mussten die Bewohner aber nicht nur hungern. Mit der nationalsozialistischen Willkürherrschaft war für viele Bewohner eine Lage entstanden, in der man um die eigene Sicherheit sowie um das Leben von Angehörigen und Freunden zu fürchten hatte. Durch Stresserlebnisse, damit verbundene Schlafstörungen usw. können Bedingungen im mütterlichen Organismus entstanden sein, die die Entwicklung des werdenden Kindes beeinträchtigt haben. Ob das verminderte Geburtsgewicht sowie das gesteigerte Säuglingssterben eine Folge der unzureichenden Ernährung, der nervlichen Belastung oder sogar noch weiterer Bedingungen gewesen ist, die hier nicht benannt wurden oder unbekannt sind, lässt sich nachträglich nicht eindeutig beantworten.

Vorgefundene, nicht kontrollierbare Bedingungen. Beobachtungen in Felduntersuchungen erfolgen stets unter Bedingungen, die vorgefunden worden und somit nicht kontrollierbar sind. Vorgefundene Bedingungen oder gar nur eine vorgefundene Bedingung darf man aber nicht ohne weiteres als Ursache in Anspruch nehmen. In dem genannten Beispiel ist man darauf aufmerksam geworden, dass ein Zusammenhang zwischen unzureichender Ernährung der werdenden Mutter einerseits und dem Untergewicht Neugeborener andererseits bestehen kann. Es ist aber keineswegs sicher, dass vorgefundene Ernährungsbedingungen allein die Verlangsamung der körperlichen Entwicklung verursacht haben.

Erhärtung vorliegender Befunde durch weitere Ergebnisse. Lässt sich demnach die Frage nach den Folgen unzureichender Ernährung werdender Mütter für die Entwicklung ihrer Kinder nicht befriedigend beantworten? Das muss keineswegs der Fall sein. So kann man sich z. B. die Tatsache nutzbar machen, dass während des Zweiten Weltkrieges in England sämtlichen schwangeren Frauen wertvolle Zusatzlebensmittel verabreicht worden sind. In dieser Krisenzeit sank die Anzahl der Totgeburten gegenüber der Vorkriegszeit um 25 Prozent (Stott, 1971). Das Ergebnis einer anderen Felduntersuchung kann also die im vorliegenden Beispiel bestehende Vermutung (Hypothese) bestärken, dass die Entwicklung des Kindes von der Ernährung der werdenden Mutter mitbestimmt wird.

1.3.4 Methoden zur Untersuchung von Veränderungen

Entwicklungspsychologen interessieren sich für die Veränderung von Verhaltensweisen oder von psychologischen Merkmalen im Verlauf des gesamten Lebens. Welche Methoden werden verwandt, um diese Veränderungen innerhalb eines langen Zeitraums zu erfassen? Dies lässt sich anhand der Intelligenzentwicklung veranschaulichen.

Beispiel Intelligenzentwicklung

Gibt es im Verlauf menschlicher Entwicklung einen Alterszeitraum, von dem an die intellektuelle Leistungsfähigkeit wieder abnimmt? Zur Beantwortung dieser Frage lassen sich die Ergebnisse von zwei verschiedenen Untersuchungen heranziehen. In beiden wurden Intelligenztests verwendet, die man Menschen verschiedener Altersstufen vorlegte.

Der ersten Untersuchung ist zu entnehmen, dass das intellektuelle Leistungsverhalten zu Beginn des dritten Lebensjahrzehnts seinen Höhepunkt erreicht. In den weiteren Lebensjahren beginnt dann eine allmähliche Abnahme der getesteten Intelligenz. Diese Leistungsminderung erfolgt zunächst langsamer, später – im Verlauf des fünften Lebensjahrzehnts – beschleunigt sie sich. Ein typischer Erwachsener im Alter von 55 Jahren leistet danach ungefähr das Gleiche wie ein 14-jähriger (Jones & Conrad, 1933).

Die Ergebnisse der zweiten Untersuchung zeichnen vor allem beim höheren Lebensalter ein anderes Bild (Blum et al., 1972), denn danach zeigt sich erst im Alter zwischen 65 und 73 Jahren ein kleiner und zwischen 73 und 85 Jahren ein steilerer Abfall.

Wie lassen sich diese Unterschiede erklären? – In beiden Studien sind unterschiedliche Methoden verwendet worden. In der ersten Studie wurden die Testwerte im »Querschnitt«, im zweiten Fall im »Längsschnitt« erhoben.

Längsschnittmethode

Im Jahre 1759 bestimmte ein französischer Edelmann, Philibert Guenau de Montbeillard, die Körpergröße seines damals sechs Monate alten Sohnes. Er wiederholte diese Messungen in den folgenden Jahren regelmäßig, und da er seine Ergebnisse sorgfältig protokollierte, blieben sie der Nachwelt erhalten. Aus der in Abb. 1.12 dargestellten »Wachstumskurve« lässt sich ablesen, wie sich die Körpergröße von de Montbeillards Sohn bis zum 18. Lebensjahr entwickelte.

De Montbeillard war offensichtlich daran interessiert, wie sich die Körpergröße seines Sohnes während der Kindheit und Jugendzeit veränderte. Damit wandte er – vielleicht zum ersten Mal – eine »Längsschnittmethode« an. Eine Person – im vorliegenden Fall war es der Sohn de Montbeillards – oder mehrere Personen gleichen Alters werden zu verschiedenen aufeinander folgenden Zeitpunkten (z. B. jedes halbe Jahr) untersucht. In der Entwicklungspsychologie führte man wiederholt Längsschnittuntersuchungen zum Studium von Veränderungen innerhalb kleinerer oder größerer Lebensabschnitte durch.

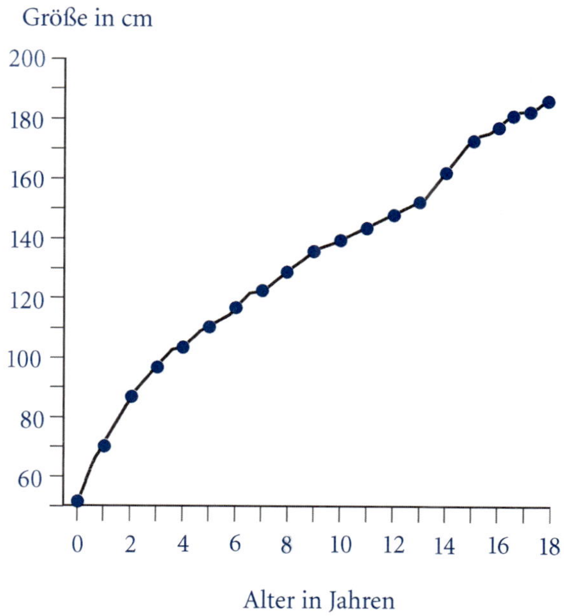

Abbildung 1.12. Die Veränderung der Körpergröße (»Wachstumskurve«) eines französischen Jungen in den Jahren 1759–1777

Nachteile der Längsschnittmethode. Der Einsatz der Längsschnittmethode erfordert ein hohes Maß an Planung und Geduld. In der Entwicklungspsychologie verfolgt man Längsschnittuntersuchungen, die sich über sehr große Zeiträume erstrecken; das Interesse kann sich sogar darauf richten, auch nachfolgende Generationen regelmäßig zu untersuchen. Das bringt zwei typische Probleme mit sich:

Ausfall von Teilnehmern. Immer wieder fallen Teilnehmer aus der Stichprobe heraus (wegen Krankheit, Tod, Umzug oder einfach, weil sie die weitere Mitarbeit verweigern). Dadurch steigt die Gefahr, dass die abnehmende Stichprobe ihre Repräsentativität verliert (s. S. 6).

Wandel des Erkenntnisinteresses. Da sich im Lauf der Zeit theoretische Sichtweisen ändern, wandelt sich gleichzeitig auch das Erkenntnisinteresse. In den 20er Jahren war man z. B. davon überzeugt, dass die Entwicklung der Intelligenz in beträchtlichem Maß durch genetische Bedingungen gesteuert wird. Man begnügte sich deshalb damit, bei den Teilnehmern der damaligen Längsschnittuntersuchung in regelmäßigen Abständen Testuntersuchungen durchzuführen; weitere Daten gelangten nicht in die Archive. Einige Jahrzehnte später setzte sich die Überzeugung durch, dass die Entwicklung der Intelligenz von vielen Bedingungen innerhalb (z. B. Krankheit) und außerhalb der Person (Elternhaus, Schule usw.) abhängt. Tatsächlich wiesen die Entwicklungsverläufe bei vielen Teilnehmern dieser frühen Längsschnittuntersuchungen erhebliche Schwankungen auf; mögliche Erklärungen konnte man jedoch nicht prüfen, weil die notwendigen Informationen fehlten.

Querschnittmethode

De Montbeillard musste 18 Jahre lang warten, bis ihm sämtliche Messwerte vorlagen. Eine von Lewis Terman im Jahre 1921 begonnene Längsschnittuntersuchung an Hochbegabten erstreckt sich bereits über den Zeitraum eines durchschnittlichen Menschenalters (s. hierzu auch Info-Kasten 7.3, S. 267 f.). Die Weiterführung dieses Forschungsprojekts liegt inzwischen bei Robert Sears, der selbst einmal zur Stichprobe der von Terman ausgewählten Kinder gehörte (Goleman, 1980). Wegen des hohen Zeitaufwands bei Längsschnittuntersuchungen stellt sich die Frage, ob sich die Methode des Längsschnitts durch eine andere ersetzen lässt. Auf den ersten Blick könnte die Lösung des Problems in der Anwendung der »Querschnittmethode« liegen. Dabei vergleicht man *zu einem Zeitpunkt* Personen mit unterschiedlichem Alter (etwa das Alter von 10 bis 40 Jahren); aus den Mittelwerten von z. B. jeweils 50 Versuchsteilnehmern im Alter von 10, 15, 20, 25, 30, 35 und 40 Jahren ergäbe sich dann ein Altersverlauf des untersuchten Merkmals.

Beispiel Intelligenzentwicklung. Beispielsweise veröffentlichten Harold Jones und Herbert Conrad im Jahre 1933 eine Studie zu folgenden Fragen: Wie entwickelt sich die Intelligenz eines Menschen im Verlauf des Jugend- und Erwachsenenalters? Erbringen 40- oder 60-jährige die gleichen Intelligenzleistungen wie 20-jährige? Muss damit gerechnet werden, dass die Intelligenz in der zweiten Lebenshälfte absinkt? – Die beiden Psychologen wollten nicht Jahrzehnte auf die Beantwortung ihrer Fragen warten. Deshalb entschieden sie sich für die Anwendung der Querschnittmethode: Sie testeten *gleichzeitig* die Intelligenz sämtlicher in Frage kommender Altersgruppen.

Aus den Ergebnissen ging hervor, dass die durchschnittlichen Leistungen der Altersgruppen vom 10. bis zum 16. Lebensjahr steiler und anschließend langsamer anstiegen. Zu Beginn des dritten Lebensjahrzehnts wurden die höchsten Punktwerte erzielt. Danach kehrte sich das Bild um: Je älter die Jahrgänge waren, desto geringer fielen ihre Durchschnittsleistungen aus. Die Gruppe der 60-jährigen erzielte somit die geringsten Punktwerte.

Nachteil der Querschnittmethode: Kohorteneffekt. Lässt sich nun, wie Conrad und Jones das seinerzeit taten, aus solchen Ergebnissen mit Berechtigung der Schluss ziehen, dass die Intelligenz jenseits des 21. oder 22. Lebensjahres allmählich wieder absinkt? Vor Beantwortung dieser Frage ist zu berücksichtigen, dass die verschiedenen Altersstufen durch jeweils unabhängige Gruppen vertreten waren. Dieser für die Querschnittmethode typische Umstand beruht auf der Annahme, dass sich z. B. die zum Untersuchungszeitpunkt Zehnjährigen nach zehn Jahren genauso verhalten wie die zum Untersuchungszeitpunkt 20-jährigen. Mit der Richtigkeit oder Gültigkeit dieser Annahme steht und fällt die Querschnittmethode. Deshalb haben Conrad und Jones mit ihrer Querschnittmethode auch keine individuellen Entwicklungs*verläufe* erfasst, denn dies ist nur durch Untersuchungen im Längsschnitt möglich. Stattdessen verglichen sie unabhängige Angehörige mehrerer Jahrgänge bzw. verschiedener Generationen oder auch »Kohorten« miteinander. Conrad und Jones erklärten die Unterschiede in den Leistungen ihrer Gruppen als altersabhängig. Vielleicht waren die von ihnen beobachteten Unterschiede aber nur als Ergebnis des sog. »Kohorteneffekts« (siehe unten) zustande gekommen, d. h., dass die durchschnittliche Intelligenzleistung eines Altersjahrgangs nur ein Abbild der Schulbildung der jeweiligen Generation bzw. Kohorte war. Die älteren Versuchsteilnehmer besuchten vermutlich kürzer die Schule, die Lehrer waren nicht so gut ausgebildet, die Ernährung und Gesundheitsfürsorge schlechter usw.

Die Erklärung von Conrad und Jones, die von ihnen jenseits der frühen 20er Jahre beobachtete Verminderung der Intelligenz sei eine Funktion des Alterns, verliert auch durch die anderslautenden Ergebnisse praktisch sämtlicher Längsschnittstudien an Gewicht. Aus ihnen ist nämlich hervorgegangen, dass die Intelligenz wenigstens bis zum 50. oder 60. Lebensjahr eines Menschen ansteigt; bei fortdauernder geistiger Aktivität im höheren Alter muss noch nicht einmal in den nachfolgenden Jahren ein Rückgang erfolgen (Botwinik, 1977; Sternberg & Powell, 1983).

Kombination von Quer- und Längsschnittmethode

Es ist offenkundig, dass sowohl Quer- als auch Längsschnittmethode besondere Vor- und Nachteile aufweisen. Wenn ein Entwicklungspsychologe z. B. wissen möchte, wie sich die Intelligenz oder irgendein anderes Merkmal im Verlauf eines individuellen Lebens entwickelt, dann bleibt ihm nur der Einsatz der Längsschnittmethode. Andererseits liefert die Querschnittmethode relativ schnell Informationen über das Verhalten verschiedener Altersgruppen; sie lässt sich infolgedessen auch mit erheblich weniger Kostenaufwand durchführen. Genau genommen wird in diesem Fall aber keine *Entwicklung* untersucht, allenfalls erfasst man *Altersunterschiede.* Wäre es angesichts dieser Probleme nicht sinnvoll, beide Methoden zu kombinieren? Abb. 1.13 zeigt, wie eine solche Kombination aussehen könnte.

Das Beispiel in Abb. 1.13 zeigt eine erste Längsschnittstudie, die im Jahr 1930 einsetzt und eine Auswahl von Kindern erfasst, die in diesem Jahr geboren wurden; unter ihnen findet sich *Jan,* der als Kind die Kriegsereignisse und als Jugendlicher die Jahre des Wiederaufbaues erlebt hat. Haben diese besonderen Ereignissen die Kohorte, d. h. die Gruppe der im Jahre 1930 Geborenen geprägt? Wurde z. B. die Entwicklung ihres Leistungsmotivs, ihrer allgemeinen Ängstlichkeit oder bestimmter Einstellungen durch die Erlebnisse dieser historischen Zeiträume beeinflusst? Zur Beantwortung dieser Frage könnte man Längsschnittuntersuchungen heranziehen, die in den Jahren 1950 und 1970 begonnen wurden. Der im Jahre 1950 geborene *Peter* erlebt als Kind noch die Aufbaujahre. Er wächst als Jugendlicher in eine Zeit mit hohem Lebensstandard, dem Beginn der Studentenunruhen, deren Auswirkungen auf unterschiedliche Lebensbereiche und in eine Epoche mit einschneidenden Reformen im Bildungsbereich hinein. *Roland,* 1970 geboren, erlebt seine Kindheit in einem Jahrzehnt, in dem die Grenzen wirtschaftlichen Wachstums für breite Schichten der Bevölkerung sichtbar und spürbar werden. Während seiner Jugend wird er sich zunehmend mit der Frage beschäftigen, ob er nach Abschluss seiner Ausbildung einen Arbeitsplatz erhalten oder für kürzere oder längere Zeit arbeitslos sein wird.

Ob solche einschneidenden Lebenserfahrungen tatsächlich Einfluss auf Entwicklungsverläufe nehmen, kann man nur prüfen, indem man die Entwicklung der Kohorten, die in den Jahren 1930, 1950 und 1970 geboren worden sind, miteinander vergleicht. Sollte ein Merkmal in allen drei Längsschnittstudien stets einen gleichen bzw. annähernd gleichen Entwicklungsverlauf zeigen, dann ist ein Kohorteneffekt, d. h. Generationseffekt, unwahrscheinlich. Die Entwicklung dieses Merkmals ist offenbar weitgehend unabhängig von besonderen Lebensumständen. Sofern aber beim Vergleich der drei Jahrgangskohorten in einem bestimmten Lebensabschnitt erhebliche Unterschiede in der Entwicklung eines Merkmals auftreten, muss mit einer hohen Abhängigkeit von historischen Gegebenheiten gerechnet werden.

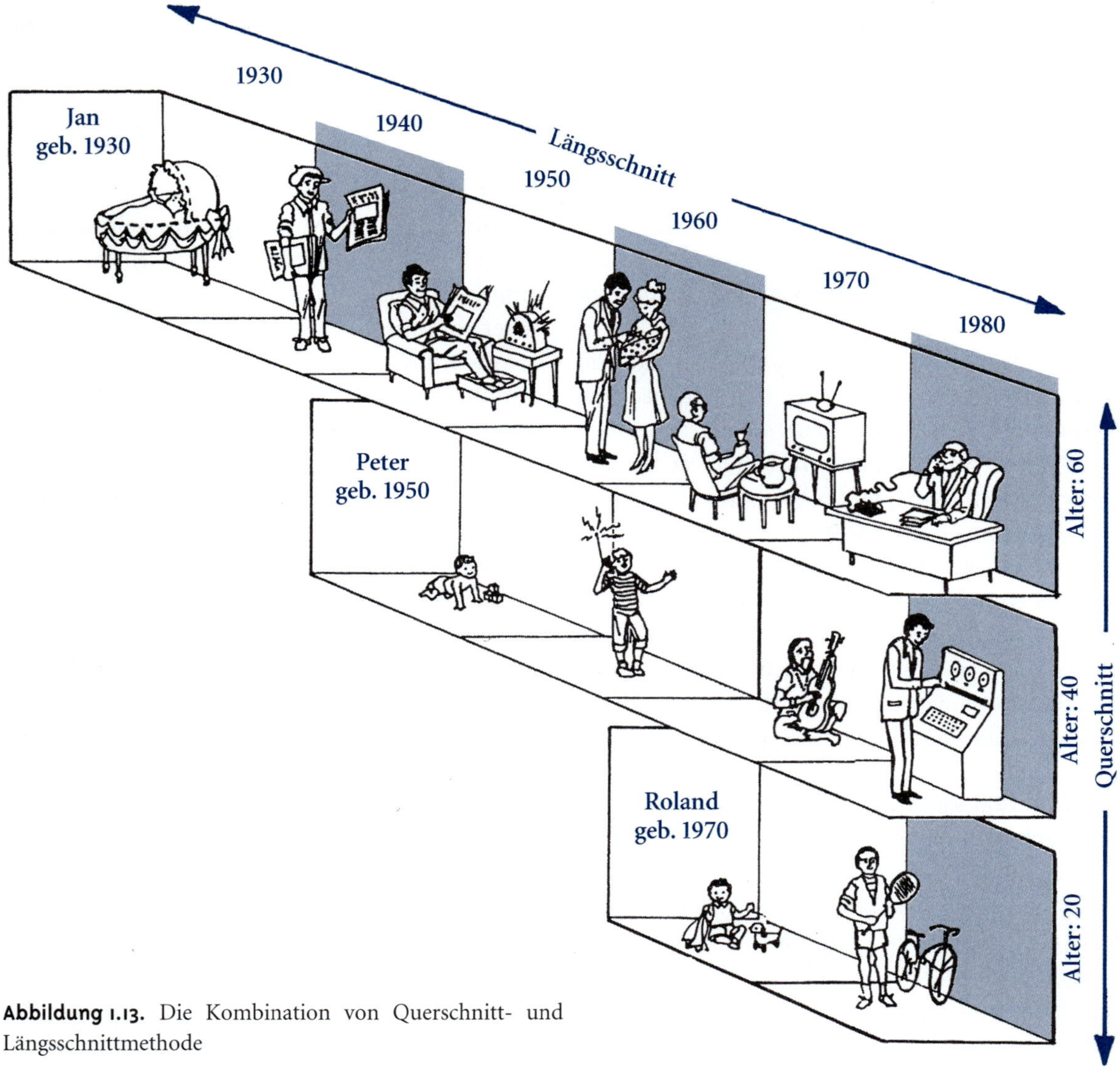

Abbildung 1.13. Die Kombination von Querschnitt- und Längsschnittmethode

Wenn man Entwicklungsverläufe erklären will, muss man seinen Blick also auf Merkmale *in* der Person wie auch auf Bedingungen in ihrer Umgebung richten. Entwicklung ist das Ergebnis eines komplizierten Wechselwirkungsprozesses zwischen Person- und Umweltfaktoren, dessen Erfassung, Beschreibung und Erklärung Aufgabe der Entwicklungspsychologie ist. Über einige Forschungsergebnisse berichten die nachfolgenden Kapitel.

1.4 Aufbau der nachfolgenden Kapitel

Einteilung menschlicher Entwicklung in Lebensabschnitte. Wenn ein Mensch über seine eigene Entwicklung oder die eines Kindes berichtet, ordnet er seine Ausführungen wahrscheinlich nach Lebensjahren oder Lebensabschnitten. Genauso verfährt auch die nachfolgende Darstellung. Man könnte auch den Entwicklungsverlauf einzelner

Funktionsbereiche (Motorik, Sprache, Kognitionen) über die Lebensspanne hinweg verfolgen; allerdings besteht dabei die Gefahr, dass die Einheit der einzelnen Entwicklungsabschnitte aus dem Blick gerät.

Die Einteilung menschlicher Entwicklung in Lebensabschnitte dient vor allem dazu, die Darstellung überschaubarer werden zu lassen. Sie soll nicht den Eindruck erwecken, dass der Übergang von einem Lebensabschnitt zum nächsten sprunghaft verläuft. Um das zu vermeiden, wird die Darstellung einzelner Funktionsbereiche in der Regel von einer Rückschau und einem Ausblick begleitet, wodurch die Eingebundenheit jedes Entwicklungsabschnittes in vorangehende und nachfolgende Entwicklungsprozesse deutlich wird. Entwicklungen verlaufen nämlich auch an den Nahtstellen zweier Lebensabschnitte stets kontinuierlich und nicht sprunghaft.

Inhalt und Aufbau der einzelnen Kapitel. Zunächst informiert Kapitel 2 über einige Grundlagen der Vererbung und stellt die vorgeburtliche Entwicklung und die Geburt des Kindes dar. Dem Altersbereich zwischen Geburt und Beginn des Erwachsenenalters sind acht Kapitel gewidmet. Darin werden Entwicklungen in der frühen Kindheit (Kapitel 3 und 4), im Vorschulalter (Kapitel 5 und 6), im Grundschulalter (Kapitel 7 und 8) sowie in der Adoleszenz (Kapitel 9 und 10) beschrieben und erklärt.

Von der frühen Kindheit bis zur Adoleszenz wird jeder Altersbereich in jeweils zwei Kapiteln dargestellt; ein Kapitel hat die kognitive (intellektuelle), das andere sozial-emotionale und körperliche Aspekte der Entwicklung zum Inhalt.

Kognitive Entwicklung. Die kognitive Entwicklung umfasst Veränderungen, die in zahlreichen Fähigkeiten des Kindes zum Ausdruck kommen. Mit der Fähigkeit, Umweltgegebenheiten wahrzunehmen und zu unterscheiden, mit der Verbesserung von Gedächtnisleistungen und mit dem Verständnis von Symbolen werden entscheidende Voraussetzungen für die Entwicklung der Denk- und Problemlösefähigkeiten geschaffen.

Soziale Entwicklung. Die soziale Entwicklung betrifft Beziehungen, die der junge Mensch zu Eltern, anderen Erwachsenen und Gleichaltrigen herstellt. Das Interesse konzentriert sich darauf, wie das Kind sein Verhalten gegenüber Mitmenschen im Lauf der Zeit verändert.

Körperliche Entwicklung. Bei der körperlichen Entwicklung geht es um motorische Fertigkeiten und um Veränderungen der körperlichen Gestalt.

Zwischen dem kognitiven, sozial-emotionalen und motorischen Bereich gibt es Wechselwirkungen, auf die in den nachfolgenden Kapiteln wiederholt hingewiesen wird.

Literatur zur Erweiterung des Wissens und zur Vertiefung

Theorien der Entwicklungspsychologie:
Miller, P. H. (1993): Theorien der Entwicklungspsychologie. Heidelberg: Spektrum Akademischer Verlag.

Methoden der Entwicklungspsychologie:
Trautner, H. M. (2001): Allgemeine Entwicklungspsychologie (2. Auflage). Stuttgart: Kohlhammer, S. 147–179.
Trautner, H. M. (1997): Lehrbuch der Entwicklungspsychologie. Band 1. Grundlagen und Methoden (2. Auflage). Göttingen: Hogrefe, S. 225–307.
Oerter, R. & Montada, L. (2008): *Entwicklungspsychologie* (6. Auflage). Weinheim: BeltzPVU, S. 1147–1176.

2 Grundlagen und Anfänge menschlicher Entwicklung

In einer 1977 erschienenen Novelle spekuliert Ira Levin über die Folgen, die sich bei der Zeugung von Kindern aus Körperzellen ergeben könnten. Im Mittelpunkt ihrer Erzählung, in der sich historische Ereignisse und Fiktion vermischen, steht Josef Mengele, der als »Engel des Todes« im Konzentrationslager Ausschwitz mit Tausenden von Kindern, u. a. Zwillingen, auf grausamste Art »experimentiert« hatte. Sollte es nicht möglich sein, Adolf Hitler nach seinem Tod wieder auferstehen zu lassen? Der dem Nationalsozialismus blind ergebene Arzt entnimmt dem »Führer« einen halben Liter Blut und etwas Haut von den Rippen und flieht nach Brasilien. Dort veranlasst er mehrere Frauen, ihm reife Eizellen zu spenden. Von diesen zerstört Mengele den Zellkern, um ihn durch Körperzellen Hitlers ersetzen zu können. Auf ungeschlechtlichem Wege entstehen sog. Klons, die in ihrer genetischen Ausstattung mit Hitlers Erbanlagen identisch sind. Nach vier oder fünf Tagen werden diese Klons Leihmüttern eingepflanzt. Neun Monate später erblicken 94 Jungen das Licht der Welt. Adoptionsvermittlungsstellen werden beauftragt, nach Pflegeeltern Ausschau zu halten, die bestimmte Voraussetzungen erfüllen: Sie müssen Christen sein und der nordischen weißen Rasse angehören; das Oberhaupt der Pflegefamilie sollte, ebenso wie Hitlers Vater, ein einfaches Staatsamt innehaben und 23 Jahre älter sein als seine Frau (wie Hitlers Mutter). Die »Jungs aus Brasilien« finden ihr Zuhause schließlich in Gladbeck/Deutschland, in Branninge/Dänemark, in Göteborg/Schweden und anderswo in Europa und Nordamerika. Es muss nur noch sichergestellt werden, dass der Pflegevater, wie Hitlers Vater, im Alter von 65 Jahren stirbt.

War Ira Levins fiktionaler Mengele realistisch, als er annahm, dass wenigstens einer der von ihm gezüchteten Menschen bereit und in der Lage sein würde, ein nationalsozialistisches Regime im Sinne Hitlers fortzuführen?

Levin lässt Mengele ein Verfahren entwickeln, das es gestattet, aus Körperzellen Nachkommen zu züchten. Das »Klonen«, also die Züchtung von höher organisierten Lebewesen aus Körperzellen, spielte lange Zeit nur in der Phantasie, z. B. von Schriftstellern, eine Rolle. Doch seitdem 1997 mit Dolly das erste geklonte Schaf zur Welt kam, ist es für viele nur eine Frage der Zeit, bis der erste geklonte Menschen geschaffen wird.

Diese Perspektive wirft ethische Fragen auf, die man nicht ernst genug nehmen kann; denn es besteht die Gefahr, dass beim Versuch, Menschen zu klonen, missgestaltetes Leben entsteht. Auch die Möglichkeit, durch das Klonen Organersatz zu beschaffen, erweckt ethische Bedenken. Denn es ist denkbar, dass so ein Organhandel entsteht, der nur jene »beliefert«, die sich solche zweifellos teuren Produkte auch leisten können. Inzwischen stellt man auch Organersatz her, ohne dass ein vollständiger menschlicher Körper entstehen muss.

Die Möglichkeit, Menschen klonen zu können, ist ansatzweise bereits verwirklicht worden. Worauf es dabei unbedingt ankommt, ist vor allem die sorgfältige Klärung der Frage, *wie* diese Möglichkeit genutzt werden kann, damit der Mensch dabei seine Würde bewahrt und seine ethischen Verpflichtungen gründlich durchdenkt und beachtet.

Im Gegensatz zu der vom Menschen entwickelten Biotechnologie sorgt die Natur dafür, dass die Erbanlagen der Eltern bei jeder Zeugung immer wieder neu kombiniert werden. Welchen Einfluss diese einzigartige Erbausstattung auf das Individuum, vor allem in seiner nachgeburtlichen Entwicklung hat, beschäftigt die Forschung seit Jahrzehnten.

Dabei stellen sich die Forscher die gleiche Frage, die Ira Levin in fiktionaler Form aufwirft: Ist es wirklich möglich, bestimmte Entwicklungsverläufe beim Menschen durch strikte Kontrolle seiner Erbanlagen und durch sorgfältige Gestaltung seiner Umweltbedingungen vorzuprogrammieren? Um diese Frage zu beantworten, muss man Kenntnisse über das Zusammenwirken von Anlage- und Umweltfaktoren in der Entwicklung haben. Sie werden im vorliegenden Kapitel anhand der folgenden beiden Themen mitgeteilt:

Studien an Zwillingen und Adoptivkindern. Das Zusammenwirken von Anlage- und Umweltfaktoren wird bevorzugt an eineiigen Zwillingen untersucht, die als Ergebnis eines »natürlichen« Experiments ebenso wie Klons eine identische Erbausstattung besitzen. Wie entwickeln sich solche Geschwister, wenn sie nicht gemeinsam, sondern in verschiedenen Pflegefamilien aufwachsen? Die Beobachtung von Zwillingen hat entscheidend dazu beigetragen, das Anlage-Umwelt-Problem zu erhellen. Als aufschlussreich erwies sich aber auch das Studium von Kindern, die sehr bald nach ihrer Geburt von Pflegeeltern adoptiert wurden.

Vorgeburtliche Entwicklung und Geburt. In Ira Levins Novelle ist Mengele sich offenbar darüber im Klaren, dass Hitlers Lebensweg nicht allein durch seine Erbanlagen bestimmt wurde. Deshalb bemüht er sich auch um die Kontrolle der Umweltbedingungen. Er scheint aber zu übersehen, dass die Umwelt nicht erst mit der Geburt wirksam wird. Die Entwicklung des Kindes hängt bereits im Mutterleib nachhaltig von Umwelteinflüssen ab, die über den Organismus der Schwangeren auf dieses einwirken. Neben der vorgeburtlichen Entwicklung rückt das vorliegende Kapitel das vielleicht einschneidendste Ereignis im Leben eines Individuums in den Blickpunkt: die Geburt selbst.

2.1 Biologische Grundlagen der Vererbung

BLICK ZURÜCK

Als man um die Mitte des 17. Jahrhunderts erstmals in der Lage war, menschliche Geschlechtszellen (oder Gameten) durch die damals entwickelten Mikroskope zu betrachten, glaubte man, »kleine Tiere« oder ein Baby in kleinster Form erkennen zu können. Man stritt darüber, ob sich dieses vorgeformte Wesen, das man auch als Homunkulus bezeichnete, im Samen (s. Abb. 2.1) oder im Ei befand. Zunächst übernahmen holländische Wissenschaftler folgende Auffassung von Aristoteles (Platt, 1912): »Vermutlich versucht die Natur, die Eltern exakt in der Nachkommenschaft zu reproduzieren; dabei unterlaufen ihr aber in unterschiedlichem Grade Fehler.

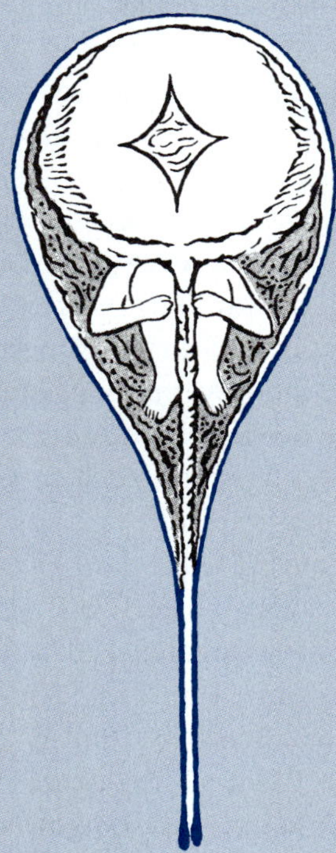

Abbildung 2.1. Vorgeformtes Lebewesen (»Homunkulus«) aus der Sicht der Präformisten

Das Ideal würde für den Mann sein, nur männliche Wesen zu zeugen. Die erste Entgleisung ist dabei die Zeugung von weiblichen Wesen«. Dieser Auffassung widersprachen im 17. Jahrhundert andere Gelehrte mit der Begründung, Kinder ähnelten meist viel mehr ihrer Mutter als ihrem Vater. Der männliche Samen habe danach lediglich die Aufgabe, die Entwicklung des Kindes in Gang zu setzen. Dieser Standpunkt fand deshalb Anhänger, weil man damit Frauen die Schuld für krank geborene Kinder zuweisen konnte oder dafür, dass einem Königshaus kein männlicher Thronfolger geboren wurde.

Jedes vorgeformte Wesen, so spekulierte man damals weiter, habe wiederum einen Homunkulus in sich. Deshalb waren einige Zeitgenossen davon überzeugt, dass die biblische Eva bereits sämtliche Generationen der Menschheit in sich getragen habe. Der Schweizer Arzt und Naturforscher Albrecht von Haller (1708–1777) gelangte z. B. zu dem Ergebnis, dass im Körper der Urmutter 200 Milliarden ineinander geschachtelte Menschenkeime enthalten gewesen sein müssen. Andere hielten Adam für den Träger sämtlicher zukünftiger Generationen.

Zur Unvollkommenheit der ersten Mikroskope kam offenkundig noch die blühende Phantasie ihrer Benutzer. Im Jahre 1757 wandte sich der deutsche Biologe Kaspar Friedrich Wolff entschieden gegen die Annahme einer Vorformung (Präformation) vor der Empfängnis und behauptete in seiner »Theoria Generationis«, beide Elternteile trügen in gleicher Weise zum Entstehen des neuen Lebens bei; dieses entwickele sich durch Zelldifferenzierungen aus einem anfangs »unorganisierten Stoff«. Erst um die Mitte des 20. Jahrhunderts gelang es einem englisch-amerikanischen Forscherteam, diesem »unorganisierten Stoff« einige seiner Geheimnisse zu entlocken.

2.1.1 Gene als Träger der Erbinformationen

Der Moment der Empfängnis markiert einen Zeitpunkt, in dem sich Ei- und Samenzelle zu einer Zygote vereinigen; diese ist so klein, dass sie mit dem bloßen Auge kaum sichtbar ist. Unmittelbar nach der Verschmelzung setzt ein Zellteilungsprozess von unvorstellbarem Ausmaß ein. Aus einer Zelle, die etwa die Größe eines Stecknadelkopfes hat, wird innerhalb eines Zeitraums von etwa 20 Jahren ein Erwachsener, dessen Körper aus schätzungsweise 60 Billionen (60.000.000.000.000) Zellen von jeweils gleicher Größe besteht. Wie wird dieser Prozess gesteuert? Wodurch wird den Zellen der Weg gewiesen, den sie bei ihrer Teilung zu gehen haben? Woher »wissen« sie, ob ein Junge oder ein Mädchen, ein Angehöriger der weißen oder der schwarzen Rasse, ein Mensch mit schwarzem oder mit blondem Haar entstehen soll? Um diese Frage zu beantworten, muss man sich die Bausteine des Organismus etwas genauer ansehen.

Die Bausteine des Organismus

Chromosomen. Im Inneren einer jeden Zelle findet sich der Zellkern (s. Abb. 2.2A). Dieser enthält fadenförmige Gebilde, die durch Einfärbung sichtbar werden. Man bezeichnet sie folglich auch als »Farbkörperchen« oder Chromosomen. In jeder Körperzelle des Homo sapiens, also des Menschen, finden sich normalerweise 23 Chromosomenpaare, die sich der Größe nach ordnen und nach einer 1960 in Denver/Colorado international getroffenen Vereinbarung nummerieren lassen. Wie Abb. 2.2B zeigt, bilden jeweils zwei Chromosomen ein Paar gleicher Form (mit Ausnahme der Chromosomen X und Y); das eine stammt jeweils von der Mutter, das andere vom Vater.

Desoxyribonukleinsäure (DNS). Betrachtet man ein Chromosom der Fruchtfliege Drosophila unter dem Mikroskop, erkennt man unterschiedlich schattierte Abschnitte, die vermutlich einzelne Gene markieren. Bei Genen handelt es sich um informationstragende Abschnitte auf einem Molekül, nämlich dem Chromosom. Der britische

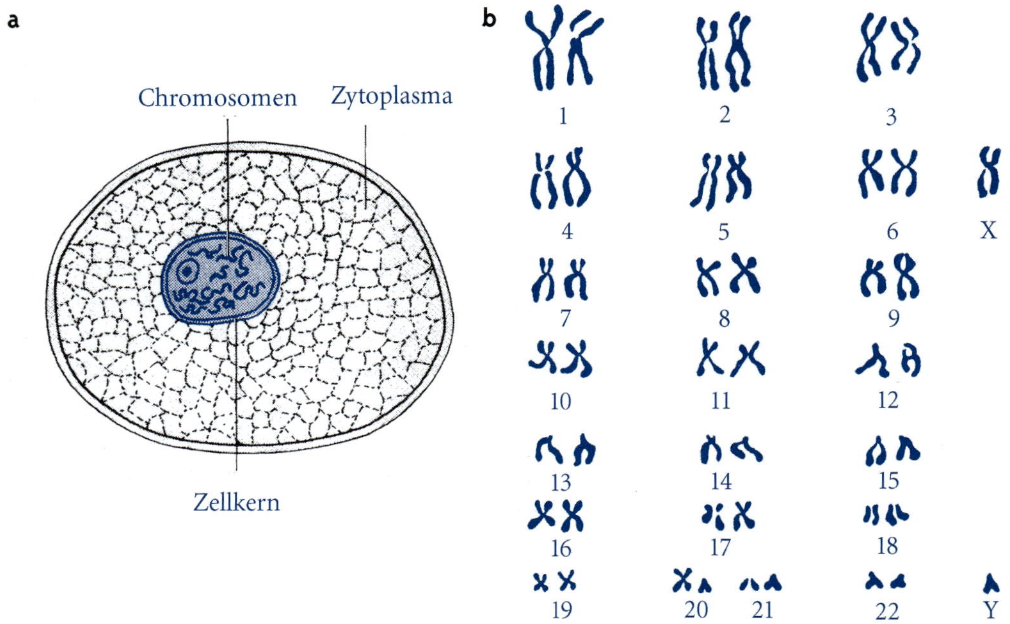

Abbildung 2.2. **a.** Schematische Darstellung einer Zelle, in deren Kern sich Chromosomen befinden. **b.** Die 46 menschlichen Chromosomen

Molekularbiologe Francis Crick und der amerikanische Biochemiker James Watson haben 1953 herausgefunden, wie das Riesenmolekül aufgebaut ist (Watson & Crick, 1953): Es hat das Aussehen einer gewundenen Strickleiter, deren beide Taue aus Zucker- und Phosphatmolekülen, deren Stufen aus zwei anderen Molekülen, den sog. Basen, bestehen. Man findet im Erbgut vier verschiedene Arten von Basen, nämlich Adenin (A), Thymin (T), Cytosin (C) und Guanin (G). Die gesamte Strickleiter setzt sich aus ungefähr drei Milliarden Stufen zusammen. Es handelt sich dabei um eine bunt gemischte Kette, in der sich die Moleküle A, T, C und G abwechseln (s. Abb. 2.3), aber nur in folgenden Kombinationen auftreten: A-T, T-A, G-C und C-G. Das Molekül bezeichnet man als Desoxyribonukleinsäure (abgekürzt DNS; im Englischen: DNA). Die genetische Information wird allein durch die unterschiedliche Reihenfolge der vier Basen vermittelt. Wenn man sämtliche auf biochemische Weise in einer menschlichen Zelle gespeicherten Informationen lesen könnte, würden – wollte man sie aufschreiben – mehr Seiten benötigt, als das umfangreichste Lexikon der Welt umfasst. Dennoch haben Analysen des menschlichen Genoms zu der überraschenden Erkenntnis geführt, dass der Homo sapiens »nur« 30.000 bis 40.000 Gene besitzt, das sind nur doppelt so viele Gene wie die Taufliege und der Wurm besitzen. »Das Geheimnis einer Art liegt demnach nicht so sehr in ihrer DNA-Sequenz als vielmehr in feinen Nuancen der Zellbestandteile und vor allem im Zusammenspiel der Erbanlagen« (Hobom, 2001).

2.1.2 Zwei Formen der Zellteilung: Mitose und Meiose

Mitose. Körperzellen können von sich ein identisches Abbild herstellen. Diesen Zellteilungsprozess bezeichnet man als Mitose. Jede Tochterzelle besitzt das gleiche genetische Material wie die Mutterzelle. Ob durch die Zellteilung eine Knochen-, Drüsen-, Nerven-, Muskel- oder sonstige Körperzelle entsteht, bestimmt sich nach dem Bauplan, der in den DNS-Molekülen gespeichert ist.

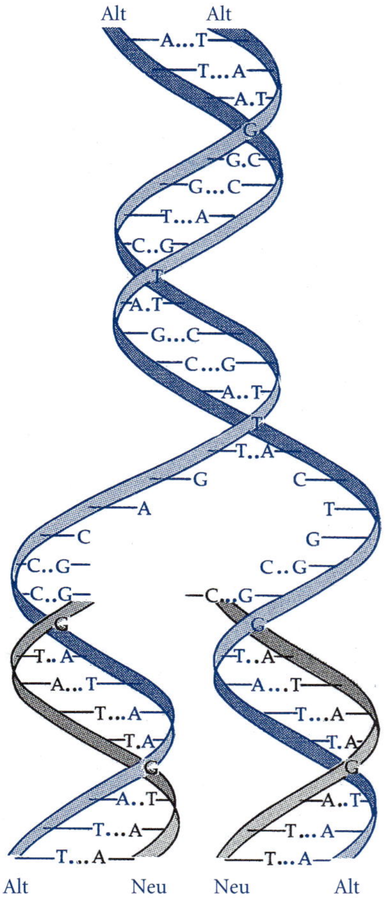

Abbildung 2.3. Das »Strickleiter«-Modell von Watson und Crick

Meiose. Die Mitose ist nicht mit einem anderen Zellteilungsprozess zu verwechseln, den man Meiose (oder Halbierungsteilung) nennt. Die Meiose sorgt dafür, dass Kinder niemals identische Abbilder ihrer Eltern sind und dass sich Geschwister (mit Ausnahme eineiiger Zwillinge) stets bis zu einem gewissen Grade voneinander unterscheiden. Im Verlauf der Meiose verringert sich die Anzahl der Chromosomen pro Körperzelle auf die Hälfte. Dabei wird nach dem Zufall von jedem Chromosomenpaar eines ausgewählt, so dass Geschlechtszellen mit in der Regel 23 Chromosomen entstehen. Rein rechnerisch ergibt sich, dass aus dem Chromosomensatz einer Körperzelle 2^{23} (ca. 8.388.608) verschiedene Chromosomensätze für die Geschlechtszellen hervorgehen könnten. Tatsächlich liegt die Anzahl noch höher, weil es im Verlauf der Meiose zu Überkreuzungen innerhalb von Chromosomenpaaren kommen kann. Bedenkt man, dass die eben genannte Anzahl von Kombinationsmöglichkeiten sowohl für den Mann als auch für die Frau gelten, dann ergibt sich, dass ein einziges Elternpaar theoretisch mindestens 70 Billionen (70.368.744.177.664) verschiedene Zygoten hervorzubringen vermag, von denen jede wiederum 46 Chromosomen enthält, die eine Hälfte vom Vater, die andere von der Mutter stammend. Wenn man also vom Sonderfall eineiiger Zwillinge absieht, dann ist es extrem unwahrscheinlich, dass Geschwister identisches Erbgut besitzen.

2.1.3 Junge oder Mädchen? Die Bestimmung des Geschlechts

BLICK ZURÜCK

Wie entstehen Jungen und Mädchen? Auf die Antwort von Aristoteles ist ja bereits hingewiesen worden (s. S. 52f.): Für ihn waren weibliche Wesen eine »Entgleisung« der Natur bei der Zeugung. Der griechisch-römische Arzt Galen (129–199) antwortete auf diese Frage, das hinge davon ab, aus welcher Keimdrüse der zur Befruchtung gelangende Samen stamme (Price, 1972): Geschlechtszellen aus dem rechten Hoden würden nur Jungen und solche aus dem linken Hoden nur Mädchen hervorbringen. Der islamische Philosoph und Arzt Ibn Sina Avicenna (980–1037), der auf antike Lehren aufbaute und dessen Lehrbuch in medizinischen Fakultäten Europas ein halbes Jahrtausend, teilweise noch bis ins 17. Jahrhundert hinein, führend war, ergänzte diese Lehre von der Geschlechtsbestimmung: Das Geschlecht eines Kindes hinge davon ab, auf welche Seite der Gebärmutter der Samen gelange; auf der rechten Seite käme es zur Zeugung eines Jungen, auf der linken Seite entstünde ein Mädchen. Wenn der Samen aber die Mitte der Gebärmutter erreiche, sei mit einem zweigeschlechtlichen Lebewesen (Hermaphrodit) zu rechnen. Erst Albrecht von Haller brachte solche Lehren ins Wanken, indem er von einem Patienten berichtete, der Kinder beiderlei Geschlechts gezeugt hatte, obwohl er nur einen Hoden besaß.

Durchbruch zur modernen Genetik

Der Durchbruch zum Standpunkt der modernen Genetik gelang erst zu Beginn des 20. Jahrhunderts. Danach enthalten weibliche Geschlechtszellen stets ein X-Chromosom, männliche Geschlechtszellen dagegen ein X- oder ein Y-Chromosom. Wenn eine Eizelle mit einer Samenzelle verschmilzt, die Träger eines X-Chromosoms ist, wird daraus ein Mädchen entstehen. Wenn sich eine Zygote dagegen aus einer Samenzelle mit einem Y-Chromosom gebildet hat, entwickelt sich ein Junge. Ein XX- bzw. ein XY-Satz in der Zygote garantiert allerdings noch nicht die Entstehung normaler Mädchen bzw. Jungen (s. Info-Kasten 2.1); die Gene steuern nämlich nur die Hormonproduktion, und von dieser hängt die Bildung körperlicher Strukturen ab.

Im 16. Jahrhundert wusste man noch nicht, dass die männlichen Zellen die Hauptrolle bei der Geschlechtsbestimmung spielen. Vielleicht hätte diese Kenntnis den englischen König Heinrich VIII umgestimmt, als er sich von Katharina von Aragonien scheiden ließ, weil diese ihm keinen Sohn geschenkt hatte. Andererseits hätte er nach dem heutigen Informationsstand auch eine Rechtfertigung für die Scheidung gefunden: Die chemische Beschaffenheit der Scheide gibt nämlich X- und Y-tragenden Samenzellen unterschiedliche Chancen im Wettlauf um eine erfolgreiche Befruchtung (Whelan, 1975). Wenn man Samenzellen wiederholt durch Albumin, ein zähflüssiges, wasserlösliches Protein, das sich u. a. in Eizellen, im menschlichen und tierischen Blut findet, wandern lässt, trennen sich die schnelleren XY- allmählich von den langsameren XX-Zellen. Mit dieser Methode lässt sich die Wahrscheinlichkeit, einen Jungen oder ein Mädchen zu empfangen, geringfügig beeinflussen (Maranto, 1984).

INFO-KASTEN 2.1

Wie entwickelt sich aus einem ungeschlechtlichen Embryo ein Junge oder Mädchen?

Ein Embryo ist während der ersten sechs Wochen nach der Empfängnis noch geschlechtslos. Er besitzt Gewebe, aus dem sich sowohl männliche als auch weibliche Geschlechtsorgane entwickeln können (Tanner, 1990). Erst zwischen der sechsten und siebten Woche bewirkt das Y-Chromosom, dass sich aus den bislang eingeschlechtlichen Keimdrüsen Hoden (oder Testis) entwickeln. Für David Page und seine Mitarbeiter (1987) blieb allerdings eine Beobachtung verwirrend: Wie ist es möglich, dass gelegentlich Jungen mit zwei X-Chromosomen und Mädchen mit einem X- und einem Y-Chromosom geboren werden? Menschen mit einer solchen anomalen Erbausstattung erscheinen zwar äußerlich normal; sie bleiben allerdings unfruchtbar. Die Forscher stellten fest, dass an das eine X-Chromosom eines anomalen Jungen oder Mannes stets ein kleines Stückchen eines Y-Chromosoms angeheftet war, während sich bei den Mädchen bzw. Frauen ihrer XY-Gruppe feststellen ließ, dass an dem Y-Chromosom gerade dieses Stückchen fehlte. Page und seine Kollegen halten es deshalb für möglich, dass es von diesem *einen* Gen abhängt, ob sich ein Junge oder Mädchen entwickelt. Dieses Gen hat den Namen TDF erhalten (für <u>T</u>estis <u>d</u>eterminierender <u>F</u>aktor; das ist derjenige Faktor, von dem abhängt, ob sich Hoden entwickeln oder nicht).

Die Rolle der Hormone

Entscheidend dafür, ob sich sechs oder sieben Wochen nach der Geburt ein Mädchen oder ein Junge entwickelt, sind offenbar männliche Keimdrüsenhormone, die man als *Androgene* bezeichnet (Larsen, 1993). Wenn bei Tieren

im kritischen Zeitraum die Wirkung von Androgynen unterdrückt wird, entstehen bei Embryos mit XY-(männlichen) Chromosomen Geschlechtsorgane, die das Aussehen einer weiblichen Leibesfrucht haben. Wenn man demgegenüber Embryos mit XX- bzw. weiblichen Chromosomen hohe Mengen von Androgen zuführt, entwickeln sie Geschlechtsorgane, die denen männlicher Embryos entsprechen.
Nach ihrer Entstehung produzieren die Hoden zwei Hormone. Das eine (*Testosteron*) leitet die Entwicklung männlicher Geschlechtsorgane ein, während das andere (Anti-Müller-Hormon; eine Hemm-Substanz) die Entwicklung weiblicher Geschlechtsmerkmale unterdrückt. In den Geschlechtszellen des XX-Embryos muss kein Hormon produziert werden, denn der mütterliche Blutkreislauf enthält ohnehin reichliche Anteile des weiblichen Hormons *Östrogen.* Ohne männliche Hormone beginnt die Leibesfrucht etwa nach Beginn der zehnten Woche, weibliche Geschlechtsorgane zu entwickeln. Wenn also beim Embryo keine männlichen Hormone entstehen oder diese in der chemischen Umgebung der Gebärmutter nicht wirksam werden können, verläuft die Entwicklung der Leibesfrucht auf dem geradlinigsten Weg: Es entsteht ein Mädchen. Es bedarf der Produktion zweier Hormone, um die Natur von diesem Plan abzubringen.
Auf die Folgen dieser komplizierten Prozesse wurde man aufmerksam, nachdem in den 60er und zu Beginn der 70er Jahre viele Frauen zur Verhinderung von Fehlgeburten ein Hormonpräparat erhalten hatten, das die Produktion von Testosteron förderte. Wenn Frauen dieses Medikament im letzten Drittel der Schwangerschaft (27. bis 38. Schwangerschaftswoche) eingenommen hatten, brachten sie Mädchen mit normalen Eierstöcken zur Welt (deren Entwicklung zum Zeitpunkt der medikamentösen Einwirkung bereits abgeschlossen war), die äußerlich aber Geschlechtsmerkmale aufwiesen, die Ähnlichkeiten mit denen des männlichen Geschlechts hatten (Money & Ehrhardt, 1972).

2.1.4 Abweichungen im Chromosomensatz

Normalerweise verläuft die Meiose so, dass jede Geschlechtszelle mit einem vollständigen Chromosomensatz ausgestattet wird. Die normale Zygote erhält also von Samen- und Eizelle jeweils 23 Chromosomen. Durch Unregelmäßigkeiten im Verlauf der Meiose entstehen gelegentlich aber auch Zygoten, die anomale Gene oder Chromosomen aufweisen. Viele solcher Zygoten sind nicht lange lebensfähig. Man hat einmal geschätzt, dass auf 100 Empfängnisse nur 31 lebensfähige Geburten folgen (Fleming, 1980). Es ist aber auch möglich, dass die Leibesfrucht trotz Anomalitäten in den Chromosomen überlebt.

Down-Syndrom

Eine vergleichsweise häufig auftretende Chromosomen-Anomalie ist das sog. Down-Syndrom, das auch unter dem Namen Mongolismus bekannt ist. Im Jahre 1959 entdeckte der französische Genforscher Jerome Lejeune (1959 a, 1959 b), dass die Betroffenen ein zusätzliches Chromosom besitzen, das die Genetiker als Nummer 21 bezeichnen (s. S. 54). Beim Down-Syndrom finden sich folglich in jeder Körperzelle 47 Chromosomen. Zumeist wird dieses zusätzliche Chromosom durch die Eizelle in die Zygote eingebracht, nur in einem Viertel der Fälle durch die Samenzelle (Magenis et al., 1977).

Ein zusätzliches Chromosom Nr. 21 führt zu ausgeprägten Anomalien. Betroffene zeigen ein charakteristisches Aussehen: ein breites, flaches Gesicht und die sichelförmige Hautfalte. Nicht nur der Schädel, sondern auch andere Körperpartien wie etwa Hände und Füße weisen Auffälligkeiten im Knochenbau auf. Die motorische Entwicklung verläuft erheblich verzögert, die intellektuelle Entwicklung ist stets beeinträchtigt.

Abweichungen bei den Geschlechtschromosomen

Abweichungen im Chromosomensatz können auch bei den Geschlechtschromosomen auftreten. In einem solchen Fall weisen Ei- oder Samenzelle entweder gar kein oder ein zusätzliches Geschlechtschromosom auf. Wenn z. B. eine Samenzelle Träger beider Geschlechtschromosomen (also XY) ist und ein normales Ei befruchtet, entsteht eine Zygote mit dem Chromosomensatz XXY. Aus einer solchen Zygote entwickelt sich ein Junge mit Klinefelter Syndrom: Er bleibt unfruchtbar, denn es entwickeln sich bei ihm keine funktionsfähigen Keimdrüsen. Dagegen entstehen bei ihm kleine Brüste.

Ursachen für Abweichungen im Chromosomensatz

Das Alter der Eltern. Über die Entstehung von Abweichungen im Chromosomensatz weiß man noch wenig. Sicher ist aber, dass mit solchen Anomalien vor allem dann gerechnet werden muss, wenn eine Schwangerschaft erst in einem fortgeschritteneren Lebensalter eintritt. So ist z. B. bei 20-jährigen Müttern unter 1.500 Geburten nur *ein* Kind mit Down Syndrom zu erwarten. Ab dem 35. Lebensjahr steigt der Prozentsatz aber auffallend an. Bei Müttern, die 45 Jahre und älter sind, ist nach der Statistik bereits jedes 60. Neugeborene betroffen. Bei Vätern hat sich kein Zusammenhang zwischen dem Lebensalter und dem Auftreten des Down-Syndroms nachweisen lassen (Epstein, 1995). Wenn Männer allerdings z. B. am Arbeitsplatz Schadstoffen wie Pestiziden oder Blei ausgesetzt sind, wächst das Risiko, dass sie ein Kind mit Down-Syndrom zeugen (Olshan et al., 1989).

Schädliche Umwelteinflüsse. Wenn mit wachsendem Lebensalter der Frau die Wahrscheinlichkeit steigt, ein Kind mit einer Chromosomen-Anomalie zu gebären, liegt es nahe, dahinter biologische Abbauprozesse zu vermuten. Das wäre jedoch sehr einseitig; denn es gibt weitere Einflüsse: Je älter ein Mensch nämlich wird, desto länger ist sein Körper natürlichen Strahlenbelastungen ausgesetzt, desto höher ist auch die Wahrscheinlichkeit einer Virusinfektion, die schädigend auf seine Keimdrüsen wirkt.

INFO-KASTEN 2.2

Das Schicksal eines Elternpaares, das mit erbkranken Kindern rechnen musste

Tay-Sachs-Syndrom. Mara Leilani Gould schien ein gesundes Baby zu sein, das zunächst keinerlei Auffälligkeiten in seiner Entwicklung zeigte. Der Mutter fiel zwar auf, dass ihre Tochter mit acht Monaten immer noch nicht sitzen konnte. Das beunruhigte sie jedoch nicht, denn sie erinnerte sich, selbst auch nie besonders sportlich gewesen zu sein. Diese Sorglosigkeit verschwand jedoch, als die Mutter eine der üblichen Routineuntersuchungen vornehmen ließ. Der Arzt bestätigte ihr, dass Kinder dieses Alters in der Lage sein müssten, alleine zu sitzen. Er empfahl, Mara Leilani einem Neurologen vorzustellen. Es folgten zahlreiche Untersuchungen und ein Monat der Ungewissheit, bis schließlich feststand, dass Mara Leilani an einer genetisch bedingten Krankheit (Tay-Sachs-Syndrom) litt, die nach dem englischen Augenarzt Warren Tay und dem amerikanischen Neurologen Bernard Sachs benannt ist. Wer an dieser Krankheit leidet, kann keine Fettsubstanzen im Blut abbauen. Folglich sammeln sich Fett-Moleküle an und zerstören allmählich das Gehirn. Der Vater, selbst Arzt, wusste, dass seine Tochter wahrscheinlich innerhalb der nächsten zwei Jahre sterben musste. Zuvor würde sie erblinden, ihr Gehör verlieren und in zunehmendem Maße gelähmt sein. Im Endstadium ist eine Klinikunterbringung häufig nicht zu umgehen, denn das kranke Kind kann schließlich keine Nahrung mehr kauen und herunterschlucken. Kein an diesem Syndrom erkrankter Mensch erreichte bislang das siebte Lebensjahr. Mara Leilani starb im Alter von vier Jahren.

Amniozentese: Vorgeburtliche Diagnose von Erbkrankheiten. Das Tay-Sachs-Syndrom kann ausbrechen, wenn beide Eltern Träger des betreffenden (rezessiven) Gens sind. Für Rick und Barbara Gould bedeutete dies, dass statistisch von vier gemeinsamen Kindern eines diese Krankheit erben konnte. Bei diesen Aussichten verzichtete das Paar zunächst auf eigenen Nachwuchs. Es entschied sich für die Adoption eines Mädchens. Eines Tages hörten die Goulds jedoch, dass man bereits wenige Wochen nach der Zeugung das Ungeborene auf Erbkrankheiten untersuchen lassen kann.

Die »Amniozentese« (Fruchtblasenpunktion) wird üblicherweise zwischen der 14. und 16. Schwangerschaftswoche angewandt, wenn die grundlegenden Organe des Kindes vorhanden sind und funktionieren. Der Arzt bestimmt zunächst mit Hilfe der Ultraschalltechnik die genaue Lage des Kindes in der Gebärmutter. Sodann wird mit einer hohlen Nadel durch den Bauch in die Gebärmutter gestochen. Man entnimmt auf diese Weise eine kleine Menge Fruchtwasser, in dem zu diesem Zeitpunkt stets auch einige vom Kind stammende Zellen schwimmen. Nachdem man diese Zellen vom Fruchtwasser getrennt hat, lässt man sie in einer besonderen Kultur wachsen, bis sie sich eingehender untersuchen lassen. Das gesamte Verfahren nimmt etwa zwei bis drei Wochen in Anspruch. (Mit Hilfe dieses Verfahrens lässt sich übrigens auch, ebenso wie durch Ultraschall, frühzeitig das Geschlecht des Embryos bestimmen. In Ländern, in denen Söhne höher bewertet werden als Töchter, hat eine solche diagnostische Maßnahme verhängnisvolle Konsequenzen, wenn dem Elternwunsch durch Abtreibungen nachgeholfen wird. In China und Indien ist dadurch bereits ein Übergewicht männlicher Geburten entstanden [Burns, 1994; Kristof, 1993]).

Mit der Amniozentese lassen sich etwa 100 verschiedene Erbkrankheiten diagnostizieren. Man setzt das Verfahren allerdings nur ein, wenn die Eltern auf Grund ihrer Vorgeschichte einer Risikogruppe angehören, wenn z. B. in ihrer Verwandtschaft bereits bestimmte Erbkrankheiten aufgetreten sind oder wenn sie sich in einem höheren Lebensalter befinden (s. S. 58). In sehr seltenen Fällen hatte die Amniozentese nämlich Fehlgeburten zur Folge, so dass man auch nach anderen Verfahren suchte. Recht aussichtsreich ist die Chorionzotten-Biopsie, bei der mittels Ultraschallkontrolle ein feiner Katheter in die Gebärmutter eingeführt wird, um Zellen zu entnehmen. Die Benutzung einer Nadel ist dabei überflüssig. Ein weiterer Vorteil dieses Verfahrens liegt darin, dass bereits in der neunten Schwangerschaftswoche ermittelt werden kann, ob das Ungeborene schwerwiegende genetisch bedingte Anomalien aufweist.

Nachdem das Ehepaar Gould ein zweites Kind gezeugt hatte, erfuhr es mittels einer Amniozentese, dass dieses Kind ebenfalls mit der Erbkrankheit belastet war. Wie andere betroffene Eltern standen sie nun vor einer schwierigen Entscheidung. Konnten sie sich überhaupt auf das Ergebnis der medizinischen Untersuchung verlassen? Das ist offenbar der Fall, denn sorgfältige Nachprüfungen ergaben, dass die Amniozentese »sicher, hochgradig zuverlässig und extrem genau« arbeitet (Golbus et al., 1979). Die Auseinandersetzung mit dem Gewissen konnte den Goulds keiner abnehmen. Sie entschieden sich schließlich für eine Abtreibung, denn sie wollten einem weiteren Kind die Leiden von Mara Leilani ersparen, die zu Hause immer noch mit dem Tode rang. Der Wunsch nach einem Kind war so stark, dass sich die Goulds für eine weitere Schwangerschaft entschieden. Dieses Mal fielen die Tests negativ aus und Barbara Gould gebar eine gesunde Tochter. Etwas später kam noch ein Sohn zu ihrer Familie hinzu; ein weiterer Test hatte keine Anzeichen der Erbkrankheit nachweisen können (Vils, 1975).

Möglichkeiten der Genforschung im Kampf gegen Erbkrankheiten

Mit Hilfe der Gen-Therapien wird es in Zukunft wahrscheinlich möglich sein, fehlende Gene in Zellen einzubauen und kranke Gene zu ersetzen. Eine der dabei verwendeten Methoden wird im Englischen »gene splicing« genannt. Dabei wird ein Gen, das die Entwicklung von Krankheiten steuert, bereits in der Zygote (s. S. 58) oder in Zellen, die bestimmte Körperteile bilden werden, durch ein »gutes« ersetzt. Zurzeit bereitet das Ersetzen »kranker« Gene durch »gesunde«, die sich sodann ordnungsgemäß teilen, noch erhebliche Schwierigkeiten (Marshall, 1995).

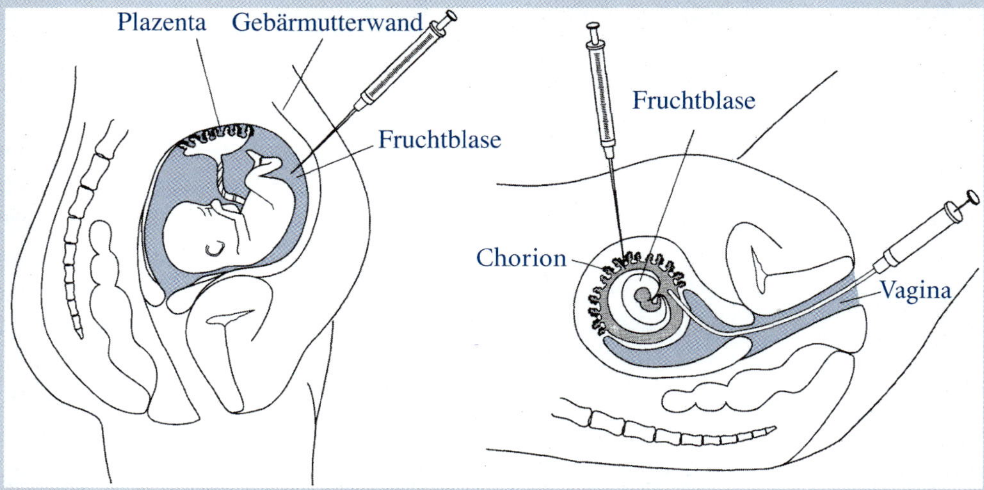

Abbildung 2.4. Bei der Amniozentese wird mit einer hohlen Nadel durch den Bauch in die Gebärmutter gestochen und eine Fruchtwasserprobe entnommen

2.2 Das Anlage-Umwelt-Problem

Die Geschichte der eineiigen Drillinge Robert, Eddy und David

Der 19-jährige Robert Shafran verbrachte im September 1980 seine ersten Tage an einer Universität in New York. Alles erschien ihm fremd. Deshalb wunderte er sich, wie viele Studenten ihn freundlich wie einen alten Bekannten begrüßten. Er konnte sich erst recht nicht erklären, warum er wiederholt mit dem Namen »Eddy« angesprochen wurde. Das Geheimnis lüftete sich, als ihm jemand einen Schnappschuss von Eddy Galland aus dem vorausgegangenen Studienjahr zeigte. »Es war«, so schilderte Shafran seinen Eindruck später, »als ob ich in einen Spiegel sah. Das Bild stellte eindeutig *mich* dar. Ich wusste gar nicht, was ich tun oder sagen sollte«. Es dauerte nicht lange, bis abends bei Eddy Galland das Telefon klingelte. »Ich glaube«, so erklärte der Anrufer, »ich bin dein Zwillingsbruder«. Tatsächlich ergab das Studium der Geburtsurkunden, dass beide am 12. Juni 1961 in derselben Klinik zur Welt gekommen waren. Die Tagespresse sorgte dafür, dass dieses Zusammentreffen in die Öffentlichkeit kam und trug auf diese Weise indirekt dazu bei, dass bei den Gallands noch einmal das Telefon klingelte. Mrs. Galland nahm den Hörer ab und hörte, wie eine Stimme sagte: »Sie werden es nicht für möglich halten, Mrs. Galland; aber mein Name ist David Kellerman und ich glaube, ich bin der dritte«. Das Jugendamt hatte keinem der drei Adoptiveltern mitgeteilt, dass am 12. Juni 1961 identische Drillinge geboren worden waren.

Abbildung 2.5. Getrennt aufgewachsene eineiige Drillinge, die erst im Alter von 19 Jahren wieder zusammentrafen

Die Drillinge sind aus einer einzigen Zygote entstanden. Deshalb besitzen Robert, Eddy und David eine identische genetische Ausstattung, die sich in der körperlichen Erscheinung eindeutig abbildet. Die Ähnlichkeit ging aber noch weiter. Alle drei Brüder besaßen eine hohe Intelligenz, waren gute Ringer, rauchten überdurchschnittlich viel, bevorzugten oder verabscheuten die gleichen Speisen und wiesen Schwächen in der Mathematik auf. Belegen die Drillinge somit, dass Entwicklung das Ergebnis genetischer Einflüsse darstellt? Tatsächlich finden sich bei vielen eineiigen Zwillingen, die unmittelbar nach der Geburt getrennt wurden und in verschiedenen Lebensumwelten aufgewachsen sind, beachtliche Übereinstimmungen im Jugend- und Erwachsenenalter; Info-Kasten 2.3 berichtet darüber.

INFO-KASTEN 2.3

Ähnlichkeiten bei getrennt aufgewachsenen eineiigen Zwillingen: Genetisches Programm oder Zufall?

Zwillingsstudien von Thomas Bouchard. Thomas Bouchard von der Universität Minnesota stellte ein Team von Psychologen, Psychiatern und Ärzten zusammen, um mit ihrer Hilfe medizinische und psychologische Untersuchungen an Zwillingen vorzunehmen, die jeweils früh in ihrem Leben voneinander getrennt worden waren(Bouchard et al., 1990). Bouchard kennzeichnete sich einmal selbst wie folgt: »Ich bin ein Psychologe und kein Genetiker. Ich möchte herausfinden, wie die Umwelt bei der Entwicklung psychologischer Merkmale mitwirkt.« Was seine Studie zu Tage brachte, lässt sich aber kaum mit Umwelteinwirkungen erschöpfend erklären: »Offen gestanden habe ich (bei Zwillingen) weit mehr Unterschiede erwartet, als wir bisher gefunden haben« (Holden, 1980).

Jim Springer und Jim Lewis. Als Beispiel nennt Bouchard den Fall der eineiigen Zwillinge Jim Springer und Jim Lewis, die bereits im Alter von vier Wochen getrennt wurden und sich erst nach 39 Jahren im Februar 1978 wieder trafen. Die beiden Geschwister staunten selbst über die hohe Übereinstimmung ihrer bisherigen Lebensläufe. Beide hatten in ihrer Kindheit einen Hund namens Toy besessen. Beide ließen sich jeweils von Frauen mit dem Namen Linda scheiden und fanden neue Partnerinnen, die beide Betty hießen. Springers Sohn hieß James Allan, der von Lewis nannte sich James Alan. Beruflich waren die Brüder als Sheriff tätig. Die Ähnlichkeiten gingen noch weiter: beide Brüder besaßen ein blaues Auto der Marke Chevrolet, als starke Raucher bevorzugten sie die gleiche Sorte, und sie kauten an ihren Fingernägeln. Die Ärzte stellten bei ihnen gleiche Pulsfrequenzen, Blutdruckwerte und Schlafgewohnheiten fest. Beide litten seit ihrem 18. Lebensjahr an gleichartigen Kopfschmerzen.

Oskar Stöhr und Jack Yule. Es mag vorkommen, dass zwei Personen, die in der gleichen Kultur aufgewachsen sind, jeweils Partner mit gleichen Namen finden. Als ausgesprochen verblüffend kennzeichnet Bouchard aber die beobachteten Ähnlichkeiten von Oskar Stöhr und Jack Yule, die im Alter von sechs Monaten getrennt wurden. Während Yule bei seinem Vater in Trinidad aufwuchs, verbrachte Stöhr Kindheit und Jugend mit seiner Mutter in Deutschland. Im Alter von 47 Jahren trafen diese Zwillinge erstmals wieder zusammen. »Jack und Oskar waren eindeutig durch die größten Umweltunterschiede zu kennzeichnen, die ich bei getrennt aufgezogenen eineiigen Zwillingen jemals gesehen habe«, bekannte Bouchard. »Verschiedene Religionen, unterschiedliche Sprachen, verschiedene Erziehungsstile.« Dennoch fanden sich Gemeinsamkeiten. Beide erbrachten im Sport und in der Mathematik überdurchschnittliche Leistungen. Beide sprachen gleich schnell und stimmten in ihren Lieblingsspeisen überein. Sie hatten gemeinsame Gewohnheiten: sie aßen gern würzige Speisen und liebten süßen Likör, schliefen häufig vor dem Fernseher ein, fanden es lustig, in Anwesenheit von Fremden laut zu niesen, spülten die Toilette vor und nach der Benutzung, sammelten Gummibänder am Handgelenk, lasen Zeitschriften von hinten nach vorne und tauchten mit Butter bestrichenes Brot in ihren Kaffee.

Warum die Wissenschaft Skepsis bewahrt. Obwohl Bouchard die Gemeinsamkeiten nicht für umweltbedingt hält, wäre es voreilig, sie mit gemeinsamen Erbanlagen zu erklären. Bisher haben Biologen jedenfalls keine Gene nachgewiesen, die das Aussuchen eines Lebenspartners mit bestimmtem Namen regeln. Auch die Art und Weise des Gebrauchs der Toilettenspülung ist sicherlich nicht genetisch festgelegt. Bouchards Beobachtungen sollte man deshalb nicht überbewerten. Es gibt zwar Ereignisse, die sich einer wissenschaftlichen Erklärung entziehen, wie z. B. Berichte über übersinnliche Wahrnehmung, Ufos oder das Löffel-Verbiegen durch geistige Energien. Kritiker mahnen jedoch, sich ein gesundes Maß an Skepsis zu bewahren. »Wir möchten darauf hinweisen, dass wissenschaftliche Forschung und Erklärung vor allem mit dem Verständnis von Regelhaftigkeiten und wiederholbaren Erscheinungen zu tun haben und nicht mit Ausnahmen und Zufällen, von denen viele – wie etwa die Übereinstimmungen im Verhalten getrennt aufgewachsener Zwillinge – einfach verschwinden, wenn man sie näher untersucht« (Lewontin et al., 1984). Bouchards Beobachtungen warten noch auf eine wissenschaftlich haltbare Erklärung.

Auch bei den Drillingen Robert, Eddy und David wäre es voreilig, die nach 19-jähriger Trennung entstandenen gleichen Vorlieben und Gewohnheiten nur mit genetischen Einflüssen zu erklären. Die drei Jungen sind nämlich keineswegs in grundlegend verschiedenen Umwelten aufgewachsen. So hatte das Jugendamt für sie drei Adoptiveltern ausgesucht, die sich in Hinblick auf die wirtschaftliche Lage und den Bildungsstand stark ähnelten. Außerdem lebten alle drei Brüder jeweils mit einer älteren Adoptivschwester zusammen. Anlagefaktoren und Umweltbedingungen haben also zusammengewirkt, um bei den Drillingen im Verlauf von Kindheit und Jugend zahlreiche gemeinsame Merkmale zu entwickeln.

Das Zusammenspiel von Erbanlagen und Umweltanregungen wird seit vielen Jahrzehnten erforscht. Das Interesse hat sich dabei vor allem auf eineiige Zwillinge gerichtet, die entweder gemeinsam oder getrennt aufgewachsen sind; sie wurden mit zweieiigen Zwillingen sowie weiteren Geschwistern verglichen. Außerdem hat man Adoptivkinder studiert.

2.2.1 Beobachtungen an Zwillingen

Es war Sir Francis Galton (1822–1911), ein Vetter Charles Darwins, der erstmalig entdeckte, wie aufschlussreich das Studium von Menschen sein kann, die sich aus einer einzigen Zygote entwickelt haben. Davon abzuheben sind zweieiige Zwillinge, die sich bezüglich ihrer Erbausstattung nicht mehr ähneln als normale Geschwister.

Intelligenztests bei getrennt aufgewachsenen eineiigen Zwillingen

Weil Intelligenztests leicht durchzuführen sind, hat man in der Vergangenheit die Ähnlichkeit von Zwillingen besonders häufig über den Intelligenz-Quotienten (IQ) ermittelt (Bouchard & McGue, 1981; Erlenmeyer-Kimling & Jarvik, 1963). Über IQ-Tests wird an anderer Stelle (s. S. 263ff.) etwas ausführlicher berichtet. Dabei erreichten die Leistungen eineiiger Zwillinge, die ihre Kindheit und Jugendzeit gemeinsam in einer Familie verbracht hatten, die höchste Übereinstimmung. Wenn eineiige Zwillinge dagegen nach der Geburt getrennt und von verschiedenen Familien adoptiert worden waren, wichen ihre Intelligenz-Quotienten zwar etwas mehr voneinander ab; die Differenz war aber in der Regel immer noch kleiner als bei zweieiigen Zwillingen, die gemeinsam aufgewachsen waren.

Der Einfluss der Umwelt. Lässt sich aus der Tatsache, dass eineiige Zwillinge ihre Ähnlichkeit sogar noch in verschiedenen Umwelten bewahren, nicht schließen, dass die Gene einen bedeutsamen Einfluss auf die Entwicklung der Intelligenz ausüben? Kritiker haben davor gewarnt, den Anteil der Umwelt am Zustandekommen solcher Ergebnisse zu unterschätzen. Die Intelligenzentwicklung eineiiger Zwillinge stimmt nämlich umso weniger überein, je unterschiedlicher die Erfahrungen sind, die sie in ihrer jeweiligen häuslichen Umgebung sammeln können. Dies belegen z. B. die eineiigen Schwestern Helen und Glady, deren Intelligenz-Quotienten zum Zeitpunkt ihrer Untersuchung 24 Punkte auseinander lagen. Entsprechend unterschiedlich gestalteten sich auch ihre Lebensläufe. Helen verbrachte ihre Kindheit und Jugend zunächst in einer wohlhabenderen landwirtschaftlichen Region, besuchte dann die Universität und wurde schließlich Lehrerin. Dagegen wuchs die leistungsschwächere Glady in einer sehr isolierten Berggegend auf, wo sie insgesamt nur zwei Jahre die Grundschule besuchen konnte (Woodworth, 1941).

Das Schicksal, das Helen und Glady erfahren haben, ist sicherlich nicht typisch. Wenn Zwillinge getrennt werden müssen, bemüht man sich zumeist um ihre Unterbringung in Familien, die sich so wenig wie möglich voneinander unterscheiden. Nicht selten handelt es sich dabei um Verwandte der biologischen Eltern. Die meisten Zwillinge, die in einschlägigen Untersuchungen als »getrennt aufgewachsen« klassifiziert wurden, hatten während ihrer Kindheit und Jugendzeit Kontakt miteinander oder wussten zumindest, dass sie einen Bruder oder eine Schwester hatten. Viele Zwillingspaare waren sich bereits vor der Untersuchung begegnet (Farber, 1981).

Eine Schwäche der traditionellen Zwillingsforschung lag darin, dass die Paare zumeist erst im Jugend- oder Erwachsenenalter untersucht wurden. Einzelheiten über die jeweils vorausgegangenen Entwicklungen und ihre Bedingungen waren nachträglich nur unvollkommen zu erhalten. Viele Fragen mussten deshalb offen bleiben. Bessere Informationen erhält man nur durch Längsschnittstudien, wie sie z. B. Ronald Wilson (1983) durchführte.

Längsschnittstudien von Ronald Wilson

In den 50er Jahren begann Wilson damit, über einen Zeitraum von zunächst 15 Jahren regelmäßig die Intelligenz von eineiigen und zweieiigen Zwillingen zu untersuchen. Bei der ersten Testprüfung waren seine jungen Versuchspersonen drei Monate alt. Zu diesem frühen Zeitpunkt ergab der Vergleich der Punktwerte von ein- und zweieiigen Paaren keine nennenswerten Unterschiede. Im Verlauf der Zeit entdeckte Wilson bei seinen beiden Gruppen jedoch in zunehmender Deutlichkeit Besonderheiten. Die Testergebnisse eineiiger Zwillinge wurden im Verlauf ihrer Entwicklung immer ähnlicher, während sich die Partner zweieiiger Zwillingspaare in ihren Leistungen in wachsendem Maße voneinander unterschieden. Offenbarte sich in der Intelligenzentwicklung der eineiigen Zwillinge der Einfluss ihrer identischen Gen-Ausstattung? Das ist sehr wahrscheinlich, denn man muss noch eine weitere Besonderheit berücksichtigen, auf die Wilson bei diesen Paaren aufmerksam wurde: Bei allen Kindern verläuft die Entwicklung der Intelligenz – vor allem vor Schuleintritt – unregelmäßig. Manchmal verläuft sie schneller und verlangsamt sich anschließend. Gleiches ließ sich bei den Zwillingen beobachten. Allerdings stimmt der Verlauf der Intelligenzentwicklung bei eineiigen Geschwistern stets deutlich erkennbar überein. Das lässt vermuten, dass er unter genetischer Kontrolle steht.

2.2.2 Beobachtungen an Adoptivkindern

Die Jensen-Diskussion

Es lag im Zeitgeist der 60er Jahre, dass Einflussmöglichkeiten der Umwelt auf die Entwicklung als fast grenzenlos dargestellt wurden. Wer versuchte, die Frage nach der Abhängigkeit des Verhaltens von erbbiologischen Faktoren neu aufzuwerfen, fand kaum Gehör. Das änderte sich, als im Jahre 1969 ein Artikel von Arthur Jensen erschien, der in einer umfangreichen Literaturübersicht dokumentierte, dass die Leistungen amerikanischer Schwarzer durchgängig um durchschnittlich 10 bis 15 IQ-Punkte niedriger lagen als diejenigen weißer Bevölkerungsgruppen. Anlass für Empörung gab nicht nur die Behauptung selbst, sondern auch Jensens Erklärung: Der Grund für diesen Unterschied liege in einer Gen-Differenz der Rassen. Sehr schnell folgten kritische Kommentare, durch die Jensen nachgewiesen wurde, dass ihm erhebliche methodische Fehler unterlaufen waren. Aus diesem Grunde habe er voreilige und falsche Schlussfolgerungen gezogen.

Studie von Sandra Scarr und Richard Weinberg

Sicherlich hat die Jensen-Diskussion die sachliche Auseinandersetzung teilweise behindert. Sie bewirkte jedoch, dass Forschungslücken erkannt und Maßnahmen zu deren Beseitigung ergriffen wurden. So entschlossen sich beispielsweise Sandra Scarr und ihre Mitarbeiter im Jahre 1974, zwei Längsschnittuntersuchungen über Adoptivkinder zu beginnen (Scarr & Weinberg, 1977, 1983), deren Ergebnisse Jensens Behauptungen korrigieren sollten.

Sandra Scarr und Richard Weinberg (1983) gingen von folgender Überlegung aus: Wenn die Mehrheit der schwarzen Kinder in üblichen Intelligenztests im Durchschnitt geringere Leistungen als gleichaltrige Weiße erzielt, dann kann man das mit Jensen auf Unterschiede in der genetischen Ausstattung zurückführen. Zunächst sollte man aber prüfen, ob Umwelten, in denen schwarze Kinder normalerweise aufwachsen, sie unzureichend auf die in Intelligenztests gestellten Anforderungen vorbereiten. Scarr und Weinberg wollten diese Frage beantworten, indem sie schwarze Kinder studierten, die im Verlauf des ersten Lebensjahres oder kurz danach von weißen Eltern der Mittelschicht adoptiert worden waren. Ihren Ergebnissen lassen sich Hinweise auf das Zusammenwirken von Anlage- und Umweltfaktoren in der Entwicklung entnehmen.

Scarr und Weinberg verglichen die Intelligenz-Quotienten der adoptierten Schwarzen mit den Testleistungen der weißen Stiefgeschwister. Solange die Kinder noch klein waren, wiesen die Testergebnisse innerhalb einer Familie Ähnlichkeiten auf. Wenn also ein Kind von einem Untersuchungszeitpunkt zum nächsten seinen Testwert verbessern konnte, hatte mit erhöhter Wahrscheinlichkeit auch der Stiefbruder oder die Stiefschwester recht gut abgeschnitten – und umgekehrt. Doch je älter die Kinder wurden, desto unabhängiger wurden ihre Leistungen voneinander. Aus dem Testergebnis eines Jugendlichen konnte man keine richtige Vorhersage über den Intelligenz-Quotienten der biologisch nicht verwandten Geschwister mehr ableiten.

Aufschlussreiche Zusammenhänge wurden auch deutlich, als Scarr und Weinberg den IQ der schwarzen Kinder mit den Testleistungen ihrer Adoptivmütter und mit der Schulbildung ihrer biologischen Mütter (deren Intelligenz-Quotient nicht bekannt war) verglichen. Die Beziehungen zwischen den Werten der Kinder und denen ihrer biologischen Mütter waren enger als die zwischen Adoptivkindern und Pflegemüttern. Wenn man also die geschätzten Leistungsfähigkeiten der schwarzen Mütter in eine Rangreihe brachte, dann konnte man daraus recht gut ableiten, welchen Rangplatz die Intelligenz ihrer biologischen Kinder innerhalb ihrer Versuchsgruppe einnehmen würde. Der Intelligenz-Quotient der Adoptivmütter ließ dagegen eine solche Schätzung nur mit geringerer Genauigkeit zu.

Bedeuten diese Ergebnisse, dass die schwarzen Kinder unbeeinflusst von den Anregungen geblieben sind, die ihnen die weißen Familien geboten haben? Um diese Frage zu beantworten, bestimmten Scarr und Weinberg den Durchschnitt der Testergebnisse. Schwarze Kinder, die mit ihren biologischen Müttern lebten, erzielten einen mittleren Intelligenz-Quotienten von 90. Von weißen Familien adoptierte schwarze Kinder wiesen dagegen einen Wert von 110 auf. Sie lagen damit unter den Testergebnissen ihrer weißen Stiefgeschwister, die einen mittleren Intelligenz-Quotienten von 120 erzielten. Diese weißen Kinder hatten allerdings biologische Eltern, die auch innerhalb der weißen Bevölkerung überdurchschnittlich hohe Intelligenz aufwiesen.

Die Kritiker Jensens können der Studie Scarrs keine Belege für die Behauptung entnehmen, die Genetik würde keinen oder nur einen zu vernachlässigenden Einfluss auf die Entwicklung der Intelligenz nehmen. Die Testergebnisse der adoptierten Kinder standen nämlich in engerer Beziehung zum Leistungsniveau der biologischen Mutter als zu dem der Adoptivmutter. Daraus ist zu schließen, dass Gene Einfluss auf die Entwicklung der Intelligenz nehmen. Den fördernden Einfluss der Umwelt konnte Scarr allerdings ebenso nachweisen, denn *als Gruppe* erzielten die adoptierten Kinder bessere intellektuelle und schulische Leistungen als ihre biologischen Verwandten, die weiterhin unter weniger anregenden Bedingungen lebten.

Kritik. Sandra Scarr (1997) hat ihren Standpunkt in jüngerer Zeit noch eindeutiger, damit aber auch anfechtbarer formuliert. Sie meint nämlich, dass Umweltanregungen, die in einem normalen Bereich liegen (sie schließt also extrem anregungsarme Bedingungen aus), wenig Einfluss auf die Entwicklung der kindlichen Intelligenz nehmen. Es ist verständlich, dass sie damit auf Kritik gestoßen ist (Baumrind, 1993; Jackson, 1993). Eindeutig widerlegen lässt sich Scarrs Behauptung allerdings nicht, weil ihre Kritiker das, was Scarr als »normalen Bereich der Umweltanregungen« bezeichnet, nicht in Übereinstimmung mit ihr definieren.

2.2.3 Vom Genotyp zum Phänotyp

Die vielfältigen Beziehungen zwischen gemeinsam und getrennt aufgewachsenen Zwillingspaaren, zwischen verschiedenen Familienangehörigen, die biologisch verwandt sind oder eine gemeinsame Umwelt haben, sorgen bei vielen, die sich mit der Zwillingsforschung und dem Studium von Adoptivkindern beschäftigen, zunächst für Verwirrung. Wie passen die zahlreichen Befunde zusammen? Kann man sie zu greifbaren Ergebnissen ordnen?

Genotyp und Phänotyp. Auf der Suche nach einer Ordnung befand sich vor mehr als hundert Jahren auch der Priester Johann Gregor Mendel (1822–1884), denn auch ihm erschien es verwirrend, wie Pflanzen ihre Größe und Farbe gegenüber dem Aussehen der Elterngenerationen ändern können. Seine Züchtungsversuche im Garten des Augustinerklosters von Brünn führten ihm immer wieder vor Augen, dass vom äußeren Erscheinungsbild, dem Phänotyp einer Pflanze, nicht ohne weiteres auf ihre genetische Ausstattung, den Genotyp, zu schließen ist. Gene können nämlich *rezessiv* sein, d. h. nur unter ganz bestimmten, statistisch seltenen Bedingungen in Erscheinung treten. Solche rezessiven Gene sind erst nachzuweisen, wenn man Pflanzen und Tiere über mehrere Generationen hindurch auf systematische Weise kreuzt und züchtet. Weiterhin stellt der Phänotyp stets das Zusammenwirken von genetischer Ausstattung *und* Umwelteinwirkung dar.

Von den vielfältigen Beobachtungen, die zeigen, wie sich aus dem Genotyp der Phänotyp entwickelt, werden im Folgenden nur einige dargestellt. Sie zeigen, dass Gene der Umweltwirkung einerseits Freiräume eröffnen, sie andererseits aber auch einschränken.

Reaktionsmöglichkeiten innerhalb der genetischen Ausstattung

Im Norden Kaliforniens wächst an einigen Hügeln eine Pflanze, mit der sich im Experiment besonders anschaulich die entsprechenden Zusammenhänge darstellen lassen. Man kann ihr Ableger entnehmen und auf diese Weise weitere Pflanzen erhalten, die alle eine gleiche Genausstattung besitzen. Wie Abb. 2.6 zeigt, ist der erste Ableger an einen trockenen und sonnigen Platz gepflanzt worden. Der zweite Ableger befindet sich an einer trockenen und schattigen Stelle. Der dritte Ableger erhält an einem feuchten Standort viel Sonne, und ein vierter Ableger kann sich bei hoher Feuchtigkeit und viel Schatten entwickeln.

Trotz gleicher genetischer Ausstattung entwickeln die vier Pflanzen unter verschiedenen Umweltbedingungen jeweils ein anderes Aussehen. Die Gene legen also nicht starr fest, welche

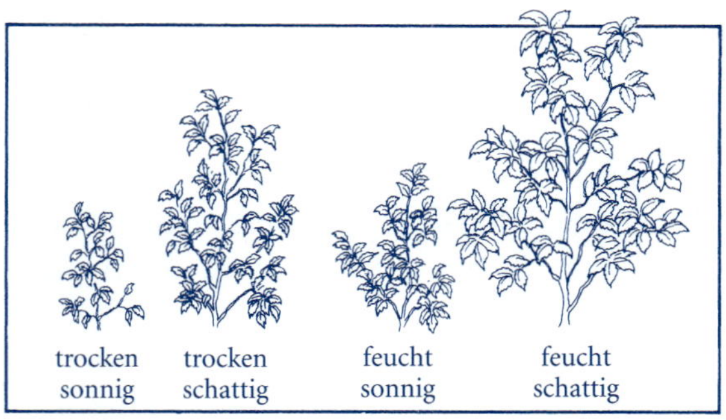

Abbildung 2.6. Vier Pflanzen mit gleichem Genotyp entwickeln unter verschiedenen Umweltbedingungen jeweils andere Phänotypen

Merkmale (Größe, Form, Farben usw.) den Phänotyp einer Pflanze kennzeichnen. Vielmehr entwickelt sich bei jeweils identischen Genen und unter vier ungleichen Umweltbedingungen das Merkmal Pflanzengröße unterschiedlich. Offenbar legen Gene Reaktionsweiten, also Bereiche fest, innerhalb derer sich der Ausprägungsgrad eines Merkmals in Reaktion auf verschiedene Umwelten ändern kann (Gottesman, 1963). Aus der Zwillingsforschung liegen vergleichbare Beobachtungen vor. Bei den eineiigen Geschwistern Helen und Glady (s. S. 63) hatte sich die Intelligenz als Reaktion auf unterschiedliche Umwelten nicht gleichartig entwickelt, wie es nach ihrer identischen Gen-Ausstattung zu erwarten gewesen wäre. Helen übertraf die Intelligenz ihrer Schwester im Erwachsenenalter um 24 IQ-Punkte.

Der Begriff Reaktionsmöglichkeiten lässt sich mit Hilfe der Abb. 2.7 erläutern (Turkheimer et al., 1995). Dargestellt ist zum einen die Reaktionsmöglichkeit eines Kindes mit Down-Syndrom (Kind C). Wenn man ein solches Kind aus einem anregungsarmen Heim herausnimmt und ihm angemessenere Förderung zuteil werden lässt, wird es seine intellektuellen Leistungen entsprechend steigern. Abb. 2.7 beschreibt weiterhin Kinder, die eine mittlere (Kind B) und ziemlich hohe (Kind A) intellektuelle Leistungsfähigkeit geerbt haben. Auch diese Kinder profitieren von einer stimulierenden Umwelt, das A-Kind sogar noch mehr als das B-Kind.

Auch die Entwicklung der von Scarr und Weinberg untersuchten Kinder war sicherlich nicht starr festgelegt. Wären sie bei ihren biologischen Eltern aufgewachsen, hätten sie wahrscheinlich einen durchschnittlichen Intelligenz-Quotienten von 90 erzielt. Als Reaktion auf die sehr anregungsreiche Umwelt in den Adoptivfamilien erreichten sie dagegen eindeutig höhere Testergebnisse. Allerdings blieben die schwarzen Adoptivkinder hinter der Leistungsfähigkeit ihrer weißen Geschwister zurück. Könnten in dieser Differenz entsprechende Unterschiede im Genotyp zum Ausdruck kommen? Diese Erklärung ist

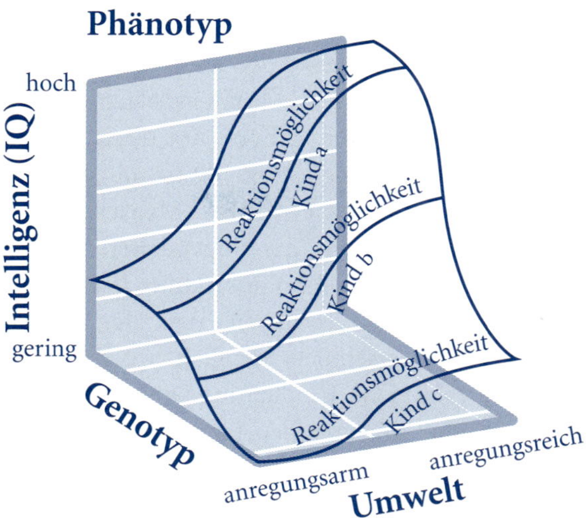

Abbildung 2.7. Reaktionsmöglichkeiten für intellektuelles Leistungsverhalten bei einem Kind mit hoher (**a**) und mittlerer Intelligenz (**b**) sowie einem Kind mit Down-Syndrom (**c**): Trotz unterschiedlicher genetischer Anlagen (Genotyp) reagieren alle drei Kinder positiv auf eine anregungsreiche Umwelt – der Genotyp legt also nicht starr fest, welche Merkmale der Phänotyp, hier das Kind in seiner entsprechenden Umwelt, trägt

keineswegs abwegig, zumal die Leistungsfähigkeit der biologischen Eltern vergleichsweise gering war (Horn, 1983).

Man könnte den Unterschied in den durchschnittlichen Leistungswerten von Adoptivkindern und ihren Stiefgeschwistern mit viel größerer Sicherheit genetisch erklären, wenn beide Gruppen stets – und das heißt auch schon vorgeburtlich – gleiche Umweltbedingungen vorgefunden hätten. Davon kann man jedoch nicht ausgehen. Wäre es nicht möglich, dass die beobachteten weißen im Vergleich zu den schwarzen Müttern während der Schwangerschaft bessere medizinische Versorgung in Anspruch nehmen konnten und günstigere Voraussetzungen für eine angemessene Ernährung besaßen? Das könnte Einfluss auf die Entwicklungsbedingungen der von Scarr und Weinberg untersuchten weißen und schwarzen Kinder vor der Geburt genommen haben (s. S. 64f.). Außerdem fanden die adoptierten Kinder erst im Verlauf ihres ersten Lebensjahres oder sogar noch später Aufnahme in eine Adoptivfamilie. Damit hatten sie nach der Geburt für eine bestimmte Zeit andere Lebensbedingungen gehabt als jene, die stets von ihrer biologischen Familie betreut wurden.

Schließlich muss man auch berücksichtigen, dass sich die von Scarr und Weinberg verglichenen Kinder bezüglich ihres Aussehens voneinander unterschieden. Die Hautfarbe ist ein ererbtes Merkmal, mit dem sich Vorurteile und damit unterschiedliche Erwartungen der Umwelt verbinden. Haben diese Einflüsse womöglich die Intelligenzentwicklung der Adoptivkinder beeinträchtigt?

Problematisch: Die Bestimmung genetisch gesetzter Grenzen im Einzelfall

Die Feststellung, dass sich Intelligenzunterschiede biologischer Mütter im Verlauf der ersten 15 Lebensjahre mit wachsender Deutlichkeit bei ihren Kindern widerspiegeln, obwohl keinerlei soziale Kontakte zwischen beiden bestehen, kann man als Beleg für die genetische Kontrolle der Intelligenzentwicklung werten. Was besagt dieser Zusammenhang aber über den Genotyp des Einzelnen? Ein Vergleich mit der in Abb. 2.6 dargestellten Pflanze mag zum Verständnis des Problems hilfreich sein.

BEISPIEL

Bei der Pflanze in Abb. 2.6 erfolgten unter vier Umweltbedingungen unterschiedliche Entwicklungen. Auf einen sonnigen und trockenen Standort reagierte die Pflanze mit dem vergleichsweise geringsten, auf den feuchten und schattigen Platz dagegen mit dem stärksten Wachstum. Allerdings bezieht sich diese Reaktionsweite nur auf die vier untersuchten Bedingungen, und man weiß nicht, wie die Pflanze auf weitere Standorte mit anderen Umweltbedingungen reagiert hätte. Durch Experimentieren mit Beschaffenheiten des Bodens, also seinen Anteilen an Kalk, Magnesium, Stickstoff usw., seiner Höhe über dem

Meeresspiegel und vielem mehr lässt sich eine praktisch unendliche Vielfalt verschiedenartiger Umwelten schaffen. Könnten sich nicht Bedingungen finden lassen, unter denen die kalifornische Pflanze Wachstumsgrößen erreicht, die außerhalb der in Abb. 2.6 beschriebenen Grenzen liegen? Man kann der Behauptung eines Biologen nicht widersprechen, dass Gene dem Größenwachstum einer Pflanze ein Ende setzen. Die Frage allerdings, ob er die Bedingung kennt, unter der ein Organismus diese obere Grenze erreicht, wird er nur mit Vorbehalten beantworten können. Diese Zurückhaltung muss bei der Beantwortung der Anlage-Umwelt-Frage allemal gewahrt bleiben.

In der Untersuchung von Scarr und Weinberg mag ein Adoptivkind hinter den Intelligenzleistungen seiner Stiefgeschwister zurückbleiben. Es stellt sich aber die Frage, inwieweit die Gene dem Adoptivkind nun tatsächlich Grenzen gesetzt haben, seine Intelligenz ebenso wie seine Schwestern und Brüder zu entwickeln. Die Frage lässt sich nicht sicher beantworten; denn ebenso wie eine Pflanze hat das Adoptivkind eine bestimmte Bedingung in seiner Umwelt vorgefunden. Wie seine Entwicklung unter anderen Bedingungen verlaufen wäre, entzieht sich jeglicher Nachprüfbarkeit.

Intelligenzentwicklung bei Kindern mit Down-Syndrom. Zurückhaltung bei der Vorhersage der Intelligenzentwicklung sollte man sich auch bei einem Kind auferlegen, das mit einem zusätzlichen Chromosom Nr. 21 geboren wird. Man weiß von einer großen Anzahl bisher untersuchter Kinder, dass das Down-Syndrom mit einer Beeinträchtigung der intellektuellen Entwicklung einhergeht. Es gilt aber auch für diese Fälle, dass die genetische Ausstattung nur eine Reaktionsweite festlegt; denn es hängt wesentlich von der Umwelt ab, welche Aufgaben ein derartig belastetes Kind später einmal erfolgreich lösen kann.

Vor mehr als 30 Jahren hatte ein Kind mit Down-Syndrom eine Lebenserwartung von etwa zwölf Jahren; es wurde ausschließlich als Pflegefall behandelt und verbrachte den größten Teil seines relativ kurzen Lebens in Anstalten. Nach der damaligen Überzeugung gab es für diese Kinder keine Förderungsmöglichkeit. Tatsächlich leben inzwischen aber nicht wenige Menschen mit Down-Syndrom über das Jugendalter hinaus. Vielfach konnte man die Entwicklung der Intelligenz so günstig beeinflussen, dass der Besuch spezieller Sonderschulen möglich wurde. Dort erlernten zahlreiche Kinder mit Down-Syndrom das Lesen. In einigen Fällen fanden sie sogar Arbeitsplätze, die mit einfachen Tätigkeiten verbunden waren (Hayden & Haring, 1976). An der genetischen Ausstattung dieser Menschen hat sich selbstverständlich nichts geändert; man konnte ihr Schicksal aber verbessern, nachdem sie aus den anregungsarmen »Bewahr«-Anstalten herausgeholt und spezielle pädagogische Fördermaßnahmen entwickelt wurden. Die jeweiligen Grenzen ihrer intellektuellen Leistungsfähigkeit lassen sich stets nur vor dem Hintergrund der Umwelt diskutieren, in der sie aufgewachsen sind. Wie sollte man ausschließen, dass sich in Zukunft einmal Bedingungen gestalten lassen, unter denen die Entwicklung ihrer Intelligenz noch günstiger verlaufen wird?

Im Augenblick erscheint es zweifelhaft, ob Kinder mit Down-Syndrom einmal so zu fördern sein werden, dass ihre Entwicklung »normal« verläuft. Es gibt andere genetisch bedingte Beeinträchtigungen der Intelligenzentwicklung, die man durch rechtzeitig erfolgende Veränderung der Umweltbedingungen praktisch völlig beseitigen kann (s. Info-Kasten 2.4).

Das Zusammenwirken von Anlage und Umwelt unter genetischer Kontrolle

Den Ergebnissen der Zwillingsforschung und der Adoptionsstudien lässt sich entnehmen, dass Entwicklung sowohl von den Genen als auch von der Umwelt abhängt. Sicherlich könnte man aber ein kompliziertes Produkt, etwa ein Haus, niemals konstruieren, wenn das Zusammenwirken der beteiligten Handwerker nicht sachkundig geplant,

INFO-KASTEN 2.4

Kann sich ein Kind mit einer erbbedingten Krankheit unter bestimmten Umweltbedingungen normal entwickeln?

Føllings Entdeckung einer Stoffwechselstörung. Vor mehr als 50 Jahren lebten in Norwegen zwei Geschwister, deren geistige Entwicklung hinter derjenigen Gleichaltriger zunehmend zurückblieb; sie waren *retardiert.* Die konsultierten Ärzte bestätigten diese Retardierung zwar, zu einer befriedigenden Erklärung waren sie allerdings nicht in der Lage. Die Eltern, die diese Ratlosigkeit der Mediziner verständlicherweise beunruhigte, rätselten weiter. Vielleicht hatte ja der auffallende Körpergeruch der Kinder etwas mit der Retardierung zu tun. In dieser Situation gerieten die Eltern schließlich an den norwegischen Arzt Asbøjrn Følling, der die Möglichkeit einer Stoffwechselstörung erwog. Bei einer Urinuntersuchung entdeckte er eine auffällige Anhäufung einer bestimmten chemischen Substanz (*Phenylalalin*). Im Blut fand sich eine Konzentration von Giftstoffen, die schädigend auf das zentrale Nervensystem und damit auch auf das Gehirn wirkte.

Weitere Symptome dieser Stoffwechselstörung sind – neben der bereits genannten geistigen Retardierung – gesteigerte Reizbarkeit, Überaktivität und, wenigstens in einigen Fällen, epileptische Anfälle. Dieses Krankheitsbild, das der Mediziner als Phenylketonurie, PKU oder – nach dem Entdecker dieser Stoffwechselstörung – auch Følling-Syndrom bezeichnet, hat sich als eindeutig erbbedingt erwiesen.

Veränderung der Umweltbedingungen. Trotz der genetischen Verankerung von PKU entstehen die Schädigungen des zentralen Nervensystems nicht unter allen Umweltbedingungen, sondern nur, wenn man betroffene Kinder mit bestimmten eiweißhaltigen Nahrungsmitteln, wie etwa Muttermilch, Molkereiprodukten, Fisch usw. ernährt. Entscheidend für eine gesunde Entwicklung ist, dass diese Kinder sofort nach der Geburt eine geeignete Diät erhalten. Nach Føllings Entdeckung musste man folglich eine Methode entwickeln, mit der sich die angeborene Stoffwechselstörung so früh wie möglich feststellen ließ. Man versuchte es zunächst mit dem »Windeltest« (Tanner & Taylor, 1965). Dabei tropft man in die nassen Windeln eines drei bis vier Wochen alten Säuglings etwas Eisenchlorid. Wenn sich daraufhin ein blaugrüner Ring bildet, weist das auf PKU hin. Allerdings können in diesem Alter bereits Schädigungen aufgetreten sein. Ein Fortschritt war es deshalb, als ein junger amerikanischer Arzt, Robert Guthrie, im Jahre 1961 einen Bluttest entwickelte, durch den der Gendefekt bereits wenige Tage nach der Geburt festzustellen ist, also zu einem Zeitpunkt, wo das Gehirn noch keine Beeinträchtigungen aufweist.

Den unheilvollen Auswirkungen von PKU lässt sich also entgegenwirken, indem man betroffenen Kindern zunächst einen Milchersatz, später eine Diät verabreicht, die bis zum Abschluss des Jugendalters und möglichst noch darüber hinaus eingehalten werden sollte. Die so Behandelten zeigen allerdings eine leichte Verzögerung in der Entwicklung höherer kognitiver Funktionen, die etwa in ihrem Problemlösungsverhalten zum Ausdruck kommt. Denn kleinere Mengen des Phenylalalins gelangen weiterhin mit der Nahrung in ihren Körper und beeinträchtigen die Funktionsweise des Gehirns (Welsh, 1990; Diamond et al., 1997). Wenn man die betroffenen Kinder aber rechtzeitig auf Diät setzt und zuverlässig darauf achtet, dass sie eingehalten wird, verschwinden die Auffälligkeiten im Verlauf des Schulalters. Die intellektuelle Entwicklung dieser Kinder verläuft sodann normal, und ihre Lebenserwartung ist nach den vorliegenden Befunden nicht vermindert (Mazzocco et al., 1994).

Der »Junge in der Blase«
Wenn PKU heute rechtzeitig erkannt wird, dann ermöglichen besondere, aber letztlich doch erträgliche Umweltbedingungen eine normale Entwicklung des Patienten. Es gibt andere Gen-Abweichungen, die einen viel massiveren Eingriff in die Umweltbedingungen fordern. Der »Junge in der Blase« liefert dafür ein eindrucksvolles Beispiel. Als David am 21. September 1971 geboren wurde, rechneten die Ärzte für ihn mit der gleichen genetisch bedingten Immunschwäche wie bei seinem inzwischen verstorbenen Bruder. Die Befürchtungen bestanden zu Recht. Davids Körper war ebenfalls unfähig, normale Bakterien und Viren abzuwehren.

Veränderung der Umweltbedingungen. Deshalb beschlossen die Ärzte, ihm eine künstliche Umgebung zu schaffen. Die Mediziner hofften, den Jungen so bis zur Entwicklung einer wirkungsvollen Therapie am Leben halten zu können. Sie ließen ihn in einem Plastikzelt (die »Blase«) aufwachsen, in das ihm nur sterile Nahrung und keimfreie Spielsachen gereicht wurden. Die Mutter durfte ihn nur mit Gummihandschuhen anfassen, die am Plastikzelt befestigt waren. Davids Entwicklung glich in mancher Hinsicht der eines normalen Gleichaltrigen. Er konnte ebenso neugierig sein. Seine Leistungen im Unterricht, an dem er über ein Telefon teilnahm, waren sehr gut.
Nach zwölf Jahren (1983) fragten die Ärzte sich, ob sie Davids Gesundheitszustand dadurch verbessern sollten, dass sie ihm Knochenmark seiner Schwester übertrugen, obwohl beide Zelltypen nicht völlig übereinstimmten. Dr. William Shearer, der behandelnde Arzt im Kinderkrankenhaus Houston/Texas, wagte im Oktober 1983 diesen Eingriff. Als sich kurze Zeit später schwere Darmkomplikationen und Fieber einstellten, standen die Mediziner abermals vor einer schwierigen Entscheidung, denn eine Behandlung war nur außerhalb des Plastikzelts möglich. »Warum zieht Ihr nicht einfach all diese Schläuche 'raus und lasst mich nach Hause gehen?«, fragte das kranke Kind seinen Arzt.
Als David am 7. Februar 1984 seine »Blase« verließ, konnte seine Mutter ihn zum ersten Mal in ihre Arme nehmen. Das Leben in der »Freiheit« dauerte für den kranken David nicht viel länger als zwei Wochen. Er starb an Herzversagen. Ohne die Rückenmarksübertragung hätte er trotz seiner genetisch bedingten Immunschwäche vielleicht noch längere Zeit in seiner künstlich geschaffenen Umwelt leben können. Ist David wirklich, wie einige meinen, ein hoffnungsvolles Beispiel dafür, wie man unheilvollen Gen-Wirkungen durch Umweltveränderungen begegnen kann?

beaufsichtigt und kontrolliert würde. Deshalb liegt die Frage nahe, welche Rolle die Umwelt in der menschlichen Entwicklung spielt. Die Behavioristen meinten, dass der Entwicklung mit Hilfe geeigneter Umweltbedingungen jeder gewünschte Verlauf zu geben ist (s. S. 23). Sandra Scarr (Scarr & McCartney, 1983) hält dem entgegen, dass Befunde der Familienforschung mit der Auffassung der Behavioristen nicht zu vereinbaren sind. Nach ihrer Meinung »machen Menschen ihre eigene Entwicklung selbst«.

Nischen-Auswahl. Wie will man beispielsweise erklären, dass die Ähnlichkeit von zweieiigen Zwillingen oder Geschwistern umso geringer wird, je länger sie zusammenleben? Das kann nur damit zusammenhängen, so erläutert Scarr, dass die Gene die treibende Kraft der Entwicklung sind. Von ihnen hängt es ab, wie die Entwicklung der Intelligenz, des sozialen Verhaltens, der Interessen usw. verläuft. Der Mensch, so Scarr, werde nicht passiv von seiner Umwelt hin- und hergestoßen, wie die Behavioristen meinen. Vielmehr lenken ihn auch aktiv seine Gene bei der Suche, bei der Auswahl oder Schaffung jener Umwelten, die sich am besten mit seinen biologischen Neigungen vereinbaren lassen und ihm besonders herausfordernd erscheinen. Dies bezeichnet Scarr als Nischen-Auswahl. Gene bestimmen mit, welche Erfahrungen das Kind sammelt und wie diese auf seine Entwicklung wirken. Eine Mutter mag ihrem Kind noch so viel vorlesen; es wird aber niemals eine begeisterte Leseratte werden können, wenn es dafür genetisch ungünstige Voraussetzungen besitzt. Eltern können bemüht sein, ihren Sohn oder ihre Tochter häufig mit Gleichaltrigen in Kontakt zu bringen. Allerdings werden nur solche Kinder, die genetisch dafür empfänglich sind, bereit und in der Lage sein, aktiv die Gesellschaft anderer zu suchen und sich sozial vielfältig zu engagieren.

Suche nach geeigneten Umwelten. Die Möglichkeit, sich seine Umwelt den eigenen Anlagen entsprechend auszusuchen, ist bei kleineren Kindern begrenzt. Sie machen viele Erfahrungen, weil die Umwelt diese an sie heranträgt. Wenn Eltern gerne lesen, werden sie sich bemühen, ihren Kindern viele Bücher anzubieten. Wegen ihrer genetischen Verwandtschaft besitzen Eltern damit eine gute Voraussetzung, ihr Kind entsprechend zu fördern. Wenn es sich aber um ein Adoptivkind handelt, das am Lesen weniger Interesse hat, dann versuchen sie vielleicht, ihr Bücherangebot noch attraktiver und reichhaltiger zu gestalten. Genetische Unterschiede zwischen Kindern werden durch ungleiche Umweltanregungen zunächst ausgeglichen. Mit wachsendem Alter entzieht sich der Mensch aber der Fremdkontrolle, dem Einfluss der Eltern, Lehrer usw. Er wählt Aktivitäten und Erfahrungsfelder, die seinen genetischen Voraussetzungen entsprechen, selbst aus.

Wenn die von Scarr und ihren Mitarbeitern entwickelten Vorstellungen zutreffen, dann müssten eineiige Zwillinge, die in verschiedenen Umwelten aufwachsen, sich in jüngeren Jahren ziemlich unähnlich verhalten. Sofern sie in ihrer Umwelt aber ihren besonderen Neigungen nachgehen können, müssten sie einander – wegen ihres identischen Erbguts – im Laufe der Zeit immer ähnlicher werden. Entsprechend dürften sich zweieiige Zwillinge und Stiefgeschwister in den Lebensabschnitten nicht sonderlich voneinander unterscheiden, in denen sie noch in ziemlich hohem Maße der Kontrolle und den Einflüssen der Erwachsenen unterliegen. Spätestens im Jugendalter müsste die Übereinstimmung ihrer Interessen und Begabungen aber erheblich abnehmen. Dies gilt vor allem für Kinder, die sich in ihrer Gen-Ausstattung am meisten voneinander unterscheiden, also für adoptierte Geschwister. Scarr kann darauf verweisen, dass die Familienuntersuchungen genau diese Vorhersagen bestätigen.

Der Einfluss von Anlage und Umwelt auf die Entwicklung ist also in einem sehr komplexen Netz verwoben. In ihrem Zusammenwirken eröffnen beide Faktoren dem Kind eine große Bandbreite von Entwicklungsmöglichkeiten. Pädagogische Maßnahmen (Anregungen im frühen Lebensalter, spezielle Trainingsprogramme, gezielte Förderungen in der Schule) erreichen selbst bei Kindern mit Chromosomenabweichungen bemerkenswerte Ergebnisse.

2.3 Vorgeburtliche Entwicklung

Das Zusammenwirken von Anlage und Umwelt, das die Entwicklung eines Menschen bestimmt, beginnt nicht erst mit der Geburt. Auch der vorgeburtliche Zeitraum ist in vielerlei Hinsicht bedeutungsvoll. Bestimmte Ereignisse und Bedingungen können nämlich über den mütterlichen Organismus Einfluss auf das werdende Leben nehmen und damit dessen nachgeburtliches Schicksal entscheidend beeinflussen. Nach einer nur skizzenhaften Beschreibung der vorgeburtlichen Entwicklung soll etwas ausführlicher gezeigt werden, wie bereits in diesem vorgeburtlichen Zeitraum Anlage und Umwelt zusammenwirken.

Die gesamte vorgeburtliche Entwicklung lässt sich sehr leicht in Trimester unterteilen. Diese gliedern die neun Monate einer Schwangerschaft in drei etwa gleich lange Abschnitte:

- Das 1. Trimester umfasst ungefähr den Zeitraum von der Empfängnis bis zur 13. Woche;
- das 2. Trimester endet mit der 25. Woche;
- das letzte Trimester schließt mit der Geburt ab, welche normalerweise in der 38. Woche stattfindet.

2.3.1 Das Stadium der Eizelle

Zellverschmelzung. Von den etwa zwei Millionen unreifen Eizellen, die sich in den Eierstöcken eines neugeborenen Mädchens finden, sind in der Pubertät nur noch 30.000 bis 40.000 erhalten (Moore & Persaud, 1998). Von diesen wiederum bekommen während der nachfolgenden Jahre sehr wenige – nämlich nur etwa 300 bis 400 (Tanner & Taylor, 1965) – grundsätzlich die Chance, im Eileiter auf eine Samenzelle zu treffen und mit dieser zu verschmelzen. In den meisten Fällen wird dies auf natürliche Weise geschehen. Dabei ist zu beachten, dass Spermien sechs Tage lebensfähig sind, während Eizellen (nach dem sog. Eisprung) bereits nach einem Tag absterben. Die meisten Befruchtungen erfolgen, wenn am Tag des Eisprunges oder zwei Tage vorher Geschlechtsverkehr stattgefunden hat (Wilcox et al., 1995). In den letzten Jahren haben Mediziner mehrere Verfahren entwickelt, um Paaren zu helfen, die ohne Eingriff des Arztes kein Kind empfangen können. Über einige der Methoden berichtet Info-Kasten 2.5.

Zygoten. Wenn es zu einer Befruchtung kommt, entstehen häufig mehrere Zygoten. Als man gegen Ende der 70er Jahre mit außerordentlich empfindlichen Methoden der Ultraschall-Technik den Mutterleib untersuchte, wurden während des zweiten oder dritten Monats der Schwangerschaft vielfach Zwillinge festgestellt. Es kam später aber nur ein Einzelkind zur Welt. Wo war die andere Leibesfrucht geblieben? Man vermutet, dass sie vom Körper der Mutter wieder absorbiert wurde. Wahrscheinlich stirbt etwa die Hälfte aller Zygoten ab, bevor sie sich in der Gebärmutter einnisten (Roberts & Loewe, 1975). Übersteht eine Zygote die frühe kritische Phase und bleibt lebensfähig, so erfolgt eine Entwicklung, die in Abb. 2.8 skizzenhaft wiedergegeben ist.

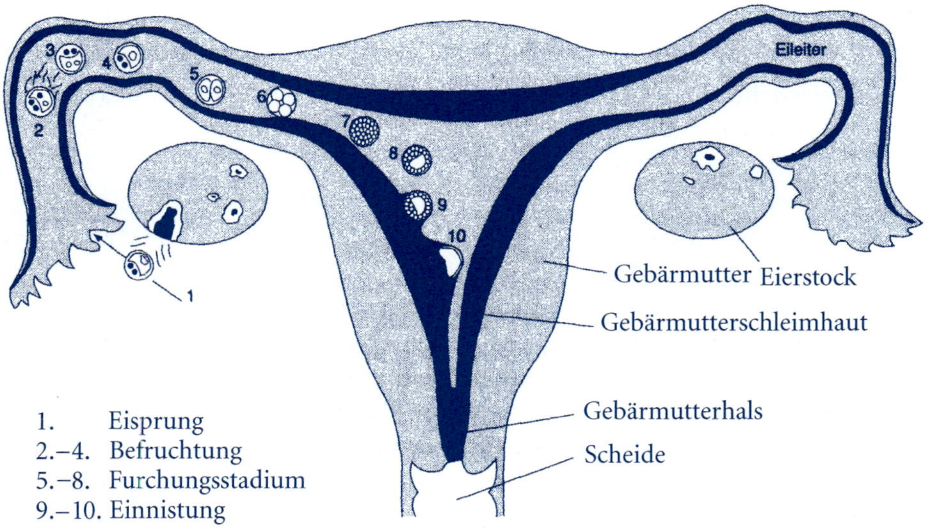

Abbildung 2.8. Der Weg einer Eizelle nach ihrer Befruchtung. Einzelne Teile dieser Übersicht wurden zum besseren Verständnis erheblich vergrößert dargestellt

INFO-KASTEN 2.5

Darf man bei Unfruchtbarkeit Ersatzmütter und Ersatzväter in Anspruch nehmen?

Es gibt Schätzungen, nach denen jedes fünfte bis sechste Paar Probleme mit seiner Fruchtbarkeit hat. Da heute viele Frauen nach einer Ausbildung auch ihrem Beruf nachgehen, bevor sie ihren Kinderwunsch verwirklichen wollen, häuft sich bei Ärzten die Anzahl der Patienten, die unter Unfruchtbarkeit leiden. Bereits nach Eintritt des vierten Lebensjahrzehnts nimmt die Fruchtbarkeit der Frau erheblich ab (*Fédération* et al, 1982). Weil Abtreibungen erleichtert wurden und ledige Mütter eher akzeptiert werden, ist es gegenwärtig ziemlich schwierig, Kinder für eine Adoption zu finden.

Das erste Retortenbaby. Welche medizinischen Hilfen unfruchtbare Paare erhalten können, wurde einer breiten Öffentlichkeit erstmals durch die Geburt von Louise Joy Brown bewusst. Das Mädchen erblickte am 25. Juli 1978 in der Nähe von Manchester in England das Licht der Welt. Die Umstände, denen Louise ihr Leben verdankte, waren für die damalige Zeit in der Tat bemerkenswert.

Der Frauenarzt Patrick Steptoe und der Physiologe Robert Edwards hatten Mrs. Brown zunächst Hormone verabreicht und ihr etwas später unter Narkose nach zwei kleineren Schnitten im Unterleib eine ausgereifte Eizelle entnommen. Diese gelangte zunächst in eine sog. Petrischale, in der man Samenzellen des Ehemannes mit einer Nährlösung vermischt hatte. Nach erfolgreicher Befruchtung begann die Zellteilung der Zygote. Es dauerte zwei bis vier Tage, bis das neue Lebewesen aus acht Zellen bestand. Nach Erreichung dieses Stadiums wurde die Zygote in die Gebärmutter gebracht, an deren Wänden sie sich einnisten sollte.

Das von Steptoe und Edwards angewandte Verfahren wurde inzwischen erheblich weiter entwickelt. Das erste deutsche Kind, das außerhalb des weiblichen Körpers gezeugt worden ist, heißt Oliver Wimmelbacher. Der Junge wurde am 16. April 1982 in der Universitäts-Frauenklinik Erlangen geboren (Karcher, 1986a, 1986b). Kliniken in aller Welt können Hilfe anbieten, wenn entweder der Mann, die Frau oder beide unfruchtbar sind. Die heute praktizierten Möglichkeiten der Abhilfe fasst Abb. 2.9 zusammen. Nach den aufgezeigten Möglichkeiten lässt sich der Fall konstruieren, dass ein Kind drei »Mütter« und zwei »Väter« hat: Man entnimmt einer Spenderin eine Eizelle, die außerhalb ihres Körpers mit dem Samen eines Spenders befruchtet wird. Die Zygote wird einer »Leihmutter« eingepflanzt, die das Kind nach der Geburt einem Ehepaar übergibt, das es adoptieren wird.

Ein konfliktträchtiges Thema. Die vielfältig angebotenen Hilfen zur Überwindung von Unfruchtbarkeit lassen eine unübersehbare Anzahl psychologischer, religiöser, ethischer und juristischer Probleme entstehen, deren Folgen gegenwärtig noch gar nicht abzusehen sind. Welche Rechte hat z. B. der biologische Spender von Geschlechtszellen gegenüber ihrem Empfänger? Sollte man auch alleinstehenden Frauen eine künstliche Befruchtung gestatten? Was ist zu tun, wenn die Eltern einer tiefgefrorenen Zygote sterben? Hat diese einen Anspruch auf Leben? Wie hilft man einem Ehepaar, das unter Mitwirkung eines Ei- oder Samenspenders ein krankes Kind empfängt? Soll die Medizin auch Frauen jenseits ihrer Menopause noch helfen, schwanger zu werden? Die Frage nach der Altersgrenze wurde erstmals diskutiert, als in Italien 1993 eine 62-jährige Frau ein Kind gebar, nachdem man ihr eine außerhalb ihres Körpers befruchtete Eizelle eingepflanzt hatte (Beck, 1994).

Besonders leidenschaftlich streitet man über solche Fragen in religiösen Kreisen. Dort behauptet man u. a., jeglicher Eingriff in das natürliche Geschehen widerspräche Gottes Willen. Kritiker eines solchen Standpunktes haben an das Leid der Paare erinnert, die mit ihrer Kinderlosigkeit nicht fertig werden. Sie fragen deshalb, ob es nicht auch zum christlichen Auftrag gehört, Leiden zu vermindern.

Abbildung 2.9. Verschiedene Methoden zur Zeugung von Kindern bei ein- oder beidseitiger Unfruchtbarkeit von Paaren. Samenzelle: ( ) von Vater, ( ) von Spender; Eizelle: ( ) von Mutter, ( ) von Spenderin; Kind ausgetragen von: ( ) Mutter, ( ) Leihmutter

Einnistung in die Gebärmutterschleimhaut. Unmittelbar nach der Befruchtung beginnt ein Zellteilungsprozess, aus dem bereits nach wenigen Monaten ein Lebewesen mit menschlichem Aussehen hervorgeht. Mit Hilfe besonderer Zellen löst das neu entstandene Lebewesen Teile der Gebärmutterschleimhaut auf und nistet sich etwa 12 bis 14 Tage nach der Zellverschmelzung dort ein. Während die befruchtete Eizelle auf dem Weg vom Eileiter zur Gebärmutter noch ein relativ selbständiger Organismus ist, entsteht nach durchschnittlich zwei Wochen eine feste Beziehung zum Körper der Mutter. Damit beginnt die Embryonalphase.

2.3.2 Die Embryonalphase

Acht Wochen nach der Befruchtung. Die Entwicklung nach Einnistung der Zygote in der Gebärmutterschleimhaut verläuft sehr schnell: Bereits acht Wochen nach der Befruchtung ist ein Organismus entstanden, der zwar noch sehr primitive, aber dennoch eindeutig menschliche Züge aufweist. Am relativ großen Kopf kann man deutlich die Entstehung von Ohren, Augen, Nase und Mund erkennen. Arme und Beine, ja sogar Ansätze für die Entwicklung der Finger und Zehen sind vorhanden.

Ein acht Wochen alter Embryo wiegt ungefähr 14 Gramm und ist etwa 2,5 cm groß. Das Herz pumpt bereits seit etwa der vierten Woche Blut durch die kleinen Arterien und Venen. Die Entwicklung der Nieren, der Leber und des Verdauungstrakts hat begonnen. All diese Organe funktionieren bereits in einer sehr primitiven Form. Es hat sich außerdem ein einfaches Gehirn gebildet.

Gefährliche Umwelteinflüsse. Nach einer immer noch weit verbreiteten Auffassung genießt das sich entwickelnde Leben im Mutterleib einen vollständigen Schutz vor schädigenden Umwelteinflüssen. Das trifft jedoch nicht zu. Wenn die Mutter, vor allem zwischen der zweiten und achten Schwangerschaftswoche, an bestimmten Infektionen erkrankt oder Drogen einnimmt, ist die Gefahr besonders groß, dass der Embryo dadurch sowohl in seiner körperlichen als auch in seiner geistigen Entwicklung schwere Schäden erfährt, die sich nicht wieder beseitigen lassen. Es ist später noch ausführlicher darzustellen, welche Schutzmaßnahmen eine werdende Mutter unbedingt ergreifen sollte.

2.3.3 Die Fötalphase

Erstes Trimester. Wenn sich etwa neun Wochen nach der Empfängnis die ersten Knochenzellen bilden, beginnt eine neue Phase in der vorgeburtlichen Entwicklung. Der Fötus, wie die Leibesfrucht nunmehr genannt wird, hat den gefahrvollen frühen Zeitraum, in dem durch äußere Einwirkungen dauerhafte Missbildungen entstehen können, hinter sich gebracht. Der »Rohbau« ist – wie man in der Sprache des Bauhandwerks sagen würde – bereits fertiggestellt. Wie Abb. 2.10 zeigt, lässt ein elf Wochen alter Fötus unverwechselbar menschliches Aussehen erkennen.

Zweites Trimester. Ein 13 Wochen alter Fötus hat eine Körpergröße von ca. 7,5 cm erreicht; er wiegt im Durchschnitt 28 Gramm. Man erkennt in der Gesichtspartie klar die Stirn, Augenlider, Mund und Kinn. In dieser Zeit wird das kleine Lebewesen erstmalig aktiv. Arme und Beine können bewegt, der Mund geöffnet und geschlossen werden. Die werdende Mutter nimmt diese Bewegungen allerdings meistens erst gegen Ende der 16. Woche wahr. Während bisher vor allem der Kopf an Größe zugenommen hat, setzt gegen Ende des vierten Monats auch ein Wachstumsschub der unteren Körperteile ein. Mit der 21. Woche – der Fötus hat nunmehr eine Körperlänge von 30 cm und wiegt 450 Gramm – haben sich Haut, Finger- und Fußnägel gebildet.

Drittes Trimester. Ein 26 Wochen alter Fötus könnte außerhalb des Mutterleibes nur sehr kurze Zeit überleben. Er kann die Augen öffnen, und

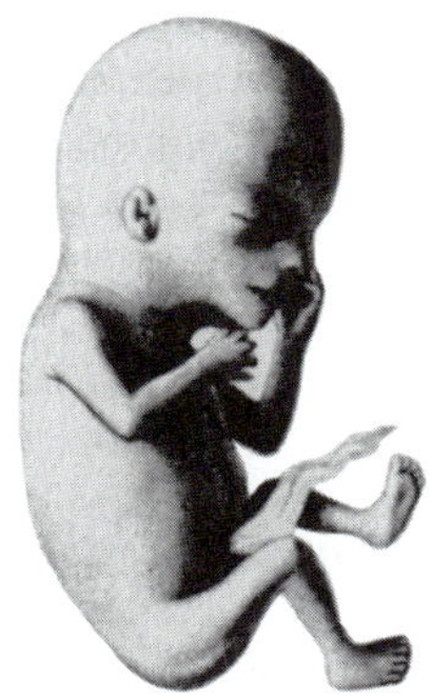

Abbildung 2.10. Ein menschlicher Fötus im Alter von etwa elf Wochen. Arme, Hände, Finger und Zehen sind eindeutig erkennbar. Der Fötus bewegt seine Gliedmaßen, sobald sie sich entwickelt haben

die Pupillen würden sich verengen, wenn ein starker Lichtstrahl sie träfe. Der Fötus ist nunmehr grundsätzlich in der Lage, ein- und auszuatmen und dabei Laute zu erzeugen. Eine gewisse Chance zum Überleben im Brutkasten besteht erst, wenn sich die Atemfunktion stabilisiert hat, und das ist im Allgemeinen in der 30. Schwangerschaftswoche der Fall; allerdings ist es medizinischen Fortschritten zu verdanken, dass auch Föten nach kürzerer Schwangerschaftsdauer eine gute Überlebenschance haben (s. S. 93 f.). Eine Frühgeburt in der 30. Schwangerschaftswoche würde ungefähr 1,4 kg wiegen und eine Körpergröße von etwa 40 cm haben. Während der letzten drei Monate der Schwangerschaft wächst der Fötus noch einmal erheblich. Sein Körpergewicht erhöht sich während dieses Zeitraums um 2.500 Gramm. Deshalb wird er im Mutterleib zunehmend eingeengt. Wenn die Mutter sitzt oder ruht, spürt sie häufig Bewegungen des Fötuses, die vor allem darauf gerichtet sind, eine erträgliche Ruheposition zu finden. Fast der gesamte Körper des Ungeborenen ist mit einer Fettschicht überzogen. Die Haut verliert dadurch ihr faltiges Aussehen und die Körperkonturen erscheinen abgerundeter. Die Bildung der Fettschicht ist eine letzte wesentliche Vorbereitung auf das Leben außerhalb des Mutterleibs, denn dann treten größere Temperaturschwankungen auf, gegen die ein gewisser Schutz aufzubauen ist. Etwa 266 Tage nach der Empfängnis endet schließlich eine normal verlaufende Schwangerschaft. Das durchschnittlich 3,2 kg schwere Kind mit einer Körpergröße von etwa 50 cm erblickt das »Licht der Welt«, und damit beginnt sein zweiter und sehr viel längerer Lebensabschnitt.

2.3.4 Vorgeburtliche Umwelteinflüsse

BLICK ZURÜCK

Der Mensch hat schon lange an die Möglichkeit geglaubt, dass über die Mutter und ihre Wahrnehmungen – ihre Gedanken, Gefühle und Verhaltensweisen – Einfluss auf das ungeborene Leben genommen wird. Im alten Sparta wurde per Gesetz angeordnet, dass Schwangere sich Standbilder von Castor und Pollux ansehen sollten, damit sie einen gesunden und kräftigen Nachwuchs gebären. In anderen Teilen Griechenlands empfahl man werdenden Müttern aus dem gleichen Grund, schöne Statuen und Bilder zu betrachten (Warkany, 1959).
Als im antiken Griechenland eine Prinzessin ein schwarzes Kind zur Welt brachte, soll Hippokrates dafür eine einleuchtende Erklärung gefunden haben: das Bild eines »Mohren«, das in der Nähe ihres Bettes hing. Nach den Schlussfolgerungen des griechischen Arztes war die junge Frau von diesem Bild so sehr beeindruckt, dass sich bei ihrem ungeborenen Kind die Haut verfärbte; man verschonte nach dieser Erklärung das Leben der Prinzessin (Clegg, 1971). Überlieferungen ähnlichen Inhalts liegen auch aus dem Mittelalter vor. Obwohl bereits gegen Ende des 18. Jahrhunderts wissenschaftliche Stimmen Kritik an solchen Auffassungen übten, fanden sie immer wieder Anhänger (Barrow, 1971). Ein medizinisches Lehrbuch über Kinderkrankheiten aus dem Jahre 1889 widmet noch ein ganzes Kapitel den Folgen mütterlicher Wahrnehmungseindrücke für das ungeborene Kind (Keating, 1889). Es schildert 90 Fälle, in denen bestimmte Eindrücke während der Schwangerschaft zu Anomalien der Kinder geführt hätten. So wird beispielsweise von einer Frau berichtet, die nach ihrer Hochzeit täglich einem Milchmann begegnete, dem ein Finger fehlte. Diese Frau, so ist nachzulesen, gebar daraufhin ein Kind, das ebenfalls nur neun Finger hatte.

Die Funktion der Plazenta. In einer Hinsicht muten diese historischen Glaubensüberzeugungen durchaus modern an. Sie nahmen die heutige Erkenntnis vorweg, nach der Umweltbedingungen sehr wohl, auch in schädigender Weise, Einfluss auf das werdende Leben nehmen können.

Der mütterlichen Plazenta kommt dabei eine besondere Rolle zu. In diesem bemerkenswerten Organ treffen sich die Blutkreislaufsysteme von Mutter und Kind, ohne sich allerdings miteinander zu vermischen. Durch die Plazenta gelangen Sauerstoff und Nahrung, die durch das mütterliche Blut herantransportiert werden, in den Kreislauf des Kindes; außerdem werden Abfallprodukte der Niere und Kohlendioxyd aus der Lunge des Embryos bzw. Fötuses dem mütterlichen System übergeben. Gegen einige giftige Substanzen und viele Bakterienarten wirkt die Plazenta als Barriere. Die genaue Analyse unglücklich verlaufener Schwangerschaften führte allerdings zu dem Schluss, dass die Abwehr von Schadstoffen keineswegs vollkommen ist. Einige Substanzen passieren die halbdurchlässige Barriere. Abhängig vom Zeitpunkt und der Dauer ihrer Einwirkung während der Schwangerschaft beeinträchtigen sie die Entwicklung des vorgeburtlichen Organismus mehr oder weniger stark und führen zu dauerhaften Schädigungen oder sogar zum Tod. Einige der inzwischen bekannten Zusammenhänge sind aus Abb. 2.11 abzulesen.

Kritische Phasen. Offensichtlich beeinträchtigen ungünstige Einflüsse das sich entwickelnde Leben im Mutterleib nicht in allen Abschnitten der Schwangerschaft in gleicher Weise. Es gibt vielmehr kritische Phasen, d. h. Zeitabschnitte in der Entwicklung, in denen die Verwundbarkeit eines Organs oder eines Körperteils besonders groß ist; diese Phasen sind in Abb. 2.11 durch blau unterlegte Balken markiert.

BLICK ZURÜCK

Vorstellungen über kritische Phasen in der vorgeburtlichen Entwicklung entstammen nicht ausschließlich der jüngeren Zeit. So vertrat der im 16. Jahrhundert lebende französische Chirurg Ambroise Paré (1509–1590) den Standpunkt, dass mütterliche Vorstellungen oder Erwartungen Einfluss auf die Leibesfrucht nehmen können. Der Arzt berichtet in seiner Schrift von der Überzeugung einiger Menschen, der Fötus sei 42 Tage nach der Befruchtung nicht mehr durch die Vorstellungen seiner Mutter gefährdet, denn er habe inzwischen eine so vollkommene Gestalt, dass diese sich durch äußere Einflüsse nicht mehr verändern ließe (Warkany, 1959).

Die in den »Blick zurück«-Kästen genannten Fälle entstammen offenbar geschichtlichen Zeitabschnitten, in denen man Umwelteinflüssen als Erklärung für angeborene Auffälligkeiten bei Neugeborenen ein sehr großes Gewicht zuschrieb. Heute geht man bei Missbildungen, die bereits zum Zeitpunkt der Geburt vorhanden sind, von folgenden Ursachen und Zahlenverhältnissen aus:

- 28 Prozent sind eindeutig genetischen Ursprungs (wie etwa das Down-Syndrom, s. S. 57, oder PKU, s. S. 66 f.);
- nur 6 Prozent sind unzweifelhaft dem Umwelteinfluss zuzuschreiben (dazu gehören auch sog. Teratogene, von denen nachfolgend die Rede sein wird);
- etwa 23 Prozent der Auffälligkeiten entstehen aufgrund von Wechselwirkungen zwischen genetischen und Umwelteinflüssen;
- bei rund 43 Prozent der Anomalien bleibt die Ursache unbekannt (Holmes, 1994).

Wie sich Abb. 2.11 entnehmen lässt, befindet sich jedes Körperorgan genau dann in einer kritischen Phase seiner Entwicklung, wenn es sich herausbildet und am schnellsten wächst. So sind beispielsweise das Herz und das Zentrale Nervensystem in der dritten, die Augen und weiterhin das Herz in der vierten Woche und die meisten anderen Organe sowie das Skelett während des zweiten Monats der Schwangerschaft besonders gefährdet. Aus Abb. 2.11 geht außerdem hervor, dass die Gefahr einer lebenslangen Körperschädigung während der Embryonalzeit besonders groß ist, weil in den ersten zwei Monaten fast alle wichtigen Körperteile in der Ausbildung sind und während dieser Zeit in ihrer Struktur geschädigt werden können.

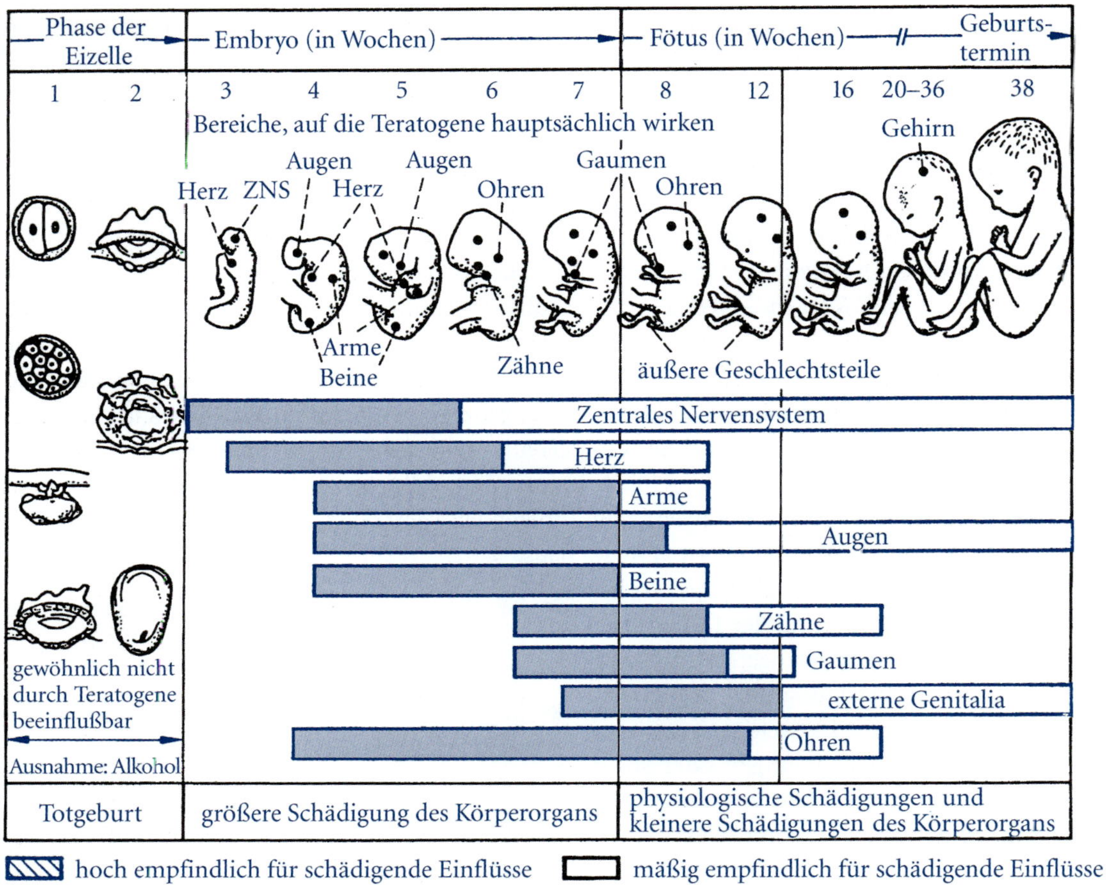

Abbildung 2.11. Kritische Phasen in der vorgeburtlichen Entwicklung. Blau unterlegte Balken zeigen Abschnitte hoher Verwundbarkeit, weiße Balken solche geringerer Verwundbarkeit der Organe an

Allerdings sollte man nicht den Schluss ziehen, dass die Entwicklung während der nachfolgenden Fötalphase nicht mehr zu beeinträchtigen ist. Nachdem sich die Organe des kindlichen Körpers gebildet haben, sinkt tatsächlich die Gefahr einer Missbildung (helle Balken). Bei ungünstigen Umwelteinwirkungen wächst nunmehr aber die Möglichkeit einer Wachstumshemmung oder einer Funktionsstörung.

Teratologie: Die Lehre von den Missbildungen

Die Teratologie – dieser Begriff geht auf den französischen Arzt Geoffrey Saint Hilaire (1822) zurück – bezeichnet die Lehre von den Missbildungen. Dieser Forschungszweig hat erst in jüngster Zeit das Interesse von Entwicklungspsychologen auf sich gezogen. Zu den wichtigsten Erkenntnissen gehört, dass viele Fehlentwicklungen und Missbildungen bei verantwortlichem Handeln der Eltern zu vermeiden sind. Wenn man Jungen und Mädchen rechtzeitig informiert, welche Verhaltensweisen die Gesundheit ihrer späteren Nachkommenschaft besonders gefährden, lässt sich die Anzahl von Missbildungen, die bereits unmittelbar nach der Geburt erkennbar sind, wahrscheinlich entscheidend absenken. Der folgende Bericht über Befunde der Teratologie ist keineswegs vollständig. Der Einfluss radioaktiver Strahlung, die Wirkung von Umweltgiften oder die Rolle der Fehl- oder Unterernährung werden dabei nicht angesprochen. Es ist nicht das Ziel der Teratologie, künftige Eltern zu beunruhigen; die überwiegende Mehrheit der Kinder kommt gesund auf die Welt. Mit Hilfe der Teratologie lässt sich allerdings anschaulich belegen, dass das komplizierte Wechselwirkungsverhältnis zwischen Anlagen und Umwelt bereits mit der Empfängnis und nicht erst mit der Geburt beginnt.

Es wird im Folgenden viel von der werdenden Mutter und von ihrem Einfluss auf das werdende Leben die Rede sein. Daraus darf nicht geschlossen werden, dass die Gesundheit des zukünftigen Vaters oder seine Lebensweise keinerlei Einfluss auf das Kind im Mutterleib nimmt. So kann ein vermindertes Geburtsgewicht auch auftreten, wenn der Vater starker Raucher ist (Rubin et al., 1986); ist er zum Zeitpunkt der Zeugung ungewöhnlich alt, dann muss man mit einem gesteigerten Risiko für angeborene Auffälligkeiten rechnen, denn männliche Geschlechtszellen verändern Teile der Erbinformation (»mutieren«) häufiger als weibliche (Crow, 1993, 1994).

Das Alter der Mutter

Die bereits dargestellten Beobachtungen, nach denen bestimmte Chromosomen-Anomalien mit zunehmendem Alter der Mutter häufiger auftreten (s. S. 58), haben über einen längeren Zeitraum zu der Behauptung geführt, dass jüngere Frauen dem werdenden Leben in ihrem Körper bessere Lebensbedingungen bieten können als ältere. Wenn man daraus die Empfehlung ableitet, Schwangerschaften möglichst zu planen, wenn die Mütter sich noch im dritten Lebensjahrzehnt befinden, erschwert man die Lebensplanung vieler Paare, die zunächst ihre berufliche Ausbildung abschließen möchten und sich vor allem in finanzieller Hinsicht einen gewissen Standard zu schaffen versuchen. Muss eine vergleichsweise ältere Frau demnach grundsätzlich mit mehr Komplikationen rechnen als eine jüngere? Ergebnisse zahlreicher Untersuchungen sprechen nicht dafür, dass diese Befürchtung berechtigt ist. Entscheidend ist offenbar weniger das Alter, vielmehr dagegen die Gesundheit der Mutter. Aber auch gesundheitliche Belastungen einer werdenden Mutter müssen keineswegs zu Komplikationen, Fehl- oder Frühgeburten oder zu kindlichen Anomalitäten führen, weil frühe Schwangerschaftsuntersuchungen (s. S. 59) und intensive Betreuung der Schwangeren vor allem bei etwas älteren Frauen die Regel sind. Dadurch hat sich die Anzahl problematischer Entwicklungen vermindert (Cunningham & Leveno, 1995). Eine Frau, die sich im fünften Lebensjahrzehnt befindet, aber mit keinerlei ernsthaften Krankheiten belastet ist, wird aller Voraussicht nach die gleichen Entwicklungsbedingungen für das werdende Kind schaffen wie eine 20- oder 25-jährige Frau (Ales et al., 1990). Selbst Teenager können solange bedenkenlos Mütter werden, wie sie dem Fötus aufgrund ihrer äußeren Lebensumstände, nämlich in einem gesicherten sozialen Umfeld, die Bedingungen geben können, die eine ältere Frau normalerweise besitzt; doch gerade diese Voraussetzung ist vielfach nicht gegeben; deshalb können sich bei sehr jungen Schwangeren Probleme ergeben (Ketterlinus et al., 1990). Wenn eine werdende Mutter sehr jung ist, das heißt vor allem: jünger als 15 Jahre, muss mit gesundheitlichen Komplikationen gerechnet werden, also mit erhöhter Wahrscheinlichkeit, dass ihr Kind zu früh (s. S. 93ff.) und/oder mit unterdurchschnittlichem Geburtsgewicht zur Welt kommt (Nobrega, 1997; Reichman & Pagnini, 1997).

Infektionskrankheiten

Röteln. Im Jahre 1941 fiel dem australischen Arzt McAllister Gregg auf, dass von einem bestimmten Zeitpunkt an bedrückend viele Kinder geboren wurden, deren auffälligstes Symptom die Trübung ihrer Augenlinsen war: Die Kinder kamen blind zur Welt. Bei seiner Suche nach möglichen Ursachen wurde Gregg schließlich auf eine Epidemie aufmerksam, von der wenige Monate zuvor zahlreiche Menschen erfasst worden waren. Der Arzt entschloss sich deshalb, Mütter mit blind geborenen Kindern eingehender zu befragen. Tatsächlich erinnerten sich die Befragten, für kurze Zeit einen rötlichen Ausschlag in der Magengegend, eine trockene Kehle, geschwollene Drüsen usw. gehabt zu haben. Viele hatten diese Symptome nicht sonderlich beunruhigt. Für Gregg stand fest, dass die Frauen seiner Stichprobe an Röteln erkrankt waren. Sollte eine Virusinfektion, die ein Erwachsener in der Regel ziemlich unproblematisch übersteht, tatsächlich beim Fötus schwere Schädigungen hervorrufen können? Da Gregg sich entschloss, seine Beobachtungen sofort zu veröffentlichen, wurden Mediziner vieler Nationen alarmiert. Es häuften sich international tatsächlich sehr bald Berichte, wonach Mütter, die während der ersten drei Schwangerschaftswochen an Röteln erkrankt waren, Kinder mit Geburtsfehlern, wie Blindheit, Taubheit, Herzfehlern und geistigen Störungen, zur Welt gebracht hatten.

Inzwischen weiß man, dass die Erkrankung einer werdenden Mutter an Röteln während der ersten drei Monate der Schwangerschaft mit etwa 80-prozentiger Wahrscheinlichkeit Schädigungen des Embryos hervorruft (Hardy, 1973). Eine Erkrankung im Verlauf der übrigen fünf bis sechs Schwangerschaftsmonate lässt zwar keine physiologischen Defekte mehr entstehen; es können allerdings Schwerhörigkeit oder Verzögerungen in der Sprachentwicklung auftreten.

Heute gibt es einen Impfstoff gegen Röteln, durch den diese Ursache vorgeburtlich erworbener Defekte ausgeschlossen werden kann. Da das Serum aber aus lebenden Viren gewonnen wird, muss die Impfung wenigstens ein halbes Jahr vor Eintritt einer Schwangerschaft erfolgt sein. Frauen, die sich ihrer Rötelnimmunität nicht sicher sind, können sich durch einen Test Sicherheit verschaffen.

Während Bakterien zu groß sind, um die Barriere der Plazenta zu durchdringen, gelingt es, wie die Erfahrung mit Röteln gezeigt hat, zahlreichen Virusarten ohne weiteres, in den noch nicht abwehrfähigen Körper des Embryos zu gelangen. Auch die Erkrankung einer werdenden Mutter an Mumps, Windpocken, Kinderlähmung, Syphilis, Masern und einigen Erkältungskrankheiten sollte stets alarmieren, denn für alle diese Virusinfektionen sind inzwischen vorgeburtliche Schädigungen nachgewiesen.

Toxoplasmose. Eine weitere Erkrankung der werdenden Mutter, die Schädigungen beim Neugeborenen zur Folge haben kann, ist die »Toxoplasmose«. Es handelt sich dabei um eine Erkrankung, die auf einen Parasiten zurückgeführt werden muss, der sich bei vielen Tierarten findet. Eine werdende Mutter kann sich anstecken, wenn sie etwa rohes Fleisch verzehrt hat. Es ist damit zu rechnen, dass 40 Prozent der infizierten Mütter die Erkrankung auf das werdende Leben übertragen. Sollte eine Toxoplasmose während der ersten drei Monate der Schwangerschaft auftreten, muss mit Schädigungen des Sehsinnes und des Gehirns gerechnet werden. Sollte die Infektion zu einem späteren Zeitpunkt erfolgen, sind leichtere Sehschäden und Beeinträchtigungen kognitiver Funktionen möglich (Peckham & Logan, 1993). Schwangere Frauen, die über Ansteckungsquellen informiert sind, können die Gefahr praktisch ausschließen, dass ihr ungeborenes Kind an Toxoplasmose erkrankt.

Unverträglichkeit elterlicher Blutgruppen

Innerhalb der Blutgruppenunverträglichkeit hat der Rhesus-Faktor wegen der davon ausgehenden Folgen für das sich im Mutterleib entwickelnde Kind besondere Beachtung gefunden. Die Mehrheit der Bevölkerung besitzt Blutzellen, die man als Rhesus-positiv (oder rh+) gekennzeichnet hat, während nur wenige als Rhesus-negativ (rh–) einzustufen sind. Ein unheilvoller Prozess kann in Gang gesetzt werden, wenn ein Mann mit der Blutgruppe rh+ und eine Frau mit der Blutgruppe rh– ein Kind mit der Blutgruppe rh+ zeugen. Wenn nämlich Blut eines solchen Fötuses in den mütterlichen Kreislauf gelangt – und dies kann während des Geburtsprozesses passieren – entwickelt die Schwangere im Verlauf der nächsten 14 Tage Abwehrkörper, die ihr erstes Kind allerdings nicht mehr gefährden. Sofern nun aber ein weiteres Kind empfangen wird, das abermals rh+

ist, reagiert der inzwischen sensibilisierte Organismus der Mutter auf den Fötus, als sei dieser ein Fremdkörper. Die von ihr entwickelten Abwehrkörper können – im Unterschied zu den Blutkörperchen – die Barriere der Plazenta durchdringen. Sie zerstören die roten Blutzellen des Fötuses, wodurch beim Kind im wachsendem Maße Sauerstoff- und Nahrungsmangel entsteht. Sofern es nicht zu einer Totgeburt kommt, ist das Neugeborene mit schweren Gehirnschädigungen belastet.

Solche unheilvollen Folgen lassen sich inzwischen vermeiden, indem man der Mutter 72 Stunden nach der Geburt des ersten Kindes ein Serum spritzt, das die Produktion von Abwehrkörpern in ihrem Blut verhindert. Sollte sie abermals ein Kind der Blutgruppe rh+ empfangen, ist mit keiner Komplikation durch die Rhesus-Unverträglichkeit zu rechnen.

Der Einfluss des Rauchens

Die amerikanische Forschungsorganisation »Worldwatch« gelangte in einer ihrer Studien zu folgender Feststellung: »Die führende Ursache vorzeitiger Sterbefälle unter Erwachsenen war 1985 nicht Afrikas Hunger, Krieg oder die Anschläge internationaler Terroristen: es war das Zigarettenrauchen«. »Tabak«, so heißt es weiterhin, »verursacht mehr Todesfälle und mehr Leiden unter Erwachsenen als jeder andere giftige Stoff in der Umwelt«. Schätzungen laufen darauf hinaus, dass selbst das passive Rauchen in den USA mehr Krebstode verursacht als die Summe sämtlicher Verunreinigungen der Industrie (Chandler, 1986). Vor einem solchen Hintergrund stellt sich die Frage, ob dieser »giftige Stoff« womöglich ebenfalls in der Lage ist, die Barriere der Plazenta zu überwinden. Vom Rauchen während der Schwangerschaft geht eine erhebliche Bedrohung für Embryo oder Fötus aus. Spätestens seit 1935 weiß man, dass

- sich der Herzschlag eines Fötuses beschleunigt, wenn die werdende Mutter raucht (Sontag & Wallace, 1935);
- sich der Anteil des Kohlenmonoxyds im Blut durch Zigarettenkonsum erhöht und die Versorgung des Fötuses mit Sauerstoff dadurch vermindert wird;
- sich die Menge des der Leibesfrucht zugänglichen Sauerstoffes noch weiter vermindert, weil Nikotin die Wirkung besitzt, die kleinen Blutgefäße, also auch jene der Plazenta, zu verengen.

Dennoch fanden solche Beobachtungen zunächst keine große Beachtung. Erst in jüngerer Zeit verstärkte sich das Forschungsinteresse zur Klärung der Frage, wie sich das Rauchen auf das Kind im Mutterleib und dessen weitere Entwicklung auswirkt. Inzwischen belegt eine stattliche Anzahl von Untersuchungsergebnissen, dass Neugeborene rauchender Mütter mit ihrem Geburtsgewicht um 170 bis 200 Gramm unter dem Durchschnitt liegen und das Risiko einer Frühgeburt in unmittelbarer Abhängigkeit von dem täglichen Zigarettenkonsum der Schwangeren steigt (Wang et al., 1997). Einige Mediziner meinen sogar, mit dem Zigarettenkonsum Schwangerer die bedeutsamste Ursache für verzögertes Wachstum des Fötuses sowie für weitere Komplikationen während der Schwangerschaft gefunden zu haben (Armstrong et al., 1992; Chomitz et al., 1995; Nieburg et al., 1985). Das Risiko, dass das Kind einer rauchenden Schwangeren vor oder unmittelbar nach der Geburt stirbt, ist im Vergleich zu einer nicht rauchenden Mutter um etwa 35 Prozent erhöht (Finnegan & Fehr, 1980). Besonders ungünstig wirkt das Rauchen offenbar während des letzten Drittels der Schwangerschaft, vor allem vier Wochen vor der Geburt, d. h., während eines Zeitraums, in dem allgemein die größte Zunahme des Körpergewichts zu verzeichnen ist (Tanner, 1990). Wenn Frauen ihren Zigarettenkonsum kurz vor oder unmittelbar nach Beginn einer Schwangerschaft abbrechen, haben sie bessere Aussichten, ein Kind mit normalem Geburtsgewicht zur Welt zu bringen (Das et al., 1998). Trotz dieser Befunde über das Rauchen und seine Wirkungen verzichten viele Frauen während der Schwangerschaft nicht auf die Zigarette: Zu Beginn der 80er Jahre rauchten in England ungefähr 40 Prozent der werdenden Mütter; es folgten Irland (36 Prozent) Schweden (34 Prozent) und die Bundesrepublik Deutschland mit immerhin noch 32 Prozent (Chandler, 1986).

Wie verläuft aber die weitere Entwicklung eines Kindes, dessen Mutter während der Schwangerschaft geraucht hat? Vierjährige, deren Mütter während der Schwangerschaft täglich im Durchschnitt 15 Zigaretten geraucht hatten, zeigten Störungen im Aufmerksamkeitsverhalten (Streissguth et al., 1984). Bei Schulkindern beobachtete man darüber hinaus gesteigerte Unruhe und Lernschwierigkeiten (Naeye & Peters, 1984).

Ursachen für das geringere Geburtsgewicht. Wie lässt sich nun erklären, dass rauchende Frauen häufiger Kinder mit vergleichsweise geringem Geburtsgewicht gebären? Es spricht einiges dafür, dass sich Menschen mit stärkerem Zigarettenkonsum allgemein ungünstiger ernähren. Möglicherweise haben die Essgewohnheiten einer Schwangeren unmittelbare Folgen für das Wachstum des Fötuses. Außerdem wird beim Rauchen Nikotin inhaliert, also eine Chemikalie, durch die u. a. der Durchmesser der Blutgefäße in der Plazenta verringert wird. Kohlenoxyd verdrängt den Sauerstoffgehalt in den roten Blutzellen. Dieser Effekt könnte sich ungünstig auf die Versorgung des Kindes mit Sauerstoff und Nahrung auswirken (Cotton, 1994).

Passives Rauchen. Das Gesundheitsrisiko für ein ungeborenes Kind erhöht sich aber nicht nur, wenn seine Mutter raucht. Viele Nichtraucherinnen inhalieren Tabakrauch, weil ihre Ehemänner, Freunde oder andere rauchen, mit denen sie häufig zusammen sind. Inzwischen konnte belegt werden, dass auch das passive Rauchen einer Schwangeren mit verringertem Geburtsgewicht des Kindes einhergeht. Zudem muss damit gerechnet werden, dass betroffene Kinder auch im nachgeburtlichen Lebensabschnitt ziemlich dauerhafte Beeinträchtigungen ihres Aufmerksamkeitsverhaltens und ihrer Lernfähigkeit aufweisen (Fortier et al., 1994).

Rauchende Väter. Auch Kinder von stark rauchenden Vätern sind gefährdet, selbst wenn die Mutter Nichtraucherin ist. Der Einfluss des Passivrauchens mag eine gewisse Rolle spielen. Gegenwärtig gibt es allerdings nur Befunde aus dem nachgeburtlichen Lebensabschnitt. Beispielsweise untersuchte man Kinder im ersten Lebensjahr, überwiegend Neugeborene, die zusammen mit ihren nicht rauchenden Müttern täglich einem starken Raucher ausgesetzt waren. Sie hatten auffallend hohe Mengen an Nikotin im Speichel und im Urin (Greenberg et al., 1984). Darüber hinaus wirkt sich das Rauchen des Mannes unmittelbar auf die Bildung seiner Samenzellen aus, denn diese weisen bei Rauchern im Vergleich zu Nichtrauchern häufiger Anomalitäten auf (Degenharth, 1977; Evans et al., 1981).

Wirkungen des Alkohols

Während das Kind die Folgen des Rauchens seiner Mutter in der nachgeburtlichen Zeit günstigstenfalls überwinden kann, muss eine Schwangere bei Alkoholkonsum damit rechnen, dass sich bei ihrem Kind dauerhafte Schäden entwickeln. Entsprechende Zusammenhänge sind offenbar seit langem bekannt, denn bereits in der Bibel wird die Frau des Manoah gemahnt: »... du wirst schwanger werden ... So hüte dich nun, Wein oder sonst berauschendes Getränk zu trinken ...« (Richter 13; 3). Im alten Griechenland gab es ein Gesetz, nach dem es einem jungen Paar verboten war, in der Hochzeitsnacht Alkohol zu trinken, damit Schädigungen für das Kind vermieden wurden (Haggard & Jellinek, 1942). Aus dem Jahre 1621 stammt eine Schrift, in der Aristoteles zitiert wird. Danach bringen »törichte und betrunkene und gedankenlose Frauen zumeist Kinder auf die Welt, die, wie sie selbst, mürrisch und schlaff sind« (Burton, 1621).

Ein beachtenswerter Beitrag stammt von einem Gefängnisarzt in Liverpool, der 1899 600 Kinder von Alkoholikerinnen untersucht hatte und von den Müttern 28 Verwandte weiblichen Geschlechts aufspürte, die nicht tranken. Deren Nachwuchs nutzte er als Vergleichsgruppe und stellte fest, dass bei den Trinkerinnen 2½ mal häufiger als bei den Frauen der Vergleichsgruppe Totgeburten oder Fälle von Kindersterblichkeit auftraten. Die Alkoholikerinnen, die im Gefängnis abstinent zu leben hatten, brachten nach der Entlassung häufiger gesunde Kinder zur Welt. Unglücklicherweise fanden solche frühen Berichte nicht das Interesse bei den Wissenschaftlern, das sie verdient hätten. Eine medizinische Doktorarbeit an der Universität von Paris aus dem Jahre 1957, die Zusammenhänge zwischen Anomalitäten bei Neugeborenen und alkoholabhängigen Müttern aufzeigte, wurde niemals veröffentlicht (Rouquette, 1957). Erst als sich zu Beginn der 70er Jahre Berichte über die Wirkungen des Alkohols auf das ungeborene Leben häuften, begann die Fachwelt, sich für dieses Problem verstärkt zu interessieren (Streissguth, 1986).

Fötales Alkohol-Syndrom. Inzwischen weiß man, dass Alkohol die Barriere der Plazenta sehr leicht passieren kann. Da die Leber des Fötuses diese Substanz nur sehr unzureichend abbaut, hinterlässt vielfach schon geringes, dafür aber regelmäßiges Trinken seine unauslöschbaren Spuren. Wenn also eine werdende Mutter täglich ein Glas Bier oder Wein trinkt, ist mit der Entwicklung des Fötalen Alkohol-Syndroms (Barr et al., 1984; Mills et al., 1984), in abgeschwächter Form mit Fötalen Alkohol-Effekten zu rechnen. Die Schnelligkeit der Informationsverarbeitung nimmt bereits bei den Kindern ab, deren Mutter während der Schwangerschaft nur ein Glas Alkohol pro Tag getrunken hat (Jacobson et al., 1993; Feuerlein, 1997). Schädigungen gehen in einer ausgeprägteren Form mit Anomalitäten im Gesicht (s. Abb. 2.12) und mit verzögertem Wachstum vor und nach der Geburt einher. Erheblich beeinträchtigt wird die Gehirnentwicklung des betroffenen Fötuses (Guerri, 1998). Man fand bei Kindern, die wegen der Alkoholschädigung durch ihre Mutter nicht überlebensfähig waren, eine verringerte Anzahl von Hirnzellen und außerdem strukturelle Schädigungen des Gehirns (Moroney & Allen, 1994). Auch das Entstehen von Leukämie im Kindesalter hat man mit mütterlichem Trinken vor der Geburt in Verbindung gebracht (Shu et al., 1996). Alkohol während der Schwangerschaft gilt heute in der westlichen Welt als die häufigste Ursache für Beeinträchtigungen der Intelligenzentwicklung, für Störungen von Wahrnehmung, Sprachentwicklung, Konzentrationsfähigkeit und für Überaktivität in der Kindheit (Feuerlein, 1997; Mattson & Riley, 1998; Steinhausen et al., 1993). Nachdem betroffene Kinder einmal das Erwachsenenalter erreicht haben, ist die Missgestaltung ihres Gesichts kaum noch vorhanden, kognitive Funktionen bleiben aber weiterhin beeinträchtigt (Famy et al., 1998; Steinhausen & Spohr, 1998).

Es gibt zwar viele Mütter, die während der Schwangerschaft trotz Alkoholkonsums, teilweise sogar in beträchtlichen Mengen, gesunden Kindern das Leben geschenkt haben (Abel, 1984); Schwangere sollten sich aber des Risikos bewusst sein. Was es bedeutet, ein während der Schwangerschaft durch Alkohol geschädigtes Kind aufzuziehen, wird in einer Geschichte geschildert, die Info-Kasten 2.6 zusammenfasst.

Mögliche Gründe für die unterschiedliche Wirkung des Alkoholkonsums. Warum wirkt der Alkoholkonsum werdender Mütter unterschiedlich auf ihre Kinder? Diese Frage ist noch nicht zufriedenstellend geklärt. Vielleicht ist von Bedeutung, wieviel Alkohol eine Frau insgesamt während der Schwangerschaft trinkt. Ebenso mag eine Rolle spielen, in welchem Entwicklungsstadium Alkohol in den Körper des Fötuses gelangt. Auf jeden Fall benötigt der Körper große Mengen Sauerstoff, um den Alkohol abzubauen; der mütterliche Organismus kann dem ungeborenen Leben folglich im ungünstigeren Fall nicht mehr Sauerstoff in ausreichender Menge zur Verfügung stellen (Vorhees & Mollnow, 1987). Möglicherweise gibt es auch genetische Unterschiede in der

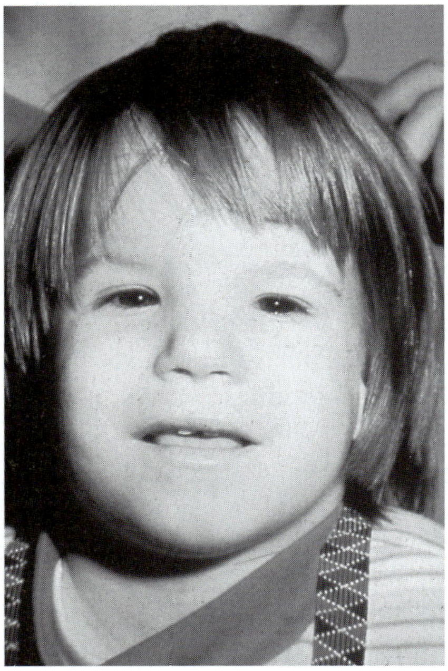

Abbildung 2.12. Ein Kind, das mit einem Fötalen Alkohol-Syndrom geboren wurde; auffällig sind eine dünne Oberlippe, kurze Nase und die weit auseinander stehenden Augen

Alkoholverträglichkeit. Man prüft gegenwärtig weiterhin, wie sich unterschiedliches Ernährungsverhalten der Mutter auswirkt. Schließlich wird der Frage nachgegangen, ob eventuell Wechselwirkungen zwischen Alkohol und Medikamenten bestehen (Abel, 1984). Auswirkungen hat der Alkoholkonsum der werdenden Mutter zumindest auf ihre Beziehung zum Kind während der frühen Kindheit. Man hat Kinder untersucht, deren Mütter Alkohol während der Schwangerschaft nur in mäßigem Umfang zu sich genommen haben (O'Connor et al., 1993). Im Alter von einem Jahr riefen diese Kinder durch ihr häufiges Schreien, Wimmern und gehäufte schlechte Laune verstärkt Verärgerung bei ihrer Mutter hervor, wodurch vermutlich Beeinträchtigungen beim Aufbau der frühkindlichen Bindung mit entsprechenden Folgen für die emotionale und kognitive Entwicklung entstanden sind (s. S. 134 f.). Die günstigste Bedingung schafft eine Frau für ihre Leibesfrucht, wenn sie auf jeglichen Alkohol während der Schwangerschaft verzichtet. Rechtzeitige Auf-

INFO-KASTEN 2.6

Schicksal eines Kindes, dessen Mutter während der Schwangerschaft nicht auf Alkoholkonsum verzichtete

Bei Michael Dorris (1989), inzwischen ein Professor der Anthropologie an einer angesehenen Universität in den USA, entwickelte sich während des dritten Lebensjahrzehnts ein Kinderwunsch. Da er keine Lebenspartnerin hatte, bemühte er sich darum, ein Kind zu finden, das er adoptieren konnte. Von einer Vermittlungsagentur erfuhr er, dass er einen kleinen Jungen bei sich aufnehmen könne, der allerdings als »Risiko«-Kind zu betrachten sei. Dieser Junge, so erfuhr Dorris, lebte in einem Waisenhaus. Er war sieben Wochen zu früh auf die Welt gekommen, und seine Mutter, eine Alkoholikerin, hatte ihn völlig vernachlässigt; bereits während der Schwangerschaft hatte sie ihre Trinkgewohnheiten nicht aufgeben können. Als der Junge auch noch eine Lungenentzündung bekam, wurde er aus ihrer Obhut genommen. Das inzwischen dreijährige Kind war klein für sein Alter, noch nicht sauber, und es sprach nur 20 Wörter. Es galt als »geistig zurückgeblieben«.

War Dorris, nachdem er diese Kennzeichnungen gehört hatte, immer noch interessiert, dieses Kind zu adoptieren? Seine Antwort kam ohne längeres Zögern: Wer weiß, so erklärte er, ob das alles stimmt. Welche Chancen hat man diesem Jungen denn in seiner bisherigen Entwicklung gegeben? »Ich glaube an den positiven Einfluss der Umwelt. Und mit mir wird er alles nachholen. Ich habe schon so lange [auf ein Kind] gewartet. Es gibt nichts, was mich zu einer Ablehnung bringen könnte.«

Auch in der Obhut dieses fürsorglichen Vaters

entwickelte sich der Adoptivsohn, Adam, allerdings nur sehr langsam. Dorris nahm zunächst an, dass die fortbestehenden Auffälligkeiten des Jungen auf Medikamente zurückzuführen seien, die dieser nehmen musste, um seine epileptischen Anfälle zu kontrollieren. Selbst nach Eintritt in den Kindergarten konnte er noch nicht bis 5 zählen. Von sich selbst sprach er nur in der dritten Person (»Adam ist müde«).

Regelmäßig durchgeführte Intelligenzuntersuchungen führten immer wieder zu dem gleichen Ergebnis: Die Leistungen lagen unterhalb des Durchschnitts. Adam hatte erhebliche Schwierigkeiten, sich zu konzentrieren, vor allem, wenn er sich mit abstrakten Aufgaben auseinanderzusetzen hatte. In Problemsituationen hielt er sich nicht lange mit der Lösungssuche auf; er war impulsiv, d. h., er entschied sich für die erstbeste Lösung, die ihm in den Sinn kam. Seine Lernschwächen traten im Verlauf des schulischen Alltags immer deutlicher zutage. Im Alter von zwölf Jahren beherrschte er immer noch nicht die Grundrechnungsarten: er konnte weder addieren noch subtrahieren. Er war auch nicht in der Lage, den Ort zu benennen, in dem er lebte.

Zu Beginn des Jugendalters gelang es Dorris, seinem Sohn eine Nebenbeschäftigung bei einem Pizza-Restaurant zu verschaffen. Adam hatte sehr einfache Aufgaben zu übernehmen; so sollte er u. a. dafür sorgen, dass die Salz- und Pfefferstreuer rechtzeitig nachgefüllt wurden, dass genügend Papierservietten zur Verfügung standen, der Parkplatz frei von Abfällen blieb usw. Wenn aber Adam nicht ständig beaufsichtigt wurde, vernachlässigte er seine Pflichten und ließ sich von irgendwelchen nebensächlichen Ereignissen ablenken. Andere Teenager erkannten zudem sehr schnell, wie sie Adam zum Narren halten konnten. Er tat unkritisch vieles, was sie ihm sagten; so konnten sie ihn ohne Schwierigkeiten dazu bringen, vor seinem Chef unanständige Wörter zu wiederholen, die er überhaupt nicht verstanden hatte.

Auch nach dem Eintritt in das Erwachsenenalter gelang es Adam nicht, einfache Routinearbeiten verantwortungsvoll und selbständig zu übernehmen. Er konnte zwar in ein Geschäft gehen, um sich etwas zu kaufen, aber es war typisch, dass er nach dem Bezahlen vergaß, auf Wechselgeld zu warten. In einer kalten Nacht öffnete er das Fenster, fror erbärmlich, ohne die Notwendigkeit zu erkennen, es wieder zu schließen.

Obwohl Michael Dorris alles versucht hatte, um die während der Schwangerschaft durch den mütterlichen Alkoholkonsum entstandenen Schäden zu beseitigen, musste er schließlich resignierend feststellen, dass es ihm nicht gelungen war. Umso nachdrücklicher setzte Dorris sich dafür ein, andere Mütter vor den später nicht mehr korrigierbaren Folgen ihres Tuns zu warnen. Aber auch bei diesen Bemühungen musste er häufig genug seine Wirkungslosigkeit erkennen. So berichtet er von einem Erlebnis, das ihm auf einem Flughafen widerfuhr. Er wurde dort im Restaurant auf eine Frau aufmerksam, die sich offenkundig im letzten Drittel ihrer Schwangerschaft befand. Dennoch orderte sie einen Martini. Dorris wandte sich mit folgenden Worten an diese Frau. »Entschuldigen Sie, aber es ist wirklich nicht ungefährlich, wenn Sie während der Schwangerschaft trinken. . . . Ich schreibe gerade ein Buch . . .«. Aber die werdende Mutter ließ ihn gar nicht ausreden. »Kümmern Sie sich um Ihre eigenen Angelegenheiten!« Dorris beobachtete, wie sich die Frau an ihren Freund wandte, um sich deutlich vernehmbar bei ihm zu beklagen, wie typisch es für einen Mann sei, so zu tun, als wüsste er mehr über ihren Körper als sie selbst. Als ihr der Martini schließlich an den Tisch gebracht worden war, suchte die Frau noch einmal Blickkontakt mit Dorris. »Prost«, sagte sie und trank ihren ersten Schluck.

klärung wirkt den Trinkgewohnheiten schwangerer Frauen entgegen, von denen die meisten zwar von der Gefährdung von Embryo und Fetus wissen, diese aber häufig unterschätzen und verdrängen (Löser & Bierstedt, 1998).

Einnahme von Medikamenten

Vielfach wird dem Menschen in einer modernen Industriegesellschaft nachgesagt, er sei schon dadurch drogenabhängig, dass er bei jeder – auch leichten – Beeinträchtigung des persönlichen Befindens zu Medikamenten greife. Gilt diese Neigung auch für schwangere Frauen? Vor allem während der ersten Monate nach der Empfängnis gibt es in der Regel Anlass zur Einnahme von Medikamenten, denn während dieser Zeit klagen Frauen häufig über Beschwerden der verschiedensten Art. Zwei amerikanische Wissenschaftler sind dieser Frage einmal nachgegangen (Doering & Stewart, 1978). Sie erkundigten sich in der kleinen Ortschaft Gainesville in Florida bei insgesamt 168 Frauen nach ihrem Verhalten während der Schwangerschaft. Dabei stellte sich heraus, dass sämtliche Befragte wenigstens zwei verschiedene Medikamente eingenommen hatten, 93 Prozent brachten es sogar auf fünf. Der bedenkliche Rekord lag bei einer Frau, die es geschafft hatte, während ihrer Schwangerschaft 32 verschiedene Medikamente zu nehmen. Die Autoren errechneten für ihre Befragtengruppe einen Durchschnitt von elf verschiedenen Arzneien. Der Griff in die Hausapotheke war u. a. erfolgt, um Übelkeit, Übersäuerung des Magens, Schlafstörungen, Schmerzen und Erkältungen zu bekämpfen. Weiterhin schluckten die Frauen Antihistamine, Vitamine und Rauschdrogen.

Die Contergan-Katastrophe. Das Ergebnis der Untersuchung (sie wurde in den 70er Jahren durchgeführt), überrascht vor allem deshalb, weil sowohl der medizinischen Fachwelt als auch einer breiteren Öffentlichkeit sehr viel früher, nämlich bereits zu Beginn der 60er Jahre, durch die Contergan-Katastrophe besonders dramatisch vor Augen geführt worden war, welche Risiken mit der Einnahme von Medikamenten während der Schwangerschaft verbunden sind. Das Mittel Contergan mit dem Wirkstoff Thalidomid wurde seinerzeit auch werdenden Müttern ärztlicherseits unbedenklich (!) verschrieben, um Symptomen wie Übelkeit und Schlaflosigkeit zu begegnen. Es schien keinerlei Nebenwirkungen zu haben. Die Harmlosigkeit schien sich auch darin zu offenbaren, dass damals mehr als hundert Fälle bekannt wurden, in denen Selbstmordversuche durch Einnahme hoher Dosen dieses Medikaments scheiterten. Die Katastrophe wurde erst über Umwege sichtbar. Als immer mehr Neugeborene gemeldet wurden, die mit deformierten Gliedmaßen auf die Welt kamen, leitete der deutsche Kinderarzt Widukind Lenz eine systematische Befragung aller betroffenen Mütter ein. Sie sollten sich an alles erinnern, was sich während der Schwangerschaft ereignet hatte. Von Interesse waren auch ihre Ess- und Trinkgewohnheiten. Dabei gaben viele Mütter an, dass sie während des fraglichen Zeitraums Contergan eingenommen hatten. Nicht nur in Deutschland, sondern auch in England, Kanada, Skandinavien und zahlreichen weiteren Ländern wurden bis zum Verbot der Droge Tausende von Kindern mit Deformationen der Gliedmaßen geboren. Wenn die Frauen Contergan zwischen dem 34. und 38. Tag nach der Empfängnis eingenommen hatten, gebaren sie später ein Kind, dem womöglich die Ohren fehlten. Erfolgte die Einnahme des Medikaments zwischen dem 38. und 46. Tag, entwickelte das Kind gehäuft deformierte Arme, und zwischen dem 40. und 46. Tag entstanden beim Fötus Anomalien der Beine. Frauen, die Contergan 50 Tage nach der Empfängnis geschluckt hatten, konnten glücklich sein, dass die »kritische Phase« in der Entwicklung des Fötuses inzwischen vorüber war. Sie schenkten einem Kind das Leben, das in seiner vorgeburtlichen Entwicklung von diesem Medikament nicht mehr nachweisbar beeinflusst worden war (Saxon & Rapola, 1969).

Die verhängnisvollen Wirkungen von Thalidomid gehören keineswegs der Vergangenheit an, denn es hat sich herausgestellt, dass sich mit diesem Wirkstoff einige Krankheiten, wie etwa Lepra, sehr erfolgreich behandeln lassen. Die Einnahme von Thalidomid durch erkrankte Schwangere, vor allem in Entwicklungsländern Süd-Amerikas, hat die Anzahl von Neugeborenen mit deformierten Gliedmaßen in jüngerer Zeit wieder ansteigen lassen (Castilla et al., 1996).

Durch die Contergan-Katastrophe wurde mit besonderem Nachdruck die Empfehlung an Schwangere unterstrichen, auf den Konsum von Medikamenten möglichst völlig zu verzichten; das gilt auch für das allgemein als harmlos angesehene Aspirin (Eriksson et al., 1973). Selbst wenn nicht jede eingenommene Beruhigungs- oder Schmerztablette sofort schädigend auf das Ungeborene wirkt, sollten Schwangere nur solche ärztlich verschriebenen Medikamente zu sich nehmen, die zur Aufrechterhaltung lebenswichtiger Funktionen unentbehrlich sind.

Mütterliche Emotionen

Bereits die Bibel schildert ein Ereignis, in dem ein Fötus auf Emotionen seiner Mutter reagiert hat. Es heißt im Neuen Testament: »Maria trat in das Haus des Zacharias und begrüßte Elisabeth«. Und Elisabeth entgegnete: »Denn siehe, als der Klang deines Grußes in mein Ohr drang, hüpfte das Kind mit Frohlocken in meinem Leibe« (Lukas 1; 44). Der klassischen Literatur könnte man zahlreiche weitere Beispiele entnehmen. Offenbar ist seit langem bekannt, dass sich Gefühle der werdenden Mutter auf das Verhalten ihres Kindes auswirken können. Sorgfältige Beobachtungen und Befragungen von Müttern konnten bestätigen, dass Zustände hoher emotionaler Erregung während der Schwangerschaft vermehrte Körperbewegungen des Fötuses zur Folge haben (Sontag, 1944).

> **BEISPIEL**
>
> Eine Stresssituation besonders intensiver Art hatten die Bewohner Hollands zu ertragen, als ihr Land im Mai 1940 von deutschen Soldaten erobert und besetzt worden war. Welche Folgen haben sich daraus für Menschen ergeben, die zu diesem Zeitpunkt noch nicht geboren, aber bereits gezeugt waren? Es zeigte sich, dass Schizophrenie mit größerer Häufigkeit bei solchen Erwachsenen aufgetreten war, deren Mütter die kriegerischen Auseinandersetzungen während des ersten Drittels ihrer Schwangerschaft miterlebt hatten (van Os & Selten, 1998).

Die Folgen von Belastungssituationen. Beobachtungen wie im Beispielkasten sind damit zu erklären, dass bei starken Emotionen und bei Stress bestimmte Drüsen zur Produktion von Hormonen angeregt werden, durch die sich die chemische Zusammensetzung des Blutes verändert. Wenn der Körper der Mutter häufig wegen äußerer Bedrohung in eine Notfall-Reaktion getrieben wird, fließt sehr viel Blut in jene Teile des Körpers, auf die es bei Flucht oder Verteidigung besonders ankommt: das Gehirn, das Herz und die Muskeln in Armen und Beinen. Der Blutfluss zum Fötus wird dabei vermindert, und dadurch kann wiederum die angemessene Versorgung des Kindes mit Sauerstoff und wichtigen Nährstoffen in Frage gestellt sein. Zudem durchdringen Hormone die Barriere der Plazenta und gelangen somit in den Blutkreislauf des Fötuses. Da Stress auch die Immunabwehr absenkt, ist die Gefahr für die werdende Mutter erhöht, sich anzustecken und zu erkranken (Cohen & Williamson, 1991). Es kommt noch etwas hinzu. Wer unter verstärkter psychischer Anspannung steht, greift vielleicht häufiger zur Zigarette oder zum Alkohol, isst möglicherweise weniger oder ernährt sich unangemessen. Schlafstörungen, denen man wiederum durch Tablettenkonsum entgegenzuwirken versucht, könnten die emotionalen Belastungen ebenso begleiten. Insgesamt unterscheiden sich die gesamten Lebensumstände einer gestressten Schwangeren vermutlich in vielerlei Hinsicht von denen einer Frau mit normalen emotionalen Reaktionen.

Die Rolle des sozialen Umfeldes. Wie eine Frau mit für sie zunächst unkontrollierbaren Belastungssituationen umgeht, hängt nicht zuletzt auch davon ab, in welchem sozialen Netz sie sich befindet. Wenn eine gestresste Schwangere in ihrem Umfeld Menschen hat, die sie um Hilfe bitten, mit denen sie ihre Sorgen besprechen und ihre Probleme wirkungsvoller lösen kann, dürfte ihr damit auch eine bessere Bewältigung von Belastungssituationen gelingen. Frauen, denen eine derartige soziale Unterstützung zur Verfügung steht, bringen im Vergleich zu gestressten Müttern, die sozial ziemlich isoliert sind, im Durchschnitt Kinder mit höherem Geburtsgewicht zur Welt (McLean et al., 1993). Es fördert die Entwicklung des Fötuses, wenn die werdende Mutter nicht völlig auf sich allein gestellt ist.

Entwicklungsbedingungen des Fötuses in verschiedenen Bevölkerungsschichten

Während Unvereinbarkeiten der elterlichen Blutgruppen oder Stress in sämtlichen Bevölkerungsschichten auftreten können, gibt es einige Bedingungen, die sich vor allem bei Frauen in sozial und wirtschaftlich benachteiligten Verhältnissen finden. Für sie gelten u. a. folgende Kennzeichen: Sie

- gehen seltener zur Vorsorgeuntersuchung (Albrecht-Richter & Thiele, 1984),
- ernähren sich unzureichender oder unangemessener,
- empfangen ihr erstes Kind vielfach noch sehr jung,
- rauchen häufiger während der Schwangerschaft,
- nehmen bereitwilliger Medikamente unterschiedlicher Art und
- leiden relativ häufig unter chronischen Infektionskrankheiten (Drillien, 1964; Pasamanick & Knobloch, 1966).

Unter solchen Umständen ist die Entwicklung des Kindes gefährdet. Diese ungünstigen Einflüsse werden häufig erst sichtbar, wenn das Kind geboren ist. Es weist entweder körperliche Defekte auf oder ist in seiner körperlichen Entwicklung nicht so weit vorangeschritten wie normale Neugeborene.

2.4 Die Geburt

Umstellung auf eine neue Umwelt. Fast volle neun Monate entwickelt sich das Kind in der Gebärmutter unter Bedingungen, die sich gegen Ende dieses Zeitraums verändern. Nach einer Umgebungstemperatur von ungefähr 37 °C hat bei der Geburt sehr bald eine Anpassung an eine erheblich niedrigere Temperatur zu erfolgen. Während der Fötus bislang von der Mutter mit Sauerstoff versorgt wurde, muss das Kind unmittelbar nach der Geburt atmen; die Lunge ist zunächst noch mit Flüssigkeit gefüllt. Nahrungsaufnahme, Verdauung sowie Ausscheidung bedürfen einer Umstellung. Hinzu kommen Einflüsse, die mit dem Verlassen des mütterlichen Körpers unmittelbar in Beziehung stehen. Die Geburt ist zwar für einen Menschen »ein höchst natürlicher Vorgang«, gleichzeitig mag es aber das gefährlichste Ereignis seiner gesamten Entwicklung sein.

Der Geburtsvorgang. Für die werdende Mutter kündigt sich die bevorstehende Geburt damit an, dass sich die Muskulatur der Gebärmutter in Abständen von etwa 15 bis 20 Minuten zusammenzieht; diese »Kontraktionen« treten anschließend immer häufiger auf (s. Abb. 2.13a, b und c). Der Auslöser dieser ersten Wehen ist noch nicht genau bekannt. Starke Muskeln im oberen Teil der Gebärmutter drücken den Fötus nach unten, bis der Körper schließlich in den Geburtskanal einmündet. Dieser Vorgang kann sich zeitlich auf 2 bis 16 Stunden erstrecken. Er dauert bei einer Frau, die zum ersten Mal entbindet, gewöhnlich länger als bei weiteren Schwangerschaften.

Weniger Zeit nimmt ein zweites Geburtsstadium (s. Abb. 2.13D und E) in Anspruch, das von

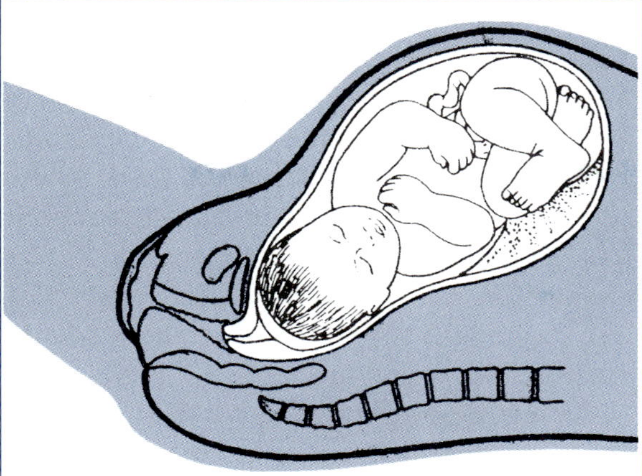

a Der Fötus unmittelbar vor der Geburt.

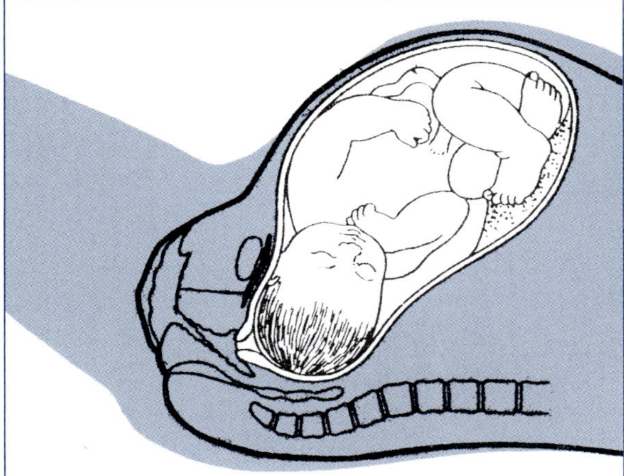

b Der Gebärmutterhals dehnt sich und die Gebärmutter zieht sich zusammen.

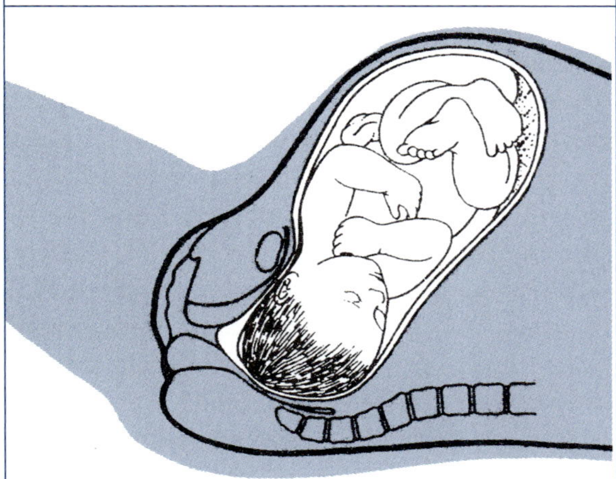

c Der Gebärmutterhals ist vollständig gedehnt.

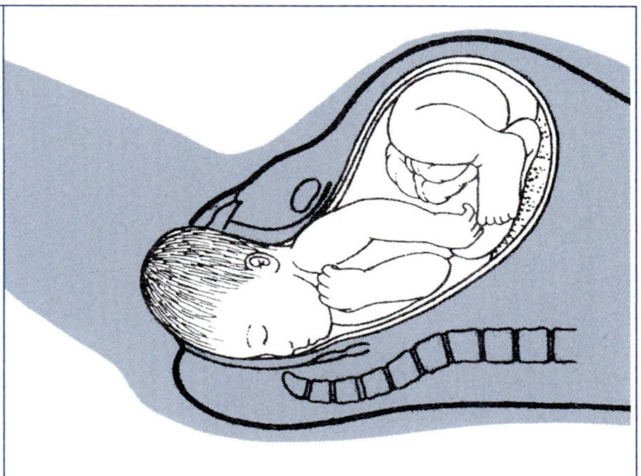

d Der Kopf tritt aus.

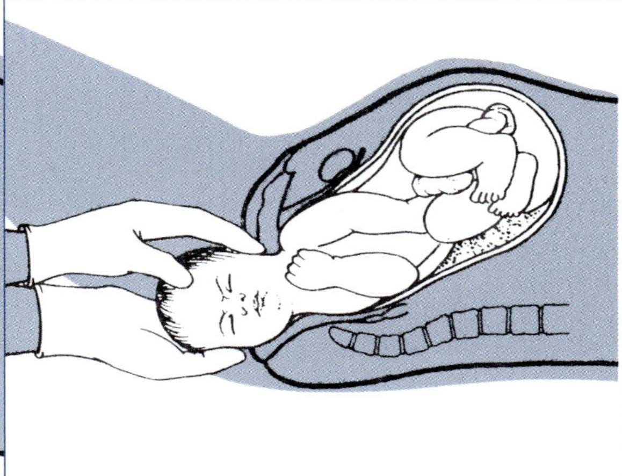

e Die Schultern erscheinen.

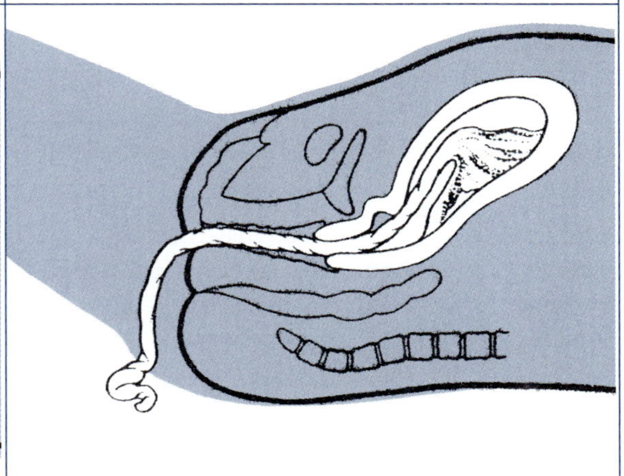

f Die Plazenta löst sich ab.

Abbildung 2.13. Die Stadien eines Geburtsvorgangs

der Frau wesentlich zu unterstützen ist. Nach wenigen Minuten oder auch nach mehr als einer Stunde erkennt der Geburtshelfer als erstes die Schädeldecke des kindliches Kopfes, und nach einigen weiteren starken Muskelkontraktionen sollte das Kind geboren sein.

In einem dritten Stadium (s. Abb. 2.13F), in dem die Wehen noch fortdauern, wird die Plazenta oder »Nachgeburt« herausgepresst. Die Aufmerksamkeit richtet sich nunmehr voll auf das Neugeborene. Mund und Kehle müssen von Flüssigkeit befreit werden; das Kind beginnt mit der Lungenatmung, und die durch die Nabelschnur bestehende Verbindung mit der Mutter wird durchtrennt.

Untersuchung des Kindes nach der Geburt: Der Apgar-Test. Bereits während der ersten 60 Sekunden nach der Geburt erfolgt eine erste Untersuchung des Kindes. Eine inzwischen vielfach verwendete Methode wurde von Virginia Apgar, einer Narkoseärztin an der Columbia Universität in New York, im Jahre 1953 entwickelt. Sie erkannte die Notwendigkeit eines solchen diagnostischen Verfahrens, nachdem sie viele Male miterleben musste, dass sich die Aufmerksamkeit des klinischen Personals zunächst auf die Mutter richtete und nicht so sehr auf das Kind, für das erste und sehr schnelle Hilfe lebensrettend sein kann. Beim Apgar-Test, dessen Ergebnisse auch in Deutschland in den Geburtspass eingetragen werden, beurteilt man fünf verschiedene Merkmale nach drei Bewertungsstufen.

Tabelle. Die Apgar-Skala zur Früh-Diagnose des Neugeborenen: Wenn man die jeweils erzielten Punktwerte addiert, kann man zu einer von drei Diagnosen gelangen: 7–10 = normal bzw. optimal, 4–7 = nicht optimal, 0–3 = sehr bedenklich

Punktwert	0	1	2
Herzschlag	keiner	unter 100	über 100
Atmung	keine	langsam, unregelmäßig	gut, schreit
Muskelspannung	schlaff	einige Bewegungen der Arme und Beine	aktive Bewegung
Reflexe	keine	Grimassen	Husten, Niesen, Schreien
Hautfarbe	gelb	Arme u. Beine blau	vollständig rosa

Zehn ist der Höchstpunktwert bei einer Untersuchung des Neugeborenen nach Apgar: das Kind ist vollkommen gesund. Werte zwischen 4 und 7 verweisen darauf, dass nicht alle Körperprozesse normal verlaufen; deshalb ist eine weitere Beobachtung und Kontrolle des Kindes unbedingt erforderlich. Wenn die Untersuchung einen Punktwert unter 4 ergibt, liegt ein Notfall vor, der sofortige medizinische Maßnahmen fordert, um den möglichen Tod des Neugeborenen zu verhindern.

2.4.1 Kritische Ereignisse während der Geburt

Einnahme von Medikamenten während der Geburt. In einer ihrer Studien untersuchten Yvonne Brackbill und Sarah Broman (1979) regelmäßig eine größere Anzahl von Kindern während der ersten Lebensjahre. Bereits nach wenigen Wochen wurden sie darauf aufmerksam, dass einige der jungen Versuchspersonen mehrere Entwicklungsauffälligkeiten zeigten: Ihre Muskeln waren nicht so kräftig, und auch deren Steuerung wies Beeinträchtigungen auf; diese Kinder konnten erst relativ spät sitzen, stehen und krabbeln. Entwicklungsverzögerungen im intellektuellen Bereich, vor allem in der Sprachentwicklung, waren noch im Alter von sieben Jahren nachzuweisen. Wie konnten aber solche Verzögerungen auftreten? Brackbill und Broman hatten für ihre Untersuchungen von insgesamt 3.500 Neugeborenen doch nur jene ausgewählt, denen die Ärzte einwandfreie Gesundheit bescheinigt hatten. Außerdem war die Schwangerschaft bei sämtlichen

Angehörigen der Stichprobe ohne Probleme verlaufen, und auch während der Geburt hatte es bei diesen Kindern keine Komplikationen gegeben.

Ihre Beobachtungen veranlassten Brackbill und Broman, sich sämtliche medizinischen und psychologischen Aufzeichnungen noch einmal genau anzusehen. Dabei wurden sie auf einen offenbar entscheidenden Zusammenhang aufmerksam: Kinder mit Entwicklungsverzögerungen stammten von Müttern, die während der Entbindung irgendwelche Medikamente erhalten hatten. Die Beeinträchtigungen des Entwicklungsverlaufs waren umso ausgeprägter, je größere Dosen Schmerz- und Beruhigungsmittel den Müttern während des Geburtsvorgangs verabreicht worden waren.

In den meisten Industriegesellschaften ist es üblich, der Frau während ihrer Entbindung Medikamente zu verabreichen. Einige Maßnahmen zielen darauf, die Muskelarbeit der Mutter zu unterstützen, andere sollen die Sinnesempfindungen, vor allem den Schmerz mildern, und ein weiteres Medikament erhält die Frau mit dem Ziel, ihrer Aufregung oder Angst entgegenzuwirken.

Der Wunsch, Mütter vor einer »schweren Geburt« zu schützen, lässt sich historisch weit zurückverfolgen. Entsprechende Maßnahmen haben allerdings – aus religiös-weltanschaulichen oder auch aus medizinischen Gründen – vielfach zu kritischen Stellungnahmen geführt, wie Info-Kasten 2.7 ausführlicher darstellt. In neuerer Zeit sind es vor allem medizinische Bedenken, die gegen die Einnahme von Medikamenten während der Entbindung sprechen.

INFO-KASTEN 2.7

Geburt auf »natürlichem« Wege oder unter Narkose?

»Mit Schmerzen sollst du . . .«. Nach dem Sündenfall im Paradies strafte Gott Eva, indem er ihr verhieß: »Mit Schmerzen sollst du Kinder gebären« (1. Buch Moses, 3, 16). Im Mittelalter achtete die Kirche streng darauf, dass diese von Gott gewollte Strafe nicht gemildert wurde. Allerdings gab es für lange Zeit keine Konflikte, weil – im Unterschied zu zahlreichen orientalischen Ländern – Pflanzen wie Opium, Hanf oder Alraunenwurzel in Europa noch nicht bekannt waren (Brackbill, 1979). Als gegen Ende des 16. Jahrhunderts eine Frau in Edinburgh während der Geburt ihres Kindes Maßnahmen zur Linderung der Schmerzen ergriffen hatte, ordnete König James VI wegen des Verstoßes gegen das biblische Gebot ihre Verbrennung auf dem Scheiterhaufen an. Es dauerte noch mehr als zwei Jahrhunderte, bis der britische Arzt James Simpson zur Verminderung der Schmerzen während der Entbindung Äther als Narkosemittel einsetzte. Auch er wurde heftig attackiert. Er verteidigte sich aber mit dem Hinweis auf die Verse 21 und 22 des 1. Buch Moses: Auch Gott hatte Maßnahmen zur Linderung von Schmerzen ergriffen. Der Herr versetzte Adam nämlich in einen tiefen Schlaf, bevor er ihm eine Rippe zur Erschaffung von Eva entnahm.

Nachteilige Wirkung von Medikamenten. In der nachfolgenden Zeit nahm die Verabreichung von Schmerz- und Beruhigungsmitteln allmählich zu und wurde schließlich zur Routine. Nachdem aber medizinische Untersuchungen aufdeckten, dass solche Substanzen innerhalb weniger Minuten das Kind erreichen und dessen Entwicklung nachhaltig beeinflussen können, stießen medikamentöse Maßnahmen zur Linderung der Schmerzen der Frau während der Entbindung zunehmend auf Widerstand, denn sie sind auch mit eindeutigen Nachteilen verbunden. So kann eine unter Betäubungsmitteln stehende Gebärende das Zusammenziehen ihrer Muskeln während des zweiten Stadiums des Geburtsvorgangs schwerer wahrnehmen; dadurch kann sie den Geburtsverlauf möglicherweise nur unzulänglich unterstützen, etwa durch Pressen (Johanson et al., 1993).

Dem Londoner Arzt Grantly Dick-Read (1953) fiel auf, dass Frauen auf die Entbindung sehr unterschiedlich reagieren: Einige schienen ohne Narkose nicht auszukommen, während andere auffällig ruhig blieben und wenig Hinweise auf unerträgliche Schmerzen gaben. Read erklärte sich diese Unterschiede damit, dass einige Frauen der Entbindung mit großen Befürchtungen entgegensahen. Anstatt die Geburt mit ihren eigenen Muskeln zu unterstützen, verkrampften sie sich und verstärkten dadurch ihre Schmerzen. Zu ähnlichen Schlussfolgerungen gelangte der französische Arzt Ferdinand Lamaze (1970), der 1951 anlässlich eines medizinischen Kongresses in Leningrad zahlreiche Frauen beobachten konnte, die den Geburtsvorgang aktiv unterstützten. Die sowjetischen Kollegen erläuterten ihm, dass schmerzhafte Reaktionen auf eine Geburt das Ergebnis eines Lernprozesses darstellen, den man wieder rückgängig machen müsse. Solche Auffassungen gewannen auch in der westlichen Welt an Gewicht, nachdem etwa zur gleichen Zeit Berichte von Kulturanthropologen bekannt wurden, wonach die Entbindung in einigen Gesellschaften relativ schnell und zumeist ohne Zwischenfälle verläuft (Mead & Newton, 1967).

Psychoprophylaktische Methode: Vorbereitung auf eine »natürliche« Geburt. Vor diesem Hintergrund begann Lamaze ein Programm zu entwickeln, das er als Psychoprophylaktische Methode bezeichnete. Es sieht vor, dass werdende Mütter bereits während der Schwangerschaft eingehend über anatomische und physiologische Aspekte der Geburt informiert werden. Es fordert sie zur Teilnahme an Übungen auf, in denen sie lernen, auf die Entbindung nicht mit Furcht und Schmerz, sondern mit Entspannung und mit bestimmten Atmungstechniken zu reagieren. Lamaze beteiligt auch den künftigen Vater an einigen Vorbereitungen. Er soll seiner Frau während der Geburt durch seine Anwesenheit emotionale Unterstützung geben.
Zahlreiche Untersuchungen bestätigen, dass viele Frauen nach Teilnahme an Lehrgängen zur Vorbereitung einer »natürlichen« Geburt weniger Schmerzen während einer Entbindung haben, die bei ihnen zudem schneller und komplikationsloser verläuft. Sie benötigen entweder gar keine Narkosemittel oder nur vergleichsweise geringe Mengen. Zu berücksichtigen ist aber bei solchen Studien, dass sich Mütter, die zur Teilnahme an solchen Vorbereitungskursen zu gewinnen sind, bereits von vornherein von anderen unterscheiden, die eine traditionelle Entbindung bevorzugen.

Positive Einflussnahme durch soziale Unterstützung. Komplikationen während der Entbindung lassen sich auch dadurch vermindern, dass der werdenden Mutter in diesem kritischen Zeitraum soziale Unterstützung geboten wird. Verwandte, der Lebenspartner oder gute Freunde stehen ihr während der Geburt des Kindes zur Seite, indem sie mit ihr sprechen oder ihre Hand halten. Bei den auf diese Weise unterstützten Müttern ließen sich nicht nur weniger Komplikationen feststellen, sondern sie waren nach der Geburt auch eher bereit, positiv auf ihre Kinder zu reagieren, indem sie vergleichsweise häufiger mit den Neugeborenen sprachen, sie anlächelten oder zärtlich streichelten (Kennell et al., 1991).

Wie die Untersuchungsergebnisse von Brackbill und Broman gezeigt haben, ist es keineswegs unproblematisch, der Mutter während der Entbindung Medikamente zu verabreichen, weil einige Substanzen die Barriere der Plazenta durchdringen und den kindlichen Organismus innerhalb weniger Minuten erreichen. Allerdings bedrohen sie vor allem solche Kinder, die bereits während der vorgeburtlichen Phase ungünstige Entwicklungsbedingungen vorfinden. Diese Kinder kommen häufig nach einer durchschnittlichen Schwangerschaftsdauer mit vermindertem

Körpergewicht auf die Welt (s. S. 93 f.). Medikamentöse Substanzen, die in ihren Blutkreislauf gelangen, wirken deshalb besonders beeinträchtigend, weil Leber und Niere dieser Kinder noch nicht ausreichend in der Lage sind, die giftigen Substanzen schnell abzubauen und auszuscheiden. Schädigungen des Nervensystems sind unter solchen Bedingungen keineswegs auszuschließen.

Störung der Sauerstoffzufuhr. Ein weiteres kritisches Ereignis während der Geburt ist die vorübergehende Unterbrechung oder Minderung der Sauerstoffzufuhr. Der enge Geburtskanal kann in besonders unglücklichen Fällen den Nabel derartig knicken oder zusammenpressen, dass die Blutversorgung des Kindes erheblich behindert wird. Hirnschädigungen, Lernschwierigkeiten und weitere Verhaltensauffälligkeiten wurden als Folgen beobachtet (Epstein et al., 1980). Mediziner und Psychologen neigen inzwischen allerdings zu der Auffassung, dass gesunde Kinder eine geburtlich bedingte vorübergehende (nicht länger als drei Minuten dauernde [Stechler & Halton, 1982]) Unterversorgung mit Sauerstoff ohne dauerhafte Schäden überstehen (Sameroff, 1975). Lagen jedoch bereits während der Schwangerschaft ungünstige Entwicklungsbedingungen vor, durch die das Kind zu früh oder mit noch mangelhaft entwickelten Lungenfunktionen geboren wird, sind Schädigungen der Gehirnzellen nicht auszuschließen. Diese dürfen dann aber nicht nur auf Bedingungen während der Entbindung zurückgeführt werden. Vielmehr sind sie als Folge von Erbeinflüssen oder von Entwicklungsbedingungen entstanden, die bereits während der Schwangerschaft auf den jungen Organismus wirkten (Amiel-Tison, 1982).

2.4.2 Die Entwicklung von Frühgeburten und Neugeborenen mit Untergewicht

Wann spricht man von »Frühgeburt«?

Julius Cäsar, Winston Churchill, Charles Darwin, Victor Hugo, Napoleon, Isaac Newton und Auguste Renoir haben gemeinsam, dass sie mit unterdurchschnittlichem Geburtsgewicht auf die Welt gekommen sind. Normalerweise wiegt ein Neugeborenes bei einer Körpergröße von etwa 50 cm durchschnittlich 3.200 Gramm, wobei die Werte für Jungen etwas höher sind als für Mädchen. Innerhalb eines gewissen Bereichs sind Abweichungen von solchen Mittelwerten nicht ungewöhnlich. Die Frage, ob kleinere Abweichungen körperlicher Maße von einem Durchschnittswert in der weiteren Entwicklung bestehen bleiben, beantwortet Info-Kasten 2.8 am Beispiel der Körpergröße.

Wenn ein Neugeborenes unter 2.500 Gramm wiegt, spricht man von einer Frühgeburt. Da der genaue Zeitpunkt der Befruchtung nicht immer bekannt ist, klassifiziert man u. U. auch solche Kinder als Frühgeburten, die nach einer Schwangerschaft durchschnittlicher Dauer geboren werden, jedoch weniger als 2.500 Gramm wiegen. Es wäre angemessener, in solchen Fällen von Untergewicht-Geburten oder von Neugeborenen mit Untergewicht zu sprechen. Bei einer Frühgeburt ist das verminderte Körpergewicht – gemessen an der verkürzten Schwangerschaftsdauer – durchaus normal, während es in anderen Fällen als Folge eines verlangsamten vorgeburtlichen Wachstums, etwa wegen unzureichender Funktion der Plazenta, wegen anderer ungünstiger Bedingungen im Mutterleib (s. S. 76 ff.) oder angeborener Krankheiten des Kindes, entstanden ist (Tanner, 1970). Im Folgenden ist aus Gründen der Vereinfachung einheitlich von Frühgeburten zu sprechen.

Warum ist das Leben von Frühgeburten gefährdet?

Ein Neugeborenes ist umso mehr als ein »Risikofall« zu sehen, je kürzere Zeit es im Mutterleib verbracht hat und je weniger es bei der Geburt wiegt. Nach erheblichen Fortschritten auf medizinischem Gebiet können heute zwar auch Kinder überleben, die in der 26. Schwangerschaftswoche oder früher geboren werden und nur 1.000 Gramm oder weniger wiegen (Buckwald

INFO-KASTEN 2.8

Lässt die Körpergröße des Neugeborenen Vorhersagen über das weitere Wachstum zu?

Eltern spekulieren gelegentlich, ob sich aus der Körpergröße ihres Kindes zum Zeitpunkt der Geburt bereits Vorhersagen für das weitere Wachstum bis hin zum Erwachsenenalter ableiten lassen. Wird ein relativ großes Neugeborenes etwa 20 Jahre später immer noch viele Angehörige seiner Altersgruppe an Körpergröße überragen? Diese Frage muss verneint werden, denn zwischen der Körpergröße eines Menschen bei der Geburt und im späteren Erwachsenenalter besteht praktisch keine Beziehung. Interessierte Eltern würden einen besseren Schätzwert erhalten, wenn sie die Vorhersage auf ihre eigene Körpergröße gründen würden.

Anders sieht es nach Abschluss der ersten beiden Lebensjahre aus. Die Körpergröße hat während dieser Zeit im Durchschnitt um etwa 70 Prozent zugenommen. Aus einem 3.200 Gramm schweren Neugeborenen hat sich nach 24 Monaten ein Kind entwickelt, das im Durchschnitt etwas mehr als 12.000 Gramm wiegt und ca. 86 cm groß ist. Kann man – gestützt auf diese Messwerte eines Zweijährigen – vorhersagen, welche Körpergröße er als Erwachsener einmal erreichen wird? Diese Frage läßt sich nicht eindeutig bejahen, obwohl sich eine Entwicklungstendenz bereits in diesem Alter ablesen lässt. Man kann die Körpergröße eines zweijährigen Jungen mit 2, die eines Mädchens mit 1,9 multiplizieren, um einen Schätzwert für die Körpergröße im Erwachsenenalter zu erhalten. Vergleiche zwischen vorhergesagten und tatsächlichen Werten führen aber nicht selten zu Abweichungen von 5, 6 oder gar 7 cm nach beiden Seiten (Tanner, 1990). Deshalb sollte man mit Voraussagen auch im Verlauf der weiteren Entwicklung zurückhaltend bleiben. Ein Grundschulkind kann im Vergleich zu seiner Altersgruppe groß oder klein sein und mit Erreichen des Erwachsenenalters eine durchschnittliche Körpergröße aufweisen oder sogar die früheren Vergleichswerte in das Gegenteil verkehren (Tanner, 1971). Der Wachstumsschub mit Einsetzen der Pubertät (s. S. 352) hängt zusätzlich von Sexualhormonen ab und nicht nur von Wachstumshormonen, von denen während der Kindheit die Steuerung ausgeht.

et al., 1984); die Sterblichkeitsrate für diese Gruppe ist aber vergleichsweise hoch, u. a. weil die Atmung noch unzureichend funktioniert. Lebensgefährdungen gehen auch von einer mangelhaften Regelung der Körpertemperatur aus; die Haut ist noch sehr dünn und die darunter liegende Fettschicht isoliert den Körper nicht gegen kühlere Außentemperaturen. Extrem untergewichtige Kinder haben noch nicht einmal ausreichend Kraft zum Saugen; sie sind nur mit künstlicher Ernährung am Leben zu halten. Viele Reflexe sind wegen der mangelnden Ausreifung des Nervensystems noch nicht auszulösen.

Brutkasten/Inkubator. Um körperlichen Funktionsmängeln dieser Art entgegenwirken zu können, muss eine Umwelt geschaffen werden, die den Bedingungen in der Gebärmutter so gut wie möglich nachgestaltet ist. In einem sog. Brutkasten oder Inkubator erfolgt u. a. eine künstliche Regulation sowohl der Temperatur als auch der Luftfeuchtigkeit; diese Umgebung bietet zudem einen besonderen Schutz vor Ansteckungen.

Auswirkungen auf die weitere Entwicklung

Wie verläuft nun die weitere Entwicklung von Kindern, die mit unterdurchschnittlichem Körpergewicht geboren werden? Weisen sie Beeinträchtigungen auf, die sich auch auf ihr weiteres Leben ungünstig auswirken? Diesen Fragen ging eine Untersuchung nach, die über ein Jahrzehnt das Schicksal von Kindern verfolgte, die im Jahre

1955 auf Kauai, einer Insel Hawaiis, geboren wurden und zum Zeitpunkt ihrer letzten Untersuchung junge Erwachsene waren (Werner et al., 1971; Werner & Smith, 1982; Werner, 1995). Unter ihnen fanden sich auch Neugeborene, die mit unterdurchschnittlichem Körpergewicht auf die Welt gekommen waren, entweder weil sie zu früh geboren wurden oder weil sich ihre Entwicklung während der Schwangerschaft verzögert hatte. Als diese Kinder zehn Jahre alt waren, hat man bei 34 Prozent irgendwelche Störungen festgestellt. Diese ließen sich aber nur in einem sehr geringen Umfang auf Komplikationen zurückführen, die bereits bei der Neugeborenenuntersuchung festgestellt worden waren. Zehnmal häufiger hatten die Autoren auf Erklärungen zurückzugreifen, die unzulängliche Umweltbedingungen im nachgeburtlichen Zeitraum zum Inhalt hatten. Aber auch belastende Umweltbedingungen müssen sich nicht immer nachhaltig ungünstig auf die Entwicklung auswirken. So fanden sich in der Untersuchungsstichprobe 276 Kinder, die im Alter von zwei Jahren mit mehreren Risikofaktoren behaftet waren; zwei Drittel dieser Stichprobe entwickelten bis zum Alter von zehn Jahren ernstzunehmende Lern- und Verhaltensauffälligkeiten, kamen bis zum Alter von 18 Jahren mit dem Gesetz in Konflikt oder hatten ungewollte Schwangerschaften. Als die Angehörigen dieser Stichprobe ein weiteres Mal im Alter von 30 Jahren untersucht wurden, hatte sich immerhin ein Drittel dieser Risikogruppe »normalisiert«; aus dieser Teilgruppe waren inzwischen »tüchtige, selbstsichere und fürsorgende Erwachsene« geworden (Werner, 1995).

Besondere Persönlichkeitsmerkmale. Sofern erhebliche Auffälligkeiten bei der Geburt nachzuweisen sind, so ein bedeutsames Ergebnis der Studie, kann in einem fördernden Elternhaus während der nachfolgenden Entwicklung damit gerechnet werden, dass sie allmählich überwunden werden. Aber es gab auch Ausnahmen in der Hawaii-Studie. Einige Neugeborene wiesen erhebliche Auffälligkeiten bei der Geburt auf und hatten zudem im nachgeburtlichen Zeitraum Lebensbedingungen, die keineswegs als günstig zu bezeichnen sind. Dennoch unterschieden sich diese Ausnahmen nicht von Kindern, die ohne oder nur mit geringeren Geburtskomplikationen auf die Welt gekommen waren. Wie lässt sich dieser unerwartete Befund erklären? Die Nachforschungen ergaben, dass diese wenigen Kinder von Bedingungen profitiert hatten, die außerhalb ihrer eigenen Familie und zugleich in ihrer eigenen Person lagen. Sie besaßen häufig Persönlichkeitsmerkmale, durch die sie die Aufmerksamkeit anderer Menschen erweckten, beispielsweise weiterer Verwandter, Nachbarn und Gleichaltriger, die ihnen daraufhin günstige Förderungsbedingungen anboten. (Werner, 1993; Werner & Smith, 1992). Auf solche Persönlichkeitsmerkmale ist sicherlich auch zurückzuführen, dass aus einigen auffälligen Jugendlichen »normale« Erwachsene werden konnten. Als Jugendliche und Erwachsene wählen sich Menschen verstärkt jene Umwelten aus, die zu ihnen passen (s. S. 70f.), und folglich bestimmen in diesen Altersabschnitten verstärkt Merkmale der Person mit, wie vorausgegangene Schwierigkeiten überwunden werden (Werner, 1995).

Kinder, die zum Zeitpunkt der Geburt unterdurchschnittlich entwickelt sind, finden eine Umwelt vor, die sich vor allem in zweierlei Hinsicht von der eines normalen Neugeborenen unterscheidet:

- Im Inkubator erhält ein Kind erstens weniger Reizanregungen als im Mutterleib;
- zum anderen sind die sozialen Kontakte nicht nur eingeschränkt, sondern – teilweise bedingt durch die körperliche Verfassung von Frühgeburten – auch von anderer Qualität.

Die Bedeutung der Umwelt für die Entwicklung von Frühgeburten

Reizanregungen im Inkubator. Bis vor kurzem wurden »Risiko-Geburten« in einen Inkubator gelegt, in dem sie u. U. künstlich beatmet und ernährt wurden, während für das Personal ein »Hände-weg«-Gebot galt, um das kleine Wesen nicht zusätzlich zu gefährden. Damit fanden diese Kinder zu Beginn ihres Lebens auf Intensivstationen Bedingungen vor, die erheblich eintöniger waren als die im Mutterleib. Unter normalen Bedingungen wird der Fötus nämlich bei Bewegungen seiner Mutter im Fruchtwasser hin- und hergeschaukelt. Er hört Geräusche, wie den Herzschlag seiner Mutter und ihre Stimme. Sollten sich solche Reizanregungen nicht auch förderlich auf ein Kind im Inkubator auswirken? Man ist dieser Frage nachgegangen, indem man Aufzeichnungen des Herzschlags in gleicher Lautstärke in den Inkubator übertragen hat, wie sie in der Gebärmutter auftreten (Barnard, 1973). Weiterhin stattete man Inkubatoren mit Wasserbetten aus, auf denen das Kind regelmäßig geschaukelt wurde (Barnard & Bee, 1983). Schwestern auf Neugeborenenstationen wies man an, Kinder regelmäßig aus dem Inkubator zu nehmen, um sie für einige Zeit zu schaukeln, zu ihnen zu sprechen (Scarr-Salapatek & Williams, 1973), sie für etwa 30 bis 45 Minuten täglich zu streicheln sowie ihre Arme und Beine zu bewegen (Scafidi et al., 1986). Unterscheidet sich die Entwicklung so behandelter Neugeborener während der ersten Wochen und Monate von Gleichaltrigen, die ihr nachgeburtliches Leben ebenfalls im Inkubator zu verbringen haben, aber keine zusätzlichen Reizanregungen erhalten?

Die Wirkungen zusätzlich gebotener Anregungen sind zwar nicht immer sofort erkennbar. Doch spätestens nach vier Wochen unterscheiden sich behandelte von nicht behandelten Kindern u. a. in ihrem Reflexverhalten, in der motorischen Entwicklung und in der täglichen Gewichtszunahme. Die Wahrscheinlichkeit, Opfer des sog. Säuglingstodes zu werden (s. S. 108f.), ist vermindert (Korner et al., 1975). Ein Kind, das man geschaukelt und gestreichelt hat, mit dem weiterhin regelmäßig »geturnt« worden ist, besitzt eine hohe Chance, mehrere Tage früher die Klinik verlassen zu können als ein anderes, das nur die Eintönigkeit des Inkubators kennengelernt hat.

Soziale Kontakte mit Frühgeburten

Reaktion von Müttern auf frühgeborene Kinder. Wenn man Müttern ein ihnen unbekanntes, nach normaler Schwangerschaftsdauer geborenes Kind mit der unzutreffenden Bemerkung übergibt, es handle sich dabei um eine Frühgeburt, dann neigen sie dazu, es weniger zu berühren und für weniger „niedlich" zu halten als ein anderes, grundsätzlich vergleichbares Kind, das ihnen als normales Baby vorgestellt worden ist (Stern & Hildebrandt, 1986). Wahrnehmung und Reaktion einer Mutter kann man somit schon allein dadurch verändern, dass man einem Baby das Etikett »Frühgeburt« anhängt. Wie reagiert aber eine Mutter auf ihr eigenes Kind, das nicht nur als Frühgeburt bezeichnet wird, sondern zudem entsprechend aussieht (runzlig, durchsichtige Haut, unverhältnismäßig großer Kopf usw.) und nur schwer anzusprechen ist?

Bei Müttern von Frühgeburten besteht eine leicht gesteigerte Neigung, ihr Baby mit einiger Entfernung vom Körper auf ihrem Schoß sitzen zu lassen, anstatt es in ihren Armen zu wiegen. Sie lächeln das Kind auch vergleichsweise wenig an (Leifer et al., 1972). Ein Beobachter könnte den Eindruck gewinnen, dass die Mutter das sehr kleine Wesen noch nicht so recht als ihr zugehörig wahrnimmt. Vielleicht entspringt es ihrer Unzufriedenheit mit dem Entwicklungsstand, wenn Mütter von Frühgeborenen im Vergleich zu solchen normaler Babys eine verstärkte Neigung haben können, Kontakte zu ihrem Kind herzustellen. Solche Mütter verabreichen u. a. ziemlich häufig zarte Klapse, sie sprechen auch überdurchschnittlich viel zu den Kindern, halten ihnen bereitwilliger einen Gummischnuller oder die Milchflasche hin usw. (Crnic et al., 1983). Das Frühgeborene wird durch diesen hohen Anregungsgrad nicht selten überfordert. Es wendet sich ab und erweckt so den Eindruck verminderter Ansprechbarkeit.

Wie Eltern frühgeborene Kinder unterstützen können. In einigen Kliniken versucht man, die Eltern rechtzeitig auf die Schwierigkeiten vorzu-

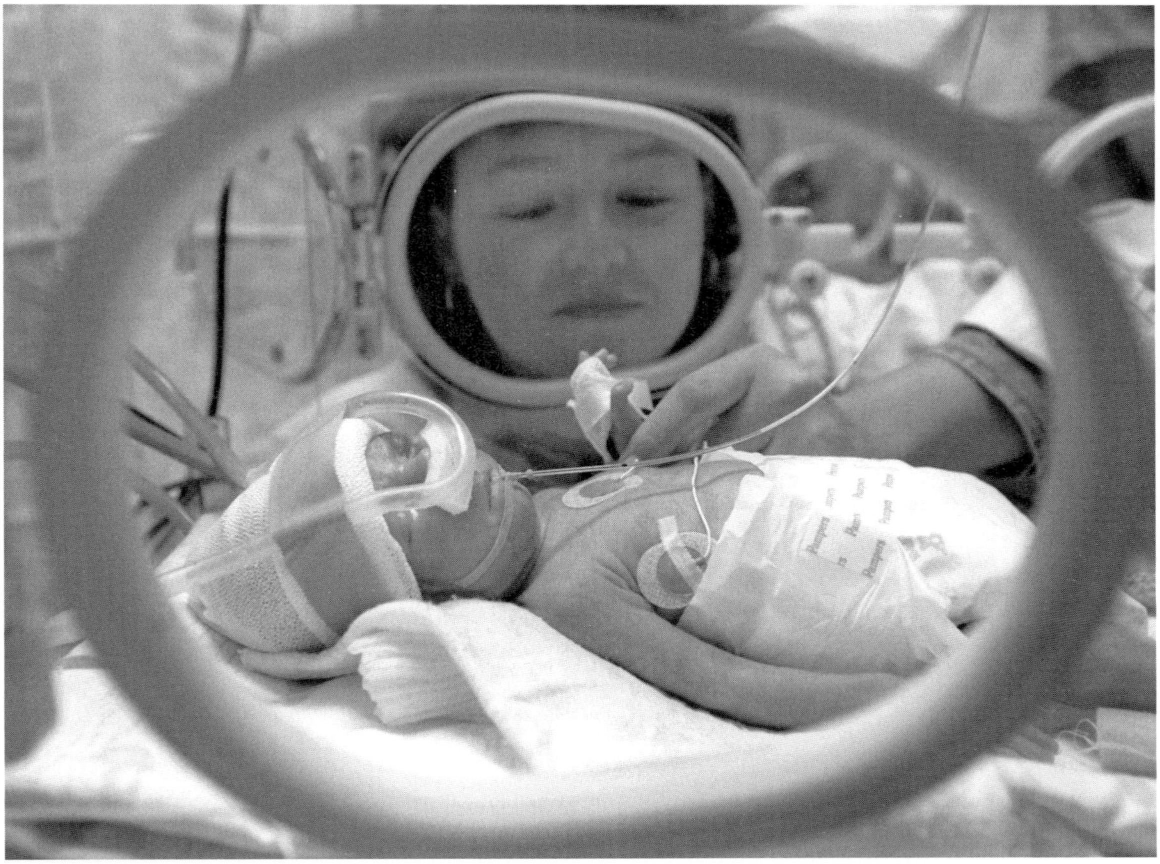

Abbildung 2.14. Auch Neugeborene mit unterdurchschnittlichem Geburtsgewicht, für die der Inkubator lebensrettend ist, sollten Reizanregungen und Gelegenheit zum mitmenschlichen Kontakt erhalten

bereiten, die auftreten können, wenn sie mit ihrem zu früh geborenen oder untergewichtigen Baby in Kontakt treten. In den Vorbereitungskursen bemüht man sich vor allem, das Selbstvertrauen der Eltern zu stützen und ihnen die Gewissheit zu vermitteln, dass ihr Kind alle Voraussetzungen besitzt, früher oder später Anschluss an eine normale Entwicklung zu finden. Wenn die Eltern nicht unter besonders belastenden Bedingungen leben müssen, wie etwa Armut, Partnerkonflikte, Krankheit usw., besteht eine hohe Wahrscheinlichkeit, dass sich diese günstige Vorhersage verwirklicht – vor allem dann, wenn die Mutter sich den besonderen Bedürfnissen ihres Kindes anpassen kann (Sameroff & Seifer, 1983). Wenn aber ungünstige (Umwelt-)Bedingungen, die zumindest teilweise das Auftreten einer Frühgeburt mitbewirkt haben, auch nachgeburtlich fortbestehen, ist mit einer Entwicklung zu rechnen, die verstärkt Auffälligkeiten zum Ausdruck bringt, so etwa häufiges Erkranken, motorische Unruhe und später Schulschwierigkeiten (Hack et al., 1994; Liaw & Brooks-Gunn, 1993).

Es konnte festgestellt werden, dass sich Frühgeburten, die in sozial benachteiligten Familien aufwachsen, drei Jahre nach ihrer Geburt normal entwickeln, wenn sie regelmäßig medizinisch untersucht werden, in Kindertagesstätten täglich kognitive Anregungen erhalten, und auch die Eltern in wöchentlichen Kursen Hinweise für eine angemessene Behandlung ihrer Kinder bekommen. Wenn solche Maßnahmen aber nach Erreichung des dritten Geburtstags abgebrochen werden, ist damit zu rechnen, dass diese ohnehin leicht verwundbaren Kinder sehr schnell wieder in ihrer Entwicklung hinter dem Durchschnitt zurückfallen. Es erscheint notwendig, dass die pädagogischen Maßnahmen über das dritte Lebensjahr hinaus, möglichst bis zum Schuleintritt, fortgesetzt werden (Bradley et al., 1994; Brooks-Gunn et al., 1994).

Literatur zur Erweiterung des Wissens und zur Vertiefung

Genetik und Anlage-Umwelt-Problem:

Brown, T. A. (1999): Moderne Genetik (2. Auflage). Heidelberg: Spektrum.

Eberhard-Metzger, C. (2003): Das Molekül des Lebens. Einführung in die Genetik (2. Aufl.). München: DTV.

Entwicklung im vorgeburtlichen Zeitraum:

Nilsson, L. und Hamberger, L. (2008): Ein Kind entsteht. München: Goldmann.

3 Die ersten zwei Lebensjahre: Körperliche und sozial-emotionale Entwicklung

Nicht selten sind Eltern von dem ersten Anblick des Neugeborenen unmittelbar nach der Geburt enttäuscht, bisweilen sogar schockiert. Verständlich ist ihre Reaktion vor allem dann, wenn ihre bisherigen Erfahrungen sich nur auf Babys gründen, die bereits mehrere Wochen alt waren und gepflegt in ihren sauberen Betten lagen. Bevor nämlich ein Neugeborenes sein erstes Bad erhalten hat, ist sein Körper mit mütterlichem Blut benetzt und von einer weißlich grauen Substanz überzogen. Es sieht geschwollen und runzlig aus, was auf Fett- und Flüssigkeitspolster unter der Haut zurückzuführen ist. Trägt diese »häßliche Kreatur ... mit ihrer rötlichen, runzligen ... Haut, den schielenden Augen, dem dicken Bauch und den O-Beinen« – wie es ein Pionier der Entwicklungspsychologie, Stanley Hall (1891), einmal sehr drastisch ausdrückte – überhaupt menschliche Züge? Welche Gründe hat die Entwicklungspsychologie, sich mit einem Neugeborenen zu beschäftigen, das die einschlägige Literatur in der ersten Hälfte des 20. Jahrhunderts überwiegend als völlig hilfloses Reflexwesen bezeichnet hat, das infolge seiner unreifen Sinnesorgane noch kaum etwas von seiner Umwelt wahrnimmt und das lediglich zufallsbestimmte Körperbewegungen ausführt?

Was »kann« das Neugeborene?

Zweifellos sind Neugeborene nur dadurch vor dem sicheren Tod zu bewahren, dass sich Eltern oder andere Pflegepersonen ihnen fürsorglich zuwenden. Man könnte angesichts dieser Hilflosigkeit davon ausgehen, dass lediglich die lebenswichtigen körperlichen Organe ihre Tätigkeit aufgenommen haben, während wesentliche Sinnesorgane des Menschen, wie etwa Augen und Ohren, noch nicht oder kaum funktionieren; dann aber wären Wahrnehmungen oder gar gezielte Bewegungen während der ersten Lebenswochen gar nicht möglich. Lange Zeit waren solche Auffassungen in der Entwicklungspsychologie vorherrschend. Einer ihrer Vertreter, Tom Bower (1977), erinnert sich, dass er seine eigene Laufbahn ebenfalls mit dieser Überzeugung begann. Wenn Mütter ihm damals berichteten, dass ihre zwei oder drei Wochen alten Kinder bereits nach vorhandenen Gegenständen griffen, entgegnete Bower ihnen höflich, aber mit tiefster Überzeugung, dass solche Beobachtungen von wissenschaftlicher Seite aus unhaltbar seien. »Ich war so überzeugt, dass die Lehrbücher recht hatten, und dass das Ausstrecken (der Arme) mit fünf Monaten begann – nicht nach fünf Tagen –, dass ich solchen Berichten einfach keine Aufmerksamkeit schenkte« (Bower, 1977).

Als Bower jedoch seinen drei Wochen alten Neffen besuchte, meinte er etwas zu beobachten, was seinen Erwartungen widersprach. Nach seiner Wahrnehmung war das Baby eindeutig bemüht, nach bestimmten Gegenständen zu greifen. Das Kind eines Kollegen streckte seine Hand bereits nach der ersten Lebenswoche aus. Solche Erfahrungen weckten schließlich doch Bowers Interesse. Vielleicht, so spekulierte er, hat die entwicklungspsychologische Literatur bis in die späten 60er Jahre vor allem deshalb entsprechende Verhaltensweisen nicht registriert, weil es bis zu dieser Zeit in den Kinderbetten nichts gab, wonach die Kinder hätten greifen können.

Nach diesem »Schlüsselerlebnis« stellte Bower sich die Frage, ob Aktivitäten des Neugeborenen eventuell doch nicht ausschließlich im Dienste der Aufrechterhaltung lebensnotwendiger Körperprozesse stehen. Können die Sinnesorgane womöglich schon Reize aus der Umgebung aufnehmen und über das Nervensystem weiterleiten? Ist das Gehirn bereits zu einfachen Formen der Verarbeitung in der Lage? Reagiert das Neugeborene sogar schon auf Veränderungen in seiner Umgebung? Solche Fragen rückten nicht nur bei Bower, sondern bei vielen weiteren Entwicklungspsychologen in den Mittelpunkt ihres Forschungsinteresses. Einige Beobachtungen und Erkenntnisse werden im vorliegenden Kapitel dargestellt. Dabei sind vor allem zwei Fragen zu beantworten:

- Welche Voraussetzungen bringt das Neugeborene mit und auf welche Weise passt es sich in den ersten Monaten zunehmend an seine Umwelt an?
- Welche Möglichkeiten hat das Neugeborene, die eigene Umwelt so zu verändern, dass sie sich ihm anpasst?

Wenn hier von einem Neugeborenen gesprochen wird, dann ist damit der Zeitraum der ersten beiden Lebensmonate gemeint. Der anschließende Lebensabschnitt endet mit den ersten Zweiwortsätzen etwa im Alter von 18 Monaten. Er wird als frühe Kindheit bezeichnet.

3.1 Einige methodische Probleme beim Studium Neugeborener

Der optimale Untersuchungszustand: »wache Inaktivität«. Bevor man in wissenschaftlichen Studien klären kann, welche Ausstattung Neugeborene mitbringen, um sich ihrer Umwelt anzupassen, muss man als Forscher Maßnahmen ergreifen, die einigen ihrer Besonderheiten Rechnung tragen. So ist zu berücksichtigen, dass diese jungen Versuchspersonen 70 bis 80 Prozent ihrer gesamten Zeit schlafen. Selbst das Öffnen der Augen bedeutet nicht, dass man nun mögliche kognitive Prozesse untersuchen könnte. Einen Teil seiner wachen Zeit verbringt das Neugeborene nämlich »dösend«, in einem Zustand verminderter Wachheit. Auch ein Kind, das schreit, sich heftig bewegt und unregelmäßig atmet, eignet sich nicht besonders gut zum Studium der Wahrnehmungsfähigkeit. Man muss erst einen Zustand abwarten, den man als »wache Inaktivität« bezeichnet (Wolff, 1966). Dabei ist das Kind fast bewegungslos; bei offenen Augen und offenkundig entspannten Gesichtsmuskeln atmet es regelmäßig. Dieser für Untersuchungen als optimal geltende Zustand stellt die Geduld des Forschers jedoch auf eine harte Probe, denn er tritt an einem normalen Tag nur wenige Male auf und dauert höchstens 15 Minuten.

Konzentration auf die motorische Entwicklung in der Vergangenheit. Mit der Notwendigkeit, sich bei entwicklungspsychologischen Studien auf diese relativ kurzen Intervalle der Wachheit zu beschränken, wurde erst eine – wenn auch grundsätzlich lösbare – Schwierigkeit benannt. Es muss weiterhin geklärt werden, wie sich Fragen über das Neugeborene überhaupt beantworten lassen. Wie ist zu klären, was ein Kind im Alter von wenigen Wochen mit seinen Augen »sieht«? Wie lässt sich bestimmen, was ihm das Gehörorgan übermittelt? Was kann sich ein Kind merken? Zu welchen Verarbeitungsleistungen ist das Gehirn in der Lage? Ältere Studien der Entwicklungspsychologie hatten auf solche Fragen praktisch keine Antworten anzubieten. Über längere Zeit gab sich die Forschung weitgehend damit zufrieden, Neugeborene und Kinder, die noch nicht sprechen konnten, sorgfältig zu beobachten. Es liegt allerdings in der Natur dieser Methode, dass man sich vor allem auf das motorische Verhalten konzentrierte. So stellte man fest, in welchem Alter Kinder normalerweise in der Lage sind, alleine zu sitzen, zu laufen oder zu stehen (s. S. 4). Um aber herauszufinden, wie sich die Wahrnehmung eines Neugeborenen entwickelt, bedarf es besonderer Methoden, die erst im Verlauf der letzten Jahrzehnte entwickelt worden sind.

Konzentration auf die Wahrnehmung des Neugeborenen

Studien auf Basis der »Gewöhnungsmethode«. Steven Friedman (1972) war daran interessiert, wie Neugeborene einfache Schachbrettmuster wahrnehmen (s. Abb. 3.1). Sind sie bereits in der Lage, diese gedächtnismäßig zu speichern? Können sie erkennen, dass zwischen mehreren Reizdarbietungen Unterschiede bestehen? Bei seiner Suche nach einer geeigneten Methode griff Friedman auf eine alte Erkenntnis zurück, die Platon im 7. Buch, Abschnitt 790, seiner »Gesetze« 380 v. Chr. wie folgt formuliert hat: »Wenn nämlich die Mütter Kinder, mit deren Einschlafen es seine Not hat, in Schlaf bringen wollen, so bewirken sie dies nicht durch Ruhe, sondern im Gegenteil durch Bewegung, indem sie diese ununterbrochen auf den Armen schaukeln und dabei nicht still sind, sondern ein Liedchen singen«. Was das Kind in Platons Ausführungen beruhigen soll, wird in der Lernpsychologie Gewöhnung genannt: Wenn eine bestimmte Reizfolge wiederholt und monoton dargeboten wird, verliert sie allmählich ihre Attraktivität; sie ruft Langeweile und Ermüdung hervor.

Friedman zeigte Neugeborenen wiederholt 60 Sekunden lang eines der in Abb. 3.1 dargestellten Reizmuster und protokollierte jeweils, wie lange seine jungen Versuchspersonen es betrachteten. Früher oder später war zu beobachten, dass die Babys das Interesse an einem bestimmten Muster zu verlieren schienen, denn sie richteten ihren Blick sehr viel kürzer darauf als zu Beginn eines Versuchsdurchgangs. Eine naheliegende Erklärung für das veränderte Verhalten der Kinder wäre, dass sie langsam ermüdeten. Friedman prüfte diese Möglichkeit, indem er den Babys ein verändertes Schachbrettmuster darbot. Daraufhin zeigte sich, dass die Betrachtungsdauer wieder erheblich anstieg. Ein hinreichend bekanntes Reizmuster hatte offenbar an Attraktivität verloren. Eine allgemeine Ermüdung lag jedoch nicht vor, denn eine veränderte Reizvorlage erregte sofort wieder das Interesse der Neugeborenen.

Solchen Studien lässt sich entnehmen, dass Kinder bereits während der ersten Lebenstage in der Lage sein müssen, sich ein Schachbrettmuster zu »merken«. Offenbar können sie das in ihrem Gedächtnis gespeicherte, inzwischen vertraute Bild mit einer neuen Darbietung vergleichen. Wenn sie »erkennen«, dass sich in ihrem Wahrnehmungsfeld etwas verändert, nimmt ihre Aufmerksamkeit und damit ihre Betrachtungsdauer sofort wieder zu.

Friedman hätte auch beim außerordentlich gut entwickelten Saugverhalten des Neugeboren ansetzen können. So steckten Peter Eimas und seine Mitarbeiter (Eimas, 1985; Eimas et al., 1971; Eimas und Tartter, 1979) Babys im Alter von einem Monat einen besonders präparierten Schnuller in den Mund. Sobald sie daran saugten, schaltete sich eine Vorrichtung ein, aus der eine Stimme regelmäßig »bah« sagte. Auch bei diesen Kindern schien das Interesse an dem wiederholt dargebotenen Reiz allmählich nachzulassen, denn sie saugten immer weniger an ihrem Schnuller. Wenn sich der akustische Reiz dann aber langsam veränderte und aus »bah« ein eindeutiges »pah« wurde, nahm das Saugen wieder kräftig zu. Auf diese Weise konnte Eimas nachweisen, dass Neugeborene im Alter von einem Monat zwischen »bah« und »pah«, acht Wochen

Abbildung 3.1. Schachbrettartige Reizmuster, wie Friedman (1972) sie Neugeborenen darbot, um ihre Wahrnehmung zu untersuchen

alte Kinder zwischen »ma« und »na« unterscheiden können.

Friedman und Eimas wandten die Gewöhnungsmethode an, d. h. sie boten einen Reiz solange dar, bis der Säugling mit dessen Merkmalen hinreichend vertraut war. Dann änderten sie den Reiz und registrierten, wie die Kinder darauf reagierten. Selbstverständlich besitzt diese Methode auch ihre Grenzen. Wie will man mit ihrer Hilfe etwa klären, von welchem Alter an Neugeborene die eigene Mutter an ihrer Stimme erkennen? Wie kann man feststellen, ob ein Kind »weiß«, dass die Stimme der Mutter Hinweise auf ihren Standort gibt? Zur Beantwortung solcher Fragen hat man andere Wege beschritten. Ein Experiment von Genevieve Carpenter (1975) gibt dafür ein Beispiel.

Carpenters Experiment zur kindlichen Wahrnehmung. Für die kindlichen Versuchspersonen wurde eine spezielle Apparatur gebaut, deren wesentliche Bestandteile Abb. 3.2 wiedergibt.

Die Kinder sahen durch das Fenster dieser Apparatur u. a. ihre Mutter, die entweder schweigsam blieb, mit ihrer eigenen Stimme sprach oder zu deren Gesicht die Stimme einer fremden Frau eingeblendet wurde. Es zeigte sich, dass sogar schon zwei Wochen alte Kinder auf diese Situationen unterschiedlich reagierten. Sie betrachteten nämlich am längsten ihre mit der eigenen Stimme sprechende Mutter. Das schweigende Gesicht der Mutter weckte zwar weniger Interesse, aber die kindlichen Augen richteten sich ebenfalls darauf. Demgegenüber schienen sich die Neugeborenen regelrecht zu bemühen, nicht das Gesicht ihrer Mutter anzuschauen, wenn es mit einer fremden Stimme sprach; offenbar beunruhigte sie ein solches Ereignis. Dieses Ergebnis legt den Schluss nahe, dass Kinder bereits im Alter von zwei Wochen »wissen«, welche Stimme zu dem Gesicht ihrer Mutter gehört.

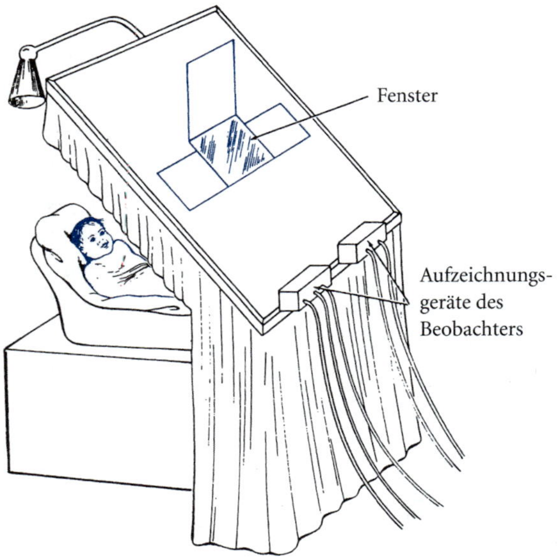

Abbildung 3.2. Eine experimentelle Apparatur, die Carpenter (1975) zum Studium der Wahrnehmung von Kindern im Alter von zwei Wochen verwendete. Den Babys wurde das Gesicht ihrer Mutter einmal mit einer fremden, ein anderes Mal mit einer vertrauten Stimme dargeboten

Die Unfähigkeit des Neugeborenen, sich sprachlich zu verständigen, setzte den methodischen Möglichkeiten der Entwicklungspsychologie früher Grenzen. Entwicklungspsychologen der jüngeren Zeit haben den Beleg erbracht, dass man mit einigem Einfallsreichtum sehr wohl Aufschlüsse über Prozesse gewinnen kann, die sich zwar der direkten Beobachtung entziehen, aber Art und Weise der Auseinandersetzung eines Kindes mit seiner Umwelt erschließen lassen. Info-Kasten 3.1 liefert ein weiteres Beispiel. In dem dort beschriebenen Experiment wird die Frage untersucht, in welchem Alter bei Kindern die Entwicklung des Zahlenverständnisses beginnt.

3.2 Körperliche Entwicklung

Die körperliche Entwicklung bezieht sich auf alles, was sich unmittelbar beobachten lässt, also vor allem auf die menschliche Gestalt (Gewicht und Größe), aber auch auf das, was der Körper tun kann, um sich an die Umwelt anzupassen (Reflexe, Motorik, Aufnahme von Informationen über die Sinnesorgane). Selbstverständlich hängt die körperliche Entwicklung sehr eng mit den übrigen Bereichen zusammen, also mit dem der Gefühle und dem der Kognitionen. Wie sollte ein

INFO-KASTEN 3.1

Können Kinder mit fünf Monaten bereits addieren und subtrahieren?

Ereignisfolge: 1 + 1 = 1 oder 2?

1. Plazieren des Objekts in Schaukasten
2. Sichtblende wird hochgezogen
3. Zweites Objekt wird hinzugefügt
4. Hand wird leer zurückgezogen

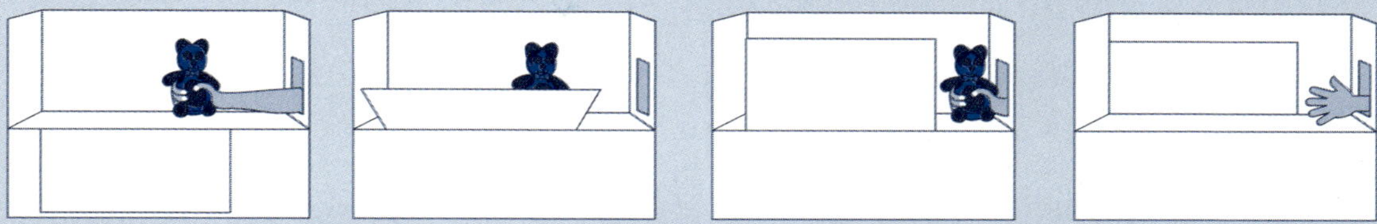

Dann entweder: mögliches Ergebnis

5. Sichtblende verschwindet nach unten ...
6. gibt Blick auf zwei Objekte frei

oder unmögliches Ergebnis

5. Sichtblende verschwindet nach unten ...
6. gibt Blick auf ein Objekt frei

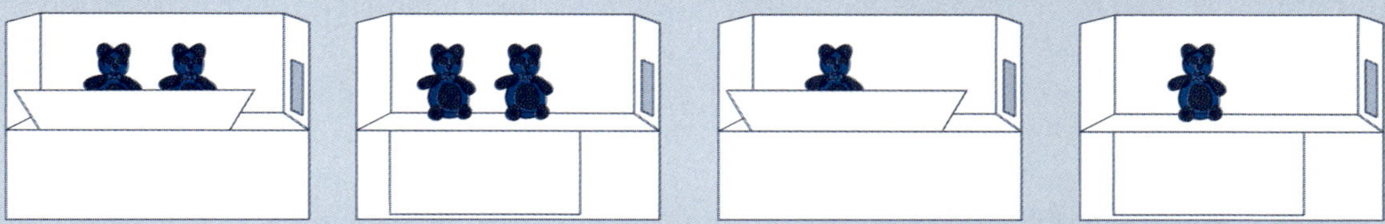

Ereignisfolge: 2 – 1 = 1 oder 2?

1. Plazieren der Objekte in Schaukasten
2. Sichtblende wird hochgezogen
3. Leere Hand wird hinein bewegt
4. Ein Objekt wird entfernt

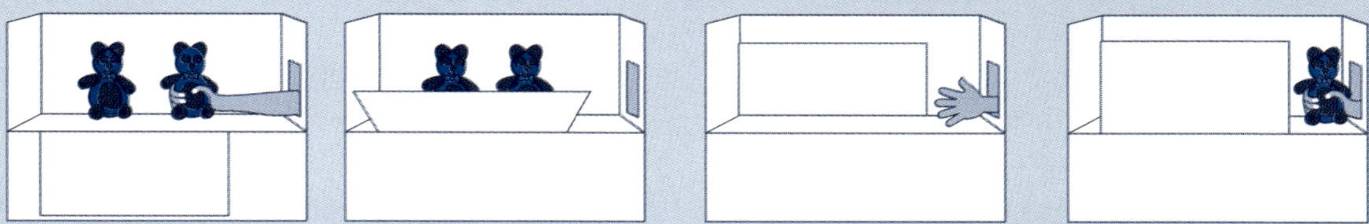

Dann entweder: mögliches Ergebnis

5. Sichtblende verschwindet nach unten ...
6. gibt Blick auf ein Objekt frei

oder unmögliches Ergebnis

5. Sichtblende verschwindet nach unten ...
6. gibt Blick auf zwei Objekte frei

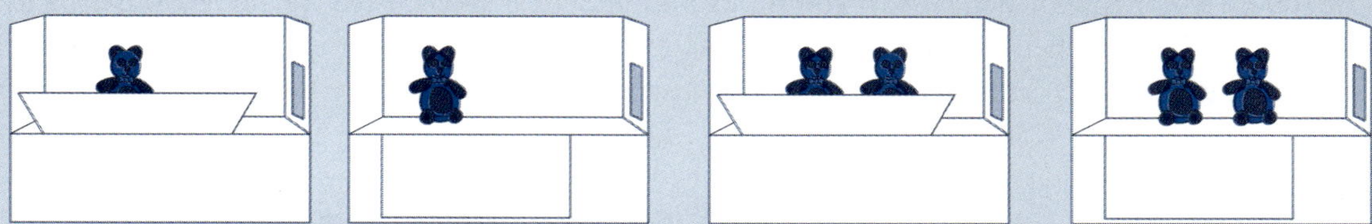

Abbildung 3.3. Karen Wynn verringerte und vergrößerte kleine Mengen und bot sie fünf Monate alten Babys dar, um ihr Zahlenverständnis zu überprüfen

Zum Zeitpunkt des Schuleintritts beherrschen Kinder zumeist das Zählen, das sie im Verlauf des Vorschulalters gelernt haben. Ihnen gelingen auch einfache Additionen und Subtraktionen. Zu welchem Zeitpunkt der Entwicklung werden dafür erste Grundlagen gelegt? Gibt es bereits im ersten Lebensjahr ein gewisses Verständnis für Mengen und deren Vergrößerung und Verringerung? Diese Frage versuchte Karen Wynn (1992) zu beantworten. Sie verwendete kleine Puppen, die sie gut sichtbar vor fünf Monate alten Kindern aufbaute. Ihr experimentelles Vorgehen lässt sich mit Hilfe der Abb. 3.3 veranschaulichen.
Wie in der Abb. beschrieben wird, zeigte Wynn bei der Aufgabe »1 + 1 = « dem Kind eine Puppe, vor die sie dann eine Sichtblende zog. Anschließend konnte das Baby sehen, wie eine Hand eine weitere Puppe hinter die Sichtblende schob. Entscheidend war für Wynn nun, wie das Kind reagieren würde, wenn ihm der Blick auf die Puppen wieder freigegeben würde. Sie ermittelte, wie lange das Kind seinen Blick auf die Puppe richtete. Bei der Aufgabe »1 + 1« gab es nämlich zwei verschiedene »Antworten«. Entweder erfolgte die Antwort, die aufgrund der Aufgabe zu erwarten war (»2«) oder es wurde eine falsche Lösung dargestellt (»1« oder – in der Abb. 3.3 nicht dargestellt – »3«). In einer weiteren Aufgabensituation wurden dem Kind anfänglich 2 Puppen dargestellt. Während wiederum die Sichtblende den Blick auf diese verhinderte, nahm die Hand eine davon weg. Entweder standen nach dem Entfernen der Sichtblende »1« oder »2« Puppen vor dem Kind. Wie reagierten nun die jungen Versuchspersonen auf die richtigen und falschen Ergebnisse?
Fast durchgängig zeigte sich, dass die Kinder länger die überraschend »falschen« als die erwarteten »richtigen« betrachteten. Wie ist zu erklären, dass die Kinder zwischen richtigen und falschen Antworten mittels ihrer Blickdauer unterschieden? Wynn meint, die Babys müssten die richtigen Antworten »errechnet« haben. Vielleicht, so spekuliert sie, sind die Anfänge mathematischen Denkens angeboren. Wenn die Eltern ihren Töchtern und Söhnen später dann Zahlen beibringen, dann liefern sie ihnen nur Bezeichnungen für etwas, was die Kinder bereits wissen.

Kind Erfahrungen sammeln, wenn es nicht in der Lage ist, Gegenstände seiner Umgebung zu betasten? Wie könnte es gelingen, neue Gegebenheiten zu erkunden, wenn ein Kind sich nicht sicher fühlt?

3.2.1 Entwicklung der körperlichen Gestalt

Kopfgröße. Dem menschlichen Gehirn kommt in der gesamten körperlichen Entwicklung bereits sehr früh eine klare Vorrangstellung zu. Das bringt ein Vergleich der Körperproportionen unterschiedlicher Lebensalter zum Ausdruck, den Abb. 3.4 ermöglicht.

Es ist ersichtlich, dass das Neugeborene nicht einfach den Körper eines Erwachsenen in verkleinerter Form hat. Der Kopf wächst offenkundig zu Beginn des Lebens besonders schnell. Der zwei Monate alte Fötus besitzt einen Kopf, der die Hälfte der gesamten Körperlänge ausmacht. Beim Neugeborenen beträgt der Kopf ein Viertel der gesamten Körperlänge (beim Erwachsenen nur ein Achtel). Im Unterschied dazu sind Arme und Beine ziemlich kurz. Während sich die Höhe des Kopfes in den nächsten 18 bis 20 Lebensjahren nur verdoppelt, sind Arme und Beine des Erwachsenen viermal so groß wie die eines Neugeborenen.

Gewichtszunahme und Körperwachstum. Wenn man einmal von der vorgeburtlichen Entwicklung absieht, lässt sich feststellen, dass sich die körper-

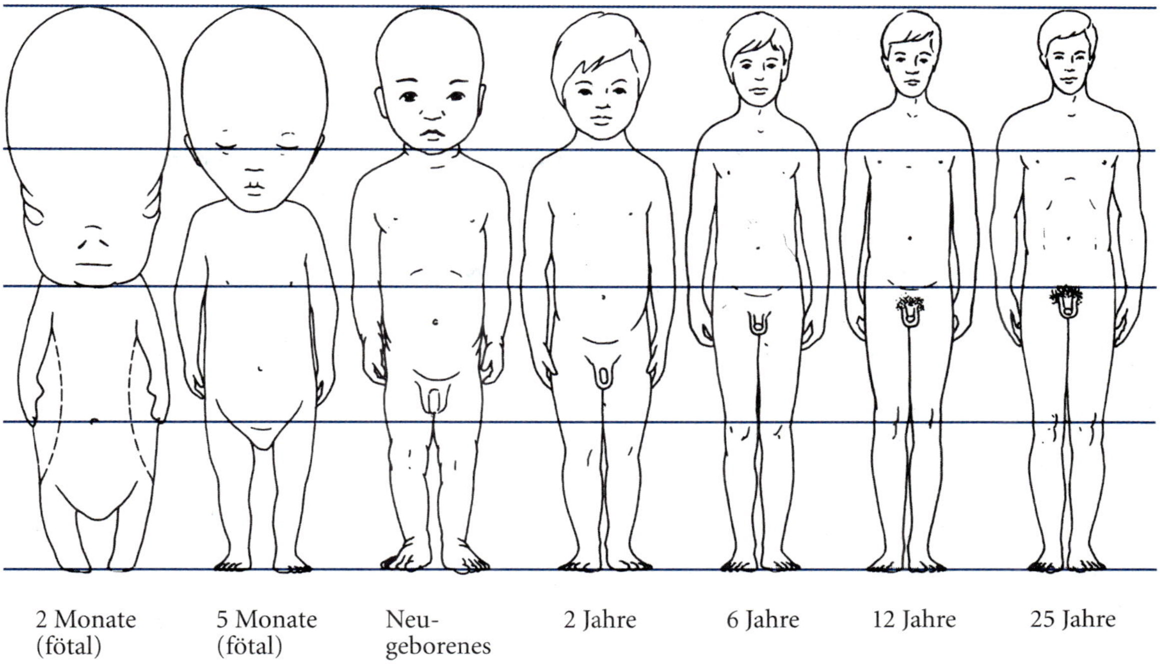

Abbildung 3.4. Das Neugeborene unterscheidet sich vom Erwachsenen durch seine Körperproportionen: die auffallendste Veränderung während des dargestellten Alterszeitraums ist die Verkleinerung des Kopfes im Verhältnis zum übrigen Körper. Im gleichen Zeitraum nimmt die Länge der Beine ständig zu

liche Gestalt des Menschen zu keinem späteren Zeitpunkt so schnell verändert, wie während seiner frühen Kindheit. Unmittelbar nach der Geburt verringert sich zunächst für nur wenige Tage das Geburtsgewicht um etwa fünf bis zehn Prozent. Unmittelbar anschließend beobachtet man jedoch ein beachtliches Größenwachstum, das sich eindrucksvoll anhand einiger Zahlen belegen lässt: Das Geburtsgewicht hat sich bereits im fünften Lebensmonat verdoppelt und am Ende des ersten Lebensjahres verdreifacht! Die Körpergröße nimmt innerhalb des ersten Lebensjahres monatlich um durchschnittlich 2,5 cm zu.

Unmittelbar nach der Geburt ist das Bemühen der Natur erkennbar, den kindlichen Körper vor Auskühlung und Nahrungsmangel zu schützen. Aus diesem Grunde wird zunächst ein starkes Fettpolster aufgebaut. Erst etwa nach dem achten Lebensmonat lässt sich die ständige Erhöhung des Körpergewichts auf das Wachstum der Knochen, der Muskeln und weiterer innerer Körperorgane zurückführen. An ihrem ersten Geburtstag wiegen viele Kinder etwa 10 kg. Danach verlangsamt sich das Körperwachstum, denn bis zum zweiten Geburtstag erhöht es sich nur noch auf 13 kg; bezüglich ihres Gewichtes eilen dabei die Jungen den Mädchen ein wenig voraus (Needlman, 1996).

3.2.2 Motorische Entwicklung

Nicht alle Körperteile haben am Wachstum in der frühen Kindheit in gleicher Weise teil. Wie Abb. 3.4 veranschaulicht, beginnt das Wachstum zunächst im Kopfbereich, geht dann auf den Rumpf über und erfasst zum Schluss die Beine. Auch der Aufbau des Muskelsystems erfolgt zunächst innerhalb des Körperrumpfes, um sich erst anschließend auf die kleineren Muskeln, dann auf die der Arme und Beine und danach erst auf die der Hände und Finger zu verlagern.

Das körperliche Wachstum kann nur erfolgen, weil das Kind bei seiner Geburt mit einer Reihe von Funktionen ausgestattet ist, die sein Überleben erst möglich machen. Dabei spielen angeborene Reflexe eine große Rolle, denn sie sorgen dafür, dass das Kind u. a. Nahrung zu sich nimmt und im Falle äußerer Abkühlung Maßnahmen zur Aufrechterhaltung der Körpertemperatur ergreift.

Anpassung des Neugeborenen durch Reflexe

BEISPIEL

Im Jahre 1974 spazierte in Norwegen an einem kalten Wintertag ein fünfjähriger Junge am Ufer eines teilweise zugefrorenen Flusses entlang. Als er plötzlich die Balance verlor und ins Wasser fiel, wurde er in wenigen Sekunden von der Strömung unter die Eisdecke getrieben, von wo aus er nicht mehr entkommen konnte. Die Rettungsversuche der Polizei dauerten 40 Minuten. Endlich zog man einen Körper aus dem Wasser, dessen Haut blau verfärbt war und der nicht mehr atmete. Ließ sich das Leben dieses Kindes noch retten? Die Chancen schienen gering, da eine Unterbrechung der Sauerstoffzufuhr für mehr als vier Minuten normalerweise schwere Hirnschädigungen oder sogar den Tod nach sich zieht. Trotz solcher Befürchtungen brachte man den Jungen nach sofortigen und ständigen Wiederbelebungsversuchen ins Krankenhaus, wo er zum Erstaunen der Ärzte wieder aufwachte. Bei nachfolgenden Untersuchungen wurden keine Hirnschädigungen festgestellt. Das Kind erholte sich offenbar wieder völlig.

Tauchreflex. Wie lässt sich die Rettung des Kindes aus dem geschilderten Beispiel erklären? Wissenschaftler von der Universität Michigan, die diesen wie zahlreiche ähnliche Fälle eingehender untersucht haben, greifen in ihren Erklärungen auf einen der zahlreichen Reflexe zurück, mit denen der Mensch bereits zum Zeitpunkt der Geburt ausgestattet ist. Bei einem Reflex handelt es sich um die angeborene Fähigkeit, auf einen spezifischen Reiz hin automatenhaft zu reagieren. Dem kleinen norwegischen Jungen rettete wahrscheinlich ein Tauchreflex das Leben. Er wurde ausgelöst, als das kalte Wasser die Gesichtshaut des Kindes berührte (wäre das Wasser warm gewesen, hätte der Junge vermutlich nicht überlebt). Sauerstoffreiches Blut wurde daraufhin in die Lungen, zum Herzen und in das Gehirn geleitet (*Surviving in cold water,* 1977). Haut, Muskeln und innere Organe können über eine Stunde ohne Blutzirkulation überleben. Vermutlich wird der Tauchreflex erstmalig während der Entbindung ausgelöst, wenn die Sauerstoffzufuhr für das Kind vorübergehend vermindert ist.

Greifreflex, Moro-Reflex, Schreitreflex. Man kann sich leicht davon überzeugen, dass ein Neugeborenes zahlreiche weitere Reflexe besitzt. Wenn ein Erwachsener seinen Finger in die Hand eines nur wenige Wochen alten Kindes legt, wird es diesen sofort umklammern (Greifreflex). Der Griff des Babys ist so fest, dass man seinen gesamten Körper an beiden Händen von seiner Unterlage abheben kann. Wenn man plötzlich auf das Kopfkissen des Neugeborenen klopft, reagiert dieses, indem es seine Finger spreizt, seine Arme seitwärts ausbreitet und sie unmittelbar darauf ruckartig über der Brust wieder zusammenschließt, als wolle es jemanden umarmen; dieser Reflex wurde erstmalig von dem Kinderarzt Ernst Moro (daher Moro-Reflex) beschrieben. Wenn man ein Neugeborenes unter die Arme fasst und gleichzeitig dafür sorgt, dass die Füße eine Oberfläche berühren, wird es mit einer Beinbewegung beginnen, die dem Laufen sehr ähnlich ist (Schreitreflex).

Reflexe: ein Erbe aus vormenschlicher Zeit? Beim Neugeborenen lassen sich mehr als 20 verschiedene Reflexe unterscheiden. Es stellt sich die Frage, warum Neugeborene u. a. mit einem Tauch-, Greif- und Moro-Reflex ausgestattet sind. Könnte es nicht sein, so spekulierte man, dass einige Reflexe bereits bei tierischen Vorfahren entstanden sind, wo sie durchaus Anpassungsfunktion besaßen? Schützte der Tauchreflex unter anderen klimatischen Bedingungen der Erdgeschichte vielleicht empfindliche innere Organe im Falle einer Unterbrechung der Sauerstoffzufuhr während der Geburt (dabei erfährt das Kind ja – vor allem in kälteren Epochen der Erdgeschichte – einen Temperaturwechsel)? Bei Affenbabys erscheint der Klammerreflex besonders nützlich, denn ein Herunterfallen vom Rücken oder Bauch seiner Mutter ist weniger wahrscheinlich, wenn es sich in kritischen Situationen reflexhaft an dem mütterlichen Körper festklammert (Prechtl, 1965). Solche Erklärungsversuche gehen davon aus, dass sich beim Neugeborenen ein Erbe aus vormenschlicher Zeit offenbart, das bei ihm (in der Regel) allerdings seine Anpassungs- oder Überlebensfunktion verloren hat.

Einige Entwicklungspsychologen haben sich für die Frage interessiert, ob viele Reflexe des Neugeborenen tatsächlich nur funktionslos gewordene Überreste der Evolution darstellen. Könnte man sie nicht wenigstens nutzen, um die Entwicklung bestimmter motorischer Fertigkeiten zu fördern? Der Schreitreflex ist besonders geeignet, diese Frage zu klären. Man löste diesen Reflex bei Kindern im Alter zwischen der zweiten und achten Lebenswoche täglich viermal für jeweils drei Minuten mehrfach aus (Zelazo et al., 1972). Es zeigte sich, dass die so trainierten Kinder bereits im Alter von zehn Monaten laufen konnten, also etwa zehn Wochen früher als der Durchschnitt. Offenbar werden durch den Schreitreflex bereits Grundlagen für das spätere Laufenlernen gelegt. Eltern sollten allerdings wissen, dass Kinder, die früh laufen können, damit nicht besonders günstige Voraussetzungen für ein überdurchschnittliches sportliches Talent oder eine hohe Lernfähigkeit entwickeln (Horn, 1976).

Saugreflex. Es gibt aber auch Reflexe, die beim Menschen eine lebenswichtige Aufgabe zu erfüllen haben. Eine leichte Reizung der kindlichen Wangen löst eine Kopfdrehung aus, durch die das Neugeborene die mütterliche Brust findet. Sobald eine Reizung der Lippen erfolgt, wird der Saugreflex ausgelöst. Dieser gestattet es dem Kind, das Saugen, das Herunterschlucken der Milch und das gleichzeitige Atmen zu koordinieren, ohne dass Milch in die Luftröhre gelangt.

Aufschluss über den Reifungsgrad des Nervensystems. Für den Arzt sind sämtliche Reflexe aufschlussreich, also auch jene, die ihre aktuelle Anpassungsaufgabe verloren haben. Sie eröffnen dem Mediziner nämlich einen Einblick in den Reifungs- und Funktionsgrad des kindlichen Nervensystems. Viele Reflexe werden von älteren Hirnteilen (dem sog. Hirnstamm) kontrolliert. Sobald jedoch das Großhirn in seiner Entwicklung weit genug vorangeschritten ist, übernimmt dieses Steuerungsfunktionen. Aus diesem Grunde verschwinden viele Reflexe, die für das Neugeborene kennzeichnend sind, nach dem vierten Lebensmonat allmählich; andere, wie etwa der Tauchreflex, bleiben länger wirksam und gehen erst im Verlauf der Kindheit zurück. Der Übergang der Kontrolle von älteren zu jüngeren Hirnteilen erfolgt in der Regel reibungslos; nur in wenigen Fällen kommt es zu Komplikationen. Wie sich dem Info-Kasten 3.2 entnehmen lässt, ist der gelegentlich zu beobachtende Krippentod möglicherweise auf eine Störung dieses Übergangs zurückzuführen.

Veränderungen im Zeichen der Fortbewegung

Vom Heben des Kopfes bis zum ersten Schritt. Ein besonders eindrucksvolles Ereignis während der frühen Kindheit sind zweifellos die ersten selbständigen Schritte, die nicht wenigen Kindern vor Erreichung ihres ersten Geburtstages gelingen. Notwendige Teilvoraussetzungen zur Ausführung dieser komplexen Leistungen werden bereits wenige Wochen nach der Geburt entwickelt. Wenn man das Baby etwa einen Monat nach der Geburt auf den Bauch legt, kann es in der Regel sein Kinn, im Alter von zwei Monaten zusätzlich seine Brust von der Unterlage abheben. Mittels dieser Übung sammelt es bereits wichtige Erfahrungen mit dem Gleichgewichtssinn, die von erheblichem Nutzen sind, wenn das drei Monate alte Kind et-

INFO-KASTEN 3.2

Wie kommt es bei einigen Kindern zum »plötzlichen Säuglingstod«?

Es geschah 1972 in einer kleinen Stadt South-Carolinas. Ein Baby nahm seine Mahlzeit ein, ohne irgendwelche Auffälligkeiten zu zeigen. Von einem leichten Schnupfen abgesehen, schien es völlig gesund zu sein. Auch das Einschlafen war offenbar mit keinerlei Problemen verbunden. Als das Baby kurze Zeit später seine nächste Mahlzeit erhalten sollte, lag es jedoch bewegungslos im Bett. Der Arzt konnte nur noch den Tod feststellen. Der Vater, in dessen Obhut sich das Kind während der kritischen Zeit befunden hatte, wurde wegen Mordverdachts festgenommen. Ein großer bläulicher Fleck seitlich am Kopf ließ auf eine Misshandlung schließen. Die Ersparnisse des Vaters reichten nicht aus, um eine Kaution zu hinterlegen, und so konnte er nicht an der Beerdigung seines Sohnes teilnehmen. Erst das Ergebnis der Autopsie, das einige Tage später eintraf, konnte den zunächst Beschuldigten entlasten: Das Kind war am sog. »Säuglingstod« (auch »plötzlicher Krippentod« bzw. »*Sudden Infant Death Syndrome*« genannt) gestorben.

Erklärungen für das Aussetzen der Atmung. Wie kann aber ein scheinbar völlig gesundes Kind plötzlich und ohne irgendwelche Zeichen eines Todeskampfes sterben? Ein solches tragisches Ereignis gibt den Wissenschaftlern bis heute Rätsel auf. Bereits 1973 zählte man mehr als 73 verschiedene Erklärungen (Beckwith, 1973). Seit langem richtet sich das Interesse auf Störungen der Atmung, weil fast alle Opfer vor ihrem Tod Symptome einer leichten Erkältung hatten. Man bemüht sich außerdem, eine befriedigende Erklärung für das vorübergehende Aussetzen der Atmung (Apnoe) zu finden. Grundsätzlich kann eine solche Atempause bei jedem Baby in bestimmten Schlafphasen auftreten; ein solcher Zustand wird zumeist ohne Probleme überwunden. Ist bei einigen Kindern das in älteren Teilen des Gehirns angesiedelte Atemzentrum vielleicht zu schwach entwickelt, um die Luftventilation wieder in Gang zu setzen (Naeye, 1980)? Oder liegt eine Störung in jenen Zentren vor, die den Schlaf-Wach-Rhythmus regeln, so dass das Kind nicht aufwacht, um den Atemstillstand zu beenden (Harper et al., 1981)? Funktionieren möglicherweise Abwehrreflexe nicht, durch die ein normales Kind z. B. eine Decke wegschlägt, die es beim Ein- und Ausatmen behindert? Wären solche Erklärungen zutreffend, stellte sich sofort eine weitere Frage: Warum tritt der Säuglingstod nicht schon in den ersten Wochen nach der Geburt, sondern gehäuft vor allem zwischen dem zweiten und vierten Lebensmonat auf?

Louis Lipsitt (1979, 1990), der u. a. dieser Frage nachging, hält es für aufschlussreich, dass der Säuglingstod vor allem in einem Entwicklungszeitraum auftritt, in dem Reaktionen, die von älteren Teilen des Gehirns kontrolliert werden, durch willkürliche oder gelernte Verhaltensweisen ersetzt werden. Wenn nun die Lernfähigkeit eines Kindes beeinträchtigt ist (etwa wegen unzureichender Entwicklungsbedingungen während der Schwangerschaft bzw. nach der Geburt), dann verlieren die Reflexe an Wirksamkeit, ohne bereits durch gelernte Abwehrreaktionen ersetzt worden zu sein. Um seine Vermutungen zu überprüfen, studierten Lipsitt und seine Mitarbeiter (1979, 1981) eingehend mehrere Fälle von plötzlichem Säuglingstod. Diese Kinder wiesen tatsächlich Gemeinsamkeiten auf: Sie hatten bei ihrer ersten Untersuchung einen vergleichsweise geringen Apgar-Wert (s. S. 90) erreicht. Ihr Geburtsgewicht war niedriger. Lipsitt erhielt auch Bestätigungen für die wiederholt mitgeteilten Atemschwierigkeiten;

nicht wenige dieser Kinder waren Frühgeburten (Malloy & Hoffman, 1995). Viele ihrer Mütter waren Raucherinnen, litten unter Krankheiten, besaßen einen geringeren Bildungsgrad, waren verhältnismäßig jung Mutter geworden

(Malloy & Hoffman, 1995) und stammten überwiegend aus sozial und wirtschaftlich benachteiligten Verhältnissen. Unzureichende oder unangemessene Ernährung, die mit Rauchen (Klonoff-Cohen et al., 1995), Armut und Krankheit einhergeht, scheint zu den Voraussetzungen eines Atemstillstandes zu gehören (Poets et al., 1995). Man hat in den Körpern von Opfern des frühen Säuglingstodes erhöhte Konzentrationen von Substanzen nachgewiesen, denen zu entnehmen war, dass sie passiv intensivem Zigarettenrauch ausgesetzt gewesen sein müssen (Milerad et al., 1998). Häufig lag bei diesen Kindern eine Erkrankung der oberen Atemwege vor (Lemke, 1995). Verwirrend bleibt aber, dass viele Kinder, für die solche Merkmale zutreffen, am Leben bleiben, während andere, die solche Kennzeichen nicht aufweisen, dem Krippentod erliegen.

Rücken- und Bauchlage. Eine Beobachtung, über die in letzter Zeit häufiger berichtet wurde, besagt, dass der plötzliche Säuglingstod vergleichsweise oft bei Kindern auftritt, die nicht auf dem Rücken, sondern statt dessen in Bauchlage schlafen. Einige Kinder ersticken dabei möglicherweise, weil sie – vor allem bei einer weichen Unterlage – ständig ausgeatmete Luft wieder einatmen (Kemp & Thach, 1993; Kinney et al., 1995) und bei ihnen reflexhafte Mechanismen nicht funktionieren, die eine Drehung des Kopfes veranlassen würden. Immerhin hat allein der Hinweis an Eltern, ihre Kinder nicht auf dem Bauch einschlafen zu lassen, zu einer beachtlichen Verminderung der Fälle eines frühen Säuglingstodes geführt (Willinger, 1995). Nur Kinder, die Schluckstörungen oder Beeinträchtigungen der oberen Atemwege aufweisen, sollten trotz der Gefährdung auf dem Bauch schlafen (Dwyer et al., 1991).

Immerhin weiß man heute, für welche Kinder der plötzliche Säuglingstod besonders gefährlich ist. Mit Hilfe eines elektronischen Überwachungsgerätes lässt sich die Atmung dieser Kinder sogar zuhause regelmäßig kontrollieren. Bei einem Aussetzen schlägt es sofort Alarm und gestattet damit rechtzeitige Gegenmaßnahmen. Da solche Geräte aber auch Fehlalarm auslösen können, bewirken sie nicht selten eine gewisse psychische Belastung, vor allem bei Müttern (Lohaus et al., 1996).

wa auf dem Schoß seiner Mutter sitzt, dabei allerdings noch eine hilfreiche Hand als Stütze benötigt, damit es nicht umfällt. Ein oder eineinhalb Monate später kann das Kind sogar schon vorübergehend ohne Hilfe sitzen, bis es im Alter von durchschnittlich sechs Monaten keinerlei Unterstützung mehr beim Sitzen benötigt. Acht Monate alte Kinder beobachtet man häufig bei ihrem Bemühen, sich an Gegenständen hochzuziehen, um sich erstmals selbständig auf ihre Beine zu stellen. Kurze Zeit später kriecht das Kind dann »auf allen Vieren«. Dabei sammelt es entscheidende Erfahrungen, die es ihm gestatten, etwa im Alter von neuneinhalb Monaten mit Hilfestellung eines Erwachsenen mit beiden Beinen zu gehen. Es dauert jetzt nur noch 30 oder 40 Tage, bis das Kind sogar für einen kurzen Zeitraum stehen bleibt, nachdem ihm die Stehhilfe entzogen worden ist. Viele zwölf Monate alte Kinder können bereits einige Schritte allein unternehmen.

Zusammenspiel von Erfahrung, Reifungsprozessen und Übung. Dem Kind, das sich selbständig auf seinen zwei Beinen fortbewegen kann, ist es offenkundig gelungen, zahlreiche Erfahrungen zusammenzufügen, die es zu einem früheren Zeitpunkt bei Ausübung bestimmter Aktivitäten gesammelt hat. Zweifellos setzt das Gehen auch Reifungsprozesse voraus, denn Knochen und Muskeln müssen immerhin kräftig genug sein, um den kindlichen Körper tragen zu können. Aber es bedarf auch unzähliger Übungen, die vielleicht zunächst »Versuchs-und-Irrtums-Charakter« haben, aber allmählich in eine gut abgestimmte Abfolge motorischen Verhaltens einmünden (Lockman & Thelen, 1993). Eine wesentliche Voraussetzung zum Gehen hat Esther Thelen mit ihren Mitarbeitern studiert (Thelen & Ulrich, 1991; Thelen, 1995). So muss das Kind beispielsweise lernen, das Körpergewicht ständig von einem Fuß auf den anderen zu verlagern, wenn es sich Schritt für Schritt fortbewegt. Schon im Alter von durchschnittlich sieben Monaten gelingt es vielen Kindern, die für das Gehen notwendigen Beinbewegungen auf einem Laufband zu zeigen; sie können also auf die von ihrem Fuß kommenden Sinnesinformationen angemessen reagieren. Sie beherrschen aber noch nicht das regelmäßige Verlagern des Körpergewichtes. Deshalb gelingt ihnen das Gehen auf einem feststehenden Untergrund selbst bei gebotener Unterstützung ihres Körpers noch nicht. Was aber hält ihre Motivation wach, ihre motorischen Fertigkeiten zu verbessern? Thelen (1995) meint, Kinder erwarteten einfach, dass ihnen Fortschritte in der Motorik neuartige Möglichkeiten eröffnen, so etwa die, sich interessanter Gegenstände zu bemächtigen, die sich sodann »hautnah« untersuchen lassen.

Im Unterschied zu Arnold Gesell und seinen Mitarbeitern beachten Entwicklungspsychologen, wie Fortschritte in der Motorik Möglichkeiten der Erkenntnisgewinnung verändern, gleichzeitig aber auch bestimmte Reaktionen im Sozialverhalten anderer herausfordern. Ein sitzendes Kind hat einen ganz anderen Ausblick auf seine Umgebung als wenige Monate früher, als es noch längere Zeit des Tages damit zubrachte, auf dem Rücken oder auf dem Bauch zu liegen! Wieviel besser kann man einen Gegenstand erkunden, wenn man ihn gezielt »begreifen« und folglich damit hantieren kann! Einige Aktivitäten eignen sich besonders gut, um mit anderen in Kontakt zu treten, so etwa das Zeigen auf einen Gegenstand. Da motorische Veränderungen besonders leicht für interessierte Beobachter zu entdecken sind, wird jede neu auftretende motorische Verhaltensweise von ihnen mit Freude und Anerkennung begrüßt, und das dürfte wiederum motivierend auf das Kind wirken, weitere Übungsanstrengungen zu unternehmen (Mayes & Zigler, 1992). Es ist offensichtlich, dass die zunehmende Kontrolle über seine Bewegungsmöglichkeiten eine bedeutsame Voraussetzung dafür ist, dass ihm auch Fortschritte in seiner kognitiven und sozialen Entwicklung gelingen können (Sporns & Edelman, 1993).

Entwicklung des Greifens

Vor-Greifstadium. Wenn man sich die Greifreaktion genauer ansieht, die Neugeborene während der ersten Lebenswochen zeigen, erkennt man eine gewisse Ähnlichkeit zu den Reflexen: das frühe Greifen wird jeweils durch bestimmte Reizbedingungen in Gang gesetzt. Wenn man in der Nähe eines Neugeborenen einen Gegenstand plaziert, reagiert dieses mit heftigem, aber unkoordiniertem Schlagen und Stoßen der Arme, die in der Tendenz auf das Objekt zielen, dieses aber in der Regel verfehlen (Bertenthal & Clifton, 1998; Bower, 1982). Man spricht in diesem Zusammenhang von einem Vor-Greifstadium, das spätestens im Alter zwischen drei und vier Monaten zum Abschluss kommt. Im Vor-Greifstadium ist der Anpassungsgrad der Säuglinge an die jeweiligen Umweltgegebenheiten noch sehr gering.

Weitere Entwicklung des Greifens. Das ändert sich im Alter von etwa drei Monaten allmählich, denn nunmehr gewinnt der Beobachter zunehmend den Eindruck, dass den Greifbewegungen jeweils eine *Absicht* zugrunde liegt (Von Hofsten, 1984). Wenn das Baby einen attraktiven Gegenstand gesehen hat, streckt es nämlich sofort seinen Arm nach ihm aus und nimmt dabei auch notwendige Korrekturen vor; auf diese Weise erhöht sich allmählich die Trefferquote (Thelen et al., 1993). Wie gelingt den Kindern das gezielte Erreichen eines Gegenstandes? Ist die Kontrolle des Armes durch die Augen von Bedeutung? Das ist offenbar nicht der Fall, denn bereits im Alter von drei Monaten kann es für Kinder möglich sein, ein Objekt zu erreichen, das sie bei Dunkelheit lediglich hören können (Clifton et al., 1993). Es dauert nun nicht mehr lange, bis weitere Fortschritte der Greifentwicklung sichtbar werden. So stellt man fest, dass Kinder ihre Hand bereits öffnen, bevor sie ihren Arm auf einen begehrten Gegenstand zubewegen und anfangen, ihre Hand zu schließen, kurz bevor sie diesen Gegenstand erreicht haben. Die Bewegungen von Arm und Hand scheinen damit bereits recht gut aufeinander abgestimmt zu sein (Von Hofsten & Roennqvist, 1988). Im Alter von fünf Monaten greifen Kinder auch nach einem leuchtenden Gegenstand, der sich vor ihnen im Dunkeln bewegt, wobei sie die Aktivität ihrer eigenen Hand nicht sehen können (Berthier et al., 1996; Robin et al., 1996); sie müssen in diesem Alter also bereits in der Lage sein, Rückmeldungen auszuwerten, die von ihren Arm- und Handmuskeln, sowie von den beteiligten Gelenken stammen (Clifton et al., 1994).

Die Greifentwicklung ist damit allerdings noch nicht zum Abschluss gekommen; denn noch sieht es sehr ungeschickt aus, wenn das Kind den Gegenstand mit seinen Fingern gegen die Innenfläche der Hand drückt, statt ihn zwischen Daumen und Finger zu nehmen. Erst zwischen dem neunten und zwölften Monat greift das Kind fast so elegant wie ein Erwachsener.

Durch Beobachtung der eigenen Hände erhält das Baby unmittelbar Rückmeldungen darüber, was mit den Armen und Händen passiert, wenn es die verschiedenen Muskeln aktiviert. An bestimmten Bewegungen scheint das Kind besonderen Spaß zu haben, denn es wiederholt sie unermüdlich (Thelen, 1981). Zwischen dem dritten und vierten Monat ist das Baby häufig damit beschäftigt, gegen Gegenstände zu schlagen, vor allem gegen solche, die unmittelbar über ihm an einem Faden hängen.

Hemmende und fördernde Bedingungen der motorischen Entwicklung

Ein Neugeborenes könnte schon deshalb nicht das Kriechen, Laufen oder Klettern erlernen, weil die jeweils beteiligten Knochen und Muskeln noch zu schwach entwickelt sind. Infolge der allgemeinen Entwicklungstendenz »vom Kopf abwärts« gelingt dem Kind zunächst die Kontrolle des Kopfes, den es bereits unmittelbar nach der Geburt wenden kann; es folgen die Arme und schließlich die Beine in der zeitlichen Abfolge. Kann man in die Geschwindigkeit dieser vermutlich genetisch gesteuerten Abfolge eingreifen? Gibt es Umweltbedingungen, unter denen die motorische Entwicklung schneller oder langsamer verläuft?

Beispiel Greifentwicklung. Burton White (1971; White & Held, 1966) untersuchte diese Frage unter besonderer Berücksichtigung der Greifentwicklung. Er hatte Zugang zu Kindern, die in einer Klinik untergebracht waren und dort auf Adoptiveltern warteten. Sie verbrachten die meiste Zeit ihres Tages in einem sauberen Bett, das rundherum mit weißen Polstern ausgekleidet war. Man wollte damit ausschließen, dass sich die Kinder an den harten Teilen ihres Bettes stießen; diese Maßnahme hinderte sie aber gleichzeitig daran, etwas anderes im Zimmer zu sehen als die Decke. Eine »Bereicherung« ihrer unmittelbaren Umwelt ergab sich erst, als die Babys etwa zu Be-

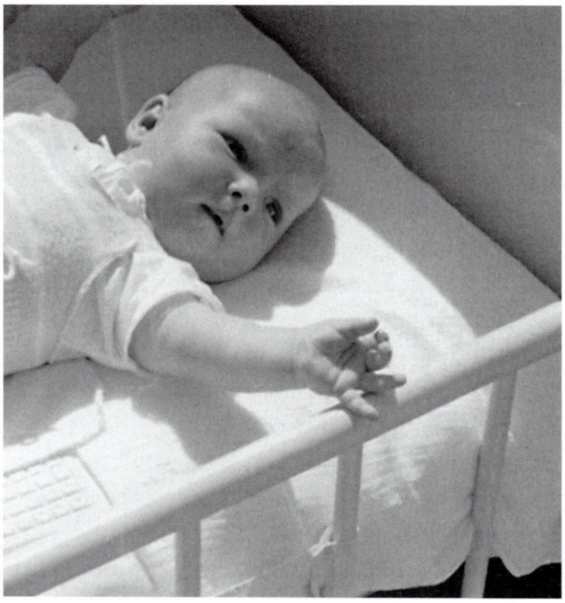

Abbildung 3.5. Zwischen dem ersten und fünften Lebensmonat ist das Kind sehr häufig mit der Beobachtung der eigenen Hände beschäftigt. Es sammelt dabei Erfahrungen, die für die Greifentwicklung von erheblicher Bedeutung sind

ginn des zweiten Lebensmonats ihre eigenen Hände entdeckten, die sie daraufhin aufmerksam beobachteten.

White interessierte sich für die Frage, wie die Kinder reagieren würden, wenn man ihre Umgebung etwas abwechslungsreicher gestaltete. An die Stelle der weißen Polsterbespannung trat eine mit rotem und weißem Muster. Zudem gab man den Babys ein bis zwei Spielsachen.

Es zeigte sich, dass die motorische Entwicklung bei den Kindern, denen White die Umgebung abwechslungsreicher gestaltet hatte, schneller verlief: im Vergleich zu den Babys in reizarmer Umgebung begannen sie etwa zwei Monate früher, nach Gegenständen zu greifen. White warnte aber gleichzeitig vor dem Schluss, dass die Entwicklung umso günstiger verlaufe, je mehr Anregungen ein Kind erhalte. White beobachtete eine dritte Gruppe von Kindern, deren Betten er mit einer außerordentlich großen Anzahl verschiedener bunter Gegenstände ausgestattet hatte; man konnte sie entweder nur betrachten oder auch anfassen. Bei diesen Kindern zeigte sich nicht der günstigste Verlauf in der Entwicklung des Greifverhaltens. Offenbar waren sie überfordert; sie brachten dem dargebotenen Material keine erhöhte Aufmerksamkeit entgegen und weinten zu Beginn der Studie vergleichsweise häufig.

Die Rolle der Umweltanregungen. Entwicklungspsychologen unterschätzen keineswegs die Bedeutung des Körperwachstums für die motorische Entwicklung: Knochen und Muskeln der Kinder müssen kräftig genug sein, um rein physikalisch den Anforderungen gewachsen zu sein. Man interessiert sich aber besonders dafür, welche Lerngelegenheiten ein Kind benötigt und nutzt, um Fortschritte in der motorischen Entwicklung zu erreichen. White konnte nachweisen, dass der Verlauf der Greifentwicklung bereits während der ersten Lebensmonate entscheidend von Umweltanregungen mitbestimmt wird. Lassen sich die von ihm aufgedeckten Zusammenhänge auch auf die Entwicklung anderer motorischer Fertigkeiten übertragen? Ist ein Kind, das früh stehen und laufen kann, in einer anregungsreicheren Umwelt aufgewachsen als ein anderes, das hinter dem Altersdurchschnitt erheblich zurückbleibt? Weshalb sind

INFO-KASTEN 3.3

Warum lernen afrikanische Kinder früher laufen als europäische?

Im Durchschnitt sind in Stockholm lebende Kinder mit zwölfeinhalb Monaten in der Lage, ohne Hilfe zu laufen, während Kinder in Paris im Allgemeinen noch einen Monat länger benötigen (Hindley et al., 1966). Aus mehreren Untersuchungen, überwiegend in Uganda, weiß man, dass afrikanische Kinder dagegen bereits im Alter von zehn Monaten laufen (Ainsworth, 1967; Geber, 1958). Worauf sind diese Unterschiede zurückzuführen? Man sollte, vor allem wenn es um Beobachtungen von Angehörigen unterschiedlicher Rassen geht, genetische Einflüsse nicht völlig ausschließen. Allerdings sind auch die Eltern-Kind-Kontakte von Bedeutung. Viele afrikanische Kinder leben unter Bedingungen, die ihre motorische Entwicklung vermutlich fördern. Da die Mutter ihr Jüngstes zu meist bei sich am Körper trägt, sammelt dieses bereits früh Erfahrungen mit einer aufrechten Körperhaltung. Es lernt auf seinen Gleichgewichtssinn zu reagieren, gleichzeitig werden seine Nacken- und Rumpfmuskeln früh gestärkt (Thelen & Fisher, 1982). Einige afrikanische Mütter üben mit ihren Kleinkindern sogar regelmäßig das Sitzen, Stehen und Gehen, weil sie glauben, nur dadurch seien diese motorischen Fertigkeiten zu erlernen (Super, 1976). Demgegenüber lernen Kinder des (im südamerikanischen Regenwald) lebenden Ache-Stammes erst etwa im Alter von zwei Jahren laufen. Aus Gründen der Sicherheit geben diese Mütter ihren Kindern bis zum Alter von drei Jahren nur wenig Gelegenheit, sich frei zu bewegen (Kaplan und Dove, 1987). Auch diese Beobachtungen belegen die Abhängigkeit der motorischen Entwicklung von Umwelteinflüssen.

Kinder, die in Uganda leben, etwa fünf Monate früher in der Lage, selbständig zu laufen, als Kinder, die in Zürich aufwachsen? Info-Kasten 3.3 untersucht solche Fragen etwas eingehender.

3.2.3 Entwicklung der Sinnesorgane

Wenn Eltern sich ihrem Neugeborenen zuwenden, mögen sie sich manchmal unwillkürlich fragen, wie dieses sie wohl wahrnimmt. Was sieht das Kind, wenn es seine Augen auf das Gesicht seiner Eltern richtet? Gleicht der Eindruck mehr einem scharfen oder einem unscharfen Foto? Vermag ein Neugeborenes bereits Farben zu unterscheiden? Kann das Kind abschätzen, in welcher Entfernung sich die Mutter von ihm befindet? Wie wirken die Stimmen der Eltern auf das Kind? Zur Beantwortung solcher Fragen muss man den Funktionsgrad der Sinnesorgane untersuchen.

Normalerweise funktionieren beim Neugeborenen sämtliche menschliche Sinnesorgane bis zu einem gewissen Grade (wahrscheinlich mit Ausnahme des Geschmackssinns, der sich aber sehr bald nach der Geburt entwickelt). Im Folgenden geht es um jene »Eingangspforten«, über die in der weiteren Entwicklung die wichtigsten Informationen aufgenommen werden: Auge und Gehör.

Der Gesichtssinn des Neugeborenen

Hunde, Katzen und einige andere Säugetiere werden blind geboren. Sie können ihre Augen nicht vor Abschluss der ersten oder zweiten Lebenswoche öffnen. Beim Menschen verläuft die Entwicklung des Gesichtssinns bereits im vorgeburtlichen Zeitraum relativ schnell, denn während des siebten Schwangerschaftsmonats hat sich dieses Sinnesorgan so weit entwickelt, dass alle notwendigen Teile nachweisbar sind. Ist das Auge damit aber auch in der Lage, optische Reize aufzunehmen und in die Sprache des Nervensystems umzusetzen?

Unterscheidung von Helligkeit und Dunkelheit. Der Pupillenreflex, der das Auge auf die äußeren Lichtverhältnisse abstimmt, funktioniert sogar bei zu früh geborenen Kindern, allerdings sind die Muskeln noch nicht so kräftig, dass Objekte in jeglicher Entfernung scharf auf der Netzhaut abgebildet werden können. Auch die lichtempfindlichen Zellen in der Netzhaut durchlaufen einige Monate nach der Geburt noch einen Reifungsprozess (Banks & Bennett, 1988), und es dauert sogar mehrere Jahre, bis der optische Nerv, der die Sinneszellen des Auges und das Gehirn miteinander verbindet, ebenso wie bei einem sehr viel älteren Kind funktioniert (Hickey & Peduzzi, 1987). Wegen dieser Beschränkungen des optischen Apparates reagieren Neugeborene zunächst nur auf extreme Lichtverhältnisse. Erst nach ein paar Lebenswochen ist zu beobachten, dass sich die Pupille auch bei kleineren Helligkeitsunterschieden verändert. Demnach muss das Neugeborene bereits über die Fähigkeit verfügen, zwischen hell und dunkel zu unterscheiden.

Unterscheidung von Farben. Die Fähigkeit eines Kindes, schon in den ersten Lebenswochen auf größere Helligkeitsunterschiede zu reagieren, erschwert übrigens seit mehr als hundert Jahren die Klärung folgender Frage: Sind Neugeborene in der Lage, Farben wahrzunehmen und voneinander zu unterscheiden? So versuchte schon der Jenaer Physiologe Wilhelm Preyer (1882), die Farbtüchtigkeit seines eigenen Sohnes zu untersuchen. Allerdings unterlief ihm ein methodischer Fehler, der sich auch in viele nachfolgende Untersuchungen einschlich. Farben unterscheiden sich nämlich nicht nur nach ihrer Wellenlänge, sondern gleichzeitig bezüglich ihrer Helligkeit. Wenn man wissen will, ob ein Mensch zwischen zwei Farben unterscheidet, müssen die einzelnen Reizdarbietungen folglich die gleiche Helligkeit aufweisen. Heute weiß man ziemlich zuverlässig, dass es Neugeborenen nicht sicher gelingt, mehrere Tafeln voneinander zu unterscheiden, die sich nur nach ihrer Farbe voneinander unterscheiden (Kellman & Banks, 1998). Doch die Farbtüchtigkeit verbessert sich in den nachfolgenden Wochen beständig, und im Alter von zwei Monaten sind viele Kinder zu Unterscheidungen innerhalb des gesamten Farbenspektrums in der Lage (Brown, 1990).

Abstimmung der Linse auf die Entfernung des Objekts. Von seinem Auge erwartet ein Mensch, dass es mehr leistet, als Helligkeits- und Farbunterschiede zu registrieren. Jeder Kurz- oder Weitsichtige weiß, welche Orientierungsschwierigkeiten ihm der vorübergehende Verlust seiner Brille bereitet. Wie liegen die Verhältnisse nun beim Neugeborenen? Ist es in der Lage, seine Pupillen so zu kontrollieren, dass die sich ihm zuwendende Mutter scharf auf den Netzhäuten seiner beiden Augen abgebildet wird? – Die Antwort hängt von der Entfernung ab, die die Mutter zu ihrem Kind hält.

Wenn man als Erwachsener seinen eigenen Zeigefinger betrachtet, den man 40 oder 50 cm vor seine Augen hält, lässt sich der Krümmungsgrad der Linse so verändern, dass der Finger scharf gesehen wird. Bewegt man den Finger auf das eigene Gesicht zu, ohne die Linse zu verändern, sieht man schließlich nur noch einen verschwommenen Finger. Ein Neugeborenes kann die Linsenkrümmung nicht verändern, damit näher und ferner gelegene Objekte jeweils scharf abgebildet werden. Es sieht seine Mutter am deutlichsten, wenn ihr Gesicht einen Abstand zwischen 18 und 38 cm von den Augen ihres Kindes hält. Bereits im Alter von zwei Lebensmonaten kann sich die Mutter aber mehr nähern oder weiter entfernen; das Kind ist dann nämlich fast schon wie ein Erwachsener in der Lage, den Krümmungsgrad seiner Linse auf die unterschiedlichen Distanzen abzustimmen. (Aslin & Dumais, 1980).

Der Versuch mit dem Finger, der sich bei gleicher Einstellung der Linse allmählich auf die Augen zubewegt, verdeutlicht noch eine weitere Erscheinung: der Finger wird von einer bestimmten Entfernung an doppelt gesehen. Die hierzu erforderliche wechselseitige (zentralnervöse) Kontrolle, die nach der Geburt noch unzulänglich funktioniert, verbessert sich bis zum sechsten Lebensmonat erheblich (Aslin & Dumais, 1980). Nunmehr sind Reifungsprozesse, vor allem auch in den entsprechenden Hirnteilen, soweit vorangeschritten, dass die Funktionen des Sehsinnes bereits hohe Ähnlichkeiten mit denen eines Erwachsenen aufweisen (Braddick & Atkinson, 1988).

Der Gehörsinn des Neugeborenen

Vorgeburtlicher Zeitraum. Von Müttern, die sich im letzten Drittel ihrer Schwangerschaft befinden, hört man häufiger die Behauptung, ihr ungeborenes Kind reagiere auf laute Geräusche mit Zusammenzucken, so etwa auf das Schlagen einer Tür, auf das Hupen eines Autos, auf das Donnern eines Gewitters. Skeptiker meinen, dass der Fötus doch in einer Flüssigkeit schwimme, die auch in die Gehörgänge eindringe und erst ein paar Tage nach der Geburt daraus verschwinde. Sollte es dennoch möglich sein, dass Schallwellen das Hörorgan bereits während der Schwangerschaft reizen können? – Dies lässt sich in der Tat bestätigen. Das Gehör funktioniert nämlich bereits einige Monate vor der Geburt recht gut. Zweifellos dämpft die im Gehörgang befindliche Flüssigkeit die ankommenden Schallwellen; ein Kind kann im Mutterleib aber bereits akustische Reize bestimmter Lautstärke und Frequenz hören (Acredolo & Hake, 1982). Etwa 3,5 Monate vor einem normalen Geburtstermin registrieren die Hörsinne bereits Geräusche (Parmelee & Sigman, 1983). Das Ungeborene hört auch seine Mutter sprechen. Die Stimme – so spekulieren Wolfgang und Jürgen Butzkamm (1999) könnte dem Kind übermitteln, welcher Zustand für die Mutter gerade kennzeichnend ist: »Erregung oder Ruhe, Sanftmut oder Anspannung, Festigkeit oder Zweifel, Gefühlswärme und Liebe, aber auch Ärger und Zorn«.

Nach der Geburt. Was sich bereits im vorgeburtlichen Zeitraum offenbart, tritt bei Neugeborenen noch deutlicher hervor. Laute Geräusche erschrecken sie offenkundig, denn sie reagieren darauf mit Weinen, während etwa ein Wiegenlied oder der hörbar gemachte Herzschlag der Mutter beruhigend auf sie wirkt (Salk, 1962; Brackbill et al., 1966). Neugeborene können zwischen leise vorgespielten Tonhöhen hoher und niedriger Frequenz unterscheiden (Olsho et al., 1988). Auf die Fähigkeit des Kindes, im Alter von einem Monat zwischen ähnlich klingenden Lautbildern, wie etwa »Bah« und »pah« zu unterscheiden, ist bereits hingewiesen worden (s. S. 101f.). Insgesamt verweisen solche Befunde darauf, dass der Gehörsinn des Neugeborenen bereits recht gut ausgebildet ist. Allerdings hört das Kind im Alter von sechs Monaten nur Reize höherer Frequenz ebenso gut wie ältere Mädchen und Jungen; dagegen weist sein Hörorgan bei Reizen geringerer Frequenz noch Schwächen auf (Olsho et al., 1988). Das ist sicherlich der Grund, weshalb die meisten Erwachsenen in recht hoher Stimme zu Babys sprechen (s. S. 176f.).

Es ließ sich weiterhin feststellen, dass Geräusche für jüngere Kinder im Vergleich zu Erwachsenen lauter (etwa um 20 Dezibels) sein müssen, damit sie diese hören können (Sinnott et al., 1984). Erst allmählich erhöht sich die Hörschwelle, und etwa zu Beginn der Adoleszenz entspricht die Hörempfindlichkeit derjenigen eines Erwachsenen (Maurer & Maurer, 1988).

Geruchs- und Geschmackssinn beim Neugeborenen

Geruchssinn. Neugeborene betreten eine Welt, in der vielfältige Gerüche an sie herangetragen werden. Können ihre Riechsinnesorgane auch diese bereits empfangen? Wenn man Babys Wattebäusche unter die Nase hält, die mit verschiedenen Duftstoffen getränkt sind, reagieren sie mit einer Mimik, die der eines Erwachsenen nicht unähnlich ist. Auf diese Weise lässt sich feststellen, dass der Geruch von Bananen, Erdbeeren oder Vanille bei ihnen positive Reaktionen hervorruft, während der Geruch von faulen Eiern oder von Fisch jeweils einen negativen Gesichtsausdruck auslöst (Steiner, 1979).

Neugeborene sind sogar in der Lage, den Geruch ihrer eigenen Mutter zu erkennen. Wenn man einem sechs Tage alten Neugeborenen einerseits eine Stilleinlage seiner Mutter, andererseits die einer anderen Frau darbietet, betrachtet es die der eigenen Mutter länger. Diese Reaktion zeigt sich allerdings noch nicht innerhalb der ersten zwei Tage nach der Geburt. Das lässt darauf schließen, dass ein Neugeborenes ein wenig Zeit benötigt, um sich mit dem Geruch der eigenen Mutter vertraut zu machen (MacFarlane, 1975).

Geschmackssinn. Bei Erwachsenen wirken Geruchs- und Geschmackssinne eng zusammen. Können Neugeborene auch bereits zwischen verschiedenen Geschmacksreizen unterscheiden? Bereits zwei Stunden nach der Geburt reagieren sie auf süße Flüssigkeiten anders als auf andere Geschmacksreize, wie etwa sauer, bitter und salzig, zwischen denen sie ebenfalls bereits unterscheiden können (Rosenstein & Oster, 1988). Abb. 3.6 zeigt unterschiedliche Gesichtsreaktionen eines Neugeborenen auf mehrere Lösungen, mit denen seine Geschmacksknospen gereizt worden sind. Wenn man Neugeborenen eine süße Flüssigkeit anbietet, reagieren sie darauf mit vergleichsweise schnellem Saugverhalten, sie trinken auch ziemlich viel davon (Blass & Smith, 1992; Smith et al., 1992). Allerdings verlieren süße Flüssigkeiten in den nachfolgenden Wochen allmählich ihre Wirkung und aktivieren das Baby nur noch, wenn es gleichzeitig Augenkontakt mit seiner Mutter hat (Zeifman et al., 1996). Darin zeigt sich, dass bereits ziemlich früh im Leben eines Menschen Reaktionen auf Sinnesreize auch von sozialen Einflüssen mitbestimmt werden.

3.3 Sozial-emotionale Entwicklung

Es ist sicherlich beeindruckend, die Veränderungen eines Kindes während der ersten Monate seines Lebens zu beobachten. Aus einem Neugeborenen, das man anfänglich zumeist schlafend antrifft, wird nach 12 bis 15 Monaten ein Kind, das laufen kann, gezielt greift und die ersten Worte

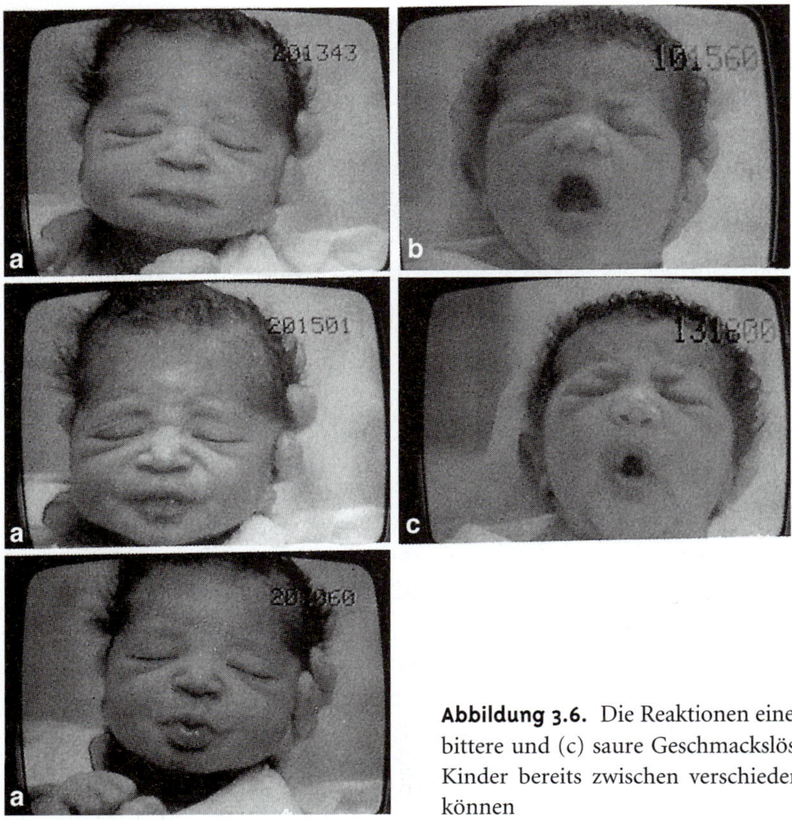

Abbildung 3.6. Die Reaktionen eines Neugeborenen auf eine (a) süße, (b) bittere und (c) saure Geschmackslösung zeigen, dass wenige Stunden alte Kinder bereits zwischen verschiedenen Geschmacksreizen unterscheiden können

spricht. Man sollte aber beachten, dass diese Entwicklung nur stattfinden kann, wenn sich jemand dem neuen Erdenbürger von Geburt an fürsorglich zuwendet. Was aber veranlasst Menschen, sich um ihren Nachwuchs zu kümmern? Zweifellos sind mit der Sorge für ein Kind doch nennenswerte Opfer verbunden. So greift das neue Familienmitglied erheblich in die Zeitplanung seiner Eltern ein. Es verursacht beträchtliche Kosten. Es spuckt, ist bisweilen krank, muss mehrere Male am Tag gewickelt werden und stört nicht selten durch Schreien die Nachtruhe seiner Eltern. Nach Meinung der Ethologen bzw. vergleichenden Verhaltensforscher (s. S. 15f.) verfügen Kinder über angeborene Voraussetzungen, in ihrer sozialen Umwelt Zuwendungsverhalten auszulösen. Dennoch reagieren nicht alle Pflegepersonen in gleicher Weise auf ein Baby. Wovon hängt es ab, wie sich Eltern gegenüber ihrem Kind verhalten?

3.3.1 Erklärung elterlicher Zuwendung und Fürsorge

Wie stellt die Natur sicher, dass die Nachkommenschaft einer Art überlebt, bis genügend Individuen das Alter der Fortpflanzungsfähigkeit erreicht haben? Grundsätzlich stehen mindestens zwei Möglichkeiten zur Verfügung:

- Man kann zum einen Nachkommen in sehr großer Menge hervorbringen und darauf setzen, dass eine ausreichende Anzahl »durchkommt«. Diesen Weg gehen Austern mit 500 Millionen, Fische mit »nur« 8.000 und Frösche mit 200 abgelegten Eiern pro Muttertier im Jahr (Johanson & Edey, 1981). Elterliche Fürsorge ist unter solchen Umständen weder zu verwirklichen noch notwendig.
- Zum anderen gibt es Arten, bei denen Mutter, Vater oder beide sich um ihren Nachwuchs kümmern. Das ist allerdings nur möglich,

wenn die Geburtsrate – wie bei allen Säugetieren – entsprechend geringer ist. Beim Menschen sind Mehrlingsgeburten die Ausnahme. Nach der Geburt eines Kindes dauert es – sofern die Mutter ihr Kind nicht stillt – in der Regel sechs Wochen oder länger, bis eine weitere Empfängnis biologisch möglich wird.

Um elterliche Fürsorge zu garantieren, reicht es für den Menschen allerdings nicht aus, die Nachkommenschaft zahlenmäßig zu beschränken. Wie lässt sich darüber hinaus sicherstellen, dass ein Kind bis zu seiner Selbständigkeit ausreichend versorgt wird? Gibt es Bedingungen, die das Fürsorgeverhalten eines Erwachsenen hervorrufen? Sind die Stunden unmittelbar nach der Entbindung besonders wichtig, um die Zuneigung der Eltern zu wecken? Vorliegende Antworten sollte man sorgfältig daraufhin prüfen, ob sie lediglich Vermutungen wiedergeben oder auf solide Beobachtungen gegründet sind.

Schlüsselreize und ihre Rolle für das Zuwendungsverhalten

Es ist sicherlich nicht auszuschließen, dass Eltern vom zarten Körperbau ebenso wie von der offenkundigen Hilflosigkeit eines Neugeborenen angesprochen werden. Es muss aber noch etwas hinzukommen, denn Frühgeburten, für die diese Merkmale ganz besonders zutreffen, rufen bei einem normalen Erwachsenen weniger Zuwendungsverhalten hervor als Babys, die nach einer normalen Schwangerschaftsdauer geboren werden.

Kindchenschema. Nach Auffassung der Ethologen wird das Zuwendungsverhalten von bestimmten Reizgegebenheiten (»Schlüsselreizen«) ausgelöst, die bei Babys unterschiedlich stark ausgeprägt sind. Viele Betrachter der Abb. 3.7 reagieren auf die dargestellten Strichzeichnungen spontan mit Äußerungen wie »süß« oder »niedlich«. Der Verhaltensforscher Konrad Lorenz (1943) meint, der Anblick eines rundlichen Kopfes mit hoher Stirn, tief liegenden großen Augen, ausgeprägten Wangen usw. (sog. Kindchenschema) löse instinktiv bei allen Säugetieren und somit auch beim Menschen Zuwendungsverhalten aus, d. h., einem solchen Wesen wird Liebe, Schutz und Hilfe entgegengebracht. Tatsächlich wird das Gesicht eines Babys von den meisten Erwachsenen eher als »niedlich« wahrgenommen, als das eines vierjährigen Kindes (Alley, 1981). Diese Reaktion lässt sich bei Mädchen vor allem nach dem Auftreten ihrer ersten Regelblutung beobachten; Jungen folgen ihnen in dieser Hinsicht einige Jahre später (Fullard & Reiling, 1976; Goldberg, 1983). Der Anblick eines zu früh geborenen Babys erscheint vielen Betrachtern wegen seiner runzligen Haut und seines mageren Körperbaus weniger attraktiv.

Abbildung 3.7. Typische Reizmerkmale wie ein rundlicher Kopf, hohe Stirn und große Augen lösen nach Auffassung des Verhaltensforschers Konrad Lorenz Zuwendungsverhalten aus

Weinen. Ein weiterer Auslöserreiz ist das Weinen, auf das Erwachsene, vor allem die Eltern, im Allgemeinen mit Besorgtheit reagieren. Kinder schreien unterschiedlich, wenn sie Schmerzen haben, hungrig oder müde sind. Allerdings fällt es Eltern häufig schwer, das Schreien ihrer Kinder richtig zu deuten (Donovan & Leavitt, 1985a). In jedem Fall bewirkt das Schreien bei Müttern ein sofortiges Ansteigen des Herzschlags (Donovan et al., 1978). Mütter und Väter neigen dazu, ein weinendes Kind auf den Arm zu nehmen. Sehr viel negativer reagieren Eltern jedoch auf das unrhythmische, schrille Schreien eines zu früh geborenen Kindes – sogar dann, wenn dieses Signal in einer Filmdarstellung mit einem gesunden Baby kombiniert wird (Frodi et al., 1978).

Lächeln. Auch mit dem Lächeln steht dem Kind eine Möglichkeit zur Verfügung, Einfluss auf das Verhalten seiner Eltern zu nehmen. Beim Neugeborenen wirkt es als eine reflexhafte Reaktion zumeist etwas grimassenhaft. Etwa vier bis sechs Wochen nach der Geburt gibt es erste Anzeichen dafür, dass das Lächeln auch eine soziale Funktion erfüllen soll. Eine derartige Reaktion erfolgt, wenn man das Kind zart streichelt oder mit hoher Stimme zu ihm spricht, später – im Verlauf des zweiten Lebensmonats – auch, wenn man ihm ein Gesicht darbietet (Wolff, 1963). Je mehr ein Kind lächelt, desto häufiger findet man die Mutter oder andere Pflegepersonen in seiner Nähe, zumeist in dem aktiven Bemühen, weitere positive Reaktionen auszulösen (Clarke-Stewart, 1973). Auch in dieser Hinsicht sind zu früh geborene Kinder benachteiligt. Da ihre Reflexe noch nicht voll funktionieren, reagieren sie schwächer oder gar nicht auf Umweltreize. Normal geborene Kinder fordern die soziale Mitwelt dagegen durchaus dazu heraus, sich mit ihnen zu beschäftigen. Sie »beantworten« Zuwendungen bereits von ihren ersten Lebenstagen an (Peery, 1980).

Wirken Schlüsselreize wie Lächeln oder Weinen auf alle Eltern in gleicher Weise? Rufen sie stets positive Emotionen hervor? Man zeigte Müttern, von denen man wusste, dass sie ihre Kinder misshandelten, Filme mit schreienden Babys (Frodi & Lamb, 1978). Die Beobachtungen ergaben, dass diese Mütter sich bei solchen Szenen mehr erregten, mit stärkerem Unbehagen reagierten und ein geringeres Mitgefühl zeigten als andere Mütter. Auch auf den Anblick eines lächelnden Babys reagierten sie eher negativ als positiv. Das heißt aber nicht, dass bei diesen Müttern der Schlüsselreiz nicht funktioniert; wie Info-Kasten 3.4 zu entnehmen ist, haben sie aufgrund bestimmter Lebenserfahrungen offenbar Persönlichkeitsmerkmale entwickelt, die auch ihr Verhalten gegenüber Kindern mitbestimmen.

INFO-KASTEN 3.4

Warum misshandeln Eltern ihre Kinder?

Kindesmisshandlungen werden erst in jüngerer Zeit als ein soziales Problem angesehen. Solange die körperliche Bestrafung noch eine anerkannte Erziehungsmaßnahme darstellte, galten Verletzungen infolge von Züchtigungen als unvermeidliches Übel, das in Kauf zu nehmen war. Vor allem während des 18. und 19. Jahrhunderts wurden strenge Disziplinierungsmaßnahmen sogar von Geistlichen empfohlen, um das Böse im Kind auszutreiben und die Entwicklung moralischer Werte zu fördern. Kinder galten damals ohnehin als Eigentum der Eltern. Was zu Hause mit dem Nachwuchs geschah, war folglich nicht gesetzlich geregelt (Williams, 1980a, 1980b).

Was ist Kindesmisshandlung? Bis zur Gegenwart wird der Begriff »Kindesmisshandlung« unterschiedlich definiert. Soll er auch Nachlässigkeiten der Eltern in der Fürsorge des Kindes sowie mangelnden Schutz vor Gefahren beinhalten? Oder ist er nur zur Klassifikation solcher Fälle vorgesehen, in denen Kinder von Erwachsenen u. a. geschlagen, verletzt, mit längerem Essensentzug bestraft, gewürgt, mit Brandmalen gequält oder sexuell missbraucht werden? In jüngerer Zeit besteht die Tendenz, den Begriff in einem sehr umfassenden Sinn zu verwenden, d. h., ihn auf alle Fälle anzuwenden, in denen mündige Personen unter Missachtung ihrer Fürsorgepflicht Kindern körperliche und psychische

Schäden zufügen. Kindesmisshandlungen in der Bundesrepublik Deutschland erfasst die polizeiliche Kriminalstatistik nach § 223b StGB. Danach werden jährlich zwischen 1.120 (1987) und 1.507 (1980) Kinder unter 14 Jahren gequält, roh misshandelt oder vernachlässigt; die Dunkelziffer ist jedoch viel höher.

Unter welchen Bedingungen werden Kinder misshandelt? Mit Kindesmisshandlungen ist zu rechnen, wenn *mehrere* Bedingungen zusammenkommen. Es gibt zwar eine Häufung in Familien mit geringem Einkommen (Garbarino & Crouter, 1978); Misshandlungen werden aber aus allen Teilen der Bevölkerung gemeldet. Misshandelnde Eltern ahmen häufig nach, was sie in ihrer eigenen Kindheit erlebt haben (Straus et al., 1988). Es trifft jedoch nicht zu, dass die meisten Erwachsenen, die als Kinder selbst misshandelt worden sind, die eigenen Erfahrungen an ihre Kinder weitergeben; vielen gelingt es den »Zyklus der Gewalt« zu durchbrechen (Zigler & Hall, 1989). Wenn es ihnen jedoch nicht möglich ist, eine stabilere Lebenspartnerschaft aufzubauen, oder wenn sie Schwierigkeiten haben, die alltäglichen Lebensanforderungen befriedigend zu erfüllen und häufig Stress erfahren, steigt die Gefahr, dass sie bei der Erziehung zu körperlicher Gewalt greifen.

Stresssituationen. Stresssituationen und soziale Isolation stellen offenbar einen Nährboden dar, auf dem Kindesmisshandlungen besonders leicht entstehen können. So verglich James Garbarino (1982) zwei Siedlungen miteinander, deren Bewohner überwiegend Bezieher geringer Einkommen waren. Obwohl sich beide Siedlungen in vielerlei Hinsicht ähnelten, traten in der einen Kindesmisshandlungen achtmal häufiger als in der anderen auf. Bei der Suche nach den Ursachen stellte man fest, dass Misshandlungen bei solchen Eltern verstärkt auftraten, die auffallend wenig Kontakte zu Nachbarn unterhielten, keine Gemeinschaftsveranstaltungen, z. B. der Kirche oder Gemeinde, besuchten und die meinten, in einer Gegend wohnen zu müssen, in der es sich nicht zu leben lohne. Wenn also Stressbedingungen wie Arbeitslosigkeit, Partnerschaftsprobleme, Krankheit von Angehörigen usw. vorliegen, gleichzeitig aber keine Sozialbeziehungen zu Verwandten, Freunden oder Bekannten bestehen, die wenigstens Hilfe durch Zuspruch gewähren könnten, ist das Risiko für das Auftreten von Kindesmisshandlungen erhöht (Engfer, 1995; Esser, 1994).

Depressive Mütter. Ungünstige Aussichten lassen sich auch für Kinder zeichnen, deren Mütter unter Depressionen leiden und – wahrscheinlich als Folge dieser negativen Stimmung – weniger häufig ihr Kind ansehen, es streicheln oder mit ihm sprechen (Field, 1995). Unter solchen Bedingungen entwickeln sich vielfach keine sicheren Bindungen (s. S. 128f.) zur Mutter, und als Folge davon besteht eine gesteigerte Gefahr, dass die jungen Betroffenen später Verhaltensauffälligkeiten zeigen, vor allem übermäßig aggressiv reagieren oder sich in soziale Isolation zurückziehen werden (Cummings & Davies, 1994; Teti et al., 1995). Im Vorschul- und Grundschulalter muss mit Verzögerungen der kognitiven, vor allem der sprachlichen Entwicklung gerechnet werden; die Ausdauer und Belastbarkeit in leistungsthematischen Situationen ist häufig herabgesetzt (Engfer, 1995).

Die Bedeutung der ersten sozialen Kontakte

Wenn man neugeborene »höhere« Säugetiere wie etwa Schafe, Ziegen oder Kühe unmittelbar nach ihrer Geburt für mehrere Stunden von ihrer Mutter trennt, geschieht für das Jungtier etwas Katastrophales: es wird von der Mutter zurückgewiesen; als Folge davon siecht es in der Regel dahin, bis der Tod sein Leiden beendet (Scott, 1958). Normalerweise findet unmittelbar nach der Geburt ein ziemlich festgelegtes Ritual statt, während dessen die Mutter ihr Kind leckt und markiert. Dabei handelt es sich offenbar um eine »kritische Phase« (s. S. 16), denn wenn man Mutter und Kind erst mehrere Tage nach der Geburt voneinander trennt, besteht bei anschließender Wiedervereinigung nicht mehr die Gefahr einer Zurückweisung. Gibt es eine solche kritische Phase auch beim Menschen? Müssen bestimmte Bedingungen erfüllt sein, damit die liebevolle Zuwendung der Mutter geweckt wird? Zwei Kinderärzte fanden in den 70er Jahren große Beachtung, weil sie überzeugt waren, eine Antwort auf diese Frage gefunden zu haben.

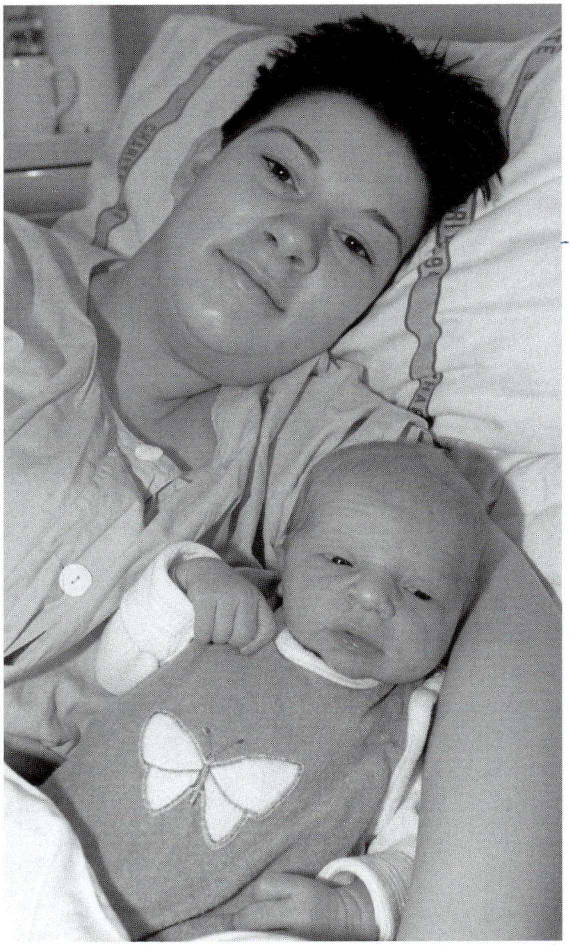

Abbildung 3.8. Welchen Einfluss hat der unmittelbare Körperkontakt kurz nach der Geburt auf die Entwicklung der sozial-emotionalen Bindung?

Gibt es eine sensible Phase im Kontakt mit dem Neugeborenen? Marshall Klaus und John Kennell (1976) hatten sich zunächst u. a. für die Frage interessiert, warum einige Kinder von ihren Eltern zurückgewiesen oder sogar misshandelt werden. Dabei fiel ihnen auf, dass viele Opfer unmittelbar nach der Geburt als frühgeborene oder medizinisch behandlungsbedürftige Kinder vorübergehend von ihren Müttern getrennt worden waren. Die beiden Ärzte zogen daraus einen weitreichenden Schluss: »Es gibt in den ersten Minuten und Stunden des Lebens eine sensible Phase, in der es notwendig ist, dass die Mutter und der Vater mit ihrem Neugeborenen intensiven Kontakt haben, damit die spätere Entwicklung den günstigsten Verlauf nimmt.« Solange sich noch bestimmte Hormone im Organismus der Mutter befänden, solle man für einen engen Hautkontakt sorgen. Die Öffentlichkeit reagierte sofort. »Moderne« Kliniken richteten das Rooming-In ein, womit sie die Möglichkeit schufen, dass die Mutter ihr Kind bereits während der ersten Stunden und Tage nach der Entbindung stets in unmittelbarer Nähe haben konnte.

Gegen das Rooming-In sind von Entwicklungspsychologen niemals Einwände erhoben worden; viele bezweifelten aber, dass die Entstehung einer emotionalen Bindung zwischen Mutter und Kind unmittelbaren Hautkontakt während einer sensiblen Phase voraussetzt. Sie stützten ihre Bedenken u. a. auf die Beobachtung, dass auch Kinder, die erst mehrere Monate nach der Geburt adoptiert wurden, im Allgemeinen stabile emotionale Beziehungen zu ihren Pflegeeltern entwickeln (Singer et al., 1985). Die sorgfältige Nachprüfung gab den Zweiflern tatsächlich recht. Durch enge Kontakte zum Kind unmittelbar nach der Geburt wird das Verhalten der Mutter allenfalls kurzfristig beeinflusst (Grossmann et al., 1981); längere Wirkungen über den fünften Tag nach der Entbindung hinaus sind aber nicht nachzuweisen (Goldberg, 1983; Svejda et al., 1982; Myers, 1984). Marshall Klaus (Brody, 1983) musste daraufhin einräumen, dass er mit seinen Behauptungen zu weit gegangen war. »Ich wünschte«, so erklärte er zu einem späteren Zeitpunkt, »wir hätten diese Behauptung niemals zu Papier gebracht. Heute stimmen wir mit der Behauptung nicht mehr überein. Ich würde vielmehr sagen, dass für einige Mütter zusätzliche Kontakte während der ersten Stunden und Tage ... hilfreich sein können und für einige mag dies einen tiefgreifenden Einfluss darauf haben, wie sie sich um ihr Baby kümmern. Zu ihnen gehören vor allem wirtschaftlich schwächer gestellte Mütter und solche, die wenig soziale Unterstützung erhalten.« In der überarbeiteten Fassung ihres Buches stellen Klaus und Kennell (1982) unmissverständlich fest, dass es mehrere Wege zur Entwicklung einer sozial-emotionalen Bindung zwischen Mutter und Kind gibt. Eine Mutter, der es nicht gelingt, bei der ersten Begegnung mit ihrem Neugeborenen sofort eine tiefe emotionale Zuneigung zu erleben, brauche sich im Übrigen keine Sorgen zu machen, denn die Liebe zu ihrem Kind wird sich mit höchster Wahrscheinlichkeit in den nachfolgenden Wochen und Monaten entwickeln (Eyer, 1992).

3.3.2 Verschlüsselte Mitteilungen des Kindes: Schreien

Wenn das Kind nach etwa neunmonatiger Schwangerschaft das »Licht der Welt« erblickt und die Geburtshelfer sowie andere Anwesende mit einem ersten Schrei »begrüßt«, verschlüsselt es damit eine wichtige Botschaft. Es teilt mit, dass seine Atemfunktion offenkundig funktioniert. Da der neugeborene Säugling noch nicht der Sprache mächtig ist, wird er auch anschließend das Schreien nutzen, um den Personen, die sich um ihn kümmern oder kümmern sollten, seine Bedürfnisse und Wünsche mitzuteilen. Die Natur hat dem jungen Erdenbürger mit der Möglichkeit, Bedürfnisse und Wünsche durch Schreien kundzutun, offenbar ein »Werkzeug« mitgegeben, durch das seine Überlebenschancen erhöht werden sollen. Das Schreien von Babys ruft bei fast allen Menschen starke innere Erregung hervor, bei Männern ebenso wie bei Frauen, bei Eltern genauso wie bei kinderlosen Erwachsenen (Boukydis & Burgess, 1982). Erst wenn Eltern ständig unter Stress stehen oder das Schreien ungewöhnlich häufig auftritt, und Vater oder Mutter nicht mehr wissen, wie sie darauf reagieren sollen, kann es zu negativen Gefühlsreaktionen gegenüber dem Kind kommen; in solchen Situationen lässt sich sogar eine Kindesmisshandlung nicht mehr ganz ausschließen (Frodi, 1985).

Wie gut kann ein Neugeborenes sich normalerweise verständlich machen? Wissen seine »Hörer« in der Regel, wie sie angemessen zu reagieren haben? Sollen sie das Schreien vielleicht auch gelegentlich ignorieren, um das Kind nicht zu »verwöhnen«? Entsprechende Fragen dürften sich viele Eltern stellen.

Häufigkeit und Arten des Schreiens

Das Schreien eines jeden Neugeborenen ist bereits seit den ersten Lebenswochen durch individuelle Besonderheiten gekennzeichnet. Das Kind kann auf diese Weise seine Eltern auch dann über seine Bedürfnisse informieren, wenn sie sich nicht in seiner unmittelbaren Umwelt befinden; denn sie können den Schrei *ihres* Babys auffallend treffsicher von dem anderer unterscheiden (Gustafson et al., 1994). Obwohl es Unterschiede zwischen den Kindern gibt, lässt sich allgemein feststellen, dass normale Kinder auf der ganzen Welt am häufigsten während der ersten drei Lebensmonate schreien, und zwar bevorzugt abends (St. James-Roberts & Plewis, 1996). Allerdings wird die Häufigkeit des Schreiens Neugeborener vielfach überschätzt (Korner et al., 1981).

Was versuchen Säuglinge durch Schreien mitzuteilen? Erwachsene, auch solche, die wenig Erfahrungen mit Neugeborenen haben, können zumeist drei verschiedene Arten des Schreiens unterscheiden (Gustafson & Harris, 1990; Zeskind et al., 1985). So hören sie zumeist treffsicher heraus, ob ihnen ein Geburtsschrei, ein Schmerzschrei oder das typische Schreien bei Hunger als Aufzeichnung vorgespielt worden ist. Das bedeutet allerdings nicht, dass Eltern auch in alltäglichen Situationen stets sofort wissen, was ihnen ihr

Baby mitteilen möchte; meistens wird es sie jedoch auf seinen Hunger aufmerksam machen, es kann aber auch auf eine Veränderung der Temperatur oder auf plötzlich auftretende Geräusche mit Schreien reagieren.

In alltäglichen Situationen ist das Schreien der Säuglinge jedoch keineswegs immer eindeutig. Zwar lässt sich leicht auf Hunger schließen, wenn etwa die letzte Mahlzeit bereits länger zurückliegt. In diesem Fall ist die Reaktion naheliegend: das Kind erhält seine Nahrung. Wie sollte man aber in anderen Fällen auf das Schreien reagieren?

Angemessene Reaktionen auf frühkindliches Schreien

Mit dem Schreien nutzen Babys eine der wenigen ihnen zur Verfügung stehenden Möglichkeiten, anderen etwas mitzuteilen; so machen sie etwa darauf aufmerksam, dass sie hungrig sind, in einer nassen Windel liegen oder Schmerzen haben. Eltern oder andere Pflegepersonen sind in der Regel bemüht, auf diese Mitteilungen angemessen zu reagieren. Was aber ist zu tun, wenn die auslösende Bedingung des Schreiens nicht eindeutig zu erschließen ist? Vor allem einige Wochen nach der Geburt haben die meisten Babys unruhige Phasen, in denen sie einfach nur weinerlich sind und sich nur schwer beruhigen lassen. Sollten Mutter oder Vater auf dieses unbestimmte Schreien in solchen Phasen sofort reagieren oder sollten sie es besser ignorieren? Die Antworten, die Entwicklungspsychologen auf diese Frage gegeben haben, sind nicht übereinstimmend.

Unterschiedliche Standpunkte der Entwicklungspsychologen. Behavioristisch orientierte Psychologen (s. S. 22 ff.) verweisen verständlicherweise darauf, dass jede Zuwendung Verstärkungsfunktion besitzt. Folgerichtig geben sie den Ratschlag, jegliches Schreien, dem kein eindeutig erkennbares Bedürfnis zugrunde liegt, zu ignorieren, weil anderenfalls damit zu rechnen ist, dass es fortan immer häufiger auftreten wird (Etzel & Gewirtz, 1967). Andere Entwicklungspsychologen haben diese Empfehlung zurückgewiesen. So ist von Silvia Bell und Mary Ainsworth (1972) untersucht worden, wie Mütter auf das Schreien ihrer Kinder in häuslicher Umgebung reagierten. Während des ersten Lebensjahres ihres Kindes wurden diese Mütter jede Woche vier Stunden lang beobachtet. Dabei protokollierten die Forscher, wie häufig das Baby schrie und was die Umwelt daraufhin tat. Dabei zeigte sich, im Widerspruch zu den Behauptungen der Behavioristen, dass jene Kinder am wenigsten schrien, deren Mütter besonders schnell darauf reagierten. Häufig schreiende Kinder hatten dagegen Mütter, die diese Signale des Unbehagens zu ignorieren pflegten. Bell und Ainsworth vertraten nach diesen Beobachtungsergebnissen die Überzeugung, dass die schnelle Aufmerksamkeitszuwendung für die Kinder eine gute Voraussetzung darstellt, Vertrauen zu ihrer Hauptpflegeperson zu entwickeln.

Die Ergebnisse psychologischer Forschung weisen also keine Eindeutigkeit auf, denn auch die Befunde von Bell und Ainsworth sind nicht unwidersprochen geblieben (Landau, 1982). Wie sollen sich Eltern nun wirklich verhalten? Die beste Empfehlung wäre, die Art des Schreiens zu beachten, denn davon hängt es offenbar ab, ob durch Reaktionen der Pflegeperson das kindliche Vertrauen in sie erhöht oder das weinerliche Verhalten verstärkt wird. Wenn das Kind sich sehr nachdrücklich »meldet« und wahrscheinlich mitzuteilen beabsichtigt, dass es hungrig ist oder sich sehr unwohl fühlt, sollten die Pflegepersonen sich ihm unverzüglich zuwenden. Wenn das Baby dagegen nur wimmert oder weniger aufgeregt schreit, ist es zumeist angeraten, darauf nicht zu reagieren, weil sich die Auftretenshäufigkeit in solchen Fällen sonst tatsächlich erhöhen dürfte (Hubbard & van Ijzendoorn, 1987). Diese Empfehlungen können aber nur solche Eltern befolgen, die zwischen den verschiedenen Arten kindlichen Schreiens sehr feinsinnig unterscheiden können.

Kinder schreien aber nicht nur, um anderen etwas über ihre aktuellen Bedürfnisse und Erlebniszustände mitzuteilen. Wie Eltern Neugeborener, aber ebenso Schwestern einer Neugeborenenstation sicherlich bestätigen können, gibt es bei den jungen Erdenbürgern bereits deutliche interindividuelle Unterschiede: einige sind verhältnismäßig unruhig, schreien häufiger und sind nur schwer zu beruhigen, während andere sehr viel zufriedener erscheinen, und wenn sie dennoch Unzufriedenheit zum Ausdruck bringen, lassen sie sich leicht wieder besänftigen. Solche Unterschiede in der Emotionalität und in den Verhaltensstilen treten während der ersten Lebenswochen zunehmend ausgeprägter in Erscheinung. Diese Unterschiede finden sich ebenso bei älteren Kindern, Jugendlichen und Erwachsenen. Man spricht in solchen Fällen von Temperamentsunterschieden.

3.3.3 Temperamentsunterschiede

Wenn man vom Temperament eines Kindes spricht, bezieht man sich darauf, *wie* es sich verhält und nicht, *was* es tut und *warum* (Thomas & Chess, 1984). Pionierarbeiten in der Erforschung des Temperaments und seiner Entwicklung haben die beiden New Yorker Kinderärzte Alexander Thomas und Stella Chess geleistet. Sie begannen ihre Arbeiten in einer Zeit, da der Behaviorismus mit seiner Überbetonung des Umwelteinflusses die Denkweisen vieler klinischer Psychologen bestimmte. Wenn diese Sichtweise richtig ist, sollten sich Kinder während der ersten Lebenswochen in ihrem Verhalten noch nicht nennenswert voneinander unterscheiden. Das trifft jedoch nicht zu. Thomas und Chess stellten noch eine weitere Grundannahme des Behaviorismus in Frage. Kann es nicht sein, so fragten sie sich, dass nicht allein von der Umwelt, sondern auch durch das Kind selbst der Verlauf seiner Entwicklung mitbestimmt wird? Zur Klärung dieser Frage begannen sie im Jahre 1956 mit ihrer »New Yorker Längsschnittstudie«, in der sie 140 Kinder in ihrer Entwicklung von der Geburt bis zur Adoleszenz verfolgten (Thomas et al., 1963; Thomas & Chess, 1977).

Unterschiedlichkeit der Temperamente. Thomas und Chess baten Mütter, ihnen genau zu beschreiben, wie sich ihre Kinder in täglich wiederkehrenden Situationen verhielten, so etwa beim Schlafen, beim Baden, bei der Nahrungsaufnahme. Die beiden Ärzte gelangten zu der Feststellung, dass sich das Verhalten der Kinder nach neun verschiedenen Merkmalen unterscheiden ließ, so beispielsweise nach dem Aktivitätsgrad – d. h. dem Verhältnis aktiver zu passiven Phasen –, nach der Anpassungsbereitschaft, nach der sich

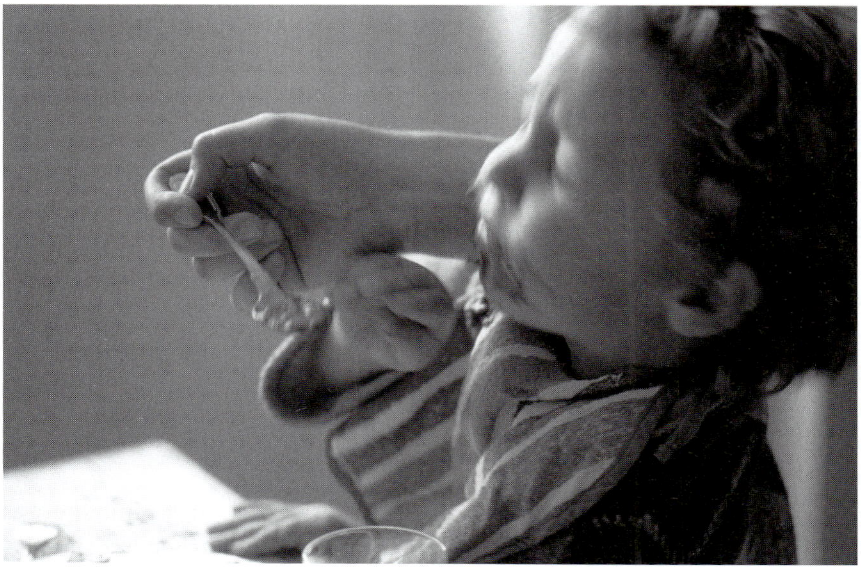

Abbildung 3.9. Bereits während der ersten Lebensmonate entwickeln Kinder ziemlich überdauernde Verhaltensmerkmale, durch die sie ihren Eltern als »leicht« oder »schwierig« erscheinen

Kinder schnell oder schwer auf neue Bedingungen einstellen oder nach ihrer Ablenkbarkeit, die beschreibt, wie leicht äußere Reize das Verhalten verändern.

Nach einigen Jahren gelangten Thomas und Chess zu dem Schluss, dass ihren Beobachtungen unterschiedliche Verhaltensstile oder Temperamente der Kinder zugrunde lagen. Sie teilten ihre jungen Untersuchungsteilnehmer je nach Temperament in drei verschiedene Gruppen ein: »leichte« Kinder, »schwierige« Kinder und solche, die nur langsam »in Gang« kamen, sich schwerlich neuen Situationen anpassten.

Unter den von ihnen regelmäßig untersuchten Kindern fanden Thomas und Chess 40 Prozent, die sie als »leicht« klassifizierten. Diese waren fast immer guter Stimmung, gewöhnten sich ohne weiteres an einen Essens- und Schlafrhythmus. An neue Nahrung oder auch an fremde Personen passten sie sich ziemlich schnell an. Im Gegensatz dazu waren etwa 10 Prozent der Kinder »schwierig«. Sie brauchten vergleichsweise viel Zeit, um sich auf Veränderungen in der Umgebung einzustellen. Neue Nahrung spuckten sie oft wieder aus. Wenn sie gewaschen wurden, sträubten sie sich. Essens- und Schlafbedürfnisse meldeten sie in unregelmäßigen Abständen an. Wenn sie einmal weinten, waren sie nur schwer zu beruhigen. Die dritte von Thomas und Chess beschriebene Gruppe umfasste 15 Prozent der ursprünglichen Stichprobe. Auch diese Kinder zeigten Schwierigkeiten, sich an neue Situationen anzupassen. Es gelang ihnen aber, wenn man ihnen genügend Zeit ließ. Die übrigen 35 Prozent der Kinder in der Untersuchungsstichprobe waren keiner der drei Gruppen klar zuzuordnen.

»Passung«. Thomas und Chess gingen nun davon aus, dass ein »leichtes« Kind andere Umweltbedingungen als ein »schwieriges« benötigt. Das Schlüsselwort heißt »Passung«, d. h., der günstigste Entwicklungsverlauf ist zu erwarten, wenn die Eltern Anforderungen stellen, die das Kind aufgrund seiner Persönlichkeit erfüllen kann. Mit den Worten von Alexander Thomas und seinen Mitarbeitern (1970) ist festzustellen: »Sofern die beiden Einflüsse miteinander harmonieren, kann man eine gesunde Entwicklung des Kindes erwarten. Sind sie aber entgegengesetzt, dann sind Verhaltensauffälligkeiten die fast sichere Folge.« Eine Mutter, die besonders ehrgeizig ist, mag den »eigenen Willen« ihres Kindes stolz in dem Bewusstsein akzeptieren, dass es bereits »weiß, was es will«. Nimmt sie diese Verhaltensmerkmale dagegen als »schwierig« wahr, wird sie häufiger versuchen, eine Anpassung durch wirksame Kontrollmaßnahmen zu erreichen, was aber bereits bei »schwierigen« Zweijährigen häufig nur ausgeprägten Widerstand und starke Abwehr hervorruft (Lee & Bates, 1985). Unterschiedliche Grade der Passung können unter besonderen Bedingungen sogar die Lebenschancen eines Kindes mitbestimmen, wie einer kulturvergleichenden Studie zu entnehmen ist, über die Info-Kasten 3.5 Einzelheiten mitteilt.

Stabilität der Temperamente. Bleiben die bei einem Neugeborenen festgestellten Temperamentsmerkmale auch für seine weitere Entwicklung kennzeichnend? Wird ein »schwieriges« Baby auch als Schulkind oder gar als Erwachsener »schwierig« bleiben? – Die Temperamente erwiesen sich als ziemlich stabil. Als nämlich die »leichten« und »schwierigen« Kinder die Adoleszenz erreicht hatten, klassifizierten Chess und Thomas (1990) sie abermals nach den drei Kategorien. Viele fanden sich dabei in derselben Kategorie wieder, in die sie bereits in der frühen Kindheit eingeordnet worden waren. Aus den »leichten« Babys waren inzwischen freundliche und sehr umgängliche Jugendliche, aus den ursprünglich »schwierigen« Untersuchungsteilnehmern Menschen geworden, die leicht aufbrausten und nicht ohne weiteres bereit waren, sich neuen Situationen anzupassen. Babys, die einmal »schwer in Gang kamen«, stellten sich in sozialen Situationen etwa eineinhalb Jahrzehnte später als scheu, furchtsam und zurückhaltend dar.

Die Rolle des Erziehungsstils. Insgesamt hängt es nicht unerheblich von der elterlichen Erziehungs-

INFO-KASTEN 3.5

Kann es lebensgefährlich sein, ein »leichtes« Kind zu sein?

Die Massai sind ein Nomadenvolk, das seit vielen Jahrhunderten das Plateau zwischen Zentralkenia und dem Süden Tansanias bewohnt. In einer kulturvergleichenden Studie (deVries, 1984) wurden jeweils zehn Massai-Kinder im Alter von vier und fünf Monaten ausgesucht, die nach westlichen Maßstäben die Temperamentsmerkmale »leichter« bzw. »schwieriger« Kinder aufwiesen. Einige Wochen später waren nur noch 13 Familien aufzufinden, und von sieben Eltern erfuhr man, dass das zu untersuchende Kind nicht mehr lebte. Der Vergleich der lebenden und gestorbenen Kinder ergab eine Auffälligkeit: Obwohl angenommen worden war, dass die »schwierigen« Kinder mehr gefährdet seien, waren sechs der sieben »leichten« Kinder gestorben, aber nur eins der schwierigen Kinder (deVries, 1984). Bei der Suche nach einer Erklärung fand man, dass die Massai als Jägervolk traditionell Kühnheit und Selbstbewusstsein hoch bewerten. Bei den Kindern werden entsprechende Verhaltensweisen gefördert. Damit waren »schwierige« Temperamente offenkundig im Vorteil. Zudem hatten die Massai zum Zeitpunkt der Untersuchung wegen einer langen Dürreperiode unter einer schweren Hungersnot zu leiden. Viele Massai-Mütter nahmen ihr Kind nur dann an die Brust, wenn dieses danach verlangte. Die Säuglinge mussten Verhaltensweisen zeigen, die in westlichen Kulturen als »schwierig« klassifiziert werden. Häufig weinende, eher gereizte und widerspenstige Kinder haben gute Voraussetzungen, häufiger, also besser gestillt zu werden als überwiegend ruhige, also »leichte« Kinder.

Die Beobachtungen an den Massai liefern ein gutes Beispiel dafür, dass kindliches Temperament, Erziehungsstile und kulturelle Bedingungen zusammenwirken, um den Verlauf der Entwicklung zu bestimmen.

atmosphäre ab, wie sich »schwierige« oder »leichte« Kinder entwickeln (Thomas & Chess, 1977). Die gleichen kindlichen Verhaltensmerkmale werden in unterschiedlichen Lebensabschnitten ungleich bewertet. Das zeigte sich deutlich im Falle eines Mädchens, das von Thomas und Chess (1977) über viele Jahre beobachtet wurde.

Dieses Kind wurde zunächst als »schwierig« eingestuft. Weil dem Mädchen die Anpassung schwer fiel, wurde es von seinen Eltern häufig als »dickköpfig« kritisiert und nicht selten schwer bestraft. Als Folge davon hatte das Kind immer Wutausbrüche; gegenüber Gleichaltrigen war es aggressiv. Das Mädchen musste häufig ermahnt werden, weil es Mitschüler an den Haaren gezogen hatte. Viele Jahre lang »passten« das Temperament des Kindes und die Anforderungen der Eltern nicht zusammen. Im Alter von zehn Jahren entwickelte sich bei dem Mädchen ein gesteigertes Interesse für Musik und Theaterspiel. Die Leistungen fanden bei Eltern, Lehrern und Mitschülern große Anerkennung. Jetzt war die Umwelt eher bereit, die mangelnde Anpassungsfähigkeit als Teil des künstlerischen Talents hinzunehmen. Die Beziehungen zu den Eltern besserten sich daraufhin. Verhaltensauffälligkeiten, die während der Kindheit aufgetreten waren, nahmen allmählich ab. Die mangelnde Passung während der ersten Lebensjahre verschwand, als die Eltern bereit waren, sich mit ihren Erwartungen auf das Temperament ihrer Tochter einzustellen.

Da Eltern ihr Kind bereits wenige Wochen nach seiner Geburt als »leicht« oder »schwierig« wahrnehmen, gestalten sie ihr Zuwendungsverhalten entsprechend. Von der Qualität der wechselseitigen Kontakte hängt es wiederum ab, welche sozial-emotionalen Bindungen das Kind zu seinen Eltern bzw. weiteren Personen der Umgebung entwickelt.

3.3.4 Sozial-emotionale Bindungen

»Eine Geborgenheit und Sicherheit bietende enge emotionale Beziehung mit einer primären Bezugsperson, in der Regel der Mutter, ist für das Kind überlebenswichtig« (Kreppner, 1993). Es war Sigmund Freud (1924), der als erster besonders nachdrücklich darauf hinwies, dass die sozial-emotionale Entwicklung sehr früh im menschlichen Leben beginnt. In der Beziehung eines Kindes zu seiner Mutter wurzelt nach seiner Überzeugung »die einzigartige, unvergleichliche, fürs ganze Leben unabänderlich festgelegte Bedeutung der Mutter als stärkstes Liebesobjekt, als Vorbild aller späteren Liebesbeziehungen«. Wird die Mutter zum ersten »Liebesobjekt«, weil sie die oralen Bedürfnisse des Kindes befriedigt, indem sie es an ihrer Brust trinken lässt? Entwickelt das Kind deshalb eine sozial-emotionale Bindung zu seiner Mutter, weil es – wie die Behavioristen meinten – von ihr ernährt und gepflegt wird? Das ist unwahrscheinlich, denn in den israelischen Kibbuzim kümmern sich gut ausgebildete Kollektivmütter (sog. *Metapelets)* um das Kind, während die Eltern es nur wenige Stunden abends und am Wochenende besuchen, um mit ihm zu spielen. Dennoch entwickeln die Kinder normale emotionale Bindungen sowohl zum Pflegepersonal als auch zu ihren Eltern (Fox, 1977; Sagi et al., 1994).

Abgesehen von extremen Ausnahmesituationen – solche finden sich in Heimen, in denen es keinerlei Möglichkeiten für ein Kind gibt, mit Betreuern zu interagieren (Dubrovina & Ruzska, 1990) – entwickelt jedes Kind eine Bindung zu seinen Pflegepersonen, sogar wenn es von diesen missbraucht wird (Cicchetti et al., 1995). Es lassen sich allerdings Einstellungsunterschiede der Kinder erkennen. Einige haben offenbar gelernt, dass sie sich auf diese Personen verlassen können, während das Verhalten anderer auf Misstrauen schließen lässt. Wodurch sind solche Unterschiede entstanden und wie wirken sie sich auf das Verhalten eines Kindes aus, das sich beispielsweise in einer fremden Umgebung befindet oder einer unbekannten Person begegnet? Ein halbes Jahrhundert nach Freuds richtungsweisenden Arbeiten kann die Forschung auf solche Fragen ziemlich umfassende Antworten geben.

Wie entstehen sozial-emotionale Bindungen?

Wenn ein Neugeborenes wenige Stunden nach der Geburt die Stimme seiner Mutter von der einer Fremden unterscheiden kann, wenn es – weiterhin – nach zwei Tagen auf ihr Gesicht in besonderer Weise reagiert oder nach 14 Tagen ihren Geruch kennt, heißt das keineswegs, dass es diese spezielle Person erkannt hat (Lamb & Campos, 1982). Auch wenn das Kind im Alter von drei Monaten seine Mutter anlächelt, darf noch nicht auf eine Bindung geschlossen werden; denn wenn die Mutter etwa den Raum verlässt und ein Fremder zurückbleibt, reagiert das Kind nicht mit Protest; es scheint sich auch mit der ihm unbekannten Person zufrieden zu geben. Das wird sich erst nach Ablauf weiterer Monate ändern. Etwa vom sechsten bis siebten Lebensmonat an beobachtet man immer häufiger, dass das Kind bestimmte Personen vorzieht.

Entwicklung von Personen-Schemata. Es ist sicherlich nicht zufällig, dass ein Kind mit der Bevorzugung bestimmter Personen im gleichen Alter beginnt, da auch seine Erkenntnisfunktionen eine wichtige Stufe erreicht haben. Es erkennt jetzt nämlich einen Gegenstand wieder, der vorübergehend seinem Blick entzogen war. Es weiß, dass es eine Person auch dann gibt, wenn sie abwesend ist. Auf der Grundlage seiner bisherigen Kontakte hat das Kind offenbar Schemata (s. S. 142 f.) bzw. ein Vorstellungsbild von Personen seiner Umgebung gebildet. Sieht das Kind z. B. eine Frau, die mit seinem Mutter-Schema übereinstimmt, wird es lächeln oder sich freuen. Fremden Personen begegnet es dagegen zunehmend mit Misstrauen. Das Bemühen, in der Nähe seiner Mutter zu bleiben und der Protest, wenn sie sich entfernt, zeigen sich vor allem in Situationen, die dem Kind unbekannt sind, weniger ausgeprägt in der vertrauten häuslichen Umgebung.

Abbildung 3.10. Ab dem sechsten oder siebten Lebensmonat entwickeln Kinder Bindungen zu Bezugspersonen. Auf Trennung können sie dann zunehmend mit Protest und Angst reagieren

Die ersten Bezugspersonen. Zunächst entwickeln Kinder vor allem eine Bindung zu der Person, die sich am meisten um sie kümmert. Das ist in der Regel die Mutter, kann aber auch der Vater sein, wenn dieser hauptverantwortlich für die Betreuung ist. In vielen Kulturen entwickeln sich im Verlauf der ersten 18 Lebensmonate Bindungen etwa zum gleichen Zeitpunkt zu beiden Elternteilen (Lamb, 1981; van Ijzendoorn & de Wolff, 1997), wenngleich Jungen und Mädchen dazu neigen, sich im Falle einer Bedrohung oder bestehenden Kummers bei Anwesenheit beider Eltern eher an ihre Mutter zu wenden, um von ihr getröstet zu werden oder Sicherheit zurückzugewinnen (Cox et al., 1992; Lamb, 1976).

Auch wenn die meisten Väter lieber lesen oder fernsehen (Belsky et al., 1984) oder sich gar nicht um die Pflege und Ernährung ihres Nachwuchses kümmern, bauen sie eine emotionale Beziehung zu ihren Kindern auf. Ebenso können Großeltern, Geschwister, Kinderfrauen usw. zum »Liebespartner« werden (Weinraub et al., 1977). Info-Kasten 3.6 berichtet über eine kleine Gruppe von Kindern, denen bereits von frühester Kindheit an ein tragisches Schicksal zuteil wurde; unter ungewöhnlichen Lebensumständen konnten sie zu keinem Erwachsenen, wohl aber untereinander intensive sozial-emotionale Bindungen aufbauen.

INFO-KASTEN 3.6

Können Gleichaltrige den frühen Verlust der Eltern ersetzen?

Für sechs Kinder, die nach Ende des Zweiten Weltkriegs im August 1945 in die Fürsorge von Freuds Tochter Anna und Sophie Dann (1951) nach England kamen, waren die ersten Lebensjahre furchtbar gewesen: Die am 21. April 1942 in Wien geborene Ruth hatte während des Nazi-Terrors ihre Eltern, einen siebenjährigen Bruder und eine vierjährige Schwester verloren. Der am 22. Oktober 1942 geborene Peter war erst wenige Tage alt, als seine Eltern deportiert und ermordet wurden. Man fand das allein gelassene Neugeborene in einem Park. Es wurde zuerst in ein Kloster, später in ein Jüdisches Hospital in Berlin und schließlich in das Konzentrationslager Tereszin gebracht, wo Peter mit den anderen Waisen John, Leah, Paul, Miriam und Ruth zusammentraf. Die Kinder waren zwischen sechs und zwölf Monate alt. Da Tereszin ein Durchgangslager war, wechselten die Erwachsenen, die sich um die Kinder zu kümmern hatten, ständig. Den verwaisten Sechs konnten Erwachsene nur wenig Aufmerksamkeit widmen, aber sie blieben zusammen.

Als die Kinder in England eintrafen, waren sie wild, unruhig, abweisend und feindselig gegenüber Erwachsenen. Sie schrien ihre Pfleger an und beschimpften sie. Fast alle Spielsachen gingen entzwei, Möbel wurden demoliert.

Zwischen den Kindern hatte sich allerdings eine positive emotionale Bindung entwickelt. Wenn einer fehlte, dann waren alle anderen beunruhigt. Niemand wollte im unteren Stockwerk bleiben, wenn die anderen in der oberen Etage waren. Keiner war zu einem Spaziergang zu überreden, wenn die übrigen fünf nicht mitkamen. Die Fürsorge füreinander war eindrucksvoll. »Während der Mahlzeiten war es wichtiger, den Nachbarn mit Essen zu versorgen als selbst zu essen.« Als Paul an einem sehr kalten Tag seine Handschuhe auf einem Spaziergang verloren hatte, gab John ihm seine, ohne anschließend ein einziges Mal über kalte Hände zu klagen. Zwar konnte es zwischen den Kindern zu Streitereien kommen; aber es gab nicht die ausgeprägten Rivalitäten, keinen Neid oder Eifersüchteleien, wie man es unter normalen Geschwistern häufig findet. Die Bindungen, die sie untereinander entwickelt hatten, halfen ihnen wahrscheinlich, mit ihrem frühen grausamen Schicksal fertig zu werden. Allmählich konnte auch ein Vertrauensverhältnis zu den sie betreuenden Erwachsenen aufgebaut werden, für die sie schließlich ebenso sorgten wie für ihre gleichaltrigen Leidensgenossen. Keines der Kinder wies erhebliche intellektuelle Schwächen auf, niemand kam später mit dem Gesetz in Konflikt. Aus John, Ruth, Leah, Paul, Miriam und Peter wurden Erwachsene, die den Anforderungen des Lebens gewachsen waren (Hartup, 1983).

Unterschiede in der Qualität sozial-emotionaler Bindungen

»Sichere« und »unsichere« Bindungen. Wer sich mit der Entwicklung der ersten Sozialbeziehungen von Kindern beschäftigt, mag sich die Frage stellen, unter welchen Bedingungen stärkere und schwächere sozial-emotionale Bindungen zwischen Kindern und ihren Pflegepersonen entstehen. Es ist vor allem Mary Ainsworth zu verdanken, dass sich die Entwicklungspsychologie nicht allzu lange mit dieser Frage auseinandergesetzt hat. Ihr erschien es sinnlos, sich mit unterschiedlichen *Stärken* sozial-emotionaler Bindung zu beschäftigen. Ainsworth lenkte die Aufmerksamkeit stattdessen auf ihre *qualitativen* Unterschiede: Ihr erschien es bedeutsamer, Kinder danach zu unterscheiden, ob sie eine »sichere« oder »unsichere Bindung« entwickelt haben (Ainsworth et al., 1978; Ainsworth, 1982).

Studie: Die »fremdartige Situation«. Mary Ainsworth hat ein Szenario entwickelt (die »fremdartige Situation«), das einer Mutter genau vorschreibt, wie sie sich gegenüber ihrem beispielsweise zwölf Monate alten Kind in acht aufeinander folgenden Episoden zu verhalten hat (Ainsworth et al., 1978):

(1) Die Mutter betritt mit ihrem Kind einen unbekannten Raum (Dauer etwa eine halbe Minute; jede der nachfolgenden Episoden erstreckt sich jeweils auf höchstens drei Minuten).
(2) Die Mutter setzt sich, und das Kind hat die Möglichkeit, vorfindbares Spielzeug zu erkunden.
(3) Eine Fremde betritt den Raum, hält sich zunächst zurück und versucht dann, mit dem Kind zu spielen.
(4) In dieser Situation verlässt die Mutter den Raum.
(5) Die Mutter kehrt zurück, und die Fremde geht.
(6) Die Mutter verlässt noch einmal den Raum; das Kind bleibt allein zurück.
(7) Die Fremde kehrt ein weiteres Mal zurück. Falls es erforderlich ist, versucht sie das Kind zu beruhigen.
(8) Nachdem die Mutter wieder den Raum betreten hat, zieht sich die Fremde zurück.

Sichere Bindung. Etwa 60 Prozent der von Ainsworth beobachteten Kinder waren nach Betreten des Raums ziemlich schnell bereit, sich von der Mutter zu entfernen, um sich mit dem vorhandenen Spielzeug zu beschäftigen. Allerdings überzeugten sich die Kleinen gelegentlich durch einen Blick, dass die Mutter sich noch in der Nähe befand. Fast überall in der Welt ist die Mutter für Kinder mit sicherer Bindung so etwas wie ein »sicherer Hafen«, von dem aus sie eine ihnen nicht völlig vertraute Umwelt erkunden können

(Sagi et al., 1991). Beim Eintreten der fremden Person näherten sich zwar viele Kinder ihrer Mutter; besonders aufzuregen schien sie das Ereignis jedoch nicht, denn viele reagierten sogar mit einem Lächeln. Beunruhigt erschienen die Kinder erst, wenn die Mutter sie mit der Fremden allein ließ. Sie hörten mit dem Spielen auf oder fingen an zu weinen. Die Rückkehr der Mutter löste bei den Kindern Freude und Erleichterung aus. Wenn die Mutter sie in den Arm nahm, machten sie einen glücklichen Eindruck. Sie waren aber auch zufrieden, wenn die Mutter sie zurück auf den Boden setzte, wo sie wieder ihrer eigenen Beschäftigung nachgingen. Solche Verhaltensweisen während des Szenarios waren für Ainsworth Ausdruck einer sicheren Bindung.

Unsichere Bindung. Ainsworth beobachtete aber auch Kinder, die einen weniger zufriedenen Eindruck machten. Sie hatten offenbar eine unsichere Bindung zu ihrer Mutter entwickelt. Einige dieser Kinder – etwas mehr als 20 Prozent der Stichprobe – schienen kaum Notiz von ihrer Mutter zu nehmen. Sie zeigten auch keinerlei Zeichen der Aufregung, wenn die Mutter sie allein ließ, und wenn sie zurückkehrte, mieden sie aktiv jeden Kontakt, auch wenn sie dazu aufgefordert wurden; einige dieser Kinder drehten der Mutter sogar den Rücken zu. Das *Meiden* der Mutter ist das herausragende Kennzeichen im Verhalten dieser Kinder.

Eine andere Gruppe von Kindern, – sie umfasste in der Stichprobe von Ainsworth etwas mehr als zehn Prozent – hatte ebenfalls eine unsichere Bindung zu ihrer Mutter entwickelt. Diese Kinder waren einerseits nicht bereit, sich von der Mutter zu lösen, um sich dem Spielzeug zu nähern. Auf eine Trennung reagierten sie stets mit Weinen und anderen Zeichen höchster Beunruhigung. Andererseits zeigten sie keine eindeutige Freude über die Rückkehr ihrer Mutter. Sie liefen zwar weinend zu ihr und drängten, auf den Arm genommen zu werden. Sobald sie aber dieses Ziel erreicht hatten, strampelten sie heftig, um wieder auf den Boden zu gelangen und von der Mutter wegzukommen. Ambivalenz, d. h. das Ausdrücken widersprüchlicher Gefühle gegenüber der Mutter, kennzeichnete das Verhalten dieser Kinder besonders.

Desorganisierte-desorientierte Bindung. In einer noch stärkeren Form der Unsicherheit entwickeln Kinder eine desorganisierte-desorientierte Bindung (Main & Solomon, 1986, 1990). Solche Kinder zeigen oft widersprüchliche Verhaltensweisen. In der fremdartigen Situation erscheinen sie häufig verwirrt. Sie fühlen sich einerseits zu ihrer Mutter hingezogen, aber sie offenbaren auch Furcht vor ihr. Sie mögen sich der Mutter nach ihrer Rückkehr spontan zuwenden, aber plötzlich halten sie in ihren Bewegungen inne, wirken wie erstarrt oder sie zeigen Schaukelverhalten. Mary Main führt solche Verhaltensweisen auf frühere Misshandlungen oder völlige Missachtung durch solche Personen zurück, die sie vor allem betreut haben. Betroffenen Kindern fehlt jegliche Sicherheit; sie wissen nicht, ob sie sich der Pflegeperson zuwenden können, um Zuspruch und Hilfe von ihr zu bekommen, oder ob es für sie persönlich sicherer ist, sie zu meiden.

Kulturelle Unterschiede. Man muss bei der Frage, ob ein Kind eine sichere oder unsichere Bindung entwickelt hat, nicht nur auf sein Verhalten, etwa nach Wiedervereinigung mit der Mutter in der fremdartigen Situation, achten, sondern zusätzlich darauf, ob Kinder es gewohnt sind, einen Teil ihrer Zeit allein zu verbringen und ob ihre Eltern Selbständigkeit mehr oder weniger als Erziehungsziel ansehen. Hier spielen kulturelle Unterschiede eine Rolle. Wenn japanische Kinder in einem ihnen unbekannten Raum von der Mutter getrennt werden und einem Fremden begegnen, zeigen sie Verhaltensweisen, die nach Ainsworth als Ausdruck »unsicherer Bindung« zu gelten hätten. Dennoch muss die Beziehung zur Mutter keineswegs gestört sein. Die meisten japanischen Babys erfahren während ihres ersten Lebensjahres nur selten Trennungen von ihrer Mutter; im Unterschied zu deutschen und amerikanischen Altersgenossen lernen sie auch keinen Babysitter kennen (Miyake et al., 1985). Es ist üblich, dass japanische Kinder zusammen mit ihrer Mutter in einem Bett schlafen, und selbst noch während ihres zweiten Lebensjahres ist es keineswegs ungewöhnlich, dass Eltern ihre kleinen Töchter und Söhne, wenn sie etwa weinen, bereitwillig in ihr Bett nehmen (Colin, 1996). Deshalb sind japanische Kinder auf das Erlebnis, in einem unbekannten Raum von ihrer Mutter getrennt zu werden, gar nicht vorbereitet. Die beschriebene fremde Situation besitzt für sie eine bedrohliche Einmaligkeit, die sie für das durchschnittliche deutsche oder amerikanische Kind nicht hat. Aber auch innerhalb derselben Kultur unterscheiden sich die Reaktionen der Kinder entsprechend den jeweiligen Erfahrungen mit den Personen ihrer Umgebung (Grossmann et al., 1985; Van Ijzendoorn & Kroonenberg, 1988).

John Bowlby (1969) hat die Auffassung vertreten, dass die sozial-emotionale Bindung während der ersten zwei oder drei Lebensjahre als eine Beziehung zu verstehen ist, die ein Kind zu verschiedenen Personen seiner Umgebung entwickelt. Tatsächlich reagieren Jungen und Mädchen während dieses frühen Alterszeitraums vielfach gleichartig auf beide Elternteile, obwohl es auch vorkommt, dass eine sichere Bindung zur Mutter und eine unsichere zum Vater entwickelt wird oder umgekehrt (Fox et al., 1991). Bowlby geht allerdings davon aus, dass die Bindungsqualität im Alter von vier oder fünf Jahren mehr zu einem Merkmal des Kindes wird, das fortan seine Beziehungen zu einer Vielzahl von Personen kennzeichnet; sie ist von diesem Zeitpunkt an nur noch schwer zu ändern.

Entwicklung der Fremdenfurcht

Bei ihrem Studium sozial-emotionaler Bindungen hat Mary Ainsworth nicht nur beobachtet, wie Kinder auf die An- und Abwesenheit ihrer Mutter reagierten. Ihr Szenario sah weiterhin zwei Episoden vor, in denen eine fremde Frau auftrat. Die Fremdenfurcht stellte für Ainsworth ein bedeutsames Merkmal sozial-emotionaler Bindungen dar.

Solange Kinder noch keine Bindung entwickelt haben, begegnen sie Fremden genauso wie ihrer Mutter oder einer Pflegeperson. Das ändert sich zwischen dem vierten und sechsten Lebensmonat, wenn das Kind beginnt, eine emotionale Beziehung zu den Personen seiner Umgebung zu entwickeln. Der Fremde wird nun nicht mehr genauso behandelt wie die Mutter oder der Vater. Zwar reagiert das Kind im Alter von vier Monaten auf einen ihm unbekannten Menschen noch nicht mit Furcht und Abwehr. Es lächelt aber einen fremden Erwachsenen weniger an als die ihm vertrauten Personen. Einige Wochen später wird ein

Abbildung 3.11. Ob Kinder von ihrem sechsten Lebensmonat an auf fremde Personen mit Furcht reagieren, hängt davon ab, ob sie sichere oder unsichere Bindungen zu ihren Bezugspersonen aufgebaut haben

Fremder mit ernstem Gesichtsausdruck für etwa 15 bis 30 Sekunden kritisch gemustert (Bronson, 1972). Man beobachtet bei sieben bis neun Monate alten Kindern Anzeichen offenkundiger Besorgnis (Emde et al., 1976). Ob sich diese ersten Reaktionen zur Furcht steigern oder, im Gegenteil, schnell wieder durch Zuwendungsverhalten ersetzt werden, hängt von Situationsbedingungen, dem Verhalten der Mutter, aber auch von Merkmalen des Kindes ab. Wenn dieses eine »sichere« Bindung entwickelt hat, zeigt es mehr Fremdenfurcht als ein Gleichaltriges mit »unsicherer« Bindung. Kinder, die meidend auf die Mutter reagieren, lassen sich von ihr nur widerwillig, von einem Fremden aber womöglich bereitwilliger auf den Arm nehmen (Harmon et al., 1979). Adoptierte Kinder, die zu Beginn ihres Lebens in einem anregungsarmen Waisenhaus gelebt haben, zeigen gehäuft unsichere Bindungen; gleichzeitig neigen sie aber dazu, auf Fremde freundlich zu reagieren. Diese Reaktionen müssen vor dem Hintergrund gesehen werden, dass die kleinen Jungen und Mädchen aus Waisenhäusern stammten, in denen das Pflegepersonal häufig wechselte (Chisholm, 1998).

Mary Ainsworth schuf mit ihren Szenarien Bedingungen, die für ein Kind in mehrfacher Hinsicht bedrohlich wirken. Zu beachten ist, dass die jungen Versuchspersonen in einen Raum geführt wurden, den sie nicht kannten. Die Anwesenheit der Mutter ließ aber Kinder mit sicherer Bindung ruhig und gelassen reagieren. Wenn jedoch in diese unbekannte Umgebung noch eine Fremde eintrat, mussten sich die Kinder wiederholt vergewissern, dass der mütterliche Schutz fortbestand. Erst als die Fremde sich dem Kind zuwandte und die Mutter den Raum verließ, war für das Kind praktisch nicht mehr vorhersagbar, was im nächsten Moment passieren würde. Furcht oder wenigstens Besorgnis waren in dieser Situation verständliche Reaktionen. Lediglich Kinder, die in der Vergangenheit wiederholt erfahren hatten, dass sich ihre Mutter unerwartet von ihnen entfernen kann, gaben sich in der Situation des Alleinseins vergleichsweise gelassen.

Begegnung mit Fremden in vertrauter Umgebung. Ein Kind reagiert nur dann mit geringer Zurückhaltung und ohne Furcht auf einen Fremden, wenn es sich in einer vertrauten Umgebung aufhält (Sroufe et al., 1974), wenn die Mutter es auf dem Arm hat, oder es auf ihrem Schoß sitzt (Morgan & Recciuti, 1969). Es wirkt zusätzlich beruhigend, wenn sie sich in einem sehr gelassenen und freundlichen Ton an den Fremden wendet (Feinman & Lewis, 1983). Nicht nur die Anwesenheit der Mutter vermittelt dem Kind Sicherheit, sondern auch ihre Reaktion auf eine unbekannte Situation. Schon während der ersten Lebensmonate sind Kinder nämlich in der Lage, Gefühle und Stimmungen ihrer Eltern zu erkennen (La Barbera et al., 1976).

Verhalten der fremden Person. Hat ein Kind bei Abwesenheit seiner Mutter stets die Neigung, auf einen Fremden mit Abwehr zu reagieren? Zeigt es in einer solchen Situation stets Furcht? Das hängt wesentlich davon ab, wie sich der Fremde dem Kind nähert. Ab dem ersten Lebensjahr braucht das Kind offenbar das Gefühl, die unbekannte Situation selbst kontrollieren zu können. Ein Fremder, der sich einem Kind ziemlich stürmisch nähert, es anzufassen oder gar auf den Arm zu nehmen versucht, weckt Furchtreaktionen. Deshalb muss er mit Abwehr oder Fluchtversuchen rechnen. Anders verhält sich ein Kind, dem gestattet wird, die Anfangsphase in der Begegnung mit einem Fremden mitzugestalten. In einer Untersuchung trat wiederholt hinter einem Vorhang ein freundlich grüßender Fremder hervor; das Kind konnte sein Erscheinen mit einem Knopfdruck beeinflussen. Nach sieben Minuten solcher kontrollierbarer Kontakte wurde aus einem Fremden ein »Freund«, dem das Kind die Annäherung gestattete; er durfte es sogar auf den Arm nehmen (Levitt, 1980).

Abnahme der Fremdenfurcht im zweiten Lebensjahr. Sofern er sich an bestimmte Regeln hält, kann ein Fremder sich also bereits nach wenigen Minuten etwa einem Einjährigen nähern und mit ihm spielen. Ein zweijähriges Kind wird sich in der Anfangsphase eines Kontakts mit einem Fremden zwar immer noch zurückhalten, die Furchtreaktion auf den Unbekannten ist aber nicht mehr so ausgeprägt wie bei einem einjährigen Kind. Sie nimmt allmählich ab, wird aber nicht völlig verschwinden (Greenberg & Marvin, 1982).

Woran liegt es, dass sich die Fremdenfurcht im Verlauf des zweiten Lebensjahres allmählich vermindert? Welche Entwicklungsbedingungen geben dem Kind in diesem Alter zunehmend Selbständigkeit? Ein kognitiv orientierter Psychologe wie Jerome Kagan (1970, 1971) beantwortet diese Fragen mit dem Hinweis, dass die meisten Kinder vor allem während des zweiten Lebensjahres täglich fremden Personen begegnen. Das Auftreten eines unbekannten Menschen ist für sie immer weniger aufregend. Zwar begegnet das Kind Fremden auch zukünftig mit Vorsicht; hat es allerdings nicht wiederholt schlechte Erfahrungen gemacht, gibt es keinen Grund, auf jeden Fremden furchtsam zu reagieren.

Entwicklungsbedingungen sicherer und unsicherer Bindungen

Mary Ainsworths Begriff der Bindung beschreibt die Beziehung eines Kindes zu einer bestimmten Person seiner Umwelt. Deshalb besteht sehr wohl die Möglichkeit, dass zwischen ihm und seiner Mutter eine unsichere, zu seinem Vater oder seiner Großmutter dagegen eine sichere Bindung besteht (Lamb, 1978). Unter welchen Bedingungen entwickeln sich bei Kindern aber sichere oder unsichere Bindungen? Was kennzeichnet eine Mutter, zu der ein Baby eine gute sozial-emotionale Beziehung entwickelt? Dabei kommt es offenbar nicht so sehr auf die Häufigkeit, sondern auf die Qualität der Kontakte zwischen dem Kind und den Personen seiner Umgebung an. Wiederholt konnte belegt werden, dass es einen engen Zusammenhang zwischen der Sensibilität in der elterlichen Zuwendung und einer sicheren Bindung an den Vater und die Mutter gibt (de Wolff & van Ijzendoorn, 1997; Pederson & Moran, 1996).

BEISPIEL

Daniel Stern hat über viele Jahre Kontakte zwischen Müttern und ihren Kindern filmisch aufgezeichnet und anschließend studiert. Sein Material enthält u. a. folgende Äußerungen einer Mutter im Rahmen einer sog. Kontaktepisode (mit der Anzahl der Buchstaben wird angezeigt, daß diese beim Sprechen entsprechend in die Länge gezogen wurden): »›Jetzt werd' ichchch dir . . . jeeeeetzt weeerd' ichchchch dir . . . jeeeeeeeeetzt weeeeeeeerd' ichchchchchch dir . . .‹« . Deutlich sichtbar stieg bei beiden Partnern allmählich die Erregung. Das Baby bewegte sich dabei auf dem schmalen Pfad zwischen explodierender Stimmung und Schrecken. Als sich der Pfad jedoch weiter verengt hatte, wandte das Baby seinen Blick von der Mutter ab. Für eine Sekunde schien es, als würde es sich wieder beruhigen, als würde es das eigene Erregungsniveau herabmindern. Nachdem dies gelungen war, richtete es seinen Blick abermals auf die Mutter, und es brach ein breites Grinsen hervor. Auf dieses Signal hin verstärkte die Mutter ihren Kontakt mit dem Kind. Doch jetzt wurde es diesem zuviel. Es unterbrach sofort den Blickkontakt, wandte sich ab, mied ihr Gesicht und brachte Missbilligung zum Ausdruck. Die Mutter brach daraufhin unverzüglich ihre Kontaktversuche ab. In sanftem Ton sagte sie: ›O mein Süßer, du bist vielleicht noch hungrig, nun . . ., vielleicht möchtest du noch etwas Milch.‹ Das Baby wandte sich der Mutter jetzt wieder zu, das Gesicht entspannte sich, und trank weiter. Der ›Moment‹ der sozialen Interaktion war vorbei« (Stern, 1977).

Im Rahmen von Kontakten wie im soeben dargestellten Beispiel lernt das Kind offenbar nicht nur, wie es auf die Mutter bzw. auf eine andere Pflegeperson zu reagieren hat, sondern ebenso, wie sich Begegnungen »reparieren« lassen, in denen offenkundig ein Missklang aufgetreten ist (Gianino & Tronick, 1988).

Die Mutter im Beispiel sprach nicht pausenlos auf ihr Kind ein. In regelmäßigen Abständen unterbrach sie ihre Äußerungen. In der Pause von mindestens drei Sekunden schien sie auf eine Reaktion des Kindes zu warten, um dessen aktuelle Erregung abschätzen zu können. Gestützt auf ihren Eindruck folgte die Entscheidung, ob sie das Baby noch intensiver ansprechen oder eine »Abkühlungsphase« vorziehen sollte. Als Grundlage solcher Entscheidungen dienten ihr offenkundig die Signale des Kindes. Ob eine Mutter den wechselseitigen Kontakt fortsetzen oder zur Beruhigung ihres jungen Kontaktpartners beitragen will, wird offenbar überall auf der Welt durch Veränderung der Tonhöhe zum Ausdruck gebracht. Deutsche Mütter heben ebenso wie chinesische und amerikanische ihre Stimme an, um das Kind zu einer Reaktion aufzufordern, während sie mit einer Absenkung der Stimmhöhe wohl den Versuch unternehmen, zur Beruhigung des Kindes beizutragen (Papousek & Papousek, 1991).

In dem obigen Beispiel hatte die Mutter ein Signal des Kindes nicht beachtet: Mit der Abwendung des Blicks versuchte das Baby offenbar mitzuteilen, dass es von den intensiven Anregungen zunächst einmal genug habe. Kinder können bereits in den ersten Lebensmonaten ihre Mitteilungen nicht nur wiederholen, sondern auch deutlicher werden lassen: sie wenden u. a. ihren Blick ab, bringen Missbilligung zum Ausdruck, wimmern leise, schließen die Augen, gähnen, stoßen mit den Füßen usw. Eine Person, die solche Signale beachtet und angemessen auf sie reagiert, gilt als sensibel. Mütter können sich in ihrer Sensibilität gegenüber ihren Kindern erheblich unterscheiden.

Sensibles Reagieren. Wenn das von Stern beobachtete Verhalten im Beispiel für die Mutter typisch war, bestanden gute Voraussetzungen für das Kind, eine sichere Bindung zu ihr zu entwickeln. Obwohl die Mutter einmal ein Signal ihres Kindes übersehen hatte, war sie sensibel genug, um sehr bald darauf ihr Verhalten zu korrigieren. Es ist also nicht die liebevolle Zuwendung der Eltern allein, die das Entstehen einer sicheren Bindung begünstigt, sondern zusätzlich ihre sensible Reaktion auf das Kind. Sensibel reagierende Eltern lachen, wenn das Kind lacht, reden mit ihm, wenn es Lautäußerungen von sich gibt, und wenden sich zumindest dem Kind zu, wenn es schreit (Ainsworth & Marvin, 1995). Wenn das Baby grundsätzlich erfährt, dass seine Signale verstanden werden, die Mutter angemessen reagiert und folglich vergleichsweise häufig Gleichklang (»Synchronie«) zwischen beiden besteht (Isabella & Belsky, 1991), wenn das Kind überwiegend die Gewissheit erhält, dass es sich auf seine wichtigste Pflegeperson verlassen kann, entgeht es dem wiederholten Erlebnis der Hilflosigkeit. Gleichzeitig fördert eine sensible Mutter bei ihrem Kind die Überzeugung, dass es Einfluss auf seine Umgebung nehmen, sie beherrschen kann (Riksen-Walraven, 1991). Bei diesen schon früh entwickelten Überzeugungen handelt es sich wahrscheinlich um Vorläufer der Wirksamkeitserwartungen (s. S. 136), die mit Anstrengungsbereitschaft und Ausdauer einhergehen (Riksen-Walraven, 1991).

Entwicklungsbedingungen unsicherer Bindungen

Nicht alle der von Stern beobachteten Mütter reagierten angemessen auf die kindlichen Signale. Bei einigen Frauen bestimmten die jeweiligen Stimmungen, wie sie sich verhielten. Aus anderen Studien weiß man, dass Mütter, die depressiv, hoffnungslos oder verzweifelt sind, nicht nur weniger häufig, sondern auch unangemessener die Signale ihres Kindes beantworten (Radke-Yarrow et al., 1985). Wenn eine Frau sich zudem unwohl in der Mutterrolle fühlt, wird sie gegenüber dem Baby auch weniger sensibel sein. Solche Mütter neigen dazu, das Kind in manchen Situationen mit Liebe und Zärtlichkeit zu überhäufen. Beeinträchtigt es jedoch ihre Pläne und Wunschvorstellungen, so können sie sehr wohl feindselig oder auch ärgerlich reagieren. Eine Mutter, die sich so verhält, ist für das Kind kein zuverlässiger Sozialpartner. Wenn das Kind einer wenig sensiblen Mutter zudem wiederholt bei dem Versuch scheitert, seinem Kontaktpartner über Mimik und Gestik etwas mitzuteilen, erfährt es sein Unvermögen, Kontrolle über soziales Geschehen zu gewinnen; im ungünstigsten Fall erlebt es dabei seine Hilflosigkeit. Ein solches Kind entwickelt dann vermutlich eine unsichere Bindung im Sinne von Ainsworth.

Kinder können also ein Gefühl der Hilflosigkeit entwickeln, wenn ihre Signale nicht verstanden werden und ihre Möglichkeiten zur Kontrolle der sozialen Umwelt gering sind (s. S. 301 f.). Aber auch Eltern fühlen sich unter bestimmten Bedingungen hilflos. Wie reagiert eine Mutter, deren Baby häufig schreit? Viele Mütter versuchen zunächst, ihr Kind zu besänftigen. Schlägt dies jedoch wiederholt fehl und erschöpft sich die Geduld allmählich, kann es durchaus sein, dass sich die Mutter allmählich von ihrem Kind zurückzieht und weniger sensibel reagiert. Diese Reaktion kann das Schreien weiter verstärken, allerdings mit der möglichen Rückwirkung, dass die Mutter es noch mehr missachtet (Bell, 1974). Man hat beobachtet, dass sich Mütter ihren Babys, die sie als »schwierig« wahrnahmen, vergleichsweise seltener zuwandten, weniger mit ihnen spielten (Sameroff, 1975), oder ihre Signale übersahen (Crockenberg, 1981; Donovan & Leavitt, 1985b). Damit wurde aber die Entwicklung einer unsicheren Bindung begünstigt (Waters et al., 1980; Van den Boom, 1988), die sich vor allem auch gehäuft bei Kindern findet, die von ihren Eltern misshandelt werden (Carlson, 1998).

Veränderbarkeit emotionaler Bindungen

Bleibt nun die von einem Kind zu den Personen seiner Umgebung entwickelte Bindung stets die gleiche? Ist die »sichere« Bindung, die ein zwölf Monate altes Kind zu seiner Mutter entwickelt hat, auch sechs Monate später noch »sicher«? Das hängt davon ab, ob die Lebensbedingungen der Familie stabil bleiben. Wenn eine Mutter womöglich ihren bisherigen Lebenspartner verliert, wenn die Familie von Arbeitslosigkeit betroffen wird oder wenn nahe Angehörige schwer erkranken, ist nicht auszuschließen, dass sich nach solchen kritischen Lebensereignissen die Qualität der Sozialbeziehungen zwischen Mutter und Kind verändert. Ebenso kann aus einer unsicheren eine sichere Beziehung werden, wenn eine Familie von Belastungen befreit wird oder – in den Worten von Brian Vaughn und seinen Mitarbeitern (1979) gesprochen: »Wie jede andere emotionale Beziehung entstehen Mutter-Kind-Bindungen aus wechselseitigen Kontakten. Sie entwickeln sich auch dann noch weiter, wenn sich eine Bindung gebildet hat, und diese bleibt anfällig für Verhaltensveränderungen bei jedem der beiden Partner.«

Wirkungen sozial-emotionaler Bindungen

Mary Ainsworth (1986) ist davon überzeugt, dass die Entwicklung einer sozial-emotionalen Bindung zwischen dem Kind und seinen Eltern im Dienste des Überlebens der Arten steht. Bei Tieren, die sich bereits unmittelbar nach der Geburt fortbewegen können, sorgt der Mechanismus der Prägung (s. S. 16) dafür, dass sich Neugeborene in der Nähe eines erwachsenen Artgenossen aufhalten; ihre Chancen, das zeugungsfähige Alter zu erreichen, werden dadurch erhöht. Menschliche Babys, so erläutert Mary Ainsworth, benötigen diesen Mechanismus nicht, denn zu Beginn ihres Lebens besteht ja nicht die Gefahr, dass sie weglaufen. Sobald sie dies aber können, wird es für sie wichtig, in der Nähe des Erwachsenen zu bleiben; ihr Schutz wäre ansonsten nicht gewährleistet.

Förderung der Selbständigkeit. Kann ein Kind aber alltägliche Bedrohungen besser abwehren, wenn es sich durch die Entwicklung einer sozial-emotionalen Bindung ausdrücklich unter den Schutz anderer stellt? Sind die Überlebenschancen des Einzelnen nicht eher dadurch erhöht, dass seine Abhängigkeit vermindert und seine Selbständigkeit gefördert wird? Ainsworth (1986) verweist in ihrer Antwort darauf, dass Mütter der 60er Jahre von »Experten« immer wieder ermahnt wurden, ihre Kinder nicht zu sehr zu verwöhnen und deren Abhängigkeit nicht übermäßig stark werden zu lassen. Diese Ratschläge hat Ainsworth, wie sie bekundet, allerdings nie so recht »verdauen« können. Zu fragen sei nämlich, ob man der Entwicklung von Unabhängigkeit tatsächlich entgegenwirkt, wenn man sich dem Kind tröstend zuwendet oder wenn man es durch bestimmte Maßnahmen zu beruhigen versucht. Tatsächlich hat Ainsworth in ihren Studien gefunden, dass Personen, zu denen eine sozial-emotionale Bindung besteht, dem Kind helfen, sich dem weniger Vertrauten zuzuwenden, sich dem Unbekannten anzunähern. Ein Kind, das seine Betreuungspersonen in der Regel als zuverlässig erfährt, entwickelt die Vorstellung, dass es selbst wert ist, diese Fürsorge zu empfangen. Es hat gelernt, dass es soziale Beziehungen mitbestimmen kann und es weiß, dass soziale Beziehungen angenehm und erstrebenswert sind. Bei Vorliegen einer sicheren Bindung verbessert sich weiterhin die Fähigkeit, neuartige Situationen zu erkunden und Furcht vor fremden Personen zu überwinden.

Nachdem zwölf Monate alte Kinder im Forschungsinstitut von Mary Ainsworth (Ainsworth et al., 1974) erstmalig in einen ihnen völlig unbekannten Raum geleitet worden waren, drängten sie sich zunächst für eine kurze Zeit an ihre Mutter (s. S. 128f.). Diese Zurückhaltung gegenüber einer neuen Situation hat Schutzfunktion. Allerdings kann ein Kind, das sich vor einer fremdartigen Situation fürchtet, kaum neue Erfahrungen sammeln. Es muss sich dazu von seiner Mutter trennen. Ein normales Kind wird sich früher oder später aufgrund seiner Neugier dem Unbekannten zuwenden. In diesem Erkundungsverhalten zeigt sich für Ainsworth und ihre Mitarbeiterinnen (1974) »die angeborene Bereitschaft eines Kindes, sich für neue Gegebenheiten der Umwelt zu interessieren, sich ihnen zu nähern, sie zu untersuchen, ... mit ihnen zu spielen und mehr über die Natur der Umwelt und der darin vorfindbaren Gegenstände zu lernen«.

Stabilität sozial-emotionaler Bindungen. Unter dem Schutz jener Person, zu der es eine Bindung entwickelt hat, wendet sich das Kind dem Neuen und Unbekannten zu. Dabei sammelt es Erfahrungen, durch die es in zunehmendem Maße an Selbstsicherheit gewinnt. Es lernt, Ereignisse seiner Umgebung besser vorherzusagen und ihre Bedrohlichkeit abzuschätzen. Auch in den späteren Jahren können sich Kinder, die eine sichere Bindung zu entwickeln vermochten, vergleichsweise selbstsicher mit neuartigen Situationen auseinandersetzen. Bei der Qualität der Bindung kann es sich nämlich um ein ziemlich stabiles Merkmal handeln. Wie Ulrike Wartner und Mitarbeiter (1994) feststellten, wiesen 82 Prozent der von ihnen untersuchten Kinder als Sechsjährige noch immer die gleiche Qualität der Bindung auf wie als Einjährige. Änderungen ergeben sich allerdings – wie bereits oben erwähnt –, wenn sich die Lebensumstände von Jungen und Mädchen erheblich verändern, z. B. durch Verlust eines Elternteils oder gesundheitliche Bedrohung.

Auswirkungen auf die weitere Entwicklung. Kinder mit sicherer Bindung sind noch im Vorschulalter allgemein neugieriger; sie haben offenbar mehr Freude an der Auseinandersetzung mit neuen Aufgaben, man beobachtet bei ihnen häufiger prosoziales Verhalten (Volland, 1995) und sie zeigen mehr Ausdauer, bessere Konzentration (Grossmann et al., 1991) sowie stärkere Unabhängigkeit von der Kindergärtnerin als Kinder mit unsicherer Bindung, die weniger Erkundungsverhalten zeigen und vergleichsweise seltener mit Gleichaltrigen spielen (Sroufe, 1985; Cassidy & Berlin, 1994). Das Sozialverhalten der »unsicheren« Kindern gestaltet sich auch problematischer, denn sie neigen eher zu Aggressionen und Impulsivität (Turner, 1993). Unter Gleichaltrigen nehmen Kinder mit sicherer Bindung vielfach Führungspositionen ein, sie sind sozial engagiert und ziehen die Aufmerksamkeit anderer auf sich, treten als Jugendliche ziemlich selbstsicher auf und sind sozial sehr geschickt (Sroufe, 1985; Sroufe et al., 1993b). Für fremde Kinder sind sie bei ersten Begegnungen sogar dann attraktiv, wenn sie sich gar nicht ausdrücklich um Aufnahme sozialer Kontakte bemühen (Jacobson & Wille, 1986). Kinder mit sicherer Bindung reagieren auf ihre Lehrer häufig freundlich und angemessen, sie erbitten bei Bedarf deren Hilfe; in sozialer Hinsicht, aber auch bezüglich ihrer schulischen Leistungen sind sie nicht selten Kindern mit unsicherer Bindung überlegen (Berlin et al., 1995). Aus der engeren Bindung während der beiden ersten Lebensjahre kann sich offenbar mehr Selbständigkeit und Unabhängigkeit in den nachfolgenden Jahren entwickeln. Die Qualität der Bindung, die Eltern selbst als Kinder entwickelt haben, kann dann häufig auch später mit den eigenen Söhnen und Töchtern aufgebaut werden (van Ijzendoorn, 1995).

Das Kind, das eine sozial-emotionale Bindung zu seiner Mutter und anderen Personen seiner Umgebung entwickelt hat, sieht sich noch nicht als ein eigenständiges Wesen, das sich von anderen absetzt. Das ändert sich annäherungsweise im Alter von 18 Monaten, wenn das Kind sich selbst – etwa in einem Spiegel oder auf Fotos bzw. Filmen – entdecken kann. Dieses Selbstentdecken wird aufgrund eines kognitiven Fortschrittes möglich, auf den hier – in Vorwegnahme des Kapitels 4 – bereits eingegangen werden soll, weil sich dem Kind damit neue Erlebnismöglichkeiten im sozial-emotionalen Bereich eröffnen.

3.3.5 Entdeckung der eigenen Person

Sehr junge Kinder sind sich ihres eigenen Daseins noch nicht bewusst. Folglich ist ihnen auch nicht bekannt, was zu ihnen selbst gehört und was nicht. Jean Piaget (1973) beobachtete bei seiner drei Monate alten Tochter Jacqueline beispielsweise offenkundiges Erstaunen darüber, dass ihre eigenen Hände, nachdem sie vorübergehend aus dem Blick geraten waren, plötzlich wieder auftauchen konnten. Selbst acht Monate alte Kinder sind sichtbar erstaunt, wenn sie ein Spielzeug an sich zu bringen versuchen, das ein etwa Gleichaltriger in den Händen hält, aber nicht frei gibt. Erst im Alter von einem Jahr dürfte ihnen sehr viel klarer sein, dass es sich bei dem oder der anderen um eine eigenständige Person handelt und deshalb bestimmte Maßnahme (z. B. Lächeln oder Schubsen) angewandt werden müssen, um sich des begehrten Gegenstandes zu bemächtigen. Ist sich das Kind damit aber auch darüber im Klaren, dass es sich eindeutig von anderen abhebt? Erkennt es sich als ein »subjektives Selbst« (Lewis, 1990), das in Raum und Zeit fortbestehen wird? Welches sind die ersten Anzeichen für den Prozess der Selbst-Entdeckung, an dessen Ende nicht mehr als zwei Worte stehen: »Ich bin«?

Entdeckung eigener Selbstwirksamkeit

Michael Lewis vertritt die Überzeugung, dass erste Keime des kindlichen Wissens von der eigenen Existenz schon während des zweiten, spätestens aber im dritten Lebensmonat zu finden sind. Das Baby sammelt durch sein vielfältiges Tätigsein in der Umwelt die Erfahrung, dass es dort etwas bewirken kann. Wenn es gegen das über seinem Bett hängende Glöckchen schlägt und es zum Klingen bringt, wenn es auf die Bewegungen seiner Hand aufmerksam wird und irgendwann entdeckt, dass sie in höherem Maße unter seiner eigenen Kontrolle steht als es bei anderen Gegebenheiten der Umgebung der Fall ist, wenn es sensible Eltern hat, die auf Lächeln und Lautäußerungen ihres Kindes reagieren, dann erfährt es jedes Mal sehr frühe Formen der Selbstwirksamkeit.

Die Erfahrung eines Kindes, etwas in seiner Umwelt bewirken zu können – es schreit, und die Mutter eilt herbei –, führt während der ersten Lebensmonate noch nicht zu dem Verständnis, ein unabhängig handelndes und individuell fortbestehendes Individuum zu sein. Das Kind mag aber durch seine Aktivitäten erste Ahnungen darüber entwickeln, dass »Das-da-draußen«, auf das sich einwirken lässt, nicht gleichzusetzen ist mit jenen eigenen Körperteilen, mit deren Hilfe dieses Einwirken bewerkstelligt werden kann.

Abbildung 3.12. Zwischen dem 21. und 24. Lebensmonat wissen Kinder, dass sie ihre eigene Person im Spiegelbild betrachten

Erkennen des eigenen Körpers

Bevor ein Kind Verständnis für die eigene Person als ein unabhängiges Wesen entwickeln kann, muss es Verständnis dafür haben, dass Gegebenheiten, die sich im Moment wahrnehmen lassen, auch fortbestehen, wenn sie aus dem Blick geraten sind (siehe hierzu die Ausführungen zur Objektpermanenz, S. 146f.). Dieses Wissen entwickelt sich offenbar sehr viel früher, als Piaget angenommen hat. Deshalb darf davon ausgegangen werden, dass das zugrunde liegende Verständnis spätestens im Alter zwischen acht und zwölf Monaten entwickelt ist. Sobald das Kind sicher weiß, dass die Mutter auch dann fortbesteht, wenn sie aus dem Blick geraten ist, dürfte es auch eine frühe Form des Wissens davon haben, dass es selbst auch fortbestehen wird. Reicht dieses Verständnis aber bereits aus, um sich selbst – etwa im Spiegel – zu erkennen? Dieser Frage ist man in einem heute bereits als klassisch geltenden Experiment nachgegangen.

Das eigene Spiegelbild. Während der ersten drei Lebensmonate geben Babys keinerlei Hinweis für ein besonderes Interesse am eigenen Spiegelbild. Das ändert sich zwischen dem fünften und achten Lebensmonat, denn nunmehr starren Kinder ihr eigenes Abbild an oder lächeln ihm sogar zu; nichts deutet aber darauf hin, dass sie sich selbst erkennen. Setzt das Erkennen der eigenen Person vielleicht Verständnis für die Funktionsweise eines Spiegels voraus? Das ist nicht notwendigerweise der Fall, denn Kinder von Nomaden, bei denen es keine Spiegel gibt, entdecken sich selbst etwa im gleichen Alter wie Gleichaltrige mit entsprechenden Erfahrungen (Priel & DeSchonen, 1986). Offenbar setzt das Wiedererkennen im Spiegel etwas anderes voraus, denn wenn ein Kind kurz vor seinem ersten Geburtstag im Spiegelbild ein attraktives Spielzeug entdeckt, dann kann es dessen tatsächlichen Standort offenbar erschließen; es greift nicht in das Spiegelbild hinein. Diese Reaktion lässt den Schluss zu, dass das Einjährige ein gewisses Verständnis für die Funktion eines Spiegels entwickelt hat. Dennoch vergehen weitere Monate, bis das Kind sicher erkennt, dass es sich beim Spiegelbild um die eigene Person handelt, denn nur wenige Kinder nehmen im Alter von 15 Monaten, fast alle aber zwischen dem 21. und 24. Lebensmonat, eine im Spiegel entdeckte rote Stelle auf der eigenen Stirn zum Anlass, sie mit der eigenen Hand zu berühren (Asendorpf et al., 1996). Wenn die Mutter ihr etwa zweijähriges Kind vor den Spiegel stellt, wird sie auf die Frage »Wer ist das?« die richtige Antwort hören. Das Kind antwortet entweder »ich« oder nennt seinen Namen (Lewis & Brooks-Gunn, 1979; Lewis & Brooks, 1979; Harter, 1983).

Die Selbst-Entdeckung findet zu einem Zeitpunkt statt, da sich beim Kind bedeutsame Fortschritte in der kognitiven und damit auch sprachlichen Entwicklung vollzogen haben. Es kann deshalb sehr bald Verständnis für Aussagen zeigen, in denen »mein«, »ich« und »du« vorkommen. Es vermag Gefühle zu zeigen, denen ein sozialer Bezug zugrunde liegt.

Soziale und emotionale Folgen der Selbst-Erkennung

Primäre Emotionen. Neugeborene zeigen bereits wenige Tage nach ihrer Geburt eine Mimik, die auf Gefühle wie Kummer, Ekel, Freude, Traurigkeit, Wut oder Überraschung zu verweisen scheint (Izard et al., 1995). Wenn es dem Menschen möglich ist, so früh in seinem Leben diese Gefühle zu zeigen, darf vermutet werden, dass diese bis zu einem gewissen Grade genetisch verankert sind. Man spricht deshalb auch von primären Emotionen. Primäre Emotionen werden unmittelbar von einer aktuellen Situation ausgelöst, so etwa Kummer als Reaktion auf Schmerzreize oder Ekel bei einem unangenehmen Geschmack.

Sekundäre Emotionen. Sobald sich das Kind aber seiner selbst bewusst geworden ist, zeigt es zunehmend sehr viel komplexere, sekundäre Emotionen (Lewis, 1993), die sich jeweils in bestimmten Situationen beobachten lassen, so etwa bei Übertretungen elterlicher Anordnungen. Ein zweijähriges Kind weiß sehr genau, was erlaubt ist und was nicht. Wenn es ein Verbot überschritten hat, kann es Angst und Unbehagen zum Ausdruck bringen, auch wenn die Mutter gar nicht anwesend ist. Ebenso zeigt es nunmehr auch Schuldgefühle und Beschämung (Stipek et al., 1992). Vielleicht sieht es, wie die Mutter einem Geschwisterkind sehr viel Aufmerksamkeit entgegenbringt, und bei diesem Anblick reagiert es mit Eifersucht, versucht womöglich sogar, sich zwischen Mutter und Schwester zu drängen (Cummings et al., 1981). Das Erleben von Eifersucht setzt eine Selbstbewertung voraus, denn das beobachtende Kind muss ja zu dem Schluss gekommen sein, dass die Mutter dem Bruder oder der Schwester im Moment mehr Aufmerksamkeit entgegenbringt und es damit im Vergleich zu ihm selbst höher bewertet. Wenn es sich aus Eifersucht dazwischen drängt, unternimmt es wahrscheinlich den Versuch, der vermeintlichen Höherbewertung entgegenzutreten, eine solche möglichst sogar zu beenden.

Die Fähigkeit zur Selbstbewertung lässt noch weitere Gefühle entstehen; dazu gehört auch der Stolz, den ein Kind nicht vor dem Alter von 18 Monaten erleben kann (Tomasello, 1993), denn es muss dazu in der Lage sein, das eigene Verhalten auch aus der Sicht eines anderen zu sehen und zu bewerten. So mag es ihm erstmalig gelungen sein, sich einen Handschuh allein anzuziehen; es lächelt daraufhin selbstzufrieden, weil es etwas vollbracht hat, das offenbar über den Erwartungen eines Beobachters liegt. Sollte es dagegen etwas getan haben, was den Wünschen oder gar Anordnungen anderer offenkundig widerspricht, zeigt es vielleicht Schuldgefühle und Beschämung, indem es seine Augen und seinen Kopf nach unten senkt.

Es ist bedeutsam, wie häufig ein Kind fortan Stolz und Beschämung erfahren wird, denn das Selbstwertgefühl entwickelt sich aufgrund solcher emotionaler Erlebnisse:

- Sollte das Kind häufiger Gelegenheit haben, sich als »gut«, »lieb« oder »nett« zu sehen, wird der Nährboden für ein positives Selbstwertgefühl gelegt.
- Sollte die soziale Umwelt dem Kind dagegen gehäuft den Eindruck vermitteln, dass es »schlecht«, »nicht liebenswert« ist, muss mit der Entstehung eines negativen Selbstwertgefühls gerechnet werden.

Dieses Selbstwertgefühl wird in den nachfolgenden Jahren wesentlich die kognitive Entwicklung, von der im nächsten Kapitel die Rede sein wird, mitbestimmen.

Literatur zur Erweiterung des Wissens und zur Vertiefung

Zur Entwicklung der Motorik und Wahrnehmung:

Holle, B. (2000): Die motorische und perzeptuelle Entwicklung des Kindes. Ein praktisches Lehrbuch für die Arbeit mit normalen und retardierten Kindern (4. Aufl.). Weinheim: Beltz.

Zur Entwicklung der sozial-emotionalen Bindung:

Herbert, M. (1999): Ursprung der Zuneigung zwischen Eltern und Kindern. Bern: Huber.

Spangler, G. und Zimmermann, P. (1995): Die Bindungstheorie. Grundlagen, Forschung und Anwendung. Stuttgart. Klett-Cotta.

4 Die ersten zwei Lebensjahre: Kognitive Entwicklung

Da die Sinnesorgane des Neugeborenen bereits in einem beachtlichen Umfang funktionieren, könnte man annehmen, dass der Mensch zu Beginn seines Lebens von Umweltreizen regelrecht bombardiert wird. Da das unreife Gehirn noch nicht steuernd und auswählend eingreifen könne, müsse sich für das Neugeborene – so folgerte der bekannte Psychologe William James (1890) – zwangsläufig ein großes, verwirrendes Durcheinander ergeben. Ist der Mensch den Reizen der Umwelt zu Beginn seines Lebens aber tatsächlich hilflos und passiv ausgeliefert? Besitzt ein Neugeborenes keinerlei Möglichkeiten der Auswahl?

Tatsächlich ist das Neugeborene ständig wechselnden Eindrücken – vor allem aus der Seh-, Hör-, Riech- und Tastwelt – ausgesetzt. Es muss deshalb sehr bald in den ersten Wochen und Monaten nach der Geburt Voraussetzungen zur Klärung der Frage schaffen, wie diese eintreffenden Informationen aus der Umwelt zusammenpassen. Es hat zu lernen, diese Gegebenheiten »wahrzunehmen«, das heißt: sinnvoll zu interpretieren. Im Lauf der Zeit wird das Kind auch entdecken, dass einige Merkmale von Gegebenheiten fortbestehen, andere einem häufigen Wechsel unterliegen. Diese Erkenntnisse gelingen dem Kind, weil es bereits während seines ersten Lebensjahres Fortschritte in seiner kognitiven Entwicklung macht, und zwar in einer eindrucksvollen Schnelligkeit. Bereits zum Zeitpunkt des ersten Geburtstags, manchmal sogar schon früher, ist das Kind mit den grundlegenden Merkmalen der Gegenstände und Menschen vertraut, die sich in seiner Umgebung befinden. Es ist auch bereits in der Lage, bestimmte Probleme zu lösen, und setzt fortan zunehmend die gesprochene Sprache ein, um sich mit seiner Umgebung zu verständigen.

Das vorliegende Kapitel wird über diese kognitive Entwicklung ausführlicher berichten. Es soll dargestellt werden, wie der Mensch während der frühen Kindheit die von den Sinnesorganen stammenden Informationen verarbeitet, speichert und letztlich einsetzt, um den Anforderungen von Seiten der Umwelt entsprechen zu können.

Nach Jean Piaget gelingt es dem Kind, sich während seiner ersten eineinhalb bis zwei Lebensjahre in zunehmendem Maße an seine Umwelt anzupassen. Folgende Faktoren spielen dabei eine Rolle:

Sensu-motorische Intelligenz: Sie ermöglicht es dem Kind, über seine Sinnesorgane (»sensu«) eintreffende Informationen zu verarbeiten und den eigenen Bewegungsapparat (»motorisch«) immer besser zu beherrschen.

Spielerische Tätigkeiten: Durch sie sammelt das Kind wertvolle Erfahrungen. Zunächst setzt es sich spielend mit Teilen seines Körpers auseinander. Später kommt die erkundende Beschäftigung mit Sachen seiner Umgebung, entweder allein oder mit anderen hinzu.

Entwicklung der Sprache: Ihr kommt besondere Wichtigkeit zu, denn durch sprachliche Verständigung wird die Möglichkeit eröffnet, von den Erfahrungen anderer zu profitieren.

4.1 Anpassung an die Umwelt durch sensu-motorische Intelligenz

Jean Piagets Studium kindlicher »Denkstrukturen«

Jean Piaget sammelte zu Beginn der 20er Jahre bei Alfred Binet in Paris Erfahrungen mit Intelligenztests. Dabei interessierte er sich ganz besonders für die Antworten, die Kinder ihm auf die einzelnen Fragen gaben. Wenn diese auf eine Frage so reagierten, dass sie entsprechend der Auswertungsrichtlinien als zutreffend zu werten waren, hatte Piaget ihnen dafür einen Punktwert gutzuschreiben. Obwohl er Falschantworten eigentlich ignorieren sollte, erregten gerade diese sein besonderes Interesse. Wie lässt sich erklären, so fragte sich Piaget, dass Kinder auf einige Fragen Antworten gaben, die im offenkundigen Widerspruch zum Wissen eines Erwachsenen standen? Um eine Klärung herbeizuführen, bat Piaget die Kinder, ihm ihre Antworten eingehender zu erläutern. Dabei gelang ihm eine bedeutsame Entdeckung. Piaget stellte nämlich fest, dass beispielsweise Fünfjährige ebenso irren konnten wie ältere Kinder; allerdings begründeten die Vertreter der beiden Altersgruppen ihre (Falsch-) Antworten keineswegs in übereinstimmender Weise. Daraus leitete Piaget die Vermutung ab, dass junge Menschen anders als Erwachsene denken. Die beobachteten Unterschiede ließen nicht nur darauf schließen, dass jüngere Kinder über *weniger* Wissen verfügten als ältere. Vielmehr traten auch Unterschiede *in der Qualität* des Denkens zutage. Wenn aber die »Denkstrukturen« wesentlich mitbestimmen, wie Kinder auf die Fragen eines Intelligenztests antworten, dann sollte man doch, so folgerte Piaget, eingehender erforschen, wie diese Strukturen sich im Verlauf von Kindheit und Jugend entwickeln. Die vielfach auch routinehaft zu erledigenden Aufgaben, die im Testinstitut Binets alltäglich zu bewältigen waren, hatten bei Piaget offensichtlich Fragen angeregt, an deren Klärung er unglaublich produktiv bis zu seinem Tode arbeitete.

Aktive Aneignung von Wissen. Entscheidende Einsichten in kindliche Denkweisen erhielt Piaget durch Beobachtung seiner drei eigenen Kinder (Jacqueline, Lucianne und Laurent). Von Anfang an setzte er sich von der damals vorherrschenden Sichtweise ab, wonach Kinder nur passive Empfänger von Wissen sind. Seine Beobachtungen führten ihn stattdessen zu der Überzeugung, dass Kinder aktiv bemüht sind, ihre Umwelt zu verstehen. Erste Voraussetzungen für dieses Verstehen-Wollen entstehen bereits während der ersten Monate nach der Geburt. Piaget meinte zwar – wie man heute weiß, irrtümlich –, dass das Baby in diesem Alter noch nicht über Begriffe und Vorstellungen verfügt. Dennoch schrieb er ihm Intelligenz zu; diese offenbare sich zunächst in der Sensu-Motorik.

Sensu-Motorik. Was meinte Piaget mit der Feststellung, dass die Intelligenz in der frühen Kindheit als sensu-motorisch zu kennzeichnen ist? Mit dem Begriff Sensu-Motorik wollte Piaget zum Ausdruck bringen, dass das Kind in dieser frühen Phase zum einen Erfahrungen mit seinen Sinnesorganen (»sensu«), zum anderen mit seiner Motorik, also mit seinem Bewegungsapparat, sammelt. Im Laufe der Zeit lernt es, beides aufeinander abzustimmen. Es erfolgt damit eine zunehmende *Organisation* seiner Erfahrungen: Sie werden entweder in das bereits vorhandene Wissen eingefügt (assimiliert) oder sie geben Anlass, dieses Wissen zu verändern (zu akkommodieren). »Assimilation« und »Akkommodation« stehen im Dienste der Anpassung (Adaptation) des Kindes an seine Umwelt. Wenn das Kind Erfahrungen sammelt, die sich nicht in das bereits Bekannte einfügen lassen, liegt ein Ungleichgewicht (Disäquilibrium) vor, das ein Kind im günstigsten Fall veranlasst, seine vorhandene kognitive Struktur zu verändern.

4.1.1 Schema als grundlegende Wissenseinheit

Die aktive Komponente des Schemas. Der Mensch ist bereits zum Zeitpunkt seiner Geburt mit einem Grundwissen ausgestattet, ohne das ein Überleben kaum vorstellbar wäre. Piaget nahm an, dass das Neugeborene lediglich mit ein paar angeborenen Schemata auf die Welt kommt. Sogenannte *Neo-Nativisten* gehen über diese Annahme hinaus, so etwa Elizabeth Spelke (Spelke & Newport, 1998), die behauptet, ein Kind werde mit der Fähigkeit geboren, viele grundlegende Eigenarten der physikalischen Welt bereits von Anfang an zu verstehen. Soweit ging Piaget nicht, er schrieb dem Kind lediglich angeborene Reflexe zu. Wenn eine leichte Reizung der kindlichen Wangen erfolgt, »weiß« das Kind, dass es seinen Kopf zu drehen hat, um die mütterliche Brust zu finden. Bei Berührungen der Lippen »weiß« es, dass es Saugbewegungen ausführen muss. Dieses Wissen, dem sich entnehmen lässt, welche Aktivitäten bei welchen Reizen auszulösen sind, wird nach den Vorstellungen Piagets in kognitiven Einheiten geordnet und gespeichert, die er als »Schemata« bezeichnet. Piaget beobachtete beispielsweise seinen zwei Tage alten Sohn Laurent dabei, wie er auch ohne erkennbare natürliche Reizung Saugbewegungen zeigte. Piaget gewann nach solchen Beobachtungen die Überzeugung, dass ein Schema eine aktive Komponente besitzt; diese rege das Kind dazu an, das damit verbundene Wissen anzuwenden. Infolge der von Piaget behaupteten natürlichen Tendenz, vorhandene Schemata zu praktizieren, sammelt das Kind Erfahrungen, die zu einer Veränderung des bereits verfügbaren Wissens bzw. dem diesem jeweils entsprechenden Schema führen können.

»Objekt-Schema«. Schon während der ersten Lebensmonate wissen Babys, was man mit Gegenständen »machen« kann, denn sie haben ihre Spielente, ihre Rassel oder ihren Beißring bereits vielfältig betrachtet, in den Mund gesteckt und vielleicht auch gegen die Gitterstäbe ihres Bettchens geschlagen. Ihrem »Objekt-Schema« können sie vermutlich auch entnehmen, dass solche Gegenstände sich mit der Hand greifen lassen und dass sie nach unten fallen, wenn man sie loslässt. Die aktive Komponente des Schemas könnte das Kind dazu veranlassen, dieses Wissen wiederholt zu überprüfen. So beobachtet man beispielsweise ein sechs oder sieben Monate altes Kind, wie es wiederholt nach seiner Spielente oder seiner Rassel greift, um sie kurz darauf loszulassen. Aber bei diesem »Experimentieren« entdeckt der Beobachter noch nicht allzu viel Abwechslung. Ein Jahr später zeigt sich dagegen ein verändertes Bild. Auch ein 16 oder 18 Monate altes Kind könnte damit beschäftigt sein, Gegenstände zu ergreifen und anschließend wieder freizugeben. Nunmehr verhält es sich aber viel aktiver, denn es nimmt verschiedene vorfindbare Objekte in die Hand, die es mal in die Luft, ein anderes Mal vom Balkon nach unten und ein weiteres Mal gegen die Wand des Zimmers wirft, manchmal mit mehr, manchmal mit weniger Schwung. Die aktive Komponente des Objekt-Schemas scheint das Kind anzuregen, systematisch der Frage nachzugehen, auf wie viele verschiedene Weisen sich Gegenstände werfen lassen und welche Folgen solche Würfe jeweils haben. Durch diese Aktivitäten sammeln Kinder Erfahrungen, die entweder mehr oder weniger im Einklang mit dem bereits verfügbaren Wissen stehen, aber auch in Widerspruch zu diesem treten können.

4.1.2 Anpassung durch Assimilation und Akkommodation

Schemata verändern sich dadurch, dass Menschen sich aktiv mit der Umwelt auseinandersetzen und dabei Erfahrungen sammeln. Diese Erfahrungen regen zwei »komplementäre«, das heißt, einander ergänzende Prozesse an: Assimilation und Akkommodation.

Assimilation. Durch den Prozess der Assimilation werden Erfahrungen so umgesetzt, dass sie in vorhandene Schemata eingefügt werden können. Piaget versucht, diesen Prozess am Beispiel des Verdauungssystems zu verdeutlichen. Dieses sorgt dafür, dass verspeiste Nahrung umgewandelt wird, bis sie letztlich von bestehenden körperlichen Strukturen wie Knochen, Muskeln, Blut usw. »assimiliert« werden kann (Piaget, 1936).

Piaget hat sich verständlicherweise vor allem für Assimilationsprozesse im intellektuellen Bereich interessiert. Durch sie werden Erfahrungen so interpretiert, dass sie sich in das bereits Bekannte einpassen lassen. Wenn das Baby gegen das neue Mobile schlägt, das über sein Bett gehängt worden ist, kann es assimilieren, dass es anschließend hin- und herpendelt, d. h., diese Beobachtung lässt sich mit dem, was es bereits früher in ähnlichen Situationen erfahren hat, vereinbaren.

Akkommodation. Indem sich das Kind aktiv mit seiner Umwelt auseinandersetzt, sammelt es nicht nur Erfahrungen, die sich in vorhandene Schemata mehr oder weniger leicht einfügen lassen. Es erhält dabei auch Informationen, die in vorhandene Schemata nicht hineinpassen. In einem solchen Fall muss es seine Wahrnehmung verändern und Maßnahmen ergreifen, damit sich die neue Information berücksichtigen lässt. So ergibt sich möglicherweise für ein Neugeborenes zum ersten Mal die Situation, dass ein Zipfel der Bettdecke seine Lippen berührt. Dadurch wird ein angeborenes Reflexschema aktiviert, und folglich beginnt es zu saugen. Dabei bestätigen sich allerdings nicht frühere Erfahrungen, denn das Saugen an einer Decke unterscheidet sich durch seine Stoffqualität vom Gummisauger der Flasche, der mütterlichen Brust oder vom Daumen. Es ist mit früheren Erfahrungen unvereinbar, dass es Gegebenheiten in dieser Welt gibt – und dazu gehören Bettzipfel –, an denen es sich nicht so angenehm saugen lässt. Entsprechend muss eine Akkommodation erfolgen, durch die der neu gewonnenen Erfahrung Rechnung getragen wird. Fortan weiß das Kind, dass man zwar an einem Bettzipfel saugen kann, dass er sich aber anders anfühlt als der Daumen und keine schmackhafte Milch spendet.

Ständiges Bemühen um Ausgleich des Disäquilibriums. Wenn ein Lernender Erfahrungen sammelt, die sich in einem mittleren Grade von dem bereits Bekannten unterscheiden, liegt ein Ungleichgewicht (Disäquilibrium) vor. Im Zustand eines solchen Ungleichgewichts hat das Kind etwas erfahren, was ihm unbekannt ist und was es sich aus diesem Grunde nicht erklären kann. Folglich wird das Bemühen geweckt, das Ungleichgewicht wieder zu beseitigen, einen Gleichgewichtszustand (Äquilibration) herzustellen. Eine Möglichkeit zur Beseitigung des Disäquilibriums erfolgt durch Akkommodation, durch die Wissen verändert und neu geordnet wird, bis man den neuen Erfahrungen Rechnung tragen kann. Allerdings besteht ein Gleichgewichtszustand niemals lange fort, denn der Prozess der Reifung und das ständige Sammeln weiterer Erfahrungen führen abermals zum Ungleichgewicht. Somit ist das Kind immer wieder mit der Beseitigung eines Desäquilibriums beschäftigt, was zur Folge hat, dass die kognitive Entwicklung immer weiter voranschreitet. Während der sensu-motorischen Phase zeigt das Kind bemerkenswerte Fortschritte auf folgenden Gebieten: Es lernt erstens zielgerichtetes Verhalten und entwickelt zweitens Verständnis dafür, dass Objekte auch dann fortbestehen, wenn sie sich der Wahrnehmung entziehen (»Objekt-Permanenz«).

Entwicklung des zielgerichteten Verhaltens

Am Anfang der nachgeburtlichen Entwicklung steht ein Neugeborenes, das zwar über beachtliche Fähigkeiten verfügt, aber überwiegend Verhaltensweisen zeigt, die reflexhaft ausgelöst worden sind. Am Ende der Phase der sensu-motorischen Intelligenz findet man ein Kind vor, das Probleme dadurch lösen kann, dass es mit vorgefundenen Merkmalen der Situation »im Kopf« experimentiert. Wie aber ist dieser Fortschritt zustande gekommen? Wie lässt sich erklären, dass aus einem überwiegend reagierenden Neugeborenen ein etwa 18 Monate altes Kind wird, das Ereignisse bis zu einem gewissen Grade vorhersehen und sogar beeinflussen kann? Piaget schreibt in seiner Antwort den Kreisreaktionen eine zentrale Bedeutung zu.

Primäre Kreisreaktionen. Während des ersten Lebensmonats praktiziert das Neugeborene seine Reflexe (s. S. 106 f.). Das Reflexverhalten wird fortan geübt, und dass das Neugeborene dabei etwas lernt, zeigt sich, sobald es irgendwann Reflexverhalten zeigt, ohne dass es dazu stets des Auslöserreizes bedarf. Piaget beobachtete bei seinem Sohn bereits im Alter von zwei Tagen Saugbewegungen ohne erkennbare äußere Veranlassung. Im Alterszeitraum zwischen dem ersten und dem vierten Monat treten gehäuft Aktivitäten auf, die unter der Kontrolle des Kindes stehen (Piaget, 1936). Anfänglich mögen einige von ihnen durch Zufall zustande kommen, so etwa, wenn der eigene Daumen zufällig die Lippen berührt und den Saugreflex auslöst. Offenbar gehen damit aber angenehme Erlebnisse einher, denn nicht selten beobachtet man eine Wiederholung der Aktivität. Nur wenig später mag das Kind nach seinen Fingern suchen, um abermals daran zu saugen. Da es aber das Gesehene noch nicht mit seiner Arm- und Handmotorik koordinieren kann, gelangt es nicht zum Ziel. Diese Tendenz zur Wiederholung einer einmal aufgetretenen Aktivität bezeichnet Piaget als primäre Kreisreaktionen; er spricht von primär, weil die durch Wiederholung ausgelösten Wirkungen auf den eigenen Körper beschränkt sind, und noch keine Motivation zu bestehen scheint, Effekte in der Umwelt auszulösen.

Sekundäre Kreisreaktionen. Das ändert sich im Alterszeitraum zwischen dem vierten und achten Lebensmonat. Nunmehr werden zunehmend Aktivitäten gezeigt, die etwas in der Umwelt bewegen. Piaget beobachtete beispielsweise, wie sein Sohn Laurent kräftige Bewegungen ausführte, weil sich diese auf sein Bett übertrugen und dadurch bestimmte Geräusche entstanden. Ebenso hatte das Schlagen gegen ein Mobile, das über ihm hing, Folgen, die dem Kind offenbar interessant erschienen, denn es wiederholte sie, um offenkundig erwünschte Effekte abermals auszulösen. Piaget spricht von sekundären Kreisreaktionen, weil bestimmte Aktivitäten wiederholt werden, um mit ihnen etwas in der Umwelt zu bewirken.

Etwa zwischen dem achten und zwölften Lebensmonat beobachtete Piaget gehäuft Verhaltensweisen, die nicht mehr zufällig, sondern absichtlich zustande gekommen sind. Nunmehr hat das Kind normalerweise genügend Erfahrungen gesammelt, um bestimmte Ziele zu erreichen. Piaget zeigte einem Baby beispielsweise ein attraktives Spielzeug, das er sodann unter einem Tuch versteckte. Um in den Besitz dieses Spielzeugs zu kommen, müssen zwei verschiedene Schemata angewandt werden. Das Kind zieht zum einen das Tuch beiseite und greift zum anderen nach dem begehrten Objekt. Damit offenbart es deutliche Anzeichen für sein Verständnis von Ursache-Wirkungs-Zusammenhängen. Es kann »intelligente« Maßnahmen ergreifen, die es in dieser besonderen Weise vorher noch nicht gezeigt hat.

Tertiäre Kreisreaktionen. Im Alterszeitraum von 12 bis 18 Monaten tauchen noch einmal Wiederholungen auf, die Piaget als tertiäre Kreisreaktionen bezeichnet. Die Wiederholungen haben nunmehr klaren Erkundungscharakter. Das Kind sammelt dabei eventuell Erfahrungen mit dem Werfen von Gegenständen. Es zeigt dabei einen beachtlichen Einfallsreichtum, denn es lässt die »Wurfgeschosse« von verschiedenen Höhen aus fallen, es wirft sie mit unterschiedlichem Schwung mal gegen die Wand, ein anderes Mal auf den Teppich und schließlich auf den Holzfußboden, vielleicht um zu erfahren, ob das Aufschlagen auf dem Boden jedesmal die gleichen Geräusche hervorruft. Versuch und Irrtum spielen in diesem Alter eine große Rolle, um Probleme zu lösen.

Die sensu-motorische Phase geht ihrem Ende entgegen, wenn das Kind vor Abschluss des zweiten Lebensjahres in der Lage ist, Teile der Wirklichkeit »innerlich«, d. h. auf kognitiver Ebene zu repräsentieren. Ein Beispiel für ein Probehandeln auf kognitiver Ebene lieferte Piaget (1936), der bei seiner 15 Monate alten Tochter beobachtet hatte, wie sie sich von einer Clownspuppe befreite, deren lange Füße zufällig in den Ausschnitt ihres Kleides geraten waren (s. S. 181).

Mit der Fähigkeit, sich Gegenstände und Menschen kognitiv zu repräsentieren und Effekte einfacher Aktivitäten vorhersagen zu können, hat das Kind auf kognitiver Ebene einen erheblichen Fortschritt erzielt. Die kognitiven Aktivitäten werden von nun an nicht mehr ausschließlich vom Tun, sondern verstärkt vom symbolischen Lernen bestimmt sein.

Entwicklung der Objekt-Permanenz

Es stellt eine beachtliche kognitive Leistung dar, wenn sich im Verlauf der frühen Kindheit die Überzeugung entwickelt, dass Gegenstände, ebenso wie Menschen, auch dann vorhanden sind, wenn sie nicht wahrnehmbar sind. Das Wissen um das Fortbestehen eines Gegenstandes auch in solchen Fällen, da die Sinnesorgane ihn nicht erfassen, bezeichnet Piaget (1937) als Objekt-Permanenz. Wann aber entwickelt sich diese Objekt-Permanenz? In welchem Alter weiß das Kind frühestens, dass seine Mutter auch dann existiert, wenn es sie weder sieht noch hört?

Studie von Jean Piaget. Zur Klärung dieser Frage studierte Piaget Babys im Alter von fünf bis sechs Monaten, die an einem Tisch saßen. Er zeigte ihnen zunächst ein Spielzeug, das ein Kind ergreift, um sich damit zu beschäftigen. Nach kurzer Zeit wird das Spielzeug der jungen Versuchsperson aus der Hand genommen und auf dem Tisch hinter einer senkrecht stehenden Sichtblende versteckt. Das Kind mag zunächst noch versuchen, sich das begehrte Objekt zurückzuholen, aber sobald es aus seinem Blick verschwindet, hält es kurz inne, es schaut, eventuell sogar etwas verwirrt, vor sich hin. Schließlich wendet es seinen Blick ab und unternimmt keinerlei Versuche mehr, die Sichtblende zu beseitigen. Piaget erklärte sich das Verhalten des Kindes damit, dass dieses noch kein Wissen von einem Objekt hat, wenn dieses von ihm aktuell nicht wahrgenommen wird.

Wie Piaget weiterhin feststellte, interessieren sich Kinder im Alter von sechs bis acht Monaten allerdings für Gegenstände, die teilweise zugedeckt sind. Wenn man beispielsweise den Teddy des Kindes mit einem Tuch zudeckt, aber einen Teil davon herausschauen lässt, dann wird das Kind seine Arme danach ausstrecken. Es muss demnach in irgendeiner Form Kenntnis davon haben, dass ein Ganzes existiert, von dem es nur einen Teil sieht. Wenn man aber das Spielzeug vollkommen zudeckt, wird das Kind seinen Blick nicht mehr weiterhin darauf richten, auch dann nicht, wenn es gesehen hat, wie das Tuch darüber gedeckt worden ist.

Erst jenseits des achten Lebensmonats, meistens aber ein Jahr nach der Geburt, gibt das Kind eindeutige Hinweise dafür, dass es auch von der Existenz eines Objektes weiß, das es vorübergehend nicht sieht. Folglich sucht es nach einem verschwundenen Spielzeug.

Kritik. Dauert die Entwicklung der Objekt-Permanenz aber tatsächlich so lange, wie Piaget vermutete? »Weiß« das Kind wirklich nicht schon früher, dass seine Mutter auch dann »irgendwo« ist, wenn es sie weder hören noch sehen kann? Sollte das tatsächlich der Fall sein, ist kritisch zu fragen, wie Piagets Erkenntnisse zustandegekommen sind.

Piaget beobachtete, dass beispielsweise acht Monate alte Kinder nicht nach einem Spielzeug griffen, das vor ihren Augen hinter einer Sichtblende versteckt worden war. Piaget interpretierte diese kindlichen Reaktionen als das Fehlen von Objekt-Permanenz. Könnte es nicht aber ebenso sein, dass das Kind gar kein Interesse an dem versteckten Gegenstand gehabt hat? Haben seine jungen Versuchspersonen vielleicht auch einfach nur sehr schnell vergessen, wo der Versuchsleiter ihr Spielzeug vor ihnen verborgen hat? Solche und weitere Fragen werfen die Möglichkeit auf, dass ein Kind sehr wohl von der Objekt-Permanenz weiß, aber durch andere noch bestehende Bedingungen daran gehindert wird, sein Wissen vor den Augen des forschenden Piaget zum Ausdruck zu bringen.

Studie von Renée Baillargeon. Renée Baillargeon (1987) erhielt in ihren Studien tatsächlich Hinweise dafür, dass Kinder zu einem früheren Zeitpunkt als von Piaget angenommen Objekt-Permanenz entwickeln. Den Babys wurde Gelegenheit gegeben, ihr Wissen über das Fortbestehen von Objekten nicht durch Greifen, sondern durch ihre Blickdauer zum Ausdruck zu bringen. Baillargeon verwendete eine ausgeklügelte Methode. Sie setzte Babys vor einen flachen Schirm, der – wie in Abb. 4.1 dargestellt – über ein Scharnier am Boden befestigt war und sich um 180° vor und zu-

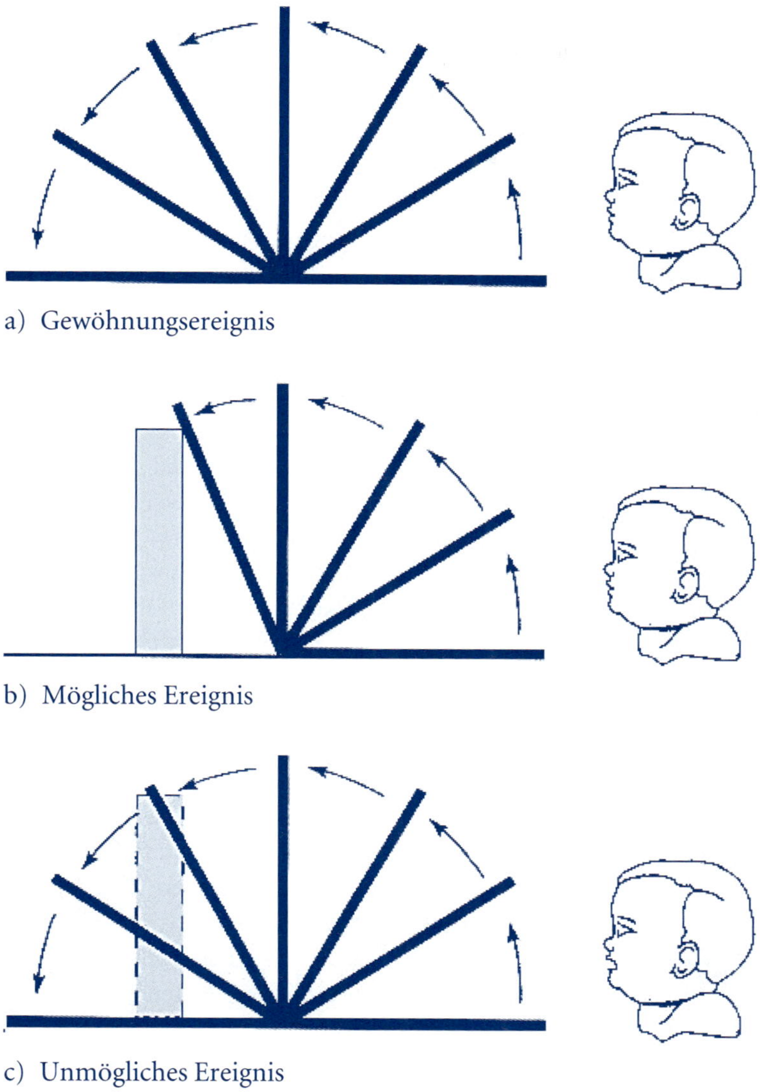

Abbildung 4.1. Baillargeons Experiment zur Objekt-Permanenz bei Kindern im Alter zwischen 3,5 und 4,5 Monaten: Nachdem das Kind sich an den Anblick eines sich drehenden Schirmes gewöhnt hat (a), wird ein Klotz dahinter platziert, der den Schirm in seiner Drehbewegung innehalten lässt (b). Wenn der Klotz heimlich entfernt wird und der Schirm scheinbar durch ihn hindurchwandert (c), betrachten die meisten Babys dieses unmögliche länger als das mögliche Ereignis – ein Hinweis darauf, dass sie vom Fortbestehen des Klotzes (Objekt-Permanenz) ausgegangen sind

zurück bewegen konnte. Wenn der Schirm senkrecht stand, nahm er dem jungen Betrachter die Sicht auf ein Objekt, das sich dahinter platzieren ließ.

Gewöhnungsereignis. Versuchspersonen, denen man diesen Schirm zum ersten Mal mit seinen typischen Drehbewegungen zeigte (s. Abb. 4.1a), betrachteten ihn für etwa eine Minute. Aber nach mehreren Wiederholungen sank offenkundig ihr Interesse, denn fortan richteten sie ihren Blick im Durchschnitt nur noch für zehn Sekunden auf den Schirm. Die Babys hatten sich allem Anschein nach an das Ereignis gewöhnt. Nach Eintritt dieser Gewöhnung stellte die Versuchsleiterin einen Klotz so hinter den Schirm, dass er verdeckt wurde, sobald der Schirm seine senkrechte Stellung erreicht hatte. Vor den Versuchspersonen konnte sich dann eines von zwei weiteren Ereignissen abspielen.

Mögliches Ereignis. In diesem Fall sahen die Babys, wie sich der Schirm aufrichtete und nach hinten bewegte, bis er genau die Stelle erreichte, an der sich der Klotz befinden sollte; dort stoppte die Bewegung und der Schirm kehrte unmittelbar darauf zu seiner Startposition zurück (s. Abb. 4.1b).

Unmögliches Ereignis. In diesem Fall wurde der Klotz, nachdem er für den jungen Betrachter außer Sicht geraten war, heimlich entfernt. Der Schirm bewegte sich bis zu seiner Endposition; es konnte also der Eindruck entstehen, er bewege sich durch den Klotz hindurch. Die meisten 4½ bis 5½ Monate alten Babys betrachteten das unmögliche Ereignis eindeutig länger als das mögliche. Sie überwanden also die bereits vorher offenbarte Langeweile an dem Geschehen und zeigten verstärktes Interesse. Für ihre verlängerte Blickdauer gibt es nur eine plausible Erklärung: Die Babys müssen vom Fortbestehen des Klotzes (»Objekt-Permanenz«) ausgegangen sein. Sie hatten wahrscheinlich erwartet, dass der Schirm auf das Hindernis stoßen und anhalten würde. Es hat offenbar ihr Interesse geweckt, dass sich ihre Erwartungen nicht erfüllten, als der Schirm sich dem Anschein nach durch den Klotz hindurch bewegte.

Baillargeon schloss aus den Reaktionen ihrer Versuchspersonen, dass Kinder bereits in diesem jungen Alter ein gewisses Wissen von dem Vorhandensein eines vor ihnen verborgenen Objektes haben.

4.2 Anpassung durch Aufnahme und Verarbeitung von Informationen: Wahrnehmung

Die Sinnesorgane übermitteln dem Gehirn Informationen. Wenn das Gehirn diese Informationen interpretiert, also »ihnen Sinn zuschreibt«, spricht man von Wahrnehmung. Vor allem während der frühen Kindheit besteht zwischen den motorischen Aktivitäten und der kindlichen Wahrnehmung ein enger Zusammenhang; darauf hat Piaget bereits nachdrücklich aufmerksam gemacht. Die Motorik ermöglicht es dem Kind, die Gegebenheiten der Umwelt zu erkunden und somit Lernerfahrungen zu sammeln. Je besser die Wahrnehmungsprozesse entwickelt sind, desto erfolgreicher kann ein Kind seine motorischen Aktivitäten steuern.

Im Folgenden soll die frühkindliche Wahrnehmung eingehender beleuchtet werden. Insgesamt hat man lange Zeit unterschätzt, zu welchen visuellen und akustischen Wahrnehmungsleistungen das Kind bereits während der ersten Lebensmonate fähig ist.

4.2.1 Die Gesichtswahrnehmung des Neugeborenen

Kann das Neugeborene zwischen Sinneseindrücken auswählen? Der Mensch gilt grundsätzlich als »Augenmensch«, weil er den größten Teil der Informationen aus der Umwelt durch das Sehen gewinnt. Es stellt sich die Frage, ob das Vorherrschen dieses Wahrnehmungsorgans bereits während der ersten Lebensmonate festzustellen ist. Nunmehr soll auch die Frage noch einmal aufgegriffen werden, die bereits zu Beginn dieses Kapitels gestellt worden ist: Bietet sich die Umgebung für den neuen Erdenbürger tatsächlich nur als ein »verwirrendes Durcheinander« dar? Ein älteres Kind oder ein Erwachsener kann ja bekanntlich eine Auswahl aus den Informationen treffen, die die Sinnesorgane dem Gehirn mitteilen; ältere Menschen nehmen nur bewusst wahr, worauf sich ihre Aufmerksamkeit richtet. Wecken auch beim Neugeborenen einige Reizgegebenheiten mehr Interesse als andere? Können sie ebenfalls auswählen?

Interessante und langweilige Reizgegebenheiten

Die Betrachtungskammer von Robert Fantz. Bereits im Jahre 1944 berichtete Fritz Stirnimann, dass Neugeborene, die erst einen Tag alt waren, Vorlieben für bestimmte Reizmuster besaßen. Etwa zwei Jahrzehnte später entschloss sich Robert Fantz (1963), diesem Beobachtungsergebnis systematisch nachzugehen. Er entwickelte eine Betrachtungskammer, die sich zum Studium sehr junger Kinder besonders gut eignet. Babys im Alter zwischen wenigen Tagen und sechs Monaten wurden auf einen Wagen gelegt, den man in eine Betrachtungskammer schob. Unmittelbar über

Abbildung 4.2. Reizmuster, die Babys im Alter zwischen wenigen Tagen und sechs Monaten in der Betrachtungskammer von Robert Fantz dargeboten wurden

dem Kind wurden Reize dargeboten, während eine Beobachtung der kindlichen Augen Aufschluss darüber gab, wie lange welcher Reiz betrachtet wurde.

Fantz stellte fest, dass sich der Blick auf einige Darstellungen ausdauernder richtete als auf andere. Kinder, die nicht älter als fünf Tage waren, betrachteten z. B. das in Abb. 4.2 wiedergegebene Gesicht länger als den kreisförmigen Ausschnitt einer Druckseite, das Gedruckte schien sie wiederum mehr zu interessieren als das mit schwarzen und weißen Ringen gestaltete »Auge«; am seltensten betrachteten die jungen Versuchspersonen die einheitlich rot, weiß oder gelb gestalteten Kreise.

Attraktivität des menschlichen Gesichts. Für Neugeborene besitzt ein menschliches Gesicht offenkundig eine vergleichsweise hohe Attraktivität. Es gibt Hinweise dafür, dass Babys, die erst ein oder zwei Tage alt sind, bereits in der Lage sind, das Gesicht ihrer Mutter von dem anderer Frauen zu unterscheiden (Walton et al., 1992), Neugeborene im Alter von 12 bis 36 Stunden zeigen nämlich mehr Saugaktivitäten, wenn sie dadurch länger das Bild der eigenen Mutter, nicht aber das einer ihnen unbekannten Frau betrachten können (Bushnell et al., 1989). Wie lässt sich diese Reaktionsweise erklären? Aus evolutionärer Sicht bestehen wahrscheinlich Überlebensvorteile, wenn Neugeborene ihre Hauptfürsorgeperson im Blick halten können (Valenza et al., 1996). In bestimmten Bereichen des Gehirns vermutet man »Gesichtszellen«, die es dem Kind vermutlich ohne Lernerfahrungen ermöglichen, Gesichtsreize gegenüber anderen Darbietungen zu bevorzugen (Farah et al., 1998).

Während der ersten Lebenswochen konzentriert sich der Blick des Neugeborenen auf bestimmte Teile einer Figur oder des Gesichts. Irgendwann zwischen dem zweiten und dritten Monat vollzieht sich ein bedeutsamer Entwicklungsschritt. Das Kind ist dann in der Lage, eine Reizgegebenheit als Ganzes wahrzunehmen. Es reagiert auf ein menschliches Gesicht anders als auf eine Attrappe, die nur Teile wiedergibt, also etwa lediglich die

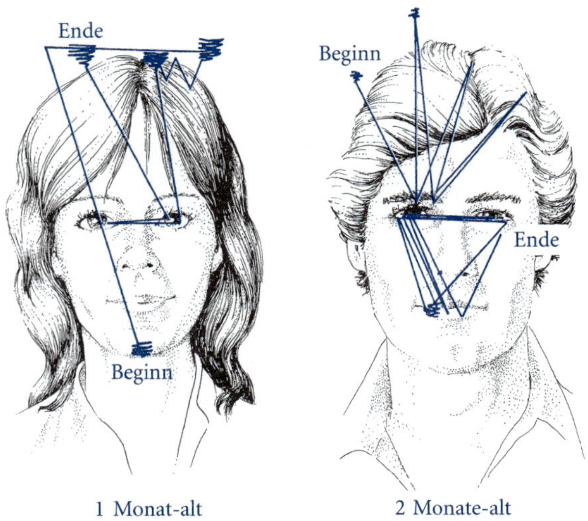

Abbildung 4.3. Aufzeichnung der Blickbewegungen von ein und zwei Monate alten Kindern beim Betrachten eines menschlichen Gesichts. Das kleinere Kind betrachtet vor allem Ausschnitte des Gesichtsrandes, das größere Merkmale innerhalb des Gesichts

ovale Form des menschlichen Kopfes besitzt oder nur die beiden Augen als Punkte darstellt (Maurer & Barrera, 1981).

Das menschliche Gesicht wirkt bereits seit mehreren Wochen wie ein Magnet auf die kindlichen Blicke; doch spätestens mit Erreichen des dritten oder vierten Lebensmonats hat es einen Attraktivitätswert, der durch andere Gegebenheiten der Umwelt nicht zu überbieten ist. Im Alter zwischen 7 und 19 Monaten gelingt es Kindern auch, zwischen einigen durch Mimik zum Ausdruck gebrachten Gefühlen zu unterscheiden, denn sie reagieren etwa auf ein »fröhliches« Gesicht anders als auf ein »trauriges« oder »furchtvolles« (Ludeman, 1991). Unterscheiden Kinder während ihres ersten Lebensjahres auch zwischen attraktiven und weniger attraktiven Gesichtern? Info-Kasten 4.1 gibt auf diese Frage eine vielleicht unerwartete Antwort.

INFO-KASTEN 4.1

Wissen bereits Babys, welches Gesicht hübsch ist?

Wenn man Erwachsenen verschiedene Bilder mit menschlichen Gesichtern vorlegt und sie auffordert, sie nach ihrer Attraktivität in eine Rangordnung zu bringen, zeigen sie bei ihren Beurteilungen zumeist einen hohen Grad der Übereinstimmung. Orientieren sie sich alle an dem in ihrer Kultur vorherrschenden Schönheitsideal? Wenn Schönheitsideale von der Kultur abhängen, dürften sie erst im Verlaufe der ersten Lebensjahre entstehen, denn die zugrunde liegenden Lernprozesse erfordern letztlich einige Zeit. Entsprechend dürfte es während der frühen Kindheit noch nicht möglich sein, Menschen nach ihrer Attraktivität zu unterscheiden. Trifft das aber tatsächlich zu? Diese Frage war der Auslöser zahlreicher Untersuchungen unter der Leitung von Judith Langlois (Langlois et al., 1987; Langlois et al., 1991).

Studie von Judith Langlois. Langlois bot ihren jungen Versuchspersonen paarweise farbige Dias dar, und zwar jeweils ein attraktives und ein weniger attraktives Gesicht erwachsener Frauen. Die Attraktivität wurde zuvor nach dem unabhängigen Urteil einer großen Anzahl von Männern und Frauen bestimmt. Sämtliche für die Darbietung ausgewählten Gesichter lagen innerhalb »eines normalen Bereichs der Attraktivität«. Die Porträts stammten zunächst von weißen, in weiteren Untersuchungen auch von schwarzen (Langlois et al., 1991) Frauen, die mittleres bis dunkles Haar hatten und keine Brille trugen. Ihr Gesichtsausdruck war neutral (kein Lachen, Traurigkeit u. ä.). Die jeweilige Kleidung war ausgeblendet worden.
Langlois testete 23 Kinder im Alter zwischen sechs und acht Monaten sowie 30 Babys im Alter zwischen zwei und drei Monaten. Wie lange richteten die jungen Versuchspersonen nun ihren Blick auf die ihnen jeweils dargebotenen zwei Bilder? Es stellte sich heraus, dass sowohl die jüngeren als auch die älteren Babys die attraktiven Gesichter länger als die weniger attraktiven betrachteten. Dieses Beobachtungsergebnis zeigt zweierlei:

- Zum einen waren die Kinder offenbar in der Lage, Unterscheidungen auf der Grundlage der Attraktivität zu treffen.
- Zum anderen stimmten ihre Bevorzugungen mit denen erwachsener Beurteiler überein.

Die Forschungsergebnisse von Langlois und ihren Mitarbeitern lassen den Schluss zu, dass Schönheitsideale nicht willkürlich durch Kulturen festgelegt werden. Es gibt offenbar so etwas wie einen »universalen Standard der Attraktivität«, denn es erscheint praktisch nicht vorstellbar, dass die zwei Monate alten Neugeborenen bei ihren Bevorzugungen bereits auf Lernerfahrungen zurückgegriffen haben könnten. Vielmehr muss davon ausgegangen werden, dass es so etwas wie eine besonders wünschenswerte Form des Gesichts bei Angehörigen der menschlichen Rasse gibt. Langlois fand, dass sowohl Neugeborene als auch Erwachsene solchen Gesichtern den höchsten Attraktivitätswert zuschreiben, die dem mathematischen Mittelwert aller möglichen menschlichen Gesichter entsprechen (Langlois & Roggman, 1990; Langlois et al., 1994). Es muss davon ausgegangen werden, dass die von Langlois aufgedeckten Zusammenhänge auch die Art und Häufigkeit mitmenschlicher Kontakte mitbestimmen. So fand Langlois beispielsweise heraus, dass Mütter, die nach dem Urteil unabhängiger Beurteiler als attraktiver zu gelten hatten, sich ihren Neugeborenen gefühlsbetonter und mit mehr offenkundiger Freude zuwandten als Mütter, die als weniger attraktiv beurteilt worden waren (Langlois et al., 1995).

Räumliche Wahrnehmung

Tiefenwahrnehmung. Das Vorhandensein von zwei Augen stellt eine wesentliche Voraussetzung zum räumlichen Sehen dar. Durch den Abstand beider Augen werden nämlich auf die jeweiligen Netzhäute Bilder projiziert, die nicht identisch, sondern leicht gegeneinander verschoben sind. Das Gehirn konstruiert daraus einen Eindruck, den man auch als Tiefensehen bezeichnet. Ist diese besondere Fähigkeit auch schon beim Neugeborenen vorhanden? Besorgte Eltern versuchen mit Hilfe zahlreicher Maßnahmen zu verhindern, dass ihr Kind aus dem Bett, vom Wickeltisch oder eine Treppe herunterfällt. Gehen Sie davon aus, dass Kinder bis zu einem bestimmten Alter Tiefe nicht wahrnehmen oder meinen sie, dass die Kleinen bei vorhandener Tiefenwahrnehmung noch nicht in der Lage sind, ausreichende motorische Kontrolle über ihren Körper auszuüben? – Erste Aufschlüsse über das Tiefensehen im frühen Lebensalter erhoffte Eleanor Gibson (Gibson & Walk, 1960) mit Hilfe der »visuellen Klippe« zu gewinnen. Der Einfall zur Durchführung ihrer sehr bekannt gewordenen Studie entstand anlässlich eines Picknicks am Grand Canyon. Mit Beunruhigung sah die Mutter ihre dreijährige Tochter Jean am Rande des steilen Abgrundes tänzeln. Als Gibson Jean am Kleid festzuhalten versuchte, sagte ihr Mann, »Mach dir keine Sorgen, sie sieht die Tiefe ebenso wie du«! Das versuchte Gibson einige Jahre später im Experiment herauszufinden.

Die visuelle Klippe. In der Mitte der visuellen Klippe findet sich – quer über eine dicke tragfähige Glasplatte gelegt – ein Brett. Auf der einen flachen Seite ist unmittelbar unterhalb der Glasplatte der schachbrettartig gemusterte Boden. Er wird auch auf der anderen (»Abgrund«-)Seite sichtbar; allerdings liegt er dort etwa einen Meter unterhalb der Glasplatte. In Gibsons Studie wurden die 6 bis 14 Monate alten Kinder auf das Mittelbrett gesetzt. Die jeweilige Mutter hatte sodann die Aufgabe, ihr Kind entweder von der flachen Seite oder von der tiefen Seite aus anzulocken. Würden die jungen Versuchspersonen ihren Rufen folgen? – Fast alle Kinder krochen zu ihrer Mutter über die flache Seite; sie weigerten sich jedoch – einige mit weinendem Protest –, sich über die tiefe Seite zu bewegen. Auf der Grundlage ihrer Beobachtungen schlussfolgerte Gibson, dass die Babys die unterschiedlichen Tiefen wahrnehmen konnten.

Gibson hatte Kinder ausgewählt, die bereits kriechen konnten. Ist die Tiefenwahrnehmung auch schon bei Neugeborenen vorhanden? Wie reagiert ein zwei Monate altes Kind, wenn man es in Bauchlage auf die eine oder andere Seite der Klippe legt? Auch dieser Frage ist man nachgegangen (Campos et al., 1970). Dabei stellte man u. a. fest, dass das Herz der Kinder auf der tiefen Seite der visuellen Klippe langsamer als auf der flachen schlug. Offenbar reagiert der Organismus der zwei Monate alten Kinder auf den Unter-

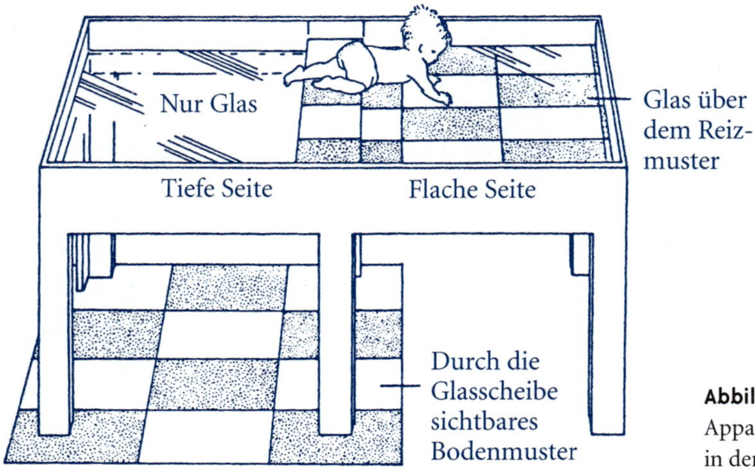

Abbildung 4.4. Die »visuelle Klippe«: Eine Apparatur zur Erforschung des Tiefensehens in der frühen Kindheit

schied zwischen den beiden Seiten. Bei Gibsons älteren Kindern zeigten sich diese Furchtsymptome oberhalb des »Abgrundes« ausschließlich bei solchen, die schon kriechen konnten. Nur diese Kinder hatten Entfernungen offenbar bereits *erfahren.* Sie waren wahrscheinlich schon einmal gefallen, hatten sich an einer Kante gestoßen usw. Sie verfügten folglich über Lernvoraussetzungen, die zu ihrer Höhenfurcht beitrugen (Campos et al., 1992). Allerdings hat man damit noch keine Belege dafür, dass ihr Verhalten darüber hinaus in irgendeiner Weise von ihrer Tiefenwahrnehmung bestimmt wurde, denn die Entwicklung der Tiefenwahrnehmung beginnt nach neueren Untersuchungen erst zwischen dem zweiten und dritten Lebensmonat und verbessert sich im Verlauf des ersten Lebenshalbjahres ständig (Birch, 1993).

Die Wirkung von Bekanntem und Unbekanntem bei der Verarbeitung von Informationen

Neugeborene sind in ihren Sehleistungen noch recht eingeschränkt. Dennoch zeigt die Beobachtung, dass sie in ihren wachen Stunden ständig ihre Umgebung danach zu untersuchen scheinen, ob es etwas Interessantes zu entdecken gibt. Auch Gegenstände, die sich vor ihren Augen bewegen, versuchen sie zu verfolgen, obwohl ihnen das nur unzureichend gelingt, weil sie über ihre Augen noch kaum Kontrolle haben (Aslin, 1993). Schnelle Fortschritte in ihrer Gesichtswahrnehmung sind jedoch unverkennbar. Wenn man Kindern im Alter von zwei Monaten Zeichnungen darbietet, die das menschliche Gesicht entweder in formgetreuer oder in entstellter Form wiedergeben, dann scheinen beide fast gleiches Interesse zu erregen; die formgetreue Darstellung wird nur geringfügig länger betrachtet (Fantz, 1961). Wiederholt man diesen Versuch etwa ein bis zwei Monate später, dann ergibt sich etwas Bemerkenswertes: das Interesse an der formgetreuen Zeichnung lässt – nach Überschreitung eines Höhepunktes im Alter von drei Monaten – allmählich wieder nach. Die Attraktivität der entstellten Gesichtsform nimmt dagegen vorübergehend noch zu. Wie lassen sich diese Unterschiede in der Betrachtungsdauer erklären?

Schema. Der Entwicklungspsychologe Jerome Kagan (1970, 1971) geht in seiner Antwort davon aus, dass ein Kind während der ersten Lebenswochen vielfältige Gelegenheiten besitzt, Erfahrungen mit Personen und Gegenständen zu sammeln. Die Pflegeperson, zumeist die Mutter, tritt dabei besonders häufig und regelmäßig in Erscheinung; aber auch die Trinkflasche oder irgendein Spielzeug dürften dem Kind immer wieder »ins Auge fallen«. Durch die häufige Erfahrung mit einer Gegebenheit kann sich das Kind davon in seinem Gedächtnis allmählich eine Art Abbild schaffen. Kagan stellt sich dieses Abbild aber nicht im Sinne eines naturgetreuen Fotos vor. Er nimmt

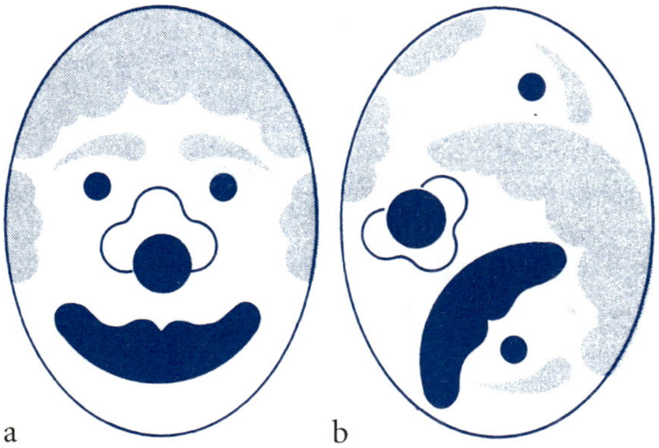

Abbildung 4.5. Eine naturgetreue und eine entstellte menschliche Gesichtsform: Welche Zeichnung ruft größeres Interesse beim Kleinkind hervor?

vielmehr an, dass das Gedächtnis vor allem die für eine Sinneserfahrung typischen Merkmale speichert. Um eine Verwechslung mit einer fotografischen Abbildung auszuschließen, bezeichnet Kagan diesen Gedächtnisinhalt als Schema. Nach Entstehung eines Gesichts-Schemas ist ein Kind in der Lage, eine Reizgegebenheit zu »erkennen«, die in bestimmter Anordnung aus einem Haaransatz, zwei Augen, Nase und Mund besteht.

Erhöhte Aufmerksamkeit bei Unvereinbarkeit mit dem Schema. Das zwei oder drei Monate alte Kind benötigt noch relativ viel Zeit, um ein natürliches Gesicht zu untersuchen. Eine Zeichnung wie in Abb. 4.5a liefert ihm jedoch keine grundlegend neue Information. Deshalb lässt sein Interesse schnell nach. Wenn eine Erfahrung dagegen mit den vorhandenen Schemata nicht zu vereinbaren ist, d. h. davon abweicht, erhöht sich sofort wieder die Aufmerksamkeit. Ein drei bis vier Monate altes Kind vergleicht z. B. ein entstelltes Gesicht wie in Abb. 4.5b mit seinen bisherigen Erfahrungen (dem vorliegenden Gesichts-Schema). Dabei stellt es eine leichte Unvereinbarkeit fest. In dieser leichten Unvereinbarkeit mit den vorhandenen Schemata sieht Kagan eine wesentliche Bedingung zur Weckung von Aufmerksamkeit. Von Reizdarbietungen, die dem Kind zu fremd sind, versucht es sich dagegen abzuwenden.

Einen entscheidenden weiteren Schritt in der Entwicklung sieht Jerome Kagan (1971) etwa im Alter von zwölf Monaten. Wenn das Kind nunmehr eine Erfahrung macht, die mit dem bisher Bekannten nicht zu vereinbaren ist, reagiert es nicht nur – wie früher – mit Aufmerksamkeitszuwendung. Vielmehr versucht das Kind aktiv die neue Situation zu verstehen, es stellt Vermutungen an, die das Fremdartige erklären können. Einige Entwicklungspsychologen sehen in diesem Bemühen um Verständnis den Beginn der intellektuellen Entwicklung beim Kind.

4.2.2 Die Gehörswahrnehmung des Neugeborenen

Von der Leistungsfähigkeit des Gehörs bei Neugeborenen kann man sich eindrucksvoll vor allem bei Darbietung menschlicher Stimmen überzeugen. Auf ein lautes Geräusch reagieren Babys zumindest mit Erschrecken, vielleicht sogar mit Schreien. Sie werden zudem ihren Kopf der Geräuschquelle zuwenden und damit belegen, dass sie bereits über Ansätze zum räumlichen Hören verfügen (Weiss et al., 1988). Im Alter von vier Monaten greifen sie in der Dunkelheit sehr gezielt nach einem Objekt, das vertraute Rasselgeräusche produziert (Clifton et al., 1994).

Vorgeburtliche Aufnahme von akustischen Reizen. Anthony DeCasper und Melanie Spence (Kolata, 1984) veranlassten 16 werdende Mütter, ihren ungeborenen Kindern während der letzten 6 ½ Wochen der Schwangerschaft zweimal täglich aus dem Kinderbuch »Die Katze im Hut« vorzulesen. Bis zum Zeitpunkt ihrer Geburt waren die Kinder insgesamt etwa fünf Stunden dieser Geschichte ausgesetzt gewesen. Nach ihrer Geburt durften sie durch Saugen an einem Gummischnuller (s. S. 101) »entscheiden«, ob sie von ihrer Mutter »Die Katze im Hut« oder eine andere Geschichte (»Der König, die Mäuse und der Käse«) hören wollten. Beide Stücke erfordern einen sehr unterschiedlichen Tonfall. Die Kleinen entschieden sich für »Die Katze im Hut«. Hatten die Kinder im Mutterleib bereits eine Vorliebe für diese Geschichte entwickelt? Solche Fragen stellen sich einige Wissenschaftler, die sich mit den Voraussetzungen zur Aufnahme und Verarbeitung von Informationen beim Fötus beschäftigen.

Reaktion auf die Stimme der Mutter. In einer anderen Untersuchung gab man Kindern im Alter von drei Tagen die Möglichkeit, eine Tonbandaufzeichnung von der Stimme der eigenen Mutter zu hören. Um das Gerät in Betrieb zu setzen, brauchten sie wiederum nur an einem Schnuller zu saugen. Kinder, die sich noch auf der Neugeborenenstation befanden und nicht mehr als zwölf Stunden in der Nähe ihrer Mütter verbracht hatten, bevorzugten die Stimme der eigenen Mutter gegenüber derjenigen einer fremden Frau. Auch diese Reaktion spricht für eine bereits längere Vertrautheit der Kinder mit der Stimme ihrer Mutter (DeCasper & Fifer, 1980). Wenn die Mutter über eine Tonbandaufzeichnung ein Wiegenlied singt, neigt ein Neugeborenes dazu, weniger zu schreien (Brackbill et al., 1966). Es hat den Anschein, dass Neugeborene einer weiblichen Stimme mit größerem Interesse zuhören als einer männlichen (Ashmead, 1976). Besondere Aufmerksamkeit bringen die Kinder offenbar einer Stimme entgegen, die sich unmittelbar an sie wendet und in hoher Stimmlage spricht (Cooper & Aslin, 1990).

Inzwischen weiß man, dass das Kind im Mutterleib offenbar nicht nur mit der Stimme seiner Mutter besonders vertraut wird. Es scheint auch bereits darauf zu achten, *welche* Sprache sie spricht. Christine Moon und Mitarbeiter (1993) spielten Neugeborenen von Müttern, die entweder nur englisch oder nur spanisch sprachen, eine weibliche Stimme vor, die sie noch niemals zuvor gehört hatten. Diese Stimme äußerte sich in englisch, aber auch in spanisch. Wie reagierten die Neugeborenen auf diese Stimme? Sie bevorzugten offenkundig diejenige Sprache, mit der sie bereits vorgeburtlich durch Äußerungen ihrer Mutter vertraut geworden waren. Der Fötus verfügt demnach in einem fortgeschrittenen Entwicklungsstadium nicht nur über ein recht gut funktionierendes Hörorgan, sein Gehirn muss auch bereits in der Lage sein, bestimmte Verarbeitungen des Gehörten vorzunehmen.

4.3 Spielerische Tätigkeiten

In den Untersuchungen zum Bindungsverhalten hatte Mary Ainsworth sich vor allem dafür interessiert, wie Kinder auf An- und Abwesenheit ihrer Mutter in einer fremdartigen Umgebung reagieren (s. S. 128). Spielzeug hatte vor allem die Funktion, das Kind von seiner Mutter wegzulocken. Ainsworth interessierte sich weniger dafür, was das Kind mit dem Spielzeug anfing. Zu dieser Zeit war das kindliche Spiel ohnehin kein Thema, mit dem sich eine nennenswerte Anzahl von Psychologen beschäftigte. Diese Zurückhaltung hatte wenigstens teilweise damit zu tun, dass man spielerische Tätigkeit nicht eindeutig kennzeichnen konnte. Auch heute würden viele Psychologen ebenso wie Konrad Lorenz im Jahre 1956 reagieren, der seine Leserschaft einfach bat: »Verlangt nicht von mir, dass ich eine Definition für das Spielen gebe.« Dennoch konnte man sich in letzter Zeit wenigstens auf einige Merkmale spielerischer Tätigkeit einigen.

Warum spielen Kinder überhaupt? Wie hat sich das Spielen im Verlauf der Evolution entwickelt? Schließlich ist mit dem Spielen doch ein hoher Energieverbrauch, ein gesteigertes Unfallrisiko und die erhöhte Gefahr verbunden, von einem Feind entdeckt zu werden (Smith, 1982). Eine Antwort aus der Zeit um 1900 findet auch noch in der Gegenwart allgemeine Zustimmung: Das Kind lernt im Spiel, sich an vorfindbare Gegebenheiten anzupassen.

4.3.1 Kennzeichnung des Spielens

Um zu erfahren, welche Kennzeichen Erwachsene dem Spielen zuschreiben, führte man ihnen Filme vor, die Kinder bei einer Vielzahl alltäglicher Tätigkeiten zeigten. Die Aufgabe der Betrachter bestand darin, Szenen zu benennen, in denen nach ihrer Meinung gespielt wird (Smith & Vollstedt, 1985). Es ergab sich, dass Erwachsenen eine Einigung darüber, ob ein Kind spielt oder nicht, gar nicht so schwer fällt. Obwohl sie auf ihre Aufgabe nicht gesondert vorbereitet worden waren, urteilten sie wenigstens teilweise nach gleichen Merkmalen wie Spielforscher. Diese würden die Beschäftigung eines Kindes mit seiner Puppe, das Klopfen mit einem Löffel auf einen Kochtopf oder das Schieben eines Miniaturautos auf dem Boden als »Spielen« bezeichnen, weil diese Tätigkeiten jeweils mehrere der folgenden Kennzeichen aufweisen (Hetzer, 1979; Rubin et al., 1983):

Es besteht eine Motivation »von innen heraus«. Das Kind übt eine Tätigkeit aus, weil sie ihm Spaß macht, also nicht, um einem biologischen Bedürfnis (z. B. Hunger oder Durst) nachzukommen oder Erwartungen anderer zu erfüllen. Im Spiel können sich Kinder somit verkleiden, sich auf die Rutsche eines Spielplatzes begeben oder einfach nur auf einem Fuß hinken. Solange sie diese Tätigkeiten ausführen, weil es ihnen »Spaß macht«, darf man mit Berechtigung von einer spielerischen Aktivität sprechen. Dazu lassen sich auch die Kreisreaktionen während der sensu-motorischen Phase rechnen. Das wiederholte Schlagen gegen das Glöckchen oder einfallsreiche Versuche beim Werfen von Objekten gehören ebenfalls in diese Kategorie. Selbst beim Lallen, von dem später noch die Rede sein wird, handelt es sich um ein Spielen mit stimmlichen Äußerungen.

Der Spielende beachtet die Mittel und nicht den Zweck. Der Zweck des Spiels liegt bereits in der Tätigkeit. Da der Spielende »von der Zwangsjacke der Mittel-Zweck-Überlegungen befreit ist« (Rubin et al., 1983), kann er sein Spielmaterial jederzeit in neuartiger Weise verwenden. Er beginnt möglicherweise damit, Bausteine aufeinander zu stellen, und findet dann, dass es mehr Spaß macht, sie auf einen Lastwagen zu laden. Nachdem das Kind mehrere Male eine Leiter hinaufgeklettert ist, um über eine Rutsche wieder zurück auf den Boden zu kommen, prüft es, ob es nicht auch auf der Rutsche nach oben krabbeln kann. Obwohl das Kind nicht zum Ziel kommt, versucht es diesen Weg immer wieder; allein darin liegt der Spaß.

Der Spielende kann die allgemein übliche Funktion eines Gegenstandes leugnen und ihm eine andere geben. Der Teddy wird so behandelt, »als ob« es sich dabei um das jüngere Geschwisterkind handelt. Ein Stuhl wird nicht länger zum Sitzen benutzt, sondern wie ein Pferd behandelt. Im Vorschulalter können Kinder in Rollenspielen ziemlich grob miteinander umgehen. Der »Polizist« darf sich bei der Festnahme des »Räubers« sehr wohl aggressiv verhalten. Die Beteiligten teilen sich in einem solchen Spiel nämlich gegenseitig über Signale mit, dass sie nicht wirklich meinen, was sie tun (Sutton-Smith, 1985). Der »Polizist« lächelt den »Räuber« bei der Verhaftung beispielsweise an.

Die Tätigkeit eines Spielenden wird nicht von Regeln bestimmt, die ihm von außen auferlegt worden sind. Das Kind entscheidet selbst, was es für eine bestimmte Zeit mit seinen Bauklötzen macht oder wie es seinen Teddy behandelt. Wenn ein Vorschulkind sich an einem Gesellschafts-»Spiel« beteiligt, spielt es nicht im hier definierten Sinne. Sofern es jedoch anfängt, den Würfel und die Steine regelwidrig, also in selbstbestimmter Weise zu verwenden (z. B. mit dem Würfel gegen die Steine »schießt«), spielt es. Definitorische Schwierigkeiten entstehen übrigens, wenn dieses Merkmal für soziale Rollenspiele angewandt wird. Ein Kind ahmt z. B. Vater oder Mutter nach und erwartet von seinem Spielpartner, dass er die Rolle des Kindes spielt (Garvey, 1977).

Spielen ist kein passives Konsumieren. Es kann beispielsweise nicht vor dem Fernsehapparat stattfinden. Es ist auch kein zielloses Tun aus Langeweile. Spielen muss eine aktive Beteiligung aufweisen.

Abbildung 4.6. Spielen ist eine spontane, selbstbestimmte Tätigkeit, die um ihrer selbst willen ausgeübt wird und häufig mit Umdeutungen verbunden ist

Wenn ein Kind

- eine Beschäftigung spontan aufnimmt,
- damit kein körperliches Bedürfnis wie Hunger oder Durst befriedigt,
- sein Vergnügen offensichtlich im Tun selbst findet und
- sich keiner von außen auferlegten Regel unterwirft,

sprechen Laien in hoher Übereinstimmung mit Entwicklungspsychologen vom **Spielen**.

4.3.2 Vom Erkundungsverhalten zum Spielen

Studie: die »Wunderkiste«

Corinne Hutt (1967) ging bereits vor längerer Zeit einmal der Frage nach, welche Beziehungen zwischen dem Erkundungsverhalten und dem Spielen bestehen. Ihre Kinder waren allerdings bereits etwas älter. Hutt führte drei- bis fünfjährige Kinder einzeln in einen ihnen vertrauten Raum, in dem sie eine »Wunderkiste« vorfanden. Sie war aus rotem Metall und stand auf Messingfüßen. Aus dem Metall ragte ein Hebel, an dessen Ende sich ein roter Ball befand. Die Kiste war mit einer Drehscheibe, einem Summer und einer Klingel ausgestattet. Ließ man die Kinder im Raum allein zurück, weckte die Kiste sofort ihre Neugier, denn sie wandten sich ihr unmittelbar zu. Allerdings blieben sie bei allem, was sie taten, vorsichtig; die Kinder bewahrten einen ernsten und konzentrierten Gesichtsausdruck. Diese ersten Reaktionen, so erläutert Corinne Hutt, waren durchaus nicht spielerisch. Die Kinder bemühten sich zunächst, den seltsamen Gegenstand zu erkunden. Sie schienen die Frage beantworten zu wollen: »Was macht dieser Gegenstand?«

Im Verlauf der Zeit wuchs allerdings die Vertrautheit der Kinder mit der Wunderkiste. Rein äußerlich entspannte sich der Gesichtsausdruck. Die Erkundungsphase ging zu Ende, denn nunmehr schien sich das Kind die Frage zu stellen: »Was kann ich mit diesem Gegenstand machen?«, und die Antwort war offenbar: »Alles, was ich möchte.« Die Beschäftigung mit der Kiste machte den Kindern allem Anschein nach Spaß. Sie betätigten sich zunehmend kraft- und schwungvoller. Vorsichtsmaßnahmen schienen jetzt überflüssig zu sein.

Einige Spieltheoretiker meinen, dass sich während der Erkundungsphase das Unbekannte allmählich zum Vertrauten wandelt. In der nachfolgenden Spielphase besitzt das Kind dann die Sicherheit, um sich aus dem Vertrauten etwas Neues zu schaffen (Rubin et al., 1983). Erkundungs- und Spielphasen gehen nahtlos ineinander über. Wenn man einem Kind im Alter zwischen dem vierten und achten Lebensmonat z. B. eine Ente gibt, dann ist damit zu rechnen, dass es sie zunächst vorsichtig untersucht und erst etwas später, mit wachsender Vertrautheit, damit spielt. Es wird sie dann vielleicht über die Bettdecke schieben, damit gegen die Wand klopfen, oder sie kräftig zusammendrücken, um einen Quietschton zu erzeugen.

Schaffung von Neuem im Spiel. Besonders eindrucksvoll gelingt dem Kind die Schaffung von Neuem im Spiel, wenn es aufgrund seiner kognitiven Entwicklung alltägliche Geschehnisse in Form eines »Als-Ob« darstellen kann. Ein 12 oder 13 Monate altes Kind z. B. *gibt vor* zu schlafen, indem es sich hinlegt und die Augen schließt. Nach wenigen Sekunden beendet es allerdings dieses Spiel, um etwas anderes zu beginnen. Es kann sich z. B. einen Löffel in den Mund stecken und so tun, als ob es isst. Hier werden Handlungen aus dem alltäglichen Geschehen nicht nur nachgeahmt, sondern häufig auch mit kleinen Veränderungen wiederholt.

Je älter die Kinder werden, desto deutlicher zeigt sich, wie sie sich im Spiel Neues schaffen. So beobachtet man u. a. zwischen dem 19. und dem 24. Lebensmonat häufig das Umdeuten von Gegenständen: Aus einer Muschel wird eine Tasse, aus der man trinkt, oder ein länglicher Baustein wird zu einem Auto.

4.3.3 Einflüsse von Spielerfahrungen auf die Entwicklung

Studie: Entwicklung von Kindern in iranischen Waisenhäusern

Wayne Dennis (1960) führte 1958 Untersuchungen in mehreren Waisenhäusern des Iran durch. Viele Säuglinge waren dort seit ihrer Geburt untergebracht. Sie lebten in einer Umwelt, die ihnen nur sehr wenige Anregungen bot. Im Durchschnitt hatte eine Pflegerin acht Kinder zu versorgen. Deshalb verbrachten die jungen Heiminsassen den größten Teil der Zeit in Betten, wo sie ständig auf dem Rücken lagen. Es gab keine Besuche. Spielzeug stand nicht zur Verfügung. Wie entwickelten sich die Kinder unter diesen Bedingungen?

Verzögerung der Entwicklung durch Spielmangel. Dennis stellte fest, dass die motorische Entwicklung außerordentlich verzögert war. Nur 42 Prozent der Kinder konnten im Alter von 19 Monaten allein sitzen. Bis zum Alter von 33 Monaten hatten nicht mehr als 8 Prozent das Laufen gelernt. Wie lassen sich diese Verzögerungen erklären? Da die Ernährung zufriedenstellend war, richtete sich das Interesse von Dennis auf den Mangel an Spielgelegenheiten. Entwickelten sich die von Dennis beobachteten Heimkinder schneller, wenn man ihnen Spielmaterial zur Verfügung stellte?

Zur Klärung dieser Frage wurden Kinder im Alter zwischen 7 und 18 Monaten ausgewählt, die alle noch nicht allein sitzen konnten, auch dann nicht, wenn sie von einem Erwachsenen in eine Sitzposition gebracht wurden. Diese Kinder nahm man täglich für eine Stunde aus den Betten und gab ihnen die Gelegenheit, sich sitzend (ihre Körper stützte man durch Kissen) mit Materialien zu beschäftigen, z. B. mit einem bunten Aschenbecher, mit Plastikflaschen, frischen Blumen, farbigen Schwämmen und bunten Scheiben, die auf einem Faden aufgereiht waren. Die Erwachsenen hielten sich während der »Spielstunde« weitgehend zurück. Bereits nach einem Monat konnte Dennis einen erheblichen Entwicklungsfortschritt feststellen (Sayegh & Dennis, 1965).

Spielen als Üben von Fertigkeiten. Im Spiel übt das Kind seine Fertigkeiten, um sie in einer Vielzahl von Situationen anzuwenden. Wenn man sich auf einen Spielplatz begibt, kann man an einer Rutsche vielleicht folgende Beobachtung machen (Fein, 1982): Zunächst erkundet das Kind ein solches Gerät vorsichtig. Obwohl es die mütterliche Hand hält, rutscht es noch etwas ängstlich herunter. Nach Überwindung der Erkundungsphase gewinnt aber das Spiel die Oberhand: das Kind rutscht sitzend, liegend, auf dem Bauch und auf dem Rücken. Durch die spielerische Veränderung einer bestimmten Tätigkeit steigert das Kind seine Körperbeherrschung, die es später bei vergleichbaren Aufgaben anwenden wird. Ähnliches beobachtet man in allen Bereichen des Verhaltens, so auch beim Erlernen der Sprache, beispielsweise bei Wort*spielen* des Kindes.

Durch Spielerfahrungen erweitern Kinder auch ihr Wissen von dieser Welt und deren Bedingungen. Sie lernen, dass Bälle rollen, ebenso aber auch springen können. Ein erheblicher Vorteil des Spielens besteht darin, dass das Kind dabei etwas ausprobieren kann, ohne dass es das Erlebnis des Versagens befürchten muss.

Soziale Fertigkeiten. Durch das Spielen erwerben Kinder auch soziale Fertigkeiten, indem sie lernen, begehrtes Spielzeug mit anderen zu teilen, Konflikte zu lösen und etwas spielerisch gemeinsam zu tun. Im Rahmen sämtlicher sozialer Kontakte werden sie angeregt, die Regeln des Miteinander zur Kenntnis zu nehmen und im Laufe der Zeit günstigstenfalls beherrschen zu lernen. Voraussetzung für dieses Miteinander ist, dass kommuniziert wird, also Informationen ausgetauscht werden, zunächst auf nichtsprachlicher, später auf sprachlicher Ebene.

4.4 Frühe Formen der Kommunikation

Sprachentwicklung von der Geburt bis zur Einschulung

Eine der herausragenden Leistungen des Menschen ist seine Fähigkeit zu vielfältiger Kommunikation. Das Wort leitet sich aus der lateinischen Sprache ab (*communicare*) und lässt sich mit ›teilnehmen lassen‹ bzw. ›sich verständigen‹ übersetzen. Die Möglichkeiten des Neugeborenen, sich zu verständigen, sind selbstverständlich noch außerordentlich begrenzt. Allerdings können zumindest Mütter, Hebammen und Kinderschwestern zwischen dem Geburtsschrei, dem Schmerzschrei und dem Hungerschrei eines nur wenige Tage alten Kindes unterscheiden (Wasz-Hoechert et al., 1968). Nach der Geburt vergehen aber nur wenige Monate, bis der neue Erdenbürger anfängt, sich am Prozess des Sich-Verständigens zu beteiligen. Nach der Geburt ihres Kindes müssen Eltern ungefähr ein Jahr warten, bis ihr Kind das erste sinnvoll verwendete Wort spricht. Es dauert weitere Monate, bis es etwa ein Dutzend Worte beherrscht, dann beschleunigt sich das Erlernen neuer Wörter: »Typischerweise produzieren Kinder ihre ersten 30 Wörter in einer Geschwindigkeit von drei bis fünf neuen Wörtern pro Monat. Dieselben Kinder lernen die nächsten 30.000 Wörter in einer Geschwindigkeit von zehn bis zwanzig Wörtern pro Tag« (Jones et al., 1991). Wenn sie schließlich eingeschult werden, dürften Kinder über einen Wortschatz von mehr als 10.000 Wörtern verfügen (Anglin, 1993). In den zurückliegenden sechs Jahren hat sich also eine beachtliche Entwicklung vollzogen, deren Grundlagen während des ersten Lebensjahres gelegt werden.

Wenn man ein zwei Tage altes Neugeborenes menschlicher Sprache aussetzt und dabei seine Bewegungen filmt, macht man eine bemerkenswerte Entdeckung: Die Bewegungen des Kopfes, der Hände, Arme und Beine weisen eine offenbar systematische Beziehung zur gesprochenen Sprache auf (Condon & Sander, 1974). Bei anderen Lauten, wie etwa Klopfen, tritt dieses Zusammenspiel von Gehörtem und Bewegungen nicht auf. Babys ziehen menschliche Sprachlaute offenbar anderen Geräuschen vor. Schon im Alter von einem Monat sind sie in der Lage, zwischen verschiedenen Sprachlauten zu unterscheiden (Aslin et al., 1998). Lässt diese Beobachtung nicht den Schluss zu, dass das Neugeborene ein ererbtes Interesse für die menschliche Sprache hat?

Zweifellos verstehen Kinder bereits Äußerungen anderer, bevor sie diese selbst hervorbringen können (Goldin-Medow et al., 1976). Eltern sollten also bereits dann zu ihrem Kind sprechen, wenn dieses selbst noch keine sprachlichen Mitteilungen von sich gibt. Was muss ein Kind im Verlauf des Spracherwerbsprozesses im Einzelnen lernen? Diese Frage soll im Folgenden als erstes beantwortet werden. Anschließend ist zu beschreiben, wie aus einem schreienden oder krähenden Neugeborenen ein Kind wird, das an der Schwelle zu Zwei-Wort-Äußerungen steht.

4.4.1 Kennzeichnung der gesprochenen Sprache

Eltern, die sich für die Sprachentwicklung ihres Kindes interessieren, beachten in der Regel vor allem, welche Worte dieses zuerst äußert, in welchem Umfang der Wortschatz zunimmt und wann die ersten Worte in einer sinnvollen Verbindung auftreten. Sprachwissenschaftler haben jedoch darauf hingewiesen, dass zum Spracherwerb noch viel mehr gehört.

Phoneme. Jede Sprache ist zunächst einmal durch ein bestimmtes Lautsystem (Phonologie) gekennzeichnet. Die kleinste sinnvolle Lauteinheit, die in der gesprochenen Sprache vorkommt, bezeichnet man als Phonem. Mit der Veränderung dieser Einheiten erhält das Wort eine neue Bedeutung. Bei den folgenden Wörtern stellen jeweils die ersten Buchstaben Phoneme dar. Durch Austausch der Konsonanten lässt sich die Bedeutung wie folgt ändern: Fang, Gang, Hang, lang, Rang, Tang etc. Gleiches lässt sich durch Änderung von Vokalen erreichen: Gras, Grieß, groß, Gruß etc. Ein Kind hat also zu lernen, zwischen verschiedenen Phonemen zu unterscheiden. So muss in der deutschen Sprache herausgehört werden, ob ein stimmhaftes s (wie in Seile) oder ein z (wie in Zeile) gesprochen wird, wenn Missdeutungen vermieden werden sollen; zum Erlernen der spanischen Sprache bedarf es einer solchen Unterscheidung nicht.

Morpheme. Jede Sprache legt durch Regeln fest, wie Phoneme zu sinnvollen Einheiten, Morpheme genannt, kombiniert werden dürfen. In der deutschen Sprache können Wörter z. B. mit st- oder sp-, jedoch nicht mit sh- oder sm- beginnen (was im Englischen vorkommt, wie die Beispiele *shop* bzw. *smart* zeigen). Das Wort »Kind« stellt ein Morphem dar, denn es würde seine Bedeutung verlieren, wenn man es weiter zerlegte. Die Mehrzahlform besteht aus zwei Morphemen, denn dem Wort »Kind« wird noch die Einheit »er« angehängt.

BEISPIEL

Ein klassisches Beispiel, das vom Harvard-Sprachforscher Roger Brown (Berko & Brown, 1960) stammt, zeigt, dass ein Kind die richtige Lautkombination möglicherweise kennt, aber noch nicht in der Lage ist, sie auszusprechen:

Kind:	»Fis«
Brown:	»Ist das dein Fis?«
Kind:	(Brown verbessernd) »Nein, das ist mein Fis!«
Brown:	(verwirrt) »Das ist dein Fisch?«
Kind:	»Ja, mein Fis.«

Semantik. Bevor ein Kind sich mit anderen unterhalten und sie verstehen kann, muss es die Bedeutung – man spricht auch von der Semantik – der verwendeten Wörter gelernt haben. Wörter stehen für Gegenstände, Handlungen und Beziehungen. Die Entwicklungspsychologie interessiert sich u. a. für die Frage, wie ein Kind darauf aufmerksam wird, dass Äußerungen, etwa der Mutter, Bedeutungen tragen.

Syntax. Mit einem einzigen Wort ist das Mitteilen von Nachrichten nur in einem sehr eingeschränkten Umfang möglich. In allen Sprachen dieser Welt ist deshalb die Möglichkeit vorgesehen, Wörter zu kombinieren. Dabei sind allerdings stets bestimmte Regeln zu beachten: Die Syntax einer Sprache benennt die Regeln, nach denen Wörter zu verändern und aneinanderzureihen sind, damit ein bestimmter Sinn zum Ausdruck gebracht wird. Wie sich an dem folgenden Beispiel ablesen lässt, erfüllt jedes Wort in einem Satz eine bestimmte Funktion.

Klaus fragt Peter.
Peter fragt Klaus.

Beide Sätze enthalten die gleichen Wörter; durch die Reihenfolge wird zum Ausdruck gebracht, wer wen gefragt hat. Die Regeln der Syntax in der deutschen Sprache besagen z. B., dass die Abfolge »Klaus (den) Peter fragt« nicht möglich ist. Weiterhin ist geregelt, wie Fragen im Unterschied zu Aufforderungen oder einfachen Feststellungen zu formulieren sind.

Situationsangemessenheit der sprachlichen Aussage. Ein Mensch, der die Regeln der Phonologie, der Semantik und der Syntax gelernt hat, kann zwar einwandfreie Sätze bilden. Dennoch besteht die Gefahr, dass er mit der Sprache nicht seine beabsichtigten Ziele erreicht. Ein Kind, das sich vielleicht an seine Mutter mit der Aufforderung wendet, es wolle sofort etwas zu essen haben, könnte eine schroffe Ablehnung erhalten, weil es gegen Regeln der Höflichkeit verstoßen hat. Auch wenn eine Mutter vom Satzaufbau her folgende Frage formuliert: »Räumst du bitte dein Zimmer auf(?)«, würde sie sich ärgern, wenn das Kind mit »Nein« antworten sollte, denn die vermeintliche Frage ist natürlich als Aufforderung zu verstehen. Vielfach lässt sich der Sinn einer Äußerung nämlich nur dann angemessen erschließen, wenn man die gesamte Situation, in die sie eingebettet ist, mit berücksichtigt. Während des dritten und vierten Lebensjahres beginnen Kinder zu lernen, was man unter welchen Umständen wie sagt, das heißt, sie lernen die Regeln der Situationsangemessenheit einer sprachlichen Aussage.

4.4.2 Vorsprachliches Stadium

Bevor ein Kind das erste sinnvolle Wort spricht, muss es einige Voraussetzungen entwickeln, die teilweise der genetischen Steuerung unterliegen, aber gleichzeitig nur in Wechselwirkung mit Umweltanregungen entstehen können. Bereits sehr bald nach der Geburt beginnt der junge Erdenbürger, den Personen, die sich ihm fürsorglich zuwenden, etwas mitzuteilen, etwa durch Schreien (s. S. 121 f.). Diese Personen werden überwiegend darüber informiert, dass eine Beeinträchtigung des körperlichen Wohlbefindens erfolgt ist und vielleicht »aufgefordert«, den Hunger zu beseitigen, Schmerzen abzustellen oder erträglichere Temperaturen herzustellen. Solche einfachen Mitteilungsformen sollen im Folgenden nicht in den Vordergrund der Betrachtung treten.

Wenn von der Sprachentwicklung in der frühen Kindheit die Rede ist, bezieht man sich im Allgemeinen auf Fortschritte des Babys, das gesprochene Wort anderer zu verstehen (sog. rezeptive Sprache) oder selbst aktiv Sprachmitteilungen hervorzubringen (akustisch hörbar oder durch Zeichensprache). Was aber geht diesen »aktiven Sprachmitteilungen« voraus? Was muss beim Kind zunächst angeregt werden, bevor es etwa seinen Vater entdeckt und daraufhin ein eindeutig vernehmbares »Papa« spricht? Im Folgenden soll anhand einiger Beobachtungen belegt werden, dass das junge Gehirn zum Empfang und zur Verarbeitung menschlicher Sprache von vornherein mit besonders günstigen Voraussetzungen ausgestattet ist.

Kindliche Reaktionen auf menschliche Sprachäußerungen

Mütter und Väter sprechen zumeist schon sehr bald nach der Geburt zu ihrem Neugeborenen. Reagiert das junge Gehirn tatsächlich bereits auf solche akustischen Anregungen? Das ist offenbar der Fall, denn es ließ sich mit Hilfe von Geräten, die hirnelektrische Ströme erfassen (EEG), nachweisen, dass bei Neugeborenen die linke Seite des Gehirns beim Hören menschlicher Sprache eine Aktivitätssteigerung zeigt, während die rechte Gehirnseite aktiviert wird, wenn eine Musikdarbietung erfolgt (Molfese et al., 1975).

Das Gehirn Neugeborener ist offenbar auf die Verarbeitung von Sprache besonders gut vorbereitet, denn sie können bereits während der ersten Lebensmonate zwischen einigen Konsonanten und Umlauten unterscheiden (Eilers & Minifie, 1975; Trehub, 1976). Babys, die einen Monat alt sind, entdecken beispielsweise, ob man ihnen den Sprachlaut *pa* oder stattdessen *ba* vorspricht (Trehub & Rabinovitch, 1972). Derartige »Leistungen« vollbringen sie auch bei solchen Sprachlauten, die in ihrer Muttersprache gar nicht vorkommen, und bei denen es ihren Eltern nicht gelingt, Unterschiede zu hören. So kennt die japanische Sprache beispielsweise kein ›l‹, und infolgedessen gelingt es vielen erwachsenen Japanern nicht, auf ›l‹ anders als auf ›r‹ zu reagieren. Neugeborenen bereitet es aber offenbar keine Schwierigkeiten, zwischen diesen beiden Konsonanten zu unterscheiden (Eimas & Tartter, 1979). Sechs Monate alte Babys verlieren aber bereits die Fähigkeit, zwischen Umlauten zu unterscheiden, die in ihrer Muttersprache nicht vorkommen. Ab dem Alter von einem Jahr gelingt es ihnen auch immer weniger, zwischen Konsonanten zu unterscheiden, die sie in ihrer Sprachumgebung niemals gehört haben (Polka & Werker, 1994).

Solche Befunde legen den Schluss nahe, dass das menschliche Gehirn über angeborene Voraussetzungen verfügt, Sprache zu verarbeiten. Das ist ein wesentlicher Grund, weshalb man Eltern und Personen, die sich um die Pflege von Neugeborenen kümmern, empfiehlt, Kindern bereits in einem sehr jungen Alter etwas vorzusprechen, damit das Sprachzentrum des Gehirns möglichst früh zur Funktion angeregt wird. Man fördert damit auch lautliche Eigenproduktionen des Babys.

Entwicklung der Lautbildung

Schreien. Die häufigste Lautäußerung des Babys während der ersten beiden Lebensmonate ist das Schreien (s. S. 121 ff.); es drückt stets Unbehagen (Schmerz, Hunger) aus. Mit ihm verbindet sich aber auch eine soziale Funktion, denn die Mutter oder andere Pflegepersonen reagieren darauf sehr empfindlich. In der Regel sind sie bemüht, das Kind auf irgendeine Art wieder zu beruhigen.

Gurrlaute. Zwischen dem zweiten und dritten Lebensmonat beginnen Babys, Gurrlaute zu produzieren, die aus Vokalketten bestehen. Die »uuuuuuu«- oder »aaaaaaa«-Folgen dauern jeweils etwa 15 bis 20 Sekunden. Man hört sie vor allem nach einer Mahlzeit oder einer Schlafphase; offenbar sind sie Ausdruck einer gewissen Zufriedenheit.

»Lall-Monologe«. In der Zeit des sechsten Lebensmonats ändern sich die Lautäußerungen in auffallender Weise. Das Kind beginnt mit dem Lallen, dem vermutlich kein echtes Mitteilungsbedürfnis zugrunde liegt. Es kombiniert dabei jeweils einen Konsonanten mit einem Vokal. Da es eine solche Lautfolge ständig wiederholt, spricht man auch von Lall-Monologen, die höchstwahrscheinlich infolge von Kreisreaktionen zustande kommen (s. S. 144). In früheren Stadien produziert das Baby vor allem Umlaute und Kehllaute wie [g] und [k], während es später auch Laute äußert, die mit Hilfe der Lippen und Zähne zustande kommen, wie etwa [b] und [p] (de Villiers & de Villiers, 1979). Das »gugugugugu« oder »babababababa« hört man bei Babys in aller Welt. Sie produzieren dabei auch Laute, die in der Sprache der jeweiligen Umgebung gar nicht vorkommen und deshalb von Erwachsenen nur unzureichend nachzuahmen sind. Offenbar lernt das Kind bei seinen Lall-Übungen, wie es seine Zunge, die Lippen und den Kehlkopf kontrollieren kann. Da sogar taube Babys diese Lall-Monologe hervorbringen, allerdings mehrere Monate später als normale Babys (Oller & Eilers, 1988), stellen sie offenbar eine wichtige Übungsvorstufe zur aktiven Sprachäußerung dar. Auch wenn dem Lallen keine Mitteilungsabsicht zugrunde liegt, fordert es Eltern zumindest zu Stellungnahmen heraus. Bemerkenswert ist, dass taube Babys etwa zur gleichen Zeit wie Kinder, deren Hörfähigkeit intakt ist, mit ihren Händen eine besondere Form des Lallens beginnen. Im Alter von etwa zehn Monaten lassen sich ungefähr zwölf verschiedene Gesten der Hand unterscheiden, die Ähnlichkeiten mit der Zeichensprache ihrer Eltern haben und in rhythmischer, wiederholter Weise dargestellt werden (Petitto & Marentette, 1991). Demnach ist davon auszugehen, dass gehörlose Kinder die Zeichensprache auf gleiche Weise wie andere Kinder die gesprochene Sprache erlernen.

In der Zeit zwischen dem achten und zwölften Lebensmonat hört man bei Babys mit zunehmender Häufigkeit Laute, die in der jeweiligen Sprachumgebung vorkommen (Bloom, 1998; Sendlmeier & Sendlmeier, 1991). Eine weitere Äußerung verdient, beachtet zu werden: das Kind beginnt, wiederholt bestimmte Lautbildungen in einer klar erkennbaren Absicht zu verwenden. Es zeigt möglicherweise auf eine Gegebenheit und versucht, mit dem gleichzeitigen Aussprechen von »da« die Aufmerksamkeit eines Erwachsenen zu gewinnen.

Einüben sozialer Regeln

Nonverbale Signale. Bei einem Gespräch übernimmt üblicherweise jeder der Beteiligten abwechselnd die Rolle des Zuhörenden und des Mitteilenden. Woher weiß man aber, wer von beiden gerade das Wort hat? Damit das Abwechseln funktioniert, bedienen sich Gesprächsteilnehmer zahlreicher nicht-sprachlicher Signale. So wendet der Sprecher zu Beginn seiner Äußerungen – vermutlich um sich besser konzentrieren zu können – typischerweise seinen Blick vom Partner ab. Gegen Ende sieht er sein Gegenüber wieder an, um ihn zur Erwiderung aufzufordern. Der Zuhörer dagegen richtet seinen Blick während der Ausführungen auf den Sprecher, um ihm zu zeigen, dass er aufmerksam und interessiert ist (Rutter, 1984).

Der Ablauf eines Gesprächs erfolgt somit nach bestimmten Regeln, die jeder Teilnehmer – wenigstens bis zu einem gewissen Grade – beherrschen muss. Auf welche Weise wird nun einem Kind vermittelt, dass man sich in einem Gespräch abwechseln muss, dass man nicht spricht, wenn der Partner noch nicht ausgeredet hat, dass man sich mit Hilfe nicht-sprachlicher Signale über den Ablauf des Gesprächs verständigt? Von welchem Alter an gestaltet ein junger Mensch den Ablauf sozialer Kontakte aktiv mit? Zur Beantwortung solcher Fragen muss man sich genauer ansehen, was die Mutter während ihrer Beschäftigung mit dem Kind tut und wie dieses darauf reagiert.

Erste »Kontaktepisoden«. In den ersten Lebensmonaten wird der Ablauf einer »Kontaktepisode« noch weitgehend vom betreuenden Erwachsenen bestimmt. Das Kind liefert vor allem Anlässe zum Reagieren; es verhält sich aber keineswegs völlig passiv. Zwischen dem dritten und sechsten Lebensmonat bringt das Kind seine Gurr- und Lallaute mit Vorliebe dann hervor, wenn die Mutter oder ein anderer Erwachsener mit ihm spricht. Das Kind erweckt den Eindruck, einfach »mitreden« zu wollen. Es wartet allerdings nicht, bis die Mutter aufhört zu sprechen, denn es beherrscht während der ersten beiden Lebensjahre noch nicht den Rollenwechsel vom Mitteilenden zum Zuhörer und umgekehrt. Die Lautäußerungen erfolgen nach Belieben, und die Mutter passt sich entsprechend an (Rutter & Durkin, 1987).

Dennoch neigen Mütter oder andere Betreuer dazu, Kinder bereits während der ersten Lebenswochen so zu behandeln, als seien sie echte Gesprächspartner (Shatz, 1983). Jede Äußerung, jede Regung eines Babys wird aufmerksam registriert und als »Antwort« gewertet. Wenn ein Kind nicht reagiert, wartet die Mutter einen Augenblick, bis sie irgendeine Reaktion zum Anlass nehmen kann, ihre »Unterhaltung« fortzusetzen, wie in dem folgenden Beispiel (Snow, 1977):

BEISPIEL

Mutter:	Hallo, lach doch 'mal! (klopft sanft gegen die Rippen)
Kind:	(gähnt)
Mutter:	Müde bist du? Du bist heute zu früh aufgewacht.
Kind:	(öffnet die Faust)
Mutter:	(berührt die Hand des Kindes) Was siehst du denn? Siehst du etwas?
Kind:	(umfasst Finger der Mutter)
Mutter:	Ach, das wolltest du.

Da Babys in regelmäßigen Abständen das Trinken unterbrechen, nutzen Mütter oft die Pausen, um das Baby etwa zu streicheln oder anzusprechen. Über die Gespräche, die Daniel Stern protokolliert hat, ist bereits berichtet worden (s. S. 132).

Die Regel des Abwechselns. Das Einüben sozialer Regeln erfolgt allerdings nicht nur im sprachlichen Wechselspiel. Erinnert sei nur an das bekannte Guck-Guck-Spiel, in dem sich der ältere Spielpartner zunächst vor dem Kind versteckt, um plötzlich mit einer Begrüßung aufzutauchen. Ein bedeutsames Kennzeichen dieses Spiels ist das Abwechseln. Zunächst handelt der Spielpartner, und das Kind beobachtet ihn. Sodann reagiert das Kind – unter Beobachtung seines Mitspielers – mit freudiger Erregung. Bevor diese ganz abge-

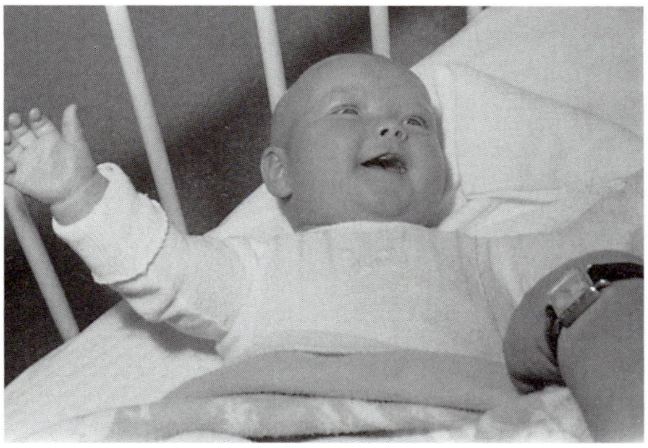

Abbildung 4.7. In Kontakten mit der Mutter lernt das Kind die Regeln des Abwechselns und wie man durch Veränderung der Blickrichtung Mitteilungen an seinen Partner macht

klungen ist, geht die aktive Rolle wieder auf den älteren Spielpartner über usw. Phantasievolle Eltern kennen viele weitere Beschäftigungen, die sie zunächst einmal zur Unterhaltung des Kindes erfunden haben. Häufig ist ihnen gar nicht bewusst, dass solche Spiele eine wichtige Funktion erfüllen; sie machen Kinder mit den Regeln des sozialen Miteinanders vertraut. Nach dem zweiten Geburtstag werden die Lernergebnisse dieser Übungsanregungen erkennbar: Die Kinder unterbrechen ihre Mutter immer weniger. Sie fangen an, ihre Sprachäußerungen mit denen ihrer Mutter abzustimmen und beginnen, aktiver auf den Ablauf der Kontakte einzuwirken (Rutter & Durkin, 1987).

Die Rolle von Blickkontakten. Die Berücksichtigung anderer Regeln des sozialen Kontakts lässt sich sogar noch früher nachweisen: Bereits im Alter von zwölf Monaten blickt das Kind in der Regel seine Mutter an, wenn sie etwas zu ihm sagt. Nach dem 18. Lebensmonat beobachtet man immer häufiger, dass das Kind zum Ende eines Beitrags seine Mutter ansieht, um ihr zu signalisieren, dass sie nunmehr das Wort hat. Gegen Ende des zweiten Lebensjahres verwenden Kinder Blicksignale fast ebenso wie Erwachsene. Die Kleinen wissen nunmehr auch, was es heißt, wenn die Mutter sie zum Schluss ihrer Ausführung wieder ansieht (Rutter & Durkin, 1987).

Das Erlernen von Bedeutungen

Helen Keller (1917) hat im Alter von 17 Monaten sowohl ihre Hör- als auch ihre Sehfähigkeit verloren (s. Info-Kasten 4.2). In ihrer dramaturgisch aufbereiteten Biographie benennt sie Zeitpunkt und Umstände, unter denen ihr schlagartig auffiel, dass die in ihre Hand buchstabierten Zeichen etwas bedeuteten. Auch das Kleinkind macht irgendwann die Entdeckung, dass Lautsymbole Bedeutung tragen können. In welchem Alter gelangen Kinder aber zu entsprechenden Einsichten? Um eine Antwort auf diese Frage zu erhalten, erkundigte sich Larry Fenson (et al., 1994) bei einer größeren Anzahl von Müttern, wann ihre sehr jungen Töchter und Söhne erstmalig eindeutige Anzeichen für das Verständnis bestimmter Wörter gezeigt hatten. Mütter, deren Kinder zehn Monate alt waren, berichteten von durchschnittlich 30 Wörtern, die bereits verstanden wurden, während 13 Monate alte Kinder diesen »passiven Wortschatz« bereits auf 100 Wörter gesteigert hatten. Bei den meisten Wörtern, die von Kindern in diesem frühen Alter verstanden werden, handelt es sich um Bezeichnungen für Objekte. Das liegt vielleicht daran, dass Eltern diese Wörter am häufigsten verwenden, wenn sie sich mit ihren Kindern unterhalten (Bridges, 1986). Welche Wörter Kinder zuerst verstehen, ist zudem abhängig von der Kultur, in der sie leben. Wenn beispielsweise Anpassung und Gehorsam in einer Gesellschaft hoch bewertet werden, findet man ein vergleichsweise frühes Verständnis des Wörtchens »nein« (Shatz et al., 1989). Ein Kind, das in Italien aufwächst, weiß ziemlich schnell etwas mit unterschiedlichen Bezeichnungen für Teigwaren zu verbinden (Tomasello & Mervis, 1994).

Zeigen. Bevor das Kind die ersten Wörter sinnvoll benutzt, will es offenbar die Bezeichnungen für Beobachtetes erfahren. Dies wird besonders beim Zeigen deutlich. Kinder beginnen etwa im Alter zwischen acht und neun Monaten, auf solche Ereignisse oder Gegenstände zu zeigen, die ihnen auffallen. So wird ihr Interesse möglicherweise von einem bellenden Hund geweckt. Was veranlasst das Kind nun, darauf zu zeigen? Will es andere auf das Gesehene aufmerksam machen? Dann müsste es sich doch durch einen Blick vergewissern, dass diese überhaupt reagieren. Das Kind scheint in diesem frühen Stadium des Zeigens jedoch kein soziales Interesse zu haben; es nimmt z. B. keinen Augenkontakt zu der Person auf, die es begleitet. Es ist zu vermuten, dass das Kind sich zunächst nur darin übt, sich auf das Gezeigte zu konzentrieren (Bates, 1976). Ein etwas älteres Kind beabsichtigt mit dem Zeigen aber offenbar mehr. Im Alter von einem Jahr richtet es gleichzeitig seinen Blick auf den Erwachsenen, als wolle es sich vergewissern, dass dieser wirklich reagiert. Will das Kind aber womöglich nur Aufmerksamkeit erregen? Das lässt sich nicht ganz ausschließen. Die meisten Mütter begnügen sich allerdings nicht damit, dem Kind nur ihre Aufmerksamkeit zu schenken. Sie versuchen herauszufinden, worauf sich das kindliche Interesse richtet, um das Ereignis dann zu benennen und zu beschreiben (Leung & Rheingold, 1981). Kurz bevor ein Kind sein erstes Wort äußert, zeigt es also auch durch seine Gestik, dass es zur Kommunikation, zum Sich-Verständigen, bereit ist.

4.4.3 Das Ein-Wort-Stadium

Wann verwendet das Kind zum ersten Mal ein Wort, um damit etwas Bestimmtes zu bezeichnen? In welchem Alter verstehen Kinder die Bedeutung eines von ihnen gesprochenen Wortes?

INFO-KASTEN 4.2

Wie die blind-taube Helen Keller entdeckte, dass alles einen Namen hat

In dramatischer Weise berichtet Helen Keller (1917), die mit 17 Monaten infolge einer Infektion ihr Seh- und Hörvermögen verloren hatte, wie sie im Alter von sieben Jahren plötzlich zu der Einsicht gelangte, dass Wörter etwas bedeuten. Damit die Tochter mit der Zeichensprache vertraut werden konnte, hatten ihre Eltern eine Lehrerin eingestellt. Annie Sullivan verbrachte viele Stunden damit, ihrer Schülerin Begriffe wie »Hut«, »Tasse«, »sitzen«, »stehen« usw. in die Hand zu buchstabieren. Sehr bald hatte der Unterricht Erfolge. Als Helen eines Tages ein Stück Kuchen haben wollte, buchstabierte sie ihrer Lehrerin das Wort »K-u-c-h-e-n« in die Hand. Helen war sich zu diesem Zeitpunkt noch nicht darüber im Klaren, dass die Lehrerin sich mit ihr über Worte verständigen wollte. »Ich bewegte einfach meine Finger in affenartiger Nachahmung«. Annie Sullivan schien nicht verständlich machen zu können, dass Gegenstände »Namen« tragen. Doch dann kam das dramatische Erlebnis an der Pumpe: Die Lehrerin hielt Helens Hand in das fließende Wasser. Was sie in Gegenwart ihrer Lehrerin weiterhin wahrnahm, schildert Helen Keller wie folgt: »Während der kühle Strom über eine meiner Hände sprudelte, buchstabierte sie mir in die andere das Wort Wasser, zuerst langsam, dann schnell. Ich stand still, mit gespannter Aufmerksamkeit die Bewegung ihrer Finger verfolgend. Mit einem Male durchzuckte mich eine nebelhafte, verschwommene Erinnerung, ein Blitz des zurückkehrenden Denkens und das Geheimnis der Sprache lag plötzlich offen vor mir. Ich wußte jetzt, dass »Wasser« jenes wundervolle, kühle Etwas bedeutete, das über meine Hand strömte. Dieses lebendige Wort erweckte meine Seele zum Leben, spendete ihr Licht, Hoffnung, Freude, befreite sie von ihren Fesseln! Zwar waren ihr immer noch Schranken gesetzt, aber Schranken, die mit der Zeit weggeräumt werden konnten. Ich verließ den Brunnen voller Lernbegier. Jedes Ding hatte eine Bezeichnung . . . Ich lernte an diesem Tag eine große Menge Wörter. Ich erinnere mich nicht mehr an alle, aber ich weiß, dass ›Mutter‹, ›Vater‹, ›Schwester‹, ›Lehrer‹ unter ihnen waren – Wörter, die die Welt für mich erblühen ließen. . . . Es dürfte schwer gewesen sein, ein glücklicheres Kind als mich zu finden.«

Abbildung 4.8. Gegen Ende des ersten Lebensjahres lässt sich u. a. an der Gestik des Zeigens ablesen, dass das Kind zur Kommunikation bereit ist

Es ist keineswegs ungewöhnlich, dass ein acht oder neun Monate altes Kind »mama« oder »papa« lallt. Allerdings garantiert selbst das wiederholte Auftreten dieser Lautäußerung keineswegs, dass das Kind damit die von seinen Zuhörern vermutete Bedeutung verbindet. Wie aus der eindrucksvollen Biographie von Helen Keller (1917) hervorgegangen ist, kann man Worte nachahmen, ohne sie gleichzeitig mit Sinn zu füllen (s. Info-Kasten 4.2). Somit steht man beim Studium der kindlichen Sprachentwicklung vor der Schwierigkeit, den Zeitpunkt zu bestimmen, an dem ein Wort erstmalig *sinnvoll* verwendet wird. Ebenso stellt sich die Frage, inwieweit das Kind die Sprache seiner Umwelt versteht. Wenn es beispielsweise von der Mutter gefragt wird »Wo ist die Puppe?«, dann mag es seinen Blick zwar zutreffend auf die Puppe richten, vielleicht zeigt es auch mit dem Finger in die richtige Richtung; worauf hat das Kind nun aber wirklich reagiert? Die Mutter hat zwar eine Frage sprachlich formuliert, diese aber zusätzlich mit Gesten untermauert, indem sie auf die Puppe gezeigt oder ihre Augen auf sie gerichtet hat. Ein zehn Monate altes Kind kann tatsächlich die Absicht der Mutter erschließen; es muss dazu die Worte gar nicht verstehen, denn es nutzt die zahlreichen nicht-sprachlichen Hinweise der Situation (Huttenlocher, 1974).

Erste gegenstands- und ereignisbezogene Wortäußerungen. Die ersten gesprochenen Worte des Kindes, die sich eindeutig auf einen Gegenstand oder auf ein Ereignis beziehen, treten in der Regel kurz vor oder nach dem ersten Geburtstag auf. Als Wort, das eine Bedeutung trägt, gilt irgendeine vom Kind hervorgebrachte Äußerung, die es systematisch in Beziehung zu einem Gegenstand, einer Handlung oder einem Merkmal setzt. Solche Äußerungen weisen noch wenig Gemeinsamkeiten mit entsprechenden Wörtern der Erwachsenensprache auf. So verwendet das Kind etwa »ba« für Ball, »Ga« für Stock oder »ham« für ›Ich möchte haben‹. Man könnte annehmen, dass zeitlich nach Überschreitung der Schwelle dem ersten Wort viele weitere folgen. Das trifft – wie weiter oben bereits dargestellt (s. S. 163) – jedoch nicht zu. Es vergehen noch etwa drei bis vier Monate, bevor sich der Wortschatz auf zehn Wörter steigert (Nelson, 1973). Ein 16 Monate altes Kind verfügt über einen durchschnittlichen Wortschatz von 50 Wörtern; dieser wird aber bis etwa zum zweiten Geburtstag um das sechsfache gesteigert und umfasst somit etwa 320 Wörter (Fenson et al., 1994). Der dramatische Anstieg in der Lerngeschwindigkeit neuer Wörter beginnt etwa im Alter von 18 Monaten; man spricht deshalb auch von einem *Vokabelspurt.*

Das Erlernen von Wortbedeutungen ist schwieriger, als es Menschen, die der Sprache mächtig sind, zumeist gegenwärtig ist. Wenn einem Kind beispielsweise gesagt wird, dass es sich bei einem Tier, das in seinen Blick gerät, um einen *Hund* handelt, muss das Kind herausfinden, worauf sich diese Bezeichnung nun genau bezieht.

Angeborene Voreinstellungen beim Erlernen von Bedeutungen

Es sei einmal angenommen, während eines Spazierganges richtet sich der Blick eines Kindes auf einen weißen Hund, der mit einem langen Stock im Maul über die Wiese zu seinem Herrchen läuft. Die Mutter nimmt wahr, dass dieses Tier offenbar das Interesse des Kindes geweckt hat und kommentiert das gemeinsam Beobachtete folgendermaßen: »Siehst du? Da ist ein *Hund!*«. Der Hund ist somit zunächst zum Gegenstand gemeinsamer Aufmerksamkeit (engl. *joint attention)* geworden. Die Mutter geht vermutlich stillschweigend davon aus, dass das Kind seine Aufmerksamkeit auf das richtet, was sie ihm als Hund benannt hat. Ist ihre Annahme aber tatsächlich berechtigt? Der junge Beobachter könnte grundsätzlich auch etwas anderes beachtenswert finden, also etwa das schnelle Laufen des Tieres, den langen *Stock* in seinem Maul, das weiße Fell, die auffallend großen Ohren oder die Blumen, über die der Hund hinweg läuft. Woher weiß das Kind, dass die Mutter den Hund meint, wenn sie dem Kind dessen Namen nennt (»ein Hund«)?

Sprachwissenschaftliche Hypothesen. Einige Sprachwissenschaftler (Behrend, 1990; Waxman & Kosowski, 1990) halten es für möglich, dass junge Lernende in einer solchen Situation mehrere Strategien anwenden, um herauszufinden, was ein Wort möglicherweise bedeutet. Bei der Verringerung der Bedeutungsmöglichkeiten helfen ihnen angeborene Voreinstellungen (engl. *constraints*), so etwa die, dass Wörter sich auf Gegenstände *oder* Ereignisse, aber niemals auf beides gleichzeitig beziehen (Baldwin, 1995; Golinkoff et al., 1994).

Gesamt-Objekt-Verständnis. Eine angeborene Tendenz hilft dem Kind auch, eine Gegebenheit wie den Hund wahrzunehmen (Spelke & Newport, 1998), denn es nimmt an, dass es sich bei dem ihm unbekannten Wort (hier: Hund*)* um einen Namen handelt, der sich auf das jeweils im Blickpunkt befindliche Objekt bezieht und nicht auf sein Aussehen oder auf dessen Aktivitäten (Woodward & Markman, 1998). Das Kind hat, wie man es auch nennt, ein »Gesamt-Objekt-Verständnis«.

Lexikalischer Kontrast. Die Mitteilungen der Mutter über den Hund sind damit aber vielleicht noch nicht beendet. Sie fügt ihrer Äußerung noch etwas hinzu, indem sie feststellt: »Sieh mal, der ist weiß!« Woher weiß das Kind nun, dass es sich bei *weiß* nicht um eine weitere Bezeichnung für den Hund handelt? Abermals greifen Sprachwissenschaftler auf eine Annahme zurück. Sie gehen davon aus, dass das Kind infolge einer angeborenen Tendenz weiß, dass keine zwei Wörter die gleiche Bedeutung besitzen. Wenn das Kind also das ihm nicht bekannte Wort *weiß* hört, vermutet es, dass dieses sich nicht auf etwas beziehen kann, für das es bereits eine Bezeichnung kennt (im vorliegenden Fall »Hund«). *Weiß* muss sich folglich von dem Wort *Hund* abheben (im »Kontrast« stehen), und es kann sich nicht auf ein Kennzeichen des Hundes beziehen, für das das Kind noch keine Bezeichnung hat. Man spricht bei dieser Tendenz auch von einem »lexikalischen Kontrast« (lexikalisch heißt: zugehörig zum Wort). Wenn das Kind feststellt, dass *weiß* auch verwendet wird, um seine Milch, sein Bett und seinen Sonnenhut zu kennzeichnen, wird es sich irgendwann erschließen können, dass *weiß* die Bezeichnung einer bestimmten Farbe sein muss.

Bezug auf gesamtes Objekt. Weiterhin geht das Kind aufgrund zusätzlich behaupteter angeborener Voreinstellungen davon aus, dass sich ein ihm genanntes Hauptwort stets auf das gesamte Objekt und nicht lediglich auf Teile davon bezieht. Folglich ist für das Kind zu erschließen, dass sich die Bezeichnung »Hund« sowohl auf ein bestimmtes Tier (etwa »Waldi«) als auch auf andere Tiere dieser Klasse (z. B. »Fiffi«, »Alf«, »Racker« usw.) beziehen kann, aber nicht auf einzelne Merkmale dieses Lebewesens (etwa Ohren, Schwanz) und ebenso wenig auf seine Aktivitäten (etwa bellen, schlafen).

Wenn einem Kind nicht diese Voreinstellungen zur Verfügung stünden und es stattdessen in jedem Einzelfall abwägen müsste, worauf sich mitgeteilte Benennungen beziehen, hätte es viel zu viel Zeit aufzuwenden und wäre vermutlich überhaupt nicht in der Lage, Wörter und ihre Bedeutungen zu erlernen. Die Frage nach dem Vorhandensein solcher Voreinstellungen und ggf. das

Bemühen, sie genauer zu kennzeichnen, gehört zu den aktuellen Bemühungen einiger Sprachwissenschaftler.

Satzstruktur und Wortstellung. Kinder achten weiterhin auf die Satzstruktur und die Stellung eines neuen Wortes, um dessen Bedeutung zu verstehen. So wird ein junger Lernender auf ein Spielzeug aufmerksam gemacht, und gleichzeitig erläutert man ihm: »Sieh mal, dies ist ein *zak*«. In diesem Fall wird *zak* als Hauptwort verwendet und das Kind dürfte daraus folgern, dass das neue Wort das Spielzeug benennt. Wenn man *zak* dagegen als Eigenschaftswort in den Satz einbaut (»Das ist aber sehr *zak*«), schließt das Kind wahrscheinlich, dass es sich dabei um ein Merkmal des Spielzeugs handelt, sich entsprechend etwa auf die Farbe oder die Oberfläche bezieht (Taylor & Gelman, 1988).

Diese Strategien sorgen offenbar dafür, dass der Spracherwerbsprozess des Kindes gefördert wird. Können sie aber verhindern, dass Fehler bei sprachlichen Mitteilungen auftreten? Jeder, der den ersten Äußerungen eines Kindes einmal zugehört hat, weiß, dass das nicht der Fall ist.

Häufige Fehler beim Spracherwerb

Überdehnung und Unterdehnung. Vor allem in der Zeit, in der das Kind vergleichsweise schnell seinen Wortschatz erweitert, unterlaufen ihm häufig Fehler. Die bekanntesten Abweichungen von der Erwachsenensprache sind Über- und Unterdehnung:

Überdehnung. Wenn ein Kind beispielsweise den Begriff Hund nicht nur für das eigene bellende Haustier, sondern ebenso für Katzen, Pferde und Elefanten verwendet, dann erfolgt eine Überdehnung, denn es bezieht den Begriff auch auf Tierarten, für die die Sprache des Erwachsenen unterschiedliche Namen vorsieht.

Unterdehnung. Das Gegenteil von Überdehnungen sind Unterdehnungen. Dabei verwendet das Kind ein Wort eingeschränkter als es Erwachsene tun würden, so etwa, wenn es das Wort *Hund* (oder *Hundi*) nur für einen bestimmten Hund aus der Nachbarschaft verwendet.

Wie kommt es zu den Fehlern der Über- und Unterdehnung? Auffallenderweise treten sie vor allem während einer Zeitspanne auf, in der das Kind sehr schnell Wörter hinzulernt (man hat regelrecht von einer Wort- oder Benennungs-Explosion gesprochen), also vor allem nach Erreichung des 16. Lebensmonats (Reznick & Goldfield, 1992). Das Kind hat vermutlich nicht immer ausreichend Gelegenheit, die jeweils wichtigen Merkmale zu entdecken, die eine Gegebenheit von einer anderen unterscheiden. Für diese Vermutung spricht, dass die Fehler keineswegs zufälliger Art sind. So wird das Wort Hund möglicherweise auf weitere Tiere ausgedehnt, die ebenfalls ein Fell besitzen. Überdehnungsfehler treten mit der Erweiterung des kindlichen Wortschatzes seltener auf.

Überdehnungen sind kein ausschließliches Kennzeichen des Spracherwerbs in der frühen Kindheit. Fehler dieser Art treten auch in den nachfolgenden Jahren auf. Gegen Ende der frühen Kindheit kommt aber etwas Neues hinzu: Jungen und Mädchen sind in der Lage, Wörter zu kombinieren.

Bevorzugte Wörter im Spracherwerb

Personen, Tiere, Gegenstände mit besonderer Bedeutung. Gibt es Wörter, für die sich das Kind zu Beginn seines Spracherwerbs besonders interessiert, oder greift es willkürlich einige der Wörter heraus, die es in seiner Umwelt gehört hat? Katherine Nelson (1973) studierte die ersten 50 Wörter von drei Kindern. Diese lernten bestimmte Wörter offenkundig bevorzugt. Die Äußerungen bezogen sich gehäuft auf Personen, Tiere oder Gegenstände, die für die Kinder eine besondere und nachvollziehbare Bedeutung besaßen (wie Vater, Mutter, Hund [bzw. dessen Name], Puppe oder Milch). Dagegen »lernen sie nicht die Namen von Gegenständen, die einfach ›da‹ sind, wie Tische, Teller, Handtücher, Gras oder die Heizung. Mit wenigen Ausnahmen handelt es sich bei den protokollierten Wörtern um Begriffe, die sich auf bewegliche oder solche Gegenstände beziehen, mit denen man hantieren kann …« (Nelson, 1973). Die ersten Wörter, die das Kind verwendet, bilden also ab, wofür es sich interessiert: es sind Dinge, die sich bewegen, ein Geräusch machen oder mit denen man etwas tun kann. Im Übrigen scheinen Kinder motiviert zu sein, »jene Wörter zu lernen, die für bestimmte kognitive Probleme bedeutsam sind, mit denen sie sich gerade beschäftigen« (Gopnik & Meltzoff, 1986). Es sind Wörter, die Gegenstände bezeichnen, mit denen Kinder bereits hantiert haben oder sich auf Aktivitäten beziehen, die von den Kindern alltäglich ausgeführt werden, also insgesamt Wörter, für die das Kind sensumotorische Schemata (s. S. 142f.) entwickelt hat (Pan & Gleason, 1997).

Ausdruck eines Gedankens durch ein einziges Wort: Holophrasen

Nicht selten werden Wörter mit Gesten zusammen dargestellt. So mag das Kind »Mama« sagen und gleichzeitig auf eine Tasse zeigen, um zum Ausdruck zu bringen, dass von »Mamas Tasse« die Rede ist. Ebenso könnte es »Teddy« sagen und dabei die Hand ausstrecken und sie öffnen und schließen. Hinter diesen Äußerungen steckt offenkundig ebenfalls eine Mitteilung, nämlich: »Gib Teddy!«. Was das Kind sagen will, wird durch Wort und Gestik mitgeteilt. Man bezeichnet solche Ein-Wort-Äußerungen, die in frühen Abschnitten der Sprachentwicklung einen ganzen Gedanken zum Ausdruck bringen, als Holophrasen. Ihr Verständnis lässt sich für Zuhörer in der Regel nur unter Berücksichtigung situativer Bedingungen erschließen.

4.4.4 Das Zwei-Wort-Stadium

»Telegramm-Sprache«. Holophrasen bringen im Grunde bereits Zwei-Wort-Bedeutungen zum Ausdruck. Einen Schritt weiter in der Entwicklung ist das Kind, wenn es im Alterszeitraum zwischen 1½ und 2 Jahren tatsächlich zwei Wörter zusammenfügt: »Alle weg«, »Tasse leer« oder »Auto weg«. Mit solchen Äußerungen vollbringt das Kind eine beachtliche intellektuelle Leistung, denn mit der Formulierung eines Satzes hat es die Aufgabe zu bewältigen, die ausgewählten Wörter in eine sinnvolle Reihenfolge zu bringen. Die gewählten Wörter »Teller put« stehen an Stelle eines Satzes, den ein Erwachsener womöglich folgendermaßen formulieren würde: »Der Teller ist 'runtergefallen und zerbrochen.« Solche längeren Sätze werden zu einer »Telegramm-Sprache« zusammengefügt. Wie in einem Telegramm erfolgt die Verwendung von aussagekräftigen Wörtern, während weniger bedeutsame wie etwa die Artikel sowie Hilfsverben wie »ist«, »hat« oder »kann« ausgelassen werden. Die Äußerung solcher Sätze erfolgt offenbar erst, wenn das Kind über einen Mindestwortschatz verfügt: Es muss etwa 100 bis 200 Wörter beherrschen (Fenson et al., 1994). Diese Telegramm-Sprache hat man inzwischen bei Kindern in sehr unterschiedlichen Ländern beobachtet, nicht nur in Deutschland, sondern ebenso in englischsprachigen Ländern, in Finnland und auf Neu Guinea (Hoff-Ginsberg, 1997).

Es fällt auf, dass den jungen Sprechern ziemlich selten Fehler in der Abfolge der Wörter unterlaufen. Sie würden also praktisch niemals »put Teller« sagen. Das Objekt (*Teller*) wird somit stets vor das Ereignis (*put*) gesetzt. Offenbar wenden die Neulinge bei der Sprachproduktion sehr einfache Regeln an, die ihnen selbst natürlich nicht bewusst sind. Wie sich Sprachwissenschaftler diese beachtlichen Leistungen erklären, soll im Folgenden ausführlicher dargestellt werden.

4.4.5 Theorien des kindlichen Spracherwerbs

Worauf ist es zurückzuführen, dass ein Kind innerhalb eines vergleichsweise kurzen Zeitraums ein so kompliziertes System wie die menschliche Sprache erlernt? Eine viel beachtete Antwort auf diese Frage gab zunächst der Behaviorist Burrhus Frederic Skinner (1957), der davon überzeugt war, dass der Spracherwerb sich ausschließlich lernpsychologisch erklären lässt. Nicht weit entfernt von seinem Dienstzimmer in der Harvard-Universität fand sich Skinners schärfster Kritiker, Noam Chomsky (1959), der in einer sehr scharfen Buchbesprechung eine ganz andere Auffassung vertrat: Chomsky ging davon aus, dass ein Mensch bereits die grundlegenden Sprachregeln mit auf die Welt bringe. Das Kind müsse nur der Sprache ausgesetzt werden, damit das bereits vorhandene System für den Spracherwerb aktiviert werde. Wie so häufig in der Psychologie liegt die angemessene Erklärung zwischen diesen extremen Positionen. Danach vollzieht sich der Spracherwerb als das Ergebnis einer Wechselwirkung zwischen dem Kind und seiner Umwelt.

Lernpsychologische Erklärung

Wortbildung. Wenn ein Kind lallt, dann bleiben die Eltern – wie Skinner (1957) beobachtet hatte – keineswegs immer teilnahmslos. Sofern das Kind z. B. »pa-pa-pa-pa« lallt, reagieren Vater oder Mutter mit Aufmerksamkeitszuwendung und Freude. Aufgrund dieser Reaktion erhöht sich die Wahrscheinlichkeit, dass diese Äußerung in Zukunft häufiger auftritt. Allerdings werden sich Vater oder Mutter nicht lange damit zufrieden geben, dass das Kind »papa« nur wiederholt. Sehr bald bringen sie ihre Freude nur noch dann zum Ausdruck, wenn diese Äußerung in Gegenwart des Vaters erfolgt. In einer anderen Situation könnte das Kind zufälligerweise »mi-mi« lallen. Die Eltern hören diese Äußerung, und da sie vermuten, dass das Kind gerne Milch haben möchte, eilen sie, um diesen vermeintlichen Wunsch zu erfüllen. Nachdem sich diese Abfolge mehrfach wiederholt hat, erwartet Skinner ein erhöhtes Auftreten von »mi-mi«, wenn das Kind durstig ist und Milch haben möchte. Im Laufe der Zeit erhöhen die Eltern allerdings ihre Anforderungen, denn sie reagieren nur noch auf Äußerungen, die sich dem Klangbild Milch allmählich nähern. Dadurch wird aus »mi mi« schließlich »Milch«.

Satzbildung: Imitation. Auch auf die Frage, wie aus Wörtern Sätze entstehen, vermochten die Behavioristen eine Antwort zu geben, zumal Albert Bandura (1969) und andere auf die Bedeutung der »Imitation« hingewiesen hatten. Demnach braucht das Kind im einfachsten Fall die Sätze, die es in seiner Umwelt hört, nur im Gedächtnis zu speichern, um sie in geeigneten Situationen wieder abzurufen.

Grenzen der Imitation. Es steht außer Frage, dass Kinder ihren Wortschatz durch Imitation erweitern, und je ausgiebiger sie das tun, desto schneller entwickelt sich ihre Sprache (Masur, 1995). Wenn allerdings der gesamte Spracherwerb tatsächlich auf diese Weise erfolgen sollte, dann müsste das Kind – einer einschlägigen Schätzung für die englische Sprache zufolge (Miller et al., 1960) – zunächst etwa 2^{100} Sätze von 20 Wörtern hören, bevor es die Sprache verstehen könnte. Wie unerfüllbar diese Voraussetzung ist, erkennt man eindrucksvoll, wenn man sich vergegenwärtigt, dass diese Lernleistung nach den Worten von George Miller und seinen Mitarbeitern (1960) »während einer 100 Jahre dauernden Kindheit ohne Unterbrechungen zum Schlafen und Essen« erfolgen müsste. »Dazu müsste jede Wortreihe nach einer einzigen Vorgabe sofort behalten werden.« Wäre es aber nicht möglich, dass das Kind wenigstens diejenigen Sätze behält, die es einmal gehört hat? Sollte es Sprache tatsächlich auf diesem Wege erlernen können, dann müsste es ausreichen, das Kind vor einen Fernseher mit entsprechendem Fremdsprachenprogramm zu setzen. Holländische Kinder, die dicht an der Grenze zur Bundesrepublik wohnen, sehen sehr häufig deutsche Fernsehprogramme. Obwohl sie auf diese Weise täglich Erfahrungen mit deutschen Sprachvorbildern haben, reicht diese Grundlage zum Erlernen des Deutschen als Fremdsprache allein nicht aus. Keines der untersuchten Kinder konnte auf diesem Wege deutsche Sprachkenntnisse erwerben (Snow et al., 1976).

Wenn ein Kind einer Sprache wie beim Fernsehen nur passiv ausgesetzt ist, vermag es zwar seinen Wortschatz in der Muttersprache zu erweitern (Rice & Woodsmall, 1988), es kann aber keine neue Sprache erlernen.

Wie sieht es dagegen in einem normalen Elternhaus aus, in dem Personen dem Kind handelnd und sprechend gegenübertreten? Die Beobachtung solcher Situationen ergab, dass Sprachäußerungen zwar imitiert werden; allerdings in einer Weise, die nicht mit den Auffassungen der Behavioristen übereinstimmt. Wenn die Mutter etwa auf den Vater zeigt und dazu sagt: »Sieh 'mal, da kommt Dein Papa!«, dann antwortet das Kind womöglich »da Papa!«. In solchen abgekürzten Sprechweisen wiederholt das Kind hauptsächlich das Substantiv, das Verb und gelegentlich auch ein verwendetes Adjektiv. Präpositionen (wie *auf, unter, über),* Konjunktionen *(aber, und, oder),* Artikel (bestimmte und unbestimmte) sowie Pluralformen fehlen praktisch völlig. Das Kind wiederholt wie in einem Telegramm (s. S. 168) offensichtlich nur Wörter mit hohem Informationswert. Es wählt somit aktiv aus und imitiert nicht mechanisch (allerdings ist anzunehmen, dass die Mutter durch die Betonung bestimmter Wörter den Auswahlprozess etwas unterstützt).

Im Übrigen finden sich in Sprachäußerungen von Kindern häufig Formulierungen, die sie niemals zuvor in ihrer Umgebung gehört haben dürften. Das gilt auch für typische Fehler, die mit hoher Wahrscheinlichkeit keine Imitationen darstellen. Das Kind bildet etwa von Hund fälschlich die Mehrzahlform ›Hünder‹ oder spricht von ›gingte‹ statt von ›ging‹ (s. S. 167). Solche Fehler lassen den Schluss zu, dass den ersten Sprachäußerungen eines Kindes Regeln zugrunde liegen, die das Kind – in den genannten Beispielen grammatikalisch falsch – verallgemeinert.

Die Bedingungen, unter denen das Kind seine Sprache lernt, sind auf jeden Fall komplizierter, als Skinner zunächst angenommen hatte. Wenn ein Kind fälschlich behauptet »Ich sieh Peter«, dann antwortet die Mutter möglicherweise, das sei nicht Peter sondern Klaus. Auf den grammatikalischen Fehler geht sie in vielen Fällen gar nicht ein. Allerdings sollte man nicht den Schluss ziehen, das Kind erhalte überhaupt keine Rückmeldungen auf seine Sprachäußerungen. Welche Möglichkeiten Eltern nutzen, um auf sprachliche Unzulänglichkeiten einzuwirken, soll später etwas ausführlicher dargestellt werden (s. S. 175 f.).

Biologische Erklärung

Es ist ungewiss, ob das in Kapitel 1 geschilderte »Experiment« des ägyptischen Königs Psammetichos, in dem er Kinder ohne Sprachanregungen aufwachsen ließ (s. S. 36 f.), tatsächlich stattgefunden hat. Die Geschichte ist aber insofern beachtenswert, als sie neuere Erklärungsversuche vorweg nimmt, die der Biologie (der Vererbung) einen sehr großen Einfluss zusprechen. Allerdings geht man nicht mehr so weit wie Psammetichos, denn heute gilt als gesichert, dass ein Mensch, dem jegliche Sprachanregungen vorenthalten werden, keine Sprache entwickeln wird.

Die Auffassung, dass der Spracherwerb weitgehend biologisch gesteuert wird, wurde in neuerer Zeit erstmalig nachdrücklich von Noam Chomsky (1975) vertreten. Er erkannte die engen Grenzen, die der behavioristische Erklärungsansatz insbesondere für den Spracherwerb anbot. Kinder lernen die Grammatik einer Sprache, so erklärte Chomsky, weil sie dafür bestimmte genetische Voraussetzungen mitbringen. Er stützte seine Behauptung mit dem Hinweis, dass außer dem Menschen kein Lebewesen über eine annähernd vergleichbare Sprachfähigkeit verfüge. Wie in Info-Kasten 4.3 nachzulesen ist, versuchen Psychologen und Vertreter anderer Fächer bereits seit Jahrzehnten, die Grundlage dieser Behauptung zu erschüttern. Chomsky meint weiterhin, das menschliche Gehirn sei speziell für den Spracherwerb geschaffen. Im Übrigen weise die Sprachentwicklung bei Kindern in der ganzen Welt auffallende Gemeinsamkeiten (sog. Universalien) auf, aber gleichzeitig – und das konnte Chomsky damals noch nicht wissen – auch Besonderheiten, die typische Kennzeichen der in ihrer Umwelt zu hörenden Sprache widerspiegeln (Aksu-Koc & Slobin, 1985). Wäre keine biologische Grundlage vorhanden, könnte die Sprache wegen ihrer hohen Komplexität gar nicht erworben werden.

INFO-KASTEN 4.3

Wo liegen die Grenzen der Sprachfähigkeit bei Menschenaffen?

Sprechfähigkeit. Vor mehr als 50 Jahren unternahm das Ehepaar Keith und Cathy Hayes (1952) den für damalige Verhältnisse zweifellos ungewöhnlichen Versuch, einem jungen Schimpansen mit dem Namen Viki das Sprechen beizubringen. Nach sehr intensivem, sechsjährigem Training war das Tier in der Lage, die englischen Wörter »cup« und »up« sowie (etwas undeutlicher) »mama« und »papa« zu sprechen. Viki hatte sogar gelernt, die Lippen mit den eigenen Fingern zusammenzudrücken, damit sie den Buchstaben *m* in »mama« aussprechen konnte. Belegt dieses Ergebnis, dass Schimpansen die menschliche Sprache nicht zu erlernen vermögen? – Tatsächlich ist der Schimpanse nicht mit dem gleichen Sprechapparat wie der Mensch ausgestattet. Biologische Bedingungen setzen ihm folglich bei der Bildung von Sprachlauten sehr enge Grenzen.

Zeichensprache. Da sich aber Schimpansen in ihrer natürlichen Umgebung auch durch ihre Gestik verständigen, fragte ein anderes Forscherpaar, Allen und Beatrice Gardner (1969), ob Schimpansen nicht die Zeichensprache der Taubstummen erlernen könnten, denn dabei erfolgen ja Mitteilungen auf der Ebene des Gestikulierens. Dieser 1966 begonnene Versuch schien erfolgreicher: Die »Schülerin«, die Schimpansin Washoe, lernte weit mehr als 130 Zeichen, die sie sogar sinnvoll zu kombinieren vermochte. Sie konnte nicht nur Aufforderungen geben, wie etwa »Schnell, gib Zahnbürste«. Sie traf auch Feststellungen über sich selbst, wie »Washoe traurig«; sie gelangte sogar zu neuen Konstruktionen. Bevor sie das Zeichen für »Ente« gelernt hatte, fügte Washoe die Zeichen für ›Wasser‹ und ›Vogel‹ zusammen. Menschenaffen, so fand man bald heraus, können Verärgerung zum Ausdruck bringen, sie zeigen Humor in ihren Äußerungen und versuchen, ihre Trainer zu täuschen. Sie verständigen sich sogar untereinander in der Zeichensprache und bringen einander Zeichen bei (Fouts & Budd, 1979).

Vergleich mit menschlichen Kindern. Ähnelt somit die Sprachfähigkeit eines Schimpansen oder Gorillas der eines Kindes? Die Diskussion dauert an. Kritiker haben darauf hingewiesen, dass Kinder zwei Wörter stets nach bestimmten Regeln kombinieren; Affen täten dies nicht. Allerdings, so lautet die Entgegnung, fordert die Zeichensprache auch nicht so feste Regeln wie die gesprochene Sprache. Herbert Terrace (1979) wurde nach eigenen Versuchen darauf aufmerksam, dass sein Schimpanse, Nim, niemals eigene Sätze erfand. Die Zeichenkombinationen seien stets Imitationen seiner Trainer gewesen oder durch deren Gestik nahegelegt worden. Im Übrigen nutzte Nim die Sprache sehr stark zweckgebunden. Es gab keine Hinweise, dass der Schimpanse – wie menschliche Kinder – Spaß daran hatte, neue Wörter zu lernen oder Sprache lediglich zu verwenden, um Informationen auszutauschen (Terrace, 1985). Das menschliche Kind verwendet beispielsweise Wörter, um damit die Aufmerksamkeit der Eltern zu erregen oder aus der einfachen Freude, etwas Beobachtetes gemeinsam betrachten zu können.

Ein weiterer Unterschied zu menschlichen Kindern bestand darin, dass Nim nicht über das Zwei-Wort-Stadium hinauskam. Er reihte zwar gelegentlich mehr als zwei Zeichen aneinander, ohne dadurch allerdings das bereits Gesagte genauer oder besser zu fassen; er wiederholte lediglich, was er durch die beiden Zeichen bereits zum Ausdruck gebrachte hatte.

Sicher ist aber, dass Schimpansen und Gorillas lernen können, sich mit dem Menschen oder untereinander über meist sehr konkrete Erfahrungen zu verständigen. Ob sie allerdings die Sprache aus Lust an der gemeinsamen Verständigung verwenden (Snowdon, 1983), erscheint – im Augenblick jedenfalls – sehr fraglich. Neuere Beobachtungen von Sue Savage-Rumbaugh (et al., 1993) zeigen, dass »Zwergschimpansen« (Bonobo), die in mehrfacher Hinsicht viel menschenähnlicher sind als gewöhnliche Schimpansen, ein beachtliches Sprach*verständnis* entwickeln können. Savage-Rumbaugh verglich die sprachlichen Leistungen eines zwei Jahre alten Kindes mit denen eines acht Jahre alten Schimpansen namens Kanzi, zu dem seit seinen ersten Lebensjahren wie zu einem Kind gesprochen worden war. Tatsächlich verstand das Tier einige von mehr als hundert *neuen* Aufforderungen besser als das zweijährige Mädchen. Dazu gehörten auch solche Mitteilungen wie etwa: »Hol die Tomate, die sich in der Mikrowelle befindet!«.

Anzeichen für die biologischen Einflüsse auf den Spracherwerb. Es lässt sich also nicht ernsthaft in Zweifel ziehen, dass der Mensch über ererbte biologische Voraussetzungen zum Erlernen der Sprache verfügt. Allerdings weiß man gegenwärtig noch nicht genau, wie sich dieser angeborene Mechanismus zum Spracherwerb genauer kennzeichnen lässt (Maratsos, 1998; Spelke & Newport, 1998). Auf sein Vorhandensein ist nur zu schließen, weil einige Beobachtungen dafür sprechen, so etwa die, dass Kinder

- bereits sehr früh auf die menschliche Stimme reagieren (s. S. 102),
- verstärktes Interesse für Ammensprache zeigen (s. S. 176),
- über Voreinstellungen beim Bedeutungslernen verfügen (s. S. 165 f.) sowie
- bereits im Alter von sieben Monaten Regelhaftigkeiten in erfundenen Wortfolgen entdecken (Marcus et al., 1999) und etwa mit acht Monaten Wörter erkennen, die beim fortlaufenden Sprechen vorkommen (Saffran et al., 1996).

Darüber hinaus gibt es noch weitere Beobachtungen, die biologische Einflüsse auf das Erlernen der Sprache sehr nahelegen.

Plastizität des Gehirns. Welche Folgen ergeben sich beispielsweise, wenn die Sprachzentren des Gehirns geschädigt sind oder – aus irgendwelchen medizinischen Gründen – sogar operativ entfernt werden müssen? Nach Eric Lenneberg (1967) hängt die Antwort vom Alter des Betroffenen ab. Je jünger das Gehirn ist, desto besser kann es die Funktion bestimmter zerstörter Teile ausgleichen. So beobachtete man die Entwicklung eines Kindes, dem im Alter von fünf Jahren die gesamte linke Hirnrinde entfernt werden musste. Es dauerte mehrere Jahre, bis diesem Patienten normales Sprechen möglich wurde. Im Alter von 26 waren ihm jedoch eine überdurchschnittliche Intelligenz und sehr gute Sprachfähigkeit zu bescheinigen (Smith & Sugar, 1975). Wenn die übrigen Hirnteile gesund sind, kann eine Aphasie, also der Verlust der normalen Sprachfähigkeit z. B. aufgrund einer Hirnschädigung, vor dem Alter von acht Jahren demnach wieder überwunden werden. Tritt diese Sprachstörung nach dem achten Lebensjahr auf, lässt sie sich vielfach nicht mehr voll beseitigen (Woods & Teuber, 1978). Nach Eintritt der Reifezeit verschwindet die »Plastizität« des Gehirns völlig. Wenn also bei einem Kind vor der Pubertät die Sprachzentren geschädigt werden, dann kann die rechte Seite des Gehirns die ausgefallenen Funktionen wenigstens noch bis zu einem gewissen Grade ersetzen. Demgegenüber müssen Erwachsene damit rechnen, dass sie sich von einer Schädigung ihrer Sprachzentren nicht wieder erholen (Hecaen, 1976).

Wie lässt sich dieser Verlust an Plastizität, spätestens während der Pubertät, erklären? Neurologen verweisen in ihrer Antwort darauf, dass sich die beiden Hirnhälften jeweils im Verlauf der Kindheit zunehmend spezialisieren (hemisphärische Spezialisierung). In der späten Adoleszenz ist dieser Prozess weitgehend abgeschlossen, so dass bei den meisten Erwachsenen die Sprache eine Funktion der linken Seite der Großhirnrinde, das räumliche Vorstellungsvermögen dagegen eine der rechten Seite ist. Weiterhin verringert sich während der Kindheit ständig die Anzahl nicht mehr benötigter Nervenverbindungen (sog. Synapsen), und dieser Schwund ist noch einmal am größten im Alter zwischen 10 und 15 Jahren (Huttenlocher, 1994). Zu Beginn des individuellen Lebens gestattet die sehr hohe Anzahl von Nervenverbindungen eine hohe kognitive Beweglichkeit. Der Verlust bewirkt später, dass diejenigen Verbindungen, die verbleiben, optimal genutzt werden.

Einfluss der Plastizität des Gehirns auf den Spracherwerb. Hat die hohe Plastizität des Gehirns zu Beginn des individuellen Lebens auch etwas mit der Leichtigkeit zu tun, mit der ein Kind eine Sprache erlernt? Lenneberg ist davon überzeugt, dass die ersten Lebensjahre eine »kritische Phase« (s. S. 16) für den Spracherwerb darstellen. Während Erwachsene häufig beklagen, dass ihnen das Erlernen einer Fremdsprache erhebliche Mühen bereitet, scheinen Kinder die gleiche Aufgabe »fast wie von selbst« zu bewältigen (Johnson & Newport, 1989). Stehen die alltäglichen Erfahrungen somit in Übereinstimmung mit den Behauptungen Lennebergs? Die Nachforschungen, die der Klärung dieser Frage gewidmet waren, legen es nahe, zwischen dem Erlernen der Muttersprache, der ersten Sprache und weiteren Sprachen zu unterscheiden.

Es ist kaum möglich zu prüfen, ob die erste Sprache auch noch nach Beginn der Reifezeit erlernt werden kann, weil man dafür Bedingungen benötigt, die in der Regel nicht vorliegen. Eine Ausnahme sind Kinder, die unter extrem ungünstigen Bedingungen aufwachsen mussten. Ein Beispiel liefert das Mädchen Genie (Info-Kasten 4.4).

INFO-KASTEN 4.4

Kann ein Mensch nach Einsetzen der Reifezeit noch seine Muttersprache erwerben?

Im November 1970 gelang es in Los Angeles einer fast blinden Mutter, mit ihrer Tochter aus dem Haus eines völlig gestörten Mannes zu entfliehen. Er hatte die beiden mehr als ein Jahrzehnt lang tyrannisiert und auf grausamste Weise misshandelt. Die Geburt der Tochter im Jahre 1957 war ohne Komplikationen und die Entwicklung während der ersten sechs Lebensmonate normal verlaufen. Allerdings wurde das Mädchen während der ersten 20 Lebensmonate unzureichend ernährt und wenig beachtet. Danach begannen die eigentlichen Torturen. Einer Bemerkung des Kinderarztes entnahm der Vater fälschlich, das Kind werde fortan intellektuell weit hinter seiner Altersgruppe zurückbleiben. Der Vater beschloss daraufhin, seine Tochter von allen Mitmenschen zu isolieren. Susan Curtiss (1977) schildert das Leben des Kindes, das in der Fachwelt unter dem Namen Genie bekannt ist, wie folgt: ». . . Genie war eingesperrt in einem kleinen Schlafraum, auf einem Kinderstühlchen angegurtet. . . . Im unbekleideten Zustand . . . blieb Genie nichts anderes übrig . . . als zu sitzen, festgebunden, Stunde für Stunde, oft bis in die Nacht, Tag für Tag, Monat für Monat, Jahr für Jahr. Zur Nacht wurde sie, sofern man sie nicht vergaß, aus dem Gurt befreit, allerdings nur, um sie abermals einzupferchen – sie kam in einen Schlafsack, den der Vater so zuband, daß sich die Arme nicht bewegen ließen. ... So eingezwängt wurde sie in eine Kinderkrippe gelegt, in der sie von oben und von der Seite von Maschendraht umgeben war.«

Während der gesamten Zeit der Misshandlung durfte niemand mit dem Mädchen sprechen. Die Mutter hielt sich bei ihrem Kind täglich nur wenige Minuten auf, um es mit einer breiartigen

Kindernahrung zu füttern. Genie hatte auch keine Gelegenheit, Sprache über Rundfunk oder Fernsehen zu hören. Wenn sie irgendwelche Laute von sich gab, kam der geräuschempfindliche Vater zu ihr, um sie mit Schlägen zu bestrafen. Dabei gebärdete er sich wie ein wilder Hund, der seine Zähne zeigte, bellte und heulte. Unmittelbar nach ihrer Befreiung wog das emotional stark gestörte Mädchen etwa 27 kg. Genie konnte nicht gehen oder aufrecht stehen. Sie sprach kein Wort und schien auch nichts zu verstehen. Sofort wurden medizinische Maßnahmen ergriffen. Ihre Körpergröße und ihr Gewicht nahmen daraufhin zu. Sehr bald setzte ihre sexuelle Reife ein.

Ergebnisse des Sprachtrainings. Besonderes Interesse verdienen die Ergebnisse des Sprachtrainings, das im Alter von 13 Jahren und 7 Monaten einsetzte. Innerhalb von acht Monaten erlernte das Mädchen alle englischen Phoneme. Genie erwarb einen Sprachschatz von etwa 200 Wörtern. Ebenso wie Zweijährige äußerte sie sich in einem Telegramm-Stil, d. h. sie benutzte zumeist keine Hilfsverben (wie in »ich habe gegessen«), vielfach ließ sie persönliche Fürwörter aus (z. B. »nicht Frühstück essen«). Wörter wie *dies* und *das* kamen praktisch nicht vor. Man hörte von ihr auch keine Sätze, die – wie bei Fragen – eine Umstellung erforderten.
Nach etwa sieben Jahren glich die sprachliche Ausdrucksweise des inzwischen 21 Jahre alten Mädchens etwa der einer Drei- bis Vierjährigen. Genie war aber in der Lage, sich selbständig in der Nachbarschaft zurechtzufinden und den Bus zu ihrer Schule zu benutzen. Ihren Pflegeeltern brachte sie emotionale Zuwendung entgegen, und gelegentlich berichtete sie ihnen, woran sie sich aus ihrer Kindheit erinnerte. – Ihr Vater wurde wegen Kindesmisshandlung vor Gericht gestellt. Er erschoss sich jedoch an dem Tag, als er zum ersten Mal vor seinen Richter treten sollte.

Sensible Phase für den Erwerb der ersten Sprache. Genie war nach den vorliegenden Unterlagen vor Beginn ihrer Misshandlung intellektuell nicht auffällig. Dem Mädchen gab man nach seiner Befreiung im Alter von dreizehneinhalb Jahren vielleicht das intensivste Sprachtraining, das jemals ein Mensch erhalten hat. Im Gegensatz zu den Vorhersagen Lennebergs konnte Genie das Englische bis zu einem gewissen Grade erlernen. Allerdings sprach sie im Alter von 19 Jahren trotz der günstigen Bedingungen noch nicht einmal wie eine typische Fünfjährige. Somit widerlegte Genie zwar Lennebergs Behauptung, nach dem Beginn der Reifezeit sei eine erste Sprache nicht mehr zu erlernen. Ihr Fall stärkt aber die Vermutung, dass es eine sensible Phase für den Erwerb der ersten Sprache gibt, die nach Meinung einiger Autoren sogar etwa im Alter von fünf Jahren endet (Carter & Kinsbourne, 1979). Nach Abschluss dieser Phase sind dem Erwerb einer ersten Sprache offenbar unüberwindbare Grenzen gesetzt.

Erlernen von Fremdsprachen. Lenneberg behauptet weiterhin, Kinder könnten während der Zeit hoher Plastizität des Gehirns Fremdsprachen ohne Schwierigkeiten erwerben und diese jeweils akzentfrei sprechen. Trifft es wirklich zu, dass Jugendliche oder Erwachsene eine zweite Sprache danach nur noch unter erheblichen Schwierigkeiten lernen? Man hat Familien mit Muttersprache Englisch beobachtet, als sie in die Niederlande einwanderten (Snow & Hoefnagel-Hohle, 1978). Nach Lennebergs Auffassung hätten die jüngsten Familienmitglieder Holländisch am schnellsten lernen müssen. Das war aber nicht der Fall. Die Drei- bis Fünfjährigen waren nämlich die langsamsten im Spracherwerb. Die 12- bis 15-jährigen und die Eltern machten demgegenüber während der ersten drei Monate ihres Aufenthalts in Holland die größten Fortschritte. Am Ende des ersten Jahres nach der Einwanderung beherrschten die Acht- bis Zehnjährigen sowie die 12- bis 15-jährigen die neue Sprache am besten. Diese Erfahrungen aus Holland lassen sich durch viele weitere Beobachtungen ergänzen. Bei einem intensiven Training benötigen Erwachsene nur etwa 250 bis 500 Unterrichtsstunden, um eine Sprache einigermaßen zufriedenstellend sprechen zu können (Carroll, 1969). Die Grammatik lernen Kinder und Erwachsene im Allgemeinen gleich schnell; den Wortschatz erweitern Erwachsene sogar noch schneller (DiVesta, 1974). Lediglich die Aussprache lernen Kinder häufig besser; aber auch Erwachsene können Fremdsprachen akzentfrei sprechen lernen.

Interaktionistische Erklärung

Biologische Voraussetzungen und sozialer Kontext. In der letzten Zeit haben sich verstärkt Sprachforscher zu Wort gemeldet, die sich mit ihren Beiträgen bemüht haben, extremistische Standpunkte – wie solche von Skinner und Chomsky – zu überwinden. Dabei wird anerkannt, dass ein Kind über biologische Voraussetzungen verfügt, die menschliche Sprache zu erlernen, aber zusätzlich eines sozialen Kontextes bedarf, also der Gelegenheit, mit anderen in Kontakt zu treten. Nach dieser Sichtweise bringt das Kind eine angeborene Sprachlernfähigkeit mit auf die Welt. Es hat zudem einen ausgeprägten Wunsch, mit denjenigen Mitmenschen zu interagieren, die ihm Sprachanregungen bieten, damit es die Funktionen und Regelmäßigkeiten der menschlichen Sprache für sich selbst entdecken kann (Bohannon & Bonvillian, 1997). Das Gehirn – so erkennen die Interaktionisten an – schreitet langsam in seiner Reifungsentwicklung voran und bestimmt folglich entscheidend mit, welche Wünsche zur Sprachäußerung weltweit in einem annäherungsweise gleichen Alter entstehen (Tomasello, 1995). Vertreter der interaktionistischen Sichtweisen heben – und damit greifen sie Wygotskis Gedanken auf (s. S. 26ff.) – vor allem die Bedeutung sozialer Kontakte mit (in der Regel älteren) sprachkundigen Mitmenschen hervor. Es waren vor allem die Interaktionisten, die bedeutsame Beiträge zur Klärung der Frage geliefert haben, wie Eltern oder andere Pflegepersonen förderlich auf die Sprachentwicklung von Kindern einwirken. Was sie dabei im Einzelnen tun, soll in den nachfolgenden Abschnitten eingehender beschrieben werden.

4.4.6 Möglichkeiten der Förderung des kindlichen Spracherwerbs

Kinder können eine Sprache nur erlernen, wenn sie entsprechende Anregungen erhalten; das hat sich auf dramatische Weise bei Genie gezeigt, die während ihrer ersten Lebensjahre weitgehend in sozialer Isolation aufwachsen musste (s. S. 174). Trotz intensivster Förderung nach ihrer Befreiung gelang es nicht, die in jüngeren Jahren entstandenen Defizite auch nur annähernd wieder auszugleichen. Bei der Suche nach günstigen Bedingungen zur Förderung des Spracherwerbs stellt sich aber nicht nur die Frage, wie häufig mit Babys gesprochen wird, sondern zusätzlich, von welchem Alter an Kinder davon profitieren, dass mit ihnen gesprochen wird. Weiterhin hat sich aufdecken lassen, dass sich Eltern auch darin unterscheiden, *wie* sie zu ihren Babys sprechen.

Häufige und aktivierende Kontakte

Kinder lernen die Sprache ihrer Umgebung, weil ihnen ein »tiefes biologisches Bedürfnis« eigen ist, »emotional mit jenen Menschen zu interagieren, die sich ihnen liebevoll zuwenden und sich um sie kümmern« (Locke, 1993). Aber dieses »biologische Bedürfnis« besteht keineswegs nur auf einer Seite, denn auch Erwachsene können beim Anblick eines Babys häufig nicht widerstehen, an dieses ein paar Worte zu richten; sie tun das sogar, wenn ihnen das Baby unbekannt ist.

Auffallend ist, dass Kinder während der ersten sechs Monate vor allem Lall- und Gurräußerungen *während* der Zeit von sich geben, in der ihre Pflegepersonen mit ihnen sprechen (Rosenthal, 1982). Sie scheinen der Regel zu folgen, »wenn geredet wird, muss ich auch etwas beitragen«. Dahinter stehen offenbar erste Bemühungen, sich in sprachlicher Hinsicht auf einen Gesprächspartner einzustellen. Im Alter von sieben oder acht Monaten ändert sich das Sozialverhalten: Nunmehr hören die Kinder zu, bis ihr Partner ausgeredet hat und melden sich erst dann mit eigenen »Beiträgen« zu Wort.

Häufigkeit der Ansprache. Auf den ersten Blick gewinnt man den Eindruck, dass es vor allem darauf ankommt, wie *häufig* sich Pflegepersonen sprachlich an ihre Kinder wenden. Tatsächlich gibt es dazu auch viele Gelegenheiten (Honig, 1988): bei der Fütterung, beim Waschen oder beim Wechseln der Windeln. Auch die Mimik des Kindes sowie bestimmte Gesten können einen Anlass für sprachliche Reaktionen geben: »Ja, ich weiß, das dauert dir alles viel zu lange! Gleich sind wir fertig!«. Es sind jene Mädchen und Jungen, die von ihren Müttern und Vätern vielfältige sprachliche Anregungen erhalten haben, die vergleichsweise früh das Sprechen lernen und über einen größeren Wortschatz zum Zeitpunkt der Einschulung verfügen (Hart & Risley, 1995).

Interessanter Gesprächsgegenstand. Es kommt aber nicht so sehr darauf an, wie häufig gesprochen wird, sondern darauf, ob von den Eltern das angesprochen wird, wofür sich die Kinder gerade interessieren. So fördert es den Wortschatz beispielsweise, wenn die Mutter etwas über ein Spielzeug sagt, mit dem sie und ihr Kind sich gerade beschäftigen (Tomasello & Farrar, 1986).

Aktive Beteiligung des Kindes. Günstige Anregungen bieten auch Eltern, die ihre Töchter und Söhne zu einem aktiven Kontakt herausfordern, indem sie etwa Fragen stellen, Bitten äußern oder einfach nur die Neugier wecken (Hart & Risley, 1992; Walker et al., 1994). Der Anregungswert des Vorlesens hängt ebenfalls davon ab, wie sehr das Kind dabei aktiv beteiligt wird. Dieser Feststellung hat man auch in Elternschulungen Rechnung zu tragen versucht.

Mütter sprechen zu ihren Kindern in einer Weise, wie sie es niemals tun, wenn sie sich an ältere Kinder oder gar Erwachsene wenden. Das herausragende Kennzeichen ist die hohe Stimmlage. Die Rede ist von der Ammensprache.

BEISPIEL

Dialogisierendes Lesen

In einer Reihe von Studien hat Grover Whitehurst (1988) einen Lesestil entwickelt, der als dialogisierendes Lesen bezeichnet wird. Dabei kommt es darauf an, dass Eltern beim gemeinsamen Betrachten eines Lesebuches Fragen an ihre Kinder im Alter zwischen ein und zwei Jahren stellen, die nicht allein durch Zeigen zu beantworten sind. So wird etwa nach dem Namen dargestellter Personen oder Tiere gefragt und zusätzlich erkundet, was diese tun. Die kindlichen Antworten werden nicht nur zur Kenntnis genommen, sondern nach Möglichkeit erweitert wie im folgenden Ausschnitt eines Gesprächs zwischen Mutter und Kind:

Mutter:	(zeigt auf ein Bild) Sieh mal, was ist denn hier zu sehen?
Kind:	(berührt das Bild mit dem Finger)
Mutter:	Was ist das?
Kind:	Hund.
Mutter	Richtig! Was macht der Hund?
Kind:	Happie.
Mutter:	Ja, der Hund frisst aus einer großen Schüssel.

Whitehurst konnte feststellen, dass Kinder solcher Mütter, die zu Anwendung eines dialogisierenden Lesens angeregt worden waren, bereits nach einem Monat über einen größeren Wortschatz verfügten und in längeren Sätzen auf Fragen antworteten, als Kinder anderer Mütter, die ebenfalls zum gemeinsamen Betrachten von Bilderbüchern angeregt worden waren, aber keinerlei Hinweise erhalten hatten, wie sie dabei vorzugehen hatten.

Ammensprache

Mütter, Väter, Großeltern oder Geschwister verändern (erhöhen) überall auf der Welt ihre Stimmlage, sobald sie sich an Babys wenden; sie tun dies in den USA ebenso wie in Deutschland, in Lettland, in einem arabischen Land, Thailand oder in Japan (Fourcin, 1978; Ruke-Dravina, 1977; Tuaycharoen, 1978). Sogar Vierjährige sprechen bereits in dieser besonderen Weise, wenn sie sich etwa an Zweijährige wenden (Shatz & Gelman, 1973). Erwachsene stellen sich nicht nur durch

Abbildung 4.9. Häufiges dialogisierendes Vorlesen gehört mit zu jenen Bedingungen, die fördernd auf die Sprachentwicklung wirken

einen Wechsel ihrer Stimmlage auf ihren Kontaktpartner ein; sie passen auch ihr Sprachverhalten an ihn an. Die besondere Art und Weise, zu kleinen Kindern zu sprechen, hat man auch als Ammensprache bezeichnet. Der Begriff soll hier beibehalten werden, obwohl er einen entscheidenden Nachteil hat: Er bringt nicht zum Ausdruck, dass sich dieser Sprache fast sämtliche Erwachsene bedienen. Babys reagieren tatsächlich bevorzugt auf diese besondere Sprache (Cooper, 1993), sogar wenn man sich in einer Sprache an sie wendet, die ihnen überhaupt nicht vertraut ist (Fernald, 1993). Welches sind weitere Kennzeichen dieser Ammensprache?

Die Ammensprache gibt es nicht nur in der gesprochenen Sprache. Gehörlose Mütter wenden sich in grundsätzlich gleicher Weise an ihre Kinder, indem sie das Tempo der dargestellten Zeichen verlangsamen und einzelne Bewegungen übertreiben (Masataka, 1992). Üblicherweise wird sehr langsam gesprochen, und es erfolgt die Betonung einzelner Wörter. Fragen hört man bei der Ammensprache ziemlich häufig (»Wo ist denn das Bäuchlein?«) oder auch einfache Aufforderungen (»Zeig mir mal dein Bäuchlein!«), wobei Wiederholungen mit geringen Veränderungen der Frage oder der Aufforderung vorgenommen werden (»Wo ist denn das dicke Bäuchlein? Kannst du es hier sehen? Zeig mir doch mal dein Bäuchlein! Ist dies dein Bäuchlein?«). Allerdings ist der Inhalt der Ammensprache auch von der Kultur abhängig, in der sie gesprochen wird (Fernald & Morikawa, 1993). Japanische Mütter sprechen häufiger über sozial-emotionale Themen, über das Geben und Nehmen in sozialen Kontakten (»Hier, dies ist ein vroom vroom. Das gebe ich dir nun. Nun gib es mir! Ja! Danke!«), über Formen eines höflichen oder auch liebevollen Miteinanders (»Hab Teddy mal lieb!«), während amerikanische Mütter das »Gespräch« mit dem Kind mehr dazu nutzen, ihm die Bezeichnung bestimmter Gegebenheiten beizubringen und auf deren Merkmale hinzuweisen (»Das ist ein Teddy!« – »Sieh mal die großen Ohren!«). Unabhängig vom Inhalt lässt sich aber feststellen, dass die gesprochenen Sätze allmählich länger und komplexer werden (Shatz, 1983), auf jeden Fall stets die Äußerung des Kindes erweitern (Bohannon & Bonvillian, 1997). Dabei beobachten Eltern ständig, ob sie auch verstanden werden. Wenn sie den Eindruck haben, dass das Kind sie nicht mehr versteht, werden sie die Anzahl der Wörter im nächsten Satz sofort verkürzen. Der Hauptgrund für Eltern und andere, sich dieser besonderen Sprechweise zu bedienen, liegt offenbar darin, die Aufmerksamkeit des Kindes zu bewahren, sich ihm verständlich zu machen, kurz: die Unterhaltung mit dem Kind aufrechtzuerhalten (Fernald & Morikawa, 1993; Penner, 1987). Aus diesem Grund findet man auch viele Wiederholungen in der Ammensprache.

Wiederholungen, Umformulierungen und Erweiterungen

Erwachsene nehmen zu vielen fehlerhaften Sätzen des Kindes (nach einer Schätzung in 60 bis 70 Prozent der Fälle [Bohannon & Stanowicz, 1988]) keinerlei Stellung; ihre gelegentlichen Reaktionen könnten für den Spracherwerb dennoch sehr bedeutsam sein: so sprechen Erwachsene häufiger richtige als fehlerhafte Sätze des Kindes nach. Eltern sind eher geneigt, Äußerungen zu korrigieren, wenn Feststellungen erfolgen, die nicht stimmen (Bohannon & Stanowicz, 1988; Morgan & Travis, 1989). Bei sprachlichen Unrichtigkeiten können sich Erwachsene mit Verständnisfragen an das Kind wenden und zu ergründen versuchen, was es ihnen sagen möchte.

BEISPIEL

Der folgende Gesprächsausschnitt gibt ein Beispiel dafür, wie Erwachsene durch Wiederholungen, Umformulierungen und Erweiterungen auf fehlerhafte Sätze von Kindern reagieren können (Bellugi, 1970):

Kind:	Mein Lehrer haltete die Kaninchen und wir streichelten sie.
Mutter:	Sagtest Du, Dein Lehrer hielt die Baby-Kaninchen?
Kind:	Ja.
Mutter:	Was sagtest Du, was tat er?
Kind:	Er haltete die Baby-Kaninchen und wir streichelten sie.
Mutter:	Sagtest Du, er hielt sie fest?
Kind:	Nein, er haltete sie ganz locker.

Solche Dialoge weisen darauf hin, dass Erwachsene fehlerhafte Sprachäußerungen keineswegs vollkommen überhören, sondern darauf so reagieren, dass das Kind auf seine Unzulänglichkeit aufmerksam werden kann. So sagt ein Kind etwa über seine ältere Schwester »Katie esst«. Darauf reagiert die Mutter möglicherweise mit einer Erweiterung, also so, dass die Äußerung des jungen Sprechers nicht nur korrigiert, sondern das Beobachtbare ausführlicher beschrieben wird: »Ja richtig, Katie isst ihre Suppe«. Eine andere häufiger zu beobachtende Möglichkeit, auf das Kind zu reagieren, besteht darin, die Äußerung nicht nur sprachlich zu korrigieren, sondern auch inhaltlich auszuweiten: »Ja richtig, Katie isst. Was isst Katie denn?« In einer solchen Reaktion wird zweimal die richtige Ausdrucksweise vorgeführt. Auf diese Weise wird der richtige Sprachgebrauch gefördert, denn offenbar wird die kindliche Aufmerksamkeit auf solche umformulierten Sätze gelenkt. Michael Farrar (1992) fand beispielsweise, dass Zweijährige ziemlich häufig bereit sind, eine korrigierende Erweiterung nachzuahmen, mit der Mütter auf unzulängliche Äußerungen ihrer Kinder reagiert haben; dagegen imitieren sie weit weniger ähnliche mütterliche Mitteilungen, die im Rahmen der alltäglichen Unterhaltungen vorkommen. Wenn Kinder in einer Umgebung aufwachsen, in der häufig mit Erweiterungen auf ihre Äußerungen reagiert wird, besitzen sie günstige Voraussetzungen, ziemlich schnell richtige Sprachformen zu erlernen (Nelson, 1977).

Entscheidende Grundlagen zum Spracherwerb sind jedenfalls bereits am Ende der frühen Kindheit gelegt. Das Kind wird jetzt nur noch wenige Jahre benötigen, um – abgesehen von einem vergleichsweise geringeren Wortschatz – über seine Sprache ebenso wie ein Erwachsener verfügen zu können.

Literatur zur Erweiterung des Wissens und zur Vertiefung

Allgemeine Einführung zur frühen Kindheit:

Baacke, D. (1999): Die null- bis fünfjährigen. Einführung in die Probleme der frühen Kindheit. Weinheim: Beltz.

Kognitive Entwicklung nach Jean Piaget:
Ginsburg, H. P. und Opper, S. (2004): Piagets Theorie der geistigen Entwicklung. (9. Auflage). Stuttgart: Klett-Cotta.

Zur Psychologie die Spielens:
Oerter, R. (1995): Spiel und kindliche Entwicklung. In: Oerter, R. und Montada, L. (1995): Entwicklungspsychologie (3. Auflage). Weinheim: Beltz PVU, S. 250–267.

Oerter, R. (1996): Warum spielen Kinder? In: Spiel, C., Kastner-Koller, U. und Deimann, P. (Hrsg.): Motivation und Lernen aus der Perspektive lebenslanger Entwicklung. Münster: Waxmann, S. 31–40.

Zur Psychologie der Sprachentwicklung:
Szagun, G. (2000): Sprachentwicklung beim Kind (6. Auflage). Weinheim: Beltz.
Szagun, G. (2007): Das Wunder des Spracherwerbs. Weinheim: Beltz.

5 Kognitive Entwicklung im Vorschulalter

Im Alter von zwei Jahren wiegt ein Kind etwa 11 kg und hat wahrscheinlich eine Körpergröße von über 80 cm. Die Körpergestalt wird sich in den nächsten Jahren auffallend verändern: der zunächst ziemlich rundliche Körperbau wird zunehmend schlanker. Über die körperliche Entwicklung soll im 6. Kapitel ausführlicher informiert werden. Fast noch eindrucksvoller ist die kognitive Entwicklung im Vorschulalter, mit der sich der Mensch fortan eindeutig über jedes Tier hinaushebt und die auch Entwicklungen in sozialen und emotionalen Bereichen mitbestimmt. Deshalb soll vom Vorschulalter an und somit auch in allen nachfolgenden Lebensabschnitten die Entwicklung der kognitiven Funktionen jeweils zuerst dargestellt werden. Eine bemerkenswerte Veränderung der kognitiven Funktionen zeigt sich bereits gegen Ende der sensumotorischen Phase. Auf sie wurde Jean Piaget (1962) durch eine Beobachtung an seiner Tochter Jacqueline aufmerksam.

Piaget wurde Zeuge, wie sich bei seiner 15 Monate alten Tochter Jacqueline während des Spiels ein Bein ihrer Clownspuppe im Ausschnitt ihres Kleides verhakt hatte (s. S. 145). Für Piaget war diese Beobachtung vor allem deshalb bemerkenswert, weil seine Tochter ihren Finger offenbar als »Symbol« benutzt hatte. Ein Symbol kann ein Wort, ein Gegenstand, eine bildliche Darstellung oder eine Bewegung sein und jeweils für etwas anderes stehen. So steht etwa die Nationalflagge für ein Land und das Wort Bleistift für einen Gegenstand, mit dem man schreiben kann. Jacqueline tat so, »als ob« ihr Finger das Bein des Clowns war. Sie konnte fortan »denk-handeln«, d. h., das Experimentieren mit Sachen auf der Ebene der Vorstellungen stattfinden lassen.

Etwa einen Monat später machte Piaget eine weitere Beobachtung: Jacqueline hatte mit angesehen, wie ein kleiner Junge während eines Wutanfalls schrie, seinen Laufstall weiterschob und wütend mit den Füßen auf den Boden stampfte. Jacqueline ahmte dieses Verhalten nicht sofort nach, wohl aber einen Tag später und abermals nach einer Woche. Piagets Tochter muss also in der Lage gewesen sein, die beobachtete Handlungsabfolge zu »verinnerlichen«, denn sie ahmte das Gesehene ja verzögert nach.

Voroperationale Phase. Sobald ein Kind in der Lage ist, sich eine Gegebenheit, eine Handlung oder ein Ereignis ausschließlich »im Kopf«, also gedanklich, abzubilden, hat es einen Entwicklungsschritt vollzogen, durch den sich ihm völlig neue Wege eröffnen. Das Kind ist nunmehr in der Lage, über konkrete Ereignisse auf der Ebene der Vorstellungen nachzudenken; Geschehnisse müssen nicht mehr unmittelbar vor dem Kind ablaufen. Damit beginnt nach Piaget zwischen dem 16. und 24. Lebensmonat das Denken, das Piaget als voroperational kennzeichnet und das nach seiner Meinung bis zum Alter von etwa sieben Jahren kennzeichnend ist. Das Kind verbessert in diesem Zeitraum seine Fähigkeit, symbolisch zu denken, ohne allerdings – wie Piaget meinte – stets den Regeln der Erwachsenenlogik zu folgen.

Ist das Vorschulkind oder der Erstklässler in seinen Überlegungen aber tatsächlich so »unlogisch«, wie Piaget dachte? Es soll in den nachfolgenden Abschnitten über einige Beobachtungen berichtet werden, die die Logik des Kindes in einem etwas anderen Licht erscheinen lassen. Piaget führte die vermeintlich unlogischen Gedankengänge des Kindes auf Unreife der kognitiven Funktionen zurück. Einige Psychologen meinen jedoch, mit Reifungsprozessen würde zu wenig erklärt. Nach ihrer Meinung unterscheidet sich das Problemlösungsverhalten von Kindern und Erwachsenen vor allem deshalb, weil sie Informationen noch nicht so schnell und wirkungsvoll wie Erwachsene aufnehmen und verarbeiten können.

Fortschritte im Spracherwerb. Zu Beginn der voroperationalen Phase oder – wie sie hier genannt wird – des Vorschulalters, zeigt sich auch im Spracherwerb ein bemerkenswerter Fortschritt. Das Kind fügt zum ersten Mal zwei Wörter zusammen. Es bildet »Zwei-Wort-Sätze«, die es vermutlich nie in seiner Umwelt gehört hat. Die Fortschritte der nächsten Jahre sind eindrucksvoll. Bereits im Alter von etwa fünf Jahren beherrscht das Kind praktisch seine Muttersprache. Wie ist es möglich, innerhalb eines so kurzen Zeitraums ein derartig komplexes System wie eine Sprache zu lernen? Diese Frage beschäftigt die Sprachpsychologie bereits seit Jahrzehnten. Über einige ihrer Erkenntnisse wird im vorliegenden Kapitel berichtet.

5.1 Entwicklung des Denkens nach Jean Piaget

Die »klinische Methode«

Zu Beginn der 20er Jahre war Piaget im Pariser Binet-Institut damit beschäftigt, Antworten zu bewerten, die Kinder auf Fragen eines Tests von Sir Cyril Burt über schlussfolgerndes Denken gegeben hatten. In einem Interview erinnert Piaget sich an eine für ihn bedeutsame Erfahrung: »Obgleich Burts Tests diagnostisch sicherlich ihre Vorteile hatten, merkte ich von den ersten Befragungen an, dass es im Hinblick auf die Anzahl der Erfolge und Misserfolge sehr viel interessanter war, die Gründe für das Versagen zu finden. Somit verwickelte ich meine Versuchspersonen in Gespräche, die das Muster psychiatrischer Fragen hatten. Ich wollte etwas über den Denkprozess herausfinden, der ihren richtigen, besonders aber ihren falschen Antworten zugrunde lag. ... Ich hatte endlich mein Forschungsgebiet gefunden« (Evans, 1973). Die Art der Befragung, die Piaget entwickelte, die sog. Klinische Methode, stellt eine Form des Interviews dar, bei der es jeweils von der Antwort des Kindes abhängt, wie weiter gefragt wird. Piaget kam zugute, dass er bei seinen vorausgegangenen Studien an der Sorbonne (der Pariser Universität) als Teilnehmer eines Seminars über Psychopathologie gelernt hatte, Patienten mit psychischen Auffälligkeiten zu interviewen.

Aus den Antworten der interviewten Kinder schloss Piaget, dass das kindliche Denken einige Besonderheiten aufweist, auf die im Folgenden ausführlicher eingegangen wird.

5.1.1 Kennzeichen voroperationalen Denkens

Das Denken, das für das Vorschulalter, also etwa für den Zeitraum zwischen zwei und sechs, eventuell sieben Jahren kennzeichnend ist, bezeichnete Piaget als »voroperational«. Damit wollte er zum Ausdruck bringen, dass dem Kind noch keine logischen »Operationen« möglich sind. Als voroperationaler Denker kann das Kind also seine eigenen Erfahrungen nicht so auswerten, dass es auf der Ebene der Vorstellungen logische Schlussfolgerungen ziehen kann. John Flavell (1963), ein sehr guter Kenner und als solcher Interpret und Kritiker der Theorie Piagets meint, »das voroperationale Denken trägt die Spuren seines sensumotorischen Ursprungs ..., es ähnelt sensumotorischen Aktivitäten, die einfach auf eine neue (symbolische) Ebene der Operationen umgesetzt werden«.

Unzulänglichkeiten voroperationalen Denkens nach Piaget. Insgesamt steht in Piagets Kennzeichnungen der voroperationalen Phase mehr im Vordergrund, was ein Kind noch *nicht kann* und weniger, wozu es bereits in der Lage ist. Piaget bringt diese Sichtweise auch durch die Bezeichnung *vor*operational zum Ausdruck: das Vorschulkind steht noch *vor* dem Alterszeitraum, in dem es »richtig« denken kann. Piaget hebt vor allem zwei Unzulänglichkeiten des voroperationalen Denkens hervor:

- die behauptete Unfähigkeit, logisch zu denken und
- die Zentrierung, d. h. die Unfähigkeit des Vorschulkindes, seine Aufmerksamkeit auf mehrere Merkmale einer Situation gleichzeitig zu richten.

Diese Unzulänglichkeiten des Denkens im Vorschulalter kommen besonders deutlich in Untersuchungen zum Ausdruck, in denen Piaget die Unveränderlichkeit (»Invarianz«) physikalischer Merkmale untersucht hat.

Untersuchungen zum Invarianzbegriff

Bleibt die Menge einer Plastilinmasse erhalten, wenn man aus einem »Ball« eine »Wurst« formt? Was passiert mit Münzen, die in einer Reihe aufgereiht sind: Erhöht sich ihre Menge, wenn man den Abstand zwischen den Münzen vergrößert? Solche Fragen richtete Piaget an Kinder. Dabei ging es stets um den »Erhaltungs-« oder »Invarianzbegriff«, um das Verständnis also, dass sich eine Menge nicht ändert, wenn man ihr nichts hinzufügt oder wegnimmt. Wie kam Piaget dazu, nach derartigen Zusammenhängen zu fragen? »Zuerst«, so meinte er, »entdeckte ich das Problem der Erhaltung, als ich mit Epileptikern im Alter zwischen 10 und 15 Jahren arbeitete. Ich wollte einen der Beobachtung zugänglichen Weg finden, um sie von normalen Kindern unterscheiden zu können.« Piaget zeigte seinen Versuchspersonen vier Münzen, die in einer Reihe lagen, und unter jede Münze legte er eine Perle, sodass eine weitere Reihe entstand. Danach entfernte er eine Münze; vergrößerte aber den Abstand der übrigen drei. Lagen vor den Kindern nun mehr Münzen oder mehr Perlen? »Die epileptischen Kinder sagten, sie hätten mehr Münzen als Perlen. Kein Hinweis, dass sie Verständnis für die [Mengen-] Erhaltung gewonnen hatten. Ich dachte«, so schilderte Piaget die damalige Situation weiter, »ich hätte eine Methode zur Unterscheidung von normalen und anomalen Kindern gefunden. Ich setzte dann meine Arbeit mit normalen Kindern fort und entdeckte, dass allen Kindern der Erhaltungsbegriff fehlte« (Hall, 1970).

Versuch: Die »Umschüttaufgabe«. Ein sehr bekannt gewordener Versuch Piagets beginnt damit, dass einem Kind zwei Glasbehälter mit jeweils gleichem Durchmesser vorgestellt werden. Nachdem die jungen Versuchspersonen anerkannt haben, dass beide Gefäße die gleiche Menge eines Getränks enthalten, schüttet man vor ihren Augen den Inhalt des einen Gefäßes in ein höheres mit geringerem Durchmesser (s. Abb. 5.1). Nachdem das Kind ausreichend Gelegenheit hatte, die beiden unterschiedlich hohen Flüssigkeitssäulen zu betrachten, folgt die entscheidende Frage: »In welchem Gefäß befindet sich jetzt mehr Flüssigkeit?« Nach Piagets Befunden antworten Kinder im Alter von sechs bis sieben Jahren in der Regel, dass sich nach dem Umschütten in dem schmalen, hohen Behälter mehr Flüssigkeit befindet als in dem mit niedriger, aber breiter Flüssigkeitssäule. – Warum erkennen die Befragten offenkundig nicht, dass sich die Menge durch das Umschütten nicht verändert hat, also »erhalten« geblieben ist?

Nach Piagets Auffassung können Kinder bis zum Alter von sechs bis sieben Jahren nicht operational denken. Zur Bewältigung der Umschüttaufgabe seien nämlich folgende zwei Operationen erforderlich, die Kinder in diesem Alter nicht beherrschen: Reversibilität und Dezentrierung.

Reversibilität. Ein acht oder neun Jahre altes Kind löst das Umschüttproblem ohne Schwierigkeiten. Es erläutert seine Antwort damit, dass man die Flüssigkeit aus dem hohen und breiten Behälter ja nur zurückzugießen brauche. Dann könne man feststellen, dass das flache, breite Gefäß wieder genauso voll wie ursprünglich sei. Dieses Kind hat also den Umschüttvorgang gedanklich in umgekehrter Richtung ablaufen lassen. Die gedankliche Umkehrung, »Reversibilität« genannt, ist nach Piagets Überzeugung erst in der operationalen Phase zu leisten.

Dezentrierung. Im Umschüttversuch haben die jungen Versuchspersonen offenbar weiterhin beachtet, dass die Flüssigkeitssäule in dem schmalen

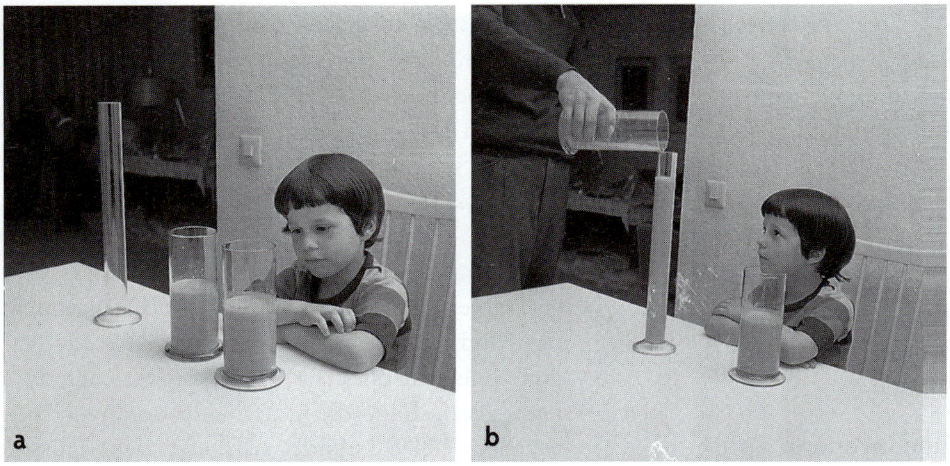

Abbildung 5.1. Piagets klassischer Versuch zum Erhaltungs- oder Invarianzbegriff: Im ersten Teil des Versuchs stimmt das Kind zu, dass die beiden Gefäße gleichen Durchmessers und gleicher Höhe die gleiche Menge eines Getränks enthalten (**a**). Schüttet man den Inhalt des einen Gefäßes aber vor seinen Augen in ein höheres Gefäß geringeren Durchmessers, glaubt es, in dem höheren Gefäß befinde sich mehr Flüssigkeit (**b**)

Glas höher als in dem breiten Gefäß war. Sie ließen dabei aber unberücksichtigt, dass sich als Ausgleich die Breite der Flüssigkeitssäule verringerte. Im Prozess der Urteilsfindung konzentrierten sie sich nur auf das Merkmal *Höhe.* Piaget hält diese »Zentrierung« für ein wesentliches Merkmal des voroperationalen Denkens. Er meint damit die Neigung, in einer Problemsituation nur ein Merkmal, also etwa nur die Höhe der Flüssigkeitssäule, zu beachten, während eine angemessene Problembewältigung die gleichzeitige Berücksichtigung mehrerer Merkmale fordern würde (Breite und Höhe der Flüssigkeitssäule).

Kritik. Piaget war davon überzeugt, dass Kinder während der voroperationalen Phase, also vor dem sechsten oder siebten Lebensjahr, nicht in der Lage sind, die Umschüttaufgabe zu lösen. Aber lässt sich diese Fähigkeit vielleicht durch ein gezieltes Training vorverlegen? Piaget hat sich bis kurz vor seinem Tode als außerordentlich unbeugsam in dieser Frage gezeigt und sie stets verneint. Vor allem bei amerikanischen Psychologen stieß er jedoch mit seinen Aussagen auf Zweifel. Seine Kritiker führten inzwischen weit mehr als 1.000 Untersuchungen durch; keineswegs immer mit dem gleichen Ergebnis.

Identitätstraining. Piagets Behauptungen wurden in jüngster Zeit durch ein sog. Identitätstraining überprüft. Mit Hilfe spezieller Übungen sollen Kinder lernen, sich beim Vergleich zweier Mengen nicht von deren Aussehen leiten zu lassen. So wird einem Kind beispielsweise, bevor es bei der Umschüttaufgabe eine Antwort gibt, Folgendes gesagt: »Wenn man Flüssigkeit aus diesem niedrig breiten Glas in dieses große dünne Glas gießt, dann mag es so aussehen, als sei daraus mehr Wasser geworden. In Wirklichkeit ist es aber die gleiche Menge Wasser, denn aus beiden Gläsern könnte man gleich viel trinken.« Vierjährige, die ein solches Training erhalten hatten, waren daraufhin in der Lage, die Umschüttaufgabe richtig zu lösen (Field, 1981). Piaget würde einwenden, dass die trainierten Kinder nur mechanisch eine Antwort nachsprechen, die sie vergleichsweise oberflächlich gelernt haben. Es ist zwar zu vermuten, dass die vierjährigen Kinder die Aufgabe nicht lösen, indem sie logische Operationen vollziehen. Andererseits waren die meisten Vierjährigen (75 Prozent) noch mehrere Monate nach Beendigung der Trainingsphase in der Lage, nicht nur die spezielle Aufgabe richtig zu beantworten; sie bewältigten auch ähnliche Probleme, die ihnen noch unbekannt waren (Field, 1981).

Abhängigkeit vom Wahrnehmungseindruck. Piaget erklärte sich die unzutreffenden Antworten der Vorschulkinder auf die Frage, ob sich die Menge der Flüssigkeit verändert hätte, nachdem sie aus einem »breiten« in ein »schmales« Gefäß geschüttet worden war, auch mit dem starken Einfluss, den das jeweils anschaulich Wahrgenommene auf das Denken ausübt. Die Flüssigkeit in dem »schmalen« Gefäß sieht nach mehr aus als in dem »breiten« Gefäß; deshalb muss sich die Menge verändert haben, auch wenn sich damit ein Widerspruch zu der Tatsache ergibt, dass sich eine Menge so lange nicht verändert, wie ihr nichts hinzugefügt und nichts weggenommen wird. Zeigt sich die Abhängigkeit des voroperationalen Denkens vom Wahrnehmungseindruck auch noch in einer anderen Hinsicht? Piaget erklärte sich das, was ihm egozentrisches Denken anzuzeigen schien, auf grundsätzlich gleiche Weise.

Egozentrisches Denken

Wenn sich eine Familie zum Essen an einen Tisch setzt, dann wissen Erwachsene, dass sie je nach ihrem Sitzplatz den Tisch unterschiedlich sehen. Gelangen aber auch schon Vorschulkinder zu dieser Einsicht? – Könnte sich ein drei oder vier Jahre altes Kind womöglich sogar vorstellen, wie der gedeckte Tisch aus der Sicht des Vaters oder der Mutter aussieht? Piaget gelangte auf Grund seiner Beobachtungen zu dem Schluss, dass Kinder der voroperationalen Phase egozentrisch sind (Piaget & Inhelder, 1956): Sie betrachten die Welt stets nur von ihrem eigenen Blickwinkel aus. Nach Piaget fehlt ihnen die Einsicht, dass sich für andere Menschen Sichtweisen ergeben, die von den eigenen abweichen. Piaget bezog diesen »Egozentrismus« aber nicht nur auf die visuelle Wahrnehmung. Er vermutete, dass es für Kinder auch schwierig ist, irgendeine innere Erfahrung anderer Menschen wahrzunehmen und zu verstehen. Folglich behauptete Piaget, Kinder seien vor Erreichung ihres siebten oder achten Lebensjahres nicht in der Lage, Denk- und Urteilsweisen sowie Gefühle anderer Menschen zu berücksichtigen. Bestätigen Nachprüfungen tatsächlich diese Behauptung?

Wenn eine Mutter ihr dreijähriges Kind auffordert, sich mit den Händen die Augen zuzuhalten, dann wird sie auf die Frage »Kann ich Dich jetzt sehen?« wahrscheinlich ein »Nein« als Antwort erhalten. Für Piaget drückt sich darin kindlicher Egozentrismus aus. Nach seiner Überzeugung steht hinter dem »Nein« die für das voroperationale Denken typische Auffassung, dass auch die Mutter nichts sehen könne, wenn sich das Kind seine Augen zuhält. Die Überwindung des auf die eigene Sichtweise bezogenen Standpunktes setzt Erfahrungen voraus, über die ein Kind womöglich noch nicht verfügt. Zu beachten ist aber ebenso, dass Piaget seinen jungen Versuchspersonen teilweise so schwierige Fragen stellte, dass er sie damit einfach überforderte.

Klassifikationen voroperationaler Denker

Beispiel 1: Ordnen geometrischer Figuren. Erhebliche Schwierigkeiten bereitet es dem Kind, Gegenstände systematisch nach einem oder mehreren Merkmalen zu klassifizieren. Man kann sich leicht davon überzeugen, dass voroperationale Kinder das Merkmal, nach dem sie klassifizieren, häufiger wechseln. Wenn man ihnen geometrische Figuren mit der Aufforderung aushändigt, diejenigen nebeneinander zu legen, die gleich aussehen, dann erhält man möglicherweise eine Reihe, wie sie in Abb. 5.2 dargestellt ist.

Nach der vierten Figur wird offenbar das Formmerkmal Dreieckigkeit durch Viereckigkeit ersetzt. Anschließend bleibt die Form zwar im

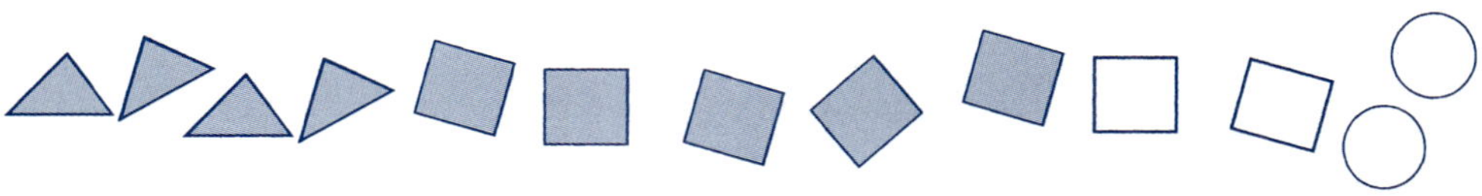

Abbildung 5.2. Ein Vorschulkind sollte geometrische Figuren nebeneinander legen, die »gleich aussehen«. Es hat wiederholt das Merkmal geändert, nach dem es sie ordnete

Blick, aber das Farbmerkmal wird geändert, bis schließlich die Quadratform zugunsten der Kreisform aufgegeben wird.

Beispiel 2: Klassifikation brauner und weißer Holzperlen. Erhebliche Schwierigkeiten bereitet es Kindern auch, Klassen und Unterklassen miteinander zu vergleichen. Kugeln können beispielsweise aus Holz und aus Kunststoff hergestellt sein. Holzkugeln lassen sich vielleicht zusätzlich nach ihrer Farbe klassifizieren. Infolgedessen mag es sich bei *braunen* und *weißen* Perlen um eine Unterklasse von Holzperlen handeln. Um zu studieren, ob ein typisches Kind im Vorschulalter Gesamtmengen (Holzperlen) und Teilmengen miteinander vergleichen kann, zeigte Piaget (1955) ihm eine Schachtel, in der sich 20 (18 braune und zwei weiße) Holzperlen befanden (s. Abb. 5.3). Zwischen Piaget und dem Kind entwickelte sich folgender Dialog:

Piaget: Sind alle Perlen aus Holz?
Kind: Ja.
Piaget: Sind in der Schachtel mehr Holzperlen oder mehr weiße Perlen?
Kind: Mehr braune, weil dort nur zwei weiße sind.
Piaget: Sind die weißen Perlen aus Holz?
Kind: Ja.
Piaget: Auch die braunen?
Kind: Ja.
Piaget: Sind da also mehr Holzperlen oder mehr braune Perlen?
Kind: Mehr braune.

Kinder, die voroperational denken, sind nach Piagets Befunden in der Lage, braune und weiße Perlen miteinander zu vergleichen. Sie erkennen auch, dass sowohl die weißen als auch die braunen Perlen aus Holz sind. Sie versagen aber, wenn sie die Teilmenge der braunen mit der Gesamtmenge der Holzperlen vergleichen sollen. Den Kindern bereitet die *hierarchische Klassifikation* offenbar Schwierigkeiten. Wiederum könnte der Wahrnehmungseindruck Einfluss auf ihr Denken nehmen. Vermutlich wird ihre Aufmerksamkeit auf das Merkmal braun gelenkt, weil dieses die Mehrheit der Kugeln kennzeichnet.

Beispiel 3: die unreifen Apfelsinen. Auf eine Schwäche in der Klassifikationsfähigkeit verweist auch eine Äußerung, auf die Piaget (1962) bei seiner Tochter Jacqueline aufmerksam wurde. Sie hatte Fieber und wollte gerne Apfelsinen haben. Die Eltern mussten dem Mädchen jedoch erklären, dass diese Früchte noch nicht reif seien: »Man kann sie noch nicht essen. Sie haben noch nicht ihre schöne gelbe Farbe.« Anfänglich schien sich Jacqueline mit dieser Erklärung zufrieden zu geben. Als sie jedoch kurze Zeit später ihren Kamillentee trank, meinte sie: »Der Kamillentee ist nicht grün; er ist schon gelb. Ich möchte Apfelsinen.« Offenbar ordnete Jacqueline *Tee* und *Apfelsine* nach dem gemeinsamen Merkmal »gelb« in eine einzige Klasse: Es kommt ihr nur darauf an, ob etwas im Augenblick essbar ist – und das ist es dann, wenn es »schon gelb« ist. Wenn also der Tee gelb ist, dann muss es auch die Apfelsine sein. Auf der Grundlage ihrer voroperationalen Denk-

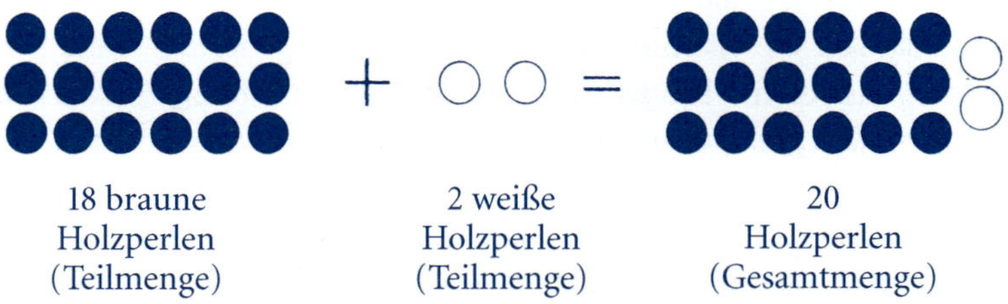

Abbildung 5.3. Eine Piaget-Aufgabe, die einen Vergleich von Teil- und Gesamtmenge fordert. Den meisten Kindern im Vorschulalter fällt es schwer zu erkennen, dass in der »Schachtel« zwar mehr braune als weiße Holzperlen, aber gleichzeitig mehr Holzperlen als braune Perlen sind

weise berücksichtigt Jacqueline noch nicht, dass Kamillentee und Apfelsinen sich in zahlreichen Merkmalen voneinander unterscheiden und folglich in unterschiedliche (Unter-)Klassen der Gesamtmenge »Nahrungsmittel« eingeordnet werden müssen. Das Mädchen scheint noch nicht zu verstehen, dass es sich bei »Reife« und »Genießbarkeit« um Merkmale handelt, die nicht alle »Nahrungsmittel« kennzeichnen, sondern die erst bei möglichen Unterklassen auftauchen, nämlich dann, wenn man Nahrungsmittel in »essbare« und »noch nicht essbare« einteilt. Jacqueline ist weiterhin offenbar davon ausgegangen, dass »gelb« ein Merkmal ist, das alles Verzehrbare kennzeichnet: »wenn etwas gelb ist, muss es auch essbar sein«.

5.1.2 Kritik und Weiterentwicklung der Theorie Piagets

Durch das Wirken von Jean Piaget – darüber sind sich auch seine Kritiker einig – ist der Erkenntnisstand der Entwicklungspsychologie in einzigartiger Weise bereichert worden. Ohne sein eindrucksvolles Werk würde man über die kognitive Entwicklung nur einen Bruchteil dessen wissen, was man heute weiß. Die Bedeutung dieses Forschers für die Entwicklungspsychologie ist wahrscheinlich nicht geringer zu veranschlagen, als der Einfluss, den Shakespeare auf die angelsächsische Literatur oder den Aristoteles auf die Philosophie ausgeübt hat (Beilin, 1992). Zu dem vergleichsweise hohen Kenntnisstand im Bereich der kognitiven Entwicklung hat Piaget aber nicht nur durch sein eigenes umfangreiches Schrifttum beigetragen. Ihm gebührt ebenso das Verdienst, eine bemerkenswerte Anzahl von Entwicklungspsychologen herausgefordert zu haben, sich mit seiner Theorie kritisch auseinanderzusetzen. Piaget hat somit indirekt selbst erheblich dazu beigetragen, dass seine Theorie der kognitiven Entwicklung weiterentwickelt, zu einem beträchtlichen Teil auch korrigiert worden ist. Vieles von dem, was Piaget erkannt zu haben glaubte, wird inzwischen in Frage gestellt.

Piagets Unterschätzung voroperationaler Kinder. Insgesamt gilt, dass Piaget das Wissen und Können von Kindern unterschätzt hat. Er hat das Verhalten (»Performanz«) des Kindes so interpretiert, dass es unmittelbar das Können (»Kompetenz«) anzeigt. Er wertete eine falsche Antwort als Beleg dafür, dass dem Kind für die gestellte Frage noch das notwendige Verständnis fehlte. Tatsächlich gehört aber zur Beantwortung einer Frage oder zur Lösung eines Problems stets zweierlei: Zunächst und vorrangig sollte gewährleistet sein, dass der Befragte versteht, was von ihm erwartet wird; erst dann besteht die Möglichkeit, aufgrund der jeweiligen kindlichen Reaktion auf sein Wissens- bzw. Könnensniveau zu schließen. Piaget, so stellten seine Kritiker fest, habe seinen kindlichen Versuchspersonen Fragen gestellt und dabei Begriffe verwendet, deren Bedeutung den Kindern keineswegs klar war.

Piagets Anforderungen an das Sprachverständnis

Jean Piaget hat an seine jungen Versuchspersonen Aufgaben herangetragen, die stets auch ein sprachliches Verständnis voraussetzten. Kritiker haben wiederholt auf die Möglichkeit verwiesen, dass unzutreffende Antworten der Vorschulkinder auch infolge sprachlicher Verständnisschwierigkeiten zustande gekommen sein können. Waren die Kinder tatsächlich stets mit den verwendeten Begriffen vertraut? Wussten Sie immer genau, was der Versuchsleiter von ihnen erwartete? Piaget selbst hat solchen Fragen zu wenig Beachtung geschenkt. Es lässt sich jedoch zeigen, dass die Schwierigkeit einer Aufgabe nicht unerheblich davon abhängt, wie sie sprachlich eingekleidet ist.

So fällt vielen Kindern im Alter zwischen drei und fünf Jahren die Lösung der Perlenaufgabe (s. S. 186) sehr viel leichter, wenn man die Frage: »Sind mehr Holzperlen da oder mehr braune Perlen in der Schachtel?« folgendermaßen an sie heranträgt: »Sieh Dir mal genau an, wie viele Perlen aus Holz auf dem Tisch sind! (Pause). Und nun sieh Dir an, wie viele braune Perlen vor Dir liegen

(Pause). Wenn Du möglichst viele Perlen mit nach Hause nehmen wolltest, würdest Du dann lieber alle Perlen aus Holz oder lieber alle braunen Perlen haben wollen?« Wenn man Bauklötze anstelle von Holzperlen verwendet, lässt sich folgende Formulierung finden (Markman & Siebert, 1976): »Wer hat mehr Klötze zum Spielen: jemand, dem die braunen Klötze gehören, oder jemand, dem der Stapel Klötze aus Holz gehört?« Wenn man das Problem in dieser Form an Fünfjährige heranträgt, bereitet es ihnen in der Regel keine Schwierigkeiten.

In seiner Perlenaufgabe setzte Piaget das Beherrschen mehrerer Begriffe und die Erfassung ihrer Beziehungen zueinander voraus. So fragte er danach, welche der beiden Mengen aus mehr Perlen bestehe: die Teilmenge der braunen Perlen oder die Gesamtmenge, die alle Perlen umfasst? Das Verständnis der verwendeten Begriffe spielt auch eine entscheidende Rolle, wenn das Kind seine weitere Vorgehensweise planen muss. Es kann sich dafür entscheiden, zunächst die weißen und anschließend alle Perlen zu zählen. Das Ergebnis muss dann im Gedächtnis bereit gehalten werden, denn anschließend sind beide Teilmengen miteinander und die braune Teilmenge mit der Gesamtmenge zu vergleichen. Bei all diesen Schritten – Entdeckung der Schlüsselbegriffe, Entwicklung eines Planes, Zählen und Vergleichen von Mengen – können dem Kind mehrere Fehler unterlaufen, von denen jeder zu einer falschen Antwort führt. Piaget war davon überzeugt, dass das Verhalten der von ihm beobachteten Kinder ausschließlich, zumindest aber doch weitgehend, von kindlichen Denkmöglichkeiten abhing. Er übersah, dass auch die jeweiligen Versuchsumstände mitbestimmten, wie Kinder auf Fragen reagierten. Dieses lässt sich am Beispiel der Münzaufgabe erläutern.

Die Münzaufgabe

In Wiederholung eines weiteren klassischen Experiments von Piaget legt man Vorschulkindern sieben Münzen im gleichen Abstand voneinander in eine Reihe (Piaget & Szeminska, 1941). Sodann legt man eine weitere Reihe unmittelbar darunter – und zwar so, dass sich die beiden Reihen völlig gleichen. Dann fragt man etwa ein vierjähriges Kind: »Sind in der zweiten Reihe *[zeigt auf die 2. Reihe]* mehr Münzen als in der ersten Reihe? *[zeigt auf die 1. Reihe]*. Oder siehst Du in beiden Reihen gleich viele Münzen?« Die Antwort dürfte lauten, dass sich in beiden Reihen gleich viele Münzen finden. Man vergrößert nun den Abstand der Münzen in der unteren Reihe. Wiederum erkundigt man sich bei der Versuchsperson, ob sich in der zweiten Reihe gleich viel oder mehr Münzen als in der oberen Reihe finden. Die typische Antwort eines Vorschulkindes lautet, dass sich in der zweiten Reihe jetzt mehr Münzen finden. Piaget hat in solchen falschen Antworten einen Hinweis darauf gesehen, dass sich das voroperationale Kind von dem täuschen lässt, was es sieht, und keine logische Überlegung veranlasst es, seinen Wahrnehmungseindruck zu korrigieren. Kritiker Piagets meinen jedoch, dass Kinder mehr auf die besonderen Untersuchungsbedingungen und weit weniger auf die Aufgabe als solche reagiert haben.

Sprachliche Missverständnisse. Es erscheint sehr wahrscheinlich, dass die Kinder die Begriffe »mehr« oder »gleich viele« anders verstehen als der erwachsene Versuchsleiter. Vielleicht glaubten sie, sie sollten mitteilen, ob die Münzen nach der vorgenommenen Veränderung »mehr« auseinanderliegen, also »mehr« Platz einnehmen (Parsonson & Naughton, 1988; Siegal, 1991).

Verunsicherung durch Wiederholung der Frage. Keineswegs auszuschließen ist auch, dass der Erwachsene ihnen zweimal die gleiche Frage stellte, einmal vor und ein weiteres Mal nach der Veränderung der unteren Reihe. Da das Kind ohnehin nicht *ganz* sicher ist, wie die richtige Antwort lautet, könnte es die Wiederholung der Frage als Hinweis deuten, dass die bisherige Antwort falsch war. Es ändert infolgedessen sein Urteil (Siegal, 1991). Abb. 5.4 erläutert diese Möglichkeit eines Missverständnisses.

Wenn man Kindern dagegen erzählt, »ein unartiger Bär« habe die Münzen der Reihe weiter voneinander weggelegt, erhält man von ihnen häufiger richtige Antworten als in Piagets früheren Experimenten (Dockrell et al., 1980). Allein durch diese Behauptung wird offenbar eine spielerische Atmosphäre geschaffen, die es den Versuchspersonen gestattet, sich mehr auf die Aufgabe zu konzentrieren. Die von Piaget herausgeforderten Antworten sind demnach auch von dem erwachsenen Fragesteller mitbestimmt worden.

Piaget bediente sich gelegentlich einer Sprache, durch die es zwischen ihm und seinen jungen Versuchspersonen zu Missverständnissen kommen konnte. Hat Piaget vielleicht auch bei seinen Untersuchungen zur kindlichen Egozentrizität Bedingungen geschaffen, die der Erfahrungswelt von Kindern nur unzureichend entsprachen? Ist ein vier- oder fünfjähriges Kind wirklich unfähig, sich in andere Menschen seiner Umgebung hineinzuversetzen? Kann es tatsächlich nicht die Welt aus dem Blickwinkel eines anderen betrachten? Vor allem mit dieser Frage haben sich zahlreiche Entwicklungspsychologen besonders ausgiebig beschäftigt. Zu ihren Entdeckungen zählt, dass das soziale Verständnis eines Kindes im Vorschulalter erheblich weiter entwickelt ist, als Piaget angenommen hatte.

Abbildung 5.4. Erläuterung eines möglichen Missverständnisses zwischen einem erwachsenen Versuchsleiter und einem Vorschulkind beim Mengenvergleich: Durch die Wiederholung der Frage wird das Kind zu einer falschen Antwort verleitet

Die Egozentrizität des Vorschulkindes auf dem Prüfstand

Versuch: Das Drei-Berge-Problem. In dem wohl bekanntesten Experiment zur Untersuchung der Egozentrizität verwendete Piaget eine Plastik, die drei Berge in jeweils unterschiedlicher Form und Größe nachbildete (Piaget & Inhelder, 1956). Er forderte das Kind zunächst auf, um das Modell herumzugehen, um sich mit der Formation vertraut zu machen. Danach bat er die junge Versuchsperson, sich vor die Bergszene zu setzen. Piaget zeigte dem Kind sodann eine Puppe, die er ihm gegenüber platzierte. Wie sehen die Berge nun aus der Sicht der Puppe aus? Um diese Frage beantworten zu können, bot man dem Kind Bilder dar, auf denen die Bergformation aus unterschiedlichen Blickwinkeln dargestellt wird. Welches Bild wählten die Befragten aus? In der Mehrheit der Fälle entschieden sie sich für das Bild, das die Berge so darstellte, wie sie diese von ihrem Standort aus gesehen hatten. Demnach – so schloss Piaget – kann sich das Vorschulkind noch nicht vorstellen, dass die Berge vom Standpunkt eines gegenübersitzenden Betrachters anders aussehen.

Helen Borkes Gegenversuch. Helen Borke (1975) war nicht ohne weiteres bereit, Piagets Feststellungen zur kindlichen Egozentrizität zu übernehmen. Sie wiederholte deshalb das Drei-Berge-Problem, und zwar zunächst in der gleichen

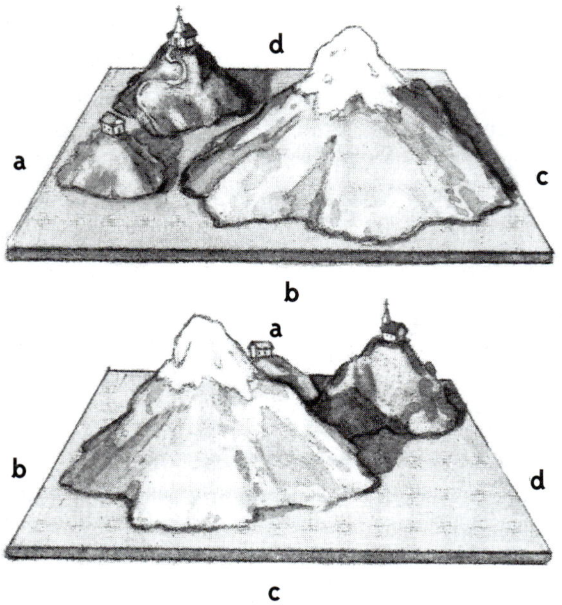

Abbildung 5.5. Das Drei-Berge-Problem Piagets zur Untersuchung des egozentrischen Denkens: Kann sich ein Vorschulkind vorstellen, dass die Berge vom Standpunkt eines gegenübersitzenden Betrachters (z. B. **c**) anders aussehen als von seinem eigenen (z. B. **a**)?

Weise, wie es ursprünglich Piaget durchgeführt hatte. Zusätzlich zeigte Borke ihren jungen Versuchspersonen eine Anordnung, die der kindlichen Erfahrungswelt entsprach. Anstelle von drei Bergen enthielt ihre Darstellung ein Haus; davor fanden sich eine Kuh und ein Pferd sowie ein See, auf dem ein Boot schwamm. Borke verwendete zudem eine Puppe aus der Sesamstraße. Das Kind sollte ihr nun beantworten, wie »Grobi« die Szene des bäuerlichen Gehöftes von verschiedenen Standpunkten aus sieht. Es bereitet Dreijährigen kaum Schwierigkeiten, auf entsprechende Fragen richtige Antworten zu geben, obwohl sie an dem Drei-Berge-Problem von Piaget gescheitert waren. Borke meint, wenn man einfache, dem Kind gut vertraute Gegebenheiten verwendet und sicherstellt, dass die Befragten genau verstehen, was man von ihnen wissen möchte, können sie sich bereits in einem sehr jungen Alter vorstellen, wie sich eine Landschaftsszene von anderen Standpunkten her darstellt.

Weitere kritische Nachprüfungen. Es sprechen noch weitere Beobachtungen dafür, dass Vorschulkinder keineswegs so egozentrisch sind, wie Piaget angenommen hat. Eine einfache Prüfung der »egozentrischen« Einstellung kann man leicht durchführen, indem man eine Papptafel auf der einen Seite etwa mit dem Bild eines Hundes, auf der anderen Seite mit einer Katzenfigur beklebt. Nachdem sich das Kind mit dieser Tafel hinreichend vertraut gemacht hat, kann die Prüfung beginnen. Man wendet sich an das Kind mit der Aufforderung: »Zeig mir mal die Katze!«. Wenn das Kind das Bild so dreht, dass sein Gegenüber es sehen kann, muss es sich notgedrungen in ihn hineinversetzt haben. Man kann dem Kind ebenso die Bildtafel so zeigen, dass es den Hund sieht und es sodann fragen: »Welches Tier sehe *ich* wohl?« Wenn für Dreijährige der Hund sichtbar ist, dann können fast alle erschließen, dass ihr Gegenüber nur die Katze sieht (Flavell et al., 1981). Weiterhin sprechen Vorschulkinder lauter, wenn sich ihr Ansprechpartner von ihnen entfernt (Johnson et al., 1981) und äußern sehr viel einfachere und kürzere Sätze, wenn sie sich nicht an ein älteres Kind oder einen Erwachsenen, sondern an ein zweijähriges Kind wenden (Sachs & Devin, 1976).

Solche Beobachtungen widerlegen keineswegs, dass sich – vor allem jüngere – Kinder im Alltag nicht auch egozentrisch verhalten. Sie sind sich keineswegs *immer* bewusst, dass ein Mitmensch etwas anderes sieht, weiß oder fühlt als sie selbst. Zu beachten ist aber, dass die Überwindung des eigenen Standpunktes Erfahrungen voraussetzt, über die ein Kind womöglich noch nicht verfügt. Piaget stellte seinen jungen Versuchspersonen teilweise so schwierige Fragen, dass er sie damit einfach überforderte. War Piaget frei von »Egozentrismus«, wenn ihm verborgen blieb, dass einige Antworten in dieser Situation weniger die Grenzen des kindlichen Denkens, wohl aber mangelnde Erfahrungen abbildeten? Setzte er einfach voraus, dass sie die gleichen Erfahrungen wie er selbst haben müssten?

Solange man angenommen hatte, dass das Vorschulkind hochgradig egozentrisch ist, sprach man ihm jede Fähigkeit ab, sich in andere Menschen hineinzuversetzen. Da man inzwischen aber weiß, dass Mädchen und Jungen grundsätzlich schon in einem sehr jungen Alter in der Lage sind, die Welt auch aus der Sicht ihrer Mitmenschen zu sehen, stellt sich die Frage, inwieweit es ihnen gelingt, die Wünsche, Gefühle und Gedanken anderer zu erkennen und zu berücksichtigen, wenn sie sich an diese mit eigenen Anliegen wenden.

Entwicklung des sozialen Verständnisses

Wenn Menschen befriedigende Kontakte zu anderen haben wollen, ist es erforderlich, sich ein Bild von ihren jeweiligen Sozialpartnern zu machen. Sie müssen herausfinden, was Mitmenschen denken und fühlen, um vorhersagen zu können, wie sich diese wahrscheinlich im nächsten Moment verhalten werden. Wie aber gewinnen Kinder Eindrücke von anderen? Worauf achten sie, um Rückschlüsse auf eine Person zu ziehen? Sobald Kinder Gelegenheit haben, mit Gleichaltrigen in Kontakt zu treten, erfahren sie, dass ihre Spielpartner manchmal wütend werden, aber auch großzügig sein können, unter bestimmten Bedingungen Wünsche erfüllen, aber auch ablehnen können. Auf der Grundlage solcher Erfahrungen entwickelt sich bei Kindern das Verständnis für andere. Wie sich dieses Verständnis mit zunehmendem Lebensalter verbessert, untersuchen Entwicklungspsychologen im Rahmen »sozial-kognitiver« Forschungen.

Ergebnisse »sozial-kognitiver« Forschungen. Bereits gegen Ende der sensu-motorischen Phase, also etwa im Alter zwischen 18 und 24 Monaten, beginnen Kinder zu verstehen, dass Menschen (im Unterschied zu Gegenständen) Wünsche und Absichten haben (Meltzoff, 1995). Etwa im Zeitraum zwischen zwei und drei Jahren hört man von ihnen Äußerungen wie »Ich will zur Mami«, »Katrin [hat] Hunger« oder »Stefan will spielen«. Dreijährige können sich Verhaltensweisen anderer erklären. Sie sagen etwa von einem Spielgefährten, dass er »böse« ist, weil er geschubst hat oder »lieb« ist, weil er von seinen Süßigkeiten etwas abgibt. Zunächst fällt es Kindern aber noch schwer, anderen etwas anderes als »Absichtlichkeit« zu unterstellen. Wenn etwa ein anderes Kind aus Ungeschicklichkeit ein Bauwerk zerstört hat, wird ihm das betroffene Kind im Alter von drei Jahren unterstellen, es absichtlich getan zu haben (Berndt & Berndt, 1976). Eltern versuchen nicht selten, dieser Sichtweise ihres Sohnes oder ihrer Tochter entgegenzuwirken, indem sie zu erklären versuchen, dass die Zerstörung »bestimmt nicht mit Absicht«, sondern »aus Versehen« erfolgt ist, aber Dreijährigen bereitet es noch erhebliche Schwierigkeiten, das zu verstehen. Erst im Alter von vier oder fünf Jahren trifft die beschwichtigende Aussage, sie oder er habe das doch nicht so gemeint, auf besseres Verständnis (Smith, 1978).

Vierjährige »lesen« das Gefühlserleben anderer auch nicht mehr nur von deren Gesichtsausdruck ab, sondern berücksichtigen zusätzlich Ereignisse in der unmittelbaren Umgebung. Wenn der Mutter gerade eine Blumenvase zu Boden gefallen ist, wo sie nunmehr in Scherben liegt, wissen Vierjährige, dass sie traurig sein muss, weil ihr gerade ein Missgeschick passiert ist (Miller & Aloise, 1989). Im gleichen Lebensalter erkennen und berücksichtigen Kinder auch in zunehmendem Maße, dass andere Menschen keineswegs immer bereit sind, ihre Gefühle offen zu zeigen, sondern sie häufig verbergen (Harris et al., 1986).

Ohnehin muss das Kind lernen, dass der Schein nicht immer dem Sein entspricht – nicht nur beim menschlichen Verhalten, sondern auch in der physikalischen Welt, wie beispielsweise die Umschüttungsaufgabe von Piaget gezeigt hat (s. S. 183). Piaget war davon überzeugt, dass ein Kind, das noch voroperational denkt, nicht in der Lage ist, die Ebene des Anscheines zu verlassen und sich mittels schlussfolgernden Denkens das dahinterstehende Sein zu erschließen. Zahlreiche Entwicklungspsychologen haben sich auch mit dieser Behauptung Piagets kritisch auseinandergesetzt.

Unterscheidung zwischen Schein und Sein

Paul Harris und seine Mitarbeiterinnen (1986) erzählten Vorschulkindern folgende Geschichte: »Diana möchte gerne 'rausgehen, aber sie hat Bauchschmerzen. Sie weiß, wenn sie ihrer Mami erzählt, dass sie Bauchweh hat, wird die Mutti ihr sagen, dass sie nicht 'raus darf. Sie versucht, ihre Mutter nicht merken zu lassen, wie sie sich fühlt, damit diese sie 'rausgehen lässt.«

Vierjährige wurden nach dem Vorlesen der Geschichte gefragt, wie sich Diana wohl wirklich fühlt, wenn sie Bauchschmerzen hat. Die Befragten sollten auch beschreiben, wie Diana gegenüber der Mutter auszusehen versuchte, um die Schmerzen zu vertuschen. Es zeigte sich, dass Vierjährige in der Regel eine Unterscheidung zwischen dem treffen konnten, was Diana tatsächlich fühlte, und dem, was sie ihrer Mutter vorzuführen versuchte. Es fiel den Kindern dieses Alters aber noch sehr schwer, die richtig vorgenommene Unterscheidung zu begründen. Sind sich demnach Vierjährige noch sehr unsicher, ob es zwischen Sein und Schein einen Unterschied gibt? Lässt sich womöglich mit dieser Unsicherheit erklären, warum Kinder unter sechs Jahren an der Umschüttungsaufgabe Piagets scheiterten?

John Flavell (1986, Flavell et al., 1987) bemühte sich um Beantwortung solcher Fragen. Er bestrahlte Gegenstände, mit denen Kinder gut vertraut sind, mit farbigem Licht, um ihnen ein anderes Aussehen zu verleihen. So erhält ein Schwamm etwa das Aussehen eines Steins. Sieht das Kind in dem verfärbten Schwamm weiterhin einen Schwamm oder wird es diesen nunmehr für einen Stein halten? Flavell stellte fest, dass Kinder im Alter von zwei oder drei Jahren Gegenstände *nach ihrem Aussehen* benennen. Erst Vier- oder Fünfjährige sind zunehmend in der Lage, das Objekt, das wie ein Stein aussieht, weiterhin als Schwamm zu erkennen.

Eine grundsätzlich vergleichbare Studie führte Rheta DeVries (1969) mit Kindern im Alter von drei bis sechs Jahren bereits vor längerer Zeit durch. Sie machte ihre jungen Versuchspersonen zunächst mit einer Katze vertraut, die sie auch streicheln durften. Sodann wurde der Katze hinter einer Sichtblende unauffällig die Maske eines Hundes über den Kopf gezogen, während die hinteren Körperteile für die Kinder weiterhin im Blick blieben (s. Abb. 5.6).

Wie reagieren nun Vorschulkinder auf die Katze mit einer Hundemaske? Meinen sie weiterhin, sie hätten eine Katze vor sich oder gehen sie davon aus, dass wegen der Maske aus der Katze ein Hund geworden ist? Um eine Antwort auf diese Fragen zu erhalten, stellte DeVries den Versuchspersonen nach der Maskierung u. a. folgende Fragen: »Was für ein Tier ist es nun?« – »Bellt es nun oder macht es miau?« Fast alle Dreijährigen betrachteten das veränderte Aussehen des Tieres und erklärten, dass es sich tatsächlich um einen

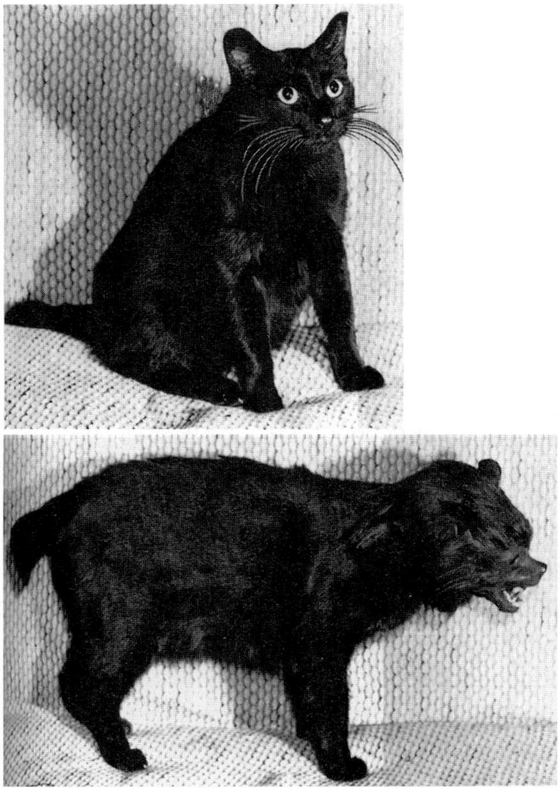

Abbildung 5.6. Rheta DeVries' Versuch zur Unterscheidung zwischen Schein und Sein: Erkennen Vorschulkinder die Katze auch noch, wenn man ihr eine Hundemaske überstülpt?

Hund handele, der »wütend« aussehe. Einige bekundeten sogar die Befürchtung, dass das Tier sie beißen könne. Im Unterschied zu Kindern dieses jüngeren Alters zeigten die Vier- bis Fünfjährigen erhebliche Verwirrung. Sie konnten sich nicht vorstellen, wie aus einer Katze ein Hund werden soll; dennoch gaben auch sie nicht die zutreffende Antwort. Die meisten Sechsjährigen waren dagegen in der Lage, Schein und Sein zu unterscheiden und erklärten, die Katze sehe jetzt in der Tat wie ein Hund aus.

Wie den Studien von John Flavell zu entnehmen war, haben Dreijährige (ebenso wie einige Vier- und Fünfjährige) noch ein unzulängliches Verständnis dafür, dass sich Objekte nicht allein nach ihrem Aussehen bestimmen lassen. Für sie wird aus einem Schwamm ein Stein, wenn sein Äußeres den *Anschein* erweckt (Flavell et al., 1993). Dennoch ahnen Vorschulkinder in einigen Situationen zumindest, dass sie sich nicht nur auf das Aussehen verlassen können. Wenn man ihnen beispielsweise ein Glas Saft darbietet, aus dem man vor ihren Augen ein Insekt entfernt hat, wird das Aussehen des Getränkes durch eine solche Maßnahme nicht verändert. Würden die Kinder aus dem Glas trinken? Selbst Kinder im Alter von 3½ Jahren erklären, man könne den Saft nicht mehr trinken, obwohl er wie normaler Saft aussehe (Siegel & Share, 1990). Demnach kann man Kindern dieser Altersgruppe die Fähigkeit, zwischen Schein und Sein zu unterscheiden, nicht völlig absprechen. Für die Richtigkeit dieser Feststellung spricht auch eine weitere Beobachtung: Wenn man Dreijährigen einen Eiswürfel in die Hand gibt, dessen Kälte sie nicht wahrnehmen können, weil sie Handschuhe anhaben, erklären fast alle, dass der Eiswürfel kalt ist (Flavell et al., 1989).

Wie gelingt es Kindern, im Verlauf des Vorschulalters die Unterscheidung von Anschein und Wirklichkeit zu erlernen? Wie werden sie darauf aufmerksam, dass die Gegenstände nicht unbedingt das sind, was sie zu sein scheinen und dass das Aussehen auch täuschen kann? Flavell nimmt an, dass der Fortschritt in ihrem Verständnis auch dadurch gefördert wird, dass die Kinder Spiele bevorzugen, in denen sie vorfindbare Gegebenheiten umdeuten, also behaupten, ein Stück Holz sei ein Auto oder das Badethermometer stelle nunmehr ein Schiff dar.

Fazit der Kritik an Piaget. Nachprüfungen der von Piaget behaupteten Zusammenhänge ergeben also, dass Vorschulkinder sehr wohl Urteile abgeben können, die er noch nicht für möglich gehalten hätte. Drei- und Vierjährige können durchaus auch aus dem Blickpunkt eines anderen die Welt betrachten, sich bis zu einem gewissen Grade in andere einfühlen und Sein und Schein unterscheiden. Sind diese Kinder in ihrer kognitiven Entwicklung nun aber lediglich schneller vorangeeilt, als Piaget angenommen hatte? Hat Piaget lediglich die Geschwindigkeit der Entwicklung unterschätzt? Lev Wygotski würde auf diese Frage mit einem »Nein« reagieren und zusätzlich darauf verweisen, dass die kognitive Entwicklung nicht, wie Piaget angenommen hat, dem Lernen vorauseilt. Im Gegenteil: »Das gute Lernen«, so stellt Wygotski (1978) fest, »ist jenes, das der Entwicklung vorausgeht«. Diese Feststellung bedarf einer näheren Erläuterung.

Wygotskis Vorstellung vom Ursprung des Denkens

Sind Selbstgespräche ein Zeichen kognitiver Unreife? Bereits Piaget (1923) hat wiederholt beobachtet, dass Kinder häufiger zu sich selbst sprechen. Obwohl sie von Gleichaltrigen umgeben sind, wenden sie sich mit ihren sprachlichen Äußerungen nicht an andere. Aus diesem Grunde hat Piaget dieses Sprechen auch *egozentrisch* genannt. Erst gegen Ende der voroperationalen Phase, so stellte er fest, wird das kindliche Sprechen allmählich sozialer. Wie erklärte Piaget sich diese Veränderung? Seine Antwort ist eindeutig: Infolge der sozialen Kontakte gelingt es dem Vorschulkind zunehmend, sein *egozentrisches* Denken zu überwinden und sich in die Sichtweise anderer hineinzuversetzen. Erst diese sozialen Erfahrungen, so glaubte Piaget, gestatten es dem Kind, seine Mitteilungen so zu formulieren, dass andere sie verstehen können.

Für Piaget, das lässt sich festhalten, ist das egozentrische Sprechen somit ein Zeichen von kognitiver Unreife, und diese wiederum wird erst durch soziale Erfahrungen überwunden.

Selbstgespräche als »lautes Denken«. Wygotski hat ebenfalls beobachtet, dass Vorschulkinder gehäuft zu sich selbst sprechen. Ihm fiel allerdings auf, dass dieses private Sprechen in einigen Situationen häufiger auftrat. Unter welchen Bedingungen zeigte sich das angeblich unreife Sprechen häufiger? Wygotski stellte fest, dass diese Monologe auch für Außenstehende vor allem dann hörbar wurden, wenn die Kinder bei ihren Aktivitäten Schwierigkeiten erfuhren, Ziele nicht ohne weiteres erreichbar waren, wenn sie also kurzum vor einem nicht sofort lösbaren Problem standen. Deshalb erschien es Wygotski *nicht* plausibel, im Sprechen zu sich selbst ein Zeichen von kognitiver Unreife zu sehen. Ist es nicht sehr viel wahrscheinlicher, so fragte er sich, dass diese nur scheinbar egozentrischen Äußerungen dem Kind helfen, sich an das zu erinnern, was es bereits weiß? Aus diesem Erinnern könnte es Lösungsmöglichkeiten ableiten, eigene Gedanken ordnen, Vorstellungen eine Richtung geben, die Aufmerksamkeit auf jene Gegebenheit einer Situation richten, die für deren Bewältigung bedeutsam sein könnte. Handelt es sich somit beim privaten Sprechen nicht vielmehr um lautes Denken? Dann übernähme die Sprache eine kritische und letztlich hilfreiche Funktion für das Denken, und das heißt: Sie würde das Kind beim Finden von Lösungen in Problemsituationen unterstützen. Diese Vermutung wird auch dadurch gestützt, dass Kinder bei Auseinandersetzung mit schwierigen Aufgaben häufiger zu sich selbst sprechen als bei vergleichsweise leichten (Berk, 1992). Es gibt zudem auffallende Unterschiede zwischen den Kindern. Gerade jene Kinder, die verhältnismäßig viel zu sich selbst sprechen, lösen die ihnen vorgelegten Aufgaben sehr erfolgreich und mit größerem Einsatz (Berk & Spuhl, 1995). Bei Mädchen und Jungen mit Lernschwierigkeiten entwickelt sich das private Sprechen häufig später (Diaz & Lowe, 1987).

Soziale Kontakte fördern kognitive Funktionen. Wygotski geht davon aus, dass kognitive Funktionen ihren Ursprung in sozialen Kontakten haben (s. S. 26f.). Tatsächlich beobachtet man alltäglich, dass Eltern ihren Söhnen und Töchtern ziemlich früh auf sprachlichem Wege Ratschläge geben, wie sie Aufgaben, die sich ihnen im Verlauf des Tages stellen, am besten bewältigen können. Sind die Bedingungen, Probleme zu lösen, günstiger, wenn Kinder sich ihnen nicht allein, sondern gemeinsam mit anderen zuwenden? Das ist offenbar der Fall (Azmitia, 1992). Auch Gleichaltrige können sich unter Bedingungen der Kooperation in einem hohen Maße gegenseitig fördern; dabei sind es Kinder, deren Fähigkeiten ursprünglich vergleichsweise gering eingestuft worden waren, die von der Zusammenarbeit besonders profitieren (Tudge, 1992). Wenn man sich einmal die Ergebnisse von 378 Studien ansieht, in denen Kinder miteinander verglichen wurden, die entweder allein oder zusammen mit anderen gearbeitet haben, dann findet man, dass die Kooperation sich in mehr als der Hälfte der Studien als recht günstig erwiesen hat. Nur in zehn Prozent der Studien ergab sich eine Überlegenheit der Alleinarbeit (Johnson & Johnson, 1987).

Selbstgespräche als Mittel der Selbstkontrolle. Die Kooperation mit einem Älteren in Problemsituationen fördert zudem die Selbstkontrolle. Ein Vater, der Aufgaben eines Konstruktionsspieles an seinen Sohn heranträgt, wird anfänglich bemüht sein, eine gewisse Kontrolle über das Verhalten seines Kindes zu gewinnen. Seine Ratschläge haben Vorbildfunktion und können vom Empfänger *verinnerlicht* werden. Die anfängliche Fremdkontrolle stellt folglich eine Voraussetzung zur späteren Selbstkontrolle dar: Die Anregungen, die zuvor andere dem Kind gegeben haben, gibt es sich dann selbst. Wenn vierjährige Kinder zu sich selbst sprechen, kann man anfänglich als aufmerksamer Zuhörer noch ziemlich vollständige Sätze hören. Im Verlauf der weiteren Entwicklung vernimmt man nur noch einzelne Worte, bis bei noch höherem Alter, also bei sieben- bis neunjährigen, allenfalls leichte Lippenbewegungen dem Beobachter verraten, dass das Kind zu sich selbst spricht (Frauenglass & Diaz, 1985).

Donald Meichenbaum (1977) hat von Wygotskis Vorstellungen wesentliche Anregungen empfangen. Wenn das private Sprechen die Funktion einer Selbstkontrolle besitzt, so überlegte er, dann müsste es doch möglich sein, ein solches Sprechen ausdrücklich anzuregen, um damit bei Kindern die Selbstkontrolle zu erhöhen. Meichenbaum entwickelte ein Programm, welches damit beginnt, dass ein Erwachsener bei der Lösung einer Aufgabe eine bestimmte Handlung vollzieht und dabei hörbar für Beobachter zu sich selbst spricht (»kognitives Modellieren«). Anschließend ermuntert man das Kind, dieselbe Aufgabe zu erledigen und dabei ebenfalls zu sich selbst zu sprechen (»offene Lenkung«); gutes Nachahmen wird lobend anerkannt. Sobald Kinder ziemlich sicher in der Nutzung kognitiver Strategien und in der Fähigkeit des Zu-sich-selbst-Sprechens (Selbst-Verbalisieren) geworden sind, gibt man ihnen die Anregung, die selbst gegebenen Anweisungen nur noch zu flüstern oder lediglich zu denken (»verdeckte Selbstanweisung«). Überprüfungen ergaben, dass sich mit einem derartigen Training zur Verbalisierung die Selbstkontrolle von Kindern erhöhen lässt, vor allem bei solchen, die als aggressiv und impulsiv zu kennzeichnen sind (Manning, 1988; Camp et al., 1977).

Wenn man – wie das Meichenbaum getan hat – Kindern nahelegt, vor allem in Problemsituationen auf privates Sprechen zurückzugreifen, dann fällt es einem Beobachter nicht schwer, sich zu erschließen, was »in den Köpfen« dieser zur Selbstverbalisierung angeregten Menschen vor sich geht. Was hat sich aber über dieses Sprechen hinaus in den Köpfen ereignet, wenn ihnen Probleme von Piaget oder Wygotski vorgelegt worden sind? Darauf haben beide Autoren nur unbefriedigende Antworten geben können. Eine wachsende Anzahl von Entwicklungspsychologen wollte aber genauer wissen, was in einem jungen Menschen vor sich geht, wenn er sich mit typischen Aufgaben von Piaget auseinandersetzt, ob er dabei nun erfolgreich ist oder nicht. Sie wollten erfahren, *wie* ein Kind dabei auf Kenntnisse in seinem Gedächtnis zurückgreift, *wie* es Informationen verarbeitet, um zu einer Lösung zu gelangen usw. In nachfolgenden Abschnitten dieses Kapitels wird anhand ausgewählter Beispiele dargestellt, wie lern- und informationstheoretisch ausgerichtete Psychologen Fortschritte in der Denkentwicklung von Kindern erklären.

5.2 Entwicklung des Denkens aus informationstheoretischer Sicht

Wenn man sich über die Entwicklung des kindlichen Gedächtnisses informieren möchte, wird man bei Jean Piaget keine Aufschlüsse finden. Wie sich Info-Kasten 5.1 entnehmen lässt, nahm er als Jugendlicher allerdings einmal mit Erstaunen zur Kenntnis, wie sehr ihn Erinnerungen an seine eigene frühe Kindheit über längere Zeit getäuscht hatten.

Informationsverarbeitung: Hardware und Software

Entscheidende Impulse zur intensiveren Untersuchung und zum besseren Verständnis des Gedächtnisses und seiner Entwicklung lieferten zu Beginn der 60er Jahre vor allem Psychologen mit informationstheoretischer Orientierung. Sie ließen sich von Annahmen leiten, die sich auch im Behaviorismus finden. An die Stelle von Versuchstieren oder auch von Menschen, deren Verhalten von außen her unter Kontrolle gebracht werden soll, traten bei ihnen Maschinen, deren Output (ausgegebene Daten) von einem Programmierer oder vom Anwender einer Software festgelegt werden kann. Das benutzte Instrument, der Computer, ist mit einer bestimmten Hardware ausgestattet. Dabei handelt es sich um sämtliche Teile, die sichtbar sind, die sich aber dennoch bezüglich ihrer Qualität oder Leistungsfähigkeit erheblich unterscheiden können. Erst wenn einem Computer Schritt für Schritt mitgeteilt worden ist, was er mit eingegebenen Daten (Input) machen soll, wird er zu einem echten Hilfsmittel. Bei diesen Anweisungen zur Verarbeitung von Input handelt es sich um die Software. Wenn man einmal darauf zurückblickt, wie in den letzten Jahrzehnten ständig neue, leistungsfähigere Computer auf den Markt gekommen sind, und wie auch die Software ständig mit größeren Anforderungen Schritt gehalten hat, kann von einer Entwicklung gesprochen werden, die eine gewisse Ähnlichkeit mit der zunehmenden Fähigkeit von Kindern zur Verarbeitung von Informationen besitzt. Die Ausreifung des Nervensystems und die schnell zunehmende Vernetzung dieses Systems, vor allem während der ersten Lebensjahre, entspricht einer Verbesserung der Hardware. Da aber der junge Mensch bereits vom ersten Lebensjahr an Erfahrungen sammelt, die verarbeitet und gespeichert werden, und fortan als aktuelle Gedächtnisinhalte wesentlich das nachfolgende Lernen mitbestimmen, kann auch beim Menschen von einer Entwicklung seiner Software gesprochen werden.

Kritik der Informationstheoretiker an Piaget. Entwicklungspsychologen mit informationstheoretischer Orientierung erkannten, dass auch Jean Piaget Veränderungen der Hardware und Software beschrieben hat, ohne diese aus dem Englischen stammenden Fachbegriffe jemals verwendet zu haben. Wenn er von Fortschritten in der Reifung kognitiver Funktionen gesprochen hat, sprachen die Informationstheoretiker bei ihrer Beschreibung des gleichen Sachverhalts von Veränderungen in der Hardware. Durch Auseinandersetzung des Kindes mit seiner Umwelt entstehen Erfahrungen, die zur Entwicklung kognitiver Schemata führen und somit die Veränderung der Software betreffen. Was aber die Psychologen, die durch die Schule des Behaviorismus gegangen waren, und die folglich auch an Definitionen höchste Ansprüche stellten, an Piagets Schriften störte, war die Art und Weise, wie er Begriffe kennzeichnete

INFO-KASTEN 5.1

Ist Piaget einmal das Opfer einer Kindesentführung gewesen?

Jean Piaget (1962) erfuhr als 15-jähriger sehr eindrucksvoll, wie wenig er sich auf Gedächtnisinhalte aus seiner frühesten Kindheit verlassen konnte. Lange Zeit war er fest davon überzeugt, dass sich das folgende Ereignis tatsächlich zugetragen habe: Als das Kindermädchen ihn, den kleinen Jean, im Kinderwagen angeschnallt über die Champs Elysées schob, versuchte ein Mann, ihn zu kidnappen. Piaget meinte sich zu erinnern, dass sich das Kindermädchen schützend zwischen ihn und den Mann gestellt habe. Das Gedächtnis vermittelte Piaget sogar noch ein undeutliches Bild von den Schrammen im Gesicht der Beschützerin. »Es gab einen Auflauf, ein Polizist mit kleiner Pelerine und weißem Stab kam heran, worauf der Kerl die Flucht ergriff.« Sehr viel später, Piaget war inzwischen 15 Jahre alt, erhielten die Eltern Piagets einen reuevollen Brief, in dem das ehemalige Kindermädchen die Entführungsgeschichte als ihre Erfindung widerrief. Sie teilte ihren Eintritt in die Heilsarmee mit und wollte hiermit ihre frühere Verfehlung bekennen. Sie schickte den Eltern die Uhr zurück, die sie damals als Belohnung für ihr mutiges Verhalten bekommen hatte. »Ich musste also als Kind diese Geschichte gehört haben,« so vermutet Piaget, »an die meine Eltern glaubten. In der Form einer bildlichen Erinnerung habe ich sie in die Vergangenheit projiziert. So ist die Geschichte also eine Erinnerung an eine Erinnerung, allerdings eine falsche.« Die offenkundig unzutreffende Erinnerung regte Piaget später an, die Zuverlässigkeit des kindlichen Gedächtnisses zu erforschen.

und Prozesse beschrieb. Ihnen blieben viele seiner Aussagen unklar. Ein führender Vertreter dieser Sichtweise, David Klahr, fasste seine diesbezüglichen Schwierigkeiten einmal in folgende Worte: »Seit 40 Jahren nun schon haben wir Assimilation und Akkommodation gehabt, die geheimnisvollen und verschwommenen Kräfte des Gleichgewichtsprozesses ... Worum handelt es sich dabei? Wie funktionieren sie? Wie kommt es, dass wir nach all dieser Zeit nicht mehr über sie wissen als damals, als sie erstmalig in Szene gesetzt worden sind. Was wir benötigen, ist ein Weg, der über ungenaue sprachliche Aussagen bezüglich des Wesens der Entwicklungsprozesse hinausführt« (Klahr, 1982).

Besonderheiten der Informationsverarbeitung bei Kindern. Wenn man David Klahr oder anderen informationstheoretisch ausgerichteten Entwicklungspsychologen die Frage stellt, worin sich Säuglinge oder Vorschulkinder von Jugendlichen und Erwachsenen unterscheiden, dann erhält man wahrscheinlich die Antwort, dass jüngere Menschen im Vergleich zu etwas älteren nur eingeschränkte Möglichkeiten zur Verarbeitung von Informationen haben. Worauf lassen sich diese Einschränkungen zurückführen? Es lassen sich zwei Gründe benennen:

- Zum einen sind das kindliche Gehirn sowie das gesamte Nervensystem noch nicht ausgereift (mit Fortschreiten des Reifungsprozesses erfolgen somit Veränderungen der Hardware).
- Zum anderen entwickeln Kinder erst im Laufe der Zeit Strategien, um die Aufmerksamkeit auf Reize von Seiten der Umwelt, zur Verarbeitung und Speicherung dieser Informationen sowie zu ihrem Abruf aus dem Gedächtnis zu entwickeln (womit eine Verbesserung der Software verbunden ist).

Mit der Entwicklung ihrer Hardware und Software sollte es Kindern zunehmend besser gelingen, Informationen ziemlich dauerhaft zu behalten und zur Problemlösung auszuwählen (Kail & Brisanz, 1992; Siegler, 1998). Bei der Entwicklung kognitiver Funktionen handelt es sich – nach dieser Sichtweise – vor allem um eine allmähliche Zurücknahme der genannten Einschränkungen mit zunehmendem Lebensalter.

Wie kann man sich den Prozess der menschlichen Informationsverarbeitung vorstellen? Schon vor mehreren Jahrzehnten sprachen damals vorliegende Untersuchungsergebnisse dafür, dass der Mensch über drei Speichersysteme verfügt; entsprechend ist auch heute noch von einem »Mehr-Speichersystem« die Rede, das im Folgenden kurz vorgestellt werden soll.

5.2.1 Das menschliche Informationsverarbeitungssystem

Auf die Frage, was aus Informationen wird, die von einem Menschen beachtet, verarbeitet und für eine spätere Nutzung abgespeichert worden sind, antworteten Richard Atkinson und Richard Shiffrin (1968), dass diese Informationen ebenso verarbeitet würden wie in einem Computer. Kognitive Psychologen gehen inzwischen davon aus, dass die menschliche Informationsverarbeitung erheblich komplizierter abläuft als damals beschrieben worden ist (Bjorklund, 1997). So finden – ebenso wie bei modernen Rechnern – mehrere Aktivitäten gleichzeitig (parallele Verarbeitung) und nicht schrittweise statt. Wie Atkinson und Shiffrin sich den Prozess der Informationsverarbeitung seinerzeit vorstellten, gibt Abb. 5.7 wieder.

Sensorisches Register. Der Abb. 5.7 lässt sich entnehmen, dass sämtliche von den Sinnesorganen registrierten Informationen zunächst in einem Sensorischen Register extrem kurz und unverarbeitet gespeichert werden. Das Sensorische Register hat eine sehr große Speicherkapazität. Darin werden Informationen aus den verschiedenen Sinnesbereichen, also Seh-, Hör-, Tastinformationen usw., kurzfristig »bewahrt«.

Kurzzeitgedächtnis. Vom Inhalt dieser Register wird nur ein sehr kleiner Teil – vor allem durch

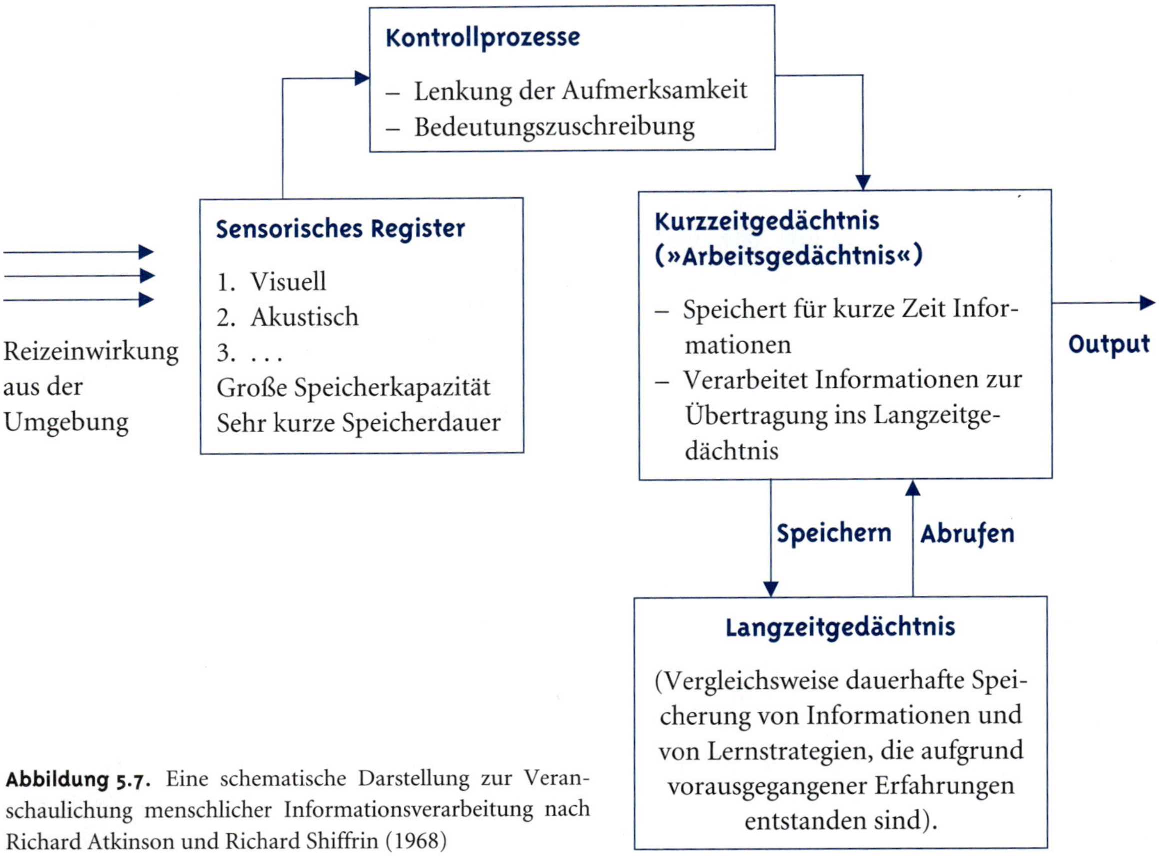

Abbildung 5.7. Eine schematische Darstellung zur Veranschaulichung menschlicher Informationsverarbeitung nach Richard Atkinson und Richard Shiffrin (1968)

Aufmerksamkeitsprozesse – ausgewählt und in das Kurzzeitgedächtnis übertragen. Der Umfang der in einem Moment ausgewählten Informationen hängt auch davon ab, welche Bedeutung der Wahrnehmende einer Reizgegebenheit zuschreiben kann (ob er beispielsweise die Reizgegebenheit »Stuhl« als etwas ihm Bekanntes, als *Stuhl* erkennt). Die Fassungskraft des Kurzzeitgedächtnisses ist sehr eng begrenzt; sie kann aber durch bestimmte Maßnahmen erhöht werden. Informationen verbleiben in diesem Speicher nur wenige Sekunden, bevor sie gelöscht werden. Durch »Erhaltungswiederholung« (»im Kopf wiederholen«) lässt sich die Speicherdauer jedoch verlängern, beispielsweise bis zur Wahl einer Telefonnummer, nachdem diese dem Telefonbuch entnommen worden ist.

Kontrollprozesse. Kontrollprozesse überwachen fortlaufend die Aktivitäten im Arbeitsgedächtnis. Von ihnen hängt auch die Entscheidung ab, ob einzelne Informationen weiter verarbeitet werden sollen oder endgültig zu löschen sind. Man bezeichnet die »aktiven« Komponenten des Kurzzeitgedächtnisses, also jene, die Informationen verarbeiten, auch als Arbeitsgedächtnis, denn wenn entschieden worden ist, Informationen möglichst dauerhaft zu speichern, hat dort ihre weitere Verarbeitung zu erfolgen. Die neuen Informationen müssen in diesem Fall mit den bereits bekannten Inhalten des Langzeitgedächtnisses in Beziehung gebracht (»vernetzt«) werden. Dies geschieht durch »aufarbeitende Wiederholung«.

Langzeitgedächtnis. Je besser die neuen Informationen mit den Inhalten verknüpft werden (es gibt unterschiedliche »Tiefen der Verarbeitung«), desto günstiger sind die Aussichten für eine vergleichsweise dauerhafte Speicherung im Langzeitgedächtnis. In diesem Langzeitspeicher werden ausgewertete Ergebnisse vorausgegangener Erfahrungen, aber auch Strategien zur Aufarbeitung weiterer Informationen und zur Lösung von Problemen in geordneter Form »aufbewahrt« und bei Bedarf zum möglichst schnellen Abruf bereitgehalten.

Metagedächtnis. Da Vorschulkinder erheblich geringere Behaltensleistungen zeigen, stellt sich die Frage, worauf dies zurückzuführen ist. Werden vielleicht weniger Informationen aus dem Sensorischen Register ausgewählt und in den Arbeitsspeicher übertragen? Stehen möglicherweise noch nicht die erforderlichen Strategien zur Verfügung, um neue Informationen möglichst intensiv aufzuarbeiten? Weiß das Vorschulkind vielleicht noch zu wenig über sein eigenes Gedächtnis? Man spricht bei diesem Wissen vom eigenen Gedächtnis auch von einem »Metagedächtnis«. Wenn ein Kind weiß, dass eine längere Wortliste schwerer zu behalten ist als eine kürzere, dann gehört dieses Wissen zu seinem Metagedächtnis. Auch die mögliche Erkenntnis, dass man sich mit einem Gedicht für einige Zeit beschäftigen muss, um es fehlerfrei hersagen zu können, entstammt dem Metagedächtnis. Wie entwickelt sich bei Kindern das Wissen über das Gedächtnis und darüber, wie man sich am besten etwas merkt? Mit dieser Frage beschäftigen sich informationstheoretisch ausgerichtete Psychologen nun bereits seit mehreren Jahrzehnten.

Aufmerksamkeit und ihre Kontrolle

Kapazität des Sensorischen Registers. Wie sich der Abb. 5.7 entnehmen lässt, gelangen neue Informationen, sofern sie überhaupt von den Sinnesorganen registriert werden, zunächst in das Sensorische Register. Grundsätzlich bestünde die Möglichkeit, dass dieses »Auffangregister« während der ersten Lebensjahre noch nicht die gleiche Menge an Daten wie bei älteren Menschen speichern kann. Bisherige Forschungen haben jedoch ergeben, dass die Aufnahmefähigkeit des Sensorischen Registers von Vorschulkindern derjenigen entspricht, die sich bei Jugendlichen und Erwachsenen findet (Bjorkland, 1995). Es ist also ziemlich unwahrscheinlich, dass Minderungen in den Behaltensleistungen ihre Ursache in Unzulänglichkeiten des Sensorischen Registers haben. Deshalb ist zu fragen, inwieweit Aufmerksamkeitsprozesse einschränkend auf die kognitiven Leistungen von Vorschulkindern wirken.

Aufmerksamkeitsspanne. Bei der Aufmerksamkeit handelt es sich um einen Prozess, der mitbestimmt, welche Informationen aus der Umwelt zur weiteren Verarbeitung ausgewählt und dem Arbeitsgedächtnis zugeleitet werden (Mietzel, 2007). Entwicklungspsychologen interessieren sich auch für die Aufmerksamkeits*spanne,* also für die Fähigkeit, die Aufmerksamkeit für eine gewisse Zeitdauer auf eine bestimmte Ereignisabfolge gerichtet zu halten. Jüngeren Kindern fällt es noch sehr schwer, sich etwas länger mit *einer* Sache zu beschäftigen (Ridderinkhoff & van der Molen, 1995). Wenn man Zwei- oder Dreijährige beispielsweise vor einen Fernseher setzt und sie dann beobachtet, wird man feststellen, dass sie die Sendung jeweils nur für kurze Intervalle verfolgen. Sie richten ihre Aufmerksamkeit auch dann nicht für längere Zeit auf den Bildschirm, wenn ein Programm abläuft, das sich – wie etwa die Sesamstraße – ausdrücklich an sehr junge Zuschauer wendet (Anderson & Levin, 1976). Die Kinder können von allen möglichen Ereignissen in der Umwelt abgelenkt werden: sie wenden sich anderen Personen in ihrer Nähe zu, hören ihnen kurz zu, sprechen zu ihnen und wenden sich anschließend – nur für kürzere Zeit – einem Spielzeug und dann wieder dem Geschehen auf dem Bildschirm zu. Dem jüngeren Vorschulkind gelingt es nicht, die Ablenkungsreize oder »störende« Gedanken zu unterdrücken (Dempster, 1993; Harnishfeger, 1995). Ein typischer Dreijähriger bewegt sich von einer Sache zur anderen, reagiert impulsiv auf alles, was ihm gerade auffällt. Dennoch hängt die Dauer der Aufmerksamkeitszuwendung nicht nur vom Kind, sondern auch vom jeweils Dargebotenen ab. Einige Darstellungen (vor allem solche mit menschlichen, weiblichen Darstellern, mit Puppen und auch Trickfilme) werden aufmerksamer verfolgt als andere (dazu gehören erwachsene männliche Personen, Tiere und Standbilder). Es hängt also von äußeren *und* inneren Gegebenheiten ab, wie ausdauernd ein Kind eine Szene verfolgt.

Systematik und Intensität des Aufmerksamkeitsverhaltens. Das Aufmerksamkeitsverhalten sollte aber nicht nur nach seiner Ausdauer beurteilt werden. Selbst wenn ein Kind sich nämlich nicht ablenken lässt, zeigt die Beobachtung, dass es äußere Gegebenheiten keineswegs vollständig und zudem nur unsystematisch untersucht. Der russische Psychologe Vladimir Zinchenko forderte drei- bis sechsjährige Kinder auf, bestimmte Objekte eingehender zu erkunden und sich mit ihnen vertraut zu machen (Zinchenko et al., 1963). Dabei wurde die Blickrichtung ihrer Augen registriert. Wie Abb. 5.8 zeigt, erkundeten Dreijährige eine Gegebenheit nur zum Teil, während Sechsjährige sich einen sehr gründlichen »Eindruck« davon verschafften.

Die »Flüchtigkeit« jüngerer Kinder zeigt sich auch bei Aufgaben, die genaues Beobachten fordern. Wenn man ihnen jeweils zwei Häuser vorlegt, die entweder völlig gleich aussehen oder sich durch kleine Einzelheiten voneinander unterscheiden, wie in Abb. 5.9, dann gibt das Studium ihrer Augenbewegungen aufschlussreiche Hinweise (Vurpillot, 1968).

Kinder, die jünger als sechs Jahre alt waren, ließen keine Planung bei der Aufgabenlösung erkennen: Sie verglichen z. B. nicht die Fensterpaare eines nach dem anderen und ließen auch häufiger eines aus. Sie betrachteten oft nur Teile eines Fensters und gaben ihre Antworten, bevor sie sich ausreichend informiert hatten. Demgegenüber verglichen Sechsjährige und ältere Kinder sorgfältig jedes Fenster und seine jeweiligen Besonderheiten; oft blickten sie mehrfach hin und her,

Abbildung 5.9. Weil ihr Aufmerksamkeitsverhalten noch nicht systematisch genug ist, gelangen Vorschulkinder oft zu der Annahme, dass die beiden oberen Häuser identisch sind. Ältere Kinder hingegen vergleichen Fenster für Fenster und erkennen so, dass nur die Häuser in der unteren Reihe genau übereinstimmen

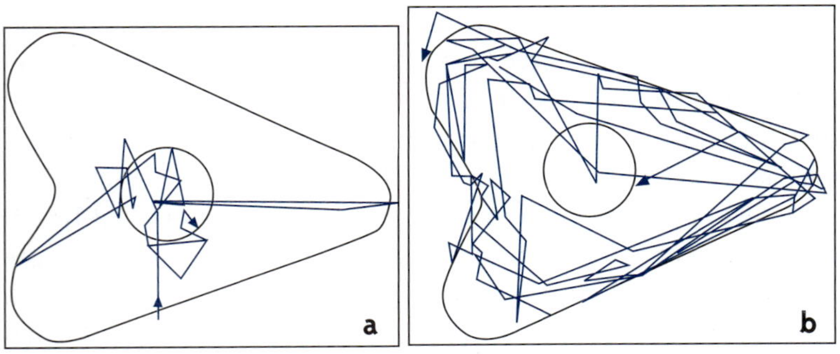

Abbildung 5.8. Blickbewegungen von Drei- (**a**) und Sechsjährigen (**b**) bei Erkundung eines Gegenstandes: Während Dreijährige sich ihn nur zum Teil erschließen, verschaffen sich Sechsjährige einen sehr gründlichen »Eindruck« davon

vermutlich um sich zu vergewissern, ob sie nichts übersehen hatten. In der Regel ließen sich die älteren Versuchspersonen sehr viel mehr Zeit als die Vorschulkinder. Es ist allerdings möglich, dass die Aufgabe, in der Fensterpaare zu vergleichen sind, jüngere Kinder nicht genügend herausfordert, sich um eine möglichst gute Strategie zur planvollen Lenkung ihrer Aufmerksamkeit zu bemühen. Wenn man Kindern im Alter von drei und vier Jahren nämlich eine Aufgabe stellt, die in einen für die jungen Versuchspersonen sinnvollen Kontext eingebettet wird, setzen sie eine bessere Strategie zur Kontrolle ihrer Aufmerksamkeit ein (Miller & Aloise-Young, 1995).

X **Selektive Aufmerksamkeit.** Es gibt Aufgaben, die große Konzentration erfordern. Unter einer solchen Bedingung ist die Wahrnehmung hoch selektiv, d. h., man richtet die Aufmerksamkeit nur auf jene Reizgegebenheiten, die für die Lösung bedeutsam erscheinen; alles andere bleibt unbeachtet. Ein extremes legendäres Beispiel für selektive Aufmerksamkeit lieferte einmal ein Chirurg, von dem behauptet wird, er habe während einer schwierigen Operation nicht bemerkt, dass ein Teil der Saaldecke heruntergekommen war. Er soll davon erst Kenntnis genommen haben, als seine Assistenten ihm Trümmerteile zeigten, die den halben Operationssaal bedeckten (Csikszentmihalyi, 1975). Können auch schon Kinder ihre Aufmerksamkeit einschränken und konzentriert auf bestimmte Ausschnitte des Wahrnehmungsfeldes richten?

Zur Klärung dieser Frage zeigte man Schülern im vierten, sechsten und achten Schuljahr Bilder mit Tieren und forderte sie auf, sich zu merken, an welchem Ort diese verdeckt abgelegt wurden (Hagen & Hale, 1973). Bei der anschließenden Behaltensprüfung fielen die Leistungen umso besser aus, je älter die Schüler waren. Jedes Bild stellte neben einem Tier noch einen Haushaltsgegenstand (Telefon, Stuhl, Tisch, Fernsehapparat usw.) dar, auf den man bei der Aufforderung, sich das Material zu merken, nicht ausdrücklich hingewiesen hatte. Als aber bei der Behaltensprüfung nach diesen Gegenständen gefragt wurde, waren die jüngeren Schüler jeweils den älteren überlegen. Die Steigerung der Konzentrationsleistung hat demnach ihren Preis. Etwa vom sechsten Lebensjahr an wird die Aufmerksamkeit zunehmend selektiv, d. h., es wird in wachsendem Maße nur noch das beachtet, was dem Betrachter bedeutsam erscheint. Alles andere entgeht dem Augenmerk in zunehmendem Umfang (Strutt et al., 1975). Die Schwierigkeit jüngerer Kinder liegt also eindeutig darin, zwischen bedeutsamen (»relevanten«) und unwichtigen (»irrelevanten«) Informationen zu unterscheiden (Miller & Weiss, 1981). Je besser ihnen diese Unterscheidung gelingt, desto stärker können sie sich im Verlauf der Schulzeit auf das konzentrieren, was ihnen beachtenswert erscheint; dabei entgeht ihrer Aufmerksamkeit aber das, was sie für unwesentlich halten. Die Grundschüler konzentrierten sich zwar weniger auf die Tiere als die älteren Jahrgänge; sie beschäftigten sich aber auch mit den scheinbar unwesentlichen Bildinhalten, denn an diese konnten sie sich bei der Behaltensprüfung sehr viel besser als die 13-jährigen erinnern.

Die Aufmerksamkeit, das sollte deutlich werden, wirkt vor allem als ein Prozess, der Informationen – mehr oder weniger konzentriert – passieren lässt. Dabei filtert er aber auch, denn das Arbeitsgedächtnis hat, darauf wurde bereits hingewiesen, im Vergleich zum Sensorischen Register nur eine außerordentlich geringe Fassungskraft. Das aufmerksame Betrachten von Gegenständen allein ist – wie sich etwa in einem Gedächtnisexperiment zeigt – noch keine Garantie dafür, dass ein vierjähriges Kind diese anschließend aus dem Gedächtnis aufzählen kann. Wenn man Vierjährigen beispielsweise für zwei Minuten zwölf gut bekannte Gegenstände zeigt (Apfel, Auto, Tennisball, Pferdekopf usw.) und sie anschließend fragt, was sie zuvor gesehen haben, dann nennen sie im Durchschnitt zwischen zwei und vier Gegenstände; aber nur in Ausnahmefällen entnehmen sie ihrem Gedächtnis mehr (Brown, 1975). Es muss allerdings eingeräumt werden, dass sich ihre Gedächtnisleistungen günstiger darstellen, wenn sie in Situationen geprüft werden, die wirklichkeitsnäher sind (Baker-Ward et al., 1993).

Wie lässt sich erklären, dass die Erinnerungsleistungen von Vorschulkindern noch eindeutig unter denen liegen, die drei oder vier Jahre später bei ihnen zu beobachten sein werden? Auf diese Frage gibt es mehrere Antworten, die noch nicht zusammengefügt werden können, weil ihnen unterschiedliche Annahmen zugrunde liegen. Die Antworten, die im Folgenden noch ausführlicher erläutert werden, lauten kurz zusammengefasst so:

(1) Im Verlauf der Kindheit verändert sich noch reifungsbedingt die Fähigkeit des Arbeitsgedächtnisses zur Aufnahme von Informationsmengen; je mehr Speicherplatz zur Verfügung steht, desto mehr »Raum« bleibt frei, um sie zu verarbeiten.

(2) Je älter Kinder werden, desto besser sind sie in der Lage, die im Arbeitsgedächtnis eintreffenden neuen Informationen so aufzuarbeiten, dass sie mit dem im Langzeitgedächtnis bereits gespeicherten »verknüpft« werden können. Das gelingt ihnen durch Entwicklung von Gedächtnis-Strategien.

(3) Je länger und intensiver sich junge Lernende mit einem bestimmten Wissensbereich bereits beschäftigt haben, desto geordneter (»organisierter«) ist das zu Verarbeitende, und desto schneller lässt es sich mit den Inhalten des Langzeitgedächtnisses verbinden.

(4) Je älter Kinder sind, desto mehr Erfahrungen haben sie bereits mit ihrem Gedächtnis gesammelt und desto mehr wissen sie darüber, wie man Informationen so aufbereitet, dass sie möglichst dauerhaft gespeichert und bei Bedarf vergleichsweise schnell abgerufen werden können.

Erweiterung des Arbeitsspeichers mit zunehmendem Alter

Wenn Piaget Vorschulkindern die Perlenaufgabe vorlegte, (s. S. 186), dann hat er gleichzeitig an ihren Arbeitsspeicher bzw. an ihr Kurzzeitgedächtnis erhebliche Anforderungen gestellt. Um die Frage beantworten zu können, ob es mehr weiße oder mehr Holzperlen gibt, müssen nämlich zunächst die kritischen Elemente der Aufgabe und ihre Merkmale entdeckt und verstanden werden: »Holzperlen«, von denen 18 »braun« und 2 »weiß« sind. Diese Informationen haben sich die Befragten im Arbeitsgedächtnis symbolisch abzubilden (zu »repräsentieren«). Sollte ihnen dies gelingen, müssen sie bei der Lösungssuche *zusätzlich* noch Teil- und Gesamtmengen miteinander vergleichen: weiße Menge < braune Menge < Menge der Holzperlen, denn erst nach diesem Vergleich ist eine günstige Voraussetzung gegeben, Piagets Frage zu beantworten. Wenn es aber einem Vorschulkind gelingen sollte, sich die Informationen zu vergegenwärtigen, die wichtig für die Aufgabe sind, könnte es nicht mehr ausreichend Platz im Arbeitsspeicher haben, um zusätzlich die notwendigen Vergleiche anzustellen. Die Situation entspricht einer sehr kleinen Werkstatt, in der ein großer Schrank zusammengebaut werden soll, dessen Einzelteile sich bereits im Raum befinden. Die Teile nehmen allerdings derartig viel Platz in Anspruch, dass dem Tischler gar keine Bewegungsmöglichkeit mehr bleibt. Folglich hat er nicht mehr ausreichend Platz, um den Schrank ordnungsgemäß zusammenzubauen.

Effizienz der Informationsverarbeitung. Könnte es nicht beim Arbeitsspeicher eines sehr jungen Menschen zu ähnlichen »Platz«-Problemen kommen, wie bei dem Tischler im gerade beschriebenen Beispiel? Dieser Frage ist u. a. Robbie Case (1987, 1992) nachgegangen, der auf Piagets Vorstellung aufzubauen versucht, aber gleichzeitig eine informationstheoretische Orientierung aufweist. Case interessierte sich für die Frage, warum es Kindern im Vorschulalter nicht gelingt, typische Probleme Piagets zu lösen, die den meisten sieben- und achtjährigen Schülern keine besonderen Schwierigkeiten mehr bereiten. Case vermutet, dass das Arbeitsgedächtnis von Vorschulkindern noch Beschränkungen aufweist. Das Kind lernt erst mit zunehmendem Alter, seinen Arbeitsspeicher »effizienter« zu nutzen. »Effizienter« bedeutet, die Informationsverarbeitung mit weniger kognitivem und zeitlichem Aufwand auf mindestens gleichem Niveau durchzuführen. In der Erläuterung seiner Beobachtungen verwendet Case den Begriff »Platz« in drei verschiedenen Bedeutungszusammenhängen:

(1) Er spricht von *Speicherplatz*, um damit die Fähigkeit des Arbeitsgedächtnisses zu bezeichnen, Einzelinformationen zu speichern.
(2) Weiterhin benötigt man *Aktionsplatz (operating space)*, um die Inhalte des Arbeitsgedächtnisses zu be- und verarbeiten, sei es nun, dass man sie einfach wiederholt, oder aber auch ordnet.
(3) Schließlich gibt es nach Case den *gesamten Verarbeitungsplatz*; dabei handelt es sich um »die Summe des ... Speicherplatzes und des Aktionsplatzes« (Case et al., 1982).

Case hat bislang keine Hinweise dafür finden können, dass sich der für die gesamte Verarbeitung verfügbare Platz mit zunehmendem Lebensalter des Kindes vergrößert. Im Verlauf der Entwicklung verändert sich jedoch die Effizienz der Informationsverarbeitung; sie erfordert deshalb nicht mehr so viel Aktionsplatz, und folglich kann ein Teil davon als Speicherplatz genutzt werden.

Wie aber gelingt es Kindern, die Effizienz der Informationsverarbeitung im Arbeitsspeicher zu erhöhen? Wie ist es zu erklären, dass etwa ein siebenjähriges Kind weniger Aktionsplatz benötigt als ein drei- oder vierjähriges? Case hält es für möglich, dass in der Zwischenzeit Veränderungen in der Hardware erfolgt sind. Es hat eine weitere Ausreifung des Nervensystems stattgefunden, und überflüssige Verbindungen (»Synapsen«) zwischen verschiedenen Nerven sind außer Funktion gesetzt worden. Dadurch erfolgt eine Beschleunigung der Informationsverarbeitung (Case, 1987; Hale et al., 1993). In der gesteigerten Effizienz des Arbeitsspeichers liegt somit ein Grund für die Verbesserung der Behaltensleistung im Lauf der kindlichen Entwicklung. Die zunehmenden Erfahrungen mit Behaltensaufgaben veranlassen das Kind, weiterhin Gedächtnisstrategien zu entwickeln.

Entwicklung von Gedächtnisstrategien

Am besten merkt man sich Informationen, die einem sinnvoll erscheinen. Vor allem aber nach Eintritt in die Schule ist es keine seltene Erfahrung für Jungen und Mädchen, etwas behalten zu müssen, das ihnen wenig vertraut ist und sinnlos erscheint. In einem solchen Fall müssen Lernende Maßnahmen entwickeln und anwenden, durch die ihnen das Erlernen derartigen Materials dennoch gelingt (Rogoff & Chavajay, 1995). Solche Maßnahmen bezeichnet man als Gedächtnisstrategien.

BEISPIEL

Ältere Schüler und Erwachsene kennen zahlreiche Möglichkeiten, um sich das Erarbeiten von Lernmaterial zu erleichtern und dessen Behalten zu fördern. Was lässt sich beispielsweise tun, wenn man vor der Aufgabe steht, sich folgende Begriffe (oder deren Abbildungen) zu merken?

Hammer	Katze	Hund
Hose	Banane	Hut
Apfel	Zange	Schraubenzieher
Hemd	Apfelsine	Pferd

Ein Lernender hat zum einen die Möglichkeit, sich diese Begriffe laut oder leise so häufig zu wiederholen, bis er in der Lage ist, sie ohne Nachlesen bzw. (bei Bildsymbolen) ohne Nachschauen aus dem Gedächtnis wiederzugeben. Zum anderen lässt sich das Lernmaterial organisieren, d. h., man kann es nach einem Merkmal (Farbe, Anfangsbuchstabe, Bedeutung, Verwendbarkeit usw.) klassifizieren. Die Wörter des eben genannten Beispiels sind nach bestimmten Oberbegriffen zu ordnen, denn einige bezeichnen Bekleidungsgegenstände (Hemd, Hose, Hut), weitere gehören in die Klasse der Werkzeuge (Hammer, Zange, Schraubenzieher), andere sind Früchte (Apfel, Banane, Apfelsine) oder stellen Tierarten dar (Hund, Katze, Pferd).

Entwicklung von Lernstrategien bei jüngeren Kindern. Bedienen sich auch jüngere Kinder bereits solcher Strategien, wenn sie sich etwas merken wollen? John Flavell und seine Mitarbeiter (1966) gehörten zu den ersten, die sich für diese Frage interessierten. Sie setzten ihren Versuchspersonen – Kindern im Alter von fünf, sieben und zehn Jahren – Sturzhelme auf. Dann zeigten sie ihnen Bilder, auf denen vertraute Gegenstände, etwa ein Apfel, ein Kamm und eine Eule, dargestellt waren. Der Versuchsleiter erklärte den Versuchsteilnehmern, er werde nacheinander auf bestimmte Bilder zeigen, die sie sich in der angegebenen Reihenfolge merken sollten. Nach dem letzten Bild musste sofort das undurchsichtige Visier der Sturzhelme heruntergeklappt werden. Als nach 15 Sekunden die Gedächtnisleistungen geprüft wurden, erzielten die Zehnjährigen die besten, die Fünfjährigen die schwächsten Ergebnisse.

Strategie des Wiederholens. Steht hinter diesem Befund eine unterschiedliche Verwendung von Gedächtnisstrategien? Ein Beobachter, der Fachmann für Lippenlesen war, sollte diese Frage klären helfen. Er stellte fest, dass fast alle Zehnjährigen nach der Lernphase und vor der Prüfung das zu Behaltende leise vor sich her sprachen. Von den Siebenjährigen tat dies mehr als die Hälfte. Nur sehr wenige der Fünfjährigen wiederholten das Gedächtnismaterial. Jüngere Vorschulkinder wiederholen Gedächtnismaterial in der Regel überhaupt nicht (Oyen & Bebko, 1996).

Hatte aber das »Wiederholen im Kopf« bei diesen Kindern überhaupt etwas mit den Behaltensleistungen zu tun? Flavell und seine Mitarbeiter (Keeny et al., 1967) gingen auch dieser Frage nach. Sie machten Fünfjährige mit der Strategie des Wiederholens vertraut. Wie sich zeigte, fiel es den Kindern nicht schwer, diese Lektion zu lernen. Wenn man sie daraufhin aufforderte, sich weitere Inhalte mit Hilfe des Wiederholens zu merken, dann blieben ihre Behaltensleistungen hinter denen älterer Kinder *nicht* mehr zurück.

Bedeutet dieses Ergebnis, dass sich nach einem vergleichsweise kurzen Training Grundschüler bei Gedächtnisaufgaben ebenso wie Erwachsene verhalten können? Gestützt auf seine Befunde müsste Flavell diese Frage verneinen. Jüngere Kinder können zwar sehr schnell das Wiederholen im Kopf lernen; sie tun dies aber nicht spontan, sondern müssen dazu, vor allem wenn sie jünger als sechs Jahre sind, ausdrücklich aufgefordert werden (Kail & Hagen, 1982). Wenn jüngere Kinder Lernmaterial wiederholen, tun sie das zumeist sehr mechanisch, d. h., sie wiederholen das Wort einfach mehrere Male, während ältere Schüler dazu neigen, sich nicht nur mit den neuen, sondern auch mit früheren Informationen nochmals zu beschäftigen. Wenn also die Wortfolge »Hund, Apfel, Tisch, Katze« zu lernen ist, wiederholen jüngere: »Katze, Katze, Katze«, ältere Kinder beziehen aber die übrigen Wörter mit ein und wiederholen: »Hund, Apfel, Tisch, Katze«. (Kunzinger, 1985; Ornstein et al., 1975).

Zusammenfassend lässt sich also feststellen, dass Vorschulkinder, ebenso wie viele Grundschüler, grundsätzlich keine Bereitschaft zeigen, Lernmaterial »im Kopf« zu wiederholen. Dieses »Produktionsdefizit« (Flavell et al., 1993) hat wohl mit unzureichendem Platz in ihrem Arbeitsspeicher zu tun (s. S. 197 f.). Darüber hinaus bedarf es zweifellos vielfältiger Gelegenheiten, die Anwendung dieser Strategien zu üben.

Sinnvolle und sinnlose Lernziele. Die meisten der bisher mitgeteilten Ergebnisse haben einen erheblichen Nachteil. Sie stützen sich nämlich auf Untersuchungen, in denen sinnloses Lernmaterial verwendet wurde. Im alltäglichen Leben stellt sich jedoch vergleichsweise selten die Aufgabe, z. B. Listen mit Wörtern – womöglich noch unter Zeitdruck – auswendig zu lernen, die untereinander keinerlei Bezug aufweisen. Vielmehr geht man im Alltag bestimmten Tätigkeiten nach, und es stellt ein Nebenergebnis dar, dass dabei auch etwas gelernt wird (Rogoff & Chavajay, 1995). Wenn man Lernaufgaben natürlicher gestaltet, ist mit besseren Behaltensleistungen zu rechnen. Das zeigte sich auch in einer Studie von Lawrence Newman (1990). Er regte Kinder im Alter von vier und fünf Jahren in einer Situation an, sich mit mehreren Spielsachen zu beschäftigen. Unter einer anderen Bedingung zeigte er sie ihnen mit der Aufforderung, sie sich zu merken. Nach der Spielsituation ergeben sich erheblich bessere Behaltensleistungen. Die spielerische Beschäftigung stellte offenkundig eine günstigere Lernbedingung dar als das bloße Benennen oder Berühren. Es ist folglich davon auszugehen, dass die tatsächlichen Behaltensleistungen von Vorschulkindern von einem großen Teil der Forschung wegen der Verwendung unangemessenen Lernmaterials unterschätzt worden sind.

Im Laufe der Zeit lernen Kinder also, wie sie mit Hilfe von bestimmten Strategien Material, das ihnen sinnlos erscheint, dennoch im Gedächtnis speichern können. Sind aber Verbesserungen der kognitiven Leistungsfähigkeit bei Kindern vor allem darauf zurückzuführen, dass sie mit zunehmendem Alter wirksamere Strategien entwickeln? Besteht nicht auch die Möglichkeit, dass ihnen ein »reiferes« Nervensystem zusätzlich eine schnellere Informationsverarbeitung gestattet?

Geschwindigkeit der Informationsverarbeitung

Für Eltern, die Töchter und Söhne in unterschiedlichem Alter haben, stellt es eine alltägliche Beobachtung dar, dass ältere Kinder bei Aufgaben, die Überlegungen erfordern, in der Regel schneller reagieren als jüngere. Diese alltägliche Beobachtung lässt sich auch durch Nachprüfungen im Experimentalraum bestätigen (Kail, 1992, 1997). Wenn man Kindern Aufgaben aus recht unterschiedlichen Bereichen vorlegt, etwa zwei Äpfel aus mehreren Perspektiven zeigt, um zu fragen, ob es sich um die gleiche Frucht handelt (Hale et al., 1993; Miller & Vernon, 1997), oder einzelne Ziffern nennt, damit sie entscheiden, ob sich diese bereits in vorher dargestellten Ziffernfolgen befanden, oder Buchstaben darbietet, die man in verdrehter Form abermals mit der Frage zeigt, ob es sich um dieselben Buchstaben handelt, dann zeigt sich stets die gleiche Tendenz: Vier- bis Fünfjährige benötigen ein Drittel mehr Zeit als Acht- bis Neunjährige für die Antwort, und Erwachsene benötigen nur halb so viel Zeit wie die Acht- bis Neunjährigen (Kail, 1991). Besteht nicht die Möglichkeit, dass sich mit zunehmendem Alter einfach die kognitiven Strategien verbessern und sich mit ihnen allein die schnellere Reaktion erklären lässt? Das ist offenbar nicht der Fall, denn wenn jüngere Menschen die gleichen Wege wie ältere gehen, um eine Aufgabe zu lösen, zeigt sich, dass die älteren jeden einzelnen Schritt schneller durchlaufen. Es reicht demnach nicht aus, den zwischen verschiedenen Altersstufen beobachtbaren Unterschied lediglich auf die Qualität der Strategien zurückzuführen (Hale et al., 1993).

Reifungsprozesse im Nervensystem. Somit bleibt die Frage, warum die Geschwindigkeit der Verarbeitung von Informationen zumindest bis zum Alter von zwölf Jahren (Hale et al., 1993) ziemlich stetig zunimmt. Bei der Beantwortung dieser Frage greifen informationstheoretisch ausgerichtete Autoren – ebenso wie Piaget – auf Reifungsprozesse im Nervensystem zurück. Der Reifungsprozess, der – genetisch bedingt (s. S. 13) – unmittelbar von der Leitfähigkeit der Nerven abhängt, ist erst mit Erreichung der Adoleszenz abgeschlossen. Möglicherweise gehen auch Nervenverbindungen zugrunde, die bei Bewältigung der alltäglichen Aufgaben nicht benötigt werden (Kail & Salthouse, 1994).

Während sich Fortschritte in der kognitiven Reifung in praktisch sämtlichen Aufgabenbereichen zeigen, fällt auf, dass es in einzelnen Bereichen auch gesonderte Entwicklungen gibt. Das bekannteste Beispiel ist der junge Schachspieler, der vorgelegte Figurenmuster nicht nur besser behält als ältere Vergleichsgruppen, sondern zudem in der Lage ist, sich vergleichsweise schnell für den richtigen Zug zu entscheiden.

Bedeutung von Wissensgrundlagen

John Flavell meint, man könne sich das Funktionieren des Gedächtnisses am besten verdeutlichen, wenn man es mit »der archäologischen Rekonstruktion einer alten Zivilisation« vergleicht (Flavell et al., 1993). Bei Ausgrabungen findet man u. a. Ruinen, Tonscherben, offenkundig bearbeitete Steine usw. Aber wie passen alle Einzelstücke zusammen? Viele Funde sind nur noch teilweise erhalten. Sie müssen ergänzt und wieder zusammengefügt werden. Dabei hofft der Archäologe Antworten auf viele Fragen zu erhalten: Was waren das für Menschen, deren Spuren man aufgedeckt hat? Von welcher Kultur waren sie beeinflusst? Wie haben sie gelebt? Wozu dienten die bearbeiteten Steine? Wer über die entsprechende Zivilisation nichts weiß, wird solche Fragen kaum beantworten können. Der Laie gleicht in einer solchen Situation einem Menschen, der sinnlose Silben zu lernen hat. Ein solches Material lässt sich schwer lernen; es wird auch schnell wieder vergessen. Was sich für den Laien lediglich als eine Scherbe darstellt, wird für den erfahrenen Archäologen zu einem Teilstück, das sich sinnvoll in ein für die damalige Zeit typisches Gefäß einordnen lässt. Der Stein mit seiner eigenwilligen Form ist für den Fachmann ein Werkzeug, von dem er in seiner Praxis schon sehr viele Beispiele kennengelernt hat. Sein langjährig erworbenes Wissen hilft ihm, aus Einzelstücken sinnvolles Material werden zu lassen, das seinen bereits vorhandenen Kenntnisstand nicht nur leicht erweitert und vertieft, sondern gleichzeitig gut vor dem Vergessen schützt.

Die Gedächtnisleistungen eines Kindes hängen davon ab, inwieweit ihm das bereits vorhandene Wissen hilft, neues Lernmaterial sinnvoll einzuordnen. Wegen ihres umfangreicheren Erfahrungsschatzes sind dabei ältere Kinder jüngeren *in der Regel* überlegen. Letztlich bestimmt aber nicht so sehr das Alter, wohl aber die Art und der Umfang der jeweils vorliegenden Erfahrungen, wieviel Zeit für das Erlernen benötigt und wie schnell das Gelernte wieder vergessen wird. Wie aus Info-Kasten 5.2 hervorgeht, können 20-jährige Studenten von zehnjährigen Schülern in den Gedächtnisleistungen erheblich übertroffen werden, wenn das Lernmaterial einem Bereich entstammt, der den Jüngeren durch entsprechende Erfahrun-

INFO-KASTEN 5.2

Haben Schachspieler ein besonders gutes Gedächtnis geerbt?

Wenn man einem Menschen, der mit dem Schachspiel wenig vertraut ist, die in Abb. 5.10 dargestellte Figurenanordnung fünf Sekunden lang darbietet, dann wird er sich anschließend nur an wenige Figuren und ihre Positionen erinnern können. Schachspieler, die der Meisterklasse angehören, haben mit einer solchen Gedächtnisaufgabe offenbar keine Schwierigkeiten (Chase & Simon, 1973). Sie werden auch nicht überfordert, wenn sie mehrere Figurenanordnungen auswendig lernen sollen. Lässt sich aus solchen Beobachtungen der Schluss ziehen, dass diese herausragenden Spieler über ein ungewöhnlich gutes Gedächtnis verfügen? Allgemein trifft dies sicherlich nicht zu, denn wenn man ihnen Figurenanordnungen vorlegt, die praktisch in keinem Schachspiel vorkommen, dann erbringen sie die gleichen Behaltensleistungen wie Nichtspieler. Das gute Spezialgedächtnis der Schachspieler hängt offenbar mit ihren bisherigen Spielerfahrungen zusammen. Man hat geschätzt, dass ein Meisterspieler zwischen 10.000 und 50.000 Stunden seines Lebens damit verbringt, seine Aufmerksamkeit auf Figurenanordnungen zu richten. Infolgedessen sind in seinem Gedächtnis wahrscheinlich zwischen 10.000 und 100.000 Schachmuster dauerhaft gespeichert. Offenbar ermöglicht das aufgrund umfangreicher Erfahrungen entstandene Wissen das schnelle Erfassen und Merken von Anordnungen, wie sie etwa in Abb. 5.10 dargestellt werden.

Hängt die Schnelligkeit des Erlernens von Gedächtnismaterial und die Dauer des Behaltens auch bereits in jüngeren Lebensjahren von der Wissensgrundlage ab? Micheline Chi (1978) bat zehnjährige Kinder, die bereits an regionalen Schachwettbewerben teilnahmen, und Studen-

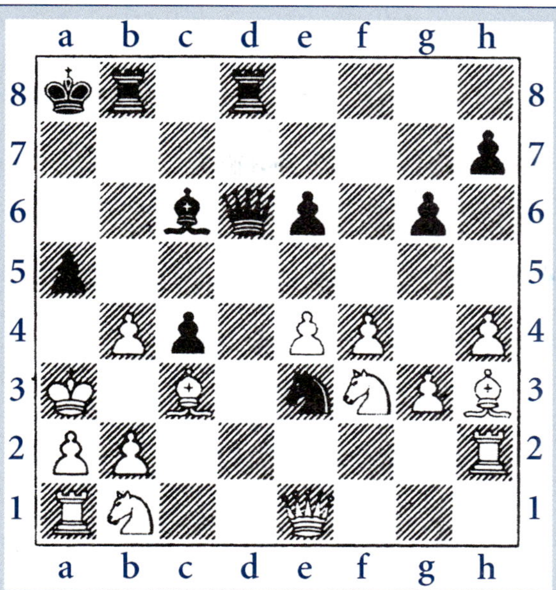

Abbildung 5.10. Figurenanordnung, die sich Spieler der Meisterklasse in weniger als fünf Sekunden einprägen

ten, die kaum Erfahrungen im Schachspielen hatten, sich Figurenanordnungen zu merken. In der anschließenden Behaltensprüfung übertrafen die Jüngeren die Älteren eindeutig. Infolge ihres umfangreichen Erfahrungsschatzes auf diesem Spezialgebiet gelang es den Zehnjährigen offenbar schnell, die einzelnen Figuren und ihre Positionen zu »organisieren«. Hatte Chi vielleicht die Zehnjährigen mit Studenten verglichen, die ein schwaches Gedächtnis besaßen? Chi ging auch dieser Frage nach, indem sie beide Gruppen aufforderte, sich Ziffern zu merken. Bei dieser Aufgabe waren die Älteren eindeutig besser. Offenbar konnten sie bei dieser zweiten Gedächtnisaufgabe Strategien einsetzen, die den Jüngeren noch nicht zur Verfügung standen.

Haben die guten Behaltensleistungen der »Experten« vielleicht auch etwas mit ihrer Intelligenz zu tun? Man kann die Frage zwar nicht rundum verneinen, muss allerdings hinzufügen, dass die durch eine intensive Beschäftigung mit einem Spezialgebiet aufgebaute Wissensgrundlage möglicherweise mehr Einfluss auf die Behaltensleistungen nimmt als die allgemeine intellektuelle Fähigkeit. Manchmal zeigen nämlich Kinder mit geringer Intelligenz, aber mit ausgeprägtem Spezialwissen in ihren besonders ausgewiesenen Gebieten mehr Verständnis und bessere Behaltensleistungen als Gleichaltrige mit hoher intellektueller Fähigkeit, aber geringem Spezialwissen (Schneider & Bjorklund, 1992; Schneider et al., 1989).

gen vertraut, den Älteren dagegen weitgehend unbekannt ist.

Wie lässt sich erklären, dass Experten in ihrem Spezialgebiet neue Informationen vergleichsweise schnell verarbeiten und außerordentlich gut behalten können? Die Antwort lautet, dass bei intensiver Beschäftigung mit einem speziellen Gebiet das Wissen im Gedächtnis sehr gut verknüpft (»vernetzt«) wird. Die Kenntnisse in diesem Bereich weisen einen besonders hohen Ordnungsgrad auf. Das wiederum schafft die Voraussetzung, bei Wahrnehmung neuer Informationen vergleichsweise schnell zu entdecken, welche bedeutsam und welche weniger wichtig sind und mit welchem Vorwissen das Neue in Beziehung zu setzen ist (Chi et al., 1989).

Kenntnisse über das eigene Gedächtnis

Wenn man Fünfjährige fragt, ob sie manchmal etwas vergessen, dann antwortet etwa jedes dritte Kind mit »Nein« (Kreutzer et al., 1975). Wie viele von zehn Bildern mit vertrauten Gegenständen (Schere, Haus usw.) glauben sie, sich merken zu können? Vorschulkinder können durchaus behaupten, sie würden kein einziges vergessen (Flavell et al., 1970). Diese Überschätzung der eigenen Gedächtnisleistung findet sich auch noch bei Grundschülern des ersten und zweiten Schuljahres, bis sich diese Tendenz in der Klassenstufe 3 sogar umkehrt und einer systematischen Unterschätzung Platz macht (Hasselhorn et al., 1995). Solange man aber die Leistungsfähigkeit seines Gedächtnisses überschätzt, macht man sich vermutlich keine Gedanken über das Vergessen.

Metakognition. Urteile über das eigene Verständnis oder das Wissen vom Funktionieren des eigenen Gedächtnisses sind Beispiele für Metakognitionen (das griechische Wort »meta«, »hinter«, »nächst«, bezeichnet hier also im Sinne von Metakognition ein Wissen [Kognition], das über das Wissen selbst hinausgeht, also das Wissen über das Wissen). Mit diesem sehr allgemeinen Begriff werden zum einen Kenntnisse benannt, die ein Mensch von seinen eigenen kognitiven Prozessen hat, also z. B. von seiner Aufmerksamkeit, seinem Denken, seinen Plänen, seinen Lernprozessen usw. Zum anderen gehört zur Metakognition auch die Steuerung dieser Prozesse. Metakognitionen über das Gedächtnis und dessen Funktionieren bezeichnet man zumeist mit dem spezielleren Begriff *Metagedächtnis*.

Entwicklung von Mnemotechniken. Das Vorschulkind kommt im Vergleich zum Schüler seltener in Situationen, in denen es auf die Grenzen seines Gedächtnisses aufmerksam wird. Damit entfällt der Druck, etwa Gedächtnisstützen zu entwickeln, durch die das Lernen erleichtert wird. Dennoch lässt sich bereits in einem ziemlich jungen Alter nachweisen, dass Kinder wissen, wie man das Behalten fördert oder erschwert. Bereits Dreijährigen ist der Unterschied zwischen Behalten und Vergessen bekannt (O'Sullivan et al., 1996). Wenn man Zwei- bis Dreijährige bittet, sich sehr gut zu merken, wo ein beliebtes Stofftier versteckt ist, damit sie es später rechtzeitig aus einem kleinen Schläfchen wecken können, dann neigen sie dazu, sich in seiner Nähe aufzuhalten oder häufiger mit dem Finger in Richtung des Verstecks zu zeigen. Beides dient ihnen offenbar als Erinnerungshilfe, denn sie zeigen dieses Verhalten nicht, wenn das Tier für sie sichtbar bleibt (Deloache et al., 1985). Hier liegen sehr frühe Formen von Mnemotechniken vor (s. S. 337 f.); dabei handelt es sich um Maßnahmen, mit deren Hilfe das Lernen und Behalten zu fördern ist. Vierjährige wissen, dass man sich leichter etwas über einen kürzeren als über einen längeren Zeitraum merken kann (Lyon & Flavell, 1993; Kreutzer et al., 1975). Fünfjährigen ist vielfach bekannt, dass bestimmte Bedingungen (Lärm, keine Lust) das Erlernen von Gedächtnismaterial erschweren oder dass die Schwierigkeit einer Aufgabe mit der Menge des zu behaltenden Materials steigt (Wellman, 1977; Miller & Zalenski, 1982). Wie begrenzt aber ihr Wissen noch ist, zeigt sich bei der Antwort auf die folgende Frage (Kreutzer et al., 1975): »Stell dir vor, du möchtest morgen mit deinem Freund Rollschuh laufen und möchtest etwas tun, damit du an deine Rollschuh denkst. Was kannst du tun, damit du deine Rollschuh am nächsten Morgen nicht vergisst?« Jedem dritten befragten Vorschulkind fiel überhaupt nichts ein, um das Vergessen der Rollschuhe zu verhindern; fast die Hälfte hatte lediglich einen einzigen Vorschlag. Im Laufe der Grundschulzeit erhöhte sich aber nicht nur die Anzahl der Ideen, sondern auch der Einfallsreichtum. Von den Schülern des dritten Schuljahres nannte fast die Hälfte wenigstens eine mögliche Gedächtnisstütze, während die übrigen zwei bis vier Einfälle hatten: einige wollten die Mutter bitten, sie rechtzeitig zu erinnern, andere schlugen vor, die Rollschuhe vor dem Einschlafen neben die Schultasche zu stellen oder einen Zettel als Gedächtnisstütze zu schreiben.

Insgesamt hinterlassen die Untersuchungsergebnisse der letzten Jahrzehnte den Eindruck, dass Vorschulkinder noch große Schwierigkeiten haben, sich etwas zu merken. Wegen mangelnder Aufmerksamkeit gelangen viele Informationen gar nicht erst in ihr Gedächtnis. Wenn das zu Lernende doch von ihnen beachtet wird, sind ihnen zum einen noch keine hinreichenden Strategien bekannt, Inhalte des Arbeitsgedächtnisses so zu verarbeiten, dass sie dauerhafter gespeichert bleiben. Zum anderen fehlt ihnen bis zum Alter von sieben Jahren häufig die Überzeugung, dass das Behalten durch Anwendung der ihnen bereits bekannten Strategien gefördert werden könnte (Justice et al., 1997). Es ist jedoch nicht zu übersehen, dass bei der Prüfung der kindlichen Behaltensleistungen vielfach Aufgaben verwendet worden sind, die nicht in einen größeren Erfahrungszusammenhang eingebettet worden sind. Ihnen fehlte der natürliche Kontext. Diesen Einwand kann man auch gegen frühere Arbeiten erheben, in denen das Problemlösungsverhalten von Kindern aus informationstheoretischer Sicht studiert worden ist.

5.2.2 Verbessertes Problemlösen durch Regellernen

Am Beispiel älterer Arbeiten von Robert Siegler (1981, 1983) lässt sich anschaulich aufzeigen, wie informationstheoretisch orientierte Entwicklungspsychologen die Fähigkeit zur Lösung von Problemen im Unterschied zu Piaget studiert haben. Sieglers Grundannahme lautet folgendermaßen: Wenn Kinder vor einem Problem stehen, werden sie nach Informationen suchen und dann bemüht sein, daraus eine Regel abzuleiten, mit deren Hilfe sie das vorliegende Problem zu erklären versuchen. Wenn man die Entwicklung des Problemlösungsverhaltens von Kindern im Verlauf der Entwicklung verstehen will, muss man, so erklärt Siegler, zunächst herauszufinden versuchen, welche Regeln Kinder kennen und anwenden. Anschließend hat man zu studieren, *wie* und *warum* sich das Regelwissen und -verständnis der Kinder ändert. Im Mittelpunkt seiner Untersuchungen stand ein Waagebalken, an dessen Hebelarmen auf beiden Seiten in gleichen Abständen Stifte angebracht waren, an denen sich Metallgewichte (in Form von Ringen) befestigen ließen (s. Abb. 5.11).

Sieglers Aufgaben mit dem Waagebalken. Praktisch jeder Erwachsene weiß, dass es grundsätzlich zwei Möglichkeiten gibt, den Waagebalken aus seinem Gleichgewicht zu bringen. Entweder belastet man einen Hebelarm mit mehr Gewichten als den anderen, oder man verwendet zwar die gleiche Anzahl von Gewichten auf beiden Seiten, hängt sie aber auf der einen Seite näher zum Mittelpunkt ein als auf der anderen. Siegler benutzte einen Waagebalken, der sich in waagerechter Position festklemmen ließ. Nachdem Gewichte auf beiden Seiten verteilt waren, musste der Versuchsteilnehmer vorhersagen, nach welcher Seite sich der Balken neigen würde. Sind bereits Kinder in der Lage, das physikalische Ereignis richtig zu beurteilen? Piaget (Inhelder & Piaget, 1955) würde die Frage entschieden verneinen: Bevor sie nicht das elfte oder zwölfte Lebensjahr erreichen, haben sie nach seiner Überzeugung nicht das erforderliche Verständnis für physikalische Beziehungen. Diese reifungsorientierte Antwort empfand Siegler jedoch als unbefriedigend. Er bezweifelte nicht, dass Kinder Schwierigkeiten haben, bestimmte physikalische Ereignisse richtig vorherzusagen, wollte aber genauer wissen, woran sie scheitern. Dafür muss man aber, so erklärte er, zunächst herausfinden, welche Regeln bei der Lösung einer Problemsituation berücksichtigt werden. Aus Gründen der Überschaubarkeit sollen im Folgenden nur zwei von insgesamt vier Regeln eingehender betrachtet werden.

Regel 1. In einer seiner Studien fand Siegler (1976) heraus, dass bei der Hälfte der Vierjährigen und bei allen Fünfjährigen den Antworten die folgende Regel 1 zugrunde lag: »Wenn die Anzahl der Gewichte auf beiden Seiten gleich ist, bleibt der Balken waagerecht. Wenn eine Seite mehr Gewichte hat, dann senkt sich dort der Balken.« Diese Regel ist voroperational, denn sie berücksichtigt nur ein Merkmal: die Anzahl der Gewichte. Wenn man nun von einem fünf Jahre alten Kind weiß, dass es seine Antworten zum Waagebalken stets nur an dieser Regel ausrichtet, dann lässt sich vorhersagen, welche Aufgaben es richtig und welche es falsch beantwortet. Als Beispiel sollen die folgenden Aufgaben der Abb. 5.11 gelten.

Die erste Aufgabe wird der Fünfjährige richtig beantworten, denn er stellt fest, dass auf der linken Seite mehr Gewichte sind; dort wird sich der Balken neigen. Bei der zweiten Aufgabe dürfte er zu dem falschen Ergebnis kommen, dass der rechte Arm schwerer ist. Die dritte Aufgabe wird den Fünfjährigen zu dem Schluss führen, dass der Balken im Gleichgewicht bleibt, obwohl tatsächlich eine Neigung auf der linken Seite erfolgt. Bei der vierten Aufgabe kann er zur richtigen Antwort kommen, obwohl ein Teil der Acht- bis Zehnjährigen daran scheitert. Der Jüngere zählt nur die Gewichte und lässt den Abstand zur Mitte noch unberücksichtigt. Der Ältere beachtet zwar den Abstand der Ringe und ihre Anzahl; er weiß aber noch nicht, wie er beide in ein Verhältnis zu bringen hat; deshalb kann er sich bei seiner Antwort nur noch auf das Raten verlassen – unter seinen Vermutungen werden auch richtige Antworten

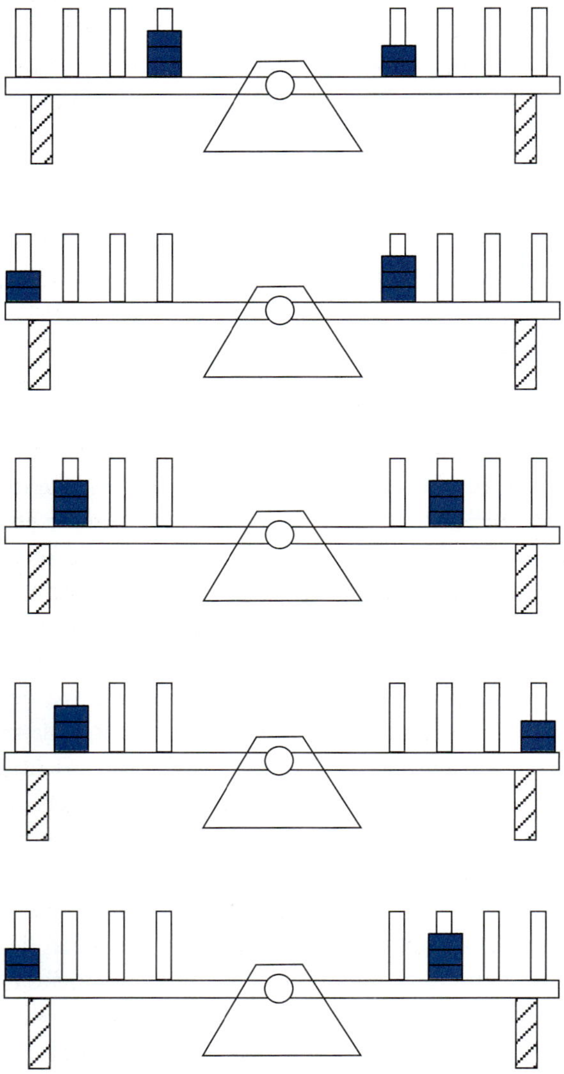

Abbildung 5.11. Fünf Aufgaben mit dem Waagebalken: Bleibt der Balken waagerecht, wenn die Sperre (▨) gelöst wird? Nach welcher Seite wird er sich ggf. neigen? Welche Aufgaben können Fünf- und Achtjährige anhand von Regeln richtig beantworten?

sein. Bei Aufgabe fünf ist nach der genannten Regel 1 mit einer Falschantwort zu rechnen.

Regel 2. Achtjährige Kinder orientieren sich u. a. an einer zweiten Regel (eine dritte bei ihnen nachweisbare Regel bleibt hier außer Betracht). Ist die Anzahl der Ringe auf beiden Seiten unterschiedlich, dann urteilen sie nur nach dem Gewicht. Wenn die Anzahl der Ringe auf beiden Seiten gleich ist, beachten sie den Abstand der Ringe vom Mittelpunkt. Welche Antworten wären demnach bei den Aufgaben der obigen Abb. 5.11 zu erwarten? Die erste Aufgabe lösen die Achtjährigen im Allgemeinen richtig. Bei der zweiten Aufgabe versagen sie, weil sie entsprechend ihrer Regel dem Abstand keine Beachtung schenken. Im Gegensatz zu jüngeren Kindern urteilt der Achtjährige bei Aufgabe 3 richtig, denn wegen der Gleichheit der Gewichte berücksichtigt er ja die Entfernung vom Mittelpunkt. Die vierte Aufgabe lösen die Achtjährigen, ohne dass sie den Abstand berücksichtigt haben. Da bei den Aufgaben 2 bis 5 zusätzlich zum Gewicht die Entfernung beachtet werden muss, ist bei einem Achtjährigen, der nur Regel 2 anwendet, nicht mit einer voll befriedigenden Antwort zu rechnen.

Regellernen. Siegler geht also davon aus, dass zur Bewältigung einer Aufgabe bestimmte Regeln angewandt werden. Die meisten dreijährigen Kinder sind nicht in der Lage, die ersten Aufgaben der Abb. 5.11 zu lösen, weil sie mit Regel 1 noch nicht vertraut sind. Wie würden Kinder dieses Alters aber auf ein Training reagieren, durch das sie anhand geeigneter Beispiele erfahren, welche Rolle das Gewicht beim Waagebalken spielt? Es war für Siegler naheliegend, dieser Frage nachzugehen (Siegler & Richards, 1982). Er lenkte die Aufmerksamkeit seiner Versuchspersonen planmäßig auf Veränderungen des Gewichts. Er ließ die Dreijährigen das Beobachtete jeweils erklären (»Warum ging diese Seite nach unten?«). Tatsächlich können Dreijährige auf diese Weise die zum Verständnis bestimmter Aufgaben erforderliche Regel 1 lernen und anwenden.

Kritik. Kritisch ist allerdings zu fragen, ob die Erkenntnisse, die Siegler bei seinen Studien an einem bestimmten physikalischen Problem sammeln konnte, irgendwelche Aussagekraft für das Verhalten in Problemsituationen haben, wie sie normalerweise im Alltag vorkommen. Mit Hilfe des Waagebalkens schaffte Siegler Problemsituationen, deren Beobachtung es Kindern gestattet, sich eindeutige Regeln abzuleiten und anzuwenden. Kann ein junger Mensch, der Fragen zum Waagebalken richtig beantwortet, auch auf gleiche Weise Probleme lösen, die sich ihm im alltäglichen Kontext stellen? Das ist nach Meinung von Kritikern (z. B. Strauss & Levin, 1981) nicht der Fall.

Solche Kritiken haben wesentlich dazu beigetragen, dass das Lernen in solchen Kontexten, in denen sich das Kind tatsächlich bewegt, verstärkt das Interesse der Psychologie gefunden hat. Weiß ein Kind beispielsweise, wie bei ihm Mahlzeiten in der Familie ablaufen, welche Ereignisse beim Einkaufen in einem Supermarkt zu beobachten sind oder was beim Besuch eines Vergnügungsparkes passiert?

5.3 Schaffung von Skripts

Es kommt sicherlich nicht selten vor, dass Eltern (oder andere Erwachsene) Kinder im Vorschulalter zu bestimmten Veranstaltungen, etwa zum Zirkus, zu einem Fußballspiel oder in einen Vergnügungspark mitnehmen. Offenkundig beachten diese jungen Besucher dabei andere Aspekte des Geschehens als Erwachsene. Wenn sie anschließend erzählen sollen, was sie behalten haben, zeigt sich ziemlich häufig, dass ihnen etwas bedeutsam erschien, was älteren Personen eher belanglos vorkommt. In dem Erinnerungsbericht der jungen Besucher wird vielleicht hervorgehoben, dass man bei einer Frau, die hinter einem Fenster saß, eine Eintrittskarte gekauft hat, vielleicht auch neben einem Mann gesessen hat, der einen großen Schnurrbart gehabt hat und dass der Vater in der Pause ein leckeres Eis gekauft hat. Wenn Eltern derartige Erinnerungen von ihren Kindern hören, werden sie von solchen reinen Aufzählungen wahrscheinlich enttäuscht sein. Haben die jungen Besucher der Veranstaltung womöglich gar nicht bemerkt, was an dem ihnen Gebotenen wirklich einmalig und beachtenswert war? Oder haben sie die »eindrucksvollen« Ereignisse schon wieder vergessen? Vermutlich können beide Fragen verneint werden, denn nicht selten überfordert man Vorschulkinder, wenn man sie nach dem Besuch von Veranstaltungen der genannten Art einfach nur auffordert, zu erzählen, »was sie gesehen« haben. Wenn man sie dagegen sehr gezielt nach einzelnen Erlebnissen befragt, ergibt sich ein sehr viel günstigeres Bild vom Gedächtnis des Vorschulkindes.

Studie: Erinnerungen an den Besuch in Disneyland

Nina Hamond und Robyn Fivush (1991) haben vor einiger Zeit Familien besucht, die aus Anlass des dritten oder vierten Geburtstages ihrer Kinder (genauer: im Alter zwischen 43 und 54 Monaten) den Vergnügungspark Disneyland besucht hatten. Woran erinnern sich nun die Mädchen und Jungen, wenn man sie 6 oder 18 Monate später nach ihren inzwischen etwas zurückliegenden Erlebnissen befragt? Der Interviewer begann seine Befragung mit einer allgemeinen Aufforderung: »Kannst Du mir etwas über Disneyland erzählen?« Anschließend richtete er mehrere vorformulierte Fragen an die Vorschulkinder, in denen er sich dafür interessierte, wer am Besuch von Disneyland teilgenommen hatte, womit die Kinder gefahren waren, was sie sich angesehen hatten, was sie gegessen hatten, welche Geschenke sie erhalten hatten und wie sie ihren Besuch nachträglich bewerteten. Die Auswertung der Antworten ergab eine eindrucksvolle Fülle an Informationen, deren Richtigkeit von den Eltern bestätigt wurde. Es machte kaum einen Unterschied in den Erinnerungsleistungen, ob der Besuch längere oder kürzere Zeit zurücklag oder ob die Befragten etwas älter oder jünger waren. Je mehr die Kinder allerdings mit ihren Eltern über ihre Erlebnisse im Vergnügungspark gesprochen hatten, desto mehr Einzelheiten konnten sie ihrem Gedächtnis entnehmen. Somit lässt sich zusammenfassend festhalten, »dass selbst sehr junge Vorschulkinder eine große Menge an Informationen aus dem Gedächtnis wiedergeben«, wenn sie durch ziemlich direkte Fragen Hilfestellungen erhalten, um sich an Erlebtes in einem für sie persönlich sinnvollen Kontext zu erinnern (Hamond & Fivush, 1991).

Entwicklung von Skripts. Der Besuch eines Erlebnisparks wie Disneyland hatte für die befragten Kinder zunächst Einmaligkeitscharakter. Erfahrungen in anderen Situationen wiederholen sich dagegen in einer bestimmten Regelmäßigkeit, so etwa die täglichen Mahlzeiten, das Einkaufen in einem Supermarkt oder die Teilnahme an einem Geburtstag. Schilderungen solcher Ereignisse aus dem Gedächtnis erfordern weniger Hilfestellungen durch einen Fragenden. Wie gelingt es Vorschulkindern, Erfahrungen in solchen wiederkehrenden Situationen gedächtnismäßig zu verankern? Die Antwort lautet, dass sie eine Reihe von Skripts entwickeln.

Abbildung 5.12. Was beachten und behalten Vorschulkinder, wenn sie einen Ereignispark (hier Disneyland) besuchen?

5.3.1 Kennzeichen von Skripts

Auf die Frage, was ein Dreijähriger über den Besuch eines Supermarktes weiß, wird er vielleicht folgende Antwort geben: »Erst fährt man dorthin, geht rein, nimmt sich die Sachen, bezahlt und fährt wieder nach Hause.« Eine solche Schilderung enthält offenkundig nur die markanten Aktivitäten, die allerdings in der zutreffenden Reihenfolge genannt werden (Fivush et al., 1992). Ebenso wie Erwachsene speichern Vorschulkinder vertraute Ereignisabfolgen in Form von Skripts. Selbst Kinder im Alter von zwei Jahren beginnen bereits damit, Erlebnisse in Form von Skripts zu speichern (Bauer, 1997). Dabei handelt es sich um ein kognitives Schema, dem sich entnehmen lässt, welche Ereignisse bzw. Aktivitäten *allgemein* und in üblicher Abfolge in einer bestimmten Situation auftreten. Zusätzlich benennen Skripts die Personen, die üblicherweise an einer Aktivität beteiligt sind, und welche Rollen diese dabei spielen. Sie sind bereits vergleichsweise früh in der Entwicklung eines Kindes aufzuspüren. Ein- und zweijährige Kinder können ihre Erfahrungen zwar noch nicht sprachlich beschreiben, sind aber in der Lage, ihre Erlebnisse durch Puppen nacherleben zu lassen (Bauer & Dow, 1994; Bauer & Mandler, 1989, 1992).

Mehr Einzelheiten mit zunehmendem Alter. Mit zunehmendem Alter enthalten Skripts eine wachsende Anzahl von Einzelheiten. So könnte ein Fünfjähriger vom Besuch eines Supermarktes folgende Beschreibung geben: »Äh, wir holen uns einen Wagen, wir suchen uns einige Zwiebeln und Pflaumen und Kekse und Tomatensauce, Zwiebeln und all solche Sachen aus, und wenn wir fertig sind, gehen wir zu Kasse, und, ah, und dann tun wir die Sachen in eine Tasche und dann tun wir sie in den Wagen, gehen zum Auto, packen die Taschen in das Auto und fahren weg« (nach Nelson, 1986).

Solche Skripts sind insofern bemerkenswert, als sie die Ereignisabfolgen, wie sie in Wirklichkeit vorkommen, zutreffend wiedergeben, wobei auch berücksichtigt wird, dass einige Ereignisse sich als Folgen von anderen ergeben. Man muss erst Waren auswählen, bevor man sie an der Kasse bezahlen kann (Bauer & Mandler, 1989, 1992). Selbst wenn in einer solchen Situation etwas Ungewöhnliches passieren sollte, wird ein zweijähriges Kind das bei einer späteren Schilderung seiner Erlebnisse – vielfach zum Erstaunen der Erwachsenen – wahrscheinlich unerwähnt lassen und statt dessen wiedergeben, was in dieser Situation üblicherweise passiert. Ein so junges Kind ist offenbar noch zu sehr damit beschäftigt, sich mit den alltäglichen Ereignissen vertraut zu machen – und Besonderheiten einer Ereignisfolge sind eben nicht Teil alltäglicher Routine (Fivush & Hammond, 1990).

5.3.2 Funktionen von Skripts

Abbild der jeweiligen Kultur. In ihren Skripts fassen Kinder (ebenso wie Erwachsene) typische Ereignisabfolgen, die sie wiederholt erfahren haben, in allgemeiner Form zusammen. Ihren Skripts können sie folglich in vielen Situationen entnehmen, was sie dort erwartet. Das setzt allerdings voraus, dass bereits ein geeignetes Skript entstanden ist. Wer bisher vorwiegend in »bürgerlichen« Restaurants Erfahrungen gesammelt hat, wird in einer »Fast-Food«-Gaststätte lange auf eine Bedienung warten müssen. Wer nur Restaurants in Deutschland kennt, dürfte von einer Bedienung in den USA vielleicht höflich darauf hingewiesen werden, dass man nicht selbständig einen Platz aussuchen darf, sondern zu warten hat, bis ein solcher zugewiesen wird. Skripts bilden folglich auch immer die Kultur (oder Subkultur) ab, in denen sie entstanden sind. Der »Konflikt« mit der Bedienung in einem amerikanischen Restaurant zeigt, dass Skripts nur dann das Verhalten verschiedener Menschen in einer Situation koordinieren, wenn ihre Inhalte in entscheidenden Punkten übereinstimmen. »Ohne gemeinsame Skripts«, so erläutert Katherine Nelson (1981), »müsste jede soziale Aktivität neu ausgehandelt werden«.

Wenn einmal ein Skript entstanden ist, wird das Kind geneigt sein, Neues auf dem Hintergrund des bereits vorliegenden Skripts zu verstehen. Wenn man Kindern eine Geschichte erzählt, die sie später nacherzählen sollen, werden sie mehr Einzelheiten aus dem Gedächtnis wiedergeben können, wenn von bekannten Ereignisabfolgen die Rede ist (Hudson & Nelson, 1983). Das bereits Vertraute gestattet es dem Kind, das Gehörte zu verstehen; es wird zu »sinnvollem Material«, das bekanntlich Übertragung und Verankerung im Langzeitgedächtnis fördert (s. S. 198 f.).

5.3.3 Skripts und ihre Abhängigkeit von Umweltanregungen

Wiederholung und Ergänzung. Eltern können ihren Töchtern und Söhnen dabei helfen, bereits vorhandene Skripts zu erweitern. Wenn die Erwachsenen mit ihren Kindern über Gehörtes oder Erlebtes sprechen, können sie ihnen durch gezielte Fragen beim Durchsuchen ihres Gedächtnisses Unterstützung geben, indem sie beispielsweise das aus dem Gedächtnis Mitgeteilte noch einmal wiederholen, bevor sie das Gespräch fortsetzen. So erklärt ein Kind etwa, Halsweh gehabt zu haben, und die Mutter antwortet darauf: »Das stimmt, du hattest Halsweh. Das stimmt. Was war mit deinem Hals nicht in Ordnung, was hast du gemerkt?« – »Ich hatte Halsweh«.

Günstiger ist es, wenn Eltern nicht nur Gesagtes wiederholen, sondern das vom Kind Mitgeteilte noch ergänzen, indem sie weitere Einzelheiten zu dem bereits im kindlichen Gedächtnis Gespeicherten hinzufügen. »Weißt Du noch, wie wir nach Florida gefahren waren?«, und wenn das Kind nickt, will die Mutter zusätzlich wissen: »Lass uns noch einmal darüber reden, wie wir die Enten gefüttert haben!« – »Weißt Du noch, wie wir dorthin gekommen sind?« Auf eine Verneinung dieser Frage durch das Kind reagiert die

Mutter mit einer Zusatzfrage (Reese & Fivush, 1993): »Sind wir mit dem Auto oder mit dem Flugzeug dorthin gekommen?«

Wenn Mütter von Zweijährigen dazu neigten, Mitgeteiltes – wie in dem gerade wiedergegebenen Beispiel – nicht nur zu wiederholen, sondern auch zu ergänzen, dann wirkten sie damit fördernd auf die Entwicklung der kindlichen Skripts. Kinder solcher Mütter gaben nämlich vergleichsweise gute Antworten auf Fragen nach früheren Erlebnissen, sowohl gegenüber der Mutter als auch gegenüber Fremden (Hudson, 1990).

Sicherlich fördert es die Ver- und Aufbereitung von Erlebnissen, wenn Eltern sich mit ihren Kindern darüber unterhalten und diese nicht nur zur Wiederholung anregen, sondern nachträglich auf zusätzliche Einzelheiten aufmerksam machen; wenn sie weiterhin danach fragen, *was* gewesen ist, *wie* und *wo* es passiert ist. Dadurch lässt sich die Erinnerung an das gemeinsam Erlebte verbessern. Es wird in eine Erzählform gebracht und als Ereignisablauf gespeichert, der für das Kind persönliche Bedeutung besitzt (Hayden et al., 1997). Damit bestätigt sich die Feststellung Wygotskis, wonach Lernen stets einen sozialen Ursprung hat (s. S. 28). Bleiben diese aufgearbeiteten Gedächtnisinhalte auch über längere Zeiträume gut erhalten? Damit ist zu rechnen, wenn sich das Erlebte nicht in einem zu frühen Alter abgespielt hat. Wie Info-Kasten 5.3 mitteilt, erinnern sich Erwachsene fast an keine Erlebnisse mehr, die sie erfahren haben, bevor sie etwa zwei oder drei Jahre alt waren.

INFO-KASTEN 5.3

Warum können sich Erwachsene nicht an ihre frühen Kindheitserlebnisse erinnern?

Frühkindliche Amnesie. Wenn man sich bei Zweijährigen nach Erlebnissen erkundigt, die für sie bereits einige Monate zurückliegen, dann sind sie vielfach in der Lage, von diesen zu berichten (Huyghe, 1986). Einige Zweieinhalb- oder Dreijährige können sogar Erlebnisse darstellen, die für sie bereits etwa zwei Jahre zurückliegen (Myers et al., 1987; Perris et al., 1990). Beachtung verdient demgegenüber, dass Erwachsene praktisch kaum mehr etwas von dem wissen, was sie erlebt haben, bevor sie drei Jahre alt waren. Irgend etwas muss also um den dritten Geburtstag herum vor sich gehen, das die früheren Erinnerungen derartig in den Hintergrund rücken lässt, dass sie nicht mehr abzurufen sind. Man spricht von »frühkindlicher Amnesie« oder auch einfach nur von »Kindheitsamnesie«. Sigmund Freud hat diese Amnesie damit erklärt, dass das sich ausbildende Über-Ich für die Verdrängung frühkindlicher emotionaler Konflikte sorgt. Vertreter der Kognitiven Psychologie suchen aber inzwischen nach einer anderen Erklärung. Dabei spielt auch die Ausreifung des Gehirns eine Rolle. Die Entwicklung des Stirnlappens und anderer Hirnstrukturen muss nämlich ein gewisses Niveau erreicht haben, bevor dort Erfahrungen gespeichert werden können, die zu einem späteren Zeitpunkt wieder abrufbar sind (Diamond, 1991).

Studie. Jonell Usher und Ulric Neisser (1993) haben sich an zahlreiche Studierende gewandt, um sie nach wichtigen Lebensereignissen zu fragen, von denen einige während der ersten Lebensjahre stattfinden können. So erkundigten sie sich nach der Geburt eines Geschwisterkindes, nach einem Umzug der Familie, nach einem Aufenthalt im Krankenhaus oder nach dem Tod eines nahen Angehörigen. Da Usher und Neisser sehr gezielt fragten, konnten sie feststellen, dass die frühesten Erinnerungen auf das Alter von zwei Jahren zurückgehen. So wussten Befragte noch, wie etwa zu diesem Alterszeitpunkt ein Geschwisterkind geboren wurde oder ein Krankenhausaufenthalt stattgefunden hatte. Erinnern konnten sie sich auch noch an den Tod eines Angehörigen oder an einen Umzug, der erfolgt war, als sie etwa drei Jahre alt waren. Dennoch hatten diese jungen Erwachsenen viele Ereignisse aus einem Alter vergessen, an das sich Zwei- und Dreijährige noch erinnern. Warum aber können Kinder im früheren Vorschulalter über zurückliegende Erfahrungen berichten, an die sich Jugendliche und Erwachsene nicht mehr erinnern können? Bislang gibt es mehrere Erklärungen, allerdings noch keine, die allseits Zustimmung gefunden hat.

Erklärungsansätze. So ist etwa die Möglichkeit diskutiert worden, dass sehr junge Kinder im Gegensatz zu Schulkindern – und erst recht zu Erwachsenen – noch keine hohe Sprachgeschicklichkeit aufweisen. Folglich könnte es sein, dass sie ihre Erfahrungen nicht-sprachlich verschlüsseln und nach dem Erwerb der Sprachfähigkeit nicht mehr in der Lage sind, nicht-sprachlich Verschlüsseltes aus dem Gedächtnis abzurufen (Siegler, 1998). Vielleicht mangelt es einem Menschen in der frühen Kindheit aber nicht an Sprachfähigkeit, sondern eher an einer Ich-Identität, also an einem Bewusstsein dafür, Erfahrungen als die eigenen wahrzunehmen (Howe & Courage, 1993). Das Kind muss ihnen persönliche Bedeutung zuschreiben; dann ist es fortan in der Lage, Ereignisse, die es als die eigenen betrachtet, in eine Erzählform umzusetzen. Ihm gelingt es damit, sie so darzustellen, dass es das Erfahrene anderen erzählen kann (Nelson, 1993). Sobald das der Fall ist – und das dürfte kaum bei Kindern möglich sein, die noch nicht zwei Jahre alt sind – gibt es weitaus günstigere Voraussetzungen, sich auch mehrere Jahre später noch an das Frühere zu erinnern.

5.4 Entwicklung der Sprache

In Kapitel 4 wurde beschrieben, wie die Entwicklung der Kommunikation bei einem Neugeborenen damit beginnt, dass es durch Schreien allenfalls mitteilt, ob es hungrig ist, Schmerzen oder andere unangenehme Empfindungen hat. Um die Zeit des ersten Geburtstags verwendet das Kind zum ersten Mal ein Wort sinnvoll. Es erweitert seinen Wortschatz während der nächsten sechs Monate nur sehr langsam, danach aber mit bis zu 60 Wörtern oder mehr in einem Monat erheblich schneller (Olson et al., 1986). Etwa im Alter von 18 Monaten bilden Kinder zum ersten Mal Zweiwortsätze. Etwa mit 28 Monaten wird das Kind Dreiwortsätze sprechen, und einige Zeit nach seinem dritten Geburtstag äußert es Sätze von beachtlicher Komplexität. Das fünfjährige Kind kann schon fast wie ein Erwachsener Wünsche äußern, etwas vorschlagen, Fragen beantworten und sogar Begründungen für sein Verhalten geben. Es scheint ihm keine Schwierigkeiten zu bereiten, zwischen grammatikalisch richtigen und falschen Sätzen zu unterscheiden (de Villiers & de Villiers, 1974). Die Erweiterung des Wortschatzes steht hinter dieser imponierenden Entwicklung nicht zurück: Zu Beginn der Schulzeit beherrscht das Kind im Durchschnitt 2.500 Wörter (Moskowitz, 1978).

Es sind vor allem zwei Veränderungen, die im Verlauf der Sprachentwicklung im Vorschulalter besonders beeindrucken:

- Das Kind spricht in Sätzen, die mit zunehmendem Alter allmählich länger werden. Während das Zweijährige noch sagt: »Balla werfen«, stellt es als Fünfjähriges fest »Ich werfe den Ball.« Damit hat es einen vollständigen Satz formuliert, der Subjekt (»Ich«), Prädikat (»werfe«) und Objekt (»Ball«) enthält.
- Zugleich beherrscht es das Vorschulkind zunehmend, seine Sätze so zu formulieren, dass sie sozialen Regeln der Situationsangemessenheit Rechnung tragen; der Sprachwissenschaftler spricht in diesem Zusammenhang von Pragmatik.

5.4.1 Wortschatzerweiterung und Zunahme komplexer Sätze

Auf die außergewöhnliche Erweiterung des Wortschatzes während des Vorschulalters ist bereits hingewiesen worden (s. S. 158). Junge Lernende brauchen ein neues Wort nur ein einziges Mal in einem sinnvollen Kontext zu hören, um es daraufhin sofort in die dazugehörige Begriffskategorie einordnen zu können (Carey, 1978). Dieses schnelle Erfassen neuer Worte (engl. *fast-mapping)* steht voll im Einklang mit der Auffassung Wygotskis (s. S. 16f.), wonach dem Lernen im Rahmen eines sozialen Kontextes eine entscheidende Rolle zukommt. Es genügt bei Zweijährigen bereits eine einzige Zuordnung eines (auch sinnlosen) Wortes zu einem Gegenstand, und sie sind in der Regel sofort in der Lage, das neu gelernte Wort sinnvoll anzuwenden (Dolaghan, 1985). Wie bereits festgestellt, lässt sich der Wortschatz auch durch das Ansehen von Fernsehsendungen erweitern (s. S. 169f.). Allerdings bedeutet die beachtenswerte Fähigkeit zum Erlernen neuer Worte nicht, dass diese nach dem Hören ebenso wie von Erwachsenen verstanden werden (Myers-Pease & Gleason, 1989). Auch kann die Äußerung eines Erwachsenen eine andere Bedeutung haben als die gleiche Äußerung eines Kindes. Wenn beispielsweise der Vater mit seinem zweijährigen Sohn zusammen ist, auf einen Bernhardiner zeigt und »Hund« sagt, meint er in der Regel: *das ist ein Hund.* Wenn das Kind auf dasselbe Tier zeigt und »Kuh« sagt, will es vielleicht nur mitteilen, dass der Hund einer Kuh ähnelt (Nelson et al., 1977).

Verständlicherweise fällt es Vorschulkindern am leichtesten, die Bedeutung solcher Wörter zu erlernen, die sich eindeutig einer konkreten Gegebenheit zuordnen lassen. Das trifft vielfach bei Hauptwörtern zu, wie etwa im Falle von »Ball«, »Teller« oder »Apfel«. Sehr viel mehr Schwierigkeiten bereitet es den jungen Lernenden dagegen, Wörter sinnvoll zu verwenden, deren Bedeutung sich erst aus einem Vergleich ergibt, wie etwa »schwer« und »leicht«, »groß« und »klein« oder »hoch« und »tief« (Reich, 1986). Ob eine Portion Eis als »groß« oder »klein« zu gelten hat, ergibt sich erst aus Vergleichen, die dem Kind in diesem frühen Alter noch schwerfallen.

Auch in der Anwendung grammatikalischer Regeln zeigen sich Fortschritte. Etwa um die Mitte des dritten Lebensjahres treten Pluralformen (»viele Autos«) auf. Auch einfache Sätze, die eine Verneinung (»keine Milch«) zum Inhalt haben, bereiten dem Kind bald keine Schwierigkeiten mehr (Ingram, 1981). Mindestens ebenso beachtenswert ist die Fähigkeit des Kindes, Mitteilungen so zu formulieren, dass sie vom Adressaten verstanden werden und dessen Bereitschaft erhöhen, etwa Wünsche des Sprechers zu erfüllen.

5.4.2 Pragmatik

Im Verlauf der Vorschulzeit verbessern Kinder bestehende Möglichkeiten ganz erheblich, die Sprache auch für eigene Zwecke zu nutzen. Dem geht die Erkenntnis voraus, dass es bei der Sprache nicht nur auf ihren objektiven Inhalt ankommt, sondern auch darauf, wie man Sätze formuliert, wie man einzelne Teile davon mehr, andere weniger betont. Irgendwann zwischen drei und fünf Jahren entdecken Kinder, dass es nicht ausreicht, abends auf die elterliche Aufforderung, ins Bett zu gehen, nur damit zu reagieren, noch aufbleiben zu wollen. Wenn das Kind einer solchen Anordnung einigermaßen wirkungsvoll entgegentreten möchte, hängt es sehr stark von der Wortwahl und der Mimik ab, ob die Eltern seinem Wunsch nachkommen! Je erfolgreicher das Kind auf diese Weise Mitmenschen in seinem Sinne beeinflussen kann, desto mehr beherrscht es die »Pragmatik«. Dabei handelt es sich um jenen Aspekt der Sprache, bei dem es darum geht, andere angemessen und erfolgreich über eigene Vorstellungen, Vorhaben, Wünsche usw. zu informieren.

In jeder Kultur gibt es gewisse Regeln, nach denen andere durch die Sprache zu beeinflussen sind. Trawick-Smith (1992) hat mehrere als besonders bedeutsam herausgestellt; auf drei soll im Folgenden näher eingegangen werden.

BEISPIEL

Jeffrey Trawick-Smith (1992) zeigt an einem Beispiel, wie es einem Vorschulkind gelingt, ein anderes Kind in einer Spielsituation zu seinen eigenen Gunsten zu beeinflussen.

Kind A: (in einem aufschreckenden Tonfall) Katrin, gib mir das Telefon. Ich muss die Polizei anrufen!
Kind B: (ergreift abwehrend das Telefon und erwidert im verärgerten Ton) Nein, Anke, ich brauch' das!
Kind A: (mit wütender Stimme, während gleichzeitig am Telefon gezerrt wird) Los, Katrin!
Kind B: (reißt das Telefon weg) Nein!
Kind A: (Hält einen Moment inne, ändert sein gesamtes Auftreten und spricht von nun an in einer sanften Stimme) Katrin, laß uns einfach sagen: Dieses ist unser Telefon, ja?
Kind B: (Blickt verwirrt drein. Sagt nichts)
Kind A: Einverstanden? Dies ist unser Telefon, ja?
Kind B: (mit zögernder Stimme) Einverstanden.
Kind A: (legt nochmals eine Pause ein) Ach Katrin, was meinst du? Sollen wir mit unserem Telefon jetzt die Polizei anrufen? Ja?
Kind B: Gut! (Gibt das Telefon Kind A)

In diesem kleinen Wortaustausch bringt Kind A eindrucksvoll zum Ausdruck, dass es die Möglichkeiten, andere mit Hilfe der Sprache zu beeinflussen, bereits recht gut beherrscht. Das wird besonders deutlich, wenn das Kind seine Aussage, »ich muss die Polizei anrufen!« abändert in: »lass uns einfach sagen: Dieses ist unser Telefon«.

Abstimmung der Sprache auf den Zuhörer

Wenn man mit einem anderen Menschen erfolgreich kommunizieren möchte, muss man bis zu einem bestimmten Grade dessen Verständnismöglichkeiten, Wünsche und Interessen berücksichtigen. Piaget vertrat die Überzeugung, dass Vorschulkinder dazu noch nicht in der Lage sind (s. S. 185). Er beobachtete Jungen und Mädchen, etwa im Alter von zwei Jahren, die zwar in geringer räumlicher Distanz zueinander spielten und auch sprachliche Äußerungen von sich gaben, aber einander offenbar nichts zu sagen hatten oder sagen konnten. Piaget sah darin einen Ausdruck von Egozentrismus und kennzeichnete die Sprachäußerungen als »kollektive Monologe«. Wie aber aus kritischen Nachuntersuchungen hervorgegangen ist, sind Vorschulkinder keineswegs so egozentrisch, wie Piaget angenommen hat (s. S. 189). Sie können sich, wenigstens bis zu einem gewissen Grade, sehr wohl auf andere einstellen. So berücksichtigen sie beispielsweise, dass sie zu einem Zweijährigen anders sprechen müssen als zu einem Erwachsenen. Auch das Kind A, das im oben wiedergegebenen Beispiel interessiert war, Kontrolle über das vorhandene Telefon zu gewinnen, hätte sein Ziel sicherlich nicht erreicht, wenn es unfähig gewesen wäre, seine Egozentrizität zu überwinden. Es gelangte schließlich dadurch zu seinem Ziel, dass es durch Änderung seiner sprachlichen Merkmale Kind B dazu veranlassen konnte, den Alleinanspruch auf das Telefon aufzugeben.

Abwechseln der Gesprächspartner

Es stellt eine weitere grundlegende Regel dar, die Diskussionsgruppen zumeist zu verwirklichen suchen, dass nicht mehrere Personen gleichzeitig reden. Stattdessen besteht das Bemühen, zumindest bei älteren Kindern und Erwachsenen, beim aktuellen Gesprächsbeitrag zuzuhören, um anschließend die Rolle von Sprecher und Zuhörer zu tauschen. Sind auch Vorschulkinder bereits zu einer solchen Abwechslung in der Lage? Wie bereits festgestellt, wurde diese Frage von Piaget wegen der angeblichen hohen Egozentrizität verneint. Bereits in einer älteren, inzwischen klassischen Studie wurde aufgedeckt, dass Vorschulkinder in natürlichen Spielsituationen in 66 Prozent der Zeit Unterhaltungen führen, in denen sie in 59 Prozent der Fälle angemessen auf Äußerungen ihrer Mitspieler reagierten (Garvey & Hogan, 1973). Dabei zeigte sich klar eine Zunahme der sozialen Geschicklichkeit mit wachsendem Alter. Ältere Vorschulkinder wechselten im Gespräch häufiger ab als jüngere. Bei Fünfjährigen beobachtet man schon ziemlich lange Gespräche, wobei der eine Sozialpartner anfänglich etwas beiträgt, der andere darauf antwortet, der erste wieder die Antwort kommentiert usw.

Das Abwechseln-Können stellt eine bedeutsame Voraussetzung für die Stabilität einer sozialen Beziehung dar, die nur funktionieren kann, wenn ein ausgeglichenes Geben und Nehmen stattfindet. Letztlich bringt man mit dem Mitteilen und anschließenden Zuhören auch eine Wertschätzung seines jeweiligen Gesprächspartners zum Ausdruck.

Beachtung von Höflichkeitsregeln

Es stellt zweifellos eine besonders wichtige Voraussetzung zur Bewahrung sozialer Kontakte dar, dass man seinen Partnern gegenüber Wertschätzung bekundet. Erste Erfahrungen darüber, wie man diese zum Ausdruck bringt, sammelt das Kind in der Familie. Dort lebt man ihm diese Wertschätzung vor, indem zahlreiche Höflichkeitsregeln beachtet werden, die das Vorschulkind nicht nur lernt, sondern auch anwendet, wenn es mit Erwachsenen und älteren Kindern spricht, nicht jedoch, wenn es sich an Gleichaltrige und Jüngere wendet (Warren-Leubecker & Tate, 1986). Zu diesen Höflichkeitsregeln gehören u. a. folgende, die sich als Aufforderung formulieren lassen:

- Dräng dich nicht auf!
- Sei freundlich!
- Gib auch deinen Zuhörern eine Chance, sich zu äußern!
- Formuliere Bitten, aber stelle keine Forderungen!
- Beantworte Fragen, wenn sie dir gestellt werden.

Die Erfahrung und gleichzeitige Anwendung dieser Regeln sollte nicht nur in der Familie, sondern auch im Kindergarten erfolgen, denn wenn Kinder sie in ihren sozialen Kontakten dauerhaft missachten, ist damit zu rechnen, dass sie zunehmend in die soziale Isolation gedrängt werden, in der sie erst recht keine Möglichkeit mehr besitzen, die sozialen Regeln des Miteinanders zu erfahren und zu praktizieren.

Das Vorschulkind entwickelt also im Laufe der Zeit eine beachtliche Sprachbeherrschung. Das wirkt sich auch auf die Gestaltung seiner sozialen Kontakte aus. Von diesen sozialen Kontakten wird im nachfolgenden Kapitel ausführlicher die Rede sein.

Literatur zur Erweiterung des Wissens und zur Vertiefung

Zur Entwicklung des Denkens:

Siegler, R.S. (2001): Das Denken von Kindern (3. Aufl.). München: Oldenbourg.

Case, R. (1999): Die geistige Entwicklung des Menschen. Von der Geburt bis zum Erwachsenenalter. Heidelberg: Universitätsverlag C. Winter.

Zur Entwicklung der Sprache:

Szagun, G. (2000): Sprachentwicklung beim Kind. Weinheim: Beltz.

Szagun, G. (2007): Das Wunder des Spracherwerbs. Weinheim: Beltz.

6 Vorschulalter: Körperliche und sozial-emotionale Entwicklung

Bis zum Ende des zweiten Lebensjahres hat sich das Kind so weit entwickelt, dass es sich bereits seit einiger Zeit selbständig fortbewegt; allerdings kann das »Sich-auf-den-zwei-Beinen-Halten« für den erwachsenen Beobachter durchaus noch etwas ungeschickt wirken. Das ändert sich jedoch bald. So sieht man ein dreijähriges Kind vielleicht, wie es auf einem Dreirad fährt oder sich weitgehend selbständig anzieht, obwohl es noch nicht alles ohne Hilfe tun kann: so gelingt es ihm beispielsweise noch nicht, seine Schuhe selbständig zuzubinden. Die Reinlichkeitserziehung wird ebenfalls früher oder später Erfolge zeigen: dem Kind wird es in näherer Zukunft gelingen, Kontrolle über seine Schließmuskeln zu gewinnen. Besonders starke Veränderungen fallen bezüglich der körperlichen Gestalt ins Auge. Bemerkenswert ist schließlich noch die weitere Ausreifung des zentralen Nervensystems – und das schließt das Gehirn ein –, denn sie hat beachtliche Veränderungen zum einen im motorischen Verhalten, zum anderen in der kognitiven Entwicklung zur Folge; von dieser war ausführlich in Kapitel 5 die Rede.

Streben nach Selbständigkeit. Während des Vorschulalters stellt sich die Aufgabe, zunehmende Unabhängigkeit zu gewinnen. In den ersten beiden Lebensjahren standen die Kontakte zu den Eltern, in der Regel zur Mutter, im Vordergrund. Jungen und Mädchen müssen sich fortan aus dieser vergleichsweise engen Bindung lösen. Das Bedürfnis des Kindes, Selbständigkeit zu erlangen, ist unverkennbar. Immer wieder versucht es, sich in einem unbeaufsichtigten Moment von seiner Mutter zu entfernen. Es nutzt Gelegenheiten, sich beim Einkaufen im Supermarkt selbständig zu machen, überhört die Mahnung seiner Eltern, sich nicht zu weit von ihnen zu entfernen, und »trotzt«, wenn etwas von ihm verlangt wird, das seinen aktuellen Wünschen zuwiderläuft. Es entsteht der Eindruck, als wolle das Zweieinhalbjährige fortlaufend prüfen, welcher Freiraum ihm gewährt wird, welche Grenzen es zu beachten hat. Es reicht allerdings nicht aus, sich einfach nur den Wünschen und Aufforderungen der Umwelt zu widersetzen. Etwa im Alter von zwei Jahren fangen Kinder an, einige der Kontrollen, die bisher andere ausgeübt haben, selbst zu übernehmen. Bei Dreijährigen wächst zunehmend die Fähigkeit zur Selbstkontrolle; Jungen und Mädchen geben fortan nicht mehr jedem Impuls nach und erfüllen sich ebensowenig spontan jeden Wunsch.

Soziale Beziehungen zu Gleichaltrigen. Zunehmend bedeutsam werden im Verlauf des Vorschulalters die sozialen Beziehungen des Kindes zu Gleichaltrigen, mit denen es sich nun immer häufiger auseinanderzusetzen hat. Anfänglich scheint es sie – auch wenn sich Spielgefährten in seiner unmittelbaren Nähe befinden – noch zu ignorieren. In einer solchen Situation spricht jedes Kind allem Anschein nach zu sich selbst. Nicht selten entstehen bei diesem Nebeneinander auch Konflikte, so etwa, wenn sich das Interesse auf ein gemeinsames Spielzeug richtet. Aber im Verlauf der Vorschulzeit wird allmählich eine intensivere Zuwendung zu den Gleichaltrigen erfolgen. Kann das Vorschulkind sich ihnen bereits in helfender (prosozialer) Weise zuwenden? Die Gleichaltrigen unterstützen das Kind darin, dass es allmählich ein Selbstbild, eine Einstellung zu sich selbst entwickeln kann. Zur Entstehung dieses Selbstbildes trägt auch die körperliche Gestalt bei.

6.1 Körperliche Entwicklung

Während des Vorschulalters steht die körperliche Entwicklung weiterhin in hohem Maße unter genetischer Kontrolle; diese bestimmt in Wechselwirkung mit der Umwelt, wie sich das Aussehen, die Gestalt des Kindes verändert. In Ländern der Dritten Welt, in denen Armut vorherrscht, können unzureichende oder sogar fehlende Gesundheitsfürsorge, aber auch Nahrungsmangel das körperliche Wachstum erheblich verzögern. Weiterhin spielt die Volks- bzw. ethnische Gruppe, der das Kind entstammt, eine Rolle. In den USA sind beispielsweise schwarze Kinder im Durchschnitt größer als weiße (Meredith, 1978). Wenn die Mutter während ihrer Schwangerschaft raucht, muss sie damit rechnen, dass ihr Kind im Alter von sechs Jahren 1 bis 1½ cm kleiner ist als Kinder, deren Mütter vor der Geburt nicht geraucht haben (s. S. 81 f.).

Unterschiede etwa in der Körpergröße, wie sie in industriellen Ländern mit ihrem vergleichsweise hohen Lebensstandard beobachtet werden, dürften genetische Ursachen haben. Welches Aussehen hat nun ein Kind, das unter normalen Bedingungen aufwächst? Zu welchen motorischen Aktivitäten ist es aufgrund seiner körperlichen Ausstattung in der Lage?

6.1.1 Größe und Gestalt

Das Kind hat während der ersten 24 Monate seines Lebens einen beachtlichen Wachstumsschub erfahren. Mit einer Körpergröße von etwa 80 bis 90 cm im Alter von zwei Jahren ist es jetzt ungefähr halb so groß wie ein Erwachsener. So schnell wie während der ersten sechs Lebensmonate wird es niemals wieder wachsen. Das Körpergewicht hat sich während dieses frühen Zeitraums jeden Tag um durchschnittlich zwei Gramm erhöht (Lipsitt & Werner, 1981). »Wenn sich das Wachstum in der Geschwindigkeit fortsetzen würde, die für die ersten sechs Lebensmonate gilt, müsste der typische Zehnjährige ungefähr 30,5 Meter groß sein und etwa 218.000 Tonnen wiegen. Das ist so groß wie ein fünfzehnstöckiges Bürohaus und zwanzig mal schwerer«, stellt Robert McCall (1979) fest. Dieses Schicksal bleibt dem Kind erspart, weil sich das Wachstum allmählich verlangsamt. Zwischen dem sechsten Monat und dem dritten Lebensjahr steigt das Gewicht täglich im Durchschnitt nur noch um 0,35 g, und zwischen dem dritten und sechsten Lebensjahr sinkt dieser Wert auf 0,15 g in jeweils 24 Stunden, sofern keine Stoffwechselstörungen vorliegen und die Nahrungsaufnahme dem Bedarf angepasst wird. Im Alter von sechs Jahren wiegen Kinder, die in westlichen Industrienationen aufwachsen, im Durchschnitt 21 kg; ihre Körperlänge beträgt 1,17 m.

Zwischen dem zweiten und dritten Lebensjahr wird das Kind allmählich den »Babyspeck« und damit die zahlreichen Körperrundungen verlieren. Spätestens beim Fünfjährigen sind der hervortretende Bauch des Kleinkindes und das rundliche Gesicht verschwunden. Der Kopf des Vorschulkindes wächst nicht mehr so schnell, wie die übrigen Körperteile; dadurch verschwindet das Übergewicht des Kopfes, das bis zum Ende der frühen Kindheit ins Auge fällt. Die Proportionen des Sechsjährigen gleichen bereits weitgehend denen eines Erwachsenen. Beim Vergleich der Geschlechter fällt auf, dass Jungen muskulöser sind und weniger Fett ausbilden. Bezüglich der Körpergröße sind die Jungen den Mädchen im Durchschnitt etwas überlegen. Das ändert sich erst mit dem Einsetzen des Wachstumsschubes zu Beginn der Pubertät (s. S. 352).

6.1.2 Entwicklung des Gehirns

Gewichtszunahme des Gehirns

Erhöhte Anzahl von kommunizierenden Nervenenden. Die beim Säugling auffallende Größe des Kopfes hat ihren Grund, denn das Gehirn wächst zu Beginn des Lebens besonders schnell. Zum Zeitpunkt der Geburt beträgt das Gewicht dieses komplizierten Organs etwa 25 Prozent des Gehirns eines Erwachsenen; im Alter von zwei Jahren ist es bereits halb so schwer, und gegen Ende des

INFO-KASTEN 6.1

Entsteht Fettleibigkeit durch falsche Ernährung in den ersten Lebensmonaten?

Theorie von den kritischen Phasen. Eine viel beachtete Erklärung für Fettleibigkeit (davon spricht man bei Menschen mit einem Körpergewicht, das mehr als 20 Prozent über dem Idealgewicht liegt) lautet, dass es sog. kritische Phasen in der Bildung von Fettzellen gibt (Eichorn, 1979). Danach entstehen Fettzellen vor allem in einem Zeitraum, der im letzten Schwangerschaftsdrittel beginnt und vor Beginn des dritten Lebensjahres endet. Meistens beruft man sich bei solchen Behauptungen auf das Ergebnis älterer Tierexperimente (Knittle & Hirsch, 1968; Winick & Noble, 1966). Weitere überzeugende Belege dafür, dass ein sehr gut ernährter Säugling zu viele Fettzellen anhäuft, gibt es nicht (Roche, 1981). Die Beobachtung von Kindern über längere Zeiträume zeigt nämlich, dass diese Erklärung keineswegs ausreicht; denn Übergewichtigkeit bei einem jüngeren Kind bleibt nicht immer bis ins Erwachsenenalter bestehen. Zudem waren viele fettleibige Erwachsene während ihrer Kindheit und Jugendzeit schlank. Erst zwischen dem sechsten und zehnten Lebensjahr wächst die Wahrscheinlichkeit, dass übermäßiges Körpergewicht im Erwachsenenalter erhalten bleibt (Roche, 1981). Vierzig Prozent der Kinder, die im Alter von sieben Jahren fettleibig sind, werden auch als Erwachsene übergewichtig sein (Epstein, 1986). Übergewichtige Vorschulkinder sollten also Anlass zur Sorge geben, denn es besteht die Gefahr, dass sie auch als Erwachsene übermäßig viele Kilos auf die Waage bringen werden und damit ihre Gesundheit gefährden (Klesges et al., 1995).

Genetische Grundlage. Studien an Tieren, an eineiigen sowie zweieiigen Zwillingen, an Adoptivkindern und ihren Eltern sprechen dafür, dass die Entwicklung des Körpergewichts eine genetische Grundlage hat (Börjeson, 1976). Allerdings wird höchstens die *Neigung* zur Fettleibigkeit vererbt, nicht aber diese selbst (Bouchard, 1994). Insgesamt dürfen Eltern sich darauf verlassen, dass Kinder ein sehr gutes Gespür dafür haben, wie viele Kohlehydrate, Proteine und wieviel Fett ihr Körper jeweils benötigt (Birch & Fischer, 1996). Wenn man Babys (Fomon, 1993) oder Vorschulkindern (Birch et al., 1991) kalorienarme Nahrung anbietet, essen sie davon mehr als bei Verabreichung kalorienreichen Essens. Sollten Kinder im Alter zwischen zwei und fünf Jahren bei *einer* Gelegenheit vergleichsweise viel essen, verringern sie die Nahrungsaufnahme entsprechend bei der *nachfolgenden* Mahlzeit (Birch et al., 1993). Wenn man also klären will, warum ältere Kinder und Erwachsene Übergewichtigkeit entwickeln, muss man aufdecken, was den körpereigenen Regelungsmechanismus stören oder gar außer Kraft setzen kann.
Fettleibige Kinder werden meist mehr von äußeren Ereignissen und Bedingungen kontrolliert, die mit Essen in Beziehung stehen, und weniger von ihren inneren Signalen (der »eigenen Stimme«). Welche Umweltbedingungen fördern die Entstehung von Fettleibigkeit?

Essen und Erziehung. Wenn Eltern ihren Vorschulkindern vergleichsweise große Freiheit gewähren, sie also essen lassen, wenn sie hungrig sind, lernen ihre Söhne und Töchter eher, ihr Essverhalten unter eigene Kontrolle zu bringen als andere, welche in hohem Maße kontrolliert werden (Johnson & Birch, 1994). Weiterhin können Eltern Wimmern und Weinen ihres Säuglings allzu leicht als Ausdruck von Hunger interpretieren. Später neigen sie vielleicht dazu, erwünschtes Verhalten mit attraktiven Naschereien zu »belohnen«; so stellen sie beispielsweise ihren Kindern in Aussicht, ein Eis zu spendieren, wenn sie mittags »schön ruhig« waren, oder sie drohen, dass es »keinen leckeren Nachtisch«

gibt, wenn sie nicht vorher das »schöne Gemüse« aufessen (Olvera-Ezell et al., 1990). Hierbei könnte das Kind den Eindruck gewinnen, Nahrungsmittel mit hohem Fett- und Zuckergehalt (Schokolade, Dessert usw.) seien gesünder als jene Gänge der Mahlzeit, die es nur mit einem zusätzlichen Anreiz wert sind, gegessen zu werden (Birch & Fisher, 1995). In Elternhäusern mit autoritärem Erziehungsstil wird häufig angeordnet, was verzehrt werden muss (»Du hast zu essen, was dir vorgesetzt wird!«). Damit wird dem Vorschulkind die Lektion erteilt, dass es sich bei seinen Essgewohnheiten nach äußeren Anweisungen, nicht aber nach der »inneren Stimme« zu richten hat (Johnson & Birch, 1994). Wenn das Kind solche Kommentare und Stellungnahmen hört, kann es leicht den Eindruck gewinnen, dass Essen nicht nur dazu da ist, Hunger zu stillen, sondern zusätzlich die Funktion besitzt, sich Belohnungen zu verdienen.

Mangelnde Bewegung. Sobald Kinder erst einmal »einige Kilos zuviel« angesetzt haben, schaffen sie eine weitere ungünstige Bedingung, weil sie sich fortan weniger bewegen. Verminderte Aktivität wird damit gleichzeitig zur Ursache und zur Wirkung. Häufiges und längeres Sitzen, etwa vor dem Fernsehgerät, fördert die Entstehung von Fettleibigkeit. Wenn man im Schulalter an einer ziemlich sicheren Vorhersage interessiert ist, ob sich bei einem Kind in Zukunft Fettleibigkeit entwickeln wird, braucht man von den Kindern nur die Dauer des täglichen Fernsehkonsums zu ermitteln (Gortmaker et al., 1990). Welche Rolle die körperliche Aktivität spielt, zeigte sich bei Mädchen, die man beim Volleyballspiel beobachtet hat. Übergewichtige Teilnehmerinnen standen oder saßen meistens während des Spiels. Dagegen waren Mädchen mit normalem Gewicht sehr viel häufiger mit Laufen, Springen oder damit beschäftigt, den Ball abzustoßen (Bullen et al., 1964). Verstärkt wird die Gefahr einer ungünstigen körperlichen Entwicklung zusätzlich, wenn während einer häufig inaktiv verbrachten Zeit noch Knabbereien verzehrt werden, die Werbespots den jungen Zuschauern empfehlen. Dabei handelt es sich zumeist um kalorienreiche Produkte mit hohem Fett- und Zuckergehalt (Tinsley, 1992) und geringem Anteil an nahrhaften Stoffen; sie wirken sättigend und senken folglich den Appetit bei der nächsten »richtigen« Mahlzeit. Eltern sollten alles in ihrer Macht Stehende tun, um Übergewichtigkeit zu verhindern, die vor allem im Erwachsenenalter das Entstehen von Herz- und Nierenkrankheiten, weiterhin von hohem Blutdruck, Zuckerkrankheit usw. fördert. Fettleibigkeit wirkt sich zumeist auch ungünstig auf das Selbstbild aus und ist häufig die Ursache für soziale Ablehnung durch Gleichaltrige. Allerdings kann das von Kultur zu Kultur verschieden sein.

Vorschulalters hat es 90 Prozent des Gewichts eines Erwachsenengehirns (Tanner, 1990). Die beschriebenen Veränderungen haben ihre Ursache nicht in der Vergrößerung der Anzahl der Gehirnzellen (»Neuronen«), sondern sie entstehen dadurch, dass sich zwischen den vorhandenen Zellen mehr Verbindungen entwickeln. Zu Beginn des Lebens weist das menschliche Gehirn sogar mehr Neuronen als beim Erwachsenen auf, denn etwa die Hälfte der zu einem früheren Zeitpunkt nachweisbaren Nervenzellen wird im Laufe der weiteren Entwicklung absterben (Janowsky & Finley, 1986). Mit dem Tod dieser Hirnzellen verschwinden auch viele Verbindungswege zwischen ihnen (Goldman-Rapic et al., 1983), während andere, als Ergebnis spezieller Erfahrungen, erst aufgebaut werden (Huttenlocher, 1994).

Die Teile der rechten Hirnhälfte, die für das Erkennen visueller Muster zuständig sind, zeigen zwischen dem vierten und fünften Lebensjahr einen ausgesprochenen Wachstumsschub (Thatcher, 1994). Damit wird – neben weiteren Veränderungen des Gehirns – eine wichtige Voraussetzung für die Fähigkeit des Kindes geschaffen, gesprochene und geschriebene Sprache in Beziehung zu setzen. Aus diesem Grunde kann man nunmehr mit dem Lese- und Schreibunterricht beginnen, der im Alter von sechs Jahren den meisten Schulneulingen keine Schwierigkeiten mehr bereitet.

Myelinisierung. Die Gewichtszunahme des Gehirns geht zum einen darauf zurück, dass sich die Anzahl der Nervenenden erhöht, durch die die Hirnteile miteinander kommunizieren. Außerdem lässt sich die Größenzunahme auf einen Prozess zurückführen, den man »Myelinisierung« nennt. Er besteht darin, dass sich die Nervenfasern mit einer Fettschicht (dem Myelin) umgeben. Erst nach Abschluss dieser Myelinisierung können die Nervenfasern Impulse leiten. Etwa zum Zeitpunkt der Geburt sind bereits die Nervenleitungen zwischen dem Gehirn und den Sinnesorganen myelinisiert. Aus diesem Grunde funktionieren bereits die Sinnesorgane des Neugeborenen. Die motorischen Stationen, wie sie einmal Mary Shirley (s. Abb. 1.2 auf Seite 4) dokumentiert hat, werden erst in den nachfolgenden Monaten in einer Reihenfolge durchlaufen, die auch durch den Prozess der Myelinisierung mitbestimmt wird. Die motorische Entwicklung, die das Zusammenspiel von hirnphysiologischer Ausreifung und entsprechenden Erfahrungen darstellt, schreitet während des Vorschulalters weiter voran. Obwohl der Prozess der Myelinisierung während der ersten Lebensjahre ziemlich schnell verläuft, ist im Übrigen zu beachten, dass es Bereiche im Gehirn gibt, bei denen dieser Reifungsprozess erst in der Adoleszenz, möglicherweise nicht vor Eintritt in das frühe Erwachsenenalter zum Abschluss kommt. Bei diesen Hirnteilen handelt es sich um solche, die es einem Menschen ermöglichen, sich einer Sache länger konzentriert zuzuwenden (Tanner, 1990).

6.1.3 Fortschritte in der motorischen Entwicklung

Hoher Bewegungsdrang

In der englischen Sprache bezeichnet man ein Kind, das gerade Laufen gelernt hat, als »Toddler«. Mit dieser Bezeichnung wird zum Ausdruck gebracht, dass es sich dabei um einen »Tappenden« handelt. Wegen des unsicheren Ganges wird das Kind immer wieder ermahnt, »vorsichtig« oder »nicht so schnell« zu laufen. Das ändert sich in den nachfolgenden Jahren. Fortschritte in der hirnphysiologischen Reifung ermöglichen eine bessere Steuerung der Muskeln, die zunehmend kräftiger werden. Wodurch stellt die Natur aber sicher, dass das Kind die erforderlichen Übungsaktivitäten unternimmt? Wer einmal Vorschulkinder beobachtet hat, dürfte die Antwort bereits kennen. Während der ersten beiden Lebensjahre ist nämlich bei vielen Kindern ein ständiger Anstieg ihres Aktivitätsniveaus zu verzeichnen. Dieses erreicht etwa im Alter von drei Jahren einen Höhepunkt und sinkt bis zum Alter von fünf Jahren wieder ab (Eaton & Yu, 1989). Viele Kinder sind in diesem Alter ständig »in Bewegung«. Selbst in Situationen, in denen etwas mehr Ruhe von ihnen erwartet wird, werden sie von ihrem Aktivitätsdrang getrieben. So »zappeln« sie etwa beim Essen, oder vor dem Fernsehgerät, wo sie aber auch nur für kurze Zeit ausharren, um sich sodann eine weitere Abwechslung zu verschaffen. Trotz dieser etwas verallgemeinernden Aussagen sollte nicht unerwähnt bleiben, dass es auch Vorschulkinder gibt, die als verhältnismäßig ruhig zu kennzeichnen sind (Goldsmith et al., 1987). Wie aktiv ein Kind ist, wird zum einen von seiner Erbausstattung mitbestimmt, denn eineiige Zwillinge sind in dieser Hinsicht einander sehr ähnlich (Gandour, 1989). Darüber hinaus unterscheiden sich aber auch Kulturen darin, wie kindliche Aktivitäten bewertet werden. So schätzen Mütter, die in Puerto Rico leben, ständige kindliche Aktivitäten eher negativ ein. Demgegenüber sehen afrikanische Mütter das rhythmische Bewegen ihrer Kinder positiv; entsprechend versuchen sie, es anzuregen und zu fördern (Hale-Benson, 1986).

Der »Bewegungsdrang« des Vorschulkindes bleibt nicht ohne Folgen, denn schon als Fünfjährige haben Jungen und Mädchen ihren Körper weitgehend unter Kontrolle und zeigen Bewegungen, die vielfach anmutig erscheinen. Entwicklungspsychologen unterscheiden in ihren Beschreibungen der motorischen Entwicklung zwischen solchen, die den Einsatz »größerer« (gemeint sind vor allem die der Arme und Beine) und »kleinerer« (vor allem die der Hände und Finger) Muskelgruppen fordern.

Motorische Aktivitäten unter Einsatz größerer Muskelgruppen

Laufen. Zweijährige bewegen sich noch recht ungeschickt. Beim Laufen fällt es ihnen nicht immer leicht, das Gleichgewicht zu halten. Aber infolge ihres ständigen Übens zeigen sich sehr bald Fortschritte, denn die Muskeln kräftigen sich dadurch, und die Abstimmung zwischen verschiedenen Muskeln gelingt ihnen zunehmend besser. Als Dreijährige sieht man sie ständig in Bewegung, so auch immer wieder auf Gegenstände klettern. Sie können mit beiden Beinen hüpfen und landen stets sicher wieder auf dem Boden. Nicht selten führen sie anderen mit einigem Stolz ihre Bewegungskünste vor (»Guck mal, wie schnell ich laufen kann!«). Es bereitet ihnen auch kaum noch Schwierigkeiten, auf einer geraden Linie entlang zu gehen. Beim Treppensteigen setzen sie in der Regel noch einen bevorzugten Fuß auf die nächste Treppenstufe, um den anderen nachzuziehen. Nach weiteren sechs Monaten können sie diese Aufgabe auch mit beiden Beinen bewältigen. Allerdings ist das Aufsteigen bei einer Treppe noch leichter als das Absteigen, denn erst im Alter von fünf Jahren wechseln die meisten Kinder die Beine ab, wenn sie eine Treppe nach unten gehen. Mit vier Jahren gelingt ihnen in der Regel das Hüpfen auf einem Bein, und als Fünfjährige können viele schon stolz einen Sprung von 90 cm Länge vorführen.

Werfen und Fangen. Es hängt von den Übungsmöglichkeiten ab, wie geschickt das Kind mit einem Ball umgehen kann. Nur wenige Vierjährige sind in der Lage, gut zu werfen, und auch beim Fangen haben viele noch Schwierigkeiten (Du Randt, 1985). Dennoch sind Fortschritte unverkennbar, denn die meisten Fünfjährigen bewegen sich schon fast so wie Erwachsene (Corbin, 1973).

Motorische Aktivitäten unter Einsatz kleinerer Muskelgruppen: Feinmotorik

Von Feinmotorik spricht man bei Bewegungen, an denen nur einzelne Muskeln beteiligt sind, vor allem die der Hand und der Finger. Das Ausschneiden mit einer Schere, das Auf- und Zuknöpfen einer Bluse, das Ausmalen eines Bildes mit einem Stift sind Beispiele für feinmotorische Bewegungen, die sich im Verlauf des Vorschulalters entwickeln. Aufgaben, die Feinmotorik voraussetzen, sind meist etwas schwieriger als die »großen« Bewegungen, denn sie setzen auch Geduld und eine gut abgestimmte Kontrolle mit den Augen oder – etwa beim Spielen eines Musikinstruments – des Hörorgans voraus.

Feinmotorische Tätigkeiten beobachtet man bereits während des ersten Lebensjahres, so etwa, wenn das Baby einen Gegenstand mit Daumen und Zeigefinger erfasst. Was aber nunmehr hinzukommt, ist eine genauere Kontrolle durch die Sinnesorgane. So kann das Kind jetzt Bauklötze greifen und sie zu einem Turm von beachtlicher Höhe aufeinander stapeln; allerdings setzt eine solche Aufgabe bereits gesteigerte Konzentration voraus.

Entwicklung von Rechts- und Linkshändigkeit

Etwa 90 Prozent der Erwachsenen bevorzugen die rechte Hand, wenn sie entsprechende Aufgaben zu erledigen haben. Früher war man bemüht, Kinder, die bevorzugt mit der linken Hand zum Becher griffen oder malten, zur Nutzung ihrer rechten Hand zu drängen. Die Linkshändigkeit war aus damaliger Sicht ein Ausdruck von Anomalität; Spuren dieser Einstellung finden sich noch heute. Wenn man beispielsweise feststellt, dass etwas *recht*ens ist, dann will man damit sagen, dass alles in Ordnung ist. Demgegenüber ist es nicht gerade schmeichelhaft für einen Menschen, wenn man ihn als *link*isch bezeichnet; man kann ihn auch *links liegen lassen*, ihn als *linken Vogel* kennzeichnen oder ihn *linken* (Schilling, 1992). In der englischen Sprache bedeutet *sinister* etwas Schlechtes oder Böses; es stammt aus dem Lateinischen, wo es so viel bedeutet wie »links«, aber auch »dunkel, finster«. Ein weiterer Beleg lässt sich der französischen Sprache entnehmen. Darin heißt *gauche* »links«, aber man verwendet dieses Wort auch, um einen Menschen als »unbeholfen« oder »tölpelhaft« zu kennzeichnen. Wie konnte sich aber über viele Generationen von Eltern die Überzeugung festsetzen, dass die rechte Hand die »gute« Hand ist? Hatte diese Wertung etwa überhaupt keine Berechtigung? Um diese Frage zu beantworten, muss geklärt werden, wie es zur Entstehung von Rechts- bzw. Linkshändigkeit überhaupt kommt.

Entstehung von Rechts- und Linkshändigkeit. Bei Rechtshändern dominiert die linke Hirnhälfte über die rechte, während bei Linkshändern die rechte Hirnhälfte spezialisiert ist, Handbewegungen zu kontrollieren. Stellt Linkshändigkeit tatsächlich das Ergebnis einer Entwicklung dar, der man entgegenwirken sollte? Zumindest ist nicht zu leugnen, dass dem Linkshänder das Zurechtfinden in seiner Umwelt etwas erschwert wird, denn viele Gegenstände des alltäglichen Gebrauchs sind für Rechtshänder konstruiert. So hängen Telefonhörer in öffentlichen Sprechzellen in der Regel auf der rechten Seite, und auch die Schließ- und Öffnungsmechanismen von Türen finden sich – von außen betrachtet – in der Regel rechts. Vielleicht lässt sich damit erklären, dass für linkshändige Kinder ein erhöhtes Unfallrisiko bestehen soll (Graham et al., 1993). Neben ausgesprochenen Links- und Rechtshändern gibt es auch Beidhänder; sie führen einige Tätigkeiten ebenso geschickt mit der linken wie mit der rechten Hand aus. In der mittleren Kindheit gibt es mehr Beidhänder (8,25 Prozent) als Linkshänder (6,87 Prozent), wie Friedrich Schilling (1992) feststellt. Eltern haben aber wenig Grund, die Entwicklung einer Linkshändigkeit mit Besorgtheit zu betrachten, zumal viele geniale, auch künstlerisch herausragende Persönlichkeiten, wie Michelangelo, Leonardo da Vinci, Pablo Picasso, Linkshänder waren (Bower, 1985). Es gibt zudem Belege dafür, dass linkshändige und beidhändige Menschen häufig über außergewöhnliche sprachliche und mathematische Fähigkeiten verfügen (Hiscock & Kinsbourne, 1987).

Während ihrer ersten Lebensmonate zeigen Kinder noch keine Neigung, die eine Hand gegenüber der anderen zu bevorzugen. So wird die Rassel oder die Spielente auch von sechs bis neun Monate alten Kindern das eine Mal mit der rechten, das andere Mal mit der linken Hand erfasst (McCormick & Maurer, 1988). Bei 13 Monate alten Kindern besteht schon eher eine Tendenz, einen Gegenstand mit der linken Hand festzuhalten, um ihn mit der rechten Hand näher zu untersuchen (Cornwell et al., 1991). Im Verlauf des Vorschulalters tritt die Bevorzugung einer der beiden Hände bei den meisten Kindern immer deutlicher zutage. Wenn schließlich der Eintritt in den Kindergarten erfolgt, hat sich die Handpräferenz soweit verfestigt, dass sie von Seiten der Umwelt kaum noch zu verändern ist (McManus et al., 1988).

Erklärungsansätze. Deutet diese Stabilisierung darauf hin, dass für die Entwicklung von Rechts- und Linkshändigkeit eine genetische Grundlage besteht? Die Frage lässt sich noch nicht eindeutig beantworten. Es fällt auf, dass Zwillinge (eineiige ebenso wie zweieiige) gehäuft unterschiedliche Handpräferenzen zeigen. Das könnte mit ihrer Lage während der Schwangerschaft zusammenhängen (Zwillinge liegen sich häufig gegenüber) (Perelle & Ehrman, 1994). Da aber die meisten Föten während der Schwangerschaft links geneigt liegen, hat man an die Möglichkeit gedacht, dass Erfahrungen im vorgeburtlichen Zeitraum die Entwicklung der Handpräferenz mitbestimmen könnten (Coren & Halpern, 1991). Der Einfluss der Vererbung ist damit nicht widerlegt; Biologen haben Belege zusammengetragen, die dafür sprechen, dass ein einzelnes Gen für die Entstehung von Rechtshändigkeit existieren könnte (Klar, 1996).

Angemessene Förderung von Linkshändern. Wenn ein Kind bereits während der ersten Lebensjahre von sich aus die linke Hand bevorzugt, sollte es auf keinen Fall zum Gebrauch der rechten Hand gezwungen werden, denn das bedeutet »einen der schwerwiegendsten, nicht operativen Eingriffe in das menschliche Gehirn überhaupt«, erklärt Johanna Barbara Sattler (1992). Ein solcher Eingriff kann nach ihren Beobachtungen schwerwiegende Folgen haben: »Viele umgeschulte Linkshänder haben besonders in der Schulzeit Probleme mit der Konzentration«; mögliche Beeinträchtigungen der Gedächtnis-, Lese- und Rechtschreibleistungen, der Feinmotorik und Sprache (bis zum Stammeln und Stottern) kämen hinzu. Friedhelm Schilling (1992) beklagt, dass Grundschullehrer häufig die Auffassung vertreten, dem Schüler solle es überlassen bleiben, wie und mit welcher Hand er schreiben möchte. »Diese Freiheit, so stellt Schilling fest, überfordere aber den Lernenden, denn der links schreibende Schüler benötigt Vorbild und Hilfe des Lehrers, um zu einer leserlichen und flüssigen Schreibweise zu gelangen. Schilling gibt u. a. folgende Empfehlungen:

- Um beim Schreiben aufgrund der nach rechts gerichteten Bewegungsrichtung nicht eine stoßende Bewegung machen zu müssen, ist es angebracht, dass der Linkshänder eine um 30 Prozent nach rechts gedrehte Schräglage des Heftes oder Blattes einhält.
- Um ein Verwischen des Geschriebenen zu verhindern, liegt das Blatt links von der Mittelachse des schreibenden Kindes.
- Damit der linke Arm nicht ständig Schatten auf das Geschriebene wirft, sollte bei der Beleuchtung des Schreibplatzes darauf geachtet werden, dass das Licht von rechts einfällt.
- In der Schulklasse sollte der Linkshänder stets links neben einem Rechtshänder sitzen, damit Rechts- und Linkshänder sich nicht gegenseitig behindern.

Das Wissen eines Menschen darum, Rechts- oder Linkshänder zu sein, wird Teil seines Wissens um sich selbst. Die Erkenntnis, »Ich bin ein Linkshänder und weiß, wie andere darüber denken, wie sie dazu stehen«, könnte auch die Entwicklung des Selbstwertgefühls mitbestimmen. Von dem Wissen, das Menschen über die eigene Person ansammeln, und von der Bewertung eigener Merkmale soll in den folgenden Abschnitten ausführlicher die Rede sein.

6.2 Entwicklung von Einstellungen zur eigenen Person

Kinder begnügen sich nicht damit, ihre eigene Umwelt zu erkunden; ihr Interesse richtet sich ebenso darauf, sich selbst als Person kennenzulernen. Die Bemühungen, mehr über sich zu erfahren, werden von zwei verschiedenen Fragen geleitet:

(1) »Wer bin ich wirklich?«
(2) »Welche Einstellung habe ich mir gegenüber?«

Selbst-Wissen und Selbst-Bewertung

Mit diesen zwei Fragen werden jene zwei Aspekte der eigenen Person bzw. des »Selbst« angesprochen, denen sich entwicklungspsychologische Forschungen in jüngerer Zeit verstärkt zugewandt haben (Rochat, 1995). Es geht dabei zum einen um das, was ein Mensch über sich selbst weiß (Selbst-Wissen), und weiterhin um die Bewertung dessen, was man bei sich selbst entdeckt hat (Selbst-Bewertung). Aufgrund der Fortschritte in der kognitiven Entwicklung sind beim Vorschulkind entscheidende Voraussetzungen entstanden, sich selbst zu beobachten und Selbstbewertungen vorzunehmen (Eder & Mangelsdorf, 1997). In diesem frühen Lebensabschnitt können die Kinder bereits auf das verfügbare Wissen aufbauen, wonach sie in dieser Welt als unabhängige Person existieren und als solche bestimmte Merkmale besitzen (groß oder klein, dick oder dünn). Sie nehmen zudem wahr, dass bei ihnen selbst ebenso wie bei anderen »geistige« Prozesse ablaufen. Durch Selbstbeobachtung, aber auch durch Reaktionen anderer wird den Vorschulkindern zunehmend bewusst, dass sie selbst ein Mädchen oder ein Junge sind.

6.2.1 Vorstellungen über die eigene Person

»Selbst-Schema« und Selbstkonzept. Während des Vorschulalters haben Kinder zahlreiche Gelegenheiten, in vielfältigen Situationen Erfahrungen zu sammeln, so etwa in alltäglichen Kontakten mit den Eltern und Geschwistern, bei Gesellschaftsspielen, eventuell bei der musikalischen Früherziehung, beim Benutzen des Zwei- oder Dreirades usw. Bei allen diesen Tätigkeiten erfahren die Kinder stets auch etwas über sich selbst. Auf diese Weise entwickelt sich im Verlauf der Zeit ein »Selbst-Schema«, das alle Informationen, die sich auf die eigene Person beziehen, in geordneter Form speichert. Ein Kind, das sich im Spiegel wiedererkennt, hat mit Hilfe seines Selbst-Schemas die Feststellung treffen können: »Das bin ich!« Das Selbst-Schema enthält aber nicht nur Informationen über das eigene Aussehen, sondern speichert auch das Wissen über Fähigkeiten und Einstellungen, mit denen ein Mensch sich selbst kennzeichnet. Das Insgesamt der Merkmale, die sich ein Mensch zuschreibt, bezeichnet man auch als Selbstbild oder Selbstkonzept. Wenn man Kinder im Alter zwischen drei und fünf Jahren anregt, sich einmal selbst zu beschreiben (»Erzähl mir doch einmal, wer du bist«), dann benennen sie in ihren Antworten häufig Aktivitäten, wie etwa »ich kann mich schon allein anziehen«, »ich gehe in den Kindergarten« oder »ich kann Dreirad fahren« (Keller et al., 1978).

Fremd- und Selbstbewertungen. Die einzelnen Vorstellungen über verschiedene Aspekte der eigenen Person bestehen aber nicht nur aus Beschreibungen (»Ich bin fünf Jahre alt«, »ich bin ein Junge«, »ich habe schwarzes Haar«). Vorschulkinder bringen in ihren Selbstbeschreibungen häufig auch Wertungen zum Ausdruck. Kinder, die in westlich orientierten Ländern aufwachsen, geben bereits sehr früh in ihrem Leben Hinweise auf ihren Wunsch nach Bewertungen. Schon im Alter von zwei Jahren können Kinder eine Burg im Sandkasten oder einen Turm aus Bauklötzen bauen und nach Vollendung ihres »Werkes« daran interessiert sein, es anderen, vorzugsweise Mutter und Vater, zu zeigen (»Guck hier!«). Im selben Alter oder etwas später bringen Jungen und Mädchen auch *Selbst*-Bewertungen zum Ausdruck, etwa dann, wenn sie eine Aufgabe erfolgreich erledigt haben und aufgrund des Ergebnisses lächeln, oder – im Gegenteil – daran gescheitert sind, und deshalb ihren Blick etwas verschämt von weiteren Anwesenden abwenden (Stipek et al., 1992).

Kompetenz und Akzeptanz. Susan Harter (1983) hat Vorschulkinder gebeten, ihr mitzuteilen, wie sie sich in verschiedener Hinsicht selbst bewerten. Sie fand heraus, dass sich bei Mädchen und Jungen im Alter zwischen vier und sieben Jahren vor allem zwei Bereiche unterscheiden lassen, auf die sich häufig Selbstbewertungen beziehen.

Kompetenz. Sie gibt Aufschluss darüber, für wie gut sie sich darin halten, Anforderungen zu erfüllen, die alltäglich an sie herangetragen werden.

Soziale Akzeptanz. Dabei geht es um ihre subjektive Einschätzung, ob andere sie mögen und ob sie sich als Mitglied ihrer Familie umsorgt fühlen.

Harter meint, dass Kompetenz und Akzeptanz im Vorschulalter und zu Beginn der Primarstufe noch unabhängig voneinander bestehen. Deshalb kann ein Kind dieses Altersbereichs noch davon überzeugt sein, bei anderen nicht sehr beliebt zu sein, aber trotzdem viel zu »können« oder umgekehrt.

Neigung zur Selbstüberschätzung. Es stellt sicherlich eine allgemein menschliche Neigung dar, die eigene Person in einem recht günstigen Licht zu sehen. Bei Vorschulkindern ist diese Tendenz sogar noch stärker ausgeprägt. Jungen und Mädchen dieses Alters überschätzen zumeist noch, was sie tatsächlich leisten können und wie beliebt sie bei anderen sind. Nicht selten sind sie – was ihr Können angeht – ein wenig zu optimistisch. Selbst wenn sie gerade an einer Aufgabe gescheitert sind, sehen sie offenbar keinen Anlass, ihre Erwartungen an ein gutes Abschneiden beim nächsten Mal zurückzunehmen (Stipek & Hoffman, 1980).

Selbstbild in kollektivistischen und individualistischen Kulturen. Ist diese Selbstüberschätzung allgemein kennzeichnend für das Vorschulalter? Vergleiche von Kindern unterschiedlicher Kontinente legen den Schluss nahe, dass sich in solchen Äußerungen der Einfluss der jeweiligen Kultur wiederfindet. Kinder, die in Europa oder Nordamerika aufwachsen, neigen in einer »individualistischen Orientierung« eher dazu, sich als einzigartig herauszustellen, während gleichaltrige Kinder in Asien dazu tendieren, sich in einer Gruppe einzupassen und keine Hinweise auf individuelle Besonderheiten zu geben. Man spricht hier von einer »kollektivistischen Orientierung« (Markus & Kitayama, 1991; Triandis, 1995). Kollektive Kulturen lassen sich durch das Verpflichtetsein gegenüber der Gruppe kennzeichnen, der man angehört. Leistungen und Verantwortlichkeiten werden als gemeinsame Erfahrungen gesehen. So lernt das Kind etwa in Japan, sich selbst als Teil eines sozialen Netzes zu verstehen, in dem man sich gegenüber anderen nicht herausstellt, während Jungen und Mädchen in Ländern des westlichen Europas zur Entwicklung eines Selbstkonzepts angeregt werden, das auf die Besonderheit des unabhängigen Individuums ausgerichtet ist (Markus & Kitayama, 1991). Kinder, die unter individualistischer Orientierung aufwachsen, sind offenbar egoistischer und mehr am Wettbewerb interessiert. Sie werden angeregt, eigene Vorstellungen und Meinungen zum Ausdruck zu bringen. Demgegenüber besteht für asiatische Kinder mehr die Tendenz, das Wohlergehen anderer in den Blick zu nehmen, sich für Gemeinschaftsziele einzusetzen und die Fähigkeit auszubilden, sich in die Gedanken anderer hineinzuversetzen. Etwa 70 Prozent der Kulturen dieser Erde sind als kollektivistisch zu kennzeichnen (Greenfield, 1995).

Bei ihren Selbstbeschreibungen erwähnen – zumindest ältere Vorschulkinder – häufig auch das eigene Geschlecht. Diesem Wissen von der eigenen Geschlechtszugehörigkeit können sich Kinder tatsächlich kaum entziehen, denn sie nehmen vergleichsweise früh in ihrem Leben die Bedeutung wahr, die das Junge- oder Mädchen-Sein für die Personen ihrer Umgebung besitzt. Das Wissen vom eigenen Geschlecht und den damit einhergehenden Erwartungen anderer wird somit bereits im Vorschulalter zu einem wichtigen Bestandteil des Selbstbildes.

6.2.2 Hineinwachsen in die eigene Geschlechtsrolle

Bereits während der Antike, vermutlich schon sehr viel früher, hat man sich Gedanken darüber gemacht, ob den offenkundigen körperlichen Unterschieden von Mann und Frau auch solche im »Charakter« der Person entsprechen könnten. So erklärt Aristoteles in seinem Werk *Tierkunde* (Buch IX) unter ausdrücklicher Abhebung auf den Menschen: Die Frau ist »mitleidiger als der Mann, nachtragender, schmäh- und streitsüchtiger. Das Weib läßt eher als der Mann Mut und Hoffnung sinken, ist schamloser und falscher, kann sich nicht entschließen und ist überhaupt unbeweglicher als der Mann.« Aristoteles gibt ganz offenkundig eine vorgefasste Meinung über die Unterschiede der Geschlechter wieder. Es ist ohne weiteres erkennbar, dass dieser griechische Philosoph den Mann – und das heißt gleichzeitig: sein eigenes Geschlecht! – sehr viel günstiger bewertet als die Frau. Hat sich einige tausend Jahre später an der vergleichsweise ungünstigen Bewertung des weiblichen Geschlechts tatsächlich Entscheidendes geändert? Wachsen sehr junge Mädchen heute in eine Geschlechtsrolle hinein, die entscheidend attraktiver ist als zu Zeiten der Antike?

Ein Besuch im Kindergarten ergibt, dass Jungen und Mädchen nicht nur zumeist getrennt voneinander spielen, sondern jeweils auch Tätigkeiten nachgehen, die sich als eher männlich bzw. eher weiblich kennzeichnen lassen. Woher und ab wann wissen aber Kinder, ob sie männlich oder weiblich sind, wie sie sich – weiterhin – angemessen anzuziehen haben, womit sie sich vorzugsweise beschäftigen sollten, welchen Gleichaltrigen sie sich im Spiel zuwenden »können« und von welchen Kindern sie sich abzusetzen haben? Die Antwort lautet, dass Kinder während der ersten Lebensjahre ein geschlechtstypisches Verhalten entwickeln, das heißt, zunehmend Aktivitäten zeigen, die in ihrer Kultur für Jungen und Mädchen jeweils als angemessen gelten. Welche Einflüsse gehen von Seiten der Umwelt aus, damit diese Entwicklung stattfindet?

Einflüsse der Umwelt

Geschlechter-Stereotype. Wenn Eltern den Freunden und Bekannten erfreut die Geburt ihres Kindes anzeigen, dann richtet sich das Hauptinteresse der Angesprochenen oft auf die Frage, ob es ein Mädchen oder ein Junge ist. Viele Eltern bemühen sich auch, das Geschlecht des Kindes weithin sichtbar zu machen, beispielsweise durch Farben: mit blau kennzeichnet man üblicherweise einen Jungen und mit rosa ein Mädchen. Junge und Mädchen werden aber nicht nur unterschiedlich nach außen hin *dargestellt,* sondern außerdem ungleich *behandelt.* Woher wissen die Eltern aber, wie sie ihren Sohn bzw. ihre Tochter angemessen zu behandeln haben? Die Antwort lautet, dass es in jeder Kultur »Geschlechter-Stereotype« gibt. Solche Stereotype beschreiben Vorstellungen (Konzepte, Überzeugungen) darüber, was für Frau bzw. Mann als »normal«, als »typisch« oder vielleicht sogar als »natürlich« zu gelten hat. Dem Geschlechts-Stereotyp ihrer Kultur entnehmen Männer und Frauen, wie sie zu sein haben und wie sie sich verhalten sollen. Auch das oben wiedergegebene Urteil von Aristoteles beruht letztlich auf einem Stereotyp seiner Zeit.

In allen Kulturen werden »der« Frau andere Persönlichkeitsmerkmale zugeschrieben als »dem« Mann, wenngleich es in Bezug auf diese Merkmale erhebliche Unterschiede zwischen den Gesellschaften gibt. So gehen praktisch alle Amerikaner davon aus, dass Männer aggressiv sind, während in Nigeria nur eine Minderheit diese Meinung vertritt. Die Überzeugung vieler Amerikaner, dass Frauen »gefühlsbestimmt« sind, findet nur bei wenigen Pakistani Zustimmung (Williams & Best, 1990). Zum Geschlechts-Stereotyp gehören aber nicht nur Persönlichkeitsmerkmale, sondern ebenso vorgefasste Meinungen darüber, womit Kinder sich am liebsten zu beschäftigen haben, welches Spielzeug für sie angemessen ist, für welche Sportarten sie günstige Voraussetzungen mitbringen und welchen Beruf sie später einmal ergreifen können. Eltern und andere Personen, mit denen Kinder in Kontakt treten, orientieren sich an den für ihre Kultur geltenden Stereotypen: Sie tragen entsprechend bestimmte Erwartungen an Mädchen und Jungen heran. So werden männliche Babys vielfach stärker als weibliche zum Krabbeln und Laufen angeregt, während kleine Mädchen intensivere Sprachanregungen empfangen (Frisch, 1977; MacDonald & Parke, 1986). Aggressionen toleriert man eher bei Jungen, während von einem Mädchen erwartet wird, dass es lernt, emotionale Wärme zu zeigen (Lytton & Romney, 1991).

Nachdem Kinder das Alter von etwa zwei Jahren erreicht haben, achten Personen ihrer Umgebung vielfach noch stärker darauf, dass sie geschlechtstypisches Verhalten zeigen. Sie regen damit den Prozess der Geschlechtstypisierung an, d. h., das Hineinwachsen des Kindes in seine Geschlechtsrolle.

Reaktionen auf atypisches Verhalten. Wie ist zu erklären, dass Jungen sich im Verlauf des Vorschulalters zunehmend in ihrem Spielverhalten von Mädchen unterscheiden? Was veranlasst einen Stefan, einen Thorsten oder einen Andreas, häufiger zu einem Lastwagen zu greifen als eine Katrin, eine Nicole oder eine Sabine? Es ist zu vermuten, dass die Bevorzugung bestimmter Spielsachen weitgehend erfolgt, weil die Umwelt die Kinder dazu ermuntert. Eltern verfügen über mehrere Möglichkeiten, ihre Kinder an das vorherrschende Rollenverständnis mit einigem Nachdruck heranzuführen. Wie reagieren Vater und Mutter beispielsweise, wenn ihre Söhne Tätigkeiten nachgehen, die entsprechend dem Geschlechter-Stereotyp als weiblich zu gelten haben? »Dürfen« Mädchen ohne weiteres »andere schlagen«, »auf Bäume klettern« oder sich mit einer »Spielzeugeisenbahn beschäftigen«? Die Antwort darauf ist nicht ganz einheitlich zu finden.

Insgesamt behandeln Eltern ihre Töchter und Söhne weitgehend gleichartig: Sie bringen ihnen in gleicher Weise emotionale Wärme entgegen, regen sie an, sich um gute Leistungen zu bemühen und selbständig zu werden. Der einzige Unterschied findet sich, wenn es um Verhaltensweisen geht, die mit den Geschlechtsrollen in Beziehung stehen (Lytton & Romney, 1991). Wenn es etwa um das Spielverhalten der Kinder geht oder um Erwartungen, bei häuslichen Aufgaben mitzuhelfen, unterscheiden viele Eltern offenbar, ob sie einen Jungen oder ein Mädchen vor sich haben.

Beobachtungen haben beispielsweise gezeigt, dass Kinder Zuspruch und Anerkennung empfangen, wenn sie sich im Spiel geschlechts*typisch* verhalten (Fagot & Lainbach, 1987; Lytton & Romney, 1991). Wenn ein Junge aber mit einer Puppe spielt, muss er mit einer anderen Reaktion rechnen als ein Mädchen, das sich einem Auto zuwendet (Ruble & Martin, 1998). Judith Langlois (Langlois & Downs, 1980) veranlasste Kinder im Vorschulalter, sich in Anwesenheit ihrer Eltern mit Spielsachen zu beschäftigen, die für ihr Geschlecht nicht als typisch gelten. Dabei zeigte sich, dass Mütter noch eher als Väter akzeptieren können, dass ihr Kind sich mit einem Spielzeug des jeweils anderen Geschlechts beschäftigt. Väter reagieren bei einem solchen Anblick häufig negativ, vor allem, wenn ihr Sohn sich mit »Mädchen-Sachen« beschäftigt. Der Tochter wird demgegenüber sehr viel mehr Freiraum bezüglich ihrer Wünsche zugestanden, sich mit typisch männlichem oder weiblichem Spielzeug zu beschäftigen, sich eher »männlich« oder »weiblich« zu kleiden; sie ist auch freier in der Auswahl ihrer Spielpartner (Miedzian, 1991). Jungen werden im Vergleich zu Mädchen somit sehr viel strikter in ihre Geschlechtsrolle hineinge*drängt* (Lytton & Romney, 1991). Kinder kontrollieren auch untereinander das Spielverhalten. Wenn ein Junge, etwa im Kindergarten, mit Puppen spielt, muss er damit rechnen, von anderen bestenfalls ignoriert, wahrscheinlicher aber geneckt oder verspottet zu werden (Levy et al., 1995).

Entwicklung des Verständnisses eigener unveränderlicher Geschlechtszugehörigkeit

Kinder berücksichtigen schon ziemlich früh in ihrem Leben, dass es zwei Klassen von Menschen gibt: männliche und weibliche. Im Alter von zwei Monaten sind die meisten Kinder in der Lage, auf männliche Stimmen anders als auf weibliche zu reagieren (Jusczyk et al., 1992). Wenn man etwa zweijährige Kinder fragt, ob sie Junge oder Mädchen sind, dann wird nur etwa die Hälfte von ihnen richtig antworten. Ein halbes Jahr später können fast drei Viertel zutreffend Auskunft über ihr eigenes Geschlecht geben. Bereits Dreijährigen bereitet eine solche Frage keine Schwierigkeit mehr (Thompson, 1975). Wissen diese Kinder aber auch, dass aus Mädchen keine Jungen und umgekehrt aus Jungen keine Mädchen werden können? Wenn man einmal von Ausnahmen einer Geschlechtsumwandlung absieht, ändert sich das mit der Empfängnis festgelegte Geschlecht nicht mehr. Wann erfassen Vorschulkinder, dass auch ihr eigenes Geschlecht biologisch endgültig festgelegt ist? Das hängt zum einen von ihrer kognitiven Entwicklung ab (De Lisi & Galagher, 1991), aber zusätzlich auch davon, wie man die entsprechende Frage an Kinder heranträgt. In älteren Studien legte man Jungen und Mädchen im Vorschulalter zumeist Zeichnungen vor, auf denen man die Kleidung, aber auch das Aussehen der Haare veränderte. »Wird aus einem Jungen ein Mädchen, wenn er sich lange Haare wachsen läßt oder sich Kleider anzieht?« Viele Vorschulkinder haben auf eine solche Frage seinerzeit mit »ja« geantwortet (Emmerich et al., 1977). Da aber den jungen Versuchspersonen lediglich Zeichnungen vorgelegt worden waren, haben sie vielleicht nur feststellen wollen, dass es sehr wohl möglich wäre, durch weitere kleinere Veränderungen in den Zeichnungen auch das Geschlecht eben dieser Vorlagen zu verändern. Erfolgen die gleichen Reaktionen, wenn man den Versuchspersonen wirkliche Mädchen und Jungen zeigt?

Abhängigkeit von den sozialen Erfahrungen. Das hängt nach den Beobachtungen Sandra Bems (1989) von den sozialen Erfahrungen der Kinder ab. Wenn sie bereits ausreichend Gelegenheit gehabt haben, andere Menschen nackt zu beobachten, dürften sie auch mit den körperlichen Unterschieden von Jungen und Mädchen ausreichend vertraut sein. Wenn Bem solchen »erfahrenen« Kindern Fotos zeigte, die 18 bis 24 Monate alte Jungen und Mädchen darstellten, dann erklärte fast die Hälfte von ihnen, das Geschlecht der Dargestellten würde sich nicht ändern, auch nicht dadurch, dass man ihnen Kleidung des anderen Geschlechts anzöge. Es waren vor allem jene Befragten, die mit den unterschiedlichen Genitalien von Jungen und Mädchen, Mann und Frau vertraut waren, die gehäuft die Unveränderlichkeit des Geschlechts eines Menschen behaupteten. Wenn man Vorschulkinder fragt, ob sich ihr eigenes Geschlecht ändern würde, wenn sie sich Kleidung des jeweils anderen Geschlechts anziehen würden, antwortet kein befragtes Kind mit »ja« (Ruble & Martin, 1998). Sobald ein Kind sicher weiß, ob es als Junge oder Mädchen aufwachsen wird, besitzt es die entscheidende Voraussetzung, in seine Geschlechtsrolle hineinzuwachsen bzw. sich damit zu identifizieren. Wie aber findet dieses Hineinwachsen statt? Zunächst einmal tragen Eltern und andere Personen an Jungen andere Erwartungen heran als an Mädchen.

Veränderung des geschlechtstypischen Verhaltens

Kinder haben als Zweijährige zwar noch kein umfassendes Verständnis dafür, dass es zwei Geschlechter gibt und dass sich mit männlich und weiblich jeweils besondere Rollen, Interessen und Vorlieben verbinden; dennoch bevorzugen viele Jungen bereits Autos, während Mädchen verstärkt nach Spielzeug greifen, das ihre Fürsorglichkeit herausfordert (Serbin et al., 1993). Wenige Monate später wissen die Kinder auch ziemlich genau, welche Aktivitäten die Geschlechter typischerweise auswählen (Trautner et al., 1985, 1989). Deanna Kuhn (et al., 1978) zeigte Kindern im Alter von zweieinhalb und dreieinhalb Jahren zwei Puppen: die eine stellte sie ihren jungen Versuchspersonen als Michael, die andere als Lisa vor. Die Kinder sollten mitteilen, ob Lisa oder Michael nach ihrer Meinung lieber »kochen« oder lieber »nähen« würden. Wer von den beiden wird wahrscheinlich mit »Puppen«, »Autos« oder mit der »Eisenbahn« spielen? Ist es für den Jungen wahrscheinlicher als für das Mädchen, »Küsse auszuteilen«, »sich mit anderen zu schlagen« oder »auf Bäume zu klettern«? Um solche Fragen zu beantworten, mussten die jungen Befragten Kenntnis von vorherrschenden Geschlechtsstereotypen haben. Waren sie mit solchen bereits vertraut? Die Antworten der Kinder zeigten, dass bereits Zweieinhalbjährige recht gut wissen, welche Tätigkeiten jeweils für Mädchen und Jungen typisch sind. Voraussetzung dafür, dass bei Zwei- bis Dreijährigen solche verallgemeinernden Feststellungen erfolgen können, ist aber offenbar, dass sie treffsicher in der Lage sind, andere Kinder nach ihrem Geschlecht zu klassifizieren (Fagot et al., 1992).

Geschlechtertrennung. Im Verlauf der Vorschulzeit haben Kinder unzählige Erfahrungen darüber sammeln können, was sich für Mädchen und Jungen »gehört«, wie »man« sich richtig verhält, welche Wünsche angemessen sind und wie man sich zu kleiden hat. Spätestens im Alter von vier oder fünf Jahren wissen Kinder sicher, ob sie selbst ein Junge oder ein Mädchen sind und damit im Erwachsenenalter in die Klasse Mann oder Frau hineinpassen werden. Von dem Zeitpunkt an, da sich Kinder selbst einer dieser beiden Klassen eindeutig zuordnen können, zeigen sie eine sehr strikte Geschlechtertrennung, sowohl auf dem Spielplatz als auch – später – im Klassenzimmer (Serbin et al., 1993). Das Geschlecht ist in früheren Abschnitten der Entwicklung offenbar noch mehr ein zur Trennung herausforderndes Merkmal als die ethnische Herkunft. Ein Junge würde eher mit einem Kind gleichen Geschlechts spielen, das äußerlich sichtbar (z. B. dunkelhäutig) einem anderen Kulturraum entstammt, als sich einem Mädchen gleicher ethnischer Herkunft zuzuwenden (Fishbein & Imai, 1993; Turner et al., 1993).

Abbildung 6.1. Jungen und Mädchen bevorzugen bereits unterschiedliche Spielsachen, wenn sie noch keine klaren Vorstellungen von ihrer Geschlechtlichkeit haben

Neudefinition von Geschlechterrollen. Es scheint aber, dass sich das Ideal einer klaren Geschlechtsdifferenzierung in jüngerer Zeit verwischt. Dies zeigt sich besonders ausgeprägt in der Welt der Erwachsenen, in der Frauen zunehmend in traditionell »männliche« Lebensbereiche vordringen, während umgekehrt viele Männer Aufgaben übernehmen, die in der Vergangenheit als »weiblich« galten. Die Unterschiede, die noch heute vielfach »dem« Mann und »der« Frau zugeschrieben werden, haben Wurzeln, die geschichtlich sehr weit zurückreichen. Sie sind im Verlauf eines sehr langen Zeitraumes entstanden, in der Männer auf das Jagen und Erlegen von Wild und Frauen auf das Sammeln von Beeren und Ernten von Nutzpflanzen spezialisiert waren. Sollten Erwachsene, die offenkundig ihr Verständnis von den Geschlechtsrollen neu definiert haben, nicht auch an die Kinder weniger differenzierte Erwartungen herantragen? Sandra Bem (1974, 1976) hat die Überzeugung vertreten, dass es für Eltern und andere Erzieher möglich sein sollte, Kinder nicht zu sehr in eine der beiden Geschlechtsrollen hineinzudrängen. Als Ergebnis solcher Bemühungen (Bierhoff-Alfermann, 1989) könnte sich eine »androgyne« Persönlichkeit entwickeln (aus den griechischen Wörtern für männlich [*andre*] und weiblich [*gyn*] zusammengesetzt), die sowohl dominant, selbstsicher und mit hohem Selbstvertrauen auftritt (traditionell männliche Merkmale), aber auch mitfühlend, sympathisch und verständnisvoll ist (traditionell weibliche Merkmale). In Abhängigkeit von der Situation wäre ein- und derselbe Mensch in der Lage, sich (nach herkömmlichem Verständnis) »männlich« oder »weiblich« darzustellen.

Ist eine Veränderung des männlichen und weiblichen Geschlechterstereotyps aber wirklich zu erwarten? Diese Frage ist in der Vergangenheit nicht einheitlich beantwortet worden. Sigmund Freud, dessen Denken sehr stark in der Biologie wurzelt, hätte sich dazu zweifellos skeptischer geäußert. Demgegenüber haben Behavioristen, die der Kontrolle des Menschen durch die Umwelt und damit dem Lernen (s. S. 22f.) eine große Rolle zuschreiben, die Möglichkeit der Veränderung sehr optimistisch gesehen. Entsprechendes gilt auch für die Vertreter der »Geschlechter-Schema-Theorie«, die im Folgenden ausführlicher dargestellt werden soll. Sie erklärt, wie Erkenntnisfunktionen und Umwelterwartungen zusammenwirken, damit ein Hineinwachsen in die eigene Geschlechtsrolle erfolgen kann.

Theorien zum Hineinwachsen in die Geschlechtsrolle

Motive für Identifikation. Es war Sigmund Freud, der die Bedeutung der sozial-emotionalen Bindung von Eltern und ihren Kindern herausstellte und darauf hinwies, dass sich Söhne und Töchter bei Vorliegen einer solchen Bindung mit dem jeweils gleichgeschlechtlichen Elternteil identifizieren. Nach erfolgter Identifikation werden Werte, Überzeugungen, Einstellungen und Verhaltensweisen von Mutter oder Vater übernommen und in geeigneten Situationen nachgeahmt. Wenn Freuds Behauptungen zutreffen, müsste es die Regel sein, dass bezüglich des geschlechtstypischen Verhaltens Mädchen ihren Müttern und Jungen ihren Vätern in hohem Maße ähneln; das ist aber häufig nicht der Fall. Söhne und Töchter können Verhaltensweisen zeigen, die nicht mit dem des gleichgeschlechtlichen Elternteils übereinstimmen. Vermutlich erfolgt eine Identifikation erst später, nämlich dann, wenn eine Ähnlichkeit zwischen Elternteil und Kind bereits vorliegt (Maccoby, 1992).

Für Freud hat die Identifikation – etwa die des Sohnes mit seinem Vater – die Funktion, Angst abzuwehren. Albert Bandura (1986) sah einen anderen Grund für die Bereitschaft von Kindern zur Identifikation. In seiner sozial-kognitiven Theorie (s. S. 23f.) geht er davon aus, dass Kinder bereitwillig Vorbilder (»Modelle«) imitieren, die ihnen warm und freundlich begegnen und ihre Nachahmungen häufiger verstärken. Jungen und Mädchen, so versicherte Bandura, erwerben ihre Geschlechtsidentität und die dazugehörigen Rollen ebenso, wie sie andere Verhaltensweisen lernen: durch Beobachtung und Imitation von Vorbildern. Der Junge nimmt wahr, dass er seinem Vater mehr als seiner Mutter ähnelt, und wenn er sich ebenso wie sein Vater verhält, wird dieser ihn dafür verstärken. Entsprechendes gilt für das Mädchen. Spätestens mit dem Alter des Schuleintritts hat ein Kind die von ihm erwünschte Geschlechtsrolle verinnerlicht, und fortan ist es nicht mehr darauf angewiesen, dass ein Modell unmittelbar anwesend ist. Es verstärkt sich dann selbst für weibliches bzw. männliches Verhalten.

»Geschlechts-Schema-Theorie«. Zusammenhänge, die Bandura in seiner sozial-kognitiven Theorie behauptet, sind auch in die »Geschlechts-Schema-Theorie« von Sandra Bem (1983, 1985) eingeflossen. Nach dieser Theorie entwickelt das Kind aufgrund seiner Erfahrungen im sozialen Umfeld Vorstellungen davon, was es bedeutet, ein Junge oder ein Mädchen zu sein. Diese Erfahrungen ordnet sich das Kind zu einem Schema (s. hierzu auch S. 142f.). In einem Geschlechts-Schema ist das gesamte vorliegende Wissen über die beiden Geschlechter, also sämtliche Überzeugungen, Einstellungen und Erwartungen, in geordneter Form zusammengefasst. Zunächst entwickelt das Kind ein sehr allgemeines und einfaches Geschlechts-Schema, das die Möglichkeit eröffnet, beobachtete Gegenstände, Aktivitäten usw. danach zu klassifizieren, ob sie etwas »für Mädchen« oder »für Jungen« sind. Dieses Geschlechts-Schema entwickelt sich, sobald das Kind in der Lage ist, Jungen und Mädchen voneinander zu unterscheiden und sobald es sein eigenes Geschlecht erkannt hat. Über ein solches Wissen verfügen die meisten Kinder – wie bereits festgestellt – im Altersbereich zwischen zwei und drei Jahren.

Entwicklung von Skripts. Durch Beobachtung anderer, meist älterer Kinder und Erwachsener, lernen Kinder zunächst, welche Beschäftigungen für Jungen und welche für Mädchen typisch sind. Sie entwickeln auch einfache »Skripts«. Dieser Begriff wurde der Welt des Theaters entnommen, wo er die Rolle beschreibt, die ein Schauspieler zu spielen hat. Auch das Vorschulkind muss seine »Rolle« als Mädchen oder Junge kennenlernen, um sie durch Gewinnung weiterer Erfahrungen zunehmend zu beherrschen. Zunächst lernen Kinder einfache Skripts, etwa, wie sie Kleidung für eine Puppe auswählen, sie aus- und anziehen oder konstruktiv mit Bausteinen umgehen (Levy & Fivush, 1993). Auch in ihrem Auftreten gegenüber anderen unterscheiden sich Jungen und Mädchen; das verweist darauf, dass sie über – zunächst einfache – soziale Skripts verfügen. In den nachfolgenden Jahren, vor allem im Alter zwischen vier und sechs Jahren entsteht bei Kindern noch sehr viel fundierteres Wissen darüber, was es bedeutet, Mädchen oder Junge zu sein. Im Einzelnen lernen sie, womit und mit wem »man« als Junge oder Mädchen spielt, welche Interessen man hat, wie man spricht und vieles mehr. Das eigene Geschlechts-Schema bestimmt dabei entscheidend mit, welche Informationen jeweils beachtet, verarbeitet und behalten werden, wie auch die Beobachtungen in der nachfolgenden Studie gezeigt haben. Wie sehr schon Kinder bereit sind, ihre Wahrnehmungen in Einklang mit ihrem Geschlechts-Schema zu bringen, lässt sich auch experimentell zeigen.

»Schema-Verarbeitungsmodell«. Carol Martin und Charles Halverson (1983), deren »Schema-Verarbeitungsmodell« sich nur unwesentlich von der Geschlechts-Schema-Theorie Bems unterscheidet, zeigten fünf und sechs Jahre alten Kindern Bilder wie in Abb. 6.2, auf denen Jungen und Mädchen dargestellt sind, die entweder geschlechtstypisches (etwa ein Mädchen, das Plätzchen bäckt) oder geschlechtsuntypisches Verhalten (Mädchen, die miteinander boxen) zeigen. Eine Woche später wurde geprüft, was die Kinder von den Bildern behalten hatten. Dabei zeigte sich, dass sie Erinnerungen mitteilten, die teilweise nicht mit den Originalen übereinstimmten. So erklärten sie beispielsweise, sie hätten ein Bild gesehen, auf dem Jungen miteinander boxen; sie hatten also die geschlechtsuntypischen Darstellungen verfälscht, während sie richtig wiedergaben, dass auf einem weiteren Bild ein Mädchen zu sehen war, das Plätzchen bäckt. Diese Befunde von Martin und Halverson bestätigten, was aufgrund der Geschlechts-Schema-Theorie zu erwarten war: Das Schema eines Menschen hilft ihm, Darstellungen ziemlich gut zu behalten, die mit seinem Schema übereinstimmen, während Wahrnehmung und Gedächtnis Darstellungen, die seinem Schema widersprechen, verfälschen, um sie in Einklang mit dem im Schema gespeicherten Wissen zu bringen. Solchen Beobachtungen lässt sich entnehmen, wie schwierig es ist, Geschlechtsstereotype zu ändern.

Schema vom eigenen Geschlecht. Wenn man Kindern im Alter von vier oder fünf Jahren Spielzeug darbietet, mit dem sie zuvor noch keinerlei Erfahrungen sammeln konnten, braucht man ihnen nur zu erklären, es sei »für Jungen«, und sofort werden Jungen ihm einen höheren Attraktivitätswert zuschreiben als Mädchen (Martin et al., 1995). Kinder geben sich mit der Einteilung zufrieden, was »für Mädchen« und was »für

Abbildung 6.2. Bilder wie diese wurden von Martin und Halverson verwendet, um zu untersuchen, wie Kinder auf Darstellungen reagieren, die entweder (**a**) geschlechtstypisches oder (**b**) geschlechtsuntypisches Verhalten darstellen

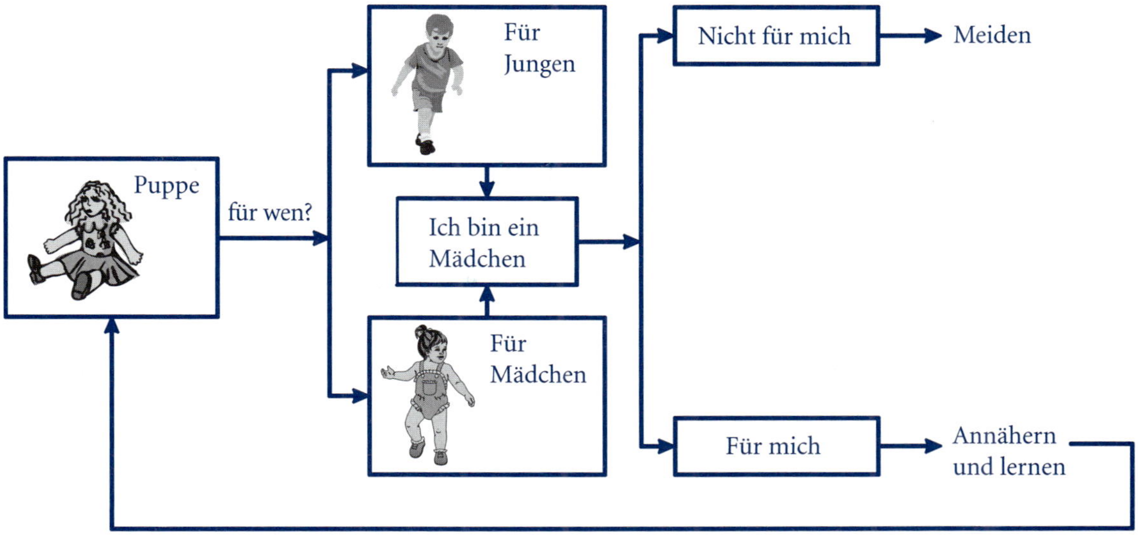

Abbildung 6.3. Nach der Theorie von Martin und Halverson müssen Jungen und Mädchen nach Wahrnehmung eines Gegenstandes entscheiden, ob sie in Anbetracht ihrer Geschlechtsrolle mehr darüber lernen sollten

Jungen« ist. Dafür reicht ein allgemeines Geschlechts-Schema aus. Jungen und Mädchen sind darüber hinaus offenkundig motiviert, noch mehr zu lernen, um sich in einer Vielzahl von Situationen »wie ein Junge« oder »wie ein Mädchen« zu verhalten und somit durchgehend die Rolle zu spielen, die dem eigenen Geschlecht entspricht. Damit das gelingt, muss zusätzlich ein Schema vom eigenen Geschlecht entwickelt werden. Dieses Schema beeinflusst das Kind darin, was es beachtet und was es lernt.

Aufgrund dieses Schemas wird das Kind veranlasst, gesteigerte Aufmerksamkeit auf solche Informationen zu richten, die das eigene Geschlecht betreffen. In einem Spielzeuggeschäft wird sich der Blick eines Jungen verhältnismäßig schnell auf ein Auto richten, während das Mädchen ebenso schnell die Puppen entdecken dürfte. Abb. 6.3 erläutert die von Carol Martin und Charles Halverson (1981) behaupteten Entscheidungen, die zu diesem Verhalten führen.

Wenn der Blick eines Kindes auf eine Puppe fällt, muss es zunächst herausfinden, *für wen* ein solches Spielzeug ist. Es weiß, dass Mädchen damit typischerweise spielen. Ein Junge wird folglich entscheiden, dass ein solches Spielzeug nicht für ihn ist und sich entsprechend davon abwenden. Demgegenüber zieht das Mädchen den Schluss, dass es sich damit beschäftigen kann, es wird die Puppe vermutlich in die Hand nehmen, um Näheres darüber zu erfahren. Während der Junge auf diese Weise etwas über das von ihm ausgewählte Auto lernt, wird beim Mädchen zusätzliches Wissen über die Puppe entstehen. Das gilt auch, wenn man die Aufmerksamkeit des Kindes auf neutrale Gegenstände gerichtet hat, die angeblich für Jungen bzw. für Mädchen sind (siehe oben). Wenn man sie nach Ablauf einer Woche fragt, was sie von einem solchen Objekt noch wissen, dann lässt sich feststellen, dass Jungen mehr Einzelheiten als Mädchen über ein Objekt wiedergeben können, das angeblich »für Jungen« ist, während Mädchen viel mehr als Jungen von einem Gegenstand wissen, der angeblich »für Mädchen« ist (Bradbard et al., 1986).

Kann man Stereotypen entgegenwirken? Solche Beobachtungen belegen, dass das eigene Geschlechts-Schema bestimmt, worauf in einer Situation geachtet wird, welche Informationen verstärkt ausgewählt und verarbeitet, dabei eventuell auch verändert werden. Es ist vor diesem Hintergrund nachvollziehbar, dass Jungen und Mädchen unterschiedliches geschlechtsbezogenes Wissen konstruieren, und es wird verständlich, wie eine zunehmende Akzeptanz des eigenen Geschlechts entsteht und damit – in der Regel – ein gleichzeitiger Widerstand dagegen, so zu sein und sich so zu verhalten, wie es Angehörige des jeweils anderen Geschlechts tun.

Wenn aber Geschlechts-Schemata darauf hinwirken, dass nur noch das beachtet und verarbeitet wird, was dem eigenen Geschlecht angemessen ist, stellt sich die Frage, ob ein Mensch Stereotype und die daraus entstehenden Rollen überhaupt verändern kann. Können vor diesem Hintergrund Männer und Frauen die Erwartungen, die an sie und an das Geschlecht des anderen herangetragen werden, im Verlauf der Zeit wirklich nicht neu definieren? Wie in Info-Kasten 6.2 dargestellt ist, lassen sich Geschlechtsstereotype und daraus abzuleitende Rollen jedenfalls nicht so leicht verändern, wie »fortschrittliche« Eltern das sicherlich erhoffen.

Wegen der häufig zu beobachtenden Geschlechtertrennung entstehen Freundschaften im Vorschulalter noch überwiegend unter Jungen einerseits und Mädchen andererseits. Diese Kontakte unter Gleichaltrigen besitzen jedoch eine wichtige Funktion, denn durch sie werden soziale Erfahrungen vermittelt, die beim ausschließlichen Umgang mit Erwachsenen nicht zu gewinnen wären. Eine wichtige Voraussetzung für harmonische soziale Kontakte besteht allerdings darin, dass eigene Wünsche nicht einseitig in den Vordergrund gestellt werden. Ein Kind muss notfalls in der Lage sein, auf das Spielen mit einem Gegenstand, der sich gerade in den Händen eines anderen Mädchens oder Jungen befindet, zumindest vorübergehend zu verzichten. Dieses Warten-Können stellt einen wesentlichen Bestandteil der Selbstkontrolle und Selbststeuerung dar.

INFO-KASTEN 6.2

Geschlechtererziehung bei Kindern mit »fortschrittlichen« Eltern

Während der späten 60er Jahre entstand vor allem bei vielen damals jungen Menschen, meist gebildeter Herkunft, der Wunsch, vorherrschende Werte, Einstellungen, Lebensgewohnheiten der Elterngeneration in Frage zu stellen und durch neue zu ersetzen. Zu den Idealen gehörte es auch, Unterschiede in den Rollen von Frau und Mann zu vermindern und konsequent Gleichberechtigung herzustellen.

Studie. Etwa seit der Mitte der 70er Jahre wurden mehr als 200 »fortschrittliche« Eltern regelmäßig besucht, um aufzudecken, welche Einflüsse der Lebensstil der Eltern auf ihre Kinder ausübte. Bei den Familien handelte es sich um Amerikaner europäischer Herkunft. Darunter befanden sich auch Alleinerziehende sowie unverheiratete Paare und solche, die in einer Kommune lebten (Eiduson et al., 1988). Unter anderem interessierten sich die Autoren auch dafür, welche Einstellungen die Kinder zum eigenen sowie zum anderen Geschlecht entwickelten. Zu diesem Zweck wurden die Kinder, damals etwa sechs Jahre alt, für einen Tag ausführlich befragt, vor allem danach, welches Aussehen und welche Beschäftigungen sie bevorzugten, welche Persönlichkeitsmerkmale sie hoch bewerteten (»abenteuerlustig«, »rücksichtsvoll«, »kontaktfreudig«, »ruhig«) und welche Beziehungen sie zum anderen Geschlecht hatten (Weisner & Wilson-Mitchell, 1990).
Den Befragungen ließ sich entnehmen, dass Kinder, die in »fortschrittlichen« Familien aufwachsen, weit weniger als andere Gleichaltrige in die traditionellen Geschlechtsrollen hineinwachsen. Jungen konnten sich vorstellen, dass Lehrende an Grundschulen männlich und Feuerwehrleute weiblich sind. Insgesamt gaben 70 Prozent der Kinder Antworten, die nicht im Einklang mit herkömmlichen Stereotypen stehen, während Kinder aus »normalen« Familien das nur in 40 Prozent der Fälle taten. Kinder

aus »fortschrittlichen« Familien neigten auch in verhältnismäßig geringerem Umfang dazu, bestimmte Spielsachen nur mit *einem* Geschlecht in Verbindung zu bringen. Auf der kognitiven Ebene brachten diese Jungen und Mädchen also Überzeugungen und Einstellungen zum Ausdruck, die denen ihrer Eltern in hohem Maße ähnelten. Wie verhielten sich diese Kinder aber, wenn man ihnen Gelegenheit gab, mit anderen Kindern zu interagieren, mit denen sie normalerweise in Kindergarten oder Schule zusammentrafen? Die Beobachtung zeigte interessante Ergebnisse (Weisner & Wilson-Mitchell, 1990).

Zwei Schemata. Bei alltäglichen Kontakten mit Kindern, die überwiegend »konventionellen« Elternhäusern entstammten, zeigten die »fortschrittlichen« Kinder bei der Auswahl von Spielzeug und weiteren Beschäftigungen Verhaltensweisen, die voll im Einklang mit den üblichen Geschlechtsstereotypen standen. In dieser Alltagssituation unterschieden sich die »fortschrittlich« erzogenen Kinder also nicht mehr von den »konventionell« aufgewachsenen. Offenbar haben die Kinder, die in ihrem Elternhaus die »Gleichheit der Geschlechter« vorgelebt bekamen, zwei verschiedene Schemata entwickelt. »Diese Kinder haben mehr als ein kulturelles Schema zur Verfügung, um auf ihre Welt zu reagieren, und sie haben selektive Kriterien, die sie in die Lage versetzen, entweder [ein] konventionelles oder [ein] Gleichheits-Schema zu erkennen und anzuwenden« (Weisner & Wilson-Mitchell, 1990).

Einfluss von »Sozialisationsagenten«. Eltern haben sicherlich einen beachtlichen Einfluss darauf, mit welchen Überzeugungen und Einstellungen ihre Kinder vertraut gemacht werden, aber sie sind nicht die einzigen, die auf eine solche Entwicklung einwirken. Andere Kinder, Lehrer und nicht zuletzt die Medien gelten ebenso als »Sozialisationsagenten«. Aber auch die Möglichkeiten der Schule, unerwünschten Stereotypen der Schüler entgegenzuwirken, sind offenbar begrenzt. Vivian Paley (1986) hat über ein Jahr hinweg Anstrengungen unternommen, um geschlechtsstereotypem Spielverhalten von Vorschulkindern entgegenzuwirken. Tatsächlich gelang es ihr, das Spielverhalten zu verändern, solange die Kinder unter ihrer Aufsicht waren. Sobald aber diese Kontrollen nachließen oder ausblieben, verhielten sich die Kinder in ihrem Spielverhalten wieder so, wie es vorherrschenden Stereotypen entsprach.

6.3 Entwicklung von Selbstkontrolle und Selbststeuerung

BEISPIEL

Die zweijährige Katrin beobachtet ein anderes Mädchen, das mit einer schönen Puppe spielt. Es lässt sich leicht erkennen, dass Katrin gern selbst mit der Puppe spielen möchte. Das Mädchen scheint bereit zu sein, die Puppe einfach an sich zu reißen. Die Mutter rechnet offenbar mit dieser Möglichkeit. Sie schaut deshalb Katrin mit ernstem Gesicht an und mahnt: »Nein! Nicht die Puppe wegnehmen. Die gehört dem kleinen Mädchen!« Katrin beachtet die ausdrückliche Mahnung. Sie nimmt sich auch dann nicht die Puppe, nachdem die Mutter sich kurz von ihr entfernt hat. Katrin zeigt mit ihrer Zurückhaltung bereits eine Form der Selbstkontrolle: Sie kontrolliert ihr eigenes Verhalten, um der Mahnung oder der Erwartung der Mutter zu entsprechen, selbst dann, wenn sie vorübergehend allein ist.

Die Fähigkeit zur Selbstkontrolle stellt ein bedeutsames Ziel dar, das während des Vorschulalters angestrebt wird, denn ohne sie würden sich Menschen – wie Albert Bandura (1986) das einmal ausgedrückt hat – eher wie Wetterfahnen verhalten und sich entsprechend den sich nicht immer gleichen Stimmungen und Wünschen wandeln. Mit der Hineinnahme innerer Verhaltensstandards (»Internalisierung«) wird weiterhin eine entscheidende Voraussetzung zur Entwicklung der Moral (s. S. 277 ff.) geschaffen (Turiel, 1998). Vorschulkinder können *Schuld* und *Stolz* erleben, nachdem sie ihr eigenes Verhalten mit ihren inneren Standards verglichen und festgestellt haben, dass beide übereinstimmen oder voneinander abweichen (Saarni et al., 1998).

Bereits während des Vorschulalters müssen Kinder lernen, dass sie nicht stets und unverzüglich alles haben können, was sie sich gerade wünschen. Manchmal muss man einfach nur warten, um an ein begehrtes Ziel zu gelangen. Damit ein Verzicht besser verarbeitet werden kann, ein wünschenswerter Aufschub besser zu ertragen ist, kann man sich bestimmter Strategien bedienen, von denen einige bereits im Vorschulalter gelernt und angewandt werden. Wann finden sich bei Jungen und Mädchen erstmalig Anzeichen, die auf eine Selbstkontrolle schließen lassen?

6.3.1 Entwicklung von Selbstkontrolle in den ersten Lebensjahren

Claire Kopp (1982, 1987) hat die Entstehung von Selbstkontrolle während der ersten Lebensjahre eingehender studiert. Aus ihren Beobachtungen hat sie den Schluss gezogen, dass sich die Selbstkontrolle im Verlauf von drei Phasen entwickelt.

1. Phase. Etwa in der Zeit um den ersten Geburtstag herum wird vielen Kindern gegenwärtig, dass sie nicht völlig frei sind, sondern sich ziemlich häufig bestimmten Anordnungen anderer zu fügen haben. Es sind zum einen Verbote, die das Ziel haben, das Kind vor Gefahren zu warnen (»Lauf nicht einfach über die Straße!« – »Fass hier nicht an, denn es ist sehr heiß«), zum anderen offenkundige Bemühungen, das Kind an die Regeln des sozialen Miteinanders heranzuführen (»Gib Thorsten mal etwas ab!« – »Du darfst anderen Kindern aber nicht einfach etwas wegnehmen!«). Die hier mitgeteilten Anweisungen entspringen einem Verhaltensstandard, der zunächst noch bei jenen liegt, die als Ältere oder Erwachsene das Verhalten kontrollieren. Im Verlauf der nächsten Jahre »internalisiert« das Kind diese Standards, das heißt, es macht sie sich zu eigen (Kochanska & Aksan, 1995).

2. Phase. Im Alter von etwa zwei Jahren haben Kinder bereits einige der Kontrollen verinnerlicht, die ihnen andere auferlegen. Dadurch gelingt es ihnen, bei Abwesenheit der Eltern oder anderer Betreuungspersonen eine gewisse Selbststeuerung ihres Verhaltens vorzunehmen. Katrin hat – im obigen Beispiel – auch bei Abwesenheit der Mutter nicht versucht, dem anderen Kind die Puppe wegzunehmen, obwohl sie sehr gerne selbst damit gespielt hätte (Bugental & Goodnow, 1998). Vermutlich hat sie sich an die Mahnung der Mutter erinnert, anderen nicht einfach etwas wegzunehmen. Im Verlauf des dritten Lebensjahres verstärkt sich der Wunsch des Kindes nach zunehmender Unabhängigkeit, was der Entwicklung der Selbstkontrolle einen beachtenswerten Schub gibt (Grolnick et al., 1996).

3. Phase. Wenn Kinder drei Jahre alt sind, gelingt ihnen die Selbstkontrolle zumeist sehr viel besser. Sie bedienen sich dabei auch bestimmter Strategien, um eigenen Impulsen und spontanen Wünschen wirkungsvoll entgegentreten zu können. So mag sich Karin, die allzu gern die Puppe des anderen Mädchens gehabt hätte, erfolgreich einreden, dass sie die Puppe überhaupt nicht schön findet und folglich auch nicht damit spielen will. Vielleicht wendet Karin sich auch einem anderen Spielzeug zu, um der Versuchung zu entgehen, das begehrte Spielzeug doch noch an sich zu nehmen.

Auch in den weiteren Jahren werden sich die Voraussetzungen der meisten Kinder, Impulsivität unter eigene Kontrolle zu bringen, weiterhin verbessern. Vor allem das Wissen, dass es sehr viel lohnender oder befriedigender sein kann, angenehme Erfahrungen aufzuschieben, anstatt sie sofort zu genießen, wird erst im Schulalter verstärkt beachtet und verwirklicht.

6.3.2 Entwicklung der Fähigkeit zum Belohnungsaufschub

Wie entscheiden sich Vorschulkinder in der Regel, wenn sie vor die Wahl gestellt werden, *sofort* eine *kleine, weniger attraktive* Belohnung zu erhalten oder stattdessen noch etwas zu warten, mit der Aussicht, *später* eine *größere, attraktivere* Belohnung zu erlangen? Man hat wiederholt beobachten können, dass es Vorschulkindern sehr schwer fällt, einen kleineren Gewinn gegen einen größeren Gewinn einzutauschen, auf den sie allerdings noch einige Zeit warten müssen. Warum fällt es den meisten drei, vier- und auch noch fünfjährigen Jungen und Mädchen außerordentlich schwer, auf den »Genuss sofort« zu verzichten? Offenbar beschäftigen sie sich zu einseitig und zu intensiv mit den begehrenswerten Seiten einer Belohnung (Mischel & Ebbesen, 1970). Was ändert sich aber gegen Abschluss des Vorschulalters, wenn Kinder den Belohnungsaufschub sehr viel besser beherrschen? Eleonor Maccoby (1980) antwortet darauf, dass viele ältere Vorschulkinder mehrere Voraussetzungen entwickelt haben, um den Wunsch nach sofortiger Befriedigung zurückzustellen. Sie können vor allem zukünftige Erlebnismöglichkeiten erheblich besser berücksichtigen und bewerten als jüngere Kinder.

Strategien entwickeln. Jüngere Kinder wissen noch nicht ohne weiteres, wie man der Versuchung eines »Genuss sofort« widerstehen kann. Können Erwachsene ihnen dabei womöglich helfen, indem sie ihnen Strategien beibringen, mit deren Hilfe sich Wünsche leichter zurückstellen lassen? Beispielsweise kann man möglicherweise leichter auf ein Glas Kakao verzichten, wenn man sich erfolgreich einredet, es handelt sich dabei nur um braune Soße. Lässt sich der Versuchung, Schokolade zu essen, vielleicht auch besser entgegentreten, wenn man einfach den Blick von ihr wendet? Walter Mischel und Mitarbeiterinnen stellten fest, dass es Erwachsenen gelingen kann, Kindern Strategien beizubringen, mit deren Hilfe sie sich von einem begehrten Ziel erfolgreich ablenken können (Mischel & Baker, 1975; Mischel & Patterson, 1976). Allerdings neigen Vorschulkinder dazu, solche Strategien nur dann einzusetzen, wenn sie dazu ausdrücklich aufgefordert werden; von sich aus wenden sie diese nicht an. Erst einige Jahre später, im Grundschulalter, wissen Kinder und berücksichtigen von sich aus, dass sie von einem attraktiven Gegenstand weniger angezogen werden, wenn sie ihn beispielsweise zudecken.

Es ist offenkundig, dass es unter Gleichaltrigen erhebliche Unterschiede in der Ausübung von Selbstkontrolle gibt. Kinder, deren Eltern ziemlich strikt das Verhalten ihrer Kinder zu kontrollieren versuchen, liefern einen Nährboden für Trotz und Widerspenstigkeit, was sich bereits im Vorschulalter registrieren und zumindest bis zum Jugendalter weiter verfolgen lässt (Henry et al., 1996; Shaw et al., 1994). Damit wird die Frage aufgeworfen, wie die weitere Entwicklung von Kindern verläuft, die sich bereits im Vorschulalter nicht kontrollieren können und ihren Impulsen sehr schnell nachgeben. Ist damit zu rechnen, dass sie auch im weiteren Leben Anpassungsschwierigkeiten haben werden? Fördert umgekehrt vergleichsweise gute Selbstkontrolle auch eine ziemlich hohe Anpassung im Jugendalter?

6.3.3 Frühe Selbstkontrolle als vergleichsweise stabiles Persönlichkeitsmerkmal

Zehn Jahre, nachdem Walter Mischel Kinder im Vorschulalter auf ihre Fähigkeit zum Belohnungsaufschub untersucht hatte, suchte er deren Eltern auf, um sich nach einigen Verhaltensmerkmalen der ehemaligen Versuchspersonen zu erkundigen. Einige Antworten waren sehr aufschlussreich, denn es stellte sich heraus, dass Kinder, denen es bereits im Vorschulalter schwergefallen war, eigene Wünsche zurückzustellen, von ihren Eltern auch im Jugendalter als ungeduldig und impulsiv, vielfach unbeherrscht beschrieben wurden (Skoda et al., 1990). Mit der Förderung zur Selbstkontrolle im Vorschulalter entstehen offenbar Voraussetzungen, die längerfristig das Schicksal des Kindes mitbestimmen, denn Jugendliche, die bereits zehn

Jahre früher verhältnismäßig wenig Schwierigkeiten hatten, auf Belohnungen länger zu warten, wiesen bessere Schulleistungen auf, waren in sozialer Hinsicht geschickter und selbstsicherer als andere, die im Vorschulalter geringere Anzeichen für Selbstkontrolle geliefert hatten (Mischel et al., 1988; Shoda et al., 1990). Auch der berufliche Erfolg eines Menschen im Erwachsenenalter hängt nicht unerheblich davon ab, ob er früh im Leben gelernt hat, sich selbst zu disziplinieren, auf andere Rücksicht zu nehmen – er somit also über soziale Fertigkeiten verfügt (Newman et al., 1997). Weitere Grundlagen für soziale Fertigkeiten im Jugend- und Erwachsenenalter werden aber bereits sehr viel früher im Leben eines Menschen gelegt.

6.4 Die Hinwendung zu Gleichaltrigen

Pionierleistungen von Willard Hartup

Willard Hartup von der Universität Minnesota machte als erster besonders nachdrücklich darauf aufmerksam, dass Gleichaltrige bereits im Vorschulalter entscheidenden Einfluss auf die Entwicklung eines jungen Menschen nehmen. Wie gelangte er zu dieser Erkenntnis? – Das war reiner Zufall, sagt Hartup (1986). Sein Interesse entstand im Jahre 1961, als sein Sohn Grant den Kindergarten besuchte. Bei der Hin- und Rückfahrt war Grant stets mit Janet, der Tochter eines Kollegen, zusammen. Den Müttern fiel irgendwann auf, wie häufig sich die Kinder über einen Jungen namens David unterhielten, der sie völlig einzuschüchtern schien. Immer wieder beschäftigte Grant und Janet der Gedanke, wie sie es David »'mal so richtig heimzahlen« könnten. Hartup war beeindruckt von der Bedeutung, die zwei Kinder einem vermeintlichen Bösewicht zuwiesen. Deshalb entschloss er sich schließlich, den Kindergarten zu besuchen. Er wollte sich dort einmal selbst von David ein Bild machen. Er fand einen Jungen vor, der tatsächlich ein kleiner Teufel sein konnte, der aber von Janet und Grant regelrecht umworben wurde, wenn er nett zu ihnen war. David schien über eine hohe Intelligenz und eine ausgeprägte soziale Geschicklichkeit zu verfügen. Seine Beobachtungen verstärkten Hartups Neugier noch mehr: »Was hat ein Kind an sich, das andere Kinder veranlasst, sich um seine Aufmerksamkeit und seine Zustimmung zu bemühen, obwohl sie es gleichzeitig fürchten?«

Hartup beschäftigte sich immer noch mit dieser Frage, als ihn eine Studentin besuchte. Was weiß man in der Psychologie darüber, so wollte sie von ihm wissen, wie Kinder Gleichaltrige motivieren? Die Antwort war: »Wir wissen nichts. Eine Reihe von Psychologen studierte den Einfluss elterlicher Zustimmung und Aufmerksamkeitszuwendung auf Kinder. Aber keiner hatte untersucht, wie Kinder von Kindern beeinflusst werden.« Hartup war entschlossen, die Informationslücken zu schließen. Er ließ seiner ersten Veröffentlichung über Freundschaftsbeziehungen im Jahre 1964 viele weitere folgen; er gilt heute als unangefochtene Autorität auf diesem Gebiet.

Inzwischen weiß man, dass ein Kind bereits ziemlich früh in seinem Leben Kontakte zu Gleichaltrigen aufnimmt und entsprechend Sozialerfahrungen sammelt. Bevor aber über die Entwicklung des Sozialverhaltens berichtet wird, soll der Frage nachgegangen werden, welche Rolle Gleichaltrige für das einzelne Kind spielen.

6.4.1 Die Funktion von Gleichaltrigen

Studie an Rhesus-Äffchen

Mit welchen Folgen für die weitere Entwicklung muss man rechnen, wenn ein Kind zu Beginn seines Lebens nur soziale Kontakte zu seiner Mutter hat? In den Primaten-Labors der Universität Wisconsin suchte man nach einer Antwort, indem man Rhesus-Äffchen während der ersten Lebensmonate ausschließlich mit ihrer Mutter, aber getrennt von Gleichaltrigen, aufwachsen ließ (Suomi & Harlow, 1975). Zur eigenen Mutter entwickelten diese Tiere die üblichen sozial-emotionalen Bindungen; sie umarmten sie häufig und

Abbildung 6.4. Affen, die gemeinsam ohne ihre Mütter aufgewachsen sind, entwickeln intensive Bindungen untereinander

erkundeten bei ihrer Anwesenheit – ebenso wie menschliche Kinder (s. S. 123ff.) – ihre Umgebung. Auffälligkeiten zeigten sich erst später, als diese Tiere Zugang zu einer normalen Affen-Gruppe erhielten; denn auf deren Mitglieder reagierten sie ungewöhnlich aggressiv. Ihnen gelang es nicht, Spielpartnerschaften aufzubauen. Sie waren zumeist sozial isoliert. Törichterweise griffen sie sogar Tiere an, die ihnen in ihrer Kraft weit überlegen waren. Auch ihre Angriffslust gegenüber jüngeren und schwächeren Tieren galt als abnorm.

Diese Beobachtungen lassen vermuten, dass soziale Fehlentwicklungen entstehen, wenn ein Kind während der ersten Lebensjahre keine Gelegenheit erhält, Erfahrungen mit Gleichaltrigen zu sammeln. Können diese womöglich sogar die Eltern ersetzen? Man ging in Wisconsin auch dieser Frage nach, indem man Rhesus-Äffchen für mehrere Monate nach der Geburt ausschließlich mit Gleichaltrigen, aber ohne Mutter aufwachsen ließ. Diese Tiere entwickelten untereinander sehr enge Bindungen. Sie besaßen eine ausgeprägte Vorliebe für engen Körperkontakt (s. Abb. 6.4). Ihre außergewöhnliche Furchtsamkeit und Schreckhaftigkeit ließ sie nur sehr zurückhaltend die Umgebung erkunden. Ansonsten unterschieden sie sich nicht erheblich von Tieren, die zu Beginn ihres Lebens normale Kontakte zur Mutter und zu Gleichaltrigen kennengelernt hatten. Hier ist in Erinnerung zu rufen, dass auch die von Anna Freud und Sophie Dann beobachteten jungen Opfer nationalsozialistischer Brutalität in der Gemeinsamkeit mit Gleichaltrigen einen Weg gefunden hatten, frühe Mutterentbehrungen zu überwinden (s. S. 127f.).

Besonderheiten im Kontakt von Gleichaltrigen

Für eine normale Familie stellt sich nicht so sehr die Frage, ob Eltern und Gleichaltrige einander ersetzen können. Von größerem Interesse ist, ob der Kontakt mit Gleichaltrigen Sozialerfahrungen ermöglicht, die eine Familie nicht anbietet. Willard Hartup (1983) meint, es gäbe eine solche Ergänzungsfunktion, weil sich soziale Kontakte unter Gleichaltrigen in mehrfacher Hinsicht von denen unterscheiden, die zwischen einem Kind und weiteren Familienangehörigen stattfinden. Würde z. B. eine Mutter ebenso auf David reagieren, wie Tony in dem folgenden Zwiegespräch, das einmal in einem Kindergarten mitgehört worden ist (Rubin, 1980)?

David: Magst Du mein Bild?
Tony: Nein.
David: Du musst es mögen.
Tony: Wenn ich nicht will, muss ich es nicht mögen.
David: Warum?
Tony: Weil ich es nicht mag. Darum!

Gleichrangigkeit. Wenn Davids Kontaktpartner in dieser Episode der Vater oder die Mutter gewesen wäre, hätte er vielleicht eine anerkennende Stellungnahme erhalten, denn während seiner ersten drei Lebensjahre wurde er vermutlich von seinen Eltern für vieles, was er tat, gelobt. Durch Tonys Reaktion erfährt David, dass das soziale Verhalten von Altersgenossen offenbar von anderen Regeln bestimmt wird, als das von Eltern. Unter Gleichaltrigen herrscht Gleichrangigkeit vor: Jeder der im Sozialkontakt stehenden Partner kann etwa den gleichen Einfluss auf den Fortgang des Kontaktes nehmen, d. h. aber auch, ihn jederzeit abbrechen (Youniss, 1980). Unter Gleichrangigen muss man sich also sehr viel mehr um einen Partner bemühen als etwa um die Eltern, die ihre Zuwendung gegenüber ihren Söhnen oder Töchtern in der Regel auch dann nicht zurücknehmen, wenn diese ihnen möglicherweise unfreundlich entgegentreten.

Entwicklung von Strategien für Konfliktsituationen. David hat in seiner oben wiedergegebenen Kontaktszene aber noch mehr gelernt: Durch Tonys Reaktion ist ein Konflikt entstanden. Auseinandersetzungen haben David und Tony zwar bereits zu Hause kennengelernt. Wegen der ungleichen Machtverhältnisse wurden Meinungsverschiedenheiten mit Eltern oder älteren Geschwistern jedoch häufig einseitig von den Stärkeren entschieden. Der Kindergarten gibt David dagegen Gelegenheit zum Kontakt mit Gleichaltrigen, die ihm in ihrer sozialen Macht nicht entscheidend unter- oder überlegen sind. Konflikte mit ihnen lassen sich nicht mehr so ohne weiteres einseitig erledigen. Um sie zu bewältigen, müssen spezielle Strategien eingesetzt werden. Diese werden offenbar nur in einem mühsamen und zeitraubenden Prozess erworben. Man hat einmal festgestellt, dass Fünfjährige vergleichsweise häufig, nämlich täglich etwa 20mal, mit ihren Sozialpartnern in einen Konflikt geraten (Johnson & Medinnus, 1974). Sollten diese Angaben den tatsächlichen Verhältnissen nur annäherungsweise entsprechen, dann muss das Kind in einem Jahr über 7.000 Konflikte allein mit Gleichaltrigen durchstehen. Das ist eine eindrucksvolle Erfahrungsgrundlage! Solche Konflikte fördern zweifellos die Entwicklung sozialer Fertigkeiten; so stellt Lothar Krappmann (1991) fest: ». . . zur guten Freundschaft [gehören] Auseinandersetzungen, Streit und Zerwürfnisse. Dies sind nicht bedauerliche Vorkommnisse, die nicht geschehen sollten. . . . Freundschaften sind Beziehungen, in denen Konflikte, Streitereien und Zerwürfnisse fruchtbar werden können«, denn, so fügt Krappmann erläuternd hinzu: In gemeinsamen Anstrengungen, die zur Überwindung solcher Konflikte aufgewandt werden müssen, »erschließt sich Kindern und auch immer noch Erwachsenen die soziale Realität, denn sie geraten in Streit über Vorstellungen, Normen, Ereignisse und Sachverhalte, die ihre soziale Umwelt an sie heranträgt und die sie in verschiedener Weise verstehen«.

Neue Erfahrungsfelder. Weil es in ihr keine vorgegebene Autorität gibt, kann die Gruppe der Gleichaltrigen für ihre Mitglieder Erfahrungsfelder bereitstellen, von denen Willard Hartup (1979) nur einige weitere herausgreift: »Wie kann eine Moral der Gegenseitigkeit (Piaget, 1932) aus einem autoritären sozialen Umfeld wie dem einer Familie entstehen? Wie kann sexuelles Verhalten in einer Umgebung gelernt werden, die durch Autorität eingeschränkt? Wie kann man durch ausschließliche Kontakte mit Erwachsenen die Fürsorge erlernen, die die jüngere Generation benötigt? . . . Nein, Vater und Mutter können nicht ihre Funktion als Eltern erfüllen und gleichzeitig die Entstehung des Gebens und Nehmens fördern, das für die Entwicklung sozialer Fähigkeiten notwendig ist.«

Entwicklung eines Selbstbildes. Die Altersgruppe hilft ihren Mitgliedern weiterhin, sich selbst kennenzulernen. Wie soll das Kind grundsätzlich lernen, ob es ein guter Zeichner ist, ob es groß oder klein, klug oder dumm ist? Zweifellos kann man in sein Urteil Stellungnahmen anderer mit einbeziehen. Ein Kind hätte jedoch bei der Entwicklung eines Selbstbildes Schwierigkeiten, wenn es sich nicht mit Gleichaltrigen vergleichen könnte. Selbst Freunde können gelegentlich harte Wettbewerbe untereinander austragen, um sich zu messen und auf diese Weise Rückmeldungen über ihr eigenes Leistungsniveau zu erhalten (Krappmann, 1993b). Wenn David und Tony wissen, welche Bilder andere Kinder zeichnen, erfahren sie mehr über ihr eigenes Können, als wenn sie sich nur auf einen Vergleich mit den Eltern beschränken müssten.

Therapeutische Funktion. Sobald David und Tony die Schule besuchen, müssen sie sich mit weiteren Anforderungen auseinandersetzen. Wer hilft ihnen, wenn sie einmal versagen? Ist Schule tatsächlich so wichtig, wie Lehrer und Eltern das häufig behaupten? Reagiert der Lehrer nicht manchmal etwas ungerecht? Wie hat man eine Mutter zu beurteilen, die Hausaufgaben höher bewertet als das Spielen? Es mag für den einzelnen Schüler entlastend sein, wenn er solche Fragen einmal mit Seinesgleichen besprechen kann. Vielleicht hört er dabei, dass seine Freunde auch Ärger bekommen, wenn sie Wünsche von Vater und Mutter nicht erfüllen. Möglicherweise kommt man nach einer Unterhaltung zu dem Schluss, dass die Anforderungen des Mathematiklehrers wirklich unangemessen hoch sind. Für viele Sorgen findet man bei Gleichaltrigen ein besseres Verständnis als etwa bei Eltern, die sich mit ganz anderen Nöten auseinanderzusetzen haben. Wenn das Gespräch mit Gleichaltrigen hilft, Ängste abzubauen, oder wenn man von Altersgenossen hört, dass man viele Schwierigkeiten miteinander teilt, dann kann dies entlasten und eine Voraussetzung dafür sein, anstehende Probleme zu bewältigen. Gleichaltrige können auf diese Weise auch therapeutische Funktionen übernehmen.

6.4.2 Entwicklung sozialer Tüchtigkeit

Als vor mehr als 70 Jahren Mildred Parten (1932) 34 zwei bis fünf Jahre alte Kinder in freien Spielsituationen beobachtete, schien die Entwicklung sozialer Verhaltensweisen unter solchen Bedingungen eine geordnete und leicht überschaubare Abfolge darzustellen. Nach den damals vorgelegten Befunden herrschte bei den jüngsten Kindern zunächst das Einzelspiel vor. Die Kleinen beschäftigten sich mit verschiedenen Gegenständen und nahmen keine Notiz davon, dass sich Kinder in ihrer Nähe befanden. Zwei- und Dreijährige konnten auch nebeneinander das Gleiche spielen, ohne Kontakt miteinander aufzunehmen.

Charakteristika der ersten Beziehungen zu Gleichaltrigen

Erst bei den drei- und noch deutlicher bei den vierjährigen Kindern registrierte Parten kooperatives Spielen, d. h., die Kinder taten etwas miteinander, halfen einander, übernahmen verschiedene Rollen, verfolgten gemeinsame Ziele usw. Lässt sich aus solchen Beobachtungen nun ableiten, dass das Interesse eines Kindes für Gleichaltrige frühestens im Alter von drei Jahren entsteht? Das wäre sicherlich ein Fehlschluss, denn bereits im Alter von sechs Monaten tauschen Kinder Signale aus: sie lachen einander an, berühren sich und wechseln sich in Lautäußerungen ab (Vandell et al., 1980). In entspannten Situationen wenden sich acht oder neun Monate alte Kinder sogar häufiger einem Gleichaltrigen als ihrer eigenen Mutter zu (Becker, 1977). Dennoch sind die Kontaktepisoden nur kurz. Wenn sich nämlich ein Kind einem anderen zuwendet, schenkt ihm dieses mit hoher Wahrscheinlichkeit keine Beachtung (Vandell et al., 1980). Soziale Beziehungen entwickeln sich offenbar noch nicht über das Zusammensein, sondern über gemeinsames Tun (Bronson, 1975). Man zeigt dem Partner sein Spielzeug, überlässt es ihm sogar und holt es wieder zurück. Dreijährige verbringen vor allem Zeit miteinander, um etwas gemeinsam zu tun. Die überwiegende Anzahl der sozialen Kontakte ist freundlich oder friedlich. Einjährige unterhalten oft »Freundschaften« mit einige Monate

Abbildung 6.5. Im Alter von zwei Jahren beobachtet man noch häufig das parallele Spielen: Kinder beschäftigen sich mit gleichem Spielzeug in unmittelbarer Nähe, ohne häufiger miteinander Kontakt zu haben

älteren Kindern, weil – so vermutet Lothar Krappmann (1993a) – die älteren Partner mangelnde soziale Geschicklichkeit der jüngeren zum Teil ausgleichen können. Erst nach Entdeckung des eigenen Selbst und dem daraus erwachsenden Streben nach Unabhängigkeit gegen Ende des zweiten Lebensjahres (s. S. 136f.) streitet man auch mit einem anderen Kind, wenn dieses einem etwas wegnimmt oder attraktives Spielzeug besitzt, das man selbst gerne haben möchte.

Soziale Austauschregel: Geben und Nehmen

Die sozialen Kontakte zwischen Zwei- und vielen Dreijährigen sind deshalb vergleichsweise kurz, weil die Regel des sozialen Austausches noch nicht angewandt wird. Ein »Freund« ist für ein Dreijähriges ein anderes Kind, mit dem man gut zusammen spielen kann; man sucht noch keine Vertrautheit und Vertrauen (Gottman & Mettetal, 1986). An Attraktivität gewinnt ein Mensch dadurch, dass er einem Sozialpartner etwas zu bieten hat, was dieser schätzt. Wenn der Sozialpartner aber Wertvolles nicht nur nimmt, sondern Entsprechendes auch zurückgibt, ist die Voraussetzung für dauerhaftere Kontakte oder sogar Freundschaften gegeben. Kinder schätzen solche Spielpartner hoch, von denen sie auch einmal angelächelt werden, die ihnen Spielzeug anbieten, und sie meiden Gleichaltrige, die sie stören, Forderungen erheben, sich häufig einmischen und aggressiv sind (Ramsey & Lasquade, 1996).

Sind Kinder im Vorschulalter zur Anwendung dieser Austauschregel bereits in der Lage? In einer seiner ersten Untersuchungen über das Verhalten von Gleichaltrigen ging Hartup dieser Frage in einem Kindergarten nach (Charlesworth & Hartup, 1967). Er stellte fest, dass viele Vierjährige auf die Wünsche anderer eingehen können. Sie teilen ihre Spielsachen, wechseln sich ab, loben und helfen einander. Allerdings unterscheiden sich die Kinder erheblich in ihrer sozialen Geschicklichkeit. Viele sind offenkundig bemüht, »Geben« und »Nehmen« in einem Gleichgewicht zu halten, denn Hartup stellte fest, dass ein Kind insgesamt soviel Anerkennung, Zustimmung und Unterstützung erhält, wie es anderen gegeben hat. Beliebte Kinder beherrschen die Austauschregel am besten. Ihre größere soziale Geschicklichkeit ist ihnen auch bei der Aufnahme neuer Kontakte behilflich: Als Schüler einmal vorspielen sollten, wie sie sich gegenüber einem neuen Kind in der Klasse verhalten würden, begrüßten die beliebten Schüler den Neuen häufiger (»Hallo, wie heißt du denn?«), sie stellten ihm mehr Fragen (»Wo wohnst du denn?«) und machten mehr Vorschläge für gemeinsame Unternehmungen (»Wollen wir nach der Schule schwimmen gehen?«).

Sozial isolierte Kinder. Es ist in der Regel eine komplizierte Aufgabe, in eine bereits funktionierende Spielgruppe aufgenommen zu werden. Wiederum zeigt sich, dass Kinder, die hoch auf einer Beliebtheitsskala eingeordnet sind, eine derartige Situation besser bewältigen als ihre weniger beliebten Alterskameraden. Kinder mit geringer sozialer Geschicklichkeit verfügen nicht über die Strategien, die ihnen Zugang zu ihresgleichen eröffnen. Häufig werden sie von der Gruppe der Gleichaltrigen sogar zurückgewiesen. Es ist ihnen folglich erschwert, jene sozialen Erfahrungen zu gewinnen, derer sie besonders dringlich bedürften. Über eine Möglichkeit, diese Kinder aus ihrer sozialen Isolation herauszuholen, berichtet Info-Kasten 6.3.

INFO-KASTEN 6.3

Können junge »Therapeuten« sozial isolierten Kindern helfen?

Wenn Rhesus-Affen nach ihrer Geburt sozial völlig isoliert, also ohne irgendwelche Kontakte zu Artgenossen, aufwachsen müssen, entwickeln sie auffällige Symptome. Wenn man sie nach sechs oder zwölf Monaten mit Artgenossen zusammen bringt, ist ihr Verhalten völlig gestört. Sie ziehen sich zurück, bringen sich Bisswunden bei und verfallen häufig in Schaukelbewegungen. Sie spielen nicht mit anderen Tieren und wehren sich nicht, wenn sie von diesen angegriffen werden. Gibt es Möglichkeiten, solche sozialen Fehlentwicklungen wieder zu beseitigen?

Im Primaten-Labor der Universität Wisconsin versuchten Harry Harlow und seine Mitarbeiter zunächst, den gestörten Tieren zu helfen, indem sie angemessenes soziales Verhalten belohnten und unerwünschte Reaktionen bestraften. Sie hatten keinen Erfolg (Harlow & Suomi, 1971). Dann brachte man diese Tiere mit Artgenossen in Kontakt, die mehrere Monate später geboren und anschließend normal aufgewachsen waren. Anders als beim Kontakt mit Gleichaltrigen wurden die gestörten Tiere von diesen Jüngeren nicht angegriffen, sondern häufig umklammert. Das ständige Schaukeln und Beißen hörte daraufhin sehr bald auf. Die jungen Tiere wirkten wie Therapeuten, denn sie brachten ihre »Klienten« dazu, sich im Käfig umher zu bewegen, die Räumlichkeiten zu erkunden. Schließlich wurden sie sogar Spielpartner. Nach mehreren Monaten war es praktisch nicht mehr möglich, ursprünglich isoliert und normal aufgewachsene Tiere zu unterscheiden (Suomi & Harlow, 1972; Novak & Harlow, 1975).

Willard Hartup war von diesen Ergebnissen fasziniert. Er fragte sich, ob die von Harlow angewandte Therapie auch menschlichen Kindern helfen könnte (Furman et al., 1979). Er fand in Kindertagesstätten 24 sozial isolierte Kinder, die außerordentlich wenig Kontakte zu anderen hatten. Die Hälfte dieser Kinder lud er dann ein, sich zehnmal für jeweils 20 Minuten mit einem gleichaltrigen »Therapeuten« zu treffen. Die verbleibenden Kinder lernten jeweils für die gleiche Zeitdauer einen »Therapeuten« kennen, der 10 bis 20 Monate jünger war. Als Hartup später diese Kinder noch einmal in der Tagesstätte besuchte, hatten alle eindeutig mehr Kontakte als vor der »Therapie«. Die Erfolge waren aber besonders ausgeprägt bei jenen Kindern, die sich mit einem jüngeren »Therapeuten« getroffen hatten; im Vergleich zu früher hatte sich die Anzahl ihrer Sozialkontakte verdoppelt, und das Repertoire war erweitert: Man sah diese Kinder nunmehr, wie sie andere Kinder lobten, sie anlächelten, ihnen Mut machten, sich schützend vor sie stellten und kooperierten. »Wir entdeckten etwas«, so stellt Hartup (1986) zusammenfassend fest, »was viele Pädagogen vermutet haben: dass ein scheues, unreifes Kind in einer Gruppe mit jüngeren Kindern bessere Entwicklungsbedingungen vorfindet als mit Gleichaltrigen oder älteren Kindern.«

Wenn Vorschulkinder miteinander spielen, dann kann es sehr wohl zu Streitereien, zu ausgesprochenen Aggressionen zwischen ihnen kommen, aber es gibt auch immer wieder Beispiele für eine fürsorgliche, wohlwollende Zuwendung. Man spricht in diesem Fall von prosozialen Verhaltensweisen.

6.5 Prosoziale Verhaltensweisen

Definition. Viele Vorschulkinder beherrschen bereits die sozialen Regeln des Gebens und Nehmens in einem beachtenswerten Umfang. Einige von ihnen sind bereit, ihr Spielzeug zu teilen, sich anerkennend über die Beiträge anderer zu äußern, und sie scheinen zu wissen, dass, will man miteinander auskommen, das Abwechseln eine wichtige Rolle spielt. Sie helfen anderen, die in Not sind oder wenden sich ihnen tröstend zu. Solche Verhaltensweisen bezeichnet man als prosozial (Eisenberg et al., 1996): »Eine Person zeigt prosoziales Verhalten, wenn sie willentlich für eine andere Person oder Personengruppe einen Vorteil anstrebt, beispielsweise helfen, teilen, spenden oder unterstützen will« (Silbereisen & Schuhler, 1993). Ein Mensch verhält sich also prosozial, wenn er etwas *zum Wohle anderer* tut, und zwar *absichtlich* und *freiwillig* (Kienbaum, 1993).

Wovon hängt prosoziales Verhalten ab? Was veranlasst aber Kinder beispielsweise dazu, Spielzeug oder Süßigkeiten zu teilen? Weshalb äußern sie sich anerkennend über die Beiträge anderer? Man hat untersucht, wie Kinder reagieren, wenn Sozialpartner Kummer oder Hilfsbedürftigkeit zum Ausdruck bringen. Lassen sich auch schon jüngere Kinder von solchen Signalen ansprechen? Bieten auch sie bereits Hilfe an? Die Antwort hängt nicht nur vom Alter des Kindes ab; denn unter Gleichaltrigen gibt es erhebliche Unterschiede im prosozialen Verhalten (Farver & Branstetter, 1994). Können diese, wenigstens teilweise, durch die unterschiedliche Erziehung erklärt werden oder sind sie ein festes, durch Erziehungsbedingungen nicht veränderbares Persönlichkeitsmerkmal?

6.5.1 Frühe Formen prosozialen Verhaltens

Häufig befinden sich Kinder noch in den Anfängen ihrer Sprachentwicklung, wenn sie von ihren Eltern bereits ermahnt werden, ihre Spielsachen mit anderen zu teilen, auf die Wünsche ihrer »Freunde« einzugehen oder diesen zu helfen. Kann z. B. ein Zweijähriges dies eigentlich schon verstehen? Sind kleine Kinder nicht überfordert, wenn man ihnen bereits Fürsorge für andere abverlangt?

Beobachtungen über frühe fürsorgliche Zuwendung

Man hat Mütter gebeten, über einen längeren Zeitraum zu beobachten, wie ihre Kinder auf »Kummer« bei anderen reagierten (Radke-Yarrow et al., 1983; Zahn-Waxler et al., 1992). Von einer Mutter wurde z. B. folgende Beobachtung festgehalten: Gerald war schlecht gelaunt. Schließlich fing er sogar an, laut zu schluchzen; er wollte gar nicht wieder aufhören. Jan machte unermüdlich den Versuch, ihn aufzuheitern. Die Mutter versuchte, Jan zu erklären, dass Gerald sich an jenem Tag schlecht fühle, weil er eine Spritze bekommen habe. Jan sah seine Mutter daraufhin an, als verstünde er jetzt, dass Gerald weinte, weil er unglücklich war. Er lief zu Gerald, um seinen Arm zu streicheln, sagte »Jan lieb« und brachte ihm darauf immer neues Spielzeug. Wie alt muss ein Kind sein, um – wie Jan – das Leid anderer zu erkennen und sich dann fürsorglich zu verhalten? Die Beobachtung bezieht sich auf einen Jungen, der damals noch nicht einmal zwei Jahre alt war.

Vor allem nach dem 18. Lebensmonat versuchen Kinder immer häufiger, anderen zu helfen. Der Kummer anderer wird in diesem frühen Lebensabschnitt allerdings mindestens genauso häufig übersehen. Wenn sie die Traurigkeit eines Gleichaltrigen bemerken, reagieren Kinder manchmal auch mit Lachen, manchmal schlagen sie auf den ohnehin schon Hilfsbedürftigen noch ein oder sie laufen einfach davon.

Sind Kinder aber in einer guten Stimmungslage, dann sind sie eher bereit, zu helfen, zu teilen oder etwas gemeinsam zu tun (Cialdini et al., 1982). Kinder können zwar sehr früh mitfühlend sein; ihr Hauptproblem besteht jedoch darin, dass sie nicht wissen, was sie tun sollen. Häufig geben sie dem anderen, was ihnen selbst in der gleichen Situation am meisten helfen würde. Ein 13 Monate altes Kind holte beispielsweise seine eigene Mutter, als ein Gleichaltriger zu weinen begann, obwohl dessen Mutter ebenfalls anwesend war. Ein anderes Kind glaubte offenkundig, einen traurig aussehenden Erwachsenen mit seiner geliebten Puppe trösten zu können (Hofman, 1975 a).

6.5.2 Erklärung prosozialer Verhaltensweisen

Prosoziales Verhalten im Tierreich. Prosoziale Verhaltensweisen finden sich nicht nur beim Menschen; auch Tiere liefern viele Belege für gegenseitige Hilfe und Fürsorge. So beobachtete man beispielsweise Schimpansen, die nach Entdeckung einer neuen Futterquelle zunächst andere Tiere herbeiriefen, bevor sie selbst zu fressen begannen (Lawick-Goodall, 1968). Von Delphinen wird berichtet, dass sie verwundeten Erwachsenen geholfen und Menschen vor dem Ertrinken gerettet haben, indem sie diese zum Atmen an die Wasseroberfläche hoben (McBride, 1940). Ist nach solchen Beobachtungen nicht die Vermutung naheliegend, dass gegenseitige Hilfe und soziale Fürsorge zumindest bei höheren Säugetieren genetisch verankert ist? Diese Auffassung wird vielfach vertreten (u.a. Wilson, 1975), sie lässt sich aber für den Menschen kaum befriedigend überprüfen.

Gibt es ein »natürliches Mitgefühl«? Lernpsychologen versuchten, Unterschiede in der Bereitschaft zu prosozialem Verhalten auf Umwelteinwirkungen zurückzuführen. Wenn ein Kind z.B. für Hilfeleistungen eine Belohnung erhält, dann steigt die Wahrscheinlichkeit für Hilfsbereitschaft. Handeln Menschen somit nur prosozial, weil sie hoffen, auf diese Weise einen persönlichen Vorteil zu erlangen oder Bestrafung zu vermeiden? Solchen Fragen gingen Nancy Eisenberg-Berg und Cynthia Neal (1979) einmal nach, indem sie Vorschulkinder zwölf Wochen lang für täglich vier Stunden beobachteten. Jedesmal, wenn ein Kind Spielzeug mit anderen teilte, einem Gleichaltrigen half oder diesen zu trösten versuchte, wurde es unmittelbar darauf von ihnen gefragt »Warum hast du das getan?« oder »Warum hast du Jan das gegeben?« Den Antworten ließen sich nie Hinweise entnehmen, dass sich die Vier- bis Fünfjährigen von Erwachsenen dazu gedrängt fühlten oder von diesen eine Anerkennung erwarteten; denn zur Begründung gaben sie an: »weil ich das wollte« oder »weil er mein Freund ist«. Sie gaben einem Mädchen etwas zu essen, »weil es hungrig war«. Solche Antworten sowie zahlreiche Ausdrucksmerkmale schienen nach Meinung von Eisenberg-Berg und Neal auf »ein ursprüngliches empathisches Interesse«, also ein natürliches Mitgefühl der Kinder hinzuweisen.

Empathie. Wenn ein Mensch bei anderen Gefühle wahrnimmt und diese daraufhin miterlebt, spricht man von Empathie. Wer ist nicht schon einmal zusammengezuckt, wenn er beobachtet hat, wie sich ein Unglücklicher seinen Finger in einer Tür einklemmte? Traurigkeit kann ebenso ansteckend wie Fröhlichkeit wirken. Bereits bei Neugeborenen gibt es möglicherweise empathische Prozesse, denn sie stimmen häufig unmittelbar ein, wenn sie Babygeschrei in ihrer Nachbarschaft hören (Hofman, 1975a), sie waren offenbar »emotional angesteckt« worden (Eisenberg, 1992).

Empathische Reaktionen lassen sich also bereits ziemlich früh im Leben eines Kindes beobachten. Die miterlebte Traurigkeit veranlasst allerdings erst dann prosoziales Verhalten, wenn sie mit der Erkenntnis einhergeht, dass es die Situation des anderen ist, die das Gefühl ausgelöst hat. Der noch nicht einmal zweijährige Jan, von dem oben die Rede war, hatte offenbar nicht nur die Traurigkeit von Gerald miterlebt, er muss zusätzlich wenigstens eine Ahnung davon gehabt haben, dass irgendetwas die Niedergeschlagenheit bei seinem Freund hervorgerufen hatte. Auch Vorschulkindern fällt es noch schwer, für die Gefühle anderer, die sie miterleben, eine angemessene Erklärung zu finden. Damit hängt es wahrscheinlich zusammen, dass die Beziehung zwischen empathischer Reaktionsfähigkeit und Bereitschaft zum prosozialen Verhalten erst im Verlauf des Schulalters eindeutiger wird (Perry & Bussey, 1984). Mit dem Auslösen von Empathie werden aber stets günstige Voraussetzungen bei Kindern dafür geschaffen, dass sie sich anderen gegenüber prosozial verhalten (Eisenberg & Fabes, 1998).

6.5.3 Förderung prosozialer Einstellungen

Studie: Prosoziales Verhalten bei deutschen und russischen Kindern

In der ehemaligen Sowjetunion wurde »prosoziales Handeln als Verhalten von äußerst hoher gesellschaftlicher Bedeutung verstanden, das ein Kernstück des Aufbaus sozialistischer Kollektive darstellte und somit unbedingt von erzieherischer Seite zu fördern war« (Kienbaum, 1993b). Urie Bronfenbrenner (1972) ergänzt dazu: »Ein besonders herausragendes Merkmal der Kollektiverziehung ist die nachdrückliche Betonung altruistischen Verhaltens, auf individueller und sozialer Ebene.« Im Unterschied dazu strebte man in Westdeutschland in der Vorschulerziehung seit den 70er Jahren an, Selbständigkeit und Eigenaktivität zu fördern (Kienbaum, 1993b). Zeigen sowjetische Kinder, die kollektiv erzogen worden sind, nun tatsächlich eine größere Bereitschaft, sich einer anderen Person in helfender, fürsorglicher Weise zuzuwenden? Jutta Kienbaum ging dieser Frage am Beispiel einer jungen Frau nach, die den Verlust ihres Spielzeugs erfahren muss. Nach ihren Beobachtungen hat sich diese Erwartung nicht bestätigt, denn eines ihrer Untersuchungsergebnisse fasst sie folgendermaßen zusammen: »In Hinblick auf das prosoziale Verhalten hat ... die sowjetische Erziehungstheorie nicht die gewünschten Ergebnisse in der Praxis erzielt; vor allem die Mädchen verhielten sich völlig erwartungswidrig und zeigten entweder gar keine prosozialen Reaktionen oder solche, die mit wenig Engagement und Kosten einhergingen.« Kienbaum vermutet, dass die Kombination von Betonung der Erwachsenenautorität und die Erziehung zur Anpassung bei den sowjetischen Mädchen dazu geführt haben könnte, dass sie sich gegenüber der jungen Erwachsenen schüchtern fühlten und folglich nicht in der Lage waren, sich ihr gegenüber prosozial zu verhalten. Deutsche Kinder werden offenbar an andere Erziehungsziele herangeführt, denn, so stellt Kienbaum fest: »Die deutschen Mädchen demgegenüber profitierten offensichtlich von dem eher Selbständigkeit und Eigeninitiative fördernden Erziehungsstil, in dem sie einen sicheren Umgang mit verschiedenen sozialen Situationen lernen konnten und der sie befähigte, prosozial auf die Gefühlsäußerung auch einer Erwachsenen zu reagieren.«

Der Einfluss der erzieherischen Vorbilder

Emotionale Zuwendung. Wie entsteht die Selbständigkeit, die deutsche Kinder offenbar mehr kennzeichnete als Jungen und Mädchen, die in der ehemaligen Sowjetunion erzogen worden sind? Förderliche Bedingungen schafft nach den Beobachtungen von Brigitte Husarek und Sri Pidada (1993) eine Mutter, die in einer Situation, in der ein Junge oder Mädchen traurig, frustriert oder enttäuscht ist, »emotionale Zuwendung« zeigt. Durch verstärkte Aufmerksamkeitszuwendung und körperliche Nähe signalisiert die Mutter dem Kind, dass es sich nicht allein gelassen oder in seinem Kummer abgelehnt zu fühlen braucht. Sie löst also das jeweils vorliegende Problem nicht, ermöglicht es aber dem Kind, »eigene Lösungswege zu entwickeln und zu erfahren«; sie fördert damit den Aufbau emotionaler Stabilität und Sicherheit des Kindes im Umgang mit belastenden Situationen (Husarek & Pidada, 1993).

Kienbaums internationale Vergleichsstudie zeigt auf, dass sich über die Erziehung offenbar auf die Bereitschaft von Kindern einwirken lässt, prosoziales Verhalten zu zeigen. Einen solchen Zusammenhang verdeutlicht auch die folgende Szene: Zwei Vorschulkinder spielen in der Nähe ihrer Mutter. Eines von ihnen, Anna, fängt plötzlich an zu weinen, weil sie von ihrer Schwester kräftig an den Haaren gerissen wird. Wie reagiert die Mutter darauf? Sie könnte den Vorfall einfach ignorieren oder lediglich ein paar besänftigende Worte äußern (»Ist nicht so schlimm!«). Sie kann auch ohne Erklärung ein Verbot aussprechen (»Lass das!«), eine Bestrafung vornehmen, die Schwester etwas weiter von Anna wegschicken oder aber prosoziales Verhalten vorführen, indem sie die weinende Anna auf den Arm nimmt und zu trösten versucht (Zahn-Waxler et al., 1979). Es hängt offenbar von den Reaktionen der Mutter ab, ob die Entwicklung prosozialer Einstellungen bei ihrer Tochter mehr oder weniger gefördert wird.

»Opfer-zentrierte« Reaktion. Was vermittelt eine Mutter beispielsweise dem Kind, das den Schmerz verursacht hat, wenn sie nach dem Vorfall ruft: »Sieh 'mal, was du getan hast! Merkst du denn nicht, dass du Anna weh getan hast? – zieh' ja nicht wieder an den Haaren!«? Der Äußerung ist zunächst zu entnehmen, dass sich die Mutter bemüht, ihren Standpunkt eindeutig klar zu machen. Sie bringt die Regel, dass man andere nicht an den Haaren ziehen darf, unmissverständlich zum Ausdruck. Sicherlich wird die Mutter zahlreiche weitere Gelegenheiten haben, dem Kind gegenüber ihre moralische Überzeugung zu bekunden: Jeder Mitmensch hat einen Anspruch auf Unversehrtheit und Schutz.

Das Kind erfährt von seiner Mutter nicht nur, dass es Anna nicht an den Haaren ziehen darf, es merkt auch, dass die Reaktion der Mutter keiner Willkür oder Augenblickslaune entsprungen ist. Sie erläutert nämlich ihr Verbot, indem sie auf die schmerzhaften Folgen für Anna hinweist. Der Angreifer soll sich das Fühlen und Denken eines anderen Menschen verdeutlichen, sich in dessen Rolle versetzen. Damit fördert die Mutter wahrscheinlich die Empathie bei ihrem Kind. Manchmal regen Eltern die kleinen »Übeltäter« darüber hinaus zu einer Art Wiedergutmachung gegenüber dem Opfer an. Solche Reaktionsweisen eines Erwachsenen sind »Opfer-zentriert«; das Kind wird angeregt, die sozialen Folgen seines Tuns zu bedenken (Hofman, 1975b). Man fördert die Bereitschaft drei- bis sechsjähriger Kinder, sich um das Wohl anderer zu kümmern, bzw. ihnen keinen Schaden zuzufügen, indem man sie wiederholt herausfordert, sich in andere hineinzuversetzen (»Was meinst Du, wie Karin sich fühlt, wenn ihr dieses oder jenes passiert?«) bzw. sich vorzustellen, wie sie sich selbst fühlen würden (Battistich et al., 1991; Krevans und Gibbs, 1996).

In Elternhäusern, in denen bevorzugt Opfer-zentriert reagiert wird, finden sich relativ häufig Kinder, die eine vergleichsweise starke Hilfsbereitschaft zeigen, empathischer sind und sensibler auf die Wünsche anderer eingehen (Zahn-Waxler et al., 1979). Das gilt vor allem, wenn in den Elternhäusern ein warmes und liebevolles Familienklima vorherrscht. »Machtbestimmte Disziplinarmaßnahmen« bestehen dagegen aus Bestrafungen oder Liebesentzug. Sie wecken eher feindselige Gefühle und lösen Angst aus (Dlugokinski & Firestone, 1974). Sie regen das Kind nicht an, sich mit der Erlebnislage anderer Menschen zu beschäftigen. Häufig strafende Eltern sind für das Kind im Übrigen kein Vorbild für prosoziales Verhalten; statt dessen führen sie Aggressionen vor.

Bedeutung früher Vorbilder. Prosoziale Einstellungen lassen sich beim Kind nur wecken, wenn ihm entsprechendes Verhalten vorgelebt wird und eine liebevolle und freundliche häusliche Atmosphäre die Bereitschaft weckt, sich mit den Vorbildern zu identifizieren. Perry London (1970) hat einmal Christen gefragt, warum sie während der nationalsozialistischen Herrschaft verfolgten Juden geholfen haben. Fast alle berichteten von ihren engen Beziehungen zu Eltern mit festen moralischen Grundsätzen, die stets in Übereinstimmung mit diesen Überzeugungen gehandelt hätten (s. hierzu auch Info-Kasten 7.5). Grundlagen für dieses Verhalten Erwachsener sind bereits im Vorschulalter entstanden. Die Erfahrungen, die Menschen während dieses frühen Entwicklungszeitraumes sammeln, wirken offenbar mitbestimmend auf Entwicklungen in unterschiedlichsten Bereichen. Auch das Verhalten des Kindes nach Eintritt in die Schule wird nicht unwesentlich davon bestimmt, was es in den vorangehenden Lebensjahren gelernt hat.

Literatur zur Erweiterung des Wissens und zur Vertiefung

Zur Entwicklung des sozialen Verhaltens:

Strätz, R. (1992): Die Kindergartengruppe: Soziales Verhalten drei- bis fünfjähriger Kinder (2. Auflage). Stuttgart: Kohlhammer.

Schmidt-Denter, U. (1996): Soziale Entwicklung. Ein Lehrbuch über soziale Beziehungen im Laufe des menschlichen Lebens. Weinheim: BeltzPVU.

Zur Entwicklung des prosozialen Verhaltens:

Silbereisen, R. K. und Schuhler, P. (1993): Prosoziales Verhalten: Bedingungen und Verläufe der Entwicklung. In: Markefka, M. und Nauck, B. (Hrsg.): Handbuch der Kindheitsforschung. Neuwied: Luchterhand, S. 275–287.

Zum Hineinwachsen in die Geschlechtsrolle:

Kasten, H. (1996): weiblich – männlich. Geschlechtsrollen und ihre Entstehung. Berlin: Springer.

Trautner, M. (1997): Entwicklung der Geschlechtstypisierung. In: Lehrbuch der Entwicklungspsychologie (2. Auflage). Göttingen: Hogrefe, S. 322–410.

7 Kognitive Entwicklung im Grundschulalter

Wenn Eltern ihre Kinder zu Schulbeginn auf dem Weg in die erste Unterrichtsstunde begleiten, dann spüren sie in der Regel, dass nun für ihre Söhne oder Töchter ein entscheidender Lebensabschnitt beginnt. Zwar haben viele der »ABC-Schützen« bereits als Kindergartenkinder täglich mehrere Stunden außerhalb des Elternhauses verbracht; die Schule bringt das Kind aber doch stärker der Erwachsenenwelt näher, weil sie – sehr viel mehr als vorschulische Einrichtungen – Tugenden wie »Arbeiten«, »Pflichterfüllung« und »Verantwortung« fördert und fordert. Info-Kasten 7.1 zeigt, wie groß die Bedeutung des Anfangsunterrichts für die weitere Schullaufbahn eines Kindes ist.

INFO-KASTEN 7.1

Wie kann eine Grundschullehrerin den Lebensweg ihrer Schüler nachhaltig beeinflussen?

Eigil Pedersen (et al. 1978) besuchte als Schüler zu Beginn der 40er Jahre eine Grundschule im Nordosten der USA. Das Gebäude – es sah eher wie eine Festung aus – befand sich in der ärmsten Gegend einer Großstadt. Es lag unmittelbar an den Eisenbahnschienen. In Pedersens Beschreibung heißt es weiterhin: »Dem Haupteingang gegenüber versperrten die Gebäude eines Bordells, dürftig als Wohnungen getarnt, den Blick auf einen Schuttabladeplatz.« Viele Schüler waren hochgradig aggressiv und verhaltensauffällig. Kinder, die nicht anders zu kontrollieren waren, wurden mit einem Riemen gezüchtigt. Nach den Angaben in den Dokumenten des Schularchivs wurde diese Strafe etwa 500 Mal in einem Jahr durchgeführt.

Zu Beginn der 50er Jahre kehrte Eigil Pedersen an diese Schule als Lehrer zurück. Bald danach stellten sich ihm folgende Fragen: Warum erreicht nur ein sehr kleiner Teil der Kinder einen regulären Schulabschluss? Warum brechen die meisten Schüler ihre Ausbildung vorzeitig ab? Liegt es an ihren vergleichsweise geringen Leistungen bei Intelligenztests? Die Archive gestatteten Pedersen, diese Frage zu klären. Die vorgefundenen Aufzeichnungen gaben ihm auch Aufschlüsse über das Elternhaus der Schüler; sie ermöglichten ihm, Zusammenhänge zwischen Intelligenz-Quotient und Schulzensur zu bestimmen und vieles mehr. Pedersen besuchte zusätzlich einige ehemalige Schüler, um herauszufinden, welchen Weg sie als Erwachsene eingeschlagen hatten. Er interessierte sich u. a. für ihre Schulkarriere, welchen Beruf sie ausübten und welche Wohnung sie sich leisten konnten. Als er sich daraufhin die Daten genauer ansah, fiel ihm etwas auf, was ihn so faszinierte, dass er sein »Forschungsprogramm« veränderte. Diejenigen Schüler, die als Erwachsene vergleichsweise erfolgreich waren, hatten zu Beginn ihrer Grundschulzeit alle am Unterricht einer Lehrerin teilgenommen, die Pedersen unter dem Pseudonym Miss A vorstellt. Über einen Zeitraum von 34 Jahren fanden sich Eintragungen von ihr in den Archiven. Wer war diese Miss A? Hatte sie einen Anfangsunterricht durchgeführt, dessen positive Wirkungen bis hin ins Erwachsenenalter nachweisbar waren?

Mit Hilfe der Archivdaten ließ sich in der Tat Beachtliches ermitteln: Die Schüler von Miss A hatten erheblich bessere Zensuren als diejenigen anderer Lehrer. Beurteilte sie vielleicht zu mild? Nein, denn die meisten Schüler von Miss A bewahrten ihren Notenvorsprung zumindest bis zum siebten Schuljahr bei anderen Lehrern und in veränderten Klassenzusammensetzungen. Wurden Miss A vielleicht nur Schüler zugewiesen, die von vornherein günstigere Lernvoraussetzungen mitbrachten? Es gab zwar kleine Unterschiede zwischen den Schülern von Miss A und jenen anderer Anfangsklassen; sie reichten aber nicht aus, um Unterschiede zu erklären, die besonders deutlich im Erwachsenenalter sichtbar wurden. Im Übrigen war es eine durchgängige Politik der Schule, Kinder unterschiedlichster Voraussetzungen gleichmäßig auf alle Lehrer zu verteilen.

Um zu erfahren, ob Miss A ihre Schüler anders behandelt hatte als ihre Kolleginnen und Kollegen, hätte Eigil Pedersen am liebsten an ihren Unterrichtsstunden teilgenommen. Das war leider nicht mehr möglich, denn sie befand sich zum Zeitpunkt seiner Nachforschungen im Endstadium einer schweren Krankheit. Die verbleibenden Informationsquellen bestätigten aber die Vermutung, dass sie eine außergewöhnliche Lehrerin gewesen sein musste. Alle nach 25 Jahren interviewten ehemaligen Schüler konnten sich gut an ihre erste Lehrerin erinnern. Keiner hatte ihren Namen vergessen. Und auch Miss A hatte nach 20 Jahren noch alle ihre Schüler und deren Namen im Gedächtnis. Zwei Drittel ihrer Ehemaligen klassifizierten sie als »sehr gute« oder »ausgezeichnete« Lehrerin. Nicht einmal jeder Dritte der Mitschüler aus den Parallelklassen war zur gleichen Bewertung seiner Lehrer bereit.

»Von denjenigen, die *nicht* Schüler in der Klasse von Miss A gewesen waren« stellt Pedersen fest, »hatten 31 Prozent keine Erinnerungen daran, wen sie als ersten Lehrer gehabt hatten. Weniger als die Hälfte vermochte die Lehrkraft ihres ersten Schuljahres richtig zu identifizieren, und vier benannten sogar Miss A fälschlich als ihre Lehrerin.«

Ein Journalist, der durch Pedersen auf diese Lehrerin aufmerksam geworden war, ergänzte durch systematische Befragungen ehemaliger Schüler das Bild von Miss A: Sie bewahrte Kontrolle allein durch die Kraft ihrer Persönlichkeit und durch die offenkundige Zuneigung, die sie ihren Schülern entgegenbrachte.

Weder verlor sie jemals die Nerven, noch musste sie auf Strafmaßnahmen zurückgreifen. Die Schüler mochten die unterschiedlichsten Hintergründe oder Fähigkeiten besitzen; jeder Schüler hatte am Ende des ersten Schuljahres mit dem Lesen begonnen. Wenn Kinder einmal ihr Pausenbrot vergessen hatten, teilte Miss A ihre Mahlzeit mit ihnen. Meistens blieb sie nach dem regulären Unterricht in der Schule, um sich mit denen zu beschäftigen, die ihre Hilfe benötigten. Das Geheimnis ihres Wirkens fasste ein ehemaliger Kollege so zusammen: »Wie sie unterrichtete? Mit sehr viel Liebe!« und – so ergänzte Pedersen – »mit sehr viel Vertrauen in die Kinder und mit harter Arbeit«.

Wenn ein Schüler seine Schullaufbahn mit Miss A beginnen konnte, war er zu beneiden, denn Pedersen traf keinen ehemaligen Schüler von Miss A, der im späteren Leben versagt hatte.

Von der »Kleinkindform« zur »Schulkindform«

Der Schulanfang fällt in fast allen Gesellschaften in die Zeit zwischen dem fünften und siebten Lebensjahr. Noch vor wenigen Jahrzehnten spielte die Frage, ob ein Kind »schulreif« ist, also die Voraussetzungen erfüllt, auf die der Unterricht des ersten Schuljahres aufbaut, eine erheblich größere Rolle als in der Gegenwart. Wilfried Zeller (1952) fand damals große Aufmerksamkeit, als er ein Verfahren anbot, die »Schulreifeprüfung« erheblich zu vereinfachen; seine Methode forderte vor allem eine sorgfältige Beachtung der körperlichen Gestalt eines Kindes.

Ein »schulunreifes« Kind, so lehrte Zeller, sei körperlich an seiner »Kleinkindform« zu erkennen. Typisch dafür ist der im Vergleich zum Rumpf immer noch sehr große Kopf mit einem schmalen Hals. Die große, gewölbte und vorragende Stirn fällt bei der Kleinkindform ebenso auf wie die schmächtige Kinnpartie. Der zylindrisch-walzenförmige Rumpf ist deutlich länger als die Arme und Beine.

Bei vielen Kindern lässt sich im Verlauf des sechsten Lebensjahres eine Veränderung beobachten, die nach Zeller einen »ersten Gestaltwandel« einleitet und aus dem schließlich die »Schulkindform« hervorgeht. Mit Eintritt dieses Gestaltwandels beginnen Arme und Beine verstärkt zu wachsen. Der Rumpf nimmt eher einen elliptischen Durchmesser an, und es bildet sich die Taille aus. Im Gegensatz zu der mehr rundlichen Kleinkindform entwickelt sich im Grundschulalter ein sehr viel schlankerer und gestreckterer Körperbau. Der große vorstehende Bauch des Kleinkindes wird kleiner und flacher.

Zeller fand nicht zuletzt deshalb große Beachtung, weil er behauptete, aus der körperlichen Entwicklung eines Kindes ließe sich auch die seelisch-geistige erschließen. Inzwischen weiß man, dass eine solche Parallelität – wenn überhaupt vorhanden – nur schwach ausgeprägt ist (Coerper et al., 1954; Klausmeier et al., 1958). Wenn also ein Kind in seiner körperlichen Entwicklung vorauseilt, bedeutet dies noch lange nicht, dass auch seine intellektuelle Entwicklung beschleunigt ist. Sind in diesem Alter Voraussetzungen erfüllt, die ein systematischer Unterricht fordert, oder wird mit einem willkürlich festgesetzten Zeitpunkt für den Schulbeginn ein »wesentlicher Wandel« (White, 1965) der kindlichen Entwicklung erst eingeleitet?

Sicherlich sind Veränderungen, die normalerweise zwischen dem fünften und siebten Lebensjahr zu beobachten sind, nicht einseitig auf innere Prozesse, wie z. B. die Reifung, oder auf den Beginn der Schulzeit zurückzuführen; beides wirkt zusammen. Dennoch ist beachtenswert, dass auch in Gesellschaften, die keine allgemeine Schulpflicht kennen, das siebte oder achte Lebensjahr als Einschnitt betrachtet wird. Bevor in Deutschland das »1. Regulativ über die Beschäftigung jugendlicher Arbeiter in Fabriken« 1838 in Kraft gesetzt wurde, war es keine Seltenheit, dass Kinder im heutigen Grundschulalter 12 bis 16 Stunden am Tag in Bergwerken oder Fabriken arbeiten mussten. Im Jahre 1838 wurde geregelt, dass Kinder solche Beschäftigungen nicht vor dem neunten Lebensjahr ausüben durften; ab 1853 gestattete man sie erst nach dem zwölften Lebensjahr (Quandt, 1978).

Abbildung 7.1. Noch zu Beginn des letzten Jahrhunderts mussten Kinder in Fabriken, Bergwerken usw. wie Erwachsene zum Lebensunterhalt der Familien beitragen.

Das Grundschulalter umfasst einen Zeitraum, den man scherzhaft auch als das Alter der »lockeren Zähne« bezeichnet. Er beginnt mit dem Alter von etwa sechs oder sieben Jahren und endet, wenn sämtliche Milchzähne durch dauerhafte Zähne (mit Ausnahme der Weisheitszähne) ersetzt worden sind, also etwa mit dem elften Lebensjahr; es umfasst somit einen beträchtlichen Teil der (vierjährigen) Grundschulzeit, weshalb die Bezeichnung für dieses Alter passend erscheint.

Entwicklung von Intellekt und Moral

Die Veränderungen der körperlichen Proportionen, die sich vor Schuleintritt bei den meisten Kindern vollziehen, sind besonders auffällig. Nicht zu übersehen sind auch Fortschritte in der intellektuellen Entwicklung. Was aber leistet das Kind tatsächlich, wenn es sich im Grundschulalter befindet? Einige der Antworten Piagets auf diese Frage sollen im Folgenden skizziert werden. Informationstheoretisch orientierte Psychologen haben Piagets Vorstellungen in erheblichem Maße ergänzen können. Deshalb verdienen auch ihre Befunde Beachtung. Piaget hat sich aber nicht nur dafür interessiert, wie sich Kinder durch Fortschritte in ihren Denkfähigkeiten zunehmend ihrer Umwelt anzupassen vermögen. Bereits sehr früh in seiner wissenschaftlichen Karriere hat sich Piaget auch bemüht, Fragen zur Entwicklung der kindlichen Moral zu beantworten. Seine diesbezüglichen Erkenntnisse konnten von anderen Autoren, so etwa von Kohlberg, in den vergangenen Jahrzehnten erheblich vertieft und erweitert werden.

7.1 Das konkret-operationale Denken

Wenn man vor den Augen eines Vorschulkindes aus einem Glas mit breitem Durchmesser Flüssigkeit in ein schmales hohes Gefäß gießt, dann erklärt das »voroperationale« Kind auf eine entsprechende Frage, die Menge der Flüssigkeit habe sich verändert (s. S. 183). Wenn man vor ihm 16 weiße und 4 braune Holzperlen auf den Tisch legt und fragt, ob es mehr weiße oder mehr Holzperlen sieht, wird es sich wahrscheinlich in seiner Antwort für »mehr weiße Perlen« entscheiden (s. S. 186). Stellt man Sieben- oder Achtjährigen die gleichen Aufgaben, dann ruft bei vielen Kindern womöglich bereits die Frage, ob sich die Menge der Flüssigkeit nach dem Umgießen verändert habe, Erstaunen hervor. Natürlich, so erklären sie, verändert sich eine Menge so lange nicht, wie man ihr nichts hinzufügt oder etwas wegnimmt. Auch die Perlenaufgabe bereitet »operationalen Denkern« meist keine Schwierigkeiten mehr. Sie sind offenkundig in der Lage, Teilmengen (weiße bzw. braune Perlen) mit einer Gesamtmenge (Holzperlen) zu vergleichen. Schließlich werden auch Fortschritte sichtbar, wenn das Kind Sortieraufgaben zu bewältigen hat. Es gelingt ihm im Verlauf der Grundschulzeit, Gegenstände nach mehr als einem Merkmal zu ordnen.

7.1.1 Entwicklung des Invarianzverständnisses

Wenn Flüssigkeit aus einem Glas mit breitem Durchmesser in ein schmales hohes Gefäß gegossen wird, kann man wohl davon ausgehen, dass der Siebenjährige den gleichen Wahrnehmungseindruck hat wie das Vorschulkind. Für beide sieht es so aus, als enthalte das eine Gefäß mehr Flüssigkeit als das andere. Dennoch gelangt das Grundschulkind zu der Feststellung, dass beide Behälter mit der gleichen Menge gefüllt sind. Für den konkret-operationalen Denker bleibt die Menge unverändert – oder wie Piaget sagte – *invariant*, solange ihr nichts hinzugefügt oder weggenommen wird. Wie ist dieses Invarianzverständnis entstanden?

Operationen der Reversibilität, Kompensation und Identität

Sieben- oder spätestens Achtjährige sind offenbar in der Lage, ihren Wahrnehmungseindruck zu korrigieren. Darin, so stellt Piaget fest, zeigt sich ein entscheidender Fortschritt des kindlichen Denkens. Im Alter zwischen sechs und sieben Jahren, so erläutert er, beginnt die Phase der konkreten Operationen. Das Denken ist zwar immer noch sehr stark an die dingliche Gegenstandswelt gebunden, aber es stellt einen Entwicklungsfortschritt dar, dass Kinder nunmehr zu mehreren Operationen fähig sind. Diese lassen sich erschließen, wenn man die Kinder auffordert, ihre Urteile zu erklären. Ein Kind im Alter von acht Jahren gibt für seine Antwort, die Flüssigkeitsmenge habe sich durch das Umschütten nicht verändert, folgende Erklärungen:

- »Wenn man das Wasser wieder in den ursprünglichen Behälter zurückgießt, dann wird dieser wieder genauso voll wie vorher« (Reversibilität des Vorganges);
- »Das Wasser ist hier zwar höher, aber das Glas ist dünner« (Kompensation);
- »Es wurde beim Umgießen nichts weggenommen und es ist nichts hinzugekommen« (Identität).

Dem Kind steht also zum einen die Operation der Reversibilität zur Verfügung. Damit ist es nunmehr in der Lage, beobachtete Ereignisabfolgen gedanklich umzukehren. Durch die Operation der Kompensation gelangt das Kind zu der Einsicht, dass der geringere Durchmesser der Flüssigkeitssäule durch deren größere Höhe ausgeglichen (kompensiert) wird. Eine beobachtete Gegebenheit bleibt mit sich selbst identisch, wenn man sie mengenmäßig nicht verändert (Operation der Identität). Mit Hilfe der genannten drei Operationen gelingt es dem operationalen Denker, seinen Wahrnehmungseindruck erforderlichenfalls zu korrigieren.

Aufgaben zum Invarianzverständnis

Das Invarianzverständnis lässt sich mit verschiedenen Aufgaben prüfen, die die folgende Übersicht darstellt. Dabei zeigt sich, dass das Verständnis nicht in allen Aufgabenbereichen zum gleichen Alterszeitpunkt entsteht, sondern vielmehr eine bestimmte Abfolge aufweist. Üblicherweise zeigt sich bei Kindern zuerst das Verständnis für die Invarianz der Zahl (im Alter zwischen fünf und sieben Jahren). Als nächstes entwickelt sich das Invarianzverständnis für Mengen und Längen im Alter zwischen sieben und acht Jahren, gefolgt vom Invarianzverständnis für Flächen (zwischen acht und neun Jahren), Gewicht (zwischen neun und zehn Jahren) und Volumen (zwischen 12 und 14 Jahren).

Typische Versuche zur Prüfung des Invarianzverständnisses

Invarianz der Flüssigkeitsmenge

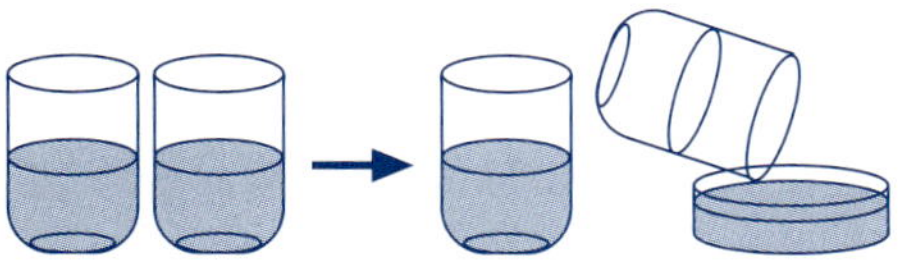

Zwei gleich große Becher werden bis zum gleichen Abstand vom oberen Rand mit Flüssigkeit gefüllt. Die Flüssigkeit aus einem Becher wird in einen zweiten mit anderem Durchmesser gegossen. Das Kind wird gefragt, ob die beiden gefüllten Gefäße die gleiche Menge Flüssigkeit enthalten. Kinder im Alter zwischen 6 und 7 Jahren erkennen, dass die unterschiedlich geformten Gefäße die gleiche Menge Flüssigkeit enthalten.

Invarianz der Masse

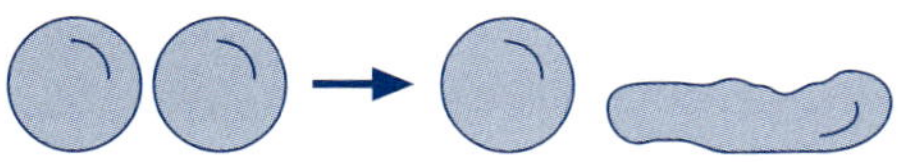

Zwei gleich große Bälle aus Plastilin werden hergestellt. Das Kind stimmt zu, dass sie die gleiche Menge Plastilin enthalten. Der eine Ball wird zu einer »Wurst« umgeformt. Kinder im Alter zwischen 6 und 7 erkennen, dass sich »Ball« und »Wurst« bezüglich der Menge Plastilin nicht voneinander unterscheiden.

Invarianz der Zahl

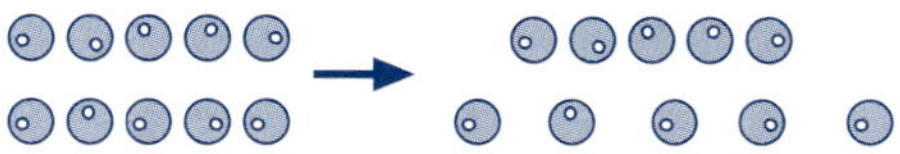

Das Kind sieht zwei Perlenreihen und stellt fest, dass beide gleich groß sind. Die eine Reihe wird länger durch größeren Abstand zwischen den Perlen. Kinder vom 6. bis 7. Jahr anerkennen, dass beide Reihen die gleiche Anzahl Perlen enthalten.

Invarianz der Länge

Dem Kind werden zwei Stöcke gleicher Länge gezeigt. Das Kind bestätigt, dass sie gleich lang sind. Einer der Stöcke wird nach rechts verschoben. Das Kind wird gefragt, ob sie immer noch gleich lang sind. Kinder im Alter von 6 bis 7 Jahren erkennen, dass sich die Länge der Stöcke auch durch ihre Verschiebung nicht ändert.

Invarianz der Fläche

Das Kind sieht zwei gleich große Flächen, auf denen sich in übereinstimmender Anordnung Quadrate gleicher Anzahl befinden. Das Kind erkennt, dass der Anteil der nicht bedeckten Fläche auf beiden Vorlagen gleich groß ist. Die Quadrate auf der einen Fläche werden anders angeordnet. Kinder vom 9. oder 10. Jahr anerkennen, dass die Größe der nicht bedeckten Fläche in beiden Vorlagen gleich groß ist.

Invarianz des Volumens

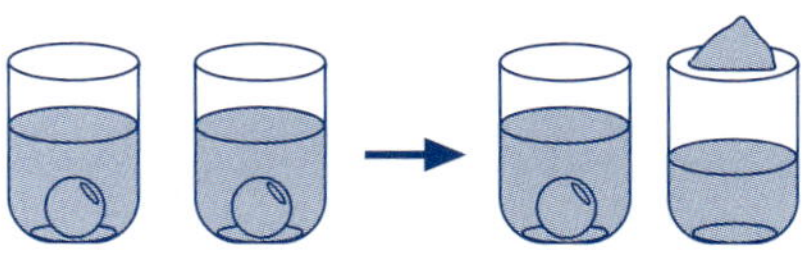

Zwei gleich große Bälle aus Plastilin werden in zwei gleiche Glasbehälter gelegt, die nach Beurteilung des Kindes jeweils die gleiche Menge Flüssigkeit enthalten. Das Kind sieht, wie sich der Wasserspiegel in beiden Behältern auf ein neues Niveau hebt. Aus dem einen Behälter wird ein Plastilinball genommen, andersartig geformt und auf das Gefäß gelegt. Das Kind wird gefragt, wie sich der Wasserspiegel verändert, wenn die neu geformte Masse in die Flüssigkeit getan wird. Kinder im Alter von 9 bis 12 Jahren erkennen, dass sich der Wasserspiegel nicht verändert, so lange die Plastilinmasse nur umgeformt wird.

Warum »wissen« Kinder bereits im Alter zwischen sechs und sieben Jahren, dass sich die Menge Plastilin nicht ändert, wenn man sie lediglich umformt, während sie erst mehrere Jahre später erkennen, dass verschiedenartige Formen von Plastilin die gleiche Menge Wasser verdrängen? Wenn man sich die Aufgaben etwas genauer betrachtet, dann wird man auf ihre unterschiedliche Komplexität aufmerksam. Die Volumenaufgabe ist offenkundig vergleichsweise komplex. Das Kind muss sich nämlich zum einen vergegenwärtigen, dass trotz des unterschiedlichen Aussehens sowohl die Plastilinmasse als auch die Flüssigkeitsmenge unverändert (»invariant«) bleiben. Zum anderen hat es zu prüfen, ob zwischen Flüssigkeit und Masse irgendwelche Beziehungen bestehen, die bei der Lösung zu berücksichtigen sind. Sicherlich spielt auch der Umfang an Erfahrungen eine Rolle, den ein Kind in einem Aufgabenbereich sammelt. Es hat nun einmal häufiger Gelegenheit, Erfahrungen mit Flüssigkeiten zu sammeln, die von einem Gefäß in ein anderes geschüttet werden; sehr viel seltener dürfte es die Chance haben, in seinem Alltagsleben zu beobachten, wie sich die Höhe einer Flüssigkeitssäule in einem Behälter verändert, wenn man dort einen Festkörper hinein befördert.

Ein Mensch mag zwar von einem bestimmten Alter an wissen, dass sich eine Menge nicht ändert, solange man nichts hinzufügt oder wegnimmt. Allerdings entscheidet die Aufgabensituation mit, ob dieses Wissen auch zum Tragen kommt. Sogar Erwachsene machen keineswegs immer von ihrem theoretischen Wissen Gebrauch, das sie mit Sicherheit während ihrer Grundschulzeit erworben haben (ein Beispiel dafür gibt Info-Kasten 7.2).

INFO-KASTEN 7.2

Wieviel wiegt ein Kilo Federn?

Es gibt ein Rätsel, das sich bei Schulkindern bereits seit vielen Generationen großer Beliebtheit erfreut: Was wiegt mehr: »Ein Kilo Eisen oder ein Kilo Federn?« Eine falsche Antwort muss nicht notwendigerweise Wissenslücken zeigen. Auf Grund vorliegender Erfahrungen ist für viele Menschen Eisen eng mit der Eigenschaft »schwer« verbunden, während sie fast automatisch bei Federn an »leicht« denken (»federleicht«). Die Begriffe sind gedanklich so eng verknüpft, dass der Begriff »Kilo« in der Aufgabe leicht übersehen wird. Lassen sich Erwachsene in grundsätzlich gleicher Weise täuschen? Vernon Hall und Richard Kingsley (1968) gingen dieser Frage nach.

Wie lösen Erwachsene Aufgaben zum Invarianzverständnis?

Studenten bestätigten Hall und Kingsley zunächst, dass eine Menge auch dann gleich bleibt, wenn sich ihre Form ändert. Im anschließenden Versuch legte der Versuchsleiter zwei Plastilinbälle auf eine Waage, um zu zeigen, dass beide gleich viel wiegen. Aus dem einen Ball wurde anschließend eine Feder geformt. *Heimlich* wurde dabei etwas Masse entfernt. Schließlich legte der Versuchsleiter *Ball* und *Feder* noch einmal auf die Waage. Wie erklärten sich die Studenten, dass die veränderte Plastilinform weniger wog als der »Ball«? Nur vier von 17 Studenten gaben die richtige oder eine zumindest plausible Antwort, indem sie entweder folgerten, dass die Plastilinmenge geringer oder dass die Waage ungenau war. Der Rest erklärte sich das Beobachtete u. a. damit, dass »Ball« und »Feder« unterschiedliche Schwerpunkte haben mussten, für den »Ball« eine geringere Dichte gelte, die »Feder« hingegen eine größere Oberfläche oder ein geringeres spezifisches Gewicht habe.
Hall und Kingsley beobachteten Erwachsene, die Schwierigkeiten hatten, die Unveränderlichkeit der Menge bei Formänderung einer Plastilinmasse zu erkennen. Zeigen sich entsprechende Unsicherheiten auch bei anderen Invarianz-

Problemen? Zur Klärung dieser Frage wandte man sich in einer anderen Untersuchung an Studenten, die im Durchschnitt 18 Jahre alt waren: »Wann wiegen Sie am meisten? Wenn Sie sich bücken oder wenn Sie gerade stehen? Wenn Sie senkrecht stehen oder waagerecht liegen? Wenn Ihnen warm ist oder wenn Sie frieren?« Die Art der Frage war absichtlich etwas irreführend formuliert, denn sie erweckte den Anschein, als ob nur eine der zur Auswahl stehenden beiden Möglichkeiten richtig sei. Zwei Drittel der Befragten ließen sich beeinflussen und gaben eine falsche Antwort.
Was antworteten Studenten, wenn man ihnen zunächst eine offenkundig unangemessene Frage stellte? Man zeigte ihnen das Bild eines Hundes, um sich daraufhin bei ihnen zu erkundigen »Warum ist das eine Katze?« Die meisten Studenten reagierten richtig mit der Feststellung, dass das keine Katze, sondern ein Hund sei. Man hatte sie also »vorgewarnt«, dass der Versuchsleiter ihnen auch irreführende Fragen stellen könnte. Waren sie nach dieser Vorwarnung eher zu der Aussage bereit, ihr Körpergewicht sei unveränderlich? Nein, denn wiederum »irrten« sich fast zwei Drittel der Befragten, indem sie abermals antworteten, ihr Gewicht könne unter einer der genannten Bedingungen höher sein als unter der anderen (Winer et al., 1988). Auch Erwachsene zeigen demnach Mängel in der Beantwortung von Fragen, die nach Piaget konkret-operationales Denken voraussetzen. Vermutlich hatten die Versuchspersonen Lücken in ihrem theoretischen Wissen oder Schwierigkeiten in dessen Anwendung. Wenn der Mensch sich – wie die Studenten in dem Versuch von Hall und Kingsley – in einer verwirrenden Situation befindet, dann prüft er auch solche Erklärungsmöglichkeiten, die nach vorliegenden Erfahrungen als sehr unwahrscheinlich gelten. Dies kann zu Scheinerklärungen und Aberglauben führen – aber auch zu neuen und kreativen Erklärungen. Könnte diese Reaktion nicht – so fragen Hall und Kingsley – eine entscheidende Voraussetzung für wissenschaftlichen Fortschritt sein?

7.1.2 Erstellen von Ordnungen nach logischen Gesichtspunkten

In der Übersicht auf Seite 255 wird ein Experiment Piagets geschildert, in dem er Vorschulkinder aufforderte, Stöcke unterschiedlicher Länge der Größe nach zu ordnen. Die Aufgabe fordert, einen Stock auszuwählen und seine Länge danach zu beurteilen, wie lang bzw. kurz er im Vergleich zu denen ist, die bereits geordnet wurden, und zu denen, die noch geordnet werden müssen. Ein Stock kann *gleichzeitig* im Vergleich zu einigen Stöcken kürzer und im Vergleich zu anderen länger sein. Es müssen also zwei Vergleiche gleichzeitig vorgenommen werden, und dazu ist ein Vorschulkind in der Regel nicht in der Lage. Das hängt, wie bereits festgestellt (s. S. 183), teilweise damit zusammen, dass das Vorschulkind seine Aufmerksamkeit nur auf ein Merkmal der Situation richtet und andere gleichzeitig vernachlässigt (Zentrierung).

Transitivität. Der Vergleich stellt auch hohe Anforderungen an das Gedächtnis (Bryant & Trabasso, 1971; Rabinowitz et al., 1994). Wenn man beispielsweise von den drei Kindern Anja, Birgit und Christine weiß, dass sie durch folgende Größenordnung zu kennzeichnen sind: $A > B > C$, dann ist die Frage, ob B groß oder klein ist, nur zu beantworten, indem erschlossen wird, dass B in Vergleich zu A klein, im Vergleich zu C aber groß ist. Diese Antwort lässt sich logisch aus der Regel der Transitivität herleiten (Wenn $A > B$ und $B > C$, dann ergibt sich logisch $A > C$). Das Verständnis dafür, dass Birgit gleichzeitig groß und klein ist, besitzt für den voroperationalen Denker zu hohe Komplexität. Diese »Transitivität« verstehen Kinder nach den Beobachtungen Piagets erst im Alterszeitraum zwischen sieben und elf Jahren (Piaget & Inhelder, 1973). Auch das Sortieren von Gegenständen nach mehr als einem Merkmal ist so komplex, dass Vorschulkinder dazu in der Regel nicht in der Lage sind.

7.1.3 Erstellen von Klassifikationen

Wenn man einem Vorschulkind geometrische Figuren gibt, die sich nur in einem Merkmal voneinander unterscheiden (große und kleine oder grüne und rote), dann wird es wahrscheinlich ohne weiteres in der Lage sein, sie zu ordnen. Wenn es aber den Auftrag erhält, Gegenstände nach *mehr als einem* Merkmal zu sortieren, wird es nur erfolgreich sein können, wenn es in der Lage ist, konkret-operational zu denken. Prüfen lässt sich die multiple Klassifikationsleistung, indem man dem Kind Aufgaben vorlegt, wie sie Abb. 7.2 beispielhaft darstellt. Es wird gefragt, welche Form und welche Schattierung (Farbe) die in der Anordnung fehlende geometrische Figur haben muss.

Hierarchische Klassifikationen. Das Klassifizieren nach mehreren Merkmalen setzt Reversibilität voraus, denn diese Operation gestattet es dem Kind, beispielsweise eine geometrische Figur zunächst nach einem Merkmal (etwa Schattierung bzw. Farbe) zu ordnen, um es dann nach einem weiteren Merkmal (Form und Größe) zu sortieren. Im Alter von acht oder neun Jahren gelingt es Kindern, Objekte nach zwei Merkmalen gleichzeitig zu ordnen.

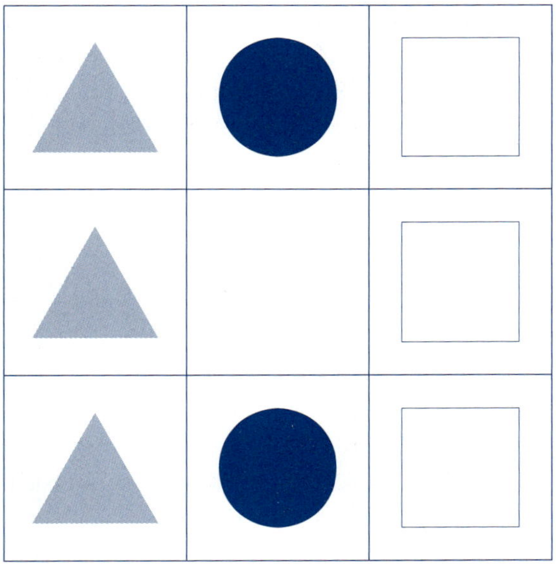

Abbildung 7.2. Aufgabe zur Prüfung der Fähigkeit zur multiplen Klassifikation: »Beschreib die Figur, die in der zweiten Spalte fehlt.«

Diesen älteren Grundschülern dürfte es ebenso möglich sein, die Perlenaufgabe zu bewältigen, weil sie erkennen, dass jedes Element (jede einzelne Perle) *gleichzeitig* in mehrere Klassen einzuordnen ist, und diese untereinander bestimmte logische Beziehungen aufweisen. So gehören einige Perlen in die Klasse der braunen, andere in die der weißen Perlen. Eine braune Perle kann nicht gleichzeitig in die Klasse der weißen Perlen gehören und umgekehrt. Die weißen Perlen passen aber zusammen mit den braunen Perlen in die Klasse der Holzperlen. Dagegen erkennt ein Vorschulkind nach Piaget einfach nicht, dass eine Perle gleichzeitig in mehrere Klassen gehören kann, weil es noch dem voroperationalen Denken verhaftet ist. Es versteht ebensowenig, wie es möglich sein soll, dass ein Mann gleichzeitig Vater, Bruder, Sohn und Onkel ist.

Älteren Grundschülern gelingt es auch, »hierarchische Klassifikationen« zu erstellen (s. Abb. 7.3). So wird das Kind irgendwann in der Schule lernen, dass der *Rottweiler,* der bei ihm zu Hause lebt, zu den Hunden gehört (Wie Dackel, Pudel und Bernhardiner), die zu den Haustieren gehören (wie Katze, Kuh oder Schaf) und als Säugetiere einzuordnen sind (wie Affe, Löwe oder Wal), und diese wiederum in die Oberkategorie Tiere gehören.

Hierarchische Klassifikationen müssen vom Grundschulkind auch beherrscht werden, um Verständnis für den *Zahlbegriff* zu gewinnen. So bezeichnet die Zahl 5 eine Gesamtmenge, die sich aus bestimmten Teilmengen ($2 + 3$, $1 + 4$) zusammensetzt, während die Menge 1 wiederum aus zwei Hälften oder vier Vierteln besteht.

Einem konkret-operationalen Denker gelingt es, Klassifikationen nach mehreren Merkmalen und Hierarchien zunehmender Komplexität (vom konkreten Familienhund bis hin zu der sehr breiten Kategorie der Säugetiere) zu verstehen, weil die Zentrierung überwunden ist, die das Vorschulkind in seinen Denkmöglichkeiten noch einengt.

Wenn man die Frage stellt, wie sich kognitive Leistungen während des Grundschulalters *erklären* lassen, dann wird man – wie bereits festgestellt – in den Schriften Jean Piagets nur dürftige Antworten

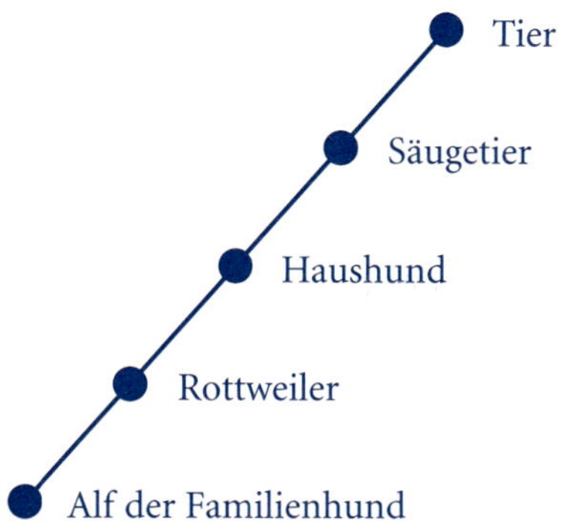

Abbildung 7.3. Beispiel für übergeordnete und untergeordnete Klassen aus dem Bereich der Biologie: Ältere Grundschüler sind in der Lage, solche »hierarchischen Klassifikationen« vorzunehmen

finden. Auch für die Lebensspanne des Grundschulalters haben Ergebnisse informationstheoretisch ausgerichteter Forschungen bedeutsame Einsichten geliefert, vor allem, was die verbesserten Gedächtnisleistungen angeht, die von einem Schulkind in verstärktem Maße gefordert werden.

7.2 Kognitive Entwicklung aus informationstheoretischer Perspektive

Nach dem Eintritt in die Schule verbessert sich die Fähigkeit des Kindes, Informationen aufzunehmen und zu verarbeiten, beträchtlich. Davon kann man sich leicht überzeugen: Wenn man Kindern verschiedenen Alters eine Zahlenreihe vorliest (z. B. »2 – 8 – 4 – 6 – 3 – 9 – 7 –5«) und daran die Aufforderung anschließt, sie aus dem Gedächtnis zu wiederholen, dann wird ein Fünfjähriger im Durchschnitt 4, ein Siebenjähriger 5, ein Neunjähriger 6 und ein Erwachsener 7 Ziffern wiedergeben können (Dempster, 1981). Das Schulkind verarbeitet Informationen zunehmend schneller und lernt dabei zusätzlich, Strategien anzuwenden; sie fördern das Behalten vor allem dann, wenn Lerninhalte zu erarbeiten sind, die nicht von vornherein sinnvoll erscheinen. Im Gegensatz zum Vorschulkind, welches dazu neigt, die Leistungsfähigkeit seines Gedächtnisses zu überschätzen, wird das Schulkind vergleichsweise häufig darauf aufmerksam, dass es aktiv etwas tun muss, um dem Vergessen entgegenzuwirken. Ob ihm das gelingt, hängt entscheidend vom jeweiligen Vorwissen ab, mit dessen Hilfe das neue Lernmaterial aufgearbeitet wird.

7.2.1 Konstruktion von Wissen

Das Gedächtnis ist nicht mit einem Kassettenrecorder vergleichbar, der Informationen als Maschine passiv aufzeichnet. Menschen können Neues nur behalten, wenn es ihnen gelingt, dieses mit Hilfe des bereits Bekannten zu erarbeiten. Das im Langzeitgedächtnis vorhandene Wissen gibt dem Lernenden die Möglichkeit, sich neues Lernmaterial verständlich zu machen. Scott Paris (1975) hat diesen Prozess einmal studiert, indem er Kindern kurze Geschichten wie etwa die folgende vorgelesen hat:

Linda hilft einem verletzten Tier

Linda spielte mit ihrer neuen Puppe vor ihrem großen, roten Haus. Plötzlich hörte sie ein seltsames Geräusch, das offenbar von unterhalb des Vorbaus kam. Dort schlug etwas mit den Flügeln. Linda wollte sehr gerne helfen, aber sie wusste nicht, wie sie das machen konnte. Sie lief in das Haus, um sich aus dem Schrank einen Schuhkarton zu holen. Dann durchsuchte sie das Innere des Schreibtisches, bis sie acht Seiten gelbes Papier gefunden hatte. Sie zerschnitt das Papier in kleine Stücke und legte diese dann auf den Boden des Kartons. Linda hob das hilflose Geschöpf auf, um es mitnehmen zu können. Ihre Lehrerin wusste, was sie zu tun hatte.

Nachdem die Kinder diese Geschichte gehört hatten, stellte Paris ihnen folgende acht Fragen:

(1) Hatte Linda eine neue Puppe?
(2) Hat sich Linda eine Schachtel Streichhölzer geholt?
(3) Kam das seltsame Geräusch unterhalb des Vorbaus heraus?
(4) Spielte Linda hinter dem Haus?
(5) Kümmerte sich Linda gerne um Tiere?
(6) Brachte Linda das, was sie gefunden hatte, zur Polizei?
(7) Hat Linda einen Frosch gefunden?
(8) Hat Linda eine Schere verwendet?

Konstruktives Gedächtnis

Die Antworten auf die Fragen 1 bis 4 im Kasten lassen sich unmittelbar dem mitgeteilten Text entnehmen. Um auf die Fragen 5 bis 8 angemessen reagieren zu können, muss das Kind jedoch auf sein allgemeines Wissen zurückgreifen. Es hat sich mit Hilfe der im Langzeitgedächtnis gespeicherten Inhalte zu erschließen, welche Einstellungen einer Verhaltensweise zugrunde liegen, wo Lehrer sich normalerweise aufhalten (nicht bei der Polizei), womit man üblicherweise Papier zerschneidet usw. Das Behalten zahlreicher Informationen gelingt offenbar dadurch, dass der Leser oder Hörer auf sein vorhandenes Wissen zurückgreift, um sich Mitgeteiltes verständlich zu machen; dazu verhilft ihm das »konstruktive Gedächtnis«. Paris stellte fest, dass das konstruktive Gedächtnis das Behalten fördert. Wenn Kinder Fragen, die ein Erschließen voraussetzen (Fragen 5 bis 8 im obigen Beispiel), gut beantworten können, gelingt ihnen auch eine bessere Erinnerung an zuvor Gehörtes (Paris & Upton, 1976).

Wie entwickelt sich nun dieses konstruktive Gedächtnis? Im Vorschulalter greifen Kinder noch kaum darauf zurück, denn zum einen ist ihr Wissen noch zu sehr eingeschränkt, und zum anderen ziehen sie auch »unlogische« Schlüsse, um sich Gehörtes oder Gesehenes verständlich zu machen. Im Verlauf des Grundschulalters verbessert sich die Konstruktion von Wissen, das Einfügen von neuen Informationen in bereits Bekanntes, erheblich, und entspricht etwa im Alter von elf Jahren bereits dem eines Erwachsenen (Kail, 1990).

Der Rückgriff auf das konstruktive Gedächtnis erfolgt bei Schulkindern in der Regel automatisch; deshalb fällt ihnen das Erlernen und Abrufen solcher Informationen leicht, die sie sofort mit Verständnis füllen können. Die Schule trägt jedoch auch häufig Lerninhalte an die Schüler heran, für die erst eine Ordnung gefunden werden muss, um sie dem Langzeitgedächtnis zu übergeben. Diese Form der Verarbeitung setzt bestimmte Maßnahmen bzw. Strategien (s. S. 203ff.) voraus.

7.2.2 Strategien zur Förderung des Behaltens

Die bekannteste Strategie, die sowohl von Kindern als auch von Erwachsenen genutzt wird, ist eine Gedächtnisstütze, die sich der Lernende in seiner Umgebung schafft (sog. Mnemotechniken). Das Schreiben einer Einkaufsliste vor dem Besuch des Supermarktes, das Stellen eines Weckers oder das Befestigen eines Gegenstandes an der Wohnungstür, um beim Hinausgehen daran erinnert zu werden, sind nur wenige Beispiele. Auch im Vorschulalter erkennen Kinder bereits den Vorteil solcher Erinnerungshilfen (Kreutzer et al., 1975). Im Verlauf der Grundschulzeit lernen sie solche Erinnerungshilfen zunehmend zu beherrschen (Hasselhorn et al., 1995). Nachdem der Schulbesuch begonnen hat, wird es noch unumgänglicher, Strategien zu entwickeln und anzuwenden, die es gestatten, auch solche Informationen dem Langzeitgedächtnis zu übergeben, die dem Lernenden nicht von vornherein sinnvoll erscheinen. Dazu gehört im Grundschulalter vor allem das »Wiederholen im Kopf« (aufarbeitende Wiederholung).

Aufarbeitende Wiederholung. Wenn Lerninhalte vergleichsweise dauerhaft gespeichert werden sollen, bedient man sich der aufarbeitenden Wiederholung. Sie erfordert gesteigerte Konzentration mit dem Ziel, das Neue mit dem bereits Bekannten zu »vernetzen«. Wie bereits mitgeteilt (s. S. 204), kann man Vorschulkinder zwar veranlassen, Lernmaterial zu wiederholen; sie verbessern dadurch möglicherweise auch ein wenig ihre Behaltensleistungen, sind aber spontan zur Anwendung dieser Strategie nicht bereit. Auch Grundschulkinder benötigen offenbar etwas Zeit, bis sie die aufarbeitende Wiederholung möglichst wirkungsvoll einzusetzen verstehen. Was tun Sieben- bis Zehnjährige, die sich Wörter merken sollen, die ihnen im Abstand von einer 5-Sekunden-Pause nacheinander dargeboten werden? Die Jüngeren unter ihnen wiederholen jeweils nur das zuletzt gehörte Wort, während ältere Kinder sämtliche bereits genannten Wörter vor sich hersagen (Kail,

1990; Ornstein et al., 1975). Wenn man ihnen also beispielsweise die Wörter »Apfel – Hund – Blume« vorgesprochen hat, dann wiederholen viele Siebenjährige wahrscheinlich »Apfel, Apfel, Apfel«, während Zehnjährige: »Apfel«, »Apfel Hund«, »Apfel-Hund-Blume« leise vor sich her sprechen, was das Behalten sicherlich besser fördert, als das bloße Wiederholen des zuletzt genannten Wortes.

Bedienen sich Kinder gegen Ende der Grundschulzeit des Wiederholens ebenso perfekt wie viele Erwachsene? Anscheinend ist auch das Wiederholen, wie es Zehnjährige praktizieren, noch zu verbessern. Wenn man nämlich Schülern eine Liste von Wörtern darbietet und ihnen mitteilt, für die richtige Wiedergabe bestimmter Wörter würden sie 10 Cent, für andere dagegen 1 Euro erhalten, dann üben sie – im Unterschied zu Jugendlichen und Erwachsenen – die »wertvolleren« Wörter keineswegs intensiver als die »wertloseren« (Cuvo, 1974).

Spontanes Organisieren. Es gibt Strategien, die das Behalten noch mehr fördern als das Wiederholen im Kopf. Ob etwa Grundschüler Lernmaterial spontan »organisieren«, lässt sich ziemlich leicht feststellen. Man bietet ihnen beispielsweise Bilder mit dem Auftrag dar, sich das Dargestellte zwei Minuten lang anzusehen, um es sich zu merken: *Tisch, Kartoffeln, Hund, Schrank, Spinat, Fuchs, Schaf, Nudeln, Stuhl.* Es wird ausdrücklich betont, dass die Reihenfolge nicht wichtig ist; es komme nur darauf an, möglichst viele Wörter anschließend aus dem Gedächtnis wiederzugeben. Die mitgeteilten Wörter lassen sich sodann daraufhin untersuchen, ob die Lernenden eine Ordnung nach naheliegenden Kategorien vorgenommen haben, also im Unterschied zu der ursprünglichen Liste Wörter hintereinander nennen, die in eine Kategorie gehören (*Hund, Fuchs, Schaf* und *Stuhl, Schrank, Tisch* und *Nudeln, Kartoffeln, Spinat*). Je älter Grundschüler sind, desto häufiger wird man Hinweise für spontanes Organisieren finden (Hasselhorn et al., 1995). Kinder im Alter von elf Jahren sind sehr viel häufiger bereit, Bilder nach Tieren, Möbeln und Essbarem zu sortieren als jüngere (Moely et al., 1969), mit denen man aber die Anwendung dieser Strategie üben kann. Sie führt, ob spontan oder nach Aufforderung, stets zu verbesserten Behaltensleistungen (Best, 1993; Best & Ornstein, 1986).

7.2.3 Über Produktions- und Anwendungsdefizite

Kinder im Alter von fünf und sechs Jahren wenden von sich aus vergleichsweise selten Strategien an, um sich das Lernen zu erleichtern. Mit zunehmender Schulerfahrung ergeben sich dafür häufiger Anlässe. Das Alter zwischen sieben und zehn Jahren stellt eine Art Übergangsstadium dar. Erst im Alter von zehn Jahren unternehmen Kinder verstärkt Anstrengungen, um das Behalten zu fördern, denn von diesem Zeitpunkt an erfolgt ein bewusster und auch verhältnismäßig erfolgreicher Einsatz von Lernstrategien, deren Handhabung nunmehr ständig verbessert wird (Kail & Hagen, 1982; Kail, 1990).

Produktionsdefizit

Wie bereits festgestellt, können Vorschulkinder zwar dazu angeregt werden, Lerninhalte zu wiederholen, sie steigern damit auch ihre Gedächtnisleistungen; aber ohne ausdrückliche Aufforderung zeigen sie praktisch keine Bereitschaft, geeignete Strategien anzuwenden. Bei ihnen findet sich somit ein »Produktionsdefizit«, ein »Defizit« beim Einsatz einer Strategie, zu deren Anwendung sie grundsätzlich fähig wären und von der sie auch bei ihrer Gedächtnisarbeit profitieren würden. Ebensowenig würden Grundschüler unterer Schulstufen von sich aus Lernmaterial nach Oberbegriffen ordnen (Organisationsstrategie). Jüngere Kinder kommen zwar zumeist der Aufforderung nach, Wörter vor dem Erlernen zu ordnen, und als Folge davon verbessern sich auch ihre Gedächtnisleistungen; allerdings zeigt sich auch hierbei das Produktionsdefizit: Sie wenden diese Strategie in der Folgezeit solange nicht an, wie man sie nicht ausdrücklich daran erinnert (Kee & Bell, 1981).

Anwendungsdefizit

Selbst wenn Grundschüler spontan bereit sind, sich mit Hilfe einer ihnen empfohlenen Strategie das Lernen und Behalten zu erleichtern, ist nicht gleichzeitig damit zu rechnen, dass sie davon ebenso wie ältere Kinder oder gar Jugendliche profitieren. Man spricht in diesem Fall von einem »Anwendungsdefizit« (Bjorklund & Coyle, 1995; Miller & Seier, 1994). Die Bereitschaft, solche Lernhilfen zu nutzen, kann bei enttäuschenden Ergebnissen sogar dazu führen, dass auf »einfachere« Strategien zurückgegriffen wird – und das heißt gleichzeitig auf solche, die allgemein als weniger wirkungsvoll zu gelten haben. Im ungünstigsten Fall wird sogar gänzlich auf ihren Einsatz verzichtet. Warum erweist sich der Einsatz einer Strategie – meist in früheren Stadien ihrer Anwendung (Coyle & Bjorklund, 1996, 1997) – noch nicht als so erfolgreich wie bei älteren Lernenden? Es spricht einiges für die Erklärung, dass der Anstrengungsaufwand – man spricht auch im übertragenen Sinne von »Kosten« – zur Nutzung einer neuen Strategie für jüngere Kinder einfach zu hoch ist (Siegler, 1998). Das zeigt sich besonders deutlich, wenn man Kinder veranlasst, zusätzlich zur Anwendung einer Strategie noch eine weitere Tätigkeit auszuüben. So hat man sie etwa aufgefordert, mit dem Finger so schnell wie möglich auf den Tisch zu klopfen, während sie eine Zahlenreihe »im Kopf« wiederholten. Allein diese an sich einfache, mechanisch auszuführende motorische Aktivität minderte die Behaltensleistungen (Guttentag, 1995).

Man erkennt an solchen Beobachtungen, dass sehr junge, noch ungeübte Lernende ziemlich schnell an die Grenzen ihrer Möglichkeiten zur Verarbeitung von Informationen stoßen. Die »Kosten«, die der Einsatz von Strategien erfordert, sind im Verhältnis zu dem zu erzielenden »Gewinn« sehr hoch. Jede Erleichterung beim Erlernen von Gedächtnismaterial dürfte geeignet sein, die »Kosten« zu senken. Man hat Kindern zweiter Schuljahre beispielsweise gestattet, zu lernende Wörter während der aufarbeitenden Wiederholung ständig sichtbar vor sich zu haben. Offenbar erleichtert diese »Sehhilfe« das Wiederholen, denn unter diesen Bedingungen verbesserten sich die Behaltensleistungen (Ornstein et al., 1985).

Die Anwendungs- und Produktionsdefizite lassen sich demnach auch auf Motivationsmängel der Lernenden zurückführen. Für die Richtigkeit dieser Erklärung spricht, dass die Bereitschaft zur Anwendung von Strategien steigt, wenn man den Lernenden kleine Geldgeschenke für gute Erinnerungsleistungen in Aussicht stellt (Kunzinger & Wytriaol, 1984).

Grundschulkinder könnten somit auf den Einsatz kognitiver Strategien verzichten, weil ihnen der Anstrengungsaufwand zu hoch erscheint. Sollte man sie dennoch mit Hilfe motivierender Maßnahmen anregen, das Produktionsdefizit zu überwinden? Die Antwort ist ein uneingeschränktes *Ja*, denn je mehr sie sich darin üben, desto geringer wird der kognitive Aufwand, und je erfahrener die Kinder in der Handhabung geeigneter Strategien werden, desto mehr überwinden sie auch ihr Anwendungsdefizit, weil sie ihren Arbeitsspeicher entlasten.

7.2.4 Metagedächtnis und Behalten

Kindern im Alter von sechs oder sieben Jahren stellt sich nicht nur die Schwierigkeit, dass sie bei der Anwendung von Gedächtnisstrategien einen hohen kognitiven Aufwand erbringen müssen. Sie sind zudem – vor allem im Vorschulalter – nicht davon überzeugt, dass ihnen das Wiederholen im Kopf oder das Organisieren von Lernmaterial Behaltensvorteile bringt (Justice et al., 1997). Diese Kinder haben offenbar noch nicht genügend Einsicht in das Funktionieren ihres eigenen Gedächtnisses, sie verfügen noch nicht über das Metagedächtnis, das sich frühestens bei Elfjährigen findet. Wenn Schüler bereits einige Erfahrungen in der Schule gesammelt haben, wissen die meisten, dass es günstiger für das Behalten ist, Strategien anzuwenden, als das zu Lernende nur mehrere Male zu betrachten. Reicht es aber aus, Kindern einfach mitzuteilen, dass das Wiederholen oder Organisieren ihnen beim Lernen hilft? Sicherlich müssen sie auch erfahren, dass die Anwendung dieser Strategien ihnen nachvollziehbare Vorteile gegenüber anderen Kindern verschafft, die diese Strategien nicht anwenden. Es hat sich jedoch mehrfach gezeigt, dass für jüngere Schüler allein die Kenntnis der Wirksamkeit einer Strategie noch nicht ihre spontane Bereitschaft weckt, sie von sich aus anzuwenden. William Fabricius und Lynn Cavalier (1989) fanden in ihren Untersuchungen eine Bestätigung für ihre Empfehlung, das Kind zusätzlich zu informieren, *warum* ihm eine Strategie hilft. Kinder sollten also nicht nur davon überzeugt sein, dass ihnen beispielsweise das Wiederholen von zu behaltenden Wörtern hilft, sondern sich außerdem erklären können, weshalb sie von einer Strategie profitieren.

Für viele Behaltensaufgaben, die dem Alltagsleben entstammen, haben Kinder allerdings bereits beachtliche Kenntnisse darüber, wie sie sich an Inhalte, die ihnen wichtig erscheinen, besser erinnern können.

BEISPIEL

Um seine Behaltensstrategien zu erforschen, wurde ein Schüler des dritten Schuljahres gefragt, was er tun würde, um eine Telefonnummer behalten zu können. Er antwortete darauf folgendermaßen:
»Sagen wir mal, die Nummer ist 633 8854. Was ich mache – ich sage dann, dass 633 meine Nummer ist, dann brauche ich sie nicht zu behalten. Dann denke ich, nun muss ich mir 88 merken. Ich bin jetzt 8 Jahre alt, ich merke mir dann einfach mein Alter zweimal. Dann sage ich, wie alt mein Bruder ist und wie alt er letztes Jahr war. So würde ich mir die Telefonnummer merken.« Auf die Frage des Experimentators: »Würdest Du dir so immer eine Telefonnummer merken?«, antwortete der Schüler: »Nö, ich schreibe sie immer auf« (Kreutzer et al., 1975).

Der Schüler im Beispiel ist offenkundig in seinem Bemühen, sich eine Telefonnummer zu merken, die er in einer zukünftigen Situation gebrauchen könnte, bereits sehr einfallsreich vorgegangen. Die Nutzung der von ihm benannten Strategien hilft ihm, sich den Anforderungen alltäglicher Situationen anzupassen. Dasjenige Persönlichkeitsmerkmal, das einem Menschen allgemein hilft, Probleme des Alltags zu bewältigen, wird üblicherweise als Intelligenz bezeichnet. Von diesem Merkmal soll in den nachfolgenden Abschnitten die Rede sein.

7.3 Über Intelligenz und ihre Entwicklung

Jean Piaget wollte herausfinden, wie es Kindern und Jugendlichen gelingt, ihr Wissen von dieser Welt zu konstruieren. Deshalb versuchte er, allgemeine Prinzipien der intellektuellen Entwicklung aufzudecken. Er wollte wissen, wie Intelligenz ihren Träger befähigt, sich der Umwelt anzupassen. Um auf seine Fragen Antworten zu bekommen, forderte Piaget seine jungen Versuchspersonen in unzähligen Untersuchungen allerdings vor allem dazu heraus, sich mit Problemen auseinanderzusetzen, die überwiegend dem naturwissenschaftlichen Bereich entnommen waren. Die von ihm geschaffenen Situationen entsprachen selten solchen, die im Alltagsleben üblicherweise vorkommen. Demnach ist festzustellen, dass den Studien Piagets ein recht eingeschränktes – keineswegs aber anspruchloses! – Verständnis von Intelligenz zugrunde gelegen hat, denn er prüfte die Anpassung an Problemsituationen, wie sie üblicherweise der schulische Unterricht an Kinder und Jugendliche heranträgt.

Intelligenztests

Auch die traditionelle Intelligenzforschung hat sich seit ihren frühen Arbeiten auf Tests gestützt, deren Aufgaben dem Schulunterricht entnommen waren. Der »Vater der Intelligenztests«, der Franzose Alfred Binet (1857–1911), verband mit der Konstruktion seines Prüfinstrumentes noch die Hoffnung, damit schnell und zuverlässig solche Schüler identifizieren zu können, die besonderer pädagogischer Hilfe bedurften und deren Bildungschancen somit erhöht werden sollten. Unglücklicherweise fiel Binets Intelligenzskala aber sehr bald in die Hände von Psychologen, die ganz andere Ziele verfolgten: Sie wollten damit Menschen ausfindig machen, die ihnen unerwünscht, ja geradezu minderwertig erschienen. Sie nahmen dabei ohne weiteres in Kauf, dass die auf diese Weise Herausgesiebten meistens chancenärmer wurden. Der Intelligenztest – später kurz IQ-Test genannt – als Auslese- oder Selektionsinstrument bot offenkundig Möglichkeiten, die einflussreichen Kreisen derartig verlockend erschienen, dass die pädagogischen Absichten Binets völlig in den Hintergrund gedrängt wurden. Wegen des nicht zu unterschätzenden Einflusses, den die IQ-Tests auch auf entwicklungspsychologische Arbeiten nahmen, soll Binets Beitrag ebenso wie der Beitrag der sog. Psychometriker, der »IQ-Tester«, kurz vorgestellt werden.

7.3.1 Vorstellungen von Intelligenz und ihnen zugrunde liegende Konzepte

BLICK ZURÜCK

Im Jahre 1921 gab eine renommierte Zeitschrift zur Pädagogischen Psychologie 14 Pädagogen und Psychologen die Gelegenheit, jeweils auf mehreren Seiten darzulegen, was sie unter »Intelligenz« verstanden. Aus den Beiträgen entnimmt man, dass sich die Experten keineswegs einig waren. Nach ihren Vorstellungen ist Intelligenz die »Fähigkeit zum abstrakten Denken und zum Lernen«; sie eröffnet die »Lernmöglichkeiten, sich an eine neue Umgebung bzw. angemessen an neue Lebenssituationen anzupassen«, sie schafft die »Voraussetzungen für den Erwerb von Wissen und seine Verarbeitung«, durch sie »lernt man, von seinen Erfahrungen zu profitieren« (Sternberg & Powell, 1983). Wie wenig es mit dieser Zusammenschau gelungen war, dem Intelligenzbegriff mehr Klarheit zu verleihen, wurde drei Jahre später deutlich, als ein anderer, damals sehr anerkannter Psychologe – Edward Lee Thorndike (1924) – sich abermals an einer Definition versuchte. Sie bringt sehr schön die Unsicherheit zum Ausdruck, die zur damaligen Zeit auch Autoritäten im Bereich der Psychologie erfasst hat: »Als erste Annäherung«, so schrieb er, »ist Intelligenz als die Qualität des menschlichen Geistes (oder Gehirns oder Verhaltens, wenn man das vorzieht) zu definieren, durch die sich Aristoteles, Plato, Thukydides und ähnliche von Athener Idioten ihrer Tage unterschieden haben, oder durch die sich Rechtsanwälte, Ärzte, Wissenschaftler, Gelehrte und Redakteure mit anerkannt höchsten Fähigkeiten ... am meisten von gleichaltrigen Idioten in Irrenanstalten unterscheiden.«
Der Versuch von Experten, Auffassungsunterschiede über den Intelligenzbegriff durch Diskussionen zu verringern, war erfolglos. Hatte man sich aber womöglich nur missverstanden? Schließlich stimmten doch die Ergebnisse mehrerer Intelligenztests sehr viel mehr überein, als nach den unterschiedlichen Orientierungen der jeweiligen Autoren zu vermuten war. Diese Tatsache ließ theoretische Diskussionen zunächst in den Hintergrund treten. Stattdessen konzentrierte man sich darauf, »brauchbare« Tests zu entwickeln. Menschen, die an einer Definition interessiert waren, mussten sich mit der Auskunft zufrieden geben, dass »Intelligenz das ist, was Intelligenztests messen« (Boring, 1923). Als Folge dieser Entwicklung entstand außerhalb von Fachkreisen vielfach der Eindruck, Intelligenz lasse sich ebenso wie die Körpergröße oder das Gewicht messen. Das ist ein Irrtum, denn tatsächlich ist Intelligenz etwas Abstraktes und nicht etwas konkret Fassbares, das man – etwa wie Geld – abzählen kann (Gould, 1981).

Definitionsprobleme. Der Begriff Intelligenz wird verwendet, um »intelligentes« Verhalten zu erklären. Welches Verhalten ist aber intelligent?

Wenn man Experten heute diese Frage vorlegt, unterscheiden sich ihre Antworten noch genau so wie die der Kollegen im Jahre 1921. Aus den verschiedenen Sichtweisen von Intelligenz sei deshalb eine herausgegriffen, die so allgemein ist, dass sie wahrscheinlich noch von den meisten Intelligenzforschern mitgetragen würde: Intelligenz gestattet es einem Lebewesen, sich neuen Umweltgegebenheiten anzupassen. Auch traditionelle Intelligenztests prüften eine Anpassung an die Umwelt, allerdings an eine sehr spezielle, wie eine genauere Betrachtung der IQ-Tests sowie deren Vorläufer zeigen wird. Kritiker dieser IQ-Tests erhoben die Forderung, den Begriff der Intelligenz sehr viel weiter zu fassen und darin vor allem einen Prozess zu sehen, der zu fördern ist, und keineswegs lediglich ein Produkt.

Intelligenz als Ergebnis von Prüfungen mit IQ-Tests

Prüfverfahren von Alfred Binet. Die Geschichte der IQ-Tests könnte man zu dem Zeitpunkt beginnen lassen, als das Pariser Ministerium für Öffentlichen Unterricht im Jahre 1904 eine Kommission einberief, der auch Alfred Binet angehörte. Diese Kommission erhielt den Auftrag, Empfehlungen zur Förderung lernschwacher Schüler auszuarbeiten. Die Einrichtung dieser Kommission mit Binet als eines ihrer Mitglieder war ein Ereignis von großer Tragweite in der Geschichte der Testpsychologie (Anastasi, 1982).

Binet und sein Mitarbeiter, der Arzt Theodore Simon, legten im Jahre 1905 ein Prüfverfahren vor, das sich in der Praxis sehr schnell bewähren sollte. Dabei wurde besonderer Wert auf die Prüfung von Urteilsfähigkeit, Verständnis und schlussfolgerndem Denken gelegt. Einige Beispielaufgaben seiner »Skala« für 3- bis 13-jährige veranschaulichen, was er und sein Mitarbeiter unter Intelligenz verstanden: Dreijährige Kinder wurden u. a. aufgefordert, auf ihre Nase, ihre Augen und ihren Mund zu zeigen. Vierjährigen legte man zwei Geraden von fünf und sechs Zentimeter Länge vor und fragte sie, welche länger sei. Fünfjährige hatten fünf Münzen abzuzählen. Sechsjährige sollten ihre rechte Hand heben oder auf ihr linkes Ohr zeigen. Zu den Aufgaben für Siebenjährige gehörte ein Bild, auf dem ein fehlendes Teil zu entdecken war. Ein achtjähriges Kind sollte mit Feder und Tinte einen kurzen Satz nach Diktat schreiben, von Neunjährigen wurde erwartet, dass sie die Wochentage und Monate kannten.

Probleme bei der Durchführung der Tests. Nach Zusammenstellung der Testaufgaben kann die erste Anwendung erfolgen. Dem Prüfling werden die ausgewählten Aufgaben vorgelegt, und anschließend bestimmt man die Anzahl seiner richtigen Antworten. Was besagt es aber, wenn ein Kind 20, 25 oder 30 Punkte erzielt? Ist ein Kind als »sehr intelligent« zu bezeichnen, wenn es alle Fragen eines Tests richtig beantwortet? Welche Schlüsse sind zu ziehen, wenn nur zehn Prozent der Aufgaben gelöst wurden? Diese Fragen verweisen auf die Schwierigkeiten, mit der eine psychologische Messung behaftet ist. Ein absoluter Nullpunkt, den man aus der Messung physikalischer Merkmale, Länge, Gewicht, Zeit oder auch Temperatur kennt, ist bei psychologischen Merkmalen nicht bestimmbar. Binet bewältigte dieses Problem, weil er zum einen ja tatsächlich nur am Vergleich des Einzelnen mit seiner jeweiligen Altersgruppe interessiert war: Hat das lernschwierige Kind Probleme, weil es gegenüber seinen Altersgenossen wirklich »zurückgeblieben« ist?

Entstehung des Intelligenz-Quotienten (IQ). Binet ging weiterhin davon aus, dass – zumindest während der Kindheit – die Intelligenz mit dem Alter zunimmt. Wenn ein sechsjähriger Schüler nur genauso viele Aufgaben richtig beantwortete wie der Durchschnitt der Fünfjährigen, dann hatte er nach Binets Verständnis ein »Intelligenzalter« von fünf Jahren. Erreichte er dagegen die gleiche Punktzahl wie die Mehrheit der Achtjährigen, besaß der Sechsjährige ein Intelligenzalter von acht. Später wurde dem Vorschlag des deutschen Psychologen William Stern gefolgt, das Intelligenzalter und das Lebensalter in Beziehung zu setzen (der Multiplikand 100 wurde verwendet, um Kommastellen zu vermeiden). Damit war der Intelligenz-Quotient (IQ) entstanden:

$$IQ = \frac{\text{Intelligenzalter}}{\text{Lebensalter}} \times 100$$

Normalverteilung der Intelligenz. Solange man sich bei der Intelligenzprüfung auf Kinder beschränkt, ist deren Unterscheidung nach dem Intelligenzalter zwar nicht problemlos, aber wenigstens durchführbar. Was macht aber ein Testautor, der bei der Entwicklung eines Intelligenztests für Erwachsene keine Aufgaben findet, mit denen sich die Leistungen verschiedener Lebensalter unterscheiden lassen? So erreicht beispielsweise der Durchschnitt der 20-jährigen die gleiche Punktzahl wie die Mehrheit der 19-jährigen. David Wechsler, ein klinischer Psychologe, der am Bellevue Hospital in New York arbeitete, löste dieses Problem, indem er die Frage umformulierte. Er griff eine Annahme auf, die insofern problematisch ist, als sie sich grundsätzlich jeglicher Überprüfung entzieht: Er nahm an, dass die Intelligenz, ebenso wie die Körpergröße, in der Bevölkerung eine Normalverteilung aufweist. Danach geht er davon aus, dass es für jedes Lebensalter einen Durchschnittswert gibt, dem der Wert 100 zugeordnet wird. Dieser »Durchschnitts-IQ« bildet die Mitte einer Normalverteilung. Kinder, Jugendliche oder Erwachsene, die mit ihrer Testleistung über dem Durchschnitt liegen, sind durch einen entsprechend höheren IQ (>100), andere mit unterdurchschnittlichen Leistungen durch einen niedrigeren IQ (<100) zu kennzeichnen. Abb. 7.4 stellt eine solche Kurve dar, der die Annahme zugrunde liegt, dass die Intelligenz innerhalb einer Altersgruppe normal verteilt ist.

Wie der Abbildung zu entnehmen ist, finden sich beim IQ nach Wechsler 34,13 Prozent der von der Bevölkerung (»Population«) erzielten Punktwerte im IQ-Bereich von 100 und 115. Der gleiche Prozentsatz findet sich im Bereich von 85 und 100. IQ-Werte, die weiter entfernt vom Mittelwert liegen, kommen seltener vor. Nur 13,59 Prozent der von der Bevölkerung erzielten Punktwerte liegen zwischen IQ-Werten von 70 und 85 sowie zwischen 115 und 130.

Relativer Wert des IQ. Durch den IQ wird einem Prüfling auf der Grundlage seines Testergebnisses ein Standort innerhalb einer Reihe von Personen zugewiesen, die bei der Person mit dem geringsten Punktwert beginnt, dann ansteigt und schließlich bei demjenigen endet, der im Vergleich zu

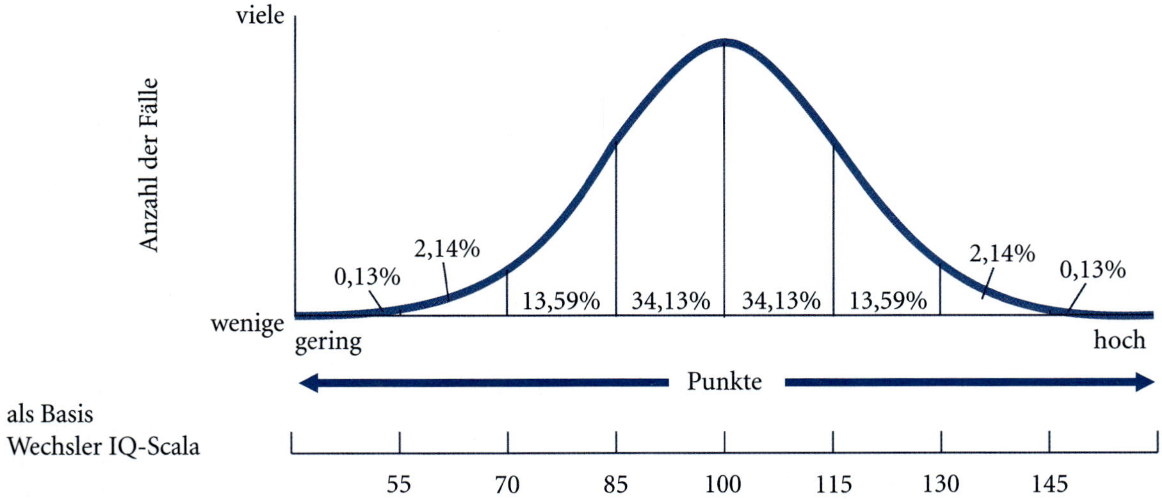

Abbildung 7.4. Kurve einer angeblichen Normalverteilung der Intelligenz innerhalb einer Altersgruppe beim IQ nach Wechsler: Fast 70 % der Bevölkerung erzielen demnach Punktwerte, die um den Mittelwert liegen

seiner Altersgruppe die meisten oder sogar sämtliche Testaufgaben richtig beantwortet hat. Der IQ ist also kein absoluter Wert, sondern eine relative Größe, die sich aus einem Vergleich mit einer ganz bestimmten Gruppe ergibt (sog. Abweichungs-IQ). Das wissen aber im Allgemeinen nur die Fachleute. Haben diese alles getan, um der Entstehung von Missverständnissen im Zusammenhang mit Intelligenz-Tests vorzubeugen?

In den meisten traditionellen Intelligenztests wird von einer *einheitlichen* oder *allgemeinen* Fähigkeit ausgegangen. In diesen IQ fließen jene Leistungsvoraussetzungen ein, die üblicherweise in der Schule benötigt werden, um ihren Anforderungen zu entsprechen, also etwa das Lösen sprachlicher, mathematischer, und optisch-abstrakter Probleme, sowie die Inanspruchnahme des Kurzzeitgedächtnisses.

Stabilität von Testwerten. Da es sich beim IQ um das Ergebnis eines sozialen Vergleichs handelt, wird der Einzelne stets mit anderen seiner Altersgruppe verglichen. Daraus ergibt sich, dass der IQ im Verlauf der individuellen Entwicklung ziemlich stabil bleiben sollte. Da dies bei den Testergebnissen tatsächlich zutage trat, ist die zeitliche Stabilität von Testwerten regelrecht zum Gütekriterium eines psychologischen Prüfverfahrens erhoben worden. Keineswegs darf bezweifelt werden, dass diese Stabilität

- zum einen durch die genetische Ausstattung des Getesteten zustande kommt,
- zum anderen aber auch zum Ausdruck bringt, dass die meisten Getesteten unter relativ gleichbleibenden Umweltbedingungen aufwachsen.

Auf diese äußeren Bedingungen ist in einem erheblichen Maße zurückzuführen, dass für Kinder mit hohem IQ günstigere Lebenschancen vorhersagbar sind; Info-Kasten 7.3 enthält dazu Einzelheiten.

INFO-KASTEN 7.3

Lassen sich für Schulkinder mit extrem hohen Intelligenz-Quotienten bessere Lebenschancen voraussagen?

Lewis Terman erhielt im Jahre 1921 von der Stadt New York den Auftrag, die Entwicklung von Kindern mit besonders hoher intellektueller Leistungsfähigkeit zu studieren. Er bat deshalb Lehrer, ihm jeweils die drei besten Schüler ihrer Klasse zu nennen. Es entstand eine Stichprobe von mehr als 1.500 Hochbegabten mit Intelligenz-Quotienten über 140, in der Spitze bis 200, die anschließend in regelmäßigen Abständen bis zur Gegenwart untersucht wurden. Zu Beginn der Studie waren die Kinder im Durchschnitt elf Jahre alt und befanden sich in körperlich bester Verfassung; sie besaßen hohe soziale Fertigkeiten und hatten keinerlei Anpassungsschwierigkeiten. Dieses Ergebnis stand im Gegensatz zu einem damals weit verbreiteten Vorurteil, nach dem sich unter Hochbegabten ein auffallend hoher Anteil sozial isolierter Sonderlinge findet. Als Erwachsene leisteten diese Hochbegabten Herausragendes. Insgesamt meldeten sie über 100 Patente an; ihrem Kreis entstammten mehr als 2.000 wissenschaftliche Berichte und über 100 Bücher. Von 100 Hochbegabten hatten 85 Positionen wie Manager eines führenden Unternehmens, Universitätsprofessor, Arzt, Rechtsanwalt, Schriftsteller usw. inne. Kann man diesen Berufserfolg als Ergebnis einer hohen Intelligenz ansehen? Waren die Hochbegabten also so erfolgreich, *weil* sie hochintelligent waren?

Zusammenhang zwischen IQ und beruflichem Erfolg. Grundsätzlich darf als sehr gut belegt gelten, dass zwischen dem Ergebnis von Intelligenztests und schulischen Leistungen ein ziemlich enger Zusammenhang besteht. Kinder mit hohem IQ weisen nicht nur bessere Schulzensuren auf, sie erreichen auch höhere Bildungsgrade (Neisser et al., 1996; Brody, 1997).

Dieser Zusammenhang sollte nicht überraschen, denn es war schließlich das ursprüngliche Ziel, mittels IQ-Tests Schulleistungen möglichst treffsicher vorherzusagen. Gute Schulleistungen und Schulabschlüsse gelten aber auch als wesentliche Voraussetzungen für vielversprechende berufliche Laufbahnen und – damit ebenso zusammenhängend – für hohe Lebenszufriedenheit. Lassen sich auf die Ergebnisse von IQ-Tests im Schulalter auch Vorhersagen über den späteren beruflichen Erfolg gründen? Dafür gibt es in der Tat einige Hinweise. Ergebnisse einer Längsschnittuntersuchung haben ergeben, dass es einen mittleren Zusammenhang zwischen dem IQ eines Kindes und dessen späterem beruflichen Erfolg gibt (McCall, 1977b). Vor allem in Berufen, in denen vorwiegend »mit dem Kopf« gearbeitet wird, findet man höhere IQs als in solchen, die körperliche Arbeit fordern (Weakliem et al., 1995). Als Voraussetzung für eine erfolgreiche berufliche Karriere gilt sicherlich das erreichte Bildungsniveau. Es kommt aber noch etwas hinzu.

Die Rolle des familiären Hintergrundes. David McClelland (1973), der sich kritisch mit der Terman-Studie auseinandergesetzt hat, zog einmal folgenden Schluss: »Ich möchte so nachdrücklich wie möglich feststellen, dass Termans Studien *nicht* eindeutig belegen, dass es die von Intelligenztests gemessene Fähigkeit ist, die für den größeren Erfolg der Kinder mit hohem IQ verantwortlich ist (d. h. diesen verursacht hat). ... Ebenso wäre die Schlussfolgerung berechtigt (obwohl auch sie nicht belegt ist), dass Söhne der Reichen, Mächtigen und Gebildeten günstigere Voraussetzungen für Beruf, Ehe und soziale Entwicklung besaßen, weil sie materielle Vorteile hatten. Termans Studien könnten lediglich zeigen, dass die Reichen und Mächtigen mehr Möglichkeiten haben und deshalb mehr im Leben erreichen. ... Wenn er einer einflussreichen Elite angehört (die hohen sozio-ökonomischen Status besitzt), wird einem jungen Menschen nicht nur geholfen, zur Universität zu gehen. Durch Kontakte der Familie erhält er auch Zugang zu beruflichen Positionen, und sie [die Familie] verhilft ihm bereits als Kind zu den Zeugnissen, die den Weg zu bestimmten Positionen eröffnen.«
Es lässt sich anhand der von Lewis Terman (Terman & Oden, 1947; Terman, 1954) mitgeteilten Daten zeigen, welche Rolle die Familie für den Erfolg ihrer Kinder spielt. Er fasste 150 Mitglieder seiner Stichprobe, die beruflich am erfolgreichsten waren, in einer A-Gruppe zusammen und verglich sie mit den Mitgliedern einer vergleichsweise erfolglosen C-Gruppe. Diese beiden Gruppen unterschieden sich bezüglich ihres mittleren Intelligenz-Quotienten (IQ 150) nicht. Die Bildungsgänge waren jedoch für die Angehörigen der A-Gruppe günstiger als für die der C-Gruppe: Während 90 Prozent der A-Gruppe ein akademisches Studium abschlossen, gelang dies nur etwa 30 Prozent der C-Gruppe. Der Vergleich der Familien ergab einige auffallende Hinweise. So hatten z. B. die Väter der A-Gruppen-Kinder eine bessere Schulausbildung und höhere berufliche Positionen als die der C-Gruppe. Die sehr erfolgreichen Kinder hatten von ihren Eltern viel Liebe und in erheblichem Umfang intellektuelle Anregungen empfangen, denn diese Kinder fanden in ihrem Zuhause vergleichsweise viele Bücher vor, die Eltern nahmen auch in starkem Maße Anteil an ihren schulischen Arbeiten (Tomlinson-Keasey & Little, 1990). Bei Eltern der C-Gruppen-Kinder kamen Scheidungen zweimal so häufig vor, und folglich dürften diese ihren Töchtern und Söhnen weniger soziale Unterstützung, Beratung und Ermutigung gegeben haben (Friedman et al., 1995).
Lassen sich also im Falle von Kindern, die durch einen hohen IQ zu kennzeichnen sind, hohe Lebenschancen, d. h. vor allem beruflicher Erfolg und Lebenszufriedenheit, voraussagen? Die Antwort lautet, dass der IQ lediglich *eine* Bedingung für solche wünschenswerten Lebensläufe bietet; eine mindestens ebenso bedeutsame, wenn nicht sogar noch wichtigere Voraussetzung ist mit der Qualität der eigenen Familie gegeben.

Kritik. Als Schwäche praktisch sämtlicher IQ-Tests ist zu sehen, dass diese über die Ermittlung eines sozialen Vergleichswertes praktisch nichts zur Erklärung eines Ergebnisses beitragen. Weshalb hat ein Kind einen vergleichsweise geringen IQ bei einer Intelligenzprüfung erzielt? Worin unterscheidet sich dieses Kind von einem anderen, das ein überdurchschnittliches Ergebnis vorlegen konnte? An der Klärung dieser Fragen hatten Autoren von Intelligenztests keinerlei Interesse, denn im Unterschied zu den pädagogischen Absichten Binets wollten sie ihre Prüfinstrumente – wie bereits mitgeteilt (s. S. 265f.) – zu Auslesezwecken einsetzen. Diese Funktion wird am besten erfüllt, wenn man gleichzeitig das Intelligenzmerkmal als weitgehend unveränderlich ansieht.

Die Kritik an herkömmlichen IQ-Tests, vor allem das bestehende Defizit bei der Erklärung von Leistungsergebnissen, hat dazu geführt, dass andere Vorstellungen entwickelt worden sind. Zu ihnen gehört Howard Gardners Konzept der »Multiplen Intelligenzen«, das Intelligenz auf Betätigungsfelder bezieht, die von klassischen Intelligenztests nicht abgedeckt werden.

Multiple Intelligenzen

Acht intellektuelle Fähigkeiten nach Gardner. Nach Überzeugung Howard Gardners (1983, 1998) messen traditionelle IQ-Tests durchaus Intelligenz, allerdings nur in eingeschränkter Weise, denn sie prüfen sprachliche und logisch-mathematische Fähigkeiten sowie vielfach auch die Fähigkeit, räumlich zu denken. Damit sei das gesamte Spektrum der menschlichen Intelligenz keineswegs abgedeckt. Auf der Grundlage vorliegender Forschungen über menschliche Fähigkeiten sowie über Funktionen des menschlichen Gehirns hat Gardner acht – neuerdings mit der »existentiellen Intelligenz« sogar neun (Gardner, 1999) – intellektuelle Fähigkeiten entdeckt. Eine Übersicht der von Gardner behaupteten Fähigkeiten gibt die Tabelle, die sich Info-Kasten 7.4 anschließt. Gardner ergänzt die von vielen IQ-Tests berücksichtigten Fähigkeiten um musikalische, körperlich-kinästhetische, interpersonale und intrapersonale Fähigkeiten. Diese beiden letzteren sind mit der »emotionalen Intelligenz« anderer Autoren vergleichbar (Goleman, 1995, 1998): die Fähigkeit Emotionen wahrzunehmen und diese mit dem eigenen Denken in Beziehung zu setzen. Alle Fähigkeiten, so behauptet Gardner, seien voneinander unabhängig und stünden jeweils zu bestimmten Teilen des Gehirns in Beziehung. Um seine Auffassung zu stützen, zitiert Gardner Beobachtungen aus der Hirnmedizin, wonach die Schädigung einer bestimmten Hirnregion üblicherweise nur eine Fähigkeit, etwa die sprachliche oder die logischmathematische, beeinträchtigen würde, während andere Fähigkeiten intakt bleiben würden. Außerdem greift Gardner auf klinische Erfahrungen mit dem sog. Savant Syndrom zurück, über das Info-Kasten 7.4 nähere Einzelheiten mitteilt.

INFO-KASTEN 7.4

Können Menschen mit extrem geringen intellektuellen Fähigkeiten auf speziellen Gebieten Herausragendes leisten?

George und sein Zwillingsbruder Charles können etwas Erstaunliches vorführen. Sie sind Kalenderexperten. Man kann ihnen irgendein Datum nennen, und sie können daraufhin sofort sagen, mit welchem Wochentag dieses einhergeht. Das Datum kann bis zu 40.000 Jahre zurückliegen, aber ebenso 40.000 Jahre in der Zukunft liegen. Man kann sie ebenso fragen, wie häufig während der nächsten 200 Jahre Ostern auf den 23. März fallen wird, und sie werden die Antwort wenigstens so schnell wie ein Computer geben. Keine Schwierigkeiten dürfte ihnen auch die Antwort auf folgende Fragen bereiten: »In welchen Jahren fällt Ihr Geburtstag auf einen Dienstag?« – »Wie viele Tage liegen im Jahre 2010 zwischen Ihrem Geburtstag und Ostern?« – »Wie war das Wetter, als Sie 21 Jahre alt wurden?« »Es ist das Jahr 91360;

auf was für einen Wochentag wird in diesem Jahr der 6. Juni fallen?« – »Werden Sie dann noch leben?« – »Wie alt werden Sie dann sein?« (Treffert, 1989) – Solchen beeindruckenden Leistungen stehen jedoch bemerkenswerte Auffälligkeiten gegenüber. George hat selbst nach einer kurzen Vorführung seines Könnens den Namen des Besuchers vergessen, der sich ihm kurz zuvor vorgestellt hatte, und es gelingt ihm nicht, bis 30 zu zählen. Er kann nicht ermitteln, wieviel Geld er zurückbekommen muss, wenn er ein Produkt für 6 Euro gekauft und dem Kassierer einen 10-Euro-Schein ausgehändigt hat. Es gelingt ihm nicht, einfache Ziffern zu addieren, aber er behält 30 Ziffern mit Leichtigkeit (Treffert, 1989).

Vereinzelt hat man bei Kindern und Erwachsenen Leistungen, die erheblich über denen der meisten Menschen liegen, auch in anderen Bereichen beobachtet, so etwa auf dem Gebiet der Musik (Miller, 1989), des Zeichnens und Malens (Pring & Hermelin, 1993) oder der Mathematik (Kelly et al., 1997). Dieselben Personen lagen in praktisch allen anderen Aufgabenbereichen weit unter dem durchschnittlichen Leistungsniveau. Selbst in ihrem Spezialgebiet ist die herausragende Leistung auf einen engeren Bereich begrenzt. So können solche ungewöhnlichen Menschen mathematische Aufgaben, wie etwa das Wurzelziehen oder Multiplizieren, ebenso schnell wie eine mechanische Rechenmaschine ausführen, aber sie versagen, wenn sie einfache Additionen oder Subtraktionen als Aufgaben vorgelegt bekommen (Brill, 1940, Kelly et al., 1997). Wiederholt konnte beobachtet werden, dass sich die Spezialfähigkeit im Kindesalter in ziemlich kurzer Zeit entwickelt und durch Übung dann kaum mehr gesteigert werden kann (Hermelin et al., 1994; Süss-Burghart, 1996).

Savant-Syndrom. Die soeben beschriebenen Fälle kennzeichnete man zunächst als »Idiots Savants« (Süss-Burghart, 1996). Die Bezeichnung ist jedoch veraltet, denn von »Idiotie« sprach man in der Zeit, in der die ersten Intelligenztests zum Einsatz kamen, nur bei einem Intelligenz-Quotienten von unter 25. Die meisten Savants liegen aber über diesem Wert (Yewchuk, 1999), kaum einer weist einen IQ von unter 40 auf (Treffert, 1988). Inzwischen scheint sich die Bezeichnung »Savant-Syndrom« zunehmend durchzusetzen. Der Ausdruck »savant« ist aus dem Französischen entlehnt und bedeutet soviel wie »etwas gut können«, »wissend«, »gelehrsam« sein. Menschen, die durch das Savant-Syndrom zu kennzeichnen sind, leiden vor allem unter Autismus (Nettelbeck & Young, 1996), also – sehr kurz gesagt – einer Unfähigkeit, soziale Beziehungen zu anderen Menschen zu entwickeln. Wie kann man sich die Spezialbegabung eines Savants erklären? Als Antwort kommen nach Ted Nettelbeck und Robyn Young (1996) mehrere Möglichkeiten in Frage. Vielleicht stellt das Savant-Syndrom das Ergebnis des Versuches dar, andere Schwächen auszugleichen: Ebenso wie ein Blinder ein besonders ausgeprägtes Hörvermögen entwickelt, hat ein Kind mit Autismus vielleicht einen Ausgleich für eigene Schwächen in anderen Bereichen vorgenommen. Vielleicht, so spekulieren die beiden Autoren weiter, gibt es auch eine biologische Erklärung, indem man annimmt, dass es einen Hirnbereich gibt, der aufgrund struktureller Veränderungen allgemeine Leistungsschwächen bewirkt, während die gleichen strukturellen Veränderungen in anderen Hirnbereichen die Spezialbegabungen hervorgebracht haben.

Savants werden zunehmend als Menschen anerkannt, deren spezielle Begabungen man früh identifizieren sollte, damit sie bereits in einem jungen Alter Förderungen in Gruppen erhalten, denen »Hochbegabte mit Behinderungen« angehören (Donelly & Altman, 1994). »Savants benötigen eine Förderung ihrer Defizit-Bereiche, während es weiterhin spezieller Programme bedarf, mit denen sich ihre unmittelbaren Spezialbegabungen bis zum Höchstmöglichen steigern lassen« (Yewchuk, 1999).

Tabelle. Die sieben intellektuellen Fähigkeiten, die nach Howard Gardners (1983, 1999) Erweiterung traditioneller Intelligenztests beim Menschen zu finden sein können

Art der Intelligenz	Bei hoher Ausprägung	Typische Aufgabenformen
Sprachlich	Schriftsteller Journalist	Inanspruchnahme beim Lesen; Schreiben eines Aufsatzes, eines Gedichtes; Verständnis für gesprochene Wörter
Logisch-mathematisch	Wissenschaftler Mathematiker	Inanspruchnahme bei der Lösung mathematischer Probleme; ausgeglichene Gestaltung des Haushaltsbudgets; Darstellung mathematischer Beweise, logisches schlussfolgerndes Denken
Räumlich	Steuermann Bildhauer	Inanspruchnahme bei Veränderungen des Standortes, Lesen geographischer Karten, Unterbringung von Gepäck im Kofferraum, so dass eine optimale Nutzung erfolgt
Musikalisch	Komponist Geiger	Inanspruchnahme beim Liedersingen, bei der Komposition einer Sonate, beim Spielen einer Trompete oder bei Würdigung eines Musikstückes
Körperlich-Kinästhetisch	Tänzer Athlet	Inanspruchnahme beim Tanzen, beim Korbballspiel, beim Laufen oder beim Speerwerfen
Interpersonal	Therapeut Verkäufer	Inanspruchnahme bei Kontakten mit anderen Menschen, wenn z. B. Verständnis für das Verhalten anderer gesucht wird, für ihre Motive, ihre Gefühle
Intrapersonal	Mensch mit detaillierten, realistischen Selbstkenntnissen	Inanspruchnahme beim Verstehen der eigenen Person – die Grundlage für das Verständnis der Frage, wer wir sind, was uns »in Schwung bringt«, wie wir unter den gegebenen Umständen unsere Fähigkeiten und Interessen ändern können
Naturalistisch	Förster	Menschen mit sorgfältiger beobachtungsgabe. Fähigkeit, Ordnungen in der Natur zu erkennen.

Entwicklungspsychologisch bedeutsam ist die Behauptung Gardners, dass die einzelnen Intelligenzen unterschiedlich schnell Lernbereitschaften eröffnen. So haben herausragende Sportler oder Komponisten ihre ungewöhnlichen Begabungen bereits sehr früh im Leben gezeigt, während sich eine weit überdurchschnittliche logisch-mathematische Intelligenz erst sehr viel später offenbart. Trotz der behaupteten Unabhängigkeit der Intelligenzen können sich mehrere auch in einem Menschen kombinieren. So verfügte Albert Einstein sowohl über logisch-mathematische als auch über räumliche und musikalische Intelligenz; er spielte ausgezeichnet Geige.

Kulturelle Abhängigkeit der Bewertung von Intelligenz. Ob und wie sich eine intellektuelle Fähigkeit entwickelt, hängt nicht nur von der genetischen Ausstattung, sondern ebenso davon ab, wie sie in einer Kultur gewertet wird. In Industrienationen werden Mathematik und Sprachen hoch bewertet, weshalb sie von den meisten traditionellen Intelligenztests auch erfasst werden. Demgegenüber finden sich auf dem schwarzafrikanischen Kontinent Kulturen, in denen die musikalische Intelligenz sowie die körperlich-kinästhetische Intelligenz hoch bewertet und folglich früh gefördert werden.

Auswirkungen von Gardners Theorie. Obwohl Gardners Theorie keineswegs ohne Kritik geblieben ist, hat sie dazu beigetragen, dass Pädagogen und Psychologen ihr Verständnis von den intellektuellen menschlichen Fähigkeiten erweitert haben. Wenn Kinder herausragende, genetisch günstige Voraussetzungen etwa im musikalischen oder im körperlich-kinästhetischen Bereich besitzen, werden diese mit den üblichen diagnostischen Instrumenten wegen deren Einseitigkeit (s. S. 269) häufig zu spät oder überhaupt nicht erfasst. Gardners Bemühungen sind darauf gerichtet, solche Kinder früher zu identifizieren.

7.3.2 Familiäre Förderung der Intelligenz

Anregungsreiche familiäre Umgebung. Da eine engere Beziehung zwischen den Schulleistungen eines Kindes und der Höhe seines IQs besteht, stellt sich die Frage, welchen Einfluss die Familie auf beide Faktoren ausüben kann. Gibt es bestimmte Bedingungen der häuslichen Umgebung, die fördernd auf die kindliche Leistungsfähigkeit wirken? Die Antwort fällt ziemlich eindeutig aus: Die Erfahrungen, die ein Kind vor allem während der ersten Lebensjahre in seinem Elternhaus sammelt, beeinflussen seine intellektuelle Entwicklung. Wenn Eltern während der ersten drei Lebensjahre viel mit ihren Kindern sprechen, fördern sie, wie bereits festgestellt wurde (s. S. 176), deren Sprachentwicklung, und ein hohes Sprachniveau des Schulkindes geht wiederum mit einer guten Schulleistung einher – unabhängig davon, welcher sozialen Schicht das Kind zuzurechnen ist (Hart & Risley, 1995; Walker et al., 1994). Weiterhin finden sich bei Kindern mit hohem IQ anregende Spielsachen sowie Bücher, die informativ sind und die Neugier anregen (Elardo et al., 1975, 1977; Bradley et al., 1989). Diese Mädchen und Jungen haben Eltern, die sich häufig mit ihnen beschäftigen (Fagot & Gauvain, 1997; Hart & Risley, 1995).

Der genetische Faktor. Lässt sich nun der Schluss ziehen, dass Bedingungen der beschriebenen Art einen höheren IQ *hervorbringen*? Das wäre ein zu einseitiger Schluss, denn es ist zu beachten, dass diese Kinder in der Regel mit ihren Eltern gemeinsame Gene teilen. Es ist sehr wahrscheinlich, dass Eltern, deren höhere Intelligenz auch genetisch bedingt ist, dieses Persönlichkeitsmerkmal zum einen auf dem Erbwege an ihre Kinder weitergeben und ihrem Nachwuchs *gleichzeitig* eine anregungsreiche Umwelt gestalten. Für diese Vermutung sprechen Beobachtungen, die sich aus

Abbildung 7.5. Eltern, die ihren Kindern eine warm-freundliche Atmosphäre schaffen, viel mit ihnen sprechen und spielen, fördern damit deren Intelligenz

dem Vergleich von Adoptivkindern mit ihren Pflegeeltern ergeben haben. Der Zusammenhang zwischen der Qualität der häuslichen Umgebung und dem IQ des Kindes ist bei Adoptivkindern, die nicht die Gene ihrer Pflegeeltern besitzen, weniger eng als bei Kindern, die bei ihren biologischen Eltern leben (Braungart et al., 1992; Cherny, 1994). Aber auch die Umweltwirkung lässt sich nachweisen, denn wenn Kinder eine anregungsärmere Umgebung verlassen und in eine Pflegefamilie kommen, die sie stärker fördert, steigt ihr IQ an (Turkheimer, 1991).

Eltern stellen aber nicht nur Bücher und Spielsachen für ihre Kinder bereit. Sie tragen durch ihr Verhalten auch dazu bei, dass sich bei den Jungen und Mädchen eine Vorstellung von ihrer eigenen Intelligenz entwickelt; nach Schuleintritt wirkt zusätzlich der Lehrer auf diesen Aspekt des »Selbstbildes« ein, das für das Verhalten in Leistungssituationen von beträchtlicher Bedeutung ist.

7.4 Wahrnehmung eigener Fähigkeiten und Möglichkeiten ihrer Kontrolle durch Anstrengung

Glauben an die Veränderbarkeit der eigenen Fähigkeiten. Es fällt auf, dass sich bereits Vorschulkinder fast schon selbstherrlich über ihre eigenen Leistungen äußern. So erklären sie beispielsweise in erheblicher Überschätzung ihrer tatsächlichen Fähigkeiten, sie seien in der Lage, Aufgaben verschiedenster Art zu bewältigen, selbst solche, bei denen sie bereits wiederholt Misserfolge erfahren haben (Stipek & Mac Iver, 1989). Die Entwicklung solcher Einstellungen zu sich selbst werden vermutlich gefördert, weil Eltern oder andere Erwachsene dazu neigen, ihre anerkennenden Stellungnahmen vor allem auf das *Bemühen* der Vorschulkinder und weniger auf die Qualität der von ihnen erbrachten Leistungen zu beziehen. Dadurch entwickeln Mädchen und Jungen vermutlich den Eindruck, dass ihnen sehr viel gelingen könnte, wenn sie sich nur entsprechend anstrengen würden (Rosenholtz & Simpson, 1984). Seine eigene Fähigkeit erscheint somit dem Grundschüler als veränderbar; er geht davon aus, dass man sich nur in ausreichendem Maße anstrengen und entsprechend üben muss, um »klüger« zu werden (Droege & Stipek, 1993).

Bleibt diese Einstellung aber unter dem Einfluss der Schule und ihrer Bewertungspraxis erhalten? Gehen auch ältere Grundschüler noch davon aus, dass ihre Fähigkeiten veränderbar sind, wenn sie sich nur hinreichend anstrengen? Damit ist nicht zu rechnen, denn Schulen in westlich orientierten Nationen bewerten Leistungen, ähnlich wie IQ-Tests (s. S. 266f.), in der Regel mittels eines sozialen Vergleichsmaßstabes und nicht nach dem Ausmaß ihres individuellen Lernfortschritts (bzw. nach einem individuellen Vergleichsmaßstab). Gibt es aber Möglichkeiten, die Vorstellung von einer veränderlichen Fähigkeit auch für ältere Schüler noch zu bewahren? Ein Vergleich von Schülern in westlich orientierten Schulen mit jungen Asiaten könnte aufschlussreiche Hinweise geben. Man muss allerdings nicht unbedingt unterschiedliche Kulturen besuchen, um nach Belegen dafür Ausschau zu halten, ob durch Umwelteinwirkungen Fähigkeitsvorstellungen von Schülern zu beeinflussen sind. Wenn in einer Gesellschaft das Vorurteil besteht, dass Jungen sich von Mädchen bezüglich ihrer Leistungsfähigkeit »natürlicherweise« unterscheiden, ist nicht von vornherein auszuschließen, dass auch Lehrer – nicht unbedingt voll bewusst oder gar absichtlich – mitwirken, die Geschlechter über stereotype Vorstellungen zu informieren.

7.4.1 Selbstzuschreibung kontrollierbarer Fähigkeiten

Wenn man Fünf- oder Sechsjährige fragt, warum Kinder zur Schule gehen, dann antworten sie vielfach, dass man dort etwas lernen muss. Sie wissen, dass der Lehrer Anforderungen stellt, die Kinder zu erfüllen haben. Die Erfahrung, dass man in der Schule Arbeitsaufträge übernehmen muss, ist ihnen keineswegs fremd. Sie sind auch in der Lage,

Erfolgsfreude zu erleben. »Ich kann schon lesen«, erklärt ein Schulanfänger stolz. »Schreiben«, so ergänzt er vielleicht, »kann ich noch nicht so gut.« Kinder, die noch nicht sieben Jahre alt sind, berücksichtigen in ihren Antworten vor allem, ob sie eine bestimmte Aufgabe »können« oder nicht.

Lernorientierung. Warum erbringen einige Schüler bessere Leistungen als andere? Schulanfänger benutzen in ihrer Antwort natürlich keine psychologischen Begriffe wie etwa *Intelligenz.* Sie gehen aber offenkundig von bestimmten Zusammenhängen aus, wie sich spontanen Mitteilungen der Kinder entnehmen lässt. Ein Erstklässler erklärt z. B.: »Kluge Leute arbeiten, dumme nicht«. Von einem Schüler des zweiten Schuljahres hört man: »Ich tue lieber viel, denn ich möchte klüger werden« (Harari & Covington, 1981). Solche Äußerungen, die für Grundschüler typisch sind, machen deutlich, dass nach ihrem Verständnis Klugheit und Dummheit offenbar Merkmale sind, auf die man selbst Einfluss nehmen kann: Wenn man arbeitet und seine Aufgaben übt, kann man »klüger« werden. Wer dagegen nichts tut, bleibt »dumm«. Kinder, von denen man solche Äußerungen hört, zeigen eine »Lernorientierung«, denn sie bringen zum Ausdruck, dass sie etwas tun möchten, ohne dass andere sie dazu ausdrücklich anregen müssen und ohne dass eine Bewertung ihrer Arbeit durch andere erwartet wird (Frieze et al., 1983). Wie gelangen diese Schüler zu der Auffassung, dass sich ihre »Klugheit«, womit sie sicherlich ihre eigene Intelligenz meinen, durch eigenes »Anstrengen« steigern lässt? Die früheren Reaktionen wichtiger Personen ihrer Umgebung haben vermutlich dazu beigetragen, dass solche Feststellungen getroffen werden.

Schulische Bewertungspraxis: Stabilität der Fähigkeiten. Durch Vergleich aktueller mit früheren Leistungen eines Schülers lässt sich ermitteln, ob bei ihm Veränderungen, also beispielsweise Lernfortschritte, stattgefunden haben. Man wendet in einem solchen Fall einen individuellen Vergleichsmaßstab an, mit dessen Hilfe dem Lernenden am eindrucksvollsten vor Augen zu führen ist, ob und in welchem Umfang sich sein Können verändert hat. Die herkömmliche schulische Zensurenpraxis wendet jedoch einen sozialen Vergleichsmaßstab an, das heißt, dass die Bewertung einer Einzelleistung danach erfolgt, was andere – meist in derselben Klasse – geleistet haben. Durch Lehrerbewertungen, also durch Zensuren, die wiederholt auf Grund eines sozialen Vergleichs entstehen, erfahren einige Schüler gehäuft, dass sie bessere Leistungen als ein Teil ihrer Mitschüler erbringen, während andere wiederholt zur Kenntnis nehmen müssen, dass ihre Zensuren vergleichsweise schlecht ausfallen. Die schulische Bewertungspraxis ist darauf angelegt, dem Schüler eher ein konstantes Fähigkeitskonzept nahezulegen: der Einzelne wird immer wieder mit denselben Klassenkameraden verglichen. Deshalb verstehen ältere Kinder unter Fähigkeit ein Merkmal, welches das Leistungsverhalten entscheidend mitbestimmt und das im Verlauf der Zeit ziemlich unverändert bleibt (Nicholls, 1983; 1984).

Ein Schüler, der sich am Ende der Grundschulzeit oder in einer weiterführenden Schule befindet, hat somit eine vergleichsweise differenzierte Vorstellung von seinen Fähigkeiten entwickelt. Er kann sie – wie das jüngere Grundschulkind – als etwas ansehen, das Einfluss auf das Leistungsverhalten nimmt und das sich durch Anstrengung und Übungstätigkeit verändern lässt. Der schulische Kontext scheint dieses Selbstbild von den eigenen Fähigkeiten aber allmählich in den Hintergrund treten zu lassen. Infolge der Zensuren, die als Ergebnis eines sozialen Vergleichs zustande kommen, erklärt der Schüler sein Leistungsverhalten vorwiegend mit seinen stabilen Fähigkeiten. Es soll im nächsten Kapitel noch ausführlicher dargestellt werden, dass das Verhalten eines Schülers in Leistungssituationen wesentlich davon abhängt, an welchem Fähigkeitskonzept er sich aktuell orientiert (s. S. 296 ff.).

Ließen sich aber schulische Bedingungen schaffen, unter denen die Lernorientierung, die Vorstellung einer veränderbaren Fähigkeit durch Anstrengung, erhalten bleibt? Eine Möglichkeit zur

Klärung dieser Frage bietet ein interkultureller Vergleich: Gibt es Industrienationen, in denen Schüler zur Bewahrung einer Lernorientierung ausdrücklich angeregt werden?

7.4.2 Erklärung von Leistungsunterschieden in Kulturen Asiens

Welche Vorhersage über das zukünftige Leistungsverhalten würde man in Bezug auf zwei gleich leistungsschwache Schülerinnen, Anja und Kazuko, machen? Man erhält als Zusatzinformation lediglich die Mitteilung, dass Anjas ungünstige Zensuren mit ihrer geringen Intelligenz zusammenhingen, während Kazukos gleichlautende Noten als »Quittung« für völlig unzureichende Anstrengung gesehen werden sollten. Eine typische Antwort deutscher Lehramtsstudenten lautet: Kazuko könnte ihre Leistungen verbessern, denn sie braucht ja lediglich mehr Arbeitseinsatz zu zeigen. Die Vorhersagen über das weitere Schulschicksal von Anja fallen ungünstiger aus, denn ihre Intelligenz ließe sich ja nicht so ohne weiteres steigern.

Asien: Glaube an die Verbesserung von Fähigkeiten durch Anstrengung

Die Erklärung der schwachen schulischen Leistungen von Anja durch stabile, innere Faktoren ist typisch für westlich orientierte Industrienationen. Dagegen lassen Befragte in Japan, China oder in anderen asiatischen Ländern eine ausgeprägte Neigung erkennen, Misserfolge auf veränderliche, situationale Ursachen zurückzuführen (Stevenson & Lee, 1990). Könnte die Neigung, Leistungsunterschiede in asiatischen Ländern anders als in westlichen Industrienationen zu erklären, etwas mit dem meist guten Abschneiden fernöstlicher Schüler bei internationalen Leistungswettbewerben zu tun haben? Jürgen Baumert und Olaf Köller (1998) stellen zum Ergebnis der »Dritten Internationalen Mathematik- und Naturwissenschaftsstudie« (TIMSS) fest: »Die mathematisch-naturwissenschaftlichen Leistungen von Schülern der 7. und 8. Jahrgangsstufe liegen in der Bundesrepublik unter den durchschnittlichen Leistungen der meisten west-, nord- und osteuropäischen Nachbarstaaten.« Die Spitzenstellungen nehmen Mädchen und Jungen aus fernöstlichen Ländern ein, und zwar vor allem in der Mathematik und den Naturwissenschaften. Die Leistungsüberlegenheit dieser Schüler im internationalen Vergleich zeigt sich in sämtlichen Klassenstufen. Es ist sehr wohl möglich, dass die Leistungsüberlegenheit der asiatischen Schüler darauf zurückzuführen ist, dass in diesen Kulturen von einer Fähigkeit ausgegangen wird, die sich durch Fleiß und Anstrengungseinsatz verbessern lässt (Stevenson, 1992). Mütter, Lehrer und Schüler, die in Japan, Taiwan oder Korea leben, vertreten ziemlich übereinstimmend die feste Überzeugung, dass die Kinder einer normalen Schulklasse fast alle über die gleichen Fähigkeiten verfügen. Demgegenüber behaupten amerikanische und europäische Lehrer und Eltern mit ebenso großer Sicherheit, es gäbe beträchtliche Fähigkeitsunterschiede zwischen den Schülern einer Schulklasse.

Da sich asiatische Kinder bereits ziemlich früh die Überzeugung ihrer Eltern zu eigen machen, schulischer Erfolg sei das Ergebnis harter Arbeit, zeigen sie auch eine hohe Bereitschaft, sich anzustrengen, um gute Leistungsergebnisse zu erzielen. Das eigene Bemühen wird in diesen Kulturen viel höher bewertet als angeborene Fähigkeiten (Stevenson, 1995). Der Glaube an die Veränderbarkeit der menschlichen Natur findet sich bereits in den Schriften des Konfuzius (551–479 v. Chr.), ebenso wie der Hinweis auf die Möglichkeit, sich durch harte Arbeit zu vervollkommnen. In vielen Ländern Asiens weisen Eltern der Erziehung sehr hohe Bedeutung zu. Sie kümmern sich um die Hausarbeiten ihrer Kinder und erklären ihnen ziemlich regelmäßig, wie wichtig es ist, sich anzustrengen. Sie sind mit den vorgelegten Leistungen ihrer Söhne und Töchter selten zufrieden. Deshalb drängen Eltern ihre Kinder, den Arbeitseinsatz noch weiter zu erhöhen.

Wenn man die Unterschiede im Leistungsverhalten asiatischer und europäischer Schüler zu erklären versucht, wird man durch einen Vergleich

Abbildung 7.6. Asiatische Schüler erzielen bei internationalen Vergleichen, z. B. bei mathematischen Aufgaben, Spitzenleistungen. Ausschlaggebend dafür scheinen weniger die Gene zu sein, als der fernöstliche Glaube an die Veränderbarkeit menschlicher Fähigkeiten durch Anstrengung

der Kulturen auf bedeutsame Hintergründe aufmerksam. Ebenso sollte man bei der Frage, warum Mädchen und Jungen sich in ihren Leistungen, vor allem in der Mathematik, unterscheiden können, Antworten nicht zu schnell in der Erbausstattung der Geschlechter suchen; denn auch die Bedingungen in der Umwelt können unterschiedliche Entwicklungen mitbedingen.

7.4.3 Unterschiedliche Behandlung von Mädchen und Jungen im Klassenzimmer

Carol Dweck und Therese Goetz (1978) besuchten mehrere Grundschulklassen und sammelten dabei Beobachtungsergebnisse, die ihnen zunächst paradox erschienen: *Einerseits* war es für Mädchen kennzeichnender als für Jungen,

- dass sie während der Grundschulzeit in allen Fächern erheblich bessere Leistungen zeigten,
- dass sie von ihren Lehrern weniger Kritik erhielten und von diesen in mehrfacher Hinsicht vergleichsweise hoch eingeschätzt wurden: in Geschicklichkeit, Fleiß, Betragen usw.,
- dass sie annahmen, ihre Lehrer würden sie für fleißiger halten: sie glaubten auch, diese brächten ihnen mehr Sympathien entgegen.

Andererseits zeigte sich bei Mädchen trotz dieser ziemlich günstigen schulischen Umwelt im Vergleich zu Jungen

- eine geringere Bereitschaft, mangelnde Anstrengung als Ursache für ihren Misserfolg in Anspruch zu nehmen,
- eine größere Neigung, Misserfolge auf mangelnde Begabung zurückzuführen.

Im Gegensatz dazu ergab die Beobachtung der Jungen, dass sie mehr als Mädchen dazu neigten, Erfolge als Ergebnis entsprechend hoher Fähigkeiten zu sehen. Wie lassen sich diese Geschlechtsunterschiede erklären? Kann es sein, so fragte sich Dweck, dass Lehrer im Unterricht Mädchen anders als Jungen behandeln? Besteht die Möglichkeit, dass die tendenziell unterschiedlichen Reaktionen der beiden Geschlechter auf Misserfolg als Ergebnis verschiedenartiger schulischer Erfahrungen zustande kommen? Zur Beantwortung dieser Frage führte Dweck eine weitere Untersuchung durch (Dweck et al., 1978).

Unterschiedliche Erklärungen mangelnder Leistungen. In mehreren Klassen vierter und fünfter Schuljahre wurden Lehrer systematisch daraufhin beobachtet, ob sie Jungen anders als Mädchen behandelten. Dabei zeigte sich, dass Jungen häufiger als Mädchen getadelt wurden. Allerdings richtete sich die Kritik vergleichsweise häufig auf nichtleistungsbezogene Aspekte des Verhaltens; die Jungen wurden z. B. oft ermahnt, weil sie angeblich den Unterricht störten, nicht aufpassten oder nicht sorgfältig genug gearbeitet hatten. Darüber hinaus führten die Lehrer Misserfolge bei Jungen achtmal häufiger als bei Mädchen auf fehlende Anstrengung zurück.

Im Gegensatz zu den Jungen empfingen die Mädchen von ihren Lehrern relativ selten negative Stellungnahmen. Wenn sich aber die Kritik gegen sie richtete, bezog sich diese in der Mehrheit (d. h. in 88 Prozent) der Fälle auf ihre Fähigkeiten. Die Mädchen, so stellt Dweck zusammenfassend fest, haben wahrscheinlich gar keine andere Wahl als Misserfolge in leistungsbezogenen Situationen auf geringere Fähigkeit zurückzuführen.

Folgen für die Leistungsmotivation von Jungen und Mädchen. Dweck behauptet keineswegs, dass sämtliche Lehrer die Jungen und Mädchen ihrer Klasse in der beschriebenen Weise unterschiedlich behandeln. Sie regt aber Lehrer an, sich einmal selbst kritisch zu fragen, ob sie das möglicherweise tun, denn ggf. nehmen sie damit auch Einfluss auf die Leistungserwartungen, die Mädchen und Jungen an sich selbst herantragen (Dweck & Elliott, 1983). Wenn Lehrer nämlich ihren Schülerinnen – womöglich eher in verdeckter Form als offen – mitteilen, sie hätten bei einer Leistung versagt, dann glauben die so Angesprochenen häufig, der Lehrer habe ihre Fähigkeiten richtig eingeschätzt. Jungen reagieren auf das gleiche negative Urteil anders: sie neigen mehr dazu, andere für ihre schwache Leistung verantwortlich zu machen, sie verweisen auf unzulängliche Bedingungen in der Prüfungssituation und bekunden Zuversicht, zukünftig bessere Leistungen zu zeigen. Wenn ein Lehrer also tatsächlich davon ausgeht, gleich gute Leistungen der Geschlechter seien bei Mädchen mehr auf Fleiß, bei Jungen dagegen auf Fähigkeit zurückzuführen, wenn er im Falle schwächerer Leistungen den Mädchen seiner Klasse nahelegt, an ihren Fähigkeiten zu zweifeln, während er Jungen ermuntert, die Ursache nicht mit ihren Fähigkeiten in Beziehung zu setzen, dann hat das Folgen für die Entwicklung der Lern- und Leistungsmotivation, von der im nächsten Kapitel ausführlicher die Rede sein wird (s. S. 300 ff.). Mädchen, die sich ihre Erfolge und Misserfolge in der genannten Weise erklären, könnten eine geringere Neigung zeigen, sich anzustrengen, um häufiger Erfolge zu erzielen (Dweck, 1991; Phillips & Zimmerman, 1990).

Wenn ein Lehrer – vielleicht auch ohne sich dessen bewusst zu sein – für Jungen günstigere Bedingungen zur Entwicklung der Leistungsfähigkeit schafft als für Mädchen, dann begeht er eine gewisse Ungerechtigkeit, denn er behandelt die Geschlechter nicht gleichberechtigt. Die Forderung nach Gleichberechtigung ist eine Frage der Wertung innerhalb einer Gesellschaft und damit auch eine Frage der Moral. Können Mädchen und Jungen während des Grundschulalters bereits Urteile darüber fällen, was gerecht oder ungerecht, was fair oder unfair ist?

7.5 Entwicklung der Moral

Menschen können sich gegenüber anderen unbarmherzig und grausam, ebenso aber auch hilfsbereit und aufopfernd verhalten. Was veranlasste einige Menschen während des Dritten Reiches, ihre Dienste jenen anzubieten, die die rücksichtslose Ausrottung ganzer Völker betrieben, während andere unter erheblichem Risiko für das eigene Leben bereit waren, Verfolgten bedingungslos zu helfen? Lange bevor eine wissenschaftliche Psychologie nach Erklärungen für solche Taten suchte, haben Theologen und Philosophen über das »wahre« Wesen des Menschen nachgedacht: Ist das Kind ursprünglich böse und nur durch strenge Zucht auf den Weg der Tugend zu bringen? Ist der Mensch von Natur aus gut, aber der Gefahr ausgesetzt, von der Gesellschaft verdorben zu werden? Oder wird man dem Menschen am besten gerecht, wenn man ihn zu Beginn seiner Entwicklung als ein unbeschriebenes Blatt charakterisiert, das erst durch die jeweiligen Erfahrungen mit guten oder bösen Absichten beschriftet wird?

Psychologische Sichtweisen

Solche Fragen haben auch Diskussionen in der Psychologie mitbestimmt. So behauptet Sigmund Freud z. B. in seiner Psychoanalyse, der Mensch werde mit mächtigen sexuellen und aggressiven Trieben geboren (s. S. 19f.). Diese nach bedingungsloser Befriedigung drängenden und somit »gefährlichen« Es-Impulse lassen sich nach seiner Meinung bis zu einem gewissen Grade unter Kontrolle bringen, wenn dem Kind etwa im Alter von fünf Jahren eine Identifikation mit dem gleichgeschlechtlichen Elternteil gelingt und es dessen Werte und Verhaltensstandards übernimmt.

Die Vorstellung vom neugeborenen Menschen als »unbeschriebenes Blatt« (*tabula rasa*) wurde von John Watson aus der Philosophie John Lockes übernommen. Nach Auffassung der Behavioristen lernt das Kind »richtige« und »falsche« Verhaltensweisen, wenn es dafür belohnt bzw. bestraft wird oder Gelegenheit hat, entsprechende Konsequenzen bei anderen zu beobachten (s. S. 23).

Drei Sichtweisen der Moralentwicklung. Ausgehend von der klassischen Dreiteilung in die Bereiche *Denken*, *Fühlen* und *Handeln* kann man die Moralentwicklung unter drei Sichtweisen untersuchen (Trautner, 1997).

Kognitive Sichtweise. Bei dieser Sichtweise steht die Entwicklung moralischen Denkens und Urteilens im Mittelpunkt des Interesses. Insbesondere kognitive Entwicklungstheoretiker untersuchen die Unterscheidung zwischen Gut und Böse bzw. zwischen Recht und Unrecht. Weiterhin beschäftigen sie sich mit dem Verständnis von Regeln und Normen und bringen dieses in Zusammenhang mit allgemeinen Gesetzmäßigkeiten der kognitiven Entwicklung.

Affektive Sichtweise. Im Unterschied dazu hat die Moralentwicklung aus affektiver Sicht, mit der sich vornehmlich die Psychoanalyse auseinandersetzt, die Entwicklung moralischer Gefühle und Werthaltungen zum Inhalt. Gemeint sind damit etwa Schuldgefühle und Scham bei der Verletzung moralischer Werte oder Stolz und Zufriedenheit über eigenes moralisches Verhalten.

Verhaltenstheoretische Sichtweise. Sie rückt in den Blickpunkt, ob und wieweit Menschen Voraussetzungen entwickeln, um beispielsweise Versuchungen zu widerstehen, Belohnungen aufzuschieben, ehrlich zu sein oder zu helfen. Dieses Feld der Moralforschung wird hauptsächlich von Anhängern der sozialen Lerntheorie bearbeitet, die moralische Verhaltensweisen als Ergebnis von Belohnungen, Bestrafungen und somit als gelernte Gewohnheiten betrachten.

Die kognitive Sichtweise und ihre bekanntesten Vertreter Jean Piaget und Lawrence Kohlberg haben bis heute die Forschungen zur Moralentwicklung maßgeblich mitbestimmt. In vielen Lehrbüchern beschränkt man sich jedoch allein auf die Darstellung dieser Sichtweise. Die nachfolgenden Ausführungen geben der Entwicklung des moralischen Denkens und Urteilens ein besonderes Gewicht, ohne dass dadurch moralische Gefühle und Werthaltungen bzw. moralisches Verhalten außer Betracht bleiben werden. Die moralische Entwicklung eines Kindes hängt, und das bleibt bei Lektüre der Werke Piagets und Kohlbergs nicht immer gegenwärtig, wesentlich von den Menschen ab, mit denen dieses alltäglich in Kontakt steht und die es somit beobachtet. Der junge Mensch wächst moralisch ganz entscheidend dadurch, so erklärt Robert Coles (1997), dass er »sich zu Herzen nimmt, was er gesehen und gehört hat. ... Das Kind ist ein Zeuge, ein stets aufmerksamer Zeuge von erwachsener Moralität – oder deren Abwesenheit. Das Kind sucht unentwegt nach Hinweisen danach, wie man sich verhalten sollte, und es findet sie in Hülle und Fülle, während wir als Eltern und Lehrer unseren alltäglichen Aufgaben nachgehen: bei unseren Entscheidungen, bei unseren Kontaktaufnahmen mit anderen Menschen, wann immer wir durch Verhalten unsere allergrundlegendsten Annahmen, Wünsche und

Werte vorleben, und auf diese Weise diesen jungen Beobachtern viel mehr mitteilen als uns gegenwärtig ist«.

Als Wegbereiter in der Erforschung der moralischen Entwicklung gilt – darüber herrscht unter Psychologen Einigkeit – Jean Piaget, der im Jahre 1932 über einschlägige Beobachtungen berichtete.

7.5.1 Das moralische Urteil beim Kinde nach Jean Piaget

Wenn Jean Piaget in seiner Heimatstadt Genf Spaziergänge unternahm, weckten immer wieder Kinder sein Interesse, die sich mit dem Murmelspiel beschäftigten. Beim Beobachten der Spielenden stellten sich ihm viele Fragen: Beachten die kleinen Kinder bereits Regeln? Wie lernen sie diese? Erscheinen ihnen die Regeln als strikt vorgegeben oder sehen sie diese als veränderbar an? Immerhin, so überlegte sich Piaget, müssen die Spielteilnehmer doch eine gewisse Vorstellung von Fairness entwickelt haben. So bedarf es z. B. unter den Gleichaltrigen einer Einigung, wer zuerst anfängt, sie müssen sich für eine Reihenfolge der Spieler entscheiden und ihre Vereinbarung anschließend einhalten, sie üben sich im Abwechseln usw. Piaget war davon überzeugt, dass das Studium der Frage, wie Kinder über Spielregeln denken, ihm Aufschlüsse über frühe Erscheinungsformen des moralischen Urteils geben würde. Er hoffte, durch Beobachtung und Befragung von Kindern zu erfahren, wie sich der Sinn für soziale Gerechtigkeit und der Respekt vor Regeln entwickeln, ohne die ein soziales Miteinander nicht möglich ist (Piaget, 1932).

Von der äußeren zur inneren Moral

Bei Kindern im Alter von fünf Jahren und darunter ließ sich kein Interesse an Regeln feststellen. Sie spielten mit den Murmeln so, wie es ihnen Spaß machte. Das änderte sich allmählich nach Schulbeginn. »Woher kommen die Spielregeln?« fragte Piaget die Kinder, und er erfuhr von ihnen, dass sie von Gott oder vom Vater stammten. »Darf man diese Regeln einfach ändern?« Wenn Piaget sich das Spielverhalten der Kinder genau ansah, dann hielten sie sich nämlich keineswegs immer exakt an die Regeln. Auf die ausdrückliche Frage Piagets beharrten die Befragten aber darauf, dass man eine Spielregel nicht ändern dürfe. Wenn man es dennoch versucht, hat man mit Bestrafung zu rechnen; Spielerfolge, die durch Regelverstoß zustande kommen, seien im Übrigen auch gar nicht gültig.

Solche Auffassungen, die noch stark vom Gehorsam des Kindes geprägt sind, schienen für Piaget eine »äußere« (»heteronome«) Moral zum Ausdruck zu bringen, d. h. die Überzeugung, dass es Regeln gibt, die von Autoritäten »verordnet«, von außen bestimmt worden sind. Wer sich in Einklang mit diesen Regeln verhält, ist »lieb«, wer sie missachtet, ist »böse«. Erst im Alter von zehn oder elf Jahren stimmten Kinder zu, dass Regeln geändert werden können, sofern sämtliche Spielteilnehmer dem zustimmen. Damit setzt sich allmählich die *autonome* Überzeugung durch, dass Regeln das Ergebnis sozialer Vereinbarungen darstellen. Damit beginnt das Stadium »innerer« (»autonomer«) Moral. Nunmehr erkennen Kinder, dass Moral in Beziehung zur Situation gesehen werden muss. Um festzustellen, ob ein Verhalten richtig oder falsch ist, werden von ihnen Absichten *und* Folgen beachtet.

Absichten und Folgen von Handlungen

BEISPIEL

Ein kleiner Junge wird von seiner Mutter zum Mittagessen gerufen. Er läuft ins Esszimmer und weiß nicht, dass hinter der Tür auf einem Stuhl ein Tablett mit 15 Tassen steht. Beim Öffnen schlägt er die Tür gegen das Tablett und . . . alle Tassen fallen herunter und zerbrechen.
Ein anderer Junge will heimlich etwas Marmelade naschen. Als seine Mutter gerade nicht da ist, steigt er auf einen Stuhl, um das Glas zu erreichen, das auf dem obersten Regal steht. Es ist zu hoch, und deshalb kommt er nicht an die Marmelade heran. Bei seinen Versuchen schlägt er aber gegen eine Tasse, die daraufhin zu Boden fällt und in Scherben liegt.

Jean Piaget erzählte die Geschichten im Beispielkasten Kindern, um sie anschließend zu fragen, wie sie das Verhalten der beiden Jungen bewerten. Die meisten Kinder im Alter bis zu zehn oder elf Jahren kommen zu dem Schluss, dass derjenige ungezogener ist, der den größeren Schaden angerichtet hat. Wer 15 Tassen zerbricht, verdient mehr Strafe als jemand, der nur eine einzige Tasse zu Boden fallen lässt. Piaget zog daraus den Schluss, dass Kinder dieses Alters ihr Urteil mit den Folgen einer Handlung begründen. Im Unterschied dazu meinten Befragte etwa vom zwölften Lebensjahr an, dass es auf die Absichten ankäme. Wer heimlich etwas naschen will, ist ungezogener. Der Junge, der der Aufforderung seiner Mutter folgt und dabei versehentlich einen Schaden anrichtet, verdient demgegenüber keinerlei Bestrafung.

Kritik. Man muss allerdings kritisch fragen, ob die von Piaget befragten Kinder angesichts ihres noch eingeschränkten Kurzzeitgedächtnisses (s. S. 202) überhaupt in der Lage waren, alle wichtigen Informationen der beiden Geschichten in die geforderte Urteilsfindung einfließen zu lassen. Zu beachten ist nämlich, dass die jungen Zuhörer von Piaget jeweils zuerst erfuhren, welche Absichten der Junge in der Geschichte gehabt hat. Erst anschließend erzählte Piaget ihnen, welcher Schaden durch sein Verhalten entstanden ist. Waren den jungen Zuhörern die Absichten überhaupt noch gedächtnismäßig gegenwärtig, als sie schließlich von dem angerichteten Schaden erfuhren? Sharon Nelson (1980) beschloss, dieser Frage nachzugehen.

Studie von Sharon Nelson. Ebenso wie Piaget erzählte Nelson Geschichten. Kinder im Alter von drei Jahren erfuhren von einem Jungen, der einem Spielgefährten einen Ball zuwirft. In der Darstellung von Nelson konnte das entweder in freundlicher oder in böser Absicht geschehen. Wenn eine gute Motivation zum Ausdruck gebracht werden sollte, hieß es: »Dieser Junge spielte mit einem Ball. Da sein Freund nichts zu spielen hatte, wollte er den Ball seinem Freund zuwerfen, so dass beide Fangen spielen konnten.« Die Fassung mit der unfreundlichen Absicht lautete dagegen folgendermaßen: »Dieser Junge spielte mit einem Ball. Da er an diesem Tag sehr böse auf seinen Freund war, warf er seinem Freund den Ball mit Absicht so zu, dass der ihn traf.« Der Ballwurf konnte entweder eine gute (»Der Freund fing den Ball und freute sich, dass er damit spielen durfte«) oder eine schlechte Wirkung (»Der Ball traf den Freund am Kopf und er fing an zu weinen«) haben. Einigen ihrer jungen Versuchsteilnehmer zeigte Nelson in Ergänzung zur sprachlichen Darstellung der Geschichten Bilder, die helfen sollten, die jeweiligen Absichten und Folgen zu verdeutlichen (s. Abb. 7.7). Abschließend sollten die Dreijährigen das Verhalten desjenigen Jungen beurteilen, der den Ball geworfen hatte.

In der Bewertung berücksichtigten die Kinder zunächst einmal, welche Folgen der Ballwurf hatte. Diese Feststellung ist mit den Beobachtungen Piagets zu vereinbaren. Darüber hinaus machten die Kinder ihre Antworten aber auch von der jeweiligen Motivation abhängig. Wenn der Junge den Ball seinem Freund in guter Absicht zugeworfen hat, wird er in jedem Fall günstiger beurteilt, als wenn dies in unfreundlicher Absicht geschah, und zwar unabhängig von den Auswirkungen, die der Wurf für den Freund hat. Vorschulkinder sind demnach in der Lage, Absichten zu berücksichtigen; sie müssen ihnen nur hinreichend deutlich gemacht werden.

Zunehmende Konzentration auf Handlungsmotive. Nelsons Feststellungen, ebenso wie weitere Untersuchungsergebnisse, legen den Schluss nahe, dass Piaget die Fähigkeit von Vorschulkindern, moralische Urteile zu fällen, unterschätzt hat (Grueneich, 1982; Karniol, 1978). Kinder im Alter von fünf Jahren können durchaus mehrere Faktoren berücksichtigen, um die Tat eines anderen Menschen moralisch zu bewerten. Man muss ihnen allerdings helfen, damit sie auf diese Faktoren auch aufmerksam werden und sie vorübergehend im Gedächtnis behalten. Bildliche Veranschaulichungen, wie sie etwa Abb. 7.7 darstellt, spielen

Abbildung 7.7. Beispiele für Zeichnungen, die Sharon Nelson Dreijährigen zeigte, um ihnen Absicht, Handlung und Folgen in ihren Geschichten zum Thema Moralentwicklung zu veranschaulichen

dafür eine wichtige Rolle. Dennoch ist nicht zu übersehen, dass Vorschulkinder der Größe des Schadens, der von einem anderen Menschen verursacht wird, noch höheres Gewicht geben. Erst zwischen acht und zehn Jahren steigt die Bereitschaft, auch die jeweiligen Motive eines Täters mitzuberücksichtigen. Jenseits des Alters von zehn Jahren achten Jungen und Mädchen vor allem auf die Motive eines Menschen, um seine Tat zu beurteilen (Surber, 1982; Zelazo et al., 1996).

Was bewirkt aber diesen Fortschritt in der moralischen Entwicklung? Wodurch wird ein Kind veranlasst, seine »heteronome« Moral aufzugeben und statt dessen eine »autonome« zu offenbaren? Welche Rolle spielen dabei die Eltern, welcher Einfluss geht von Gleichaltrigen aus?

Die Rolle der Eltern und Gleichaltrigen aus der Sicht Piagets

Dominanz der Eltern bei Vorschulkindern. Warum sind jüngere Kinder der Meinung, Spielregeln ließen sich nicht verändern, während sie der Möglichkeit einer Veränderung fünf oder sechs Jahre später unter bestimmten Voraussetzungen zustimmen? Piaget führte Fortschritte in der Entwicklung des moralischen Urteils sowohl auf Reifungsprozesse wie auf soziale Erfahrungen zurück. Nach seiner Meinung werden dem Kind im Vorschulalter Grenzen gesetzt, weil es noch zu egozentrisch denkt (s. S. 185); der voroperationale Denker kann sich noch nicht in andere hineinversetzen. Außerdem – so meinte Piaget – gelingt kleinen Kindern die Trennung zwischen den eigenen Gedanken und der wirklichen Welt noch sehr unzulänglich. Die starke Abhängigkeit und der Respekt vor den allmächtig erscheinenden Erwachsenen führen in einem frühen Stadium der Entwicklung des moralischen Urteils zu der Überzeugung, Anordnungen und Regelungen, die die »Großen« aussprechen, seien unveränderlich.

Dominanz der Gleichaltrigen bei Schulkindern. Die Veränderung moralischer Urteile während der Schulzeit erklärt Piaget nicht nur mit Fortschritten in der Reifung kognitiver Funktionen. Die häufige Beobachtung von Spielgruppen ließ ihn darauf aufmerksam werden, wieviel Zeit Gleichaltrige für Verhandlungen darüber aufwenden, wer das Spiel eröffnet, was fair ist, oder wie man unterschiedliche Regelkenntnisse mehrerer Spieler abstimmt. Kinder werden auf diese Weise wiederholt darauf aufmerksam, dass die Partner Wünsche und Ansichten haben, die sich von den eigenen unterscheiden. Sie lernen, dass man von anderen Zugeständnisse erhalten kann, wenn man ihnen etwas dafür bietet. Nach Piaget ist es nicht den mächtigen Erwachsenen, sondern den Gleichaltrigen zu verdanken, dass das Kind äußere Moralurteile allmählich aufgibt und in Richtung eines Stadiums innerer Moral voranschreitet. Die Erwachsenen, so erklärte Piaget, behindern die moralische Entwicklung des Kindes eher, weil sie die Neigung haben, ihre eigenen Vorstellungen darzustellen und dabei die Ansichten ihres Kindes missachten.

Kritik. Es muss davon ausgegangen werden, dass in der Zeit, in der Piaget seine entscheidenden Studien zur moralischen Entwicklung von Kindern sammelte, die meisten Eltern noch einen autoritären Erziehungsstil praktizierten, bei dem man sich nach »unreifen« Urteilen von Kindern nicht erkundigt. Piaget unterschätzte aber Kinder, wenn er die Überzeugung vertrat, dass Vorschulkinder stets bereit seien, die Urteile von Erwachsenen bedingungslos zu übernehmen. Wenn man Kinder im Alter von drei oder vier Jahren fragt, ob es richtig ist, andere zu schlagen oder zu stehlen, dann verneinen sie auch dann die Frage, wenn die von ihnen anerkannten Autoritäten eine solche Ansicht nicht teilen. Wenn man diese Kinder zusätzlich bittet, einmal zu begründen, warum Stehlen und Schlagen nicht erlaubt sein sollten oder warum man das Spielzeug anderer nicht zerstören darf, erklären sie auf ihre Weise, dass es wichtiger sei, einem anderen Mensch kein Leid zuzufügen als sich den Sichtweisen Erwachsener bedingungslos anzuschließen (Nucci & Turiel, 1978; Tisak, 1993). Zu ähnlichen Ergebnissen gelangten auch Monika Keller und Wolfgang Edelstein (1996) sowie Reiner Döbert (1987). Piaget irrte also, wenn er davon ausging, dass Vorschulkinder die Auffassungen Erwachsener stets ungeprüft übernehmen. Bedeutet das nun gleichzeitig, dass Eltern keinerlei Möglichkeit haben, auf die moralische Urteilsbildung von Kindern fördernd einzuwirken? Die Antwort hängt davon ab, *wie* Väter und Mütter mit ihren Söhnen und Töchtern sprechen.

Einflussmöglichkeiten der Eltern. Eltern und andere Erwachsene können sehr wohl in der Lage sein, mit Kindern über moralische Probleme zu sprechen, und sie können diese durchaus in ihren Einstellungen fördern. Allerdings muss der ältere Diskussionspartner bereit sein, seine Argumente so darstellen, dass dem jeweiligen kindlichen Verständnisniveau Rechnung getragen wird. Wenn Eltern ihre Ansichten nicht als »fertige Lösungen« zu übermitteln versuchen, sondern bemüht sind, diese mit nachvollziehbaren Gründen zu untermauern, können sie durchaus fördernd auf die moralische Entwicklung ihrer Kinder einwirken (Walker & Taylor, 1991).

Wann ist die moralische Entwicklung des Kindes abgeschlossen? Der Theorie Piagets lässt sich entnehmen, dass die moralische Entwicklung mit dem Eintritt des Kindes in die formal-operationale Phase des Denkens, also etwa mit elf Jahren, beendet ist. Ist aber tatsächlich mit der Erreichung des Stadiums der Autonomie gleichzeitig die Entwicklung der moralischen Urteilsfähigkeit abgeschlossen? Lassen sich beim Jugendlichen keinerlei Veränderungen mehr nachweisen? Lawrence Kohlberg konnte sich nicht vorstellen, dass die Entwicklung der Moral mit Erreichung des zehnten oder elften Lebensjahres beendet ist. Es war zum einen dieser Zweifel, der sich aus der Beschäftigung mit Piagets einschlägigem Werk ergab, zum anderen eine sehr persönliche Erfahrung, die Kohlberg veranlasste, sich mit der Entwicklung der Moral bei jungen Menschen zu beschäftigen. Er war unmittelbar nach Beendigung des Zweiten Weltkrieges im Rahmen seiner Dienstpflicht bei der amerikanischen Handelsmarine nach Europa gekommen und zutiefst darüber betroffen, was den Opfern des Holocaust unter nationalsozialistischer Herrschaft widerfahren war. Ihn bewegte fortan die Frage, wie sich auf junge Menschen erzieherisch einwirken ließe, um deren Sinn für Gerechtigkeit zu fördern.

7.5.2 Entwicklung des moralischen Urteils nach Lawrence Kohlberg

Ebenso wie Piaget erzählte Kohlberg seinen jungen Versuchspersonen Geschichten. Diese handeln stets von Menschen, die sich in einer Konfliktsituation (bzw. in einem moralischen »Dilemma«) befinden und dadurch Hörern die Gelegenheit geben, mögliche Lösungen zu finden und zu begründen. Im Mittelpunkt der bekanntesten Geschichte steht ein Mann namens Heinz; obwohl die Erzählung nicht der Erlebniswelt von Kindern und Jugendlichen entnommen ist, hat sie in der Literatur sehr viel Beachtung gefunden. Der Inhalt dieser Geschichte lautet folgendermaßen:

Die Geschichte von Heinz

»Eine Frau war unheilbar an Krebs erkrankt. Es gab nur ein einziges Medikament, von dem die Ärzte vermuteten, dass es sie retten könnte. Das Medikament war schon in der Herstellung sehr teuer, aber der Apotheker verlangte trotzdem das Zehnfache dessen, was ihn die Herstellung selbst kostete. Er zahlte DM 2.000 für das Radium und verlangte DM 20.000 für das Medikament. Heinz, der Mann der kranken Frau, versuchte, sich das Geld zusammenzuborgen, bekam aber nur die Hälfte des Preises zusammen. Er machte dem Apotheker klar, dass seine Frau im Sterben liege, und bat ihn, das Medikament billiger abzugeben oder ihn den Rest später bezahlen zu lassen. Der Apotheker sagte jedoch: Nein! Ich habe das Medikament entdeckt. Ich will damit Geld verdienen! In seiner Verzweiflung brach Heinz in die Apotheke ein. Und stahl das Medikament für seine Frau« (nach Eckensberger & Reinshagen, 1980).

Sechs Stufen der moralischen Entwicklung

Wie würde sich nun eine Versuchsperson an Stelle von Heinz entscheiden? Weitgehend unerheblich war es für Kohlberg, ob sie sich in ihren Stellungnahmen für oder gegen das Stehlen des Medikaments aussprach. Kohlbergs Interesse richtete sich vielmehr darauf, *wie* eine jeweils getroffene Entscheidung gerechtfertigt wurde. Sämtliche Antworten seiner Versuchspersonen ordnete Kohlberg nach sechs verschiedenen Stufen der moralischen Entwicklung. Diese Stufen sind in der folgenden Tabelle übersichtlich dargestellt und mit kurzen Kennzeichnungen sowie beispielhaften Antworten versehen.

Präkonventionelle Ebene. Wie der Tabelle zu entnehmen ist, gibt es gewisse Ähnlichkeiten zu den Vorstellungen Piagets, wenngleich Kohlberg (1981, 1985) noch mehr Stufen der moralischen Entwicklung unterscheidet. Die prä-, also vorkonventionelle Ebene entspricht weitgehend der heteronomen Moral. »Gutes« Verhalten auf der 1. Stufe zeigen Kinder, um Strafe von einer Autorität zu vermeiden; deshalb spricht Kohlberg auch von einer »Gehorsams- und Bestrafungsorientierung«. Auf der 2. Stufe gilt Verhalten stets dann als »gut«, wenn es eigenen Wünschen entspricht. Das Kind auf dieser Stufe ist zwar auch bereit, sich anderen fürsorglich zuzuwenden, aber nur aus der Hoffnung heraus, dass sich die gute Tat vielleicht »auszahlen« könnte. Die dem Kind von Kohlberg somit unterstellte Neigung, es sei allein von Nützlichkeitserwägungen motiviert, ist inzwischen heftig kritisiert worden. Wie bereits dargestellt worden ist (s. S. 244), zeigt die Beobachtung von Vorschulkindern, dass diese vielfach bereit sind, ihr Spielzeug mit anderen zu teilen, andere zu trösten oder ihnen Hilfe anzubieten (Nunner-Winkler, 1998).

Konventionelle Ebene. Die nächsten beiden Stufen gehören zur Ebene der konventionellen Moral. Kohlberg nennt diese Ebene konventionell, weil dem Urteilen das Bemühen zugrunde liegt, die Erwartungen anderer (insbesondere nahestehender Menschen) zu erfüllen (deshalb spricht er bei Stufe 3 auch von »Guter Junge/nettes Mädchen-Orientierung«) oder bestehenden Gesetzen zu folgen (Kohlberg spricht von Autoritäts- oder *Law-and-Order*-Orientierung auf der Stufe 4). Der junge Mensch, der am Ende des Grundschulalters steht, ist in seiner kognitiven Entwicklung soweit vorangeschritten, dass er Regeln nicht mehr ausschließlich deshalb beachtet, weil bei Missachtung mit Bestrafung zu rechnen ist. Vielmehr passt er sich jetzt an Standards an, die er inzwischen verinnerlicht hat. Auf der Stufe der konventionellen Moral kann man nunmehr Folgen eines Verhaltens in den Blick nehmen, die über unmittelbare persönliche Konsequenzen hinausgehen. Auf dieser Stufe ist man in der Lage, den Einfluss eigener Handlungen auf andere Menschen oder auf soziale Systeme zu berücksichtigen. Es wird anerkannt, dass der Fortbestand des vorhandenen sozialen Systems wichtig ist, weil davon positive mitmenschliche Beziehungen, aber

Tabelle. Kohlbergs Niveaus und Stufen der moralischen Entwicklung (Kohlberg, 1981, 1987)

Entwicklungsniveau	Stufe	Moralische Urteile zum Heinz-Dilemma: Befürwortung	Ablehnung
I. Präkonventionelle Ebene	**1. Stufe** Die Orientierung an Bestrafung und Gehorsam. Motivation, Bestrafung zu vermeiden	»Wenn man seine Frau sterben lässt, handelt man sich Probleme ein.«	»Man darf das Medikament nicht stehlen. Wenn man es dennoch tut, kommt man ins Gefängnis.«
	2. Stufe Instrumentell relativistische Orientierung. Eine richtige Handlung zeichnet sich dadurch aus, dass sie die eigenen Bedürfnisse – bisweilen auch die Bedürfnisse anderer – instrumentell befriedigt.	»Eine kurze Zeit im Gefängnis würde einem nichts schaden, wenn man nach der Entlassung seine Frau noch hat.«	»Heinz mag zwar nur eine kurze Gefängnisstrafe für das Stehlen der Droge erhalten; aber seine Frau wird nach seiner Entlassung wahrscheinlich tot sein; er hat also nichts davon.«
II. Konventionelle Ebene	**3. Stufe** Guter Junge/nettes Mädchen-Orientierung. Richtiges Verhalten ist, was anderen (insbesondere persönlich bekannten Personen) gefällt oder hilft und ihre Zustimmung findet.	»Niemand wird einen für schlecht halten, wenn man die Droge stiehlt; die eigene Familie wird einen für unmenschlich halten, wenn man es nicht tut.«	»Nicht nur der Apotheker wird einen für kriminell halten; andere werden das auch tun.«
	4. Stufe Gesellschaftserhaltende Orientierung. Motivation zur Pflichterfüllung und Vermeidung von Schuldgefühlen. (»Law-and-order«-Haltung)	»Wenn man noch ein Mindestmaß an Ehrgefühl hat, wird man seine Frau nicht sterben lassen, nur weil man Angst hat, das einzige zu tun, was sie retten würde.«	»Man wird sich schuldig fühlen, wenn man unehrlich gehandelt hat und gegen das Gesetz verstoßen hat.«
III. Postkonventionelle Ebene	**5. Stufe** Soziale-Vertrags-Orientierung. Motivation, rationale und allgemein akzeptierte Regeln zu befolgen. In einem Konflikt zwischen Menschenrechten und vereinbartem Recht müssen Erstere aber prinzipiell größeres Gewicht haben.	»Wenn man seine Frau sterben lässt, kann das nur aus Furcht, nicht aber aufgrund von Überlegungen erfolgen. Das Recht auf Leben hat Vorrang vor dem gesetzlichen Verbot zu stehlen.«	(Hier kann man sich eine entsprechende Argumentation nur schwer vorstellen. Außer man sähe das Recht auf Leben nicht als Naturrecht an!)
	6. Stufe Orientierung an allgemeingültigen ethischen Prinzipien. Motivation, eigene ethische Prinzipien zu bewahren und die eigene Selbstverdammung zu vermeiden. Gesetze und Übereinkünfte sind im Allgemeinen deshalb gültig, weil sie auf diesen Prinzipien beruhen.	»Wenn man das Medikament stiehlt, . . . hat man äußerlich zwar das Gesetz gebrochen; man würde die Maßstäbe des eigenen Gewissens aber beachtet haben.«	(Auch hier kann man sich eine entsprechende Argumentation kaum vorstellen. Außer man geht davon aus, dass die Bewahrung des Lebens nicht zu diesen Prinzipien gehört.)

auch die soziale Ordnung im Allgemeinen abhängt. Die meisten Menschen gelangen in ihrer Entwicklung über diese Stufe niemals hinaus.

Postkonventionelle Ebene. Mit dem Hinweis auf eine postkonventionelle Ebene des Urteils soll hier kurz ein Ausblick auf das Jugend- oder gar das junge Erwachsenenalter vorgenommen werden (s. hierzu S. 345 ff.). Der Unterschied zu den vorausgegangenen Ebenen wird deutlich, wenn man die jeweilige Einstellung zu Autoritäten beachtet. Das präkonventionelle Kind sieht die Autorität außerhalb seiner Person. Bei einem Menschen auf konventioneller Ebene sind die Maßstäbe von Autoritäten verinnerlicht, aber sie werden nicht in Frage gestellt. Das ändert sich erst auf Ebene III, denn nunmehr erfolgt nicht länger eine unkritische Übernahme bestehender Regeln und Gesetze. Vielmehr orientiert man sich auf postkonventionellem Niveau an allgemeinen, inneren ethischen Werten, deren Gültigkeit nicht von der Zustimmung anderer abhängt. Ein postkonventioneller Mensch kann also Bürger eines Staates sein und bei Prüfung der Gesetze feststellen, dass diese nicht immer in Einklang mit den von ihm als verbindlich erachteten ethischen Werten stehen.

Welche Beziehung haben nun Kohlbergs Ebenen des moralischen Urteils zu Piagets Stufen der kognitiven Entwicklung? Voroperational denkende Kinder (im Altersbereich zwischen zwei und sechs Jahren) sollten präkonventionelle moralische Urteile fällen, während konkret-operationale Denker (im Altersbereich zwischen sieben und zwölf Jahren) Urteile fällen müssten, die Kohlbergs konventioneller Moral zu entsprechen hätten. Formal-operationale Denker (die zwölf Jahre und älter sind) würden den Erwartungen entsprechend angesichts eines moralischen Dilemmas postkonventionell urteilen. Kohlbergs (1976) eigene Forschungen haben diese Zusammenhänge jedoch nicht bestätigt, denn er stellte fest, dass sich präkonventionelle Moralurteile vorwiegend bei Kindern bis zu einem Alter von neun Jahren finden und dass die meisten Jugendlichen und Erwachsenen auf der Ebene konventioneller Moral urteilen.

Die Konfliktsituationen, die Kohlberg seinen Versuchspersonen vorgelegt hat, waren so gestaltet, dass jede mögliche Entscheidung mit einer Verletzung von Rechten einhergeht. Wer das Heinz-Dilemma zu beurteilen hat, muss sich entweder dafür entscheiden, einen Menschen sterben zu lassen (dessen Leben mittels eines bestimmten Medikaments zu retten gewesen wäre) oder einen Apotheker zu bestehlen. Es gibt zusätzlich in jeder Gesellschaft Gesetze und Regeln, die letztlich auf sozialer Übereinkunft beruhen. Man darf in einer Apotheke zum einen keinen Diebstahl begehen (moralischer Bereich), ebensowenig gehört es sich für einen fremden Kunden, den Apotheker einfach mit Du anzureden (konventioneller Bereich). Gelingt es bereits jungen Kindern, zwischen diesen beiden Bereichen klar zu unterscheiden?

7.5.3 Elliot Turiels Unterscheidung zwischen Moral und sozialen Konventionen

Piaget erkundigte sich wiederholt bei Schulkindern, ob man Spielregeln ändern dürfe. Die Mehrheit der Befragten verneinte diese Frage. Darf man Regeln auch nicht durch andere ersetzen, wenn alle Spielteilnehmer, Eltern usw. zustimmen? Wahrscheinlich hat Piaget nicht mit der Möglichkeit gerechnet, dass diese Zusatzfrage bei den Kindern zu ganz anderen Antworten führt.

»Wäre es in Ordnung«, so wurden Kinder viele Jahrzehnte später gefragt, »wenn eine Schule es ihren jungen Besuchern freistellen würde, unbekleidet umherzulaufen?« Mehr als zwei Drittel der Befragten im Alter zwischen fünf und elf Jahren hatten keine Bedenken, wenn die Schule das Ablegen von Kleidung in das Belieben des Schülers stellen würde (Weston & Turiel, 1980). Kann es Kindern unter bestimmten Bedingungen auch erlaubt sein, mit den Fingern zu essen, den Lehrer mit Vornamen anzureden, während des Unterrichts Kaugummi zu kauen oder zu sprechen, ohne sich vorher zu melden? Wenn alle Beteiligten damit einverstanden sind, so erklären viele Schulkinder, dann lassen sich solche Regelungen jederzeit einführen. Dürfte man sich auch schlagen, wenn es nicht verboten wäre? »Nein«, lautete die keineswegs untypische Antwort eines fast vier Jahre alten Mädchens, das dürfe man nicht, »weil das den Kindern sehr weh tun könnte.« Der interessierte Erwachsene gibt sich mit dieser Antwort aber noch nicht zufrieden: »Ich kenne ein Mädchen mit Namen Maria, das in einer anderen Stadt zur Schule geht. An ihrer Schule ist das Schlagen nicht verboten. Wäre es in Ordnung, wenn Maria dort andere haut?« »Nein«, erhärtet die Vierjährige ihren Standpunkt, »denn wenn man gehauen wird, tut es weh und dann weint man« (Nucci, 1982). Auf den ersten Blick erscheinen die Antworten der Kinder unvereinbar: Einerseits behaupten sie, man könne unter bestimmten Bedingungen neue Regelungen einführen, andererseits schließen sie manche Veränderungen strikt aus. Wie lassen sich solche scheinbaren Widersprüche erklären?

Sozial-konventionelle Regeln. Es gibt offenbar zwei verschiedene Arten von Regeln (Turiel, 1982, 1983): sozial-konventionelle und moralische. Wenn Piaget Kindern beim Murmelspiel zuschaute, beachtete er Konventionen, d. h. Regeln, die letztlich auf Vereinbarungen beruhen und deren einvernehmliche Änderung niemandem unmittelbar schadet. Konventionen kommen zustande, damit die Kontakte in einem sozialen Neben- und Miteinander aufeinander abgestimmt werden. So stellt es ein Beispiel für eine Konvention dar, dass eine rot leuchtende Ampel den Verkehrsteilnehmern Anhalten und Warten signalisiert. Wenn alle Beteiligten davon Kenntnis erhalten und zustimmen, könnte man die Regelung ändern und die Bedeutung der Signale rot und grün austauschen; die Funktion der Ampel bliebe die gleiche. Konventionen bleiben also solange gültig, wie anerkannte Autoritäten oder die Gemeinschaft, zu der man gehört, an ihnen festhalten.

Moralische Regeln. Moralische Regeln entziehen sich dagegen der Willkür. Man kann sie folglich auch nicht ändern, denn sie entspringen einem grundlegenden Verständnis von Gerechtigkeit. Auch Autoritäten wird üblicherweise nicht das Recht zugestanden, moralische Regeln zu verändern. Die Berechtigung, zwischen konventionellen und moralischen Regeln zu trennen, ergibt sich aus der Beobachtung, dass Kinder darauf schon ziemlich früh in ihrem Leben unterschiedlich reagieren.

Bereits Zweieinhalb- bis Fünfjährige verurteilen ein Kind ziemlich scharf, das einem Gleichaltrigen einen Apfel entwendet, jemanden schubst oder andere moralische Verfehlungen begeht. Sehr viel milder beurteilen sie Verstöße gegen konventionelle Regeln, d. h. beispielsweise, dass Spielzeug nicht wieder an den richtigen Platz gelegt wird oder ein Kind sich nicht an einem Gemeinschaftsspiel beteiligt (Smetana, 1981; Smetana et al., 1993). Im Alter zwischen zweieinhalb und drei Jahren sehen Kinder Handlungen wie Schlagen und Stehlen als ernste Vergehen an, die härtere Bestrafungen nach sich ziehen, als wenn man in unangemessener Kleidung auftritt oder ein Spielzeug haben möchte und das Wort »Bitte« vergisst. Wie lässt sich erklären, dass es derartig jungen Kindern bereits gelingt, zwischen moralischen Werten und Konventionen zu unterscheiden? Das Verhalten der Eltern spielt dabei sicherlich eine wichtige Rolle, denn sie fordern – obwohl sie Wert darauf legen, dass sowohl moralische als auch konventionelle Regeln von ihren Töchtern und Söhnen beachtet werden – mit ganz besonderem Nachdruck, dass andere nicht geschlagen oder bestohlen werden (Nucci & Smetana, 1996; Nucci & Weber, 1995).

Reaktionen auf Verstöße gegen Moral und Konvention. Wenn Kinder im Schulalter Handlungen beobachten, die nach ihrer Auffassung moralische Regeln verletzen, können sie spontane Stellungnahmen abgeben, indem sie auf Verluste oder Verletzungen des Opfers hinweisen. Ihre feste Überzeugung, dass moralische Regeln nicht zu verändern sind, begründen sie zumeist mit Hinweisen auf das Wohl anderer, deren Anspruch auf Unverletzlichkeit und mit Prinzipien allgemeiner Gerechtigkeit. Auch Missachtungen von Konventionen können Kommentare hervorrufen. Kinder betonen die Notwendigkeit, Anordnungen von Autoritäten zu folgen. Sie verweisen darauf, dass Sitten und Gebräuche nicht verletzt werden dürfen und stellen die Bedeutung einer sozialen Ordnung für das Leben im Miteinander heraus. Wie ahnden Kinder Verstöße gegen Konventionen? Im Allgemeinen beschränken sie sich darauf, den Übeltäter zu ermahnen (»Man spuckt nicht einfach auf den Rasen«) oder ihn zu verhöhnen (»Guck mal, die K-Ü-S-S-E-N sich!«) (Nucci & Nucci, 1982).

Diese Unterscheidung zwischen Moral und sozialer Konvention hat man zunächst bei Kindern westlicher Industrienationen festgestellt. Verhält sich der Nachwuchs in andersartigen Kulturen ebenso? Unterscheidet man in Indien ebenso wie in Europa oder den USA zwischen Moral und Konvention?

Moral und Konvention in anderen Kulturen

Sind die Unterscheidungen, die Kinder in westlich orientierten Ländern zwischen Moral und sozialen Konventionen vornehmen, auch bei Jungen und Mädchen anderer Kulturen zu finden? Wie reagieren beispielsweise koreanische Kinder und Jugendliche, wenn man ihnen folgende Schilderung vorlegt (Song et al., 1987): »*Hwa* wünschte sich eine Puppe, aber sie hatte kein Geld, um sich eine zu kaufen. Gestern hat sie eine Puppe im Kaufhaus gestohlen.« »*Kyongsook* grüßt ihre Eltern nicht herzlich. Gestern traf sie einen alten Mann, es war ihr Nachbar, und sie ging an ihm vorbei, ohne ihn zu grüßen.« In Korea wird es als sehr ernste Übertretung angesehen, seine Eltern nicht herzlich zu grüßen, denn es wurzelt tief in der Tradition dieser Kultur (die entscheidend von der konfuzianischen Ethik bestimmt wird), dass man Vater und Mutter respektiert und ihnen gegenüber Gehorsam zeigt. Höflichkeit ist eine selbstverständliche Pflicht in allen mitmenschlichen Kontakten. Persönliche Rechte hat der Einzelne seinen Verpflichtungen gegenüber der Gemeinschaft unterzuordnen. Obwohl sich die koreanische Gesellschaft vor westlichen Einflüssen keineswegs abschirmt, ist sie traditionellem Denken eng verhaftet, das gilt auch für die Anerkennung von Autoritäten (Rohner & Pettengill, 1985). Trotz dieser kulturellen Besonderheiten unterscheiden koreanische Kinder im Alter zwischen 5 und 15 Jahren ebenso wie Gleichaltrige westlicher Industrienationen zwischen Moral und sozialen Konventionen. Sie sehen in moralischen Übertretungen ein schwereres Vergehen als in der Missachtung von Konventionen (Song et al., 1987). Die Unterscheidung tritt mit wachsendem Alter deutlicher hervor. Die Schädigung eines anderen durch Diebstahl ist unter allen Umständen ein schwerer Verstoß gegen die Moral. Das Unterlassen einer herzlichen Begrüßung ist allerdings ebenso unzulässig. Gegen die Konvention, nicht mit den Fingern zu essen, könnte jedoch schon eher und mit weniger schweren Folgen verstoßen werden.

Was in Europa aufgewachsene sehr kleine Kinder bereits als moralisch verwerflich ansehen, kann in anderen Ländern zulässig sein. Richard Shweder und seine Mitarbeiter (1990) legten Kindern im Alter zwischen 5 und 13 Jahren, die in den USA und Indien lebten, zahlreiche Tatbeschreibungen wie etwa die folgende vor: »Eine junge Frau wird von ihrem Ehemann grün und blau geschlagen, weil sie wieder ohne seine Erlaubnis ins Kino gegangen ist, obwohl sie vorher gewarnt worden war, das nicht noch einmal zu tun.« Während deutsche Kinder mit amerikanischen Gleichaltrigen sicherlich darin übereinstimmen würden, dass das Schlagen der Ehepartnerin als unmoralisch abzulehnen ist, vermögen in Indien lebende Hindu-Kinder nicht einzusehen, was an der körperlichen Züchtigung einer ungehorsamen Frau falsch sein soll. Und wie wird das Verhalten einer Witwe beurteilt, die in der Gemeinde eines Befragten lebt und zwei- oder dreimal pro Woche Fisch isst? Befragte aus Hindu-Familien sehen in diesem Verhalten eine Sünde, denn es würde damit ein Gebot verletzt, das überall in der Welt beachtet werden sollte. Selbst wenn die meisten Inder sich darin einig sein sollten, dass es besser wäre, dieses Gebot zu ändern, wäre es aus der Sicht der meisten Befragten aus Hindu-Familien nicht richtig, einer solchen Mehrheitsmeinung zu folgen. Eine Witwe, die trotzdem Fisch isst, sollte daran gehindert werden, obwohl sie sich bereits versündigt hat und an den unangenehmen Folgen ihres lasterhaften Tuns fortan zu leiden haben dürfte. Westlich orientierte Befragte können demgegenüber keinen Grund sehen, warum eine Witwe keinen Fisch essen sollte. Sie dürfte daran nicht gehindert werden, ganz gleich, in welchem Teil dieser Erde sie lebt. Und wie beurteilt derselbe Befragte dieses Verhalten im Falle einer Witwe, die in Indien lebt, wo man keinen Fisch essen sollte? Die Antwort lautet: Mag das Verspeisen eines Fisches in Indien auch gegen die dort herrschenden Sitten verstoßen, so wäre doch nichts dagegen einzuwenden, wenn eine Witwe dort Fisch essen würde, sofern sie ihn gerne mag. Kinder, ob fünf- oder zehnjährig, stimmen bei der Beurteilung der geschilderten Fälle hochgradig mit ihren Eltern überein; diese äußern sich in Indien jedoch ganz anders als in einem westlichen Land.

Abhängigkeit moralischer Urteile vom gesellschaftlichen Kontext. Den interkulturellen Vergleichen lässt sich entnehmen, dass Urteile, die sich in einer Gesellschaft auf moralische Werte stützen und als unabänderlich gelten, in einer anderen sehr wohl als soziale Konvention gesehen werden können. Es zeigt sich demnach, dass auch moralische Urteile offenkundig vom gesellschaftlichen Kontext mitbestimmt werden. Vom Kontext, also von den besonderen situativen Bedingungen, hängt es auch ab, ob ein Mensch sich tatsächlich so verhält, wie es zuvor geäußerten Urteilen entsprechen würde.

7.5.4 Moralische Urteile und moralisches Verhalten

Studie von Hartshorne und May

Klagen der älteren Generation über die vermeintliche moralische Verkommenheit der Jungen lassen sich über Jahrtausende zurückverfolgen (s. S. 379). Entsprechende Sorgen führten zu Beginn der 20er Jahre auch in den Vereinigten Staaten von Amerika wieder einmal zu erregten Diskussionen. Die Beunruhigung erfasste u. a. die Mitglieder der Gesellschaft für Religiöse Erziehung. Im Jahre 1922 beschloss eine Versammlung dieser Organisation, die wahrgenommenen Entwicklungen einmal wissenschaftlich zu untersuchen. Man wollte vor allem wissen, wie wirkungsvoll der Religionsunterricht in den Schulen ist. Zwei Professoren, der eine aus dem Fachgebiet der Religionspädagogik, Hugh Hartshorne, der andere aus dem der Psychologie, Mark May, wurden mit der wissenschaftlichen Leitung der Studie beauftragt, für die ihnen beträchtliche Forschungsmittel zur Verfügung standen (Hartshorne & May, 1928).

Der Einfluss situativer Bedingungen. Um Aufschluss über die »Natur des moralischen Charakters« zu erhalten, wurden 10.000 Kinder im Alter zwischen 8 und 16 Jahren als Versuchsteilnehmer ausgewählt. Hartshorne und May (1928, 1929, 1930) forderten diese jungen Menschen nicht nur auf, moralische Urteile abzugeben; sie beobachteten sie außerdem unauffällig in verschiedenen Situationen (in der Schule und auf dem Spielplatz), in denen grundsätzlich Gelegenheit zum Lügen, zum Täuschen oder zum Stehlen bestanden hätte. Fanden sich Kinder, die in allen Situationen ehrlich waren und andere, die häufiger durch unaufrichtiges Verhalten auffielen? – Nach Auswertung ihrer Ergebnisse mussten Hartshorne und May diese Frage verneinen. Es ist nicht möglich, stellten sie fest, die Welt in ehrliche und unehrliche Menschen einzuteilen. Wenn ein Kind moralische Verfehlungen in der einen Situation begeht, bedeutete dies keineswegs, dass es dies auch bei anderen Gelegenheiten tut. Es schien wesentlich von den äußeren Bedingungen abzuhängen, wie ein Kind reagiert. Das Verhalten der jungen Versuchsteilnehmer ließ sich auch dann nicht besser vorhersagen, wenn man sich nach ihrer Einstellung gegenüber Täuschungsversuchen erkundigte. Kinder können unredliches Verhalten grundsätzlich verurteilen und kurze Zeit später genau das tun, was sie zuvor abgelehnt haben.

Hartshorne und May schlossen aus ihren Untersuchungsergebnissen, dass es sich bei »Anständigkeit« nicht um ein stabiles Persönlichkeitsmerkmal handelt; nach ihrer Überzeugung hängt es von der besonderen Situation ab, ob sich ein Mensch »anständig« verhält oder nicht. Kann man diese Feststellungen auch noch heute als gültig anerkennen? Diese Frage hat wiederholt das Interesse der Forschung erregt.

Zu einem späteren Zeitpunkt hat man die Daten von Hartshorne und May mit verbesserten statistischen Verfahren ein weiteres Mal analysiert (Burton, 1963, 1976). Dabei ergab sich, dass sich das moralische Verhalten bei den von Harthorne und May beobachteten Kindern keineswegs so stark von Situation zu Situation veränderte, wie zunächst behauptet. Unter recht ähnlichen Bedingungen (etwa Mogeln bei einer Klassenarbeit) zeigte sich moralisches Verhalten konstanter als Hartshorne und May zunächst angenommen hatten, aber nicht, wenn man es in verschiedenen Situationen miteinander verglich (etwa Ehrlichkeit im Klassenzimmer verglichen mit Ehrlichkeit bei Wettspielen).

Neuere Erkenntnisse

Widersprüchliches Bild. Vergleicht man heute die zahlreichen Untersuchungen, in denen es um den Zusammenhang zwischen moralischem Urteil und Verhalten geht, ergibt sich eher ein verwirrendes Bild. In einem Punkt zeigt sich allerdings eine gewisse Übereinstimmung: Aus der Tatsache, dass ein Mensch in einer Situation moralisches Verhalten zeigt, ist nicht sicher abzuleiten, dass er dies auch in einer anderen tun wird. Unter einigen Bedingungen lastet auf einem Menschen ein stärkerer Druck, sein Ziel unter allen Umständen zu erreichen als unter anderen. Ein Kind, das niemals auf den Gedanken kommen würde, einen Ladendiebstahl zu begehen, könnte sehr wohl Täuschungen bei einer Klassenarbeit versuchen, weil es bei schlechten Leistungen Konflikte mit seinen Eltern befürchtet. Weiterhin ist die wahrgenommene Gefahr, bei einer Unredlichkeit entdeckt zu werden, nicht immer gleich groß. Zudem werden Kinder manchmal mehr, manchmal weniger von Gleichaltrigen zu Taten gedrängt, die moralischen Wertvorstellungen widersprechen. Nur so lassen sich auch offenkundige Widersprüche erklären, auf die man bei Befragungen aufmerksam wird. Ein Zehnjähriger erklärt beispielsweise, dass Stehlen ein schwereres Vergehen sei, als im Schlafanzug am Unterricht teilzunehmen. Gleichzeitig gesteht er aber zu, dass er eher bereit sei, einen kleinen Diebstahl zu begehen als in unangemessener Kleidung zur Schule zu gehen (Turiel, 1983).

Einfluss von Persönlichkeitsmerkmalen. In einem wesentlichen Punkt unterscheiden sich die Ergebnisse der meisten Nachuntersuchungen allerdings von den Schlussfolgerungen, die Hartshorne und May gezogen haben: Moralisches Verhalten ist nicht ganz so situationsspezifisch, wie die beiden Autoren aus ihren Untersuchungsergebnissen gefolgert haben. Offenbar gibt es bei einigen Kindern Persönlichkeitsmerkmale, durch die das Auftreten moralischer Verhaltensweisen mehr oder weniger wahrscheinlich wird. Somit besteht sehr wohl eine erhöhte Wahrscheinlichkeit, dass ein Kind, das in einer Situation durch besondere Hilfeleistungen aufgefallen ist, auch unter ähnlichen Bedingungen eine erhöhte Bereitschaft zeigen könnte, seine Dienste anzubieten (Rushton, 1980). Wenn ein Kind in einer Situation der Verführung widersteht, etwas Unerlaubtes zu tun, ist die Wahrscheinlichkeit erhöht, dass es einer entsprechenden Versuchung auch in einer anderen Situation entgegentritt (Burton, 1963; Lickona, 1976). Es muss also etwas im Menschen geben (außer den bereits genannten Urteilsniveaus nach Kohlberg), was seine Bereitschaft zum moralischen Verhalten in verschiedenartigen Situationen erhöht. Die Suche nach diesen Persönlichkeitsmerkmalen erweist sich jedoch als außerordentlich schwierig.

Zwischen dem moralischen Urteil eines Kindes und seinem Verhalten gibt es häufig keine Übereinstimmung, sondern einen Bruch, und – so stellen Fritz Oser und Wolfgang Althof (1997) fest –

es ist bis jetzt mit wenigen Ausnahmen nicht gelungen, »systematische Beschreibungen und Erklärungen dieses Bruchs zwischen Urteil und Handeln wissenschaftlich herauszuarbeiten«. Eine Situation und ihre besonderen Bedingungen lässt Menschen nun einmal – auch in moralischer Hinsicht – Verhaltensweisen zeigen, die sich von denen einer weiteren Situation unterscheiden. Info-Kasten 7.5 demonstriert an einem Beispiel, dass moralisches Verhalten nicht notwendigerweise einen Menschen voraussetzt, der Kohlbergs höchste Ebene erreicht hat, sondern zustande kommen kann, weil bestimmte situative Umstände es einfach herausfordern. Die Beweggründe einiger Menschen während des Dritten Reiches, verfolgte Juden vor dem sicheren Tode zu bewahren – fast immer unter hohem Risiko für das eigene Leben –, waren außerordentlich vielfältig. Zumeist waren es Zufälle, die einen Menschen erstmalig veranlassten, Bedrängten zu helfen.

INFO-KASTEN 7.5

Was veranlasste Menschen, Juden zu helfen, die während des Naziterrors verfolgt wurden?

Die Grausamkeiten, die während des Eichmann-Prozesses (1961) in Jerusalem ans Tageslicht kamen, schockierten die Zuhörer aufs Tiefste. Gelegentlich war aber auch von Rettern die Rede, die durch ihr tatkräftiges Einschreiten Juden vor der Verhaftung und damit vor der Abschiebung in das Konzentrationslager bewahrt hatten. Was waren das für Menschen, deren Taten einsam aus einem Meer von Schilderungen schlimmster Brutalität herausragten? Man beschloss, dieser Frage nachzugehen. Man setzte eine Untersuchung in Gang, die zwar über das Stadium von Vorklärungen niemals hinauskam, die aus Gründen mangelnder Finanzierung schließlich vorzeitig abgebrochen wurde, aber dennoch Zusammenhänge ans Licht brachte, die man einer interessierten Öffentlichkeit nicht vorenthalten wollte. Insgesamt wurden in dieser unvollendeten Studie 27 ehemalige Retter und 27 seinerzeit gerettete Juden – allesamt inzwischen außerhalb Europas lebend – intensiver befragt. Wie Perry London (1970) berichtet, begann man die Arbeit in der Erwartung, »stabile Persönlichkeitsmerkmale zu finden, die zu selbstlosem (altruistischem) Verhalten in Beziehung stehen konnten«. Sehr bald zeigte sich aber, wie unterschiedlich das Verhalten der Retter und seine Folgen gewesen waren. Einige erhielten eine große Menge Geld, weil sie bei der Beschaffung falscher Papiere, beim Besorgen von Nahrung, bei der Erlangung von Waffen oder bei der Bestechung von Beamten geholfen hatten. Andere verloren durch ihren Rettungseinsatz ein Vermögen, sodass sie schließlich selbst mittellos dastanden. Es gab auch solche, die fast mit nichts angefangen hatten und bereit waren, das wenige zu teilen, was sie besaßen. Die Motivationen der Retter waren nicht leichter zu klassifizieren. Einige wollten ausdrücklich helfen. Für andere war die Unterstützung verfolgter Juden mehr ein zufälliger Teil ihrer Arbeit; sie reagierten im Wesentlichen auf sozialen Druck oder waren durch soziale Anreize motiviert. Manchmal war man in eine Rettungsaktion regelrecht »hineingestolpert«.

Ein früherer deutscher Geschäftsmann, der in einem Zeitraum von fast vier Jahren etwa 200 Menschen das Leben gerettet hatte, erinnerte sich, dass ihn seine Sekretärin eines Tages um Hilfe bat. Sie fürchtete, ihr jüdischer Ehemann könne von den Nazis umgebracht werden. »So etwas tun Deutsche nicht,« war die erste Reaktion des ehemaligen Retters. Dennoch gestattete er dem vermeintlich Bedrohten, sich an Wochenenden in seinem Büro aufzuhalten. Durch dieses scheinbar kleine Zugeständnis an seine Sekretärin fand sich der Geschäftsmann plötzlich im »Rettungsgeschäft«. Sobald es für ihn offensichtlich wurde, dass die Befürchtungen der Juden gerechtfertigt waren, engagierte er sich mehr und mehr für Hilfsmaßnahmen. Eine Vorliebe für abenteuerliche Unternehmungen half ihm oft, schwierige Missionen zu meistern. So gelang die Befreiung eines Gefängnisinsassen, weil der Retter den Wärtern erzählte, er habe diesen abzuholen. Sein Befehl wäre zu geheim, um niedergeschrieben zu werden und die Anordnung käme von so hoher Stelle, dass sich jeder Zweifel erübrigen würde. Die Wärter übergaben ihm daraufhin den Gefangenen.

In der Regel waren es situative Bedingungen, häufig auch Fehleinschätzungen, die zu den ersten Hilfsmaßnahmen führten. Fast alle befragten Retter wussten auf Grund ihrer eigenen Lebensgeschichte, was es bedeutete, in sozialer Hinsicht Zurückweisung zu erfahren. Außerdem kennzeichnete sie fast immer ein Hang zu abenteuerlichen Unternehmungen.

Diese Merkmale erklären aber sicherlich noch nicht ausreichend, warum sich Menschen über viele Jahre hinweg und unter teilweise schwersten persönlichen Opfern für die Rettung verfolgter Juden engagierten. Zusätzlich hatten sich fast alle Retter stark mit einem Elternteil identifiziert, der ihnen in moralischer Hinsicht feste Werthaltungen vermittelt hatte. Der deutsche Geschäftsmann erinnerte sich noch lebhaft, wie sich seine Mutter mahnend an ihn gewandt hatte: »Ganz gleich, was Du mit Deinem Leben tun wirst, bleib anständig. Wenn der Tag kommt, an dem Du eine Entscheidung treffen musst, treffe die richtige. Es kann eine schwere Entscheidung sein; aber auch die schweren sollten die richtigen sein.« Der befragte Deutsche gestand freimütig: »Ich verstand damals noch nicht, was sie meinte . . .«

Literatur zur Erweiterung des Wissens und zur Vertiefung

Baacke, D. (2004): Die 6- bis 12jährigen (3. Auflage). Weinheim. Beltz.

Zur Entwicklung des Denkens:

Ginsburg, H.P. & Opper, S. (2004): Piagets Theorie der geistigen Entwicklung (9. Auflage). Stuttgart: Klett-Cotta.

Siegler, R.S. (2001): Das Denken von Kindern (3. Auflage). München: Oldenbourg.

Zur Entwicklung der Moral:

Krettenauer, T. & Montada, L. (2005): Entwicklung von Moral und Verantwortlichkeit. In: Asendorpf, J.B. (Hrsg.): Soziale, emotionale und Persönlichkeitsentwicklung. Göttingen: Hogrefe. S. 141–189.

Hopf, C. & Nunner-Winkler, G. (2007): Frühe Bindungen und moralische Entwicklung. Weinheim: Juventa.

Lind, G. (2002): Ist Moral lehrbar? (2. Aufl.). Berlin: Logos.

Oser, F. & Althof, W. (2001): Moralische Selbstbestimmung (4. Aufl.). Stuttgart: Klett-Cotta (Neuauflage in Vorb.).

8 Grundschulalter: Körperliche und sozial-emotionale Entwicklung

In den ersten Jahrzehnten des letzten Jahrhunderts haben Kinderpsychologen die Überzeugung vertreten, dass die Entwicklung während des Grundschulalters eine Art Ruhepause einlegt. Nach den teilweise dramatischen Veränderungen in der frühen Kindheit und im Vorschulalter konnten sie bei Grundschulkindern offenbar keine nennenswerten Ereignisse mehr entdecken, die Einfluss auf die Entwicklung dieses Alterszeitraums zu nehmen vermögen. Das Wachstum verlangsamt sich nach Schuleintritt, und auch im sozial-emotionalen Bereich offenbarten sich nach damaliger Sicht keine Auffälligkeiten. Sigmund Freud sprach aus diesem Grunde von einer Latenzphase, denn er glaubte, die von ihm beschriebene Entwicklung der sexuellen Triebe (s. S. 19f.) würde solange eine Ruhepause einlegen, bis diese Triebe mit dem Eintritt in das Jugendalter wieder aufs Neue erwachen. Diese Einstellung, die während der ersten Jahrzehnte des letzten Jahrhunderts vorherrschte, ist für die Entwicklungspsychologie nicht ohne Einfluss geblieben, denn es wurden als Folge davon über einen längeren Zeitraum kaum Forschungsarbeiten zum Grundschulalter vorgelegt.

Tatsächlich ist mit dem Eintritt in die Schule jedoch eine erhebliche Herausforderung verbunden. An Jungen und Mädchen werden fortan Leistungsanforderungen gestellt, und es hängt von den Erfolgen bzw. Misserfolgen eines Schülers ab, ob er das Gefühl der eigenen Tüchtigkeit erlebt, sich also selbst Kompetenz zuschreibt, oder stattdessen aufgrund entsprechender Erfahrungen Minderwertigkeitsgefühle entwickelt.

Die Schule bietet dem Kind viele Möglichkeiten, sich mit anderen zu vergleichen. Dies geschieht nicht nur in den Unterrichtsstunden, in denen der Einzelne wiederholt feststellen muss, dass einige Mitschüler bessere Leser sind als andere, dass einige die im Mathematikunterricht gestellten Aufgaben schneller, andere sie dagegen langsamer bewältigen können. Im Sportunterricht zeigt sich, dass es auch Unterschiede in der körperlichen Leistung gibt. Solche Beobachtungen veranlassen das Kind, sich wiederholt die Frage zu stellen: *Wer bin ich?* Mit dieser Frage mögen sich Jungen und Mädchen bereits im Vorschulalter beschäftigen, aber die konkret-operationalen Denkmöglichkeiten des Schulalters gestatten es ihm nunmehr, eine anspruchsvollere Antwort zu finden. Bei Schülern fließen in das Selbstkonzept jetzt auch psychologische Begriffe mit ein, und der dem Anschein nach grenzenlose Optimismus des Vorschulkindes bezüglich des eigenen Könnens wird zunehmend durch realistischere Einschätzungen ersetzt.

In der Regel gewähren die meisten Eltern ihren Söhnen und Töchtern nach deren Einschulung zunehmende Freiheiten. Dadurch haben die Kinder erweiterte Gelegenheiten, sich Gleichaltrigen zuzuwenden, sich mit ihnen zu verabreden und freie Zeit mit ihnen zu verbringen. Allein durch diesen äußeren Rahmen ist es vielen Grundschülern möglich, erste wirkliche Freundschaften zu entwickeln, d. h. Sozialbeziehungen aufzubauen, die eine gewisse, eventuell sogar eine recht hohe Stabilität aufweisen. Mädchen und Jungen finden auf diese Weise Gleichaltrige, denen man seine Hoffnungen und Sorgen anvertrauen kann und denen man seinerseits helfen kann, wenn es nötig ist.

Andere Menschen werden aber nicht nur als mögliche oder tatsächlich Freunde gesehen. Es entstehen auch Streitigkeiten. Ebenso begegnet man Mitschülern in Wettbewerbssituationen. Wie man unter solchen Bedingungen reagiert, ob man sich fair verhält oder sich stattdessen ungerechtfertigte Vorteile zu verschaffen versucht, hängt nicht unerheblich vom jeweiligen moralischen Urteilsniveau des Schulkindes ab, von dem bereits im letzten Kapitel die Rede war (s. S. 280 ff.).

8.1 Die körperliche Entwicklung

Nachdem sich der erste Gestaltwandel (s. S. 252) vollzogen hat, setzt eine verhältnismäßig ruhige und gleichmäßige körperliche Entwicklung ein. Weil sich der Körper nicht mehr so schnell wie während des Vorschulalters entwickelt, kann sich das Kind nunmehr verstärkt darauf konzentrieren, die Motorik unter seine Kontrolle zu bringen. Die Übung dieser Funktionen geht allerdings keineswegs *ruhig* vonstatten. Wenn man einmal Kinder im Grundschulalter beobachtet, wird man in der Regel sehr häufig Verhaltensweisen beobachten, die Erwachsene meist als »wild« zu kennzeichnen pflegen.

8.1.1 Veränderungen des Körpers bei Jungen und Mädchen

Größenwachstum und Gewichtszunahme

Vergleicht man die beiden Geschlechter miteinander, dann fällt auf, dass Jungen im Durchschnitt bis zum Alter von acht Jahren größer sind als Mädchen. In den folgenden Jahren wachsen Mädchen schneller, sie übertreffen vorübergehend gleichaltrige Jungen an Größe (das ist sonst zu keinem anderen Zeitpunkt des menschlichen Lebenslaufes der Fall), bis die Jungen schließlich mit dem Einsetzen des vorpuberalen Wachstumsschubes (s. S. 350) wieder voraneilen. Insgesamt verläuft das Größenwachstum mit etwa 6 cm pro Jahr eher in gemäßigten Bahnen. Die Erhöhung des Körpergewichts liegt ebenso gleichmäßig zwischen 2 und 3,5 kg jährlich. Es ist aber nicht zu übersehen, dass es bezüglich dieser eher geringen Veränderungen nicht unerhebliche interindividuelle Unterschiede zwischen Gleichaltrigen, sowohl hinsichtlich der Größe als auch des Gewichts, gibt.

Übergewicht. Wie gleich noch ausführlicher erläutert wird, sind Kinder im Grundschulalter ungewöhnlich aktiv. Sollten einige von ihnen jedoch außerordentlich ruhigen Beschäftigungen nachgehen, wie etwa im Falle eines übermäßigen Fernsehkonsums, muss mit einer auffälligen Gewichtszunahme gerechnet werden. Von Übergewicht spricht man, wenn das normale Gewicht eines Altersdurchschnitts um mehr als 20 Prozent überschritten wird. Dabei darf allerdings nicht übersehen werden, dass als Ursache für die Fettleibigkeit auch genetische Faktoren in Betracht gezogen werden müssen (Friedman et al., 1994).

8.1.2 Motorische Entwicklung

Während des Vorschulalters hatten Kinder bereits vielfältige Gelegenheiten, ihre motorischen Fertigkeiten zu üben. Zu Beginn des Grundschulalters können sie deshalb in der Regel recht gut laufen, klettern, hüpfen und springen. Sehr bald nach dem Eintritt in das Grundschulalter werden sie auch das Werfen, Fangen und Stoßen mit dem Fuß hochgradig beherrschen. Die zunehmende Körperbeherrschung lässt sie zudem im Verlauf der Grundschulzeit zu aktiven Teilnehmern sportlicher Aktivitäten, wie etwa Fußball, werden.

Wildes Spielen

Ein besonders auffälliges Kennzeichen dieses Alterszeitraums ist das »wilde« Spielen (engl. *rough-and-tumble*), in dessen Verlauf Verhaltensweisen zu beobachten sind, die man mit Balgen, Jagen und Ringen beschreiben kann, und die meist mit lautem Lachen und Schreien einhergehen. Sie treten schon im Vorschulalter, aber häufig auch noch in der frühen Adoleszenz auf. Dieses »wilde« Spielen findet man in allen Kulturen rund um den Erdball, in Europa ebenso wie in der Kalahari, in Indien, aber auch in Japan oder Mexiko (Humphreys & Smith, 1984). Anthropologen haben deshalb die Vermutung geäußert, dass diese Aktivitäten einmal den Zweck gehabt haben könnten, junge Menschen auf zukünftige Aufgaben beim Jagen und Kämpfen vorzubereiten (Symons, 1978). Hat das wilde Spielen in der heutigen industriellen Gesellschaft demnach die vermutete vorbereitende Funktion verloren? Die Frage lässt sich verneinen. Das wilde Spielen besitzt weiterhin eine wichtige soziale Funktion. Kinder lernen dadurch, dass man andere durchaus anrempeln kann, ihnen sogar gewisse Schläge zu versetzen vermag, wenn man dem nur scheinbar Angegriffenen gleichzeitig durch Gestik und Mimik signalisiert, dass diese »Angriffe« oder Verfolgungsjagden keineswegs in feindlicher Absicht unternommen werden. Bevorzugt werden gute Freunde als Partner für das wilde Spielen ausgewählt, weil diese wohl die beste Gewähr dafür bieten, dass die Scheinangriffe richtig verstanden werden.

Körperliche Geschicklichkeit und Selbstwertgefühl

Insgesamt tragen die vielfältigen körperlichen Aktivitäten erheblich zur Steigerung der eigenen Geschicklichkeit bei. Wenn ein Kind keine ausreichenden Übungsmöglichkeiten hat oder nutzt, besteht die Gefahr einer Beeinträchtigung des Selbstwertgefühls, das auch von körperlichen Fertigkeiten mitbestimmt wird. Wenn ein Kind annimmt, es sei plump und ungeschickt, weil Gleichaltrige das zu denken scheinen, kann es mit Rückzug aus sozialen Situationen reagieren. Dann wird ein Kind vielleicht die Teilnahme an Spielen verweigern, weil es Angst hat, sich wegen seiner Ungeschicklichkeit zu blamieren. Als Folge davon könnte die ohnehin schon unzureichende Übungsgelegenheit noch weiter vermindert werden. Wenn Kinder dagegen während des Grundschulalters einen hohen Grad an körperlicher Geschicklichkeit erlangen, besitzen sie gute Voraussetzungen, sich bei Gleichaltrigen großer Beliebtheit zu erfreuen (Cratty, 1986). Schon früh im Leben erfährt ein Kind somit, dass sein Aussehen und sein körperliches Können mitbestimmen, wie es von anderen behandelt wird, und diese anderen nehmen durch ihr Verhalten wiederum Einfluss darauf, welche Einstellungen das Kind zu sich selbst entwickelt.

8.2 Die Entwicklung der Einstellung des Kindes zu sich selbst

Es stellt zweifellos einen wichtigen Meilenstein in der Entwicklung des Kindes dar, wenn es sich vor Erreichung seines zweiten Geburtstages im Spiegel selbst entdecken kann und somit zu wissen scheint, dass es als selbständiges Wesen, unabhängig von der Umwelt, existiert (s. S. 134). Wenn man es ein oder zwei Jahre später, im Vorschulalter, auffordert, sich selbst oder andere zu beschreiben, dann wird es in seiner Antwort wahrscheinlich Kennzeichnungen verwenden, denen Beobachtbares zugrunde liegt (s. S. 312). Erst während des Grundschulalters geben Jungen und Mädchen Selbstbeschreibungen, die auch psychologische Begriffe mit einbeziehen. Die Vorstellungen, die sich ein Mensch von sich selbst macht, bezeichnet man als »Selbstkonzept«. Davon abzuheben ist eine sehr allgemeine Bewertung der eigenen Person, die man als Selbstwertgefühl bezeichnet. Diese globale Einschätzung der eigenen Person gewinnt während der Grundschuljahre an Bedeutung.

8.2.1 Über Selbstkonzept und Selbstwertgefühl

Selbstkonzept

Wenn Mädchen und Jungen das Alter von sechs oder sieben Jahren erreicht haben, ist ihr Selbstbild (bzw. Selbstkonzept) insofern umfassender geworden, als sie nunmehr zum einen beschreiben können, was sie in den vielfältigsten Situationen über sich erfahren haben; zum anderen sind sie in der Lage, sich Gedanken über ihre Gefühle, Vorstellungen, Fähigkeiten sowie über eigene besondere Kennzeichen zu machen. Folglich kann man von diesen Kindern auch »psychologische«

Beschreibungen erhalten (Broughton, 1978). Kinder dieses Alters verfügen inzwischen über ein Selbstbild, das wiedergibt, was sie in verschiedensten Schulfächern zu leisten vermögen, wie sie nach eigenem Eindruck aussehen, wie sie ihre Beliebtheit bei Gleichaltrigen einschätzen, wie sie ihr Verhältnis zu den Eltern sehen usw. (Harter, 1990c, 1990d).

Selbstwertgefühl

Frühestens Siebenjährige, vor allem aber Achtjährige können auf Befragen zudem mitteilen, ob sie sich selbst mögen, ob sie glücklich und mit ihrem Leben zufrieden sind. Eine solche *globale* Bewertung gibt Aufschluss über das Selbstwertgefühl. Das Selbstwertgefühl setzt sich allerdings nicht einfach aus der Summe der Einzelbewertungen zusammen.

Hoch bewertete Tätigkeitsbereiche. Susan Harter (1987, 1990a, 1990b) hat in ihren Forschungen festgestellt, dass sich das Selbstwertgefühl aus zwei verschiedenen Werturteilen zusammensetzt: Zum einen ist von Bedeutung, welcher Tätigkeitsbereich hoch bewertet wird. Zwischen Gleichaltrigen kann es dabei erhebliche Unterschiede geben. Einige Kinder mögen dem sportlichen Können eine hohe Wertschätzung entgegenbringen, während andere schulischen Leistungen stärkeres Gewicht geben, und eine weitere Gruppe mag vor allem Wert auf gute Freundschaften legen. Wenn man den von einem Kind hoch gewichteten Bereich kennt, muss man allerdings noch ermitteln, wie es sich darin selbst einschätzt, um Hinweise auf das Selbstwertgefühl zu erhalten. Selbstverständlich wird der Wunsch bestehen, in einem persönlich hoch bewerteten Bereich möglichst gut zu sein. Davon abzuheben ist, was das Kind nach der persönlichen Einschätzung glaubt, tatsächlich erreicht zu haben. Wenn es für einen Jungen beispielsweise sehr wichtig ist, ein guter Schüler zu sein, wird er ein geringes Selbstwertgefühl haben, sofern er häufig schlechte Zeugnisse in Empfang zu nehmen hat. Eine andere Schülerin mag ebenso ungünstige Zensuren haben, aber ein höheres Selbstwertgefühl besitzen, wenn sie Freundschaften hoch bewertet und entsprechende Beziehungen auch tatsächlich entwickeln konnte, während sie gleichzeitig die schulische Arbeit verhältnismäßig gering bewertet.

Zuspruch wichtiger Personen. Die Höhe des Selbstwertgefühls bestimmt sich aber nicht nur danach, wie nahe man den Wunschvorstellungen in einem hoch bewerteten Bereich kommt, sondern hängt nach Harters Erkenntnissen auch davon ab, welchen Zuspruch, welche Anerkennung ein Kind nach seinem subjektiven Eindruck insgesamt von bedeutsamen Menschen empfängt; das sind in der Regel vor allem die Eltern und Gleichaltrige. Sofern ein Kind zu dem Schluss gelangt, dass andere wichtige Personen es so akzeptieren und anerkennen, wie es nun einmal ist, besitzt es höchstwahrscheinlich ein höheres Selbstwertgefühl als ein anderes, das von solchen Menschen weniger Zuspruch erhält.

Die Entwicklung des Selbstwertgefühls hängt demnach von mindestens zwei Bedingungen ab, und wenn eine nur unzureichend vorhanden ist, vermag die zweite auch unter günstigsten Umständen keinen Ausgleich zu schaffen. Das zeigte sich bei Schülerinnen und Schülern dritter und vierter Schuljahre. Einige von ihnen gingen davon aus, den Wunschvorstellungen in einem hoch bewerteten Bereich sehr nahe zu kommen, aber sie wiesen dennoch ein vermindertes Selbstwertgefühl auf, weil sie Anerkennung und Zuspruch von Seiten wichtiger Personen als zu gering empfanden. Ebenso gilt das Umgekehrte: Ein Kind mag die Unterstützung wichtiger Mitmenschen erhalten, jedoch ein geringeres Selbstwertgefühl besitzen, weil es ständig bemerkt, dass es seinen eigenen Ansprüchen in einem hoch bewerteten – etwa im schulischen oder sportlichen – Bereich nicht gerecht zu werden vermag (Harter, 1987). Wodurch aber erhält das Kind Information darüber, wie es sich in einem Bereich einschätzen kann? Wie ist zu erklären, dass es einige Bereiche höher bewertet als andere? Die Klärung solcher Fragen hilft, Verständnis dafür zu entwickeln, warum einige Kinder durch ein höheres, andere durch ein geringeres Selbstwertgefühl zu kennzeichnen sind.

8.2.2 Erklärung unterschiedlicher Grade des Selbstwertgefühls

Leistungsvergleich mit Gleichaltrigen

Bereits im Kindergarten erfahren Mädchen und Jungen wiederholt, dass ihnen einige Aufgaben, etwa beim Basteln oder bei geselligen Spielen, besser gelingen als andere. Die Grundschule bietet weitere Möglichkeiten, Erfolge und Misserfolge zu erleben: beim Erlernen des Lesens und Schreibens, bei der Lösung mathematischer Probleme oder bei sportlichen Übungen. Diesen Erfahrungen entnehmen die Kinder Hinweise auf ihre Fähigkeiten. Gewinnen sie auch Informationen über sich selbst, indem sie das Leistungsverhalten anderer (etwa das von Mitschülern) beachten? Das ist bereits im Vorschulalter der Fall, denn wenn im Kindergarten etwa Leckereien verteilt werden, achten Jungen und Mädchen sehr genau darauf, dass sie gegenüber anderen Kindern nicht benachteiligt werden (so erklärt ein Mädchen beispielsweise vorwurfsvoll gegenüber der Kindergärtnerin: »Daniel hat mehr Plätzchen bekommen als ich!«). Kinder im Alter von fünf oder sechs Jahren vergleichen sich auch mit anderen, um herauszufinden, ob sie nach der Auseinandersetzung mit einer Aufgabe besser oder schlechter als andere abgeschnitten haben. Im Verlauf der Grundschule nimmt das Interesse an einem Leistungsvergleich und damit das Bemühen, die eigenen Fähigkeiten einzuschätzen, ständig zu (Pomerantz et al., 1995). Bereits im zweiten Schuljahr gibt es einen klaren Zusammenhang zwischen der Häufigkeit sozialer Vergleiche und dem Selbstwertgefühl, denn Kinder, die sich selbst günstiger einschätzen, suchen sehr viel öfter den Vergleich mit anderen als Jungen und Mädchen mit ungünstigerem Selbstbild (Ruble & Frey, 1991).

Einfluss der pädagogischen Umwelt

Soziale Vergleiche werden durch ein schulisches Bewertungssystem besonders angeregt, das Zensuren als Ergebnis sozialer Vergleiche einsetzt und sogar zum Wettbewerb herausfordert. Die Entwicklung des Selbstwertgefühls von Kindern in westlich orientierten Ländern wird wesentlich von den dort vorherrschenden Bedingungen der Konkurrenz und der Beachtung von Leistungen jedes Einzelnen für sich mitbestimmt. Es lassen sich

Abbildung 8.1. Bei vielen Aktivitäten des schulischen Alltags haben Schüler die Gelegenheit, sich mit anderen zu vergleichen und so das eigene Können einzuschätzen

aber auch andere pädagogische Umwelten schaffen. So wird beispielsweise in einem israelischen Kibbuz mehr Wert auf kooperatives Lernen als auf Wettbewerb gelegt. Unter diesen Bedingungen nutzen ältere Kinder den sozialen Vergleich vor allem dazu, die eigenen Fähigkeiten zu verbessern, und weit weniger als Mittel der Selbstbewertung (Butler & Ruzany, 1993). Wie bereits festgestellt (s. S. 228), lernen Kinder in China und Japan ziemlich früh, mit anderen zusammenzuarbeiten, während das in einem westlich orientierten Land aufwachsende Kind zunehmend in der Lage sein muss, sich gegenüber anderen zu behaupten und durchzusetzen (Markus & Kitayama, 1991). Wenn das nicht gelingt, ist mit einer Beeinträchtigung des Selbstwertgefühls zu rechnen. Ob eine solche Beeinträchtigung bei Kindern stattfindet, hängt allerdings in Ländern wie Deutschland oder den USA zusätzlich davon ab, welchen Erziehungsstil Eltern jeweils praktizieren.

8.2.3 Einflüsse des elterlichen Erziehungsstils

Autoritative Erziehung

Die Entwicklung des kindlichen Selbstwertgefühls wird in erheblichem Maße von den Eltern mitbestimmt. Stanley Coopersmith (1967) bat zehn- bis zwölfjährige Jungen mittels eines Fragebogens, ihm Einzelheiten über den Erziehungsstil ihrer Eltern mitzuteilen. Zusätzlich berücksichtigte er Angaben der Lehrer. Dabei hat er einen klaren Zusammenhang aufdecken können. Er stellte fest, dass ein Erziehungsstil, den man als »autoritativ« bezeichnet (Baumrind, 1971, 1991), offenbar sehr günstige Voraussetzungen zur Entwicklung eines höheren Selbstwertgefühls eröffnet.

Jungen mit höherem Selbstwertgefühl haben Eltern, die ihnen freundlich und mit emotionaler Wärme begegnen. Autoritative Väter und Mütter orientieren sich bei ihren Erziehungsmaßnahmen allerdings auch an klaren Regeln, und sie achten darauf, dass diesen entsprochen wird. Allerdings lassen diese Regeln gewisse Freiräume zu, innerhalb derer die Söhne und Töchter selbst Entscheidungen treffen können. Diese Freiräume werden mit zunehmendem Alter der Kinder allmählich erweitert. Damit wird den Kindern eine ständig verbesserte Möglichkeit gegeben, über sich selbst und ihre Umwelt Kontrolle zu gewinnen, also Selbstverantwortung zu übernehmen (Harter, 1997). Obwohl die Eltern eindeutige Erwartungen an ihre Kinder herantragen, sind autoritative Eltern stets bereit, über ihre Maßnahmen zu diskutieren. Eine Mutter, die sich autoritativ verhält, hat zu ihrem Kind ein liebevolles Verhältnis entwickelt. Beispielsweise entnimmt der Sohn dieser Art der Zuwendung, dass die Mutter ihn für bedeutsam hält, und das fördert die Entwicklung eines positiven Selbstwertgefühls. Eindeutige, aber jederzeit zu begründende Regeln für das Verhalten geben den Kindern zudem die Möglichkeit, Sicherheit zu gewinnen und vernünftige Entscheidungen zu treffen sowie das eigene Verhalten zu bewerten. Gleichzeitig geben Eltern den Kindern aber die Möglichkeit, sich innerhalb der gegebenen Grenzen selbstverantwortlich zu verhalten. Indem Väter oder Mütter sich die Mühe machen, mit ihren Kindern über ihre Anordnungen zu diskutieren, bringen sie grundsätzlich zum Ausdruck, dass sie Söhne und Töchter nicht einfach zu »Befehlsempfängern« abqualifizieren wollen.

Den Zusammenhang zwischen einem hohen Selbstwertgefühl und dem häuslichen Erziehungsstil hat man in verschiedenen Gegenden dieser Erde aufdecken können: in Taiwan ebenso wie in Australien und in Nordamerika (Scott et al., 1991). Ein solcher Befund sollte nicht überraschen.

Autoritäre Erziehung. Kinder mit geringem Selbstwertgefühl findet man in der Regel bei Eltern, die ihre Kinder in hohem Maße zu kontrollieren versuchen. Autoritäre Väter und Mütter bringen zum Ausdruck, dass sie ihren Söhnen und Töchtern nicht zutrauen, selbstverantwortlich zu handeln. Sollten sie es bei strikten Anordnungen belassen und keinerlei Diskussion darüber zulassen, werden Kinder dahinter die

Einstellung erkennen, dass ihre eigene Meinung nicht interessiert, also nicht wert ist, gehört zu werden. Es ist nicht zu erwarten, dass Jungen und Mädchen im Falle einer solchen Einstellung wichtiger Personen Anlass sehen, sich einen hohen Selbstwert zuzuschreiben.

Laissez-faire-Stil. Schließlich vermitteln auch Eltern, die eine Art Laissez-faire-Stil praktizieren, eine stillschweigende Botschaft. Sie bringen zum Ausdruck, dass es ihnen zu lästig ist, Regeln aufzustellen und zusätzlich noch deren Einhaltung zu überwachen. Das Kind könnte angesichts eines solchen Stils den Schluss ziehen, dass es anderen nicht wert ist, ihm mit solchen Regularien Aufmerksamkeit entgegenzubringen.

Stellt aber die Förderung der Entwicklung eines »gesunden« Selbstwertgefühls bereits ein Endziel dar? Entwicklungspsychologen haben sich um Beantwortung dieser Frage bemüht und Kinder mit geringerem und höherem Selbstwertgefühl verglichen. Sie wollten klären, ob sich die beiden Gruppen untersuchter Jungen und Mädchen noch in weiterer Hinsicht voneinander unterscheiden.

8.2.4 Folgen unterschiedlicher Ausprägungsgrade des Selbstwertgefühls

Sollte man Eltern, Lehrern und allen Personen, die pädagogische Aufgaben wahrnehmen, empfehlen, sich um die Förderung des Selbstwertgefühls bei den ihnen anvertrauten Kindern ganz besonders zu bemühen? Das Selbstwertgefühl stellt kein isoliertes Merkmal der Person dar, sondern bestimmt offenbar entscheidend mit, wie Menschen sich allgemein fühlen. Kinder mit hohem Selbstwertgefühl liefern viele Belege dafür, dass sie mit sich und ihrer Welt zufrieden sind. Sie wissen von ihren eigenen Stärken (sonst hätten sie kein höheres Selbstwertgefühl entwickeln können), aber sie erkennen auch ihre Schwächen an und gehen nicht selten davon aus, dass sie diese irgendwann überwinden können. Insgesamt treten solche Kinder anderen in meist fröhlicher Grundhaltung entgegen. Im Gegensatz dazu geht ein geringes Selbstwertgefühl mit niedergeschlagener Stimmung einher, und da eine solche auch eine Minderung verfügbarer Energie zur Folge hat, kann es zu einer Absenkung von Leistungen, vor allem auch in der Schule kommen, was den erlebten Selbstwert eher noch weiter verringert. Das Problem dieser Kinder liegt ursprünglich meist weniger in tatsächlich vorhandenen Schwächen, sondern vor allem in ihrer einseitigen, verzerrten Wahrnehmung. Sie richten ihren Blick verstärkt auf ihre Schwächen und übersehen objektiv vorhandene Stärken (Brown, 1998; Harter, 1990c).

Verstärkung eingeschlagener Entwicklungen des Selbstwertgefühls durch soziale Kontakte

Verhängnisvoll wirkt, dass sich eingeschlagene Entwicklungen des Selbstwertgefühls infolge sozialer Kontakte noch verstärken. Wer sich seines eigenen Wertes bewußt ist, verhält sich gegenüber anderen so, dass er oder sie meist ein gesuchter, attraktiver Sozialpartner ist, was wiederum den eigenen erlebten Selbstwert eher noch erhöhen, zumindest aber stabiisieren dürfte. Wenn Kinder sich dagegen wegen ihres geringen Selbstwertgefühls sozial isolieren, werden sie keine Freundschaftsbeziehungen entwickeln können, und damit ist wiederum eine Bedingung gegeben, die die Selbstbewertung eher noch weiter absenkt.

Einfluss auf die Lernmotivation. Der Förderung eines positiven Selbstwertgefühls sollte also von Seiten der Eltern und Lehrer größte Aufmerksamkeit entgegengebracht werden. Kinder mit höherem Selbstwertgefühl verfügen zudem über sehr gute Voraussetzungen, das zu erfüllen, was die Schule von ihnen erwartet: Sie besitzen nämlich die Motivation, möglichst gute Leistungen zu erbringen (Harter, 1990c, 1990d). Wenn aber Jungen und Mädchen erfahren müssen, dass wichtige Mitmenschen ihnen nur dann mit Anerkennung entgegentreten, *wenn* sie Erfolge vorlegen, wirkt das zerstörend auf ihre Lernmotivation. Es kommt hinzu, dass die Art der schulischen Bewertung, die in der Regel aufgrund eines sozialen Vergleichs zustande kommt (s. S. 297), bei Schülern zunehmend die Überzeugung entstehen lässt, dass es wichtiger sei, den eigenen Selbstwert über das Zur-Schau-Stellen von Leistungen zu steigern, als sich um echte Lernfortschritte zu bemühen.

8.3 Altersunterschiede bei der Erklärung von Leistungsergebnissen

Ursachenzuschreibungen

Menschen nehmen Ereignisse, wie sie vielfältig im Alltagsleben vorkommen, nicht einfach passiv zur Kenntnis; vielmehr kennzeichnet sie ein allgemeines Bemühen, für Beobachtetes eine Erklärung zu finden: »Warum sammeln sich dort an der Straßenecke so viele Menschen?«, »Weshalb wenden mir heute ziemlich häufig andere Fußgänger einen lächelnden Blick zu?« Es werden aber nicht nur Verhaltensweisen anderer, sondern auch eigene Verhaltensweisen zum Ausgangspunkt von Erklärungen. Man sucht beispielsweise nach einer Antwort auf die Frage: »Warum habe ich das getan?«, »Wie konnte ich nur meinen Termin verpassen?«. Psychologen haben sich vor allem dafür interessiert, wie sich Menschen ihre eigenen Erfolge und Misserfolge in Leistungssituationen erklären. So stellen sich Schüler häufiger die Frage: »Weshalb habe ich in meiner letzten Prüfung ein so schlechtes Ergebnis erzielt?« Die in der Antwort gefundenen Ursachen lassen sich grundsätzlich in eine von zwei möglichen Kategorien einordnen:

Externale Ursachen: Sie liegen *außerhalb* der Person, also in der Umwelt; (im Falle der Prüfungsfrage: »Der Prüfer wollte mich reinlegen«, »Es war am Prüfungstag so schwül«).

Internale Ursachen: Hier werden Erklärungen in Anspruch genommen, die *in* der Person liegen (»Ich habe mich zu wenig auf das Examen vorbereitet!«, »Ich konnte mich während der Prüfung gar nicht konzentrieren.«).

Sollten Ursachen in der Person genannt werden, lassen sich diese abermals nach zwei Kategorien sortieren:

- Die *Fähigkeit* wird vielfach als eine unveränderliche, *konstante* Bedingung gesehen (»Ich habe eine gute Zensur in meiner letzten Arbeit erhalten, weil ich Mathematik gut kann.«).
- Demgegenüber gibt es internale, *veränderliche* Ursachen, wie etwa die *Anstrengung*, die zudem willentlich zu beeinflussen ist (»Ich habe die Prüfung nur deshalb bestanden, weil ich mich darauf besonders gut vorbereitet habe«).

Solche Ursachenzuschreibungen, man spricht auch von »Kausalattribuierungen« (Kausal = ursächlich, attribuieren = zuschreiben) nehmen Erwachsene vergleichsweise häufig vor, wenn sie sich ihre Leistungen erklären. Wie entwickeln sich aber solche Erklärungsweisen? Finden sie sich bereits im Vorschulalter? Unterscheiden sich jene Ursachenzuschreibungen, die von Jungen und Mädchen zu Beginn ihrer Schulzeit gegeben werden, von solchen, die sie gegen Ende der Grundschulzeit nennen?

8.3.1 Fähigkeit als veränderliche, kontrollierbare Leistungsursache

Vorschulkinder und Schulanfänger gehen offenkundig davon aus, dass ihre Fähigkeiten veränderbar sind. Sie äußern vielfach die Überzeugung, dass man klüger werden kann, wenn man sich anstrengt und recht viel übt (Droege & Stipek, 1993; Dweck & Legget, 1988). Aus dieser Sichtweise erklärt sich wahrscheinlich der Optimismus der Vorschulkinder bezüglich der eigenen Leistungsmöglichkeiten; darauf ist bereits hingewiesen worden (s. S. 207 f.). Man brauche sich nur zu bemühen, so scheinen sie zu glauben, und dann wäre praktisch alles zu schaffen. Andere wichtige Personen können diese Einstellung der Kinder zu sich selbst allerdings sehr früh verändern. Wenn Mädchen und Jungen im Alter zwischen vier und sechs Jahren in einer Problemsituation schnell aufgeben, nachdem sie getadelt worden sind oder Misserfolge erfahren haben, offenbaren sie mit dieser Reaktion eine Abhängigkeit von den Urteilen anderer. Solche schnell zur Resignation neigenden Kinder erzählen vielfach, dass ihre Eltern bereits wegen kleiner Unzulänglichkeiten mit ihnen schimpfen (Dweck, 1991; Heyman et al., 1992). Unter solchen Bedingungen beginnt man früh, am eigenen Können zu zweifeln und die Überzeugung zu entwickeln, dass der Wert des eigenen Selbst von den Urteilen anderer abhängt.

Allmähliche Trennung von Anstrengung und Fähigkeit. Bei den meisten Kindern bleibt allerdings während der ersten Grundschuljahre die Überzeugung noch erhalten, dass man »klug werden kann, wenn man sich Mühe gibt«. Während bei vielen Jungen und Mädchen zu Beginn des Grundschulalters noch das Verständnis vorherrscht, dass *Anstrengung* und *Fähigkeit* eng miteinander zusammenhängen, erfolgt, weitgehend in Abhängigkeit von schulischen Erfahrungen, bei Schülern etwa im Alter von acht Jahren, noch deutlicher danach, eine Trennung dieser beiden Faktoren (Nicholls & Miller, 1984). Die schulische Zensurengebung als Ergebnis eines sozialen Vergleichs (s. S. 297) lässt den Eindruck entstehen, dass Leistungen von Fähigkeiten abhängen, die als vergleichsweise unveränderlich wahrgenommen werden, auf die man folglich auch nicht mehr durch Anstrengungseinsatz fördernd einwirken kann. Damit entsteht zugleich eine bestimmte Neigung, sich Erfolge und Misserfolge zu erklären, allerdings in Abhängigkeit davon, ob ein Kind als »bewältigungs-optimistisch« (*mastery-oriented* nach Dweck) oder als »hilflos« zu kennzeichnen ist.

8.3.2 Bewältigungs-optimistische und hilflose Kinder

Bewältigungs-optimistische Kinder

Carol Dweck und ihre Mitarbeiterinnen (Dweck & Elliott, 1983; Dweck & Leggett, 1988) haben etwas ältere Grundschüler gebeten, ihnen mitzuteilen, wie sie sich ihre Erfolge und Misserfolge in Leistungssituationen erklären. Die Auswertung der Antworten ergab, dass sich die Befragten in ihren Ursachenzuschreibungen klar unterschieden, vor allem bei den Erklärungen, die sie für ihre Misserfolge gaben. Ihre *Erfolge* führten sie auf »gute Fähigkeiten« zurück, aber wenn sie versagt hatten, nannten sie »externale«, also außerhalb ihrer Person liegende Ursachen, indem sie beispielsweise auf die »Schwierigkeit der Aufgaben«, oder die »gemeinen Prüfungsfragen des Lehrers« verwiesen. Sie waren allerdings auch bereit, ihre Misserfolge mit solchen »internalen«, *in* der Person liegenden Ursachen in Zusammenhang zu bringen, die sie kontrollieren konnten (»Ich habe nichts für die Prüfung getan, ich werde mich das nächste Mal mehr anstrengen.«). Schüler mit dieser Erklärungstendenz bezeichnet Dweck als »bewältigungs-optimistisch« *(mastery oriented)*. Diese Kinder geben im Falle eines Versagens nicht so schnell auf und sind gleichzeitig zutiefst davon überzeugt, dass sie bei Steigerung ihrer Anstrengungen wieder erfolgreich sein werden. Bewältigungs-optimistische Kinder sind folglich hoch motiviert, sich neuen Herausforderungen zu stellen, vor allem nach Erfolgen, die sie in der Regel erwarten, aber auch nach Misserfolgen, die sie zu überwinden glauben, indem sie sich mehr anstrengen. Sie erleben Stolz und Selbstachtung, weil sie sich für tüchtig halten.

Hilflose Kinder

Unter den befragten Kindern fand Dweck weiterhin solche, die ihre Erfolge nicht auf ihre Fähigkeit zurückführten, sondern statt dessen variable Faktoren wie etwa »Glück« in Anspruch nahmen. Wenn diese Befragten dagegen versagt hatten, nannten sie als Ursache dafür ihre »geringen« Fähigkeiten. Deshalb äußerten sie sich wenig hoffnungsvoll, in zukünftigen Leistungssituationen ein gutes Ergebnis zu erzielen. Sobald ihnen eine Aufgabe Schwierigkeiten bereitete, gaben sie ziemlich schnell auf. Nach Dwecks Eindruck hatten diese Kinder als Orientierung »Hilflosigkeit« entwickelt.

Für Dweck gelten solche Menschen als hilflos, die Misserfolge auf innere und unveränderbare Faktoren zurückführen, wie etwa *Fähigkeit.* Sie glauben nichts zu können, trauen sich deshalb auch kaum etwas zu. Da sie überzeugt sind, an ihrer geringen Fähigkeit ließe sich nichts ändern, auch nicht durch ausgiebiges Üben und durch starkes Anstrengen, zeigen diese Kinder Resignation an Stelle von hoffnungsvoller Erwartung. Wenn sie also vor einer schwierigen Aufgabe stehen, reagieren sie sofort mit Angst und mit völligem Kontrollverlust. Sie geben unverzüglich auf, auch bei solchen Aufgaben, die sie eigentlich durch Erhöhung der Anstrengung bewältigen könnten (Elliott & Dweck, 1988). Abb. 8.3 zeigt zusammenfassend, wie bewältigungsoptimistische und hilflose Kinder unterschiedlich auf Misserfolge reagieren.

Abbildung 8.2. Unterschiedliche Verhaltensweisen von bewältigungsoptimistischen ☺ und hilflosen ☹ Kindern in Leistungssituationen

8.3.3 Entstehungsbedingungen für Hilflosigkeit

Misserfolge unter Wettbewerbsbedingungen

Das Hauptkennzeichen von Kindern mit hilfloser Orientierung besteht darin, dass sie an ihren Möglichkeiten zweifeln, ihr Leistungsverhalten kontrollieren zu können. Das herkömmliche Schulsystem ist darauf angelegt, dass Schüler unter Wettbewerbsbedingungen arbeiten müssen. Wie Carole Ames (Ames, 1978; Ames & Felker, 1979) feststellte, kann es bei Schülern, die wiederholt Misserfolge unter Wettbewerbsbedingungen erfahren, zu erheblichen Selbstabwertungen kommen. Unzufriedenheit mit einem Misserfolg mag zu verstärkten Anstrengungen führen. Wenn aber zu der Unzufriedenheit über die eigenen Leistungen auch noch mangelndes Vertrauen in die eigenen Fähigkeiten hinzukommt, ist mit einer Verminderung der Anstrengungsbereitschaft zu rechnen. Dieses Zusammengehen von negativen Gefühlen und der erlebten Abwertung der eigenen Begabung ist nach Ames die typische Reaktion eines Kindes auf Misserfolge unter Wettbewerbsbedingungen. »Der Schüler könnte anfangen, Misserfolge zu erwarten, da die zugeschriebene geringe Begabung ein relativ stabiles Merkmal darstellt, und sich die negativen Gefühle für ihn mit leistungsbezogenen Situationen verknüpfen« (Ames et al., 1977). Misserfolge unter Wettstreitbedingungen wirken sich demnach »verheerend« aus, sie ebnen geradezu den Weg in die Hilflosigkeit. Das bestätigen auch andere Beobachtungen von Carole und Russell Ames (1981), nach denen sich Schüler Erfolge und Misserfolge unter Wettbewerbsbedingungen vorwiegend mit *Fähigkeit* und *Zufall* erklärten, also mit solchen Faktoren, die als nicht kontrollierbar wahrgenommen werden. Demgegenüber führten sie Leistungsergebnisse unter individuellen Arbeitsbedingungen, unter denen sie nicht miteinander verglichen wurden, vorwiegend auf *Anstrengung* zurück, d. h., sie nahmen die Leistungsergebnisse als kontrollierbar wahr.

Lehrer und Eltern sollten sich darum bemühen, dass Schüler ihre ungünstige Einstellung zu den eigenen Fähigkeiten überwinden, denn sonst besteht zunehmend die Gefahr, dass sich die Voraussetzungen verschlechtern, sich erfolgreich mit Leistungsanforderungen auseinanderzusetzen. Hilflose Kinder entwickeln nämlich nicht jene Lernstrategien (s. S. 257 f.) und jene Ausdauer, die bei vielen ihrer Mitschüler im Verlauf der Schulzeit entstehen (Carr et al., 1991). Welche Möglichkeiten gibt es nun, Kinder bei der Überwindung ihrer Hilflosigkeit zu unterstützen?

8.3.4 Möglichkeiten zur Abwehr von Hilflosigkeit

Das Kind als Verursacher erwünschter Veränderungen. »Grundmotiv des Menschen ist es«, so hat Richard deCharms (1973) einmal festgestellt, »sich beim Herbeiführen erwünschter Änderungen in der Umwelt als wirksam zu erweisen. Die Entstehung dieser Motivation setzt die Entwicklung eines Erlebens persönlicher Verursachung voraus.« Wenn man dieses »Grundmotiv des Menschen« beachtet, dürfte es eigentlich nicht zur Entwicklung von Hilflosigkeit kommen. Gleichzeitig zeigt DeCharms mit seiner Feststellung auch auf, wie einer bereits eingetretenen Hilflosigkeit entgegenzuwirken ist: Der Mensch sollte sich als »Verursacher« erleben, und das ist nur möglich, wenn er sich für ausreichend befähigt hält, etwas in seiner Umwelt zu bewirken. Dieses Erleben ist aber nicht deshalb wünschenswert, weil es dem Wunsch anderer entspricht, sondern weil man sich dabei mit Befriedigung und Stolz als tüchtig erlebt. Da ein von Dweck als hilflos gekennzeichnetes Kind sich selbst nur geringe Fähigkeiten zuschreibt, geht es nicht davon aus, dass es in seiner Umwelt etwas bewirken kann; aus seiner Sicht besitzt es keine Möglichkeiten, »erwünschte Veränderungen« herbeizuführen. Deshalb hat das hilflose Kind resigniert.

Verbale Motivierung. Eltern und Lehrer wirken der Entwicklung von Hilflosigkeit am besten entgegen, wenn sie die Stellungnahmen sehr genau kontrollieren, die sie gegenüber Kindern äußern, wenn diese sich um die Bewältigung alltäglicher Aufgaben bemühen. Jungen und Mädchen, die dabei erfolgreich sind, sollte nahegelegt werden, ein solches Ergebnis auf die eigene Befähigung und auf aufgewandte Anstrengung zurückzuführen (»Siehst du, wie gut du das *kannst!*«, »Du hast dich dabei aber auch wirklich ganz doll *angestrengt!*«). Wenn das Kind nicht sofort erfolgreich ist, sollte es durch Kommentare dazu ermuntert werden, es ein weiteres Mal zu versuchen (»Klar kannst du das, du musst dich nur noch ein wenig mehr anstrengen!«). Auf diese Weise wird den jungen Handelnden der Eindruck vermittelt, dass sie selbst über die notwendigen Voraussetzungen verfügen, etwas in ihrer Umwelt bewirken zu können (Schunk, 1983). In jedem Fall sollte alles vermieden werden, was die Einstellung fördern könnte, eigene Bemühungen hätten nur das Ziel, anderen einen Gefallen zu tun (»Jetzt hast du mich aber sehr enttäuscht«). Vielmehr sollte das Kind als Anreiz für seine Bemühungen den Stolz und die Befriedigung sehen, die es bei Verbesserungen des eigenen Könnens erleben kann.

Befriedigung sollte das Kind aber nicht nur durch Erfolge in leistungsthematischen Situationen erleben. Eine weitere bedeutsame Quelle von Zufriedenheit sind soziale Kontakte. Während des Grundschulalters werden wesentliche Grundlagen für den Aufbau von Freundschaften gelegt.

8.4 Die soziale Welt des Kindes

Nach christlicher Überzeugung ist die Hinwendung zum Mitmenschen Gottes Wille, denn »Es ist nicht gut, daß der Mensch allein sei« (Moses; 2:18). Wie aber bereits das Kind im Vorschulalter täglich in zahlreichen und vielfältigen Konflikten erfährt, ist der Weg aus dem Alleinsein keineswegs einfach. Welche Bedeutung soziale Kontakte für die Entwicklung haben, zeigen Beobachtungen aus isolierten Wohngegenden. Kinder, die beispielsweise im Østerdal, einem außerordentlich dünn besiedelten Gebiet Ost-Norwegens leben, verbringen den größten Teil des Tages damit, allein zu spielen oder andere zu beobachten. Obwohl sie vom siebten Lebensjahr an dreimal in der Woche die Schule besuchen, bleibt – wegen der langen Fahrzeit mit dem Milchwagen – nach dem Unterricht keine Zeit, soziale Kontakte zu Gleichaltrigen zu entwickeln. Noch im Alter von neun Jahren fällt es solchen Kindern außerordentlich schwer, sich in die Rolle eines Mitmenschen zu versetzen (Hollos, 1975; Hollos & Cowan, 1973).

Außergewöhnlich gute Gelegenheiten zum Sammeln sozialer Erfahrungen haben dagegen Kinder, die – zumeist wegen der Berufstätigkeit ihrer Mütter – von frühestem Alter an in Tagesstätten Kontakt zu Gleichaltrigen haben. In einigen Ländern kommen Schulungsprogramme hinzu, die das Miteinander zum Vorbild erheben. Beispielsweise wurde in China ein Programm entwickelt, in dem ein Kinderbuch mit dem Titel »Heute bin ich im Dienst« verwendet wird; Abb. 8.3 zeigt ein Beispiel: In zahlreichen Episoden erfährt der junge Chinese, welche sozialen Verpflichtungen ihm als Mitglied einer Gemeinschaft erwachsen. Er wird systematisch auf Regeln des Miteinanders aufmerksam gemacht.

»Und nun räumen wir Tische und Stühle auf und legen Bücher und Spielsachen weg. Für morgen ist alles in Ordnung, für unsere Freunde, die Stubendienst haben, gibt es somit keine Probleme.«

»Nach unserem Mittagsschlaf gibt es Erfrischungen. Tung-tung reicht die Süßigkeiten und ich lasse die Kekse herumgehen. Die großen und schönen gebe ich den anderen Kindern, die kleinen behalte ich selber.«

Abbildung 8.3. Ausschnitt aus dem chinesischen Kinderbuch »Heute bin ich im Dienst«, erzählt von Yang Li und Liang Ko: Systematisch werden die chinesischen Kinder auf Regeln des Miteinanders aufmerksam gemacht

Beliebtheit und Freundschaft

Die Mehrheit der Kinder, die in westlichen Industrienationen aufwachsen, lernen nicht die Einsamkeit der Bewohner von Østerdal kennen. Sie nehmen auch nicht an Programmen teil, die – wie in China – ausdrücklich auf die Förderung der sozialen Fertigkeit zielen. Wie verläuft bei diesen Kindern die Hinwendung zum Gleichaltrigen? Es erscheint sinnvoll, bei der Beantwortung solcher Fragen zwischen Beliebtheit (Popularität) und Freundschaft zu unterscheiden (McGuire & Weisz, 1982).

Die Freundschaft ist wechselseitig auf zwei Menschen bezogen. Was darunter zu verstehen ist, ändert sich während der Kindheit und Jugendzeit, wie noch ausführlicher dargestellt werden soll. Die Beliebtheit eines Kindes hängt dagegen davon ab, wieviel Sympathie ihm von der Gruppe der Gleichaltrigen insgesamt entgegengebracht wird. Im Gegensatz zu einer Freundschaftsbeziehung muss der Beliebte die Zuneigung anderer nicht erwidern (Wagner, 1991). Ein Kind ist unbeliebt, wenn es von den meisten Gleichaltrigen entweder ignoriert oder geradezu abgelehnt wird (Masters & Furman, 1981). Ein Kind kann demnach zwar unbeliebt sein (es erscheint nur wenigen anderen sympathisch), aber es muss deshalb von anderen noch nicht abgelehnt werden, kann gleichzeitig sogar eine freundschaftliche Beziehung zu einem anderen haben.

Um von anderen anerkannt zu werden, deren Wertschätzung zu erfahren, bedarf es sozialer Fertigkeiten, die aufgrund von Erfahrungen in sozialen Situationen entstehen. Ob es einem Kind gelingt, dass andere seine Wünsche anerkennen und es als Spiel- oder Gesprächspartner schätzen, hängt wesentlich von der sozialen Geschicklichkeit ab.

8.4.1 Soziale Fertigkeiten als Voraussetzung für Aufnahme und Fortführung sozialer Kontakte

Wenn ein Mensch sich um befriedigende Kontakte mit anderen bemüht, wenn er soziale Anerkennung durch andere sucht, oder motiviert ist, freundschaftliche Beziehungen zu entwickeln, bedarf es sozialer Fertigkeiten, die bereits im Grundschulalter bei einigen Mädchen und Jungen stärker, bei anderen schwächer entwickelt sind. Durch Beobachtung eines achtjährigen Jungen, der offenkundig Aufnahme in eine Spielgruppe finden möchte, wird deutlich, in welch hohem Ausmaß seine soziale Geschicklichkeit darüber entscheidet, ob er erfolgreich ist oder nicht. Der Achtjährige trifft auf zwei gleichaltrige Kinder, die mit einem Würfelspiel beschäftigt sind. Wird der Junge sein Ziel erreichen, als Mitspieler akzeptiert zu werden?

Hohe soziale Geschicklichkeit. Nach Nicki Crick und Kenneth Dodge (1994) stellt die Situation Anforderungen, die Volker, ein Junge mit hoher sozialer Geschicklichkeit, erfolgreich bewältigt. Zunächst nimmt er sich etwas Zeit, um die Spielenden sowie deren Verhalten eingehender zu beobachten. Dabei fällt ihm auf, dass eines der spielenden Kinder ihn anlächelt. Volker erklärt sich diesen Hinweisreiz als Wunsch, ihn als weiteren Mitspieler zu gewinnen. Volker hält angesichts der einladenden Geste an seinem Wunsch fest, mitspielen zu dürfen. Er überlegt sich als nächstes, wie er es anstellen kann, seinem Ziel näherzukommen. Sollte er einfach das Lächeln erwidern? Ist es angemessener, seinen Wunsch *jetzt* mitzuteilen? Wäre es in dieser Situation möglicherweise am geschicktesten, lediglich eine anerkennende Bemerkung zum Spiel von sich zu geben? Wie würden die beiden Spielenden jeweils auf jede dieser möglichen Bemerkungen reagieren? *Volker* entscheidet sich dafür, den beiden Jungen mitzuteilen, wie interessant er das Spiel findet. Er erzielt damit die erwünschte Reaktion, denn der Junge, der ihn bereits vorher angelächelt hat, wiederholt seine freundliche Geste. Volker lächelt nunmehr zurück und erklärt: »Macht Spaß, nicht?« Die beiden spielenden Jungen reagieren auf diese Bemerkung mit der Einladung, sich am nächsten Spiel zu beteiligen.

Niedrige soziale Geschicklichkeit. Wenn sich den beiden spielenden Kindern ein anderes, sozial eher ungeschicktes Kind, André, zu nähern versucht hätte, wäre dieses möglicherweise erfolglos in seinen Bemühungen geblieben, denn sozial Ungeschickte wissen nicht, wie sie sich in einer solchen Situation zu verhalten haben (Dodge et al., 1986). Es ist sehr wahrscheinlich, dass bereits das Lächeln eines Mitspielers zu Beginn der Kontaktszene übersehen oder sogar als Ausdruck von Schadenfreude gedeutet worden wäre (»Hast Pech, dass du nicht früher da warst, jetzt kannst du nur noch zuschauen!«). Nach einer solchen Interpretation mag das Kind zwar weiterhin überlegen, wie es seinen Wunsch, mitspielen zu dürfen, überhaupt noch verwirklichen kann. Vermutlich wird es aber nur noch unangemessene Maßnahmen ergreifen. So könnte André, dem es an sozialer Geschicklichkeit mangelt, den Entschluss fassen, den spielenden Kindern Vorwürfe zu machen (»Ihr seid gemein, dass ich nicht mitspielen darf!«). Es überrascht nicht, wenn mit einer derart unangemessenen Reaktion das eigentlich erstrebte Ziel unerreicht bleibt. André dürfte angesichts seines Verhaltens zurückgewiesen werden. Nunmehr stehen ihm noch zwei mögliche Reaktionen offen: Er zieht sich entweder von sich aus zurück, oder er versucht, durch aggressives Verhalten sein Ziel dennoch zu erreichen.

Das Schicksal, von Gleichaltrigen zurückgewiesen zu werden, trifft vergleichsweise häufig Einzelkinder oder Erstgeborene. Vielleicht finden weitere Geschwister häufiger Bedingungen vor, in denen sie zum Nachgeben gezwungen werden; möglicherweise gelingt es ihnen oft erst nach geschickten Verhandlungen, älteren Geschwistern Zugeständnisse abzuringen (Miller & Maruyama, 1976).

Es leuchtet unmittelbar ein, dass Volker mit seinem Verhalten bei den beiden Gleichaltrigen einen positiveren Eindruck als André hinterlassen hat. Würde man die beiden spielenden Jungen fragen, wen von beiden sie lieber mögen, würden sie sicherlich einmütig auf Volker verweisen. Die Beliebtheit eines Menschen wird zwar entscheidend von seiner sozialen Geschicklichkeit mitbestimmt, allerdings hängt sie noch von einigen weiteren Merkmalen der Person ab.

8.4.2 Unterschiedliche Grade der Beliebtheit

Soziogramm

In jedem Lebensabschnitt gibt es Menschen, die sich bei anderen keiner großen Beliebtheit erfreuen. Es gelingt ihnen nicht – oder nur unzureichend – Sympathien anderer für sich zu wecken. Unter Umständen werden sie nicht nur einfach ignoriert, sondern regelrecht zurückgewiesen, wenn sie Versuche sozialer Annäherungen unternehmen. Auch in den meisten Schulklassen findet man Kinder geringer Beliebtheit. Um solche Kinder vergleichsweise schnell ausfindig zu machen, kann man sich eines sog. Soziogramms bedienen. Bei Anwen-

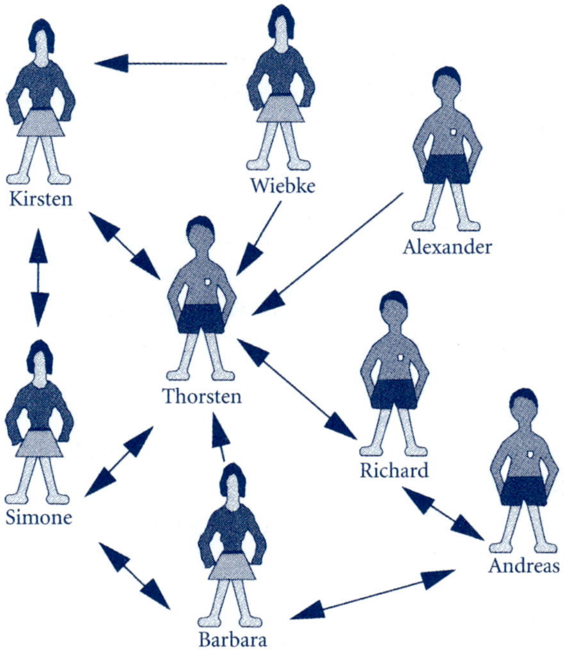

Abbildung 8.4. Ein Soziogramm zur Beschreibung sozialer Beziehungen zwischen mehreren Kindern: Die Pfeilrichtungen zeigen an, wen die Kinder jeweils als ihren bevorzugten Sozialpartner angegeben haben

dung dieses Verfahrens stellt man Fragen der folgenden Art: »Wer gehört zu deinen besten Freunden?« »Wen magst du aus deiner Klasse am liebsten?« »Mit wem spielst du besonders gerne?« Die Ergebnisse einer Befragung lassen sich übersichtlich, wie in Abb. 8.4 dargestellt, ordnen.

Durch die Pfeilrichtung wird jeweils angezeigt, welches Kind von einem anderen benannt worden ist. Der »Star« ist offenkundig Thorsten, denn insgesamt sechs Kinder haben ihn gewählt. Das Soziogramm zeigt zudem, dass sich in der befragten Gruppe zwei isolierte Kinder befinden. Alexander und Wiebke erhielten keine einzige Stimme von den übrigen Kindern. Wodurch ist es *Thorsten* gelungen, sich einen hohen Platz in der Rangordnung der Beliebtheit zu sichern? Weshalb werden Alexander und Wiebke von anderen nicht benannt? Werden beide nur ignoriert oder sogar regelrecht abgelehnt? Sind sie durch ihr Verhalten oder wegen ihres Aussehens in die soziale

Isolation gedrängt worden? Die Beantwortung solcher Fragen stützt sich auf Beobachtungen in zahlreichen Kindergärten und Schulen (Bernd, 1983).

Kennzeichen von Kindern größerer und geringerer Beliebtheit

Größere Beliebtheit. In einem oben geschilderten Beispiel war Volker, der sich um eine Einladung zum Mitspielen bemühte, durch hohe soziale Geschicklichkeit gekennzeichnet, denn es gelang ihm ohne größere Schwierigkeiten, Aufnahme in eine Zweiergruppe zu finden. Würde er auch in anderen Situationen ein gern gesehener Sozialpartner sein, vor allem für solche Kinder, die ihn bereits etwas länger kennen? Wenn andere Kinder, die bereits häufiger Kontakte mit ihm hatten, sich über seine Anwesenheit freuen und somit gerne mit ihm zusammen sind, ist der Schluss berechtigt, dass er sich bei ihnen offenbar hoher Beliebtheit erfreut. *Beliebt* ist somit ein Mensch, den viele mögen. Was kennzeichnet Kinder, die beliebt sind? Sie werden sicherlich, ebenso wie Volker, über höhere soziale Geschicklichkeit verfügen. In ihren sozialen Kontakten mit anderen verhalten sie sich überwiegend freundlich. Bereits im Vorschulalter, noch ausgeprägter aber im Grundschulalter stellen beliebte Jungen und Mädchen anderen Fragen, womit sie menschliches Interesse bekunden. Sie hören aufmerksam zu, wenn ihnen etwas erzählt wird, äußern sich anerkennend über Beiträge anderer und zeigen hohe Bereitschaft, attraktive eigene »Habseligkeiten« zu teilen (Newcomb et al., 1993). Sie haben häufig eine überdurchschnittliche Intelligenz und gehören in der Schule zu den leistungsfähigeren Schülern ihrer Klasse (Pellegrini, 1985). Sie gelten als vertrauenswürdig und zeigen gegenüber anderen hohe Loyalität (Newcomb et al., 1993); zänkisch oder gar aggressiv sind sie selten (Newcomb et al., 1993; Parkhurst & Asher, 1992). Wer gut aussieht, besitzt in der Regel günstige Voraussetzungen, hohe Beliebtheitsgrade zu erreichen, denn wer äußerlich als attraktiv gilt – so ein weithin bestehendes Vorurteil –, steht im Verdacht, noch weitere positive Eigenschaften zu besitzen. Diese Voreingenommenheit gilt für sämtliche Altersgruppen, also auch für das Erwachsenenalter (Hatfield & Sprecher, 1986). Beliebten Kindern gelingt es meistens recht gut, soziale Kontakte in Gang zu setzen, aufrechtzuerhalten und Konflikte auf friedliche Weise zu lösen (Coie et al., 1990; Denham et al., 1990).

Geringere Beliebtheit. Ein anderes Bild muss für Kinder geringerer Beliebtheit gezeichnet werden. Dazu gehören Alexander und Wiebke, die im obigen Soziogramm (Abb. 8.4) keine Stimmen erhalten haben, möglicherweise – im Falle einer entsprechenden Frage – sogar Ablehnungen erfahren hätten. Bei Kindern geringer Beliebtheit wird üblicherweise zwischen zwei Gruppen unterschieden:

Abgelehnte Kinder. Als abgelehnt (engl. *rejected*) bezeichnet man solche Kinder, die von der Mehrheit der Gleichaltrigen zurückgewiesen werden. Im Rahmen sozialer Kontakte bedienen sie sich sehr aggressiver Maßnahmen, um ihre Wünsche durchzusetzen. Sie sind hochgradig geneigt, andere, die friedliche Kontakte haben, zu stören, und Unfreundlichkeiten zu äußern. Es mangelt ihnen an sozialer Geschicklichkeit (Boivin et al., 1995; DeRosier et al., 1994). Obwohl die Mehrheit keine Kontakte mit ihnen wünscht, überschätzen diese Kinder zumeist ihre Beliebtheit (Zakriski & Coie, 1996).

Zurückgezogene Kinder. Andere, zurückgezogene (engl. *neglected*) Kinder, sind nicht unbedingt unbeliebt, obwohl sie sich das selbst häufig einreden. Aus diesem Grund besteht bei ihnen eine Neigung, sich aus sozialen Situationen zurückzuziehen. Sie unternehmen selten Versuche, von anderen als Mitspielende oder Mitarbeitende akzeptiert zu werden (Harrist et al., 1997). Deshalb finden sie auch bei Gleichaltrigen wenig Beachtung. Es fehlt ihnen nicht unbedingt an sozialer Geschicklichkeit, obwohl sie selbst über-

Abbildung 8.5. Kindern geringer Beliebtheit fehlt es u. a. an sozialer Geschicklichkeit, um Aufnahme in eine Gruppe zu finden

zeugt sein können, dass sie davon zu wenig haben; aber sie leiden meistens nicht an ihrer Einsamkeit, sind auch nicht notwendigerweise unglücklicher als beliebte Gleichaltrige. In der Schule erbringen sie häufig gute Leistungen (Erwin, 1993; Wentzel & Asher, 1995).

Die für beliebte und unbeliebte Kinder gegebenen Kennzeichnungen besagen allerdings nichts über die Ursache-Wirkungs-Beziehungen. Verhalten sich unbeliebte Kinder unfreundlich und aggressiv, und werden sie deshalb von anderen gemieden, oder reagieren sie so auf ihre Klassenkameraden, weil diese sie nicht akzeptieren? Dies lässt sich auf der Grundlage kurzfristiger Beobachtungen nicht sicher beantworten. Man weiß aber, dass isolierte Kinder sozial weniger geschickt sind, wie sich deutlich in ihren vergeblichen Bemühungen zeigt, von den Mitgliedern einer Spielgruppe aufgenommen zu werden (s. S. 305).

Kulturelle Unterschiede. Sind beliebte und unbeliebte Kinder überall auf der Welt durch die genannten Merkmale zu kennzeichnen? Oder werden Erwünschtheit und Unerwünschtheit zumindest einiger Merkmale der Person nicht auch durch kulturelle Wertungen mitbestimmt? Zur Klärung dieser Frage wurden einmal Kinder zweiter und vierter Schulklassen miteinander verglichen, die zum einen in China, zum anderen in Kanada zur Schule gegangen sind (Chen et al., 1992). Dabei zeigten sich zunächst gleichlautende Zusammenhänge: Ein freundliches Kind, mit dem man gut zusammenarbeiten kann, das Wünsche anderer erkennt und berücksichtigt, ist in Kanada ebenso wie in China beliebt. Ein aggressives Kind hat in beiden Ländern keine Chancen, für Gleichaltrige als attraktiv zu gelten. Es gibt aber auch kulturell bedingte Unterschiede: Scheue, feinfühlige und zurückhaltende Jungen und Mädchen erfreuen sich in China großer Beliebtheit, nicht dagegen in Kanada. Im Unterschied zu dem fernöstlichen Land schreibt man einem Kind, das sich so verhält, Unreife und ein geringes Selbstwertgefühl zu. Bemerkenswert ist allerdings, dass scheues Verhalten in China nur während des Grundschulalters hoch bewertet wird, nicht aber bei Eintritt in das Jugendalter. Ein 12- oder 13-jähriger empfindsamer, scheuer Chinese muss damit rechnen, von Gleichaltrigen zurückgewiesen zu werden (Chen et al., 1995).

Es steht außer Frage, dass Kinder, die wegen ihrer geringen Popularität abgelehnt werden, unter ihrem Schicksal leiden. Wie wirkt sich diese Behandlung durch Gleichaltrige auf die Dauer aus? Gelingt es solchen Kindern, ihre Beliebtheit im Verlauf der weiteren Entwicklung zu steigern? Oder zeigen sich bei ihnen während des Jugendalters, spätestens aber im Erwachsenenalter Verhaltensweisen, die ihre Konflikte mit der Gesellschaft noch verstärken?

Langzeitfolgen geringer Beliebtheit

Es ist das Schicksal unbeliebter Kinder, sich gegenüber den meisten Gleichaltrigen nicht so zu verhalten, dass diese ihnen Anerkennung und Sympathie entgegenbringen. Die Mehrheit ermöglicht ihnen keine oder nur unzureichende Erfahrungsmöglichkeiten, durch die sie sich in wünschenswerter Weise verändern könnten. Aus diesem Grunde überrascht es nicht, dass sich die Beliebtheit eines Kindes, ob hoch oder sehr gering, als ziemlich unveränderliches Merkmal erweist (Coie & Dodge, 1983). Unbeliebte Kinder, zumal wenn ihnen auch die Entwicklung freundschaftlicher Beziehungen nicht gelingt, beklagen, womöglich bereits im Kindergarten (Kochenderfer & Ladd, 1996), besonders aber in den nachfolgenden Jahren, ihre zunehmende Einsamkeit (Renshaw & Brown, 1993).

Welches ist nun das Schicksal von Kindern, denen es nicht gelingt, befriedigenden Anschluss an Gleichaltrige zu finden? Im Vorschulalter mögen Mädchen und Jungen die ausbleibende Anerkennung durch Gleichaltrige noch einigermaßen verkraften, vor allem, wenn das Elternhaus in der Lage ist, ihre sozialen Wünsche zu erfüllen. Im Grundschulalter ergeben sich aber erweiterte Gelegenheiten, mit anderen Kindern zusammen zu sein. Allgemein steigt in diesem Alter folglich das Bedürfnis, von Gleichaltrigen geschätzt zu werden. Wenn Kindern dieser soziale Anschluss nicht gelingt, muss mit Beeinträchtigungen des Selbstwertgefühls gerechnet werden.

Wenn Grundschulkinder es nicht schaffen, befriedigende soziale Kontakte mit Gleichaltrigen zu unterhalten, wenn sie bei anderen keine Akzeptanz finden, ist die Wahrscheinlichkeit sehr hoch, dass ihre Anpassungsschwierigkeiten fortbestehen und auch noch im Jugend- und Erwachsenenalter nachweisbar sind (Sroufe et al., 1999). Es kommt häufig zu einer Schulverweigerung und im Jugend- und Erwachsenenalter zu kriminellen Delikten (Parker & Asher, 1987; Crick & Ladd, 1993). Um einer derartig unheilvollen Entwicklung entgegenzuwirken, wurden Programme entwickelt, die darauf gerichtet sind, die Beliebtheit bei Gleichaltrigen zu fördern und Konflikte anders als durch Aggressionen zu bewältigen. Gelingt es auf diese Weise tatsächlich, die soziale Attraktivität von Kindern zu steigern?

Programme zur Steigerung der sozialen Attraktivität unbeliebter Kinder

Wenn die geringe Beliebtheit eines Kindes in unzureichendem sozialen Geschick wurzelt, ist damit zu rechnen, dass es nicht nur in der Schule, sondern ebenso in der Spielgruppe zurückgewiesen wird. Damit befindet es sich in einem wahren Teufelskreis. Wie soll es unter diesen Umständen noch Erfahrungen sammeln, die gerade ein solches Kind besonders dringend benötigt? Wenn Jungen oder Mädchen bereits wiederholt von Gleichaltrigen zurückgewiesen worden sind, müssen sie befürchten, auch in Zukunft sozial isoliert zu bleiben. Jedenfalls gelingt es einem isolierten Kind in der Regel nicht mehr aus eigener Kraft, sich aus der Einsamkeit zu befreien (Coie et al., 1992; Rubin, 1993); es bedarf fachkundiger Hilfe. Um eine solche zu praktizieren, stehen mehrere Programme zur Verfügung.

Ältere Programme, die auf eine Förderung der sozialen Geschicklichkeit gerichtet waren, wurzeln in der klassischen Lerntheorie. Sie sehen im einfachsten Fall vor, Kinder für sozial angemessenes Verhalten, wie etwa für gemeinschaftliches Tun oder für Teilen und Abgeben, zu loben (zu »verstärken«). Bei Orientierung an Banduras sozialkognitiver Lerntheorie (s. S. 23) gibt man Kindern Gelegenheit, attraktive Vorbilder (»Modelle«) zu beobachten, die wünschenswertes soziales Verhalten vorführen und dem jungen Beobachter Anreize geben, dieses nachzuahmen. Besonders wirkungsvoll sind Modelle, die das vorgeführte soziale Verhalten jeweils mit einem Kommentar versehen. Auf diese Weise regen sie ihren Beobachter ausdrücklich an, die Absichten der sozialen Handlungsweisen zur Kenntnis zu nehmen und die Vorteile eines gemeinsamen Tuns zu beachten (Asher et al., 1982).

Wenn ein Modell sprachliche Begründungen und Erklärungen für seine Verhaltensweisen gibt, regt es das Kind an, über das Beobachtete nachzudenken. Warum erhöhen sich dadurch die Erfolgsaussichten eines Programms? Weil auf diese Weise eine tiefere kognitive Auseinandersetzung mit den sozialen Regeln erfolgt, im günstigsten Fall sogar ihr Wert erkannt wird. Beides dürfte die Aussichten erhöhen, dass diese Regeln dadurch verinnerlicht und bei nachfolgenden Kontakten mit anderen Kindern auch angewandt werden. Etwas ausführlicher berichtet Info-Kasten 8.1 über ein soziales Trainingsprogramm für Kinder geringerer Beliebtheit.

INFO-KASTEN 8.1

Wie hilft man Kindern, die von ihrer Altersgruppe zurückgewiesen werden?

Wenn man unbeliebten und von der Altersgruppe zurückgewiesenen Kindern helfen will, muss man versuchen, ihre sozialen Kontakte zu ändern. Hierzu haben Sherri Oden und Steven Asher (1977) von der Universität Illinois ein Trainingsprogramm entwickelt, das darauf zielt, Grundregeln des Miteinanders zu erarbeiten. Zunächst baten Oden und Asher Mitglieder dritter und vierter Schuljahre, jeden Mitschüler danach zu beurteilen, wie gerne sie mit ihm in der Schule (1) spielen und (2) zusammenarbeiten möchten. Kinder, die bei dieser Befragung die ungünstigste Beurteilung erhielten, wurden zur Teilnahme am Trainingsprogramm ausgewählt. Jede Sitzung begann damit, dass ein Erwachsener die Kinder einzeln im Gespräch über Grundregeln des sozialen Miteinanders informierte. Anschließend erhielten die Kinder Gelegenheit, das Gelernte im Kontakt mit einem Gleichaltrigen mittlerer Beliebtheit zu üben. Einige Beobachtungen aus dieser praktischen Übungsphase besprach der Trainingsleiter vor Abschluss jeder Sitzung noch einmal einzeln mit dem Kind.

Die zweite Sitzung begann damit, dass der Trainer sich beim Kind erkundigte, wie ihm das gemeinsame Spiel beim letzten Mal gefallen hatte. Sodann wurde das Training mit folgenden Worten fortgesetzt:

Trainer: So, ich habe mir mal überlegt, wieviel Spaß es macht, ein Spiel mit jemand anderem zu spielen. Einige Dinge sind dabei sehr wichtig. Du solltest mit deinem Spielpartner zusammenarbeiten. Weißt du, was Zusammenarbeit ist? Kannst du mir das mal in deinen Worten erklären?

Kind: Ääh, etwas gemeinsam machen.

Trainer: Ja, etwas gemeinsam machen. Nun lass uns einmal annehmen, wir beide spielen jetzt das Spiel, das du das letzte Mal gespielt hast. Was war das noch?

Kind: Bilder malen.

Trainer: Ja, richtig. – Dann nenn mir doch mal ein Beispiel für »etwas gemeinsam machen« beim Bilder-Mal-Spiel.

Kind: Ich würde Ihnen auch mal die Malstifte geben.

Trainer: Richtig, du würdest die Stifte mit mir teilen. Das ist ein Beispiel für »etwas gemeinsam

machen«. . . . Kannst du mir auch ein Beispiel nennen, in dem man kein »Gemeinsam-Machen« zeigt?
Kind: Wenn man alle Stifte für sich behält.
Trainer: Macht es Spaß, wenn man alle Stifte selbst behält?
Kind: Nein.
Trainer: Du würdest also nicht alle Stifte nehmen. Du würdest stattdessen alles gemeinsam machen, indem du mit mir deine Stifte teilst. Fallen dir noch mehr Beispiele ein . . .? (nach einer Pause). Nun, wie wär's mit Abwechseln? . . . O. k. ich möchte, dass du einige unserer Ideen 'mal ausprobierst, wenn du (Name des Spiels) mit (Name des Kindes) spielst.
Es folgt das gemeinsame Spiel und danach noch einmal ein Einzelgespräch mit dem Trainer: »Konntest du einige der Ideen, über die wir gesprochen haben, ausprobieren? Meinst du, dass das Spiel mit (anderem Kind) Spaß gemacht hat?« Vor Abschluss der Sitzung werden die jeweiligen Begriffe noch einmal wiederholt.
Kinder geringer Beliebtheit wurden nicht nur über Kooperation (abwechseln, teilen) informiert. In den anderen Sitzungen lernten sie weitere Begriffe kennen: teilnehmen (wie man anfängt, aufmerksam ist), miteinander sprechen (dem Teilnehmer etwas sagen, zuhören) und gegenseitige Anerkennung (den anderen ansehen, ihn anlächeln).
Wenige Tage nach Abschluss des Trainings bat Asher noch einmal sämtliche Schulkinder um Einschätzung, wie gerne sie mit jedem ihrer Klassenkameraden zusammen (1) spielen und (2) arbeiten möchten. Es ergab sich, dass die Einschätzungen der trainierten Kinder als Spielpartner nun erheblich günstiger ausfielen; in bezug auf die zweite Frage hatte sich allerdings nichts geändert. Dabei ist zu beachten, dass das Training darauf zielte, soziales Verhalten beim Spielen zu verbessern. Die günstigere Einschätzung war sogar noch ein Jahr später nachzuweisen, als sich die Zusammensetzung der Klassen erheblich verändert hatte. Die Einschätzung der Beliebtheit der betroffenen Kinder rangierte jetzt nur noch ein wenig unter dem Durchschnitt der Klasse. Offenbar war es gelungen, diese Kinder aus dem Teufelskreis zu befreien.
Konnten die Kinder ihre Beliebtheit steigern, weil man in Trainingssitzungen ihre soziale Geschicklichkeit gefördert hatte? Das war vermutlich der Fall. Den Kindern wurde wahrscheinlich erstmalig klar, dass sie etwas daran ändern konnten, was andere über sie dachten. In einer der letzten Sitzungen rief ein Kind plötzlich während eines Gesprächs mit dem Trainer aus (Asher & Renshaw, 1981): »Sie meinen, ob andere mich leiden mögen oder nicht, hängt davon ab, was ich tue?«
Ashers Bemühen ist es, dem Kind im Rahmen eines Gesprächs die Regeln des sozialen Miteinanders näherzubringen. Er beschränkt sich nicht auf Erläuterungen. Er vergewissert sich immer wieder, ob das Kind verstanden hat, worauf es ihm ankommt, ob es selbständig Beispiele finden kann.

Einbeziehung der Eltern. Trainingsprogramme der genannten Art können nur erfolgreich sein, wenn es gelingt, auch die häuslichen Bedingungen zu verändern. Man weiß inzwischen, dass die Entwicklung sozialer Geschicklichkeit behindert wird, wenn Eltern autoritär erziehen (s. S. 298 f.), also stark lenkend, womöglich in aggressiver Weise auf das Verhalten ihrer Söhne und Töchter einzuwirken versuchen (Hinde et al., 1993; Sroufe, 1996). Solche Mütter und Väter würden eventuelle Erfolge von Trainingsprogrammen zunichte machen. Deshalb erscheint es unumgänglich, diese Eltern vergleichsweise früh mit in die Förderungsprogramme einzubeziehen (Patterson, 1981, 1982). Autoritäre Väter und Mütter müssen nämlich ebenfalls lernen, auf unsoziale Verhaltensweisen gegenüber ihren Kindern zu verzichten und stattdessen andere Formen der Einflussnahme erfahren und praktizieren.

Programme, die Kindern helfen sollen, von Gleichaltrigen bereitwilliger anerkannt und akzeptiert zu werden, verbessern sicherlich auch die Voraussetzungen zur Entwicklung freundschaftlicher Beziehungen. Der Aufbau einer oder mehrerer gleichgeschlechtlicher Freundschaftsbeziehungen gehört zu den wichtigsten Aufgaben des Grundschulalters.

8.4.3 Entwicklung freundschaftlicher Beziehungen

In seinem Buch »Nikomachische Ethik« nennt Aristoteles die Freundschaft »eine Trefflichkeit menschlichen Wesens«. »Sie ist«, so führt er weiter aus, »in Hinsicht auf das Leben (in der Gemeinschaft) höchst notwendig. Denn ohne Freunde möchte niemand leben, auch wenn er die übrigen Güter alle zusammen besäße ... In Armut und sonstigem Mißgeschick gelten Freunde als die einzige Zuflucht.« Kinder des Vorschulalters und der ersten Grundschuljahre nennen ihre bevorzugten Spiel- und sonstigen Kontaktpartner gelegentlich »Freunde«; dennoch verbinden sie mit diesem Begriff noch nicht die Merkmale, die Aristoteles als wesentlich erachtete. Erst im Verlauf der Schulzeit erkennen viele Kinder, wie »notwendig« Freunde sind, auf die sie sich auch im Falle eines »Mißgeschicks« verlassen können, mit denen sie private Gedanken auszutauschen vermögen und mit denen sich diskutieren lässt. Welches sind die Vorläufer einer echten Freundschaftsbeziehung im Sinne von Aristoteles? Welche Bedingungen und Erfahrungen ebnen den Weg zur Schließung von Freundschaften? Für die Entwicklung der Voraussetzungen, Mitmenschen als Freunde gewinnen und halten zu können, sind die Grundschuljahre zweifellos besonders wichtig.

Entwicklung von Freundschaftsbeziehungen als Ergebnis veränderter Person-Wahrnehmung

Wenn man Kinder, die jünger als etwa sieben Jahre alt sind, bittet, sie mögen einmal Jungen oder Mädchen beschreiben, die sie sehr gut kennen, dann nennen sie in ihren Antworten konkrete und somit beobachtbare Merkmale: »Katrin hat lange Haare, sie kann sehr schnell laufen, aber rechnen kann sie nicht so gut. Manchmal macht sie auch Streit«. »Mein Bruder isst sogar Sauerkraut! Magst du das auch?« (Rholes & Ruble, 1984; Ruble & Dweck, 1995). Im Verlauf der Grundschulzeit ändern sich die Antworten. Im Alter von etwa sieben oder acht Jahren rückt der Vergleich mit anderen allmählich in den Vordergrund, wobei immer noch Bezug auf konkrete Merkmale genommen wird: »Stefan«, so erklärt ein Siebenjähriger, »malt in unserer Klasse am besten« oder »Daniela ist kleiner als ich« (Barenboim, 1981). Bei diesen Vergleichen entdecken die Kinder im Laufe der Zeit, dass es Regelmäßigkeiten gibt. Wenn man Stefan wiederholt mit weiteren Kindern vergleicht, bestätigt sich immer wieder, dass er sehr gut malt. Nach Entdeckung solcher Regelmäßigkeiten fangen Kinder etwa im Alter von zehn Jahren an, auf Merkmale der Person zu schließen, die Menschen offenbar »besitzen«. Kinder, die noch älter sind, vergleichen andere Menschen auf der Grundlage dieser Merkmale. Sie können etwa feststellen, dass ein bestimmtes Kind »klüger als ein anderes« ist. Diese Veränderungen in der Person-Wahrnehmung stehen in enger Beziehung zur kognitiven Entwicklung nach Jean Piaget (s. S. 182ff.). Es überrascht nicht, dass das voroperationale Kind bei der Beschreibung anderer konkrete, beobachtbare Besonderheiten benennt. Wenn Sieben- bis Elfjährige in der Lage sind, konkret-operational zu denken, wissen sie, dass sich die Menge einer Gegebenheit auch dann nicht ändert, wenn sich ihr Aussehen verändert hat. Aus diesem Grund üben sich Kinder nunmehr darin, andere zu vergleichen, was sie schließlich veranlasst, Regelmäßigkeiten zu entdecken. Mit der Fähigkeit zum formal-operationalen Denken ist schließlich auch die Voraussetzung gegeben, andere Menschen nach ziemlich abstrakten Merkmalen der Person zu beurteilen.

Sobald das Kind aufgrund seiner fortgeschrittenen kognitiven Entwicklung in die Lage versetzt wird, hinter den Aktivitäten eines anderen Persönlichkeitsmerkmale zu entdecken, verfügt es über verbesserte Voraussetzungen zur Entwicklung stabilerer Freundschaftsbeziehungen. Ändert sich mit der kognitiven Entwicklung auch das Verständnis von Freundschaft?

Freundschaft aus der Sicht verschiedener Lebensalter

Durch eingehende Befragungen wurde Robert Selman (1980, 1981) darauf aufmerksam, was Menschen unterschiedlichen Alters unter Freundschaft verstehen. Er stellte fest, dass sich die Bedeutung dieses Begriffs vor allem in den Grundschuljahren ziemlich schnell ändert. Wenn Zwölfjährige oder noch Ältere von einem Freund oder einer Freundin sprechen, dann verstehen sie darunter etwas anderes als etwa ein Achtjähriger. Nach den Worten von Robert Selman (1981) ist ein enger Freund im Vorschulalter jemand, »der in der Nähe wohnt, und mit dem man zu einem bestimmten Zeitpunkt gerade spielt. Freundschaft ist eher eine Spielpartnerschaft.«

Freundschaft als Spielpartnerschaft. »Warum ist Peter oder Susanne dein Freund bzw. deine Freundin?« wollte Selman von den jüngsten Teilnehmern seiner Befragung wissen. Antworten wie die beiden folgenden erhielt er von Kindern im Alter zwischen drei und sieben Jahren: »Er ist mein Freund, weil ich mit ihm in seiner Sandkiste spielen darf.« »Sie ist meine Freundin, weil sie im gleichen Haus wie ich wohnt.« Wer also attraktives Spielzeug anzubieten hat, zufälligerweise in der Nachbarschaft wohnt oder gerade der Spielpartner ist, besitzt gute Chancen, von einem Vorschulkind als Freund bezeichnet zu werden. Beobachtungen im Kindergarten ergeben zwar, dass die meisten Jungen und Mädchen häufiger zusammen als allein spielen. Im Allgemeinen werden die Spielkontakte mit einem oder wenigen Partnern aber spätestens nach etwa zehn Minuten plötzlich beendet, indem einer sich einfach abwendet (Corsaro, 1981). Selbst wenn man einige Kinder häufiger beim gemeinsamen Spiel sieht, kann man bei solchen kurzfristigen Kontakten noch nicht von Freundschaften sprechen; in der Regel machen sich die Beteiligten nicht klar, dass der jeweils andere eigene Wünsche und Gefühle hat.

Freundschaft als »Einbahnstraße«. Ein Fortschritt im Verständnis von Freundschaft liegt vor, wenn das Kind bei anderen Wünsche und Vorstellungen wahrnehmen kann. Spielpartner finden sich zusammen, weil sie ein gemeinsames Interesse entdeckt haben. »Peter ist mein Freund,« so erklären Kinder in diesem Stadium der Entwicklung, »weil wir ein Auto bauen wollen.« Was passiert aber, wenn Peter im weiteren Verlauf des Kontakts etwas macht, was seinem Spielpartner nicht mehr gefällt? Dann wird die Freundschaft kurzerhand beendet. »Peter ist nicht mehr mein Freund«, so lautet die Erklärung, »denn er macht nicht das, was ich will.« Freundschaft wird somit als »Einbahnstraße« gesehen. Die bei dieser Sichtweise unvermeidlich auftretenden Konflikte beenden eine »Freundschaft« vorübergehend, wobei die Schuld immer beim anderen liegt. Diese »Einbahnstraßen«-Sichtweise hat Selman bei Kindern im Alter zwischen fünf und acht Jahren beobachtet.

Freundschaft als »Gut-Wetter-Beziehung«. Selman traf aber auch Sechsjährige, für die ein Freund nicht nur jemand ist, »der das tut, was ich will.« Einige Kinder dieses Alters haben bereits Verständnis dafür entwickelt, dass eine soziale Beziehung nicht lange Bestand haben kann, wenn daraus nur Nutzen gezogen wird; man muss auch selbst etwas geben. »Freunde«, so hört man jetzt, »helfen einander«, »sie wechseln sich ab« und müssen in der Lage sein, sich zu einigen. »Wenn du dies für mich tust, dann tue ich dafür auch das für dich«, so hört man sie häufig verhandeln. Dennoch stellt dieses Verständnis von Freundschaft, das man bei Sechs- bis Zwölfjährigen findet, etwas dar, was Selman als »Gut-Wetter-Beziehung« kennzeichnet. Sie hält nur solange, wie sie mit Annehmlichkeiten für die Beteiligten verbunden ist. Streitigkeiten sind in der Regel der Anlass, sich voneinander zu trennen. Als die zehnjährige Bettina beispielsweise nach ihren

Freundinnen gefragt wird, zählt sie u. a. Martha auf. »Ich mag sie gerne, weil sie nett ist.« Aber mit Martha gäbe es schon einmal Streitereien, und dann könne sie sehr gemein sein: »Sie zieht mich an den Haaren und kneift.« Damit ist die Freundschaft zunächst einmal beendet. Das schließt aber nicht aus, dass sie nach einiger Zeit wieder auflebt, vor allem nach gegenseitiger Bekundung des Bedauerns (Damon, 1977).

Freundschaft als stabile Vertrauensbeziehung. Sechs- und Siebenjährige suchen sich jene Gleichaltrigen als Freunde aus, mit denen es »Spaß« macht zu spielen und die ihnen helfen können, durch gemeinsames Tun der Langeweile zu entgehen. Wenn sie ihre Freundschaft begründen, verweisen sie auf Merkmale, die für jedermann sichtbar sind. Neun- oder Zehnjährige beginnen jedoch, sich Freunde auch nach anderen Gesichtspunkten auszusuchen, wie die folgende Äußerung zeigt: »Ich kann ihm Geheimnisse erzählen, und er wird sie niemandem weitererzählen.« Bevor man einem Mitmenschen seine persönlichen Gedanken und Gefühle anvertrauen kann, muss man sich allerdings von seinen Eigenschaften ein Bild gemacht haben. Das Verständnis von Freundschaft bei vielen neun- bis 13-jährigen hat Robert Selman (1981) folgendermaßen zusammengefasst: »Die Bedeutung einer Freundschaft hängt nicht mehr ausschließlich von der Tatsache ab, dass man gelangweilt oder allein ist. Freundschaften spielen eine grundlegende Rolle bei der Entwicklung gegenseitiger Vertraulichkeit und beiderseitigem Beistand. Freunde tragen ihre persönlichen Probleme gemeinsam. Das Auftreten von Konflikten zwischen Freunden hat nicht mehr die Beendigung der Beziehung zur Folge« (Selman, 1981). Freunde erwarten nunmehr, dass man sich aufeinander verlassen kann und sich gegenseitig Hilfe leistet, wenn der andere solcher bedarf.

Übereinstimmungen und Gegensätze in Freundschaftsbeziehungen

Sucht sich das Kind unter den Gleichaltrigen jene als Freunde aus, die ihm bezüglich bedeutsamer Merkmale ähneln oder bevorzugt es solche, die sich von ihm unterscheiden? Der Volksmund beantwortet diese Frage widersprüchlich, denn einerseits heißt es »Gleich und gleich gesellt sich gern«; andererseits wird aber auch behauptet, »Gegensätze ziehen sich an«. Wie verhalten sich Kinder nun tatsächlich? Nach zahlreichen Befragungen und Beobachtungen von Kindern verschiedenen Alters scheint es eine klare Antwort zu geben: Kinder neigen dazu, sich für Freunde zu entscheiden, die ihnen in Hinblick auf das Alter, das Geschlecht, nationale Herkunft, Interessen und Wertüberzeugungen usw. ähneln (Hallinan, 1979). Es gibt sogar eine klare Tendenz dazu, dass gut aussehende Menschen auch attraktive Freunde haben und umgekehrt (Langlois & Downs, 1979). Wie lassen sich solche Zusammenhänge erklären? Eine Antwort hat bereits vor mehreren Jahrzehnten Leon Festinger (1954) gegeben.

Funktion des Vergleichs mit ähnlichen Personen. In seiner »Theorie der sozialen Vergleichsprozesse« ging Festinger u. a. davon aus, dass für den Menschen bei der Einschätzung seiner eigenen Person, bei der Frage nach der Angemessenheit seiner Einstellungen und Urteile, Unsicherheiten entstehen, bei deren Überwindung andere helfen können. Woher soll man beispielsweise wissen, ob man selbst begabt ist, wie die eigene Geschicklichkeit in einem bestimmten Bereich zu beurteilen ist oder ob man mit seiner politischen Einstellung richtig liegt? Zur Beantwortung solcher Fragen ist es notwendig, sich mit anderen zu vergleichen. Allerdings wählt man sich dabei nicht irgendwelche Menschen aus, sondern solche, die einem ähnlich erscheinen. Der Vergleich führt im günstigsten Fall zu dem Ergebnis, dass das, was man meint oder tut, »richtig« ist, und das lässt die Vergleichspartner sympathisch werden.

Vor einer Klassenarbeit sind Kinder oft nervös. Nach Festingers Theorie ist eine solche Situation deshalb mit Unsicherheit verbunden, weil nicht eindeutig feststeht, wie besorgt man sein sollte. Es wächst die Bereitschaft des Betroffenen, eine Klärung herbeizuführen. An wen wendet sich der Schüler aber am besten, damit seine Unsicherheit beseitigt oder wenigstens vermindert wird? Lehrer und Eltern erscheinen ihm in dieser Situation wohl kaum attraktiv, denn ihre Situation ist eine ganz andere; sie können die Sorgen des Ratsuchenden kaum nachvollziehen. Am meisten Aufschluss erwartet ein Kind von dem Mitschüler, der ihm in seiner Leistungsfähigkeit am stärksten ähnelt, denn er wird ja in gleicher Weise von der bevorstehenden Prüfung bedroht. Allerdings liegen einer Besorgtheit und ihren Anlässen stets sehr persönliche Gedanken zugrunde; der etwas ältere Schüler wird darüber nur mit einem Partner seines Vertrauens, also mit seinem Freund, sprechen können (s. S. 363 f.).

Bewahrung und Steigerung des Selbstwertes durch Freunde

Wenn man verstehen will, was Menschen bei der Auswahl ihrer Freunde lenkt, muss man viele Faktoren und Bedingungen berücksichtigen. So gibt es beispielsweise Aussagen von Kindern, die auf die Rolle der Selbstbewertung hinweisen: »Mein Freund Peter ist der schnellste Läufer unserer Klasse«, »Ich gehe häufig mit Karin nach Hause. Sie hat beim letzten Vorlesewettbewerb einen Preis gewonnen.« Abraham Tesser und seine Mitarbeiter (Tesser et al., 1984) sehen hinter solchen Äußerungen den Wunsch, sich in den Leistungen anderer »mitzusonnen«. Danach sind Menschen motiviert, sich selbst möglichst positiv zu bewerten; diese Selbstbewertung wird auch von den Kontakten mitbestimmt, die man zu Mitmenschen hat. Man kann am Ruhm eines Mitmenschen aber nur teilhaben, wenn man zu diesem eine Beziehung entwickeln konnte, und zwar umso mehr, je näher man ihm steht.

Muss aber die enge Beziehung zu einem anderen Menschen, der entweder besonders gut aussieht, hohe Leistungen erbringt oder sich durch ein anderes hoch bewertetes Merkmal auszeichnet, nicht ungünstig auf die Selbstbewertung wirken? Der Vergleich mit ihr oder mit ihm lässt doch die eigene Person in einem ungünstigeren Licht erscheinen. Wie kann man sich in *Karin*s Ruhm sonnen, wenn diese Freundin gerade vorgeführt hat, dass sie im Lesen bessere Leistungen erbringt? Die Antwort, so fanden Tesser und Mitarbeiter heraus, liegt in unterschiedlichen »Bedeutungszuschreibungen«. Bei Merkmalen, die einem selbst sehr wichtig sind, würde man sich bedroht fühlen, wenn Freunde darin überlegen sind. Wenn für einen Schüler gute Lesefertigkeit sehr wichtig ist, wird er sich demnach Karin nicht als Freundin aussuchen. Karins herausragende Leseleistungen hindern sie aber nicht, eine Freundschaft zu einem Gleichaltrigen zu entwickeln, für den Lesen weniger wichtig ist.

Mit Hilfe von Tessers Erklärungsansatz ließen sich auch die bereits erwähnten Beobachtungen erklären, wonach Freunde einander im Aussehen ähneln. Von der Antike bis zur Gegenwart wurde dieses körperliche Merkmal stets hoch bewertet. Offenbar berücksichtigen bereits Kinder im Schulalter, dass das Aussehen des Freundes (bzw. der Freundin) Einfluss auf die eigene Selbstbewertung nimmt. Wie verläuft der Auswahlprozess aber bei einem Schüler, der von der Natur weniger großzügig bedacht wurde? Er wird wahrscheinlich Erwartungen an das Aussehen eines Freundes entsprechend zurücknehmen müssen. Günstigere Chancen besitzt er allerdings, wenn er Fähigkeiten hat, die sich förderlich auf die Selbstbewertung eines gutaussehenden Gleichaltrigen auswirken.

Aufrechterhaltung einer Barriere zwischen den Geschlechtern

»Grenzarbeit«. Wenn man sich auf den Schulhof einer Grundschule begibt, um festzustellen, zwischen welchen Kindern Kontakte bestehen, wird man feststellen, dass es eine ziemlich klare Geschlechtertrennung gibt, die offenbar ein Ergebnis des Gruppendrucks der Gleichaltrigen ist (Ruble & Martin, 1998). Überwiegend stehen Jungen einerseits und Mädchen andererseits zusammen; beide Gruppen scheinen nur wenig Berührung miteinander zu haben. Es wird sogar ein gewisser sozialer Druck ausgeübt, damit sich kein Angehöriger des eigenen Geschlechts an den Aktivitäten des anderen beteiligt. Wenn dennoch ein Junge bei Spielen der Mädchen mitmachen wollte, würde er nicht nur vom weiblichen Geschlecht zurückgewiesen, sondern zusätzlich von den anderen Jungen verhöhnt. Ein Mädchen würde bei vergleichbaren Bemühungen das gleiche Schicksal erfahren. Das Verhöhnen und die Zurückweisung sind Teile eines Rituals, das man auch als »Grenzarbeit« bezeichnet hat (Thorne, 1986), denn Mädchen und Jungen sind offenkundig bemüht, Maßnahmen zu ergreifen, um das Übertreten einer zwischen den Geschlechtern bestehenden Grenze zu verhindern. Diese Geschlechtertrennung während des Grundschulalters hat man überall auf dieser Erde beobachtet (Beal, 1994).

Regeln für Kontakte. Verhindert die »Grenzarbeit« tatsächlich Kontakte jeglicher Art zwischen den Geschlechtern? Die Frage ist zu verneinen, denn schon der Blick auf den Schulhof offenbart, dass Jungen beispielsweise einem Mädchen einen Schlag versetzen »dürfen«, während es Mädchen offenbar »gestattet« ist, einen Jungen zu jagen. Solche Kontakte stehen aber im Einklang mit Regeln, die von den Kindern selbst geschaffen worden sind und deren Einhaltung von Kindern beiderlei Geschlechts genau beachtet wird. Eine Auswahl solcher Regeln gibt die folgende Übersicht wieder.

Abbildung 8.6. Die Kontaktbarriere, die im Grundschulalter zwischen Jungen und Mädchen entsteht, kann bis ins Jugendalter fortbestehen

Übersicht. Eine Auswahl von Regeln, unter denen im Grundschulalter Kontakte zwischen den Geschlechtern stattfinden (Sroufe et al., 1993 a)

Regel	Beispiel
Der Kontakt kommt zufällig zustande.	Du siehst nicht genau, wohin du gehst und stößt zufälligerweise mit einem Kind des anderen Geschlechts zusammen.
Der Kontakt kommt beiläufig zustande.	Du holst Limonade und musst warten, da zwei Kinder des anderen Geschlechts gerade bedient werden (Unterhaltung mit ihnen nicht zulässig).
Mit dem Kontakt ist ein klarer und notwendiger Zweck verbunden.	Du sagst zu einem Kind des anderen Geschlechts am Nachbartisch: »Gib bitte die Limonade weiter!« Es wird ihm gegenüber keinerlei Interesse zum Ausdruck gebracht.
Ein Erwachsener veranlasst dich zu einem Kontakt.	Ein Lehrer sagt: »Lass dir die Karte von X und Y geben und bring sie mir!«
Dich begleitet ein Kind deines Geschlechts.	Zwei Mädchen können mit zwei Jungen sprechen, aber die jeweils Gleichgeschlechtlichen müssen ziemlich dicht zusammenstehen, Vertrautheit mit dem anderen Geschlecht ist nicht zulässig.
Während des Kontakts muss herausgestellt werden, dass man keinerlei Interesse oder irgendwelche Sympathien für das andere Geschlecht hat.	Du bezeichnest Kinder des anderen Geschlechts als grässlich oder rufst ihnen irgendeine Beleidigung nach, oder (kennzeichnend für Jungen): du beschießt oder bewirfst sie mit etwas in dem Moment, in dem sie vorbeigehen.

Sicherlich gibt es immer wieder Jungen und Mädchen, die den Regeln zum Umgang mit dem anderen Geschlecht keinerlei Beachtung schenken. Sie gelten bei Gleichaltrigen als unbeliebt und müssen nach dem Urteil erwachsener Beobachter auch als sozial weniger kompetent angesehen werden (Ruble & Martin, 1998). Demgegenüber darf in der Berücksichtigung dieser Regeln ein Ausdruck von sozialer Geschicklichkeit und Anpassung gesehen werden. Immerhin treten Jungen und Mädchen gegenüber dem anderen Geschlecht im Jugendalter selbstsicherer auf, wenn sie im Grundschulalter zu jenen gehörten, die den in der Tabelle ausschnittweise genannten Regeln Beachtung geschenkt haben (Sroufe et al., 1993a; Sroufe et al., 1999).

Aufhebung der Geschlechtertrennung. Vielfach löst sich die Geschlechtertrennung im Alter von zwölf Jahren allmählich auf. Wie Hans Oswald und Lothar Krappmann (1991) festgestellt haben, kann man etwa bei einem Fünftel der Jungen und Mädchen Freundschaften über die Geschlechtergrenze hinweg beobachten. Mit der Entwicklung von Freundschaften zwischen den Geschlechtern lockern sich gleichzeitig Beziehungen zu gleichgeschlechtlichen Freunden, die diese Orientierung noch nicht mitvollzogen haben.

Ursachen der Geschlechtertrennung. Über die Ursachen der Geschlechtertrennung lassen sich nur Vermutungen anstellen. So wird angenommen, dass Jungen und Mädchen im Grundschulalter von der Natur veranlasst werden, eine Barriere zwischen sich zu errichten, um sie vor zu frühen sexuellen Kontakten zu schützen. Sie erhalten auf diese Weise zunächst Gelegenheit, engere Beziehungen zu Angehörigen des gleichen Geschlechts zu entwickeln, bevor sie sich den sehr viel komplizierteren sozialen Anforderungen aussetzen, die Kontakte zum anderen Geschlecht während der Jugendzeit und dem Erwachsenenalter mit sich bringen.

Literatur zur Erweiterung des Wissens und zur Vertiefung

Zur Entwicklung der Leistungsmotivation:

Schlag, B. (2006): Lern- und Leistungsmotivation. Stuttgart: UTB.

Zur Entwicklung von Sozial- und Freundschaftsbeziehungen:

Wagner, J. (1994): Kinderfreundschaften. Wie sie entstehen – was sie bedeuten. Berlin: Springer.

Krappmann, L. und Oswald, H. (1995): Alltag der Schulkinder. Beobachtungen und Analysen von Interaktionen und Sozialbeziehungen. Weinheim: Juventa.

Zum Hineinwachsen in die Geschlechtsrolle:

Kasten, H. (1996): Weiblich – männlich. Geschlechtsrollen und ihre Entwicklung. Berlin: Springer.

9 Adoleszenz und entstehendes Erwachsenenalter: Kognitive Entwicklung

Noch Kind oder schon erwachsen? »Man muss sich zunächst im Klaren darüber sein, ob man sich noch als ›Kind‹ oder schon als ›Erwachsener‹ fühlt. Ich bin 14, und ich muss sagen, dass ich mir selbst nicht im Klaren darüber bin«, sagt ein Mädchen, und ein 15 Jahre alter Junge beklagt sich: »Nicht schön ist, dass uns Jugendlichen gesagt wird, wir seien jetzt Erwachsene, aber auch noch Kinder. Wer soll das noch verstehen?« (Behnken, 1985). Solche Äußerungen Jugendlicher verweisen auf die Schwierigkeit, die Lebensabschnitte Kindes-, Jugend- und Erwachsenenalter klar voneinander zu trennen. Es muss folglich zunächst geklärt werden, wann für einen Entwicklungspsychologen das Jugendalter oder – wie er es auch nennt – die Adoleszenz anfängt und wann sich das Erwachsenenalter daran anschließt. Der Begriff »Adoleszenz« leitet sich aus dem lateinischen Verb *adolescere* ab und bedeutet soviel wie »heranwachsen« oder »aufwachsen«.

Jugendliche mögen sich in jedem Lebensalter in vielfältiger Hinsicht voneinander unterscheiden, aber sie stehen gleichzeitig auch vor Aufgaben, die sich ihnen allen gemeinsam stellen: »Sie haben sich der Veränderung ihrer Körpergröße und Körperform, ihrer erwachenden Sexualität, der neuen Art und Weise des Denkens anzupassen, und sie müssen anfangen, sich darum zu bemühen, dass sie die emotionale Reife und wirtschaftliche Unabhängigkeit erreichen, die das Erwachsenenalter kennzeichnen« (Berger, 1998).

Körperliche Veränderungen. Zu den bedeutsamsten Entwicklungen in der frühen Adoleszenz gehören die körperlichen Veränderungen und ihre Folgen. Ein Wachstumsschub, den der junge Mensch bei sich selbst, wahrscheinlich auch bei den Gleichaltrigen beobachtet, die in dieser Hinsicht voraneilen, kündet vergleichsweise früh die bevorstehenden Veränderungen an. Kurz nach Abschluss dieses Körperwachstums erlangen Jungen und Mädchen die Fähigkeit zur Fortpflanzung. Sehr viel stärker als während der Kindheit haben sie sich mit der Tatsache auseinanderzusetzen, dass sie ein sexuelles Wesen sind.

Vorbereitung auf das Erwachsenenalter. Insgesamt sind für den jungen Menschen, aber auch für seine Mitmenschen, die körperlichen Veränderungen das sichtbarste Zeichen dafür, dass er sich nunmehr auf dem Wege befindet, die Zeit des »Kindseins« hinter sich zu lassen. Er beginnt eine »Wanderung«, an deren Ziel er das Aussehen eines Erwachsenen haben wird. Aber zum Erwachsensein gehört bekanntlich mehr als eine reife körperliche Gestalt, und um schließlich dieses »Mehr« auch *sein* zu können, muss ein Weg zurückgelegt werden, der sich nicht immer problemlos bewältigen lässt. Dieser Weg, der im Anschluss an die Kindheit folgt, gilt in westlich orientierten Ländern als wichtige Zeit der Vorbereitung auf das Erwachsenenalter. Womit hätte ein Kind zu rechnen, das die Phase der Jugendzeit – vor allem auch in körperlicher Hinsicht – einfach überspringen müsste? Diese Frage wird auch in dem Film *Big* aufgeworfen. Der zwölfjährige Held *Josh* (gespielt von Tom Hanks) findet sich plötzlich in der körperlichen Gestalt eines jungen Erwachsenen wieder, und obwohl es ihm mit Glück und geschickten Einfällen fast gelingt, in seine Rolle hineinzuwachsen, muss er selbst und damit auch sein Publikum erkennen, dass er noch nicht bereit ist, die Anforderungen, die an einen Erwachsenen gestellt werden, zu bewältigen. Es stellt für ihn eine Erlösung dar, dass er schließlich in seinen jungen Körper zurückkehren darf, denn er gewinnt dadurch die Zeit, die er als Jugendlicher zur Vorbereitung auf das Erwachsenenalter benötigt.

»Sturm und Stress«. Dem Jugendlichen gesteht man noch zu, was man ihm später als Erwachsenen nicht mehr ohne weiteres nachsieht. Solange er noch Teenager ist (und sein darf!), erfährt der Mensch – nach den Worten von Kathleen Berger (1998) – mit hoher Wahrscheinlichkeit Momente »der Ungeschicklichkeit, der Verwirrung, der Wut und tiefer Niedergeschlagenheit«, aber, so fügt sie in Übereinstimmung mit fast allen Jugendpsychologen hinzu, man muss auch anerkennen, dass Jugendliche, die infolge solcher Erlebnisse zu ernsthaften Problemfällen werden, die Ausnahme darstellen. Denn »die gleichen entwicklungsbedingten Veränderungen, die zu einer Quelle von Schwierigkeiten werden können, sind gleichzeitig die Quelle neuer Begeisterung, Herausforderung und neuen Wachstums«. Seit dem klassischen Werk von Stanley Hall (1904) bezeichnet man den Altersabschnitt der Adoleszenz häufig als einen Zeitraum, der durch »Sturm und Stress« gekennzeichnet ist; Hall übersetzte damit den Begriff »Sturm und Drang«, der als geistige Bewegung während des 18. Jahrhunderts entstanden war und einen Zeitgeist beschrieb, den Johann Wolfgang von Goethe mit den »Leiden des jungen Werther« treffend zum Ausdruck brachte. An die Stelle des Wortes »Drang« ist inzwischen das Wort »Stress« getreten, das in der Zeit Goethes noch nicht zur Verfügung stand. Was ist mit der Kennzeichnung Sturm und Stress gemeint? Es wird damit herausgestellt, dass der Mensch während seiner Jugend einen Zeitraum durchläuft, in dessen Verlauf es Probleme bzw. Konflikte gibt. Die Auseinandersetzung mit diesen Konflikten wird nicht nur für den Jugendlichen selbst, sondern ebenso für seine Mitwelt als stressvoll erlebt. Jeffrey Arnett (1999) hat herausgearbeitet, um welche Schwierigkeiten es sich beim Sturm und Stress im einzelnen handelt:

Konflikte mit den Eltern. Jugendliche haben – vor allem in westlich orientierten Gesellschaften – während der frühen Adoleszenz eine Neigung, in Konflikt mit ihren Eltern zu geraten. Man sollte deren Intensität aber nicht überbewerten, denn der Jugendliche steht zwar vor der Aufgabe, sich von der Familie allmählich zu lösen. Aber insgesamt, so erklärt Helmut Fend (1990) nach Befragung von Jugendlichen zusammenfassend, ist nicht davon auszugehen, »dass sich das Eltern-Kind-Verhältnis heute beim Übergang von der Kindheit in die Adoleszenz besonders krisenhaft und konfliktreich gestaltet«.

Stimmungsschwankungen. Jugendliche erleben während der späten Adoleszenz mehr Stimmungsschwankungen als in irgendeinem anderen Lebensabschnitt, und sie erleben dieses »Hin und Her« der Gefühle in besonders intensiver Weise. Depressive Stimmungslagen kommen ziemlich häufig vor.

Risikoverhalten. Vor dem Eintritt in das Erwachsenenalter findet sich eine Neigung, sich häufiger antisozial, achtlos und gesetzeswidrig zu verhalten als während der Kindheit und während des Erwachsenenalters.

Diese Erscheinungsformen mögen zwar vom jungen Menschen selbst und noch mehr von seinen näheren Angehörigen als schwierig erlebt werden; aus der Sicht der Entwicklungspsychologie muss aber auch betont werden, dass die damit verbundenen Erfahrungen Anstoß für positive Entwicklungen geben, denn durch sie werden in einem warmen und förderlichen Elternhaus Prozesse wie Streben nach Unabhängigkeit und Identitätsfindung gefördert (Steinberg, 1990). Über diese positiven Einflüsse wird das Kapitel 10 ausführlicher informieren.

Fortschritte in der kognitiven Entwicklung können nicht außer Acht gelassen werden, wenn nach Erklärungen für das »Sturm-und-Stress«-Verhalten des Jugendlichen gesucht wird. Im vorliegenden Kapitel soll vor allem dargestellt werden, welche kognitiven Funktionen dem jungen Menschen während der Adoleszenz und während der Vorbereitungszeit auf das Erwachsenenalter zur Verfügung stehen, damit er Probleme und Herausforderungen erfasst und in der Regel auch bewältigt.

9.1 Der Entwicklungszeitraum zwischen Grundschulalter und Erwachsenenalter

Der Sohn eines Handwerkers im 16. und 17. Jahrhundert half typischerweise seit dem sechsten oder siebten Lebensjahr im Betrieb seines Vaters. Im Alter von elf oder zwölf Jahren verließ er das Elternhaus, um seine Lehrjahre bei verschiedenen Meistern zu verbringen, bei denen er sich jeweils selbständig bewarb. Konnte sich dieser junge Mensch während seiner Wanderjahre als ein Erwachsener verstehen? Er erhielt von seinem Meister Essen und Unterkunft. Seine Reisen organisierte er jedoch selbst, er handelte die Höhe seiner Entlohnung aus und wurde für seine Arbeit voll haftbar gemacht. Insgesamt trug er also die Verantwortung für seinen Lebensunterhalt selbst. Zeitgenössischen Dokumenten lässt sich entnehmen, dass er ermahnt wurde, während seiner Wanderjahre hart zu arbeiten und viel zu lernen. Die Heirat sollte er solange hinausschieben, bis er selbst Meister war. Man erwartete von ihm in sexueller Hinsicht keine völlige Enthaltsamkeit, denn – so hieß es – das würde ihm Kopfschmerzen und schlechte Stimmungen bereiten. Da ihm aber abgeraten wurde, vor Erreichen des 25. Lebensjahres eine Ehe einzugehen, musste er als sozial unabhängiger Mann ein geregeltes Geschlechtsleben führen und die Heirat solange hinausschieben, bis er ökonomisch für eine ganze Familie verantwortlich sein konnte (Dasberg, 1983).

9.1.1 Vom Beginn körperlicher Reifung zur Volljährigkeit

Der Handwerksbursche, von dem soeben die Rede war, übernahm somit damals als Elf- oder Zwölfjähriger bereits Verantwortlichkeiten, die ihn als weitgehend erwachsen erscheinen lassen. Heute muss ein Mensch gleichen Alters noch für einige weitere Jahre die Schule besuchen; sie soll ihn möglichst gut auf jene Anforderungen vorbereiten, die beim Einstieg in die moderne Berufswelt gestellt werden. Statt also bereits mit elf oder zwölf Jahren einen Lebensabschnitt zu beginnen, in dem er ein ziemlich hohes Maß an Selbständigkeit und Verantwortlichkeit zeigen muss, erlebt der junge Mensch in der Gegenwart eine – teilweise sogar erhebliche – Verlängerung der Ausbildungszeit, die ihn weiterhin in ziemlich großer Abhängigkeit von seinen Eltern verbleiben lässt. Er kann nämlich während dieser Zeit in der Regel noch keiner beruflichen Tätigkeit nachgehen, um seinen Lebensunterhalt selbständig zu verdienen.

Beginn der Adoleszenz: Pubertät. Wäre es für die Entwicklungspsychologie nicht ratsam, den Lebensabschnitt der Kindheit einfach um die erweiterte Ausbildungszeit zu verlängern? Sicherlich nicht, denn im Altersbereich zwischen 11 und 14 Jahren vollziehen sich bei Mädchen und Jungen sowohl in körperlicher als auch in sozial-emotionaler und kognitiver Hinsicht bedeutsame Veränderungen, durch die sie sich deutlich von einem Kind unterscheiden. Aus diesem Grunde erscheint es sinnvoll, zwischen Kindheit und Erwachsenenalter den Entwicklungsabschnitt der Adoleszenz einzuschieben. Der Zeitraum der Adoleszenz beginnt mit der Pubertät; dabei handelt es sich um jenen Prozess, der zur sexuellen Reifung, bzw. zur Fruchtbarkeit oder zur Zeugungsfähigkeit führt. Während der Pubertät entwickeln sich die sekundären Geschlechtsmerkmale (so etwa Körperbehaarung, tiefe Stimme beim Jungen, Brüste beim Mädchen), und das Aussehen nimmt zunehmend die Gestalt eines Erwachsenen an. Weiterhin können veränderte Formen des Denkens entstehen, durch die es Jungen und Mädchen grundsätzlich möglich wird, solche Probleme zu lösen, die abstraktes Denken und logische Schlussfolgerungen voraussetzen. Im Bereich der Emotionen vollzieht sich eine weitere Loslösung von den Eltern. Obwohl es zwischen Jungen und Mädchen, ebenso aber innerhalb der Geschlechter, erhebliche interindividuelle Unterschiede in Hinblick auf die körperliche, sozial-emotionale und kognitive Entwicklung gibt, haben viele Entwicklungspsychologen nicht ganz ohne Willkür entschieden, dass die Adoleszenz etwa in dem Altersbereich beginnt, in dem ein Wachstumsschub einsetzt (bei Mädchen früher als bei Jungen), also in der Zeit zwischen 10 und 14 Jahren (Markefka, 1999).

Ende der Adoleszenz: Volljährigkeit und Rechtsmündigkeit. Wann endet die Adoleszenz? Es lässt sich weder im körperlichen, noch im kognitiven oder emotionalen Bereich ein Kennzeichen benennen, nach dem man das Ende der Adoleszenz eindeutig festlegen kann. Es gibt allerdings die gesetzliche Bestimmung, nach der ein Mensch mit der Vollendung des 18. Lebensjahres als volljährig zu gelten hat. Mit der Volljährigkeit ergibt sich eine neue Rechtslage, dazu gehören u. a. folgende Neuerungen:

- das Erlöschen der elterlichen Gewalt;
- 18-jährige besitzen freies Niederlassungsrecht und können Aufenthaltsort, Beruf und Arbeitsplatz frei wählen;
- 18-jährige gelten als voll geschäftsfähig, sie dürfen selbständig Rechtsgeschäfte, also etwa Kaufverträge, abschließen;
- 18-jährige sind ehemündig; sie können ohne die Einwilligung der Eltern heiraten;
- 18-jährige haben das Recht der Wählbarkeit, sie können folglich in die Parlamente gewählt werden.

Somit wird ein Zeitraum definiert, dessen Beginn biologisch festgelegt wird und dessen Ende das Gesetz regelt, indem es Jungen und Mädchen die Volljährigkeit zuerkennt. Man kann innerhalb des eingegrenzten Zeitraumes eine frühe und eine späte Adoleszenz unterscheiden:

Frühe Adoleszenz. Dieser Abschnitt beginnt mit körperlichen Anzeichen der Geschlechtsreifung und endet etwa im Alter von 13 Jahren. Der Zeitraum umfasst die deutlich sichtbare körperliche Entwicklung. Ebenso verändert der junge Mensch in der frühen Adoleszenz seine Sozialbeziehungen zu den Eltern und den Gleichaltrigen.

Späte Adoleszenz. Dieser Abschnitt umfasst den Zeitraum zwischen 14 und 18 Jahren. Der Jugendliche gewinnt in diesem Zeitraum zunehmende Unabhängigkeit von seinem Elternhaus. Während einige am Ende dieses Abschnittes unmittelbar mit einer Berufsausbildung beginnen, setzen andere – inzwischen die Mehrheit – ihre schulische Ausbildung fort, wobei das Nachdenken über berufliche Perspektiven verstärkt in den Blickpunkt rücken kann.

Entstehendes Erwachsenenalter/Postadoleszenz. Kann man jungen Menschen nach Vollendung des 18. Lebensjahres auch in entwicklungspsychologischer Hinsicht eindeutig den Status eines Erwachsenen zusprechen? Ist mit dem Abschluss der späten Adoleszenz ein Jugendlicher von einem 30-jährigen Erwachsenen nicht mehr zu unterscheiden? Es steht außer Frage, dass nur wenige 18-jährige auf die Frage, ob sie sich nunmehr als Erwachsene fühlen, mit einem klaren »Ja« antworten würden. Deshalb sprechen zahlreiche Gründe dafür, im Anschluss an die Adoleszenz einen Alterszeitraum vorzusehen, in dessen Verlauf eine verstärkte Vorbereitung auf das Erwachsenenalter erfolgt. Man kann von einem entstehenden Erwachsenenalter oder auch von einem Abschnitt der Post-Adoleszenz sprechen (Hurrelmann, 1996).

9.1.2 Entstehendes Erwachsenenalter

Wann ist man »erwachsen«?

Von einem Erwachsenen spricht man, »wenn ein Individuum in allen Teilbereichen selbständig handeln kann und als selbständiges Gesellschaftsmitglied voll anerkannt ist« (Schäfers, 1980). Viele junge Männer können aber selbst als 25- oder 26-jährige nicht uneingeschränkt »selbständig handeln«, weil sie sich nach Ableistung ihres Wehr- oder Wehrersatzdienstes einem Studium widmen und noch nicht über ein eigenes Einkommen verfügen, somit weiterhin von Zuwendungen des Elternhauses abhängig sind. Wenn man Menschen, die 18 oder 19 Jahre alt sind oder sich in der Mitte der 20er Jahre befinden, danach fragt, ob sie sich bereits als Erwachsene *fühlen,* zögern viele mit einer Antwort. Sie erfüllen auch nach eigener Einschätzung noch nicht alle Voraussetzungen, die sie persönlich mit dem Status eines Erwachsenen verbinden; dazu gehören vor allem (Arnett, 1997, 1998):

- der erfolgte Abschluss ihrer Ausbildung,
- die Aufnahme einer Berufstätigkeit, die vollständige finanzielle Unabhängigkeit gestattet,
- Partnerbindung durch Ehe oder Lebensgemeinschaft und/oder
- Übernahme elterlicher Verantwortung.

Möglicherweise hat ein 25-jähriger aber inzwischen zahlreiche Entscheidungen getroffen, so etwa bezüglich seines zukünftigen Berufes, seiner persönlichen Werte sowie des von ihm bevorzugten Lebensstiles (dazu gehören auch die von ihm bevorzugten Sozialbeziehungen); sollte man ihn nicht aufgrund solcher Entscheidungen als Erwachsenen anerkennen? Wenn man solche und weitere Einzelfälle betrachtet, stößt man auf das kaum lösbare Problem, einen genaueren Zeitpunkt festzulegen, zu dem aus dem Jugendlichen ein Erwachsener wird. In vielen nicht-industriellen Gesellschaften gibt es »Durchgangsriten«, über die Info-Kasten 9.1 einige Einzelheiten mitteilt. Der Mensch befindet sich nämlich nach Abschluss des Grundschulalters auf einem weiteren längeren Weg, in dessen Verlauf Merkmale des Erwachsenseins immer stärker hervortreten; doch es gibt kein einziges Ereignis, das den Eintritt in das Erwachsenenalter eindeutig anzeigen könnte (Arnett & Taber, 1994).

INFO-KASTEN 9.1

Wie Initiationsriten aus Kindern Erwachsene machen

Traditionelle Initiationsriten in Stammesgesellschaften. Noch heute findet man in Ländern der Dritten Welt Zeremonien, in deren Verlauf junge Menschen ihre Kindheit hinter sich lassen, um von der jeweiligen Gesellschaft als Erwachsene akzeptiert zu werden. Der französische Kulturanthropologe Arnold Van Gennep (1986), der von 1878 bis 1957 lebte, nannte solche Zeremonien »rites de passage«.

Im Rahmen eines solchen Ritus findet zunächst eine Trennung vom Elternhaus, vor allem von der Mutter, statt. Damit geht ein Abschied von der Kindheit einher. Für den Stamm wird der »Novize« zu einem »Toten« erklärt. Der »Abschied« wird symbolisch durch das Ablegen des kindlichen Namens und der Kleidung zum Ausdruck gebracht. In einiger Entfernung von seinem Dorf findet das eigentliche Ritual statt. Dort wird der Körper vielfach in einer Weise verstümmelt, die für den jeweiligen Stamm typisch ist. Dazu kann das Ausschlagen eines Zahnes, das Beschneiden der Vorhaut oder das Durchbohren der Ohrmuschel gehören. Diese Eingriffe hinterlassen Spuren, die nie wieder verschwinden; sie weisen somit dauerhaft die Zugehörigkeit zu einem bestimmten Stamm aus. Während eines sechs bis acht Wochen dauernden Zeitraumes erfährt der junge Mensch, welche Rolle er zukünftig in seinem Stamm spielen wird; zugleich wird er in dessen Sitten und Geheimnisse eingeführt. Wenn er schließlich in sein heimatliches Dorf zurückkehrt, wird dem »von den Toten Auferstandenen« eine freudige Begrüßung zuteil. Er hat einen neuen Namen bekommen und trägt nunmehr die Kleidung eines Erwachsenen.

Man kann in den ursprünglichen Initiationsriten eine Hilfe der Gesellschaft sehen, den Übergang eines Kindes in das Erwachsenenalter zu unterstützen. Der Jugendliche ist jedenfalls, wie Gabriele Haug-Schnabel (1993) feststellt, keinen Moment allein, und sie fährt fort: »Die Initiationsriten beweisen ihm [dem Jugendlichen] seine soziale Einbettung, sie sind aber auch Zeichen seiner Unfreiheit, sich zu einer anderen Lebensform als zu der seiner Eltern zu entschließen. Sein Weg ist lückenlos geschützt, der Preis hierfür ist seine bedingungslose Vorgegebenheit.«

Initationsriten in modernen westlichen Industrienationen. Auch Jugendliche, die heute in einem westlich orientierten Land aufwachsen, stehen vor der Aufgabe, sich vom Kindsein zu lösen. Günter Klosinski (1991) verweist darauf, dass diese jungen Menschen im Unterschied zu den Zielsetzungen der oben beschriebenen »natürlichen« Rituale bestrebt sind, sich von der Erwachsenenwelt abzugrenzen. Um diese Abgrenzung zu erreichen, legen sie sich ein bestimmtes Aussehen zu und bedienen sich einer Sprache, die eines klar zum Ausdruck bringen soll: »Wir, die Jugend, wollen anders sein, anders leben, wir machen uns unsere Kultur selbst« (Haug-Schnabel, 1993).

Der »Verlust« der Rituale wird aber nicht allseits als »Fortschritt« gesehen. »Initiation als Einführung in das Leben«, so stellt auch Katrin Stender (1994) fast etwas bedauernd fest, »hat in unserer Zeit ihre Gültigkeit verloren.« ... »Im Verlauf des Zivilisationsprozesses« – so führt Stender weiter aus – »ist die Zukunft immer ungewisser geworden, so dass man sich nicht sicher ist, auf was man die Heranwachsenden vorbereiten soll. Geblieben aber sind die extremen Gefühlszustände der Jugendlichen, die nun keinen Rahmen und keinen Raum mehr finden für die Entäußerung des inneren Chaos.« Was aber passiert, wenn Jugendliche mit diesem »inneren Chaos« allein gelassen sind? Sie schaffen sich ihre eigenen Prüfungen, indem sie beispielsweise S-Bahn-Surfen veranstalten oder Horrorvideos anschauen. »Wenn Jugendliche zusammensitzen und sich gemeinsam die Video-Grausamkeiten ›reinziehen‹, um hernach zu prahlen, wie kalt es sie gelassen hat, dann erinnert das stark an die Mutrituale in traditionsgeleiteten Gesellschaften; es gilt, eine Prüfung zu bestehen« (Stender, 1994). Diese »Prüfung« hat der Jugendliche offenbar vor Gleichaltrigen abzulegen und möglichst zu bestehen. Und womit hat ein junger Mensch zu rechnen, wenn er sich von diesen Gleichaltrigen, die solche Mutproben von ihm fordern können, fernhält? Der Jugendpsychiater Günter Klosinski (1991) stellt fest, dass solche jungen Menschen, die keinen Anschluss an eine Jugendgruppe finden, mit gesteigerter Wahrscheinlichkeit als Patienten seine Hilfe in Anspruch nehmen werden; denn es handelt sich um jene Jugendlichen, »die mehr oder weniger alleine gelassen wurden mit ihrer Trennungsproblematik in der Familie, und denen von der Gesellschaft oder von Seiten der Peer-[Alters-]Gruppe die entscheidende Hilfe zu einer möglichen Abnabelung und Integration versagt blieb.« Solchen auf sich selbst angewiesenen Jugendlichen bleibt vielleicht nichts anderes übrig, als eine Prüfung vor sich selbst abzulegen, und dabei greifen sie nicht selten auf Selbstverletzungen und Selbstmord zurück.

Entstehendes und frühes Erwachsenenalter

Jeffrey Arnett (2000) hat vorgeschlagen, den Zeitraum, der etwa im Alter von 18 oder 19 Jahren beginnt, als entstehendes Erwachsenenalter (engl. *emerging adulthood*) zu bezeichnen. Der damit umschriebene Entwicklungsabschnitt mag im Alter von 25 Jahren, vielleicht auch noch etwas später, enden. Die Altersgrenzen lassen sich kaum allgemein bestimmen: Es gibt 19-jährige, die als Erwachsene gelten können, aber sie stellen eine Ausnahme dar. Für die meisten Menschen, so stellt Arnett fest, zeigt sich in den späten 20er Jahren eine verstärkte Neigung zum Verlassen des entstehenden Erwachsenenalters und zur vollen Übernahme der Rolle eines Erwachsenen. Dieser Übergang ist für viele im Alter von 30 Jahren vollzogen. Zwischen einem Menschen im entstehenden und im frühen Erwachsenenalter sieht Arnett klare Unterschiede: »Die Mehrheit der Leute im Alter zwischen 18 und 25 Jahren befindet sich noch im Prozess ihrer Ausbildung und Schulung für eine länger dauernde Berufstätigkeit, während die meisten Leute in ihren Dreißigern in eine dauerhaftere berufliche Bahn eingemündet sind. Die Mehrheit der Leute im Alter zwischen 18 und 25 ist unverheiratet, während die Mehrheit der Leute in den Dreißigern verheiratet ist. Die Mehrheit der Leute im Alter zwischen 18 bis 25 Jahren ist kinderlos, während die Mehrheit der Leute in ihren Dreißigern wenigstens ein Kind hat. Die Liste ließe sich fortsetzen. Entstehendes und frühes Erwachsenenalter sollten als verschiedene Entwicklungsabschnitte betrachtet werden.«

Erweiterung der persönlichen Freiheiten. Mit dem Übergang von der Adoleszenz zum entstehenden Erwachsenenalter gewinnen viele junge Menschen ein ziemlich hohes Maß an Freiheit, häufig unterstützt dadurch, dass sie nicht länger bei ihren Eltern wohnen. Sofern sie dennoch weiterhin zu Hause leben, gewähren ihnen Mutter und Vater sehr viel mehr Selbständigkeit. Die von Erik Erikson (1968) beschriebene Suche nach der eigenen Identität (s. S. 385f.) ist nur unter diesen Bedingungen einer gewissen Freiheit möglich. Bei vielen Menschen finden vor allem während der ersten Hälfte der 20er Jahre häufig Veränderungen statt, weil sie verschiedene Möglichkeiten erkunden, die sich in Liebesbeziehungen und in der Ausübung von »Jobs«, aber auch im Freizeitbereich erfahren lassen. In diesen Zeitraum fällt häufig auch eine Auseinandersetzung mit verschiedenen Weltanschauungen (Arnett, 2000). Es ist verständlich, dass diese vielfältigen Erfahrungen Entscheidungen herausfordern, von denen die weitere Entwicklung wesentlich mitbestimmt wird. Wenn Erwachsene nach bedeutsamen Entscheidungen ihres bisherigen Lebens gefragt werden, benennen sie viele, die sie während der Zeit des entstehenden Erwachsenalters getroffen haben (Martin & Smyer, 1990).

Nachdem der zwischen der Kindheit und dem frühen Erwachsenenalter liegende Entwicklungszeitraum etwas genauer bestimmt worden ist, stellt sich nunmehr die Frage, welche Veränderungen in dieser Zeit erfolgen. Zunächst soll die kognitive Entwicklung in den Blick rücken. Es soll über das Denken berichtet werden, das den Menschen in der Adoleszenz kennzeichnet. Jean Piaget sprach vom formal-operationalen Denken, von einem Denkniveau, das allerdings nicht alle Menschen erreichen. Ergänzt werden Piagets Vorstellungen durch Beiträge informationstheoretisch ausgerichteter Forscher. Zusätzlich soll dargestellt werden, wie sich egozentrisches Denken beim Jugendlichen auswirken kann. Zum Abschluss dieses Kapitels rückt die moralische Entwicklung in den Blickpunkt.

9.2 Formal-operationales Denken

Die körperlichen Veränderungen während der frühen Adoleszenz zeigen der Umwelt besonders eindrucksvoll, dass aus dem Kind ein Erwachsener wird. Wie unterscheidet sich der Jugendliche aber in seinem Denken von einem Grundschüler? Natürlich kann ein normaler 15-jähriger mehr Fragen eines typischen Intelligenztests richtig beantworten als ein durchschnittlicher Achtjähriger. Ein Mensch in der Adoleszenz ist in der Lage, Probleme zu lösen, vor denen er früher versagte. Worauf sind diese Unterschiede zurückzuführen? Leistet der Jugendliche nur deshalb mehr als zur Zeit des Grundschulalters, weil er mehr Erfahrungen sammeln konnte und entsprechend mehr weiß? Nach Meinung von Jean Piaget wäre das eine sehr einseitige Betrachtung, denn sie würde übersehen, dass sich das Denken des Menschen im Alterszeitraum zwischen 11 oder 12 und 15 Jahren noch einmal qualitativ ändert: Viele Jugendliche greifen nicht nur verstärkt auf die Logik zurück, sondern können grundsätzlich auch abstrakt denken. Zudem urteilen sie über alltägliche Zusammenhänge anders als während ihrer Kindheit.

9.2.1 Grundlegende Erkenntnisse Jean Piagets zum Denken in der Adoleszenz

Vom konkret-operationalen zum formal-operationalen Denken

Einem Grundschulkind fällt es in der Regel nicht schwer, Beziehungen zwischen mehreren Kindern zu erkennen, die sich etwa in ihrer Größe voneinander unterscheiden. Folgende Aufgabe gelingt ihm, wenn die darin benannten Kinder leibhaftig vor ihm stehen oder ihm zumindest bekannt sind: *Petra ist größer als Kirsten, und Kirsten ist größer als Katrin; wer ist von den dreien die Größte?* Wie würde dasselbe Kind reagieren, wenn man diese Aufgabe aus dem sinnvollen Kontext herausnimmt und sie nur noch in abstrakt-symbolischer Form, also in folgender Weise darstellt? Gegeben sind drei Größen A, B und C, die sich nach ihrer Länge unterscheiden. Dabei ist A>B>C. Welche ist am längsten? Die richtige Antwort dürfte einem Grundschulkind kaum gelingen, denn diese umformulierte Aufgabe setzt eine Denkfähigkeit voraus, die sich nach den Beobachtungen Jean Piagets erst im Altersbereich zwischen elf und zwölf Jahren entwickeln kann. Er nennt diese »reife« Form des Denkens formal-operational. John Flavell und Mitarbeiter (1993) haben den Unterschied zwischen einem konkret-operationalen und einem formal-operationalen Denker folgendermaßen zusammengefasst: Das konkret-operationale Denken »ist ein bodenständiger, konkreter, praktischer Problemlösungsansatz, einer der auf die wahrzunehmende und zu erschließende Wirklichkeit gerichtet ist, so wie sie sich im Moment vor ihm darstellt. ... Normalerweise beginnt das Kind mit der Wirklichkeit und nähert sich dann zögerlich, wenn überhaupt, dem Möglichen. Der Jugendliche oder Erwachsene ist im Unterschied dazu mehr geneigt, mit der Möglichkeit anzufangen und sich erst anschließend der Wirklichkeit zuzuwenden.« Kinder setzen sich weitgehend noch mit der Wirklichkeit auseinander, wie sie *ist*, während Jugendliche sich häufig fragen, wie sie sein *könnte*. Der formal-operationale Denker kann u. a. logische Schlussfolgerungen ziehen und ist weiterhin zum *wissenschaftlichen Denken* in der Lage.

Höheres Diskussionsniveau. Eltern merken vielfach, dass ihren Töchtern und Söhnen neue Denkmöglichkeiten zur Verfügung stehen, wenn sie mit ihnen diskutieren. Im Vergleich zu früher argumentieren sie logischer und systematischer. Mütter und Väter mögen über diese neuen Denkmöglichkeiten nicht immer beglückt sein, denn ihre jugendlichen Söhne und Töchter versuchen ihre manchmal befremdlich erscheinenden Standpunkte vielfach durch logische Argumente zu stützen, oder sie zeigen ihren erwachsenen Diskussionspartnern gehäuft »logische Denkfehler« auf.

Fähigkeit zur Ableitung logischer Schlüsse

Zur Überprüfung der logischen Denkfähigkeit verwendet man häufig zwei verschiedene Aussagen (oder Prämissen), aus denen eine Folgerung abgeleitet werden kann, deren Richtigkeit zu überprüfen ist. David Moshman und Bridget Franks (1986) haben Grundschulkinder und Jugendliche gefragt, ob sie den Schlussfolgerungen zustimmen können, die jeweils aus den vorgelegten Aussagen abgeleitet worden sind.

(1) Wenn Elefanten größer als Hunde sind
und Hunde größer als Mäuse sind,
dann sind Elefanten größer als Mäuse.

(2) Wenn Mäuse größer als Hunde sind
und Hunde größer als Elefanten sind,
dann sind Mäuse größer als Elefanten.

Ein Grundschulkind wird der ersten Aufgabe vermutlich zustimmen, denn es kennt die Größe von Mäusen, Hunden und Elefanten. Folglich bereitet es ihm keine Schwierigkeit, die Schlussfolgerung als zutreffend anzuerkennen, dass Elefanten größer als Mäuse sind. Die Schlussfolgerung der Aufgabe 2 wird dasselbe Kind wahrscheinlich als falsch zurückweisen, denn die getroffene Feststellung stimmt mit der Wirklichkeit nicht überein. Demgegenüber weiß der Jugendliche selbstverständlich, dass es keine Mäuse gibt, die Elefanten an Größe überragen, aber er erkennt an, dass die Schlussfolgerung vollkommen der Logik entspricht. Um aufzudecken, inwieweit

Jugendliche in der Lage sind, Schlussfolgerungen auch aus solchen Prämissen zu ziehen, die jeglicher Erfahrung widersprechen, haben Entwicklungspsychologen teilweise sehr kuriose Aufgaben konstruiert; Info-Kasten 9.2 gibt dafür einige Beispiele.

INFO-KASTEN 9.2

Weshalb ist es Sonntag, wenn dieses Belgien ist?

Grenzen des konkret-operationalen Denkers. Zahlreiche international bekannte Lehrbücher der Entwicklungspsychologie zeigen anhand anschaulicher Beispiele, dass Kinder, die konkret-operational denken, anders reagieren als Jugendliche, die zu formalen Operationen fähig sind. »Unreife« Denkformen offenbaren sich vor allem bei Aufgaben, die inhaltlich allgemeinen Erfahrungen widersprechen, in die Welt der Möglichkeiten führen oder zum Entdecken logischer Zusammenhänge herausfordern. In zahlreichen Untersuchungen hat man dabei Aufgaben verwendet, die derartig aberwitzige Zusammenhänge behaupteten, dass es verwunderlich wäre, wenn sich Versuchspersonen nicht gelegentlich gefragt haben, ob sie von den Experimentatoren überhaupt ernst genommen worden sind. So hat man Kindern folgende Frage gestellt (Hetherington & Parke, 1999): »Wenn alle blauen Leute in roten Häusern leben, sind dann alle Leute, die in roten Häusern leben, blau?« Kinder, die konkret denken, haben offenbar Schwierigkeiten, sich damit abzufinden, dass es so etwas wie blaue Menschen gibt. In einer anderen Untersuchung gab man jungen Versuchspersonen die Gelegenheit, auf folgende Feststellung mit »ja« oder »nein« zu antworten: »Wenn Gras rosa ist, dann ist es offensichtlich rosa.« Es ergaben sich folgende Zusammenhänge: »Die wahrscheinlichste Antwort eines formalen Denkers ist: ›Ja, wenn es rosa ist, dann ist es offensichtlich rosa.‹ Der konkrete Denker, der die innere Logik dieser Feststellung übersieht, würde antworten ›Nein, es ist grün‹« (Moshman et al., 1987).
Erst im Alter von etwa elf oder zwölf Jahren und nach weiteren Schuljahren kann er sich auch die Antwort auf folgendes Problem logisch erschließen:
Wenn dieses Belgien ist, dann ist dies Sonntag.
Dies ist Belgien.
Ist dies Sonntag?
Es wäre verlorene Zeit, sich an jüngere Kinder mit dieser Aufgabe zu wenden. Erst Menschen im Jugendalter, so versichern die Lehrbuch-Autoren, können diese Frage zutreffend mit »ja« beantworten! (Clarke-Stewart & Friedman, 1987). Andere Verfasser eines einführenden Werkes pflichten ihnen bei und zeigen eindrucksvoll an einem weiteren Beispiel auf, welche Erkenntnisse dem Grundschulkind noch verborgen bleiben, weil es noch nicht formal-operational denken kann: »Der Adoleszente kann Schlussfolgerungen aus *Wenn ... dann ...* Aussagen ziehen: Wenn der Mond aus grünem Käse gemacht wäre, dann würden die Mäuse ein Wettrennen zum nächsten Raumschiff veranstalten« (Scarr et al., 1986).

David Shaffers »Drei-Augen-Aufgabe«. David Shaffer (1999) schildert in seinem Lehrbuch einen kleinen Versuch, der sich an Schüler der vierten und sechsten Schulklasse wendet. Diese erhielten folgende Aufgabe:
»Stellt Euch vor, Euch würde ein drittes Auge gegeben und Ihr könntet Euch die Stelle aussuchen, wo Ihr dieses Auge an Eurem Körper unterbringen wollt.« Ein Kind im Alter von neuneinhalb Jahren antwortete darauf: »Ich möchte mein Auge neben meinen beiden anderen Augen haben, damit ich weiterhin sehen könnte, wenn ich eines verlieren sollte.« Ein gleichaltriges Mädchen meinte: »Ich möchte ein drittes Auge, damit ich besser sehen kann.« Diese Antworten – so scheint es – haben Shaffer aber nicht sonderlich beeindruckt. Wieviel »reifer« waren demgegenüber die Einfälle der formalen

Denker: Sie dachten laut Shaffer über die Vorteile der hypothetischen Situation nach und gaben recht einfallsreiche Gründe für die Unterbringung des »Extra«-Auges an einzigartigen Stellen. Ein 11½-jähriger Junge zeichnete z. B. ein Auge in die Mitte seiner linken Handfläche und erläuterte dazu: »Ich könnte um Ecken herumsehen und könnte sehen, was für ein Plätzchen aus der Keksdose ich kriegen werde.« Ein anderer Elfjähriger fand für das dritte Auge noch einen Platz in seinem Mund. Da es sich bei ihm um einen formalen Denker handelte, war seine Entscheidung selbstverständlich nicht ohne angemessene Vorüberlegungen gefallen; seine Begründung spricht für sich selbst: »Ich möchte ein drittes Auge in meinen Mund, denn ich möchte sehen, was ich esse.«
Den jüngeren Schülern ermangelte es nicht nur an kreativen Lösungen. Man kann es darüber hinaus nur ihrer kognitiven Unreife (und selbstverständlich nicht der Wirklichkeitsferne der akademischen entwicklungspsychologischen Forschung) zuschreiben, dass sie Shaffer unverblümt erklärten, dass sie die »Drei-Augen-Aufgabe« ziemlich albern und uninteressant fänden. Ein Neunjähriger zeigte mit seiner Äußerung deutlich, wie wenig er bereits formal-operational dachte, denn er erklärte einfach: »Das ist blöd. Keiner hat drei Augen.«
Möglicherweise bedarf er aber nur noch weiterer zwei oder drei Jahre Schulerfahrungen, bis auch dieser Junge seine spontane Ehrlichkeit verliert, denn von den Elf- und Zwölfjährigen zeichnet Shaffer ein ganz anderes Bild. Ihnen, so behauptete er, habe die Aufgabe großen Spaß bereitet. Könnte es womöglich aber auch mit einem nicht immer spannenden, vielleicht sogar langweiligen Unterricht zu tun gehabt haben, wenn diese etwas älteren Schüler nach Shaffers Bekundungen für den Rest des Schuljahres immer wieder den Lehrer mit der Bitte plagten, er solle ihnen noch einmal so eine »Spaß«-Aufgabe wie die mit dem Auge geben?

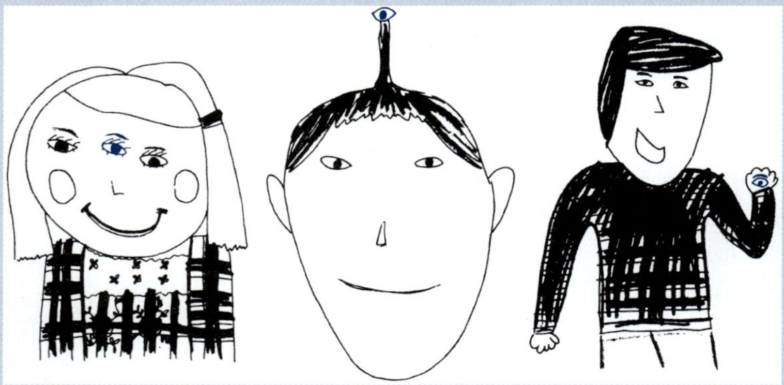

Abbildung 9.1. Zeichnung eines 11½-jährigen zur »Drei-Augen«-Aufgabe, die nach David Shaffer das logische Denkvermögen und den Einfallsreichtum formal-operationaler Denker offenbart

Der formale Denker weiß, dass mit dem Wort »wenn« ein Zugang zur Welt des Möglichen bzw. nur noch Denkbaren zu eröffnen ist. Er verfügt damit über eine neue Denkmöglichkeit, die dem jüngeren Kind noch nicht zur Verfügung steht, weil es in seinem Denken noch zu sehr der Wirklichkeit verhaftet ist. Mit dem Zugang zur Welt des Möglichen ist dem Jugendlichen auch der Weg eröffnet, ebenso zu denken wie ein Wissenschaftler.

Fähigkeit zum hypothetisch-deduktiven Denken

Die Fähigkeit des formal-operationalen Denkers, über theoretische Möglichkeiten nachzudenken und logische Schlussfolgerungen aus abstrakten Beziehungen abzuleiten, bezeichnete Piaget als »hypothetisch-deduktives Denken«. Die Fähigkeit, sich mögliche Entwicklungen vorzustellen, eröffnet neue Wege zur Auseinandersetzung mit Problemen. Zunächst werden Hypothesen (= noch nicht geprüfte Erklärungen) formuliert, um daraus abzuleiten (zu deduzieren), wie sich diese Hypothesen prüfen lassen. Formal-operationale Denker sind in der Lage, bei der Suche nach Lösungen für Probleme in hohem Maße systematisch vorzugehen.

Piagets Pendel-Problem. Um dieses hypothetisch-deduktive Denken studieren zu können, legte Piaget Jugendlichen Probleme meist aus dem naturwissenschaftlichen Bereich vor, so etwa das Pendel-Problem. Wovon hängt die Frequenz ab, mit der ein Pendel von der einen Seite zur anderen schwingt? Diese Frage richtete Piaget an Kinder, die sich in der Phase der konkreten Operationen der Denkentwicklung befanden (Inhelder & Piaget, 1955). Wie sich der schematischen Darstellung von Abb. 9.2 entnehmen lässt, gibt es vier verschiedene Möglichkeiten, Veränderungen an einem Pendel vorzunehmen.

Ein Mensch, der sich mit dem Pendel-Problem auseinandersetzen soll, hat grundsätzlich vier Möglichkeiten beim Experimentieren: Er kann

(1) den Faden verkürzen oder verlängern, an dem das Pendel hängt;
(2) das Gewicht am Pendel verändern;
(3) das Pendel aus unterschiedlichen Höhen starten und
(4) das Pendel beim Start mehr oder weniger stark anstoßen.

Wer sich mit der Pendel-Aufgabe auseinandersetzt, steht vor der Schwierigkeit, dass keine Einflussgröße losgelöst von den anderen betrachtet werden kann. Wird eine Einflussgröße näher untersucht, so haben die anderen drei Größen ebenfalls einen bestimmten Wert, der mitberücksichtigt werden muss. Das konkret-operational denkende Kind ist jedoch nicht in der Lage, alle vier Einflussgrößen gleichzeitig zu bedenken. Wenn eine Versuchsperson eine Einflussgröße verändert, die verbleibenden drei jedoch nicht konstant hält, kommt es zu falschen Antworten, weil der Lösungsweg nicht von einem hypothesengeleiteten Untersuchungsplan bestimmt wurde. Von welchem Alter an findet ein junger Mensch

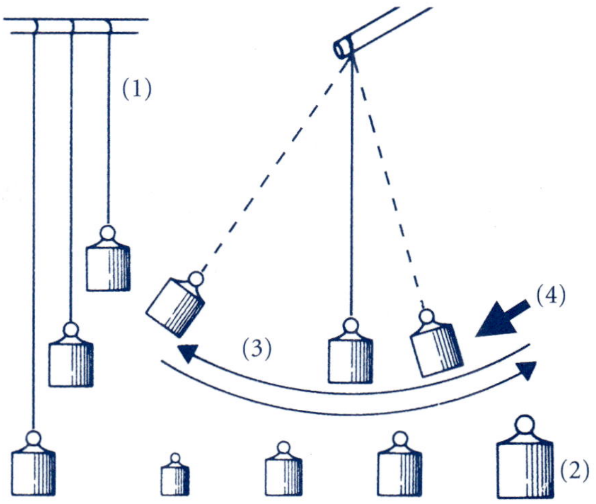

Abbildung 9.2. Piagets Pendel-Problem: Wovon hängt die Geschwindigkeit ab, mit der ein Pendel von einer Seite zur anderen schwingt? Bei der Lösungssuche kann der Versuchsteilnehmer (1) die Länge des Fadens verändern, an dem das Pendel hängt; (2) das Gewicht am Pendel verändern; (3) das Pendel aus unterschiedlichen Höhen starten und (4) das Pendel beim Start mehr oder weniger stark anstoßen

nun durch planmäßiges Experimentieren die richtige Lösung? Wann kann er frühestens entdecken, dass nur die Länge des Fadens die Schwingungsdauer des Pendels bestimmt, während Gewicht, Starthöhe und Startschwung ohne Wirkung bleiben?

Mangel an Systematik beim konkret-operationalen Denker. Nach Piagets Beobachtungen lässt die Vorgehensweise eines konkret-operationalen Denkers keinen klaren Plan erkennen. Vielmehr ändert dieser einmal die eine, dann wieder die andere Bedingung. Es ermangelt ihm noch an Systematik. So startet eine Versuchsperson die Bewegungen beispielsweise zunächst mit einem kleinen Gewicht an einem langen Faden. Kurze Zeit später hält sie das Pendel an, damit sie an einen kurzen Faden ein schwereres Gewicht knüpfen kann. Abermals setzt sie das Pendel mit einem Stoß in Gang. Kurz darauf ändert sie die Bedingung nochmals: dieses Mal versucht sie, den Faden ohne Gewicht ins Pendeln zu bringen usw.

Insgesamt gewann Piaget aus solchen Beobachtungen den Eindruck, dass ein typisches Grundschulkind bei seiner Lösungssuche völlig unsystematisch, zumindest aber nicht planmäßig vorgeht. Grundschüler verändern möglicherweise zwei Bedingungen gleichzeitig, beachten vor allem solche Ereignisse, die ihre Erwartungen bestätigen und missachten jene, die ihre Vermutungen widerlegen. Piaget beobachtete konkret-operational denkende Kinder, die offenbar gar nicht verstanden, was sich tatsächlich ereignete. Jedenfalls teilte ein Kind z. B. die falsche Beobachtung mit, das Pendel hätte mit einer größeren Frequenz geschwungen, nachdem es einen kräftigen Stoß erhalten habe.

Im Alter von elf oder zwölf Lebensjahren misslingt nach den Beobachtungen Piagets vielen Kindern immer noch die Bewältigung der Pendelaufgabe. Wiederholt beobachtete er, wie seine Versuchspersonen zunächst die Länge des Fadens und das Gewicht *gleichzeitig* veränderten, um dann vom Pendel (fälschlich) zu behaupten: »Es geht langsamer, wenn das Gewicht schwerer und wenn der Faden länger ist« (Ginsburg & Opper, 1998).

Systematisches Vorgehen beim formal-operationalen Denker. Erst wenn ein Mensch 14 oder 15 Jahre alt ist, geht er nach Piagets Beobachtungen planmäßiger vor. Er überlegt sich zunächst, welche möglichen Antworten überhaupt in Frage kommen: Jeder einzelne der vier Faktoren kann allein oder in Verbindung mit anderen die Frequenz der Pendelschwingungen bestimmen. Ein Jugendlicher, der diese Stufe der kognitiven Entwicklung erreicht hat, beginnt die Bearbeitung eines Problems beispielsweise damit, sich mögliche Lösungen vorzustellen. Am Anfang steht die Hypothese, dass die Größe des Gewichts die Dauer der Schwingungen bestimmen könnte. Sodann fragt der Jugendliche sich, wie sich die Bewegungen des Pendels verändern müssten, wenn statt des kleinen ein großes Gewicht an den Faden gehängt wird. Er nimmt vielleicht an, dass die Frequenz der Pendelbewegungen bei Erhöhung des Gewichts zunimmt. Wenn dieser Zusammenhang tatsächlich besteht, dann – so leitet er ab – muss man Gewichte unterschiedlicher Größe verwenden und die anderen drei Faktoren unverändert lassen. Wenn sich das Pendel nun im Einklang mit seinen Vermutungen bewegt, sieht er seine Hypothese bestätigt; anderenfalls formuliert er einen anderen Zusammenhang (das Pendel schwingt um so schneller, je länger der Faden wird), um auch diese Hypothese durch geeignete Maßnahmen zu überprüfen. Diese Vorgehensweise entspricht der eines experimentell arbeitenden Wissenschaftlers.

Beurteilung menschlicher Verhaltensweisen. Auch menschliche Verhaltensweisen können von einem formal-operational denkenden Jugendlichen anders beurteilt werden als von einem jüngeren Kind. Der formal-operationale Denker wird zunächst klären, welche möglichen Bedingungen einen Menschen zu einer bestimmten Tat veranlasst haben könnten. Er sucht nach der wahrscheinlichsten und fällt erst dann sein Urteil.

BEISPIEL

Wie beurteilen Grundschulkinder und Jugendliche beispielsweise das Verhalten eines Piloten, der einen Unfall in den Alpen verursacht hat? Befragte erhielten zunächst folgenden Bericht vorgelegt (Peel, 1967):
Der Pilot eines Kampfflugzeugs, der über die Alpen flog, stieß mit einer Drahtseilbahn zusammen. Dabei wurde das Hauptseil durchtrennt und einige Gondeln stürzten auf den darunter liegenden Gletscher. Es gab mehrere Tote.
Ein konkret-operational denkendes Kind erklärte zu diesem Unfall befragt, dass er von einem unfähigen Piloten verursacht sein musste. Demgegenüber hält sich ein formal-operational Denkender mit der Beurteilung eines derartig tragischen Ereignisses anfänglich zurück. Er versucht sich zunächst zu vergegenwärtigen, durch welche denkbaren Möglichkeiten ein solcher Unfall grundsätzlich entstanden sein könnte. Möglicherweise erklärt er zum Verhalten des Piloten folgendes: »Entweder war er bei

seinem Flug über die Bergbahn nicht informiert oder er flog zu niedrig. Vielleicht ist sein Flugkompass auch durch irgendetwas vor oder nach dem Start beeinträchtigt worden, so dass er von seinem Kurs abgekommen und in das Seil geflogen ist«. Nachdem ein so urteilender junger Mensch sich zahlreiche mögliche Ursachen vor Augen geführt hat, prüft er jede einzelne, um schließlich die ihm wahrscheinlich erscheinende zur Grundlage seiner bewertenden Stellungnahme werden zu lassen. Der konkret-operationale Denker berücksichtigt dagegen nur *eine* Unfallursache, die ihm besonders naheliegend erscheint. Infolgedessen urteilt er leichtfertig, dass der Unfall von einem »schlechten« Piloten verursacht worden sein muss (Peel, 1967).

9.2.2 Formal-operationales Denken aus kritischer Sicht

Hinter der von Piaget beschriebenen Abfolge des Denkens während der Kindheit und des Jugendalters steckt zweifellos eine Wertung, die sich in der Kultur findet, in der Piaget gelebt hat. Das Ziel der von ihm beschriebenen Entwicklung ist demnach ein Mensch, der formal abstrakt denken kann und auf keinerlei Anschauungshilfe mehr zurückgreifen muss. Für Piaget vollzieht der ideale Denker seine kognitiven Operationen ausschließlich »im Kopf«. Man kann ihm Probleme vorlegen, die aus ihrem alltäglichen Kontext herausgerissen sind und die er sodann allein durch planvolles Vorgehen und Systematik bewältigen kann. Kritiker Piagets haben darauf verwiesen, dass auf der Erde viele Menschen leben, die – meist wegen fehlenden oder unzureichenden Schulbesuchs – bei Piagets Aufgaben versagen. Muss man ihnen infolgedessen die Fähigkeit zum »reifen« Denken absprechen? Immerhin sind sie in der Lage, zur Lösung ihrer alltäglichen Probleme recht komplizierte kognitive Operationen auszuführen. Und wie hat man jene Frauen und Männer zu beurteilen, die in westlich orientierten Gesellschaften leben und ebenfalls alltäglich Aufgaben erfolgreich bewältigen, ohne dabei systematisch gedanklich mögliche Lösungen durchzuprobieren?

Kognitive Kompetenz und kognitive Performanz. Es steht außer Zweifel, dass viele Menschen, vor allem nach einem längeren Schulbesuch, in ausreichendem Umfang Übungen im formal-operationalen Denken erhalten haben. Machen sie von diesen Fähigkeiten aber spontan auch Gebrauch? Der Nachweis, dass Jugendliche zu formalen Operationen fähig sind – man spricht auch von kognitiver Kompetenz – bedeutet noch lange nicht, dass sie damit auch kognitive Performanz zeigen, d. h. zugleich in der Lage sind, von ihren Denkmöglichkeiten in einer bestimmten Situation auch Gebrauch zu machen. Erwachsene zeigen nicht selten erhebliche Schwierigkeiten, Probleme zu lösen, die aus ihrem natürlichen Kontext gerissen und lediglich durch logisches Denken zu lösen sind. Dafür liefert eine Kartenaufgabe ein anschauliches Beispiel.

Logisches Denken zur Lösung von Problemen unterschiedlicher Vertrautheit

Peter Wasons Kartenaufgabe. Peter Wason (1968) legte seinen Versuchspersonen vier Karten vor, die auf der Vorderseite geometrische Figuren wie in Abb. 9.3 zeigten. Er nannte Ihnen sodann eine Regel, die sie beachten mussten, um die im folgenden dargestellte Behauptung überprüfen zu können: »Jede Karte hat ein weißes oder ein graues Dreieck auf der einen und einen weißen oder einen grauen Kreis auf der anderen Seite.«

Die von den Versuchspersonen zu überprüfende Behauptung lautet folgendermaßen: »Jede Karte mit einem weißen Dreieck auf der Vorderseite hat auf der Rückseite einen grauen Kreis. Wie viele und welche Karten muss man wenden, um herauszufinden, ob diese Behauptung zutrifft?« Die meisten Jugendlichen und Erwachsenen geben ziemlich schnell eine unzutreffende Antwort, an deren Richtigkeit sie allerdings nicht

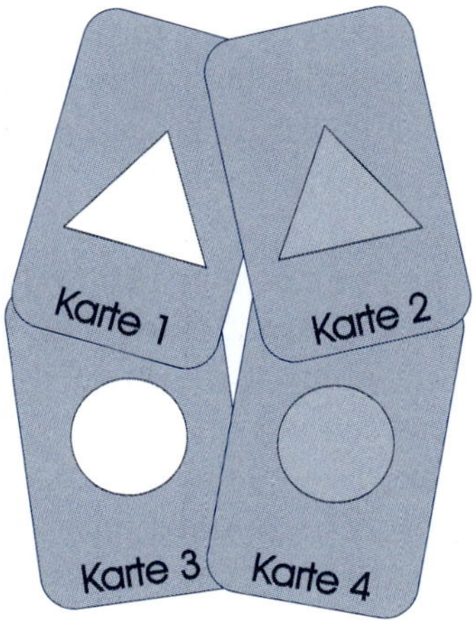

Abbildung 9.3. Peter Wasons (1968) Aufgabe zur Überprüfung der logischen Denkfähigkeit: »Jede Karte mit einem weißen Dreieck auf der Vorderseite hat auf der Rückseite einen grauen Kreis. Wie viele und welche Karten muss man wenden, um herauszufinden, ob diese Behauptung zutrifft?«

die geringsten Zweifel haben. Sie erklären nämlich, man hätte die Karten 1 und 4 zu wenden. Warum geben sie diese falsche Antwort? Eine Ursache für ihren Fehler liegt sicherlich darin, dass sie folgende Schlussfolgerung ziehen: Wenn sich bei einer Karte mit dem weißen Dreieck auf der *einen* Seite ein grauer Kreis auf der *anderen* Seite findet, muss auch die Karte mit einem grauen Kreis auf der *einen* Seite ein weißes Dreieck auf der *anderen* Seite aufweisen. Mit anderen Worten: wenn alle A gleich B sind, dann müssen – so ihr Denken! – auch alle B gleich A sein. Eine solche Symmetrie findet sich tatsächlich sehr häufig im alltäglichen Leben und es mag nützlich sein, dort von einer solchen Annahme auszugehen. Eine logische Notwendigkeit ergibt sich aber dafür nicht, wie sich schnell nachvollziehen lässt, wenn man die Aussage mit konkreteren Inhalten füllt: Wenn alle Chinesen (A) Menschen (B) sind, ergibt sich nicht, dass auch alle Menschen (B) auch Chinesen (A) sind.

Einbettung der Kartenaufgabe in einen sinnvollen Kontext. Tatsächlich mindert sich die Fehlerhäufigkeit, wenn man die Regeln der Kartenaufgabe zwar beibehält, sie jedoch in einen Kontext umsetzt, der den Befragten sehr vertraut ist. Eine solche Bedingung wurde in einer weiteren Studie geschaffen, in der man Karten verwendete, die auf der einen Seite Symbole bestimmter Städte, auf der anderen bekannte Verkehrsmittel darstellten. Wiederum sollte die bereits aus der obigen Kartenaufgabe bekannte Regel geprüft werden. Abb. 9.4 illustriert eine entsprechende Aufgabe. Ihr liegt folgende Regel zugrunde: »Jede Karte hat ein Reiseziel auf der einen Seite und ein Verkehrsmittel, mit dem dieses Reiseziel erreicht wird, auf der anderen Seite«. Diese Regel ist bei folgender Frage anzuwenden: »Wenn ich nach London reise, nehme ich immer das Flugzeug. Welche Karte(n) muss/müssen umgedreht werden, um zu prüfen, ob diese Regel durch sie (d. h. die Rückseite der Karte) nicht verletzt wird.«

Man muss auf jeden Fall die Karte *London* wenden. Man brauchte die Karte *Paris* nicht umzudrehen, denn über die Anreise dorthin wurden keinerlei Aussagen gemacht. Auch das *Flugzeug* hätte man nicht zu wenden, denn man könnte zu jedem Ort mit dem *Flugzeug* gelangen; das schließt die obige Regel nicht aus. Aber die Karte *Schiff* müsste auf jeden Fall gewendet werden, um sicherzustellen, dass sich auf ihrer Rückseite nicht *London* befindet, denn die Anreise auf dem Seeweg würde der Aussage widersprechen, nach *London* stets mit dem *Flugzeug* zu reisen.

Die Lösung der zweiten, in einen sinnvollen Kontext eingebetteten Aufgabe Wasons fordert zweifellos – ebenso wie das zuerst dargestellte Problem mit geometrischen Figuren – die Fähigkeit zum logischen Denken heraus. Weshalb bereitet letzteres aber vielen Menschen weniger Probleme? Die Antwort kann nur lauten, dass Probleme leichter zu lösen sind, wenn sie innerhalb eines Kontextes dargestellt werden, mit dem Lösungssuchende sehr gut vertraut sind. Wie aber reagiert man, wenn sich Probleme in einem alltäglichen Kontext, also nicht in einem Experiment, stellen? Geht man dabei ebenso planmäßig vor wie ein Wissenschaftler, indem man sich zunächst alle denkbaren Lösungsmöglichkeiten zusammenstellt, um sie dann systematisch zu prüfen?

Abbildung 9.4. In einer Variante ist Wasons Aufgabe zur Überprüfung der logischen Denkfähigkeit in einen sinnvollen Kontext eingebettet: »Wenn ich nach London reise, nehme ich immer das Flugzeug. Welche Karte(n) muss/müssen umgedreht werden, um zu prüfen, ob diese Regel durch sie (d. h. die Rückseite der Karte) nicht verletzt wird?«

Formal-operationales Denken in alltäglichen Situationen

Im Rahmen seiner Bemühungen, das formal-operationale Denken zu studieren, legte Piaget Jugendlichen zumeist Probleme vor, wie sie sich grundsätzlich auch in wissenschaftlichen Instituten stellen. In Entsprechung zum Pendelproblem (s. S. 329) sollte die Lösungssuche erfolgen, indem einige Merkmale konstant gehalten werden, um sodann *eines* systematisch verändern zu können. Ist eine solche Vorgehensweise aber auch empfehlenswert, wenn Aufgaben zu lösen sind, wie sie in alltäglichen Situationen vorkommen? Wenn man etwa einen Kuchen backt und feststellt, dass er misslungen ist, wird man nach einer Erklärung suchen. Vielleicht hat man wegen fehlenden Zuckers Honig und an Stelle von Butter Margarine genommen (Tschirgi, 1980). Es wäre durchaus möglich, dass man in einem weiteren Versuch mit Butter und Zucker backt und dabei erfolgreicher ist. Im Alltag würde man sich mit diesem Ergebnis wahrscheinlich zufrieden geben. Wenn man aber seine Schlussfolgerungen ebenso wie in der Pendelaufgabe absichern wollte, wäre planmäßig zu prüfen, ob nur der Honig, nur die Margarine oder beide Zutaten zusammen für den missglückten Kuchen verantwortlich waren.

Unzulänglichkeiten formaler Operationen. Können formale Operationen mit ihrer Systematik das Lösungsverhalten im Alltagsleben aufhellen oder verbessern? Die Frage ist zu verneinen, denn sie wären viel zu zeitaufwendig. Im Übrigen, so erklärt Robert Hogan (1980), kann sich die Fähigkeit zum formal-operationalen Denken nur in einem besonderen kulturellen Rahmen entwickeln, in »einer Kultur, die durch Freizeit, durch hinreichende Grundlagen zum Überleben und soziale Sicherheit zu kennzeichnen ist, und die diese gefühllose und ziemlich selbstgefällige Form des Denkens unterstützt und belohnt« (Hogan, 1980). Solche Kritiken richten sich auch gegen eine Schule, die das von der im Alltag vorfindbaren Wirklichkeit abgehobene Denken höher bewertet, als das praktische Tun. Wem ist denn damit geholfen, so fragt auch Edward Sampson (1981), wenn Schüler am Ziel ihrer Ausbildung über Probleme logisch-abstrakt nachdenken können (es allerdings nicht ständig und keineswegs in sämtlichen Problembereichen tun), aber deren historische und soziale Wurzeln nicht mehr im Blick haben? Was sind das am Ende für Menschen, so fragt er weiter, die in ihrem Kopf zwar eine Vielzahl kognitiver Aktivitäten ausführen können, »aber dennoch ziemlich hilflos und offensichtlich gleichgültig bleiben..., wenn es darum gehen soll, wirkliche Veränderungen in ihrer tatsächlich existierenden Welt herbeizuführen?«

Wer in gehobenen Bildungsstätten lernen muss, formal-operational zu denken, wird keineswegs bereit sein, auf diese Weise auch seine alltäglichen Probleme zu bewältigen. Tatsächlich hat Piaget (1972) schließlich selbst zugestanden, dass Erwachsene nur in solchen Bereichen formal-operational denken, für die sie sich sehr stark interessieren und in denen sie folglich auch über erhebliches Können verfügen. Das Alter eines Kindes oder Jugendlichen spielt dabei eine weit geringere Rolle, als Piaget angenommen hat. Wenn man sich dem besonderen Wissens- und Kenntnisstand anpasst, können sogar schon Vorschulkinder logisch zutreffende Schlussfolgerungen aus ihnen vorgegebenen Voraussetzungen ableiten (Hawkins et al.,

1984), während es Jugendlichen und Erwachsenen häufig nicht gelingt, Aufgaben zu bewältigen, die logisches Denken voraussetzen. Viele Menschen scheitern an Wasons Kartenaufgabe (Abb. 9.3) wegen ihrer Abstraktheit und Kontextlosigkeit. Sogar Wissenschaftler, die zweifellos Piagets letztes Stadium der kognitiven Entwicklung erreicht haben, nutzen u. a. Papier und Bleistift sowie ihren Computer, um sich die Komplexität zu bearbeitender Probleme anschaulich darzustellen. Selten lösen sie, wie etwa Schachspieler, ihre Probleme ausschließlich »im Kopf«. Aber auch jene vergegenwärtigen sich nicht *alle* möglichen Züge. Der Erfolg sehr erfahrener Spieler liegt vielmehr darin, dass sie eine aktuelle Figurenanordnung mit einer Anordnung vergleichen, die aus früheren Spielen in ihrem Gedächtnis gespeichert ist und sich dann für den Zug entscheiden, der sich in der Vergangenheit als erfolgreich erwiesen hat (Chase & Simon, 1973). Dennoch wird ein Schachspieler häufig genug formal operational denken, bevor er sich für seinen nächsten Zug entscheidet, nicht jedoch, wenn er im Supermarkt nach dem günstigsten Angebot sucht oder vor einem Waschgang damit beschäftigt ist, seine Wäsche zu sortieren.

Die hohe Bewertung des formal-operationalen Denkens in westlich orientierten Gesellschaften gipfelt in der egozentrischen Überzeugung, dass nur die Fähigkeit zum abstrakt-logischen Denken die Voraussetzungen eröffnet, komplexere Probleme zu bewältigen. Anthropologen, die mit psychologischen Theorien vertraut sind, konnten inzwischen nachweisen, dass anspruchsvolle Denkleistungen auf dieser Erde sehr viel verbreiteter sind, als Piaget angenommen haben mag (Hutchins, 1980; Rogoff & Lave, 1984). Ein Beispiel dafür liefern Beobachtungen in der Südsee, die Info-Kasten 9.3 beschreibt.

INFO-KASTEN 9.3

Sind schulunerfahrene Südsee-Insulaner zu formalen Operationen fähig?

Viele Angehörige nicht-industrieller Gesellschaften versagen völlig, wenn man ihnen Aufgaben aus dem Mathematik- oder Physikunterricht vorlegt, denn sie verfügen über keine Schulbildung. Muss man ihnen deshalb aber formal-operationale Denkfähigkeiten absprechen? Wären Südsee-Insulaner ohne diese Voraussetzung in der Lage, ihr Schiff von Insel zu Insel zu steuern, die Hunderte von Kilometern voneinander entfernt liegen können? Diesen Menschen stehen keine technischen Instrumente zur Verfügung. Sie orientieren sich am Sternenhimmel unter Berücksichtigung jahreszeitlicher Veränderungen und erschließen sich daraus Entfernungen und Richtungen.
Sie ziehen dabei u. a. die Position der Sterne, Wasserströmungen, Windrichtung und -geschwindigkeit sowie geographische Gegebenheiten in Betracht. Um die günstigsten Winde auszunutzen, können diese Seeleute sogar von ihrem direkten Kurs abweichen, ohne dabei ihr Ziel aus den Augen zu verlieren. Es lässt sich nachweisen, dass diese Menschen formal-operational denken, um jederzeit ihre Orientierung zu bewahren und den Kurs ihres Bootes zu halten. Wenn man ihnen aber Aufgaben stellt, die grundsätzlich denen gleichen, die Piaget an seine jugendlichen Versuchspersonen herantrug, versagen sie völlig. Thomas Gladwin (1970) legte diesen Seeleuten bunte Spielplättchen vor und forderte sie auf, die Anzahl höchstmöglicher Farbkombinationen herauszufinden.
Sie beschränkten sich bei ihrer Lösung darauf, nur wenige Farbkombinationen vorzulegen. Sie gelangten also zu Ergebnissen, nach denen ihnen die Fähigkeit zum formal-operationalen Denken abzusprechen wäre. Erst die genaue Beobachtung dieser Leute bei der Steuerung ihrer Boote und die Interpretation ihrer Leistungen hat belegt, dass formal-operationales Denken auch in nicht-industriellen Gesellschaften zu finden ist; es wird dort wie überall zur Lösung komplexer Probleme in Kontexten eingesetzt, mit denen die beteiligten Menschen hochgradig vertraut sind.

9.3 Denken in der Adoleszenz aus informationstheoretischer Sicht

Wenn man sich über kognitive Prozesse in der Adoleszenz informieren möchte, wird man von der einschlägigen Literatur in der Regel auf Piagets formal-operationale Denkmöglichkeiten sowie auf seine Kritiker verwiesen. Wo bleiben die Beiträge informationstheoretisch orientierter Autoren? Sie haben – wie die Kapitel 5 und 7 aufgezeigt haben – zum besseren Verständnis kognitiver Prozesse im Vorschul- und Grundschulalter immerhin zahlenmäßig beachtliche Beiträge geliefert. Ruth Schumann-Hensteler (1996) erklärt sich diesen Mangel damit, dass das Thema kognitive Entwicklung im Jugendalter »verkümmert« ist, weil Piaget zu einflussreich mit seiner Auffassung gewirkt hat, mit dem formal-operationalen Denken sei bereits die bestmögliche Kennzeichnung gegeben. Erst allmählich wird anerkannt, dass Piagets Beiträge auch für den Entwicklungszeitraum der Adoleszenz ergänzungsbedürftig sind. Anhand der Aufmerksamkeits- und Gedächtnisleistungen lässt sich nachweisen, dass bei vielen Jugendlichen im Vergleich zu Mädchen und Jungen des Grundschulalters weitere Entwicklungsfortschritte erfolgt sind.

9.3.1 Bessere Informationsaufnahme durch Aufmerksamkeitsprozesse

Ein wesentliches Problem jüngerer Kinder besteht darin, dass ihre Kapazitäten zur Verarbeitung von Informationen sehr gering sind. Das zeigt sich etwa bei der Aufgabe, sich eine Zahlenfolge zu merken, während gleichzeitig mit dem Finger auf den Tisch geklopft werden soll. Bei Grundschülern sinken die Behaltensleistungen nach einer solchen »Doppelbelastung« deutlich ab (s. S. 262). Etwas ältere Jugendliche lassen sich dagegen von einer solchen Zusatzaufgabe nicht mehr beeinträchtigen (Kee & Davies, 1988, 1990); offenbar verfügen sie über ausreichende Reserven, um trotz des Klopfens noch genügend Aufmerksamkeit zur Aufarbeitung des Lernmaterials zur Verfügung zu haben. Viele Jugendliche können sich trotz der geforderten Zusatztätigkeit voll auf die gestellte Aufgabe konzentrieren. Die Fähigkeit, die Aufmerksamkeit auf wichtige Teile einer Lernaufgabe zu richten und gleichzeitig dem Anschein nach bedeutungslose zu ignorieren, hat allerdings ihren Preis. Ältere Kinder und Jugendliche beachten nur, worauf sie ausdrücklich hingewiesen werden oder was ihnen spontan beachtenswert erscheint. Andere, unwichtig erscheinende Reize entgehen ihrer Aufmerksamkeit. Wenn man sie allerdings dazu auffordert, zwei Aufgaben gleichzeitig zu erledigen, dann erbringen ältere Kinder und Jugendliche eindeutig bessere Leistungen als jüngere, denn Zwölfjährige liegen in ihren Arbeitsergebnissen vor den Achtjährigen, werden aber selbst von den 20-jährigen übertroffen (Manis et al., 1980). Demnach verbessert sich die Konzentrationsfähigkeit noch im Verlauf der gesamten Adoleszenz.

Über die Aufmerksamkeitszuwendung wird zunächst entschieden, welche Informationen überhaupt beachtet und dem Kurzzeitgedächtnis übergeben werden. Damit stellt sich eine weitere Frage. Verfügt der Mensch im Alter der Adoleszenz über ausreichend Kapazitäten zur Verarbeitung neuer Informationen? Sind die Engpässe, die bei Kindern nachzuweisen sind, inzwischen überwunden?

9.3.2 Veränderung der allgemeinen Verarbeitungskapazität

Erhöhte Verarbeitungsgeschwindigkeit

Eine klassische Methode zur Bestimmung der Verarbeitungskapazität liegt in der Prüfung der Gedächtnisspanne. Man nennt dem Lernenden eine Ziffernfolge mit der Aufforderung, sie sich zu merken und anschließend wiederzugeben, etwa 2 – 8 – 4 – 6 – 3 – 9 – 7 – 5. Wie Ruth Schumann-Hengsteler (1996) nach Auswertung vorliegender Untersuchungsergebnisse feststellt, vergrößert sich die Gedächtnisspanne im Verlauf des Jugendalters nur geringfügig. Sie verweist allerdings darauf, dass als ein Maß für die Verarbeitungskapazität auch die allgemeine Verarbeitungsgeschwindigkeit mit eingeht. Je schneller nämlich Informationen verarbeitet werden können, desto früher wird wiederum Kapazität zu Verarbeitung weiterer Informationen frei. Robert Kail (1991, 1995) ist davon überzeugt, dass Fortschritte in der kognitiven Entwicklung während der Kindheit und der Adoleszenz nicht unerheblich von einer Steigerung der Verarbeitungsgeschwindigkeit abhängen.

Kail geht davon aus, dass es sich bei der Verarbeitungsgeschwindigkeit um einen *allgemeinen* Prozess handelt, denn dieser offenbart sich stets auf ziemlich gleichem Niveau in so verschiedenartigen Aufgabenbereichen wie etwa im Leseverständnis, im Kopfrechnen oder der Wiedergabe von Namen aus dem Gedächtnis. Außerdem steigert sich diese Geschwindigkeit im Verlauf der Entwicklung von Kindern sowohl bei Aufgaben, die sie vergleichsweise häufig ausführen als auch bei anderen, mit denen sie selten zu tun haben und die sie somit nur wenig üben (Hasselhorn, 1988; Siegler, 1998). Eine Steigerung der Verarbeitungsgeschwindigkeit mit zunehmendem Lebensalter lässt sich also auch dann noch nachweisen, wenn man Übungseinflüsse herausrechnet (Kail, 1995; Miller & Vernon, 1997). Entscheidend ist, dass sich auch noch im Altersbereich zwischen 12 und 16 Jahren – also bei Jugendlichen – eine Zunahme der Verarbeitungsgeschwindigkeit nachweisen lässt.

Wie lässt sich erklären, dass sich diese allgemeine Verarbeitungsgeschwindigkeit während der gesamten Kindheit, aber auch noch innerhalb des Jugendalters ständig verbessert? Die Antwort lautet, dass sie wahrscheinlich durch Reifungsprozesse des Nervensystems möglich gemacht wird, denn die Erhöhung dieser Geschwindigkeit steht – zumindest während des Grundschulalters – in einem Zusammenhang mit der Zunahme der Körpergröße bei Jungen (Eaton & Richot, 1995). Während der Prozess der Myelinisierung bei jenen Nervenfasern, die mit den Sinnesorganen und den Muskeln verbunden sind, bereits wenige Jahre nach der Geburt abgeschlossen ist, setzt sich dieser Reifungsprozess bei denjenigen Gehirnnerven, die das Denken ermöglichen, noch bis hin zur Adoleszenz fort (s. S. 223).

Es stellt sich die Frage, ob neben der Zunahme der allgemeinen Geschwindigkeit der Informationsverarbeitung auch die bei vielen Jugendlichen erheblich erweiterte Wissensgrundlage Einfluss auf ihre kognitive Entwicklung nimmt.

9.3.3 Erweiterte Wissensgrundlage

Experten und Novizen

In Info-Kasten 5.2 (s. S. 206f.) wurde auf Schachspieler im Kindesalter hingewiesen, die sich eine Anordnung auf einem Schachbrett bereits nach einer Darbietungszeit von nur wenigen Sekunden merken und später aus dem Gedächtnis nachspielen konnten. Ihnen gelang diese beachtliche Behaltensleistung, mit der sie sogar viele Erwachsene zu übertreffen vermochten, weil sie über einen ungewöhnlich hohen Erfahrungsschatz im Schachspielen verfügten, oder – wie man auch sagt – über eine Wissensgrundlage in einem besonderen Bereich. Im Entwicklungszeitraum der Adoleszenz ist bei vielen Menschen in ausgewählten Bereichen bereits ein erhebliches Spezialwissen entstanden (Keating, 1990); sie sind darin regelrecht zu Experten geworden. Diese jeweiligen Spezialbereiche können, müssen aber keineswegs mit Fächern in Beziehung stehen, die in der Schule unterrichtet werden. Ein Jugendlicher mag in Mathematik, ein weiterer im Bereich Sport und ein dritter in Informatik zu einem Experten geworden sein. Experten verfügen über ein Spezialwissen, das einen hohen Organisationsgrad aufweist. Sie haben in ihrem besonderen Erfahrungsbereich offenkundig hoch wirksame Strategien entwickelt, um Informationen zu verarbeiten. Dadurch fällt ihnen das Lernen und Behalten erheblich leichter als Nicht-Experten (Hasselhorn 1995; Folds et al., 1990) bzw. Novizen, die noch über wenig Erfahrungen in einem Bereich verfügen. Wenn aber ein Mensch als herausragender Experte in *einem* Bereich anzusehen ist, darf daraus nicht notwendigerweise geschlossen werden, dass er dadurch auch mehr über andere Bereiche, also etwa über Tennis oder Mathematik weiß (Gregg & Leinhardt, 1995).

Rolle der Erfahrungen. Ob und wann sich ein Mensch in einem Bereich zu einem Experten entwickelt, hängt weniger von seinem Alter, dafür um so mehr von den bereits gesammelten Erfahrungen ab. Auch die intellektuelle Leistungsfähigkeit, wie sie durch typische IQ-Tests gemessen wird, ist nicht entscheidend dafür, ob aus einem Novizen ein Experte wird. Wie Wolfgang Schneider und seine Mitarbeiter (1989) bei Fußballbegeisterten feststellten, gelang es jungen Experten mit vergleichsweise geringem IQ besser, Einzelheiten aus Geschichten über erfundene Fußballspiele zu behalten als andere Kinder, die im Fußballbereich als Novizen zu gelten hatten, aber älter waren oder einen höheren IQ aufwiesen.

Informationstheoriker sehen eindeutige Zusammenhänge in kognitiven Bereichen. Wenn ein Jugendlicher in einem Wissensbereich aufgrund vorausgegangener intensiver Erfahrungen bereits außerordentlich viel weiß, besitzt er sehr gute Voraussetzungen, neue Informationen in diesem Bereich zu verstehen, und dieses Verständnis fördert wiederum das Behalten. Ein hohes Behaltens- und Verständnisniveau bietet sehr günstige Bedingungen, um in dem bereits herausragenden Wissensgebiet ein guter Problemlöser zu sein.

Vor allem im schulischen Bereich werden an junge Menschen ziemlich häufig Unterrichtsinhalte herangetragen, für die sie noch keine ausreichende Wissensbasis besitzen. Oft genug erscheint ihnen das zu Erlernende sinnlos. Wie gelingt es ihnen trotzdem, sich auf regelmäßig erfolgende Lernzielüberprüfungen vorzubereiten? Jugendliche Schüler müssen sich darin üben, spezielle Techniken zu entwickeln und anzuwenden.

9.3.4 Nutzung von Mnemotechniken

Bereits in der Antike kannte man Methoden, mit deren Hilfe das Behalten von Lernmaterial gefördert werden sollte (Yates, 1966). Die großen Redner Roms und Athens waren mit Hilfe von Mnemotechniken in der Lage, längere Reden aus dem Kopf und ohne Rückgriff auf schriftliche Formulierungen wiederzugeben (*Mneme* ist das griechische Wort für Gedächtnis). Mnemotechniken bewähren sich vor allem, wenn Material gelernt werden muss, das zunächst nicht sinnvoll erscheint oder das zu einem späteren Zeitpunkt in einer bestimmten Reihenfolge wiederzugeben ist, die vom Lernenden als willkürlich wahrgenommen wird. Wie bereits in Kapitel 5 dargestellt worden ist, wenden schon Vorschulkinder einfache Mnemotechniken an.

Elaborative Technik

Anspruchsvollere »Merkhilfen« werden erst später eingesetzt. Verhältnismäßig spät tritt die »elaborative Technik« auf, die frühestens in der Adoleszenz (aber keineswegs von allen Jugendlichen) entdeckt und genutzt wird. Bei ihr muss der Lernende dem ihm sinnlos erscheinenden Lernmaterial stets etwas hinzufügen, etwa eine bildliche Szene. Dadurch wird die Informationsmenge zwar erhöht, aber durch die Erweiterung oder Elaboration wird ein sinnvoller Kontext geschaffen, was bekanntlich das Behalten in erheblichem Maße fördert. So lässt sich diese Technik beispielsweise im Rahmen der Musiktheorie anwenden. Mittels einer »Mnemotechnik« können sich bereits Kinder im Grundschulalter die den Noten zugeordneten Buchstaben (c, d, e, f, g, a, h, c) sowie die Lage der Töne auf bzw. zwischen den Linien leicht merken. Die Töne auf den Linien lassen sich von unten nach oben gelesen aus den Anfangsbuchstaben des Satzes »Es geht hurtig durch Fleiß« erschließen, während man sich mit der *Eselsbrücke* »Der Fritz aß Citronen-Eis gern« jene Töne erschließen kann, die sich unter und über den Linien finden (s. Abb. 9.5).

Warum tritt die elaborative Technik erst verhältnismäßig spät in der Entwicklung auf? Weshalb wird sie so gut wie nie von Grundschülern genutzt, die mit anderen Techniken sehr wohl vertraut sind (s. S. 204)? Ein Grund liegt zweifellos darin, dass die elaborative Technik sehr anspruchsvoll ist und jüngere Kinder einfach nicht genügend Ressourcen haben, um sie anzuwenden (Kee, 1994). Die behaltensfördernde Wirkung der elaborativen Technik ist nämlich erst dann am

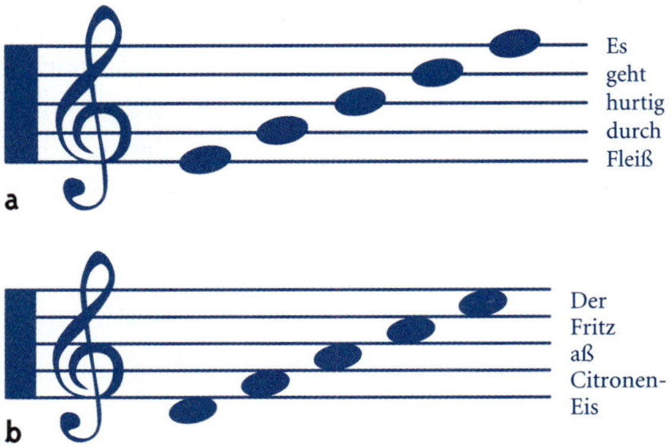

Abbildung 9.5. Beispiel für eine elaborative Technik: Mit Hilfe einfacher Sätze gelingt es bereits Grundschulkindern, sich im Rahmen des Musikunterrichts die Lage der Töne auf (a) bzw. zwischen den Linien (b) zu merken

größten, wenn der Lernende sich die Elaboration, also etwa eine bildliche Szene, durch die zu lernende Begriffe zusammengefügt werden, selber schafft und nicht einfach von anderen übernimmt (Reese, 1977). Man kann zwar mit Grundschülern üben, die elaborative Technik anzuwenden, aber ihre kognitiven Schöpfungen verbleiben noch auf einem sehr einfachen Niveau. Wenn es beispielsweise gilt, die Wörter *Hund* und *Katze* miteinander zu verknüpfen, schafft sich ein Acht- oder Neunjähriger vielleicht den Satz: »Der Hund hat eine Katze«, während sich Jugendliche Vorstellungsbilder verschaffen, die viel lebendiger sind und deshalb auch besseres Behalten ermöglichen, so etwa: »Der Hund jagte die Katze durch die ganze Stadt« (Reese, 1977).

Viele Jugendliche verfügen zweifellos über ein anspruchsvolles Niveau der Informationsverarbeitung. Ihnen ist es dadurch möglich, sich vielfältigen Problemsituationen erfolgreich zu stellen. Sie verarbeiten inzwischen Informationen ebenso wie Erwachsene, unterscheiden sich aber dennoch von ihnen, weil der Verarbeitungsprozess in einem anderen (Lebens-)Kontext stattfindet und somit von anderen Motiven, Einstellungen und sozialen Bezügen mitbestimmt wird (Jacobs & Ganzel, 1993). Damit hängt es zusammen, dass der Jugendliche immer noch anders als ein Erwachsener denkt. Kommt es dabei auch zu einem Wiederaufleben des egozentrischen Denkens, das nach Jean Piaget für das Vorschulalter besonders kennzeichnend ist (s. S. 185)?

9.4 Egozentrismus in der Adoleszenz

Dem Vorschulkind gelingt es nicht immer oder unter bestimmten Bedingungen nur unzureichend, seine subjektive Wahrnehmung zu korrigieren, indem es die Sichtweisen anderer miteinbezieht. Das stellte Piaget fest, als er seine jungen Versuchspersonen beim Drei-Berge-Problem beobachtete (s. S. 189). Eine solche Korrektur der eigenen Wahrnehmung fällt Menschen allerdings in keinem Lebensalter ganz leicht. Dafür gibt es einen einfachen Grund, den John Flavell folgendermaßen zusammengefasst hat: »Wir erfahren unseren eigenen Standpunkt mehr oder weniger direkt, während wir zu dem der anderen Person immer nur auf indirektem Wege gelangen. Darüber hinaus sind wir gewöhnlich nicht in der Lage, unseren eigenen Standpunkt völlig auszuschalten, wenn wir versuchen, den des anderen zu erschließen. ... Die Möglichkeit egozentrischer Verzerrung ist immer vorhanden« (Flavell et al., 1993).

Neue, verstärkte Form der Egozentrik. Trotz dieser Aussage, die alle Lebensalter betrifft, ist davon auszugehen, dass die neuen Denkmöglichkeiten des Jugendlichen in der Adoleszenz eine neue Form egozentrischen Denkens entstehen lassen. Da für den jungen Menschen das eigene Denken immer häufiger zum Gegenstand seiner Betrachtung wird, geht er davon aus, dass andere sich ebenso oft Gedanken über ihn machen wie er über sich selbst. Zu dieser Annahme gelangt er, weil er in der Lage ist, über mögliche Ereignisse nachzudenken. Über die verstärkte Tendenz des Jugendlichen zum egozentrischen Denken hat bereits Johann Wolfgang von Goethe am 6. Dezember 1829 in einem persönlichen »Gespräche nach Tisch« mit Eckermann (1836) folgendes gesagt: »Auch glaubt jeder in seiner Jugend, daß die Welt eigentlich erst mit ihm angefangen, und dass Alles eigentlich um seinetwillen da sey« (Eckermann, 1949). Damit ist bereits das Wesentliche der Egozentrik in der Adoleszenz herausgestellt: Für den egozentrischen Jugendlichen ist die Wirklichkeit verstärkt dadurch verzerrt, dass er in seiner Selbstwahrnehmung die eigene Besonderheit, seine Wichtigkeit für andere, seine Unverwundbarkeit in Gefahren und seine Einflussmöglichkeit auf das Weltgeschehen erheblich überschätzt.

Egozentrik und Identitätssuche. Jean Piaget sah einen Zusammenhang zwischen verstärktem Egozentrismus während der Adoleszenz und der Entwicklung formaler Operationen. Aber so sah er das egozentrische Denken wahrscheinlich zu eng, denn dieses hat zumindest auch etwas mit der sozialen Wahrnehmung des Jugendlichen und seiner Identitätsentwicklung zu tun (Jahnke & Blanchard-Fields, 1993; O'Connor & Nikolic, 1990). Den Zusammenhang von Egozentrik und der Suche nach Identität (s. S. 385 ff.) kann man folgendermaßen erklären (O'Connor, 1995): Jugendliche befinden sich in einem Abschnitt ihres Lebens, in dem sie selbstbewusster werden, weil sie sich verstärkt mit der Frage beschäftigen, wer sie selbst sind. In dieser Situation geht der junge Mensch davon aus, dass andere ihn besonders aufmerksam beobachten, um Anzeichen für hervortretende Individualität zu entdecken. Zunehmende Individualität wird von Erwachsenen in diesem Lebensabschnitt erwartet. Dabei ist zu beachten, dass sich Mädchen und Jungen im Alter der Adoleszenz besser als Jüngere in andere hineinversetzen können. Deshalb liegt für sie – nicht unbedingt nur aus egozentrischen Beweggründen – die Frage nahe, wie andere Menschen sie wahrnehmen, über ihr Verhalten denken und darauf reagieren könnten (Verdienen & Powlishta, 1996).

Folgen für das alltägliche Verhalten. Wie wirkt sich das egozentrische Denken des Jugendlichen im alltäglichen Verhalten aus? David Elkind, der sich bereits seit vielen Jahren mit dieser Besonderheit des Denkens in der Adoleszenz beschäftigt, sieht vor allem Auswirkungen im Altersbereich zwischen 12 und 15 Jahren. Ein Jugendlicher zu Beginn der Adoleszenz verhält sich nach seinen Beobachtungen häufig so, als würde er ständig vor einem Publikum stehen und von diesem beobachtet werden. Weil der junge Mensch glaubt, für andere interessant zu sein, betrachtet er sich und seine Gefühlswelt als besonders und einzigartig (Elkind, 1967). Er handelt nicht selten so, als würden für ihn Ausnahmeregelungen gelten. Das zeigt sich auch, wenn er »die Welt verbessern« will, sich selbst aber keineswegs immer nach den eigenen Empfehlungen richtet. Sein starkes Engagement ist nicht frei von Widersprüchen.

9.4.1 Das vermeintliche Publikum

David Elkind (1978) erinnert sich, wie er einmal im Restaurant eines Flughafens eine Mahlzeit eingenommen hat. Während des Essens fiel ihm versehentlich sein Messer vom Tisch, was ein lautes Klirren auf dem Fußboden verursachte. »Ich war sicher«, so erinnert sich Elkind, »jedermann im Restaurant habe den Radau gehört, den Blick auf mich gerichtet und gedacht, ›Was für ein Krach!‹. In Wirklichkeit hatten natürlich nur wenige Menschen etwas gehört, und wer etwas mitbekommen hatte, kümmerte sich überhaupt nicht darum. In diesem Moment war ich von einem Publikum umgeben, das ich mir selbst geschaffen hatte, einem vermeintlichen Publikum.« Jeder kennt solche Situationen aus eigener Erfahrung. Was aber dem Erwachsenen nur gelegentlich auffällt, ist nach Elkinds Überzeugung grundlegendes Kennzeichen jugendlichen Denkens.

Wichtigkeit der äußeren Erscheinung

Man hat Schüler mehrerer Klassenstufen einmal gefragt, ob sie zu einer Party mit festlich gekleideten Gästen gehen würden, wenn sie unmittelbar vor der Ankunft feststellten, dass auf ihrer Hose oder ihrem Hemd ein Fettfleck ist. Verzichten sie nach dieser Entdeckung auf ein attraktives soziales Ereignis? Würden sie ihre Teilnahme auch absagen, wenn sie eine Stunde Anfahrtszeit hinter sich hätten? – Wie verhalten sie sich, wenn der Friseur ihre Haare völlig verschnitten hat? Gehen sie trotz vermeintlich »peinlicher Frisur« noch zur Hochzeitsfeier eines nahen Verwandten? Besuchen sie mit diesem Aussehen dennoch das für sie wichtigste Sportereignis? Den Untersuchungsergebnissen lässt sich eine klare Antwort entnehmen: Mit Ausnahme der ersten Lebensjahre zögert ein Mensch in der Regel, sich anderen zu zeigen, wenn sein Äußeres vorübergehend beeinträchtigt ist. Während der frühen Adoleszenz werden solche Situationen jedoch als besonders peinlich empfunden. Im Vergleich zu Kindern und älteren Jugendlichen neigen Schüler zwischen 13 und 15 Jahren, Mädchen häufiger und früher als Jungen, verstärkt dazu, sich der Öffentlichkeit bei vermeintlichen Unzulänglichkeiten ihres Aussehens zu entziehen (Elkind & Bowen, 1979).

Der junge Mensch im Stadium der frühen Adoleszenz, so erläutert David Elkind (1967), handelt häufig so, als stünde er auf einer Bühne, und alle Aufmerksamkeit des Publikums sei nur auf ihn gerichtet. Dabei steht er offenbar unter dem Eindruck, dass alles, was ihm selbst wichtig ist, andere auch interessiert und was ihm missfalle, anderen auch nicht gefalle. Wenn der Jugendliche sich häufig so verhält, dass er älteren Beobachtern als Flegel erscheint, wenn er auf Straßen und öffentlichen Plätzen in besonders auffälliger Weise auftritt, wenn er modisch aus dem allgemeinen Rahmen fällt, dann zeigt er nach Auffassung Elkinds unter anderem auch, dass er nicht ausreichend zwischen seinem eigenen Geschmack und dem anderer zu unterscheiden vermag. Dahinter kann allerdings auch das Bemühen stecken, Unabhängigkeit von den Erwachsenen zu erlangen; extravagantes Aussehen wäre dann der Versuch, eigenständig, anders als die »Masse« zu sein. Es erscheint dem Jugendlichen vielfach auch unverständlich, wie Erwachsene sein Aussehen und Verhalten missbilligen können. »Die gleiche Art Egozentrismus findet sich häufig bei Verhaltensweisen gegenüber dem anderen Geschlecht. Der Junge, der zwei Stunden vor dem Spiegel steht, um sein Haar zu kämmen, erwartet vermutlich, auf Mädchen einen unwiderstehlichen Eindruck zu machen, und das Mädchen, das sein Make-up aufträgt, wird sich vermutlich die bewundernden Blicke vorstellen, die es damit auf sich zieht. Wenn diese jungen Leute einander tatsächlich begegnen, ist für beide von größerem Belang, beobachtet zu werden als selbst Beobachter zu sein« (Elkind, 1967).

Die Vorstellung vom vermeintlichen Publikum vermindert sich in späteren Jahren der Adoleszenz beträchtlich. Der Jugendliche musste wiederholt erfahren, dass er für viele seiner Mitmenschen nicht so bedeutend ist, wie er einmal dachte. Ganz verschwindet diese Erscheinungsform des Egozentrismus aber wohl nie, wie das eingangs geschilderte Erlebnis Elkinds zeigt.

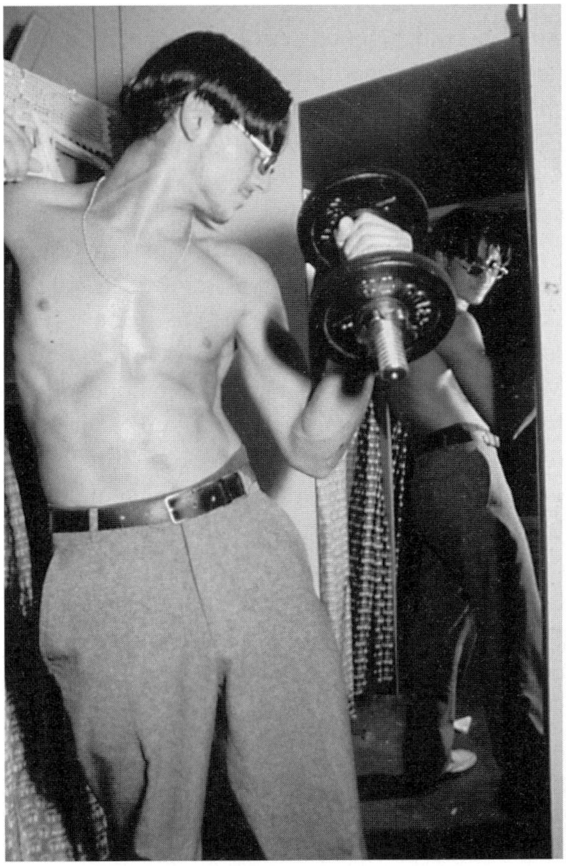

Abbildung 9.6. Egozentrismus in der frühen Adoleszenz führt zu häufiger Betrachtung im Spiegel, weil der Jugendliche annimmt, das äußere Erscheinungsbild sei für alle Mitmenschen ebenso interessant und wichtig wie für ihn selbst

9.4.2 Der Glaube an Einzigartigkeit und Unverwundbarkeit

Warum lassen sich Jugendliche vermehrt zu harten Rauschdrogen verführen? Weshalb treten bei 15- bis 19-jährigen Mädchen immer wieder unerwünschte Schwangerschaften auf? Wie ist es zu erklären, dass jugendliche Autofahrer einen vergleichsweise hohen Anteil von Verkehrsunfällen verursachen, nicht selten mit tödlichem Ausgang? David Elkind meint, hinter diesen Erscheinungen stünde ebenfalls ein gesteigerter Egozentrismus während der Adoleszenz. Der Jugendliche – so erklärt er – überschätze seine Einzigartigkeit und Besonderheit. Die Tochter kann sich beispielsweise gar nicht vorstellen, dass ihre Eltern jemals wie sie selbst das Gefühl des Verliebtseins erfahren haben könnten. Der Sohn ist davon überzeugt, dass ihm sehr bald Großtaten gelingen werden. Verhängnisvoll wirkt sich diese Form des jugendlichen Egozentrismus aus, wenn sich damit der Glaube verbindet, vor Schaden besonders geschützt zu sein. »Ich dachte, das würde anderen passieren, aber mir nicht«, sagt ein junges Mädchen, das von seiner Schwangerschaft überrascht ist, obwohl es keine empfängnisverhütenden Mittel benutzt hat. Diese Naivität findet sich häufig auch in Berichten Drogenabhängiger, die niemals damit gerechnet haben, dass die Sucht auch sie erfassen könnte. Ein Beispiel liefert schließlich auch der jugendliche Verkehrsteilnehmer, der so fährt, als ob physikalische Gesetze für ihn entweder nicht gültig oder von ihm sehr viel besser zu beherrschen seien als von »normalen« Menschen. Solche Einzelberichte werfen die Frage auf, ob Jugendliche tatsächlich allgemein risikobereiter sind als Menschen in anderen Altersbereichen. In Info-Kasten 9.4 wird diese Frage aufgeworfen und der Versuch unternommen, darauf eine Antwort zu geben.

INFO-KASTEN 9.4

Besteht bei jungen Menschen eine erhöhte Bereitschaft, sich in Gefahrensituationen zu begeben?

Mit dem Konsum von Drogen, die zu Schädigungen der Gesundheit führen können, beginnen 6 Prozent der Jungen und 7 Prozent der Mädchen bereits im 7. Schuljahr (Hurrelmann, 1995). Während der späten Adoleszenz, mehr noch im entstehenden Erwachsenenalter hat sich die Auftretenshäufigkeit von Risikoverhalten einem Höhepunkt angenähert (Arnett, 2000). Von dieser Altersgruppe werden auch mehr Verkehrsunfälle beim Führen von Fahrzeugen verursacht als von irgendeiner anderen Altersgruppe (Raithel, 1998). Sie fahren rücksichtslos und mit überhöhter Geschwindigkeit (Shapiro et al., 1998). Gleichzeitig zeigen Jugendliche eine Neigung, die Mahnung in den Wind zu schlagen, sie sollten keinen ungeschützten Geschlechtsverkehr mit ihnen nicht bekannten Partnern haben. Weibliche wie männliche Jugendliche zeigen eine gewisse Bereitschaft zum Risikoverhalten (Siegel et al., 1994), obwohl es sich unterschiedlich darstellt: Jungen suchen nach dem Motto »no risk, no fun« (Winter, 1994) eher körperliche Grenzerfahrungen, indem sie verstärkt Alkohol trinken, S-Bahn-Surfen oder aufregende Abfahrten mit ihrem Mountain-Bike unternehmen, während Mädchen eher zu starrem Essverhalten oder unangemessener Einnahme von Medikamenten neigen.

Ist es demnach *allgemein* kennzeichnend für *den* jungen Menschen, Gefahrensituationen zu suchen oder für sich herbeizuführen? Warum werden solche Gefahrensituationen während der Adoleszenz und im entstehenden Erwachsenenalter weniger ernst genommen? Sind junge Menschen nicht ausreichend über die Risiken informiert? Werden die Gefahren von ihnen einfach nicht gesehen?

Wissen um negative Folgen. Junge Menschen sehen die Gefährdungen beim Konsum von Drogen oder bei ungeschützten sexuellen Aktivitäten ebenso realistisch wie Erwachsene. Es ist also zweifelhaft, ob sie sich – wie Elkind behauptet – tatsächlich für unverwundbar halten (Beyth-Marom et al., 1993); Söhne und Töchter in der Adoleszenz und im entstehenden Erwachsenenalter können u. U. Gefahren sogar besser einschätzen als ihre Eltern (Quadrel et al., 1993). Man hat Jugendlichen und Erwachsenen Situationen vorgestellt, in denen Kenntnisse über Empfängnisverhütung, über Möglichkeiten zum Schutz vor Ansteckungen oder über die Gefährdung von Rauschdrogen erforderlich waren. Die Befragten sollten angeben, welche Risiken sich mit den jeweiligen Aktivitäten verbinden, welchen Nutzen und welche Nachteile sie haben und mit welchen Konsequenzen zu rechnen ist. Dabei zeigte sich, dass Jugendliche keineswegs weniger informiert sind als Erwachsene oder unzulänglichere Urteile fällen (Beyth-Marom et al., 1993; Jacobs & Ganzel, 1993); nicht selten verfügen Teenager sogar über umfangreichere und zutreffendere Kenntnisse als ihre Eltern, wenn es um Themen geht, mit denen sie eher als ihre Väter und Mütter in Berührung kommen. Selbst Jugendliche, die dazu neigen, höhere Risiken einzugehen, verstehen durchaus die negativen Folgen ihrer Aktivitäten (Dolcini et al., 1989).

Gründe für riskantes Verhalten. Wenn man das Risikoverhalten von Jugendlichen zu verstehen versucht, muss man zunächst seine Gründe aufspüren. Wer auf das Dach von S-Bahnen steigt, mit dem Fahrrad durch die Fußgängerzone rast oder Straftaten begeht und dann versucht, sie zu vertuschen, ist wahrscheinlich vorrangig motiviert, Mutproben *vor anderen* abzulegen. Das Ziel ist in diesem Fall, von Gleichaltrigen anerkannt zu werden (s. hierzu auch Info-Kasten 9.1). Vielleicht dienen einem jungen Menschen gefährliche Unternehmungen auch dazu, dem Gefühl eigener Minderwertigkeit entgegenzuwirken (Gonzalez et al., 1994; Hurrelmann, 1995). Wenn ein Jugendlicher in seinem Elternhaus Rückhalt und Unterstützung erfährt, ist bei ihm mit einem höheren Selbstwertgefühl zu rechnen, und je gesünder sich ein solches entwickelt, desto geringer ist die Risikobereitschaft, etwa beim Konsum von Alkohol (Hurrelmann, 1995) oder im Straßenverkehr (Raithel, 1998). Bei der Suche nach Erklärungen für Risikoverhalten ist weiterhin zu berücksichtigen, dass Jugendliche vor der Aufgabe stehen, ihre eigene Unabhängigkeit zu erhöhen, und dies erreichen sie u.a. dadurch, dass sie sich ausdrücklich von den Verhaltenserwartungen ihrer Eltern absetzen. »Ausgehen und Spaß haben, wann sie möchten, kann die Inanspruchnahme ihrer neuen Freiheiten zum Ausdruck bringen« und gleichzeitig eine häufig genutzte Gelegenheit sein, sich risikovoll zu verhalten (Shapiro et al., 1998).
Jugendliche zeigen weiterhin Verhaltensweisen, bei denen ein Gefahrenrisiko zwar in Kauf genommen, aber nicht ausdrücklich gesucht wird. Wenn Jugendliche täglich eine beträchtliche Anzahl von Zigaretten rauchen, dann tun sie das nicht, weil sie die Antwort auf die Frage fasziniert, ob ihnen die Vermeidung einer Lungenkrankheit gelingt. Wenn Teenager ungeschützten Geschlechtsverkehr praktizieren, liegt ihr Hauptinteresse bestimmt nicht darin, anschließend mit genüßlicher Spannung darauf zu warten, ob eine Krankheit oder ungewollte Schwangerschaft ausgeblieben ist (Jessor, 1992, 1998). Solche Verhaltensweisen werden nicht gezeigt, um das Risiko *an sich* zu genießen, sondern vielmehr, um herauszufinden, welche Möglichkeiten das Leben bietet, und wo die eigenen Grenzen des Tuns liegen (Lightfoot, 1997). Nicht auszuschließen ist, dass auch die Lust, aufregende Situationen zu erleben, zum Risikoverhalten motiviert. Diese findet sich ausgeprägter in Kulturen, in denen Individualismus und Unabhängigkeit hoch bewertet werden, somit auch in Deutschland, seltener dort, wo Gehorsam und Anpassung als Ideale gelten (Arnett & Balle-Jensen, 1993).

Kosten-Nutzen-Abwägung. Es spricht sehr viel dafür, dass Jugendliche vor einer risikovollen Tat Nutzen und Kosten abwägen. Sie vergegenwärtigen sich die Vorteile (Spaß, Anerkennung durch Gleichaltrige, Förderung des eigenen Selbstwertgefühls) und stellen diesen tatsächliche oder mögliche Kosten (Verletzungsgefahr, weitere gesundheitliche Risiken, Wahrscheinlichkeit, erwischt zu werden) gegenüber. Eine Tat wird ausgeführt, wenn der Nutzen höher als die Kosten angesetzt wird (Moore & Gullone, 1996). Selbstverständlich handelt es sich bei dieser Kosten-Nutzen-Analyse um einen subjektiven Vorgang, und es ist sehr wohl möglich, dass Jugendliche mit hoher Risikobereitschaft die Gefahren ihrer Aktivitäten kennen, aber bereit sind, sie einfach zu leugnen (Beyth-Marom et al., 1993).

Die Bereitschaft, risikovolles Verhalten zu zeigen, kann langfristig den Jugendlichen, seine Angehörigen und letztlich auch die Gesellschaft schädigen. Dennoch haben Pädagogen und Psychologen keine einfachen Maßnahmen anzubieten, um dem Auftreten solcher Verhaltensweisen wirkungsvoll entgegentreten zu können, denn Unwissenheit liegt ihnen vielfach nicht zugrunde. Diese Verhaltensweisen entspringen vielmehr dem Bedürfnis, sich vor sich selbst und anderen zu bestätigen sowie im Rahmen der Identitätssuche Möglichkeiten und Grenzen eigenen Tuns auszuloten.

Abbildung 9.7. Vor allem in der Zeit des entstehenden Erwachsenenalters neigen viele Jugendlichen zu risikovollem Verhalten

Nach David Elkinds (1978) Beobachtungen vermindert sich die Überzeugung der Einzigartigkeit und Besonderheit im Verlauf des späteren Jugendalters. Die Erfahrungen, die mit engen Freunden gewonnen werden, spielen dabei eine entscheidende Rolle, weil der junge Mensch viele seiner eigenen Merkmale auch bei anderen entdeckt.

Kritik. Kritisch muss festgestellt werden, dass keineswegs alle Beobachtungen in Einklang mit denen Elkinds stehen. Seine Theorien stützen sich nämlich zu einem erheblichen Teil auf klinische Erfahrungen mit Jugendlichen, die seine Hilfe wegen bestehender Anpassungsschwierigkeiten in Anspruch genommen haben (Vartanian & Powlishta, 1996). Tatsächlich können nicht nur Jugendliche, sondern ebenso Erwachsene in hohem Maße den Eindruck eigener Unverwundbarkeit haben und darin ihre Söhne und Töchter im Alter der Adoleszenz sogar noch übertreffen (Quadrel et al., 1993). Gefahren werden zudem von Menschen *jeglichen* Alters unterschätzt (Taylor, 1989). Ein treffliches Beispiel für fortbestehenden Egozentrismus im Erwachsenenalter lieferte der Schriftsteller William Saroyan (1908–1981), der kurz vor seinem Tode meinte: »Ich habe stets gewußt, daß jedermann irgendwann sterben muß, aber ich habe immer angenommen, in meinem Fall würde eine Ausnahme gemacht«.

9.4.3 Starkes Engagement mit Widersprüchen

Der Jugendliche steht der Welt kritischer gegenüber als das Schulkind. Ihn beschäftigt nicht nur, was er vorfindet, sondern auch, was sein könnte. Er erkennt, dass die Wirklichkeit hinter seinen Idealvorstellungen zurückbleibt. Er entdeckt Beispiele für Umweltverschmutzung, für soziale Ungerechtigkeiten in der Gesellschaft oder für Energieverschwendung. Der junge Mensch sieht sich herausgefordert, an der Beseitigung offenkundiger Missstände tatkräftig mitzuwirken. Er kann zum »idealistischen Rebellen« werden (White, 1980), der bei der Verfolgung seiner Ziele dem Konflikt mit Eltern und anderen Erwachsenen nicht ausweicht. Wie offenbart sich im alltäglichen Leben dieses Engagement mit Widersprüchen?

BEISPIEL

Viele Jugendliche beteiligten sich vor einigen Jahren an einer Aktion »Wandern für sauberes Wasser«. Das Vorhaben diente einem guten Zweck: Je länger der Wanderweg des Einzelnen war, desto höher fiel der Geldbetrag aus, den die Veranstalter stifteten. Der Erlös sollte für die Reinigung eines Gewässers verwendet werden. Ein Beobachter dieser Unternehmung, David Elkind (1978), berichtet, wie sehr er sich über das Engagement der jungen Menschen freute. Offenbar waren die Jugendlichen doch nicht so desinteressiert und materialistisch, wie sie häufiger beschrieben worden sind. Sein Urteil wurde jedoch am nächsten Tag ernstlich erschüttert: Die jungen Wanderer hatten unübersehbare »Spuren« hinterlassen. Um die weggeworfenen Hamburger-Verpackungen, die Blechdosen und Bierflaschen wegzuräumen, musste ein Reinigungstrupp eingesetzt werden, dessen Kosten die Einnahmen des Vortags bei weitem überstiegen.

Das Beispiel zeigt, dass Jugendliche beeindruckendes Engagement aufbringen, sich aber zugleich sehr widersprüchlich verhalten können: Dieselben Jugendlichen, die sich über die Verschmutzung durch andere beklagen, handeln gegen die eigenen Ziele. Der Jugendliche erkennt zwar die Notwendigkeit zur Reinhaltung der Umwelt, es fehlen aber noch hinreichende Erfahrungen, um die abstrakten Idealvorstellungen konsequent in Handlungen umzusetzen. Die jungen Menschen »vergessen« zudem leicht, dass Forderungen nicht nur für andere, sondern ebenso für sie selbst gelten müssen. So beschwerte sich Elkinds (1978) Sohn wiederholt bei seinem Vater über seinen Bruder, der sich einfach etwas aus seinem Zimmer holte. Der Vater sollte unerlaubtes Eindringen in Räume anderer unbedingt bestrafen. Der Kläger hatte jedoch offenkundig keine Hemmungen, selbst in das Arbeitszimmers seines Vaters zu gehen, um ungefragt dessen Schreibmaschine oder Stereoanlage zu benutzen.

Idealismus. Das Engagement ist auch Ausdruck idealistischen Denkens. Der Jugendliche engagiert sich bevorzugt für sozial Schwache und Unterdrückte. Vielleicht sind es seine eigenen inneren Konflikte, die ihn besonders einfühlsam das Leid anderer miterleben lassen (Shapiro, 1973). Das idealistische Denken kann sich aber auch auf entdeckte Ungerechtigkeiten richten, so etwa, wenn dem Jugendlichen das Wohlstandsgefälle »reicher« und »armer« Nationen auffällt, wenn er darauf

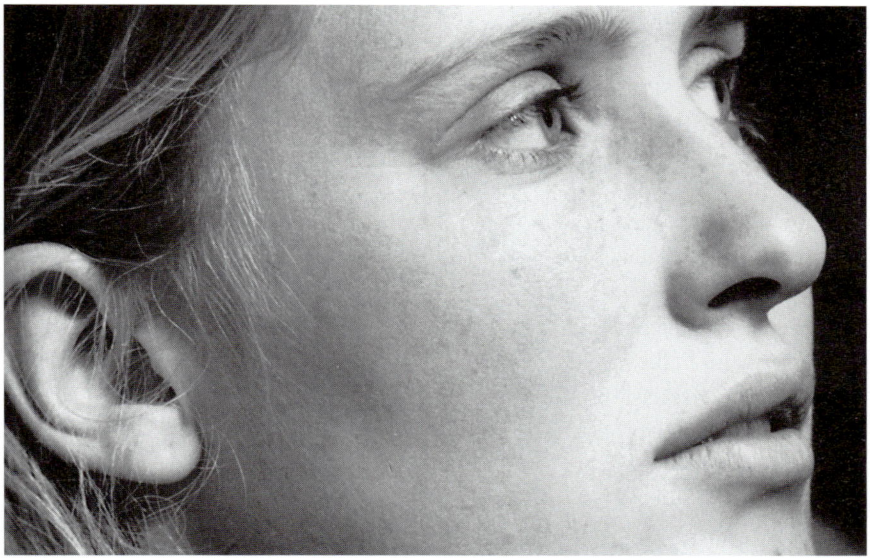

Abbildung 9.8. Jugendliche betrachten ihre Umwelt oft kritisch und verfolgen idealistische Ziele. Gleichzeitig ist ihr Engagement nicht frei von Widersprüchen

aufmerksam wird, dass einige Menschen die Umwelt belasten, während andere zu Opfern solcher Umweltverschmutzer werden.

In allen diesen Fällen ist der Jugendliche hochgradig bereit, für ausgleichende Gerechtigkeit zu kämpfen. Diesen Aktivitäten, die manchmal fast fanatische Züge tragen, entsprechen auch Fortschritte in der moralischen Entwicklung.

9.5 Moralische Entwicklung

Kohlbergs sechs Stufen der moralischen Entwicklung

Wenn Lawrence Kohlberg Jugendlichen die Geschichte von Heinz vorgelegt hat, der zur Behandlung seiner Frau ein sehr teures Medikament vom Apotheker benötigt (s. S. 283), dann rechtfertigten viele der von ihm befragten Versuchspersonen – ebenso wie die meisten Erwachsenen – ihre Antworten auf dem *konventionellen Niveau* der moralischen Entwicklung (Stufe 3): Sie sind darum bemüht, mit ihrem Verhalten auf Zustimmung nahestehender Personen zu stoßen. In einer Längsschnittstudie (Colby et al., 1983) ergab sich, dass Urteile auf der Stufe 3 etwa in der Mitte der Adoleszenz ihren Höhepunkt erreichen und danach abnehmen. Demgegenüber steigt der Anteil von Urteilen auf der Stufe 4 (Motivation zur Pflichterfüllung im Rahmen eines gegebenen Ordnungs- und Rechtssystems) in der späten Adoleszenz und im entstehenden Erwachsenenalter. Das *postkonventionelle Niveau* der moralischen Entwicklung wird demgegenüber nur von wenigen Menschen und zwar frühestens in der späten Adoleszenz, meistens aber erst nach Eintritt in das entstehende Erwachsenenalter erreicht. Die Urteile werden nunmehr im Einklang mit einem eigenen ethischen Standard gefällt. Was richtig und falsch ist, leitet sich aus einem allgemeinen Prinzip der Gerechtigkeit ab. Ein Mensch auf dieser Stufe hat erkannt, dass Werte und Gesetze nur relativ sein können und unter bestimmten Bedingungen ignoriert und geändert werden müssen. Für Menschen, deren Denken sich auf der postkonventionellen Ebene befindet, ist das Verhalten, das für eine Mehrheit richtig sein mag, in einer von ihnen als einzigartig wahrgenommenen besonderen Situation noch lange keine Richtschnur. Wenn man sein Verhalten auf der postkonventionellen Ebene nicht an den eigenen ethischen Prinzipien ausrichtet, sie womöglich sogar missachtet, ist mit Schuldgefühlen zu rechnen; man kann vor sich selbst nicht mehr bestehen. Typische Antworten auf das Heinz-Dilemma auf Stufe 5 und 6 lassen sich der Tabelle auf Seite 284 entnehmen.

Kritik an Kohlberg. Kritiker Kohlbergs haben sich nach Auseinandersetzung mit seiner Theorie vor allem auf zwei Punkte konzentriert.

- Zum einen erhob Carol Gilligan, eine ehemalige Mitarbeiterin Kohlbergs, den Vorwurf, er bewerte eine spezifisch »weibliche Moral« (die sie ausgemacht zu haben glaubte) im Vergleich zu einer »spezifisch männlichen Moral« verhältnismäßig gering. Auch wenn die nachfolgende Forschung Gilligans Kritik nicht bestätigt hat, so wurde durch sie eine Diskussion ausgelöst, die zweifellos den Kenntnisstand von der moralischen Entwicklung bei beiden Geschlechtern bereichert hat.
- Weitere kritische Stimmen haben Kohlberg vorgeworfen, seine Theorie sei zu sehr ein Abbild nordamerikanischer und westeuropäischer Kulturen. Mitglieder traditioneller Kulturen würden auf ein typisches Kohlberg-Dilemma Antworten geben, die der Stufe 1 oder 2 entsprechen, obwohl ihre Reaktionen voll im Einklang mit moralischen Wertvorstellungen ihrer eigenen Kultur stünden.

9.5.1 Moralische Entwicklung bei Mädchen und Jungen

Studie von Carol Gilligan

Carol Gilligan (1982) legte zwei intelligenten, redegewandten Kindern im Alter von elf Jahren, einem Jungen und einem Mädchen, die Geschichte von Heinz vor (s. S. 283). Sie sollten ihre Ansicht dazu äußern, ob Heinz das Medikament stehlen darf, um seiner kranken Frau die notwendige Hilfe geben zu können. In seiner Reaktion sah der Junge durchaus eine Rechtfertigung für eine solche Tat, denn der Mann musste schließlich seiner Frau helfen. »Zum einen«, so erklärte er, »ist ein menschliches Leben mehr wert als Geld. Und wenn der Apotheker nur U$ 1.000 verdient, wird er davon noch leben können, aber die Frau muss sterben.«

Das Mädchen äußerte Bedenken, weil die Gefahr bestand, dass Heinz bei seinem Diebstahl gefasst werden könnte. Die Kranke müsste in einem solchen Fall auf die Gesellschaft ihres Mannes und damit auch auf seine Pflege verzichten. Deshalb sei es ratsamer für Heinz, sein Problem mit dem Apotheker zu besprechen, um auf diesem Wege eine Lösung zu finden. Beide Kinder suchten also nach einer Lösung: der Junge »durch Systeme der Logik und des Rechts; sie durch Kommunikation in einer [sozialen] Beziehung« (Gilligan, 1982).

»Weibliche Fürsorgemoral« und »männliche Gerechtigkeitsmoral«. Männer, so fasst Gilligan ihre Beobachtungen zusammen, neigen dazu, sich bei ihren moralischen Urteilen an »männlichen« Werten (Gerechtigkeit und Fairness) zu orientieren, und damit unterscheiden sie sich eindeutig von »weiblichen« Werten (Mitgefühl, soziale Verantwortung und Fürsorglichkeit). Nach Gilligan stellt das zentrale moralische Dilemma für das weibliche Geschlecht einen Konflikt dar, der sich zwischen eigenen Bedürfnissen und denen anderer ergibt. Mädchen und Frauen sehen das persönliche Gespräch als ein geeignetes Mittel, Konflikte zu lösen: »Wenn Heinz und der Apotheker lange genug miteinander geredet hätten, hätten sie zu etwas anderem als Stehlen kommen können«. Giiligans Kritik richtet sich allerdings nicht darauf, dass Jungen und Mädchen, Männer und Frauen tendenziell unterschiedlich auf Kohlbergs Geschichten zu reagieren pflegen. Problematischer erscheint ihr, dass die von dem elfjährigen Mädchen gegebene Stellungnahme zu dem Heinz-Dilemma nach den Auswertungsrichtlinien Kohlbergs um eine Stufe niedriger einzuordnen ist als die des Jungen, denn »ihr Glaube an das Gespräch als ein Weg, moralische Dilemmata zu lösen, erscheint naiv und als kognitiv unreif«.

Tatsächlich versucht das Mädchen etwas sehr Anspruchvolles zu erreichen: Sie sucht nach Möglichkeiten, dem Apotheker eine andere Sichtweise der Dinge nahezulegen: »Sie nimmt an, dass der Apotheker, wenn er nur die Folgen seiner Weigerung sehen würde, den Preis zu senken, erkennen würde, dass er es [das Medikament] einfach der Frau geben und vom Mann verlangen sollte, das Geld später zurückzuzahlen«. Das Mädchen hofft also, das Problem zu lösen, indem es aufzeigt, wie der Zustand der Frau mehr in den Blickpunkt des Apothekers zu rücken ist; das Gespräch scheint ihm dafür ein geeignetes Mittel zu sein.

Der Junge findet die Lösung, indem er vom herrschenden Gesetz ausgeht (Diebstahl als kriminelle Tat), das allerdings aus seiner Sicht niemals vollkommen sein kann. Deshalb leitet er logisch ab, dass es großzügig ausgelegt werden muss, damit jeder Einzelfall ausreichend berücksichtigt wird (»Der Richter«, so erklärt der Junge, »sollte Heinz das geringstmögliche Strafmaß geben«). Beide Kinder wollen somit der kranken Frau helfen, aber der Junge geht vom herrschenden Recht aus, das dem Richter genügend Ermessensspielraum für den Einzelfall gibt, während das Mädchen soziale Kontakte nutzen will, um die Sichtweise des Apothekers zu ändern.

Im Gefolge des Philosophen Immanuel Kant gibt es – so behaupten Joan Miller und David Bersoff (1992) – eine europäische philosophische Tradition, die die Verpflichtungen, sich gegenüber anderen fürsorglich zu verhalten, sowie anderen persönliche Anteilnahme entgegenzubringen, geringer bewertet als die Verpflichtung, Gerechtigkeit walten zu lassen. Diese unterschiedlichen Bewertungen von »Gerechtigkeit« und »Fürsorge« verunglimpfen angeblich weibliche moralische Urteile. Sie entspringen einem Vorurteil, durch das die Chancen von Frauen auf sozialem, politischem und wirtschaftlichem Gebiet eingeschränkt werden (Gilligan 1982; Muuss, 1988).

Überprüfung von Gilligans Behauptungen. Trifft aber der Vorwurf Gilligans zu, wonach das von Kohlberg vorgelegte Auswertungssystem moralische Urteile des weiblichen Geschlechts geringer bewertet als solche von Jungen und Männern? Die Frage ist klar zu verneinen, denn diese Behauptung ist nicht nur zweifelhaft, sondern schlicht und einfach ein Mythos, erklären Wolfgang Althof und Detlef Garz (1988). Diese beiden Autoren haben zu den Vorwürfen Gilligans ausführlicher Stellung genommen und festgestellt: »Gilligan errichtet einen Pappkameraden, auf den sie einschlägt. Sie missversteht Kohlberg hier gründlich. Bei ihm ist Gerechtigkeit keine mathematische Formel, sondern ein weitgespanntes moralisches Interesse: Am häufigsten wird es als ›Respekt vor Menschen‹ beschrieben«. Tatsächlich wäre es auch wirklichkeitsfern, eine Gerechtigkeits- von einer Fürsorgemoral trennen zu wollen, denn – so erläutern Fritz Oser und Wolfgang Altof (1997) – »ein Rechte- und Pflichten-Denken, das ohne Rücksicht auf die konkreten Umstände und die betroffenen Menschen urteilt, (ist) moralisch genauso unterentwickelt ... wie ein Fürsorge-Denken, das komplexere (z. B. asoziale und politische) Probleme auf zwischen-menschliches Sich-Umeinander-Kümmern reduziert«. Die Frage ist demnach nicht mehr, ob sich die Moralvorstellungen von Männern und Frauen unterscheiden, sondern wie das Ziel der Moralerziehung in die Tat umzusetzen ist, beide Arten der Moral zu fördern (Gilligan & Attanucci, 1988).

Auch Gilligans Behauptung, es gäbe eine »weibliche Fürsorgemoral« und eine »männliche Gerechtigkeitsmoral« erwies sich als nicht haltbar. Es ist nicht zu übersehen, dass die Konflikte, die Männer und Frauen im Alltagsleben vorfinden, typischerweise nicht gleich sind. Wenn man Männer und Frauen aber eine Konfliktsituation vorstellt, mit der beide in gleicher Weise zu tun haben, so etwa als Eltern, dann zeigt sich, dass Mütter und Väter sich nicht in ihrer Fürsorge- oder Gerechtigkeitsorientierung voneinander unterscheiden. Zudem neigen beide Elternteile in gleicher Weise dazu, sich an Aufgaben der Fürsorge zu orientieren (Clopton & Sorell, 1997). Fürsorgeorientierung hängt von persönlicher Betroffenheit ab, nicht aber von der Geschlechtszugehörigkeit (Nunner-Winkler, 1995).

Kohlberg hatte in den Stichproben seiner ersten Untersuchungen nicht nur ausschließlich männliche Versuchsteilnehmer berücksichtigt, was ihm zunächst den Vorwurf einer Geringschätzung moralischer Urteile von Mädchen und Frauen eingetragen hat. Ihm wurde weiterhin kritisch entgegengehalten, er habe in seine Stufenfolge

Abbildung 9.9. Wenn Frauen und Männer als Eltern gleiche Aufgaben wahrnehmen, sind ihre moralischen Urteile gleichermaßen fürsorge- und gerechtigkeitsorientiert

moralische Standards eingebaut, die ausschließlich Vorstellungen seiner eigenen Kultur widerspiegeln. In zahlreichen Studien, die in Ländern der Dritten Welt durchgeführt worden sind, in Siedlungen, die von der westlich orientierten Zivilisation praktisch noch nicht berührt sind, in denen kaum Schulunterricht erfolgt, findet man als Reaktion auf ein typisches Dilemma von Kohlberg kaum Urteile, die über die 3. Stufe hinausgehen. Die Rechtfertigung der jeweiligen Antworten entspricht zumeist den Stufen 1 und 2 (Tietjen & Walker, 1985; Walker & Moran, 1991). Wird man den Angehörigen solcher Kulturen aber mit der Anwendung des Kohlberg-Systems gerecht? Sind die Antworten vieler Jugendlicher etwa in Asien tatsächlich Ausdruck einer geringeren Moral?

9.5.2 Moralische Urteile im interkulturellen Vergleich

Joan Miller und David Bersoff (1992) legten Kindern des dritten und siebten Schuljahres, sowie Oberstufenschülern, die in verschiedenen Kulturen aufgewachsen waren, folgende Geschichte vor:

Benno und das verlorene Zugticket

»Benno hatte zum Abschluss seiner Geschäftstätigkeit in Los Angeles eine Bahnfahrt nach San Francisco geplant, um an der Hochzeitsfeier seines besten Freundes teilzunehmen: Er musste unbedingt den nächsten Zug erreichen, um noch rechtzeitig zu der Trauung zu kommen, bei der Benno dem Brautpaar die Eheringe überreichen sollte. Im Bahnhof stahl ein Dieb jedoch Bennos Brieftasche und sein gesamtes Geld. Er sprach vergeblich mehrere Reisende an, ihm Geld für ein neues Ticket zu leihen. Sie lehnten jedoch ab. Benno setzte sich schließlich auf eine Bank, um zu überlegen, was er nun noch tun könne. In diesem Moment setzte sich ein gut gekleideter Mann neben ihn. Kurz darauf entfernte sich dieser für eine Minute. Dabei ließ er seinen Mantel zurück, in dessen Tasche offensichtlich ein Bahnticket nach San Francisco steckte. Benno hätte dieses Ticket nur an sich zu nehmen brauchen, um damit seine geplante Reise antreten zu können. Er konnte auch erkennen, dass der Mann genügend Geld bei sich hatte, um sich ein weiteres Ticket zu kaufen.«

Befragte sollten nun beantworten, wie Benno sich in dieser Situation nach ihrer Meinung verhalten sollte. Zwei mögliche Antworten standen zur Auswahl:

(1) *Benno sollte das Ticket nicht entwenden,* auch wenn er sich damit die letzte Möglichkeit verbaute, rechtzeitig zur Trauung zu kommen, wo er die Eheringe seinem besten Freund überreichen wollte.
(2) *Benno musste nach San Francisco fahren,* um die Eheringe seinem besten Freund übergeben zu können – auch wenn damit verbunden war, dass er das Eisenbahnticket aus dem Mantel des anderen Mannes stahl.

Westlich orientierte Schüler sprachen sich in hohem Maße dagegen aus, die Fahrt zur Teilnahme an den Feierlichkeiten des Freundes auf Kosten eines Fremden zu unternehmen, denn – so ihr Urteil – eine Reise rechtfertigt einen solchen Diebstahl nicht. Demgegenüber entschieden sich mehr als doppelt so viele indische Kinder und Jugendliche dafür, die ehrenvolle Aufgabe gegenüber dem besten Freund wahrzunehmen. Je schwerer aber die Gesetzesübertretungen werden, die zur Wahrnehmung sozialer Verpflichtungen in Kauf genommen werden, desto größer wird die Neigung der jungen Asiaten, sich für die Achtung vorliegender Gesetze auszusprechen.

Verhältnis von Individuum und Gemeinschaft

Die Hindu-Religion und die Hindu-indische Kultur betrachten »soziale Verpflichtungen als Ausgangspunkt der Gesellschaft« (Miller & Bersoff, 1992). Was viele nicht-industrielle Kulturen von denen Westeuropas und Nordamerikas unterscheidet, ist die Grundüberzeugung, dass dem Wohlergehen der Gemeinschaft ein höheres Gewicht beizumessen ist, als den Rechten und Pflichten des Einzelnen. Das Festhalten an religiösen Traditionen hat gegenüber anderen Erwägungen, etwa die Rechte des Einzelnen betreffend, absoluten Vorrang. (Wainryb & Turiel, 1995). In diesen traditionellen Kulturen hat man zunächst und vor allem soziale Verpflichtungen gegenüber der eigenen Familie und der Gemeinde, in der man lebt, und man ist bereit, sich der Autorität älterer Familien- oder Stammesangehöriger zu unterwerfen.

Für Kohlberg stellt es das Ziel der moralischen Entwicklung eines Menschen dar, dass dieser bereit und in der Lage ist, Urteile nach dem Prinzip der Gerechtigkeit zu fällen. Was aber ist Gerechtigkeit? Und wie wird sie erreicht? Im asiatischen Raum, das haben die obigen Beispiele gezeigt, finden sich Kulturen, in denen die Angehörigen das Wohlergehen der Gemeinschaft höher bewerten als das Wohlergehen des Individuums. Sie sehen auch viel stärker die Verantwortung der Gemeinschaft für ihre Mitglieder. Wenn Heinz das Medikament vom Apotheker stehlen müsste, um seine Frau zu retten, hat für einen Befragten aus Neu-Guinea ganz offenkundig die Gemeinschaft versagt, der Heinz angehört, denn er erklärt: »Wenn ich der Richter wäre, dann würde ich ihn nur schwach bestrafen, denn er hat jedermann um Hilfe gebeten und keiner hat ihm geholfen« (Tietjen & Walker, 1985). Obwohl Kohlberg solche moralischen Urteile als konventionell einstufen mag, steht hinter ihnen ein Denken, das von einem hoch entwickelten Prinzip der Gerechtigkeit geleitet ist (Snarey & Keljo, 1991).

Grenzen individueller moralischer Urteile

Kann man die zahlreichen Probleme dieser Welt dadurch lösen, dass man dem Einzelnen die Verantwortung dafür aufbürdet? Eine 40-jährige Frau aus Indien, der man das Heinz-Dilemma vorgelegt hat, sagt es in ihrer Antwort ganz klar: »Vergiss Heinz in Europa, komm doch nach Indien ... Die Geschichte von Heinz wiederholt sich hier ständig: Frauen sterben, Kinder sterben, und es gibt niemals genügend Geld, um ihnen zu helfen. ... Deshalb, wenn man einmal die persönlichen Möglichkeiten von Heinz berücksichtigt – ja, okay, lass ihn das Medikament entwenden, aber das wird sich auf die Allgemeinheit nicht auswirken ... Ich kann mir nicht vorstellen, dass sich auf individueller Ebene letzten Endes eine Lösung des Gesamtproblems zustandebringen lässt» (Vasudev & Hummel, 1987). Diese Aussage steht offenkundig nicht im Einklang mit der in westlich orientierten Gesellschaften vorherrschenden Überzeugung, wonach die Rechte des Individuums allerhöchstes Gut sind. Sollte man das moralische Niveau der zitierten Inderin aber deshalb als anhebungsbedürftig bezeichnen? Zeigt nur derjenige Mensch, der Verhalten – sowohl das eigene, aber auch dasjenige anderer – stets nach seinem ganz persönlichen Wertemaßstab zu beurteilen vermag, genau das Niveau moralischer Entwicklung, das nach Kohlberg allgemein als wünschenswertes Ziel für alle jungen Menschen angesehen werden kann?

Literatur zur Erweiterung des Wissens und zur Vertiefung

Zur kognitiven Entwicklung:

Case, R. (1999): Die geistige Entwicklung des Menschen. Von der Geburt bis zum Erwachsenenalter. Heidelberg: Winter, Programm Edition Schindele.

Ginsburg, H. P. & Opper, S. (2004): Piagets Theorie der geistigen Entwicklung (9. Aufl.). Stuttgart: Klett-Cotta.

Zur moralischen Entwicklung:

Oser, F. & Althof, W. (2001): Moralische Selbstbestimmung. Modelle der Entwicklung und Erziehung im Wertbereich. Stuttgart: Klett-Cotta (Neuaufl. in Vorb.).

10 Adoleszenz und entstehendes Erwachsenenalter: Körperliche und sozial-emotionale Entwicklung

Zu den auffälligsten Vorboten eines weiteren menschlichen Lebensabschnittes gehören die körperlichen Veränderungen nach Eintritt in die Adoleszenz: Es findet noch einmal ein regelrechter »Wachstumsschub« statt, in dessen Verlauf die Körpergröße erheblich zunimmt. Dabei nähern sich Jungen und Mädchen – vor allem gegen Ende der frühen Adoleszenz – zunehmend der Gestalt eines Erwachsenen an.

Die fast schon erwachsene Gestalt und die neuen kognitiven Fähigkeiten, von denen bereits in Kapitel 9 die Rede war, veranlassen den Jugendlichen normalerweise, seine Sozialbeziehungen neu zu regeln. Unter den Mitgliedern gleichgeschlechtlicher Gruppen entwickelt sich ein hohes Maß an Nähe und Vertrautheit, bevor intimere Beziehungen zum anderen Geschlecht entwickelt werden. Gleichzeitig hat der Jugendliche die Aufgabe zu lösen, seine Stellung in der eigenen Familie neu zu definieren. Vor allem in den Mittelschichten wird der junge Mensch in wachsendem Maße als gleichberechtigtes Mitglied anerkannt; damit wird ihm zugleich ein erhöhtes Maß an Selbständigkeit und Eigenverantwortung übertragen. Zu beachten ist allerdings, dass es erhebliche interkulturelle Unterschiede bezüglich der Frage gibt, inwieweit selbständige Entscheidungen unabhängig von den Eltern zu treffen sind.

Wenn ein Mensch die Veränderungen des eigenen Körpers, des eigenen Denkens und Fühlens erlebt, wenn sein Verhältnis zur Umwelt neu zu ordnen ist, dann ergeben sich für ihn viele Fragen, so etwa die folgenden: Was bedeuten diese Veränderungen für mich? Wer bin ich in dieser Welt? Was kann aus mir werden? Solche Fragen, auf die sich nicht ohne weiteres ein Antwort finden lässt, lösen bei vielen Jugendlichen eine Identitätskrise aus, die aber in der Mehrheit der Fälle nur vorübergehend ist und überwunden wird (Erikson, 1959). Am Ende dieser Entwicklung steht in der Regel ein junger Mensch, der seine – vorläufige – Rolle in der Gesellschaft, in der er lebt, gefunden hat, und der Voraussetzungen erwerben konnte, um den Lebensabschnitt des Erwachsenenalters zu beginnen.

10.1 Einige Kennzeichen der körperlichen Entwicklung

Durch die körperliche Entwicklung, die zu Beginn der Adoleszenz stattfindet, wird das Ende der Kindheit besonders markant zum Ausdruck gebracht. Die schnellen Veränderungen des Aussehens signalisieren sowohl der eigenen Person als auch der Mitwelt, dass die Zeit des Kindseins zu Ende geht. Zum ersten Mal in seinem Leben kann ein Mensch schnelle Veränderungen seines Körpers kritisch selbst beobachten. »Wie werde ich einmal aussehen, wenn ich erwachsen bin?« ist eine Frage, die sich Jungen und Mädchen in der Zeit des Überganges vom Grundschulalter zur Adoleszenz häufiger als jemals zuvor in ihrer Entwicklung stellen. Die körperlichen Veränderungen tragen dazu bei, dass dem jungen Menschen sehr bald neue Erlebnismöglichkeiten zugänglich werden.

Die Adoleszenz beginnt mit der Pubertät. Mit diesem Begriff bezieht man sich allerdings ausschließlich auf Veränderungen biologischer Merkmale. »Die puberalen Veränderungen der Adoleszenz sind die allumfassendsten biologischen Veränderungen seit dem ersten Lebensjahr, die nur wenige, wenn überhaupt irgendwelche Zellen unbeeinflusst lassen« (Paikoff et al., 2000). Zu den körperlichen Veränderungen gehört erstens ein Wachstumsschub. Bei Mädchen und Jungen nehmen in dieser Zeit die Körpergröße und das Gewicht in verstärktem Maße zu. Weiterhin kommt es zur Ausschüttung von Hormonen, deren Konzentration im Körper in der späten Adoleszenz am größten ist und im weiteren Verlauf des Lebens allmählich wieder abnimmt. Schließlich bemerkt der junge Mensch während der Pubertät das Entstehen von Körperbehaarung, und zwar im Bereich der Genitalien und unter den Armen, bei Jungen im Gesicht und häufig auch auf der Brust. Bei Mädchen beginnt mit dem Eintritt in die Pubertät die Entwicklung der Brüste, während bei Jungen die Hoden in den Hodensack hineinwachsen, um sich dort zu vergrößern.

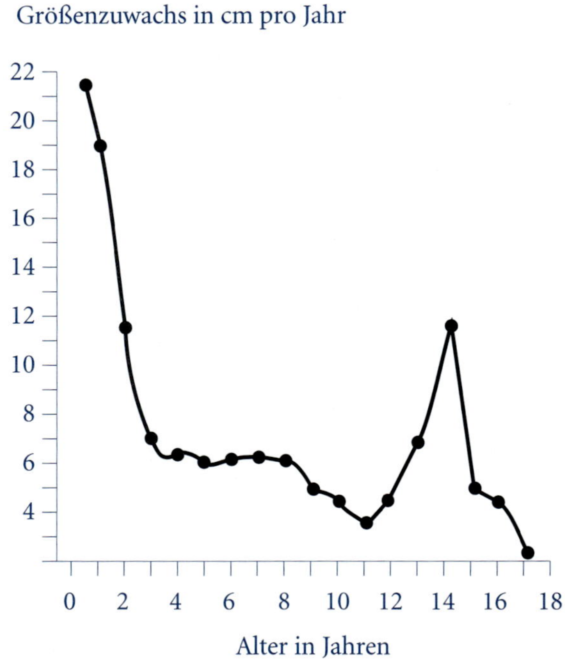

Abbildung 10.1. Die Wachstumsveränderung des Sohnes von Guenau de Montbeillard während der ersten 18 Lebensjahre: Deutlich zu erkennen ist die rasante Beschleunigung des Wachstums zwischen dem 11. und 14. Lebensjahr

10.1.1 Entwicklung des Körpers bis zur Geschlechtsreife

Wenn man die Werte, die der französische Edelmann Philibert Guenau de MontBeillard regelmäßig durch Messung der Körpergröße seines Sohnes gewonnen hat (s. S. 45), einmal so darstellt, dass der jährliche Zuwachs sichtbar wird, dann erkennt man deutlich eine Beschleunigung, die zwischen dem 11. und 12. Lebensjahr einsetzt und etwa zwei Jahre dauert.

Säkulare Akzeleration. Nur während der ersten beiden Lebensjahre (und übrigens auch vor der Geburt) ist de Montbeillards Sohn schneller als während der Zeit der Pubertät gewachsen. Wenn sich der französische Edelmann bei den Messungen nicht nur auf seinen Sohn beschränkt hätte, sondern auch das Wachstum weiterer Jungen und Mädchen gleichen Alters erfasst und protokolliert hätte, könnte man die Werte mit denen nachfolgender Generationen bis heute vergleichen. Leider liegen erst seit Beginn des letzten Jahrhunderts ausreichende Daten vor. Seit dieser Zeit hat sich das Alter, in dem die ersten Anzeichen der Geschlechtsreifung auftreten, allmählich vorverlagert. Mit dieser Entwicklungsbeschleunigung geht offenbar einher, dass im Verlauf mehrerer Jahrzehnte des letzten Jahrhunderts auch die Durchschnittswerte für Gewicht und Körpergröße gestiegen sind. Weitere Einzelheiten über diese sog. »säkulare Akzeleration«, also die Wachstumsbeschleunigung der Bevölkerung, und mögliche Erklärungsversuche enthält Info-Kasten 10.1.

INFO-KASTEN 10.1

Wird die Menschheit allmählich immer größer und schwerer?

Seit Beginn des letzten Jahrhunderts beobachtet man, dass Kinder immer größer werden. Diese Tendenz zeigte sich vor allem nach Beendigung des sog. Wachstumsschubs. Seit 1900 erhöhte sich die Körpergröße während der Adoleszenz jedes Jahrzehnt um 2 bis 3 cm. Das bedeutet, dass ein Jugendlicher im Jahre 1980 16 bis 24 cm größer war als ein Gleichaltriger des Jahres 1900

(Tanner, 1971; Eveleth & Tanner, 1990). Auch die Beendigung des Wachstums erfolgte in der Vergangenheit später. Vor etwa 100 Jahren war ein Mann mit 23 oder 24 Jahren ausgewachsen; heute hat er im Alter von 18 Jahren seine volle Körpergröße erreicht. Beim weiblichen Geschlecht haben sich die Vergleichswerte von 18 oder 19 auf gegenwärtig 16 Jahre vorverlagert (Roche, 1979). Schließlich zeigt sich die Beschleunigung der Entwicklung auch beim Auftreten der ersten Regelblutung (*Menarche*) sowie beim ersten Samenerguss (*Spermarche*). Der Historiker Quarinonius schrieb im Jahre 1610 über österreichische, im bäuerlichen Umfeld lebende Mädchen, sie würden »selten vor ihrem 17., 18. oder sogar 20. Jahr menstruieren« (Petersen, 1979). Die Menarche trat im Jahre 1840 durchschnittlich im Alter von 17 Jahren auf; heute haben die meisten Mädchen ihre erste Regel in fast allen europäischen Ländern bereits vor ihrem 14. Geburtstag, nämlich im Alter zwischen 12 und 13 Jahren bekommen (Kluge, 1998; Malina, 1979). Wie lassen sich Entwicklungs- und Wachstumsbeschleunigung erklären? Worauf ist es zurückzuführen, dass sich die durchschnittliche Körpergröße der Jugendlichen im Verlauf der Zeit zunehmend erhöht hat?

Erklärungsansätze. Es ist sehr wahrscheinlich, dass die Beschleunigung damit zu tun hat, dass sich im Verlauf der letzten 100 bis 200 Jahre vor allem die Ernährungsbedingungen, ebenso aber auch die medizinische Versorgung der Bevölkerung zunehmend verbessert hat. In Kriegszeiten, die für die Mehrheit der Bevölkerung Lebensmittelverknappung mit sich brachten, verminderte sich stets die Körpergröße von Schulkindern (Tanner, 1962). In ärmeren Ländern wie etwa Neu-Guinea oder Zentral-Afrika tritt die Menarche nicht selten im Alter von 17 oder 18 Jahren auf, bei gut versorgten jungen Afrikanerinnen dagegen fast zum gleichen Zeitpunkt wie bei den europäischen Altersgenossinnen (Tanner, 1971). Ob auch die mit der Industrialisierung und Verstädterung einhergehende Verstärkung von Reizanregungen und Stresseinwirkungen eine Rolle gespielt haben könnten, stellt noch eine offene Frage dar (Adams, 1981).

Zukunftsprognosen. Ist damit zu rechnen, dass sich die säkulare Akzeleration auch zukünftig fortsetzt? Werden die Menschen allmählich immer größer und verlagert sich der Eintritt in die Pubertät bei zukünftigen Generationen immer weiter nach vorn? Wenn sich die Vorverlagerung der Pubertät im bisherigen Umfang tatsächlich fortsetzen sollte, dann würde im Jahre 2250 ein Mädchen bereits im Alter von drei Jahren voll entwickelte Brüste haben, und ein nur wenig älterer Junge mit einer tiefen männlichen Stimme sprechen (Petersen, 1979b). Obwohl man nicht sicher vorhersagen kann, ob sich die körperliche Entwicklung auch in Zukunft beschleunigen wird, lässt sich einigen Anzeichen entnehmen, dass die Tendenz zur Beschleunigung und zum größeren Körperwachstum während der 70er Jahre zum Stillstand gekommen ist (Roche, 1979), allerdings nicht überall auf der Welt. Die Körpergröße japanischer Mädchen hat sich nach einem Bericht des japanischen Gesundheitsministeriums aus dem Jahre 1995 während der vorausgehenden 30 Jahre um durchschnittlich 7,5 cm, bei Jungen sogar um 10 cm erhöht. Die japanischen Jugendlichen sind also auf dem besten Wege, sich europäischen Gleichaltrigen bezüglich ihrer Größe anzugleichen, wenn sich diese Wachstumsbeschleunigung fortsetzen sollte. Als Erklärung wird die Umstellung der Ernährungsgewohnheiten in der japanischen Bevölkerung ins Feld geführt: Japaner essen weniger Fisch, Nudeln und Reis, dagegen mehr Fleisch und Milchprodukte. Ob sich die Tendenzen unter dem Einfluss der Umweltverschmutzung und einer damit verbundenen Minderung körperlicher Abwehrkräfte womöglich irgendwann einmal wieder umkehren wird, muss abgewartet werden (Japanese Ministry of Health and Welfare, 1994).

Der Wachstumsschub und damit der Eintritt in die Pubertät beginnt bei den meisten Mädchen im Alter zwischen 9½ und 14½ Jahren (vielfach im Alter von 10) und bei Jungen typischerweise später, d. h. zwischen 10½ und 16 Jahren (bei der Mehrheit im Altersbereich zwischen 12 und 13 Jahren). Die Jungen fangen mit dem Wachstum somit zwar später an, sie steigern ihre Körpergröße dann aber jährlich um durchschnittlich 10 cm, während die Mädchen nur durchschnittlich 9 cm in zwölf Monaten wachsen (Remschmidt, 1992). Deshalb sind erwachsene Männer im Durchschnitt etwas größer als Frauen. Die einzelnen Körperpartien wachsen nicht gleichzeitig. Bei beiden Geschlechtern beginnt das Wachstum beim Kopf, den Händen und Füßen und geht dann auf den Rumpf über. Schließlich weitet sich der Oberkörper. Das ist nach James Tanner (1971) der Grund, warum ein Junge zuerst aus seiner Hose und erst ein Jahr später aus seinem Jackett herauswächst. Durch dieses zeitversetzte Wachsum wirkt der gesamte Körper des Pubertierenden vielfach ein wenig unharmonisch.

Am Ende des Wachstumsschubes beim Jungen steht ein junger Mann mit breiten Schultern, schmaleren Hüften und Beinen, die im Vergleich zum Rumpf ziemlich lang sind. Das weitgehend ausgewachsene Mädchen ist dagegen im Schulterbereich schmaler, hat aber breitere Hüften und Beine, die im Vergleich zum Rumpf kürzer sind.

Erste Regelblutung. Erst wenn das starke Körperwachstum seinen Höhepunkt bereits überschritten hat, erfahren Mädchen normalerweise ihre erste Regelblutung (Menarche). Die Natur lässt also beim weiblichen Geschlecht offenkundig zunächst einen kräftigen Körper entstehen, bevor *eine* Voraussetzung für eine mögliche Empfängnis geschaffen wird. Da zu diesem frühen Zeitpunkt aber noch kein Eisprung erfolgt, ist eine weitere notwendige Voraussetzung für eine Empfängnis bei den meisten, aber keineswegs bei allen Mädchen (Tanner, 1990) erst 12 bis 18 Monate später erfüllt, wenn bei der Menstruation ein nicht befruchtetes Ei abgeht. Die Natur hat mit dieser Verzögerung offenkundig einen Schutz vor zu früher Schwangerschaft in den weiblichen Körper eingebaut.

Erster Samenerguss. Ganz gleich, ob der erste Samenerguss und die erste Regelblutung früher oder später einsetzen – sie sind für Jungen und Mädchen häufig ein dramatisches Ereignis, das ihnen vor allem dann Probleme bereitet, wenn sie darauf nicht angemessen vorbereitet worden sind (Kluge, 1998). Stanley Hall (1904), der wesentliche Pionierarbeiten zur Erforschung der Adoleszenz leistete, erinnert sich, wie nächtliche Samenergüsse ihn selbst in erheblichem Maße beunruhigten. »Meine Furcht vor diesem natürlichen Ereignis war so groß, dass ich zu Beginn meiner Teenager-Jahre einen Apparat baute und Binden verwendete, um den Reizzustand während des Schlafs zu verhindern, was nur zur Verschlimmerung der misslichen Lage führte.« Es ist nicht bekannt, ob der erste Samenerguss Geschlechtszellen enthält, die bereits Eizellen befruchten könnten.

10.1.2 Erklärung interindividueller Unterschiede in der körperlichen Entwicklung

In Hinblick auf das Körperwachstum während der Pubertät unterscheiden sich nicht nur Jungen und Mädchen voneinander, sondern es finden sich auch innerhalb eines Geschlechts erhebliche Unterschiede. Mädchen oder Jungen, die ziemlich früh in die Pubertät eintreten, können bereits voll ausgewachsen sein, wenn andere Mitglieder ihres Jahrgangs mit dem Wachstumsschub noch nicht einmal begonnen haben.

Genetische Einflüsse. Wie lässt sich erklären, dass der Beginn der Pubertät sowohl bei Mädchen als auch bei Jungen viele Jahre auseinanderliegen kann? James Tanner (1990) meint dazu, es ginge beim Wachstum ebenso zu wie in der Musik: Bei einigen Kindern verlaufe die körperliche Entwicklung *andante*, bei anderen *allegro* und bei wenigen auch *lentissimo.* »Es scheint, dass die Vererbung bei der Einstellung des Metronoms eine große Rolle spielt.«. Das erste Auftreten der Regelblutung liegt bei eineiigen Zwillingsschwestern nicht weiter als zwei Monate auseinander, während bei zweieiigen Zwillingen ein Abstand von durchschnittlich acht Monaten beobachtet worden ist (Marshall & Tanner, 1981). Der Zeitpunkt der ersten Menstruation beim Mädchen weicht zudem nicht wesentlich von der Menarche seiner Mutter ab (Graber et al., 1995).

Umwelteinflüsse. Der unterschiedliche Beginn der Geschlechtsreifung bei Jungen und Mädchen hängt nicht nur von der Genetik, sondern ebenso von Ernährungsweise, Stressfaktoren und Intensität körperlicher Aktivitäten ab (Belsky, 1993). Mehrere Studien haben ergeben, dass auch psychosoziale Faktoren (vor allem häusliche Konflikte), den Beginn der Pubertät mitbestimmen, zumindest beim weiblichen Geschlecht. Wenn Mädchen gehäuft Problemsituationen, etwa elterliche Streitereien, miterleben, Zurückweisungen erfahren müssen oder zu Hause keine ausreichende Unterstützung finden, tritt die erste Menstruation früher auf als bei Mädchen, die in harmonischen Familienverhältnissen leben (Graber et al., 1995; Moffit et al., 1992). Ungünstige Bedingungen der Lebensumwelt führen wahrscheinlich zu Veränderungen der Stoffwechselvorgänge, die ihrerseits Einfluss auf Gewicht und auf den Zeitpunkt der Menarche nehmen können (Moffit et al., 1992). Wenigstens 17 Prozent des weiblichen Körpers müssen aus Fett bestehen, bevor die Menstruation einsetzt und anschließend regelmäßig auftritt (Petersen, 1979). Sofern dieser Fettanteil unterschritten wird, muss mit einem Ausbleiben der Menstruation gerechnet werden. Mädchen, die hohe Leistungen im sportlichen Bereich erbringen, so etwa Tänzerinnen (Warren, 1985) oder Leistungssportlerinnen, haben einen Körper, der einen hohen Anteil an Muskelgewebe und nur verhältnismäßig wenig Fett aufweist; in einem solchen Fall tritt die erste Regelblutung mehr oder weniger stark verzögert auf (Graber et al., 1995). Wie stark die Umweltbedingungen das Auftreten der ersten Regelblutung mitbestimmen, lässt sich weiterhin daran ablesen, dass der Zeitpunkt der Menarche von den Einkommensverhältnissen der Eltern abhängt; sie tritt in so verschiedenen Teilen der Welt wie Hongkong, Tunesien, Südafrika oder in den USA früher auf, wenn die wirtschaftlichen Verhältnisse der Eltern günstig sind, dagegen erst zu einem späteren Zeitpunkt, wenn die Familie über ein sehr geringes Einkommen verfügt (Eveleth & Tanner, 1990), vermutlich spiegeln sich bei einem solchen Befund Unterschiede in den häuslichen Ernährungsmöglichkeiten wider.

Die Rolle der Hormone

Körperliche Entwicklungen im Zeitraum der Pubertät mögen zwar unter einigen Umweltbedingungen früher, unter anderen später auftreten, aber letztlich hängt es von zentralen Steuerungsmechanismen im Gehirn ab, zu welchem Zeitpunkt welche Veränderungen stattfinden. Wie teilt diese zentrale Kommandostelle eines Menschen dem Körper mit, dass nunmehr der Zeitpunkt gekommen ist, ein verstärktes Körperwachstum einzuleiten, die Menarche beim Mädchen, die Spermarche beim Jungen auftreten zu lassen? Die Antwort lautet, dass die Veränderungen unter der Kontrolle von Hormonen stehen.

Es ist noch nicht gänzlich geklärt, weshalb bei dem einen jungen Menschen früher, beim anderen später das Zwischenhirn (Hypothalamus) Nervenimpulse an die Hirnanhangdrüse (Hypophyse) sendet, die daraufhin ihrerseits Nachrichten an die weiblichen und männlichen Geschlechtsdrüsen übermittelt. Die Eierstöcke des Mädchens produzieren daraufhin erheblich mehr *Östrogen*, die Hoden des Jungen in gesteigertem Maße *Androgen* und *Testosteron*. Diese beiden Hormone sind auch bei Kindern nachzuweisen, allerdings in geringerer Menge. Sobald sich aber gegen Ende des Grundschulalters ihre Konzentration im Blut erhöht und eine kritische Grenze überschreitet, wird die Pubertät eingeleitet (Root,

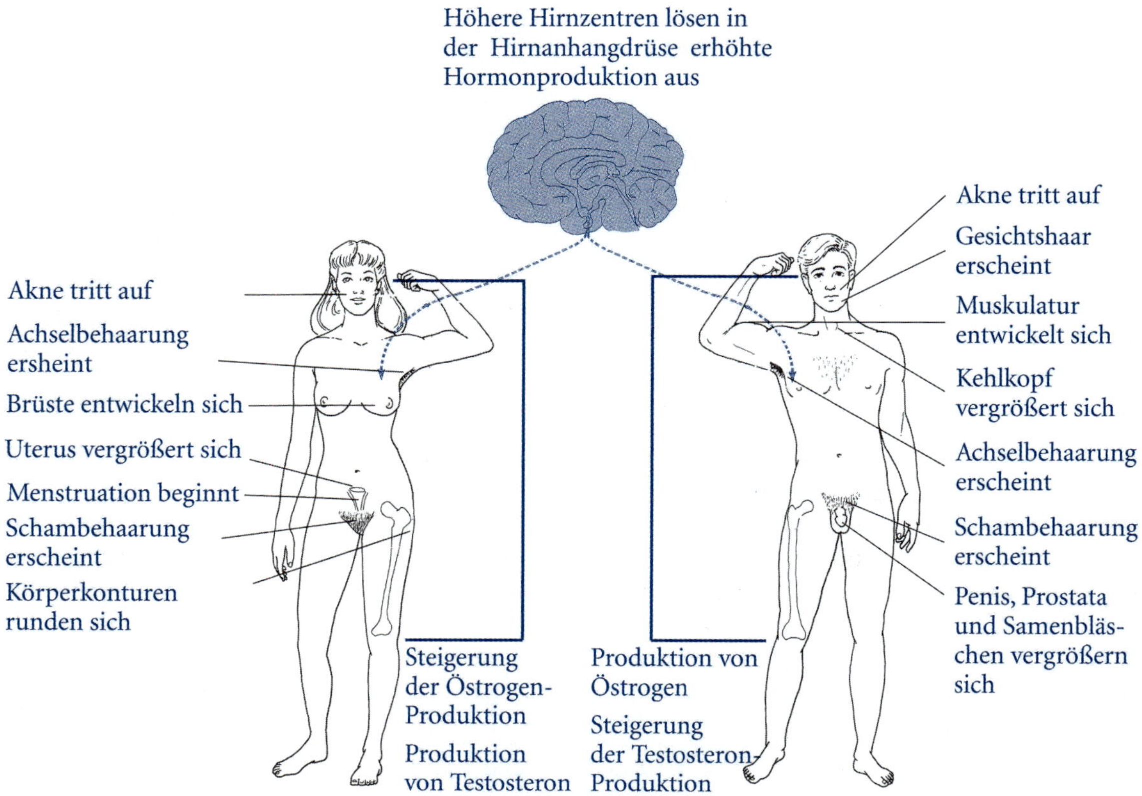

Abbildung 10.2. Körperliche Veränderungen bei Jungen und Mädchen durch Hormonausschüttung während der Adoleszenz

1973a; Root, 1973b). Beide Hormone finden sich sowohl im männlichen als auch im weiblichen Körper. Beim Mann überwiegt jedoch das Testosteron, bei der Frau das Östrogen. Die Pubertät endet einige Zeit nach der ersten Regelblutung beim Mädchen und nach der Produktion von Samenzellen beim Jungen. Zahlreiche der teilweise bereits beschriebenen Wirkungen der gesteigerten Hormonausschüttung durch die Hirnanhangdrüse bzw. Geschlechtsdrüsen zeigt Abb. 10.2 in einer zusammenfassenden Übersicht.

Die einschneidenden körperlichen Veränderungen lässt der Pubertierende selbstverständlich nicht einfach passiv über sich ergehen. Immerhin nimmt er wahr, dass er auch hinsichtlich seines Aussehens auf dem Wege ist, ein Erwachsener zu werden und als solcher von seinen Mitmenschen anders behandelt wird. Wie bewerten Jungen und Mädchen nun die Veränderungen, die sie selbst mit kritischem Auge verfolgen? Wie verarbeiten einige die Tatsache, dass sie selbst noch »wie ein Kind« aussehen, während Gleichaltrige den Reifungsprozess bereits weitgehend abgeschlossen haben?

10.1.3 Bewertung des äußeren Erscheinungsbildes

John Collins zeigte Jugendlichen verschiedenen Alters ebenso wie Erwachsenen drei Sekunden lang vier auf dem Kopf stehende Gesichter (vom Kinn bis zum Haaransatz) nebeneinander für drei Sekunden (Collins & LaGanza, 1982). Unter den vier Gesichtern – die Dargestellten waren gleichaltrig – fand sich jeweils ein Foto des Betrachters. Gelang es den Versuchspersonen, ihr eigenes Gesicht in der kurzen Zeit zu entdecken? Man könnte vermuten, die Aufgabe sei für einen

Menschen, der sich in der frühen Adoleszenz befindet, besonders schwierig, denn während dieses Entwicklungsabschnitts verändert sich die Gesichtsform besonders stark. Tatsächlich erkannten die jüngeren Jugendlichen ihr Gesicht aber schneller als die älteren Versuchsteilnehmer. 92 Prozent der 13- bis 14-jährigen, 71 Prozent der 18- bis 21-jährigen und 76 Prozent der 25- bis 35-jährigen konnten ihr auf dem Kopf stehendes Gesicht während der kurzen Darbietungszeit erkennen. Warum gelang es gerade jungen Menschen in der Pubertät, die Aufgabe in vergleichsweise kurzer Zeit zu lösen?

Starkes Interesse am eigenen Aussehen. Die Antwort erhält man, wenn man Jugendliche in der frühen Adoleszenz einmal für einige Zeit beobachtet. Viele treten täglich häufiger vor den Spiegel, um sich längere Zeit kritisch zu betrachten. Fragt man Jugendliche, worüber sie sich am häufigsten Gedanken machen, dann nennt fast jeder zweite sein körperliches Aussehen (Bibby & Posterski, 1985). Jungen und Mädchen studieren besorgt ihren Körper, der während der Zeit des verstärkten Wachstums vorübergehend seine Harmonie verliert. Dem kritischen Jugendlichen fällt etwa auf, dass seine Nase zu lang, sein Kinn zu klein und seine Füße zu groß sind. Hinzu kommen Hautprobleme als Folge der Hormonumstellung – kein Pickel und Mitesser entgeht der Aufmerksamkeit. Über die Hälfte der Mädchen und ein Drittel der Jungen äußern sich besorgt über die eigene Körpergröße, die Figur oder das Gewicht (Fend, 1994; Remschmidt, 1992). Dabei kann man den jungen Selbstbeobachtern keineswegs bescheinigen, objektiv in ihren Urteilen zu sein. Viele Mädchen möchten ihr Gewicht verringern, obwohl dieses recht genau dem Durchschnitt entspricht, und viele Jungen könnten im Vergleich zu vorliegenden Durchschnittswerten ohne weiteres einige Kilos abnehmen, obwohl sie selbst keinerlei Notwendigkeit dafür sehen (White et al., 1991).

Orientierung an Schönheitsidealen. In keinem Entwicklungsabschnitt scheint das körperliche Aussehen so sehr im Mittelpunkt des Interesses zu stehen und gleichzeitig so viel Missfallen zu erregen wie während der Adoleszenz (Siegel, 1982). In den Worten von James Tanner (1971): »Während des fötalen Lebens sowie ein oder zwei Jahre nach der Geburt verlief die Entwicklung eindeutig schneller, und eine verständnisvolle Umgebung war vielleicht sogar noch wichtiger, aber das Individuum selbst war nicht der faszinierte, der entzückte oder entsetzte Zuschauer, der die Entwicklungen oder deren Stillstand ... beobachtete.«

Die Unzufriedenheit mit dem eigenen Aussehen wird vor allem durch eine Kultur gefördert, die der körperlichen Attraktivität einen hohen Stellenwert einräumt. Der Mensch in der frühen Adoleszenz orientiert sich verstärkt an Idealbildern von Frau und Mann, die ihm in Filmen und Zeitschriften, vor allem auch in der Werbung vorgestellt werden. Jungen sind besorgt, wenn sie

Abbildung 10.3. Jugendliche in der frühen und mittleren Adoleszenz vergleichen ihr Aussehen häufig mit Schönheitsidealen, die u. a. die Werbung vermittelt

nicht das gleiche muskulöse Aussehen und ebenso breite Schultern haben wie die Helden, die ihnen als der Inbegriff der Männlichkeit vorgeführt werden. Mädchen stellen möglicherweise fest, dass sie körperlich nicht so zart sind, keine so schmale Taille haben, wie die Models in der Werbung. Die Gruppe der Gleichaltrigen übt auf ihre Mitglieder einen erheblichen Druck aus, sich Idealbildern anzunähern, die von den jeweiligen Jugendkulturen gerade verherrlicht werden. Wenn der junge Mensch diesem Erwartungsdruck nicht nachkommt, riskiert er soziale Zurückweisung. Wenn man ihn tatsächlich isoliert, bereitet man ihm ein Schicksal, das er wegen der verstärkten Hinorientierung zu den Gleichaltrigen besonders schwer ertragen kann.

Die meisten Erwachsenen haben gelernt, sich damit abzufinden, dass ihr eigenes Aussehen mehr oder weniger von Schönheitsidealen abweicht. Der Jugendliche, der sich zudem noch im Mittelpunkt der Aufmerksamkeit sieht (s. S. 338f.), kann die Grenzen zwischen Schein und Wirklichkeit noch nicht so deutlich sehen. In ungünstigeren und seltenen Fällen werden unter dieser Bedingung Maßnahmen ergriffen, die sich verhängnisvoll auf die Gesundheit auswirken. Info-Kasten 10.2 liefert dafür mit der Magersucht ein Beispiel.

INFO-KASTEN 10.2

Warum wird Fasten bei einigen Jugendlichen zur Sucht?

Als Gloria im Alter von 15 Jahren an einem Schwimmwettbewerb teilnahm, meinte eine Freundin zu ihr, sie sähe aus, als ob sie ein paar Pfunde zu viel auf den Hüften habe. Auf Gloria wirkte diese Bemerkung wie ein Schock. Sie verordnete sich sofort eine strenge Diät und beschäftigte sich fortan unentwegt nur noch mit der Frage, wie sie abnehmen könnte. Selbst nach Erreichen ihres Idealgewichts sah Gloria keinen Anlass, ihr übertriebenes Fasten aufzugeben.

Gloria machte täglich gymnastische Übungen. Sie mied immer mehr Nahrungsmittel, bis sie täglich nur noch 600 Kalorien zu sich nahm (für ein Mädchen im Alter zwischen 15 und 18 Jahren werden 2.100 Kalorien täglich empfohlen). Das Körpergewicht sank innerhalb von zwei Monaten von 45 auf 36 kg. Wenn man sein Idealgewicht aber nur um 10 bis 14 kg unterschreitet, ist mit nervösen Störungen, wie z. B. Schlaflosigkeit, depressiven Stimmungen und Konzentrationsmängeln zu rechnen. Außerdem beobachtet man bei einem Gewichtsverlust dieser Größenordnung zunehmende soziale Isolierung und eine eingeschränkte Fähigkeit, die Wirklichkeit (vor allem auch in Hinblick auf den eigenen körperlichen Zustand) richtig wahrzunehmen (Biebl & Kinzl, 1988). Das Fasten rückt allmählich in die Nähe einer Suchtkrankheit. »Das ganze Leben«, so versuchen Raimund Böse und seine Mitarbeiter (1998) das Krankheitsbild zu beschreiben, »dreht sich um Figur und Gewicht, jedes abgenommene Pfund gibt Sicherheit und Selbstvertrauen, gilt als Zeichen persönlicher Stärke«.

Gloria entwickelte im Verlauf ihrer Fastenzeit ein ausgesprochenes Interesse für das Kochen. Sie sammelte Rezepte und bereitete fast sämtliche Mahlzeiten für ihre Familie. Selbst aß sie davon allerdings nichts. Sie behauptete stets, keinen Hunger zu haben. Auf die Mahnung, sie müsse mehr essen, reagierte sie schroff mit der Feststellung, sie sei nicht dünn. Da Gloria weiter abnahm und die Familie keine Möglichkeit mehr sah, Einfluss auf das Mädchen zu gewinnen, wurde sie in ein Krankenhaus eingeliefert.

Anorexia Nervosa. Die Ärzte erkannten sehr schnell, dass ihre Patientin an Magersucht (Anorexia Nervosa, d. h. »Appetitlosigkeit infolge nervöser Ursachen«) litt. Bei dieser Essstörung steht im Vordergrund »die feste Überzeugung, zu dick zu sein, verbunden mit einem unbezwingbaren Drang abzunehmen, mit welchen Mitteln auch immer« (Herpertz & Senf, 1997). In 96 Prozent aller Fälle tritt diese Krankheit bei Mädchen im Alter zwischen 12 und 18 Jahren auf; in letzter Zeit wird sie allerdings zunehmend auch bei Jungen beobachtet (Garner, 1993). Die Auftretenshäufigkeit von Magersucht steigt übrigens seit etwa 30 Jahren sowohl in den Vereinigen Staaten von Amerika wie auch in den Ländern Westeuropas langsam aber stetig an. Unter 1.000 weiblichen Jugendlichen ist mit einem Fall von Magersucht zu rechnen (Habermas, 1995).

Motive für Magersucht. Was veranlasste Gloria, ihre Nahrungsaufnahme von einem Tag auf den anderen in lebensgefährdender Weise zu verringern? Wie bereits festgestellt, erhöht sich in der Pubertät beim weiblichen Geschlecht der Fettanteil im Körper (s. S. 355). Man hat einmal geschätzt, dass Mädchen im Durchschnitt mehr als 11 kg Fett während der Adoleszenz hinzugewinnen (Brooks-Gunn & Warren, 1985), und viele reagieren darauf mit erhöhter Kontrolle ihres Körpergewichts (Swarr & Richards, 1996).
Katherine Halmi (1987), die über Glorias Fall berichtet, stellt fest, dass Magersucht bevorzugt bei Jugendlichen aus erfolgsorientierten Elternhäusern mittlerer und höherer Schichten auftritt, in denen Vater und Mutter sehr viel Wert auf ihr Aussehen legen. Eltern dieser Patienten kontrollieren das Verhalten ihrer Kinder übermäßig und erwarten höchste Leistungen (Pike & Rodin, 1991). Magersüchtige, so stellen auch Monika Gerlinghoff und ihre Mitarbeiter (1988) fest, »sind aufgewachsen in totaler Abhängigkeit von ihren Eltern, von Eltern, die immer wussten, was richtig und falsch ist, die jede Entscheidung für sie getroffen haben und Versuche in Richtung Eigenständigkeit nicht zulassen wollten.« Dem bislang überkontrollierten Mädchen fehlt somit der Sinn, selbstständige Entscheidungen treffen zu können (Wenar, 1994). Ähnlich lagen die Verhältnisse bei Gloria, die seit dem achten Lebensjahr nach dem Tod ihrer Mutter bei ihrem Vater, einem Chirurgen, lebte, der u. a. als »ängstlich, kontrollierend, und impulsiv« geschildert wird. Häufig haben die Patienten Schwierigkeiten, sich emotional von ihren Eltern zu lösen. Ihre Tragik liegt darin, dass sie am Anfang ihrer Krankheit versuchen, Kontrolle über ihren Körper und ihre Umwelt zu gewinnen und dabei allmählich sämtliche Kontrolle verlieren (Landau, 1983).
Magersüchtige Mädchen erleben weiterhin die sexuelle Reifung als Überwältigung, der sie sich hilflos ausgeliefert sehen (Habermas, 1995). Die Veränderungen des Körpers, die dem jungen Mädchen den bevorstehenden Eintritt in das Erwachsenenalter ankündigen, können Furcht auslösen, vor den zukünftigen Lebensaufgaben zu versagen. Die im Rahmen der Magersucht ergriffenen Maßnahmen könnten somit auch als Abwehrmechanismen verstanden werden. Immerhin gelingt es magersüchtigen Mädchen zumeist, ihren reifenden Körper auf ein vorpubertales Maß (u. a. auch Ausbleiben der Regelblutung) zurückzuführen.

Therapeutische Maßnahmen. Die Therapie von Magersucht ist schwierig, weil es so gut wie keine physiologische Erklärung gibt. Außerdem stehen keine Medikamente zur Verfügung, die den Appetit steigern und das Körpergewicht der Patienten erhöhen könnten (im Falle lebensbedrohlicher Reaktionen ist künstliche Ernährung erforderlich). Die Patientin muss zunächst einmal zur Krankheitseinsicht gebracht werden. Ihre Wahrnehmung muss wirklichkeitsnaher werden – das gilt vor allem für ihren völlig abgemagerten Körper, den sie immer noch als »zu dick« ansieht, obwohl er wegen Auszehrung bereits vom Tode bedroht ist. Englische, schwedische und deutsche Forscher haben im Gehirn Betroffener nach Bedingungen für diese verfälschte Selbst-Wahrnehmung des eigenen Körpers gesucht und tatsächlich gefunden, dass zu bestimmten Hirnpartien ein verminderter Blutzufluss besteht,

und zwar auch zu solchen, die kontrollierend auf die visuelle Wahrnehmung des eigenen Körpers sowie auf den Appetit einwirken (Gordon et al., 1997). Ein entscheidendes Ziel der Therapie besteht für den Patienten darin, Eigenverantwortung zu übernehmen. Verhaltenstherapien zielen darauf, den Patienten zu loben, ihm Anerkennung dafür auszusprechen, wenn er angemessene Essverhaltensweisen zeigt. Kognitive Therapien werden eingesetzt, um die verfälschte Körperwahrnehmung zu korrigieren und vor allem das Selbstwertgefühl anzuheben.
Die Schwierigkeit, therapeutisch erfolgreich zu sein, zeigte sich auch bei Gloria, denn die Bemühungen, ihr zu helfen, waren von mehreren Rückschlägen begleitet. Wegen Umzugs der Patientin wurde die über neun Monate dauernde Therapie beendet. Sie blieb aber offenbar nicht völlig erfolglos, denn Gloria, so heißt es zum Abschluss des Untersuchungsberichts, »hielt ihr Gewicht im unteren Grenzbereich« und »übernahm schließlich eine ziemlich verantwortungsvolle Tätigkeit in einem Geschäftsunternehmen«. Nicht immer sind die Heilungsaussichten so günstig, denn die Sterblichkeitsziffer liegt zwischen 15 und 21 Prozent (Halmi, 1987).

Eltern verstehen nicht immer, dass Söhne und Töchter in der Adoleszenz dem eigenen Aussehen gesteigertes Interesse entgegenbringen. Dabei übersehen sie, dass der Jugendliche oft nur vorübergehend eine Denkart übertreibt, die sich bei vielen Menschen nachweisen lässt: Dem Gutaussehenden werden viele günstige Persönlichkeitseigenschaften zugeschrieben, und dadurch erhöhen sich auch seine sozialen Chancen (Dion et al., 1972).

10.1.4 Verarbeitung von Früh- und Spätentwicklung

Am günstigsten ist es zweifellos für Mädchen und Jungen, wenn bei ihnen körperliche Veränderungen auftreten, die sich bei den meisten ihres Jahrganges in gleicher Weise und zur gleichen Zeit vollziehen; dieses »gemeinsame Schicksal« offenbart Betroffenen, dass bei ihnen alles normal verläuft. Grundsätzlich hat es als ebenso normal zu gelten, dass einige Kinder verhältnismäßig früh, andere dagegen vergleichsweise spät in die Pubertät eintreten. Gelingt es Betroffenen aber auch, diese Abweichungen vom Durchschnitt ohne weiteres zu verarbeiten? Wie wirkt es auf ein Mädchen, wenn die körperlichen Veränderungen bei ihm später als bei den Freundinnen auftreten? Welche Reaktion zeigt ein Junge, wenn er zur Kenntnis nehmen muss, dass sein Aussehen noch kindliche Züge aufweist, während viele Gleichaltrige bereits einen muskulösen, fast erwachsenen Körper haben?

Belastungen für Spätentwickler. Beobachtungen in Zürich (Fend, 1994) und Berlin (Kracke, 1993; Silbereisen et al., 1989) haben ergeben, dass Jungen und Mädchen, die als Früh- oder Spätentwickler zu kennzeichnen sind, ihre Abweichung von der Norm als Belastung erfahren. Mädchen mit Entwicklungsrückstand haben vielfach Schwierigkeiten, von Gleichaltrigen akzeptiert zu werden. Das Selbstwertgefühl ist entsprechend vermindert. Das gilt noch stärker für spätentwickelte Jungen, die ziemlich spät ihre erste Freundin haben und etwa im Alter von 13 Jahren zu dem Eindruck gelangen, andere würden ihnen die Anerkennung versagen. Das schlägt sich im Alter von 14 Jahren auch als vermindertes Selbstwertgefühl nieder. Ein nicht selten unternommener Versuch, sich die ersehnte Anerkennung und Aufmerksamkeit doch noch zu verschaffen, besteht darin, gezielt vor anderen Rauchen und Trinken von Alkohol »vorzuführen«.

Belastungen für Frühentwickler. Aber auch für Frühentwickler ergeben sich Probleme: Mit ihrem recht erwachsenen Aussehen stehen sie nicht selten unter dem Eindruck, sie müssten entsprechendes Verhalten zeigen (Helfferich, 1994); das wiederum kann oft mit Risiken verbunden sein (s. S. 341f.): übermäßiger Konsum von Zigaretten und alkoholischen Getränken sowie ungeschützter Geschlechtsverkehr gehören dazu.

Frühentwickelte Mädchen leiden seltener an geringem Selbstwertgefühl, vor allem wenn sie als attraktiv gelten können (Grant & Fodor, 1986); ihr Selbstbild wird vor allem von der Entwicklung ihrer Brüste mitbestimmt (Brooks-Gunn & Reiter, 1990), denn frühentwickelte Mädchen heben nicht selten Zufriedenheit mit ihrer Brustentwicklung hervor (Simmons et al., 1983; Simmons et al., 1987). Die vergleichsweise hohe Zufriedenheit hängt vermutlich damit zusammen, dass Mädchen, die in ihrer Körperentwicklung schneller voranschreiten, verstärkt Aufmerksamkeit bei älteren Jungen finden, mit denen sie früher Kontakte haben als Gleichaltrige, bei denen die Pubertät noch nicht abgeschlossen ist (Simmons et al., 1987). Allerdings führen die älteren Jungen ihre vergleichsweise jüngeren Freundinnen auch verstärkt an Alkoholika wie Wein oder Bier heran.

Wie Mädchen und Jungen ihren früheren oder späteren Eintritt in die Pubertät bewerten, hängt nicht unerheblich von den Gleichaltrigen ab, die im sozialen Bereich nun viele Funktionen übernehmen, die zuvor noch überwiegend den Eltern zukamen. Deshalb ist im Folgenden zu untersuchen, wie sich das Verhältnis zur »Peergruppe« entwickelt und wie der junge Mensch sein Verhältnis zu seiner Herkunftsfamilie neu organisiert.

10.2 Hinwendung zu Gleichaltrigen

Die erheblichen Veränderungen, die ein Mensch während der Pubertät am eigenen Körper beobachtet, werfen viele Fragen auf, die er selbst keineswegs zufriedenstellend beantworten kann. Neue Gefühlserlebnisse und Erfahrungen können das Selbstwertgefühl in Frage stellen. Sicherlich werden Eltern ihren Söhnen und Töchtern oft genug helfen können, das zunächst scheinbar Unerklärliche besser zu verstehen. Eine zunehmende Bedeutung gewinnen in dieser Situation aber die Gleichaltrigen, vor allem solche, die sich mit gleichen Problemen auseinanderzusetzen haben und allein schon deshalb am besten wissen, wie einem zumute ist, wenn Krisensituationen die eigene Sicherheit erschüttern. Allerdings haben erst Veränderungen der jüngeren Zeit bewirkt, dass Gleichaltrige als Gruppen die Bedeutung für den Einzelnen gewinnen konnten, die sie heute haben.

10.2.1 Entstehung von Altersgruppen als Ergebnis bestimmter kultureller Bedingungen

Beziehungskonstellationen in der postfigurativen Gesellschaft. Es hängt mit bestimmten geschichtlichen Veränderungen der jüngeren Zeit zusammen, dass Gleichaltrige in der Gegenwart mehr Kontakte untereinander haben als etwa vor 150 Jahren oder zeitlich noch davor. Die vorindustrielle Gesellschaft schaffte Bedingungen, unter denen Kinder und Jugendliche mindestens ebenso häufig mit Erwachsenen wie mit ihresgleichen zusammen waren, sowohl im privaten Bereich als auch bei der Arbeit (Hartup, 1977). Noch vor etwas mehr als 100 Jahren waren die menschlichen Gesellschaften, wie Margaret Mead (1970) sie genannt hat, postfigurativ: Diese ließen sich dadurch kennzeichnen, dass kulturelle Veränderungen außerordentlich langsam erfolgten. Deshalb konnte das Kind von seinen Eltern und Großeltern alles erfahren, was es benötigte, um seine späteren Aufgaben als Erwachsener zu erfüllen. »Der Jugendliche«, so stellt Reinhard Sieder (1991) fest, »stand in vorindustrieller Zeit entweder unter elterlicher Gewalt oder als Lehrling, Geselle und Dienstbote unter der hausherrlichen Gewalt des Handwerksmeisters und des Bauern«. Allenfalls für den männlichen Jugendlichen ergaben sich, wie Sieder weiterhin feststellt, je nach Stärke seiner innerhäuslichen Abhängigkeit, gewisse Möglichkeiten eines Zusammentreffens mit ungefähr Gleichaltrigen. Mädchen hatten in der vorindustriellen Zeit demgegenüber kaum

Möglichkeiten zu einer außerhäuslichen Gruppenbildung, denn ihnen wurde als Tätigkeitsfeld mit begrenzten Gesprächsmöglichkeiten fast ausschließlich der häusliche Bereich zugewiesen. Allerdings blieb es unter solchen Umständen nicht aus, dass bereits Kinder – vor allem zu Beginn der Industrialisierung – als billige Arbeitskräfte auch zur Ausführung solcher Tätigkeiten herangezogen wurden, die ihrer Gesundheit höchst abträglich waren.

Verbesserte Ausbildung im Klassenverbund. Um anfänglicher Ausbeutung von kostengünstiger Kinderarbeit entgegenzuwirken, wurden im Verlauf der Industrialisierung Gesetze zum Schutz junger Menschen erlassen, durch die diese zunehmend von der Welt der Arbeit ferngehalten wurden. Da gleichzeitig der Bedarf an qualifizierten Arbeitskräften stieg, entstand die Notwendigkeit einer verbesserten Ausbildung, was allmählich für immer mehr Jugendliche einen verlängerten Schulbesuch nach sich zog. Damit gingen Erwachsene und ihre adoleszenten Söhne und Töchter getrennte Wege: Während die Eltern zur Arbeit gingen, besuchten ihre Kinder die Schule. Diese führte anfänglich in städtischen Gebieten, später auch auf dem Lande, den Unterricht in Klassen durch. Dabei sind jeweils Jungen und Mädchen (zunächst lange Zeit voneinander getrennt) in Klassen zu Altersgruppen zusammengefasst worden.

10.2.2 Funktionen der Gleichaltrigen

Von der konfigurativen zur präfigurativen Gesellschaft

Für Ausbildungszwecke war somit die Gruppe der Gleichaltrigen geschaffen worden. In ihr halten sich seither Mädchen und Jungen – heute bereits während des Vorschulalters beim Besuch eines Kindergartens – fast täglich auf, wodurch sich entsprechende Kontaktmöglichkeiten ergeben. Während der Adoleszenz übernehmen die Gleichaltrigen wichtige Funktionen, denn vor etwas mehr als 100 Jahren haben sich nach Mead die postfigurativen Kulturen zu konfigurativen gewandelt. In einer konfigurativen Kultur verändert sich die Gesellschaft derartig schnell, dass die Lehrinhalte, die Eltern ihren Kindern vermitteln könnten, bereits veraltet sind, wenn die Söhne und Töchter in das Erwachsenenalter eintreten. Gegenwärtig findet das Leben in einer konfigurativen Gesellschaft statt, und deshalb sind Gleichaltrige mindestens ebenso wichtig wie Erwachsene, damit eine Anpassung an die Anforderungen der Umwelt erreicht werden kann. Um Ratschläge und Informationen zu erhalten, wenden sich Jugendliche heute verstärkt an die Angehörigen ihrer eigenen Generation. Um herauszufinden, wie man Programme auf dem PC installiert oder das Internet optimal nutzt, fragen junge Menschen nicht mehr ihre Eltern oder gar Großeltern, sondern ihre Freunde. Bedeuten diese Entwicklungen, dass Jugendliche keine Bereicherung in irgendeiner Form mehr empfangen können, wenn sie enge Beziehungen zu ihren Eltern und anderen Erwachsenen bewahren? Die Frage ist sicherlich nicht zu verneinen, aber auch nicht uneingeschränkt zu bejahen. Eltern werden ihren Töchtern und Söhnen weiterhin emotionale Unterstützung geben, ihnen auch immer noch Ratschläge erteilen können, aber als Informationsquelle haben Gleichaltrige einen unersetzlichen Wert gewonnen. Wegen der immer schneller verlaufenden technischen Fortschritte entwickeln sich die konfigurativen inzwischen zu präfigurativen Kulturen (Mead, 1970), und das hat zur Folge, dass Jugendliche in vielen Bereichen inzwischen sogar Erwachsenen als Lehrende gegenübertreten können. Gleichaltrige übernehmen aber noch zahlreiche weitere Funktionen. Diese lassen sich in folgenden Punkten (teilweise nach Fend, 2000) zusammenfassen:

Loslösung vom Elternhaus. Jugendliche stehen vor der Entwicklungsaufgabe, sich bis zu einem gewissen Grade vom Elternhaus loszulösen und so zunehmende Unabhängigkeit zu erlangen. Gleichaltrige unterstützen diesen Prozess, indem sie die Möglichkeit bieten, das Gefühl der Einsamkeit und des Verlassenseins zu verhindern. »Sie helfen, die nötige Distanzierung zu den Eltern auszuhalten, sie ermöglichen es, Erfahrungen mit neuen Formen von ›Getrenntsein‹ und ›Gemeinsamkeit‹ zu sammeln« (Fend, 2000). Sie geben emotionalen Rückhalt und bei Bedarf Ermunterung und Zuspruch. Das trifft nach den Beobachtungen von Inge Seiffge-Krenke (1995) vor allem auf Problemsituationen zu, wenn Konflikte in einer andersgeschlechtlichen Freundschaft, mit weiteren Freunden oder auch familiäre Probleme vorliegen, die bevorzugt mit dem besten Freund besprochen werden.

Entscheidungshilfe. Ein Kennzeichen der Adoleszenz besteht darin, Lebensstandards der Erwachsenenwelt sowie die elterliche Autorität in Frage zu stellen. Eltern werden nicht mehr in sämtlichen Bereichen als Vorbilder anerkannt. Gleichzeitig besitzt der Jugendliche allerdings noch nicht die Sicherheit, sämtliche Entscheidungen allein zu treffen. In dieser Situation können sich Gleichaltrige beraten, um eine Antwort darauf zu finden, was richtig und was falsch ist.

Identitätsfindung durch Vergleich. Gleichaltrigen bietet sich die Möglichkeit, eigene Einstellungen, Gefühle und Verhaltensweisen mit denen anderer zu vergleichen. Auf diese Weise wird eine wichtige Voraussetzung geboten, das eigene Selbstbild und die eigene Identität (s. S. 385 ff.) zu entwickeln (Connolly et al., 1987). Da es dem jungen Menschen zunächst noch an Selbstsicherheit fehlt, den Weg der Identitätsfindung allein zu gehen, geben ihm Gleichaltrige im Rahmen freundschaftlicher Beziehungen und in Cliquen eine vorübergehende Identität.

Erlernen sozialer Fertigkeiten. Bereits seit der frühen Kindheit bietet der Kontakt mit Gleichaltrigen die Möglichkeit, soziale Fertigkeiten, wie etwa die des Austausches, der gegenseitigen Anerkennung, des Teilens und Abwechselns zu lernen (s. S. 243). »Nur in diesem Feld können die verschiedenen Grade der Intimität gelernt werden« (s. S. 314). Während der Adoleszenz unterstützt die Gruppe der Gleichaltrigen »den Übergang von der Familie zur reifen Partnerschaft und Intimität im frühen Erwachsenenalter« (Oerter & Dreher, 1995).

Entwicklung einer prosozialen Motivation. Durch Erfahrungen mit Gleichaltrigen wird es auch möglich, eine prosoziale Motivation einzuüben (s. S. 246 f.). »Sie umfasst die moralische Steuerung des Handelns, die Bereitschaft und Fähigkeit zu hilfreichem Handeln, zum Einsatz für andere . . ., für die Übernahme von Verantwortung« (Fend, 2000).

Altersgruppen fordern als »Preis« für ihre Hilfen in der Regel hohe Konformität, d. h., sie setzen ihre Mitglieder unter verstärkten Druck, sich den Gruppennormen anzupassen. Ob es dadurch, wie Eltern vielfach befürchten, zu einem tieferen Konflikt mit der eigenen Familie kommt, soll noch geklärt werden (s. S. 381 ff.). Zuvor stellt sich die Frage, welche Bedeutung jene Gleichaltrigen erhalten, zu denen der Jugendliche eine Freundschaftsbeziehung entwickelt.

10.2.3 Vertraulichkeit und gegenseitiges Verständnis als Grundlage freundschaftlicher Beziehungen

Neues Verständnis von Freundschaft

Wenn man Grundschulkinder oder Jugendliche in der frühen Adoleszenz fragt, weshalb sie gerne mit Freunden zusammen sind, dann verweisen sie im Allgemeinen darauf, dass man mit ihnen etwas gemeinsam tun kann. Kinder entwickeln also zu solchen Gleichaltrigen freundschaftliche Beziehungen, mit denen sie u. a. spielen oder einfach ihre Freizeit verbringen können. Während der frühen Adoleszenz sind Freunde nicht mehr einfach nur Spielpartner, die etwas gemeinsam tun. Ob aus Gleichaltrigen Freunde werden, hängt nunmehr entscheidend davon ab, welche Persönlichkeitsmerkmale sie aufweisen und inwieweit diese sich bei Menschen, die zusammentreffen, entsprechen (Buhrmester et al., 1992). Im Jugendalter kann sich eine Freundschaft zwischen Menschen entwickeln, wenn bei ihnen das Gefühl der Nähe, der persönlichen Bestätigung, der Bindung, der Zuneigung, der Wertschätzung und der unbedingten Akzeptierung vorhanden ist (Montemayor & Gregg, 1994). Der Freund und die Freundin sind nicht mehr so ohne weiteres austauschbar, denn ihr »Wert« wird zunehmend in seiner oder ihrer Einmaligkeit gesehen. Aber es kommt noch etwas hinzu. Darauf weist Lothar Krappmann (1993a) hin: »Freunde und Freundinnen denken die Perspektive des anderen mit, geben einander innere Empfindungen preis und offenbaren auch Verletzlichkeiten im Vertrauen auf Unterstützung und Schutz«. Entsprechend erklärt beispielsweise ein 15-jähriges Mädchen, Freunde seien Menschen, die »kommen werden, wenn man sie wirklich braucht. Jemand, der zu einem hält und aufrichtig ist, ... ich muss mir keine Gedanken darüber machen, ob sie losgehen und anderen von meinen Angelegenheiten erzählen«. Eine 17-jährige stellt fest: »Ich mag Leute, die bereit sind, mir zuzuhören. ... Meine Freundin und ich, wir sprechen viel miteinander über unsere Probleme und wir helfen uns mit unseren Idealen und so« (Konopka, 1976). Sofern eine Freundschaft zwischen Jugendlichen entstanden ist, kann sie sich als ziemlich stabil erweisen (Claes, 1992).

Vertrauliche Gespräche bei Mädchen und Jungen. Viele Jugendliche, keineswegs alle (Hoppe-Graf & Keller, 1988), schätzen offenkundig an einem Freund, dass man mit ihm zugleich einen Gesprächspartner für persönliche Angelegenheiten hat, dem man vertrauen kann und der sich mit gleichen oder ähnlichen Problemen auseinandersetzt. Mit einem solchen Freund oder einer solchen Freundin kann man über seine Gefühle, seine privaten Gedanken und seine Sorgen sprechen. Die Befriedigung aus einem solchen Austausch wächst im Alter zwischen 14 und 18 Jahren mit der Fähigkeit, Gefühle und dahinterstehende Motive anderer zu erkennen (Keller & Wood, 1989). Der Wunsch nach einer Freundschaft, in der man vertrauliche Gespräche führen kann, wird aber offenbar bewusster von Mädchen als von Jungen angestrebt. »Die meisten Mädchen«, so entnehmen Renate Berenike-Schmidt und Michael Schetsche (1998) ihren Untersuchungsergebnissen, »bejahen unsere Frage nach sexuellen Gesprächen schon deshalb, weil sie meistens in der Schule eine sehr vertraute Freundin gefunden haben, mit der sie über Intimes – sei es schön oder problembeladen – sprechen können«. Im Gegensatz dazu ist dem Jungen der Freund häufig nur der »Kumpel«, mit dem kaum über etwas Intimes gesprochen wird. Gespräche unter Jungen finden »entweder in unernstem, oftmals aufschneiderischem Ton statt – oder gar nicht. ... Wenn sie sich überhaupt auf sexuelle Themen einlassen, dann scheint es, als würden sie über sportliche Leistungen reden« (Berenike-Schmidt & Schetsche, 1998). Da der Junge auch nicht mit dem Mädchen über diese Themen sprechen kann, bleibt er von einem vertrauten Gespräch mit einem anderen Menschen häufig ausgeschlossen. Wenn aber ein solches Gespräch stattfinden kann, hilft das Vertrauensverhältnis zu einem Menschen, vor allem das mit diesem mögliche intimere Gespräch, sich selbst besser kennenzulernen, sich mit eigenen Gefühlen auseinanderzusetzen. Es bietet Hilfen bei der Lösung von Problemen (Buhrmester, 1996).

Vertrauenswürdigkeit. Wer anderen sehr persönliche Einzelheiten anvertraut, muss sich darauf verlassen können, dass der Empfänger dieser Informationen das an ihn herangetragene Vertrauen nicht missbraucht. Dieses Vertrauen wird jedoch häufiger enttäuscht, denn die meisten Jugendlichen haben bereits erfahren, dass vertraulich weitergegebene »Geheimnisse« verraten worden sind (Kirchler et al., 1992). Da man sich offenbar auf andere keineswegs immer verlassen kann, bevorzugen einige Jugendliche auch den Brieffreund (Seiffge-Krenke, 1997). So erklärt ein 18-jähriges Mädchen: »Es ist leichter, über eigene Erfahrungen mit jemand zu sprechen, den man nicht als Person, sondern nur auf dem Papier kennt«. Andere Jugendliche könnten sicherlich auch auf sehr vertraute Gespräche mit möglicherweise anonymen Partnern in »Chatrooms« des Internets verweisen. Ein 17-jähriges Mädchen äußert sich noch eindeutiger: »Es gibt vertrauliche Dinge, die erzählt man keinem Menschen, der einem räumlich nahe ist, denn Geheimnisse können durchsickern« (Shulman et al., 1994). Je älter Jugendliche werden, desto höher ist die Wahrscheinlichkeit, dass sie Gleichaltrige in ihrer unmittelbaren Umgebung finden, deren Verlässlichkeit sie einschätzen können. Ohne Vertrauens*würdigkeit* kann aus der Sicht Jugendlicher keine Freundschaft entstehen (Buhrmester, 1990; Sprinthall & Collins, 1995). Zu Beginn der Adoleszenz werden vertrauliche Gedanken mit gleichgeschlechtlichen Freunden ausgetauscht; diese Tendenz kann in der späten Adoleszenz allmählich nachlassen, weil man sich dann dem anderen Geschlecht verstärkt zuwendet, mit dem auch sehr intime Gespräche geführt werden (Laursen, 1996; Fend, 1998). Allerdings können sich zumindest Mädchen mit Vertraulichkeiten weiterhin an ihre Freundin wenden, auch wenn sie eine Beziehung zu einem männlichen Freund entwickelt haben (Breitenbach & Kausträter, 1998).

Wie weit, so fragte Helmut Fend (1990) in einer Längsschnittstudie, ist der Weg zum anderen Geschlecht mit 16 Jahren fortgeschritten? Aus seinen Befragungen ging hervor, dass 41 Prozent der Mädchen und 24 Prozent der Jungen eine feste Freundschaft mit dem anderen Geschlecht hatten. Der Mehrheit der 16-jährigen fehlte es offenbar an Gelegenheiten, eine gegengeschlechtliche Freundschaft aufzubauen, denn die meisten fühlten sich subjektiv zu solchen Kontakten bereit, und sie nahmen auch nicht wahr, dass ihre Eltern sie dabei zu bevormunden versuchten. Nur etwa jeder zehnte Jugendliche meinte, dass er dazu noch zu jung sei.

Mit der Hinwendung zum anderen Geschlecht bietet sich dem Jugendlichen zugleich die Möglichkeit, eine neue Qualität in den menschlichen Beziehungen zu erfahren. Immerhin hat er mit Abschluss der Pubertät die Geschlechtsreife erreicht. Deshalb stellt sich die Frage, wie junge Menschen während der späten Adoleszenz den Umgang mit ihrer Sexualität gestalten.

10.3 Entwicklung der Sexualität

Die Entwicklung des sozialen Verhaltens während der Adoleszenz ist ohne Berücksichtigung der erwachten Sexualität nicht hinreichend zu erklären. Ist es aber nicht verspätet, Sexualität erst mit dem Beginn der Pubertät zu beachten? Weiß man nicht schon seit über 100 Jahren von Sigmund Freud, dass die sexuelle Entwicklung bereits im frühen Kindesalter beginnt? Dies ist vermutlich aber auch eine Frage der Definition. Es soll im weiteren geklärt werden, ob nach dem hier zugrunde liegenden Verständnis bereits von einer Sexualität im Kindesalter auszugehen ist.

Was bewirkt die Entwicklung der Sexualität während der Pubertät? – Die Sexualität ist ja nicht nur mit Veränderungen im körperlichen, sondern ebenso mit kognitiven und emotionalen Entwicklungen verbunden. Diese Frage lässt sich nur beantworten, wenn man den kulturellen Rahmen berücksichtigt, in dem ein Mensch aufwächst und in dem er Leitvorstellungen entwickelt, die seine Einstellung zu sich selbst, zum gleichen und zum anderen Geschlecht bestimmen.

10.3.1 Sexualität unter verschiedenen kulturellen Bedingungen

Sexuelles Verhalten entspringt nicht einem angeborenen »Trieb«, sondern wird von gesellschaftlichen Bedingungen entscheidend mitbestimmt. Zwar hat die Sexualität des Menschen seit Jahrtausenden dafür gesorgt, dass sich die meisten erwachsenen Frauen und Männer körperlich vereint haben, um Nachwuchs zu zeugen; aber gleichzeitig haben Gesellschaften auf sehr unterschiedliche Weise geregelt, ab welchem Alter und unter welchen Bedingungen Sexualität ausgeübt werden darf; von ihnen ist sogar festgelegt worden, welche Erlebnisse dabei als »normal« und welche als

»krank« oder »abartig« anzusehen waren. Kulturanthropologen haben durch ihre Beobachtungen an Naturvölkern und den darauf gründenden Beschreibungen eindrucksvoll aufzeigen können, wie unterschiedlich sich Sexualität bewerten und praktizieren lässt. Um solche Unterschiede aufzudecken, muss man allerdings nicht in ferne Länder reisen, denn auch ein Blick in die eigene Geschichte lässt derartige Variationen sichtbar werden. Die meisten Jugendlichen westlich orientierter Länder werden nur noch schwerlich nachvollziehen können, wie sehr sich ihre eigenen Einstellungen zur Sexualität von denen ihrer Vorfahren abheben, die nur wenige Generationen vor ihnen gelebt haben.

Beobachtungen in unterschiedlichen Gesellschaften

Der Anthropologe Clellan Ford und der Psychologe Frank Beach (1951) haben eine außerordentlich umfangreiche vergleichende Darstellung darüber vorgelegt, wie Kinder sich in verschiedenen Kulturen mit der Sexualität auseinandersetzen. Jede Gesellschaft regelt auf irgendeine Weise, ob und wie ihre Mitglieder sexuelle Wünsche äußern. Ford und Beach haben Gesellschaften u. a. danach eingeteilt, ob sie auf sexuelles Verhalten »restriktiv« (also einschränkend) oder »permissiv« (gestattend, duldend) reagieren. Grundsätzlich sind solche groben Einteilungen problematisch, denn in jeder Gesellschaft gibt es bestimmte Aspekte der Sexualität, die großzügiger und andere, die enger gesehen werden (Broude, 1981). Die von Ford und Beach berücksichtigten 191 Gesellschaften haben sich in der Zwischenzeit erheblich verändert. Die Beobachtungen behalten aber ihren Wert, weil sie in eindrucksvoller Weise darstellen, wie unterschiedlich zu einem bestimmten geschichtlichen Zeitpunkt Angehörige verschiedener Gesellschaften reagieren, wenn Kinder und Jugendliche sexuell aktiv werden.

Restriktive Kulturen. Entsprechend der Zusammenstellung von Ford und Beach verbieten einige Gesellschaften ihren Kindern – häufig auch ihren Jugendlichen – viele Verhaltensweisen, die nach dem Eindruck der Erwachsenen eine Beziehung zur Sexualität aufweisen. Sie dürfen erst nach der Eheschließung offen gezeigt werden. In diesen Gesellschaften achtet man z. B. streng darauf, dass Jungen und Mädchen während der Kindheit und Adoleszenz nicht zusammen spielen. Ertappt man sie bei Selbstbefriedigung oder gemeinsamen sexuellen Spielen, müssen sie mit Bestrafungen rechnen. Einschlägige Informationen über Sexualität erhalten sie allenfalls kurz vor der Hochzeit. Ford und Beach stellen allerdings fest: »Die Drohung mit schlimmster Schande und schwerster Strafe scheint nie ganz erfolgreich zu sein, wenn es darum geht, die jungen Leute an der vorehelichen Sexualität zu hindern.« Ein junger Mensch, der unter solchen Bedingungen aufwächst, wird als Erwachsener vor eine schwierige Aufgabe gestellt: »Der Mann und die Frau, die während der Kindheit und Adoleszenz gelernt haben, dass es ›falsch‹ ist, seine oder ihre Geschlechtsorgane zu stimulieren, dass es ›noch schlimmer‹ ist, mit denen anderer in Berührung zu kommen und vor allem, dass Beziehungen zwischen den Geschlechtern unmoralisch sind, sehen sich nun der Erwartung gegenüber, wenigstens einen Teil dieser Einstellungen in der Hochzeitsnacht oder kurz darauf völlig in das Gegenteil zu verwandeln. Diese Erwartung ist schwer zu erfüllen. Wenn der Mensch die ursprünglichen Lehren gründlich beherzigt, braucht er eine lange Zeit, sie wieder zu verlernen und mancher schafft das nie« (Ford & Beach, 1951).

Permissive Kulturen. Aus Gesellschaften, die Ford und Beach als freizügig eingestuft haben, stammen folgende Beobachtungen: Kinder auf den Trobriand-Inseln und in Melanesien kennen eine Vielfalt sexueller Tätigkeiten. »Bei ihnen gehört es dort, wo die Erwachsenen nicht eingreifen, zu den typischen Belustigungen, dass Jungen und Mädchen ihre Geschlechtsorgane mit Händen und Mund reizen sowie den Geschlechtsverkehr nachahmen. ... Die meisten Gesellschaften, die den Kindern ungehindertes sexuelles Spielen gestatten, ... geben den Kindern auch Gelegenheit, Erwachsene bei sexuellen Tätigkeiten zu beobachten und an Gesprächen über sexuelle Dinge teilzunehmen. ... Die Leptscha in Indien glauben, dass Mädchen nicht reifen werden, wenn man ihnen nicht den Geschlechtsverkehr gestatten würde. Frühe sexuelle Spiele zwischen Jungen und Mädchen umfassen viele Formen gegenseitiger Selbstbefriedigung und sie enden gewöhnlich in Versuchen zum Geschlechtsverkehr. Vom elften oder zwölften Lebensjahr an haben die meisten Mädchen normalerweise regelmäßig Geschlechtsverkehr« (Ford & Beach, 1951).

Ford und Beach haben aufzeigen können, dass es zu einem bestimmten geschichtlichen Zeitpunkt *gleichzeitig* Gesellschaften gegeben hat, die einerseits der Sexualität sehr freizügig gegenüberstanden, während andere stärkste Einschränkungen aufzuerlegen versuchten. Auf solche Unterschiede wird man ebenso aufmerksam, wenn man sexuelle Einstellungen und Praktiken in einem geschichtlichen Kontext studiert.

Geschichtlicher Wandel in der Einstellung zur Sexualität in christlich orientierten Gesellschaften

Liberales Mittelalter. Historischen Quellen lässt sich entnehmen, dass Kinder auch im mittelalterlichen Europa »freiere«, also solche Einstellungen vorfanden, die Ford und Beach als »permissiv« einstufen würden. Nach den Feststellungen des belgischen Historikers Jos van Ussel war das Nacktsein bis zum Beginn des 16. Jahrhunderts nicht tabuisiert. »Man schlief nackt, man zog sich gemeinsam an und aus, man wusch sich nackt, entweder im Haus oder an einem öffentlichen Wasser. Das Badehaus war Treffpunkt für Geistliche, Bürger, Jungfrauen und junge Männer. ... Ganze Familien zogen bisweilen nackt oder teilweise bekleidet dorthin« (van Ussel, 1977). Viele Bilder aus der Renaissance zeigen deutlich, dass der Mensch seinem Körper nicht ablehnend gegenüberstand; wie in der Antike bewunderte er vielmehr dessen Schönheit. Einem Erwachsenen der damaligen Zeit wäre es nicht in den Sinn gekommen, seine Sexualität vor anderen zu verbergen. Man sah auch keine Notwendigkeit, diese vor Kindern abzuschirmen.

Es gab bei Männern und Frauen keine Hemmungen, sexuelle Themen zu diskutieren oder sich in Gegenwart ihrer Kinder sexuell zu betätigen. Dazu zwangen schon allein die Wohnverhältnisse. So stellt der Sexualpsychologe John Gagnon (1977) fest: »Für den größten Teil menschlicher Geschichte ... haben die meisten Familien in demselben Raum geschlafen, in der Hütte, in der Höhle, im Zelt, und wenn Betten vorhanden waren, im selben Bett. Historisch erfuhr ein Kind in städtischen und ländlichen Gesellschaften Westeuropas etwas über den Geschlechtsverkehr, wenn es zusammen mit seinen Eltern im Bett war, wenn sie es taten.«

Einstellungswandel durch veränderte Lebensbedingungen. Allmählich änderten sich jedoch die Einstellungen zum nackten Körper und zur Sexualität. Jos van Ussel sieht erste Anzeichen für solche Wandlungen sogar schon im 12. Jahrhundert mit der Entstehung der Städte. Dort, so erläutert er, hatte das Bürgertum lebhaftere Kontakte zu einem größeren Personenkreis, aber diese Kontakte blieben – ebenso wie innerhalb der Familie – oberflächlich, d. h. ohne tiefere Gefühlsbindungen. Die in der Folge sich ändernden Lebensweisen traten nach den Feststellungen van Ussels erst seit dem 17., vor allem seit dem 18. Jahrhundert deutlicher in Erscheinung: »Der Mensch wird auf sich selbst zurückgeworfen und erfährt die Einsamkeit. Die Qualität und die Quantität der Beziehungen änderte sich. Die Menschen, die diese Beziehungen herbeiführten, waren auch andere geworden. Sie mussten ihr Affektleben bewirtschaften mit Selbstzwängen und Selbstkontrolle. ... Der Körper wurde von einem Lustorgan zu einem Leistungsorgan umgeformt« (van Ussel, 1977). Gegen Ende des 16. Jahrhunderts begann man auch, Kinder als Wesen zu sehen, die sich qualitativ von Erwachsenen unterschieden und die von den Geheimnissen der

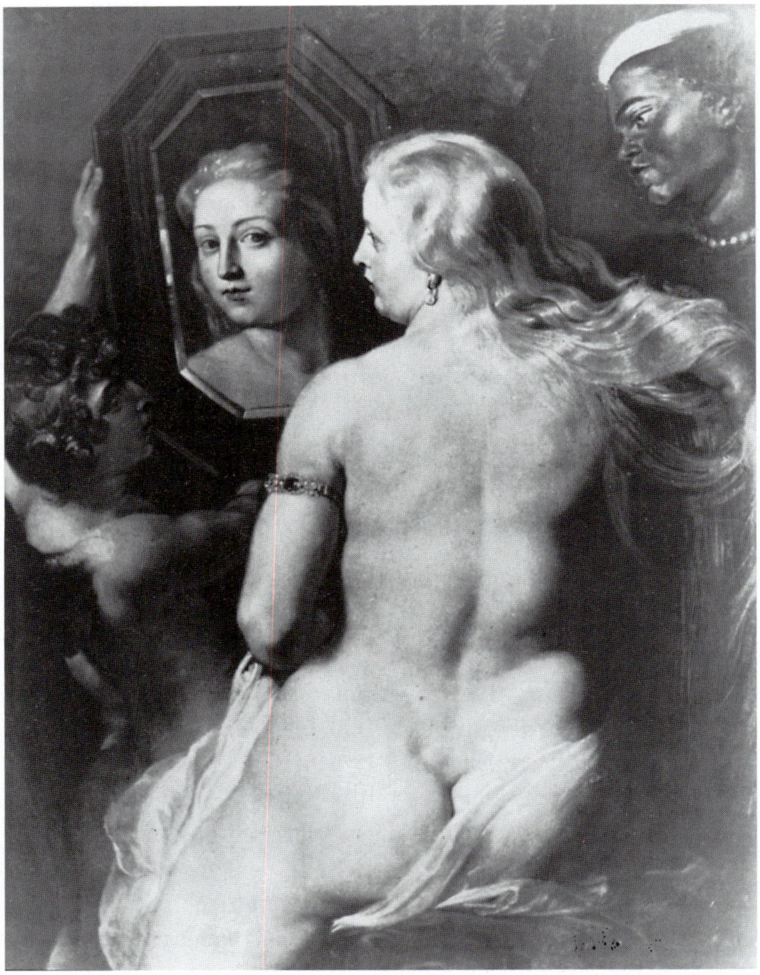

Abbildung 10.4. Schönheit des menschlichen Körpers kommt in vielen Kunstwerken, die während der Renaissance entstanden sind, zum Ausdruck (hier die »Toilette der Venus« von Peter Paul Rubens aus dem 17. Jahrhundert)

Älteren, wie Sexualität, Krankheiten, Tod, Gewalt, Geld usw. noch nichts wissen sollten. Der Pädagoge Jean Jacques Rousseau (1762) meinte beispielsweise in seinem *Emile,* das Ursprüngliche im Kind müsse erhalten bleiben. Deshalb dürfe man es nicht an der Welt der Erwachsenen teilnehmen lassen, denn dadurch würde es nur verdorben.

Der wachsende Wohlstand unterstützte den Veränderungsprozess. So wurden beispielsweise die Schlafbereiche von Eltern und Kindern getrennt. Noch vor dem 18. Jahrhundert beklagte ein hoher Beamter am Hofe Ludwig XIV (1643–1715), dass das französische Volk mehr als ein Bett in seinem Haus benötigte (Gagnon, 1977). Am Ende des 18. Jahrhunderts war es schon die Ausnahme, wenn Kinder des gehobenen Bürgertums im Bett eines Hausangestellten, gar des anderen Geschlechts, schliefen (van Ussel, 1977). Wie sich die Sexualerziehung seit dem Mittelalter verändert hat, lässt sich eindrucksvoll am Beispiel der Selbstbefriedigung oder Masturbation aufzeigen; Info-Kasten 10.3 berichtet darüber. Mit Masturbation ist die Reizung der eigenen Geschlechtsorgane gemeint, der die Motivation zugrunde liegt, Erregung und Entspannung zu erleben (Grassel & Bach, 1979).

Pionierleistungen Sigmund Freuds. Nachdem der Mittelstand im Verlauf der Industrialisierung eine gewisse materielle Sicherheit gewonnen hatte, wurden bereits im 19. Jahrhundert Bewegungen erkennbar, die um sexuelle Freiheiten kämpften.

INFO-KASTEN 10.3

Einstellungen zur Selbstbefriedigung im Wandel der Zeiten

Onans Schicksal. Der dem westlichen Kulturkreis geläufige Begriff der Onanie leitet sich aus dem 1. Buch Moses (38; 1–11) ab. Dort wird die Geschichte des Mannes Onan erzählt. Dieser erhielt von Juda den Auftrag, dem Weibe seines verstorbenen Bruders Nachkommen zu schaffen. Damit wurde Onan eine Verpflichtung auferlegt, der in damaliger Zeit jeder Mann nachzukommen hatte, dessen Bruder kinderlos verstorben war. Onan verhielt sich jedoch anders: »Da aber Onan wußte, daß die Kinder nicht als die seinen gelten sollten, ließ er es, wenn er zum Weibe seines Bruders ging, auf die Erde fallen und so verderben, um seinem Bruder nicht Nachkommen zu verschaffen. Aber dem Herrn mißfiel, was er tat, und er ließ ihn auch sterben.« Was veranlasste Gott nun, Onan mit dem Tode zu strafen? Eine im 18. Jahrhundert akzeptierte Antwort lautete, dass Onan für die »Vergeudung« seines Samens büßen musste. Es liegt näher, das Schicksal Onans als die Folge seiner Weigerung zu sehen, die Witwe seines Bruders zu schwängern. Danach wäre er wegen seines Ungehorsams gestraft worden.

Feldzug gegen die Selbstbefriedigung. Im Mittelalter wurde die Selbstbefriedigung geduldet und sogar gefördert. Wie Jan van Ussel (1977) berichtet, war es beispielsweise für den französischen Arzt Arnold von Villanova (1235–1312) ein Gebot der Reinlichkeit, den Samen nach Zeiten längerer Enthaltsamkeit zu entfernen, weil dieser den Körper sonst vergiften könne. Einige Jahrhunderte später griff in England der Wunderheiler und früherer Pfarrer Bekker die biblische Geschichte von Onan auf. Er veröffentlichte im Jahre 1710 eine Schmähschrift unter dem Titel: »Onanie – oder die abscheuliche Sünde der Selbstbefleckung und all ihre schrecklichen Folgen für beide Geschlechter, betrachtet mit Ratschlägen für Körper und Geist.« Die Schrift, die völlig unbegründete Zusammenhänge behauptet, wurde in verschiedene europäische Sprachen übersetzt und erschien in mehr als 80 Auflagen (Ellis, 1936).
Es dauerte nur wenige Jahrzehnte, bis Mediziner sich die Gedanken Bekkers zu eigen machten und sie weiter entwickelten. Der Schweizer Arzt Samuel Auguste Tissot (1728–1797) veröffentlichte im Jahre 1760 sein Werk »Von der Onanie. Abhandlungen über die Krankheiten, die von der Selbstbefriedigung herrühren«. Er griff die antike Theorie von den Körpersäften (Blut, Galle usw.) auf, die besagt, dass die Gesundheit empfindlich gestört wird, wenn das Mischverhältnis dieser Säfte aus dem Gleichgewicht gerät. Tissot schlussfolgerte, dass es sich auch beim Samen um eine wichtige Flüssigkeit des Körpers handele. Würde sie verschwendet, etwa durch Selbstbefriedigung, durch Samenergüsse während des Schlafs oder auch durch zu häufigen Geschlechtsverkehr, müsse dies zwangsläufig zu »Schwindsucht, Abschwächung der Sehkraft, Schwierigkeiten bei der Verdauung, Impotenz ... und Wahnsinn« führen. Der Feldzug der Ärzte gegen die Selbstbefriedigung wurde sehr bald auch von Pädagogen unterstützt. In seinem Buch »Unterricht für Eltern, Erzieher und Kinderaufseher« erläutert der Arzt Samuel Gottlieb Vogel (1786) dem pädagogisch interessierten Leser, »wie das unglaubliche gemeine Laster der zerstörerischen Selbstbefleckung am sichersten zu entdecken, zu verhüten und zu heilen ist: Es gibt kaum noch eine Krankheit, die nicht aus der Unzucht und der Selbstbefleckung hervorgegangen sein könnte«. Wer sich nur ein einziges Mal selbst befriedige, müsse damit rechnen, ein paar Tage später tot zu sein. Im Vorwort zur holländischen Übersetzung seines Buchs riet Vogel, mit dem Schüler, der der »Untugend anheimgefallen« sei, zunächst vertrauensvoll zu sprechen, ihn aufzuklären und mit ihm über den Missbrauch des Samens zu sprechen. »In diesem Augenblick sollte man plötzlich den Ton wechseln,

dem Jungen einen Handspiegel vor das Antlitz halten, und dabei mit ›eindringlicher und ernster Stimme‹ sagen: ›Und alle diese Folgen hast du dir selbst zuzuschreiben; das ist das Bild des Todes – wie lange hast du diese Untugend bereits begangen?‹« (van Ussel, 1977).

Maßnahmen zur Bekämpfung von Selbstbefriedigung. Ärzte und Pädagogen empfahlen viele Maßnahmen zur Bekämpfung der Selbstbefriedigung. Als besonders gefährdet galten Kinder im Alter zwischen 8 und 16 Jahren. Den Eltern empfahl man deshalb, sie niemals unbeaufsichtigt zu lassen. Vogel versprach sich zusätzlich Abhilfe von einer Hose, die durch ein Schloss zu sichern war. Wenn der Sohn zur Toilette musste, hatte er seine Eltern um Herausgabe des Schlüssels zu bitten. Im Übrigen solle man tagsüber und nachts immer ein Gefäß mit eiskaltem Wasser bereit haben, um das Feuer des gewaltigen Triebes zu löschen (van Ussel, 1977). Damit die Kontrolle auch nachts gesichert war, wurden die Erziehungsberechtigten angewiesen, die Hände ihrer Kinder am Bett festzubinden oder ihnen Fausthandschuhe mit eisernen Dornen anzuziehen. Man entwickelte auch einen »Erektionsdetektor«, der im elterlichen Schlafzimmer eine Glocke läuten ließ, wenn sich das Geschlechtsorgan des Sohnes während des Schlafes versteifen sollte (Haeberle, 1983). Der Handel bot weiterhin eiserne Ringe an. Wie Abb. 10.5 darstellt, wurden sie dem Jungen über sein Geschlechtsorgan gestreift, damit die spitzen Dornen bei einer Anschwellung schmerzhafte Empfindungen hervorriefen. Der schlafende »Sünder« wurde auf diese Weise sofort geweckt. Damit er auch am Tage gar nicht erst in Versuchung kam, wurden ihm Korsetts – wie in Abb. 10.5 dargestellt – »zur Verhinderung von Onanie« umgelegt (Fleck, 1830).
Wenn alle diese Maßnahmen nichts nutzen sollten, blieb nur noch die Entscheidung für operative Eingriffe. Am häufigsten nahm man die »Infibulation« vor. Dabei zog man die Vorhaut möglichst weit über die Eichel, durchbohrte sie an zwei Stellen, um schließlich einen Ring durch die beiden Löcher zu ziehen. Jede Versteifung musste so starke Schmerzen auslösen.

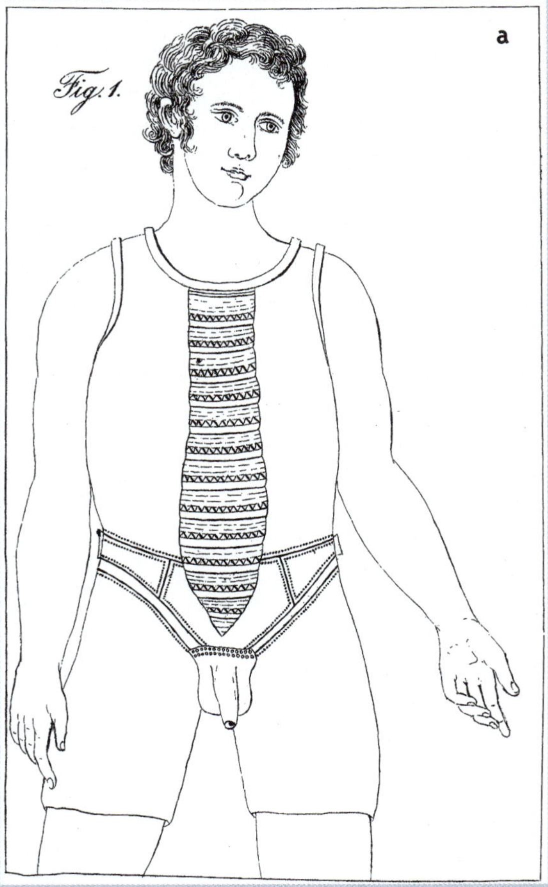

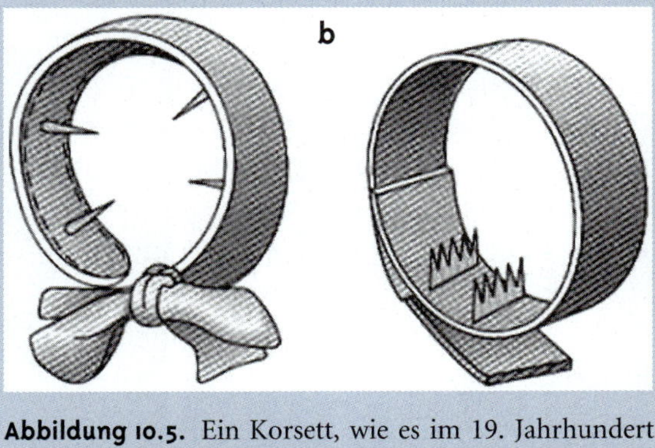

Abbildung 10.5. Ein Korsett, wie es im 19. Jahrhundert nach Johann Christoph Fleck (1830) »zur Verhinderung von Onanie« eingesetzt wurde (**a**) und »Erektionsdetektoren«, die im 19. Jahrhundert im Kampf gegen Selbstbefriedigung verwendet wurden (**b**)

Im 19. Jahrhundert versuchte man auch bei Mädchen eine Art Infibulation vorzunehmen. Hierbei durchbohrte man die Schamlippen und zog durch die Löcher einen Ring. Aber es gab auch noch andere Eingriffe, von denen van Ussel berichtet: Man ätzte die Eichel mit einem glühenden Eisen oder brannte die Klitoris aus. Für die Patienten war jedenfalls dafür gesorgt, dass ihre »Krankheit« niemals in Vergessenheit geriet.

Allmählicher Einstellungswandel. Erst im Verlauf der letzten 100 Jahre kehrte sich der Prozess allmählich wieder um. Mediziner fragten zunächst kritisch, ob Selbstbefriedigung tatsächlich die Ursache für Geisteskrankheiten sein könne. Etwas später meinten sie, dass es sich nur um eine »schlechte Angewohnheit handelte«. In einem 1986 in dritter Auflage erschienenen medizinischen Ratgeber empfehlen die Ärzte – Gerhard Döring und Theodor Hellbrügge (1986) – Eltern, »Onanie« nicht zuviel Aufmerksamkeit zu widmen. Selbstbefriedigung sei »als Verhaltensstörung, ebenso wie andere Störungen des Verhaltens« anzusehen. Sie wenden sich an Eltern von Kindern bis zum sechsten Lebensjahr (Döring & Hellbrügge, 1986). Wie werden die so »aufgeklärten« Väter und Mütter reagieren, wenn ihr Nachwuchs älter wird? Kann es sich bei der Selbstbefriedigung wirklich um eine »Verhaltensstörung« handeln, wenn im Alter von 20 Jahren 92 Prozent der Studenten und 73 Prozent der Studentinnen angeben, sie hätten Erfahrungen mit der Selbstbefriedigung (Clement, 1986)? Das bedeutet allerdings nicht, dass Selbstbefriedigung heute allgemein als etwas gesehen wird, das man bei entsprechender Motivation jederzeit bedenkenlos tun kann. In einer Untersuchung von Norbert Kluge (1998) zeigte sich, dass ein knappes Drittel von Teenagern beiderlei Geschlechts weiterhin dazu neigt, »bei der Selbstbefriedigung von mehr oder weniger Gewissensbissen geplagt zu werden«.

Aber es dauerte außerordentlich lange, bis sich diese Veränderungen in den Auffassungen breiterer Bevölkerungsschichten durchsetzen konnten. Viele der Zeitgenossen Sigmund Freuds waren noch nicht in der Lage, sich mit seiner Lehre von der kindlichen Sexualität sachlich auseinanderzusetzen. Sein Werk »Drei Abhandlungen zur Sexualtheorie« erschien erstmalig im Jahre 1905, und es umfasste nur etwa 100 Seiten. Obwohl die erste Auflage lediglich aus 1.000 Exemplaren bestand, dauerte es fünf Jahre, bis sie verkauft war.

Sicherlich hat Freud entscheidend dazu beigetragen, dass sich Auffassungen über Sexualität veränderten, wenngleich er damals das Biologisch-Triebhafte überbetonte und soziale sowie kognitive Einflüsse praktisch übersah.

Die »sexuelle Revolution« und ihre Folgen. Es dauerte noch mehr als ein halbes Jahrhundert, bis in den späten 60er und 70er Jahren die sog. sexuelle Revolution einsetzte. Sie hatte vor allem zur Folge, dass sich die Beziehung der Geschlechter zueinander wandeln konnte. Hans Giese und Gunter Schmidt (1968) stellten bei einem Vergleich sexueller Verhaltensweisen von Studenten der Jahre 1912 und 1968 fest, dass zu beiden Zeiten junge Männer vor der Eheschließung Geschlechtsverkehr gehabt hatten. Während diese aber im Jahre 1912 mit Prostituierten, Dienstmädchen und anderen Abhängigen verkehrten, weil die Mädchen mittlerer und höherer Schichten zur damaligen Zeit noch keusch bleiben und sich eigenen sowie erotischen Wünschen der Männer widersetzen mussten, konnten die 68er Studenten mit Mädchen von gleichem Status verkehren. Der »doppelte Standard«, der über einen langen Zeitraum Männern im Gegensatz zu Frauen eine sexuelle Befriedigung zugestand, war damit gelockert, ließ sich aber noch lange nicht als aufgehoben betrachten. Vor allem die Frauenbewegung hatte in der Folgezeit erheblichen Anteil daran, dass sich junge Mädchen zunehmend aus der wirtschaftlichen Abhängigkeit vom Mann lösen konnten. Es waren vor allem die Frauen,

»die den Wandel im sexuellen Verhalten getragen und die Männer ›überholt‹ haben« (Böhm & Rohner, 1988). Mädchen und junge Frauen der 90er Jahre bestehen auf ihrer sexuellen Selbstbestimmung. Sie müssen nicht mehr darauf warten, vom männlichen Geschlecht zu sexuellen Aktivitäten herausgefordert zu werden, sondern ergreifen selbst die Initiative, sowohl beim Petting als auch beim Geschlechtsverkehr, und lassen dabei ihre eigenen Wünsche zur Richtschnur ihres Verhaltens werden (Schmidt, 1993). »Frauen«, so stellt auch Ulrich Clement (1986) fest, »praktizieren sexuell zunehmend das, was ihnen lange Zeit versagt war«. Studentinnen und Schülerinnen sammeln heute mit mehr Sexualpartnern Erfahrungen als Studenten und Schüler (Böhm & Rohner, 1988; Neubauer, 1990). Wie Jungen und Mädchen, Frauen und Männer ihre Sexualität gestalten, wird heute unter Bedingungen weitgehender Gleichberechtigung ausgehandelt. Hierbei ist lediglich dem Grundsatz Rechnung zu tragen, dass alles erlaubt ist, was die Zustimmung der Beteiligten findet.

Damit sind zwar einige Rahmenbedingungen skizziert worden, die junge Menschen zunächst vorfinden, wenn sie bis zu einem gewissen Grade bereits in der Kindheit, vor allem aber nach Eintritt in die Pubertät eigene sexuelle Erfahrungsmöglichkeiten entdecken. Welche Erfahrungen sammeln Kinder und Jugendliche aber mit der Sexualität und wie lernen sie, mit ihr umzugehen? Gibt es Bedingungen, unter denen sie diese »Erfahrungsmöglichkeiten« früher und andere, unter denen sie solche erst später nutzen?

10.3.2 Hineinwachsen in die Sexualität

Die an der sexuellen Revolution der 60er Jahre aktiv beteiligten Studierenden riefen bei der Elterngeneration noch weithin Empörung und Entrüstung hervor, wenn sie ihre Vorstellungen von einer »freien Liebe« vortrugen. Aber sie bekamen sehr bald Unterstützung durch die Medien, die sexuelle Aufklärung als Verkaufserfolg entdeckten. Die Einstellung zur Sexualität änderte sich daraufhin in weiten Teilen der Gesellschaft sehr schnell. Der Veränderung auf der Einstellungsebene folgte eine solche auf der Verhaltensebene. Wenn man im Jahre 1966 Studierende bat, vorehelichen Geschlechtsverkehr zu bewerten, gaben sich viele in ihren Antworten tolerant, ohne ein solches Verhalten damit auch zu praktizieren. In den nachfolgenden 10 bis 15 Jahren wuchs die Bereitschaft – vor allem bei den Studentinnen – sich auch den liberalen Einstellungen entsprechend zu verhalten (Clement, 1986). Welche Erfahrungen sammeln nun Kinder und Jugendliche mit ihrer Sexualität in einer Gesellschaft, die im Sinne von Ford und Beach innerhalb weniger Jahrzehnte sehr viel »permissiver« (s. S. 366f.) gegenüber ihrem Nachwuchs geworden ist?

Erfahrungen mit der Sexualität im Kindesalter

Erfahrungen mit dem eigenen Körper. Einige sexuelle Reaktionen sind tatsächlich bereits unmittelbar nach der Geburt nachzuweisen. Jungen kommen nicht selten mit steifem Glied (Erektion) auf die Welt, und Erektionen werden während der ersten Lebenswochen häufig beobachtet (Higham, 1980). Schon bei Neugeborenen findet offenbar eine Weiterleitung bei Reizung ihrer Geschlechtsorgane statt, denn sie reagieren auf zartes Berühren mit Beruhigung und Entspannung (Sears et. al., 1957; Jones, 1984). Wie Alfred Kinsey berichtet, beobachtete man bei Jungen bereits vom fünften Lebensmonat an, bei Mädchen sogar noch etwas früher, Verhaltensweisen, die Ähnlichkeiten zum Orgasmus des Erwachsenen aufweisen (Kinsey et al., 1953). Nicht selten berühren Kinder im Alter zwischen dem sechsten und zwölften Lebensmonat ihre Geschlechtsorgane (Bakwin, 1973; Levine, 1951). Befragungen von Kindergärtnerinnen in Norwegen haben ergeben, dass etwa ein Drittel bis die Hälfte der von ihnen betreuten Kinder in irgendeiner Form masturbierte (Langfeldt, 1981). Marlis Klein (1993) hat Kindergärtnerinnen die Frage vorgelegt, ob sich Kinder sexuell so weit reizen, dass eine deutliche Erregungszunahme zu beobachten ist. Auf diese Frage antworteten 37 Prozent der Befragten mit

Ja. Dieselben Kindergärtnerinnen erklärten, sie hätten mehrfach bei 13 Prozent der Jungen und bei 14 Prozent der Mädchen beobachtet, dass sie sich »bis zum Orgasmus stimuliert« haben.

Erfahrungen mit dem Körper anderer. Im Vorschulalter begnügen sich viele Kinder nicht mehr damit, Erfahrungen mit ihrem eigenen Körper zu machen. Sie sind ebenso am Aussehen anderer interessiert. Dabei richtet sich die Neugier des Kindes vor allem auf solche Körperteile, die ihm normalerweise verborgen sind. Das »Doktor-« oder »Mutter-und-Kind-Spielen« wird von vielen Vorschulkindern als Gelegenheit gesehen, den Körper von Gleichaltrigen zu untersuchen und zu betasten. Auch bei Schulkindern nimmt das Interesse am Körper und den damit verbundenen Erfahrungen nicht ab. Das gilt insbesondere für Gesellschaften, die Erkundungen eigener und fremder Körper überwiegend missbilligen und zu unterdrücken versuchen. Auf Befragen gibt mehr als die Hälfte der Erwachsenen, die unter solchen Bedingungen aufwuchsen, an, sie hätten bereits vor Eintritt in die Pubertät durch Spiele Erfahrungen mit dem Körper gleich- oder andersgeschlechtlicher Gleichaltriger gesammelt (Gebhard, 1971).

Kindliche Neugier. Vor allem Neugier veranlasst Kinder, sich für ihren Körper und seine Reaktionen zu interessieren. Ein Jugendlicher erinnert sich beispielsweise, wie er als Sechsjähriger mit einem gleichaltrigen Mädchen »Doktor« spielte. Er legte sich auf den Rücken und ließ sich von der »Ärztin« eine Weile betrachten. »Sie machte so'n bisschen herum, bis ich anfing, die erste Erektion zu bekommen, an die ich mich erinnern kann« (Martinson, 1973). Der weiteren Schilderung lässt sich allerdings entnehmen, dass die beiden Sechsjährigen diese Situation noch nicht wie ein Jugendlicher oder Erwachsener erlebten: »Sie fing an zu kichern. Ich konnte auch nichts anderes als kichern, und so lachten wir herzlich für einige Minuten, bis sie mich fast schreiend fragte: ›Was ist das?! Was ist dies!‹ Auch aus mir platzte es heraus, ›Ich weiß es nicht‹« (Martinson, 1973). Die Kinder sind offenbar vor allem belustigt, weil sie etwas entdeckten, das ihnen bislang fremd war. Vielleicht reagierte der Junge vornehmlich reflexhaft auf Berührungsreize an seinem Geschlechtsorgan und weniger auf das gleichaltrige Mädchen. Die Erektion ist ja nur eine *körperliche* Voraussetzung für »reife« Sexualität. Zwischen den beiden Kindern bestand vermutlich keine »erotische

Abbildung 10.6. »Doktorspiele« sind bei Vorschulkindern beliebt, weil sie so den Körper Gleichaltriger erkunden können

Spannung«. Solche Erlebnisse darf man erst nach Eintritt in die Adoleszenz erwarten.

Sigmund Freud hatte behauptet, dass Kinder im Alter zwischen sechs Jahren und dem Eintritt in die Pubertät eine *Latenzphase*, d. h. einen Zeitraum durchlaufen, in dem sie keinerlei Interesse an der Sexualität haben. Eine solche Auffassung muss nachdrücklich als unzutreffend zurückgewiesen werden, denn, so stellen Jerrold Greenberg und Mitarbeiter (2000) fest, es könne nichts wirklichkeitsferner sein als diese Behauptung einer Latenz: »Fünf- bis Achtjährige sind weiterhin an sexuellen Dingen sehr interessiert«, allerdings verbergen sie ihre entsprechenden Aktivitäten viel mehr als früher vor den Erwachsenen. John Money (1997) vertritt die Überzeugung, dass Menschen infolge ihrer Erfahrungen während der ersten acht Lebensjahre »Liebes-Landkarten« *(Love maps)* entwickeln: Die Liebes-Landkarte eines Menschen »dürfte, ebenso wie das eigene Gesicht, individuell einzigartig sein, während sie gleichzeitig Hauptmerkmale enthält, die sie mit denen anderer Menschen teilt, wobei sich einige Menschen mehr als andere ähneln« (Money, 1997). Ihren Liebes-Landkarten entnehmen Männer und Frauen, welches Aussehen (Körperbauform, Rasse bzw. Hautfarbe) und welche Persönlichkeitsmerkmale (etwa Temperament) ihr idealer Liebes- und Sexualpartner hat, und welches jene sexuellen Praktiken sind, die für sie im Erwachsenenalter höchste Attraktivität besitzen.

Heterosexuelle Kontakte während der Adoleszenz

Bevor Jugendliche reife Sexualität entwickeln, versuchen sie experimentierend herauszufinden, welche Erlebnismöglichkeiten ihnen ihr Körper eröffnen kann. Die ersten Erfahrungen mit der Sexualität sind für die meisten Jugendlichen autoerotischer Natur – sie entstehen vorwiegend in der Alleinsituation, also durch Selbstbefriedigung (Katchatdouran, 1990; Kluge, 1998). Irgendwann in den nachfolgenden Jahren wird dann der Übergang zum heterosexuellen Verhalten (erster Kuss, Petting und schließlich Geschlechtsverkehr) vollzogen. Die Möglichkeit weitgehend sicherer Empfängnisverhütung und der gleichzeitig abnehmende Einfluss der Kirche förderte in der Mitte der 60er Jahre die sexuelle Revolution. Sie hat dazu geführt, dass während der ihr folgenden Jahrzehnte sexuelle Kontakte altersmäßig deutlich vorverlegt worden sind, weil äußere Bedingungen sie nicht mehr behindert haben. »Die Sexualität«, so stellen Kurt Starke und Konrad Weller (1995) aufgrund ihrer Befragungen in den neuen und den alten Bundesländern Deutschlands fest, »findet nicht heimlich irgendwo draußen, sondern gemütlich im eigenen Bett statt«. Allerdings ist es für die meisten Jugendlichen wichtig, dass stets auch der Partner bzw. die Partnerin zu sexuellen Kontakten bereit ist. »Fast nie geht die Initiative zum Geschlechtsverkehr nur vom Mann aus. Dagegen kommt es häufiger vor, dass das Wollen der Frau ausschlaggebend ist. Die sexuelle Interaktion in der Liebesbeziehung junger Partner ist selten männlich, recht oft aber weiblich kontrolliert« (Starke & Weller, 1995). Im Auftrag der *Bundeszentrale für gesundheitliche Aufklärung* (BzgA, 1998) wurde u. a. ermittelt, wieviel Prozent der Jungen und Mädchen im Alter zwischen 14 und 17 Jahren Erfahrungen mit Geschlechtsverkehr haben. Die folgende Tabelle fasst die Angaben für das Jahr 1998 zusammen:

Tabelle. Anteil der Mädchen und Jungen zwischen 14 und 17 Jahren, die laut Angaben für das Jahr 1998 Erfahrungen mit Geschlechtsverkehr hatten (Bundeszentrale für gesundheitliche Aufklärung, 1998)

	Jungen/Mädchen		Jungen/Mädchen		Jungen/Mädchen		Jungen/Mädchen	
Alter in Jahren	14		15		16		17	
Geschlechtsverkehr in %	10 %	11 %	13 %	29 %	36 %	45 %	54 %	67 %

Zahlenangaben wie in dieser Tabelle liegen niedriger als entsprechende in Zeitschriften, die sich gezielt an jugendliche Leser wenden. Allzu leicht können diese Medien den fälschlichen Eindruck erwecken (vielleicht wollen sie es sogar), dass Mädchen und Jungen bereits in einem vergleichsweise jungen Alter, also etwa mit 15 Jahren, zu einer Minderheit gehören, wenn sie noch keine heterosexuellen Erfahrungen gesammelt haben. Allerdings kann selbst bei seriösen Befragungen keineswegs davon ausgegangen werden, dass Jugendliche immer ehrlich von ihren sexuellen Aktivitäten berichten; ihre Aussagen können sehr wohl von eigenen Wunschvorstellungen mitbestimmt worden sein (Alexander et al., 1993).

Umgang mit Verhütung. Besorgniserregend ist der Befund, dass unter sexuell aktiven – vor allem jüngeren – Jugendlichen 11 Prozent der Mädchen und 16 Prozent der Jungen beim ersten Geschlechtsverkehr keine Verhütungsmaßnahmen ergreifen (BzgA, 1998); bei jüngeren findet sich diese Sorglosigkeit häufiger (30 Prozent bei den 14-jährigen) als bei älteren (Plies et al., 1999). Besonders bedenklich ist die Feststellung, dass die Zahlen für ungeschützten Geschlechtsverkehr in die Höhe schnellen, je weniger die Jungen und Mädchen ihren Partner kennen (BzgA, 1998). Wie lässt sich erklären, dass Jugendliche, die heutzutage eigentlich als aufgeklärt gelten sollten, weiterhin ein derartiges Risiko eingehen?

Zunächst einmal ist festzuhalten, dass auch heute noch ganz beträchtliche Wissenslücken bezüglich aller Fragen bestehen, die mit dem sexuellen Verhalten zu tun haben. Innerhalb des ersten Jahres nach der Menarche wusste jedes zweite Mädchen, das Norbert Kluge (1998) befragt hatte, nicht darüber Bescheid, wann zwischen zwei Blutungen der Frau zeitlich die Möglichkeit einer Schwangerschaft am größten ist (sog. Befruchtungsoptimum). Vier oder fünf Jahre nach Auftreten der ersten Regel hat diese Unkenntnis bei Mädchen zwar abgenommen, aber weiterhin kannte ein Drittel von ihnen immer noch nicht die richtige Antwort. Bei den Jungen fiel der Wissensstand noch ungünstiger aus. Im Jahr des ersten Samenergusses beantwortete nämlich ein Drittel der männlichen Befragten die Frage nach dem Befruchtungsoptimum der Frau falsch, und mehr als ein Drittel gab zu, über diesen Zeitpunkt nichts zu wissen. Diese Kenntnislücken haben sich auch in einer Wiederholungsbefragung der Jugendlichen fünf Jahre nach ihrem ersten Samenerguss nicht geschlossen, denn sogar zu diesem späteren Zeitpunkt »weiß noch nicht einmal jeder zweite männliche Teenager Genaues, ein Drittel gibt immer noch eine falsche Antwort, etwas mehr als ein Fünftel zeigt sich in dieser Frage noch unwissend« (Kluge, 1998). Die verbreitete Unwissenheit in der frühen Adoleszenz bestimmt natürlich auch das Verhalten. So erklären einige Mädchen, vor allem solche, die jünger als 16 Jahre alt sind, sie seien zu jung, um schwanger zu werden. Hinter einer solchen Äußerung steckt wahrscheinlich auch egozentrisches Denken (s. S. 338 ff.). Es wird einfach davon ausgegangen, dass keine Schwangerschaft »passieren« würde, auch vor einer Ansteckung mit Krankheiten sei man gefeit (Darling et al., 1992).

Heterosexuelle Aktivitäten verlieren ihren Anreizwert, wenn sie allzu sehr das Ergebnis von Planungen werden. Das gilt offenbar auch für Jugendliche, denn man hört von ihnen nicht selten, dass der erste Geschlechtsverkehr spontan zustande gekommen sei, sie hätten bestenfalls ein vages Gefühl gehabt, »es könne bald dazu kommen« und seien auf dieses Ereignis somit nur unzulänglich vorbereitet gewesen. Zudem findet sich nicht selten auch eine negative Einstellung gegenüber Verhütungsmaßnahmen (Gordon, 1996), vor allem Jungen stehen der Verwendung von Kondomen eher ablehnend gegenüber (Berenike-Schmidt & Schetsche, 1998). In den 90er Jahren kommt es sogar noch häufiger als Anfang der 80er Jahre ungeschützt zum ersten intimen Kontakt (BzgA, 1998). Was motiviert Jugendliche aber überhaupt zu ersten heterosexuellen Kontakten?

Motive für die ersten heterosexuellen Kontakte. Es gibt zahlreiche Hinweise dafür, dass die ersten heterosexuellen Erfahrungen, vor allem, wenn sie in einem vergleichsweise frühen Alter stattfinden, sehr stark von Neugier getragen werden, ebenso aber auch infolge sozialen Drucks durch Gleichaltrige zustande kommen (und nach jüngeren Untersuchungen scheint das Alter beim »ersten Mal« im Trend weiterhin zu sinken [BzgA, 1998]). Ein Jugendlicher kann mit der Behauptung, bereits Geschlechtsverkehr gehabt zu haben, auch sein Erwachsen-Sein zu demonstrieren versuchen (deshalb müssen seine diesbezüglichen Äußerungen auch nicht immer zutreffend sein). »Viele junge Frauen und manche jungen Männer«, so stellt Lising Pagenstecher (1993) fest, »berichten, dass sie den ersten heterosexuellen Geschlechtsverkehr gesucht hatten, ›um es hinter sich zu bringen‹«. Wenn das zutrifft, kann nicht davon ausgegangen werden, dass »reife Sexualität« zu entsprechenden ersten Kontakten motiviert hat.

Reife Sexualität. Von reifer Sexualität kann man erst sprechen, wenn kognitiv ihr sozialer Bezug erfasst wird. Eine erotische Qualität erlangt die sexuelle Erregung nämlich nur durch Reize, die erstens tatsächlich oder in der Phantasie untrennbar mit einem Kontaktpartner in Verbindung gebracht werden, und die zweitens eine körperliche Nähe und Vereinigung erahnen lassen. Kinder verstehen diesen sozialen Bezug der Sexualität noch nicht, und auch Menschen in der frühen Adoleszenz, die es »hinter sich bringen wollen«, geben keine Hinweise auf eine solche Reife. Die kognitiven Voraussetzungen dafür entwickeln sich normalerweise im Verlauf der Adoleszenz. Erst dann ist der Mensch motiviert, der bestmögliche Partner des anderen zu werden. Das Wohlsein des anderen wird dann sogar noch bedeutsamer als das eigene (Gordon & Gilgun, 1987). Diese Besorgtheit um das Wohlsein des anderen setzt allerdings gegenseitiges Verständnis voraus, und das ist in der Regel nur zu gewinnen, indem die Partner sich – nicht selten in hitzigen Diskussionen und Auseinandersetzungen – über ihre Unterschiede klar werden. Unreife Sexualität lässt dagegen Interessen des Partners unbeachtet; deshalb kann sie sogar mit Gewalt – noch häufiger mit Missachtung der Wünsche des Partners – verbunden sein (Gordon & Gordon, 1983).

Befragungsergebnisse, wie sie beispielsweise in der Tabelle auf S. 374 wiedergegeben sind, geben keinen Aufschluss darüber, wie viele Jugendliche in den einzelnen Altersgruppen bereits sexuelle Reife besessen haben. Grundsätzlich kann man davon ausgehen, dass die sexuelle Reife mit zunehmendem Alter wahrscheinlicher vorauszusetzen ist. Deshalb darf geschlossen werden, dass es auch heute noch junge Menschen gibt, die ihren ersten heterosexuellen Kontakt aus dieser Reife heraus suchen und erleben, denn es gibt genügend junge Menschen, die über diese Erfahrung noch nicht als 15-, 16- oder 17-jährige verfügen. So haben von 19- bis 20-jährigen Gymnasiasten, die in der Schweiz befragt worden sind, 20 Prozent der Jungen und die Hälfte der Mädchen erklärt, noch über keine Erfahrungen mit Geschlechtsverkehr zu verfügen (Bodmer & Wydler, 1994). Wovon hängt es ab, ob sich ein Jugendlicher früher oder später dem anderen Geschlecht zuwendet, ob sexuelle Kontakte früher oder später aufgenommen werden? Es ließ sich aufdecken, dass dafür zahlreiche Bedingungen mitbestimmend sein können.

Erklärungen für früheres und späteres Auftreten heterosexueller Aktivitäten

Einfluss der Peergruppe. Während der Adoleszenz findet eine verstärkte Hinwendung zu Gleichaltrigen statt (s. S. 361 f.). Es hängt nicht unerheblich von dieser *Peer*gruppe ab, in welchem Alter ein Jugendlicher seine ersten heterosexuellen Erfahrungen sammelt. Krappmann (1993 a) weist übrigens darauf hin, dass »Peers« nicht zuerst hinsichtlich ihres Alters gleich sind, sondern vor allem nach Entwicklungsstand und sozialem Rang. Danach ist dasjenige Kind einem anderen ein Peer, das diesem ebenbürtig ist. Ziemlich sicher lässt sich nachweisen, dass Jungen und Mädchen sexuell aktiver sind, wenn ihre Bekannten und Freunde dies auch sind (Udry,

1990); es reicht für einen Jugendlichen sogar aus, wenn er allein schon *den Eindruck gewonnen hat,* andere, mit denen er sich vergleicht, würden heterosexuelle Erfahrungen sammeln (Brooks-Gunn & Furstenberg, 1989). Die Beeinflussung durch andere kann sehr direkt im Rahmen der alltäglichen Unterhaltungen erfolgen (»Was? Du hast noch nie mit einem Mädchen [bzw. mit einem Jungen] geschlafen?«). Ebenso können potentielle Geschlechtspartner zu sexuellen Aktivitäten herausfordern (Rodgers & Rowe, 1993). Durch diese unmittelbare Einflussnahme vergrößert sich der Kreis der Erfahrenen innerhalb einer Jugendgruppe ziemlich schnell.

Einfluss der Familie. Können auch die Familien noch Einfluss auf ihre Töchter und Söhne nehmen? Die Antwort hängt von deren Alter ab. Je älter ein Jugendlicher ist, desto weniger ist er geneigt, seinen Eltern Gehör zu schenken, desto mehr steigt der Einfluss der Gleichaltrigen (Treboux & Busch-Rossnagel, 1990). Dennoch muss das Wort von Mutter und Vater nicht völlig an Gewicht verlieren. Es kommt allerdings darauf an, welcher Elternteil mit dem Jugendlichen über Sexualität spricht. Wenn ein solches Gespräch zwischen dem Sohn oder auch der Tochter überwiegend oder ausschließlich mit der Mutter geführt wird, besteht eine Neigung zu geringerer sexueller Aktivität des Jugendlichen. Erfolgt dagegen die Unterhaltung vorwiegend zwischen Sohn und Vater, ist mit häufigerer sexueller Aktivität zu rechnen, vielleicht weil einige Väter – mehr oder weniger absichtlich – dazu ermutigen, eigene sexuelle Erfahrungen zu sammeln (Brooks-Gunn & Furstenberg, 1989). Natürlich ist es keineswegs unerheblich, welche Einstellungen Eltern zur Sexualität besitzen. Vor allem Mädchen sind sexuell aktiver, wenn ihre Eltern als liberal zu kennzeichnen sind (Fisher, 1989; Jaccard et al., 1996). Wenn Mütter selbst früh in ihrem Leben sexuelle Erfahrungen gesammelt haben, besteht eine erhöhte Wahrscheinlichkeit, dass sich auch die Kinder verhältnismäßig früh entsprechend verhalten (Mott et al., 1996). Insgesamt ist aber festzustellen, dass die meisten Eltern nicht mehr mit Widerständen auf die sexuellen Aktivitäten ihrer jugendlichen Kinder reagieren; sie erlauben vielmehr das Übernachten, und sie wissen um die intimen Kontakte ihrer Söhne und Töchter (Starke & Weller, 1995).

Wiederholt ließ sich feststellen, dass Jugendliche – vor allem Mädchen – sexuell aktiver sind, wenn sie die Scheidung ihrer Eltern miterleben müssen oder in einem Single-Haushalt leben (Lauritsen, 1994; Murry, 1996). Es ist wahrscheinlich, dass Scheidungskinder sich eher an Gleichaltrige wenden und sich bereitwilliger deren Einfluss unterwerfen, was auch das Sexualverhalten mitbestimmen kann. Als Single lebende Mütter können zudem häufiger männliche Freunde treffen als verheiratete Frauen und somit eine Vorbildfunktion übernehmen (Whitbeck et al., 1994).

Soziale Faktoren wirken demnach eindeutig auf die Bereitschaft ein, sexuell aktiv zu werden. Welche Rolle spielt dabei noch die Biologie? Können auch Geschlechtshormone mitbestimmen, ob männliche und weibliche Jugendliche sexuelles Verhalten zeigen? Dieser Frage geht Info-Kasten 10.4 nach.

INFO-KASTEN 10.4

Steuern Geschlechtshormone unmittelbar Zeitpunkt und Häufigkeit sexueller Verhaltensweisen?

Welche Rolle Geschlechtshormone für die Entwicklung der Sexualität besitzen, ist von Richard Udry (Udry, 1990; Udry et al., 1986) untersucht worden. Nach seinen Ergebnissen ist der Anstieg sexueller Motivation bei Mädchen und Jungen während der Pubertät auf die gesteigerte Produktion von Geschlechtshormonen, und zwar vor allem auf Testosteron, zurückzuführen. Bestimmt die Biologie demnach, wann Jugendliche sexuell aktiv werden? Nein, erklärt Udry, die sexuelle Motivation müsse klar vom sexuellen Verhalten unterschieden werden. Zudem ergibt sich für beide Geschlechter eine unterschiedliche Situation.

Androgene. Im Körper des männlichen Jugendlichen lässt sich mit Eintritt in die Pubertät ein Anstieg von Androgenen, den männlichen Sexualhormonen, nachweisen, wobei Testosteron das wichtigste ist; es wird beim Mann hauptsächlich in den Hoden produziert, bei der Frau, bei der es in geringeren Mengen nachweisbar ist, wird es in der Nebennierenrinde hergestellt. Im Gegensatz zum Mädchen stehen beim Jungen höhere Anteile von Androgen in direkter Beziehung zur Wahrscheinlichkeit, sexuell aktiv zu sein.

des Mädchens mit, denn sie bewirken u. a. die Entwicklung der Brüste und der weiblichen Körperformen. Somit hängt von ihnen auch ab, wie anziehend es auf das männliche Geschlecht wirkt.

Geschlechtshormone und sexuelle Aktivität beim Mädchen. Udrys Forschungsergebnissen lässt sich entnehmen, dass Androgene auch beim Mädchen die sexuelle Motivation bestimmen, aber im Gegensatz zum Jungen erhöht deren Anstieg noch nicht die Wahrscheinlichkeit, sexuell aktiv zu werden. Das tatsächliche Verhalten hängt beim Mädchen zusätzlich nicht unerheblich von dem sozialen Umfeld ab, indem es lebt. Wenn ein Mädchen also Freundinnen hat, die sexuell sehr aktiv sind, wenn es in einem liberalen Elternhaus

Abbildung 10.7. Beim männlichen Jugendlichen steigt mit höherem Androgenanteil die Wahrscheinlichkeit seiner sexuellen Aktivität. Auch beim weiblichen Jugendlichen hat das Androgenniveau Einfluss auf die sexuelle Motivation. Ob das Mädchen aber sexuell aktiv wird, hängt zusätzlich von seinem sozialen Umfeld ab

Östrogen. Auch beim Mädchen ist die sexuelle Motivation abhängig von dem Androgenanteil. Aber im weiblichen Geschlecht ist noch ein weiteres Hormon wirksam: das Östrogen. Weibliche Hormone werden im Eierstock gebildet, in geringen Mengen auch in der Nebennierenrinde. Östrogene bestimmen wesentlich das Aussehen

lebt, wird es wahrscheinlich eher Geschlechtsverkehr haben, als wenn ihm Personen wichtig sind, die sexuelle Zurückhaltung vorleben.

Geschlechtshormone und sexuelle Aktivität beim Jungen. Wird der männliche Jugendliche demnach weitgehend von seinen Hormonen »getrieben«? Udry geht schon davon aus, berücksichtigt aber auch, dass nicht alle Jugendlichen über die gleichen Chancen für heterosexuelle Kontakte verfügen. Er hat nämlich festgestellt, dass Jungen, die attraktiv aussehen und sich beim weiblichen Geschlecht hoher Beliebtheit erfreuen, zu einem früheren Zeitpunkt sexuell aktiv werden als weniger attraktive bzw. beliebte. Insgesamt lässt sich die Wahrscheinlichkeit der sexuellen Aktivität junger Männer aber leichter aufgrund ihres Hormonspiegels vorhersagen als beim Mädchen (Udry, 1988; Udry & Billy, 1987).

Zeigt sich der im Vergleich zur Altersgruppe geringe Einfluss der Eltern nur bei Angelegenheiten, die Fragen der Sexualität betreffen, oder verlieren Vater und Mutter allgemein die Möglichkeit, auf ihre adoleszenten Kinder einzuwirken? Kann es durch den zunehmenden Einfluss der *Peers* sogar zu einem Eltern-Kind-Konflikt kommen? Sind häufige häusliche Streitereien unausweichlich?

10.4 Beziehungen zwischen Eltern und ihren jugendlichen Kindern

Streben nach Unabhängigkeit

»Jugend heißt, in die Stadt zu gehen und sich mit Freunden die irrsten Klamotten zu kaufen, um darauf die Eltern in munteres Erstaunen zu versetzen« sagt eine 14-jährige Gymnasiastin. »Junge Menschen«, so erläutert ein 15-jähriger Mitschüler, »wollen . . . ihren Lebensweg selbst bestimmen und sich nicht von den Eltern gängeln lassen«, und eine 14-jährige Schülerin wünscht sich, einmal frei zu sein, »wie ein Vogel, dem keiner was zu sagen hat, weder Eltern noch Lehrer« (Behnken, 1985). Solche Aussagen sind typisch für Jugendliche, die ihr Verhältnis zu den Eltern und anderen Autoritätspersonen neu ordnen. Sie wollen größere Unabhängigkeit von denen erlangen, die sie während der Kindheit mehr oder weniger bevormundet haben. Sicherlich hängt es entscheidend von den Eltern ab, ob die Selbständigkeitsbemühungen ihrer Söhne und Töchter gefördert oder gehemmt werden. Ohne Unterstützung der Gleichaltrigen – der *Peers* – wäre das vermutlich nicht zu erreichen. Muss es aber wegen dieses Unabhängigkeitsstrebens unausweichlich zu einem Konflikt mit der älteren Generation, insbesondere mit den Eltern, kommen? Ist es stets das Schicksal der Jugendlichen, dass sie wegen ihres Strebens, einen eigenständigen Weg zu finden, nur auf Unverständnis bei den Älteren treffen müssen?

Tradition der Kritik an der jungen Generation. Die Bemühungen des Jugendlichen, größere Unabhängigkeit zu erlangen, können von den Erwachsenen durchaus kritisch kommentiert werden. Missbilligende Stellungnahmen zum Verhalten der Jugend sind keine Erfindung der Gegenwart. »Unsere Generation«, so wurde beispielsweise bereits früher gewarnt, »ist verloren, wenn das unerhörte Tun unserer jüngeren Generation so weitergeht.« Ein trübes Bild zeichnet auch eine andere Stimme, denn von der Jugend heißt es: »sie verflacht: anstatt in wetteiferndem Streben etwas leisten zu wollen, gibt sie sich oberflächlichen Vergnügungen hin, wobei der Sexualtrieb eine bestimmende Rolle spielt; sie kennt keine Zurückhaltung mehr in der Öffentlichkeit, sei es auf der Straße, sei es in Gaststätten niedrigster Art; sie erkennt keine Autorität der Erwachsenen an; sie will sich durch Geistreicheleien interessant machen«.

Die zuerst zitierte kritische Stellungnahme steht auf einer etwa 4.000 Jahre alten Tafel, die bei Ausgrabungsarbeiten der biblischen Stadt Ur in Süd-Babylon zutage kam (Lauer, 1982). Die zweite Klage geht auf den griechischen Redner Isokrates (436–338 v. Chr.) zurück; sie findet sich in seinem *Areopagitikos,* ist also über 2.000 Jahre alt. – Im *Wintermärchen* lässt William Shakespeare im dritten Akt einen alten Schäfer ein Bild von der Jugend entwerfen, das diese Beobachtungen bestätigt: »Ich wollte, es gäbe gar kein Alter zwischen zehn und dreiundzwanzig oder die jungen Leute verschliefen die ganze Zeit: denn dazwischen ist nichts als den Dirnen Kinder schaffen, die Alten ärgern, Stehlen, Balgen.« Klagen über die Jugend, die einen unüberbrückbaren Gegensatz zwischen den Generationen behaupten, haben also eine lange Tradition.

Lässt sich nun mit den Methoden der heutigen Entwicklungspsychologie tatsächlich eine Kluft zwischen der Jugend und den Erwachsenen belegen? Bei Untersuchungen dieser Frage interessierte man sich vor allem dafür, welche Beziehungen die Generationen innerhalb der Familie haben. Wie ist das Verhältnis der Eltern zu ihren Töchtern und Söhnen im Jugendalter? Bevor diese Frage beantwortet werden kann, ist ein kurzer Ausflug in die Familiensoziologie erforderlich, um zu klären, ob sich Eltern der Gegenwart von jenen unterscheiden, die vor 50 Jahren oder noch früher ihren Pflichten nachgekommen sind.

10.4.1 Eltern-Kind-Beziehungen im Wandel der jüngeren Zeit

Autoritätsverlust der Eltern. Wenn sich heutige Mütter und Väter bei ihren Eltern und Großeltern nach den Bedingungen erkundigen, unter denen Kinder früher in ihren Familien zu leben hatten, werden sie ziemlich übereinstimmend die Antwort erhalten, dass Eltern noch vor 50 Jahren im Vergleich zu heute mehr Macht besessen haben. Wenn Kinder damals das Alter der Adoleszenz erreichten, schien es fast unvermeidlich, gegen die Autorität der Eltern zu rebellieren. Die Jugendlichen setzten sich eindeutig von den Einstellungen und Wertvorstellungen der Erwachsenen (des »Establishments«) ab, nicht selten in offener Auflehnung.

Inzwischen haben Eltern einen deutlichen Autoritätsverlust erfahren. Nach den Beobachtungen von Yvonne Schütze (1993) versuchen Eltern in heutiger Zeit, »Verständnis für ihre adoleszenten Kinder an den Tag zu legen, ihnen eher als Freunde, denn als Autoritätspersonen zu begegnen, Entscheidungen gemeinsam zu treffen, Kompromisse auszuhandeln und sich in vielen Hinsichten den Jugendlichen anzupassen, anstatt Anpassung an eigene Prinzipien und Verhaltensmuster zu verlangen«. Es kann aber auch vorkommen, »dass Kinder zu ihren Eltern ›blöde Kuh‹ oder ›hört doch endlich auf mit eurem ewigen Gelaber‹ sagen – und dass auch Eltern sich zugestehen, mal ›auszuflippen‹« (Du Bois-Reymond, 1991). Aus einem »Befehls- ist ein Verhandlungshaushalt« geworden (van der Linden, 1991). Das heißt: Eltern können in der Regel das Verhalten ihrer jugendlichen Töchter und Söhne nicht mehr durch Anordnungen kontrollieren. Vielmehr müssen die Freiräume bzw. Einschränkungen in nicht immer harmonisch geführten Gesprächen innerhalb der Familien *ausgehandelt* werden.

Intensivierung der Gefühlsbindungen zwischen Eltern und Kindern. Auch wenn heutigen Jugendlichen zweifellos mehr Freiheiten als vor 50 Jahren zugestanden werden, sind Väter und Mütter keineswegs grundsätzlich aus sämtlicher Verantwortung entlassen worden. Sie haben für den Lebensunterhalt ihres Nachwuchses weiterhin zu sorgen und sind außerdem verantwortlich dafür, dass Söhne und Töchter eine angemessene Ausbildung erhalten, damit sie nach Eintritt in das Erwachsenenalter möglichst gute Chancen auf dem Arbeitsmarkt haben. Die Verlängerung der Ausbildungszeit hat aber auch bewirkt, dass Jugendliche länger in ihrer Familie verbleiben; das hat eine emotionale Aufladung der Eltern-Kind-Beziehungen nach sich gezogen; man muss nämlich wissen, dass »bis in die Mitte des 19. Jahrhunderts ... in breiten Volksschichten kaum Zärtlichkeiten und liebevolle Vertrautheit zu finden [waren]« (Sieder, 1991). Die erheblichen wirtschaftlichen Schwierigkeiten, die für Familien in der vor- und frühindustriellen Zeit kennzeichnend waren, gaben praktisch keinen Raum für emotionale Zuwendung zwischen den Mitgliedern. »Psychosoziale Funktionen wie emotionale Nähe und Stabilisierung zwischen Mann, Frau und Kindern, blieben im Hintergrund oder waren nicht erkennbar. Bereits die Wahl des Partners orientierte sich primär an dessen Arbeitsfähigkeit und -erfahrung« (Lakemann, 1999): Die Intensivierung der Gefühlsbindungen darf keineswegs als unproblematisch gesehen werden, weil sie der Entwicklung einer selbständigen, weitgehend unabhängigen Persönlichkeit zuwiderlaufen kann.

10.4.2 Konflikte infolge einer Neuordnung der Eltern-Kind-Beziehungen

Identitätsbildende Wirkung von Konflikten

Nach einer kritischen Durchsicht einschlägiger Literatur zum Eltern-Kind-Verhältnis stellt Hans Oswald (1989) zusammenfassend fest: »Ein seit Jahrzehnten in unterschiedlichen westlichen Ländern stabiles Ergebnis soziologischer Jugendbefragungen besteht darin, dass die überwiegende Mehrheit der Jugendlichen angibt, ein gutes Verhältnis zu ihren Eltern zu haben«. Lässt sich dieser Bekundung entnehmen, dass es zwischen den Generationen zu Hause keine Meinungsverschiedenheiten gibt? Davon ist sicherlich nicht auszugehen, denn Konflikte finden sich in jeder sozialen Beziehung. Vor allem während der frühen Adoleszenz, insbesondere in der Zeit zwischen 12 und 15 Jahren (Fend, 1998), kommt es zwischen Söhnen oder Töchtern und ihren Eltern sogar vergleichsweise häufig zu Auseinandersetzungen, und zwar fast überall auf der Welt (Schlegel & Berry, 1991). Der vorübergehende Anstieg in der Häufigkeit häuslicher Konflikte hat somit als völlig normal zu gelten. Dennoch kann daraus für Eltern eine schwierige Situation entstehen, weil sich ihre heranwachsenden Kinder zunehmend der häuslichen Kontrolle entziehen, höhere finanzielle Zuwendungen fordern, aber weniger als noch zur Zeit der Kindheit bereit sind, ihre Eltern mit emotionaler Zuwendung zu »belohnen« (Fend, 1998). Das erfolgreiche Sich-Widersetzen des Pubertierenden gegen die Anordnungen der Eltern hat für dessen Entwicklung aber auch eine nicht zu unterschätzende positive Funktion. Sollte der junge Mensch niemals Anlass haben, sich gegenüber Vater und Mutter auch mal mit eigenen Wünschen und Vorstellungen durchsetzen zu wollen, wäre aus entwicklungspsychologischer Sicht Grund zur Beunruhigung gegeben. In einem solchen Fall hätte man nämlich zu fürchten, dass der Jugendliche keine Bedingungen vorfindet, unter denen er seine eigene Identität entwickeln kann (s. S. 385ff.); er müsste stattdessen eine Identität von anderen übernehmen (Straus, 1979). Konflikte sind – so gesehen – ein Experimentierfeld für Jugendliche.

Häusliche Konflikte und Machtkämpfe müssen als unvermeidliche Folgen der Bemühungen Jugendlicher gesehen werden, zunehmend eigene Selbständigkeit zu gewinnen. Warum werden aber gerade zu Beginn der Adoleszenz Konflikte gehäuft ausgetragen? Zur Klärung dieser Frage hat Judith Smetana (1988a, 1988b; Smetana & Asquith, 1994) die häuslichen Auseinandersetzungen eingehender studiert und festgestellt, dass die Streitenden von unterschiedlichen Definitionen für angemessenes und unangemessenes Verhalten ausgehen. Die Befunde Smetanas werden noch verständlicher, nachdem geklärt worden ist, worüber zu Hause vor allem gestritten wird.

10.4.3 Kennzeichnung häuslicher Konflikte im Verlauf der Adoleszenz

Themen häuslicher Streitgespräche. Die Themen der häuslichen Streitgespräche sind über Jahrzehnte weitgehend die gleichen geblieben (Jugendwerk der Deutschen Shell, 1985). Vielfach geht es um die Frage, wieviel Freiheit Eltern ihren Töchtern und Söhnen einzuräumen bereit sind. Können Jugendliche ihre Kleiderwünsche durchsetzen, auch wenn diese sich nicht mit denen von Mutter und Vater decken? Werden Tätowierungen oder Piercings akzeptiert? Ein weiterer häufiger Konfliktpunkt ist der Zustand des eigenen Zimmers; ist die Mutter bereit, die dort herrschende Unordnung weiterhin zu tolerieren? Sollten die jugendlichen Kinder nicht sehr viel mehr

Aufgaben im Haushalt bereitwilligst übernehmen? Ist es zu viel verlangt, von den Töchtern und Söhnen zu erwarten, dass sie sich wenigstens gegenüber den eigenen Eltern einigermaßen anständig benehmen? Nehmen die Freizeitaktivitäten nicht viel zu viel Zeit in Anspruch? Wird dadurch nicht auch die schulische Arbeit vernachlässigt? Sind die Freunde und Bekannten überhaupt der geeignete Umgang?

Gratwanderung zwischen Konventionen und persönlichem Freiraum. Wenn man sich genauer ansieht, worüber Eltern und ihre adoleszenten Söhne und Töchter meistens streiten, wird man feststellen, dass vergleichsweise oberflächliche Themen im Vordergrund stehen. Über religiöse, soziale oder politische Werte hat man nur selten Meinungsverschiedenheiten. Warum kommt es überhaupt zu Streitereien zwischen Jugendlichen und ihren Eltern? Judith Smetana (Smetana, 1995; Yau & Smetana, 1996) hat solche Konflikte eingehender studiert und dabei festgestellt, dass Eltern und Kinder vielfach eine unterschiedliche Sichtweise besitzen. Vater und Mutter sehen das Verhalten ihrer Kinder durch eine moralische oder sozial-konventionelle Linse. Sie meinen, sie hätten Sorge dafür zu tragen, dass ihr Kind keine Konventionen verletzt (s. S. 286), die nur nach Zustimmung aller Beteiligten geändert werden dürfen. Söhne und Töchter sehen in der elterlichen Kontrolle dagegen eine Maßnahme, durch die in unberechtigter Weise in ihre persönlichen Angelegenheiten eingegriffen wird. Der Jugendliche mag die Unordnung in seinem Zimmer beispielsweise damit rechtfertigen, dass er in »seinem« Raum tun kann, was er will, während dasselbe Zimmer für die Mutter ein Teil des gemeinsamen Hauses oder der Wohnung ist. Eltern meinen vielleicht, der Jugendliche sollte sich nur solche Freunde auswählen, die den Normvorstellungen der Familie entsprechen, während der Jugendliche davon ausgeht, dass Entscheidungen über seine sozialen Kontakte nur ihm zustehen. Solange der Sohn und die Tochter sich im Einklang mit aktuellen Modetrends kleiden, sind Eltern wahrscheinlich eher bereit, deren Entscheidungen zu respektieren. Tritt der Jugendliche dagegen – in der Überzeugung, darüber habe er ganz allein zu entscheiden – mit einem Ring durch die Unterlippe auf, sehen die Eltern darin möglicherweise eine Verletzung der Konvention und fürchten um das Ansehen der ganzen Familie.

Abschwächung der Konflikte in der späten Adoleszenz. Solche Konflikte treten in der frü-

Abbildung 10.8. Häusliche Konflikte können durch das Erscheinungsbild des Jugendlichen ausgelöst werden. Während Eltern in ihrem Aussehen die Verletzung einer Konvention sehen, bestehen ihre adoleszenten Kinder darauf, ihren persönlichen Freiraum zu verteidigen

hen Adoleszenz am häufigsten auf und flauen in den meisten Familien während der nachfolgenden Jahre allmählich ab. Eltern und Kinder entwickeln nämlich im Lauf der Zeit ein neues Verständnis füreinander, und das hat zur Folge, dass sie sich seltener streiten. Eltern gelangen im Verlauf der späten Adoleszenz ihrer Kinder zunehmend zu der Überzeugung, dass deren Argumente keineswegs immer unvernünftig, häufig sogar nachvollziehbar sind. Hat sich dieser Eindruck gefestigt, so lässt sich der Schluss ziehen, dass den Jugendlichen tatsächlich mehr Freiheit eingeräumt werden kann (Collins et al., 1997).

Belastende Phase für die Eltern. Bevor die Konflikthäufigkeit in der Familie in der späten Adoleszenz wieder ein vergleichsweise normales Niveau erreicht, müssen Eltern allerdings eine Zeit durchleben, die sie stets als persönlich belastend, im aktuellen Moment wohl immer als in hohem Maße unangenehm erleben dürften. Immerhin werden Mutter und Vater ja vergleichsweise häufig herausgefordert, eigene Standpunkte, Anordnungen und Vorstellungen eingehend zu begründen; sie müssen es sich gefallen lassen, dass alle ihre Antworten und Rechtfertigungen hinterfragt, nicht selten auch zurückgewiesen werden. Auch der Gedanke, dass ein Austragen dieser Konflikte eine für den Jugendlichen entwicklungspsychologisch wichtige Funktion besitzt (s. S. 381), mag die konfliktgeplagten Eltern nicht ständig mit Verständnis und Gelassenheit reagieren lassen. So erkennt Maja Storch (1994) an, dass den Eltern von Söhnen und Töchtern in der frühen Adoleszenz eine gewaltige Leistung abverlangt wird. »Was Konflikte mit Jugendlichen für die Menschen, die sich mit ihnen in erzieherischer Absicht befassen, oft so schwierig macht,« so stellt sie fest, »sind die Zweifel daran, ob sich z. B. der grünhaarige Punksohn jemals in einen adretten jungen Mann verwandeln wird, oder ob die Tochter jemals aufhören wird, die schwarzgekleideten Gruftiebräute auf dem Cure-Konzert als das Idealbild weiblicher Erscheinungsform zu betrachten.« Die Eltern sollten aber wissen, dass sie sich lediglich »als Spiegel für das Experiment im Dienste der Persönlichkeitsentwicklung ihrer Kinder zur Verfügung stellen« müssen, und es mag ihre Durchhaltekraft stärken, zu erfahren, »dass normalerweise diese Experimente irgendwann ihren Abschluss finden« (Storch, 1994).

Selbstverständlich sind nicht alle Familien in gleicher Weise erfolgreich, die Machtverhältnisse, die während der Kindheit zwischen Eltern und ihren Kindern bestanden haben, im Verlauf der Entwicklung ihrer adoleszenten Töchter und Söhne neu zu definieren. Ob sich im Verlauf der späten Adoleszenz wieder harmonischere Verhältnisse in der Familie einstellen, hängt entscheidend davon ab, welche Maßnahmen Eltern bevorzugt einsetzen, um auf das Verhalten ihrer Kinder einzuwirken.

10.4.4 Konfliktrisiko und elterlicher Erziehungsstil

Positiver Einfluss des autoritativen Stils

Die von Diane Baumrind beschriebenen elterlichen Erziehungsstile (s. S. 298f.) zeigen ihre Auswirkungen auch noch im Jugendalter. Autoritative Eltern bestehen zwar darauf, dass Verhalten im Einklang mit jenen Regeln, Normen und Werten steht, die ihnen wichtig sind, aber sie sind gleichzeitig in hohem Maße bereit, ihren Töchtern und Söhnen zuzuhören und eigene Standpunkte zu erläutern (Lamborn et al., 1991). Ein autoritativer Stil geht mit einer gesunden Entwicklung während der Adoleszenz einher. Jugendliche, die diesen Stil erfahren haben, sind reifer, leistungsorientierter und erbringen bessere Schulleistungen als andere, die aus autoritären oder Laissez-faire Elternhäusern stammen (Steinberg, 1999). Bei Eltern, die eine sehr strenge Kontrolle über ihre adoleszenten Töchter und Söhne ausüben, finden sich gehäuft Jugendliche, die überdurchschnittlich aggressiv sind oder sogar gehäuft mit dem Gesetz in Konflikt kommen (Sampson & Lamb, 1994). Wie lässt sich der positive Einfluss des autoritativen Stils erklären? Laurence Steinberg (1999) nennt dafür mehrere Gründe:

Mehr Selbständigkeit, weniger Kontrolle. Autoritative Eltern sind hochgradig bereit, ihre Kontrollen in dem Maße zurückzunehmen, in dem Söhne oder Töchter ihre Voraussetzungen verbessern, selbstverantwortlich zu handeln. Wenn Vater und Mutter die zugestandene Freiheit somit feinfühlig von Entwicklungsfortschritten des Jugendlichen abhängig machen, schaffen sie günstige Bedingungen zur Förderung seines Selbstvertrauens, denn dem Jugendlichen wird Selbständigkeit nur insoweit zugestanden, wie er begründete Aussichten eröffnet, die damit einhergehenden Anforderungen zu bewältigen.

Verständnis für soziale Beziehungen. Autoritative Eltern sind hochgradig bereit, ihre Kinder in Gespräche zu verwickeln, durch die sie Gelegenheiten erhalten, das Geben und Nehmen in sozialen Situationen zu üben. Im Rahmen von Unterhaltungen in der Familie werden Töchtern und Söhnen Regeln und Erwartungen erläutert, und damit fördern Eltern das Verständnis ihrer Kinder für soziale Systeme und soziale Beziehungen. Dieses Verständnis, so hebt Laurence Steinberg (1999) hervor, spielt eine bedeutsame Rolle bei der Entwicklung der Fähigkeit zum logischen Denken, zur Übernahme von Rollen, zum moralischen Urteilen und zum Einfühlungsvermögen.

Toleranz für anderslautende Meinungen. Autoritative Eltern sind vielfach bereit, selbstständige Meinungsäußerungen ihrer Kinder zu tolerieren, sie geben ihnen die Freiheit zu widersprechen und ermöglichen damit ein gewisses Sich-Absetzen *(»separeteness«)* von den bisherigen Autoritätspersonen. Dies findet aber vor dem Hintergrund einer sozial-emotionalen Verbundenheit *(»connectedness«)* statt, die dem Jugendlichen Sicherheit gibt. Unter günstigen Bedingungen fördert man beim Jugendlichen auch, dass er Offenheit für die Meinungen anderer entwickelt *(»plurality«)*; gleichzeitig lernt er, abweichende Vorstellungen der Mitdiskutierenden zu tolerieren (Cooper et al., 1983). In einer solchen familiären Atmosphäre können Meinungsunterschiede in Fairness und gegenseitiger Achtung ausgetragen werden.

Sichere Bindung der Konfliktpartner. Da der autoritative Erziehungsstil mit einer herzlichen, warmen Eltern-Kind-Beziehung einhergeht (»connectedness«), erhöht sich mit ihm die Wahrscheinlichkeit, dass sich Jugendliche mit ihren Eltern identifizieren und starke sozial-emotionale Bindungen zu ihnen aufrecht erhalten; dadurch wiederum erhöhen sich Möglichkeiten der Einflussnahme durch Vater oder Mutter. »Jugendliche, die eine warme und enge Beziehung zu ihren Eltern haben«, so stellt Laurence Steinberg (1999) fest, »haben wahrscheinlich ... Einstellungen und Werte, die denen ihrer Eltern ähneln«. Im Übrigen kann das Austragen häuslicher Konflikte, das Kräftemessen mit den Eltern, nur dann positiv auf die Persönlichkeitsentwicklung des Jugendlichen wirken, wenn es, wie Maja Storch (1994) hervorhebt, vor dem Hintergrund einer sicheren Bindung der Konfliktpartner erfolgt; eine solche darf unter einem autoritativen Stil vorausgesetzt werden. Nur bei positiver sozial-emotionaler Beziehung können Jugendliche »es wagen« ..., »das Risiko einer Auseinandersetzung einzugehen, um im Rahmen gegenseitigen Vertrauens und mit der Sicherheit, im Notfall aufgefangen zu werden, die eigenen Kräfte zu messen«.

Wenn Eltern die Forderung nach Einhaltung der von ihnen aufgestellten Verhaltensregeln nicht in Einklang mit Entwicklungsfortschritten des Jugendlichen allmählich zurücknehmen, den jungen Menschen also nicht in zunehmendem Maße als einen Erwachsenen behandeln, muss damit gerechnet werden, dass dieser sich dem elterlichen Einfluss entzieht, um sich Gleichaltrigen zuzuwenden. Damit sie deren Unterstützung und Anerkennung erlangen, können Jugendliche sogar bereit sein, sich gegen die Familie zu stellen, die Schule zu vernachlässigen und so Beeinträchtigungen ihrer beruflichen Lebensplanung in Kauf zu nehmen (Fuligni & Eccles, 1993). Auch die Suche nach der eigenen Identität könnte erheblich erschwert sein, wenn der Jugendliche dabei auf den fördernden Einfluss in seiner Familie verzichten muss. Eltern, die um eine freundlich-warme Atmosphäre bemüht sind, und an die sich Töchter und Söhne sozial-emotional gebunden fühlen, die aber gleichzeitig eine Atmosphäre schaffen, in der eigene Meinungen und Standpunkte entwickelt und vertreten werden können und sollen, schaffen gute Bedingungen für die Identitätsbildung ihrer jugendlichen Kinder (Grotevant & Cooper, 1986).

10.5 Auf der Suche nach Identität

Noch vor 200 oder 300 Jahren wuchsen Kinder in die gleichen Aufgaben hinein, die sich bereits für ihre Eltern gestellt hatten. Das Mädchen wurde früh verehelicht und hatte sich fortan um Haushalt und Nachwuchs zu kümmern. Der Sohn verdiente den Unterhalt auf die gleiche Weise wie sein Vater. Die Söhne von Handwerkern wurden Handwerker und der Sohn eines Fischers wuchs in die Aufgaben eines Fischers hinein. Da Medien noch nicht für die Übermittlung von Informationen sorgten und keine allgemeine Schulpflicht bestand, erfuhr der junge Mensch kaum etwas von unterschiedlichen Weltanschauungen, politischen Standpunkten, Werten usw. Heutigen Jugendlichen bietet sich demgegenüber angesichts der Informationsflut ein breiter Freiraum für die eigene Meinungsbildung zu allen möglichen Themen, aber damit auch die Möglichkeit zu Zweifeln und Ängsten. Jugendliche stehen irgendwann vor der Frage, auf welchen Beruf sie sich vorbereiten sollen, ob sie ihr weiteres Leben allein, zu zweit in einer nicht-ehelichen Lebensgemeinschaft oder in einer Ehe gestalten wollen, ob sie Kinder haben möchten und wie sich die Entscheidung für eine Familie mit eigenen Vorstellungen vereinbaren lässt. Je mehr Wahlmöglichkeiten gegeben sind, desto schwieriger werden Entscheidungen für die Zukunft. Allerdings kann der Jugendliche nicht alle Aspekte seiner Identität frei wählen; die ethnische Herkunft und das Geschlecht werden einem Menschen *zugeschrieben* (Grotevant, 1992). Während der späten Adoleszenz, vor allem aber während des entstehenden Erwachsenenalters, wird der heutige Jugendliche immer mehr Entscheidungen zur eigenen Lebensgestaltung *selbständig* zu treffen haben. Bevor er aber – und seien es auch nur vorübergehende – Festlegungen bezüglich der eigenen Berufslaufbahn, der Wahl seines Geschlechtspartners, seiner Rolle in der Gesellschaft vornimmt, muss er erkunden, wer er selbst ist.

10.5.1 Erkundung der eigenen Person

Selbstdefinition über Identifikation mit dem sozialen Umfeld beim Kind

Dem Kind billigt man zu, Wünsche über das noch ferne Erwachsenenalter zu haben und zu äußern, die noch keinerlei Bezug zur Wirklichkeit haben. In einem sehr jungen Alter käme man sicherlich nicht auf die Idee, kindliche Wunschvorstellungen darauf zu prüfen, ob bestehende Möglichkeiten und Grenzen überhaupt deren Verwirklichung zulassen würden. Das Kind, so erklärt Erik Erikson (1968), besitzt auch noch kein Bewusstsein seiner Identität. Es vollziehe vielmehr Identifikationen mit Personen seiner Umgebung, die ihm wichtig sind. In einigen Situationen verhält sich ein Kind beispielsweise gegenüber anderen Menschen ebenso zurückhaltend wie seine Mutter, in anderen imitiert es die soziale Aufgeschlossenheit seines Vaters. Möglicherweise ahmt es beim Sprechen den Tonfall seiner älteren Schwester und beim Gehen die Gangart seines Bruders nach. Wenn man Kinder bittet, sich selbst zu beschreiben, dann geben sie zahlreiche Antworten, in denen sich die Stellungnahmen und Kennzeichnungen widerspiegeln, die ihnen Eltern und andere wichtige Erwachsene gegeben haben. Das Kind übernimmt zwar ihm wichtig erscheinende Merkmale anderer bzw. es sieht sich so, wie andere es sehen. Die damit verbundene Identität ist aber eher mit einer Reihe einzelner Stofffetzen zu vergleichen, die noch nicht zusammengefügt worden sind, vielleicht auch gar nicht zueinander passen, weil sie unterschiedliche Schnittkanten haben, über die sich das Kind noch keine Gedanken macht.

Auf der Suche nach der subjektiven Identität

Erst während der Adoleszenz, also nach Beendigung des dramatischen körperlichen Wachstums, nach Gewinnung einer gewissen Selbständigkeit gegenüber den Eltern und nach Neuordnung der Beziehungen zu den Gleichaltrigen, zu Jungen und Mädchen, beginnt der Jugendliche, sich verstärkt seiner eigenen Person zuzuwenden. Nunmehr wächst sein Interesse daran, sich über seine eigene Zukunft Gedanken zu machen. »*Wie sollte meine eigene Zukunft aussehen?*« »*Wer möchte ich sein?*« Das ist die Frage nach der wünschbaren Identität. Kann ein Mensch aber überhaupt versuchen, solche Wünsche zu verwirklichen, wenn er sich über seine eigene Person allenfalls oberflächliche Gedanken gemacht hat? Bei der Frage »*wer bin ich?*« geht es um die Bestimmung der »subjektiven Identität«. Zu welchen Erkenntnissen kommen Jugendliche, wenn sie ihren forschenden Blick auf die eigene Person richten? Aufschluss kann die folgende Selbstbeschreibung eines 15-jährigen Mädchens geben (Harter, 1990b): .»Was für ein Mensch ich bin? Kompliziert! Ich bin empfindlich, freundlich, kontaktfreudig, beliebt und tolerant, dennoch kann ich auch scheu, unsicher und sogar ätzend sein. Ätzend! Ich *möchte* am liebsten immer freundlich und tolerant sein. Das ist genau der Mensch, der ich sein *möchte*, und ich bin enttäuscht, wenn ich nicht so bin. Ich bin verantwortungsvoll, hin und wieder sogar fleißig, aber andererseits auch oft schlichtweg faul, denn Streber sind nicht beliebt. Normalerweise bin ich in der Schule nicht so gut. Ich bin meist ziemlich gut drauf, vor allem bei meinen Freunden, bei denen ich aber auch streitlustig sein kann. Zuhause, bei meinen Eltern, bin ich eher ängstlich. Sie erwarten von mir, dass ich nur Einser kriege. Das ist nicht fair. ... Ich verstehe wirklich nicht, wie ich so schnell jemand anderer sein kann. Ich meine, wie kann ich in einer Minute gut drauf sein, in der nächsten ängstlich und dann wieder sarkastisch? Wer bin ich denn nun wirklich?«

10.5.2 Entdeckung von Unvereinbarkeiten und Widersprüchen in der eigenen Person

Mit der Frage »*wer bin ich nun wirklich?*« versucht die zitierte 15-jährige herauszufinden, wer sie ist, welche Merkmale sie aufweist und welchen Charakter sie hat. Bei ihren Bemühungen um Selbsterkundung deckt sie Widersprüche auf, und sie erscheint ein wenig verwirrt, als sie sich ver-

Abbildung 10.9. Jugendliche beschreiben ihr Verhalten selbst oft als widersprüchlich. Während sie in einem Moment »gut drauf« sind, können sie im nächsten aggressiv oder ängstlich reagieren

gegenwärtigt, wie sie sich selbst in verschiedenen Situationen wahrnimmt. Sie wird darauf aufmerksam, dass sie freundlich, tolerant und entsprechend beliebt, aber ebenso streitlustig und »ätzend« sein kann.

Abhängigkeit des Verhaltens vom Kontext

Viele der Merkmale, die ein Teenager bei sich selbst entdeckt, erscheinen unvereinbar, solange er noch nicht die Situation berücksichtigt, in der sie zum Ausdruck kommen. Wissen Jugendliche, dass ihr Verhalten auch von dem Kontext mitbestimmt wird, in dem sie sich befinden? Susan Harter und Ann Monsour (1992) trugen an 13-, 15- und 17-jährige die Bitte heran, sich selbst zu beschreiben, wenn sie (1) mit ihren Eltern, (2) mit gleichgeschlechtlichen Freunden, (3) mit ihrer andersgeschlechtlichen Freundin bzw. mit ihrem andersgeschlechtlichen Freund und (4) mit ihrem Lehrer sowie Mitschülern zusammen waren. Anschließend wurden die Befragten gebeten, sich ihre Selbstbeschreibungen einmal genau anzusehen, um eventuelle Unvereinbarkeiten ausfindig zu machen. Außerdem sollten sie mitteilen, wie sehr sie sich durch die Widersprüche beunruhigt fühlten. Zwischen dem Alter der Jugendlichen und ihren Antworten bestanden eindeutige Zusammenhänge. In den Antworten der 13-jährigen fanden sich nur wenige Angaben über unvereinbare Merkmale, und die wenigen, auf die sie selbst aufmerksam wurden, schienen sie nicht sonderlich zu beunruhigen. Im Unterschied dazu nannten die 15-jährigen viele Merkmale, die nicht zusammenpassten, und die Entdeckung unvereinbarer eigener Wesensmerkmale verwirrte sie oft. Viele stellten sich – ebenso wie die 15-jährige im obigen Beispiel – die Frage nach ihrem wahren Selbst. Je älter Jugendliche werden, desto weniger tauchen in ihren Selbstbeschreibungen widersprüchliche Merkmale auf (Harter & Monsour, 1992). In der späten Adoleszenz gelingt es Jugendlichen zunehmend, Merkmale, die sie sich selbst zuschreiben, untereinander stimmig und zusammenhängend in eine Theorie zu ordnen (Harter & Monsour, 1992).

Auseinandersetzung mit widersprüchlichen Selbstbildern. Im Rahmen der Bemühungen, die Frage nach dem wahren Selbst zu klären, wird der Jugendliche darauf aufmerksam, dass sein Verhalten auch davon abhängt, in welcher Situation er sich befindet, mit welchen Menschen er zusammen ist. Dabei entdeckt er, dass er dem idealen Selbstbild *(»Ich möchte am liebsten immer freundlich und tolerant sein«)* nicht immer nachkommen kann: »Ich glaube von mir schon«, so erklärt ein 15-jähriges Mädchen, »dass ich fröhlich bin, und ich möchte das auch bleiben, denn, ich denke, das ist mein wahres Selbst, aber wenn ich mit meiner Familie zusammen bin, dann bin ich sehr bedrückt, und das nervt mich« (Harter & Monsour, 1992). Der junge Mensch wird darauf aufmerksam, dass er sich manchmal anderen gegenüber so darstellt, wie er nicht sein möchte (»Ich kann ebenso *ätzend* sein«), und er entwickelt den Wunsch, alles zu tun, um sich nicht seinem gefürchteten Selbstbild anzunähern. Diese unterschiedlichen Selbstbilder können den Jugendlichen motivieren, sich um seine Weiterentwicklung zu bemühen, sich dem Ich-Ideal anzunähern und sich vom gefürchteten Selbstbild zu entfernen (Markus & Nurius, 1986; Oyserman & Markus, 1990). Die Auseinandersetzung mit der eigenen Person, die Entdeckung unterschiedlicher und teilweise zunächst widerspruchsvoller Eigenheiten motiviert viele Jugendliche, sich aktiv der Identitätsfindung zuzuwenden.

10.5.3 Das Konzept der eigenen Identität

Eriksons Begriff der Identitätskrise

Auch Erik Erikson (1963) wurde darauf aufmerksam, dass der Mensch nach Abschluss der frühen Adoleszenz einen Entwicklungsabschnitt durchläuft, in dem er erhebliche Unsicherheit bezüglich der eigenen Person erlebt. Erikson fand dafür den Begriff der Identitätskrise. Der Begriff *Krise* erweckt allerdings den Eindruck, als ob mit ihrem Eintreten ein beträchtlicher Aufstand der Gefühle verbunden sei. Das ist bei der Mehrheit der Jugendlichen sicherlich nicht der Fall, denn in der

Regel verläuft dieser Prozess in sehr viel ruhigeren Bahnen, wenngleich mit großen interindividuellen Unterschieden zu rechnen ist. So lässt sich nicht ausschließen, dass es Erikson erhebliche Schwierigkeiten bereitete, eine befriedigende Antwort auf die Frage zu finden, wer er selbst war; diese Schwierigkeiten lassen sich auch mit seinen Erfahrungen als Kind und Jugendlicher erklären (s. Info-Kasten 10.5). Seine wissenschaftlichen Arbeiten entsprangen sicherlich dem Bedürfnis, die als krisenhaft erlebte Suche nach seiner Identität aufzuarbeiten.

INFO-KASTEN 10.5

Wie Eriksons Herkunft sich auf seine Identitätssuche auswirkte

Erik Erikson berichtete selbst wenig über seinen Lebenslauf. Einige Forscher (Coles, 1970; Conzen, 1996; Roazen, 1997) haben jedoch Einzelheiten aus seiner Kindheit und Jugend in Erfahrung bringen können, die Erikson und sein späteres Werk wahrscheinlich entscheidend mitgeprägt haben.

Zwischen den Nationen und Religionen. Eriksons Eltern wurden in Dänemark geboren. Vater und Mutter hatten sich aber getrennt, bevor ihr Sohn Erik 1902 in Frankfurt zur Welt kam. Wegen einer Erkrankung ihres drei Jahre alten Sohnes suchte die Mutter den Kinderarzt Theodor Homburger auf, der in Karlsruhe lebte und praktizierte. Dieser verliebte sich in die Mutter und heiratete sie im Juni 1905. Homburger adoptierte Erik, den die Eltern aber erst ziemlich spät über seine wahre Abstammung aufklärten. Die Mutter unterhielt sich mit ihrem Sohn oft in Dänisch. Auf diese Weise, so erinnerte sich Erikson (1982) später, konnte sie »in mir ein etwas mystisches Dänentum kultivieren, ohne sich verpflichtet zu fühlen, immer hinzuzufügen, dass ihre Familie auch jüdisch war«. In den Schulferien reiste Erik mit seinen Eltern häufiger nach Dänemark, um dort Verwandte seiner Mutter zu besuchen. War er nun Däne oder Deutscher? Erikson (1959) berichtet, dass ihm die Entscheidung nicht leicht gemacht wurde: »Obwohl ich mir größte Mühe gab, ein strammer deutscher Patriot zu sein, hieß ich prompt ›der Däne‹, als Dänemark im Ersten Weltkrieg neutral blieb«. Man sah Erik auch nicht an, dass Mutter und Stiefvater Juden waren. Wegen seiner dänischen Herkunft und seines Aussehens (er hatte blaue Augen und blonde Haare) wurde er von den Mitgliedern der jüdischen Glaubensgemeinde als *Goi* (der jiddische Ausdruck für einen Nicht-Juden) angesehen. Andererseits verspotteten ihn seine Schulkameraden als Juden. Unter diesen Umständen dürfte es dem jungen Erik zunächst nicht leicht gefallen sein, seine Zugehörigkeit zu einem Glauben zu bestimmen, aber er fühlte sich schließlich als Heranwachsender zum Christentum der Evangelien hingezogen (Conzen, 1996).

Auswirkungen auf die berufliche Laufbahn. Ein entscheidender Konflikt ergab sich bei der Berufswahl. Der Vater hätte gerne gesehen, dass Erik Arzt geworden wäre. Den Jungen interessierten aber ebenso die Arbeiten der Künstler, die vor allem auf Einladung der Mutter häufiger bei den Homburgers zu Gast waren. Während der Gymnasialzeit konnte Erik sich noch nicht für einen Beruf entscheiden. Nach Beendigung der Schule reiste er für längere Zeit durch Europa und versuchte dort, seine Talente als Porträt-Maler zu entwickeln.

Im Alter von 25 Jahren kam Erikson nach Wien, um an einer Versuchsschule zu unterrichten. Dort nahm er auch an Kursen über Montessori-Pädagogik teil. In dieser Zeit lernte er eine (in Kanada geborene und ebenfalls an der Versuchsschule tätige) amerikanische Studentin kennen, die er im Jahre 1930 heiratete. Durch sie kam Erikson mit der Psychoanalyse in Kontakt. Er verzichtete schließlich auf eine künstlerische Laufbahn, gab seine Tätigkeit als Lehrer auf und unterzog sich bei Freuds Tochter Anna einer Lehranalyse.

Wegen seiner jüdischen Herkunft verließ er zu Beginn der 30er Jahre Wien, um sich dem wachsenden Einfluss des Nationalsozialismus zu entziehen. Es zog ihn zunächst nach Kopenhagen, wo es ihm aber nicht gelang, seine dänische Staatsbürgerschaft zurückzugewinnen.

»Wieder musste Erikson eine Zeitlang erleben, nicht zu wissen, wo er eigentlich hingehörte« (Conzen, 1996). Schließlich entschloss er sich, er war gerade 30 Jahre alt, in das Land seiner Frau, in die USA, überzusiedeln. Zunächst veröffentlichte er einige Aufsätze über Psychoanalyse unter dem Namen Erik Homburger. Nach Erwerb der amerikanischen Staatsbürgerschaft änderte er seinen Namen in Erik Homburger Erikson. Während dieser Zeit wuchs sein Interesse für das Christentum weiter, das er bald zu seiner Religion machte. War seine Identitätskrise jetzt bewältigt? Jedenfalls hatte er eine andere Staatsbürgerschaft erhalten, sich für einen neuen Namen entschieden, seine Religion und auch seinen Beruf gewechselt. Sein Biograph Peter Conzen (1996) meint, er zähle offenbar zu jenen Personen, »die sich zeitlebens nach der Erlebnisfülle der Jugendjahre zurücksehnen. Auch als erwachsener Mensch und Wissenschaftler trägt Erikson Züge des romantischen Spätadoleszenten. . . . Das großbürgerliche Kindheitsmilieu des behüteten Arztsohnes und die Welt des umherstreifenden Spätadoleszenten könnten widersprüchlicher nicht sein. Man gewinnt den Eindruck«, so fasst Conzen zusammen, »als würde der erwachsene Erikson – auch in seinen wissenschaftlichen Konzepten – zwischen diesen beiden Welten hin- und herschwanken«.

Stabilisierung des Selbstbildes in der späten Adoleszenz

Wenn Jugendliche sich in der späten Adoleszenz die Frage zu beantworten versuchen, wer sie wirklich sind, können sie meist mit sehr viel größerer Gelassenheit als noch einige Jahre früher auf die eigene Erkenntnis reagieren, dass sie sich in unterschiedlichen Situationen nicht immer gleich verhalten. Ein Oberstufenschüler könnte dann beispielsweise von sich feststellen, dass er sich selbst für ehrlich hält; andererseits würden in der Schule unfaire Prüfungsbedingungen geschaffen, gegen die er sich nur mit Mogeln zu wehren wisse. Seinen Freunden gesteht er vielleicht, dass er meistens sehr selbstsicher ist, aber bei Verabredungen mit einem Mädchen kann er recht nervös und unruhig sein. Zudem verhilft dem jungen Menschen auch seine Fähigkeit zum formal-abstrakten Denken dazu, Persönlichkeitsmerkmale höherer Ordnung in Anspruch zu nehmen, um mit ihrer Hilfe Widersprüche aufzudecken (Harter & Monsour, 1992). So lässt sich mit *Launenhaftigkeit* etwa erklären, dass man sich seinen Freunden gegenüber manchmal recht *fröhlich* und *ausgelassen*, in anderen Situationen aber durchaus auch als *leicht gereizt* oder *mürrisch* darstellen kann. »Um sich selbst als einfühlsam zu sehen«, so erläutert Susan Harter (1990a) an einem weiteren Beispiel, »muss man Merkmale wie verständnisvoll, freundlich und fürsorglich als zusammengehörig auffassen können«.

Im Verlauf der späten Adoleszenz hat sich somit ein ziemlich realistisches Selbstbild entwickelt. Der Jugendliche weiß, dass er sich nicht in allen Situationen seinem idealen Selbstbild entsprechend verhalten kann. Er vermag sich selbst sehr viel realistischer als früher einzuschätzen, kennt seine Stärken und Schwächen genauer und ist in der Lage, das eigene Selbst einheitlicher und stabiler zu sehen als noch mehrere Jahre zuvor. Mit der Bildung dieses Selbstkonzepts verfügt der Jugendliche über gute Voraussetzungen zu seiner Identitätsfindung, die aber damit noch nicht abgeschlossen ist, sondern erst ermöglicht wird. Eine persönliche Identität ist mehr als ein Selbstkonzept, denn sie erfordert, dass vorausgegangene Erfahrungen, fortdauernde persönliche Veränderungen während der gesamten Lebensspanne sowie die Erwartungen und Anforderungen der Gesellschaft in ein zusammengehöriges Ganzes, in ein Selbst integriert werden (Grotevant, 1992). Die Identität gilt als gefunden, wenn junge Menschen verbindliche Antworten auf Fragen der folgenden Art gefunden haben: Welchen Beruf sollte ich ergreifen? Welche religiösen Überzeugungen, welche moralischen Werte und welche politischen Einstellungen wähle ich als für mich verbindlich aus? Wer bin ich als Mann oder Frau, als sexuelles Wesen? Wie kann ich mich konstruktiv in die Gesellschaft einfügen?

Identitätsfindung: ein lebenslanger Prozess

Der Prozess der Identitätsfindung ist seit den Arbeiten von Erik Erikson zwar eng mit dem Entwicklungsabschnitt der Adoleszenz verbunden; allerdings beginnt dieser Prozess bereits sehr viel früher, wahrscheinlich mit der Entwicklung der sozial-emotionalen Bindungen in der frühen Kindheit (s. S. 126ff.), und setzt sich fort mit der Entdeckung der eigenen Person als selbständiges Wesen (s. S. 136ff.). Die Suche nach der eigenen Identität kann auch nach der Adoleszenz mit jedem kritischen Lebensereignis (Hineinwachsen in die Elternrolle, Scheidung, Wechsel des Berufs, Eintritt in den Ruhestand usw.) wieder neu aufgenommen werden. Die im Verlauf des Erwachsenenalters durchaus wiederkehrende Suche nach der eigenen Identität erreicht eine letzte Phase mit dem Lebensrückblick im späten Erwachsenenalter (Mietzel, 1997). Wie der lebenslange Prozess der Identitätsfindung verläuft, hängt also nicht unerheblich vom Einzelschicksal eines Menschen ab. Aber auch während der Adoleszenz lassen sich Unterscheidungen nach dem Identitäts-Status treffen.

10.5.4 Interindividuelle Unterschiede bei der Identitätsfindung

James Marcias vier Kategorien der Identitätssuche

James Marcia (1980, Marcia et al., 1993) hat bei der Identitätssuche vier verschiedene Kategorien (er bezeichnet jede Kategorie als Identitäts-Status) unterschieden. Zu welcher Kategorie ein Jugendlicher gehört, hängt davon ab, ob er eine Phase der Identitätserkundung durchlaufen und ob er verbindliche Entscheidungen in Bereichen wie Beruf, Partnerschaft, Politik usw. getroffen hat. Die vier von Marcia mittels Fragebogen-Antworten unterschiedenen Kategorien sind:

(1) diffuse Identität: keine Erkundung, keine verbindliche Entscheidung,
(2) übernommene Identität: verbindliche Entscheidung ohne Erkundung,
(3) Moratorium: Erkundung ohne verbindliche Entscheidung und
(4) erarbeitete Identität: Erkundung, gefolgt von verbindlicher Entscheidung.

Als wünschenswertes Ziel der Identitätsentwicklung gilt, dass ein Mensch nach einem Zeitraum der Unsicherheit und des Experimentierens klare persönliche Entscheidungen bezüglich seiner Ziele, seiner politischen sowie religiösen Überzeugungen und seiner Wertvorstellungen getroffen hat. In einem solchen Fall spricht Marcia von erarbeiteter Identität. Diesen Status erreicht man frühestens in der späten Adoleszenz, wahrscheinlich aber erst während des entstehenden Erwachsenenalters. Dabei wird wohl kein Mensch den Status der erarbeiteten Identität in allen Lebensbereichen gewinnen können. So mag ein Studierender diesen Status bezüglich seiner Berufswahl bereits erreicht haben, aber gleichzeitig in anderen Bereichen, etwa in Hinblick auf seine religiösen und politischen Überzeugungen, noch im Status der übernommenen oder der diffusen Identität verhaftet sein.

Diffuse Identität. Jugendlichen im Status der diffusen Identität ist es noch nicht gelungen, die Anforderungen, die von der Gesellschaft an junge Menschen im Alter der Adoleszenz gestellt werden, zu erfüllen, wie etwa schulischen Verpflichtungen nachzukommen, sich für einen Beruf zu entscheiden und sich allgemein Gedanken über die eigene Zukunft zu machen. Solche Menschen erscheinen abgestumpft, interesselos und gleichgültig. Sie lassen keine Zielsetzungen erkennen, die in die Zukunft gerichtet sind. In einem solchen Fall läuft der Jugendliche, wie Erikson (1968) feststellt, »verwirrt durch die Unfähigkeit, eine Rolle anzunehmen, ... in der einen oder anderen Form davon, verschwindet aus der Schule, verlässt seinen Job, bleibt die ganzen Nächte weg oder zieht sich in bizarre, unzugängliche Launen zurück«. Dramatisch aufbereitet hat die diffuse Identität Jerome Salinger in seiner Novelle *Der Fänger im Roggen* (1951). Er beschreibt das Schicksal des Protagonisten Holden Caulfield, der offenkundig an dieser Welt leidet: »Ich weiß nicht warum«, so erklärt er, »aber jedenfalls heulte ich. Wahrscheinlich, weil ich so verdammt deprimiert und allein war«. Wegen Arbeitsverweigerung aus der Schule geworfen, irrt er drei Tage und Nächte durch New York, auf der Suche nach Orientierung. Begegnungen und Gespräche mit den verschiedensten Leuten machen seine Sensibilität und Gefühlsverwirrung deutlich. Die Spielregeln, die er als Erwachsener lernen soll, erfährt er als Anpassung an eine in ihrer Unechtheit enttäuschende Gesellschaft. Er sträubt sich dagegen, in die Welt der Normen und Regeln des Erwachsenwerdens einzutreten.

Diffusion als Anpassungsfunktion. In der frühen Adoleszenz ist die diffuse Identität nicht untypisch. Der Mehrheit gelingt es wohl weiterhin, diesen Zustand zu überwinden. Wolfgang Kraus und Beate Mitzscherlich (1995) beobachteten allerdings auch Jugendliche, deren Diffusion Anpassungsfunktion zu besitzen scheint: »In einer Gesellschaft, die gekennzeichnet ist von der Auflösung traditioneller Beziehungen, von Umstrukturierungen und Wertverschiebungen in allen Bereichen, mag es für Jugendliche nicht nur wenig sinnvoll, sondern geradezu kontraadaptiv [einer Anpassung entgegenstehend] sein, sich auf Werte, Beziehungen oder persönliche Lebensziele verbindlich festzulegen«. Beispielsweise fanden Kraus und Mitzscherlich unter ihren »diffusen« Jugendlichen einen Typen für den »alles normal und egal« war. »Wo keiner mehr weiß«, so erläutern Kraus und Mitzscherlich, »was gut, richtig, vernünftig, gerecht oder sinnvoll ist, bleibt als Ausweg nur noch die Konstruktion einer diffusen – mehr oder weniger schweigenden – Mehrheit, die durch Durchschnittlichkeit gekennzeichnet ist. Das scheint gerade in Zeiten der Verunsicherung eine wichtige Strategie zu sein. Normal sein bedeutet ›Nicht-Auffallen‹ und damit Nicht-Herausfallen aus einem dünner werdenden sozialen Netz. Normal sein bedeutet, nichts zu bekennen, was man später bereuen müsste. Normal sein bedeutet dazuzugehören zu einer nicht näher definierten Mehrheit«.

Moratorium. Es mag hier offen bleiben, ob dieser Typus bereits zur Mehrheit gehört; es gilt aber weiterhin, dass es Jugendliche gibt, die diesen Zustand überwinden, zumal das Jugendalter den meisten Menschen in heutiger Zeit fortlaufend Gelegenheit bietet, verschiedene Rollen und Identitäten auszuprobieren, ohne sich sofort für eine entscheiden zu müssen. Diese Bedingung zum Ausprobieren bezeichnet Erikson als Moratorium.

Da Erik Erikson einem wohlhabenden Elternhaus entstammte, konnte er es sich leisten, nach Beendigung seiner Schulausbildung mehrere Jahre durch Europa zu reisen (siehe Info-Kasten 10.5). Er nutzte die Möglichkeit, sich in dieser Zeit zunächst einmal selbst zu erforschen. »Ein Moratorium«, so stellt Erik Erikson (1968) fest, »ist eine Aufschubperiode, die jemandem zugebilligt wird, der noch nicht bereit ist, eine Verpflichtung zu übernehmen, oder die jemandem aufgezwungen wird, der sich selbst Zeit zubilligen sollte.« Es ist ein Zeitraum, »während dessen der junge Erwachsene durch freies Experimentieren mit Rollen einen passenden Platz in irgendeinem Ausschnitt seiner Gesellschaft finden sollte, einen passenden Platz, der fest umrissen ist und doch ausschließlich für ihn gemacht zu sein scheint«.

Während des Moratoriums stellt der junge Mensch vieles in Frage, was er in seiner Kindheit gelernt hat: seinen Glauben, politische Einstellungen seines Elternhaus usw., ohne allerdings bereits an ihre Stelle eigene Überzeugungen und Anschauungen zu setzen. Aber er sammelt Erfahrungen mit verschiedenen Rollen. Er vertritt vielleicht Standpunkte, die dem erwachsenen Beobachter radikal erscheinen, dem Jugendlichen aber die Möglichkeit bieten, sie daraufhin zu überprüfen, ob sie zur eigenen Person passen. Viele Jugendliche, die sich ihrer Mitwelt während der Adoleszenz (wie etwa die »Punks« in den 70er und 80er Jahren) in besonders auffallender Weise darstellen oder möglicherweise glauben, ungewöhnliche und einzigartige Maßnahmen zur Verbesserung dieser Welt zu kennen, fügen sich nach Abschluss ihres Moratoriums in eine berufliche und soziale Ordnung ein und führen als Erwachsene ein Leben, das eher die Kennzeichnung konservativ als revolutionär verdient.

Erik Erikson hätte sich vermutlich nicht dafür eingesetzt, in der späten Adoleszenz oder im entstehenden Erwachsenenalter ein Moratorium einzulegen, wenn er in dieser Zeit überwiegend ungünstige Erfahrungen gemacht hätte. Man wird allerdings seinen Vorstellungen vom Moratorium nicht gerecht, wenn man darin lediglich einen Zeitraum sieht, in dem der junge Mensch noch einmal die angenehmen Seiten des Lebens genießt, bevor er die Verpflichtungen des Erwachsenen zu übernehmen hat. Erikson betont vielmehr, dass der Jugendliche während dieses Zeitabschnitts mit Unsicherheiten belastet ist, weil er sich mögliche Wege für seine eigene Zukunft überlegt und erprobt, aber noch nicht weiß, welchen er endgültig gehen soll.

Übernommene Identität. Es gibt Jugendliche, die das Hinauszögern bedeutsamer Entscheidungen nicht ertragen können. Sie überspringen die Zeit des aktiven Erkundens und wählen eine Rolle für sich aus, die ihnen andere zugedacht haben. Sie übernehmen Auffassungen und Zielsetzungen, die ihnen von Eltern oder anderen wichtigen Personen nahegelegt werden. Bei einer übernommenen Identität bleiben dem jungen Menschen die Erfahrungen einer Identitätssuche weitgehend erspart, dennoch kann es sich dabei um einen Endpunkt der Identitätsentwicklung handeln, dessen Erreichen von persönlichem Wohlergehen begleitet ist (Meeus et al., 1999). Menschen mit übernommener Identität entdecken bei sich selbst keine unvereinbaren Seiten und bemühen sich folglich auch nicht darum, diese zu einem einheitlichen Ganzen zusammenzufügen sowie eigene Ziele zu entwickeln. Da der junge Mensch sich selbst nicht ausreichend erforscht hat, ist zweifelhaft, ob er die volle Breite seiner Möglichkeiten jemals nutzen wird.

Erarbeitete Identität. Wenn ein Jugendlicher dagegen seine vorübergehende Verwirrung durchlebt, möglicherweise während eines Moratoriums verschiedene Rollen erprobt und schließlich vor diesem Erfahrungshintergrund Entscheidungen trifft, von denen nach Erikson letztlich auch die Gesellschaft profitiert, befindet er sich im Zustand erarbeiteter Identität, die ebenfalls mit subjektiver Zufriedenheit einhergeht (Meeus et al., 1999). Dabei ist weniger wichtig, für welche Rolle man sich entscheidet, sondern dass sie selbst ausgewählt wird. Ein Mensch mag sich für das Christentum, den Islam, für irgend eine andere Religion oder für den Atheismus entscheiden. Wenn er sich mit mehreren Glaubensrichtungen ernsthaft auseinandergesetzt hat und nicht einfach übernimmt, was er als Kind kennengelernt hat, liegt eine erarbeitete religiöse Identität vor.

»Negative Identität«. Ein Jugendlicher, der trotz seines Bemühens keine Anerkennung bei jenen findet, die ihm wichtig sind, kann versuchen, seine Identität dort zu finden, wo es die Gesellschaft am wenigstens von ihm erwartet. Er versucht, seine inneren Konflikte durch die Entwicklung einer »negativen Identität« zu lösen, d. h., er wählt sich Rollen aus, die das Gegenteil von dem sind, was seine Eltern von ihm erwarten. Wenn sein Streben nach Anerkennung erfolglos bleibt, wird ein verzweifelter Jugendlicher – in den Worten Eriksons (1968) – es vorziehen, »jemand total Schlechtes oder tatsächlich tot ... als nicht-ganz-jemand zu sein«. Mit einem solchen abweichenden Verhalten wird aber allzu leicht eine Kettenreaktion ausgelöst, weil Autoritäten z. B. auf Ladendiebstahl, auf Drogenhandel oder auf Prostitution reagieren müssen. Daraus erwächst eine Gefahr, die Erikson klar sieht: Wenn Lehrer, Richter oder Psychiater »einen jungen Menschen, der aus Gründen persönlicher oder sozialer Randständigkeit nahe daran ist, eine negative Identität zu wählen, als ... Schädling, als durch seine Erziehung schon zum Untergang verurteiltes Wrack oder auch als einen geistesgestörten Patienten diagnostizieren und behandeln, dann kann dieser junge Mensch durchaus seine Energie daran setzen, genau das zu werden, was die gleichgültige und angsterfüllte Gemeinschaft von ihm erwartet – und das gründlich und vollständig«.

Bisher wurde stillschweigend davon ausgegangen, dass männliche und weibliche Jugendliche bei der Suche nach ihrer Identität gleiche Entwicklungen durchlaufen. Stimmen die Geschlechter in dieser Hinsicht aber tatsächlich überein? Sind die auf die Zukunft gerichteten Ziele von Frau und Mann wirklich die gleichen?

10.5.5 Geschlechtsunterschiede in der Identitätsentwicklung

Erik Erikson (1968) hat den Standpunkt vertreten, dass junge Männer stärker daran interessiert seien, Selbständigkeit und Unabhängigkeit zu erringen sowie Leistungen zu zeigen, während gleichaltrige Frauen ihre Zielsetzungen mehr darauf richteten, einen Ehepartner zu finden und Kinder zu bekommen. Nun darf man nicht übersehen, dass Eriksons Vorstellungen in einer Zeit entwickelt worden sind, die sich in erheblichen Maße von heutigen Bedingungen unterschied. In den 50er und 60er Jahren traf es für viele junge Männer zweifellos zu, dass sie ihre Identität sehr stark über ihren Beruf bestimmten, während Frauen diese sehr viel mehr über ihre Sozialbeziehungen definierten (La Voie, 1976). Inzwischen hat sich die Situation allerdings erheblich verändert. Im Vergleich zu ihren Müttern richten junge Frauen ihr Interesse heute nicht nur sehr viel stärker darauf, sich für einen Beruf zu qualifizieren, sondern treten auch mit wachsendem Erfolg auf dem Arbeitsmarkt mit männlichen Kollegen in Konkurrenz. Hat sich infolge dieser Entwicklung der Geschlechtsunterschied mittlerweile verwischt? Verläuft der Prozess der Identitätsentwicklung bei männlichen und

Abbildung 10.10. Wenn junge Frauen und Männer heute in die Zukunft blicken, dann ähneln sich ihre Visionen viel mehr, als das in der Vergangenheit der Fall war: Frauen identifizieren sich heute ähnlich stark über den Beruf wie Männer, während diese mehr Verantwortung im sozialen Bereich übernehmen

weiblichen Jugendlichen, bei Frauen und Männern inzwischen gleich? In vielfacher Hinsicht muss diese Frage bejaht werden (Kroger, 1996). Aber es verbleiben auch Unterschiede.

Komplexere Bedingungen beim Mädchen

Frauen suchen und finden etwa im gleichen Alter wie Männer ihre Identität (Streitmatter, 1993). Beide Geschlechter bemühen sich darum, ihre Identität über ihren Beruf zu finden; Frauen sind aber zusätzlich stark daran interessiert, sich über soziale Beziehungen, über Partnerschaft und Familie zu definieren (Archer, 1992; Patterson et al., 1992), während für Männer die Selbständigkeit im Vordergrund steht (Cramer, 2000). Junge Frauen machen sich in stärkerem Maße als junge Männer Gedanken darüber, wie sie die Anforderungen im Beruf mit denen der Familie vereinbaren können (Archer, 1985). Um ihre eigene Zukunft zu gestalten, haben Frauen heute mehr Wahlmöglichkeiten als ihre Mütter und Großmütter. Der Weg zur Bestimmung der eigenen Identität dürfte für Frauen aber schwerer zu gehen sein als für Männer, häufiger mit Verwirrung und Konflikten verbunden sein, vor allem wenn sie sich dabei von der Hoffnung leiten lassen, Beruf und Familie miteinander in Einklang bringen zu können (Gilligan, 1990; Josselson, 1994). Auch Phebe Cramer (2000) benennt Gründe, weshalb sich im Rahmen der Identitätsentwicklung für das weibliche Geschlecht höhere Anforderungen stellen als für das männliche: »Jungen werden ermutigt, sich ihren Vater und andere Männer zum Vorbild zu nehmen; Jungen erhalten kaum Ermunterung, ihre Identität auch nach der ihrer Mutter auszurichten. Mädchen werden demgegenüber heutzutage herausgefordert, sich *sowohl* mit stereotypisierten weiblichen *als auch* männlichen Pfaden der Entwicklung auseinanderzusetzen«. Da sich für das junge Mädchen mehr Wahlmöglichkeiten ergeben, so fährt Cramer fort, ist der Weg der Identitätsfindung für das weibliche Geschlecht komplexer und – in den entscheidenden Jahren – verwirrender.

Könnte es sein, dass sich die Identitätsbestimmungen der Geschlechter allmählich angleichen, zumal auch junge Männer heute in zunehmendem Maße Bereitschaft zeigen, Verantwortung und Pflichten im häuslichen Bereich sowie in Sozialbeziehungen allgemein zu übernehmen? In fast allen westlich orientierten Gesellschaften werden Anstrengungen unternommen, die Gleichberechtigung der Geschlechter zu verwirklichen. Je näher man diesem Ziel kommt, desto mehr Unterschiede wird es wohl unter Männern einerseits und unter Frauen andererseits geben als zwischen den Geschlechtern. Die Entwicklungspsychologie sollte in Erfüllung ihres Optimierungsauftrags (s. S. 10f.) alles tun, damit Frauen und Männer nicht nur gleiche Chancen erhalten, sondern auch die Möglichkeit haben, ihre Identität über gleich*wertige* Aufgabenbereiche in der Gesellschaft zu bestimmen.

Literatur zur Erweiterung des Wissens und zur Vertiefung

Baacke, D. (2000): Die 13- bis 18-jährigen: Einführung in die Probleme des Jugendalters. Weinheim: Beltz.

Fend, H. (2000): Entwicklungspsychologie des Jugendalters. Ein Lehrbuch für pädagogische und psychologische Berufe. Opladen: Leske + Budrich.

Zum Hineinwachsen in die Sexualität:

Heßling, Angelika (2007): Jugendsexualität: [repräsentative] Wiederholungsbefragung von 14- bis 17-Jährigen und ihren Eltern. Ergebnisse der Repräsentationsbefragung aus 2005 [Hrsg.: Bundeszentrale für gesundheitliche Aufklärung. Red.: Angelika Heßling] (3. Aufl.). Köln: BZgA.

Zur Intelligenz und ihrer Entwicklung:

Funke, J. & Vaterrodt-Plünnecke, B. (2004): Was ist Intelligenz? (2. Aufl.). München: Beck.

Zu den Essstörungen:

Fichter, M. (2007): Magersucht und Bulimie. Mut für Betroffene, Angehörige und Freunde. Basel: Karger.

Gerlinghoff, M. & Backmund, H. (2001): Was sind Ess-Störungen? Ein kleines Handbuch zur Diagnose, Therapie und Vorbeugung. Weinheim: Beltz.

Zum Eltern-Kind-Verhältnis:

Hofer, M. (2003): Selbständig werden im Gespräch. Wie Jugendliche und Eltern ihre Beziehung verändern. Bern: Huber.

Zur Identitätsentwicklung:

Fuhrer, U. & Trautner, H.M. (2005): Entwicklung von Identität. In: Asendorpf, J.B. (Hrsg.): Soziale, emotionale und Persönlichkeitsentwicklung. Göttingen: Hogrefe, S. 335–424.

Literaturverzeichnis

Die am Schluss der einzelnen Quellen jeweils in eckigen Klammern genannten Ziffern geben an, auf welcher Seite (bzw. auf welchen Seiten) das jeweilige Buch oder der jeweilige Aufsatz zitiert werden.

Abel, E.L. (1984): Prenatal effects of alcohol. *Drug and Alcohol Dependence, 14,* S. 1–10. [83 f.]

Acredolo, L. & Hake, J. (1982): Infant perception. *In:* Wolman, B. B., Stricker, G., Ellman, S., Keith-Spiegel, P. & Palermon, D. (Eds.), S. 244–276. [114]

Adams, G.R., Gullotta, T.P. & Montemayor, R. (Eds.) (1992): *Adolescent identity formation. Advances in adolescent development.* Vol. 4. Newbury Park, CA: Sage

Adams, J.F. (1981): Earlier menarche, greater height and weight: A stimulation-stress factor hypothesis. *Genetic Psychology Monographs, 104,* S. 3–22. [353]

Adelson, J. (Ed.) (1980): *The handbook of adolescent psychology.* New York: Wiley.

Ainsworth, M.D.S. (1967): *Infancy in Uganda: Infant care and the growth of love.* Baltimore: John Hopkins. [112]

Ainsworth, M.D.S. (1982): Attachment: Retrospect and prospect. *In:* Parkes, C.M. & Stevenson-Hinde, J. (Eds.), S. 3–30. [128]

Ainsworth, M.D.S. (1986): Profile. *In*: Scarr, S., Weinberg, R.A. & Levine, A., (Eds.), S. 210–213. [134]

Ainsworth, M.D.S., Bell, S.M., & Stayton, D.J. (1974): Infant-mother attachment and social development: Socialization as a product of reciprocal responsiveness to signals. *In:* Richards, M.P.M. (Ed.), S. 99–135. [135]

Ainsworth, M.D.S., Blehar, M., Waaters, E. & Wall, S. (1978): *Patterns of attachment.* Hillsdale, NJ: Erlbaum. [128]

Ainsworth, M.D.S. & Marvin, R.S. (1995): On the shaping of attachment theory: An interview with Mary D.S. Ainsworth. *Monographs of the Society for Research in Child Development, 60 (244, Nos 2–3),* S. 3–21. [133]

Aksu-Koc, A.A. & Slobin, D.I. (1985): The acquisition of Turkish. *In:* Slobin D.I. (Ed.), S. 839–878. [170]

Albrecht-Richter, J. & Thiele, W. (1984): *Prävention bei Schwangeren und Säuglingen.* Berlin: Technische Universität. [88]

Ales, K.L., Druzin, M.L. & Santini, D.L. (1990): Impact of advanced maternal age on the outcome of pregnancy. *Surgery Gynecology & Obstetrics, 171,* S. 209–216. [79]

Alexander, C.S., Somerfield, M.R., Ensminger, M.E., Johnson, K.E. & Kim, Y.J. (1993): Consistency of adolescents' self-report of sexual behavior in a longitudinal study. *Journal of Youth and Adolescence, 22,* S. 455–471. [375]

Alley, T.R. (1981): Head shape and the perception of cuteness. *Developmental Psychology, 17,* S. 650–654. [117]

Althof, W. & Garz, D. (1988): Sind Frauen die besseren Menschen? *Psychologie heute, 15,* S. 58–61. [347]

Ames, C. & Ames, R (1981): Competitive versus individualistic goal structures: The salience of past performance information for causal attributions and affect. *Journal of Educational Psychology, 73,* S. 411–418. [302]

Ames, C. (1978): Children's achievement attributions and self-reinforcement: Effects of self-concept and competitive reward structure. *Journal of Educational Psychology, 70,* S. 345–355. [302]

Ames, C. & Felker, D.W. (1979): An examination of children's attributions and achievement-related evaluations in competitive, cooperative, and individualistic reward structures. *Journal of Educational Psychology, 71,* S. 413–420. [302]

Ames, R.E. & Ames, C. (Eds)(1984): *Research on motivation in education: Student motivation.* Vol. 1. Orlando: Academic Press.

Ames, R.E., Ames, C. & Garrison, W. (1977): Children's causal ascriptions for positive and negative interpersonal outcome. *Psychological Reports, 41,* S. 595–602. [302]

Amiel-Tison, C. (1982): Neurological signs, aetiology, and implications. *In:* Stratton, P. (Ed.), S. 75–94. [93]

Anastasi, A. (1982): *Psychological testing.* New York: Macmillan. [265]

Anderson, D.R. & LEVIN, S.R (1976): Young children's attention to Sesame Street. *Child Development, 47,* S. 806–811. [199]

Anglin, J.M. (1993): Vocabulary development: A morphological analysis. *Monographs of the Society for Research in Child Development, 58* (10 Serial No. 238). [158]

Apgar, V. (1953): A proposal for a new method of evaluation in the newborn infant. *Current Research in Anesthesia and Analgesia, 32,* S. 260. [90 f.]

Archer, S.L. (1985): Career and/or family: The identity process for adolescent girls. *Youth and Society, 16,* S. 289–314. [394]

Archer, S.L. (1992): A feminist's approach to identity research. *In:* Adams, G.R., Gullotta, T.P. & Montemayor, R. (Eds.), CA: Sage, S. 25–49. [394]

Aristoteles: *De Generatione Animalium.* Übersetzt ins Englische von: Platt, A., in: Smith, J.A. & Ross, W.D. (Eds.)(1912), S. 714–789. Dt.(1957): *Tierkunde* (2. Aufl.). Paderborn: Schöningh. [52, 55, 228]

Aristoteles: *Die nikomanische Ethik: Griechisch-deutsch.* Übersetzt von: Gigon, O., neu hrsg. von Nickel, R. Düsseldorf (2001): Artemis Winter. [312]

Armstrong, B.G., McDonald, A.D. & Sloan, M. (1992): Cigarette, alcohol, and coffee consumption and spontaneous abortion. *American Journal of Public Health, 88,* S. 85–87. [81]

Arnett, J.J. (1997): Young people's conceptions of the transition to adulthood. *Youth & Society, 29,* S. 1–23. [323]

Arnett, J.J. (1998): Learning to stand alone: The contemporary American transition to adulthood in cultural and historical context. *Human Development, 41,* S. 295–315. [323]

Arnett, J.J. (1999): Adolescent storm and stress, reconsidered. *American Psychologist, 54,* S. 317–326. [320]

Arnett, J.J. (2000): Emerging adulthood: A theory of development from the late teens through the twenties. *American Psychologist, 55,* S. 469–480. [324 f., 341]

Arnett, J.J & Balle-Jensen, L. (1993): Cultural bases of risk behavior: Danish adolescents. *Child Development, 64,* S. 1842–1855. [342]

Arnett, J.J. & Taber, S. (1994): Adolescence terminable and interminable. When does adolescence end? *Journal of Youth and Adolescence, 23,* S. 517–537. [323]

Asendorpf, J.B., Warkentin, V. & Baudonniere, P.M. (1996): Self-awareness and other-awareness II: Mirror self-recognition, social contingency awareness, and synchronic imitation. *Developmental Psychology, 32,* S. 313–321. [137]

Asher, S.R. & Coie, D. (Eds)(1990): *Peer rejection in childhood.* Cambridge, England: Cambridge University Press.

Asher, S.R. & Gottman, J.M. (Eds.)(1981): *The development of children's friendships.* London: Cambridge University Press.

Asher, S.R. & Renshaw, P.D. (1981): Children without friends: Social knowledge and social skill training. *In:* Asher, S.R. & Gottman, J.M. (Eds.), S. 273–296. [311]

Asher, S.R., Renshaw, P.D. & Hymel, S. (1982): Peer relations and the development of social skills. *In:* Moore, S.G. & Cooper, C.R. (Eds.), S. 13–158. [310]

Ashmead, D.H. (1976): Newborn attentional responses to vocal and nonvocal stimuli (zit. nach: Harris, J.R. & Liebert, R.M. (1984). [154]

Ashmore, R.D. & Jussim, L.J. (Eds.)(1997): *Self and identity: Fundamental issues.* Vol. 1. New York, NY, USA: Oxford University Press.

Aslin, R.N. (1993): Perception of visual direction in human infants. *In:* Granrud, C.E. (Ed.), S. 91–119. [152]

Aslin, R.N. & Dumais, S.T. (1980): Binocular vision in infants: A review and theoretical framework. *In:* Reese, H.W. & Lipsitt, L.P. (Eds.), S. 4–96. [114]

Aslin, R.N., Jusczyk, P.W. & Pisoni, D.B. (1998): Speech and auditory processing during infancy: Constraints on and precursors to language. *In:* Damon, W. (Series Ed.), Kuhn, D. & Siegler, R.S. (Vol. Eds.), S.147–198. [158]

Atkinson, R.C. & Shiffrin, R.M. (1968): Human memory: A proposed system and its control processes. *In:* Spence, K.W. & Spence, J.T. (Eds.), S. 89–195. [197 f.]

Auhagen, A. & v. Salisch, M. (Hrsg.)(1993): *Zwischenmenschliche Beziehungen.* Göttingen: Hogrefe.

Autuori, M. et al. (Eds.)(1956): *L'instinct dans le compartement des animaux et de l'homme.* Paris: Masson.

Azmitia, M. (1992): Expertise, private speech, and the development of self-regulation. *In:* Diaz, R.M. & Berk, L.E. (Eds.), S. 101–122. [194]

Babisch, W. & Ising, H. (1994): Musikgewohnheiten bei Jugendlichen. *Zeitschrift für Lärmbekämpfung, 41,* S. 91–97. [11]

Bach, K..R., Stumpe, H. & Weller, K. (Hrsg.) (1993): *Kindheit und Sexualität.* Braunschweig: Holtzmeyer.

Baillargeon, R. (1987): Object permanence in 32- and 42-month old infants. *Developmental Psychology, 23,* S. 655–664. [146]

Baker-Ward, I., Gordon, B.N., Ornstein, P.A., Larus, D.M. & Clubb, P.A. (1993): Young children's long-term retention of a pediatric examination. *Child Development, 64,* S. 1519–1533. [202]

Bakwin, H. (1973): Erotic feelings in infants and young children. *American Journal of Diseases of Children, 126,* S. 52–54. [373]

Baldwin, D.A. (1995): Understanding the link between joint attention and language. *In:* Moore, C. & Dunham, P.J. (Eds.), S. 131–158. [166]

Bancroft, J. & Reinish, J.M. (Ed.)(1990): *Adolescence and puberty.* New York: Oxford University Press.

Bandura, A. (1962): Social learning through imitation. *In:* Jones, M.R. (Ed.), S. 211–269. [23]

Bandura, A. (1969): *Principles of behavior modification.* New York: Holt, Rinehart & Winston. [169]

Bandura, A. (1986): *Social foundations of thought and action: A social cognitive theory.* Englewood Cliffs, NJ: Prentice Hall. [233, 237]

Bandura, A., Ross, D. & Ross, S.A. (1963): Imitation of film-mediated aggressive models. *Journal of Abnormal and Social Psychology, 66,* S. 3–11. [39]

Banks, M.S. & Bennett, P.J. (1988): Optical and photoreceptor immaturities limit the spatial and chromatic vision of human neonates. *Journal of the Optical Society of America, 5,* S. 2059–2079. [113]

Barenboim, C. (1981): The development of person perception in childhood and adolescence. From behavioral comparisons to psychological constructs to psychological comparisons. *Child Development, 52,* S. 129–144. [312]

Barnard, K.E. (1973): The effect of stimulation on the sleep behavior of the premature infant. *Communicating Nursing Research, 6,* S. 12–40. [96]

Barnard, K.E. & Bee, H.L. (1983): The impact of temporally patterned stimulation on the development of preterm infants. *Child Development, 54,* S. 1156–1167. [96]

Barr, H.M., Streissguth, A.P., Martin, D.C. & Herman, C.S. (1984): Infant size at 8 months of age: Relationship to maternal use of alcohol, nicotine, and caffeine during pregnancy. *Pediatrics, 74,* S. 336–341. [83]

Barrow, M.V. (1971): A brief history of teratology to the early 20th century. *Teratology, 4,* S. 119–130. [76]

Bates, E. (1976): *Language and context: The acquisition of pragmatics.* New York: Academic Press. [164]

Battistich, V., Watson, M., Solomon, D., Shaps, E. & Solomon, J. (1991): The child development project: A comprehensive program for the development of prosocial character. *In:* Kurtines, W.M. & Gewirtz, J.L. (Eds.): S. 1–34. [249]

Bauer, P.J. (1997): Development of memory in early childhood. *In:* Cowan, N. (Ed.), S. 83–111. [212]

Bauer, P.J. & Dow, G.A.A. (1994): Episodic memory in 16- and 20-month-old-children: Specifics are generalized, but not forgotten. *Developmental Psychology, 30,* S. 403–417. [212]

Bauer, P.J. & Mandler, J.M. (1989): One thing follows another: Effects of temporal structure on 1- to 2-year-olds' recall of events. *Developmental Psychology, 25,* S. 197–206. [212 f.]

Bauer, P.J. & Mandler, J.M. (1992): Putting the horse before the cart: The use of temporal order in recall of events by one-year-old children. *Developmental Psychology, 28,* S. 441–452. [212 f.]

Baumert, J. & Köller, O. (1998): Nationale und internationale Schulleistungsstudien. Was können sie leisten, wo sind ihre Grenzen? *Pädagogik, 50,* S. 12–18. [275]

Baumrind, D. (1971): Current patterns of parental authority. *Developmental Psychology Monograph, 4* (No. 1, Part 2). [298, 383]

Baumrind, D. (1991): Effective parenting during the early adolescent transition. *In:* Cowan, P.A. & Hetherington, E.M. (Eds.), S. 111–163. [298]

Baumrind, D. (1993): The average expectable environment is not good enough: A response to Scarr. *Child Development, 64,* S. 1299–1317. [65]

Beal, C. (1994): *Boys and girls: The development of gender roles.* New York: McGraw-Hill. [316]

Becher, S., Struwe, F. Schwenzer, C. & Weber, K. (1996): Hörgefährdung durch überlauten Musikkonsum – Vorstellung eines Schulkonzeptes zur Verhinderung von Hörschäden bei Jugendlichen. *Gesundheitswesen, 58,* S. 91–95. [11]

Beck, M. (1994): How far should we push Mother Nature? *Newsweek (January 17),* S. 54–57. [73]

Becker, J.M.T. (1977): A learning analysis of the development of peer-oriented behavior in nine-month-old infants. *Developmental Psychology, 13,* S. 481–491. [243]

Beckwith, J.B. (1973): The sudden infant death syndrome. *Current Problems in Pediatrics, 3,* S. 1–36. [108]

Behnken, I. (1985): *Jugend in Selbstbildern. Jugendliche un Erwachsene 85.* Band 4. Opladen: Leske & Budrich. [319, 379]

Behrend, D.A. (1990): The development of verb concepts. Children's use of verbs to label familiar and novel events. *Child Development, 61,* 681–691. [166]

Behrman, R.E., Kliegman, R.M. & Arvin, A.M. (Eds.) (1996): *Nelson textbook of pediatrics* (15st ed.). Philadelphia: Daunders.

Beilin, H. (1992): Jean Piaget's enduring contribution to developmental psychology. *Developmental Psychology, 28,* S. 191–204. [24, 187]

Bell, R.Q (1974): Contributions of human infants to caregiving and social interaction. *In:* Lewis, M. & Rosenblum, L.A. (Eds.)(1974a), S. 1–19. [134]

Bell, S.M. & Ainsworth, M.D.S. (1972): Infant crying and maternal responsiveness. *Child Development, 43,* S. 1171–1190. [122]

Bellugi, U. (1970): Learning and language. *Psychology Today, 4,* S. 32–35, 66. [178]

Belsky, J. (1993): Etiology of child maltreatment: A developmental-ecological analysis. *Psychological Bulletin, 114,* S. 413–434. [355]

Belsky, J., Gilstrap, B. & Rovine, M. (1984): The Pennsylvania Infant and Family Development Project, I: Stability and change in mother-infant and father-infant interaction in a free play behavior. *Child Development, 17,* S. 692–705. [127]

Bem, S.L. (1974): The measurement of psychological androgyny. *Journal of Consulting and Clinical Psychology, 42,* S. 155–162. [232]

Bem, S.L. (1976): Probing the promise of androgyny. *In:* Kaplan, A.G. & Bean, J.P. (Eds.), S. 47–62. [232]

Bem, S.L. (1983): Gender schema theory and its implications for child development: Raising gender aschematic children in a gender-schematic society. *Signs, 8,* S. 598–616. [233]

Bem, S.L. (1985) Androgyny and gender schema theory: A conceptual and empirical integration. *In:* Sondregger, T.B. (Ed.), S. 179–226. [233]

Bem, S.L. (1989): Genital knowledge and gender constancy in preschool children. *Child Development, 60,* S. 649–662. [231]

Berenike-Schmidt, R.B. & Schetsche, M. (1998): *Jugendsexualität und Schulalltag.* Opladen: Leske + Budrich. [364, 375]

Berger, K.S. (1998): *The developing person through the life span* (4th ed). New York, NY: Worth Publishers. [319 f.]

Berk, L.E. (1992): Children's private speech: An overview of theory and the status of research. *In:* Diaz, R.M. & Berk, L.E. (Eds.), S. 17–53. [194]

Berk, L.E. & Spuhl, S.T. (1995): Maternal interaction, private speech, and task performance in preschool children. *Early Childhood Research Quarterly, 10,* S. 145–169. [194]

Berko, J. & Brown, R. (1960): Psycholinguistic research methods. *In:* Mussen, P.H. (Ed.), S. 517–557. [159]

Berlin, L.J., Cassidy, J. & Belsky, J. (1995): Loneliness in young children and infant mother attachment: A longitudinal study. *Merrill Palmer Quarterly, 41,* S. 91–103. [136]

Berndt, T.J. (1983): Correlates and causes of sociometric status in childhood: A commentary on six current studies of popular and rejected children. *Merrill-Palmer Quarterly, 29,* S. 904–912. [307]

Berndt, T.J. & Berndt, E.G. (1976): Children's use of motives and intentionality in person perception and moral judgment. *Child Development, 46,* S. 904–912. [191]

Bertenthal, B.I. & Clifton, R.K. (1998): Perception and action. *In:* Damon, W. (Gen. Ed.). Kuhn, D. & Siegler, R. (Vol. Ed.), S. 51–102. [3, 110]

Berthier, N.E., Clifton, R. K., Gullapalli, V., McCall, D.D. et al. (1996): Visual information and object size in the control of reaching. *Journal of Motor Behavior, 28,* S. 187–197. [111]

Best, D.L. (1993): Inducing children to generate mnemonic organizational strategies: An examination of long-term retention and materials. *Developmental Psychology, 29,* S. 324–326. [261]

Best, D.L. & Ornstein, P.A. (1986): Children's generation and communication of mnemonic organizational strategies. *Developmental Psychology, 22,* S. 845–853. [261]

Beyth-Marom, R., Austin, L., Fischhoff, B., Palmgren, C. & Jacobs-Quadrel, M. (1993): Perceived consequences of risky behaviors: Adolescents and adults. *Developmental Psychology, 29,* S. 549–563. [342 f.]

Bibby, R.W. & Posterski, D.C. (1985): *The emerging generation: An inside look at Canada's teenagers.* Toronto: Irwin Publishing. [357]

Biebl, W. & Kinzl, J. (1988): Anorexia nervosa. Lassen Sie die Ich-Stärke nicht völlig verhungern! *Ärztliche Praxis, 15,* S. 151–153. [358]

Bierhoff-Alfermann, D. (1989): *Androgynie.* Opladen: Westdeutscher Verlag. [232]

Birch, E.E. (1993): Stereopsis in infants and its developmental relation to visual acuity. *In:* Simons, K. (Ed.), S. 224–236. [152]

Birch, L.L. & Fisher, J.A. (1995): Appetite and eating behavior in children. *Pediatric Clinics of North America, 42,* S.931–953. [222]

Birch, L.L. & Fisher, J.A. (1996): The role of experience in the development of children's eating behavior. *In:* Capaldi, E.D. (Ed.), S. 113–141. [221]

Birch, L.L., Johnson, S.L., Andresen, G., Peters, J.C. & Schulte, M.C. (1991): The variability of young children's energy intake. *New England Journal of Medicine, 324,* S. 232–235. [221]

Birch, L.L., Johnson, S.L., Jones, M.B. & Peters, J.C. (1993): Effects of a non-energy fat substitute on children's energy and macronutrient intake. *American Journal of Clinical Nutrition, 58,* S. 326–333. [221]

Birren, J.E. & Schaie, K.W. (Eds.)(1977): *Handbook of the psychology of aging.* New York: Van Norstrand: Reinhold.

Bjorklund, D.F. (Ed.)(1990): *Children's strategies: Contemporary views of cognitive development.* Hillsdale, NJ: Erlbaum.

Bjorklund, D.F. (1995): *Children's thinking. Developmental function and individual differences* (2nd ed.) Pacific Grove, CA: Brooks/Cole. [29, 199]

Bjorklund, D.F. (1997): In search of a metatheory for cognitive development (or, Piaget is dead and I don't feel so good myself). *Child Development, 68,* S. 144–148. [197]

Bjorklund, D.F. & Coyle, T.R. (1995): Utilization deficiencies in the development of memory strategies.

In: Weinert, F.E. & Schneider, W. (Eds), S. 161–180. [262]
Blass, E.M. & Smith, B.A. (1992): Differential effects of sucrose, fructose, glucose, and lactose on crying in 1- to 3-day-old human infants: Qualitative and quantitative considerations. *Developmental-Psychology, 28,* S. 804–810. [115]
Bloom, L. (1998) Language acquisition in its developmental context. *In:* Damon, W. (Series Ed.), Kuhn, D. & Siegler, R.S. (Vol. Eds.). S. 309–370. [161]
Blum, R.W., Fosshage, J.L. & Jarvik, L.F. (1972): Intellectual changes and sex differences in octogenarians: A twenty-year longitudinal study of aging. *Developmental Psychology, 7,* S. 178–187. [45]
Bodmer, L. & Wydler, H. (1994): Lebenstil und Gesundheit Deutschweizer Jugendlicher. Zürich: Institut für Sozial- und Präventivmedezin der Universität Zürich. [376]
Böse, R., Greimel, K.V. & Geisssner, E. (1998): Therapie der Anorexia nervosa. *In:* Sulz, S.K.D. (Hrsg.), S. 505–532. [358]
Böhm, A. & Rohner, R. (1988): Sexualverhalten von Studenten und Aids. *Zeitschrift für Sexualforschung, 1,* S. 22–230. [372]
Börjeson, M. (1976): The aetiology of obesity in children. *Acta Paediatrica Scandinavia, 65,* S. 279–287. [221]
Bohannon, J.N., III. & Bonvillian, J.D. (1997): Theoretical approaches to language acquisition. *In:* Gleason, B.J. (Ed.), S. 259–316. [175, 177]
Bohannon, J.N. & Stanowicz, L. (1988): The issue of negative evidence: Adult responses to children's language errors. *Developmental Psychology, 24,* S. 684–689. [178]
Boivin, M., Dodge, K.A. & Coie, J.D. (1995): Individual-group behavioral similarity and peer status in experimental play groups of boys. The social misfit revisited. *Journal of Personality and Social Psychology, 69,* S. 269–279. [307]
Boring, E.G. (1923): Intelligence as the tests test it. *The New Republic, 6,* S. 3–37. [264]
Borke, H. (1975): Piaget's mountains revisited: Changes in the egocentric landscape. *Developmental Psychology, 11,* S. 240–443. [189]
Bornstein, M.H. (Ed.)(1991): *Cultural approaches to parenting.* Hillsdale, NJ: Erlbaum.
Bornstein, M.H. (Ed.)(1995): *Handbook of parenting: Vol. 4: Applied and practical parenting..* Mahwah, NJ: Erlbaum.
Bornstein, M.H. & Lamb, M.E. (Eds.)(1992): *Developmental psychology. An advanced textbook* (3rd ed.). Hillsdale, N.J.: Lawrence Erlbaum.
Bosma, H.A., Graafsma, T.L.G., Grotevant, H.D. & De Vita, D.J. (Eds.)(1994): *Identity and development.* Newbury Park, CA: Sage.
Botwinik, J. (1977): Intellectual abilities. *In:* Birren, J.E. & Schaie, K.W. (Eds.), S. 580–605. [47]
Bouchard, C. (1994): *The genetics of obesity.* Boca Raton, FL: CRC Press. [221]
Bouchard, T.J., Lykken, D.T., McGue, M. Segal, N. & Tellegen, A. (1990): Sources of human psychological differences: The Minnesota Study of Twins Reared apart. *Science, 250,* S. 223–228. [61]
Bouchard, T.J. & McGue, M. (1981): Familial studies of intelligence: A review. *Science, 212,* S. 1055–1059. [63]
Boukydis, C.F.Z. & Burgess, R.L. (1982): Adult physiological response to infant cries: Effects of temperament of infant parental status and gender. *Child Development, 53,* S. S. 1291–1298. [121]
Bower, B. (1985): The left hand of math and verbal talent. *Science News, 127,* S. 263. [225]
Bower, T.G.R. (1977): *A primer of infant development.* San Francisco: Freeman. [99]
Bower, T.G.R. (1982): *Development in infancy.* New York: Freeman. [110]
Bowlby, J. (1969): *Attachment and loss.* Vol. 1. New York: Basic Books. Dt. (1975): *Bindung: eine Analyse der Mutter-Kind-Beziehung.* München: Kindler. [15, 130]
Brackbill, Y. (1979): Obstetrical medication and infant behavior. *In:* Osofsky, J.D. (Ed.), S. 76–125. [91]
Brackbill, Y., Adams, G., Crowell, D.H. & Gray, M.L. (1966): Arousal level in neonates and older infants under continuous auditory stimulation. *Journal of Experimental Child Psychology, 4,* S. 178–188. [115,154]
Brackbill, Y. & Broman, S. (1979): Analysis of obstetrical data from the NINCDS collaborative perinatal study, in progress. *In:* Osofsky, J.D. (Ed.), S. 99. [90]
Bradbard, M.R., Martin, C.L., Endsley, R.C. & Halverson, C.F. (1986): Influence of sex stereotypes on children's exploration and memory: A competence versus performance distinction. *Developmental Psychology, 22,* S. 481–486. [235]
Braddick, O. & Atkinson, J. (1988): Sensory selectivity, attentional control, and cross-channel integration in early visual development. *In:* Yonas, A. (Ed.), S. 105–143. [114]
Bradley, R.H., Caldwell, B.M., Rock, S.L., Barnard, K.E., Gray, C., Hammon, M.A., Mitchell, S., Siegel, L., Ramey, C.T., Gottfried, A.W. & Johnson, D.L. (1989): Home environment and cognitive development in the first 3 years of life: A collaborative study involving six

sites and three ethnic groups in North America. *Developmental Psychology, 25,* S. 217–235. [272]

Bradley, R.H., Whiteside, L., Mundfrom, D.J., Casey, P.H., Kelleher, K.J. & Pope, S.K. (1994): Contribution to early intervention and early caregiving experiences in low-birthweight, premature children living in poverty. *Journal of Clinical Child Psychology, 23,* S. 425–434. [98]

Braungart, J.M., Fulker, D.W. & Plomin, R. (1992): Genetic mediation of the home environment during infancy: A sibling adoption study of the HOME. *Developmental Psychology, 28,* S. 1048–1055. [273]

Brazelton, T.B. & Yogman, M.W. (Eds.)(1986): *Affective development in infancy.* Norwood, NJ: Ablex.

Breitenbach, E. & Kausträter, S. (1998): »Ich finde, man braucht irgendwie eine Freundin« – Beziehungen zu Gleichaltrigen in der weiblichen Adoleszenz. *Zeitschrift für Soziologie der Erziehung und Sozialisation, 18,* S. 389–401. [365]

Bretherton, I. & Waters, E. (Eds.)(1985): Growing points of attachment theory and research. *Monographs of the Society for Research in Child Development, 50,* (Ser. No. 209).

Bridges, A. (1986): Actions and things: What adults talk about to 1-year-olds. *In:* Kuczajz, I. & Barett, M.D. (Eds), S. 114–136. [163]

Brill, A.A. (1940): Some peculiar manifestations of memory with special reference to lightning calculators. *The Journal of Nervous and Mental Disease, 90,* S. 709–726. [270]

Brody, J. (1983): Bonding at birth. *San Francisco Chronicle,* April 1, S. 25. [120]

Brody, N. (1997): Intelligence, schooling, and society. *American Psychologist, 52,* S. 1046–1050. [267]

Bronfenbrenner, U. (1972): *Zwei Welten. Kinder in USA und UDSSR.* Stuttgart: Deutsche-Verlags-Anstalt. [248]

Bronfenbrenner, U. (1974): Developmental research, public policy, and the ecology of childhood. *Child Development, 45,* S. 1–5. [42]

Bronfenbrenner, U. (1986): Ecology of the family as a context for human development: Research perspectives. *Developmental Psychology, 22,* S. 723–742. [30, 42]

Bronfenbrenner, U. & Morris, P.A. (1998): The ecology of developmental processes. *In:* Damon, W. (Series Ed.) & Lerner, R.M. (Vol. Ed.), S. 993–1028. [30]

Bronfenbrenner, U. & Neville, P.R. (1995): America's children and families: An international perspective. *In:* Kagan, S.L. & Weissbourd, B. (Eds.), S. 3–27. [30, 31]

Bronson, W.C. (1972): Infant's reaction to unfamiliar persons and novel objects. *Monographs of the Society for Research in Child Development, 37,* (Serial No. 148). [131]

Bronson, W.C. (1975): Developments in behavior with age-mates during the second year of life. *In:* Lewis, M. & Rosenblum, L.A. (Eds.), S. 131–152. [243]

Brooks-Gunn, J., McCarton, C.M., Casey, P.H., McCormick, M.C., Bauer, C.R., Bernbaum, J.C., Tyson, J., Swanson, M., Bennett, F.C., Scott, D.T., Toascia, J. & Meinert, C.L. (1994): Early intervention in low-birthweight premature infants. *Journal of the American Medical Association,* 272, S. 1257–1262. [98]

Brooks-Gunn, J. & Furstenberg, F., Jr. (1989): Adolescent sexual behavior. *American Psychologist, 44,* S. 249–257. [377]

Brooks-Gunn, J. & Petersen, A.C. (Eds)(1983): *Girls at puberty. Biological and psychosocial perspectives.* New York: Plenum Press.

Brooks-Gunn, J. & Reiter, E.O. (1990): The role of pubertal processes. *In:* Feldman, S.S. & Elliott, G.R. (Eds.); S. 16–53. [361]

Brooks-Gunn, J. & Warren, M.P. (1985): Measuring physical status and timing in early adolescence: A developmental perspective. *Journal of Youth and Adolescence, 14,* S. 163–184. [359]

Broude, G.J. (1981): The cultural management of sexuality. *In:* Munroe, R.H., Munroe, R.L. & Whiting, B.B. (Eds.), S. 633–673. [366]

Broughton, J. (1978): Development of concepts of self, mind, and knowledge. *New Directions for Child Development, 1,* S. 75–100. [296]

Brown, A.L. (1975): The development of memory, knowing, knowing about learning, and knowing how to know. *In:* Reese, H.W. (Eds.), S. 104–152. [201]

Brown, A.M. (1990): Development of visual sensitivity to light and color vision in human infants: A critical review. *Vision Research, 30,* S. 1159–1188. [114]

Brown, J.D. (1998): *The self.* New York: McGraw-Hill. [299]

Bryant, P.E. & Trabasso, J. (1971): Transitive inferences and memory in young children, *Nature, 232,* S. 456–458. [257]

Buckwald, S., Zoren, W.A., & Egan, E.A. (1984): Mortality and follow-up data for neonates weighing 500 to 800 g at birth. *American Journal of Diseases of Children, 138,* S. 779–782. [93]

Bugental, D.B. & Goodnow, J.J. (1998): Socialization processes. *In:* Damon, W. (Series Ed.) & Eisenberg, N. (Vol. Ed.), S. 389–462. [238]

Bühler, H. & Mühle, G. (Hrsg.)(1974): *Sprachentwicklungspsychologie.* Weinheim: Beltz.

Buhrmester, D. (1990): Intimacy of friendship, interpersonal competence, and adjustment during preadolescence and adolescence. *Child Development, 61,* S. 1101–1111. [365]

Buhrmester, D. (1996): Need fulfillment, interpersonal competence, and the developmental competence, and the developmental contexts of early adolescent friendship. *In:* Bukowski, W.M., Newcomb, A.F. & Hartup, W.W. (Eds.), S. 158–185. [364]

Buhrmester, D., Goldfarb, J. & Cantrell, D. (1992): Self-presentation when sharing with friends and nonfriends. *Journal of Early Adolescence, 12,* S. 61–79. [363]

Bukowski, W.M., Newcomb, A.F. & Hartup, W.W. (Eds.) (1996): The company they keep: Friendship in childhood and adolescence. New York: Cambridge University Press.

Bullen, B.A., Reed, R.R. & Mayer, J. (1964): Physical activity of obese and non-obese adolescent girls appraised by motion picture sampling. *American Journal of Clinical Nutrition, 14,* S. 211–223. [222]

Bundeszentrale für Gesundheitliche Aufklärung (1998): *Jugendsexualität 1998: Ergebnisse der aktuellen Repräsentativbefragung; Wiederholungsbefragung von 14–17-jährigen und ihren Eltern.* [Red.: Angelika Heßling]. Köln: Bundeszentrale für Gesundheitl. Aufklärung. [374 ff.]

Burns, J.E. (1994): India fights abortion of female fetuses. *The New York Times,* S. A5. [59]

Burton, R. (1906): *The anatomy of melancholy.* Vol. 1, Part I, Section 2: *Causes of Melancholy* (Erstausgabe: 1621). London: Tegg. [82]

Burton, R.V. (1963): The generality of honesty reconsidered. *Psychological Review, 70,* S. 481–499. [289]

Burton, R.V. (1976): Honesty and dishonesty. *In:* Lickona, T. (Ed.), S. 173-197. [289]

Bushnell, I.W., Sai, F. & Mullin, J.T. (1989): Neonatal recognition of the mother's face. *Journal of Developmental Psychology, 7,* S. 3–15. [149]

Butler, R. & Ruzany, N. (1993): Age and socialization effects on the development of social comparison motives and normative ability assessment in kibbutz and urban children. *Child Development, 64,* S. 532–543. [298]

Butzkamm, W. & Butzkamm, J. (1999): *Wie Kinder sprechen lernen. Kindliche Entwicklung und die Sprachlichkeit des Menschen.* Tübingen: Francke. [114]

BzgA (1998), *siehe* Bundeszentrale für Gesundheitliche Aufklärung

Camp, B.W., Blom, G.. Herbert, F. & van Doornick, W. (1977): »Think aloud«. A program for developing self-control in young aggressive boys. *Journal of Abnormal Psychology, 5,* S. 157–169. [195]

Campos, J.J., Bertenthal, B.I. & Kermoian, R. (1992): Early experience and emotional development: The emergence of wariness of heights. *Psychological Science, 3,* S. 61–64. [152]

Campos, J.J., Langer, A. & Krowitz, A. (1970): Cardiac response on the visual cliff in prelocomotor human infants. *Science, 170,* S. 196–197. [151]

Capaldi, E.D. (Ed.)(1996): *Why we eat, what we eat: The psychology of eating.* Washington, DC: American Psychological. Association.

Carey, S. (1978): The child as word learner. *In:* Halle, M., Miller, G. & Bresnan, J. (Eds.), S. 264–293. [216]

Carlson, E. (1998): A prospective longitudinal study of attachment disorganization/disorientation. *Child Development, 69,* S. 1107–1128. [134]

Carpenter, G. (1975): Mother's face and the newborn. *In:* Lewin, R. (Ed.), S. 126–136. [102]

Carr, M., Borkowski, J.G. & Maxwell, S.E. (1991): Motivational components of underachievement. *Developmental Psychology, 27,* S. 108–118. [303]

Carraher, T.N., Tarraher, D.W. & Schliemann, A.D. (1985): Mathematics in the streets and in schools. *British Journal of Developmental Psychology, 3. S. 21*–29. [27 f.]

Carroll, J.B. (1969): Psychological and educational research into second language teaching to young children. *In:* Stern, H.H. (Ed.), S. 56–68. [175]

Carter, C.O. (1967): Risk of offspring of incest. *The Lancer, 1,* S. 436. [16]

Carter, D.B. (Ed.)(1987): *Current conceptions of sex roles and sex typing: Theory and research.* New York: Prager.

Carter, G.L. & Kinsbourne, M. (1979): The ontogeny of right cerebral lateralization of spatial mental set. *Developmental Psychology, 15,* S. 241–245. [173]

Case, R: (1987): *Intellectual development: Birth to adulthood.* Orlando: Academic Press. Dt. (1999): *Die geistige Entwicklung des Menschen: Von der Geburt bis zum Erwachsenenalter.* – Heidelberg: Programm »Edition Schindele« im Universitäts-Verlag Winter. [202 f.]

Case, R. (1992): *The mind's staircase: exploring the conceptual underpinnings of children's thought and knowledge.* Hillsdale, NJ: Erlbaum. [202]

Case, R., Kurland, E.M. & Goldberg, J. (1982): Operational efficiency and the growth of short-term-memory span. *Journal of Experimental Child Psychology, 33,* S. 386–404. [203]

Cassidy, J. & Berlin, L.J. (1994): The insecure/ambivalent pattern of attachment, Theory and research. *Child Development, 65,* S. 971–991. [135]

Castilla, E.E., Ashton-Prolla, P., Barreda-Mejia, E. et al. (1996): Thalidomide, a current teratogen in South America. *Teratology, 54,* S. 273–277. [87]

Chandler, W.U.(1986): *Banishing tobacco.* Washington D.C.: Worldwatch Institute. [81 f.]

Charlesworth, R. & Hartup, W.W. (1967): Positive social reinforcement in the nursery school peer group. *Child Development, 38,* S. 993–1002. [244]

Chase, W.G. & Simon, H.A. (1973): Perception in chess. *Cognitive Psychology, 4,* S. 55–81. [206, 334]

Chen, X., Rubin, K.H. & Li, Z. (1995): Social functioning and adjustment in Chinese children: A longitudinal study. *Developmental Psychology, 31,* S. 531–539. [309]

Chen, X., Rubin, K.H. & Sun, Y. (1992): Social reputation and peer relationships in Chinese and Canadian children: A cross-cultural study. *Child Development, 63,* S. 1336–1343. [308]

Cherny, S.S. (1994): Home environmental influences on general cognitive ability. *In:* DeFries, J.C., Plomin, R. & Fulker, D.W. (Eds.), S. 262–280. [273]

Chess, S. & Thomas, A. (1990): Continuities and discontinuities in development. *In:* Robins, L.S. & Rutter, M. (Eds.), S. 98–114. [124]

Chevalier-Skolnikoff, S. & Poirier, F.E. (Eds.)(1977): Primate bio-social development: Biological, social, and ecological determinants. New York: Garland.

Chi, M.T.H. (1978): Knowledge structures and memory development. *In:* Siegler, R. (Ed.), S. 73–96. [206]

Chi, M.T.H., Bassok, M., Lewis, M.W., Reimann, P. & Glaser, R. (1989): Self-explanations: How students study and use examples in learning to solve problems. *Cognitive Science, 13,* S. 145–182. [207]

Chisholm, K. (1998): A three year follow-up of attachment and indiscriminate friendliness in children adopted from Romanian orphanages. *Child Development, 69,* S. 1092–1106. [131]

Chomitz, V.R., Cheung, L.W.Y. & Lieberman, E. (1995): The role of lifestyle in preventing low birth weight. *The Future of Children, 5,* S. 121–138. [81]

Chomsky, N. (1959): Review of Skinners »verbal behavior«. *Language, 35,* S. 26–58. Dt. *in:* Bühler, H. & Mühle, G. (Hrsg.) (1974): Rezension von Skinners »verbal behavior«, S. 77–99. [169]

Chomsky, N. (1975): *Reflections on language.* New York: Pantheon Books. [170]

Cialdini, R.B., Kenrick, D.T. & Baumann, D.J. (1982): Effects of mood on prosocial behavior in children and adults. *In:* Eisenberg, N. (Ed.), S. 339–359. [246]

Cicchetti, D. & Carlson, V. (Eds.)(1989): *Child maltreatment: Theory and research on the causes and consequences of child abuse and neglect.* New York: Cambridge University Press.

Cicchetti, D., Toth, S. & Lynch, M. (1995): Bowlby's dream comes full cycle: The application of attachment theory to risk and psychopathology. *Advances in Clinical Child Psychology, 17,* S. 1–75. [126]

Claes, M.E. (1992): Friendship and personal adjustment during adolescence. *Journal of Adolescence, 15,* S. 39–55. [364]

Clark, J.E. & Humphrey, J.H. (Eds.)(1985): *Motor development: Current selected research.* Princeton, NJ: Princeton Book Company

Clark, W.W. & Bohne, B.A. (1999): Effects of noise on hearing. *Journal of the American Medical Association, 281,* S. 1658–1659. [11]

Clarke-Stewart, K.A. (1973): Interactions between mothers and their young children: Characteristics and consequences. *Monographs of the Society for Research in Child Development, 38,* Serial No. 153. [118]

Clarke-Stewart, K.A. & Friedman, S. (1987): *Child development: Infancy through adolescence.* New York: Wiley. [327]

Clegg, D.J. (1971): Teratology. *Annual Review of Pharmacology, 11,* S. 409–423. [76]

Clement, U. (1986): *Sexualität im Sozialen Wandel.* Stuttgart: Enke. [371, 373 f.]

Clifton, R.K., Muir, D.W., Ashmead, D.H. & Clarkson, M.G. (1993): Is visually guided reaching in early infancy a myth?. *Child Development, 64,* S. 1099–1110. [110]

Clifton, R.K., Rochat, P., Robin, D.J. & Berthier, N.E. (1994): Multimodal perception in the control of infant reaching. *Journal of Experimental Psychology: Human Perception and Performance, 20,* S. 876–886. [111, 153]

Clopton, N.A. & Sorell, G.T. (1997): Gender differences in moral reasoning: Stable or situational? *Psychology of Women Quarterly, 17,* S. 85–101. [347]

Coerper, C., Hagen, V. & Thomae, H. (1954): *Deutsche Nachkriegskinder. Methoden und erste Ergebnisse der deutschen Längsschnittuntersuchungen über die körperliche und seelische Entwicklung im Schulkindalter.* Stuttgart: Klett. [253]

Cohen, S. & Williamson, G.M. (1991): Stress and infectious disease in humans. *Psychological Bulletin, 109,* S. 5–24. [87]

Cohen, Y. (1978): The disappearance of the incest taboo. *Human Nature, 1,* S. 72–79. [16]

Coie, J.D. & Dodge, K.A. (1983): Continuities and changes in children's social status: A five-year longitudinal study. *Merrill-Palmer Quarterly, 29,* S. 261–282. [309]

Coie, J.D., Dodge, K.A. & Kupersmith, J. B. (1990): Peer group behavior and social status. *In:* Asher, S.R. & Coie, D. (Eds), S. 17–59. [307]

Coie, J.D., Lochman, J.E., Terry, R. & Hyman, C. (1992): Predicting early adolescent disorder from childhood aggression and peer rejection. *Journal of Consulting and Clinical Psychology, 60,* S. 783–792. [309]

Colby, A., Kohlberg, L. & Lieberman, M. (1983): A longitudinal study of moral judgment. *Monographs of the Society for Research in Child Development, 48* (1–2, Serial No. 200). [345]

Coles, R. (1970): *Erik H. Erikson: The growth of his work.* Boston: Little, Brown. Dt. (1974): Erik H. Erikson: Leben und Werk. München: Kindler. [388]

Coles, R. (1997): *The moral intelligence of children.* New York. Random House. [278]

Colin, V.L. (1996): *Human attachment.* New York: MaGraw-Hill. [130]

Collins, J.K. & LaGanza, S. (1982): Self-recognition of the face: A study of adolescent narcissism. *Journal of Youth and Adolescence, 11,* S. 317–328. [356]

Collins, W.A. & Laursen, B. (Eds.)(1999): *Minnesota Symposia on Child Psychology.* Vol. 30. *Relationships as developmental contexts: Festschrift in honor of Willard W. Hartup.* Mahwah, NJ: Erlbaum.

Collins, W.A., Laursen, B., Mortensen, N., Luebker, C. & Ferreira, M. (1997): Conflict processes and transitions in parent and peer relationships: Implications for autonomy and regulation. *Journal of Adolescent Research, 12,* S. 178–198. [383]

Condon, W.S. & Sander, L.W. (1974): Synchrony demonstrated between movements of the neonate and adult speech. *Child Development, 54,* S. 1199–1210. [158]

Connolly, J., White, D., Stevens, H. & Burstein, S. (1987): Adolescent self-reports of social activity: Assessment of stability and relations to social adjustment. *Journal of Adolescence, 10,* S. 83–95. [363]

Constantine, L.L. & Martinson, F.M. (Eds.)(1981): *Children and sex.* Boston: Little Brown.

Conzen, P. (1996): *Erik H. Erikson: Leben und Werk.* Stuttgart: Kohlhammer. [388 f.]

Cooper, C., Grotevant, H.D. & Condon, S.M. (1983): Individuality and connectedness in the family as a context for adolescent identity formation and role-taking skill. *In:* Grotevant, H.D. & Cooper, C.R. (Eds.), S. 43–60. [384]

Cooper, R.P. (1993): The effect of prosody on young infants' speech perception. *In:* Rovee-Collier, C. & Lipsitt, L.P. (Eds.), S. 137–167. [177]

Cooper, R.P. & Aslin, R.N. (1990): Preference for infant-directed speech in the first month after birth. *Child Development, 61,* S. 1584–1595. [154]

Coopersmith, S. (1967): *The antecedents of self-esteem.* New York: W.H. Freeman. [298]

Copel, S.L. (Ed.)(1973): *Behavior pathology of childhood and adolescence.* New York: Basic Books.

Corbin, C.B. (1973): *A textbook of motor development.* Dubuque, IA: Brown. [224]

Coren, S. & Halpern, D.F. (1991): Left-handedness: A marker for decreased survival fitness. *Psychological Bulletin, 109,* S. 90–106. [225]

Cornwell, K.S., Harris, L.J. & Fitzgerald, H.E. (1991): Task effects in the development of hand preference in 9-, 13-, and 20-month-old infant girls. *Developmental Neuropsychology, 7,* S. 19–34. [225]

Corsaro, W.A. (1981): Friendship in the nursery school: Social organization in a peer environment. *In:* Asher, S.R. & Gottman, J.M. (Eds.), S. 207–241. [313]

Cotton, P. (1994): Smoking cigarettes may do developing fetus more harm than ingesting cocaine, some experts say. *Journal of the American Medical Association, 1971,* S. 576–577. [82]

Cowan, N. (Ed.) (1997): *The development of memory in childhood.* Hove East Essex, England: Psychology Press.

Cowan, P.A. & Hetherington, E.M. (Eds.) (1991): *Family transitions. Advances in family research series.* Hillsdale, NJ: Lawrence Erlbaum.

Cox, B. D. & Lightfoot, C. et al. (Eds.) (1997): *Sociogenetic perspectives on internalization.* Mahwah, NJ: Lawrence Erlbaum.

Cox, M.L., Owen, M.T., Henderson, V.K. & Margand, D.A. (1992): Prediction of infant-father and infant-mother attachment. Developmental Psychology, 28, S. 474–483. [127]

Coyle, T.R & Bjorklund, D.F. (1996): The development of strategic memory: A modified microgenetic assessment of utilization deficiencies. *Cognitive Development, 11,* S. S. 295–314. [262]

Coyle, T.R. & Bjorklund, D.F. (1997): Age differences in, and consequences of, multiple- and variable-strategy use on a multitrial sort-recall task. *Developmental Psychology, 33,* S. 372–380. [262]

Cramer, P. (2000): Development of identity: Gender makes a difference. *Journal of Research in Personality, 34,* S. 42–72. [394]

Cratty, R. (1986): *Perceptual and motor development in infants and children* (3rd ed.): Englewood Cliffs: Prentice Hall. [295]

Crick, N.R. & Dodge, K.A. (1994): A review and reformulation of social information-processing mechanisms in children's social adjustment. *Psychological Bulletin, 11,* S. 74–101. [305]

Crick, N.R. & Ladd, G.W. (1993): Children's perceptions of their peer experiences: Attributions, loneliness, social anxiety, and social avoidance. *Developmental Psychology, 29,* S. 244–254. [309]

Crnic, K.A., Greenberg, M.T., Ragozin, A.S., Robinson, N.M. & Basham, R.B. (1983): Effects of stress and social support influences on mothers and premature and full-term infants. *Child Development, 54,* S. 209–217. [96]

Crockenberg, S.B. (1981): Infant irritability, mother responsiveness, and social support influences on the security of infant – mother attachment. *Child Development, 52,* S. 857–865. [134]

Crow, J.E. (1993): How much do we know about spontaneous human mutation rates? *Environmental and Molecular Mutagenesis, 21,* S. 122–129. [79]

Crow, J.E. (1994): Spontaneous mutation as a risk factor. *Experimental and Clinical Immunogenetics, 21,* S. 122–128. [79]

Csikszentmihalyi, M. (1975): *Beyond boredom and anxiety – The experience of play in work and games.* San Francisco: Jossey Bass. Dt. (1985): *Das flow-Erlebnis. Jenseits von Angst und Langeweile: im Tun aufgehen.* Stuttgart: Klett-Cotta. [201]

Cummings, E.M. & Davies, P.T. (1994): Maternal depression and child development. *Journal of Child Psychology and Psychiatry, 35,* S. 73–112. [119]

Cummings, E.M., Zahn-Waxler, C. & Radke-Yarrow, C. (1981): Young children's responses to expressions of anger and affection by others in the family. *Child development, 52,* S. 1274–1282. [138]

Cunningham, F.G. & Leveno, K.J. (1995): Childbearing among older women – The message is cautiously optimistic. *New England Journal of Medicine, 333,* S. 1002–1004. [79]

Curtiss, S. (1977): *Genie: A psycholinguistic study of modern-day »wild child«.* New York: Academic Press. [174]

Cuvo, A.J. (1974): Incentive level influence on overt rehearsal and free recall as a function of age. *Journal of Experimental Child Psychology, 18,* S. 167–181. [261]

Damon, W. (1977): *The social world of the child.* San Francisco: Jossey-Bass. [314]

Damon, R. B. (Series. Ed.) & Kuhn, D. & Siegler, R.S. (Vol. Eds.) (1998): *Handbook of child psychology.* Vol. 2. *Cognition, perception, and language.* New York: Wiley.

Damon, R.B. (Series Ed.) & Eisenberg, N. (Vol. Ed.) (1998): *Handbook of child psychology.* Vol. 3. *Social, emotional, and personality development* (5th ed.). New York: Wiley.

Damon, W. (Series Ed.), Lerner, R.M. (Vol. Ed.) (1998): *Handbook of child psychology.* Vol. I. *Theoretical models of human development* (5th ed.) New York: Wiley.

Danforth, J.S., Barkley, R.A. & Stokes, T.F. (1990): Observations of parent-child interactions with hyperactive children: Research and clinical applications. *Clinical Psychology Review, 11,* S. 703–727. [31]

Darling, C.A., Davidson, J.K. & Passarello, L.C. (1992): The mystique of first intercourse among college youth. The role of partners, contraceptive practices, and psychological reactions. *Journal of Youth and Adolescence, 21,* S. 97–117. [375]

Darwin, C. (1877): A biographical sketch of an infant. *Mind, 2,* S. 286–294. [35]

Das, T.K., Moutquin, J.M., Lindsay, C., Parent, J.G. & Fraser, G. (1998): Effects of smoking on maternal function and birth weight. *Obstetrics and Gynecology, 92,* S. 201–205. [81]

Dasberg, L. (1983): A historical and transcultural view of adolescence. *In:* Everaerd, W. et al. (Eds.), S. 1–15. [321]

Davis, J.A. & Dobbing, J. (Eds.) (1981): *Scientific foundations of pediatrics* (2nd ed.). London: Heinemann

Dawson, G. & Fischer, K.W. (Eds.) (1994): *Human behavior and the developing brain.* New York: Guilford.

DeCasper, A.J. & Fifer, W.P. (1980): Of human bonding: Newborns prefer their mothers' voices. *Science, 208,* S. 1174–1176. [154]

DeCharms, R. (1973): Ein schulisches Trainingsprogramm zum Erleben eigener Verursachung. *In:* Edelstein, W. & Hopf, D. (Hrsg), S. 60–78. [303]

DeFries, J.C., Plomin, R. & Fulker, D.W. (Eds.) (1994): *Nature and nurture during middle childhood.* Cambridge, MA: Blackwell.

Degenhardt, K.H. (1977): Das Kind im Mutterleib – Was ihm nützt und was ihm schadet. *Bild der Wissenschaft, 14,* S. 46–54. [82]

De Lisi, R. & Gallagher, A.M. (1991): Understanding of gender stability and constancy in Argentinean children. *Merrill-Palmer Quarterly, 37,* S. 483–502. [230]

DeLoache, J.S. (1980): Naturalistic studies of memory for object location in very young children. *In:* Perlmutter, M. (Ed.), S. 17–32. [42]

DeLoache, J.S., Cassidy, D.J. & Brown, A.I. (1985): Precursors of mnemonic strategies in very young children's memory. *Child Development, 56,* S. 125–137. [208]

Demarest, W.J. (1977): Incest avoidance among human and nonhuman primates. *In:* Chevalier-Skolnikoff, S. & Poirier, F.E. (Eds.), S. 323–342. [15]

Dempster, F.N. (1981): Memory span: Sources of individual and developmental differences. *Psychological Bulletin, 89,* S. 63–100. [259]

Dempster, F.N. (1993): Resistance to interference: Developmental changes in a basic processing mechanism. *In:* Howe, M.L. & Pasnak, R. (Eds.), S. 1–27. [199]

Dempster, F. & Brainerd, C. (Eds.) (1995): *New perspectives on interference and inhibition in cognition.* New York: Academic Press

Denham, S.A., McKinley, M., Couchoud, E.A. & Holt, R. (1990): Emotional and behavioral predictors of preschool ratings. *Child Development, 61,* S. 1145–1152. [307]

Dennis, W. (1936): A bibliography of baby biographies. *Child Development, 7,* S. 121. [35]

Dennis, W. (1960): Causes of retardation among institutional children: Iran. *Journal of Genetic Psychology, 96,* S. 17–32. [157]

DeRosier, M.E., Kupersmidt, J.B. & Patterson, C.J. (1994): Children's academic and behavioral adjustment as a function of the chronicity and proximity of peer rejection. *Child Development, 65,* S. 1799–1813. [307]

Deutsche Gesellschaft für Psychologie (1998): *Ethische Richtlinien der Deutschen Gesellschaft für Psychologie e.V. und des Berufsverbands Deutscher Psychologinnen und Psychologen e.V.* Fassung vom 29. 09. 1998. [38]

De Villiers, J.G. & De Villiers, P.A. (1974): Competence and performance in child language: Are children really competent to judge? *Journal of Child Language, 1,* S.11–22. [215]

de Villiers, P.A. & de Villiers, J.G. (1979): *Early language.* Cambridge, MA: Harvard University Press. [161]

Devinsky, O., Feldman, F. & Hainlaine, B. (Eds.) (1994): *Neurological complications of pregnancy.* New York: Raven Press.

DeVries, M.W. (1984): Temperament and infant mortality among the Masai of East Africa. *The American Journal of Psychiatry, 141,* S. 1189–1194. [125]

DeVries, R. (1969): Constancy of generic identity in the years three to six. *Monographs of the Society for Research in Child Development, 34* (Serial No. 127). [192]

De Wolff, M. & van Ijzendoors, M. (1997): Sensitivity and attachment: A meta-analysis on parental antecedents of infant attachment. *Child Development, 68,* S. 571–591. [132]

Diamond, A. (1991): Frontal lobe involvement in cognitive changes during the first year of life. *In:* Gibson, K.R. & Petersen, A.C. (Eds.), S. 127–160. [214]

Diamond, A., Prevor, M.B., Callender, G. & Druin, D.P. (1997): Prefrontal cortex cognitive deficits in children treated early and continuously for PKU. *Monographs of the Society for Research in Child Development, 62(4),* S. 1–205. [69]

Diaz, R.M. & Lowe, J.R. (1987): The private speech of young children at risk: A test of three deficit hypotheses. *Early Childhood Research Quarterly, 2,* S. 181–194. [194]

Diaz, R.M. & Berk, L.E. (Eds.) (1992): *Private speech: From social interaction to self-regulation.* Hillsdale, NJ: Erlbaum.

Dick-Read, G. (1953): *Childbirth without fear: The principles and practises of natural childbirth.* New York: Harper and Row. [92]

Dienstbier, R.A. (Ed.)(1991): *Nebraska symposium on motivation.* Vol. 38. Lincoln, NE: University of Nebraska Press.

Dion, K.K., Berscheid, E. & Walster, E. (1972): What is beautiful is good. *Journal of Personality and Social Psychology, 24,* S. 285–290. [360]

DiVesta, F.J. (1974): *Language, learning, and cognitive processes.* Monterey, CA: Brooks/Cole. [175]

Dlugokinski, E.L. & Firestone, I.J. (1974): Other centeredness and susceptibility to charitable appeals: Effects of perceived discipline. *Developmental Psychology, 10,* S. 21–28. [249]

Dockrell, J., Campbell, R. & Nelson, I. (1980): Conservation accidents revisited. International. *Journal of Behavioral Development, 3,* S. 423–439. [189]

Dodge, K.A., Pettit, G.S., McClaskey, C.L. & Brown, M.M. (1986): Social competence in children. *Monographs of the Society for Research in Child Development, 51* (2, Serial No. 213). [305]

Döbert, R. (1987): Horizonte der an Kohlberg orientierten Moralforschung. *Zeitschrift für Pädagogik, 33,* S. 491–511. [282]

Döring, G.K. & Hellbrügge, T. (1986): *Das Kind von 0–6: Ärztliche Ratschläge für Schwangerschaft und Geburt, über Pflege und Ernährung des Kindes sowie wichtige Hinweise zur Entwicklung und Erziehung bis zum Schulalter. Mit einer Übersicht die häufigsten Kinderkrankheiten* (3. Aufl.). Landsberg am Lech: Mvg. [371]

Doering, P.L. & Stewart, R.B. (1978): The extent and character of drug consumption during pregnancy. *Journal of the American Medical Association, 239,* S. 843–846. [86]

Dolaghan, C. (1985): Child meets word: »Fast mapping« in preschool children. *Journal of Speech and Hearing Research, 28,* S. 449–454. [216]

Dolcini, M.M., Cohn, L.D., Adler, N.E., Millstein, S.G., Irwin, C.E., Kegeles, S.M. & Stone, G.C. (1989): Adolescent egocentrism and feelings of invulnerability. Are they related? *Journal of Early Adolescence, 9,* S. 409–418. [342]

Donelly; J.A. & Altman, R. (1994): The autistic savant: Recognizing and serving the gifted student with autism. *Roeper Review, 16,* S. 252–256. [270]

Donovan, W.L. & Leavitt, L.A. (1985a): Physiology and behavior: Parents' response to the infant cry. *In:* Lester, B.M. & Boukydis, C.F.C. (Eds.), S. 241–261. [117]

Donovan, W.L. & Leavitt, L.A. (1985b): Simulating conditions of learned helplessness: The effects of interventions and attributions. *Child Development, 56,* S. 594–603. [134]

Donovan, W.A., Leavitt, L.A. & Balling, J.D. (1978): Maternal physiological responses to infant signals. *Psychophysiology, 15,* S. 68–74. [118]

Dorris, M. (1989): *The broken cord.* New York: Harper Perennia. [84]

Drillien, C.M. (1964): *The growth and development of the prematurely born infant.* Edingburgh, Schottland: Livingstone. [88]

Droege, K.L. & Stipek, D.J. (1993): Children's use of dispositions to predict classmates' behavior. *Developmental Psychology, 29,* S.646–654. [273, 300]

Du Bois-Reymond, M. (1991): *Veränderungen in Umgangsstilen zwischen Eltern und Kindern: Vortrag zur Gedenktagung Norbert Elias.* Kulturwissenschaftliches Institut, Essen Heisingen vom 10. Bis 19. Oktober 1991. [380]

Dubrovina, I. & Ruzska, A. (1990). *The mental development of residents in a children's home.* Moscow: Pedagogics. [126]

Du Randt, R. (1985): Ball-catching proficiency among 4-, 6-, and 8-year-old girls. *In:* Clark, J.E. & Humphrey, J.H. (Eds.), S. 35–43. [224]

Dweck, C.S. (1991): Self-theories and goals: Their role in motivation, personality, and development. *In:* Dienstbier, R.A. (Ed.), S. 199–235. [277, 301]

Dweck, C.S., Davidson, W., Nelson, S. & Enna, B. (1978): Sex differences in learned helplessness: II: The contingencies of evaluative feedback in the classroom and III. an experimental analysis. *Developmental Psychology, 14,* S. 268–276. [276]

Dweck, C.S. & Elliott, E.S. (1983): Achievement motivation. *In:* Mussen, P.H. (Ed.), Vol. IV, S. 643–691. [277, 301]

Dweck, C.S. & Goetz, T.E. (1978): Attributions and learned helplessness. *In:* Harvey, J.H., Ickles, W. & Kidd, R.F. (Eds.), S. 157–179. [276]

Dweck, C.S. & Leggett, E.L. (1988): A social-cognitive approach to motivation and personality. *Psychological Review, 95,* S. 256–273. [300 f.]

Dwyer, T., Ponsonby, A.B., Newman, N.M. & Gibbons, L.E. (1991): Prospective cohort study of prone sleeping position and sudden infant death syndrome. *The Lancet, 337,* S. 1244–1247. [109]

Eaton, W.O. & Ritchot, K.E. (1995): Physical maturation and information-processing speed on middle childhood. *Developmental Psychology, 31,* S. 967–972. [336]

Eaton, W.O. & Yu, A.P. (1989): Are sex differences in child motor activity level a function of sex differences in maturational status? *Child Development, 60,* S. 1005–1011. [223]

Eckensberger, L.H. & Reinshagen, H. (1980): Kohlbergs Stufentheorie der Entwicklung des moralischen Urteils: Ein Versuch ihrer Reinterpretation im Bezugsrahmen handlungstheoretischer Konzepte. *In:* Eckensberger, L.H. & Silbereisen, R.K. (Hrsg.), S. 65–131. [283]

Eckensberger, L.H. & Silbereisen, R.K. (Hrsg.)(1980): *Entwicklung sozialer Kognitionen. Modelle, Theorien, Methoden, Anwendungen.* Stuttgart: Klett-Cotta.

Eckermann, J.P. (1836): *Gespräche mit Goethe in den letzten Jahren seines Lebens.* 1823–1832. 1. Teil. Leipzig: Brockhaus. [338 f.]

Edelstein, W. & Hopf, D. (Hrsg.) (1973): *Bedingungen des Bildungsprozesses.* Stuttgart: Klett.

Edelstein, W. & Keller, M. (Hrsg.) (1982): *Perspektivität und Interpretation. Beiträge zur Entwicklung des sozialen Verhaltens.* Frankfurt/M.: Suhrkamp.

Edelstein, W. & Nunnar-Winkler, G. (Hrsg.) (1996): *Zur Bestimmung der Moral. Philosophische und sozialwissenschaftliche Beiträge zur Moralforschung* (2. Auflage). Frankfurt/Main: Suhrkamp.

Eder, R.A. & Mangelsdorf, S.C. (1997): The emotional basis of early personality development: Implications for the emergent self-concept. *In:* Hogan, R. (Ed.), S. 209–240. [226]

Eibl-Eibesfeldt, I. (1973): *Der vorprogrammierte Mensch: Das Ererbte als bestimmender Faktor im menschlichen Verhalten.* München: Molden. [15]

Eichorn, D.H. (1979): Physical development: Current foci of research. *In:* Osofsky, J.D. (Ed.), S. 253–282. [221]

Eiduson, B.T., Kornfein, M., Zimmermanm I.L. & Weisner, T.S. (1988): Comparative socialization practices in traditional and alternatives families. *In:* Handel, G. (Ed.), S. 73–101. [236]

Eilers, R.E & Minifie, F.D. (1975): Fricative discommunication in early infancy. *Journal of Speech and Hearing Research, 18,* S. 158–167. [160]

Eimas, P.D. (1985): The perception of speech in early infancy. *Scientific American, 252,* S. 46–52. [101]

Eimas, P.D., Siqueland, E.R., Jusczyk, P. & Vigorito, J. (1971): Speech perception in infants. *Science, 171,* S. 305–306. [101]

Eimas, P.D. und Tartter, V.C (1979): The development of speech perception. *In:* Reese, H.W. & Lipsitt, L.P. (Eds.), S. 155–193. [101, 161]

Eisenberg, N. (Ed.) (1982): *The development of prosocial behavior.* New York: Academic Press.

Eisenberg, N. (Ed.) (1987): *Contemporary topics in developmental psychology.* New York: Wiley Interscience.

Eisenberg, N. (1992): *The caring child*. Cambridge, MA: Harvard University Press. [247]

Eisenberg, N. (Ed)(1995): *Social development. Review of personality and social psychology*. Thousand Oaks, CA: Sage.

Eisenberg, N. & Fabes, R.A. (1998): Prosocial development. *In:* Damon, W. (Vol. Ed.) & Eisenberg, N. (Series, Ed.), S. 701–778. [248]

Eisenberg, N., Fabes, R.A., Karbon, M., Murphy, B.C., Wosinski, M., Polazzi, L., Carlo, G. & Juhnke, C. (1996): The relations of children's dispositional prosocial behavior to emotionality, regulation, and social functioning. *Child Development, 67,* S. 974–992. [246]

Eisenberg-Berg, N. & Neal, C. (1979): Children's moral reasoning about their own spontaneous prosocial behavior. *Developmental Psychology, 37,* S. 1097–1126. [247]

Elardo, R., Bradley, R.H. & Caldwell, B.M. (1975): The relation of infants' home environments to mental test performance from six to thirty-six months: A longitudinal analysis. *Child Development, 46,* S. 71–76. [272]

Elardo, R., Bradley, R.H. & Caldwell, B.M. (1977): A longitudinal study of the relation of infants' home environments to language development at age 3. *Child Development, 48,* S. 595–603. [272]

Elkind, D. (1967): Egocentrism in adolescence. *Child Development, 38,* S. 1025–1934. [339f.]

Elkind, D. (1978): Understanding the young adolescent. *Adolescence, 13,* S. 127–134. [339f., 343f.]

Elkind, D. & Bowen, R. (1979): Imaginary audience behavior in children and adolescence. *Developmental Psychology, 15,* S. 38–44. [340]

Elliott, E.S. & Dweck, C.S. (1988): Goals: An approach to motivation and achievement. *Journal of Personality and Social Psychology, 54,* S. 5–12. [302]

Ellis, H. (1936): *Studies in the psychology of sex*. New York: Random House. [369]

Emde, R.N., Gaenbauer, T.J. & Harmon, R.J. (1976): Emotional expression in infancy: A biobehavioral study. *Psychological Issues, 10,* No. 37. [131]

Emde, R.N. & Harmon, R.J. (Eds.)(1982): *The development of attachment and affiliative systems*. New York: Planum Press.

Emmerich, W., Goldman, K., Kirsh, K. & Sharabany, R. (1977): Evidence for a transitional phase in the development of gender constancy. *Child Development, 48,* S. 48, S. 930–936. [230]

Engfer, A. (1995): Kindesmißhandlung und Vernachlässigung. *In:* Oerter, R. & Montada, L. (Hrsg.), S. 960–966. [119]

Epstein, C.J. (1995): Down syndrom (Trisomy 21). *In:* Scriver, C.R., Beaudet, A.L., Sly, W.S. & Valle, D. (Eds.), S. 749–794. [58]

Epstein, L.H. (1986): Childhood obesity. *Science, 232,* S. 20–21. [221]

Epstein, M.H., Cullinan, D., Lessen, E. & Lloyd, J. (1980): Understanding children with learning difficulties. *Child Welfare, 59,* S. 2–14. [93]

Erikson, E.H. (1959): Identity and the life cycle. *Psychological Issues, 1,* S. 1–171. [351]

Erikson E.H. (1959): *Identity and the life cycle: selected papers*. New York, NY: Intern. Univ. Press. Dt: (2000): *Identität und Lebenszyklus: drei Aufsätze* (18. Aufl.). Frankfurt am Main: Suhrkamp. [388]

Erikson, E.H. (1963): *Childhood and society* (2nd ed.). New York: Norton. Dt. (1965): *Kindheit und Gesellschaft* (2. Aufl.). Stuttgart. Klett-Cotta. [387]

Erikson, E.H. (1968): *Identity, youth, and crisis*. New York: Norton. Dt. (1980): *Jugend und Krise*. Stuttgart: Klett-Cotta. [325, 385, 391ff.]

Erikson, E.H. (1982): *Lebensgeschichte und historischer Augenblick*. Frankfurt/Main: Suhrkamp. [388]

Eriksson, M., Catz, C.S. & Yaffe, S.J. (1973): *Drugs and pregnancy*. *In:* Osofsky, H. (Ed.), S. 192–224. [87]

Erlenmeyer-Kimling, L. & Jarvik, L.F. (1963): Genetics and intelligence. *Science, 142,* S. 1477–1479. [63]

Erwin, P (1993): *Friendship and peer relations in children*. Chichester, England: Wiley. [308]

Esser, G. (1994): Ablehung und Vernachlässigung im Säuglingsalter. *In:* Kürner, P. & Nafroth, R. (Hrsg.), S. 72–80. [119]

Estes, N.J. & Heinemann, M.E. (Eds.)(1986): *Alcoholism: Development, consequences, and interventions*. St. Louis: Mosby.

Etzel, B.C. & Gewirtz, J.L. (1967): Experimental modification of caregiver maintained high-rate operant crying in a 6-week- and 20-week-old infant (infant tyranno-tearus): Extinction of crying with reinforcement of eye contact and smiling. *Journal of Experimental Child Psychology, 5,* S. 303–317. [122]

Evans, H.J., Fletcher, J., Torrance, M. & Hargreave, T.B. (1981): Sperm abnormalities and cigarette smoking. *Lancet, 1 (8221),* S. 627–629. [82]

Evans, R.I. (1973): Jean Piaget: The man and his ideas. New York: Dutton. [41, 182]

Eveleth, P. & Tanner, J. (1990): Worldwide variation in human growth (2nd ed.). New York: Cambridge University Press. [353, 355]

Everaerd, W., Hindley, C.B., Bot, A., van der Werff Ten Bosch, J.J. (Eds.) (1983): Development in Adolescence.

Psychological, social and biological aspects. Boston: Martinus Nijhoff.
Eyer, D. (1992): *Maternal-infant bondings: A scientific fiction.* New Haven, CT: Yale University Press. [121]
Fabricius, W.V. & Cavalier, L. (1989): The role of causal theories about memory in young children's memory strategy choice. *Child Development, 60,* S. 298–308. [263]
Fagot, B.I. & Gauvain, M. (1997): Mother-child problem solving: Continuity through the early childhood years. *Developmental Psychology, 33,* S. 480–488. [272]
Fagot, B.I. & Leinbach, M.D. (1987): Socialization of sex roles within the family. *In:* Carter, D.B. (Ed.), S. 89–100. [230]
Fagot, B.L., Leinbach, M.D. & Boyle, C. (1992): Gender labeling, gender stereotyping, and parenting behaviors. *Developmental Psychology, 28,* S. 225–230. [231]
Farah, M.J., Wilson, K.D., Drain, M. & Tanaka, J.N. (1998): What is special about face perception? *Psychological Review, 105,* S. 482–498. [149]
Famy, C. Streissguth, A.P. & Unis, A.S. (1998): Mental illness in adults with fetal alcohol syndrome or fetal alcohol effects. *American Journal of Psychiatry, 155,* S. 552–554. [83]
Fantz, R.L. (1961): The origin of form perception. *Scientific American, 204,* S. 66–72. [152]
Fantz, R.L. (1963): Pattern vision on new born infants. *Science, 140,* S. 296–297. [148]
Farber, S.L. (1981): *Identical twins reared apart.* New York: Basic Books. [63]
Farrar, M.J. (1992): Negative evidence and grammatical morpheme acquisition. *Developmental Psychology, 28,* S. 90–98. [178]
Farver, J.A.M. & Branstetter, W.H. (1994): Preschoolers' responses to their peers' distress. *Developmental Psychology, 30,* S. 334–341. [246]
Fédération CECOS, Schwartz, D. & Mayaux, M.J. (1982): Female fecundity as a function of age: Results of artificial insemination in 2193 nulliparous women with azoospermic husbands. *New Journal of Medicine, 306,* S. 404–406. [73]
Fein, G.G. (1982): Skill and intelligence: The functions of play. *The Brain and Behavioral Sciences, 5,* S. 163–164. [157]
Feinman, S. & Lewis, M. (1983): Social referencing at 10 months: A second-order effect on infants' responses to strangers. *Child Development, 54,* S. 878–887. [131]
Feldman, S.S. & Elliott, G.R. (Eds.)(1990): *At the threshold: The developing adolescent.* Cambridge, MA: Harvard University Press.
Fend, H. (1990): *Vom Kind zum Jugendlichen. Der Übergang und seine Risiken. Entwicklungspsychologie der Adoleszenz in der Moderne.* Band 1. Bern: Huber. [320, 365]
Fend, H. (1994): *Die Entwicklung des Selbst und die Verarbeitung der Pubertät. Entwicklungspsychologie der Adoleszenz in der Moderne.* Band 3. Bern: Huber. [357, 360]
Fend, H. (1998): *Eltern und Freunde. Soziale Entwicklung im Jugendalter.* Göttingen: Huber. [365, 381]
Fend, H. (2000): *Entwicklungspsychologie des Jugendalters. Ein Lehrbuch für pädagogische und psychologische Berufe.* Opladen: Leske + Budrich. [362f.]
Fenson, L., Dale, P.S., Reznick, J.S., Bates, E., Thal, D.J. & Pethick, S.J. (Eds.)(1994): Variability in early communicative development. *Monographs of the Society for Research in Child Development, 59* (5, Serial No. 242). [163, 165, 168]
Ferchhoff, W., Sander U. & Vollbrecht, R. (Hrsg.)(1995): *Jugendkulturen – Faszination und Ambivalenz. Einblicke in jugendliche Lebenswelten.* Festschrift für Dieter Baacke zum 60. Geburtstag. Weinheim.
Fernald, A. (1993): Approval and disapproval: Infant responsiveness to vocal affect in familiar and unfamiliar languages. *Child Development, 64,* S. 657–674. [177]
Fernald, A. & Morikawa, H. (1993): Common themes and cultural variations in Japanese and American mothers' speech to infants. *Child Development, 64,* S. 637–656. [177f.]
Festinger, L. (1954): A theory of social comparison processes. *Human Relations, 7,* S. 117–140. [314]
Feuerlein, W. (1997): Alkoholbedingte Entwicklungsstörungen im Vorschul- und Schulalter. In: Watzl, H. & Rockstroh, B. (Hrsg.), S. 137–144. [83]
Field, D. (1981): Can preschool children really learn to conserve? *Child Development, 52,* S. 326–334. [184]
Field. T. (1995): Psychologically depressed parents. *In:* Bornstein, M.H. (Ed.), S. 85–99. [119]
Field, T., McCabe, P. & Schneiderman, N. (Eds.) (1988): *Stress and coping across development.* Hillsdale, N.J.: Erlbaum.
Finnegan, L.P. & Fehr, K.O. (1980): The effect of opiates, sedative-hypnotics, amphetamines, cannabis, and other psychoactive drugs on the fetus and newborn. *In:* Kalant, O.J. (Ed.), S. 653–723. [81]
Fisher, T.D. (1989) An extension of the findings of Moore, Peterson and Furstenberg [1986] regarding family sexual communication and adolescent sexual behavior. *Journal of Marriage and the Family, 51,* S. 637–639. [377]
Fishbein, H.D. & Imai, S. (1993): Preschoolers select playmates on the basis of gender and race. *Journal of Applied Developmental Psychology, 14,* S. 303–316. [231]
Fivush, H. & Hamond, N.R. (1990): Autobiographical memory across the preschool years: Toward reconcep-

tualizing childhood amnesia. *In:* Fivush, R. & Hudson, J.A. (Eds.), S. 223–248. [213]

Fivush, H. & Hudson, J.A. (Eds.)(1990): *Knowing and remembering in young children.* New York: Cambridge University Press.

Fivush, R., Kuebli, J. & Clubb, P.A. (1992): The structure of events and event representations. A developmental analysis. *Child Development, 63,* S. 188–201. [212]

Flavell, J.H. (1963): *The developmental psychology of Jean Piaget.* New York: Van Nostrand. [182]

Flavell, J.H. (1986): The development of children's knowledge about the appearance reality distinction. *American Psychologist, 41,* S. 418–425. [192]

Flavell, J.H., Beach, D.R. & Chinsky, J.M. (1966): Spontaneous verbal rehearsal in a memory task as a function of age. *Child Development, 37,* S. 283–299. [204]

Flavell, J.H., Friedrichs, A.G. & Hoyt, J.D. (1970): Developmental changes in memorization processes. *Cognitive Psychology, 1,* S. 324–340. [207]

Flavell, J.H., Green, F.L. & Flavell, E.R. (1989): Young children's ability to differentiate appearance-reality and level 2 perspectives in the tactile modality. *Child Development, 60,* S. 201–213. [193]

Flavell, J.H., Green, F.L., Wahl, K.E. & Flavell, E.R. (1987): The effects of question clarification and memory aids on young children's performance on appearance-reality tasks. *Cognitive Development, 2,* S. 127–144. [192]

Flavell, J.H., Miller, P.H. & Miller, S.A. (1993): *Cognitive development.* (3rd ed.). Englewood Cliffs, NJ: Prentice Hall. [193, 204f., 326, 338]

Flavell, J.H., Speer, J.R., Green, F.L. & August, D.L. (1981): The development of comprehension monitoring and knowledge about communication. *Monographs of the Society for Research in Child Development, 46(5),* Serial No. 192. [190]

Fleck, J.C. (1830): *Die Verirrungen des Geschlechtstriebes, deren Ursachen, Folgen, Verhuetungs- und Rettungsmittel.* Ilmenau: Voigt. [370]

Fleming, A.T. (1980): New frontiers in conception. *The New York Times Magazine,* July 20 (zitiert nach: Clarke-Stewart, A. et al., 1985). [57]

Folds, T.H, Footo, M.M, Guttentag, R.E & Ornstein, P.A. (1990): When children mean to remember: Issues of context specificity, strategy effectiveness, and intentionality in the development of memory. *In:* Bjorklund, D.F. (Ed.), S. 67–91. [336]

Fomon, S.J. (1993): *Nutrition of normal infants.* St. Louis, MO: Mosby. [221]

Ford, C. & Beach, F. (1951): *Patterns of sexual behavior.* New York: Harper & Row. Dt. (1968): *Formen der Sexualität.* Reinbek: Rowohlt. [366f.]

Fortier, I., Marcoux, S. & Brisson, J. (1994): Passive smoking during pregnancy and the risk of delivering a small-for-gestational-age infant. *American Journal of Epidemiology, 139,* S. 294–301. [82]

Foss, B.M. (Ed.) (1963): *Determinants of infant behavior.* Vol II. London: Methuen.

Foss, B.M. (Ed.) (1969): *Determinants of infant behavior.* Vol. IV. London: Methuen.

Fourcin, A.J. (1978): Acoustic patterns and speech acquisition. *In:* Waterson, N. & Snow, C.E. (Eds.), S. 47–72. [176]

Fouts, R.S. & Budds, R.L. (1979): Artificial and human language acquisition in the chimpanzee. *In:* Hamburg, D.A. & McCown, E.R. (Eds.), S. 375–392. [171]

Fox, N.A. (1977): Attachment of Kibbutz infants to mother and metapelet. *Child Development, 48,* S. 1228–1239. [126]

Fox, N.A., Kimmerly, N.I. & Schafer, W.D. (1991): Attachment to mother/attachment to father: A meta-analysis. *Child Development, 62,* S. 210–225. [130]

Frankenburg, W.K. & Dodds, J.B. (1967): The Denver developmental screening test. *Journal of Pediatrics, 71,* S. 181–185. [3]

Frauenglass, M.H. & Diaz, R.M. (1985): Self-regulatory functions of children's private speech: A critical analysis of recent challenges to Vygotsky's theory. *Developmental Psychology, 21,* S. 357–364. [195]

Freud, A. & Dann, S. (1951): An experiment in group upbringing. *Psychoanalytic Study of the Child, 6,* S. 127–168. [127]

Freud, S. (1924): *Abriss der Psychoanalyse. Das Unbehagen in der Kultur.* Gesammelte Schriften von Sigmund Freud: Leipzig: Internationaler Psychoanalytischer Verlag. [126]

Friedman, H.S., Hawley, P.H. & Tucker, J.S. (1994): Personality. Health, and longitivity. *Current Directions in Psychological Science, 3,* S. 37–41. [294]

Friedman, H.S., Tucker, J.S., Schwartz, J.E., Tomlinson-Keasey, C. Martin, L.R., Wingard, D.L. & Criqui, M.H. (1995): Psychosocial and behavioral predictors of longevity: The aging and death of the »termites«. *American Psychologist, 50,* S. 69–78. [268]

Friedman, S. (1972): Habituation and recovery of visual response in the alter human newborn. *Journal of Experimental Child Psychology, 13,* S. 339–349. [101]

Frieze, I.H., Francis, WD. & Hanusa, B.H. (1983): Defining success in classroom settings. *In:* Levine, J. & Wang, M. (Eds), S. 3–28. [274]

Frisch, H.L. (1977): Sex stereotypes in adult – infant play. *Child Development, 48,* S. 1671–1675. [229]

Frodi, A.M. (1985);: When empathy fails: Aversive infant crying and child abuse. *In:* Lester, B.M. & Boukydis, C.F.Z. (Eds), S. 263–277. [121]
Frodi, A.M. & Lamb, M.E. (1978): Sex differences in responsiveness to infants: A developmental study of psycho-physiological and behavioral responses. *Child Development, 49,* S. 1182–1188. [118]
Frodi, A.M., Lamb, M.E., Leavitt, L.A., Donovan, W.L., Neff, C. & Sherry, D. (1978): Fathers' and mothers' responses to the faces and cries of normal and premature infants. *Developmental Psychology, 14,* S. 490–498. [118]
Fuligni, A.J. & Eccles, J.S. (1993): Perceived parent-child relationships and early adolescents' orientation toward peers. *Developmental Psychology, 29,* S. 622–632. [384]
Fullard, W. & Reiling, A.M. (1976): An investigation of Lorenz's Ababyness@. *Child Development, 47,* S. 1191–1193. [117]
Funder, D.C., Parke, R.D., Tomlinson-Keasey, C. & Widaman, K. (Eds.) (1993)*: Studying lives through time: Personality and development.* Washington, DC: American Psychological Association.
Furman, W., Rahe, D.F. & Hartup, W.W. (1979): Rehabilitation of socially withdrawn preschool children through mixed-age and same-age socialization. *Child Development, 50,* S. 915–922. [245]
Gagnon, J.H. (1977): *Human sexualities.* Glenview, Ill.: Scott, Foresman. [367 f.]
Gandour, M.J. (1989): Activity level as a dimension of temperament in toddlers: Its relevance for the organismic specifity hypothesis. *Child Development, 60,* S. 1092–1098. [223]
Garbarino, J. (1982): *Children and families in the social environment.* New York: Aldine. [119]
Garbarino, J. & Crouter, A. (1978): Defining the community context for parent-child relations: The correlates of child maltreatment. *Child Development, 49,* S. 604–616. [119]
Garbarino, J. & Kostelny, K. (1992): Child maltreatment as a community problem. *Child Abuse and Neglect, 16,* S. 455–464. [31]
Gardner, H. (1983): *Frames of mind. The theory of multiple intelligences.* New York: Basic Books. Dt. (1991): *Abschied vom IQ. Die Rahmen-Theorie der vielfachen Intelligenzen.* Stuttgart: Klett-Cotta. [269, 271]
Gardner, H. (1998): *Frames of the mind: The theory of multiple intelligences.* New York, NY: Basic Books. Dt (1998): *Abschied vom IQ: Die Rahmen-Theorie der vielfachen Intelligenzen.* Stuttgart: Klett-Cotta. [269]
Gardner, H. (1999): *Intelligence reframed: Multiple intelligences for the 21st century.* New York: Basic Books. [271]
Gardner, R.A. & Gardner, B.T. (1969): Teaching sign language to a Chimpanzee. *Science, 165,* S. 664–672. [171]
Garner, D.M. (1993): Pathogenesis of anorexia nervosa. *The Lancet, 341,* S. 1631–1635. [359]
Garvey, C. (1977): *Play.* Cambridge, MA.: Harvard University Press. [155]
Garvey, C. & Hogan, R. (1973): Social speech and social interaction: Egocentrism revisited. *Child Development, 44,* S. 562–568. [218]
Gauvain, M. & Rogoff, B. (1989): Collaborative problem solving and children's planning skills. *Developmental Psychology, 25,* S. 139–151. [29]
Geary, D.C., Fan, L. & Bow-Thomas, C.C., Fan, L. & Siegler, R.S. (1993): Even before formal instruction, Chinese children outperform American children in mental addition. *Cognitive Development, 8,* S. 517–529. [26]
Geber, M. (1958): The psycho-motor development of African children in the first year, and the influence of maternal behavior. *Journal of Social Psychology, 47,* S. 185–195. [112]
Gebhard, P.H. (1971): Human sexual behavior: A summary statement. *In:* Marshall, D.S. & Suggs, R.C. (Eds.), S. 206–217. [373]
Gerlinghoff, M., Backmund, H. & Mai, N. (1988): *Magersucht. Auseinandersetzung mit einer Krankheit.* München: PVU. [359]
Gesell, A. (1928): *Infancy and human growth.* New York: Macmillan. Dt. (1931): *Körperseelische Entwicklung in der frühen Kindheit.* Halle a.d.S.: Marhold. [14]
Gesell, A. & Thompson, H. (1929): An experimental analysis by the method of co-twin control. *Genetic Psychology Monographs, 6,* S. 5–124. [14 f.]
Gianino, A. & Tronick, E. (1988): The mutual regulation model: The Infant's self and interactive regulation and coping and defensive capacities. *In:* Field, T., McCabe, P. & Schneiderman, N. (Eds.), S. 47–68. [133]
Gibson, E.J. & Walk, R.D. (1960): The visual cliff. *Scientific American, 202,* S. 64–71. [151]
Gibson, K.R. & Petersen, A.C. (Eds.) (1991): *Brain maturation and cognitive development: Comparative and cross-cultural perspectives.* New York: Aldine de Gruyter.
Giese, H. & Schmidt, G. (1968): *Studenten-Sexualität: Verhalten und Einstellung; Eine Umfrage an 12 westdeutschen Universitäten.* Rowohlt: Reinbeck bei Hamburg. [372]
Gilligan, C. (1982): New maps of development: New visions of maturity. *American Journal of Orthopsychiatry, 52,* S. 199–212. [346 f.]

Gilligan, C. (1990): Teaching Shakespeare's sister. *In:* Gilligan, C., Lyons, N. & Hammer, T. (Eds.), S. 6–29. [394]

Gilligan, C. & Attanucci, J. (1988): Two moral orientations: Gender differences and similarities. *Merrill-Palmer Quarterly, 34,* S. 223–237. [347]

Gilligan, C., Lyons, N. & Hammer, T. (Eds.) (1990): *Making connections: The relational worlds of adolescent girls at the Emma Willard School.* Cambridge, MA: Harvard University Press.

Ginsburg, H., P. & Opper, S. (1998): *Piaget's theory of intellectual development* (3rd ed.). Englewood Cliffs, NJ: Prentice-Hall. Dt: (1998): *Piagets Theorie der geistigen Entwicklung.* Stuttgart: Klett-Cotta. [330]

Gladwin, T. (1970): *East is a big bird.* Cambridge, MA: Harvard University Press. [334]

Gleason, J.B. (Ed.) (1989): *The development of language.* Columbia, OH: Merrill.

Gleason, J.B. (Ed.) (1997): *The development of language.* Boston: Allyn and Bacon.

Glover, J. & Ronning, R. (Eds.)(1987): *Historical foundations of educational psychology.* New York: Plenum Press.

Goethe, J.W. (1874): *Dichtung und Wahrheit.* Berlin: Hempel. [30]

Golbus, M., Loughman, W., Epstein, C. Halbasch, G. Stephens, J. & Hall, B. (1979): Prenatal genetic diagnosis in 3000 amniocenteses. *The New England Journal of Medicine, 300,* S. 157–163. [59]

Goldberg, S. (1983): Parent-infant bonding: Another look. *Child Development, 54,* S. 1355–1382. [117, 120]

Goldin-Meadow, S., Seligman, M.E.P. & Gelman, R. (1976): Language in the two-year-old. *Cognition, 4,* S. 189–202. [158]

Goldman-Rapic, P.S., Isseroff, A., Schwartz, M.L. & Bugbee, M.N. (1983): The neurobiology of cognitive development. *In:* Haith, M.M. (Ed.), S. 281–344. [222]

Goldsmith, H.H., Buss, A.H., Plomin, R., Rothbart, M.K. et al. (1987): What is temperament? Four approaches. *Child Development, 58,* S. 505–529. [223]

Goleman, D. (1980): 1.528 little geniuses and how they grew. *Psychology Today, 13,* S. 28–53. [46]

Golinkoff, R.M., Mervis, C.B. & Hirsh-Pasek, K. (1994): Early object labels: The case for a developmental lexical principles framework. *Journal of Child Language, 21,* S. 125–155. [166]

Gollin, E.S. (Ed.) (1981): *Developmental plasticity. Behavioral and biological aspects of variations in development.* New York: Academic Press.

Gonzalez, J., Field, T.; Yando, R., Gonzalez, K., Lasko D. & Bendell, R. (1994): Adolescents' perceptions of their risk-taking behavior. *Adolescence, 29,* S. 701–709. [342]

Gopnik, A. & Meltzoff, A.N. (1986): Relation between semantic and cognitive development in the one-word stage: The specifity hypothesis. *Child Development, 57,* S. S. 1040–1053. [168]

Gordon, C.P. (1996): Adolescent decision making: A broadly based theory and its application to the prevention of early pregnancy. *Adolescence, 31,* S. 561–584. [375]

Gordon, I., Lask, B., Bryant-Waugh, R., Christie, D. & Timini, S. (1997): Childhood-onset anorexia nervosa: Toward identifying a biological substrate. *International Journal of Eating Disorders, 22,* S. 159–165. [360]

Gordon, S. & Gilgun, J.F. (1987): Adolescent sexuality. *In:* VanHasselt, V.B. & Herksen, M. (Eds.), S. 147–167. [376]

Gordon, S. & Gordon, J. (1983): *Raising a child conservatively in a sexually permissive world.* New York: Simon. [376]

Gortmaker, S.L., Dietz, W.H. & Cheung, L.W.Y. (1990): Inactivity, diet, and the fattening of America. *Journal of the American Dietetic Association, 90,* S. 1247–1252, 1255. [222]

Gottesman, I.I. (1963): Heritability of personality: A demonstration. *Psychology Monographs, 77,* No. 572. [66]

Gottman, J.M. & Mettetal, G. (1986): Speculations about social and affective development: Friendship and acquaintanceship through adolescence. *In*: Gottman, J. M. & Parker, J.G. (Eds.), S. 192–237. [244]

Gottman, J. M. & Parker, J. G. (Eds.) (1986): *Conversations of friends: Speculations on affective development.* Cambridge, England UK: Cambridge University Press.

Gould, R.L. (1981): *The mismeasure of man.* New York: Norton. [264]

Graber, J., Brooks-Gunn, J. & Warren, M. (1995): The antecedents of menarcheal age: Heredity, family environment, and stressful life events. *Child Development, 66,* S. 346–359. [355]

Graham, C.J., Dick, R., Rickert, V.I. & Glenn, R. (1993): Left-handedness as a risk factor for unintentional injury in children. *Pediatrics, 92,* S. 823–826. [225]

Granrud, C.E. (Ed.) (1993): *Visual perception and cognition in infancy.* Hillsdale, NJ: Erlbaum.

Grant, C.L. & Fodor, I.G. (1986): Adolescent attitudes toward body image and anorexic behavior. *Adolescence, 21,* S. 269–281. [361]

Grassel, H. & Bach, K. (Hrsg.) (1979): *Kinder und Jugendsexualität.* Berlin: Verlag der Wissenschaften. [368]

Greenberg, D. & Marvin, R.S. (1982): Reactions of preschool children to an adult stranger: A behavioral systems approach. *Child Development, 53,* S. 481–490. [132]

Greenberg, J.S., Bruess, E. & Haffner, D. (2000): *Exploring the dimensions of human sexuality.* Sudbury, Mass.: Jones and Bartlett. [374]

Greenberg, M.T., Cicchetti; D. & Cummings, E.M. (Eds.) (1990): *Attachment in the preschool years.* Chicago: University of Chicago Press.

Greenberg, R.A., Haley, N.J., Etzel, R.A. & Loda, F.A. (1984): Measuring the exposure of infants to tobacco smoke: Nicotine and cotinine in urine and saliva. *New England Journal of Medicine, 310,* S. 1075–1078. [82]

Greenfield, P.M. (1995): Profile: On teaching, culture, ethnicity, race, and development: Implication for teaching theory and research. *Society for Research in Child Development Newsletter,* S. 3–4, 12. [228]

Gregg, M. & Leinhardt, C. (1995): Mapping out geography: An example of epistemology and education. *Review of Educational Research, 64,* S. 311–361. [336]

Gregg, McA. (1941): Congenital cataract following German measles in the mother. *Transactions of the Ophalmological Society of Australia, 3,* S. 35–40. [79]

Grolnick, W.S., Bridges, L.J. & Connell, J.P. (1996): Emotion regulation in two-year-olds: Strategies and emotional expression in four contexts. *Child Development, 67,* S. 928–941. [238]

Grolnick, W.S. & Slowiaczek, M.L. (1994): Parents' involvement in children's schooling: A multidimensional conceptualization and motivational model. *Child Development, 65,* S. 237–252. [31]

Grossmann, K., Grossmann, K.E., Spangler, G., Suess, G. & Unzner, L. (1985): Maternal sensitivity and newborns' orientation responses as related to quality of attachment in Northern Germany. *In:* Bretherton, I. & Waters, E. (Eds.), S. 233–256. [130]

Grossmann, K.E., Sceuerer-Englisch, H. & Loher, I. (1991): Die Entwicklung emotionaler Organisation und ihre Beziehung zum intelligenten Handeln. *In:* Mönks, F.J. & Lehwald, G. (Hrsg.), S. 66–76. [135]

Grossmann, K., Thane, K. & Grossmann, K.E. (1981): Maternal tactual contact of the newborn after various postpartum conditions of mother-infant contact. *Developmental Psychology, 17,* S. 159–169. [120]

Grotevant, H.D. (1992): Assigned and chosen identity components: A process perspective on their integration. *In:* Adams, G.R., Gullotta, T.P. & Montemayor, R. (Eds.), S. 73–90. [385, 390]

Grotevant, H.D. & Cooper, C.R. (Eds.)(1983): *Adolescent development in the family.* San Francisco: Jossey-Bass.

Grotevant, H.D. & Cooper, C.R. (1986): Individuation in family relationships. *Human Development, 29,* S. 82–100. [385]

Grueneich, R. (1982): Issues in the developmental study of how children use intention and consequence information to make moral evaluations. *Child Development, 53,* S. 29–43. [280]

Guerri, C. (1998): Neuroanatomical and neurophysiological mechanisms involved in central nervous system dysfunctions induced by prenatal alcohol exposure. *Alcohol Clinical and Experimental Research, 22,* S. 304–312. [83]

Gunnar, M.R. & Collins, W.A. (Eds.) (1988): *Minnesota symposium on child psychology.* Vol. 21. Hillsdale, NJ: Erlbaum

Gustafson, G.E., Green, J.A. & Cleland, J. W. (1994): Robustness of individual identity in the cries of human infants. *Developmental Psychobiology, 27,* S. 1–9. [121]

Gustafson, G.E. & Harris, K.L. (1990): Women's responses to young infants' cries. *Developmental Psychology, 26,* S. 144–152. [121]

Gutierrez, J. & Sameroff, A. (1990): Determinants of complexity in Mexican-American and Anglo-American mothers' conceptions of child development. *Child Development, 61,* S. 384–394. [32]

Guttentag, R.E. (1995): Mental effort and motivation: Influences on children's memory strategy use. *In:* Weinert, F.E. & Schneider, W. (Eds.), S. 207–224. [262]

Habermas, T. (1995): Eßstörungen der Adoleszenz. *In:* Oerter, R. & Montada, L. (Hrsg.), S. 1069–1075. [359]

Hack, M.B., Taylor, H.G., Klein, N., Eiben, R., Schatschneider, C. & Mercuri Minich, N. (1994): School-age outcomes in children with birth-weights under 750 g. *New England Journal of Medicine, 331,* S. 753–759. [97]

Haeberle, E.J. (1983): *The sex atlas.* New York: Continuum. Dt. (1999): *Die Sexualität des Menschen: Handbuch und Atlas.* Hamburg: Nikol. [370]

Hagen, J.W. & Hale, G.H. (1973): The development of attention in children. *In:* Pick, A.D. (Ed.), S. 117–140. [201]

Haggard, J.W. & Jellinek, E.M. (1942): *Alcohol explored.* New York: Doubleday. [82]

Haith, M.M. (Ed.) (1983): *Infancy and developmental psychobiology* (4th ed.). New York: Wiley.

Hale, S., Fry, A.F. & Jessie, K.A. (1993): Effects of practice on speed of information processing in children and adults: Age sensitivity and age invariance. *Developmental Psychology, 29,* S. 880–892. [203, 205]

Hale-Benson, J.E. (1986): Black children: Their roots, culture and learning styles. Baltimore: John Hopkins University Press. [223]

Hall, E. (1970): A conversation with Jean Piaget and Barbel Inhelder. *Psychology Today, 3,* S.25–56. [183]

Hall, G.S. (1891): The contents of children's minds. *Pedagogical Seminary, 1,* S. 13–18. [99]

Hall, G.S. (1904): *Adolescence; Its psychology and its relation to physiology, anthropology, sociology, sex, crime, religion, and education* (Vol i & II). Englewood Cliffs, NJ: Prentice Hall. [320, 354]

Hall, V.C. & Kingsley, R.C. (1968): Conservation and equilibration theory. *Journal of Genetic Psychology, 113,* S. 195–213. [256]

Hallberg, L.R.M. (1996): Occupational hearing loss: Coping and family life. *Scandinavian Audiology, 25,* S. 25–33. [11]

Halle, M., Miller, G. & Bresnan, J. (Eds.) (1978): *Linguistic theory and psychological reality.* Cambridge, MA: MIT Press.

Hallinan, M.T. (1979): Structural effects on children's friendships and cliques. *Social Psychology Quarterly, 42,* S. 43–54. [314]

Halmi, K.A. (1987): Anorexia nervosa and bulimia. *In:* VanHasselt, V.B. & Hersen, M. (Eds.), S. 265–287. [359 f.]

Hamachek, D.E. (1987): Humanistic psychology: Theory, postulates and implications for educational processes. *In:* Glover, J. & Ronning, R. (Eds.), S. 159–182. [33]

Hamburg, D.A. & McCown, E.R. (Eds.)(1979): *The great apes.* Menlo Park, CA: Benjamin/Cummings.

Hamond, N.R. & Fivush, R. (1991): Memories of mickey mouse: Young children recount their trip to Disneyworld. *Cognitive Development, 6,* S. 433–448. [211 f.]

Handel, G. (Ed.)(1988): *Childhood socialization.* Hawthorne, NY: Aldine de Gruyter.

Harari, O. & Covington, M. (1981): Reactions to achievement behavior from a teacher and a student perspective: A developmental analysis. *Educational Research Journal, 18,* S. 15–28. [274]

Hardy, J. (1973): Clinical and developmental aspects of congenital rubella. *Archives of Otolaryngology, 98,* S. 230–236. [80]

Harlow, H.F. & Suomi, S.J. (1971): Social recovery by isolation reared monkeys. *Proceedings of the National Academy of Science, 68,* S. 1534–1538. [245]

Harmon, R., Suwalsky, J. & Klein, R. (1979): Infant's preferential response for mother versus unfamiliar adult. *Journal of the American Academy of Child Psychiatry, 18,* S. 437–449. [131]

Harnishfeger, K.K. (1995): The development of cognitive inhibition: Theories, definitions, and research evidence. *In:* Dempster, F. & Brainerd, C. (Eds.), S. 176–204. [199]

Harper, R.M., Leake, B., Hoffman, H., Walter, D.O., Hoppenbrouwers, T., Hodgman, J. & Sterman, M.B. (1981): Periodicity of sleep states is altered in infants at risk for the sudden infant death syndrome. *Science, 213,* S. 1030–1032. [108]

Harris, P.L., Donnelly, K., Guz, G.R. & Pitt-Watson, R. (1986): Children's understanding of the distinction between real and apparent emotion. *Child Development, 57,* S. 895–909. [191 f.]

Harrison, A.O., Wilson, M.N., Pine, C.J., Chan, S.Q. & Buriel, R. (1990): Family ecologies of ethnic minority children. *Child Development. 61,* S. 347–362. [32]

Harrist, A.W., Zaia, A.F., Bates, J.E., Dodge, K.A. & Pettit, G.S. (1997): Subtypes of social withdrawal in early childhood: Sociometric status and social-cognitive differences across four years. *Child Development, 68,* S. 278–294. [307]

Hart, B. & Risley, T.R. (1992): American parenting of language-learning children: Persisting differences in family-child interactions observed in natural home environments. *Developmental Psychology, 28,* S. 1096–1105. [176]

Hart, B. & Risley, T.R. (1995): *Meaningful differences in the everyday experience of young American Children.* Baltimore: Brookes. [176, 272]

Harter, S. (1983): Developmental perspectives on the self-system. *In:* Mussen, P.H. (Ed.), Vol. 4, S. 275–385. [138, 227]

Harter, S. (1987): The determinations and mediational role of global self-worth in children. *In:* Eisenberg, N. (Ed.), S. 219–242. [296]

Harter, S. (1990 a): Processes underlying adolescent self-concept formation. *In:* Montemayor, R., Adams, G.R. & Gullotta, T.P. (Eds.), S. 205–239. [296, 389]

Harter, S. (1990 b): Self and identity development. *In:* Feldman, S.S. & Elliott, G.R. (Eds.), S. 352–387. [296, 386]

Harter, S. (1990 c): Issues in the assessment of self-concept of children and adolescents. *In:* LaGreca, A. (Ed.), S. 292–325. [296, 299]

Harter, S. (1990 d): Causes, correlates, and the functional role of global self-worth: A life-span perspective. In: Kolligan, J. & Sternberg, R. (Eds.), S. 67–97. [296, 299]

Harter, S. (1997): The personal self in social context: Barriers to authenticity. *In:* Ashmore, R.D. & Jussim, L.J. (Eds.), S. 81–105. [298]

Harter, S. & Monsour, A. (1992): Developmental analysis of conflict caused by opposing attributes in the adolescent self-portrait. *Developmental Psychology, 28,* S. 251–260. [387, 389]

Hartshorne, H. & May, M.A. (1928): *Studies in the nature of character: Studies in deceit* (Vol. 1). New York: Macmillan. [288]

Hartshorne, H. & May, M.A. (1929): *Studies in the nature of character: Studies in self-control.* Vol. 2. New York: Macmillan. [288]

Hartshorne, H. & May, M.A. (1930): *Studies in the nature of character: Studies in the organization of character.* New York: Macmillan. [288]

Hartup, W.W. (1977): Adolescent peer relations: A look to the future. *In:* Hill, J.P. & Mönks, F.J. (Eds.), S. 171–185. [361]
Hartup, W.W: (1979): Peer relations and the growth of social competence. *In:* Kent, M.W. & Rolf, J.E. (Eds.), S. 150–170. [242]
Hartup, W.W. (1983): Peer relations. *In:* Mussen, P.H. (Ed.), Vol. 4, S. 103–196. [128, 241]
Hartup, W.W. (1986): Profile. *In:* Scarr, S., Weinberg, R.A. & Levine, A., S. 333–337. [240, 245]
Hartup, W.W. & Rubin, Z. (Eds.) (1986): *Relationships and development.* Hillsdale, NJ: Erlbaum.
Harvey, J.H., Ickles, W. & Kidd, R.F. (Eds.) (1978): *New directions in attribution research.* Vol. 2. Hillsdale, NJ: Erlbaum.
Hasselhorn, M. (1988): Wie und warum verändert sich die Gedächtnisspanne über die Lebensspanne? *Zeitschrift für Entwicklungspsychologie und Pädagogische Psychologie, 20*, S. 322–337. [336]
Hasselhorn, M. (1995): Beyond production deficiency and utilization inefficiency: Mechanisms of the emergence of strategic categorization in episodic memory tasks. *In:* Weinert, F.E. & Schneider, W. (Eds.), S. 141–159. [336]
Hasselhorn, M., Mähler, C. & Grube, D. (1995): Entwicklungsveränderungen und -stabilitäten im Metagedächtnis während der Grundschuljahre. *Empirische Pädagogik, 9,* S. 33–53. [207, 260f.]
Hatfield, E. & Sprecher, S. (1986): *Mirror, mirror ... The importance of looks in everyday life.* Albany: State University of New York Press. [307]
Haug-Schnabel, G. (1993): Verunsicherte Zeit der Reife. *psychologie heute, 20,* S. 36–40 u. 40–42. [323f.]
Hawkins, J., Pea, R.D., Glick, J. & Scribner, S. (1984): A Merds that laugh don't like mushrooms@; Evidence for deductive reasoning in preschoolers. *Developmental Psychology, 20,* S. 584–594. [333f.]
Hayden, C.A., Haine, R.R. & Fivush, R. (1997): Developing narrative structure in parent-child reminiscence across the preschool years. *Developmental Psychology, 33,* S. 295–307. [214]
Hayden, A.H. & Haring, N.G. (1976): Early intervention for high risk infants and young children: Programs for Down's syndrome children. *In:* Tjossem, T.D. (Ed.), S. 573–607. [68]
Hayes, K. J. & Hayes, C. (1952): Imitation in a home-raised chimpanzee. *Journal of Comparative and Physiological Psychology, 45,* S. 450–459. [171]
Hecaen, H. (1976): Acquired aphasia in children and the ontogenesis of hemispheric functional specialization. *Brain and Language, 3,* S. 114–134. [172]
Helfferich, C. (1994): *Jugend, Körper und Geschlecht.* Opladen: Leske + Budrich. [361]
Henry, B., Caspi, A., Moffitt, T.E. & Silva, P.A. (1996): Temperamental and familial predictors of violent and nonviolent criminal convictions: Age 3 to age 18. *Developmental Psychology, 32,* S. 614–623. [239]
Hermelin, B., Pring, L. & Harvey, L.J. (1994): Visual and motor functions in graphically gifted savants. *Psychological Medicine, 24,* S. 673–680. [270]
Herodot (1977): *Historien Griechisch-Deutsch.* Bd 1. Hrsg. von Feise, J. München: Heimeran. [36]
Herpertz, S. & Senf, W. (1997): Diagnostik, Ätiologie und Epidemiologie der Magersucht und Bulimie. *In:* Janssen, P.L., Senf, W. & Meermann, R. (Hrsg.), S. 8–12. [359]
Hetherington, E.M. (1989): Coping with family transitions: Winners, losers, and survivors. *Child Development, 60,* S. 1–14. [32]
Hetherington, E.M., Cox, M. & Cox, R. (1985): Long-term effects of divorce and remarriage on the adjustment of children. *Journal of the American Academy of Child Psychiatry, 5,* S. 518–530. [32]
Hetherington, E.M. & Parke, R.D. (1999): *Child psychology* (5th. Ed.). Boston: McGraw-Hill. [327]
Hetzer, H. (1979): Entwicklung des Spielens. *In:* Hetzer, H., Todt, E., Seiffge-Krenke, I. & Arbinger, R (Hrsg.), S. 68–94. [155]
Hetzer, H., Todt, E., Seiffge-Krenke, I. & Arbinger, R (Hrsg.) (1979): *Angewandte Entwicklungspsychologie des Kindes- und Jugendalters.* Heidelberg: Quelle & Meyer.
Heyman, G.D., Dweck, C.S. & Cain, K.M. (1992): Young children's vulnerability to self-blame and helplessness: Relationship to beliefs about goodness. *Child Development, 63,* S. 401–415. [301]
Hickey, T.L. & Peduzzi, J.D. (1987): Structure and development of the visual system. *In:* Salapatek, P. & Cohen, L. (Eds.), S. 1–42. [113]
Higham, E. (1980): Sexuality in the infant and neonate: Birth to two years. *In:* Wolman, B. & Money, J. (Eds.), S. 16–27. [373]
Hilaire, St. G. E. (1822): *Philosophie anatomique des monstruosité, des varietes et des vices de conformation; ou traite de teratologie.* Paris: Bailliere. [78]
Hill, J.P. & Mönks, F.J. (Eds.) (1977): *Adolescence and youth in prospect.* Guilford, England: IPC Press.
Hinde, R.A., Tamplin, A. & Barrett, J. (1993): Social isolation in 4-year-olds. *British Journal of Developmental Psychology, 11,* S. 211–236. [311]
Hindley, C.B., Filliozat, A.M., Klackenberg, G., Nicolet-Meister, D. & Sand, E.A. (1966): Differences in age of walking in five European longitudinal samples. *Human Biology, 38,* S. 364–379. [6, 112]

Hiscock, M. & Kinsbourne, M. (1987): Specialization of the cerebral hemispheres. Implications for learning. *Journal of Learning Disabilities, 20,* S. 130–143. [225]

Hobom, B. (2001): Die erstaunliche Ähnlichkeit des Menschen mit dem Wurm. *Frankfurter Allgemeine Zeitung, Nr. 37,* S. 3. [54]

Hoff-Ginsberg, E. (1997): *Language development.* Pacific Grove, CA: Brooks-Cole. [168]

Hofman, M.L. (1975a): Developmental synthesis of affect and cognition and its implications for altruistic motivation. *Developmental Psychology, 11,* S. 607–622. [247]

Hofman, M.L. (1975b): Altruistic behavior and the parent-child relationship. *Journal of Personality and Social Psychology, 31,* S. 937–943. [249]

Hogan, R. (1980): The gifted adolescent. *In:* Adelson, J. (Ed.), S. 536–559. [333]

Hogan, R. (Ed.) (1997): *Handbook of personality psychology.* San Diego, CA: Academic Press.

Holden (1980): Identical twins reared apart. *Science, 207,* S. 21. [61]

Hollos, M. (1975): Logical operations and role-taking abilities in two cultures: Norway and Hungary. *Child Development, 46,* S. 638–649. [304]

Hollos, M. & Cowan, P.A. (1973): Social isolation and cognitive development: Logical operations and role-taking abilities in three Norwegian and social settings. *Child Development, 44,* S. 630–641. [304]

Holmes, L.B. (1994): Congenital malfunctions. *In* Oski, F.A., DeAngelis, C.D., Feigin, R.D., McMillan, J.A. & Warshaw, J.B. (Eds.), S. 277–279. [77]

Honig, A.S. (1988): The art of talking to a baby. *Baby, 3,* S. 12–14, 16–17. [176]

Hoppe-Graf, S. & Keller, M. (1988): Einheitlichkeit und Vielfalt in der Entwicklung des Freundschaftskonzeptes. *Zeitschrift für Entwicklungspsychologie und Pädagogische Psychologie, 20,* S. 195–213. [364]

Horn, J.L. (1976): Human abilities: A review of research and theory in the early 1970s. *Annual Review of Psychology, 27,* S. 437–486. [107]

Horn, J.M. (1983): The Texas adoption project: Adopted children and their intellectual resemblance to biological and adoptive parents. *Child Development, 54,* S. 268–275. [67]

Howe, M.L. & Courage, M.L. (1993): On resolving the enigma of infantile amnesia. *Psychological Bulletin, 113,* S. 305–326. [215]

Howe, M.L. & Pasnak, R. (Eds.) (1993): *Emerging themes in cognitive development.* Vol. 1: *Foundations.* New York: Springer.

Howells, J.G. (Ed.) (1971): *Modern perspectives in international child psychiatry.* New York: Brunner/Mazel.

Hubbard, F.O.A. & van Ijzendoorn, M.H. (1987): Maternal unresponsiveness and infant crying. A critical replication of the Bell & Ainsworth study. *In:* Tavecchio, L.W.C. & Ijzendoorn, M.H. (Eds.), S. 339–378. [122]

Hudson, J.A. (1990): The emergence of autobiographical memory in mother-child conversation. *In:* Fivush, R. & Hudson, J.A. (Eds.), S. 166–196. [214]

Hudson, J.A. & Nelson, K. (1983): Effects of script structure on children's story recall. *Developmental Psychology, 19,* S. 625–635. [213]

Humphreys, A.P. & Smith, P.K. (1984): Rough-and-tumble in preschool and playground. *In:* Smith, P.K. (Ed.), S. 241–266. [294]

Hundsalz, A., Klug, H.-P. & Schilling, H. (Hrsg.) (1995): *Beratung für Jugendliche. Lebenswelten, Problemfelder, Beratungskonzepte.* Weinheim: Juventa.

Hurrelmann, K. (1995): Risikoverhalten bei Jugendlichen. *In:* Ferchhoff, W., Sander U. & Vollbrecht, R. (Hrsg.), S. 161–171. [341 f.]

Hurrelmann, K. (1996): The social world of adolescents: A sociological perspective. *In:* Hurrelmann, K. & Hamilton, S.F. (Eds.), S. 39–62. [322]

Hurrelmann, K. & Hamilton, S.F. (Eds.)(1996): *Social problems and social contexts in adolescence: Perspectives across boundaries.* New York: Aldyne DeGruyter.

Husarek, B. & Pidada, S. (1993): Determinanten der prosozialen Motiventwicklung. Ein deutsch-indonesischer Vergleich. *Zeitschrift für Sozialisationsforschung und Erziehungssoziologie, 13,* 161–177. [248]

Hutchins, E. (1980): *Culture and inference.* Cambridge, MA: Harvard University Press. [334]

Hutt, C. (1967): Temporal effects on response decrement and stimulus satiation in exploration. *British Journal of Psychology, 58,* S. 365–373. [156]

Huttenlocher, J.E. (1974): The origin of language comprehension. *In:* Solso, R.L. (Ed.), S. 331–368. [165]

Huttenlocher, P.R. (1994): Synaptogenesis in human cerebral cortex. *In:* Dawson, G. & Fischer, K.W. (Eds.), S. 137–152. [173, 222]

Huyghe, P. (1986): Bilder, Stimmen, Streiflichter. Unsere ersten Erinnerungen. *Psychologie heute, 13,* S. 22–27. [214]

Ikonomidou, C., Bittigau, P., Ishimaru, M.J., Wozniak, D.F., Koch, C., Genz, K., Price, M.T., Stefovska, V., Hörster, F., Tenkova, T., Dikranian, K. & Olney, J.W. (2000): Ethanol-induced apoptotic neurodegeneration and fetal alcohol syndrome. *Science, 287,* S. 1056–1060. [83]

Ingram, D. (1981) Early patterns of grammatical development. *In:* Stark, R.E. (Ed.), 327–358. [216]

Inhelder, B. & Piaget, J. (1955): *De la logique de l'enfant à la logique de l'adolescent.* Paris: Presses Universitaires de France. Dt. (1980): *Von der Logik des Kindes zur Logik des Heranwachsenden.* Olten: Walter. [209, 329]

Isabella, R.A. & Belsky, J. (1991): Interactional synchrony and the origins of infant-mother attachment: A replication study. *Child Development, 62,* S. 373–384. [133]

Izard, C.E., Fantauzzo, C.A., Castle, J.M., Haynes, O.M., Rayias, M.F. & Putnam, P.H. (1995): The ontogeny and significance of infants' facial expressions in the first 9 months of life. *Developmental Psychology, 31,* S. 997–1013. [138]

Jaccard, I., Dittus, P. & Gordon, V. (1996): Maternal correlates of adolescent sexual and contraceptive behavior. *Family Planning Perspective, 28,* S. 159–165. [377]

Jackson, J.E. (1993): Human behavioral genetics, Scarr's theory, and her views on interventions: A critical review and commentary on their implications for African American children. *Child Development, 64,* S. 1318–1332. [65]

Jacobs, J.E, & Ganzel, A.K. (1993): Decision-making in adolescence: Are we asking the wrong questions? *In:* Pintrich, P.R. & Maehr, M.L. (Eds.), S. 1–31. [338, 342]

Jacobson, J.L. & Wille, D.E. (1986): The influence of attachment pattern on developmental changes in peer interaction from the toddler to the preschool period. *Child Development, 57,* S. 338–347. [136]

Jacobson, S.W., Jacobson, J.L., Sokol, R.J., Martier, S.S. & Ager, J.W. (1993): *Child Development, 64,* S. 1706–1721. [83]

Jahnke, H. & Blanchard-Fields, F. (1993): A test of two models of adolescent egocentrism. *Journal of Youth and Adolescence, 22,* S. S. 213–326. [339]

James, W. (1890): *The principles of psychology.* New York: Holt. [141]

Janowsky, J. S. & Finley, B.L. (1986): The outcome of perinatal brain damage. The role of normal neuron loss and axon retraction. *Developmental Medicine and Child Neurology, 28,* S. 375–389. [222]

Janssen, P.L., Senf, W. & Meermann, R. (Hrsg.) (1997): *Klinik der Essstörungen.* Stuttgart: Gustav Fischer.

Japanese Ministry of Health and Welfare (1994): *Health and welfare 1993–1994. For the leaders of tomorrow – Views on social support for child rearing.* Tokyo. [353]

Jensen, A.R. (1969): How much can we boost IQ and scholastic achievement? *Harvard Educational Review, 39,* S. 1–123. [64 f.]

Jensen, A.R. & Whang, P.A. (1994): Speed of accessing arithmetic facts in long-term memory: A comparison of Chinese-American and Anglo-American children. *Contemporary Educational Psychology, 19,* S. 1–12. [27]

Jessor, R. (1992): Risk behavior in adolescence: A psychosocial framework for understanding and action. *Developmental Review, 12,* S. 374–390. [342]

Jessor, R. (1998): *New perspectives on adolescent risk behavior.* Cambridge: Cambridge Univ. Press. [342]

Johanson, D.C. & Edey, M. (1981): Lucy: *The beginnings of humankind.* New York: Simon & Schuster. Dt (1984): *Die Anfänge der Menschheit.* Frankfurt: Ullstein. [116]

Johanson, R.B., Rice, C., Coyle, M., Arthur, J., Anyanwu, L., Ibrahim, J. Warwick, A., Redman, C.W. & O'Brien, P.M.S. (1993): A randomized prospective study comparing the new vacuum extractor policy with forceps delivery. *British Journal of Obstetrics and Gynecology, 100,* 524–530. [91]

Johnson, C.J., Pick, H.L., Siegel, G.M. Cicciarelli, A.W. & Garber, S.R. (1981): Effects of interpersonal distance on children's vocal intensity. *Child Development, 52,* S. 721–723. [190]

Johnson, D.W. & Johnson, R.T. (1987): *Learning together and alone: Cooperative, competitive, and individualistic learning* (2nd ed.) Englewood Cliffs, NJ: Prentice Hall. [194]

Johnson, J. & Newport, E. (1989): Critical period effects in second language learning: The influence of maturational state on the acquisition of English and a second language. *Cognitive Psychology, 21,* S. 60–99. [173]

Johnson, R.C. & Medinnus, G.R. (1974): *Child psychology* (3rd ed.). New York: Wiley. [242]

Johnson, S.L. & Birch, L.L. (1994): Parents' and children's adiposity and eating style. *Pediatrics, 94,* S. 653–661. [221 f.]

Jones, H.E. & Conrad, H.S. (1933): The growth and decline of intelligence: A study of a homogeneous group between the ages of ten and sixty. *Genetic Psychology Monographs, 13,* S. 223–298. [45 f.]

Jones, M.R. (Ed.) (1962): *Nebraska symposium on motivation,* Vol. 10. Lincoln: University of Nebraska.

Jones, R.E. (1984): *Human reproduction and sexual behavior.* Englewood Cliffs,NJ: Prentice-Hall. [373]

Jones, S.S., Smith, L.B. & Landau, B. (1991): Object properties and knowledge in early lexical learning. *Child Development, 62,* S. 499–516. [158]

Josselson, R. (1994): Identity and relatedness in the lifecycle. *In:* Bosma, H.A., Graafsma, T.L.G., Grotevant, H.D. & De Vita, D.J. (Eds.), S. 81–102. [394]

Jugendwerk der Deutschen Shell (Hrsg.) (1985): *Jugendliche + Erwachsene >85. Generationen im Vergleich.* Leverkusen: Leske und Budrich. [381]

Jusczyk, P.W., Pisoni, D.B. & Mullenix, J. (1992): Some consequences of stimulus variability on speech processing by two month-old infants, *Cognition, 43,* S. 253–291. [230]

Justice, E.M., Baker-Ward, L., Gupta, S. & Jannings, L.R. (1997): Means to the goal of remembering: Developmental changes in awareness of strategy use-performance relations. *Journal of Experimental Child Psychology, 65,* S. 293–314. [208, 262]

Kagan, J. (1970): Attention and psychological change in the young child. *Science, 170,* S. 826–832. [132, 262]

Kagan, J. (1971): *Change and continuity in infancy.* New York: Wiley. [132, 152f.]

Kagan, S.L. & Weissbourd, B. (Eds.) (1995): *Putting families first.* San Francisco: Jossey-Bass.

Kail, R. (1990): *The development of memory in children* (3rd ed.). New York. Freeman. [260f.]

Kail, R. (1991): Developmental change in speed of processing during childhood and adolescence. *Psychological Bulletin, 109,* S. 490–501. [205, 336]

Kail, R. (1992): Processing speed, speech rate, and memory. *Developmental Psychology, 28,* S. 899–904. [205]

Kail, R. (1995): Processing speed, memory, and cognition. *In:* Weinert, F.E. & Schneider, W. (Eds.), S. 71–88. [336]

Kail, R. (1997): Processing time, imagery, and spatial memory. *Journal of Experimental Child Psychology, 64,* S. 67–78. [205]

Kail, R. & Brisanz, J. (1992): The information-processing perspective on cognitive development in childhood and adolescence. *In:* Sternberg, R.J. & Berg, C.A. (Eds.), S. 229–260. [197]

Kail, R.V. & Hagen, J.W. (Eds.)(1977): *Perspectives on the development of memory and cognition.* Hillsdale, NJ: Erlbaum.

Kail, R. & Hagen, J.W. (1982): Memory in childhood. *In:* Wolman, B.B. et al. (Eds.), S. 350–367. [204, 261]

Kail, R. & Salthouse, T.A. (1994): Processing speed as a mental capacity. *Acta Psychologica, 86,* S. 199–225. [205]

Kalant, O.J. (Ed.)(1980): *Alcohol and drug problems in women: Research advances in alcoholic and drug problems.* Vol 5. New York: Plenum Press.

Kaplan, A.G. & Bean, J.P. (Eds.)(1976): *Beyond sex-role stereotypes. Reading toward a psychology of androgyny.* Boston: Little, Brown.

Kaplan, H. & Dove, H. (1987): Infant development among the Ache of eastern Paraguay. *Developmental Psychology, 23,* S. 190–198.

Karcher, H.L. (1986a): Von Samencocktail, Retortenbabys und gemieteten Müttern. *Bild der Wissenschaft, 23,* S. 54–63. [73]

Karcher, H.L. (1986b): Gen-Diagnose. Auf der Suche nach den ererbten Fehlern. *Bild der Wissenschaft, 23,* S. 63–77. [73]

Karniol, R. (1978): Children's use of intention cues in evaluating behavior. *Psychological Bulletin, 85,* S. 76–85. [280]

Katchadourian, H. (1990): Sexuality. *In:* Feldman, S.S. & Elliott, G.R. (Eds.), S. 330–351. [374]

Keating, D.P. (1990): Adolescent thinking. *In:* Feldman, S.S. & Elliott, G.R. (Eds.), S. 54–89. [336]

Keating, J.M. (1889): *Cyclopaedia of diseases of children.* Philadelphia: Lippincott. [76]

Kee, D.W. (1994): Developmental differences in associative memory: Strategy use, mental effort, and knowledge-access interactions. *In:* Reese, H.W. (Ed.), S. 7–32. [337]

Kee, D.W. & Bell, T.S. (1981): The development of organizational strategies in the storage and retrieval of categorical items in free-recall learning. *Child Development, 52,* S. 1163–1171. [261]

Kee, D.W. & Davies, L. (1988): Mental effort and elaboration: A developmental analysis. *Contemporary Educational Psychology, 13,* S, 221–228. [335]

Kee, D.W. & Davies, L. (1990) Mental effort and elaboration: Effects of accessibility and instruction. *Journal of Experimental Child Psychology, 49,* S. S. 264–274. [335]

Keeney, T.J., Cannizzo, S.R. & Flavell, J.H. (1967): Spontaneous and induced verbal rehearsal in a recall task. *Child Development, 38,* S. 953–966. [204]

Keller, A., Ford, L.H. & Meacham, J.A. (1978): Dimensions of self-concept in preschool children. *Developmental Psychology, 14,* S. 483–489. [227]

Keller, H. (1917): *The story of my life: With her letters (1887–1901).* New York: Doubleday. Dt.: *Geschichte meines Lebens.* Bern: Scherz. [163ff.]

Keller, H. & Edelstein, W. (1996): Beziehungsverständnis und moralische Reflexion. Eine entwicklungspsychologische Untersuchung. *In:* Edelstein, W. & Nunnar-Winkler, G. (Hrsg.), S. 321–346. [282]

Keller, M. & Wood, P. (1989): Development of friendship reasoning: A study of interindividual differences in intraindividual change. *Developmental Psychology, 25,* S. 820–826. [364]

Kellman, P.J. & Banks, M.S. (1998): Infant visual perception. *In:* Damon, W. (Series Ed.), Kuhn, D. & Siegler, R.S. (Vol. Eds.), S. 103–146. [113]

Kelly, S.J., Macaruso, P. & Sokol, S.M. (1997): Mental calculation in an autistic savant: A case study. *Journal of Clinical and Experimental Neuropsychology, 19,* S. 172–184. [270]

Kemp, J.S. & Thach, B.T. (1993): A sleep position-dependent mechanism for infant death on sheepskins. *American Journal of Diseases of Children, 147,* S. 642–646. [109]

Kennell, J., Klaus, M., McGrath, S., Robertson, S. & Hinkley, C. (1991): Continuous emotional support during labor in a U.S. hospital. *Journal of the American Medical Association, 265,* S. 2197–2201. [92]

Kent, M.W. & Rolf, J. E. (Eds.) (1979): *Social competence in children.* Hannover, NH: University Press of New England.

Ketterlinus, R.D., Henderson, S.H. & Lamb, M.E. (1990): Maternal age, sociodemographics, prenatal health and behavior: Influences on neonatal risk status. *Journal of Adolescent Health Care, 11,* S. 423–431. [79]

Kienbaum, J. (1993): Prosoziales Verhalten im Vergleich deutscher und sowjetischer Kindergartenkinder. *Zeitschrift für Sozialisationsforschung und Erziehungssoziologie, 13,* S. 131–148. [246, 248]

Kilbride, P.L. (1980): Sensorimotor behavior of Baganda and Samia infants: A controlled comparison. *Journal of Cross-Cultural Psychology, 11,* S. 131–152. [8]

Killen, M. & Hart, D. (Eds.) (1995): *Morality in everyday life: Developmental perspectives.* New York, NY: Cambridge University Press.

Kinney, H.C., Filiano, J.J., Sleeper, L.A., Mandell, F., Valdez-Dapena, M. & White, W.F. (1995): Decreased muscarinic receptor binding in the arcuate nucleus in sudden infant death syndrome. *Science, 269,* S. 1446–1450. [108]

Kinsey, A.C., Pomeroy, W.B., Martin, C.E. & Gebhard, P. (1953): *Sexual behavior in the human female.* Philadelphia: Saunders. [373]

Kirchler, E., Palmonari, A. & Pombeni, M. (1992): Auf der Suche nach einem Weg ins Erwachsenenalter. Jugendliche im Dickicht ihrer Probleme und Unterstützung seitens Gleichaltriger und der Familienangehörigen. *Psychologie in Erziehung und Unterricht, 39,* S. 277–295. [364]

Klahr, D. (1982): Nomonotone assessment of monotone development: An information processing analysis. *In:* Strauss, S. (Ed.), S. 63–86. [197]

Klar, A. (1996): A single locus, RGHT, specifies preference for hand utilization in humans. *In: Cold Spring Harbor Symposia on Quantitative Biology,* Vol. 61. Cold Spring Harbor, NY, S. 59–65. [225]

Klaus, H.M. & Kennell, J.H. (1976): *Maternal-infant bonding.* St. Louis: Mosby. [120]

Klaus, H.M. & Kennell, J.H. (1982): *Parent-infant bonding.* St. Louis: Mosby. [121]

Klausmeier, H.J., Beeman, A, & Lehmann, I. (1958): Comparison of organismic age and regression equation in predicting achievements in elementary school. *Journal of Educational Psychology, 48,* S. 182–186. [253]

Klein, M. (1993): Masturbation im Kindesalter. *In:* Bach, K.R., Stumpe, H. & Weller, K. (Hrsg.); S. 46–49. [373]

Klesges, R.C., Klesges, L.M., Eck, L.H. & Shelton, M.L. (1995): A longitudinal analysis of accelerated weight gain in preschool children. *Pediatrics, 95,* S. 126–130. [221]

Klonoff-Cohen, S., Edelstein, S. L., Schneider-Lefkowitz, E., Srinivasan, I. P., Kaegi, D., Chang, J.C. & Wiley, K.J. (1995): The Effect of passive smoking and tobacco exposure through breast milk on sudden Infant Death Syndrome. *Journal of the American Medical Association,* 273, S. 795–798. [109]

Klosinski, G. (1991): Pubertätsriten – Äquivalente und Defizite in unserer Gesellschaft. Einführende Anmerkungen des Jugendpsychiaters. *In:* Klosinski, G. (Hrsg.), S. 11–22. [324]

Klosinski, G. (Hrsg.) (1991): *Pubertätsriten. Äquivalente und Defizite in unserer Gesellschaft.* Bern: Huber.

Kluge, N. (1998): *Sexualverhalten Jugendlicher heute. Ergebnisse einer repräsentativen Jugend- und Elternstudie über Verhalten und Einstellungen zur Sexualität.* Weinheim: Juventa. [353 f., 371, 374 f.]

Knittle, J.L. & Hirsch, J. (1968): Effect of early nutrition on the development of rat epididymal fat pads: Cellularity and metabolism. *Journal of Clinical Investigation, 47,* S. 2091–2098. [221]

Kochanska, G. & Aksan, N. (1995): Mother-child mutually positive affect, the quality of child compliance in requests and prohibitions, and maternal control as correlation of early internalization. *Child Development, 66,* S. 236–254. [238]

Kochenderfer, B.J. & Ladd, G.W. (1996): Peer victimization: Manifestations and relations to school adjustment. *Journal of School Psychology, 34,* S. 267–283. [309]

Kohlberg, L. (1976): Moral stages and moralization: Cognitive-developmental approach. *In:* Lickona, R. (Ed.), S. 31–53. [285]

Kohlberg, L. (1981): *Philosophy of moral development..* New York: HarperCollins. [283 f.]

Kohlberg, L. (1985): *The psychology of moral development.* New York: HarperCollins. [283]

Kohlberg, L. (1987): Moralische Entwicklung und demokratische Erziehung. *In:* Lind, G. & Raschert, J. (Hrsg.), S. 25–43. [284]

Kolata, G. (1984): Studying learning in the womb. *Science, 225,* S. 302–303. [153]

Kolip, P. (Hrsg.) (1994): *Lebenslust und Wohlbefinden. Beiträge zur geschlechtsspezifischen Jugendgesundheitsforschung.* Weinheim: Juventa.

Kolligan, J. & Sternberg, R. (Eds.) (1990): *Competence and incompetence across the life-span.* New Haven: Yale University Press.

Konopka, G. (1976): *Young girls: A portrait of adolescence.* Englewood Cliffs: Prentice Hall. [364]

Kopp, C.B. (1982): Antecedents of self-regulation: A developmental perspective. *Developmental Psychology, 18,* S. 199–214. [238]

Kopp, C.B. (1987): The growth of self-regulation: Caregivers and children. *In:* Eisenberg, N. (Ed.), S. 34–55. [238]

Korner, A.F., Hutchinson, C.A., Koperski, J.A., Kraemer, H.C. & Schneider, P.A. (1981): Stability of individual differences of neonatal motor and crying patterns. *Child Development, 52,* S. 83–90. [121]

Korner, A.F., Kraemer, H.C., Hoffner, E. & Cosper, L.M. (1975): Effects of waterbed flotation on premature infants: A pilot study. *Pediatrics, 56,* S. S. 361–367. [96]

Kracke, B. (1993): *Pubertät und Problemverhalten bei Jungen.* Weinheim: PVU. [360]

Krappmann, L. (1991): Entwicklungsfördernde Aspekte in den Freundschaften von Kindern und Jugendlichen. *Gruppendynamik, 24,* S. 119–129. [242]

Krappmann, L. (1993a): Die Entwicklung vielfältiger sozialer Beziehungen unter Kindern. *In:* Auhagen, A. & v. Salisch, M. (Hrsg.), S. 37–58. [244, 364, 376]

Krappmann, L. (1993b): Entwicklungsfördernde Aspekte in den Freundschaften von Kindern und Jugendlichen. *Gruppendynamik, 24,* S. 119–129. [243]

Kraus, W. & Mitzscherlich, B. (1995): Identitätsdiffusion als kulturelle Anpassungsleistung. Erste empirische Ergebnisse zu Veränderungen der Identitätsentwicklung. *Psychologie in Erziehung und Unterricht, 42,* S. 65–72. [391]

Kreppner, K. (1993): Eltern-Kind-Beziehungen: Kindes- und Jugendalter. *In:* Auhagen, A.E. & von Salisch, M. (Hrsg.), S. 81–104. [126]

Kreutzer, M.A., Leonard, C. & Flavell, J.H. (1975): An interview study of children's knowledge about memory. *Monographs of the Society for Research in Child Development, 40* (1, Serial No. 159). [207f., 260, 263]

Krevans, J. & Gibbs, J.C. (1996): Parents' use of inductive discipline: Relations to children's empathy and prosocial behavior. *Child Development, 67,* S. 3263–3277. [249]

Kristof, N.D. (1993): Chinese turn to ultrasound, scorning baby girls for boys. *The New York Times,* (July 21), S. A1, A6. [59]

Kroger, J. (1996): Identity, regression, and development. *Journal of Adolescence, 19,* S. 203–222. [394]

Krüger, H.H. (Hrsg.)(1993): *Handbuch der Jugendforschung* (2. Aufl.). Opladen: Leske + Budrich.

Kryter, K.D. (1994): Normal hearing, sociocusis, Noscusis, and hearing loss from industrial noise. *In:* Kryter, K.D., S. 111–185. [10]

Kryter, K.D. (1994): *The handbook of hearing and the effects of noise. Physiology, psychology and public health.* San Diego: Academic Press.

Kuczaj, S.A. & Barren, M.D. (Eds.) (1988): The development of word meaning: Progress in cognitive development research. New York: Springer.

Kürner, P. & Nafroth, R. (Hrsg.) (1994): *Die vergessenen Kinder: Vernachlässigung und Armut in Deutschland.* Köln: PapyRossa Verlag.

Kuhn, D. (1992): Cognitive development. *In:* Bornstein, M.H. & Lamb, M.E. (Eds.), S. 211–272. [24f.]

Kuhn, D., Nash, S.C. & Brucken, I. (1978): Sex-role concepts of two- and three-year-olds. *Child Development, 49,* S. 445–451. [231]

Kuhn, D. & Siegler, R.S. (Eds.) (1998): *Cognition, language, and perceptual development. In:* Damon, R. B. (Gen. Ed.): *Handbook of child psychology.* New York: Wiley.

Kunzinger, E.L. III (1985): A short-term longitudinal study of memorial development during early grade school. *Developmental Psychology, 21,* S. 642–646. [204]

Kunzinger, E.L. III & Witryol, S.L. (1984): The effects of differential incentives on second-grade rehearsal and free recall. *The Journal of Genetic Psychology, 144,* S. 19–30. [262]

Kurtines, W.M. & Gewirtz, J.L. (Eds.) (1991): *Handbook of moral behavior and development: Vol. 3. Application.* Hillsdale, NJ: Erlbaum.

La Barbera, J.D., Izard, C.E., Vietze, P. & Parisi, S.A. (1976): Four- and six-month-old infants' visual responses to joy, anger, and neutral expressions. *Child Development, 47,* S. 535–538. [131]

LaGreca, A. (Ed.) (1990): *Through the eyes of a child. Boston:* Allyn and Bacon.

Lakemann, U. (1999): *Familien- und Lebensformen im Wandel: eine Einführung für soziale Berufe.* Freiburg im Breisgau: Lambertus. [381]

Lamaze, F. (1970): *Painless childbirth: Psychoprophylactic method.* Chicago: Regnery. [92]

Lamborn, S.D., Mounts, N.S., Steinberg, L. & Dornbusch, S.M. (1991): Patterns of competence and adjustment among adolescents from authoritative, authoritarian, indulgent, and neglectful families. *Child Development, 62,* S. 1049–1065. [383]

Lamb, M.E. (1976): Interaction between eight-month-old children and their fathers and mothers. *In:* Lamb, M.E. (Ed.), S. 307–327. [127]

Lamb, M.E. (Ed.)(1976): *The role of the father in child development.* New York: Wiley.

Lamb, M.E. (1978): Qualitative aspects of mother and father infant attachments. *Infant Behavior and Development, 1,* S. 265–275. [132]
Lamb, M.E. (1981): The development of father-infant relationship. *In:* Lamb, M.E. (Ed.), S. 1–46. [127]
Lamb, M.E. (Ed.) (1981): *Nontraditional families: Parenting and child development.* Hillsdale, NJ: Erlbaum, S. 1–46. [127]
Lamb, M.E. & Campos, J. (1982): *Development in infancy.* New York: Random House. [126]
Landau, E. (1983): *Why are they starving themselves? Understanding anorexia nervosa and bulimia.* New York: Messner. [359]
Landau, R. (1982): Infant crying and fussing. Findings from a cross-cultural study. *Journal of Cross-Cultural Psychology, 13,* S. 427–444. [122]
Langfeldt, T. (1981) Childhood masturbation. *In:* Constantine, L.L. & Martinson, F.M. (Eds.), S. 63–74. [373]
Langlois, J.H. & Downs, A.C. (1979): Peer relations as a function of physical attractiveness: The eye of the beholder or behavioral reality? *Child Development, 50,* S. 409–418. [314]
Langlois, J.H. & Downs, A.C. (1980): Mothers, fathers, and peers as socialization agents of sex-typed play behaviors in young children. *Child Development, 51,* S. 1217–1247. [230]
Langlois, J.H., Ritter, J.M., Casey, R.J. & Sawin, D.B. (1995): Infant attractiveness predicts maternal behaviors and attitudes. *Developmental Psychology, 37,* S. 464–472. [151]
Langlois, J.H., Ritter, J.M., Roggman, L.A. & Vaughn, I.S. (1991): Facial diversity and infant preferences for attractive faces. *Developmental Psychology, 27,* S. 79–84. [150]
Langlois, J.H. & Roggman, L.A. (1990): Attractive faces are only average. *Psychological Science, 1,* S. 115–121. [151]
Langlois, J.H., Roggman L.A., Casey, R.J., Ritter, J.M., Rieserdanner, L.A. & Jenkins, V.Y. (1987): Infant preferences for attractive faces: Rudiments of a stereotype? *Developmental Psychology, 23,* S. 363–369. [150]
Langlois, J.H., Roggman, L.A. & Musselman, L. (1994): What is average and what is not average about attractive faces. *Psychological Science, 5,* S. 214–220. [151]
Larsen, W.J. (1993): *Human embryology.* New York: Churchill Livingstone. [56]
Lauer, R.H. (1982): *Perspectives on social change* (3rd ed). Boston: Allyn and Bacon. [379]
Lauritsen, J. (1994): Explaining race and gender differences in adolescent sexual behavior. *Social Forces, 72,* S. 859–884. [377]
Laursen, B. (1996) Closeness and conflict in adolescent peer relationships: Interdependence with friends and romantic partners. *In:* Bukowski, W.M., Newcomb, A.F. & Hartup, W.W. (Eds.), S. 186–210. [365]
LaVoie, J. (1976): Ego identity formation in middle adolescence. *Journal of Youth and Adolescence, 5,* S. 371–85. [393]
Lawick-Goodall, J.W. (1968): The behavior of free-living chimpanzees in the Gombe Stream Reserve. *Animal Behavior Monographs, 1,* S. 161–11. [247]
Lee, C. & Bates, J. (1985): Mother-child interaction at age two years and perceived difficult temperament. *Child Development, 56,* S. 1314–325. [124]
Lehman D.S., Hinde, R.A. & Shaw, E. (Eds.) (1965): *Advances in the study of behavior.* Vol. I. New York: Academic Press.
Leifer, M., Leiderman, P.H., Barnett, C.R. & Williams, J.A. (1972): Effects of mother-infant separation on maternal attachment behavior. *Child Development, 43,* S. 1203–218. [96]
Lejeune, J., Turpin, R. & Gautier, M. (1959a): La diagnostic chromosomique du mongolisme. *Archives Franlaises de Pediatrie, 16,* S. 962–63. [57]
Lejeune, J., Turpin, R. & Gautier, M. (1959b): Le mongolisme, maladie chromosomique. *Bulletin Académie Nationale Medicine, 143,* S. 256–65. [57]
Lemke, R. (1995): Fallstudien bei plötzlichen Säuglingstodesfällen (SIDS). *Gesundheitswesen, 57,* S. 17–21. [109]
Lenneberg, E.H. (1967): *Biological foundations of language.* New York: Wiley. [16, 172]
Lerner, R.M. (1982): Children and adolescents as producers of their own development. *Developmental Review, 2,* S. 342–370. [34]
Lerner, R.M. & Foch, T.T. (Eds.) (1987) *Biological-psychosocial interactions in early adolescence.* Hillsdale, NJ: Erlbaum.
Lester, B.M. & Boukydis, C.F.Z. (Eds.) (1985): *Infant crying: Theoretical and research prospectives.* New York: Plenum Press.
Leung, E. & Rheingold, H. (1981): Development of pointing as a social gesture. *Developmental Psychology, 17,* S. 215–220. [164]
Levin, I. (1976): *The boys from Brazil.* New York: Dell. [51 f.]
Levine, J.M. & Wang, M.C. (Eds.) (1983): *Teacher and student perceptions. Implications for learning.* Hillsdale, NJ.: Erlbaum.
Levine, M. (1951): Pediatric observation on masturbation in children. *Psychoanalytic Study of the Child, 6,* S. 117–124. [373]
Levitt, M.J. (1980): Contingent feedback, familiarization, and infant affect: How a stranger becomes a friend. *Developmental Psychology, 16,* S. 425–432. [131]

Levy, G.D. & Fivush, R. (1993): Scripts and gender: A new approach for examining gender-role development. *Developmental Review, 13,* S. 126–146. [234]

Levy, D.D., Taylor, M.G. & Gelman, S.A. (1995): Traditional and evaluative aspects of flexibility in gender roles, social conventions, moral rules, and physical laws. *Child Development, 66,* S. 515–531. [230]

Lewis, M. (1990): Social knowledge and social development. *Merrill-Pallmer Quarterly, 36,* S. 93–116. [136]

Lewis, M. (1993): Self-conscious emotions: Embarrassment, pride, shame and guilt. *In:* Lewis, M. & Haviland, J.M. (Eds.), S. 563–573. [138]

Lewis, M. & Brooks-Gunn, J. (1979): *Social cognition and the acquisition of self.* New York: Wiley. [138]

Lewis, M. & Brooks, J. (1979): Auf der Suche nach den Ursprüngen des Selbst: Implikationen für das Sozialverhalten und für pädagogische und therapeutische Intervention. *In:* Montada, L. (Hrsg.), S. 157–172. [138]

Lewis, M. & Haviland, J.M. (Eds.)(1993): *Handbook of emotions.* New York: Guilford Press.

Lewis, M. & Rosenblum, L.A. (Eds.)(1974a): *The effect of the infant on its caregiver.* New York: Wiley.

Lewis, M. & Rosenblum, L.A. (Eds.)(1974b): *The origins of fear.* New York: Wiley.

Lewis, M. & Rosenblum, L.A. (Eds.) (1975): *Friendships and peer relations.* New York: Wiley.

Lewin, R. (Ed.) (1975): *Child alive. New insights into the development of young children.* London: Temple Smith.

Lewontin, R.C., Rose, S. & Kamin, L.J. (1984): *Not in our genes: Biology, and human nature.* New York: Pantheon. Dt. (1988): *Die Gene sind es nicht.* München: PVU. [16, 62]

Liaw, F. & Brooks-Gun, J. (1993): Patterns of low-birthweight children's cognitive development. *Developmental Psychology, 29,* S. 1024–1035. [97]

Lickona, R. (1976): Research on Piaget's theory of moral development. *In:* Lickona, L.P. (Ed.), S. 219–241. [289]

Lickona, R. (Ed.)(1976): *Moral development and behavior: Theory, research, and social issues.* New York: Holt, Rinehart and Winston.

Lightfoot, C. (1997): The clarity of perspective: Adolescent risk taking, fantasy, and the internalization of cultural identity. *In:* Cox, B. D. & Lightfoot, C. et al. (Eds.), S. 135–156. [342]

Lind, G. & Raschert, J. (Hrsg.)(1987): *Moralische Urteilsfähigkeit. Eine Auseinandersetzung mit Lawrence Kohlberg.* Weinheim: Beltz.

Lipsitt, L.P. (1979): Critical conditions in infancy: A psychological perspective. *American Psychologist, 34,* S. 973–80. [108]

Lipsitt, L.P. (1990): Learning an memory in infants. *Merrill-Palmer Quarterly, 36,* 53–6. [108]

Lipsitt, L.P., McCullagh, A.A., Reily, B.M., Smith, I.M. & Sturner, W.Q. (1981): Perinatal indicators of sudden infant death syndrome: A study of 34 Rhode Island cases. *Journal of Applied Developmental Psychology, 2,* S. 79–8. [108]

Lipsitt, L.P. & Spiker, C.C. (Eds.) 1965): *Advances in Child Development and behavior.* New York: Academic Press.

Lipsitt, L.P. & Werner, J.S. (1981): The infancy of human learning processes. *In:* Gollin, J.S. (Ed.), S. 101–33. [220]

Locke, J.L. (1993): *The child's path to spoken language.* Cambridge, MA: Harvard University Press. [175]

Lockman, J.J. & Thelen, E. (1993): Developmental biodynamics: Brain, body, behavior connections. *Child Development, 64,* S. 953–959. [110]

Löser, H. & Bierstedt, T. (1998): Schwangerschaft und Alkohol. Risiken der Kinder und mütterliche Konflikte. *Sucht, 44,* S. 42–47. [86]

Lohaus, A., Ossenbrügger, J. & Kämmer, P. (1996): Zur Prävention des plötzlichen Säuglingstods durch Monitoring: Auswirkungen auf die psychische Belastung betroffener Eltern. *Psychotherapie – Psychosomatik – Medizinische Psychologie, 46,* S. 292–297. [109]

London, P. (1970): The rescuers: Motivational hypotheses about Christians who saved Jews from the Nazis. *In:* Macaulay, J. & Berkowitz, L. (Eds.), S. 241–250. [249, 290]

Lorenz, K. (1935): Der Kumpan in der Umwelt des Vogels. *Zeitschrift für Ornithologie, 83,* S. 137–213. [15, 16]

Lorenz, K. (1943): Die angeborenen Formen möglicher Erfahrung. *Zeitschrift für Tierpsychologie,* 5, S. 235–409. [117]

Lorenz, K. (1956): Plays and vacuum activities. *In:* Autuori, M. et al. (Eds.), S. 633–645. [154]

Ludemann, P.M. (1991) Generalized discrimination of positive facial expressions by seven- and ten-month-old infants. *Child Development, 62,* S. 55–67. [150]

Lyon, T.D. & Flavell, J.H. (1993): Young children's understanding of forgetting over time. *Child Development, 64,* S. 789–800. [208]

Lytton, H. & Romney, D.M. (1991): Parents' differential socialization of boys and girls: A meta-analysis. *Psychological Bulletin, 109,* S. 267–296. [229 f.]

MaCaulay, J. & Berkowitz, L. (Eds.) (1970): *Altruism and helping behavior.* New York: Academic Press.

Maccoby. E.E. (1980): *Social development.* New York: Harcourt Brace Jovanovich. [239]

Maccoby, E.E. (1992): The role of parents in the socialization of children: An historical overview. *Developmental Psychology, 28,* S. 1006–1017. [223]

MacDonald, K. & Parke, R.D. (1986): Parent-child physical play: The effects of sex and age of children and parents. *Sex Roles, 15,* S. 367–378. [229]

MacFarlane, A. (1975): Olfaction in the development of social preferences in the human neonate. *In: Parent-infant interaction.* Ciba Foundation Symposium, 33. Amsterdam: Elsevier, S. 103–117. [115]

Magenis, R.E., Overton, K.M., Chamberlin, J., Brady, T. & Lovrien, E. (1977): Parental origin of the extra chromosome in Down's syndrome. *Human Genetics, 37,* S. 7–16. [57]

Main, M. & Solomon, J. (1986): Discovery of an insecure-disorganized/disoriented attachment pattern: *In:* Brazelton, T.B. & Yogman, M.W. (Eds.), S. 95–124. [129]

Main, M. & Solomon, J. (1990): Procedures for identifying infants as disorganized/ disoriented during the Ainsworth Strange Situation. *In:* Greenberg, D., Cicchetti & Cummings, E.M. (Eds.), S. 121–160. [129]

Malina, R.M. (1979): Secular changes in size and maturity: Causes and effects. *In:* Roche, A.F. (Ed.), S. 3–27. [353]

Malloy, M.H. & Hoffman, H.J. (1995): Prematurity, sudden infant death syndrome, and age of death. *Pediatrics, 96,* S. 464–471. [108 f.]

Manis, F.R., Keating, D.P & Morrison, F.J. (1980): Developmental differences in the allocation of processing capacity. *Journal of Experimental Child Psychology, 29,* S. 156–169. [335]

Manning, B.H. (1988): Application of cognitive behavior modification.: First and third graders' self-management of classroom behavior. *American Educational Research Journal, 25,* S. 193–212. [195]

Maranto, G. (1984): Choosing your baby's sex. *Discover* (October), S. 25–27. [56]

Maratsos, M. (1998): The acquisition of grammar. *In:* Damon, W. (Series Ed.), Kuhn, D. & Siegler, R.S. (Vol. Eds.), S. 421–466. [172]

Marcia, J.E. (1980): Identity in adolescence. *In:* Adelson, J. (Ed.), S. 159–187. [390]

Marcia, J.E., Waterman, A.S., Matteson, D.R., Archer, S.L. & Orlofsky, J.L. (1993): *Ego identity: A handbook for psychosocial research.* New York: Springer. [390]

Marcus, G.F., Vijayan, S., Bandi Rao, S. & Vishton, P.M. (1999): Rule learning by seven-month-old infants. *Science, 283,* S. 77–80. [172]

Markefka, M. (1999): Jugend und Jugendforschung in der Bundesrepublik. *In:* Markefka, M. & Nave-Herz, R. (Hrsg.), S. 19–40. [322]

Markefka M. & Nauck, B. (Hrsg.) (1993): *Handbuch der Kindheitsforschung.* Neuwied: Luchterhand.

Markefka, M. & Nave-Herz, R. (Hrsg.) (1999): *Handbuch der Familien- und Jugendforschung.* Bd. 2. *Jugendforschung.* Neuwied: Luchterhand.

Markman, E. & Siebert, J. (1976): Classes and collections. Internal organization and resulting holistic properties. *Cognitive Psychology, 38,* S. 561–577. [188]

Markus, H.R. & Kitayama, S. (1991): Culture and the self: Implications for cognition, emotion, and motivation. *Psychological Review, 98,* S. 224–253. [228, 298]

Markus, H.R. & Nurius, P. (1986): Possible selves. *American Psychologist, 41,* S. 954–969. [387]

Marshall, D.S. & Suggs, R.C. (Eds.) (1971): *Human sexual behavior.* New York: Basic Books.

Marshall, E. (1995): Gene therapy's growing pains. *Science, 269,* S. 1050–1052. [60]

Marshall, W.A. & Tanner, J.M. (1981): Puberty. *In:* Davis, J.A. & Dobbing, J. (Eds.), S. 176–209. [355]

Martin, C.L., Eisenbud, L. & Rose H. (1995): Children's gender based reasoning about toys. *Child Development, 66,* S. 1453–1471. [234]

Martin, C.L. & Halverson, C.F. (1981): A schematic processing model of sex typing and stereotyping in children. *Child development, 52,* S. 1119–1134. [235]

Martin, C.L. & Halverson, C.F. (1983): The effects of sex-typing schemas on young children's memory. *Child Development, 54,* S. 563–574. [234]

Martin, P. & Smyer, M.A. (1990): The experience of micro- and macroevents: A life span analysis. *Research on Aging, 12,* S. 294–310. [325]

Martinson, F.M. (1973): *Infant and child sexuality: A sociological perspective.* St. Peter, MN: The Book Mark. [373]

Masataka, N. (1992): Motherese in a signed language. *Infant Behavior and Development, 15,* S. 453–460. [177]

Maslow, A.H. (1962):*Toward a psychology of being.* Princeton, NJ: Van Nostrand, Dt. (1997): *Psychologie des Seins: Ein Entwurf.* Frankfurt am Main: Fischer. [33]

Maslow, A.H. (1970): *Motivation and personality* (2nd ed.). New York: Harper & Row. Dt. (1999): *Motivation und Persönlichkeit.* Reinbek bei Hamburg: Rowohlt. [33]

Masters, J.C. & Furman, W. (1981): Popularity, individual friendship selection, and specific peer interaction among children. *Developmental Psychology, 17,* S. 344–350. [305]

Masur, E.F. (1995): Infants early verbal imitation and their later lexical development. *Merrilll-Palmer-Quarterly, 41,* S. 286–306. [169]

Mattson, S.N., Riley, E.P., Gramling, L., Delis, D.C. & Jones, K.L. (1998): Neuropsychological comparison of alcohol-exposed children with or without physical features of fetal alcohol syndrome. *Neuropsychology, 12,* S. 146–153. [83]

Maurer, D. & Barrera, M. (1981): Infants' perception of natural and distorted arrangements of schematic faces. *Child Development, 52,* S. 196–202. [150]

Maurer, D. & Maurer, C. (1988): The world of the newborn. New York: Basic Books. [115]

Maurer, D. & Salapatek, P. (1976): Developmental changes in the scanning of faces by young infants. *Child Development, 47,* S. 523–527. [149]

Mayes, L.C. & Zigler, E. (1992): An observational study of the affective concomitants of mastery in infants. *Journal of Child Psychology and Psychiatry, 33,* S. 659–667. [110]

Mazzocco, M.M.M., Nord, A.M., Van Doorminck, W. Green, C.L., Kovar, C.G. & Pennington, B.F. (1994): Cognitive development among children with early-treated phenylketonuria. *Developmental Neuropsychology, 10,* S. 133–151. [69]

McBride, A.F. (1940): Meet Mister Porpoise. *National History Magazine, 45,* S. 16–29. [247]

McCall, R.B. (1977a): Challenges to a science of developmental psychology. *Child Development, 48,* S. 333–344. [43]

McCall, R.B. (1977b): Childhood IQ's as predictors of adult educational and occupational status. *Science, 197,* S. 482–483. [268]

McCall, R.B. (1979): *Infants.* Cambridge, MA: Harvard University Press. [220]

McClelland, D.C. (1973): Testing for competence rather than for »intelligence«. *American Psychologist, 28,* S. 1–14. [268]

McCormick, C.M. & Maurer, D.M. (1988): Unimanual hand preferences in 6-months olds: Consistency and relation to familial-handedness. *Infant Behavior and Development, 11,* S. 21–29. [225]

McGuire, K.D. & Weisz, J.R. (1982): Social cognition and behavior correlates of preadolescent chumship. *Child Development, 53,* S. 1478–1484. [304]

McLean, D.F., Timajchy, K.H., Wingo, P.A. & Floyd, R.L. (1993): Psychosocial measurement: Implications of the study of preterm delivery in black women. *American Journal of Preventive Medicine, 9,* S. 39–81. [88]

McManus, I.C., Sik, G., Cole, D.R., Kloss, J., Mellon, A.F. Wong, J. & Kloss, J. (1988): The development of handedness in children. *British Journal of Developmental Psychology, 6,* S. 257–273. [225]

Mead, M. (1970): *Culture and commitment:* Garden City, NY: Anchor. Dt. (2000): Der Konflikt der Generationen: Jugend ohne Vorbild (2. unveränd. Aufl.). Eschborn: Klotz. [361f.]

Mead, M. & Newton, N. (1967): Cultural patterning of perinatal behavior. *In:* Stephen, A.R. & Guttmacher, A.F. (Eds.), S. 142–244. [92]

Meeus, W, Iedema, J, Helsen, M. & Vollebergh, W. (1999): Patterns of adolescent identity development: Review of literature and longitudinal analysis. *Developmental Review, 19,* S. 419–461. [392]

Meichenbaum, D. (1977): *Cognitive behavior modification: An integrative approach.* New York: Plenum. [195]

Meltzoff, A.N. (1995): Understanding the intentions of others: Re-enactment of intended acts by 18-months-old children. *Developmental Psychology, 31,* S. 838–850. [191]

Meredith, H.V. (1978): Research between 1960 and 1970 on the standing height of young children in different parts of the world. *In:* Reese, H.W. & Lipsitt, L.P. (Eds.), S. 2–50. [220]

Miedzian, M. (1991): *Boys will be boys: Breaking the link between masculinity and violence.* New York: Doubleday. [230]

Mietzel, G. (1997): *Wege in die Entwicklungspsychologie. Erwachsenenalter und Lebensende* (2. Auflage). Weinheim: PVU. [34, 390]

Mietzel, G. (2001): *Pädagogische Psychologie des Lernens und Lehrens* (6. Auflage). Göttingen: Hogrefe. [199]

Milerad, J., Vege, A., Opdal, S. & Rognum, T. (1998): Objective measurement of nicotine exposure in victims of sudden infant death syndrome and other unexpected child deaths. *Journal of Pediatrics, 133,* S. 232–236. [109]

Miller, J.G. & Bersoff, B.M. (1992): Culture and moral judgment: How are conflicts between justice and interpersonal responsibilities resolved? *Journal of Personality and Social Psychology, 62,* S. 541–544. [347ff.]

Miller G.A., Galanter, E. & Pribram, K.H. (1960): *Plans and the structure of behavior.* New York: Holt. Dt. (1973): *Strategien des Handelns.* Stuttgart: Klett. [169]

Miller, L. (1989): *Musical savants: Exceptional skills in the mentally retarded.* Hillsdale, NJ: 1989. [270]

Miller, L.T. & Vernon, P.A. (1997): Development changes in speed of information processing in young children. *Developmental Psychology, 33,* S. 549–554. [205, 336]

Miller, N. & Maruyama, G. (1976): Ordinal position and peer popularity. *Journal of Personality and Social Psychology, 33,* S. 123–131. [306]

Miller, P.H. (1993): *Theories of developmental psychology.* New York: Freeman Dt. (1993): *Theorien der Entwicklungspsychologie.* Heidelberg: Spektrum. [22, 23]

Miller, P.H. & Aloise, P.A. (1989): Young children's understanding of the psychological causes of behavior: A review. *Child Development, 60,* S. 257–285. [191]

Miller, P.H. & Aloise-Young, P.A. (1995): Preschooler's strategic behavior and performance on a same-different task. *Journal of Experimental Child Psychology, 60,* S. 284–303. [201]

Miller, P.H. & Seier, W.L. (1994): Strategy utilization deficiency in children: When, where, and why? *In:* Reese, H.W (Ed.), S. 107–156. [262]

Miller, P.H. & Weiss, M.G. (1981): Children's attentional allocation, understanding of attention, and performance on the incidental learning task. *Child Development, 52,* S. 1183–1190. [201]

Miller, P.H. & Zalenski, R. (1982): Preschoolers' knowledge about attention. *Developmental Psychology, 18,* 871–875. [208]

Mills, J.L., Graubard, B.I., Harley, E.E., Rhoads, G.G. & Berendes, H.W. (1984): Maternal alcohol consumption and birth weight. *Journal of the American Medical Association, 252,* S. 1875–1879. [83]

Mischel, W. & Baker, N. (1975): Cognitive appraisals and transformations in delay behavior. *Journal of Personality and Social Psychology, 31,* S. 254–261. [239]

Mischel, W. & Ebbesen, E.B. (1970): Attention in delay of gratification. *Journal of Personality and Social Psychology, 16,* S. 329–337. [239]

Mischel, W. & Patterson, C.J. (1976): Substantive and structural elements of effective plans for self-control. *Journal of Personality and Social Psychology, 34,* S. 942–950. [239]

Mischel, W., Shoda, V. & Peake, P.K. (1988): The nature of adolescent competencies predicted by preschool delay of gratification. *Journal of Personality and Social Psychology, 54,* S. 687–696. [240]

Mitterauer M. und Sieder, R. (Hrsg.) (1991): *Vom Patriarchat zur Partnerschaft: zum Strukturwandel der Familie* (4. Aufl.). München: Beck.

Miyake, K., Chen, S.-J. & Campos, J.J. (1985): Infant temperament, mother's mode of interaction, and attachment in Japan: An interim report. *In:* Bretherton, I. & Waters, E. (Eds.), S. 276–297. [130]

Moely, B.E., Olson, F.A., Halwes, T.G. & Flavell, J.H. (1969): Production deficiency in young children's clustered recall. *Developmental Psychology, 1,* S. 26–34. [261]

Mönks, F.J. & Lehwald, G. (Hrsg.) (1991): *Neugier, Erkundung und Begabung bei Kleinkindern.* München: Reinhardt.

Moffit, T.E., Caspi, A., Belsky, J. & Silva, P.A. (1992): Childhood experience and the onset of menarche: A test of a sociobiological model. *Child Development, 63,* S. 4–58. [355]

Molfese, D.L., Freeman, R.B. & Polermo, D.S. (1975): The ontogeny of brain lateralization for speech and nonspeech stimuli. *Brain and Language, 2,* S. 356–368. 160]

Money, J. (1997): *Principles of developmental sexology.* New York: The Continuum Publishing Group. [374]

Money, J. & Ehrhardt, A. (1972): *Man and woman, boy and girl.* Baltimore: John Hopkins University Press. [57]

Montada, L. (Hrsg.)(1979): *Brennpunkte der Entwicklungspsychologie.* Stuttgart: Kohlhammer.

Montemayor, R., Adams, G.R. & Gullotta, T.P. (Eds.)(1990): *From childhood to adolescence: A transitional period?* Newbury Park, CA: Sage.

Montemayor, R., Adams, G.R. & Gullotta, T.P. (Eds.) (1994): *Personal relationships during adolescence.* Thousand Oaks, CA: Sage.

Montemayor, R. & Gregg, V.R. (1994): Current theory and research on personal relationships during adolescence. *In:* Montemayor, R., Adams, G.R. & Gullotta, T.P. (Eds.), S. 236–245. [364]

Moon, C., Cooper, R.P. & Fifer, W.P. (1993): Two-day-olds prefer their native language. *Infant Behavior and Development, 16,* S. 495–500. [154]

Moore, C. & Dunham, P.J. (Eds.)(1995): Joint attention: Its origins and role in development. Hillsdale, NJ: Erlbaum.

Moore, K.L. & Persaud, P.V.N. (1998): *The developing human: Clinically oriented embryology* (6th ed.). Philadelphia: Saunders. [72]

Moore, S. & Gullone, E. (1996): Predicting adolescent risk behavior using a personalized cost-benefit analysis. *Journal of Youth and Adolescence, 25,* S. 343–359. [343]

Moore, S.G. & Cooper, C.R. (Eds.) (1982): *The young child: Reviews of research.* Vol. 3. Washington, DC: National Association for the Education of Young Children.

Morgan, J.L. & Travis, L.L. (1989): Limits on negative information in language input. *Journal of Child Language, 16,* S. S. 531–552. [178]

Morgan, G.A. & Ricciuti, H.N. (1969): Infant's responses to strangers during the first years. *In:* Foss, B.M. (Ed.), S. 253–272. [131]

Moroney, J.T. & Allen, M.H. (1994): Cocaine and alcohol use in pregnancy. *In:* Devinsky, O., Feldman, F. & Hainlaine, B. (Eds.), S. 231–242. [83]

Moshman, D. & Franks, B.A. (1986): Development of the concept of inferential validity. *Child Development, 57,* S. 153–165. [326]

Moshman, D., Glover, J.A. & Brunning, R.H. (1987): *Developmental psychology. A topical approach..* Little, Brown and Company. [19, 327]

Moskowitz, B.A. (1978): The acquisition of language. *Scientific American, 239,* S. 92–108. [215]

Mott, F., Fondell, M.M, Hu, P.N., Kowaleski-Jones, L. & Menaghan, E.G. (1996): The determinants of first sex by age 14 in a high-risk adolescent population. *Family Planning Perspectives, 28,* S. 13–18. [377]

Munroe, R.H., Munroe, R.L. & Whiting, B.B. (Eds.) (1981): *Handbook of cross-cultural human development.* New York: Garland.

Murry, V.M. (1996): An ecological analysis of coital timing among middle-class African American adolescent females. *Journal of Adolescent Research, 11,* S. 261–279. [377]

Mussen, P.H. (Ed.) (1960): *Handbook of research methods in child development.* New York: Wiley.

Mussen, P.H. (Ed.) (1970): *Carmichael's manual of child psychology.* New York: Wiley.

Mussen, P.H. (Ed.)(1983): *Handbook of child psychology* (4th ed.). Vol. I.: Kessen, W. (Vol. Ed.): *History, theory, and methods.* New York: Wiley.

Mussen, P.H. (Ed.) (1983): *Handbook of child psychology* (4th ed.). Vol. II.: Haith, M.M. & Campos, J.J. (Vol. Eds.): *Infancy and developmental psychology.* New York: Wiley.

Mussen, P.H. (Ed.) (1983): *Handbook of child psychology* (4th ed.). Vol. III: Flavell, J.H. & Markman, E.M. (Vol. Eds.): *Cognitive development.* New York: Wiley.

Mussen, P.H. (Ed.)(1983): *Handbook of child psychology* (4th ed.). Vol. IV: Hetherington, E.M. (Vol. Ed.): *Socialization, personality, and social development.* New York: Wiley.

Muuss, R.E. (1988): Carol Gilligan's theory of sex differences in the development of moral reasoning during adolescence. *Adolescence, 23,* S. 229–243. [347]

Myers, B.J. (1984): Mother infant bonding: The status of this critical-period hypothesis. *Developmental Review, 4,* S. 240–274. [120]

Myers, N.A., Clifton, R.K. & Clarkson, M.G. (1987): When they were very young: Almost threes remember two years ago. *Infant Behavior and Development, 10,* S. 123–132. [214]

Myers-Pease, D. & Gleason, J.B., Pan, B.A. (1989): Gaining meaning: Semantic development. *In:* Gleason, J.B. (Ed.), S. 101–134. [216]

Naeye, R.L. (1980): Sudden infant death. *Scientific American. 242,* S. 56–62. [108]

Naeye, R.L. & Peters, E.C. (1984): Mental development of children whose mothers smoked during pregnancy. *Obstetrics and Gynecology, 64,* S. 601. [82]

Nave-Herz, R. & v. Markefka, M. (Hrsg.) (1989): *Handbuch der Familien und Jugendforschung.* Bd. II. Neuwied: Luchterhand.

Needlman, R.D. (1996): Growth and development. *In:* Behrman, R.E., Kliegman, R.M. & Arvin, A.M. (Eds.), S. 30–72. [105]

Neisser, U. (Ed.)(1993): *The perceived self: Ecological and interpersonal sources of self-knowledge. Emory symposia in cognition* Cambridge, MA: Cambridge University Press.

Neisser, U., Boodoo, G., Bouchard, T.J., Boykin, A.W., Brody, N., Ceci, S.J., Halpern, D.F., Loehlin, J.C., Perloff, R., Sternberg, R.J. & Urbina, S. (1996): Intelligence: Knowns and unknowns. *American Psychologist, 51,* S. 77–101. [267]

Nelson, C.A. (Ed.)(1995): *The Minnesota symposia on child psychology.* Vol. 38: *Basic and applied perspectives on learning, cognition, and development.* Mahwah, NJ: Erlbaum.

Nelson, K. (1973): Structure and strategy in learning to talk. *Monographs of the Society of Research in Child Development,* 38 (Serial No. 149), S. 1–138. [165, 167f.]

Nelson, K. (1977): Facilitating children's syntax acquisition. *Developmental Psychology, 13,* S. 101–107. [178]

Nelson, K. (1981): Individual differences in language development: Implications for development and language. *Developmental Psychology, 17,* S. 170–187. [213]

Nelson, K. (Ed.)(1986): *Event knowledge. Structure and function in development.* Hillsdale, NJ: Erlbaum.

Nelson, K. (1986): Event knowledge and cognitive development. *In:* Nelson, K. (Ed.), S. 1–19. [213]

Nelson, K. (1993): The psychological and social origins of autobiographical memory. *Psychological Science, 1,* S. 7–14. [215]

Nelson, K., Benedict, H., Gruendel, J. & Rescortla, L. (1977): Lessons from early lexicons. *Paper presented at the Meeting of The Society for Research in Child Development.* New Orleans (zit. Nach Myers Pease et al., 1989). [216]

Nelson, S.A. (1980): Factors influencing young children's use of motives and outcomes as moral criteria. *Child Development, 51,* S. 823–829. [280f.]

Nesselroade, J.R., Schaie, K.W. & Baltes, P.B. (1972): Ontogenetic and generational components of structural and quantitative change in adult behavior. *Journal of Gerontology, 27,* S. 222–228. [7]

Nettelbeck, T. & Young, R. (1996): Intelligence and savant syndrome: Is the whole greater than the sum of the fragments? *Intelligence, 22,* S. 49–68. [270]

Neubauer, G. (1990): *Jugendphase und Sexualität. Eine empirische Überprüfung eines sozialisationstheoretischen Modells.* Stuttgart: Enke. [372]

Neugarten, B.L. (1975): The future and the young-old. *Gerontologist, 15,* S. 4–9. [5]

Neugarten, B.L. (1980): Acting on one's age: New rules for the old. *Psychology Today, 13,* S. 66–80. [5]

Newcomb, A.F., Bukowski, W.M. & Pattee, L. (1993): Children's peer relations. A meta-analytic review of popular, rejected, neglected, controversial, and average sociometric status. *Psychological Bulletin, 113,* S. 99–128. [307]

Newman, D.L., Caspi, A., Moffitt, T.E. & Silva, P.A. (1997): Antecedents of adult interpersonal functioning: Effects of individual differences in age 3 temperament. *Developmental Psychology, 33,* S. 206–217. [240]

Newman, L.S. (1990): Intentional and unintentional memory in young children: Remembering vs. playing. *Journal of Experimental Child Psychology, 50,* S. 243–258. [204]

Nicholls, J.G. (1983): Conceptions of ability and achievement motivation: A theory and its implications for education. *In:* Paris, S.G. et al., (Eds.), S. 211–237. [274]

Nicholls, J.G. (1984): Conceptions of ability and achievement motivation. *In:* Ames, R.E. & Ames, C. (Eds.), S. 39–73. [274]

Nicholls, J.G. & Miller, A.T. (1984): Reasoning about the ability of self and others: A developmental study. *Child Development, 55,* S. 1990–1999. [301]

Nieburg, P., Marks, J.S., McLaren, N.M. & Remington, P.L. (1985): The fetal tobacco syndrome. *Journal of the American Medical Association, 253,* S. 2998–2999. [81]

Nobrega, F.J. (1997): Infants of adolescent mothers: The Brazilian experience. *Annals of the New York Academy of Sciences, 817,* S. 302–303. [79]

Novak, M.A. & Harlow, H.F. (1975): Social recovery of monkeys isolated for the first year of life. I.: Rehabilitation and therapy. *Developmental Psychology, 11,* S. 453–465. [245]

Nucci, L.P. (1982): Conceptual development in the moral and conventional domains: Implications for values education. *Review of Educational Research, 52,* S. 93–122. [286]

Nucci, L.P. & Nucci, M. (1982): Children's responses to moral and social conventional transgressions in freeplay settings. *Child Development, 56,* S. 1337–1342. [287]

Nucci, L.P. & Smetana, J.G. (1996): Mothers' concepts of young children's areas of personal freedom. *Child Development, 67,* S. 1870–1886. [286]

Nucci, L.P & Turiel, E. (1978): Social interactions and the development of social concepts in preschool children. *Child Development, 49,* S. 400–407. [282]

Nucci, L.P. & Weber, E.K. (1995): Social interactions in the home and the development of young children's conceptions within the personal domain. *Child Development, 66,* S. 1438–1452. [286]

Nunner-Winkler, G. (1995): Zur Einführung: Die These von den zwei Moralen. *In:* Nunner-Winkler, G. (Hrsg.), S. 9–27. [347]

Nunner-Winkler, G. (Hrsg.)(1995): *Weibliche Moral.* München: dtv.

Nunner-Winkler, G. (1998): Zum Verständnis von Moral – Entwicklungen in der Kindheit. *In:* Weinert, F.E. (Hrsg.), S. 136–152. [283]

O'Connor, B.P.(1995): Identity development and perceived parental behavior as sources of adolescent egocentrism. *Journal of Youth and Adolescence, 24,* S. 205–227. [339]

O'Connor, B.P. & Nikolic, J. (1990): Identity development and formal operations as sources of adolescent egocentrism. *Journal of Youth and Adolescence, 19,* S. 149–158. [339]

O'Connor, M.J., Sigman, M. & Kasari, C. (1993): Interactional model for the association among maternal alcohol use, mother-infant interaction, and infant cognitive development. *Infant Behavior and Development, 16,* S. 177–192. [84]

Oden, S. & Asher, S.R. (1977): Coaching children in social skills for friendship. *Child Development, 48,* S. 495–506. [310f.]

Oerter, R. & Dreher, E. (1995): Jugendalter. *In:* Oerter, R. & Montada, L. (Hrsg.), S. 310–395. [363]

Oerter, R. & Montada, L. (Hrsg.) (1995): *Entwicklungspsychologie* (3. Aufl.). Weinheim: PVU.

Oller, D.K. & Eilers, R. (1988): The role of audition in infant babbling. *Child Development, 59,* S. 441–449. 161]

Olshan, A.F., Baird, P.A. & Teschke, K. (1989): Prenatal occupational exposures and the risk of Down syndrome. *American Journal of Human Genetics, 44,* S. 646–651. [58]

Olsho, L.W., Koch, E.G., Carter, E.A., Halpin, C.F. & Spetner, N.B. (1988): Pure tone sensitivity of human infants. *Journal of the Acoustical Society of America, 84,* S. 1316–1324. [115]

Olson, S.L., Bayles, K. & Bates, J.E. (1986): Mother-child interaction and children's speech progress. A longitudinal study of the first two years. *Merrill-Palmer-Quarterly,* 32, S. 1–20. [215]

Olvera-Ezell, N., Power, T.G. & Cousins, J.H. (1990): Maternal socialization of children's eating habits, strategies used by obese Mexican-American mothers. *Child Development, 61,* S. 395–400. [222]

Ornstein, P.A., Naus, M.J. & Liberty, C. (1975): Rehearsal and organizational processes in children's memory. *Child Development, 46,* S. 818–830. [204, 261]

Ornstein, P.A., Medlin, R.G., Stone, B.P. & Naus, M.J. (1985): Retrieving for rehearsal: An analysis of active rehearsal in children's memory. *Developmental Psychology, 21,* S. 633–641. [262]

Oser, F. & Althof, W. (1997): *Moralische Selbstbestimmung. Modelle der Entwicklung und Erziehung im Wertbereich.* Stuttgart: Klett-Cotta. [289, 347]

Oski, F.A., DeAngelis, C.D., Feigin, R.D., McMillan, J.A. & Warshaw, J.B. (Eds.) (1994): *Principles and practice of pediatrics* (2nd ed.). Philadelphia: Lippincott.

Osofsky, H. (Ed.) (1973): *Clinical obstetrics and gynecology: High risk pregnancy with emphasis upon maternal and fetal well being.* New York: Harper & Row.

Osofsky, J.D. (Ed.) (1979): *Handbook of infant development.* New York: Wiley.

Osofsky, J.D. (Ed.) (1987): *Handbook of infant development* (2nd ed.). New York: Wiley.

O'Sullivan, J.T., Howe, M.L. & Marche, T.A. (1996): Children's beliefs about long-term retention. *Child Development, 67,* S. 2989–3009. [208]

Oswald, H. (1989): Intergenerative Beziehungen (Konflikte) in der Familie. *In:* Nave-Herz, R. & v. Markefka, M. (Hrsg.), S. 367–381. [381]

Oswald, H. & Krappmann, L. (1991): Der Beitrag der Gleichaltrigen zur sozialen Entwicklung von Kindern in der Grundschule. *In:* Pekrun, R & Fend, H. (Hrsg.), S. 201–216. [317]

Oyen, A.S. & Bebko, J.M. (1996): The effects of computer games and lesson contexts on children's mnemonic strategies. *Journal of Experimental Child Psychology, 62,* S. 173–189. [204]

Oyserman, D. & Markus, H.R (1990): Possible selves and delinquency. *Journal of Personality and Social Psychology, 59,* S. 112–125. [387]

Page, D.C., Mosher, R., Simpson, E.M., Fisher, G.M., Pollack, J. McGillivray, B., de la Chappelle, A. & Brown, L.G. (1987): The sex-determining region of the human Y-chromosome encodes a finger protein. *Cell, 51,* S. 1091–1104. [56]

Pagenstecher, L. (1993): Hundert Jahre Sexualwissenschaft – ein Jubiläum zum Feiern?. *In:* Krüger, H.H. (Hrsg.), S. 473–493. [376]

Paikoff, R.L., McCormick, A. & Sagrestano, L.M. (2000): Adolescent sexuality. *In:* Szuchman, L.T. & Muscarella, F. (Eds.), S. 416–439. [351]

Paley, V.G. (1986): *Mollie is three: Growing up in school.* Chicago: University of Chicago Press. [237]

Pan, B.A. & Gleason, J.B. (1997): Semantic development: Learning the meaning of words. *In:* Gleason, J.B. (Ed.), S. 122–158. [168]

Papousek, H. & Papousek, M. (1991): Innate and cultural guidance of infants' integrative competencies: China, the United States, and Germany. *In:* Bornstein, M. H. (Ed.), S. 23–44. [133]

Paris, S.G. (1975): Integration and inference in children's comprehension and memory. *In:* Restle, F., Shiffrin, R.M., Castellan, N.J., Lindman, H.R. & Pisoni, D.B. (Eds.), S. 223-246. [259]

Paris, S.G., Olson, G.M. & Stevenson, H.W. (Eds.) (1983): *Learning and motivation in the classroom.* Hillsdale, NJ: Lawrence Erlbaum.

Paris, S.G. & Upton, L. (1976): Children's memory for inferential comprehension. *Child Development, 47,* S. 660–668. [260]

Parker, J.G. & Asher, S.R. (1987): Peer relations and later adjustment: Are low-accepted children »at risk«? *Psychological Bulletin, 102,* S. 357–389. [309]

Parkes, C.M. & Stevenson-Hinde, J. (Eds.) (1982): *The place of attachment in human behavior.* New York: Basic Books.

Parkhurst, J.T. & Asher, S.R. (1992): Peer rejection in middle school: Subgroup differences in behavior, loneliness, and interpersonal concerns. *Developmental Psychology, 28,* S. 231–241. [307]

Parmelee, A.H. & Sigman, M.D. (1983): Perinatal brain development and behavior. *In:* Mussen, P.H. (Series Ed.): Haith, M.M. & Campos, J.J. (Vol. Eds.), Vol. II, S. 95–155. [114]

Parsonson, B.S. & Naughton, K.A.(1988): Training generalized conservation in 5-year-old children. *Journal of Experimental Child Psychology, 46,* S. 372–390. [188]

Parten, M. (1932): Social participation among preschool children. *Journal of Abnormal and Social Psychology, 27,* S. 243–269. [243]

Pasamanick, B. & Knobloch, H. (1966): Retrospective studies on the epidemiology of reproductive casualty: Old and new. *Merrill-Palmer Quarterly, 12,* S. 7–26. [88]

Patterson, G.R. (1981): Mothers: The unacknowledged victims. *Monographs of the Society for Research in Child Development, 45,* 5, Serial No. 186. [311]

Patterson, G.R. (1982): *Coercive family processes.* Eigene, OR: Castilla Press. [311]

Patterson, S.J., Sochting, I. & Marcia, J.E. (1992): The inner space and beyond: women and identity. *In:* Adams, G.R., Gullotta, T.P. & Montemayor, R. (Eds.), S. 9–24. [394]

Peckham, C.S. & Logan, S. (1993): Screening for toxoplasmosis during pregnancy. *Archives of Disease in Childhood, 68,* S. 3–5. [80]

Pederson, D. & Moran, G. (1996): Expressions of the attachment relationship outside of the strange situation. *Child Development, 67,* S. 915–927. [132]

Pedersen, E., Faucher, T.A. & Eaton, W.W. (1978): A new perspective on the effects of first grade teachers on children's subsequent adult status. *Harvard Educational Review, 48,* S. 1–31. [251]

Peel, E.A. (1967): *The psychological basis of education* (2nd ed.). London: Oliver & Boyd. [330 f.]

Peery, J.C. (1980): Neonate and adult head movement: No and yes revisited. *Developmental Psychology, 16,* S. 245–250. [118]

Pekrun, R & Fend, H. (Hrsg.)(1991): *Schule und Persönlichkeitsentwicklung. Ein Resümee der Längsschnittforschung.* Stuttgart: Enke.

Pellegrini, D.S. (1985): Social cognition and competence in middle childhood. *Child Development, 56,* S. 253–264. [307]

Penner, S.G. (1987): Parental responses to grammatical and ungrammatical child utterances. *Child Development, 58,* S. 376–384. [178]

Perelle, I.B. & Ehrman, L. (1994): An international study of human handedness: The data. *Behavior Genetics, 24,* S. 217–227. [225]

Perlmutter, M.(Ed.)(1980): *Children's memory.* San Francisco: Jossey-Bass.

Perris, E.E., Myers, N.A. & Clifton, R.K. (1990): Long-term memory for a single infancy experience. *Child Development, 61,* S. 1796–1807. [214]

Perry, D.G. & Bussey, K. (1984): *Social development.* Englewood Cliffs, N.J.: Prentice-Hall. [248]

Pestalozzi, J.H. (1774): *Tagebuch Pestalozzis über die Erziehung seines Sohnes vom 27. Januar bis zum 19. Februar.* Pestalozzis sämtliche Werke, Band 1, S. 115ff. de Gruyter: Berlin. [35]

Petersen, A.C. (1979): Can puberty come any earlier? *Psychology Today, 12,* S. 45–47. [353, 355]

Petitto, A. & Marentette, P.E. (1991): Babbling in the manual mode: Evidence of the ontogeny of language, *Science, 251,* S. 1493–1496. [161]

Phillips, D.A. & Zimmerman, M. (1990): The developmental course of perceived competence and incompetence among competent children. *In:* Sternberg, R. & Kolligian, J. (Eds.), S. 41–66. [277]

Piaget, J. (1923): *Le langage et la pensée chez l'enfant.* Neuchâtel: Delachaux & Nestlé. Dt. (1972): *Sprechen und Denken des Kindes.* Düsseldorf: Schwann. [193]

Piaget, J. (1932): *Le jugement moral chez l'enfant.* Paris: Alcan. Dt. (1973): *Das moralische Urteil beim Kinde.* Frankfurt/M.: Suhrkamp. [242, 279]

Piaget, J. (1936): *La naissance de l'intelligence chez l'enfant.* Neuchâtel: Delachau et Niestlé. Dt. (1973): *Das Erwachen der Intelligenz beim Kinde.* Stuttgart: Klett. [143ff.]

Piaget, J. (1937): *La construction du réel chez l'enfant.* Neuchâtel: Delachaux et Niestlé. Dt. (1974): *Der Aufbau der Wirklichkeit beim Kinde.* Stuttgart: Klett. [146]

Piaget, J. (1955): *The child's conception of number.* New York: Humanities Press. [186]

Piaget, J. (1972): Intellectual evolution from adolescence to adulthood. *Human Development, 15,* S. 1–12. [333]

Piaget, J. (1962): *Play, dreams and imitation in childhood.* New York: Norton (Original-Ausgabe: 1951). [181, 186, 196]

Piaget, J. (1966): *Psychologie der Intelligenz.* Zürich: Rascher. [25]

Piaget, J. (1973): *Das Erwachen der Intelligenz beim Kinde.* Stuttgart: Klett. [136]

Piaget, J. & Inhelder, B. (1956): *The child's conception of space.* London: Routledge & Kegan. Dt. (1971): *Die Entwicklung des räumlichen Denkens beim Kinde.* Stuttgart: Klett. [185, 189]

Piaget, J. & Inhelder, B. (1973): *Die Psychologie des Kindes.* Olten: Walter. [257]

Piaget, J. & Szeminska, A. (1941): *La genèse du nombre chez l'enfant.* Neuchâtel: Delachaux & Niestlé. Dt: (1965): *Die Entwicklung des Zahlbegriffes beim Kinde.* Stuttgart: Klett. [188]

Pick, A.D. (Ed.)(1973): *Minnesota symposium on child psychology.* Minneapolis, MN: University of Minnesota Press.

Pike, K.M. & Rodin, J (1991): Mothers, daughters, and disordered eating. *Journal of Abnormal Psychology, 100,* S. 198–204. [359]

Pintrich, P.R. & Maehr, M.L. (Eds.) (1993): *Advances in Motivation and achievement. Vol. 8. Motivation and adolescent development.* Greenwich, CT: JAI Press.

Platon (1940): *Gesetze.* 2. Band. Übersetzt und erläutert von Otto Appelt. Leipzig: Menier. [101]

Platon (1974): *Der Staat.* Zürich: Artemis-Verlag. [18]

Plies, K., Nickel, B., Schmidt, P. Reinecke, J. & Attermeyer, U. (1999): Kontrazeption. *In:* Plies et al., (Hrsg.), S. 70–130. [375]

Plies, K., Nickel, B. & Schmidt, P.(Hrsg.) (1999): *Zwischen Lust und Frust. Jugendsexualität in den 80er Jahren.* Opladen: Leske + Budrich.

Plomin, R. (1989): Environment and genes: Determinants of behavior. *American Psychologist, 44,* S. 105–111. [15]

Plomin, R. (1997): *Behavioral genetics* (3rd ed.). New York: Freeman. [15]

Poets, C.F., Schlaud, M., Keemann, W.J., Rudolph, A., Diekmann, U. & Sens, B. (1995): Sudden infant death and maternal cigarette smoking – results from the Lower Saxony Perinatal Working Group. *European Journal of Pediatrics, 154,* S. 326–329. [109]

Polka, L. & Werker, J.F. (1994): Developmental changes in perception of nonnative vowel contrasts. *Journal of Experimental Psychology: Human Perception and Performance, 20,* S. 421–435. [161]

Pomerantz, E.M., Ruble, D.N., Frey, K.S., & Greulich, E. (1995): Meeting goals and confronting conflict: Children's changing perceptions of social comparison. *Child Development, 66,* S. 723–738. [297]

Prechtl, H.F.R. (1965): Problems of behavioral studies in the newborn infant. *In:* Lehman D.S., Hinde, R.A. & Shaw, E. (Eds.), S. 75–98. [107]

Preyer, W. (1882): *Die Seele des Kindes.* Leipzig: Grieben. [113]

Price, D. (1972): Mammalian conception, sex differentiation, and hermaphroditism as viewed in historical perspective. *American Zoologist, 12,* S. 179–191. [55]

Priel, B. & de Schonen, S. (1986): Self-recognition: A study of a population without mirrors. *Journal of Experimental Child Psychology, 41,* S. 237–250. [137]

Pring, L. & Hermelin, B. (1993): Bottle, tulip and wineglass: semantic and structural picture processing by savant artists. *Journal of Child Psychology and Psychiatry, 34,* S. 1365–1385. [270]

Quadrel, M.J., Fischhoff, B. & Davis, W. (1993): Adolescent (in)vulnerability. *American Psychologist, 48,* S. 102–116. [342 ff.]

Quandt, S. (Hrsg.)(1978): *Kinderarbeit und Kinderschutz in Deutschland 1883-1976. Quellen und Anmerkungen.* Paderborn: Schöningh. [253]

Rabinowitz, F.M., Grant, M.J., Howe, M.L. & Walsh, C. (1994): Reasoning in middle childhood: A dynamic model of performance on transitivity tasks. *Journal of Experimental Child Psychology, 58,* S. 252–88. [257]

Radke-Yarrow, M., Cummings, M., Kuczynski, L., & Chapman, M. (1985): Patterns of attachment of two- and three-year-olds in normal families and families with parental depression. *Child Development, 56,* S. 884–93. [133]

Radke-Yarrow, M., Zahn-Waxler, C. & Chapman, M. (1983): Children' prosocial dispositions and behavior. *In:* Mussen, P.H. (Ed.), Vol. 4, S. 469–45. [246]

Raithel, J. (1998): Riskantes Verkehrsverhalten jugendlicher Motorzweiradfahrer Befunde einer Pilotstudie. *Zeitschrift für Verkehrssicherheit, 44,* S. 146–50. [341 f.]

Ramsey, P.G. & Lasquade, C. (1996): Preschool children's entry attempts. *Journal of Applied Developmental Psychology, 17,* S. 135–150. [244]

Reese, E. & Fivush, R. (1993): Parental styles of talking about the past. *Developmental Psychology, 29,* S. 596–606. [214]

Reese, H.W. (Ed.)(1975): *Advances in child development and behavior.* Vol. 10. New York: Academic Press.

Reese, H.W. (1977): Imagery and associative memory. *In:* Kail, R.V. & Hagen, J.W. (Eds.), S. 113–116. [338]

Reese, H.W. (Ed.) (1994): *Advances in child development and behavior.* Vol. 25. New York: Academic Press.

Reese, H.W. & Franzen, M.D. (Eds.) (1997): *Biological and neuropsychological mechanisms: Life-span developmental psychology.* Mahwah, NJ: Erlbaum.

Reese, H.W. & Lipsitt, L.P. (Eds.) (1978): *Advances in child development and behavior.* Vol 12. New York: Academic Press.

Reese, H.W. & Lipsitt, L.P. (Eds.) (1979): *Advances in child development and behavior,* Vol. 13, New York, Academic Press.

Reese, H.W. & Lipsitt, L.P. (Eds.) (1980): *Advances in child development and behavior,* Vol. 15, New York, Academic Press.

Reich, P.A. (1986): *Language development.* Englewood Cliffs, NJ: Prentice Hall. [216]

Reichman, N.E. & Pagnini, D.L. (1997): Maternal age and birth outcomes data from New Jersey. *Family Planning Perspectives, 29,* S. 268–272, 295. [79]

Remschmidt, H. (1992): *Adoleszenz: Entwicklung und Entwicklungskrisen im Jugendalter.* München: Reinhardt. [354, 357]

Renshaw, P.D. & Brown, P.J. (1993): Loneliness in middle childhood: concurrent and longitudinal predictors. *Child Development, 64,* S. 1271–1284. [309]

Restle, F., Shiffrin, R.M., Castellan, N.J., Lindman, H.R. & Pisoni, D.B. (Eds.) (1975): *Cognitive Theory.* Vol. 1. Hillsdale, NJ: Erlbaum.

Reznick, J.S. & Goldfield, B.A. (1992): Rapid change in lexical development in comprehension and production. *Developmental Psychology, 28,* S. 406–413. [167]

Rholes, W.S. & Ruble, D.N. (1984): Children's understanding of dispositional characteristics of others. *Child Development, 55,* S. 550–560. [312]

Rice, M.L. & Woodsmall, L. (1988): Lessons from television: Children's word learning when viewing. *Child Development, 59,* S. 420–429. [170]

Richards, M.P.M. (Ed.)(1974): *The integration of the child into a social world.* London: Cambridge University Press.

Ridderinkhoff, K.R. & van der Molen, M.W. (1995): A psychophysiological analysis of developmental differences in the ability to resist interference. *Child Development, 66,* S. 1040–1056. [199]

Riksen-Walraven, M. (1991): Die Entwicklung kindlicher Kompetenz im Zusammenhang mit sozialer Unterstützung. *In:* Mönks, F.J. & Lehwald, G. (Hrsg.), S. 77–92. [133]

Roazen, P. (1997): *Erik H. Erikson: the power and limits of a vision.* Northvale, NJ : Jason Aronson. [388]

Roberts, C.J. & Loewe, C.R. (1975): Where have all the conceptions gone. *Lancet,* March 1, S. 498–499. [72]

Robin, D.J., Berthier, N.E. & Clifton, R.K. (1996): Infants' predictive reaching for moving objects in the dark. *Developmental Psychology, 32,* S. 824–835. [111]

Robins, L.S. & Rutter, M. (Eds.) (1990): *Straight and devious pathways from childhood to adulthood.* New York: Cambridge University Press.

Rochat, P. (Ed.) (1995): *The self in infancy: Theory and research.* Amsterdam: Elsevier. [226]

Roche, A.F. (Ed.) (1979): Secular trends in human growth, maturation, and development. *Monographs of the Society for Research in Child development, 44,* No. 173, S. 3–27. [353]

Roche, A.F. (1981): The adipocyte-number hypothesis. *Child Development, 52,* S. 31–43. [221]

Rodgers, J. & Rowe, D. (1993): Social contagion and adolescent sexual behavior: A developmental EMOSA model. *Psychological Review, 100,* S. 479–510. [377]

Rogers, C.R. (1951): Client-centered therapy. Boston: Houghton Mifflin. Dt. (1999) *Die klientenzentrierte Gesprächspsychotherapie* (13. Aufl.). Frankfurt am Main: Fischer. [33]

Rogers, C.R. (1961): *On becoming a person.* Boston: Houghton Mifflin. Dt. (1994): *Die klientenzentrierte Gesprächstherapie.* Frankfurt am Main: Fischer. [33]

Rogoff, B. (1998): Cognition as a collaborative process. *In:* Kuhn, D. & Siegler, R.S. (Eds.), S. 679–744. [26]

Rogoff, B. & Chavajay, P. (1995): What's become of research on the cultural bias of cognitive development? *American Psychologist, 50,* S. 859–877. [203 f.]

Rogoff, B. & Lave, J. (1984): *Everyday cognition.* Cambridge, MA: Harvard University Press. [334]

Rohner, R.P. & Pettengill, S.M. (1985): Perceived parental acceptance-rejection and parental control among Korean adolescents. *Child Development, 56,* S. 542–528. [287]

Root, A.W. (July 1973a): Endocrinology of puberty: I. Normal sexual maturation. *Journal of Pediatrics, 83,* S. 1–19. [355 f.]

Root, A.W. (1973b): Endocrinology of puberty: II. Aberrations of sexual maturation. *Journal of Pediatrics, 83,* S. 187–200. [355 f.]

Rosen, S., Bergman, M., Pester, D., El-Monty, A. & Satti,M. (1962): Presbycusis study of a relatively noise-free population in the Sudan. *The Annals of Otology, Rhinology and Laryngo, 71,* S. 727–743. [10]

Rosenblith, J.F. & Allensmith, W. (Eds.)(1966): *The causes of behavior: Readings in child development and educational psychology* (2nd ed.). Boston; Allyn and Bacon.

Rosenthal, M.K. (1982): Vocal dialogues in the neonatal period. *Development Psychology, 18,* S. 17–21. [175]

Rosenholtz, S.J. & Simpson, C. (1984): The formation of ability conceptions: Developmental trend or social construction? *Review of Educational Research, 54,* S. 31–63. [273]

Rosenstein, D. & Oster, H. (1988): Differential facial responses to four basic tastes in newborns. *Child Development, 59,* S. 1555–1568. [115]

Rouquette, J. (1957): *Influence des l'intoxication alcoolique parentele sur le development physique et psychique des jeunes infants.* Dissertation Université de Paris. [83]

Rousseau, J.J. (1762): *Èmile ou de l'éducation.* Paris: Duchesne. Dt. (1983). *Emile oder über die Erziehung* (hrsg., eingel. u. mit Anm. vers. von Martin Rang). Stuttgart Reclam. [368]

Rovee-Collier, C. & Lipsitt, L.P. (Eds.)(1993): *Advances in Infancy Research.* Vol. 8. Norwwod, NJ: Ablex.

Rubin, D.H., Krasilnikoff, P.A., Leventhal, J.M., Weile, B. & Berget, A. (1986): Effect of passive smoking on birthweight. *The Lancet,* (August, 23), S. 415–417. [79]

Rubin, K.H. (1993): The Waterloo Longitudinal Project: Correlates and consequences of social withdrawal from childhood and adolescence. *In:* Rubin, K.H. & Asendorpf, J.B. (Eds.), S. 291–314. [309]

Rubin, K.H. & Asendorpf, J.B. (Eds.)(1993): *Social withdrawal, inhibition, and shyness in childhood.* Hillsdale, NJ: Erlbaum.

Rubin, K.H., Fein, G.G. & Vandenberg, B. (1983): Play. *In:* Mussen, P.H. (Ed.), Vol. 4, S. 692–774. [155 f.]

Rubin, Z. (1980): *Children's friendships.* Cambridge, MA: Harvard University Press. [241]

Ruble, D.N. & Dweck, C.S. (1995): Self-conceptions, person conceptions, and their development. *In:* Eisenberg, N. (Ed.), S. 109–139. [312]

Ruble, D.N. & Frey, K.S. (1991): Changing patterns of behavior as skills are acquired: A functional model of self-evaluation: *In:* Suls, J. & Wills, T.A. (Eds), S. 79–113. [297]

Ruble, D.N. & Martin, C. (1998): Gender development *In:* Damon, W. (Series Ed.) & Eisenberg, N. (Vol. Ed.), S. 933–1016. [230 f., 315 f.]

Ruke-Dravina, V. (1977): Modifications of speech addressed to young children in Latvian. *In:* Snow, C.E. & Ferguson, C.A. (Eds.), S. 237–253. [176]

Rushton, J.P. (1980): *Altruism, socialization, and society.* Englewood Cliffs, NJ: Prentice Hall. [289]

Rutter, D.R. (1984): *Looking and seeing: The role of visual communication in social interaction.* Chichester, England: John Wiley. [162]

Rutter, D.R. & Durkin, K. (1987): Turn-taking in mother-infant interaction: An examination of vocalization and gaze. *Developmental Psychology, 23,* S. 54–61. [162 f.]

Saarni, C., Mumme, D. & Campos, J.1998): Emotional development: Action, communication, and understanding. *In:* Damon, W. (Vol. Ed.) & Eisenberg, N. (Series Ed.), S. 237–309. [238]

Sachs, J. & Devin, J. (1976): Young children's use of age-appropriate speech styles in social interaction and role-playing. *Journal of Child Language, 3,* S. 81–91. [190]

Saffran, J.R., Aslin, R.N. & Newport, E.L. (1996): Statistical learning by 8-month-old-infants. *Science, 274,* S. 1926–1928. [172]

Sagi, A., van Ijzendorn, M.H., Aviezer, O., Donnell, F. & Mayeless, O. (1994): Sleeping out of home in a kibbutz communal arrangement: It makes a difference for infant-mother attachments. *Child Development, 65,* S. 992–1004. [126]

Sagi, A., van Ijzendoorn, M.H. & Koren-Karie, N. (1991): Primary appraisal of the Strange Situation: A cross cultural analysis of preseparation episodes. *Developmental Psychology, 27,* S. 587–596. [129]

Salapatek, P. & Cohen, L. (Eds.)(1987): *Handbook of infant perception: Vol. 1. From sensation to perception.* New York: Academic Press

Salinger, J.D. (1988): *Der Fänger im Roggen.* Reinbeck bei Hamburg: Rowohlt. [391]

Salk, I. (1962) Mother's heartbeat as an imprinting stimulus. *Annals of the New York Academy of Sciences, 24,* S. 753–763. [115]

Sallustio, V., Portalatini, P., Soleo, L., Cassano, F., Pesola, G., Lasorsa, G., Quoranta, N. & Salonna, I. (1998): Auditory dysfunction in occupational noise exposed workers. *Scandinavian Audiology, 27,* S. 95–110. [11]

Sameroff, A.J. (1975): Transactional models in early social relations. *Human Development, 18,* S. 65–79. [93, 134]

Sameroff, A.J. & Seifer, R. (1983): Familial risk and child competence. *Child Development, 54,* S. 1254–1268. [97]

Sampson, E.E. (1981): Cognitive psychology as ideology. *American Psychologist, 36,* S. 730–743. [333]

Sampson, R.J. & Lamb, J.H. (1994): Urban poverty and the family context of delinquency: A new look at structure and process in a classic study. *Child Development, 65,* S. 523–540. [383]

Sattler, J.-B. (1992): Der Linkshänder. Ein irrationales Phänomen unserer Gesellschaft. *Motorik, 15,* S. 148–156. [226]

Savage-Rumbaugh, E.S., Murphy, J., Sevcik, R.A., Brakke, K.E., Williams, S.L. & Rumbaugh, D.M. (1993): Language comprehension in ape and child. *Monographs of the Society for Research in Child Development, 58* (3–4, Serial No. 233). [172]

Saxe, G.B. (1985): Effects of schooling on arithmetical understandings: Studies with Oksapmin children in Papua, New Guinea. *Journal of Educational Psychology, 77,* S. 503–513. [26]

Sayegh, Y. & Dennis, W. (1965): The effect of supplementary experiences upon the behavioral development of infants in institutions. *Child Development, 36,* S. 81–90. [157]

Saxon, L. & Rapola, J. (1969): *Congenital defects.* New York: Holt. [86]

Scafidi, F.A., Field, T.M. & Schanberg, S.M. (1986): Effects of tactile/ kinesthetic stimulation on the clinical course and sleep/wake behavior of preterm neonates. *Infant Behavior and Development, 9,* S. 91–105. [96]

Scarr, S. (1997): The development of individual differences in intelligence and personality. *In:* Reese, H.W. & Franzen, M.D. (Eds.), S. 1–22. [65]

Scarr, S. & McCartney, K. (1983): How people make their own environments: A theory of genotype → environment effects. *Child Development, 54,* S. 424–435. [70]

Scarr, S. & Weinberg, R.A. (1977): Intellectual similarities within families of both adopted and biological children. *Intelligence, 3,* S.31–39. [64]

Scarr, S. & Weinberg, R.A. (1983): The Minnesota adoption studies: Genetic differences and malleability. *Child Development, 54,* S. 260–267. [64]

Scarr, S., Weinberg, R.A. & Levine, A. (Eds.) (1986): *Understanding development.* San Diego: Harcourt Brace Jovanovich. [327]

Scarr-Salapatek, S. und Williams, M.L. (1973): The effects of early stimulation on low-birth-weight infants. *Child Development, 44,* S. 94–101. [96]

Schäfers, B. (1980): Jugend: Zum Begriff und zur Abgrenzung einer Lebensphase. *Gegenwartskunde, 29,* Sonderheft 2, S. 13–23. [322]

Schilling, F. (1992): Linkshändigkeit, Graphomotorik und Schreibenlernen. *Motorik, 15,* S. 135–147. [225 f.]

Schlegel, A. & Berry, H. (1991): *Adolescence: An anthropological inquiry.* New York: Free Press. [381]

Schmidt, G. (1993): *Jugendsexualität.* Stuttgart. Enke. [372]

Schneider, W. & Bjorklund, D.F. (1992): Expertise, aptitude, and strategic remembering. *Child Development, 63,* S. 461–471. [207]

Schneider, W., Korkel, J. & Weinert, F.E. (1989): Domain-specific knowledge and memory performance: A comparison of high- and low-aptitude children. *Journal of Educational Psychology, 81,* S. 306–312. [207, 337]

Schorr, A. (1988): Der kleine Albert. *Report Psychologie, 13,* S. 32–33. [37]
Schütze, Y. (1993): Jugend und Familie. *In:* Krüger, H.H. (Hrsg.), S. 335–350. [380]
Schumann-Hengsteler, R. (1996): Kognitive Entwicklung im Jugendalter: Gedächtnisprozesse als Stiefkinder der Forschung? *In:* Schumann-Hengsteler, R. & Trautner, H.M. (Hrsg.), S. 77–118. [335 f.]
Schumann-Hengsteler, R. & Trautner, H.M. (Hrsg.) (1996): Entwicklung im Jugendalter. Göttingen: Hogrefe.
Schunk, D.H. (1983): Ability versus effort attributional feedback: Differential effects on self-efficacy and achievement. *Journal of Educational Psychology, 75,* S. 848–856. [303]
Schuske, G., Rudloff, F., Grasse, S. & Tanis, E. (1994): Untersuchungen zu Ausmaß und möglichen Folgen jugendlichen Musikkonsums. Teil I – Ergebnisse der Befragung. *Zeitschrift für Lärmbekämpfung, 41,* S. 121–128. [11]
Scott, J.P. (1958): *Animal behavior.* Chicago: University of Chicago. [119]
Scott, W.A., Scott, R. & McCabe, M. (1991): Family relationships and children's personality: A cross-cultural, cross-source comparison. *British Journal of Social Psychology, 30,* S. 1–20. [298]
Scriver, C.R., Beaudet, A.L., Sly, W.S. & Valle, D. (Eds.) (1995): *The metabolic and molecular bases of inherited disease.* Vol. 1 (7th ed.). New York: McGraw-Hill.
Sears, R.A., Maccoby, E.E. & Levin, H. (1957): *Patterns of childrearing.* Evanston, III: Row, Peterson. [373]
Seiffge-Krenke, I. (1995): *Stress, coping and relationships.* Hillsdale, N.J.: Erlbaum. [363]
Seiffge-Krenke, I. (1997): Imaginary companions in adolescence: sign of deficient or positive development? *Journal of Adolescence, 20,* S. 137–154. [364]
Selman, R. (1980): *The growth of interpersonal understanding: Developmental and clinical analysis.* New York: Acad. Press. Dt: (1984): *Die Entwicklung des sozialen Verstehens. Entwicklungspsychologische und klinische Untersuchungen.* Frankfurt/M: Suhrkamp. [313]
Selman, R. (1981): The child as a friendship philosopher. *In:* Asher, S.R. & Gottman, M. (Eds.), S. 242–272. [313, 314]
Sendlmeier, W.F. & Sendlmeier, U.M. (1991): Vom Lallen zum Sprechen – Die Entwicklung der Lautproduktion im Alter von 8 bis 14 Monaten. *Sprache & Kognition, 10,* S. 162–170. [161]
Serbin, L.A., Powlishta, K.K. & Gulko, J. (1993): The development of sex typing in middle childhood. *Monographs of the Society for Research in Child Development, 58* (2, Serial No. 232). [231]
Shaffer, D.R. (1999): *Developmental psychology. Childhood & adolescence* (5th ed.). Pacific Grove: Brooks/Cole. [327]
Shakespeare, W. (1991): *Das Wintermärchen.* Frankfurt am Main: Suhrkamp. [379]
Shapiro, R., Siegel, A.W., Scovill, L.C. & Hays, J. (1998): Risk-taking patterns of female adolescents: What they do and why. *Journal of Adolescence, 21,* S. 143–159. [341 f.]
Shapiro, S.H. (1973): Vicissitudes of adolescence. *In:* Copel, S.L. (Ed.), S. 93–117. [344]
Shatz, M. (1983): Communication. *In:* Mussen, P.H. (Ed.), Vol. 3, S. 841–889. [162, 177]
Shatz, M. & Gelman, R. (1973): The development of communication skills: Modifications in the speech of young children as a function of listener. *Monographs of the Society for Research in Child Development, 38* (5, Serial No. 152). [176]
Shatz, M., Grimm, H., Wilcox, S.A. & Niemeier-Wind, K. (1989): The uses of modal expression in conversations between German and American mothers. Paper presented at the biennial Meeting of the Society for Research in Child Development. Kansas City, MO. [163]
Shaw, D.S., Keenan, K. & Vondra, J.I. (1994): Developmental precursors of externalizing behavior: Ages 1 to 3. *Developmental Psychology, 30,* S. 355–364. [239]
Shirley, M.M. (1933): The first two years. A study of twenty-five babies. Vol. 2. *Institute of Child Welfare Monograph,* No. 7. Minneapolis: University of Minnesota Press. [3, 36, 223]
Shoda, V., Mischel, W. & Peake, P.K. (1990): Predicting adolescent cognitive and self-regulatory competencies from preschool delay of gratification: Identifying diagnostic conditions. *Developmental Psychology, 26,* S. 978–986. [239]
Shu, X.O., Ross, J.A., Pendergrass, T.W., Reaman, G.H., Lampkin, B. & Robinson, L.L. (1996): Prenatal alcohol consumption, cigarette smoking, and risk of infant leukemia: A Children's Cancer Group Study. *Journal of the National Cancer Institute, 88,* S. 24–31. [83]
Shulman, S., Seiffge-Krenke, I. & Dimitrovsky, L. (1994): The functions of pen pals for adolescents. *Journal of Psychology, 128,* S. 89–100. [365]
Shweder, R.A., Mahapatra, M. & Miller, J.G. (1990): Culture and moral development. *In:* Stigler, J.W., Shweder, R.A. & Herdt, G. (Eds.), S. 130–204. [287]
Sieder, R. (1991): Der Jugendliche in der Familie. *In:* Mitterauer, M. & Sieder, R. (Hrsg,), S. 126–148. [361, 380]
Siegal, M. (1991): *Knowing children: Experiments in conversation and cognition.* Hillsdale, NJ: Erlbaum. [188]

Siegel, A.W., Cousins, J.H., Rubovits, P., Parsons, J.T., Lavery, B. & Crowley, C.L. (1994): Adolecents' perceptions of the benefits and risks of their own risk taking. *Journal of Emotional and Behavioral Disorders. 2,* S. 89–98. [341]

Siegel, M. & Share, D. (1990): Contamination sensitivity in young children. *Developmental Psychology, 26,* S. 455–458. [193]

Siegel, O. (1982): Personality development in adolescence. *In:* Wolman, B.B., Stricker, G., Ellman, S.J., Keith-Spiegel, P. & Palermo, D. S. (Eds.), S. 139–184. [357]

Siegler, R.S. (1976): Three aspects of cognitive development. *Cognitive Psychology, 8,* S. 481–520. [209]

Siegler, R.S. (Ed.)(1978): *Children's thinking: What develops?* Hillsdale, N.J.: Lawrence Erlbaum

Siegler, R.S. (1981): Developmental sequences within and between concepts. *Monographs of the Society for Research in Child Development, 46* (2, Serial No. 189). [209]

Siegler, R.S. (1983): Information processing approach to development. *In:* Mussen, P.H. (Ed.), Vol. 1, S. 129–212. [209 f.].

Siegler, R.S. (1998): *Children's thinking* (3rd. ed.). Upper Saddle River, NJ: Prentice-Hall. [197, 215, 262, 336]

Siegler, R.S. & Richards, D.D. (1982): The development of intelligence. *In:* Sternberg, R.J. (Ed.), S. 897–971. [210]

Silbereisen, R.K. & Schuhler, P. (1993): Prosoziales Verhalten: Bedingungen und Verläufe der Entwicklung. *In:* Markefka, M. & Nauck, B. (Hrsg.), S. 275–287. [246]

Silbereisen, R.K., Petersen, A.C., Albrecht, H.T. & Kracke, B. (1989): Maturational timing and the development of problem behavior: Longitudinal studies in adolescence. *Journal of Early Adolescence, 9,* S. 247–268. [360]

Simons, K. (Ed.)(1993): *Early visual development: Normal and abnormal.* New York: Oxford University Press.

Simmons, R.G., Blyth, D.A. & McKinney, K.L. (1983): The social and psychological effects of puberty on white females. *In:* Brooks-Gunn, J. & Petersen, A.C. (Eds.), S. 229–272. [361]

Simmons, R.G., Carlton-Ford, S.L. & Blyth, D.A. (1987): Predicting how a child will cope with the transition of junior high school. *In:* Lerner, R.M. & Foch, T.T. (Eds.), S. 325–375. [361]

Singer, J. L., Brodzinsky, D.M., Ramsay, D., Steir, M. & Waters, E. (1985): Mother-infant attachment in adoptive families. *Child Development, 56,* S. 1543–1551. [120]

Sinnott, J.M., Pisoni, D.B. & Aslin, R.N. (1984): A comparison of pure auditory thresholds in human infants and adults. *Infant and Behavior Development, 6,* S. 3–17. [115]

Skinner, B.F. (1957): *Verbal behavior.* New York: Appleton-Century-Crofts. [168 f.]

Slobin, D.I. (Ed.)(1985): *The cross-linguistic study of language acquisition. Vol. I. The data.* Hillsdale, NJ: Erlbaum.

Smetana, J.G. (1981): Preschool children's conceptions of moral and social rules. *Child Development, 52,* S. 1333–1336. [286]

Smetana, J.G (1988a): Concepts of self and social convention: Adolescents' reasoning about hypothetical and actual family conflicts. *In:* Gunnar, M.R. & Collins, W.A. (Eds.), S. 79–122. [381]

Smetana, J.G. (1988 b): Adolescents' and parents' conceptions of parental authority. *Child Development, 59,* S. 321–335. [381]

Smetana, J. (1995): Parenting styles and conceptions of personal authority during adolescence. *Child Development, 66,* S. 299–316. [382]

Smetana, J.G. & Asquith, P. (1994): Adolescents' and parents' conceptions of parental authority and personal autonomy. *Child Development, 65,* S. 1147–1162. [381]

Smetana, J.G., Schlagman, N. & Adams, P.W. (1993): Preschool children's judgments about hypothetical and actual transgressions. *Child Development, 64,* S. 202–214. [286]

Smith, A. & Sugar, O. (1975): Development of above normal language and intelligence 21 years after hemispherectomy. *Neurology, 25,* S. 813–818. [172]

Smith, B.A., Stevens, K., Torgerson, W.S. & Kim, J.H. (1992): Diminished reactivity of postmature human infants to sucrose compared with term infants. *Developmental Psychology, 28,* S. 811–820. [115]

Smith, J.A. & Ross, W.D. (Eds.)(1912): *The works of Aristotle.* Vol. 5. Oxford: Clarendon Press.

Smith, P.K. (1978): A longitudinal study of social participation in preschool children: Solitary and parallel play reexamined. *Developmental-Psychology, 14,* S. 517–523. [191]

Smith, P.K. (1982): Does play matter? Functional and evolutionary aspects of animal and human play. *The Behavioral and Brain Sciences, 5,* S. 139–184. [154]

Smith, P.K. (Ed.) (1984): *Play in animals and humans.* Oxford: Blackwell.

Smith, P.K. & Vollstedt, R. (1985): On defining play: An empirical study of the relationship between play and various play criteria. *Child Development, 56,* S. 1042–1050. [155]

Snarey, J.R. & Keljo, K. (1991): In a gemeinschaft voice: The cross-cultural expansion of moral development theory. *In:* Kurtines, W.M. & Gewirtz, J.L. (Eds.), S. 395–424. [349]

Snow, C.E. (1977): The development of conversation between mothers and babies. *Journal of Child Language, 4,* S. 1–22. [162]

Snow, C.E., Arlman-Rupp, A., Hassing, Y., Jobse, J. & Vorstein, J. (1976): Mother's speech in three social classes. *Journal of Psycholinguistic Research, 34,* S. 63–94. [169]

Snow, C.E. & Ferguson, C.A. (Eds.) (1977): *Talking to children: Language input and acquisition.* Cambridge University Press.

Snow, C.E. & Hoefnagel-Hohle, M. (1978): The critical period for language acquisition: Evidence from second language learning. *Child Development, 49,* S. 1114–1128. [173]

Snowdon, C.T. (1983): Ethology, comparative psychology, and animal behavior. *Annual Review of Psychology, 34,* S. 63–94. [172]

Society for Research in Child development (1993): Ethical standards for Research with children. *In:* Directory of members. Ann Arbor, MI: Author, S. 337–339. [37]

Solso, R.L. (Ed.) (1974): *Theories in cognitive psychology: The Loyala Symposium.* Hillsdale, N.J.: Erlbaum.

Sondregger, T.B. (Ed.)(1985): *Nebraska Symposium on Motivation, 1984: Psychology and gender.* Lincoln: University of Nebraska Press.

Song, M.-J., Smetana, J.G. & Kim, S.Y. (1987): Korean children's conceptions of moral and conventional transgressions. *Developmental Psychology, 23,* S. 577–582. [287]

Sontag, L. W. (1944): War and the fetal maternal relationship. *Marriage and Family Living, 6,* S. 1–5. [87]

Sontag, L.W. & Wallace, R.F. (1935): The effect of cigarette smoking during pregnancy upon the fetal heart rate. *American Journal of Obstetrics and Gynecology, 29,* S. 77–83. [81]

Spelke, E.S. & Newport, E.L. (1998): Nativism, empiricism, and the development of knowledge. *In:* Damon, W. (Series Ed.) & Lerner, R.M. (Vol. Ed.), S. 275–340. [142, 166, 172]

Spence, K.W. & Spence, J.T. (Eds.) (1968): *The psychology of learning and motivation. Advances in research and theory.* Vol. 2. New York: Academic Press.

Sporns, O. & Edelman, G.M. (1993): Solving Bernstein's problem: A proposal for the development of coordinated movement by selection. *Child Development, 64,* S. 960–981. [110]

Sprinthall, N.A. & Collins, W.A. (1995): *Adolescent psychology: A developmental view.* (3rd. Ed.). New York. McGraw-Hill. [365]

Sroufe, L.A. (1985): Attachment classification from the perspective of infant-caregiver relationships and infant temperament. *Child Development, 56,* S. 1–14. [135]

Sroufe, L.A. (1996): *Emotional development: The organization of emotional life in the early years.* New York: Cambridge University Press. [311]

Sroufe, L.A., Bennett, C., Englund, M., Urban, J. & Shulman, S. (1993a): The significance of gender boundaries in preadolescence: Contemporary correlates and antecedents of boundary violation and maintenance. *Child Development, 64,* S. 455–466. [316f.]

Sroufe, L.A., Carlson, E. & Schulman, S. (1993b): Individuals in relationships: Development from infancy through adolescence. *In:* Funder, D.C., Parke, R.D., Tomlinson-Keasey, C. & Widaman, K. (Eds.), S. 315–342. [135]

Sroufe, L.A., Egeland, B. & Carlos, E.A. (1999): One social world: The integrated development of parent-child and peer relationships. *In:* Collins, W.A. & Laursen, B. (Eds.), S. 241–261. [309, 314]

Sroufe, L.A., Waters, E. & Matas, L. (1974): Contextual determinants of infant affectional response. *In:* Lewis, M. & Rosenblum, L.A. (Eds.) (1974b), S. 49–72. [42, 131]

Stark, R.E. (Ed.) (1981): *Language behavior in infancy and early childhood.* New York: Elesevier North-Holland.

Starke, K. & Weller, K. (1995): Jugendsexualität: Frühe Ängste – späte Freuden? *In:* Hundsalz, A., Klug, H.-P. & Schilling, H. (Hrsg.), S. 143–166. [374, 377]

Stechler, G. & Halton, A. (1982): Prenatal influences on human development. *In:* Wolman, B.B., Stricker, G., Ellmanm S.J., Keith-Spiegel, P. & Palermo, D.S. (Eds.), S. [93]

Stein, Z., Susser, M., Saenger, G. & Morolla, F. (1974): *Famine and human development: The Dutch hunger winter of 1944–1945.* New York: Oxford University Press. [43]

Steinberg, L. (1990): Autonomy, conflict, and harmony in the family relationship. *In:* Feldman, S. & Elliott, G. (Eds.), S. 255–276. [320]

Steinberg, L. (1999): *Adolescence* (5th ed.). Boston: McGraw-Hill. [383f.]

Steiner, J.E. (1979): Human facial expressions in response to taste and smell simulation. *In:* Reese, H.W. & Lipsitt, L.P. (Eds.), S. 257–295. [115]

Steinhausen, H.C. & Spohr, H.L. (1998): Long-term outcome of children with fetal alcohol syndrome: Psychopathology, behavior, and intelligence. *Alcohol Clinical and Experimental Research, 22,* S. 334–338. [83]

Steinhausen, H.C., Willms, J. & Spohr, H.L. (1993): Long-term psychopathological and cognitive outcome of children with fetal alcohol syndrome. *Journal of the American Academy of Child and Adolescent Psychiatry, 32,* S. 990–994. [83]

Stender, K. (1994): Die Renaissance der Rituale. *Psychologie heute, 32,* S. 32–37. [324]

Stephen, A.R. & Guttmacher, A.F. (Eds.)(1967): *Childbearing – Its social and psychological aspects.* Baltimore: Williams & Wilkins.

Stern, D. (1977): *The first relationship: Mother and infant.* Cambridge, Mass.: Harvard University Press. Dt. (1979): Mutter und Kind. Die erste Beziehung. Stuttgart: Klett-Cotta. [132]

Stern, H.H. (Ed.)(1969): *Languages and the young school child.* London: Oxford University Press.

Stern, M. & Hildebrandt, K.A. (1986): Prematurity stereotyping: Effects on mother-infant interaction. *Child Development, 57,* S. 308–315. [96 f.]

Sternberg, R.J. (Ed.) (1982): *Handbook of human intelligence.* Cambridge: Cambridge University Press.

Sternberg, R.J. & Berg. C.A. (Eds.) (1992): *Intellectual development.* New York: Cambridge University Press.

Sternberg, R. & Kolligian, J. (Eds.) (1990): *Competence considered.* New Haven, CT: Yale University Press.

Sternberg, R.J. & Powell, J.S. (1983): The development of intelligence. *In:* Mussen, P.H. (Ed.), Vol. 3, S. 341–419. [47, 264]

Stevenson, H.W. (1992): Learning from Asian schools. *Scientific American, 267,* S. 32–38. [275]

Stevenson, H.W. (1995): Mathematics achievement of American Students: First in the world by the year 2000?. *In:* Nelson, C.A. (Ed.), S. 131–149. [275]

Stevenson, H.W. & Lee, S. (1990): Context of achievement. *Monographs of the Society for Research in Child Development, 55* (1–2, Serial No. 221). [275]

Stevenson, H.W., Stigler, J.W., Lee, S., Lucker, G.W., Kitamura, S. & Hsu, C. (1985): Cognitive performance and academic achievement of Japanese, Chinese, and American children. *Child Development, 56,* S. 718–734. [26 f.]

Stigler, J.W., Shweder, R.A. & Herdt, G. (Eds.) (1990): *Cultural psychology. Essays on comparative human development.* Cambridge, England: Cambridge University Press.

Stipek, D.J. & Hoffmann, J. (1980): Development of children's performance-related judgments. *Child Development, 51,* S. 912–914. [228]

Stipek, D.J. & Mc Iver, D. (1989): Developmental change in children's assessment of intellectual competence. *Child Development, 60,* S. 531–538. [273]

Stipek, D.J., Recchia, S. & McClintic, S. (1992): Self-evaluation in young children. *Monographs of the Society for Research in Child Development, 57* (1, Serial No. 226). [138, 227]

Stirnimann, F. (1944): Über das Farbempfinden Neugeborener. *Annales Paediatrici, 163,* S. 1–25. [148]

St. James-Roberts, I. & Plewis, I. (1996): Individual differences, daily fluctuations, and developmental changes in amounts of infant waking, fussing, crying, feeling, and sleeping. *Child Development, 67,* S. 2527–2540. [121]

Storch, M. (1994): *Das Eltern-Kind-Verhältnis im Jugendalter: Eine empirische Längsschnittstudie.* Weinheim: Juventa Verlag. [383 f.]

Stott, D.H. (1971): The child's hazards in utero. *In:* Howells, J.G. (Ed.), S. 19–60. [44]

Stratton, P. (Ed.) (1982): Psychobiology of the human newborn. New York: Wiley.

Straus, M.A. (1979): Measuring intra-family conflict and violence. The conflict tactics (CT) scales. *Journal of Marriage and the Family, 41,* S. 75–89. [381]

Straus, M.A., Gelles, R. & Steinmetz, S. (1988): *Behind closed doors.* Garden City, N.Y.: Doubleday. [119]

Strauss, S. (Ed.) (1982): *U-shaped behavioral growth.* New York: Academic Press.

Strauss, S. & Levin, J. (1981): Comment on Siegler »Developmental sequences within and between concepts.« *Monographs of the Society and Research in Child Development, 46* (2, Serial No. 189). [211]

Streissguth, A. P. (1986): Fetal alcohol syndrome: An overview and implications for patient management. *In:* Estes, N.J. & Heinemann, M.E. (Eds.), S. 195–206. [83]

Streissguth, A.P., Martin, D.C., Barr, H.M., Sandman, B.M., Kirchner, G.L. & Darby, B.L. (1984): Interuterine alcohol and nicotine exposure: Attention and reaction in 4-year-old children. *Developmental Psychology, 20,* S. 533–541. [83]

Streitmatter, J. (1993): Gender differences in identity development: An examination of longitudinal data. *Adolescence, 28,* S. 55–66. [394]

Strutt, G.F., Anderson, D.R. & Well, A.D. (1975): A developmental study of the effects of irrelevant information on speeded classification. *Journal of Experimental Child Psychology, 20,* S. 127–135. [201]

Süss-Burghart, H. (1996): »Ideot Savant« ohne Autismus: Die Entwicklung eines geistig behinderten Kindes mit Spezialbegabung von 8 Monaten bis 8 Jahren. *Verhaltenstherapie, 6 (4),* S. 234–242. [270]

Suls, J. & Wills, T.A. (Eds)(1991): *Social comparison: Contemporary theory and research.* Hillsdale, NJ: Erlbaum.

Sulz, S.K.D. (Hrsg.)(1998): *Das Therapie-Buch. Kognitiv-Behaviorale Psychotherapie in Psychiatrie, psychotherapeuthischer Medizin und Klinischer Psychologie.* München: CIP-Mediendienst.

Suomi, S.J. & Harlow, H.F. (1972): Social rehabilitation of isolate-reared monkeys. *Developmental Psychology, 6,* S. 487–496. [245]

Suomi, S. J. & Harlow, H. (1975): The role and reason of peer relationships in rhesus monkeys. *In:* Lewis, M. & Rosenblum, L.A. (Eds.), S. 153–186. [240]

Super, C.M. (1976): Environmental effects on motor development: The case of ›African infant precocity‹. *Developmental Medicine and Child Neurology, 18,* S. 561–567. [112]

Super, C.M. (1981): Behavioral development in infancy. *In:* Munroe, R.H., Munroe, R.L. & Whiting, B.B. (Eds.), S. 181–270. [9]

Surber, C.F. (1982): Separable effects of motives, consequences, and presentation order on children's moral judgments. *Developmental Psychology, 18,* S. 257–266. [281]

Surviving in cold water (1977), *Science News,* S. 200. [106]

Sutton-Smith, B. (1985): The child at play. *Psychology Today, 19,* S. 64–65. [155]

Svejda, M.J., Pannabecker, B.J. & Emde, R.N. (1982): Parent-to-infant attachment: A critique of the early »bonding« model. *In:* Emde, R.N. & Harmon, R.J. (Eds.), S. 83–118. [120]

Swarr, A.E. & Richards, M.H. (1996): Longitudinal effects of adolescent girls' pubertal development, perceptions of pubertal timing, and parental relations on eating problems. *Developmental Psychology, 32,* S. 636–646. [359]

Symons, D. (1978): *Play and aggression: A study of rhesus monkeys.* New York: Columbia University Press. [295]

Szuchman, L.T. & Muscarella, F. (Eds.)(2000): *Psychological perspectives on human sexuality.* New York: Wiley.

Tanner, J.M. (1962): *Growth at adolescence* (2nd ed.). Philadelphia: Davis. [353]

Tanner, J.M. (1970): Physical growth. *In:* Mussen, P. (Ed.), S. 77–155. [93]

Tanner, J.M. (1971): Sequence, tempo, and individual variation in the growth and development of boys and girls aged twelve to sixteen. *Daedalus, 100,* S. 907–930. [94, 348 f., 353 f., 357]

Tanner, J.M. (1990): *Foetus into man: Physical growth from conception to maturity.* Cambridge, Mass.: Harvard University Press. [56, 81, 94, 222 f., 354]

Tanner, J.M. & Taylor, G.P. (1965): *Growth.* Alexandria, Virginia: Time/Life Books. Dt. (1966): *Das Wachstum.* Amsterdam: Time-Life International (Nederland). [69, 72]

Tavecchio, L.W.C. & Ijzendoorn, M.H. (Eds.) (1987): *Attachment in social networks.* Amsterdam: Elsevier North-Holland

Taylor, M. & Gelman, S.A. (1988): Adjectives and nouns. Children's strategies for learning new words. *Child Development, 59,* S. 411–419. [167]

Taylor, S.E. (1989): *Positive illusions: Creative self-deception and the healthy mind.* New York: Basic Books. [344]

Terman, L. M. (1954): The discovery and encouragement of exceptional talent. *American Psychologist, 9,* S. 221–238. [268]

Terman, L.M. & Oden, M.H. (1947): *Genetic studies of genius: The gifted child grows up.* Vol. 4, Stanford, CA: Stanford University Press. [268]

Terman, L.M. (1921): Intelligence and measurement: A symposium. *Journal of Educational Psychology, 12,* S. 127–133. [46, 267]

Terrace, H.S. (1979): *Nim: A chimpanzee who learned sign language.* New York: Knopf. [171]

Terrace, H.S. (1985): In the beginning was the »name«. *American Psychologist, 17,* S. 237–257. [171]

Tesser, A., Campbell, J. & Smith, M. (1984): Friendship choice and performance: Self-evaluation maintenance in children. *Journal of Personality and Social Psychology, 46,* S. 561–574. [315]

Teti, D.M.; Gelfand, D.M., Messinger, D.S. & Isabella, R. (1995): Maternal depression and the quality of early attachment: An examination of infants, preschoolers, and their mothers. *Developmental Psychology, 31,* S. 364–376. [119]

Thatcher, R.W. (1994): Cyclic cortical reorganization: Origins of human cognitive development. *In:* Dawson, G. & Fischer, K.W. (Eds.), S. 232–266. [223]

Thelen, E. (1981): Rhythmical behavior in infancy: An ethological perspective. *Developmental Psychology, 17,* S. 237–257. [111]

Thelen, E. (1995): Motor development: A new synthesis. *American Psychologist, 50,* S. 79–95. [110]

Thelen, E., Corbetta, D., Kamm, K., Spencer, J.P., Schneider, K. & Zernicke, R.F. (1993): The transition to reaching: Mapping intention and intrinsic dynamics. *Child Development, 64,* S. 1058–1098. [110]

Thelen, E. & Fisher, D.M. (1982): Newborn stepping: An explanation for »disappearing« reflex. *Developmental Psychology, 18,* S. 760–775. [112]

Thelen, E. & Ulrich, B.D. (1991): Hidden skills. *Monographs of the Society for Research in Child Development, 56* (Serial No. 223). [110]

Thomas, A. & Chess, S. (1977): *Temperament and development.* New York: Brunner/Mazel. [123, 125]

Thomas, A. & Chess, S. (1984): Genesis and evolution of behavioral disorders: From infancy to early adult life. *American Journal of Orthopsychiatry, 141,* S. 1–9. [123]

Thomas, A., Chess, S. & Birch, H.G. (1970): The origin of personality. *Scientific American, 223,* S. 102–109. [124]

Thomas, A., Chess, S., Birch, H.G., Hertzig, M.E. & Korn, S. (1963): *Behavioral individuality in early childhood.* New York: New York University Press. [123]

Thomas, M.H. (1992): *Comparing theories of child development* (3rd. ed.). Belmont, CA: Wadsworth. [32]

Thompson, S.K. (1975): Gender, labels and early sex role development. *Child Development, 46,* S. 339–347. [230]

Thorndike, E.L. (1924): The measurement of intelligence: Present status. *Psychological Review, 31,* S. 219–252. [264]

Thorne, B. (1986): Girls and boys together ... but mostly apart: Gender arrangements in elementary schools. *In:* Hartup, W.W. & Rubin, Z. (Eds.); S. 167–184. [316]

Tiedemann, D. (1787): *Beobachtungen über die Entwicklung der Seelenfähigkeit bei Kindern.* Hessische Beiträge zur Gelehrsamkeit der Kunst, Bd II. Altenburg. [35]

Tietjen, A.M. & Walker, L.J. (1985): Moral reasoning and leadership among men in a Papua New Guinea society. *Developmental Psychology, 21,* S. 982–992. [348 f.]

Tinbergen, N. (1942): *An objectivistic study of the innate behaviour of animals.* Leiden: Brill. [15]

Tinsley, B.J. (1992): Multiple influences on the acquisition and socialization of children's health attitudes and behavior. *Child Development, 63,* S. 1043–1069. [222]

Tisak, M. (1993): Preschool children's judgments of moral and personal events involving physical harm and property damage. *Merrill-Palmer Quarterly, 39,* S. 375–390. [282]

Tissot, S.A. (1760): *L'Onanisme, Ou dissertation physique sur les maladies produites par la masturbation.* Lausanne: Chapuis. Dt. (1970): *Von der Onanie, oder Abhandlung über die Krankheiten, die von der Selbst-Befleckung herrühren* (Nach d. 3., beträchtl. verm. Ausg. aus d. Franz. übers.). Eisenach: Griessbach. [369]

Tjossem, T.D. (Ed.) (1976): *Intervention strategies for high risk infants and young children.* Baltimore: University Park Press.

Tomasello, M. (1993): Infants' knowledge of self, other, and relationship. *In:* Neisser, U. (Ed.), S. 174–184. [138]

Tomasello, M. (1995): Language is not an instinct. *Cognitive Development, 10,* S. 601–609. [175]

Tomasello, M. & Farrar, M.J. (1986): Joint attention and early language. *Child Development, 57,* S. 1454–1463. [176]

Tomasello, M. & Mervis, C.B. (1994): Commentary: The instrument is great, but measuring comprehension is still a problem. *In*: Fenson, L., Dale, P.S., Reznick, J.S., Bates, E. et al. (Eds.), S. 174–179. [163]

Tomlinson-Keasey, C. & Little, T.D. (1990): Predicting educational attainment, occupational achievement, intellectual skill, and personal adjustment among gifted men and women. *Journal of Educational Psychology, 82,* S. 442–455. [268]

Trautner, H.M. (1997): *Lehrbuch der Entwicklungspsychologie.* Band 2: *Theorien und Befunde.* Göttingen: Hogrefe. [278]

Trautner, H.M., Helbing, N., Sahm, W.B. (1985): *Schlußbericht zum VW-Projekt ›Geschlechtstypisierung‹.* Münster: Psychologisches Institut III der Universität Münster. [231]

Trautner, H.M., Helbing, N., Sahm, W.B., Penning, S. & Degenhardt, A. (1989): *Schlußbericht zum DFG-Projekt, ›Längsschnittliche Analyse von Entwicklungsmerkmalen der Geschlechtstypisierung im Kindesalter‹.* Münster: Psychologisches Institut III der Universität Münster. [231]

Trawick-Smith, J. (1992): A descriptive study of persuasive preschool children: How they get others to do what they want. *Early Childhood Research Quarterly, 7,* S. 95–114. [216 f.]

Trawick-Smith, J. (1997): *Early childhood development. A multicultural perspective.* Columbis, Ohio: Prentice Hall.

Treboux, D. & Busch-Rossnagel, N.A. (1990): Social network influences on adolescent sexual attitudes and behaviors. *Journal of Adolescent Research, 5,* S. 175–189. [377]

Treffert, D.A. (1988): The idiot savant: A review of the syndrome. *American Journal of Psychiatry, 145,* S. 563–572. [270]

Treffert, D.A. (1989): *Extraordinary people: Understanding »idiot savants«.* New York: Harper & Row. [270]

Trehub, S.E. (1976). The discrimination of foreign speech contrasts by infants and adults. *Child Development, 47,* S. 466–472. [160]

Trehub, S.E. & Rabinovitch, M.S. (1972): Auditory-linguistic sensitivity in early infancy. *Developmental Psychology, 6,* S. 74–77. [160]

Triandis, H.C. (1995): *Individualism and collectivism.* Boulder, CO: Westview Press. [228]

Tschirgi, J.E. (1980): Sensible reasoning: A hypothesis about hypotheses. *Child Development, 51,* S. 1–10. [333]

Tuaycharoen, P. (1978): The babbling of Thai baby: Echoes and responses to the sounds made by adults. *In:* Waterson, N. & Snow, C.E. (Eds.), S. 111–125. [176]

Tudge, J.R.H. (1992): Processes and consequences of peer collaboration: A Vygotskian analysis. *Child Development, 63,* S. 1364–1379. [194]

Turiel, E. (1982): Die Entwicklung sozial-konventionaler und moralischer Konzepte. *In:* Edelstein, W. & Keller, M. (Hrsg.); S. 146–187. [286]

Turiel, E. (1983): *The development of social knowledge: Morality and convention.* Cambridge: Cambridge University Press. [286, 289]

Turiel, E. (1998): The development of morality. *In:* Damon, W. (Vol. Ed.) & Eisenberg, N. (Vol. Ed.), S. 863–932. [238]

Turkheimer, E. (1991): Individual and group differences in adoption studies of IQ. *Psychological Bulletin, 110,* S. 392–405. [273]

Turkheimer, E., Goldsmith, H.H. & Gottesman, I.I. (1995): Commentary. *Human Development, 38,* S. 142–153. [66]

Turner, P.J. (1993): Relations between attachment, gender, and behavior with peers in preschool. *Child Development, 62,* S. 1475–1488. [135]

Turner, P.J., Gervai, J. & Hinde, R.A. (1993): Gender-typing in young children: Preferences, behavior, and cultural differences. *British Journal of Developmental Psychology, 11,* S. 323–342. [231]

Udry, J.R. (1988): Biological predispositions and social control in adolescent sexual behavior. *American Sociological Review, 53,* S. 709–722. [379]

Udry, J.R. (1990): Hormonal and social determinants of adolescent sexual initiation. *In:* Bancroft, J. & Reinisch, J.M. (Eds.), S. 70–87. [376 f.]

Udry, J.R. & Billy, J.O.G. (1987): Initiation of coitus in early adolescence. *American Sociological Review, 52,* S. 841–855. [379]

Udry, J., Talbert, L. & Morris, N. (1986): Biosocial foundations for adolescent female sexuality. *Demography, 23,* S. 217–230. [377]

Usher, J.A. & Neiser, U. (1993): Childhood amnesia and the beginnings of memory for four early life events. *Journal of Experimental Psychology: General, 122,* S. 155–165. [214]

Valenza, E., Simion, F., Cassia, V.M. & Umilta, C. (1996): Face perception at birth. *Journal of Experimental Psychology: Human Perception and Performance, 22,* S. 892–903. [149]

Valsiner, J. (1998): The development of the concept of development: Historical and epistemological perspectives. *In:* Damon, W. (Series Ed.) & Lerner, R.M. (Vol. Ed.), S. 189–232. [3]

Vandell, D.L., Wilson, K.S. & Buchanan, N.R. (1980): Peer interaction in the first year of life: An examination of its structure, content, and sensitivity to toys. *Child Development, 51,* S. 481–488. [243]

van den Boom, D.C. (1988): *Neonatal Irritability and the development of attachment: Observation and intervention.* Dissertation. Leiden: Rijks Universiteit (zitiert nach: Riksen-Walraven, M. 1991). [134]

Van der Linden, F.J. (1991): *Adolescent lifeworlds. Theoretical and empirical considerations in socialization processes of Dutch youth. A selection of social-ecological studies.* Amsterdam: Sweets. [380]

Van Gennep, A. (1986): *Les rites de passage: Étude systématique des rites de la porte et du seuil, de l'hospitalité, de l'adoption.* Paris: Nourry. Dt. (1986): *Übergangsriten.* Frankfurt: Campus. [323]

VanHasselt, V.B. & Herksen, M. (Eds.) (1987): *Handbook of adolescent psychology.* New York: Pergamon.

Van Ijzendoorn, M.H. (1995): Adult attachment representations, parental responsiveness, and infant attachment: A meta-analysis on the predictive validity of the Adult Attachment Interview. *Psychological Bulletin, 117,* S. 387–403. [136]

Van Ijzendoorn, M.H. & de Wolff, M. (1997): In search of the absent father: Meta-analyis of infant-father attachment. *Child Development, 68,* S. 604–609. [127]

Van Ijzendoorn, M.H. & Kroonenberg, P.M. (1988): Cross-cultural patterns of attachment: A meta-analysis of the strange situation. *Child Development, 59,* S. 147–156. [130]

Van Os, J. & Selten, J.P. (1998): Prenatal exposure to maternal stress and subsequent schizophrenia: The May 1940 invasion of the Netherlands. *British Journal of Psychiatry,* 172, S. 324–326. [87]

Van Ussel, J. (1977): *Sexualunterdrückung. Geschichte der Sexualfeinschaft* (2. Aufl.). Reinbek b. Hamburg: Rowohlt. [367 ff., 370]

Vartanian, L. R. & Powlishta, K.K. (1996): A longitudinal examination of the social-cognitive foundations of adolescent egocentrism. *Journal of Early Adolescence, 16,* S. 157–178. [339, 343]

Vasudev, J. & Hummel, R.C. (1987): Moral stage sequence and principled reasoning in an Indian sample. *Human Development, 30,* S. 105–118. [350]

Vaughn, B., Egeland, B., Sroufe, L. & Waters, E. (1979): Individual differences in infant-mother attachment at twelve and eighteen months: Stability and change in families under stress. *Child Development, 50,* S. 971–975. [134]

Vils, U. (1975): The hopeful legacy of a child's passing. *Los Angeles Times,* March 23. [59]

Vogel, S.G. (1786): *Unterricht für Eltern, Erzieher und Kinderaufseher: Wie das unglaublich gemeine Laster der zerstörerischen Selbstbefleckung am sichersten zu entdecken zu verhüten und zu heilen ist.* Stendal: Franzen. [369]

Volland, C. (1995): *Mutter-Kind-Beziehungsqualität als Entwicklungsbedingung von Empathie und prosozialem Verhalten in der Kindheit.* Regensburg: Roderer. [135]

Von Hofsten, C. (1984): Developmental changes in the organization of prereaching movements. *Developmental Psychology, 20,* S. 378–388. [110]

von Hofsten, C. & Roennqvist, L. (1988): Preparation for grasping an object: A developmental study. *Journal of Experimental Psychology: Human Perception and Performance, 14,* S. 610–621. [111]

Vorhees, C.V. & Mollnow, E. (1987): Behavioral teratogenesis: Long-term influences on behavior from early exposure to environmental agents. *In:* Osofsky, J.D. (Ed.), S. 913–971. [83]

Vurpillot, E. (1968): The development of scanning strategies and their relation to visual differentiation. *Journal of Experimental Child Psychology, 6,* S. 632–650. [200]

Wagner, J.W.L. (1991): *Freundschaften und Freundschaftsverständnis bei drei- und zwölfjährigen Kindern.* Berlin: Spinger. [305]

Wainryb, C. & Turiel, E. (1995): Diversity in social development: Between or within cultures? *In:* Killen, M. & Hart, D. (Eds.), S. 283–313. [349]

Walker, D., Greenwood, C. Hart, B. & Carta, J. (1994): Prediction of school outcomes based on early language production and socioeconomic factors. *Child Development, 65,* S. 606–621. [176, 272]

Walker, L.J. & Moran, T.J. (1991): Moral reasoning in a communist Chinese society. *Journal of Moral Education, 20,* S. 139–155. [348]

Walker, L.J. & Taylor, J.H. (1991): Family interactions and the development of moral reasoning. *Child Development, 62,* S. 264–283. [282]

Walton, G.E., Bower, N.J. & Bower, T.G. (1992): Recognition of familiar faces by newborns. *Infant Behavior and Development, 15,* S. 265–269. [149]

Wang, X., Tager. I.B., Van Vunakis, H., Speizer, F.E. & Hanrahan, J.P. (1997): Maternal smoking during pregnancy, urine cotinine concentrations, and birth outcomes. A prospective cohort study. *International Journal of Epidemiology, 26,* S. 978–988. [81]

Warkany, J. (1959): Congenital malformations in the past. *Journal of Chronical Diseases, 10,* S. 84–96. [76f.]

Warren-Leubecker, A. & Tate, C.(1986): Is preschoolers' speech egocentric? Paper presented at the Boston University Conference on Language Development. Boston MA (zitiert nach:Trawick-Smith, J., 1997). [218]

Warren, M.P (1985): Effect of exercise and physical training on menarche. *Seminars in Reproductive Endocrinology, 3.* S. 17–26. [355]

Wartner, U.G., Grossmann, K., Fremmer-Bombik, E. & Suess, G. (1994) Attachment patterns at age six in south Germany: Predictability from infancy and implications for preschool behavior. *Child Development, 65,* S. 1014–1027. [135]

Wason, P. (1968): Reasoning about a rule. *Quarterly Journal of Experimental Psychology, 20,* S. 273–281. [331f.]

Wasz-Hoechert, O., Lind, J., Vuorenoski, T., Partanen, T. & Valanne, E. (1968): *The infant cry.* London: Heinemann. [158]

Waters, E., Vaughn, B.E. & Egeland, R.R. (1980): Individual differences in infant-mother attachment relationships at age one: Antecedent in neonatal behavior in an urban, economically disadvantaged sample. *Child Development, 51,* S. 208–216. [134]

Waterson, N. & Snow, C.E. (Eds.) (1978): *The development of communication.* Chichester: Wiley.

Watson, J.B. (1924): *Behaviorism.* New York: Norton. [23]

Watson, J.B. (1928): *Psychological care of infant and child.* New York: Norton. [23]

Watson, J.B. & Rayner, R. (1920): Conditioned emotional reactions. *Journal of Experimental Psychology, 3,* S. 1–14. [37]

Watson, J.D. & Crick, F.H. (1953): *The double helix.* New York: Signet. [53f.]

Watzl, H. & Rockstroh, B. (Hrsg.)(1997): *Abhängigkeit und Mißbrauch von Alkohol und Drogen.* Göttingen: Hogrefe.

Waxman, S.R. & Kosowski, T.D. (1990): Nouns mark category relations: Toddlers' and preschoolers' word-learning biases. *Child Development, 61,* S. 1461–1473. [166]

Weakliem, D., McQuillan, J. & Schauer, T. (1995): Toward meritocracy? Changing social-class differences in intellectual ability. *Sociology of Education, 68,* S. 271–286. [268]

Weinert, F.E. (Hrsg.)(1998): *Entwicklung im Kindesalter.* Weinheim: Beltz.

Weinert, F.E. & Schneider, W. (Eds.) (1995): *Memory performance and competencies: Issues in growth and development.* Mahwah, NJ: Erlbaum.

Weinraub, M., Brooks, J. & Lewis, M. (1977): The social network: A reconsideration of the concept of attachment. *Human Development, 20,* S. 31–47. [127]

Weisner, T.S. & Wilson-Mitchell, J.E. (1990): Nonconventional family lifestyles and multischematic sex typing in six year olds. *Child Development, 61,* S. 1915–1933. [236f.]

Weiss, M.J., Zelazo, P.R. & Swain, I.U. (1988): Newborn response to auditory stimulus discrepancy. *Child Development, 59,* S. 1530–1541. [153]

Wellman, H.M. (1977): Preschoolers' understanding of memory-relevant variables. *Child Development, 48,* S. 1720–1723. [208]

Welsh, M.C., Pennington, B.F., Ozonoff, S. et al. (1990): Neuropsychology of early-treated phenylketonuria: Specific executive function deficits. *Child Development, 61,* S. 1697–1713. [69]

Wenar, C. (1994): *Developmental psychopathology* (2nd ed.). New York. McGraw-Hill. [359]

Wentzel, K.R. & Asher, S.R. (1995): The academic lives of neglected, popular, and controversial children. *Child Development, 66,* S. S. 754–763. [308]

Werner, E.E. (1993): Risk, resilience, and recovery: Perspectives from the Kaui Longitudinal Study. *Development and Psychopathology, 5,* S. 503–515. [95]

Werner, E.E. (1995): Resilience in development. *Current Directions in Psychological Science, 4,* S. 81–85. [95f.]

Werner, E.E., Bierman, J.M. & French, F.E. (1971): *The children of Kauai.* Honolulu: University of Hawaii Press. [95]

Werner, E.E. & Smith, R.S. (1982): *Vulnerable but invincible: A study of resilient children.* New York: McGraw-Hill. [95]

Werner, E.E. & Smith, R.S. (1992): *Overcoming the odds: High risk children from birth to adulthood.* Ithaca, NY: Cornell University Press. [95]

Weston, D. & Turiel, E. (1980): Act-rule relations: Children's concepts of social rules. *Developmental Psychology, 16,* S. 417–424. [285]

Whelan, E. (1975): *A baby ... maybe.* New York: Bobbs-Merrill. [56]

Whitbeck, L.B. Simons, R.L. & Kao, M.Y. (1994): The effects of divorced mothers' dating behaviors on the sexual attitudes and behaviors of their adolescent children. *Journal of Marriage and the Family, 56,* S. 615–621. [377]

White, B.L. (1971): *Human infants: Experience and psychological development.* Englewood Cliffs, NJ: Prentice-Hall. [111]

White, B.L. & Held, R. (1966): Plasticity of sensori-motor development in the human infant. *In:* Rosenblith, J.F. & Allinsmith, W. (Eds.), S. 60–71. [111]

White, D.R, Schliecker, E. & Dayan, J. (1991): Gender differences in categorizing adolescents' weight status. *Psychological Reports, 68,* S. 978. [357]

White, K.M. (1980): Problems and characteristics of college students. *Adolescence, 15,* S. 23–41. [344]

White, R.W. (1959): Motivation reconsidered: The concept of competence. *Psychological Review, 66,* S. 297–333. [34]

White, S. (1965): Evidence for a hierarchical arrangement of learning processes. *In:* Lipsitt, L.P. & Spiker, C.C. (Eds.), S. 184–220. [253]

Whitehurst, G.J, Falco, F.L., Lonigan, C.J., Fischel, J.E, DeBaryshe, B.D., Valdez-Menchaca, M.C. & Caulfield, M. (1988): Accelerating language development through picture book reading. *Developmental Psychology, 24,* S. 552–559. [176]

Wilcox, A.J., Weinberg, C.R. & Baird, D.D. (1995): Timing of sexual intercourse in relation to ovulation: Effects on the probability of conception, survival of the pregnancy, and sex of the baby. *New England Journal of Medicine, 333,* S. 1517–1519. [72]

Williams, G.J. (1980 a): Child abuse and neglect: Problems of definition and incidence. *In:* Williams, G.J. & Money, J. (Eds.), S. 1–6. [118]

Williams, G.J. (1980b): Cruelty and kindness to children: Documentary of a century, 1874–1974. *In:* Williams, G.J. & Money, J. (Eds.), S. 68–88. [118]

Williams, G.J. & Money, J. (Eds.) (1980): *Traumatic abuse and neglect of children at home.* Baltimore: John Hopkins Press.

Williams, J.E. & Best, D.L. (1990) *Measuring sex stereotypes: A multination study.* Newbury Park, CA: Sage. [229]

Willinger, M. (1995): Sleep position and sudden infant death syndrome. *Journal of the American Medical Association, 273,* S. 818–819. [109]

Wilson, E.O. (1975): *Sociobiology, the new synthesis.* Cambridge, MA: Belknap Press of Harvard University Press. [247]

Wilson, R.S. (1983): The Louisville twin study: Developmental synchronies in behavior. *Child Development, 54,* S. 298–316. [63]

Winer, G.A., Hemphill, J. & Craig, R.K. (1988): The effect of misleading questions in promoting nonconservation responses in children and adults. *Developmental Psychology, 24,* S. 197–202. [257]

Winick, M. & Noble, A. (1966): Cellular response in rats during malnutrition at various ages. *Journal of Nutrition, 89,* S. 300–306. [221]

Winter, R. (1994): No risk, no fun? Jungensozialisation, Gesundheitsprobleme und »präventive« Jungenarbeit. *In:* Kolip, P. (Hrsg.), S. 193–219. [341]

Wolff, P.H. (1963): Observations on the early development of smiling. *In:* Foss, B.M. (Ed.), S. 113–134. [118]

Wolff, P.H. (1966): The causes, controls, and organization of behavior in the neonate. *Psychological Issues, 5,* whole No. 17. [100]

Wolman, B.B. & Money, J. (Eds.)(1980): *Handbook of human sexuality.* Englewood Cliffs, NJ: Prentice Hall.

Wolman, B.B., Stricker, G., Ellman, S.J., Keith-Spiegel, P. & Palermo, D. S. (Eds.)(1982): *Handbook of developmental psychology.* Englewood Cliffs, N.J.: Prentice Hall.

Woods, B.T. & Teuber, H.L. (1978): Changing patterns of childhood aphasia. *Annals of Neurology, 3,* S. 273–280. [172]

Woodward, A.L. & Markman, E.M. (Eds.)(1998): Early word learning. *In:* Damon, W. (Series Ed.), Kuhn, D. & Siegler, R.S. (Vol. Eds.), S. 371–420. [166]

Woodworth, R.S. (1941): *Heredity and environment: A critical survey of recently published material on twins and foster children.* New York: Social Science Research Council Bulletin. [63]

Wygotsky, L.S. (1934), Dt. (1993): *Denken und Sprechen.* Frankfurt: Fischer. [8]

Wygotski, [Vygotsky], L.S. (1978): *Mind in society: The development of higher psychological processes.* Cambridge, MA: Harvard University Press (Original veröffentlicht: 1934). [8, 193]

Wynn, K. (1992): Evidence against empiricist accounts of the origins of numerical knowledge. *Mind and Language, 7,* S. 315–332. [103]

Yau, J. & Smetana, J. (1996): Adolescent-parent conflict among Chinese adolescents in Hog Kong. *Child Development, 67,* S. 1262–1275. [382]

Yates, F.A. (1966): *The art of memory.* London: Routledge & Kegan Paul. [337]

Yewchuk, C. (1999): Savant syndrome: Intuitive excellence amidst general deficit. *Developmental Disabilities Bulletin, 27,* S. 58–76. [270]

Yonas, A. (Ed.) (1988): *Perceptual development in infancy.* Hillsdale, NJ: Erlbaum.

Youniss, J. (1980): *Parents and peers in social development: A Sullivan-Piaget perspective.* Chicago: University of Chicago Press. [242]

Zakriski, A.L. & Coie, J.D. (1996): A comparison of aggressive-rejected and nonaggressive-rejected children's interpretations of self-directed and other-directed rejection. *Child Development, 67,* S. 1048–1070. [307]

Zahn-Waxler, C., Radke-Yarrow, M. & King, R. (1979): Child rearing and children's prosocial initiations toward victims of distress. *Child Development, 50,* S. 319–330. [249]

Zahn-Waxler, C., Radke-Yarrow, M., Wagner, E. & Chapman, M. (1992): Development of concern for others. *Developmental Psychology, 28,* S. 126–136. [246]

Zeifman, D., Delaney, S. & Blass, E.M. (1996): Sweet taste, looking, and calm in 2- and 4-week-old infants: The eyes have it. *Developmental-Psychology, 32,* S. 1090–1099. [115]

Zelazo, P.D., Helwig, C.C. & Lau, A. (1996): Intention, act, and outcome in behavioral prediction and moral judgment. *Child Development, 67,* S. 2478–2492. [281]

Zelazo, P.R., Zelazo, N.A. & Kolb, S. (1972): Walking in the newborn, *Child Development, 176,* S. 314–315. [107]

Zeller, W. (1952): *Konstitution und Entwicklung.* Göttingen: Hogrefe. [252]

Zeskind, P.S., Sale, J., Maio, M.C., Huntington, L. & Weiseman, J.R. (1985): Adult perception of pain and hunger cries: A synchrony of arousal. *Child Development, 56,* S. 549–554. [121]

Zigler, E. & Hall, N.W. (1989): Physical child abuse in America: Past, present, and future. *In:* Cicchetti, D. & Carlson, V. (Eds.), S. 38–75. [119]

Zinchenko, V.P., Chzhi-Tsin, V. & Tarakanov, V.V. (1963): The formation and development of perceptual activity. *Soviet Psychology, 2,* S. 3–12. [200]

Sachwortregister

G

Bildnachweis

Kapitel 1

Abb. 1.1: Museum für deutsche Volkskunde Berlin
Abb. 1.2: Gerd Mietzel
Abb. 1.3: H. M. Halverson (1931): An experimental study of prehension in infants by means of systematic cinema records. Genetic Psychology Monographs, 10, S. 107.
Abb. 1.4: dpa
Abb. 1.5: Herrmann Kacher, Höflein, Österreich
Abb. 1.6: Sigmund-Freud-Copyrights Ltd., London
Abb. 1.8: 1984 Lawrence Erlbaum Associates, Inc.
Abb. 1.9: Thorsten Mietzel
Abb. 1.10: Thorsten Mietzel
Abb. 1.11: Albert Bandura, Standford University

Kapitel 2

Abb. 2.1: Needham (1959): From a history of embryology. New York: Abelard-Schuman.
Abb. 2.2: The State Laboratory of Hygiene, Madison, Wisconsin, 1980.
Abb. 2.3: Clarke-Stewart, A. & Friedman, S. (1987): Child development. Infancy through adolescence. New York (u. a.): Wiley. S. 73, Figure 3.5.
Abb. 2.5: Karen Epstein/Camera 5
Abb. 2.6: Clarke-Stewart, A. & Friedman, S. (1987): Child development. Infancy through adolescence. New York (u. a.): Wiley. S. 67, Figure 3.1.
Abb. 2.7: Thorsten Mietzel
Abb. 2.8: Gardner, H. (1982): Developmental psychology. An introduction (2.ed.). Boston (u. a.): Little, Brown and Company. S. 95, Figure 3.1.
Abb. 2.9: Time Magazine, 1984
Abb. 2.11: Moore, K.L. (1989): Before we are born: Basic embryology and birth defects (3rd ed.). Philadelphia: W.B. Saunders.
Abb. 2.12: Streissguth, A. P., Landesman-Dwyer, S., Martin, J. C. & Smith, D. W. (1980): Teratogenic effects of alcohol in humans and laboratory animals. Science, 209 (18), S. 353–361.
Abb. 2.13: Fischer, K. W. & Lazerson, A. (1984): Human development. From conception through adolescence. New York (u. a.): Freeman. S. 132, Figure 3.7.
Abb. 2.14: dpa

Kapitel 3

Abb. 3.1: Fischer, K. W. & Lazerson, A. (1984): Human development. From conception through adolescence. New York (u. a.): Freeman. S. 181, Figure 3.7: Friedman 1972.
Abb. 3.2: 1974 by IPC Magazines Ltd.
Abb. 3.3: Thorsten Mietzel
Abb. 3.5: Rolf Berger
Abb. 3.6: The Society for Research in Child development Inc.
Abb. 3.7: Harris, J. R. & Liebert, R. M. (1984): The child. Development from birth through adolescence. Englewood Cliffs, N. J.: Prentice Hall. S. 168, Figure 5.3.
Abb. 3.8: dpa
Abb. 3.9, 3.10, 3.11, 3.12: Sascha Loss, Köln

Kapitel 4

Abb. 4.1: 1987 by the American Psychological Association Inc.
Abb. 4.2: Price, R. H., Glickstein, M., Horton, D. L. & Bailey R. H. (1982): Principles of Psychology. New York: CBS College Publishing, S. 116, Figure 4.20.

Abb. 4.3: Shaffer, D. R. (1989): Developmental Psychology. Childhood and Adolescence. 2d ed. Pacific Grove, California: Brooks/Cole, S. 198.
Abb. 4.4: Dworetzky, J.P. (1984): Introduction to child development. 2. Ed. New York (u. a.): West Publishing Company. S. 153, Figure 5.4: The visual cliff.
Abb. 4.5: 1961 by Scientific American, Inc.
Abb. 4.6: Fisher-Price
Abb. 4.7: Rolf Berger
Abb. 4.8: Sascha Loss, Köln
Abb. 4.9: Michael Seifert

Kapitel 5
Abb. 5.1: Gerd Mietzel
Abb. 5.4: Thorsten Mietzel
Abb. 5.5: Thorsten Mietzel
Abb. 5.6: Society for Research in Child Development
Abb. 5.7: Thorsten Mietzel
Abb. 5.8: 1964 by International Arts and Sciences Press
Abb. 5.9: Academic Press Inc. New York, London
Abb. 5.12: dpa

Kapitel 6
Abb. 6.1: Sascha Loss, Köln
Abb. 6.2: Craig Edelbrock
Abb. 6.3: 1981 by the Society for Research in Child Development Inc.
Abb. 6.4: Harlow Primate Laboratory, University of Wisconsin-Madison
Abb. 6.5: Sascha Loss, Köln

Kapitel 7
Abb. 7.1: Skolnick, A. S. (1986): The Psychology of Human Development. San Diego u. a.: Harcourt Brace Jovanovich, S. 23.
Abb. 7.2: Meece, J. L. (1997): Child and adolescent development for educators. New York: McGraw-Hill, S. 132.
Abb. 7.5: Sascha Loss, Köln
Abb. 7.6: Siegfried Hoppe-Graf
Abb. 7.7: The Society for Research in Child Development Inc.

Kapitel 8
Abb. 8.1: Michael Seifert
Abb. 8.3: Prentice Hall
Abb. 8.5: Günay Ulutuncok
Abb. 8.6: Sascha Loss, Köln

Kapitel 9
Abb. 9.1: Shaffer, D. R. (1989): Developmental psychology (2th ed.). Pacific Grove: Brooks, Cole, S. 324.
Abb. 9.2: Inhelder, B. & Piaget, J. (1954): The growth of logical thinking. New York: Basic Books, S. 68.
Abb. 9.6, 9.7: Sascha Loss, Köln
Abb. 9.8: Luke Golobitsh, Bonn
Abb. 9.9: Sascha Loss, Köln

Kapitel 10
Abb. 10.2: Jensen, L. C. (1985): Adolescence: theories, research, applications. New York (u. a.): West Publishing. S. 202, Figure 7.1.
Abb. 10.3: Sascha Loss, Köln
Abb. 10.4: Ullstein Bilderdienst
Abb. 10.5: (A) Strong, B. et al. (1978): Human sexuality: Essentials. New York (u. a.): West Publishing. S. 8: Devices to prevent masturbation. Illustrated in J.C. Milton's Pathology and Treatment of Spermatorrhoea (1887). (B) Fleck, J. C. (1830): Die Verirrungen des Geschlechtstriebes, deren Ursachen, Folgen, Verhuetungs- und Rettungsmittel. Ilmenau: Voigt.
Abb. 10.6: Sascha Loss, Köln
Abb. 10.7: Luke Golobitsh, Bonn
Abb. 10.8: Sascha Loss, Köln
Abb. 10.9: Luke Golobitsh, Bonn
Abb. 10.10: Luke Golobitsh, Bonn